Götz/Pach-Hanssenheimb · Handbuch der Stiftung

Zusätzliche digitale Inhalte für Sie!

Zu diesem Buch stehen Ihnen kostenlos folgende digitale Inhalte zur Verfügung:

- Online-Version ✓
- Online-Training
- Aktualisierung im Internet
- Zusatz-Downloads
- App
- Digitale Lernkarten
- WissensCheck

Schalten Sie sich das Buch inklusive Mehrwert direkt frei.

Scannen Sie den QR-Code **oder** rufen Sie die Seite **www.nwb.de** auf. Geben Sie den Freischaltcode ein und folgen Sie dem Anmeldedialog. Fertig!

Ihr Freischaltcode

TJZL–HNQR–UQYW–YYJV–GYNZ–M

www.nwb.de

Handbuch der Stiftung

- Zivilrecht
- Steuerrecht
- Rechnungslegung

Dr. Hellmut Götz
Rechtsanwalt, Fachanwalt für Steuerrecht, Steuerberater,
Dipl.-Finanzwirt (FH)
und
Dr. Ferdinand Pach-Hanssenheimb
Steuerberater, Wirtschaftsprüfer

5., aktualisierte und erweiterte Auflage

nwb

Es haben bearbeitet:

Dr. Götz: Teile A, B, C, D, E, F, H, J
Dr. Pach-Hanssenheimb: Teil G, I

ISBN 978-3-482-**64585**-3
5., aktualisierte und erweiterte Auflage 2023

Satz: PMGi Agentur für intelligente Medien GmbH, Hamm
Druck: CPI books, Leck

VORWORT

Verehrte Leserinnen und Leser,

der Stiftungsboom hält weiter an; in 2022 waren es nach Angaben des Bundesverbandes Deutscher Stiftungen trotz Corona 693 neu gegründete rechtsfähige Stiftungen.

Wir haben das probate Konzept des Handbuchs auch bei der 5. Auflage beibehalten, indem wir uns primär auf die praktischen Bedürfnisse des Stiftungsberaters konzentriert haben. Daher nimmt auch die für den steuerlichen Berater von Stiftungen so bedeutsame Rechnungslegung weiterhin einen besonderen Raum ein. Anhand eines bewährten Praxisfalls wird eingehend die Vorgehensweise erläutert, wie man den Jahresbericht einer Stiftung auf einfache Weise erstellen kann, indem man zunächst einen handelsrechtlichen Jahresabschluss aufstellt und diesen in wenigen Schritten an die Anforderungen des Stiftungsrechts anpasst bzw. ihn auf die notwendige Weise weiterentwickelt.

Wir wenden uns mit diesem Handbuch aber ebenfalls an jeden, der gelegentlich oder als potenzieller Stifter mit Fragen des Stiftungsrechts konfrontiert wird. Um auch den interessierten Steuerlaien ein Kompendium an die Hand zu geben, haben wir uns bemüht, auf verständliche Lesbarkeit zu achten.

Da jede zehnte rechtsfähige Stiftung einen Unternehmenshintergrund hat, war es uns ein Anliegen, die für den Unternehmer und sein Unternehmen relevanten Fragestellungen möglichst umfassend anzusprechen und Lösungen aus Sicht von Praktikern vorzustellen.

Um den Rahmen des Buches nicht zu sprengen, konnten wir naturgemäß Trusts und ausländische Stiftungen einschließlich ihrer Besteuerung nur in ihren Grundzügen behandeln. Auch haben wir uns bei den Länderteilen auf die Schweiz, Österreich und Liechtenstein beschränkt.

Die an praktischen Bedürfnissen orientierte Gliederung soll es erleichtern, zu sämtlichen Fragen rund um das Thema „Stiftung" rasch verständliche und praxisnahe Antworten zu finden.

Literatur und Rechtsprechung haben wir bis 31.3.2023 berücksichtigt. Das neue, ab 1.7.2023 geltende Stiftungszivilrecht haben wir ebenfalls eingearbeitet. Die Neuregelungen im BGB sind in einem eigenen, neuen Kapitel J ausführlich erläutert.

Für Hinweise und Anregungen aus der Leserschaft sind wir weiterhin dankbar.

Freiburg/München im Juni 2023 — Hellmut Götz/Ferdinand Pach-Hanssenheimb

INHALTSÜBERSICHT

		Rz.	Seite
Vorwort			V
Inhaltsverzeichnis			IX
Literaturverzeichnis			XXIX
Abkürzungsverzeichnis			LXVII
Kapitel A:	Einleitung	1	1
Kapitel B:	Errichtung der rechtsfähigen Stiftung des Privatrechts	40	9
Kapitel C:	Rechtsinstitut der unselbständigen Stiftung	335	115
Kapitel D:	Die steuerpflichtige Familienstiftung im Steuerrecht	450	139
Kapitel E:	Die steuerbefreite Stiftung im Steuerrecht	925	239
Kapitel F:	Kombination von/mit Stiftungen	1380	391
Kapitel G:	Die Rechnungslegung bei Stiftungen	1420	403
Kapitel H:	Auslandsstiftungen und ausländische Trusts	1690	495
Kapitel I:	Die Bedeutung der Erbschaftsteuerreform 2016 für Familienstiftungen	1860	555
Kapitel J:	Die Stiftungsrechtsreform	1970	599
Anhang			697
Stichwortverzeichnis			851

INHALTSVERZEICHNIS

Vorwort	V
Inhaltsübersicht	VII
Literaturverzeichnis	XXIX
Abkürzungsverzeichnis	LXXVII

A. EINLEITUNG

	Rz.	Seite
I. Gründe für eine Stiftungserrichtung	1	1
II. Stiftungserrichtung und Pflichtteilsrecht	15	3
III. Stiftung und Unternehmen	25	5
1. Motive für eine Stiftungserrichtung	25	5
2. Begriff der Unternehmensträgerstiftung	28	6
3. Stiftung als Unternehmensform	29	6
4. Beteiligungsträgerstiftung	31	8

B. ERRICHTUNG DER RECHTSFÄHIGEN STIFTUNG DES PRIVATRECHTS

	Rz.	Seite
I. Begriffsbestimmung	40	9
1. Unterscheidung nach dem Stiftungszweck	45	10
2. Unterscheidung nach der Zweckverfolgung	49	11
3. Unterscheidung nach der Verbindung von Stiftung und Unternehmen	51	11
3.1 Beteiligung an einer Personengesellschaft	53	12
3.2 Die Stiftung & Co. KG	54	12
3.3 Die Beteiligung der Stiftung an einer AG oder GmbH	61	15
4. Destinatäre (Begünstigte)	63	16
5. Haftung der Stiftung	65	17
6. Die Familienstiftung als Instrument der Vermögens- und Unternehmensnachfolge	70	19
6.1 Einleitung	70	19

			Rz.	Seite
		6.2 Begriff der Familienstiftung	71	19
		6.3 Besonderheiten bei der Beteiligung einer Familienstiftung für Zwecke der Unternehmensnachfolge	73	20
	7.	Die Verbrauchsstiftung	80	21
	8.	Umwandlung, Zulegung und Zusammenlegung von Stiftungen	86	23
	9.	Insolvenz und Krisenfrüherkennung (StaRUG)	88	24
	10.	Stiftung und Beihilferecht	92	25
	11.	Social Media	95	26
	12.	Datenschutz	97	26
	13.	Transparenzregister	99	28
	14.	Vergaberecht	102	30
	15.	Der Stiftungsverein	103	30
	16.	Finanztransfergeschäfte durch Förderkörperschaften	104	31
	17.	Anwendbarkeit des Mindestlohngesetzes auf Stiftungen	106	31
	18.	Künstlersozialabgabe – Anwendbarkeit auf Stiftungen	107	31
	19.	Stakeholder	108	32
II.	Die Entstehung einer rechtsfähigen Stiftung		110	32
	1.	Stiftungsgeschäft	111	32
		1.1 Satzungsregelungen	111	32
		1.2 Stiftungsgeschäft unter Lebenden	112	34
		1.3 Stiftungsgeschäft von Todes wegen	120	36
	2.	Inhalt des Stiftungsgeschäfts	127	41
		2.1 Stiftungserklärung	127	41
		2.2 Umfang der Vermögenszusage	129	42
	3.	Das Anerkennungsverfahren	140	45
	4.	Stiftungsaufsicht	146	48
		4.1 Zuständige Behörde	148	49
		4.2 Vorlagepflichten	153	50
		4.3 Prüfung des Rechenschaftsberichts	155	51
		4.4 Maßnahmen der Stiftungsaufsicht	157	51
	5.	Geschäftsjahr	161	52
	6.	Rechnungslegung	162	52
	7.	Stiftungskollisionsrecht	163	52

		Rz.	Seite
	8. Stiftungsregister	170	54
III.	Notwendige Bestandteile einer Stiftungssatzung	180	55
	1. Stiftungszweck	181	56
	1.1 Zivilrechtliche Aspekte	181	56
	1.2 Steuerliche Aspekte	187	59
	2. Name der Stiftung	192	60
	3. Sitz der Stiftung	193	60
	4. Stiftungsorgane	196	61
	4.1 Vorstand	196/1	62
	4.1.1 Gesetzlicher Vertreter	196/3	62
	4.1.2 Tätigkeitsvergütung für den Vorstand	215	71
	4.1.3 Vertretungsmacht	217	72
	4.1.4 Geschäftsführung	224	74
	4.1.5 Haftung des Stiftungsvorstands	231	78
	4.2 Fakultative Organe	237	82
	4.2.1 Das Aufsichtsorgan	237	82
	4.2.2 Der Stiftungsbeirat als drittes Organ	254	86
	4.3 Auslagenersatz	262	87
IV.	Stiftungsvermögen	264	88
	1. Grundstockvermögen/Stiftungsvermögen/Errichtungskapital	264/1	88
	2. Zustiftungen	271	95
	3. Spenden	273	96
	4. Vermögensverwaltung	275	97
	5. Ertragsverwendung	280	98
V.	Begünstigtenkreis/Destinatäre	286	100
VI.	Beendigung der Stiftung	295	103
	1. Auflösung durch Organentscheidung	295	103
	2. Aufhebung der Stiftung von Amts wegen	305	106
	3. Rechtsfolgen der Aufhebung/Auflösung der Stiftung	308	108
VII.	Stiftungsverfassung und Stifterwille	315	109
VIII.	Satzungsänderung	320	110
IX.	Stiftungsfonds	325	111
X.	Gründungskosten	328	112

C. RECHTSINSTITUT DER UNSELBSTÄNDIGEN STIFTUNG	Rz.	Seite
I. Begriff und Struktur der unselbständigen Stiftung	335	115
1. Unterschiede und Gemeinsamkeiten zwischen der selbständigen und unselbständigen Stiftung des Privatrechts	335	115
2. Träger des Stiftungsvermögens	341	116
3. Steuerliche Besonderheiten	344	117
3.1 Körperschaftsteuer	344	117
3.2 Erbschaftsteuer	356	120
3.3 Umsatzsteuer	368	124
II. Errichtungsformen	370	125
1. Allgemeines	370	125
2. Stiftungsgeschäft unter Lebenden	374	126
2.1 Schenkung unter Auflage	376	127
2.2 Treuhandgeschäft	378	127
3. Stiftungsgeschäft von Todes wegen	382	128
4. Rechtsstellung der Destinatäre	390	129
5. Genehmigungspflicht nach dem KWG	392	130
III. Satzung, Vermögensausstattung, Haftung, Auflösung	405	130
1. Die Satzung der unselbständigen Stiftung	405	130
2. Vermögensausstattung und -zuordnung	410	131
3. Haftungsfragen bei der unselbständigen Stiftung	416	133
4. Auflösung der unselbständigen Stiftung	420	133
IV. Die unselbständige Stiftung als Erbin	430	135
V. Vorteile der unselbständigen Stiftung	435	135
VI. Transparenzregister	440	136

D. DIE STEUERPFLICHTIGE FAMILIENSTIFTUNG IM STEUERRECHT		
I. Einführung	450	139
1. Einsatzbereich der Familienstiftung	450	139
2. Begriff der Familienstiftung	453	140
3. Familienstiftung mit Sitz im Ausland	460	141
4. Familienstiftung mit Geschäftsleitung im Ausland	464	143

		Rz.	Seite
II.	Besteuerung der Stiftungserrichtung	470	145
1.	Besteuerung des Stifters	470	145
1.1	Einkommensteuer	472	145
1.1.1	Grundsätze	472	145
1.1.2	Betriebsvermögen, Mitunternehmeranteil	475	146
1.1.3	Vorweggenommene Erbfolge	487	150
1.1.4	Erwerb von Vermögen von Todes wegen	492	152
1.1.5	Nießbrauch	497	153
1.2	Sonstige Steuern	513	154
2.	Besteuerung des Unternehmens des Stifters	530	155
2.1	Einkommensteuer	530	155
2.2	Körperschaftsteuer	532	156
2.3	Gewerbesteuer	535	157
2.4	Umsatzsteuer	539	158
3.	Besteuerung der Stiftung	560	160
3.1	Ertragsteuern	560	160
3.2	Erbschaft-/Schenkungsteuer	570	162
3.2.1	Steuerpflicht	570	162
3.2.2	Steuerschuldner	577	164
3.2.3	Entstehen der Steuerschuld	578	164
3.2.4	Berechnung der Steuer	586	166
3.2.5	Wertermittlung	607	173
3.2.6	Steuerbefreiungen, Freibeträge	648	181
3.2.7	Rückwirkende Steuerbefreiung	664	183
3.3	Grunderwerbsteuer	665	184
3.4	Umsatzsteuer	678	187
III.	Laufende Besteuerung	690	188
1.	Laufende Besteuerung der Stiftung	690	188
1.1	Körperschaftsteuer	690	188
1.1.1	Steuerpflicht und Steuersatz	690	188
1.1.2	Buchführungspflicht	707	191
1.1.3	Wirtschaftsjahr	714	192
1.1.4	Einkommensermittlung	717	192
1.1.5	Abzugsverbot für satzungsgemäße Aufwendungen	758	205
1.1.6	Zuwendungen an eine bestehende Stiftung	768	207

		Rz.	Seite
1.1.7	Sachliche Steuerbefreiungen	773	209
1.1.8	Organschaft mit Ergebnisabführungsvertrag	774	209
1.2	Gewerbesteuer	780	210
1.3	Erbschaftsteuer	795	213
1.4	Erbersatzsteuer für Familienstiftungen	802	215
1.5	Umsatzsteuer und sonstige Steuern	820	221
1.5.1	Umsatzsteuer	820	221
1.5.2	Sonstige Steuern	824	222
1.6	Grunderwerbsteuer	826	223
2.	Besteuerung der Destinatäre	845	225
2.1	Einkommensteuer	845	225
2.2	Erbschaftsteuer	858	230
2.3	Zurechnung der erzielten Einkünfte gem. § 15 AStG	860	231
3.	Umstrukturierung	875	232
IV.	Besteuerung der Stiftungsaufhebung	885	233
1.	Besteuerung der Stiftung	885	233
1.1	Körperschaftsteuer	885	233
1.2	Gewerbesteuer	891	234
1.3	Umsatzsteuer	892	234
1.4	Erbschaftsteuer	893	235
1.5	Grunderwerbsteuer	894	235
2.	Besteuerung der Destinatäre	905	235
2.1	Erbschaftsteuer	905	235
2.2	Einkommensteuer	912	238
2.3	Sonstige Steuern	915	238

E. DIE STEUERBEFREITE STIFTUNG IM STEUERRECHT

I.	Voraussetzungen der Steuerbefreiung	925	239
1.	Steuerbefreiung nach § 5 Abs. 1 Nr. 9 KStG	925	239
1.1	Grundsätze	925	239
1.2	Beginn und Erlöschen der Steuerbefreiung	943	247
1.3	Wirtschaftliche Betätigung	946	249
1.4	Beschränkung der Steuerbefreiung	950	250

			Rz.	Seite
		1.5 Kapitalertragsteuer	951	251
		1.6 Besonderheiten bei wirtschaftlichem Geschäftsbetrieb	953	253
		1.7 Umwandlung, Betriebsaufspaltung, private Veräußerungsgeschäfte	957	257
		1.8 Steuerbefreiung und Auslandsbeziehungen	962	258
		1.9 Stiftung als Holding	967	260
		1.10 Steuerfolgen beim Halten von Fondsbeteiligungen	968	260
	2.	Anforderungen an die Stiftungssatzung nach AO	980	263
		2.1 Selbstlosigkeit (§ 55 AO)	980	263
		2.2 Ausschließlichkeit (§ 56 AO)	1013	279
		2.3 Unmittelbarkeit (§ 57 AO)	1031	285
		2.4 Zweckverfolgung im Ausland	1038	288
		2.5 Steuerlich unschädliche Betätigungen (§ 58 AO)	1040	290
		2.6 Rücklagenbildung (§ 62 AO)	1044	294
	3.	Die Einkommens- und Vermögenssphären einer steuerbegünstigten Stiftung	1075	303
		3.1 Überblick	1075	303
		3.2 Ideeller Bereich	1076	303
		3.3 Vermögensverwaltung	1077	304
		3.4 Wirtschaftlicher Geschäftsbetrieb	1079	305
		3.5 Zweckbetrieb	1113	319
II.		Besteuerung der Stiftungserrichtung	1155	331
	1.	Besteuerung des Stifters	1155	331
		1.1 Übereignung von Privatvermögen	1155	331
		1.2 Spendenabzug	1156	332
		1.3 Rückwirkende Befreiung von der Erbschaftsteuer, § 29 Abs. 1 Nr. 4 ErbStG	1168	336
	2.	Besteuerung des Unternehmens des Stifters	1175	337
		2.1 Ertragsteuern	1175	337
		2.1.1 Überführung von einzelnen Wirtschaftsgütern des Betriebsvermögens	1175	337
		2.1.2 Überführung von Betrieben, Teilbetrieben und Mitunternehmeranteilen	1182	340
		2.2 Umsatzsteuer	1190	342

		Rz.	Seite
3.	Besteuerung der steuerbefreiten Stiftung	1200	343
3.1	Ertragsteuern	1200	343
3.2	Erbschaft-/Schenkungsteuer	1203	343
3.3	Grunderwerbsteuer	1205	345
III.	Laufende Besteuerung	1220	346
1.	Laufende Besteuerung der Stiftung	1220	346
1.1	Körperschaftsteuer	1220	346
1.1.1	Steuerpflicht und Steuersatz	1220	346
1.1.2	Buchführungspflicht	1228	348
1.1.3	Wirtschaftsjahr	1238	350
1.1.4	Einkommensermittlung	1239	351
1.2	Zustiftung	1248	353
1.3	Spendenabzug für Zuwendungen an eine bestehende Stiftung	1252	354
1.4	Organschaft	1269	362
1.5	Ausgründung von Unternehmen	1273	362
1.6	Investitionszulage	1281	365
1.7	Gewerbesteuer	1282	365
1.7.1	Grundsatz der Steuerfreiheit	1282	365
1.7.2	Steuerpflicht des wirtschaftlichen Geschäftsbetriebs	1284	365
1.8	Umsatzsteuer	1291	366
1.9	Sonstige Steuern	1326	379
1.10	Sozialversicherung	1337	383
1.11	Wegfall der Steuerbefreiung	1339	384
2.	Besteuerung der Destinatäre	1345	386
2.1	Einkommensteuer	1345	386
2.2	Schenkung-/Erbschaftsteuer	1347	387
3.	Umstrukturierung	1355	387
4.	Besteuerung der Stiftungsvorstände	1358	389
5.	Steuerliche Begünstigung des Zweckbetriebs	1360	389
IV.	Besteuerung der Stiftungsaufhebung	1365	389
1.	Erbschaftsteuer	1365	389
2.	Ertragsteuern	1367	390
3.	Grunderwerbsteuer	1368	390

F. KOMBINATION VON/MIT STIFTUNGEN

		Rz.	Seite
I.	Die Doppelstiftung	1380	391
	1. Rechtliche Konstruktion	1380	391
	2. Schaubild einer Doppelstiftung	1382	392
	3. Variable Versorgung der Familienangehörigen	1384	393
	4. Vorteile der Doppel-Stiftung	1389	395
	5. Steuerliche Besonderheiten	1390	396
	5.1 Gemeinnützigkeitsrechtliche Fragen	1390	396
	5.2 Schenkungsteuerliche Besonderheiten	1391	396
	5.3 Ertragsteuerliche Besonderheiten	1393	397
	6. Thesaurierung durch Beteiligungsgesellschaft	1394	398
II.	Stiftung und Betriebsführungsgesellschaft	1410	399
III.	Gemischte Stiftung als Alternative zur Doppelstiftung	1412	400

G. DIE RECHNUNGSLEGUNG BEI STIFTUNGEN

I.	Externe Rechnungslegung	1420	403
II.	Die Auswirkung der Stiftungsrechtsreform auf die Rechnungslegung bei Stiftungen	1424	404
	1. Wandlung der Begriffe	1425	405
	2. Kapitalerhalt	1426	406
	3. Vermögensumschichtung	1427	407
	4. Anpassungsbedarf in der Rechnungslegung	1428	408
	5. Haftung der Organmitglieder	1429	410
III.	Adressaten der externen Rechnungslegung einer Stiftung	1430	411
IV.	Fokussierung auf bestimmte Stiftungsarten in der vorliegenden Auflage	1440	412
V.	Gesetzliche Regelungen bezüglich der Rechnungslegung von Stiftungen	1460	415
	1. Die Rechnungslegung von Stiftungen nach BGB	1467	417
	2. Die Rechnungslegung von Stiftungen nach Landesstiftungsgesetz	1470	419
	3. Die Rechnungslegung von Stiftungen und das Berufsrecht der Wirtschaftsprüfer	1472	421

	Rz.	Seite
4. Buchführungs- und Aufzeichnungspflichten aufgrund steuerlicher Vorschriften	1475	422
5. Die Rechnungslegung nach HGB	1482	424
5.1 Die Verpflichtung des Kaufmanns, einen Jahresabschluss aufzustellen	1482	424
5.2 Änderungen durch das Bilanzrichtlinie-Umsetzungsgesetz (BilRUG)	1494	429
VI. Zusammenstellung der gesetzlichen Anforderungen an die Rechnungslegung von Stiftungen	1510	429
1. Die zentralen Aufgaben (Ziele) von Stiftungen	1510	429
2. Die aus den Aufgaben der Stiftung abzuleitenden speziellen Anforderungen an die Rechnungslegung von Stiftungen	1517	433
VII. Ableitung einer Empfehlung für die Ausgestaltung der externen Rechnungslegung durch Stiftungen	1530	435
1. Arten der Rechnungslegung im Bereich der Kaufleute und des Steuerrechts	1530	435
2. Empfehlung zur Rechnungslegung auf der Basis eines handelsrechtlichen Jahresabschlusses	1533	436
3. Begriffsabgrenzung: Jahresabschluss bei Kapitalgesellschaften und Jahresbericht bei Stiftungen	1544	440
4. Besonderheiten bei der Rechnungslegung von Stiftungen gegenüber der kaufmännischen Rechnungslegung	1554	441
4.1 Kapitalerhaltung und Vermögensverwaltung	1557	443
4.2 Die Bedeutung der unterschiedlichen Sphären einer Stiftung für die Rechnungslegung	1565	445
4.3 Die Überschuss- und Mittelverwendungsrechnung einer Stiftung in Abgrenzung zur Gewinn- und Verlustrechnung einer Kapitalgesellschaft	1569	447
4.4 Ausweis der satzungsgemäßen Leistungen und die Dokumentation der Mittelverwendung	1573	448
4.5 Eigenkapitalausweis	1576	449
4.6 Ergebnisse aus Vermögensumschichtungen des Grundstockvermögens	1583	455
5. Empfehlung für den Aufbau des Jahresberichtes einer steuerbefreiten, gemeinnützigen Stiftung, die ihre Mittel allein aus Vermögensverwaltung generiert	1595	462

	Rz.	Seite
5.1 Angaben zur Neuhausen Stiftung (Gründung, siehe Anhang 1)	1602	465
5.2 Der Aufbau einer Überschuss- und Mittelverwendungsrechnung auf der Basis einer handelsrechtlichen Gewinn- und Verlustrechnung entsprechend § 275 HGB	1634	480
5.3 Anhang	1659	489
5.4 Zusammenfassung	1670	492
6. Jahresbericht einer nicht steuerbefreiten Stiftung, z. B. einer Familienstiftung	1672	493

H. AUSLANDSSTIFTUNGEN UND AUSLÄNDISCHE TRUSTS

	Rz.	Seite
I. Stiftung nach schweizerischem Recht	1690	495
1. Einleitung	1690	495
2. Stiftungstypen	1691	495
2.1 Gemeinnützige Stiftung	1692	496
2.2 Familienstiftung	1693	496
2.3 Kirchliche Stiftung	1695	497
2.4 Unternehmensstiftung	1696	497
2.5 Personalfürsorgestiftung	1698	498
3. Organisation	1699	498
3.1 Stifter	1700	498
3.2 Organe	1701	499
3.2.1 Stiftungsrat	1701	499
3.2.2 Revisionsstelle	1704	500
3.3 Destinatäre	1705	500
4. Gründung	1706	500
5. Stiftungsaufsicht	1709	501
II. Stiftung nach liechtensteinischem Recht	1720	502
1. Die liechtensteinische Stiftung und ihre Vorteile	1720	502
2. Definition und Erscheinungsformen	1721	502
3. Stiftungserrichtung	1724	503
4. Stiftungsorgane	1728	504
4.1 Stifter	1728	504

	Rz.	Seite
4.2 Stiftungsrat	1729	504
4.3 Revisionsstelle	1730	504
4.4 Stiftungsaufsichtsbehörde	1731	505
4.5 Repräsentant	1733	505
5. Rechnungswesen	1734	505
6. Beendigung der Stiftung	1735	506
7. Steuern und Gebühren bei Stiftungen	1736	506
7.1 Steuern	1736	506
7.2 Gebühren	1742	507
III. Stiftung nach österreichischem Recht	1745	508
1. Einleitung	1745	508
2. Stiftungsidee und Gründungsmotive	1746	508
3. Stiftungstypen	1747	509
4. Die Privatstiftung	1748	509
4.1 Wesen und Rechtsnatur	1748	509
4.2 Stiftungszweck	1749	510
4.3 Stifter	1750	511
4.4 Begünstigter	1751	511
4.5 Beginn der Privatstiftung	1752	512
4.5.1 Gründung	1752	512
4.5.2 Stiftungserklärung/Stiftungsurkunde	1752/1	512
4.6 Stiftungsvermögen	1753	513
4.7 Organe der Privatstiftung	1754	514
4.7.1 Stiftungsvorstand	1754/1	514
4.7.2 Stiftungsprüfer	1754/2	515
4.7.3 Aufsichtsrat	1754/3	516
4.7.4 Weitere Stiftungseinrichtungen	1754/4	517
4.7.4.1 Stiftungsbeirat	1754/5	517
4.7.4.2 Stelle	1754/6	518
4.8 Beendigung der Privatstiftung	1754/7	518
4.8.1 Widerruf	1754/7	518
4.8.2 Auflösung	1754/8	518
4.9 Arten der Privatstiftung	1754/9	519
4.9.1 Gemeinnützige und eigennützige Privatstiftung	1754/9	519

	Rz.	Seite
4.9.2 Privatstiftung unter Lebenden oder von Todes wegen	1754/10	519
4.9.3 Versorgungsprivatstiftung	1754/11	520
4.9.4 Betriebliche Arbeitnehmerförderungsprivatstiftung	1754/12	520
4.9.5 Betriebliche Unternehmenszweckprivatstiftung	1754/13	520
4.9.6 Betriebliche Belegschaftsbeteiligungsstiftung	1754/14	520
IV. Trust	1755	521
1. Einleitung	1755	521
2. Die Beteiligten an einem Trust	1760	522
3. Die Gründung eines Trusts	1765	523
3.1 Inter Vivos Trust	1766	524
3.2 Testamentary Trust	1768	525
3.3 Übertragung von Vermögen auf den Trust	1770	526
3.4 Anerkennung eines Trusts im Inland	1771	526
3.5 Widerrufbarkeit des Trusts	1773	526
3.6 Discretionary Trust	1774	527
3.7 Laufzeit eines Trusts	1776	527
4. Der Trust im internationalen Privatrecht	1777	527
5. Der Trust und seine Behandlung in der EuErbVO	1781	528
V. Ertragsteuerliche Behandlung von ausländischen Stiftungen und Trusts	1790	529
1. Vorbemerkung	1790	529
2. Selbständige (intransparente) Einheit Trust/Stiftung	1791	530
2.1 Körperschaftsteuerpflicht	1791	530
2.2 Zurechnung der erzielten Einkünfte gem. § 15 AStG	1799	534
2.2.1 Die Tatbestandsmerkmale des § 15 Abs. 1 AStG (Familienstiftung)	1800	534
2.2.2 Zurechnung bei Trusts nach § 15 Abs. 4 AStG (sonstige Vermögensmassen)	1803	536
2.2.3 Einkünfteermittlung	1804	536
2.2.4 Das Verhältnis von § 15 AStG und DBA	1808	539
3. Zurechnung bei unselbständigen (transparenten) Trusts/Stiftungen	1809	539

	Rz.	Seite
4. Zusammenfassende Übersicht der denkbaren Zurechnungsvarianten	1814	541
VI. Erbschaft-/schenkungsteuerliche Behandlungen von Auslandsstiftungen und ausländischen Trusts	1825	542
1. Besteuerung der Vermögensausstattung bzw. Aufhebung einer ausländischen Stiftung/eines Trusts gem. § 3 Abs. 2 Nr. 1, § 7 Abs. 1 Nr. 8 und 9 ErbStG	1825	542
1.1 Steuerpflicht im Inland	1825	542
1.2 § 7 Abs. 1 Nr. 8, § 3 Abs. 2 Nr. 1 und § 7 Abs. 1 Nr. 9 ErbStG	1830	543
2. Erbschaftsteuerfreie Vermögenskonservierung mit ausländischen Stiftungen bzw. Trusts	1834	545
3. Ausschüttungen der Vermögensmasse ausländischen Rechts als Schenkungen unter Lebenden	1837	546
4. Verhältnis von § 7 Abs. 1 Nr. 9 ErbStG von § 15 Abs. 11 AStG	1838	547
5. Zusammenfassende Würdigung	1851	552

I. DIE BEDEUTUNG DER ERBSCHAFTSTEUERREFORM 2016 FÜR FAMILIENSTIFTUNGEN

	Rz.	Seite
I. Einleitung	1860	555
II. Überblick über die Erbschaftsteuerreform 2016 und ihre Bedeutung für Familienstiftungen	1871	558
III. Das Erbschaftsteuerrecht	1889	571
1. Der Vorwegabschlag für Familienunternehmen nach § 13a Abs. 9 ErbStG	1889	571
2. Die Beschränkung der 85%igen oder 100%igen Verschonung auf Erwerbe von begünstigtem Vermögen bis zu 26 Mio. €, Verschonungsbedarfsprüfung und Stundung	1893	573
3. Der Verwaltungsvermögenstest, 90%-Quote	1897	577
4. Der Verwaltungsvermögenstest nach bis 30.6.2016 geltendem Recht, 50%-Test	1900	578
5. Der Verwaltungsvermögenstest für die Optionsverschonung, § 13a Abs. 10 ErbStG, 20%-Quote	1904	580

		Rz.	Seite
6.	Der Investitionsabzugsbetrag (Investitionsklausel) § 13b Abs. 5 ErbStG	1905	581
7.	Die Aufteilung des Unternehmenswertes auf das steuerbegünstige Vermögen und das steuerpflichtige Verwaltungsvermögen erfolgt in sechs Schritten	1908	582
7.1	Die bei der Aufteilung verwendeten Begriffe	1917	585
7.2	Die Aufteilung und Verrechnung der Schulden zur Ermittlung des steuerpflichtigen Verwaltungsvermögens (Schritte 3–5)	1918	587
7.3	Grundregeln der Schuldenverrechnung nach § 13b Abs. 6 ErbStG	1921	589
7.4	Quotale Schuldenverrechnung nach § 13b Abs. 6 ErbStG gemäß R E 13b.9 ErbStR	1922	590
7.5	Die Ermittlung des begünstigten Vermögens i. S. des § 13b Abs. 2 Satz 1 ErbStG	1923	591
8.	Die Bestimmung des steuerpflichtigen Vermögens auf der Basis des begünstigten Betriebsvermögens	1924	592
IV.	Die Auswirkungen der Erbschaftsteuerreform 2016	1955	592

J. DIE STIFTUNGSRECHTSREFORM

		Rz.	Seite
I.	Gründe für die Stiftungsrechtsreform	1970	599
II.	Die wesentlichen Änderungen des Stiftungszivilrechts	1973	600
1.	Einleitung	1973	600
2.	Vereinheitlichung des Stiftungszivilrechts auf Bundesebene im BGB	1974	601
3.	Die Neuregelungen im Einzelnen	1976	601
3.1	Neufassung § 80 BGB	1977	602
3.2	Neufassung § 81 BGB	1988	604
3.3	Neufassung § 81a BGB	2013	611
3.4	Neufassung § 82 BGB	2014	611
3.5	Neufassung § 82a BGB	2019	613
3.6	Neufassung § 83 BGB	2020	613
3.7	Neufassung § 83a BGB	2023	613
3.8	Neufassung § 83b BGB	2027	614

		Rz.	Seite
3.9	Neufassung § 83c BGB	2042	618
3.10	Neufassung § 84 BGB	2058	623
3.11	Neufassung § 84a BGB	2074	626
3.12	Neufassung § 84b BGB	2086	628
3.13	Neufassung § 84c BGB	2090	629
3.14	Neufassung § 85 BGB	2105	632
3.15	Neufassung § 85a BGB	2131	638
3.16	Neufassung §§ 86–86h BGB	2140	640
3.16.1	Zu § 86 BGB-neu (Voraussetzungen für die Zulegung)	2143	641
3.16.2	Zu § 86a BGB-neu (Voraussetzungen für die Zusammenlegung)	2151	643
3.16.3	Zu § 86b (Verfahren der Zulegung und der Zusammenlegung)	2157	644
3.16.4	Zu § 86c BGB-neu (Zulegungs- und Zusammenlegungsvertrag)	2165	646
3.16.5	Zu § 86d-neu (Form des Zulegungs- und des Zusammenlegungsvertrags)	2174	648
3.16.6	Zu § 86e BGB-neu (Behördliche Zulegungs- und Zusammenlegungsentscheidung)	2177	648
3.16.7	Zu § 86f BGB-neu (Wirkungen der Zulegung und der Zusammenlegung)	2180	649
3.16.8	Zu § 86g BGB-neu (Bekanntmachung der Zulegung und der Zusammenlegung)	2185	650
3.16.9	Zu § 86h BGB-neu (Gläubigerschutz)	2189	651
3.17	Neufassung §§ 87–87c BGB-neu	2192	651
3.17.1	Zu § 87 BGB-neu (Auflösung der Stiftung durch die Stiftungsorgane)	2200	653
3.17.2	Zu § 87a BGB-neu (Aufhebung der Stiftung)	2209	655
3.17.3	Zu § 87b BGB-neu (Auflösung der Stiftung bei Insolvenz)	2219	656
3.17.4	Zu § 87c BGB-neu (Vermögensanfall und Liquidation)	2220	657
3.17.5	Zu § 88 BGB-neu (Kirchliche Stiftungen)	2228	658
4.	Die Neuregelungen, die erst ab 1.1.2026 gelten	2230	658
4.1	Einleitung	2230	658

		Rz.	Seite
4.2	Zu § 82b BGB-neu (Stiftungsregister und Anmeldung der Stiftung)	2231	658
4.3	Zu § 82c BGB-neu (Namenszusatz der Stiftung)	2242	661
4.4	Zu § 82d BGB-neu (Vertrauensschutz durch das Stiftungsregister)	2246	662
4.5	Zu § 84d BGB-neu (Anmeldung von Änderungen beim Vorstand oder bei besonderen Vertretern)	2250	663
4.6	Zu § 85b BGB-neu (Anmeldung von Satzungsänderungen)	2253	664
4.7	Zu § 86i BGB-neu (Anmeldung von Zulegung und Zusammenlegung)	2258	664
4.8	Zu § 87d BGB-neu (Anmeldung von Auflösung, Aufhebung und Liquidation)	2266	666
5.	Stiftungsregistergesetz – ab 1.1.2026	2277	668
5.1	Zu § 1 StiftRG-neu (Zuständige Registerbehörde und Aufbau des Registers)	2278	668
5.2	Zu § 2 StiftRG-neu (Inhalt des Registers)	2285	669
5.3	Zu § 3 StiftRG-neu (Anforderungen an die Anmeldung)	2308	673
5.4	Zu § 4 StiftRG-neu (Eintragung von Stiftungen)	2317	675
5.5	Zu § 5 StiftRG-neu (Eintragung von Änderungen beim Vorstand oder bei besonderen Vertretern)	2322	676
5.6	Zu § 6 StiftRG-neu (Eintragung von Satzungsänderungen)	2326	677
5.7	Zu § 7 StiftRG-neu (Eintragungen bei Zulegungen und Zusammenlegungen)	2327	677
5.8	Zu § 8 StiftRG-neu (Eintragung von Auflösung, Aufhebung und Liquidation)	2332	679
5.9	Zu § 9 StiftRG-neu (Eintragungen bei Insolvenz der Stiftung)	2343	681
5.10	Zu § 10 StiftRG-neu (Beteiligung der für die Stiftung zuständigen Behörden im Registerverfahren)	2344	682
5.11	Zu § 11 StiftRG-neu (Entscheidungen im Eintragungsverfahren)	2353	683
5.12	Zu § 12 StiftRG-neu (Löschung unzulässiger Eintragungen)	2364	685
5.13	Zu § 13 StiftRG-neu (Aussetzung des Verfahrens)	2374	687

		Rz.	Seite
5.14	Zu § 14 StiftRG-neu (Zwangsgeld)	2375	687
5.15	Zu § 15 StiftRG-neu (Einsichtnahme in das Register)	2385	689
5.16	§ 16 StiftRG-neu (Automatisierter Abruf von Daten aus dem Register)	2389	689
5.17	Zu § 17 StiftRG-neu (Anwendung der Verordnung [EU] 2016/679)	2390	690
5.18	Zu § 18 StiftRG-neu (Verwaltungsrechtsweg und Ausschluss des Widerspruchsverfahrens)	2397	692
5.19	Zu § 19 StiftRG-neu (Verordnungsermächtigung)	2400	693
5.20	Zu § 20 StiftRG-neu (Übergangsregelungen)	2408	694

ANHANG

1. Neuhausen Stiftung, Rittweck 697
2. Stiftungsgeschäft 707
3. Stiftungssatzung mit starkem Stiftungsrat 708
4. Landesstiftungsgesetze 715
   - 4.1 Stiftungsgesetz für Baden-Württemberg (StiftG) vom 4.10.1977 (GBl. 1977 S. 408) 715
   - 4.2 Bayerisches Stiftungsgesetz (BayStiftG) in der Fassung der Bekanntmachung vom 26.9.2008 (GVBl 2008 S. 834) 731
   - 4.3 Berliner Stiftungsgesetz (StiftG Bln) in der Fassung vom 22.7.2003 (GVBl 2003 S. 293) 743
   - 4.4 Stiftungsgesetz für das Land Brandenburg (StiftGBbg) vom 20.4.2004 (GVBl 2004 S. 150) 748
   - 4.5 Bremisches Stiftungsgesetz (BremStiftG) vom 7.3.1989 (Brem.GBl. 1989 S. 163) 755
   - 4.6 Hamburgisches Stiftungsgesetz vom 14.12.2005 (HmbGVBl 2005 S. 521) 762
   - 4.7 Hessisches Stiftungsgesetz vom 4.4.1966 (GVBl 1966 I S. 77) 767
   - 4.8 Stiftungsgesetz des Landes Mecklenburg-Vorpommern (Landesstiftungsgesetz – StiftG M-V) vom 7.6.2006 (GVOBl. M-V 2006 S. 366) 775

	Rz.	Seite
4.9 Niedersächsisches Stiftungsgesetz (NStiftG) vom 24.7.1968 (Nds. GVBl 1968 S. 119)		780
4.10 Stiftungsgesetz für das Land Nordrhein-Westfalen (StiftG NRW) vom 15.2.2005 (GV NRW 2005 S. 52)		789
4.11 Landesstiftungsgesetz für Rheinland-Pfalz (LStiftG) vom 19.7.2004 (GVBl 2004 S. 385)		797
4.12 Saarländisches Stiftungsgesetz in der Fassung der Bekanntmachung vom 9.8.2004 (ABl 2004 S. 1825)		805
4.13 Sächsisches Stiftungsgesetz (SächsStiftG) vom 7.8.2007 (SächsGVBl 2007 S. 386), geändert durch Art. 6 des Gesetzes vom 26.4.2018 (SächsGVBl 2018 S. 198)		811
4.14 Stiftungsgesetz Sachsen-Anhalt (StiftG LSA) vom 20.1.2011 (GVBl LSA Nr. 1/2011)		818
4.15 Gesetz über rechtsfähige Stiftungen des bürgerlichen Rechts für Schleswig-Holstein (Stiftungsgesetz – StiftG) in der Fassung der Bekanntmachung vom 2.3.2000 (GVOBl. Schl.-H. 2000 S. 208)		829
4.16 Thüringer Stiftungsgesetz (ThürStiftG) vom 16.12.2008 (GVBl 2008 S. 561)		839
Stichwortverzeichnis		851

LITERATURVERZEICHNIS

A. Bücher und Schriften

A

Altmeppen, GmbHG, 11. Aufl. 2023

Andrick/Gantenbrink/Hellmig, Die Stiftung, Frankfurt 2015

Arnold, Privatstiftungsgesetz – Kommentar, 3. Aufl. 2013

Arnold/Ludwig, Stiftungshandbuch, 2. Aufl. 2014

B

Barzen, Das neue Stiftungsrecht, 2022

Beck'scher Bilanz-Kommentar, 13. Aufl., München 2022

Brandis/Heuermann(vormals: Blümich), EStG, KStG, GewStG, Nebengesetze, Kommentar, Loseblatt, 159. Aufl., München 2021

Brandmüller/Klinger, Unternehmensverbundene Stiftungen, 4. Aufl., Berlin 2014

Buchna/Leichinger/Seeger/Brox, Gemeinnützigkeit im Steuerrecht, 12. Aufl., Achim 2022

Bundesverband Deutscher Stiftungen, „Grundsätze guter Stiftungspraxis", https://www.stiftungen.org/stiftungen/basiswissen-stiftungen/stiftungsgruendung/grundsaetze-guter-stiftungspraxis.html

Bund-Länder-Arbeitsgruppe „Stiftungsrecht", https://www.innenministerkonferenz.de/IMK/DE/termine/to-beschluesse/2018-06-08_06/anlage-zu-top-46.pdf?_blob=publicationFile&v=2

Bunjes/Geist, Umsatzsteuergesetz, 21. Aufl., München 2022

Burandt/Rojahn, Erbrecht, 4. Aufl., München 2022

Burgard, Gestaltungsfreiheit im Stiftungsrecht, 2006

ders., Stiftungsrecht, Kommentar, 2022

C

von Campenhausen/Richter, Stiftungsrechts-Handbuch, 4. Aufl., München 2014

Csoklich/Müller/Gröhs/Helbich, Handbuch zum Privatstiftungsgesetz, 1994

D

Debatin/Wassermeyer, Doppelbesteuerung, Loseblatt, München

Deininger/Götzenberger, Internationale Vermögensnachfolgeplanung mit Auslandsstiftungen und Trusts, Herne 2007

Dötsch/Jost/Pung/Witt, Körperschaftsteuergesetz, Loseblatt, Stuttgart

Dutta/Weber, Internationales Erbrecht, 2. Aufl. 2021, München

E

Ebenroth/Boujong/Joost/Strohn, HGB, 4. Aufl., München 2020

Ebner Stolz/BDI, Unternehmensnachfolge nach der Erbschaftsteuerreform 2016, Bonn 2016

Eckhardt/Jakob/von Schnurbein, Der Schweizer Stiftungsreport 2016, Basel/Zürich 2016

Eidgenössische Stiftungsaufsicht, Leitfaden für Stiftungen gem. Art. 80 ff. ZGB, Bern 2010

Erman, Handkommentar zum Bürgerlichen Gesetzbuch, 16. Aufl., Münster 2020

F

Feick, Stiftung als Nachfolgeinstrument, 2. Aufl., München 2023

Ferid/Firsching/Dörner/Hausmann, Internationales Erbrecht, Loseblatt München

Fischer/Pahlke/Wachter, ErbStG-Kommentar, 8. Aufl., Freiburg 2023

Fleisch/Eulerich/Krimmer/Schlüter/Stolte, Modell unternehmensverbundene Stiftung, Berlin 2018

Flick/Wassermeyer/Baumhoff, Außensteuerrecht, Loseblatt, Köln

Frotscher, EStG, Loseblatt, Freiburg

Frotscher/Maas, KStG-UmwG, Loseblatt, Freiburg

G

Gassauer-Fleissner/Grave, Stiftungsrecht, 2. Aufl., Wien 2008

Gebel, Betriebsvermögensnachfolge, 2. Aufl., München 2002

Glanegger/Güroff, GewStG, 10. Aufl., München 2021

Götz/Hülsmann, Der Nießbrauch im Zivil- und Steuerrecht, 13. Aufl., Herne 2023

Götz/Hülsmann/Markwald/Stinn, Die Erbengemeinschaft im Steuerrecht, 2. Aufl., Herne 2021

Gosch, KStG, 4. Aufl. 2020

Grambow, Organe von Vereinen und Stiftungen, München 2011

Grüninger, Basler Kommentar, Zivilgesetzbuch I, 5. Aufl., Basel 2014

Grüneberg (vormals Palandt)**,** Bürgerliches Gesetzbuch, 82. Aufl., München 2023

H

Häfelin/Müller/Uhlmann, Allgemeines Verwaltungsrecht, 6. Aufl., Zürich/St. Gallen 2010

Hagner, Bilanzierende Stiftungen, München 2010

Haibach, Handbuch Fundraising, 4. Aufl., Frankfurt 2012

Haritz/Menner/Bilitewski, Umwandlungssteuergesetz, 5. Aufl., München 2019

Hartmann/Metzenmacher, Umsatzsteuergesetz, Loseblatt, 7. Aufl., Berlin 2014

Hasch & Partner, PSG, 2. Aufl., Wien 2014

Hausheer/Aebi-Müller, Das Personenrecht des Schweizerischen Zivilgesetzbuches, 2. Aufl., Bern 2008

Herrmann/Heuer/Raupach, Kommentar zur Einkommensteuer und Körperschaftsteuer, Loseblatt, Köln

Hippeli, Zurechnung nach WpHG und WpÜG bei beherrschten Stiftungen und stiftungsähnlichen Rechtsformen, Hamburg 2013

Hoffmann/Lüdenbach, NWB Kommentar Bilanzierung, 14. Aufl., Herne 2022

Hofmann, Grunderwerbsteuergesetz, Kommentar, 11. Aufl., Herne 2016

Hörger/Stephan/Pohl, Unternehmens- und Vermögensnachfolge, 2. Aufl., Düsseldorf 2002

Hübschmann/Hepp/Spitaler, AO/FGO, Loseblatt, 10. Aufl., Köln

Hüttemann, Gemeinnützigkeits- und Spendenrecht, 5. Aufl., Köln 2021

I

IDW (Hrsg.), Praxis der Unternehmensnachfolge, 4. Aufl., Düsseldorf 2009

ders. (Hrsg.), Neuregelung der Erbschaftsteuer, Düsseldorf 2017

IDW RS HFA 5, Rechnungslegung von Stiftungen, Stand: 6. 12. 2013, FN-IDW 1/2014 S. 61

IDW Standard, Grundsätze zur Durchführung von Unternehmensbewertungen, Stand: 4. 7. 2016, IDW Life 8/2016 S. 731

Ivens, Hamburger Handbuch zur Vermögensnachfolge, Herne 2012

J

Jakob, Die liechtensteinische Stiftung: Eine strukturelle Darstellung des Stiftungsrechts nach der Totalrevision vom 26. Juni 2008, Schaan 2009

ders., Kurzkommentar ZGB, Basel 2011

Jakob/Studen, Grundsatzfragen zur Auflösung liechtensteinischer Stiftungen in Schurr, Zivil- und gesellschaftsrechtliche Fragen zur Führung und Abwicklung von Stiftungen, Zürich 2015

Jansen, Stiftungsformen zur Gestaltung der Vermögensnachfolge, Berlin 2013

Jauernig, Bürgerliches Gesetzbuch, 17. Aufl., München 2018

K

Kallmeyer, Umwandlungsgesetz, 7. Aufl., Köln 2020

Kapp/Ebeling, Erbschaftsteuer- und Schenkungsteuergesetz, Loseblatt, Köln

Kessler/Kröner/Köhler, KonzernStR, 3. Aufl. 2018

Kirchhof/Seer, Einkommensteuergesetz, 21. Aufl., Köln 2022

Kirchhof/Söhn/Mellinghoff, EStG, Loseblatt, Heidelberg

Klein, Abgabenordnung Kommentar, 16. Aufl., München 2022

Klinkner/Jaenecke, Die Familienstiftung, Wiesbaden 2019

Koch, AktG, 17. Aufl., München 2023

König, Die Stiftung als Instrument der Nachlassplanung, Tübingen 2019

Koss, Rechnungslegung von Stiftungen, Düsseldorf 2003

Kraft, Außensteuergesetz, 3. Aufl., München 2022

Kußmaul/Meyering, Beitrag aus Finance Officer Professional, Rz. 18, https://www.haufe.de/finance/finance-office-professional/stiftungen-besonderheiten-der-rechnungslegung-31-handelsgesetzbuch_idesk_PI11525_HI7674334.html

L

Lademann, Einkommensteuergesetz, Loseblatt, Stuttgart/München/Berlin/Hannover/Dresden/Weimar

Lenski/Steinberg, Kommentar zum Gewerbesteuergesetz, Loseblatt, Köln

Littmann/Bitz/Pust, Das Einkommensteuergesetz, Loseblatt, Stuttgart

von Löwe, Familienstiftung und Nachfolgegestaltung, 2. Aufl., München 2016

Lutter, UmwG, 6. Aufl., Köln 2019

Lutter/Hommelhoff, GmbH-Gesetz, 21. Aufl., Köln 2022

M

Meier-Hayoz/Forstmoser, Schweizerisches Gesellschaftsrecht, 10. Aufl., Bern 2007

Meincke/Hannes/Holtz, Erbschaftsteuergesetz und Schenkungsteuergesetz, 18. Aufl., München 2021

Meinecke, Stiftung als Instrument zur Unternehmensnachfolge, Baden-Baden 2019

Meyn/Richter/Koss/Gollan, Die Stiftung, 3. Aufl., Freiburg 2013

Milatz/Kemcke/Schütz, Stiftungen im Zivil- und Steuerrecht, 2004

Moench/Weinmann, Erbschaft- und Schenkungsteuer, Loseblatt, Neuwied

Mogck, Die Mobilität der gemeinnützigen Stiftung in Europa durch Wandlung, Diss. 2017

Münchener Handbuch des Gesellschaftsrechts, Bd. 5, 4. Aufl., München 2016

Münchener Kommentar zum BGB, 9. Aufl., München 2020

Muscheler, Stiftungsrecht, gesammelte Beiträge II, Baden-Baden 2019

N

Nieder/Kössinger, Handbuch der Testamentsgestaltung, 6. Aufl., München 2020

Noack/Servatius/Haas (vormals: Baumbach/Hueck), GmbHG, 23. Aufl., München 2022

O

von Oertzen/Loose/Stalleiken, Erbschaftsteuer- und Schenkungsteuergesetz, 3. Aufl., Köln 2023

Otto, Handbuch der Stiftungspraxis, 2. Aufl., Köln 2015

P

Pahlke, Grunderwerbsteuergesetz, 7. Aufl., München 2023

Preißer/Seltenreich/Königer, Erbschaft- und Schenkungsteuer, 4. Aufl., Stuttgart 2022

Pues/Scheerbarth, Gemeinnützige Stiftungen im Zivil- und Steuerrecht, 2. Aufl. 2004

R

Rau/Dürrwächter/Flick/Geist, Umsatzsteuergesetz, Loseblatt, Köln

Richter, Stiftungsrecht, München 2019

Richter/Wachter, Handbuch des internationalen Stiftungsrechts, Münster/Köln 2007

Rössler/Troll, Bewertungsgesetz, Loseblatt, München

Rowedder/Pentz, GmbHG, 7. Aufl., München 2022

Rumo-Jungo/Schmid/Schnyder/Tuor, Das Schweizerische Zivilgesetzbuch, 13. Aufl., Zürich 2010

S

Sagasser/Bula/Brünger, Umwandlungen, 6. Aufl., München 2022

Sandberg, Grundsätze ordnungsmäßiger Jahresrechnung für Stiftungen, Baden-Baden 2001

ders., Nachfolge im Stiftungsvorstand, Essen 2013

ders., Führungskräfte in Stiftungen, Verl 2015

Schauhoff/Kirchhain, Handbuch der Gemeinnützigkeit, 4. Aufl., München 2023

Schauhoff/Mehren, Stiftungsrecht nach der Reform, München 2022

Scheerbarth/Schimpfky/Zitzelsberger, Gemeinnützige Stiftungen, München 2019

Scherer, Unternehmensnachfolge, 6. Aufl., München 2020

Schiffer, Die Stiftung in der Beratungspraxis, 4. Aufl., Bonn 2015

Schlüter/Stolte, Stiftungsrecht, 3. Aufl., München 2016

Schmidt, L., Einkommensteuergesetz, Kommentar, 42. Aufl., München 2023

Schmitt/Hörtnagl, Umwandlungsgesetz, Umwandlungssteuergesetz, 9. Aufl., München 2020

Schulte, Rechtsbeziehungen zwischen Stifter und Stiftung, Wiesbaden 2017

Schumacher, Die Konzernverbundene Stiftung, Eine rechtsvergleichende Untersuchung des niederländischen und deutschen Rechts, Münster/New York/München/Berlin 1999

Schwarz/Pahlke, AO, Loseblatt, Freiburg

Schwintek, Vorstandskontrolle in rechtsfähigen Stiftungen des bürgerlichen Rechts, Baden-Baden 2001

Seibert, Das Transparenz- und Publizitätsgesetz (TransPuG), München 2003

Soergel, Bürgerliches Gesetzbuch mit Einführungsgesetz und Nebengesetzen, 13. Aufl. in 27 Bänden, Stuttgart/Berlin/Main/Köln 2017

Söffing/Micker, Die Betriebsaufspaltung, 8. Aufl., Herne 2020

Sölch/Ringleb, Umsatzsteuergesetz, Loseblatt, München

Spiegelberger, Unternehmensnachfolge, 3. Aufl., München 2022

ders., Vermögensnachfolge, 3. Aufl., München 2020

Sprecherz, Die Revision des schweizerischen Stiftungsrechts, Zürich 2006

Staudinger, Kommentar zum Bürgerlichen Gesetzbuch in 80 Bänden, Berlin 2017

Stenger/Loose, Bewertungsrecht, Loseblatt, Köln

Stolte, Stiftungsrecht, 4. Aufl., München 2023

Stumpf/Suerbaum/Schulte/Pauli, Stiftungsrecht, 4. Aufl., München 2023

T

Tiedke, ErbStG, 2. Aufl., Berlin 2019

Tipke/Kruse, Abgabenordnung, Finanzgerichtsordnung, Loseblatt, Köln

dies., Steuerrecht, 24. Aufl., Köln 2021

Troll/Eisele, Grundsteuergesetz, 12. Aufl., München 2021

Troll/Gebel/Jülicher/Gottschalk, Erbschaftsteuer- und Schenkungsteuergesetz, Loseblatt, München

V

Viskorf/Schuck/Wälzholz, Erbschaftsteuer- und Schenkungsteuergesetz, Bewertungsgesetz (Auszug) – Kommentar, 6. Aufl., Herne 2021

Viskorf (früher: Boruttau), Grunderwerbsteuer, 20. Aufl., München 2022

W

Wagner/Walz, Zweckerfüllung gemeinnütziger Stiftungen durch zeitnahe Mittelverwendung und Vermögenserhaltung, Baden-Baden 1997

Wallenhorst/Halaczinsky, Die Besteuerung gemeinnütziger Vereine und Stiftungen, 7. Aufl., München 2017

Weidmann/Kohlepp, Die gemeinnützige GmbH, 4. Aufl., Wiesbaden 2020

Werner/Saenger/Fischer, Die Stiftung, 2. Aufl., Berlin 2019

Wetzel/Odersky/Götz, Handbuch der Erbengemeinschaft, München 2019

Widmann/Mayer, Umwandlungsrecht, Loseblatt, Bonn

Wiegand/Haase-Theobald/Heuel/Stolte, Stiftungen in der Praxis, 4. Aufl., Heidelberg 2015

Wieser, Stiftungsrecht in Deutschland, Bad Frankenhausen 2016

Wilms/Jochum, Erbschaftsteuer- und Schenkungsteuergesetz, Loseblatt, Bonn

Wolf, Österreichische Privatstiftung, 4. Aufl., Graz 2012

B. Abhandlungen und Beiträge

A

Adam, Stiftungen für die Ewigkeit als rechtliche Herausforderung für sich ständig wandelnde Gesellschaften, npoR 2022 S. 280

Adrian/Engelsing, Das Reverse-Charge-Verfahren bei Non-Profit-Organisationen, NWB 13/2015 S. 900

dies., Verlust der Gemeinnützigkeit bei Insolvenz oder Liquidation?, NWB 37/2019 S. 2709

Althof/Heide, Das neue Transparenzregister – Meldepflichten für Stiftungen und Trusts, NWB-EV 11/2017 S. 384

von Arps-Aubert, Stiftungsrechtliche Vertretungsbescheinigungen bei Streit oder Ungewissheit über den Funktionsstatus einer Person, ZStV 2014 S. 72

Aumann, Formfragen im neuen Stiftungsrecht, DNotZ 2022 S. 894

Autenrieth, Werdende Stiftung vor staatlicher Anerkennung ist steuerlich wie eine unselbständige Stiftung, GmbHR 2016 S. 745

van der Auwera, Die Rechte des Pflichtteilsberechtigten im Rahmen seines Auskunftsanspruchs nach § 2314 BGB, ZEV 2008 S. 359

B

Barzel/Wedekind, Zuwendungen in die Kapitalrücklage als Alternative zur Zustiftung, NJW 2022 S. 3389

Baum, Änderungen der AO im Jahr 2013 – Neuerungen bei der Gemeinnützigkeit und im steuerlichen Verfahrensrecht, NWB 9/2014 S. 600

Bäuml, Erbschaftsteuerreform 2016 – Überblick über die gesetzlichen Neuregelungen aus Sicht der Praxis, NWB 47/2016 S. 3516

Bäuml/Kastrup, Kapitalerhaltung bei Stiftungen, NWB 28/2017 S. 2101

Bäuml/Kummer, Unternehmensübertragungen nach der Erbschaftsteuerreform 2016, NWB 51/2016 S. 3880

Beaugrand, Die D&O Versicherung für Vereins- und Stiftungsvorstände, ZStV 2015 S. 143

Becker, Stiftung: Haftung des Vorstands – Der Fluch der guten Tat?, NWB-EV 8/2016 S. 285

Beckervordersandtfort, Nachfolgegestaltung mit Familienpool, ZErb 2016 S. 189

Beder/Mecking, Unternehmensnachfolge, S&S 4/2018 S. 37

Beyer, Neues von der „Übungsleiterpauschale“, ZStV 2019 S. 13

Biedermann, Ehrenamtliche Stiftungsgremien, ZStV 2019 S. 37

Billig, Liechtensteinische Familienstiftung im Visier der deutschen Rechtsprechung, UVR 2015 S. 104

Binz/Sorg, Die Doppelstiftung im Steuerrecht, ZEV 2005 S. 520

Birnbaum, Doppelbesteuerung von Ausschüttungen liechtensteinischer Stiftungen?, ZEV 2014 S. 482

Birnbaum/Lohbeck/Pöllath, Die Verselbständigung von Nachlaßvermögen: Stiftung, Trust und andere Gestaltungen im Vergleich, FR 2007 S. 376 u. 479

Bisle, Asset Protection durch den Einsatz inländischer Familienstiftungen, DStR 2012 S. 525

ders., Die Stiftung & Co. KG als attraktives Instrument der Unternehmensnachfolge, NWB-EV 10/2017 S. 356

ders., Zukünftige Regelungen des Stiftungsrechts werfen ihre Schatten voraus, NWB 31/2021 S. 2285

Blechschmidt, Das neue Stiftungsrecht, NWB-EV 9/2021 S. 285

Blusz, Stiftungsgestaltungen im Lichte des neuen Erbschaftsteuerrechts, DStR 2017 S. 1016

ders., Konsequenzen der Vereinbarung eines Rückforderungsrechts von Spenden an gemeinnützige Stiftungen, NWB 45/2018 S. 3302

ders., Spendenabzug bei Schenkung unter Ehegatten mit Spendenauflage, NWB 15/2019 S. 1000

Boochs, Rechtliche Aspekte des Sponsoring, Stiftung & Sponsoring, Rote Seiten 2/2001

Bopp, Selbstlosigkeit, DStZ 1999 S. 123

Borggräfe/Staud, Die Personengesellschaft als Trägerin ihres Vermögens – Erbschaft- und Schenkungsteuer im zivilrechtlichen Abseits?, NWB 4/2017 S. 277

Bott, Gemeinnützigkeit und Stiftungen – Aktuelle Rechtsprechung, StB 2016 S. 96

ders., BB-Rechtsprechungsreport Gemeinnützigkeitsrecht 2017, BB 2018 S. 279

ders., Grundlagen der Stiftungspraxis: Neuerungen im Gemeinnützigkeits- und Spendenrecht, S&S 6/2016 S. 40

Brabender/Winter, Vorsicht vor der 90%-Grenze nach § 13b Abs. 2 S. 2 ErbStG oder ist Verwaltungsvermögen gleich Verwaltungsvermögen?, ZEV 2017 S. 81

Brill, Unternehmensnachfolgeplanung mit Stiftungen, KÖSDI 2014 (Nr. 3) S. 18778

Brost, Aufwandsentschädigungen im Ehrenamt, SteuerStud 2016 S. 541

Bruschke, Zweckzuwendungen im Erbschaft- und Schenkungsteuerrecht, ErbStB 2014 S. 73

ders., Haftungs- und Steuerschuld bei der Erbschaft- und Schenkungsteuer, StB 2016 S. 342

Büch, Stiftung und Blockchain – Erste praktische und theoretische Überlegungen, npoR 2018 S. 100

Burgard, Grundfragen des Stiftungsrechts, npoR 2019 S. 106

Burkhardt/Müller, Rechnungslegung von Stiftungen, NWB-EV 6/2013 S. 185

dies., Rechnungslegung von Stiftungen – Neufassung des IDW RS HFA 5: Darstellung der wesentlichen Änderungen gegenüber dem Entwurf, NWB-EV 4/2014 S. 116

Burkhardt/Müller/Bjørnsen, Die Anlage von Stiftungsvermögen unter Nachhaltigkeitsgesichtspunkten – Ökologische, soziale und ethische Strategien, NWB-EV 1/2014 S. 11

Burkhardt/Müller/Louis, Die Anlage von Stiftungsvermögen unter dem Gesichtspunkt der Vermögenserhaltung – Teil 1: Kapitalerhaltungspflicht, Bewertung des Stiftungsvermögens, NWB-EV 7/2013 S. 215

dies., Die Anlage von Stiftungsvermögen unter dem Gesichtspunkt der Vermögenserhaltung – Teil 2: Gestaltungsmöglichkeiten des Stifters, Haftungsrisiken und mögliche strafrechtliche Implikationen für den Stiftungsvorstand, NWB-EV 8/2013 S. 261

C

Carlé, Amtshilferichtlinien-Umsetzungsgesetz, Ertragsteuerliche Änderungen, ErbStB 2013 S. 284

Carstensen, Vorgaben für die Vermögensverwaltung der Stiftung nach Gesetz, Satzung und Rechtsprechung, ZSt 2005 S. 90

Clausen/Jungen/Köster, Probleme und Maßnahmen bei der Anerkennung und der Sicherstellung des Gemeinnützigkeitsstatus einer Kapitalgesellschaft, StBp 2016 S. 203

Cortez/Schmidt, Die Regelungen des deutschen Außensteuergesetzes – Teil V – Die Spezialvorschriften für Familienstiftungen (§ 15 AStG) und über die Anwendung von DBA (§ 20 AStG), SteuerStud 2014 S. 210

Cranshaw, Anlegergerechte Beratung für Stiftungen, npoR 2016 S. 156

D

Dahlmanns, Errichtung einer rechtsfähigen Stiftung – zugleich Modell der Unternehmensnachfolge, RNotZ 2020 S. 417

Daragan, Die Stiftung und die Familienstiftung des Erbschaftsteuergesetzes, ZErb 2017 S. 1

Daragan/Zacher-Röder, Qualifizierte Nachfolge und Sonderbetriebsvermögen, DStR 1999 S. 90

Dehesselles, Stiftung, Unternehmen und Beschäftigungsförderung, DB 2005 S. 72

Demuth, Gestaltungen mit inländischen Familienstiftungen, KÖSDI 2018 S. 20909

ders., Die rechtsfähige Stiftung als Mittel der Unternehmensnachfolge - ein Überblick, KÖSDI 2023 S. 23055

ders., Stiftungsreform 2021 – Eine Betrachtung aus Sicht der Praxis ein Jahr vor dem Start, NWB-EV 8/2022 S. 259, 261.

Demuth/Butenberg/Schubert, Der Familienpool als Instrument der Vermögensnachfolge (Teil 2), NWB-EV 2/2019 S. 53

Dietz, Großvermögen in der Nachfolgegestaltung, NWB 14/2019 S. 945

Ditz/Quilitzsch, Die Änderungen im AStG durch das AmtshilfeRLUmsG – Quo vadis Außensteuergesetz?, DStR 2013 S. 1917

Druen, Gemeinnützigkeitsrecht und Fremdfinanzierung, npoR 2022 S. 225

Düll/Fuhrmann/Eberhard, Übertragung eines Mitunternehmer(teil-)anteils bei Vorhandensein von Sonderbetriebsvermögen, DStR 2001 S. 1773

E

Ebling, Stiftung zur Förderung der Kunst – Ein Modell mit Zukunft? FR 2007 S. 565

ders., Stiftungsvermögen im Zeitraum zwischen Todestag des Stifters und Genehmigung der Stiftung, ZEV 1998 S. 93

ders., Keine Anzeigepflicht bei der Erbersatzbesteuerung von Familienstiftungen, DStR 1999 S. 665

ders., Schenkungsteuerrechtliche Bewertung von Auflagenschenkungen bei vorzeitigem Ableben von Schenker und Auflagenbegünstigtem – Zugleich Besprechung des BFH-Urteils vom 17. 10. 2001, II R 72/99, DStR 2002 S. 533

Ehlers/Schmidt/Korfmann/Melzer/Klöck/Brixius, Sponsoring – Steuerrecht aktuell, Stiftung & Sponsoring, Rote Seiten 6/2013.

Eiling/Lüdicke, Zurechnung von Vermögen und Einkünften von US-Trusts – Verstößt die Zurechnungspraxis gegen den Freundschaftsvertrag von 1954?, IWB 2017 S. 608

Eiling/Keßeler, Steuerklassenprivileg bei Gründung einer Familienstiftung im EU-/EWR-Ausland bleibt ungewiss, NWB-EV 3/2021 S. 102

Elicker, Zum Streit über die Verselbstständigung der fiduziarischen Stiftung – Teil 1, ZStV 2012 S. 135

Elmenhorst/Decker, Unruhige Zeiten für Gremienmitglieder?, S&S 3/2014 S. 32

dies., Auf ewig in der Haftungsfalle? Anmerkungen zur Frage der Haftung und der Entlastung von Stiftungsvorständen, npoR 2015 S. 177

Emser, Erleichterungen für gemeinnützige Körperschaften und ehrenamtlich Tätige im Bereich des Steuerrechts – Gesetz zur Stärkung des Ehrenamtes, NWB 13/2013 S. 908

ders., Neufassung des AEAO: Änderungen aufgrund des Ehrenamtsstärkungsgesetzes, NWB 17/2014 S. 1285

Engel, Die Gemeinnützigkeit im Lichte der neuen Rechtsprechung des Bundesfinanzhofes in Sachen „Attac", ZStV 2019 S. 130

Engel/Hilbert, Beteiligung einer ausländischen Familienstiftung an inländischer Personengesellschaft – BFH, Beschluss vom 13. 5. 2013 - I R 39/11, IWB 2013 S. 519

Engelsing, Das Reverse-Charge-Verfahren bei Non-Profit-Organisationen, NWB 13/2015 S. 900

Engelsing/Adrian, Gefahr Zweckbetrieb – das Wettbewerbskriterium als Stolperfalle, NWB 33/2016 S. 2505

Erdbrügger, BMF-Schreiben vom 23. 5. 2016 eröffnet neue Möglichkeit zur Absicherung gegen strafrechtliche Vorwürfe bei Fehlern in Steuererklärungen, npoR 2016 S. 206

ders., Voller Vorsteuerabzug oder Körperschaftsteuerbefreiung: BFH stellt die Berufsverbände vor die Wahl, DStR 2019 S. 1558

ders., Tax-Compliance-Management-Systeme als Absicherung gegen steuerstrafrechtliche Risiken, S&S 4/2016 S. 26

Erhart, Das Stiftungsvermögen in der Stiftungsbilanz, npoR 2017 S. 107

Esskandari/Bick, Schenkungsteuer bei Erstausstattung einer ausländischen Stiftung, ErbStB 2016 S. 6

Exner, Aktuelles zum Gemeinnützigkeitsrecht aus Sicht der Finanzverwaltung, npoR 2022 S. 77

F

Faude/Hacker, Krisen-Compliance in der (Unternehemsn-)Stiftung, ZStV 2022 S. 153

Feick/Fischer, Verwaltungsgerichtlicher Rechtsschutz von Stiftungsorganen gegenüber Maßnahmen der Stiftungsaufsicht, ZStV 2017 S. 27

Feldner/Stoklassa, Die Familienstiftung als Instrument der Unternehmensnachfolge – Teil I, ErbStB 2014 S. 201

dies., Die Familienstiftung als Instrument der Unternehmensnachfolge – Teil II, ErbStB 2014 S. 227

Fiand, Spende an eine Stiftung vor deren Rechtswirksamkeit, NWB 28/2015 S. 2061

ders., Die Vermögensanlage und die Gefahr von Verlusten für (gemeinnützige) Stiftungen, NWB-EV 10/2016 S. 345

ders., Mittelweitergabe an ausländische Körperschaften, NWB 27/2018 S. 1954

Fichtelmann, Die rechtsfähige Stiftung im Rahmen einer Betriebsaufspaltung, GmbH-StB 2016 S. 50

Finsterer/Lenger, Die Insolvenzantragspflicht von Stiftungen und Vereinen – Schlechterstellung durch Privilegierung?!, NZI 2016 S. 571

Fischer, Aktuelles Spendenrecht – Förderung von Non-Profit-Organisationen, NWB 46/2015 S. 3414

ders., Zuwendungen an eine Stiftung im EU-/EWR-Ausland und Spendenabzug, FR 2015 S. 716

Fleisch, Unternehmensverbundene Stiftungen. Bedeutung und Gestaltungsmöglichkeiten, S&S RS 4/2018 S. 15

ders., Hybride oder gemischte Stiftung als attraktive Alternative für Unternehmensbeteiligungsstiftungen, npoR 2022 S. 74

Freudenberg/Manz, Rechtliche Auswirkungen der Europäischen Datenschutz-Grundverordnung (DS-GVO) auf den Non-Profit-Bereich und praktischer Handlungsbedarf für Non-Profit-Organisationen, npoR 2018 S. 145

Freundl, Die Stiftung – das Gestaltungsinstrument der Unternehmensnachfolge, DStR 2004 S. 1509

Frings, Änderungen zur Haftung und Vergütung im Vereins- und Stiftungsrecht, NWB 10/2013 S. 693

Füger/Rieger, Ende des Mythos der Monaco – Entscheidung, IStR 1998 S. 353

Fumi, Zuwendung an eine bestehende Stiftung als freigebige Zuwendung i. S. des § 7 Abs. 1 Nr. 1 ErbStG, EFG 2008 S. 1139

Fuß, Unselbständige Stiftungen und bankenrechtliche Erlaubnis, NWB-EV 4/2013 S. 105

ders., Rechnungslegung von Stiftungen, NWB-EV 6/2013 S. 173

ders., Verwaltung und Anlage von Stiftungsvermögen, NWB-EV 7/2013 S. 209

ders., Nachfolge bei Immobilienvermögen, NWB-EV 10/2015 S. 329

G

Gaier, Die Bedeutung der Grundrechte für das Erbrecht, ZEV 2006 S. 2

Gali, Die Rechnungslegung nichtwirtschaftlicher gemeinnütziger Vereine, DStR 1998 S. 263

Gebel, Wirtschaftliches Eigentum im Erbschaftsteuerrecht und Schenkungsteuerrecht, BB 2000 S. 537

Geck, Die Übertragung unter Nießbrauchsvorbehalt nach Aufhebung des § 25 ErbStG durch das ErbStRG, DStR 2009 S. 1005

ders., Unternehmensfortführung bei „familienlosen" Gesellschaften – eine Fallstudie, ZEV 2015 S. 401

ders., Der koordinierte Ländererlass zur Erbschaftsteuerreform vom 22. 6. 2017: eine Hilfestellung für die Beratungspraxis?, ZEV 2017 S. 481 (487)

Geck/Messner, ZEV-Report, ZEV 2018 S. 79

Gerhards, Muss für Stiftungen ein steuerliches Einlagekonto im Sinne des § 27 KStG geführt werden?, npoR 2022 S. 239

Gersch, Aktuelle Entwicklungen im Gemeinnützigkeitsrecht, AO-StB 2016 S. 103

Geserich, Angemessenheit der Aufwendungen gemeinnütziger Körperschaften für Verwaltung und Spendenwerbung, DStR 2001 S. 604

Gierhake, Doppelbesteuerung von Leistungen liechtensteinischer oder österreichischer Stiftungen an deutsche Begünstigte mit Schenkung- und Einkommensteuer?, ZErb 2015 S. 366

ders., Zur Anwendbarkeit des Erbschaftsteuerklassenprivilegs des § 15 Abs. 2 ErbStG auf liechtensteinische Familienstiftungen, ZErb 2016 S. 163

Gilberg, Gemeinnützige Stiftung und Vergaberecht, Stiftung & Sponsoring 6/2013 S. 36 f.

Gödeke/Jördening, Das Schicksal der fehlgeschlagenen unselbständigen Stiftung, ZStV 2016 S. 218

Götz, Verkehrsteuern bei Umwandlungsvorgängen, GmbHR 1998 S. 349

ders., Die Familienstiftung als Instrument der Unternehmensnachfolge, NWB 33/2005 S. 2773

ders., Bewertung eines Sachvermächtnisses, NWB 17/2007 S. 1463

ders., Gemeinnützige Stiftung: Steuerliche Folgen der Sachspende einer Kapitalgesellschaft, StiftungsBrief Heft 6 (2010) S. 102

ders., Wird § 7 Abs. 1 Nr. 9 ErbStG von § 15 Abs. 11 AStG verdrängt?, DStR 2014 S. 1047

ders., Kann ein Teil-Mitunternehmeranteil auf eine Stiftung begünstigt übertragen werden?, StiftungsBrief 2015 S. 167

ders., So werden Stiftungsorganmitglieder abberufen, StiftungsBrief 2016 S. 27 f.

ders., Ableben des Stifters nach Anerkennung der Stiftung, NWB-EV 7/2016 S. 246

ders., Schenkungsteuerliche Behandlung von Ausschüttungen eines US-amerikanischen Trusts, DStRK 2019 S. 216

ders., Ende der doppelten Mitunternehmerstellung bei Übertragung eines Mitunternehmeranteils unter Nießbrauchsvorbehalt, FR 2019, 605

ders., Gemeinnützige Stiftung als nahestehende Person, NWB-EV 2/2022 S. 49

ders., Wann sind Zuwendungen ausländischer Stiftung schenkungsteuerbar?, NWB-EV 3/2022 S. 90

Götzenberger, Vermögenstrusts, NWB-EV 7/2012 S. 225

ders., Vermögenstrusts – Schenkungsteuerliche Konsequenzen bei Auflösung und Vermögensauskehrung im Zuge einer Selbstanzeige, NWB-EV 6/2013 S. 180

ders., Stifterpolicen – Versicherungskonzepte für das optimale Generationen- und Stiftungsmanagement, NWB-EV 11/2013 S. 367

ders., Auslandsgeldanlagen gestern und heute – Vom anonymen Wertpapierdepot zum automatischen Informationsaustausch, NWB-EV 4/2015 S. 136

ders., Vermögenstrusts, NWB-EV 7/2012 S. 225

Gollan, Stiftungsrecht – Werkzeugkasten für die Errichtung einer gemeinnützigen rechtsfähigen Stiftung, ErbR 2016 S. 294

ders., Gebührenbefreiung für Non-Profit-Organisationen in erbrechtlichen Verfahren trotz Unterhaltung eines wirtschaftlichen Geschäftsbetriebs, ErbR 2019 S. 407

Graewe, BB-Kommentar: Das Kontrollorgan muss bei Pflichtverstößen der Stiftungsvorstände einschreiten, BB 2014 S. 724

ders., Schadenersatzpflicht des Stiftungsvorstands, ZStV 2014 S. 103

Graewe/Harder, Die Exkulpation von Vorstandsmitgliedern bei Einholung von Rechtsrat, npoR 2016 S. 148

Grambow, Mindestlohn für Vereine und Stiftungen, ZStV 2015 S. 81

Grewe/Lauscher, Die Stiftung des bürgerlichen Rechts aus verwaltungsgerichtlicher Sicht, NWB 17/2019 S. 1240

Gries/Pickelmann/Rüttler, Umsatzsteuerliche Behandlung von Aufsichtsräten, MwStR 2022 S. 417

Grische/George, Die Hybridstiftung, Stiftung & Sponsoring 3/2015 S. 32

Grittern, Die Reform des Stiftungsrechts – eine bilanzielle Perspektive, npoR 5/2022 S. 245

Gunsch, Rechnungslegung von Stiftungen – Anwendungsprobleme unter Berücksichtigung der steuerrechtlich maßgeblichen Vorschriften, NWB-EV 3/2015 S. 98

ders., Stiftungsbeteiligungen an Personen- und Kapitalgesellschaften, NWB-EV 6/2015 S. 195

ders., Aberkennung der Gemeinnützigkeit – Auswirkungen auf die Steuerbefreiung bei gemeinnützigen und steuerbegünstigten Körperschaften, NWB-EV 11/2015 S. 394

H

Haag/Faltenbach, Vorschläge zur sachgerechten Anwendung der mehrstufigen Zurechnungsbesteuerung nach § 15 Abs. 9 AStG, IStR 2017 S. 89

Habermann, Der ausländische Trust im deutschen Ertrag- und Erbschaft-/Schenkungsteuerrecht, DStR 2002 S. 425

Hackenberg, Treuhandstiftungen in der steuerlichen Beratungspraxis, NWB 3/2016 S. 179

ders., Neue Wege der Verbrauchsstiftung?, NWB 5/2016 S. 355

Hackert, Eine Chance für Stifter – die Hybridstiftung, NWB 13/2018 S. 877

Hahne, Die Begünstigung von Beteiligungen an Personengesellschaften, DStR 2007 S. 1947

Halaczinsky, Steuerbefreiungen bei Zuwendungen an steuerbegünstigte Körperschaften, Teil I, ErbStB 2014 S. 170

ders., Steuerbefreiungen bei Zuwendungen an steuerbegünstigte Körperschaften, Teil II, ErbStB 2014 S. 192

ders., Erwerbe durch und von Stiftungen; Tendenzen in der erbschaftsteuerlichen Rechtsprechung, ZErb 2015 S. 193

ders., StÄndG 2015: Neuregelung der Zuwendungen an ausländische „steuerbegünstigte" Körperschaften, ErbStB 2016 S. 58

Hamm/Peters, Die schweizerische Familienstiftung – ein Auslaufmodell?, successio 2008 S. 248

Hannes, ZEV-Report Gesellschaftsrecht/Unternehmensnachfolge, ZEV 2016 S. 554

Hannes/Lorenz, Satzungskonforme Zuwendungen ausländischer Stiftungen an inländische Empfänger unterliegen nicht der Schenkungsteuer!, ZEV 2019 S. 624

Hannes/Reich, ZEV-Report, ZEV 2014 S. 299

Hannig, Unentgeltliche Anteilsübertragung auf eine Stiftung – keine Nachverteuerung nach § 34a EStG, NWB 34/2019 S. 2498

Hänsch, Änderung des § 6 Abs. 3 EStG durch das Anti-BEPS-Umsetzungsgesetz I, NWB 13/2017 S. 935

Harder, Zum Inter-Organstreit bei der Stiftung, ZStV 2019 S. 142

Harle, Inkongruente Gewinnausschüttung. Modell zur optimalen Ausnutzung eines Verlustausgleichs, NWB 40/2014 S. 3007

Hartmann, Die schenkungsteuerliche Beurteilung der unentgeltlichen Übertragung eines bebauten Grundstücks nach Errichtung eines Gebäudes durch den Beschenkten, DStR 2001 S. 1545

Haubrich, Aberkennung der Gemeinnützigkeit – Erbschaft- und schenkungsteuerliche Risiken, NWB-EV 1/2016 S. 35

Heide, Mittelverwendung bei gemeinnützigen Vereinen und Stiftungen, NWB 4/2020 S. 239

Heimann/Burgard, Entlastung, Verjährung und Verjährenlassen von Schadensersatzansprüchen gegen Organmitglieder von Stiftungen und Aktiengesellschaften, NZG 2016 S. 166

Heinrichshofen, Geänderter Sonderausgabenabzug bei Vermögensübergabe gegen Versorgungsleistung, ErbStG 2008 S. 114

Heinze, Die Abtretung von Gesellschaftsanteilen an Personengesellschaften und der Registervollzug unter Berücksichtigung des § 12 Abs. 1 S. 3 HGB, NZG 2011 S. 647

Heinzmann, Der Auflagenvollziehungsanspruch nach § 2194 BGB als Grundlage der unselbständigen Stiftung von Todes wegen, BWNotZ 2012 S. 97

Hellmann, Modell für die Ewigkeit, S&S 6/2013 S. 30

Helm/Haaf, Das BFH-Urteil vom 27. 11. 2013 – ein Impuls zur Auslegung des Zweckbetriebs der Wohlfahrtspflege, DStR 2014 S. 2004

Herbst, Erbschaft- und schenkungsteuerbefreite Zuwendungen ins Ausland nach § 13 Abs. 1 Nr. 16 Buchstabe c ErbStG, SteuK 2016 S. 405

Hermes, Die Innengesellschaft als Gestaltungsinstrument für ein mitunternehmerisches Nießbrauchrecht, DStR 2019, 1777

Heß, Asset Protection – Steuerliche Gestaltungsmöglichkeiten bei der Vermögensübertragung auf eine liechtensteinische Stiftung, NWB 6/2017 S. 450

Hey, Hinzurechnungsbesteuerung bei ausländischen Familienstiftungen gemäß § 15 AStG i. d. F. des JStG 2009 – europa- und verfassungswidrig!, IStR 2009 S. 181

Hilber, Die Rolle des Wirtschaftsprüfers bei Privatstiftungen, RWZ 1999 S. 56

Hindahl, Die Rechtsnachfolge von natürlichen Personen bei unselbständigen Stiftungen, ZStV 2022 S. 145

Hippeli, Stiftungssatzungen von Beteiligungsträgerstiftungen, ZStV 2014 S. 49

ders., Anlegergerechte Beratung von Stiftungen, ZStV 2015 S. 121

ders., Weitreichende Haftungsbeschränkung von Stiftungsvorständen gegenüber der Stiftung qua Stiftungssatzung?, ZStV 2016 S. 161

Hoffmann, Anm. zum BFH-Urteil v. 21. 9. 2011, DStR 2012 S. 26

Hoffmann-Becking, Unternehmensverbundene Stiftung zur Sicherung des Unternehmens, ZHR 178 S. 491Hofmann/Stole, Hürden bei der Auslandsförderung überwinden, S&S 6/2014 S. 36

Hölscher, Das aufschiebend bedingte Universalherausgabevermächtnis, ZEV 2009 S. 213

Holt, Gemeinnützigkeitsrechtliche Hürden für Betriebskindergärten und das Ehrenamt, DStR 2022 S. 2250

Holt/Hörmann, Umfassende Änderung des Anwendungserlasses zum Gemeinnützigkeitsrecht, npoR 2019 S. 193

Holthaus, Künstlersozialabgabe – Änderungen ab 2015 durch das KSAStabG und aktuelle Streitpunkte, ZStV 2015 S. 112

Holtz, Erbschaftsteuerreform 2016 – Das neue Verschonungssystem für Unternehmensvermögen, NJW 2016 S. 3750

Höne, „Alle 30 Jahre wieder": Ersatzerbschaftsteuer bei Familienstiftungen und Familienvereinen, NWB-EV 8/2013 S. 267

Hoppe/Groffy, Die Beschäftigung von Ehrenamtlichen: Einordnung und Gestaltungsmöglichkeiten, npoR 2019 S. 205

Hörmann, Spende oder Sponsoring, npoR 2016 S. 153

Hornig, Liechtensteinische Stiftungen im Fadenkreuz der Finanzverwaltung, NWB-EV 11/2016 S. 387

Hornig/May, Gestaltungsempfehlungen bei Aufbau und Übertragung von Kunst, NWB-EV 5/2018 S. 155

Hübner, Stets findet Überraschung statt, da, wo mańs nicht erwartet hat, ZErb 2016 S. 46

Hübner/Friz/Grünwald, Erbschaftsteuerliches Stichtagsprinzip und latente Ertragsteuern auf stille Reserven, ZEV 2019 S. 390

Hüttemann, Der geänderte Anwendungserlass zur Gemeinnützigkeit, DB 2014 S. 442

ders., Rechtsfragen der sozialen Verantwortung von Vereinen und Stiftungen, DB 2016 S. 429

ders., Gemeinnützigkeitsrecht als organisationsbezogener Fördertatbestand, FR 2016 S. 969

ders., Stiftungs- und gemeinnützigkeitsrechtliche Rahmenbedingungen der Vermögensanlage steuerbegünstigter Stiftungen (Teil I), WM 2016 S. 625

ders., Stiftungs- und gemeinnützigkeitsrechtliche Rahmenbedingungen der Vermögensanlage steuerbegünstigter Stiftungen (Teil II), WM 2016 S. 673

ders., Anmerkungen zum geänderten Anwendungserlass zur Gemeinnützigkeit, DB 2016 S. 1338

Hüttemann/Rawert, Die notleidende Stiftung, Stiftung & Sponsoring, Rote Seiten 1/2014.

Hüttemann/Schauhoff, Umsatzsteuerbefreiungen für Sozial- und Bildungseinrichtungen, DStR 2019 S. 1601

J

Jakob, (Insolvenz)Anfechtung und Stiftungsrecht, ZSt 2005 S. 99

ders., Begrenzung und Ausschluss der stiftungsrechtlichen Kontrolle durch stiftungsautonome Bestimmungen, ZSt 2006 S. 63

ders., Ein Stiftungsbegriff für die Schweiz, Gutachten zum Schweizerischen Juristentag 2013, ZSR 2013 II S. 185

Janssen, Spenden aus wirtschaftlichen Geschäftsbetrieben und Betrieben gewerblicher Art, DStZ 2001 S. 160

Jegzentis/Kahl, Qualifikationskonflikte bei Missbrauch rechtlicher Gestaltungsmöglichkeiten bei beschränkt steuerpflichtigen Kapitalgesellschaften, IStR 2001 S. 131

Jülicher, Die ausländische Familienstiftung des ErbStG im Umbruch, ZErb 2015 S. 357

ders., Brennpunkte der Besteuerung der inländischen Familienstiftungen im ErbStG, StuW 1999 S. 363

ders., Kaskadeneffekt bei Schenkung unter Übernahme der Schenkungsteuer durch einen Schenker mit mehrfachem Wohnsitz, IStR 1998 S. 599

ders., Treuhandverhältnisse im Erbschaftsteuerrecht, DStR 2001 S. 2177

Jung, Die Europäische Stiftung als Innovationsfeld des Europäischen Gesellschaftsrechts?, BB 2012 S. 1743

ders., Die Entwicklung der Europäischen Stiftung (FE), ZStV 2014 S. 7

K

Kaefer/Rose, Ausgewählte Fragen der mittelbaren Grundstücksschenkung bei der Erbschaft– und Schenkungsteuer, der Einkommen– und Vermögensteuer (Teil I), DStR 1992 S. 737

Kalenberg/Reichert, Die Neuregelung des § 15 Abs. 6 Nr. 1 AStG und seine Auswirkung auf ausländische Familienstiftungen, IStR 2016 S. 140

Kaplan/von Bassewitz, Änderungen der Besteuerung von Trusts in Israel ab Januar 2014, IWB 2013 S. 891

Kempermann, Bestandsaufnahme der jüngeren BFH-Rechtsprechung zur „Abfärberegelung" des § 15 Abs. 3 EStG, DStR 2002 S. 664

Kerssenbrock/Kirch, Ende der „Schonzeit", S&S 6/2015 S. 36

Kindler, Die Auslandsstiftung mit inländischen Destinatären: Bestimmung und Geltungsbereich des anzuwendenden Rechts, NZG 2016 S. 1335

Kirchhain, Vom Fördern und Gefordertsein, DStR 2013 S. 2141

ders., Neue Verwaltungsrichtlinie für NPOs, DStR 2014 S. 289

ders., Immer wieder Ärger mit Auslandsspenden – BFH, Urteil vom 17. 9. 2013 - I R 16/12, IWB 2014 S. 421

ders., Rücklagen- und Vermögensbildung bei gemeinnützigen Körperschaften – Prüfung zurück bis ins anno Tobak?, DStR 2016 S. 104

ders., Der neue Anwendungserlass zur AO: neue Herausforderungen für gemeinnützige Körperschaften, DStR 2016 S. 505

ders., Zuwendung von Anteilen an gewerblich geprägten Mitunternehmerschaften an NPOs nicht mehr vollständig privilegiert?, DB 2016 S. 1605

Kirchhain/Hüttemann/Schauhoff, Fördertätigkeiten gemeinnütziger Körperschaften und Konzerne, DStR 2016 S. 633

Kirnberger/Werz, Die Doppelstiftung, als Instrument der Unternehmensnachfolge – Eine Alternative zur gemeinnützigen Familienstiftung, ErbSt 2004 S. 145

Kirsch, Voraussichtliche Auswirkungen des BilRUG auf die GuV-Rechnung und die GuV-Rechnung betreffenden Angaben, DStR 2015 S. 664

ders., Erweiterte Anhangsangaben durch den BilRUG-RegE, BBK 2015, S. 321

Klein-Blenkers, Zur Besteuerung nach den §§ 7 Abs. 7; 3 Abs. 1 Nr. 2 Satz 2 ErbStG – Anmerkungen zu den BFH-Urteilen vom 1. 7. 1992, II R 70/88, II R 12/90, II R 20/90, DStR 1992 S. 1577

Klemm/Dreßel, So klappt's auch mit dem Auslandsprojekt, S&S 6/2014 S. 34

Klöttschen/Muth/Krumpen/Heun, Stiftung & Sponsoring, Rote Seiten 5/2013.

Koch, Fehlerhafte Weisungen eines Stiftungsrats und Haftung des Stiftungsvorstands, WM 2016 S. 2105

Kohler/Gengel, Gestaltungsoptionen für die Vermögensanlage, Stiftung & Sponsoring 2/2014 S. 22 f.

Köhler, Erste Gedanken zur Zinsschranke nach der Unternehmenssteuerreform, DStR 2007 S. 597

Kohlhepp, § 8 Abs. 5 KStG und Überlegungen zu einem geänderten dogmatischen Ansatz der vGA bei Konzernunternehmen, DStR 2008 S. 1859

ders., Rechtsprechung zum Gemeinnützigkeitsrecht 2017/2018, DStR 2019 S. 129

Kolesnikow/Meger, Verdeckte Gewinnausschüttung bei Zuwendung an eine gemeinnützige Stiftung als nahestehende Person der Gesellschafter, StuB 2022 S. 107

Köplin/Sedemund, Quod erat expectandum! – Einige Überlegungen zum Beschluss des BFH vom 21. 6. 2001, IStR 2002 S. 120 f.

Koppenhöfer, Die Behandlung von Erträgen aus der Umschichtung von Stiftungsvermögen, Stiftung & Sponsoring 2/2000 S. 24

Korezkij, Neuer Verwaltungsvermögenstest im Konzern aus der Sicht eines Rechtsanwenders – Der Weg vom begünstigungsfähigen zum begünstigten Vermögen nach § 13b Abs. 2–10 ErbStG, DStR 2016 S. 2434

Korezkij, Anwendungserlasse zur Erbschaftsteuerreform: Eine erste Bestandsaufnahme, DStR 2017 S. 1729

ders., Erbschaftsteuerreform: Finger weg vom Abschmelzungsmodell bei -Erwerben begünstigten Vermögens ab 51 Mio. €!, DStR 2017 S. 189

ders., Familienstiftungen im neuen Erbschaftsteuerrecht, ZEV 1999 S. 132

Korn/Strahl, Steuerliche Hinweise und Dispositionen zum Jahresende 2015 – Teil 1: Steuerliche Änderungsgesetze im Jahr 2015, NWB 49/2015 S. 3606

dies., Steuerliche Hinweise und Dispositionen zum Jahresende 2016 – Teil 1: Steuerliche Änderungsgesetze und Änderungsverordnungen im Jahr 2016, NWB 49/2016 S. 3652

Körner/Schwarz, Wem gehört das Vermögen steuerlich transparenter liechtensteinischer Stiftungen?, DStR 2015 S. 2501

Koss, Die Einrichtung der Buchhaltung einer Stiftung, Stiftung & Sponsoring 6/2002 S. 5

ders., Das interne Kontrollsystem der Stiftung, ZStV 2014 S. 171

Kraft, Ausländische Familienstiftung: Zurechnungsbesteuerung nach § 15 AStG, Steuer und Studium 2015 S. 154

ders., , Grundprobleme der steuerlichen Behandlung unbeschränkt steuerpflichtiger privatnütziger Familienstiftungen, DStR 2016 S. 2825

ders., Ausländische Familienstiftungen und Familientrusts, NWB-EV 8/2020 S. 279

ders., Transparente und intransparente Trusts in der Ertrags- und Unternehmensnachfolgebesteuerung, NWB-EV 7/2020 S. 238

Kraft/Hause, Die Gemeinschaftsrechtswidrigkeit des § 15 AStG zur Besteuerung ausländischer Familienstiftungen aus dem Blickwinkel der EuGH-Rechtsprechung, DB 2006 S. 414

Kraft/Moser/Preil, Ausländische Familienstiftung: Zurechnungsbesteuerung nach § 15 AStG – Erläuterung der Grundsystematik anhand einer Fallstudie, SteuerStud 2015 S. 154

Kraft/Ungemach, Unentgeltliche Übertragung von Mitunternehmeranteilen auf gemeinnützige Stiftungen, NWB 24/2019 S. 1730

Kraftsoff/Steinsdörfer, Verwendung von Umschichtungsgewinnen, S&S 3/2016 S. 30

Kraus, Veränderung beim Kapitalertragsteuerabzug für gemeinnützige Organisationen, npoR 2018 S. 97

ders., Ab 2019 Kapitalertragsteuerabzug auch für gemeinnützige Organisationen, npoR 2019 S. 111

Krause, Wenn bereits das Stiftungsgeschäft misslingt, S&S 2/2014 S. 36

Krawitz/Büttgen/Hick, Zwischenholdinggesellschaften inländisch beherrschter internationaler Konzerne unter dem Einfluss der Reformen des Unternehmenssteuerrechts, Wpg 2002 S. 85

Kroiß, Die Stiftung in der Beratungspraxis, ZErb 2016 S. 155

Kröner/Bolik, Die Anwendung der Zinsschranke bei vermögensverwaltenden und gewerblichen Personengesellschaften, DStR 2008 S. 1309

Küding/Seel, Das neue Konzernbilanzrecht – Änderung der Konzernrechnungslegung durch das Bilanzrechtsmodernisierungsgesetz (BilMoG), Beihefter zu DStR 2009 Heft 26

Kühn, Anrechnung ausländischer Steuern zur Vermeidung einer ertragsteuerlichen Doppelbesteuerung im Rahmen des § 15 AStG, IStR 2018 S. 903

Kümpel, Leistungsbeziehungen zwischen verbundenen gemeinnützigen Körperschaften, FR 2014 S. 51

ders., Duplik zu „Leistungsbeziehungen zwischen verbundenen gemeinnützigen Körperschaften", FR 2014 S. 513

Künkele/Zwirner, BilMoG: Handelsrechtliche Reform mit steuerlichen Konsequenzen?, DStR 2009 S. 1277

Kulosa, Aktuelle Rechtsprechung des Bundesfinanzhofs zum Spenden- und Gemeinnützigkeitsrecht, npoR 2022 S. 69

Kuntz, Die Kapitalerhöhung in der Insolvenz, DStR 2006 S. 519

ders., Nochmals: Die Kapitalerhöhung in der Insolvenz, DStR 2006 S. 1050 f.

Kußmaul/Berens, Doppelbesteuerung im internationalen Steuerrecht, StB 2016 S. 111

Kußmaul/Henkes, Von der Kameralistik zur Doppik: Die Verwaltungskameralistik – Ursachen und Ergebnis der Reformbemühungen, StB 2005 S. 422

Kußmaul/Meyering, Die Besteuerung der Destinatäre von Stiftungen, ZSteu 2004 S. 41

dies., Die Rechnungslegung der Stiftung, DStR 2004 S. 371

Kußmaul/Meyering/Richter, Rechnungslegung der Stiftung – Darstellung und Analyse der jüngsten Entwicklungen, DStR 2015 S. 1328

Kußmaul/Schäfer/Engel,Unterjähriger Zuzug und der Trust als Mitunternehmer, IWB 2020 S. 646

Küster, Zuwendungen ausländischer Familienstiftungen im Lichte einer potenziellen Doppelbelastung mit Einkommen- und Schenkungsteuer, DStR 2018 S. 2613

Kuszlik/Nicolai, Reform des Stiftungsrechts, ZRP 2016 S. 47

Küting, Verabschiedung des MicroBilG – Der „vereinfachte" Jahresabschluss für Kleinstkapitalgesellschaften, DStR 2012 S. 2615

L

Lange, Stiftungserrichtung von Todes wegen und Testamentsvollstreckung, ZStV 2019 S. 85

ders., Die unselbstständige Stiftung von Todes wegen, ZErb 2013 S. 324

ders., Die Errichtung einer rechtsfähigen Stiftung nach Inkrafttreten der Stiftungsreform, ZStV 2022 S. 167

ders., Möglichkeiten und Grenzen von Satzungsänderungen nach Inkrafttreten der Stiftungsrechtsreform, ZStV 2022 S. 207

Lange/Sabel, Nachfolgeplanung unter Einsatz ausländischer Stiftungen, ZStV 2014 S. 201

Langenfeld, Die letztwillige Stiftung, ZEV 2002 S. 481

Lehmann, Konfliktlinien kommunaler Stiftungsverwaltung, ZSt 2007 S. 24 u. S. 51.

Leichinger, Vermögensverwaltung und Erhaltung des Grundstockvermögens aus Sicht der Verwaltung, npoR 2015 S. 237.

Leichinger/Höne, Steuerbefreite Zuwendungen ins Ausland, NWB-EV 5/2016 S. 172

Leichtweiß, Überlegungen zur Familienstiftung aus Sicht der Finanzplanung, NWB-EV 7/2021 S. 240

Leitner-Bommer/Dorigatti, Die österreichische Privatstiftung, IWB 2016 S. 41

dies., Die österreichische Privatstiftung – Vormals Vermögensschutz- und Steuersparmodell – und was davon noch übrig bleibt, IWB 2016 S. 53

Leuschner, Das Haftungsprivileg der §§ 31a, 31b BGB, NZG 2014 S. 281

Link, Nießbrauchvorbehalt und Pflichtteilsergänzung, ZEV 2005 S. 283

Linn/Schmitz, Offene Fragen bei der steuerlichen Behandlung liechtensteinischer Familienstiftungen, DStR 2014 S. 2541

Litzel/Brachert, Sponsoringeinnahmen: steuerfrei oder steuerpflichtig?, Stiftung & Sponsoring 3/2001 S. 27

Litzenburger, Unmöglichkeit und Ausfall der Bedingung bei erbrechtlichen Zuwendungen, ZEV 2008 S. 369

Lohtmann/Lohtmann, Einsatzmöglichkeiten von Familienstiftungen bei der Unternehmensnachfolge, NWB-EV 9/2019 S. 307

Loleit/Cornelius, Kapitalertragsteuerabzug trotz Steuerbefreiung ab 2019, S&S 5/2018 S. 36

Lorenz, Der Bundesgerichtshof bestätigt: Privilegierung durch effizientes Compliance-Management-System – bußgeldmindernde Wirkung, ZStV 2019 S. 148

ders., Steuerbefreite Übertragung von Kunst, DStR 2019 S. 1439

Lorenz/Mehren, Das neue Stiftungsrecht ist da – Kernpunkte der gesetzlichen Neuregelungen und deren Bedeutung für bestehende und noch zu errichtende Stiftungen, DStR 2021 S. 1774

Loritz/Weinmann, Die unternehmensverbundene Stiftung als Steuersparmodell?, DB 2022 S. 2890

Louis/Müller, Verwaltung einer Treuhandstiftung ohne bankenrechtliche Erlaubnis – Zulässigkeit in typischen und atypischen Fällen, NWB-EV 4/2013 S. 116

Lüdenbach, Freiberg, Die Regelungen des BilRUG im Jahresabschluss Überblick Änderungen, StuB 2015 S. 563

Lüdicke/Kaiser, Die erbschaft- und schenkungsteuerliche Behandlung der Übertragung treuhänderisch gehaltener Kommanditbeteiligungen, DStR 2005 S. 1926

M

Maetz/Kotzenberg, Keine Erbschaftsteuerpflicht bei Auskehrung des Vermögens einer liechtensteinischen Stiftung an Nachbegünstigte, ZEV 2014 S. 382.

Maier, Die Verschonungsbedarfsprüfung gemäß § 28a ErbStG bei Großerwerben: Tatbestand, Rechtsfolgen und Entscheidungskriterien für Gestaltungsmaßnahmen, ZEV 2017 S. 10

Manteufel, Aktuelle Gerichtsentscheidungen und Verwaltungsanweisungen, S&S 2/2013 S. 36

Matschke, Pflichtteilsergänzungsanspruch und Gemeinnützige Stiftung, ZSt 2004 S. 263

Matschke/Renner, Einfluss des Stifterwillens auf das Stiftungsvermögen im Zeitraum zwischen Todestag des Stifters und Genehmigung der Stiftung in FS Welf Müller, München 2001, S. 815

Matthens, Eckpfeiler einer stiftungsrechtlichen Publizität, DStR 2003 S. 254

Maydell, Reverse-Charge als Steuerfalle für gemeinnützige Körperschaften, npoR 2022 S. 190

Mayer, Unliebsame Folgen des Pflichtteilsverzichts, ZEV 2007 S. 556

Mecking, Der Sitz der Stiftung, ZSt 2004 S. 199

ders., Ein neues „Stiftungsgesetz für das Land Nordrhein-Westfalen", Stiftung & Sponsoring 3/2005 S. 19

ders., Stiftungsstandort Rheinland-Pfalz und sein liberales Stiftungsrecht, ZSt 2006 S. 173

ders., Elektronisches Transparenzregister, S&S 2/2019 S. 40 f.

Meger, Verdeckte Gewinnausschüttung bei Sachspende an eine Stiftung, StuB 2019 S. 194

Mehren, Die Reform des Stiftungsrechts nimmt Gestalt an, DStR 2018 S. 1773

Meilicke, Inkongruente Doppelbesteuerung von Stiftungen, DStR 2017 S. 227

Meinecke, Grundzüge liechtensteinischer Stiftungen unter besonderer Berücksichtigung der Familienstiftung aus Sicht deutscher Staatsangehöriger, ZStV 2022 S. 136

ders., Grundzüge liechtensteinischer Stiftungen unter besonderer Berücksichtigung der Familienstiftung, Teil 1, ZStV 2022 S. 136

ders., Grundzüge liechtensteinischer Stiftungen unter besonderer Berücksichtigung der Familienstiftung, Teil 2, ZStV 2022 S. 172

ders., Grundzüge liechtensteinischer Stiftungen unter besonderer Berücksichtigung der Familienstiftung, Teil 3, ZStV 2022 S. 212

Menges, Haftung ehrenamtlicher Mitarbeiter und Helfer, Stiftung & Sponsoring 1/2003 S. 15

ders., Stiftungsvorstand – Haftung ohne Ende?, Stiftung & Sponsoring 3/2003 S. 19

Meyn, Stiftung und Vermögensverzehr, Stiftung & Sponsoring, Rote Seiten 3/2013

ders., Rechnungslegung und Berichterstattung – Die Basics für den Einstieg, Stiftung & Sponsoring 4/2013 S. 34 f.

Möhlenbrock/Obermair, Die wirtschaftliche Tätigkeit gemeinnütziger Körperschaften, FR 2016 S. 975

Möller, Die Überführung von Treuhandstiftungen in rechtsfähige Stiftungen, ZEV 2007 S. 565

Moench, Brennpunkte der neuen Erbschaftsteuer-Richtlinien - Lesetips zur Zeitersparnis, DStR 1999 S. 301

Moser, Einkünftezurechnung gem. § 15 AStG im Fall mehrerer Stifter, RIW 2020 S. 17

Moser/Gebhard, Ungereimtheiten und Übergangsprobleme durch die systematischen Änderungen in § 15 AStG im Rahmen des Amtshilferichtlinie-Umsetzungsgesetzes, DStZ 2013 S. 753

Moser/Kraft/Preil, Problembereiche und Gestaltungspotenzial bei Leistungen ausländischer Familienstiftungen und nachgeschalteter Vehikel im Kontext von § 15 AStG und §§ 7–14 AStG, IStR 2016 S. 96

Müller, B., In Zukunft ein einheitliches Stiftungsregister?, ZSt 2007 S. 103

Müller/Leichtweiß, Effiziente Vermögensverwaltung und Steuerreporting für Kapitalgesellschaften, NWB-EV 10/2019 S. 351

Müller, Th./Schubert, Die Stifterfamilie und die Sicherstellung ihrer Versorgung im Rahmen einer gemeinnützigen Stiftung, DStR 2000 S. 1289

Müller, Th./Schuster/Louis-Byers, Immobilieninvestitionen durch Stiftungen – Sicherer Hafen für Stiftungen im schwierigen Marktumfeld?, NWB-EV 10/2015 S. 348.

Muscheler, Die Rechtsstellung der Stiftungsdestinatäre, WM 2003 S. 2213

ders., Vorrang des Bundesstiftungsrechts vor dem Landesstiftungsrecht, NJW 2004 S. 713

ders., Die geplanten Änderungen im Erbrecht, Verjährungsrecht und Nachlassverfahren, ZEV 2008 S. 105

ders., Die unselbständige Stiftung von Todes wegen, ZStV 2014 S. 573

ders., Der Übergang von der unselbständigen Stiftung in die rechtsfähige Stiftung, ZEV 2018 S. 187

ders., Die geplante Reform des Stiftungsrechts – Ein Einwurf, ZEV 2019 S. 1

N

Nadwornik, Praxishinweise zum Transparenzregister für gemeinnützige Stiftungen, npoR 2017 S. 233

Nährlich/Biedermann, Zweckgebundene Zustiftungen an Bürgerstiftungen, S&S 2/2016 S. 26

Nettersheim, Spendenabzug: Übertragung eines Wertpapierdepots in den Vermögensstock einer Stiftung, EStB 2016 S. 78

Neuhoff, Stiftung auf Zeit: Ein moderner Irrweg der Dogmatik im Stiftungsrecht, ZStV 2014 S. 10

Nicolai/Kuszlik, Reform des Stiftungsrechts, ZRP 2016 S. 47

Niemann, Ersatzerbschaftsteuer bei unselbständigen Familienstiftungen, DStR 2016 S. 2888

Nießen/Schubert, Sachleistungen beim Sponsoring gemeinnütziger Körperschaften – Umsatzsteuer, Vorsteuer und Rechnungsstellung, NWB 6/2015 S. 367

O

von Oertzen, Kunst im Nachlass - Erbschaftsteuerliche Bemerkungen, ZEV 1999 S. 422

von Oertzen/Fritz, Steuerliche Fragen der neuen (Familien-)Verbrauchsstiftung, BB 2014 S. 87

von Oertzen/Junius-Morawe, Verfassungswidrigkeit der Zinsregelung des § 24 S. 2 ErbStG bei der Verrentung der Ersatzerbschaftsteuerschuld?, ZEV 2019 S. 403

von Oertzen/Kühn, Praktische Fragen der Einkünfteermittlung von ausländischen Stiftungen und Trusts iRd § 15 AStG, IStR 2016 S. 930

von Oertzen/Lemmer, Der US-Estate im deutschen Steuerrecht, IStR 2015 S. 952

von Oertzen/Müller, Die Familienstiftung, Stiftung & Sponsoring, Rote Seiten 6/2003

von Oertzen/Reich, Neues Risiko für die Kunstsammlung des Unternehmers durch die Unternehmenserbschaftsteuerreform, BB 2016 S. 356

dies., Die unternehmensverbundene Familienstiftung als Trägerin von Sondervermögen verschiedener Stifter – Anwendung der Steuerklasse I, DStR 2019 S. 317

von Oertzen/Schienke-Ohletz, Verbrauchsstiftung als begünstigter Empfänger i. S. d. § 29 Abs. 1 Nr. 4 ErbStG, ZEV 2015 S. 609

von Oertzen/Zapf, Sponsoring von gemeinnützigen Stiftungen und Organisationen, StB 2016 S. 296

Olbing, Steuerfolgen von Stiftungsgestaltungen, DB 2018 S. 2897

ders., Stiftung als Instrument der Nachfolgeplanung, ErbR 2022 S. 201

Oldenburg, Stiftungen: Ein noch besserer Deal für die Gesellschaft, FR 2016 S. 987

Omlor, Das europäische Grundrecht auf Stiftung, EuR 2015 S. 91

Oppel, Ende gut, alles gut? – Überblick über die Neuregelung der sachlichen Steuerbefreiungen für Unternehmensvermögen im ErbStG, SteuK 2016 S. 469

ders., Unterliegen unselbständige Stiftungen der Ersatzerbschaftsteuer?, ZEV 2017 S. 22

ders., Die Familienstiftung im Zivilrecht (Teil 1), NWB-EV 2/2018 S. 57

ders., Die Familienstiftung im Zivilrecht (Teil 2), NWB-EV 4/2018 S. 137

ders., Die deutsche Familienstiftung im Steuerrecht (Teil 1), NWB-EV 9/2018 S. 297

ders., Die deutsche Familienstiftung im Steuerrecht (Teil 2), NWB-EV 10/2018 S. 342

ders., Liechtensteinische Stiftungen als Instrument der Vermögensnachfolge und des Vermögensschutzes (Teil 1), NWB-EV 4/2019 S. 118

Oppel/Arzner, Ist der Ausschluss von ausländischen Familienstiftungen aus dem Steuerklassenprivileg des § 15 Abs. 2 S. 1 ErbStG unionsrechtswidrig?, ZEV 2020 S. 209

Orth, Stiftungen und Unternehmenssteuerreform, DStR 2001 S. 325

ders., Die Organschaftsbesteuerung nach der 2. Reformstufe, DB 2002 S. 811

ders., Umstrukturierung unternehmerisch tätiger Stiftungen, FR 2010 S. 637

ders., Zum Ausweis von Zuwendungen in das Vermögen einer gemeinnützigen Stiftung, npoR 2016 S. 189

ders., Nicht einkommensteuerpflichtige Leistungen einer Familienstiftung an Destinatäre wegen Einlagenrückgewähr (Teil 1), DB 2017 S. 1410

ders., Zur Bedeutung des Transparenzregisters für Stiftungen, NPLY 2017 S. 15

ders., Bilanzielle Vorsorge für Ersatzerbschaftsteuer, DB 2018 S. 2588

ders., Zur Rechnungslegung von Stiftungen, DB 1997 S. 1341

Otto, Beeinträchtigen Quellensteuern eine europaweit ausgerichtete Vermögensanlage?, S&S 2/2014 S. 30

P

Pach-Hanssenheimb, Der Einfluss der Schulden auf die Höhe der Erbschaftsteuer von Familienunternehmen, WPg 2017 S. 471

Paintner, Das Gesetz zur Anpassung des nationalen Steuerrechts an den Beitritt Kroatiens zur EU und zur Änderung weiterer steuerlicher Vorschriften im Überblick, DStR 2013 S. 1621

Pampel, Vom Frust zur fruchtbaren Zusammenarbeit, Kooperation zwischen Stiftungen und kommunalen Behörden, Stiftung & Sponsoring 6/2013 S. 24 f.

Passage, Zur Haftung des Stiftungsvorstands für in der Krise geleistete Zahlungen gem. §§ 92 III, 93 III Nr. 6 AktG analog, NZG 2008 S. 605

Pauli, Steuerrechtliche Auswirkungen auf Stifterebene bei Errichtung einer Stiftung, FR 2011 S. 600

ders., Stiftung und Testamentsvollstreckung als Gestaltungsmittel zur Sicherung des Erblasserwillens, ZEV 2012 S. 461

ders., Das neue erbschaftsteuerliche Verschonungssystem, WPg 2017 S. 282

ders., Sonderfragen bei der Errichtung von Stiftungen, ZStV 2019 S. 41

Peters/Herms, Die Fusion bürgerlich-rechtlicher Stiftungen, ZSt 2004 S. 323

Pfeiffer/Pawlytta, Die Reform des Stiftungsrechts – Ausgewählte Aspekte und erste praktische Erfahrungen, ZErb 2022 S. 255

Piekarek/Kempges, Rechtsformvergleich zwischen Stiftung und GmbH als Holding, NWB-EV 11/2020 S. 382

Piltz, Maßnahmen gegen den Verlust des Verlustvortrags im Erbfall, ZEV 2008 S. 376

Pohl, Steuerliche Behandlung von Sachausschüttungen, NWB 5/2019 S. 244

Pruns, Gegen eine beliebige Verwendung des Begriffs „Stiftung", ErbR 2016 S. 696

ders., Notarielle Form des Stiftungsgeschäfts bei Zusicherung von Immobilienvermögen? ErbR 2020 S. 163

Pusch, Vorschlag zur Evolution der gesetzlichen Haftungsbeschränkungen für Ehrenamt und bürgerschaftliches Engagement, npoR 2019 S. 199

R

Rausch/Meirich, Spenden durch Verzicht auf einen vertraglichen Anspruch, DStR 2017 S. 2769

Rawert, Charidable Correctness – Das OLG Dresden zu Spenden und Pflichtteilsergänzung, NJW 2002 S. 315

Rawert, Kapitalerhöhung zu guten Zwecken, DNotZ 2008 S. 5

ders., Die Stiftung als Familiengesellschaft (?), ZGR 2018 S. 835

Rawert/Hüttemann, Der Modellentwurf eines Landesstiftungsgesetzes, Stiftung & Sponsoring 1/2003 S. 18

Redbrake, Stiftungen und Beihilfeverbot. Risiken für Stiftungen durch staatliche Zuschüsse, Stiftung & Sponsoring 2010 S. 38

Reddig, Spenden in den Vermögensstock einer Stiftung, DB 2019 S. 877

Rehländer, Wie Stiftungen vom Web 2.0 profitieren, Stiftung & Sponsoring, Rote Seiten 4/2013

Reich, Gestaltungen im neuen Unternehmenserbschaftsteuerrecht, DStR 2016 S. 2447

ders., Keine Übergangszeit in der Erbschaftsteuer – Erste Überlegungen für die Erbschaftsteuernotfallplanung des „Großunternehmers" im neuen Recht, DStR 2016 S. 1459

ders., Das neue Unternehmenserbschaftsteuerrecht, BB 2016 S. 2647

ders., Die Erbschaft- und Schenkungsteuerbefreiung für Kunstsammlungen, BB 2016 S. 2908

ders., Die unternehmensverbundene Doppelstiftung auf dem Prüfstand – Gemischte Stiftung als Rechtsformalternative, DStR 2020 S. 265

ders., Gemeinnützige Stiftungen als Anfallsberechtigte in Familienstiftungen – Verwaltungsauffassung und Gestaltungsmöglichkeiten, DStR 2019 S. 1341

ders., ErbStR-E 2019: Verfassungswidrigkeit des Unternehmenserbschaftsteuerrechts bzw. verfassungskonforme Auslegung durch die Finanzverwaltung?, DStR 2019 S. 145

Reifarth, High-Tech-Ausgründungen, Stiftung & Sponsoring 6/2007 S. 34

Reimann, Die rechtsfähigen Stiftungen in der Kautelarpraxis, DNotZ 2012 S. 250

ders., Die Ergänzung letztwilliger Stiftungsgeschäfte – insbesondere bei Testamentsvollstreckung, ZEV 2023 S. 9

Reinhardt, Das Auseinanderfallen von Verwaltungs- und Satzungssitz bei Stiftungen, NVwZ 2019 S. 1090

Reis/Steinmüller/Bergmaier, 20 Tage – Eine Viertelmillion, S&S 1/2014 S. 18 f.

Richter, Zweifelhafte Folgen einer guten Tat für die Stiftung Frauenkirche, Stiftung & Sponsoring 3/2003 S. 26

ders., Aktuelle Änderungen in den Landesstiftungsgesetzen, ZEV 2005 S. 517

ders., Insolvenz von Stiftungen, Stiftung & Sponsoring, Rote Seiten 3/2006

Richter/Sturm, Die Beteiligung gemeinnütziger Stiftungen an Personen- und Kapitalgesellschaften, Stiftung & Sponsoring 6/2004 S. 11

Riedel, Gestaltungen zum Erhalt des Familienvermögens, ZErb 2016 S. 248

Ries, Die Vertretung der Stiftung bei Ansprüchen der Stiftung gegen ihre Organe, Stiftung & Sponsoring 3/2002 S. 14

ders., Die Entlastung des Vorstands der Stiftung und anderer Organmitglieder, Stiftung & Sponsoring 6/2002 S. 20 f.

Rinckhoff, Sozialversicherungspflicht von Vorstandsmitgliedern bei Vereinen und Stiftungen, ZStV 2022 S. 95

Ripken, Schnell und leicht zu großen Spenden und Zustiftungen, S&S 1/2015 S. 14

Ristelhuber, Die Entlastung der Geschäftsführer in der GmbH & Co. KG, GWR 2016 S. 247

Ritter, Vergütung von Stiftungsvorständen, Stiftungsbrief 2013 S. 84

ders., Compliance im Nonprofit-Bereich, S&S RS 3/2014 S. 9

ders., Mitteleinsatz im gewerblichen Bereich, S&S 5/2013 S. 28

Ritter/Marx, Europa und Nonprofits, S&S RS 2/2015 S. 6

Rode/Enders, Ausländische Familienstiftung: § 15 AStG und Änderungen, BB 2014 S. 1495

Rohde/Vraetz, Erbschaftsteuerreform: Was lange währt, wird nicht immer gut, StuB 2016 S. 903

Röthel, Pflichtteil und Stiftungen: Generationengerechtigkeit versus Gemeinwohl?, ZEV 2006 S. 8

ders., Was bringt die Pflichtteilsreform für Stiftungen?, ZEV 2008 S. 112

Rott, Erbrechtsreform 2008, Stiftung & Sponsoring 2/2008 S. 24 f.

ders., Damit die Erbschaft nicht zum Risiko wird, Stiftung & Sponsoring 1/2014 S. 36 f.

Rott/Kornau, Der Testamentsvollstrecker als Gehilfe der Stiftung, NWB-EV 11/2010 S. 386

Rücker, Unter welchen Voraussetzungen haben Destinatäre einer rechtsfähigen Familienstiftung einen Anspruch gegen die Stiftung auf Leistungen?, ZEV 2018 S. 451

S

Saberzadeh/Krüger, Gemeinnützige Organisationen als Adressaten der Energieauditpflicht nach § 8 EDL-G?, npoR 2015 S. 245

Saenger, Zusammenlegung von Stiftungen, ZSt 2007 S. 81

Saenger/Volkmann, Reichweite und Haltungsrisiken der Stiftungsaufsicht bei Vermögensumschichtungen von unternehmensverbundenen Stiftungen, ZSt 2005 S. 281

Salzberger/Schröder, Gemeinnützigkeitssteuerrecht: Übertragung eines wirtschaftlichen Geschäftsbetriebs oder Auslagerung von Hilfsfunktionen auf eine Tochter-GmbH, DStR 2015 S. 1602

Sandberg, Gotteslohn oder Spitzengehalt, Stiftung & Sponsoring 1/2015 S. 22 f.

ders., Die virtuelle Stiftung in der notariellen Praxis, BWNotZ 2017 S. 126

Sassen/Führer/Behrmann, Aktuelle nationale und internationale Entwicklungen zur Rechnungslegung von Stiftungen, BB 2014 S. 619

Schauer, Zulegung und Zusammenlegung von rechtsfähigen Stiftungen nach geltendem Recht, ZEV 2017 S. 613

ders., Pflichtteilsergänzungsansprüche bei Zuwendungen an Stiftungen, npoR 2018 S. 49

ders., Grundlagenänderungen nach der Reform des Stiftungsrecht, npoR 2022 S. 54

ders., Zulegung und Zusammenlegung von Stiftungen nach neuem Recht, ZEV 2022 S. 512

Schauer/Stallmann, Das neue Stiftungsrecht, NWB-EV 9/2021 S. 290

Schauhoff, Gemeinnützigkeitsrecht – Überarbeitung oder Generalüberholung?, S&S 5/2013 S. 10

Schauhoff/Kirchhain, Gemeinnützigkeit im Umbruch durch Rechtsprechung, DStR 2008 S. 1713

Schauhoff/Mehren, Die Reform des Stiftungsrechts, NJW 2021 S. 2993

Scherer/Bregulla-Weber, Liechtensteinische Familienstiftungen im Lichte des deutschen Pflichtteilsrechts, NJW 2016 S. 382

Scherf, Gemeinnützigkeitsrechtliche Aspekte in Holding-Strukturen, DStR 2003 S. 723

Schewe, Stiftungserrichtung von Todes wegen, ZSt 2004 S. 270 und S. 301

Schewe/Hermes, Die unternehmensverbundene Familienstiftung als Gestaltungsinstrument in der Nachfolgeplanung, RFamU 2022 S. 158

Schick, Haftet die Stiftung bei Verarmung ihres Stifters?, Stiftung & Sponsoring 2/2002 S. 17 f.

Schiedermair/Maul, Bilanzierungs-, Prüfungs- und Offenlegungspflichten von haftungsbeschränkten & Co-Gesellschaften nach Inkrafttreten des Kapitalgesellschaften & Co-Richtlinien-Gesetzes, FS Welf Müller, München 2001, S. 503

Schienke-Ohletz, Zivil- und steuerrechtliche Aspekte der Umwandlung einer Dauerstiftung in eine Verbrauchsstiftung, ErbStB 2015 S. 147

ders., Die Beteiligung gemeinnütziger Stiftungen an Unternehmen, BB 2018 S. 2012

ders., Was sind Vermögensmassen gerichtet auf die Bindung von Vermögen iSd § 3 Abs. 2 Nr. 1, § 7 Abs. 1 Nr. 8, 9 ErbStG?, IStR 2019 S. 21

ders., Stiftungsfusionen, S&S 2/2015 S. 40

Schienke-Ohletz/Kühn, Die steuerlichen Folgen beim Ausscheiden aus Truststrukturen, ZEV 2015 S. 150

Schienke-Ohletz/Mehren, Familienstiftungen in Liechtenstein und anderem europäischen Ausland,ZStV 2022 S. 51

Schießl/Küpperfahrenberg, Steuerrechtliche Haftung der Vorstände von Vereinen und Verbänden – Risiko, Vermeidungsstrategie, Versicherbarkeit, DStR 2006 S. 445

Schiffer, Stiftungen und Gemeinnützigkeit: Neue Impulse durch das Steuerrecht, StuB 2001 S. 318

ders., Aktuell beraten, StuB 2001 S. 923

ders., Aktuelles Beratungs-Know-how Gemeinnützigkeits- und Stiftungsrecht, DStR 2003 S. 14 und S. 1015

ders., Einige grundsätzliche Anmerkungen zum aktuellen Hessischen Stiftungsgesetz, Stiftung & Sponsoring 5/2005 S. 29

ders., Die Entwicklung des Stiftungszivilrechts in den Jahren 2004 bis 2006, NJW 2006 S. 2528

ders., Unternehmensnachfolge mit Stiftungen, ZErb 2014 S. 337

ders., Anforderungen an die Errichtung einer Stiftung von Todes wegen, npoR 2018 S. 105

Schiffer/Behring, Auswege aus der Haftungsfalle?, Stiftung & Sponsoring 4/2008 S. 24

Schiffer/Pruns, Stiftung und „Vorstiftung", NWB 15/2011 S. 1258

dies., Die Verbrauchsstiftung im Zivil- und Steuerrecht, NWB 46/2011 S. 3858

dies., Stiftungen als Instrument der Unternehmensnachfolge, NWB 11/2012 S. 910

dies., Grenzen der Gestaltungsmöglichkeiten von Stiftungssatzungen?, NWB-EV 7/2012 S. 229

dies., Der Lehrsatz vom Verbot der Selbstzweckstiftung, ZStV 2012 S. 1

dies., Die unternehmensverbundene Stiftung – ein Überblick zur vielfältigen Praxis, BB 2013 S. 2755

dies., Vor ihrer staatlichen Anerkennung ist die rechtsfähige Stiftung ein Nichts, GmbHR 2016 S. 742

dies., Nochmals: Kunstbesitz, Nachlassgestaltung und Stiftung, ErbR 2017 S. 25

dies., Neues zum „Grundsatz der Erhaltung des Stiftungsvermögens"?, ZStV 2019 S. 1

Schiffer/Schubert, Stiftung und Unternehmensnachfolge: Verständnis und Missverständnisse, BB 2002 S. 265

Schiffer/Schürmann, Auflösung rechtsfähiger Stiftungen, SB 2012 S. 103

Schiffer/Sommer, Die Stiftung und die Finanzkrise, NWB 38/2010 S. 3046

Schiffer/Swoboda, Stiftungen und Gemeinnützigkeit: Neue Impulse durch das neue Steuerrecht, StuB 7/2001 S. 317

Schiffer/von Schubert, Unternehmensnachfolger als Gründer: Einsatz unternehmensverbundener Stiftungen?, DB 2000 S. 437

Schimpfky, Der steueroptimierte Einsatz gemeinnütziger Stiftungen im Rahmen der privaten Vermögensverwaltung, ZEV 2015 S. 456

Schindhelm/Stein, Der trust im deutschen Erbschaft- und Schenkungsteuerrecht nach dem Steuerentlastungsgesetz 1990/2000/-2002, FR 1999 S. 880

Schindler, Erhaltung der Leistungskraft von Stiftungen – ein praxistaugliches Konzept, Stiftung & Sponsoring 2/2001 S. 21

Schindler, Das Risiko der Verantwortung – Haftung von Stiftungen und Organmitgliedern, Stiftung & Sponsoring 3/2006 S. 26 f.

ders., Mit Stehvermögen, S&S 1/2014 S. 22

Schienke-Ohletz/Kühn, Doppelbesteuerung bei Auskehrungen aus ausländischen Trusts?, DStR 2022 S. 1413

Schleitzer, Für die Enkel, Stiftung & Sponsoring 4/2007 S. 26

Schlüter, Die gemeinnützige GmbH, GmbHR 2002 S. 578

Schmidt/Fritz, Kapitalausstattung von Kapitalgesellschaften und Stiftungen durch gemeinnützige Körperschaften, Stiftung & Sponsoring 5/2001 S. 19

dies., Besteuerung der stillen Reserven bei wirtschaftlichen Geschäftsbetrieben gemeinnütziger Körperschaften?, DB 2005 S. 2509.

Schmidt-Thomé, Damit das Erbe nicht Kopf und Kragen kostet, S&S 6/2015 S. 38

Schmitt, Teleologische Reduktion von § 1 Abs. 1 Nr. 4 ErbStG, ZStV 2019 S. 47

Schmittmann, Haftung der Organe von Non-Profit-Organisationen in Krise und Insolvenz (Teil 1), ZStV 2019 S. 91

ders., Haftung der Organe von Non-Profit-Organisationen in Krise und Insolvenz (Teil 2), ZStV 2019 S. 121

Schneider, Die Familienstiftung als Steuergestaltungsinstrument, UVR 2018 S. 285

Schneider/Wachter, Auf dem Prüfstand: Die grenzüberschreitende Vermögensnachfolge auf ausländische Stiftungsstrukturen, UVR 2022 S. 89

Schnitger, Stiftung: Formen, Motive zur Errichtung, Gründungsprozess, Stb 2001 S. 52

ders., Die Gestaltungsform der Doppelstiftung und ihrer Probleme, ZEV 2001 S. 104

Schönfeld, Die staatliche Stiftungsaufsicht, Stiftung & Sponsoring 2/2000 S. 6 f.

ders., Das neue Stiftungsgesetz für das Land Nordrhein-Westfalen – ein Erfahrungsbericht der Stiftungsaufsicht, Stiftung & Sponsoring 5/2005 S. 25 f.

Scholz, Die Haftung der Stiftungsorgane nach neuem Recht, npoR 2022 S. 50

Schorr/Fritz, Behandlung von Überpari-Beträgen bei festverzinslichen Wertpapieren in der Handelsbilanz vor dem Hintergrund des Niedrigzinsumfeldes, DStR 2017 S. 1223

Schotenroehr/Bergdieck, Die (un)absichtliche GbR, S&S 3/2014 S. 28

Schröder, Ausgliederung aus gemeinnützigen Organisationen auf gemeinnützige und steuerpflichtige Kapitalgesellschaften, DStR 2001 S. 1415

ders., Neue Umwandlungsmöglichkeiten – Notausgang für die Limited mit Verwaltungssitz in Deutschland?, BB 2018 S. 2755

Schubert, Sachleistungen beim Sponsoring gemeinnütziger Körperschaften, NWB 6/2015 S. 367

Schuck/Medinger, Stiftungsrechtsreform und Bestandsstiftungen, npoR 2021 S. 284

Schuhmann, Der BFH und der gewerbliche Wertpapierhandel, StBp, 2002 S. 46

ders., Teilungsanordnung oder Vorausvermächtnis?, UVR 2005 S. 375

Schulte, Die Kommunalen Stiftungen in den (novellierten) Landesstiftungsgesetzen, ZSt 2005 S. 160

Schulte/Butgereit, Fiktive Ertragsbesteuerung von Leistungsbeziehungen zwischen verbundenen gemeinnützigen Körperschaften, FR 2014 S. 509

Schulte/Herbrich, Die Errichtung privatrechtlicher Stiftungen durch kommunale Gesellschaften, ZStV 2014 S. 1

dies., Stiftungen kommunaler Gesellschaften, S&S 5/2013 S. 34

Schulte/Kortz, Aktuelle Punkte zur Vermeidung von Diskussionen zwischen gemeinnützigen Körperschaften und dem Finanzamt, BB 2018 S. 2007

Schulze-Borges, Ausländische Familienstiftungen und Trusts: Verletzung von Anzeige- bzw. Erklärungspflichten und ihre Auswirkungen auf die Schenkung- und Erbschaftsteuer, ZEV 2017 S. 190

Schulze zur Wiesche, Die Behandlung von Gewinnen aus Betriebsveräußerungen nach dem Steuersenkungsgesetz, Wpg 2001 S. 1377

Schunk, Das Unmittelbarkeitsgebot nach § 57 AO, npoR 2016 S. 53

ders., Der erwachte Störenfried, S&S 4/2014 S. 32

ders., Mergers and Acquisitions im Nonprofit-Bereich, S&S 3/2016, S. 22

Schurr, Rechtliche Ausgestaltung und Anwendungsbereiche des Trusts in Liechtenstein, ZStV 2017 S. 12

Schütz, Ausgaben für Verwaltung und Spendenwerbung im Gemeinnützigkeitsrecht, npoR 2015 S. 182

ders., Die Besteuerung ausländischer, insbesondere liechtensteinischer Familienstiftungen und ihrer Begünstigten in Deutschland, DB 2008 S. 603

Schwalm, Stiftungsrechtsreform ante portas? – Kernbotschaften für die Stiftungspraxis, ZEV 2021 S. 68

Schwarz, Die Stiftung als Instrument für die mittelständische Unternehmensnachfolge, BB 2001 S. 2381

ders., Zur Neuregelung des Stiftungsprivatrechts, DStR 2002 S. 1718 und S. 1767

ders., Zur Zulässigkeit landesrechtlicher Vorschriften über die Familien- und Unternehmensstiftung, ZEV 2003 S. 306

ders., Unveräußerlichkeitsklauseln in Stiftungssatzungen, ZSt 2004 S. 101

ders., Wo kein Wagnis, da kein Ertrag: Der Einsatz von Kryptowährungen unter Wahrung des Vermögenserhaltungsgebots bei gemeinnützigen Stiftungen, DStR 2022 S. 1640

Schwetlik, VGA durch Spenden einer GmbH (Anm. zu BFH-Urteil vom 19. 12. 2007 - I R 83/06), GmbH-StB 2008 S. 159 f.

Schwink, Unternehmensverbundene Stiftungen im Mittelstand, Stiftung & Sponsoring 2/2016 S. 30

Schwintek, Die Haftung der Stiftungsaufsicht für Aufsichtsmängel, Stiftung & Sponsoring 2/2003 S. 14

ders., Die Haftung von Organmitgliedern gegenüber der Stiftung für fehlerhafte Vermögensverwaltung und Ertragsverwendung, ZSt 2005 S. 108

Seeger/Milde, Leistungsaustausch zwischen gemeinnützigen Körperschaften – Steuerliche Konsequenzen einer fehlenden Gewinnerzielungsabsicht, NWB 35/2014 S. 2612

dies., Leistungsaustausch und Gewinnzuschläge bei Non-Profit-Unternehmen nach dem AEAO 2016, DStR 2016 S. 2736

Seeck/Wackerbeck, Aberkennung der Gemeinnützigkeit – Wenn die rote Linie überschritten ist, DStR 2022 S. 633

Segna, Die Verbrauchsstiftung – ein Fremdkörper im Stiftungsrecht?, JZ 2014 S. 126

Seidemann, Die Rechenschaftslegung von Stiftungen – betriebswirtschaftliche Grundlagen, deutsche Rechtsvorschriften und freiwillige Selbstverpflichtungen (Teil 1), ZStV 2012 S. 6

ders., Das gemeinnützige Geschäftsmodell der Stiftung, ZStV 2016 S. 121

Seifert, Zur Verschwiegenheitspflicht von Organmitgliedern in Stiftung – eine Skizze, ZStV 2014 S. 41

Seifried/Volland, Finanzverwaltung erleichtert Übergang von. Unternehmensvermögen auf gemeinnützige Stiftungen, ZEV 2012 S. 242

Servaty, Wer bin ich, wenn ja, wie kommuniziere ich, S&S 1/2014 S. 16 f.

Siebeck/Hesse, Die gemeinnützige Stiftung im Zweckerfüllungsnotstand, npoR 2018 S. 253

Siegemund, Mittelbare Grundstücksschenkung – Vom Schenker übernommene Nebenkosten und Umsatzsteuer, DStR 1993 S. 1281

Söffing, Ausgewählte Beratungsaspekte im Gemeinnützigkeits- und Stiftungsrecht, BB 2003 S. 1092

ders., Kunst und Steuern – Kunststeuer – künstliche Steuern – Steuern und Kunst – Steuerkunst – Steuerliche Kunst,SAM 2012 S. 122

Söffing/Henrich, Die gemeinnützige Stiftung als Unternehmensnachfolger, BB 2016 S. 1943

Spiegel, Die Umschichtungsrücklage, Stiftung & Sponsoring 2/2014 S. 24 f.

Spitaler/Schröder, Gemeinnützigkeitssteuerrecht: Neuerungen bei der zeitnahen Mittelverwendung und Rücklagenbildung (Teil I), DStR 2014 S. 2144

dies., Gemeinnützigkeitssteuerrecht: Neuerungen bei der zeitnahen Mittelverwendung und Rücklagenbildung (Teil II), DStR 2014 S. 2194

Staiber/Kuhn, Organisationsentwicklung der Stiftung Liebenau: Sozialstiftung und Unternehmen, Stiftung & Sponsoring, 3/2001 S. 8

Stahl, Steuerliche Konsequenzen der Verwertung von Forschungs- und Entwicklungsergebnissen durch Hochschulen und gemeinnützige Forschungseinrichtungen, DStR 2000 S. 2103

ders., Gemeinnützigkeit im Forschungsbereich – Chance und Korsett, FR 2006 S. 1012

ders., Wege aus einer Familienstiftung, KOESDI 2019 S. 21333

ders., Mit stakeholderorientierter Führung zum Erfolg, S&S 6/2015 S. 24

Steger/Königer, Der Wertabschlag für Familienunternehmen nach § 13a Abs. 9 ErbStG – Papiertiger oder notwendiges Gestaltungsmittel?, BB 2016 S. 3099

Stein, Aktuelle ertragsteuerliche Fragestellungen zum Nießbrauchsvorbehalt an Gesellschaftsanteilen, ZEV 2019 S. 131

Steuber, Corporate Governance bei Stiftungen – eine Frage der Kontrolle oder der Moral?, DStR 2006 S. 1182

Stöber, Die geplante Europäische Stiftung, DStR 2012 S. 804

Stolte, Die Reform des Stiftungsrechts aus steuerlicher Sicht, StB 2016 S. 106

ders., Haftung von Stiftungsorganen, S&S 2/2014 S. 34 f.

Störmann/Fehrmann, Vom Begünstigten zum Mitgestalter, S&S 2/2013 S. 26

Strachwitz, Sind Stiftungen ewig?, npoR 2016 S. 16

Strahl, Steuerliche Behandlung von Vermögensübertragungen. Chance und Korsett, FR 2006 S. 1012

ders., Steuerliche Konsequenzen der Verwertung von Forschungs- und Entwicklungsergebnissen durch Hochschulen und gemeinnützige Forschungseinrichtungen - Möglichkeiten und Grenzen der Gestaltung, DStR 2000 S. 2163

Streck/Schwedhelm/Olbing, Problemfelder des Erbschaftsteuerrechts (Teil II), DStR 1994 S. 1481

Streiter, Die Gestaltung von Förderrichtlinien: Ein Leitfaden für die Stiftungspraxis, Stiftung & Sponsoring, Rote Seiten 2/2013

Strickmann, Sonderausgabenabzug bei letztwilligen Zustiftungen nach § 10 Abs. 1a EStG, NWB 5/2022 S. 311

Stumpf, Stiftungen der öffentlichen Hand im Europäischen Beihilferecht, ZStV 2019 S. 81

Stürner, Die Haftung des Stiftungsvorstands bei der Vermögensverwaltung, DStR 2015 S. 1628

T

Tersteegen, Sozialhilferechtliche Verwertbarkeit von Vermögen bei Anordnung vom Verwaltungstestamentsvollstreckung, ZEV 2008 S. 121

Teufel, Außenprüfung bei gemeinnützigen Organisationen (formelles Prüfungsrecht), DB 1999 S. 874

Theile, Der neue Jahresabschluss nach dem BilMoG, Beihefter zu DStR 2009 Heft 18

ders., Der Jahresabschluss nach dem Bilanzrichtlinie-Umsetzungsgesetz, BBK 14/2015 S. 642

Theobald/Klaßmann, Die Notwendigkeit der Weiterentwicklung des Gemeinnützigkeitsrechts, npoR 2016 S. 201

Theuffel-Werhahn, Unterliegen unselbständige Familienstiftungen der Erbersatzsteuerpflicht?, ZEV 2014 S. 14

ders., „Renaissance" der Doppelstiftung durch die Erbschaftsteuerreform, ZStV 2015 S. 169.

ders., Fallstricke bei der Gestaltung einer Doppelstiftung, ZStV 2015 S. 201

ders., Steuerbegünstigte Stiftungen oder Vereine mit Beteiligungen an erwerbswirtschaftlichen Kapitalgesellschaften, ZStV 2017 S. 1

ders., Familienstiftungen als Königsinstrument für die Nachfolgeplanung aufgrund der Erbschaftsteuerreform, ZEV 2017 S. 17

ders., Trägt die Stiftungsrechtsreform die „Stiftung & Co. KG" zu Grabe?, ZStV 2022 S. 43

Theuffel-Werhahn/Mühlendiek, Einsichtsrecht in die Akten der Stiftungsaufsicht sowie Auskunfts- und Informationsrechte von Destinatären ohne Rechtsansprüche und Dritten, ZStV 2022 S. 87

Thoelke, Die Umwandlung eines gemeinnützigen Vereins in eine Stiftung, npoR 2017 S. 54

Thonemann-Micker/Böhmert, Ermittlung der Transparenz oder Intransparenz angloamerikanischer Trusts als Vermögensmasse ausländischen Rechts und deren zivilrechtliche und steuerliche Konsequenzen, ErbR 2023 S. 112

Timmer, Gremienmanagement und Vorstandsarbeit, S&S RS 6/2009 S. 1

Tischendorf, Die Besteuerung von Trusts – alte und neue Fragen (Teil I), IStR 2022 S. 445

ders., Die Besteuerung von Trusts – alte und neue Fragen (Teil II), IStR 2022 S. 489

Tönnes/Wevel, Ausgliederung wirtschaftlicher Geschäftsbetriebe durch steuerbefreite Einrichtungen, DStR 1998 S. 274

Tolksdorf/Müller, Falsche Zuwendungsbestätigungen durch gemeinnützige Körperschaften?! – Die (Vermögensstock-)Spende eines Wertpapierdepots ist tot?, DStR 2015 S. 2116

Trinks/Trinks, Finanzierung durch die „crowd" – Welche steuerlichen Vorschriften sind beim Crowdfunding zu beachten?, NWB 39/2017 S. 14

U

Uffmann, Abberufung des Stiftungsvorstands durch den Stifter, NZG 2022 S. 1131

Ulbricht, Social Media und Recht, Stiftung & Sponsoring 4/2013 S. 32 f.

V

Viskorf/Löcherbach/Jehle, Die Erbschaftsteuerreform 2016 – Ein erster Überblick, DStR 2016 S. 2425

Vogel, Das Gesetz zur Stärkung des Ehrenamtes und die Verbrauchsstiftung, ZStV 2014 S. 81

W

Wachter, Erbersatzsteuer bei nichtrechtsfähigen Familienstiftungen, ZErb 2016 S. 323

ders., Stiftungen im neuen Erbschaftsteuerrecht (Teil 1), FR 2017 S. 69

ders., Stiftungen im neuen Erbschaftsteuerrecht (Teil 2), FR 2017 S. 130

ders., Stiftung von Todes wegen – Praxisempfehlungen für eine wirksame Gründung, BB 2017 S. 2631

ders., Unternehmensnachfolge 2017: Anwendungsfragen des neuen ErbStG, GmbHR 2017 S. 1

Wäger, Anmerkungen zum gleich lautenden Länder-Erlass zu § 1 Abs. 2a GrEStG vom 18. 2. 2014, DStR 2014 S. 1526

Wagner, Wider die These der verdeckten Gewinnausschüttung von Unternehmensspenden an gemeinnützige Stiftungen, DStR 2011 S. 1594

Wallenfels, Die Körperschaftsteuererklärung 2017 – Neue Herausforderungen für steuerbegünstigte Körperschaften, ZStV 2019 S. 75

Wallenhorst, Die Erhöhung des Spendenvolumens durch Zuwendungen in den Vermögensstock bei fiduziarischen Verbrauchsstiftungen, DStR 2002 S. 984

ders., Die Nachversteuerung in § 61 Abs. 3 AO bei Verstößen gegen die Vermögensbindung durch die tatsächliche Geschäftsführung - Konsequenzen aus dem Urteil des BFH vom 12. 10. 2010, I R 59/09, DStR 2011 S. 698

Walter/Galpayegan, Die kaufmännische Rechnungslegung bei rechtsfähigen Stiftungen des bürgerlichen Rechts, DStR 2000 S. 701

Wälzholz, Die insolvenzrechtliche Behandlung haftungsbeschränkter Gesellschaften nach der Reform durch das MoMiG, DStR 2007 S. 1914

ders., Gestaltungsalternativen für Vermögensstockspenden von Wertpapieren unter der Abgeltungssteuer, DStR 2016 S. 111

ders., Der Abschlag für Familienunternehmen nach § 13a Abs. 9 ErbStG, GmbH-StB 2017 S. 54

ders., Aktuelle erbschaftsteuerliche Gestaltungsprobleme der Erbauseinandersetzung, insbesondere nach der Erbschaftsteuerreform 2016, ZEV 2017 S. 135

Wambach/Etterer, Risikomanagement, Controlling und Prüfung, Stiftung & Sponsoring, Rote Seiten 2/2006

Wanka, Juristische Personen als Vorstand der Stiftung – Die Anbindung einer Stiftung aus organisationsrechtlicher Sicht, npoR 2019 S. 117

Wassermeyer, F., Anwendung des § 20 Abs. 1 Nr. 9 EStG auf Auskehrungen von Stiftungen, DStR 2006 S. 1733

Wassermeyer, W., Die Besteuerung ausländischer Familienstiftungen und Trusts aus deutscher Sicht, FR 2015 S. 149

Watrin/Linnemann, Steuerplanung der Unternehmernachfolge nach neuem Recht, DStR 2017 S. 569

Weber/Schwind, Vorababschlag für Familienunternehmen gem. § 13a Abs. 9 ErbStG: Vorschläge für eine gesellschaftsvertragliche Umsetzung, ZEV 2016 S. 688

von Wedelstädt, Die Änderungen des AEAO im Rahmen seiner Neubekanntmachung durch das BMF-Schreiben vom 31. 1. 2014, DB 2014 S. 742

Wehnert, Die Innenhaftung des Stiftungsvorstands, ZSt 2007 S. 67

Weidlich/Foppe, Der Stiftungsverein, Stiftung & Sponsoring 5/2013 S. 32 f.

dies., Neues zur Haftung von Stiftungsorganen, ZStV 2014 S. 100

dies., Gestaltungs- und Kooperationsmodelle für Vereine und Stiftungen in der Praxis, npoR 2015 S. 186

Weidmann/Kohlhepp, Rechtsprechung zum Gemeinnützigkeitsrecht 2013, DStR 2014 S. 1197

dies., Rechtsprechung zum Gemeinnützigkeitsrecht 2015/2016, DStR 2016 S. 2673

Weiss, Keine Gewerbesteueranrechnung nach § 35 EStG bei § 15 AStG a. F., IWB 2015 S. 899

Weitemeyer, Reformbedarf für den Dritten Sektor? NJW 2018 S. 2775

ders., Zur Zulässigkeit politischer Betätigungen von gemeinnützigen Organisationen nach dem Attac-Urteil des BFH, npoR 2019 S. 97

Weitemeyer/Bornemann, Problemstellungen gemeinnütziger Tätigkeit mit Auslandsbezug, FR 2016 S. 437

Weitemeyer/Hepperle, Rechte der Mitglieder bei gesetzlicher Verankerung virtueller Mitgliederversammlungen und Organversammlungen in Vereinen und Stiftungen, npoR 2022 S. 290

Wendt, Unentgeltliche Übertragung von Mitunternehmeranteilen nach § 6 Abs. 3 EStG, FR 2005 S. 468

Werder/Dannecker, Änderungen bei der Zurechnungsbesteuerung nach § 15 AStG, BB 2012 S. 2278

Werder/Wystrcil, Steuerliches „Zuzugsverbot“ für Begünstigte eines Trusts in Deutschland?, BB 2015 S. 412

dies., Familienstiftungen in der Unternehmensnachfolge, BB 2016 S. 1558

Werkmüller, Die „Familienstiftung & Co. KG“ als Instrument der „kontrollierten“ Vermögensnachfolge, ZEV 2015 S. 522

ders., Übertragung von Unternehmensanteilen auf eine Familienstiftung, ZEV 2018 S. 446

Werner, Die disquotale Verteilung von Gesellschafterrechten, NWB 14/2019 S. 959

ders., Die Doppelstiftung, ZEV 2012 S. 244

Werner, A., Praktische Einsatzmöglichkeiten der Verbrauchsstiftung, ZStV 2015 S. 25

Werner, O., Stiftungen und Pflichtteilsrecht – Rechtliche Überlegungen, ZSt 2005 S. 83

ders., Festlegung des Stiftungszwecks in einer letztwilligen Verfügung, ZSt 2005 S. 289 und 2006 S. 10

ders., Einfluss des Stifters auf das Vermögen öffentlich-rechtlicher Stiftungen, ZSt 2007 S. 115

ders., Stiftung und Verein als Vermächtnisbeschwerte, ZStV 2014 S. 86

ders., Die idealistische Familienstiftung (Teil 1), ZStV 2018 S. 203

ders., Die idealistische Familienstiftung (Teil 2), ZStV 2019 S. 7

Werner, R., Abberufung der Organmitglieder in einer privatrechtlichen Stiftung, Stiftung & Sponsoring 2/2000 S. 19 f.

ders., Die liechtensteinische Familienstiftung, IStR 2020 S. 130

ders., Stiftungen als Instrument der Unternehmens- und Vermögensnachfolge, ZEV 2006 S. 539

ders., Stiftungen als Instrument der Pflichtteilsvermeidung, ZEV 2007 S. 560

ders., Die Familienstiftung als Baustein der Unternehmens- und Vermögensnachfolge, NWB-EV 10/2012 S. 331

ders., Aktuelle Probleme der unselbständigen Stiftung, ZErb 2013 S. 1

ders., Die Familienstiftung – Sonderformen und deren Ausgestaltung, NWB-EV 2/2014 S. 52

ders., Die Doppelstiftung, NWB-EV 8/2014 S. 283

ders., Die Familienstiftung als Instrument der Asset Protection, ZEV 2014 S. 66

ders., Hinterziehungsstiftungen – Abwicklung im Rahmen der Selbstanzeige, NWB-EV 4/2015 S. 131

ders., Testamentsvollstreckung vs. Familienstiftung, NWB-EV 7/2015 S. 238, 131

ders., Fiktive Schenkungen – Besteuerung im Rahmen der Unternehmensnachfolge, NWB-EV 5/2015 S. 165

ders., Testamentsvollstreckung vs. Familienstiftung, NWB-EV 7/2015 S. 238

ders., Auskunftsansprüche des Pflichtteilsberechtigten und des Erben über von liechtensteinischen Stiftungen gehaltenes Nachlassvermögen, ZErb 2016 S. 92

ders., Schenkungsteuerbarkeit der Zuwendungen ausländischer Stiftungen an ihre inländischen Destinatäre, ZEV 2016 S. 133

ders., Anknüpfung des Stiftungsstatuts unter Anwendung des Internationalen Gesellschaftsrechts, ZEV 2017 S. 181

ders., Die Zusammenführung von Stiftungen als Ausweg aus der finanziellen Krise, NWB 25/2018 S. 1834

ders., Von der nichtrechtsfähigen zur rechtsfähigen Stiftung, ZErb 2018 S. 164

ders., Die Abberufung und Kündigung des Vorstandsmitglieds einer Stiftung, NZA 2019 S. 238

ders., Von der nichtrechtsfähigen zur rechtsfähigen Stiftung, ZErb 2018 S. 164

ders., Gestaltungsprobleme bei der Übertragung von Vermögen auf eine Familienstiftung, NWB-EV 8/2019 S. 271

ders., Die Abberufung und Kündigung des Vorstandsmitglieds einer Stiftung, NJOZ 2019 S. 241

ders., So soll es sein: Keine Vermögenszersplitterung dank der Stiftung & Co. KG, NWB 30/2020 S. 2256

ders., Die gemischte Stiftung, ZEV 2020 S. 529

ders., Die Vergütung des Stiftungsvorstands, DStR 2022 S. 2162

Wernicke, Vorstandskontrolle in der Stiftung, ZEV 2003 S. 301

Wichmann, Eine Stiftung & Co. KG ist keine gewerblich geprägte Personengesellschaft, NWB 23/2020 S. 1672

Windeknecht, Wer nichts wagt, hat schon verloren – Vermögensanlagen von Stiftungen unter der gerichtlichen Lupe, NWB 48/2017 S. 3656

Windeknecht, Die Doppelstiftung und weitere Nachfolgestrukturen, NWB 18/2021 S. 1326

Winheller, Aktuelle Entwicklungen im Gemeinnützigkeitsrecht 2005, DStZ 2005 S. 215

Winheller/Auffenberg, Benötigen gemeinnützige Mittelbeschaffungskörperschaften eine BaFin-Erlaubnis?, DStR 2015 S. 589

Winheller/Pham, Unternehmensspenden sind keine verdeckten Gewinnausschüttungen, DStR 2022 S. 2127

Winkels, Zur steuerlichen Behandlung von gemeinnützigen Stiftungen und Familienstiftungen des Schweizerischen Rechts, BB 2015 S. 2589

Winkler, Unternehmensnachfolge und Pflichtteilsrecht – Wege zur Minimierung des Störfaktors „Pflichtteilsansprüche", ZEV 2005 S. 91

Wochner, Die unselbstständige Stiftung, Zeitschrift für Erbrecht und Vermögensnachfolge, ZEV 1999 S. 125

Wunderlich, Doppelbesteuerung aufgrund neuer Auslegung des § 7 Abs. 1 Nr. 9 ErbStG durch die Finanzverwaltung, DStR 2018 S. 905

VW-Stiftung, Die 20 Prinzipien guter Stiftungspraxis der VW-Stiftung, https://www.stiftungen.org/fileadmin/stiftungen°rg/Stiftungen/Stiftungsgruendung/Prinzipien-guter-Stiftungspraxis-lang.pdf

Wystrcil, (Keine) Verfassungswidrige Doppelbelastung von Einkünften einer privatnützigen Stiftung, BB 2015 S. 803

Z

Zeiter, Errichtung einer Unternehmensstiftung – Attraktive Option in der Nachlassregelung, ST 10/04 S. 841

Zekiye/Maier, Ertrag- und umsatzsteuerliche Behandlung von Aufsichtsratsvergütungen, NWB 48/2014 S. 3620

Zimmermann, Aktueller Überblick über das deutsche Stiftungsrecht, NJW 2011 S. 2931

ders., Doppelbelastung durch Einkommen- und Schenkungsteuer zulässig? NWB-EV 1/2022 S. 21

Zimmermann/Raddatz, Die Entwicklung des Stiftungsrechts 2018, NJW 2019 S. 485

Zondler/Zöller, Vermögensübertragungen auf einen US-Trust unter Berücksichtigung des DBA-USA Erb, IStR 2015 S. 960

Zwirner, Reform des HGB durch das BilRUG – Ein Überblick über die wesentlichen Detailänderungen im Einzelabschluss, DStR 2014 S. 1784

ders., Das BilRUG ist da – Überblick über die wesentlichen Unterschiede zwischen Regierungsentwurf und verabschiedeter Gesetzesfassung, DStR 2015 S. 1640

ABKÜRZUNGSVERZEICHNIS

A

a. A.	anderer Ansicht
ABl	Amtsblatt
Abs.	Absatz
ADS	Adler/Düring/Schmaltz (Rechnungslegung und Prüfung der Unternehmer)
a. E.	am Ende
AEAO	Anwendungserlass zur Abgabenordnung
AEAStG	Anwendungserlass zum Außensteuergesetz
AEErbSt 2017	Koordinierter Ländererlass vom 22. 6. 2017 zur Anwendung der geänderten Vorschrift des Erbschaft- und Schenkungsteuergesetzes (BStBl 2017 I S. 902)
AEUV	Vertrag über die Arbeitsweise der Europäischen Union
a. F.	alte Fassung
AfA	Absetzung für Abnutzung
AG	Aktiengesellschaft, die Aktiengesellschaft (Zs.)
AktG	Aktiengesetz
AmtshilfeRLUmsG	Amtshilferichtlinie-Umsetzungsgesetz
a. M.	anderer Meinung
AnfG	Anfechtungsgesetz
Anm.	Anmerkung
AO	Abgabenordnung
Art.	Artikel
AStG	Außensteuergesetz
ATADUmsG	Gesetz zur Umsetzung der Anti-Steuervermeidungsrichtline
AVBayStG	Verordnung zur Ausführung des Bayerischen Stiftungsgesetzes i. d. F. der Bekanntmachung vom 19. 12. 2001 (GVBl. 2002 S. 23) BayRS 282-1-1-1-WK (§§ 1–6), die zuletzt durch § 1 Abs. 280 der Verordnung vom 26. 3. 2019 (GVBl. 2019 S. 98) geändert worden ist
Az.	Aktenzeichen

B

BaFin	Bundesanstalt für Finanzdienstleistungsaufsicht

BAG	Bundesarbeitsgericht
BAnz.	Bundesanzeiger
BaWürttStiftG	Stiftungsgesetz für Baden-Württemberg
BayStiftG	Bayerisches Stiftungsgesetz i. d. F. der Bekanntmachung v. 26. 9. 2008 (GVBl. 2008 S. 834) BayRS 282-1-1-WK, das zuletzt durch § 1 Abs. 279 der Verordnung vom 26. 3. 2019 (GVBl. 2019 S. 98) geändert worden ist
BB	Betriebs-Berater (Zs.)
BBK	Buchführung, Bilanzierung, Kostenrechnung (Zs.)
Bd.	Band
BerlStiftG	Berliner Stiftungsgesetz
BetrVG	Betriebsverfassungsgesetz
BewDV	Durchführungsverordnung zum Bewertungsgesetz
BewG	Bewertungsgesetz
BFH	Bundesfinanzhof
BFHE	Sammlung der Entscheidungen des Bundesfinanzhofs
BFH/NV	Sammlung amtlich nicht veröffentlichter Entscheidungen des BFH (Zs.)
BGB	Bürgerliches Gesetzbuch
BGBl	Bundesgesetzblatt
BGH	Bundesgerichtshof
BGHZ	Entscheidungen des BGH in Zivilsachen
BilMoG	Bilanzrechtsmodernisierungsgesetz
BilRUG	Bilanzrichtlinie-Umsetzungsgesetz
Bio.	Billionen
BMF	Bundesminister der Finanzen
BrbStiftG	Stiftungsgesetz für das Land Brandenburg
BremStiftG	Bremisches Stiftungsgesetz
BR-Drucks.	Bundesrat-Drucksache
BSHG	Bundessozialhilfegesetz
BStBl	Bundessteuerblatt
BT-Drucks.	Bundestags-Drucksache
Buchst.	Buchstabe
BVerfG	Bundesverfassungsgericht
BVerwG	Bundesverwaltungsgericht
BWNotZ	Zeitschrift für das Notariat in Baden-Württemberg (Zs.)
bzgl.	bezüglich
bzw.	beziehungsweise
BZSt	Bundeszentralamt für Steuern

D	
DB	Der Betrieb (Zs.)
DBA	Doppelbesteuerungsabkommen
DDR	Deutsche Demokratische Republik
d. h.	das heißt
DNotZ	Deutsche Notar-Zeitung (Zs.)
Drucks.	Drucksache
DS-GVO	Europäische Datenschutz-Grundverordnung
DStJG, Bd.	Deutsche Steuerjuristische Gesellschaft e.V., Band
DStR	Deutsches Steuerrecht (Zs.)
DStRE	DStR-Entscheidungsdienst (Zs.)
DStZ	Deutsche Steuer-Zeitung (Zs.)

E	
ebd.	ebenda
EFG	Entscheidungen der Finanzgerichte (Zs.)
EFS	European Foundation Statute
EG	Einführungsgesetz
EGBGB	Einführungsgesetz z. Bürgerlichen Gesetzbuch v. 18. 8. 1896
Einf.	Einführung
EL	Ergänzungslieferung
ErbR	Erbrecht (Zs.)
ErbStB	Der Erbschaft-Steuer-Berater (Zs.)
ErbStDV	Erbschaftsteuer-Durchführungsverordnung
ErbStG	Erbschaftsteuergesetz
ErbStH	Erbschaftsteuerhandbuch, Erbschaftsteuer-Hinweise
ErbStR	Erbschaftsteuer-Richtlinien
ErbStRG	Erbschaftsteuerreformgesetz
e. S.	eingetragene Stiftung
EStB	Der Ertrag-Steuer-Berater (Zs.)
EStDV	Einkommensteuer-Durchführungsverordnung
EStG	Einkommensteuergesetz
EStH	Einkommenseuer-Hinweise
EStR	Einkommensteuer-Richtlinien
EuErbVO	Europäische Erbrechtsverordnung
EUR	Euro
EuZW	Europäische Zeitschrift für Wirtschaftsrecht (Zs.)
e.V.	eingetragener Verein
e.VS.	eingetragene Verbrauchsstiftung

F

F	Fach
f. (ff.)	folgend (folgende)
FA	Finanzamt
FamRZ	Zeitschrift für das gesamte Familienrecht (Zs.)
FAZ	Frankfurter Allgemeine Zeitung
FG	Finanzgericht
FinMin	Finanzministerium (der Länder)
FinVerw.	Finanzverwaltung
FM	Finanzminister
Fn.	Fußnote
FN-IDW	Fachnachrichten des Instituts der Wirtschaftsprüfer e.V.
FR	Finanz-Rundschau (Zs.)
FS	Festschrift

G

GBl.	Gesetzblatt
GbR	Gesellschaft bürgerlichen Rechts
GE	Geldeinheiten
gem.	gemäß
GesbR	Gesellschaft bürgerlichen Rechts
GewStDV	Gewerbesteuer-Durchführungsverordnung
GewStG	Gewerbesteuergesetz
GewStR	Gewerbesteuer-Richtlinien
GG	Grundgesetz
Gj.	Geschäftsjahr
GmbH	Gesellschaft mit beschränkter Haftung
GmbHG	Gesetz betreffend die Gesellschaften mit beschränkter Haftung
GmbHR	GmbH-Rundschau (Zs.)
GmbH-StB	GmbH-Steuer-Berater (Zs.)
grds.	grundsätzlich
GrEStÄndG	Gesetz zur Änderung des Grunderwerbsteuergesetzes
GrEStG	Grunderwerbsteuergesetz
GrStG	Grundsteuergesetz
GuV	Gewinn- und Verlustrechnung
GVBl	Gesetz- und Verordnungsblatt
GWB	Gesetz über Wettbewerbsbeschränkungen

H

H	Hinweis
HambStiftG	Hamburger Stiftungsgesetz
HB	Handelsblatt (Zs.)
HessStiftG	Hessisches Stiftungsgesetz
HFA	Hauptfachausschuss des Instituts der Wirtschaftsprüfer e.V.
HFR	Höchstrichterliche Finanzrechtsprechung (Zs.)
HGB	Handelsgesetzbuch
h. M.	herrschende Meinung
Hrsg.	Herausgeber
HTrustÜ	Haager Trust-Übereinkommen

I

i. d. F.	in der Fassung
i. d. R.	in der Regel
IDW	Institut der Wirtschaftsprüfer
IDW RS	IDW Stellungnahme zur Rechnungslegung
IDW S 1	IDW Standard: Grundsätze zur Durchführung von Unternehmensbewertungen, Stand 4. 7. 2016
i. E.	im Ergebnis
i. e. S.	im eigentlichen Sinn
IFA	International Fiscal Association, Rotterdam
i. H.	in Höhe
InsO	Insolvenzordnung
IPG	internationales Privatrecht
i. S.	im Sinne
IStR	Internationales Steuerrecht (Zs.)
i.V. mit	in Verbindung mit
IWB	Internationale Wirtschafts-Briefe (Zs.)

J

JbFStR	Jahrbuch der Fachanwälte für Steuerrecht
JR	Juristische Rundschau (Zs.)
JStG	Jahressteuergesetz
JW	Juristische Wochenschrift (Zs.)
JZ	Juristenzeitung (Zs.)

K

KapCoRiLiG	Kapitalgesellschaften & Co. Richtlinien-Gesetz
KapESt	Kapitalertragsteuer
KG	Kommanditgesellschaft, Kammergericht
KiSt	Kirchensteuer
KSA	Künstlersozialabgabe
KSt	Körperschaftsteuer
KStDV	Körperschaftsteuer-Durchführungsverordnung
KStG	Körperschaftsteuergesetz
KStR	Körperschaftsteuer-Richtlinien
KWG	Gesetz über das Kreditwesen

L

lfd.	laufend
Lfg.	Lieferung
LfSt	Landesamt für Steuern (früher: OFD)
LG	Landgericht
LGBl	Landesgesetzblatt
LPartG	Gesetz über die eingetragene Lebenspartnerschaft
LStDV	Lohnsteuer-Durchführungsverordnung
LStiftG	Landesstiftungsgesetz
LStR	Lohnsteuerrichtlinien
LT-Drucks.	Landtags-Drucksache
LuF	Land- und Forstwirtschaft
LV	Lebensversicherung

M

m. E.	meines Erachtens
Mio.	Million
MittRhNotK	Mitteilungen der Rheinischen Notar-Kammer
Mrd.	Milliarde
m. w. N.	mit weiteren Nachweisen

N

n/a	not available = nicht verfügbar
NStiftG	Niedersächsisches Stiftungsgesetz
n. F.	neue Fassung
NJW	Neue Juristische Wochenschrift (Zs.)

NJW-RR	Neue Juristische Wochenschrift-Rechtsprechungsreport (Zs.)
npoR	Zeitschrift für das Recht der Non Profit Organisationen (Zs.)
Nr.	Nummer
nrkr.	nicht rechtskräftig
n.v.	nicht veröffentlicht
NVwZ	Neue Zeitschrift für Verwaltungsrecht (Zs.)
NWB	Neue Wirtschafts-Briefe (Zs.)
NWB DokID	NWB Dokumenten-Identifikationsnummer Online-Datenbank (www.nwb.de)
NWB-EV	NWB Beraterbrief Erben und Vermögen
NZG	Neue Zeitschrift für Gesellschaftsrecht (Zs.)

O

o. a.	oben angegeben
OECD-MA	Musterabkommen zur Vermeidung der Doppelbesteuerung von Einkommen und Vermögen (**O**rganisation for **E**conomic **C**o-operation and **D**evelopment = Organisation für wirtschaftliche Zusammenarbeit und Entwicklung)
OFD	Oberfinanzdirektion
OG	Offene Gesellschaft
OHG	Offene Handelsgesellschaft
OLG	Oberlandesgericht
OVG	Oberverwaltungsgericht

P

PartGG	Parterschaftsgesellschafts-Gesetz
PGR	Liechtensteinisches Personen- und Gesellschaftsrecht
PrAGBGB	Preußisches Ausführungsgesetz zum Bürgerlichen Gesetzbuch

R

R	Richtlinie
RFH	Reichsfinanzhof
RG	Reichsgericht
RGBl	Reichsgesetzblatt
RGRK	BGB unter besonderer Berücksichtigung der Rechtsprechung des Reichsgerichts und des Bundesgerichtshofs
RGZ	Entscheidungen des Reichsgerichts in Zivilsachen

RhPfStiftG	Rheinland-Pfalz Stiftungsgesetz
rkr.	rechtskräftig
RL	Richtlinie der EG
RS	Rechnungslegungsstandards
RStBl	Reichssteuerblatt
Rz.	Randziffer

S

S.	Seite
S&S	Stiftung und Sponsoring (Zs.)
S&S RS	Stiftung und Sponsoring, Rote Seiten (Zs.)
SaarlStiftG	Saarländisches Stiftungsgesetz
SächsStiftG	Sächsisches Stiftungsgesetz
SB	Stiftungs Brief (Zs.)
SchlHolStiftG	Schleswig-Holsteinisches Stiftungsgesetz
Sen.-Drucks.	Senatsdrucksache
SenFin	Senator für Finanzen
SolZ	Solidaritätszuschlag
StAnpG	Steueranpassungsgesetz
StaRUG	Unternehmensstabilisierungs- und -restrukturierungsgesetz
StB	Der Steuerberater (Zs.)
StbJb	Steuerberater-Jahrbuch
StBp	Die steuerliche Betriebsprüfung (Zs.)
StEK	Steuererlasse in Karteiform
StEntlG	Steuerentlastungsgesetz
SteuerStud	Steuer und Studium (Zs.)
StG	Stiftungsgesetz
StiftG	Stiftungsgesetz
StiftGBbg	Stiftungsgesetz für das Land Brandenburg
StiftG LSA	Stiftungsgesetz Sachsen-Anhalt
StiftG M-V	Stiftungsgesetzt des Landes Mecklenburg-Vorpommern
StiftG NRW	Stiftungsgesetz für das Land NRW
StMBG	Missbrauchsbekämpfungs- und Steuerbereinigungsgesetz
str.	strittig
StSenkG	Steuersenkungsgesetz
StuB	Steuern und Bilanzen (Zs.)
StuW	Steuer und Wirtschaft (Zs.)
StW	Steuerwarte (Zs.)
SZ	Süddeutsche Zeitung

T

ThürStiftG	Thüringer Stiftungsgesetz
Tz.	Textziffer

U

u. a.	unter anderem
Ubg	Die Unternehmensbesteuerung (Zs.)
u. E.	unseres Erachtens
UmwG	Umwandlungsgesetz
UmwStG	Umwandlungssteuergesetz
UntStFG	Gesetz zur Fortentwicklung des Unternehmenssteuerrechts
UR	Umsatzsteuer-Rundschau (Zs.)
Urt.	Urteil
UStAE	Umsatzsteuer-Anwendungserlass
UStDV	Umsatzsteuer-Durchführungsverordnung
UStG	Umsatzsteuergesetz
usw.	und so weiter
u. U.	unter Umständen
UVR	Umsatzsteuer- und Verkehrssteuerrecht (Zs.)

V

v.	vom
VAG	Versicherungsaufsichtsgesetz
Vfg.	Verfügung
VG	Verwaltungsgericht
vGA	verdeckte Gewinnausschüttung
vgl.	vergleiche
v. H.	vom Hundert
Vj.	Vorjahr
VO	Verordnung
VStG	Vermögensteuergesetz
VuV	Vermietung und Verpachtung
VZ	Veranlagungszeitraum

W

wiGB	wirtschaftlicher Geschäftsbetrieb
WM	Wertpapier-Mitteilungen (Zs.)

WP	Der Wirtschaftsprüfer (Zs.)
Wpg	Die Wirtschaftsprüfung (Zs.)

Z

z. B.	zum Beispiel
ZErb	Zeitschrift für die Steuer- und Erbrechtspraxis (Zs.)
ZEV	Zeitschrift für Erbrecht und Vermögensnachfolge (Zs.)
ZfS	Zeitschrift für Stiftungswesen (Zs.)
ZGB	Zivilgesetzbuch der Schweiz
ZGR	Zeitschrift für Unternehmens- und Gesellschaftsrecht (Zs.)
ZHR	Zeitschrift für das Gesamte Handelsrecht und Konkursrecht (Zs.)
Ziff.	Ziffer
ZIP	Zeitschrift für Wirtschaftsrecht (Zs.)
ZPO	Zivilprozessordnung
ZRP	Zeitschrift für Rechtspolitik (Zs.)
Zs.	Zeitschrift
ZSt	Zeitschrift für Stiftungs- und Vereinswesen (bis 2009) (Zs.)
ZStV	Zeitschrift für Stiftungs- und Vereinswesen (ab 2010) (Zs.)
z. T.	zum Teil

A. Einleitung

I. Gründe für eine Stiftungserrichtung

Die Bedeutung der Stiftung in Deutschland hat in den letzten Jahren kontinuierlich zugenommen. Allein im Jahr 2022 wurden 693 rechtsfähige Stiftungen bürgerlichen Rechts neu gegründet. Die Gesamtzahl der rechtsfähigen Stiftungen ist damit zum 31.12.2022 auf 25.300 gestiegen. Davon sind 90 % gemeinnützige Stiftungen.[1] 1

Die genaue Anzahl der rechtsfähigen Familienstiftungen ist zwar nicht bekannt; ihre Bedeutung hat in den letzten Jahren aber deutlich zugenommen.

Stiftungen sind, wie Michael Endres von der Hertie Stiftung sagt, *„eine gute Rechtsform, um eine Idee in die nächste Generation zu tragen"*. Es ist davon auszugehen, dass der Stiftungsboom in den folgenden Jahren andauern wird, weil in den nächsten zehn Jahren mehr als 2,5 Bio. € vererbt werden und es sich hierbei oft um große Vermögen handelt, die nicht auf einzelne Erben aufgeteilt werden können. 2

Allerdings hat in den letzten Jahren auch eine Diskussion über die Macht und Legitimation von Stiftern und ihren wohltätigen Institutionen eingesetzt. Es wird über die politische Einflussnahme der einzelnen Institutionen debattiert. Aber auch ein Unbehagen in der Bevölkerung gegenüber den Stiftern ist zu konstatieren, zumal Stiftungen oft mit Steuersparmodellen verglichen werden. Die skeptische Frage, ob das gestiftete Vermögen auf legitime Weise erworben wurde, empfinden viele Stifter ebenfalls als unfair und könnte dazu führen, dass sich potenzielle Stifter abwenden. 3

Jede zehnte rechtsfähige Stiftung hat einen **Unternehmenshintergrund**. Davon waren bisher die wenigsten Stiftungen indes Familienstiftungen. Nicht nur aufgrund der in der Vergangenheit sehr restriktiven Landesstiftungsgesetze, sondern auch wegen der steuerlichen Belastungen, u. a. durch die Erbersatzsteuer, war deren Gründung bisher erschwert bzw. uninteressant. Dies hat sich in den letzten Jahren indes gewandelt, so dass verstärkt Familienstiftungen in den Fokus der Beratungspraxis rücken.[2] 4

Die **Motive** eines Stifters, Vermögen oder ein Unternehmen bzw. eine unternehmerische Beteiligung auf eine Stiftung zu übertragen und damit im Ergebnis erhebliche Vermögenswerte endgültig aus der Hand zu geben, sind viel- 5

---

1 Demuth, KÖSDI 2023 S. 23055, 23056, Tz. 1.

2 Siehe → Rz. 70 ff.

schichtig. Ein wesentliches Argument für die von Mitgliedern und Gesellschaftern unabhängige Stiftung ist der häufig anzutreffende Wunsch der Unternehmer, einem Familienunternehmen Kontinuität zu geben, es vor einer Zerschlagung anlässlich einer Erbauseinandersetzung zu bewahren und so die Zukunft des selbst aufgebauten Unternehmens zu sichern. Die prinzipiell auf Dauer ausgerichtete Stiftung wird als „Nachfolger" nicht nur bei Kinderlosigkeit des Stifters, sondern auch in den recht häufig anzutreffenden Fällen, in denen der Stifter seinen Erben die Fortführung des Unternehmens nicht zutraut, herangezogen.

6 Nicht selten sind für den potenziellen Stifter aber schlicht eigennützige Interessen ausschlaggebend, denn vielen mittelständischen Unternehmern ist primär daran gelegen, ihr **„Lebenswerk"** auf Dauer zu erhalten.[1] Für viele Stifter ist die Stiftungserrichtung auch ein Weg, um der Gesellschaft etwas von ihrem Erfolg zurückzugeben, sich dabei selbst zu verwirklichen und über den Tod hinaus wirksam zu bleiben. Gerade im unternehmerischen Bereich hat die Stiftung aber auch ganz erhebliche Vorteile gegenüber den klassischen erbrechtlichen Instrumenten. Dem Stifter ist durch eine entsprechende Stiftungskonstruktion die Möglichkeit eröffnet, eine Zerschlagung des Unternehmens durch die Erben zu vermeiden und die Fortführung des Unternehmens in seinem Sinne dauerhaft festzuschreiben.[2] Dies wird erreicht, indem die Stiftungsorgane an den in der Stiftungssatzung festgelegten **Willen des Stifters gebunden** werden. Die Aufhebung der Stiftung sowie jede Satzungsänderung der Stiftung bedürfen der Genehmigung durch die Stiftungsbehörde (§ 87 BGB), wobei diese eine Genehmigung nur dann erteilen wird, wenn die Satzungsänderung dem tatsächlichen oder mutmaßlichen Willen des Stifters entspricht.[3] Der Stifter kann also durch eine Stiftung weit über seinen Tod hinaus auf die Unternehmensfortführung Einfluss nehmen.

7 Demgegenüber lässt sich der Wille des Erblassers durch klassische erbrechtliche Auflagen oder die Anordnung einer **Testamentsvollstreckung** auf Dauer nur bedingt durchsetzen. Die Testamentsvollstreckung endet bspw. spätestens nach 30 Jahren; testamentarischen Auflagen des Erblassers kann sich der Erbe dadurch entziehen, dass er die Erbschaft ausschlägt und den Pflichtteil verlangt.

---

1 Einen guten historischen Überblick über „Stiftungen und Stiftungsrecht" gibt Lingelbach in Werner/Saenger/Fischer, Die Stiftung, Rz. 36–74.

2 Die Stiftung kann dem Lebenswerk des aktuellen Unternehmensinhabers eine „Ewigkeitsgarantie" verleihen, so etwa Saenger in Werner/Saenger/Fischer, Die Stiftung, Rz. 197.

3 Bei einer Personen- oder Kapitalgesellschaft ist eine spätere Änderung des Gesellschaftszwecks hingegen stets möglich.

Bei der Manifestierung des Stifterwillens im Rahmen der Stiftungssatzung ist aber gerade im Bereich der Unternehmensführung davor zu warnen, jegliche Freiräume und **Flexibilität** in diesem Zusammenhang zu beschneiden und damit die erforderlichen Anpassungen des Unternehmens an die unterschiedlichen wirtschaftlichen Entwicklungen und Erfordernisse zu verbauen.[1] 8

Noch nicht abschätzen lässt sich, ob das – ab **1.7.2023** geltende – **neue Stiftungszivilrecht** zu einem weiteren Boom bei den Stiftungsneugründungen führt.[2] Zu den Neuregelungen im Detail siehe Kapitel J. 9

Eine stärkere Bedeutung könnte die Familienstiftung auch durch den Wegfall der unbefristeten Stundungsmöglichkeit gem. § 6 AStG in EU/EWR-Fällen erlangen.[3] Die Übertragung auf eine deutsche Familienstiftung kann hier eine Option zur Vermeidung der Wegzugsbesteuerung sein. Die Stiftung muss aber ihren Satzungssitz in Deutschland haben. Sofern auch ihre Geschäftsleitung in Deutschland gesichert ist, können Anteile beim Wegzug von Familienmitgliedern dauerhaft in Deutschland gesichert werden. Eine solche Lösung erlaubt eine große Mobilität von Unternehmerfamilien.[4] 10

(Einstweilen frei) 11–14

II. Stiftungserrichtung und Pflichtteilsrecht

Familiengesellschaften leiden oftmals unter dem Problem der zu dünnen Eigenkapitaldecke, die häufig durch hohe Entnahmen der Gesellschafter zur Steuerzahlung verursacht wird. Der Tod des Seniorgesellschafters führt in der Praxis daher oftmals – infolge Abfindung weichender Erben oder Erfüllung von Pflichtteilslasten – zu erheblichen **Liquiditätsabflüssen** im Unternehmen, welches dies nur schwer oder gar nicht verkraften kann. 15

Gerade im Zusammenhang mit der Unternehmensnachfolge können solche Probleme durch die Errichtung einer Stiftung abgemildert werden, da diese keine Gesellschafter kennt und damit **keine vererbbaren** Gesellschaftsanteile existieren. Das Problem der **Abfindungszahlungen** an nicht zur Unternehmensnachfolge bestimmte Angehörige verliert also gänzlich an Bedeutung. 16

Lebzeitige Zuwendungen des Stifters an Stiftungen in Form von Zustiftungen, Spenden und Zuwendungen im Rahmen der Stiftungserrichtung unterliegen 17

1 Schiffer/Pruns, NWB 11/2012 S. 910, 915 NWB IAAAE-03588.

2 Bisle, NWB 31/2021 S. 2285 NWB AAAAH-85666.

3 Demuth, KÖSDI 2023 S. 23055, 23056 Tz. 3.

4 Fuhrmann, KÖSDI 2022 S. 23013, 23021 Tz. 44 ff.

als unentgeltliche Zuwendungen ebenfalls der **Pflichtteilsergänzung**. § 2330 BGB steht der Pflichtteilsergänzung bei Zuwendungen, die über eine bloße Anstandsschenkung hinausgehen, nicht entgegen. Pflichtteilsberechtigte, die aufgrund einer Zuwendung an eine Stiftung einen Pflichtteilsergänzungsanspruch geltend machen, haben sich aber auf ihren Pflichtteilsergänzungsanspruch Leistungen anrechnen zu lassen, die sie von der begünstigten Stiftung erhalten, soweit diese auf Vermögen beruhen, welches der Erblasser/Stifter zuvor der Stiftung zugewendet hat. Die Anrechnung erfolgt ohne zeitliche Befristung in die Vergangenheit und umfasst alle Leistungen bis zum Zeitpunkt des Pflichtteilsbegehrens.[1]

18 Zukünftige Leistungen führen zu einem Ausgleichungsanspruch analog § 2313 BGB. Behält sich der spätere Erblasser kein Nutzungsrecht an dem (der Stiftung) zugewendeten Vermögensgegenstand vor, unterliegt die Zuwendung mit Eintritt des rechtlichen Leistungserfolgs der Abschmelzung gem. § 2325 Abs. 3 BGB (siehe → Rz.19). Die Abschmelzung wird weder durch eine Destinatärstellung des späteren Erblassers oder seines Ehegatten noch durch deren Mitgliedschaft im Stiftungsvorstand gehemmt.[2]

19 Das vom Erblasser zu Lebzeiten auf die Stiftung übertragene Vermögen wird im Rahmen des Pflichtteilsrechts **zwar** in die Bemessungsgrundlage für die Errechnung von Pflichtteilsansprüchen einbezogen (Pflichtteilsergänzungsanspruch). Nach § 2325 Abs. 3 BGB gilt indes, dass für jedes Jahr, das seit der Zuwendung verstrichen ist, 1/10 der Zuwendung unberücksichtigt bleibt. Damit erlangen (frühzeitige) Zuwendungen zu Lebzeiten – gerade auch an Stiftungen – an Bedeutung.

20 Um Pflichtteilsansprüche sicher auszuschließen, sollte der Stifter im Zusammenhang mit der Zuwendung – soweit möglich – einen zumindest gegenständlich beschränkten, notariell zu beurkundenden **Pflichtteilsverzicht** anstreben, § 2346 Abs. 2 BGB. Der Abschluss eines Pflichtteilsverzichtsvertrags setzt jedoch die Mitwirkung des Pflichtteilsberechtigten voraus, dessen Bereitschaft ggf. durch Leistung einer Abfindung erkauft werden muss. In diesem Zusammenhang dürfte die Leistung einer Abfindung die Regel sein. Die Abfindung sollte auch nicht zu knapp bemessen werden, da sonst nach Eintritt des Erbfalls die Wirksamkeit des Verzichts ggf. mit dem Argument der Sittenwidrigkeit wegen Übervorteilung des Pflichtteilsberechtigten angegriffen wird.[3]

1 Schauer, npoR 2018 S. 49, 54

2 Schauer, npoR 2018 S. 49, 54.

3 Schlitt/Müller, PflichtteilsR, § 10 Rz. 142.

Durch den Pflichtteilsverzicht erlangt der Erblasser insoweit also vollständige Testierfreiheit, als der Verzichtende keine Pflichtteils- und auch keine Pflichtteilsergänzungsansprüche beim Tode des Erblassers geltend machen kann.[1]

Ist ein Pflichtteilsverzicht nicht zu erlangen, sollte der Stifter einer Familienstiftung erwägen, in die Stiftungssatzung eine Regelung aufzunehmen, die zumindest die künftige Destinatärstellung des Pflichtteilsberechtigten entfallen lässt, wenn dieser einen Pflichtteilsergänzungsanspruch aufgrund der Zuwendung an die Stiftung geltend macht.[2] 21

(Einstweilen frei) 22–24

III. Stiftung und Unternehmen

1. Motive für eine Stiftungserrichtung

Die Motive eines Stifters, sein Unternehmen auf eine Stiftung zu übertragen und damit im Ergebnis erhebliche Vermögenswerte zu verschenken, sind vielschichtig. Häufig war die Suche des Unternehmers/Gesellschafters bzw. der vermögenden Privatperson nach steuerlichen Optimierungsmöglichkeiten der Ausgangspunkt, weshalb im Rahmen seiner konkreten Nachfolgeregelung eine Stiftungslösung aufgezeigt und dann auch gewählt wurde. 25

Neben den steuerlichen Überlegungen spielen häufig aber konkrete familiäre Verhältnisse eine Rolle. Denkbar sind Fälle, bei denen von mehreren Abkömmlingen nur eine/einer als Unternehmensnachfolger in Betracht kommt. Wenn mangels ausreichendem Privatvermögen seitens der Eltern ein Wertausgleich an die übrigen Kinder nicht möglich ist, kommt die Familienstiftung als Lösungsansatz in Betracht. Denn hier können alle Kinder (und deren Abkömmlinge) gleichmäßig bedacht werden und gleichwohl kann der gekorene Nachfolger die Geschicke des Unternehmens leiten. Ferner sind Auslöser einer Stiftungserrichtung oft Konstellationen, bei denen mehrere Geschwister als Gesellschafter beteiligt sind, aber bereits heute feststeht, dass nicht alle Nachkommen haben werden. Um hier das Unternehmen als Ganzes der Familie zu erhalten, kann eine lebzeitige Übertragung der Anteile auf die Stiftung ein Lösungsansatz sein. Solange der einbringende (stiftende) Gesellschafter lebt, erhält er Destinatärbezüge und ist so gestellt, wie zuvor als Gesellschafter; nach seinem Ableben werden nur die Abkömmlinge der Mitstifter begünstigt. 26

1 Scherer, Münchener Anwaltshandbuch Erbrecht, 5. Aufl. 2018, § 31 Erb- und Pflichtteilsverzicht, Zuwendungsverzicht Rz. 34.

2 Schauer, npoR 2018 S. 49, 54.

27 In jüngster Zeit wird unter dem Begriff „**Asset Protection**" diskutiert, ob mittels einer Stiftung privates Vermögen dem Haftungszugriff entzogen und gleichzeitig eine Versorgung der Familie gewährleistet werden kann.[1] Überträgt der Unternehmer Vermögen auf eine Familienstiftung, ist hierauf ein direkter Zugriff seiner Gläubiger nicht möglich. Im Unterschied zu einer vermögensverwaltenden Personen- oder Kapitalgesellschaft hat die Stiftung keine Gesellschafter, deren Gesellschaftsanteile gepfändet werden können. Die Rechte der Destinatäre auf Stiftungsleistungen sind, wenn nach der Stiftungssatzung hierauf kein Rechtsanspruch besteht, nicht pfändbar. Gläubiger könnten dann allenfalls die Stiftungserrichtung als unentgeltliches Geschäft innerhalb der Fristen des AnfG und der InsO anfechten.[2]

2. Begriff der Unternehmensträgerstiftung

28 Der klassische Fall der unternehmensverbundenen Stiftung ist die sogenannte Unternehmensträgerstiftung. **Diese betreibt** – regelmäßig in Gestalt einer Familienstiftung – **selbst** ein Wirtschaftsunternehmen. Die Stiftung tritt in diesem Fall selbst am Markt auf und führt gleichsam wie ein Einzelkaufmann ein Unternehmen (sogenannte eigentliche Unternehmensträgerstiftung wie z. B. die Carl-Zeiss-Stiftung). Stiftung und gewerbliches Unternehmen bilden, da kein anderer Rechtsträger zwischengeschaltet ist, eine Einheit. Die Terminologie für diese Erscheinungsform der unternehmensverbundenen Stiftung ist im Schrifttum indes nicht einheitlich. Teilweise wird hierbei auch von Unternehmensstiftung[3] oder von unmittelbarer Unternehmensträgerstiftung bzw. von Unternehmensstiftung im engeren Sinne oder von Stiftungsunternehmen gesprochen. Die Stiftung ist dann Kaufmann kraft Gewerbebetriebs und muss nach handelsrechtlichen Vorschriften (§ 238 HGB) Bücher führen.

3. Stiftung als Unternehmensform

29 Als immanente Probleme, die mit der Führung eines Unternehmens als Stiftung verbunden sind, können angeführt werden:

1. Die schwer veränderliche Rechtsform der Stiftung. Insbesondere dann, wenn die Stiftung nach der Stiftungssatzung auf unbegrenzte Dauer ange-

1 Demuth/Butenberg/Schubert, NWB-EV 2/2019 S. 53, 58 NWB XAAAH-05998; Werner, ZEV 2014 S. 66; Wassermeyer, FR 2015 S. 149.

2 Bisle, DStR 2012 S. 525 f.

3 Richter in von Campenhausen/Richter, Stiftungsrechts-Handbuch, § 12 Rz. 1, 4 f. m. w. N.

legt ist, erschwert dies ggf. notwendig werdende Umstrukturierungsmaßnahmen.[1]

2. Wird Familienangehörigen, wie dies ja bei Familienstiftungen regelmäßig der Fall ist, Einfluss auf die Geschäftsführung gegeben, indem sie den Vorstand aus ihrem Kreis bestimmen können, kann per se nicht mehr von einer völligen Eigenständigkeit der Stiftung gesprochen werden.

3. Um ein Unternehmen selbst führen zu können, sind besondere Anforderungen an die **Stiftungsverfassung** zu stellen, denn die Organisation einer Stiftung ist bereits strukturell für die Führung eines Unternehmens weniger gut geeignet. Problematisch ist insbesondere, dass der **Stiftungsvorstand** über unternehmerische Qualitäten verfügen muss, da ihm die **Vertretung** der Stiftung zukommt. Stellt sich später heraus, dass der Vorstand zur Führung des Unternehmens nicht geeignet ist, müssen in der Stiftungsverfassung bereits Regelungen enthalten sein, wie die Mitglieder des Vorstandes bestellt bzw. abberufen werden können. Erhalten bei Familienstiftungen die Angehörigen ein ausschließliches oder eingeschränktes Bestimmungsrecht der entscheidenden Organe eingeräumt, können sich zudem unerwünschte Streitigkeiten über die Besetzung ergeben, was zu einer Lähmung der Entscheidungsprozesse des operativen Betriebs führen kann.

4. Die Bedeutung der Stiftung als Unternehmensform ist ferner dadurch beschränkt, dass sich steuerliche Vorteile gegenüber anderen juristischen Gesellschaftsformen so gut wie nicht erzielen lassen. Die Unternehmensträgerstiftung ist grds. voll steuerpflichtig und wird als juristische Person wie eine GmbH oder AG besteuert.[2]

5. Um die vorgenannten Probleme vermeiden zu können wird bspw. die Stiftung & Co. KG als Mittel der Unternehmensführung vorgeschlagen.[3] So führt z. B. bei der Diehl Stiftung & Co. KG die Diehl Verwaltungs-Stiftung als Komplementärin die Geschäfte.[4]

Riskant für eine Stiftung kann es sein, wenn ein **Einzelunternehmer** eine Stiftung als Alleinerbin einsetzt, weil dies mit Haftungsrisiken verbunden ist. Dies führt dazu, dass die Stiftung aus Haftungsgründen die Erbschaft ausschlagen 30

1 Schiffer/Pruns, NWB 11/2012 S. 910, 915 NWB IAAAE-03588.

2 Vgl. → Rz. 695.

3 Saenger in Werner/Saenger/Fischer, Die Stiftung, Rz. 199.

4 Zur Stiftung & Co. KG vgl. → Rz. 54.

wird. Das Haftungsproblem lässt sich auch nicht durch eine Testamentsvollstreckung beseitigen.[1]

Auch hier zeigt sich die Vorzugswürdigkeit einer lebzeitigen Regelung durch den Unternehmer.

4. Beteiligungsträgerstiftung

31 Der Begriff der unternehmensverbundenen Stiftung ist als Oberbegriff zu verstehen: Darunter fallen die sogenannte Unternehmensträgerstiftung und die Beteiligungsträgerstiftung. Als letztere bezeichnet man eine Stiftung, welche Anteile an einer Personen- oder Kapitalgesellschaft hält.[2] Die Stiftung kann Gesellschafterin einer Offenen Handelsgesellschaft (OHG) oder Komplementärin bzw. Kommanditistin einer Kommanditgesellschaft (KG) sein. In der Stiftungswirklichkeit ist die Beteiligung an einer OHG weitgehend unbekannt. Gleiches gilt für die Stiftung als Kommanditistin. Daneben kann sich die Stiftung an einer Aktiengesellschaft (AG), Gesellschaft mit beschränkter Haftung (GmbH) oder Kommanditgesellschaft auf Aktien (KGaA) beteiligen. Über die Beteiligung an Personen- und Kapitalgesellschaften hinaus sind dem Ausbau zur Holding oder zum Konzernaufbau grundsätzlich keine Grenzen gesetzt.[3]

32–39 *(Einstweilen frei)*

1 Beder/Mecking, S&S 4/2018 S. 37.

2 Scherer Unternehmensnachfolge, § 9 Unternehmensübergang auf Stiftungen, Rz. 25.

3 von Löwe, Familienstiftung und Nachfolgegestaltung, 2. Aufl. 2016, § 3 Rz. 43.

B. Errichtung der rechtsfähigen Stiftung des Privatrechts

I. Begriffsbestimmung

Die **rechtsfähige Stiftung** des Privatrechts ist „eine mit einem Vermögen zur dauernden und nachhaltigen Erfüllung eines vom Stifter vorgegebenen Zwecks ausgestattete, mitgliederlose juristische Person", § 80 Abs. 1 Satz 1 BGB. Sie ist ein selbständiges Gebilde mit eigener Rechtspersönlichkeit, welches zur Umsetzung bestimmter Ziele (dem Stiftungszweck) errichtet wird. Sie ist die einzige Rechtsform, die weder außenstehende Eigentümer noch Mitglieder oder Gesellschafter kennt. Als eigenständige juristische Person des bürgerlichen Rechts ist die Stiftung selbst Träger ihrer Organisation (§§ 80–88 BGB). Die Stiftung ist mithin ein rechtlich verselbständigtes Zweckvermögen, das nicht körperschaftlich, sondern kapitalmäßig organisiert ist. Die Stiftung wird i. d. R. auf unbestimmte Zeit errichtet, sie kann aber auch auf bestimmte Zeit errichtet werden, innerhalb derer ihr gesamtes Vermögen zur Erfüllung ihres Zwecks zu verbrauchen ist (**Verbrauchsstiftung**), § 80 Abs. 1 Satz 2 BGB. 40

Für die **unselbständige** Stiftung[1] finden die Regelungen in §§ 80 ff. BGB keine Anwendung. Für sie gelten die allgemeinen Vorschriften des BGB-Vertragsrechts. 41

Es ist darauf hinzuweisen, dass nicht alle als „Stiftung" bezeichneten Institutionen tatsächlich Stiftungen i. S. der §§ 80 ff. BGB sind. Der Begriff der Stiftung ist nicht geschützt, sondern wird z. B. auch von Körperschaften wie z. B. Vereinen oder GmbHs[2] verwandt.[3] 42

Auch der Begriff der **„Bürgerstiftung"** ist irreführend, weil sich dahinter nicht die Einwohner einer Gemeinde/Stadt verbergen, sondern zumeist Sparkassen und Banken.[4] Diese bieten ihren Kunden, aber auch Dritten, die Möglichkeit, Treuhandstiftungen oder einen Stiftungsfonds – unter dem Dach der von der Bank ins Leben gerufenen Stiftung – zu errichten. 43

Diskutiert wird in der Literatur, ob es eine sogenannte **Vorstiftung** gibt.[5] Gemeint sind die Fälle, in denen sich die Anerkennung der Stiftung verzögert und 44

1 Vgl. → Rz. 335 ff.

2 Z. B. Robert Bosch Stiftung GmbH.

3 Werner in Werner/Saenger/Fischer, Die Stiftung, Rz. 1 f., 26 f., 170.

4 Eingehend hierzu Werner in Werner/Saenger/Fischer, Die Stiftung, Rz. 7.

5 Schiffer/Pruns, NWB 15/2011 S. 1258 NWB IAAAD-80039.

die im Stiftungsgeschäft als Organ berufenen Personen bereits Vorbereitungshandlungen ausführen, wie etwa die Anmietung von Räumen, Erstellung eines Logos oder einer Internet-Homepage. Nach der wohl vorherrschenden Ansicht ist eine entsprechende Anwendung der Regeln zur Vor-GmbH nicht möglich.[1] Demnach handeln die „späteren" Organe in diesem Fall entweder als Vertreter des Stifters oder als Vertreter ohne Vertretungsmacht.[2] Auch steuerlich wird die Vorstiftung nicht anerkannt und kann daher kein begünstigter Zuwendungsempfänger i. S. von § 5 Abs. 1 Nr. 9 i. V. mit § 1 Abs. 1 Nr. 4 bzw. 5 KStG sein.[3]

1. Unterscheidung nach dem Stiftungszweck

45 Nach dem Stiftungszweck wird die gemeinnützige von der nicht gemeinnützigen (privatnützigen) Stiftung, insbesondere der Familienstiftung[4] unterschieden. Während die gemeinnützige Stiftung ausschließlich und unmittelbar gemeinnützige, mildtätige oder kirchliche Zwecke i. S. der §§ 51 ff. AO verfolgt,[5] also letztlich die Allgemeinheit fördert, zielt die Familienstiftung auf die Förderung der Interessen einer oder mehrerer Familien ab.

46 Das Stiftungszivilrecht enthält in §§ 80–88 BGB keine Definition der „Stiftungsart" **Familienstiftung**. Steuerlich wird hingegen unter bestimmten Voraussetzungen von einer Familienstiftung gesprochen.[6] Für Familienstiftungen gelten in einigen Landesstiftungsgesetzen Sonderregelungen hinsichtlich der Aufsicht.[7]

47 Den begünstigten Familienmitgliedern werden die Vorteile entweder voraussetzungslos gewährt oder von bestimmten sachlichen Kriterien abhängig gemacht (z. B. Förderung des Studiums, Bedürftigkeit). Je nach Ausgestaltung der Satzung steht den Organen ein Entscheidungsspielraum zu, ob und in welcher Höhe Erträge an die Destinatäre ausbezahlt werden.

BEISPIEL Die Erträge der Stiftung sind zur Erfüllung des Stiftungszwecks zu verwenden. Dabei sollen mindestens 60 % der jährlichen Erträge an die Begünstigten aus-

1 Weitemeyer in MüKoBGB, §§ 80, 81 Rz. 70 f.

2 Schiffer/Pruns, NWB 15/2011 S. 1258, 1261 NWB IAAAD-80039.

3 BFH, Urteil v. 11.2.2015 - X R 36/11, BStBl 2015 II S. 545 NWB OAAAE-87704.

4 Siehe → Rz. 70.

5 Fast alle deutschen Stiftungen (95 %) verfolgen steuerbegünstigte Zwecke, vgl. Mecking in Werner/Saenger/Fischer, Die Stiftung, Rz. 134.

6 Vgl. → Rz. 457.

7 Vgl. → Rz. 152.

gezahlt werden, sofern der Stiftungsbeirat keinen abweichenden Zuweisungsbeschluss fällt. Die Auszahlung soll in zwölf gleichen Monatsraten erfolgen.

Aus der für die Stiftung typischen Verknüpfung von Zweck und Vermögen (§ 80 Abs. 1 BGB) folgt, dass als Stiftungszweck nur ein solcher Zweck in Betracht kommt, der sich durch Nutzung eines Vermögens erfüllen lässt. Der Zweck einer Stiftung kann sich nicht in der Erhaltung des eigenen Vermögens erschöpfen: Die Stiftung darf nicht eine reine **Selbstzweckstiftung** sein.[1] Das Vermögen darf also nicht nur sich selbst, sondern muss einem außerhalb der Stiftung liegenden Zweck gewidmet sein.[2] 48

2. Unterscheidung nach der Zweckverfolgung

Die sogenannte **Förderstiftung** (Kapital- oder Hauptgeldstiftung) erreicht ihren Zweck mithilfe der aus dem Grundstockvermögen erwirtschafteten Erträge. 49

Die sogenannte **Anstaltsstiftung** verfolgt ihren Zweck unmittelbar durch Einsatz ihres Stiftungsvermögens, das i. d. R. aus Immobilienvermögen besteht (z. B. Krankenhaus, Altersheim). Allerdings ist für die laufende Unterhaltung und den Betrieb regelmäßig ein Kapitalstock als Finanzierungsinstrument erforderlich, so dass reine Anstaltsstiftungen in der Praxis selten sind.[3] 50

3. Unterscheidung nach der Verbindung von Stiftung und Unternehmen

Betreibt eine Stiftung unter ihrer Rechtsform selbst ein Unternehmen, wird sie auch als (eigentliche) **Unternehmensträgerstiftung** bezeichnet.[4] 51

Hält eine Stiftung eine Beteiligung an einer Personenhandels- oder Kapitalgesellschaft, spricht man allgemein von einer **Beteiligungsträgerstiftung** (oder auch mittelbaren Unternehmensträgerstiftung).[5] Die Stiftung kann sich hierbei auf das bloße Halten der Beteiligung beschränken, oder als persönlich haftende Gesellschafterin oder als Organträger geschäftsleitende Funktion ausüben. In diesem Fall ist sie selbst als Gewerbetreibende anzusehen. Die Beteiligungsträgerstiftung ist – im Gegensatz zur Unternehmensträgerstiftung – von großer praktischer Relevanz für die Regelung der Unternehmensnachfolge. 52

1 Vgl. → Rz. 182.
2 Saenger in Werner/Saenger/Fischer, Die Stiftung, Rz. 181 f.
3 Saenger in Werner/Saenger/Fischer, Die Stiftung, Rz. 183.
4 Vgl. → Rz. 28.
5 Saenger in Werner/Saenger/Fischer, Die Stiftung, Rz. 195.

Die Beteiligungsträgerstiftung kann als Familienstiftung entweder die Familienmitglieder des Stifters versorgen oder als gemeinnützige Stiftung steuerbegünstige Zwecke i. S. des § 51 Abs. 1 Satz 1 AO verfolgen.

HINWEIS:

Es darf nicht übersehen werden, dass diese Begriffe ohne normative Relevanz und nur von begrenztem Wert sind. Sie dienen letztlich nur dazu, bestimmte Sachverhalte terminologisch zu erfassen.

3.1 Beteiligung an einer Personengesellschaft

53 Eine Stiftung kann sich grds. als Gesellschafter an einer BGB-Gesellschaft, OHG oder KG beteiligen.

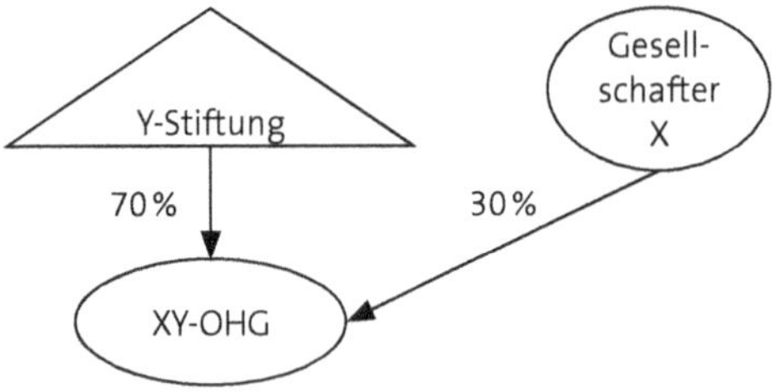

Die Beteiligung einer Stiftung als Gesellschafter einer GbR oder OHG ist allerdings in Deutschland nahezu unbekannt. In der Vergangenheit wurde teilweise die „Stiftung & Co. KG“ als Rechtsform gewählt, um die früher nur Kapitalgesellschaften treffende „Publizität“ zu vermeiden.

53/1 Seit 2000 sind gem. §§ 264a, 264b und 264c HGB alle haftungsbeschränkend wirkenden & Co.-Konstruktion erfasst. Damit lässt sich wegen § 264a HGB die Abschlusspublizität auch bei einer Stiftung & Co. KG nicht mehr umgehen.[1]

3.2 Die Stiftung & Co. KG

54 Bei der Stiftung & Co. KG handelt es sich um eine „echte“ Kommanditgesellschaft. Gegenwärtig existieren bundesweit rund 100 Stiftungen & Co. Kommanditgesellschaften, darunter z. B. die „Diehl Stiftung & Co. KG“.[2] Die **Stiftung** übernimmt bei der Stiftung & Co. KG die Funktion der einzigen persönlich haftenden Gesellschafterin (**Komplementärin**). Grundsätzlich ist die Stiftung selbst keine Handelsgesellschaft. Die Kaufmannseigenschaft erlangt sie

1 Theuffel-Werhahn, ZStV 2022 S. 43, 47.

2 Theuffel-Werhahn, ZStV 2022 S. 43.

nur unter den Voraussetzungen der §§ 1, 2 HGB. Auch in der Funktion als Komplementärin der KG wird die Stiftung nicht automatisch zum Kaufmann.[1]

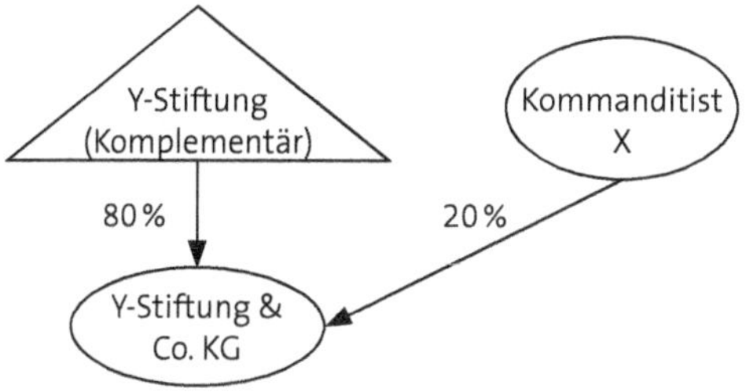

Der Stiftung als Komplementärin steht gem. §§ 164, 170 HGB die Geschäftsführung zu. Teilweise wird deshalb empfohlen, die Organisationsform der Stiftung zweigliedrig auszugestalten (Vorstand + Aufsichtsrat), um so eine stiftungsinterne Kontrolle sicherzustellen und ggf. Aktivitäten der Stiftungsaufsicht entbehrlich zu machen. Zur Vermeidung bzw. Reduzierung des Umfangs der Stiftungsaufsicht, die über die Stiftung als Komplementärin in das Unternehmen eingreifen kann, wird in der Literatur überwiegend eine **Familienstiftung** als **Komplementär**(-Stiftung) empfohlen.[2] 54/1

Verfügt die Stiftung – wie regelmäßig – nur über einen Vorstand, so hat dieser eine umfassende Machtposition auch gegenüber der Kommanditgesellschaft. Die Kommanditisten haben i. d. R. nur ein Widerspruchsrecht (§ 164 Satz 1 HGB), welches sich auf Geschäftsführungsmaßnahmen beschränkt, die „über den gewöhnlichen Betrieb" der KG hinausgehen. Je nach Interessenlage können bzw. sollten gesellschaftsvertraglich die Rechte des Kommanditisten erweitert werden. Vorteil der umfassenden Macht der Stiftung als Komplementär ist, dass die Kontinuität des Unternehmens besser erreicht oder jedenfalls besser unterstützt werden kann als dies mit den herkömmlichen Mitteln, wie etwa Testamentsvollstreckung, möglich ist. Dies alles erfordert eine präzise abgefasste Stiftungsverfassung, durch die der Stifter den Organen der Stiftung, insbesondere aber dem Vorstand, eine bestimmte Unternehmenspolitik vorschreibt. 55

Die Kontinuität der Stiftung & Co. KG ist maßgeblich vom Verhalten der Kommanditisten abhängig, da deren Kündigungsrechte nicht abbedungen, sondern lediglich zeitlich hinausgeschoben werden können. Soweit nichts anderes vereinbart ist, führt die Kündigung der Gesellschaft durch einen Kommanditisten 56

1 Theuffel-Werhahn, ZStV 2022 S. 43, 47.

2 Theuffel-Werhahn, ZStV 2022 S. 43.

seit 1.7.1998 nicht mehr automatisch zur Auflösung der Gesellschaft (§ 131 Abs. 3 HGB). Durch lange Kündigungsfristen, niedrige Abfindungsansprüche (bspw. Ausschluss von der Beteiligung am Geschäftswert) und einer langfristig angelegten Ratenzahlung kann die Kündigung „unattraktiv“ gemacht werden. Zur Erhaltung des Unternehmensbestandes sollte vereinbart werden, dass der Stiftung bezogen auf ausscheidende Mitgesellschafter stets ein Vorkaufsrecht hinsichtlich deren Gesellschaftsanteile eingeräumt wird.

57 Bei der Errichtung der Stiftung muss beachtet werden, dass Familienangehörige als Kommanditisten nach Anerkennung der Stiftung keinerlei Einfluss mehr auf die Stiftung und damit die Personen haben, die die laufenden Geschäfte der KG führen. Je nach Interessenlage ist dies nicht nur bei der Abfassung der Stiftungssatzung, sondern auch bei der Ausgestaltung des Gesellschaftsvertrages der KG zu bedenken.

58 Je nach Ausgestaltung kann die Stiftung als Komplementärin am Vermögen allein oder neben den auch vermögensmäßig beteiligten Kommanditisten (Destinatären) mit einem geringeren Anteil beteiligt sein. Ist sie zu 100 % am Vermögen beteiligt, entsteht ein „eigentümerloses“ Unternehmen, wobei die Destinatäre als Kommanditisten eingesetzt werden.[1]

59 Ebenso wie die Stiftung selbst, ist auch die Stiftung & Co. KG von der Mitbestimmung befreit[2], denn sie gehört nicht zu den in § 1 Abs. 1 MitbestG bzw. im DrittelbG enumerativ aufgezählten Kapitalgesellschaften.[3]

60 Das ab 1.7.2023 in Kraft tretende neue Stiftungszivilrecht (siehe → Rz. 1970) wirft seine Schatten voraus und hat in der Literatur die Diskussion ausgelöst, ob der Gesetzgeber Vorbehalte gegen die „Stiftung & Co. KG“ hat und ob künftig eine Stiftung nicht mehr als persönlich haftende Gesellschafterin fungieren kann.[4] In der Gesetzesbegründung[5] findet sich die Aussage:

„Aus dieser für die Stiftung typischen Verknüpfung von Zweck und Vermögen folgt, dass als Stiftungszweck nur ein solcher Zweck in Betracht kommt, der sich durch Nutzung eines Vermögens erfüllen lässt. Der Zweck einer Stiftung kann sich nicht in der Erhaltung des eigenen Vermögens erschöpfen. Auch wenn für die Erfüllung eines Zwecks die Nutzung eines Vermögens nicht erforderlich ist,

1 Saenger in Werner/Saenger/Fischer, Die Stiftung, Rz. 201.

2 Theuffel-Werhahn, ZStV 2022 S. 43, 45.

3 Sämtliche Vorstände der Stiftung müssen die Handelsregisteranmeldung zeichnen (Grambow, Organe von Vereinen und Stiftungen, Rz. 744).

4 Theuffel-Werhahn, ZStV 2022 S. 43, 48.

5 BT-Drucks. 19/28173 v. 31.3.2021 S. 46.

wie etwa für die Übernahme der Komplementärstellung in einer Personenhandelsgesellschaft („Stiftung und Co. KG"), kann dieser Zweck nicht in der Rechtsform der Stiftung verfolgt werden."

Für eine vor dem 1.7.2023 bereits bestehende „Stiftung & Co. KG" ergeben sich aus der geänderten Beurteilung des Gesetzgebers keine nachteiligen Folgen, es besteht **Bestandschutz**. Bei der Neugründung einer „Stiftung & Co. KG" ab dem 1.7.2023 dürfte es hingegen schwer werden, diese anerkannt zu bekommen.[1] 60/1

In der Literatur besteht Einigkeit darüber, dass eine **Stiftung** auch „nur" **Kommanditistin** einer gewerblichen KG sein kann. Wird die Stiftung lediglich als Kommanditist an einer KG beteiligt, kann die Stiftung im Rahmen einer Unternehmensnachfolgegestaltung nur dann den angestrebten Zweck der **Unternehmenssicherung** erfüllen, wenn sie über die **Stimmenmehrheit** in der Gesellschafterversammlung verfügt. Sind neben der Stiftung weitere Kommanditisten vorhanden, sollte die Übertragung oder Kündigung ihrer Gesellschafterstellung nur mit vorheriger Zustimmung der Stiftung möglich sein. Alternativ sollte der Stiftung gesellschaftsvertraglich eine Übernahmeoption (Vorkaufsrecht) eingeräumt werden. 60/2

3.3 Die Beteiligung der Stiftung an einer AG oder GmbH

Eine Stiftung kann sich sowohl an einer GmbH als auch an einer AG beteiligen. Prominentestes Beispiel ist die Alfried Krupp von Bohlen und Halbach-Stiftung, die an der ThyssenKrupp AG zu 25,3 % vermögensmäßig beteiligt ist. 61

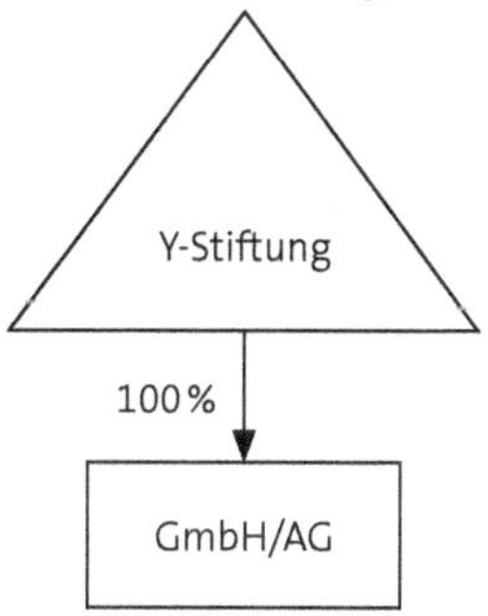

Die verkürzt als „Bosch Stiftung" bezeichnete gemeinnützige GmbH, nämlich die Robert Bosch Stiftung GmbH ist zu 92 % vermögensmäßig an der mit rund 62

1 Theuffel-Werhahn, ZStV 2022 S. 43, 50.

131.400 Arbeitnehmern weltweit tätigen operativen Robert Bosch GmbH beteiligt; die weiteren Anteile halten die Familie Bosch (7,4 %) und die Robert Bosch Stiftung GmbH selbst (0,6 %). Die Robert Bosch Industrietreuhand KG hat lediglich 93,2 % der Stimmrechte in der Robert Bosch Stiftung GmbH,[1] hält jedoch keine Geschäftsanteile an der Robert Bosch GmbH.[2]

4. Destinatäre (Begünstigte)

63 Ein Wesensmerkmal der Stiftung ist es, dass die Stiftung zur Erfüllung des Stiftungszwecks Nutzungsberechtigte hat. Hierbei werden zwei Gruppen unterschieden:

- Zum einen **natürliche Personen**, die als unmittelbar Begünstigte (sogenannte Destinatäre) bezeichnet werden und an die nach Maßgabe der Stiftungssatzung Zuwendungen vorzunehmenden sind. Diese Form der Zuwendung kommt regelmäßig bei Familienstiftungen vor. Es kann sich hierbei um einen offenen oder geschlossenen Kreis handeln, auch um eine oder mehrere Familien. Allerdings muss dieser Kreis klar umrissen sein. Ferner ist es möglich, die Zuwendungen nur für eine bestimmte Zeit oder unter bestimmten Voraussetzungen zu gewähren. Den Destinatären steht kein gesetzlicher Anspruch auf Teilnahme an der Verwaltung zu. Gegen die Stiftung haben die Destinatäre einen klagbaren Leistungsanspruch nur dann,[3] wenn die Satzung für den Kreis der Destinatäre bestimmte objektive Kriterien aufstellt und die Stiftung bei deren Vorliegen keine Wahlmöglichkeit besitzt. Räumt jedoch die Stiftungssatzung einem Stiftungsorgan oder einem Dritten die Befugnis ein, die Stiftungsdestinatäre, die in den Genuss des Stiftungsnutzens kommen sollen, aus einem in der Satzung näher umschriebenen Kreis von Personen auszuwählen, steht den Destinatären **kein klagbarer Anspruch** auf Stiftungsleistungen zu. Dem abgelehnten Bewerber (z. B. eines Stipendiums) steht gegen eine gemeinnützige Stiftung des bürgerlichen Rechts ein Anspruch auf neue Entscheidung über seine Bewerbung nicht zu, wenn die Stiftung das ausgeschriebene Stipendium an einen anderen Bewerber vergeben hat, der Förderzeitraum abgelaufen ist und der abgelehnte Bewerber den geförderten Studiengang ohne die Gewährung des Stipendiums bereits absolviert hat.[4] Darüber hinaus steht den

1 Wirtschaftswoche Heft 3 v. 16.1.2012, S. 45 f.

2 Schiffer/Pruns, NWB 11/2012 S. 910, 917 a. E. NWB IAAAE-03588

3 BGH, Urteil v. 15.12.2016 - I ZR 63/15 NWB QAAAG-36079 = WM 2017 S. 301; vgl. Nissel in Werner/Saenger/Fischer, Die Stiftung, Rz. 245; a. A. Weitemeyer in MüKoBGB, § 85 Rz. 31.

4 BGH, Urteil v. 15.12.2016 - I ZR 63/15 NWB QAAAG-36079 = WM 2017 S. 301.

Destinatären weder ein Auskunfts- noch ein Einsichtsrecht in die Unterlagen der Stiftung zu.[1] Zudem ist die Stiftungsaufsichtsbehörde nicht verpflichtet, zum Schutz der Belange der Destinatäre tätig zu werden.[2] Der Umstand, dass die Destinatäre als Zuwendungsempfänger benannt sind, begründet keine Beteiligungsrechte (z. B. als Vorstand oder Beirat); dies ist häufig ein Grund, weshalb Vermögende und Unternehmer aus „Angst vor ihren Erben" den Weg in die Stiftung suchen. Anders ist dies natürlich dann, wenn der Stifter ihnen ausdrücklich die Möglichkeit eröffnet, z. B. in den Stiftungsvorstand berufen zu werden.

- Zum anderen werden in der Stiftungssatzung die **Institutionen oder Einrichtungen** benannt, damit sie mit den Mitteln der Stiftung den Stiftungszweck (i. d. R. steuerbegünstigte Zwecke) erfüllen. Beschränkt sich der Stiftungszweck auf die Förderung anderer Einrichtungen (z. B. die Krebsforschung an einer Universitätsklinik oder Unterstützung der Tätigkeit eines Kinderhospizes), erhalten diese vom Stifter als förderungswürdig benannten Einrichtungen die Zuwendungen von der Stiftung.

Bei der Auswahl der Destinatäre ist der Stifter **nicht** an Art. 3 GG gebunden;[3] 64
auch die Regelungen des AGG[4] beinhalten nach zutreffender Ansicht keine Beschränkung des Stifters hinsichtlich seines Bestimmungsrechts.[5]

Macht der Stifter sehr konkrete Vorgaben hinsichtlich der Destinatäre und benennt er die einzelnen begünstigten Personen namentlich, dann schränkt er hiermit automatisch die Auswahlmöglichkeit der Stiftungsorgane ein.

5. Haftung der Stiftung

Die Stiftung haftet **kraft Rechtsform** ihren Gläubigern gegenüber mit ihrem 65
ganzen Vermögen. Wird einem Dritten schuldhaft durch die Organe der Stiftung Schaden zugefügt, haftet die Stiftung hierfür nach § 89 i. V. mit § 31 BGB.[6] Handelt ein Organmitglied deliktisch, verletzt es also allgemeine Rechtspflichten, haftet es jedoch auch persönlich, und zwar gemeinsam mit der Stiftung (gesamtschuldnerische Haftung §§ 421, 840 BGB).[7]

1 Weitemeyer in MüKoBGB, § 85 Rz. 35.
2 Weitemeyer in MüKoBGB, § 85 Rz. 34; Nissel in Werner/Saenger/Fischer, Die Stiftung, Rz. 249.
3 Nissel in Werner/Saenger/Fischer, Die Stiftung, Rz. 243.
4 Allgemeines Gleichbehandlungsgesetz v. 14.8.2006, BGBl 2006 I S. 1897.
5 Weitemeyer in MüKoBGB, § 85 Rz. 37; Nissel in Werner/Saenger/Fischer, Die Stiftung, Rz. 245.
6 Stolte, S&S 2/2014 S. 34; Kilian in Werner/Saenger/Fischer, Die Stiftung, Rz. 530 ff.
7 Stolte, S&S 2/2014 S. 34.

Eine Haftung kommt aber nur in Betracht, wenn das Organ in Ausführung der ihm zustehenden Tätigkeiten agierte.[1]

66 Ein **Regressanspruch** der Stiftung (sogenannte **Innenhaftung**) gegenüber dem handelnden Organ besteht nur, wenn dem Organmitglied die Verletzung von organschaftlichen Pflichten vorgeworfen werden kann.[2] Ist ein Vorstand nur ehrenamtlich tätig bzw. bezieht eine Vergütung von max. 720 € jährlich, regelt § 31a BGB seit 2009, dass dieses Organmitglied nur für Vorsatz und grobe Fahrlässigkeit haftet.[3] Seit 1.3.2013 gilt dieses Privileg auch für andere Organe als den Vorstand, also auch für die **fakultativen Organe**, wie einen Stiftungsrat[4] oder einen Stiftungsbeirat.[5]

Im Falle der Innenhaftung kann es zu Konstellationen kommen, in denen ein Eingreifen der Stiftungsaufsicht notwendig wird. Dies z. B. dann, wenn die Stiftung einen Schadenersatzanspruch gegen den eigenen Vorstand hat, aber nur dieser berechtigt ist, den Anspruch namens der Stiftung geltend zu machen.[6]

67 In jedem Fall ist anzuraten, dass für die Organe eine **Vermögensschadens-Haftpflichtversicherung** abgeschlossen wird.[7]

Darüber hinaus ist an eine sogenannte **D&O-Versicherung** zu denken, die von der Stiftung abgeschlossen wird, um ihre Organmitglieder zu schützen.[8]

68 Die Haftung des **Stifters** beschränkt sich auf die Einbringung des im Stiftungsgeschäft zugesagten Stiftungsvermögens, § 82a BGB. Sie erlischt also mit der Übereignung des Vermögens auf die Stiftung.

69 Die **Destinatäre** sind von jeglicher Haftung befreit, da sie nicht die Stellung von Mitgliedern oder Gesellschaftern haben. Es ist denkbar, dass die Destinatäre Ansprüche der Stiftung gegen ein Organ durchsetzen können.[9]

1 Kilian in Werner/Saenger/Fischer, Die Stiftung, Rz. 537.
2 Kilian in Werner/Saenger/Fischer, Die Stiftung, Rz. 547.
3 Vgl. → Rz. 231 ff.; vgl. auch Stolte, S&S 2/2014 S. 34; Kilian in Werner/Saenger/Fischer, Die Stiftung, Rz. 552.
4 Vgl. → Rz. 237 ff.
5 Vgl. → Rz. 254 ff.; vgl. auch Kilian in Werner/Saenger/Fischer, Die Stiftung, Rz. 536.
6 Stolte, S&S 2/2014 S. 34.
7 Kilian in Werner/Saenger/Fischer, Die Stiftung, Rz. 565.
8 Kilian in Werner/Saenger/Fischer, Die Stiftung, Rz. 566.
9 Kilian in Werner/Saenger/Fischer, Die Stiftung, Rz. 563.

6. Die Familienstiftung als Instrument der Vermögens- und Unternehmensnachfolge

6.1 Einleitung

Die **Anzahl** der Familienstiftungen[1] war bislang relativ **gering**, was vor allem auf die lange Zeit sehr restriktive Landesstiftungsgesetzgebung zurückzuführen ist. Bis zum Inkrafttreten des Stiftungsmodernisierungsgesetzes am 1.9.2002 waren Familienstiftungen in einzelnen Ländern nicht genehmigungsfähig. Erst seitdem erfreut sich die Familienstiftung **zunehmender Beliebtheit**, so dass ihre Zahl in den letzten Jahren kontinuierlich zunimmt.[2] 70

6.2 Begriff der Familienstiftung

Die **Familienstiftung** ist keine besondere Rechtsform der Stiftung, sondern eine **Anwendungsform**, für die insbesondere steuerliche Besonderheiten[3] gelten.[4] Eine Familienstiftung zeichnet sich – verkürzt gesagt – dadurch aus, dass sie ganz überwiegend dem **Wohl** der Mitglieder einer **Familie dient**.[5] Als **privatnützige Stiftung**[6] ist sie im BGB weder gesondert angesprochen noch definiert;[7] in verschiedenen Landesstiftungsgesetzen sind Familienstiftungen indes erwähnt[8] und definiert;[9] es gelten für sie teilweise Sonderregelungen, wie z. B. bei der Stiftungsaufsicht.[10] 71

Eine Familienstiftung ist deshalb immer dann anzuerkennen, wenn sie die in § 82 BGB genannten Voraussetzungen erfüllt. Negativ formuliert ist sie nur dann nicht anerkennungsfähig, wenn eine Gemeinwohlgefährdung vorliegt. Die Behörde muss die Tatsachen darlegen, aus denen geschlossen werden kann, dass von der Stiftung eine Gefahr für das Gemeinwohl ausgehen würde, und diese Tatsachen im Streitfall auch beweisen können. Ist aufgrund der bekannten Tatsachen zweifelhaft, ob die Stiftung das Gemeinwohl gefährdet, 72

---

1 Vgl. → Rz. 1.

2 Richter/Gollan in Hüttemann/Richter/Weitemeyer, Landesstiftungsrecht, Rz. 30.8.

3 Vgl. → Rz. 455.

4 Richter in Richter, Stiftungsrecht, § 11 Rz. 2.

5 Vgl. etwa § 13 Abs. 2 BaWürttStiftG; § 10 Abs. 1 BerlStiftG; § 2 Abs. 2 BrbStiftG.

6 Der Begriff private oder privatnützige Stiftung umfasst auch den der Familienstiftung, vgl. § 2 Abs. 1 HambStiftG; § 3 Abs. 2 RhPfStiftG; § 10 Abs. 2 SaarlStiftG; Art. 1 Abs. 3 BayStiftG.

7 Werner, NWB-EV 10/2012 S. 331 NWB JAAAE-17599.

8 Vgl. die Nachweise bei Richter/Gollan in Hüttemann/Richter/Weitemeyer, Landesstiftungsrecht, Rz. 30.10.

9 Vgl. die Nachweise bei Richter/Gollan in Hüttemann/Richter/Weitemeyer, Landesstiftungsrecht, Rz. 30.14.

10 Vgl. → Rz. 152.

kann die Behörde die Anerkennung der Stiftung nicht ablehnen. Deshalb werden auch künftig Entscheidungen, durch die die Anerkennung einer Stiftung wegen Gefährdung des Gemeinwohls abgelehnt wird, seltene Ausnahmen bleiben.[1]

6.3 Besonderheiten bei der Beteiligung einer Familienstiftung für Zwecke der Unternehmensnachfolge

73 Die mit einer Familienstiftung verbundenen Ziele sind:[2]

1. Absicherung der Familienangehörigen;
2. Erhalt des Unternehmens;
3. Vermeidung von Liquiditätsabflüssen durch familien-/erbrechtliche Ansprüche;
4. Ausschluss von Streitigkeiten innerhalb der Familie bzw. unter den Erben.

74 Die beiden ersten Ziele lassen sich durch die Stiftungslösung leicht erreichen, weil die Versorgung der Familie einerseits und der Erhalt des Unternehmens andererseits miteinander verknüpft sind.[3]

75 Aber auch die Vermeidung von Liquiditätsabflüssen durch

- Pflichtteilsansprüche
- Zugewinnausgleichsansprüche
- Abfindung an weichende Gesellschafter
- Entnahmen für Erbschaftsteuerzahlungen

entfallen. Denn das in die Stiftung eingebrachte Vermögen ist – sofern zehn Jahre zwischen der Überführung und dem Ableben des Stifters liegen[4] – diesen Ansprüchen nicht mehr ausgesetzt. Kein Ehegatte eines Familienangehörigen und kein Abkömmling des Stifters kann bzgl. dieses Vermögens Ansprüche geltend machen.

76 Aber auch die bei Erbauseinandersetzungen typischerweise auftretenden Konflikte lassen sich ebenso lösen wie die Probleme künftiger Erblasser, wem sie das unternehmerische Vermögen weitervererben können, weil er als geeigneter Nachfolger erscheint.

---

1 BT-Drucks. 19/28173 v. 31.3.2021 S. 52.

2 Werner, NWB-EV 10/2012 S. 331 f. NWB JAAAE-17599.

3 Schindler, S&S 1/2014 S. 22 f.

4 Zum Pflichtteilsergänzungsanspruch vgl. → Rz. 17.

Positiv ist zudem die gegenüber einer Personengesellschaft niedrigere Besteuerung der Stiftung und die Vermeidung von Mitbestimmung.

Ferner sind von der Familienstiftung keine Kapitalaufbringungs- und Kapitalerhaltungsvorschriften zu beachten und der innere Aufbau der Stiftungsorganisation erhält größere Flexibilität.[1] 77

Das in der Familienstiftung eingebrachte Unternehmensvermögen ist vor Haftungsansprüchen geschützt, die sonst Gläubiger eines Gesellschafters geltend machen können, z. B. durch Pfändung des Anteils bzw. eines Gewinnanspruchs.[2] Um die Rechte des Destinatärs vor einer Pfändung zu schützen, bedarf es einer entsprechenden Satzungsregelung. Die Destinatärrechte sind nämlich nicht pfändbar, wenn der Destinatär keinen klagbaren Anspruch auf die Erträge aus der Stiftung hat.[3] 78

Im Unterschied zur gemeinnützigen Stiftung ist die Übertragung des Vermögens auf die Stiftung nicht irreversibel.[4] Die Rückabwicklung einer Familienstiftung ist – ungeachtet etwaiger steuerlicher Folgen – möglich. 79

7. Die Verbrauchsstiftung

Von den in Deutschland errichteten Stiftungen sind über 99 % „für die Ewigkeit" gegründet worden. Ihr Ziel ist es, das Stiftungsvermögen in seinem Bestand ungeschmälert zu erhalten. Nur die Stiftungserträge und Spenden dürfen zur Realisierung des satzungsgemäßen Zweckes verwendet werden. 80

Neuerdings hat, auch verstärkt durch das Niedrigzinsumfeld der letzten Jahre, die bislang in der Praxis eher selten vorkommende und dadurch weniger beachtete **Verbrauchsstiftung** (oder Aufbrauchstiftung) als Alternative zu der ewigen Stiftung an Bedeutung gewonnen.[5] 81

Eine Verbrauchsstiftung unterscheidet sich von der „traditionellen Stiftung" primär in zwei Punkten: Zum einen ist die Dauer der Verbrauchsstiftung zeitlich beschränkt (§ 80 Abs. 1 Satz 2 BGB), weil sie nur für eine bestimmte Zeit bestehen soll. Zum anderen wird bei einer Verbrauchsstiftung über die Dauer ihres Bestehens neben den Erträgen auch das Stiftungsvermögen sukzessive für satzungsgemäße Zwecke eingesetzt und aufgebraucht. Dabei liegt es im 82

1 Werner, NWB-EV 10/2012 S. 331, 336 NWB JAAAE-17599.

2 Bisle, DStR 2012 S. 525.

3 Bisle, DStR 2012 S. 525 f.

4 Werner, NWB-EV 10/2012 S. 331, 337 NWB JAAAE-17599.

5 Meyn, S&S Rote Seiten 3/2013.

Ermessen des Stifters, ob das Stiftungskapital von Anfang an oder erst nach einer bestimmten Zeit angetastet und ob es nur bis zu einem bestimmten Betrag oder komplett aufgebraucht werden soll.

83 Seit Inkrafttreten des Stiftungsmodernisierungsgesetzes am 1.9.2002 ist die Verbrauchsstiftung anerkannt. Neben der „reinen" Verbrauchsstiftung wird neuerdings auch die sogenannte „Teilverbrauchsstiftung" oder „**Hybridstiftung**" empfohlen.[1] Hier wird der Vorteil der Ewigkeits- mit denjenigen der Verbrauchsstiftung kombiniert. Hierbei wird das Vermögen getrennt in Grundstock- und Verbrauchsvermögen.[2] Folge der Trennung ist weiter, dass die Organe der Stiftung für beide Vermögen getrennte Anlagestrategien entwickeln müssen. Die Stiftung unterliegt der Verpflichtung, auch das Verbrauchsvermögen ordnungsgemäß zu verwalten und ggf. rentierlich anzulegen, soweit dies zum Wohle der Stiftung vernünftig erscheint. Dies kann bedeuten, dass das Vermögen, das derzeit nicht benötigt wird, möglichst renditestark oder zumindest so anzulegen ist, dass Inflationsverluste weitgehend vermieden werden. Gleichzeitig ist jedoch die fortdauernde Flexibilität zu berücksichtigen. Je geringer das Verbrauchsvermögen ist, desto mehr ist darauf zu achten, dass das Vermögen sicher angelegt wird. Bei einem sehr hohen Verbrauchsvermögen kann dagegen in renditestärkere Anlagen, die in aller Regel mit höheren Risiken verbunden sind, investiert werden.[3]

84 Die Verbrauchsstiftung ist auch steuerlich anzuerkennen und kann die Steuervorteile einer „herkömmlichen" gemeinnützigen Stiftung beanspruchen, solange dieselben Bedingungen wie bei einer Stiftung auf Ewigkeit erfüllt sind. Allerdings dürfen die Stiftungsbehörden eine Verbrauchsstiftung nur anerkennen, wenn diese für eine angemessene Zeit errichtet wird. Hierbei geht der Gesetzgeber in § 80 Satz 2 BGB von einem **Mindestzeitraum** von zehn Jahren aus.

85 Dem aktuellen Trend folgend, kann die Verbrauchsstiftung eine Alternative zur ewigen Stiftung sein und ist besonders geeignet für diejenigen Stifter, die den Stiftungszweck in einer überschaubaren Zeit (z. B. noch zu ihrer Lebenszeit) erfüllen bzw. ein der Höhe nach begrenztes Stiftungsvermögen auf diesem Wege effizienter für den Stiftungszweck einsetzen wollen.

Zwecke einer Verbrauchsstiftung können etwa sein:[4]

---

1 Hackert, NWB 13/2018 S. 877 NWB HAAAG-78329.

2 Grische/George, S&S 3/2015 S. 32.

3 Hackert, NWB 13/2018 S. 877, 881 NWB HAAAG-78329.

4 Hüttemann in Hüttemann/Richter/Weitemeyer, Landesstiftungsrecht, Rz. 13.11; Schiffer/Pruns, NWB 46/2011 S. 3858, 3859 NWB CAAAD-94878.

- Unterstützung der Opfer eines bestimmten Krieges[1]
- Wiederaufbau eines historischen Gebäudes
- Forschung nach Heilmitteln gegen Krankheiten

8. Umwandlung, Zulegung und Zusammenlegung von Stiftungen

Umstrukturierungen kommen insbesondere bei Tochterbeteiligungen von steuerpflichtigen und steuerbefreiten Stiftungen vor. Die zivil- und handelsrechtlichen Regelungen sind im UmwG, die steuerlichen Vorschriften im UmwStG geregelt. 86

Mit den §§ 86–86h BGB hat der Gesetzgeber die Zulegung und Zusammenlegung von rechtsfähigen Stiftungen des bürgerlichen Rechts abschließend bundeseinheitlich geregelt. Die Zulegung und die Zusammenlegung werden nicht mehr als besondere Formen der Auflösung oder Aufhebung von Stiftungen ausgestaltet, sondern als besondere stiftungsrechtliche Verfahren der Vermögensübertragung zwischen rechtsfähigen Stiftungen des bürgerlichen Rechts, durch welche die von den Stiftern der übertragenden Stiftungen geschaffene Verbindung von Zweck und Vermögen so weit als möglich erhalten bleiben soll, geregelt.[2] 87

Auch nach den seit 1.7.2023 geltenden Regelungen sollen Stiftungen nicht frei zugelegt oder zusammengelegt werden können. Eine Zulegung oder eine Zusammenlegung von Stiftungen ist anders als eine Verschmelzung von Gesellschaften oder Vereinen nach dem Umwandlungsgesetz nur bei Vorliegen bestimmter Voraussetzungen bei der übertragenden und der übernehmenden Stiftung möglich, die in den §§ 86 und 86a BGB geregelt sind. Zulegungen und Zusammenlegungen werden deshalb als besondere stiftungsrechtliche Verfahren ausgestaltet und nicht als eine Art der Umwandlung im Umwandlungsgesetz geregelt.[3] 87/1

Die Vorschriften über die Zulegung und Zusammenlegung sind abschließend und zwingend. Durch die Satzung kann die Zulegung oder Zusammenlegung von Stiftungen, die zum Erlöschen der übertragenden Stiftungen führen, eben- 87/2

1 Z. B. die Stiftung EVZ „Erinnerung, Verantwortung und Zukunft" wurde im Jahr 2000 gegründet, um vor allem Zahlungen an ehemalige Zwangsarbeiter zu leisten. Die Auszahlungsprogramme wurden im Jahr 2007 abgeschlossen. Das Gründungskapital i. H. von 5,2 Mrd. € wurde vom deutschen Staat und von der deutschen Wirtschaft aufgebracht. Davon wurden 358 Mio. € als Stiftungskapital für die Fördertätigkeit reserviert.

2 BT-Drucks. 19/28173 v. 31.3.2021 S. 69.

3 BT-Drucks. 19/28173 v. 31.3.2021 S. 69.

so wie die Auflösung und Aufhebung von Stiftungen nicht erleichtert werden. Stifter können die Zulegung oder Zusammenlegung der Stiftung durch die Satzung ausschließen. Auch bei Zulegungen und Zusammenlegungen ist nach § 83 Abs. 2 BGB-neu der Wille des Stifters zu beachten. Gegen den Willen des Stifters kann sich eine Stiftung nicht an einer Zulegung oder Zusammenlegung als übertragende oder übernehmende Stiftung beteiligen.[1]

9. Insolvenz und Krisenfrüherkennung (StaRUG)

88 Die rechtsfähige Stiftung ist insolvenzfähig (§ 11 Abs. 1 Satz 1 InsO). Zu einer Stiftungsinsolvenz kann es etwa kommen, wenn Erträge aus einer Unternehmensbeteiligung ausbleiben und dennoch hohe Personalkosten anfallen.[2]

89 Der Ablauf des Insolvenzverfahrens unterscheidet sich nicht wesentlich von demjenigen bei einer juristischen Person des Privatrechts (z. B. GmbH, AG). Der Vorstand der Stiftung hat als gesetzlicher Vertreter den Insolvenzantrag zu stellen. Als Insolvenzgründe kommen neben der Zahlungsunfähigkeit (§ 17 InsO) die Überschuldung (§ 19 InsO) in Betracht.

90 Eine Stiftung wird nach § 87b BGB durch die Eröffnung des Insolvenzverfahrens oder durch Rechtskraft des Beschlusses aufgelöst, durch den die Eröffnung des Insolvenzverfahrens mangels Masse abgewiesen wurde. Diese Aufhebungsvorschrift bei Insolvenz der Stiftung ist dem für Vereine geltenden § 42 Abs. 1 Satz 1 BGB nachgebildet.[3]

90/1 Von der Insolvenz der Stiftung zu trennen ist die Insolvenz bei einer Tochterbeteiligung der Stiftung. Hier stellt sich die Frage für den Stiftungsvorstand, welche Pflichten ihn treffen, sofern sich eine Insolvenzlage abzeichnet.[4]

91 Von Stiftungen aller Größenklassen, insbesondere Unternehmensstiftungen, ist das StaRUG zu beachten. Denn aus § 1 Abs. 1a StaRUG folgt, dass die Mitglieder des zur Geschäftsführung berufenen Organs einer juristischen Person (also auch einer Stiftung), die sogenannten Geschäftsleiter, fortlaufend über Entwicklungen, welche den Fortbestand der juristischen Person gefährden, zu wachen haben.[5] Nach § 1 Abs. 1 Satz 1 StaRUG trifft die Geschäftsleitung diese

1 BT-Drucks. 19/28173 v. 31.3.2021 S. 69.

2 Schiffer/Sommer, NWB 38/2010 S. 3046, mit Beispielen S. 3047 NWB JAAAD-52020.

3 BT-Drucks. 19/28173 v. 31.3.2021 S. 77.

4 Eingehend hierzu Schiffer/Sommer, NWB 38/2010 S. 3046, 3050 f. NWB JAAAD-52020.

5 Faude/Hacker, ZStBV 2022 S. 153, 155.

Krisenfrüherkennungspflicht. Eine Delegation an einzelne Vorstände ist vom Gesetzgeber des StaRUG nicht vorgesehen.[1]

Empfohlen wird daher die Einführung eines tauglichen Krisenfrüherkennungs- und Krisenmanagementsystems, um vor Haftungsgefahren zu schützen.[2] 91/1

10. Stiftung und Beihilferecht

Das Europarecht wirkt in vielen Bereichen des deutschen Wirtschaftslebens, da die Normen auch dann, wenn sie national nicht umgesetzt wurden national zu beachten sind.[3] 92

Erhalten bspw. Stiftungen mit einem wirtschaftlichen Geschäftsbetrieb Zuschüsse der öffentlichen Hand, kann dies kritisch sein. Eine verbotene Beihilfe i. S. des Art. 107 Abs. 1AEUV[4] ist gegeben, wenn 93

a) eine Maßnahme zugunsten eines Unternehmens vorliegt und

b) sie aus öffentlichen Mitteln finanziert wird und

c) es sich um eine selektive Maßnahme handelt und

d) sie die Gefahr einer Verfälschung des Wettbewerbs sowie eine Beeinträchtigung des grenzüberschreitenden Handels hervorruft.

Damit findet das Beihilfeverbot etwa auch Anwendung für Stiftungen als Krankenhausträger, denn sie können als Unternehmen in diesem Sinn eingestuft werden. Nach Ansicht des EuGH gilt jede wirtschaftlich tätige Einheit, unabhängig von der Rechtsform, als Unternehmen.[5]

Das Beihilfeverbot gilt auch, wenn die Stiftung gemeinnützige Zwecke i. S. des § 51 AO verfolgt. In Ausnahmefällen kann allerdings eine sich ausschließlich sozial betätigende Stiftung nicht dem Beihilfeverbot unterworfen sein.[6] Ferner liegt bei einer reinen Förderstiftung ebenfalls keine relevante wirtschaftliche Tätigkeit vor, so dass auch hier eine Ausnahme vom Beihilfeverbot besteht. 94

1 Faude/Hacker, ZStBV 2022 S. 153, 155.
2 Faude/Hacker, ZStBV 2022 S. 153, 159.
3 Redbrake, S&S 2010 S. 38.
4 Vertrag über die Arbeitsweise der Europäischen Union (AEUV).
5 Ritter/Marx, S&S RS 2/2015 S. 6.
6 Redbrake, S&S 2010 S. 38.

11. Social Media

95 Die Nutzung des Internets ist – insbesondere für gemeinnützige – Stiftungen von großem Vorteil, weil die Stiftung so einem breiten Publikum die Möglichkeit eröffnet, sich über die Tätigkeit der Stiftung ein Bild zu verschaffen.[1] Insbesondere bei Unternehmensstiftungen ist die Presse- und Öffentlichkeitsarbeit von großer Bedeutung.[2] Ferner können über das Internet Spenden gesammelt werden (zum **Spenden-Crowdfunding** und den steuerlichen Folgen siehe → Rz. 998).[3]

Klar ist, dass das Internet per se kein Garant für den Erfolg der Stiftung ist. Entscheidend bleibt, dass auch hier Ziele definiert werden. Daran sind die Inhalte und Maßnahmen auszurichten.[4]

96 Viele Stiftungen verfügen über zumeist geringe Erträge, so dass sie für die Außenwahrnehmung den Internetauftritt einer Hochglanzbroschüre vorziehen. Die Integration von Social Media in die eigene Kommunikation ist aber auch mit erheblichen Risiken verbunden.[5] Neben der Impressumspflicht sind insbesondere **Urheber- und Datenschutzrechte**[6] zu beachten. Bei der Neuerrichtung einer Stiftung ist frühzeitig die „Domain" zu sichern. Bei der Nutzung von **Facebook** ist zu bedenken, dass Facebook die Nutzungsrechte an den Inhalten, die in den Profilen veröffentlicht werden, erwirbt.[7]

12. Datenschutz

97 Seit dem 25.5.2018 gilt die Europäische Datenschutz-Grundverordnung (DS-GVO). Da der Anwendungsbereich der DS-GVO ihrem Schutzzweck entsprechend nahezu jeden Umgang mit personenbezogenen Daten umfasst und sich ihr Adressatenkreis keineswegs nur auf gewinnorientierte Unternehmen beschränkt, gab und gibt ihre Einführung auch Stiftungen Anlass, ihre bisherige Praxis gründlich zu analysieren und sie an die Neuerungen der DS-GVO anzupassen. Ausnahmen oder Privilegierungen speziell für steuerbegünstigte Stiftungen sieht die DS-GVO nicht vor. Auch die vielen spendensammelnden Stiftungen haben und hatten daher zu überprüfen, inwiefern ihre Datenver-

1 Rehländer, S&S RS 4/2013 S. 2.

2 Servaty, S&S 1/2014 S. 16.

3 Reis/Steinmüller/Bergmaier, S&S 1/2014 S. 18.

4 Rehländer, S&S RS 4/2013 S. 5.

5 Ulbricht, S&S 4/2013 S. 32.

6 Siehe → Rz. 97 f.

7 Rehländer, S&S RS 4/2013 S. 11.

arbeitungsprozesse, etwa im Zusammenhang mit der Einwerbung von Spenden und dem Führen und Pflegen von Spenderdateien, unter Geltung der DS-GVO weiterhin rechtmäßig sind.[1]

Neben Art. 5 DS-GVO, der allgemeine Grundsätze der Datenverarbeitung enthält, sind dabei zunächst die gesetzlichen Erlaubnistatbestände des Art. 6 DS-GVO von zentraler Bedeutung, wonach die Erhebung, Speicherung oder sonstige Verarbeitung personenbezogener Daten nur ausnahmsweise unter bestimmten gesetzlich festgelegten Bedingungen zulässig ist (Verbot mit Erlaubnisvorbehalt). Nach Art. 6 Abs. 1 DS-GVO ist dies – verkürzt – der Fall, wenn

- die betroffene Person ihre Einwilligung erteilt (Buchst. a);
- die Verarbeitung für die Erfüllung eines Vertrags oder zur Durchführung vorvertraglicher Maßnahmen erforderlich ist (Buchst. b);
- die Verarbeitung zur Erfüllung einer rechtlichen Verpflichtung des Verantwortlichen erforderlich ist (Buchst. c);
- die Verarbeitung zum Schutz lebenswichtiger Interessen erforderlich ist (Buchst. d);
- die Verarbeitung zur Wahrnehmung einer im öffentlichen Interesse liegenden Aufgabe erforderlich ist oder in Ausübung öffentlicher Gewalt erfolgt (Buchst. e) oder
- die Verarbeitung zur Wahrung berechtigter Interessen des Verantwortlichen oder eines Dritten erforderlich ist, sofern nicht die Interessen oder Grundrechte und Grundfreiheiten des Betroffenen diese überwiegen (Buchst. f).[2]

Spendensammelnde Stiftungen sollten in diesem Zusammenhang beachten, dass die Privilegierung des § 28 Abs. 3 Satz 2 Nr. 3 BDSG a. F., wonach eine Verarbeitung und Nutzung personenbezogener Daten zum Zwecke der Spendenwerbung in beschränktem Maße zulässig war, entfallen ist und auch insofern die Zulässigkeit nunmehr vom Eingreifen einer der allgemeinen Erlaubnistatbestände abhängt. Eine taugliche Rechtsgrundlage für die postalische Spendenwerbung könnte insofern Art. 6 Abs. 1 Buchst. f DS-GVO bieten, wonach die berechtigten Interessen der werbenden Stiftungen an einer angemessenen finanziellen Ausstattung für ihre Projekte über eine Interessenabwägung Beachtung finden. Ein Betroffener wird zudem im Allgemeinen mit der Verwendung seiner der Stiftung bekannt gegebenen (oder auch seiner öffentlich zugäng-

1 Zimmermann/Raddatz, NJW 2019 S. 485, 487; Freudenberg/Manz, npoR 2018 S. 145.

2 Zimmermann/Raddatz, NJW 2019 S. 485, 488; Freudenberg/Manz, npoR 2018 S. 145.

lichen) Daten für Zwecke der Spendenwerbung rechnen müssen. Nichtsdestotrotz sollte Betroffenen ein jederzeitiger Widerruf ermöglicht und eine Einwilligung angeboten werden.[1]

98 Soweit Stiftungen bereits unter Geltung der alten Rechtslage Einwilligungen der Betroffenen eingeholt haben, ist zu beachten, dass diese für die Zukunft nur dann Bestand haben, wenn die Art der erteilten Einwilligung den Bedingungen der DS-GVO (vgl. Art. 7 DS-GVO) entspricht (Erwägungsgrund 171). Da eine wirksame Einwilligungserklärung hiernach z. B. die Information des Betroffenen über die Möglichkeit des Widerrufs der Einwilligung erfordert, sollten Stiftungen gründlich überprüfen, ob bereits vorhandene Einwilligungen den neuen Anforderungen genügen.

Darüber hinaus sieht die DS-GVO eine Vielzahl von Informations- und Dokumentationspflichten vor, die betroffene Stiftungen auch administrativ vor neue Herausforderungen stellen. Zu nennen sind hier u. a. erweiterte Informationspflichten gegenüber den Betroffenen (z. B. Spendern) über Einzelheiten der Datenverarbeitung, deren Rechtsgrundlagen sowie bestehende Betroffenenrechte (Art. 12–14 DS-GVO), die Erstellung eines Verzeichnisses von Verarbeitungstätigkeiten (Art. 30 DS-GVO), die unverzügliche Meldung von Datenschutzverletzungen (Art. 33 DS-GVO), die Vornahme einer Datenschutz-Folgenabschätzung bei potenziell für die Rechte und Freiheiten natürlicher Personen risikoreichen Verarbeitungsvorgängen (Art. 35 DS-GVO) oder auch die Benennung eines Datenschutzbeauftragten (Art. 37 DS-GVO).

Schließlich ist hervorzuheben, dass der Bußgeldrahmen im Vergleich zur alten Rechtslage erheblich erhöht worden ist und im Falle von Verstößen Geldbußen von bis zu 20 Mio. € oder im Falle von Unternehmen – je nachdem, welcher Betrag höher ist – von bis zu 4 % des gesamten weltweit erzielten Jahresumsatzes des vorangegangenen Geschäftsjahres drohen können. Auch die oftmals nicht erwerbswirtschaftlich tätigen Stiftungen sind daher gehalten, die Vorgaben der DS-GVO ernst zu nehmen und, sofern nicht bereits geschehen, für eine Einhaltung der neuen Vorgaben Sorge zu tragen.[2]

13. Transparenzregister

99 Seit **1.10.2017** müssen juristische Personen des Privatrechts, eingetragene Personengesellschaften, Trusts und vergleichbare Rechtsgestaltungen Angaben über ihre wirtschaftlich Berechtigten an das zu diesem Zweck neu eingeführte

1 Zimmermann/Raddatz, NJW 2019 S. 485, 488.
2 Zimmermann/Raddatz, NJW 2019 S. 485, 488.

Transparenzregister melden. Die **Meldepflichten** sollen zur Verhinderung von Geldwäsche und zur Aufdeckung von Terrorismusfinanzierung beitragen, werden aber zunächst einmal vor allem zu bürokratischem Mehraufwand führen.

§ 3 Abs. 3 GWG trifft Sonderregelungen für **wirtschaftlich Berechtigte** von rechtsfähigen Stiftungen und bestimmten Rechtsgestaltungen. Zu diesen mitteilungspflichtigen Rechtsgestaltungen zählen insbesondere Common Law Trusts, ausweislich der Gesetzesbegründung aber grds. nicht Treuhandverhältnisse nach deutschem Recht. Aufgrund der ausdrücklichen Normierung in § 21 Abs. 2 Nr. 1 GWG werden aber rechtsfähige Stiftungen (sogenannte Treuhandstiftungen) dann erfasst, wenn der Stiftungszweck aus Sicht des Stifters eigennützig ist. Zu den wirtschaftlich Berechtigten zählen hier die als Treugeber, Verwalter von Trusts oder Protektor handelnden natürlichen Personen, Vorstandsmitglieder, begünstigte Personen bzw. Gruppen von natürlichen Personen, zu deren Gunsten das Vermögen verwaltet oder verteilt werden soll sowie jede natürliche Person, die auf sonstige Weise unmittelbar oder mittelbar beherrschenden Einfluss auf die Vermögensverwaltung oder Ertragsverteilung ausübt. Gerade für eine Familienstiftung dürfte also beachtlich sein, dass Informationen über die Begünstigten als wirtschaftlich Berechtigte offenzulegen sind (§ 3 Abs. 3 Nr. 3 GWG). 100

Der **Stifter** ist nicht ausdrücklich als wirtschaftlich Berechtigter in § 3 Abs. 3 GWG genannt. Allenfalls könnte der Stifter also als Begünstigter (§ 3 Abs. 3 Nr. 3 GWG) als wirtschaftlich Berechtigter erfasst sein, wenn die Stiftungssatzung dies vorsieht. Daher ist eine versteckte Formulierung im Rahmen der allgemeinen Folgenabwägung in der Gesetzesbegründung zumindest missverständlich, nach der es heißt „Bei Stiftungen bürgerlichen Rechts dagegen ist davon auszugehen, dass in aller Regel eine Mitteilung an das Transparenzregister erfolgen muss, da sich die notwendigen Angaben weder zum Stifter noch zum Vorstand in den Stiftungsverzeichnissen der Länder befinden." Sollte der Gesetzgeber damit über den Fall der gleichzeitigen Stellung als Stifter und Begünstigter hinaus den Stifter als wirtschaftlich Berechtigten erfassen wollen, hätte er dies ausdrücklich in § 3 Abs. 3 GWG so normieren müssen. Dies ist nicht geschehen, so dass die besseren Argumente dafür sprechen, den Stifter in allen anderen Fällen nicht als wirtschaftlich Berechtigten einzuordnen.[1] 101

Festzuhalten ist, dass das Transparenzregister nicht nur für **Familienstiftungen**, sondern auch für **gemeinnützige** Stiftungen Relevanz besitzt. Entspre- 101/1

1 Vgl. Kotzenberg/Lorenz, NJW 2017 S. 2433, 2435.

chende **Meldungen** zum Transparenzregister waren vom Vorstand **bis zum 1.10.2017** abzugeben.[1] Das Bundesverwaltungsamt hat Ende 2018 in einem Bußgeldkatalog die Regelsätze für bestimmte Verstöße sowie das Verfahren zur Festsetzung unter Berücksichtigung von Größe der Organisation und Schwere des Verstoßes zusammengefasst. So drohen bei Nichterfüllen der Meldepflicht zum Transparenzregister Bußgelder bis 100.000 €.[2]

Zum zentralen **Stiftungsregister** mit Publizitätswirkung, welches zum **1.1.2026** seinen Betrieb aufnehmen soll, wobei vor diesem Stichtag entstandene Stiftungen spätestens bis zum 31.12.2026 zur Eintragung in das Stiftungsregister angemeldet werden müssen, siehe → Rz. 166 f.

14. Vergaberecht

102 Das Vergaberecht kann für Stiftungen relevant werden, weil es Regeln für die Beschaffung von Waren und Dienstleistungen durch öffentliche Auftraggeber aufstellt. Stiftungen können zur Ausschreibung von Aufträgen und Dienstleistungskonzessionen verpflichtet sein (§ 98 Nr. 2 GWB).[3] Betroffen sind gemeinnützige Stiftungen im Bereich des Zweckbetriebs oder wirtschaftlichen Geschäftsbetriebs.[4]

15. Der Stiftungsverein

103 Trägervereine tragen sich angesichts knapper werdender Mittel vermehrt mit dem Gedanken, eine Stiftung zu errichten. Mangels ausreichenden Kapitals ist dies oft nicht realisierbar. Hier wird der – nachfolgend nicht näher beleuchtete – Stiftungsverein als Lösung erwogen. Er entspricht seiner Struktur nach einer Stiftung mit geschäftsführendem Vorstand und Aufsichtsorgan.[5] Der Stiftungsverein ist aber **keine Stiftung**, sondern der Verein bleibt in seiner Rechtspersönlichkeit erhalten und lediglich seine Strukturen und Eigenschaften verändern sich und werden durch Satzungsgestaltung denen einer Stiftung nachgebildet. Der Stiftungsverein unterliegt nicht der Stiftungsaufsicht. Besondere Steuervorteile, die nur für Stiftungen gelten, sind ihm verschlossen.[6]

---

1 Mecking, S&S 2/2019 S. 40; Nadwornik, npoR 2017 S. 233.

2 Bußgeldkatalog des Bundesverwaltungsamtes v. 22.10.2018, ZStV 2019 S. IV.

3 Gilberg, S&S 6/2013 S. 36 f.

4 Siehe → Rz. 1079 ff., → Rz. 1113 ff.

5 Weidlich/Foppe, S&S 5/2013 S. 32.

6 Weidlich/Foppe, S&S 5/2013 S. 32 f.

16. Finanztransfergeschäfte durch Förderkörperschaften

Die **Mittelweiterleitung** durch eine gemeinnützige Förderkörperschaf[1] kann ein **Finanztransfergeschäft** nach § 1 Abs. 2 Nr. 6 Zahlungsdienstaufsichtsgesetz (ZAG) darstellen, das der **BaFin-Erlaubnis** bedarf. Ein Betreiben des Geschäfts ohne entsprechende Erlaubnis ist illegal und nach § 31 Abs. 1 Nr. 2 ZAG strafbar. Weitere Folge wäre, dass die Anerkennung der Gemeinnützigkeit hinfällig ist.[2] Derzeit ist unklar, ob von dieser strengen Ansicht der BaFin nur spezielle Organisationen[3] oder auch tausende Fördervereine und Förderstiftungen von Schulen, Kitas, Universitäten etc. betroffen sind. 104

(Einstweilen frei) 105

17. Anwendbarkeit des Mindestlohngesetzes auf Stiftungen

Das am 1.1.2015 in Kraft getretene Mindestlohngesetz (MiLoG) gilt für alle Arbeitnehmer und damit grds. auch für Mitarbeiter von Stiftungen. Nach § 22 Abs. 3 MiLoG ist der Mindestlohn von 12,00 € brutto je Zeitstunde (seit 1.10.2022) für die bei Stiftungen **ehrenamtlich tätigen** Personen indes **nicht** zu bezahlen. Vorsicht ist jedoch bei der Beschäftigung von Praktikanten geboten.[4] Da hier je nach Praktikumsart unterschiedliche Folgerungen zu ziehen sind. 106

Sofern das MiLoG anzuwenden ist, hat der Vorstand die umfangreichen Dokumentationspflichten gem. § 17 Abs. 1 MiLoG einzuhalten. Dies führt bei Stiftungen mit den dort häufig anzutreffenden geringfügig Beschäftigten zu einem hohen Verwaltungsaufwand. Hinzuweisen ist auf den allgemeinen Haftungstatbestand für Subunternehmer nach § 13 MiLoG. Danach haftet die Stiftung als Auftraggeber entsprechend § 14 AEntG.

18. Künstlersozialabgabe – Anwendbarkeit auf Stiftungen

Die auch von Stiftungen unter bestimmten Voraussetzungen zu zahlende Künstlersozialabgabe bereitet den Vorständen zunehmend Schwierigkeiten. Bereits der in § 24 Abs. 1 Satz 2 KSVG enthaltene Begriff „nicht nur gelegentlich" ist in seiner Anwendung auf Stiftungen unklar, denn viele Vorstände arbeiten für die Stiftung ehrenamtlich und regelmäßig gelegentlich. 107

---

1 Siehe → Rz. 1034.

2 Winheller/Auffenberg, DStR 2015 S. 589.

3 Z. B. die „gut.org gAG", die das Spendenportal www.betterplace.org betreibt.

4 Grambow, ZStV 2015 S. 81, 82 f.

Zu Einzelheiten wird auf den ausführlichen und praxisnahen Aufsatz von Holthaus verwiesen.[1]

Die ab 2015 eingeführte Freigrenze von 450 € ist bei einem derzeit geltenden Prozentsatz der KSA von 5 % eindeutig zu gering.

19. Stakeholder

108 Da sich Stiftungen in einem sich verschärfenden Umfeld behaupten müssen, stellt sich für die handelnden Personen die Frage, welche Strategien und Instrumente zu einem erfolgreichen Stiftungshandeln führen.[2] Hat eine Stiftung – wie häufig – multiple Stakeholder, ergeben sich aus deren Inhomogenität vielfältige Probleme für die Stiftung. Denn die Beziehungspartner verbinden ihre finanzielle Unterstützung mit konkreten Erwartungen, die u. U. den Interessen der Leistungsempfänger widersprechen. Daher gilt es, die unterschiedlichen Stakeholderanliegen auszubalancieren.[3]

109 *(Einstweilen frei)*

II. Die Entstehung einer rechtsfähigen Stiftung

110 Die Entstehung einer rechtsfähigen Stiftung ist an zwei Voraussetzungen geknüpft, den eigentlichen Errichtungsakt (Stiftungsgeschäft) und das hoheitliche Anerkennungsverfahren (siehe → Rz. 140 ff.).

1. Stiftungsgeschäft

1.1 Satzungsregelungen

111 In § 81 Abs. 1 BGB ist geregelt, dass Teil des Stiftungsgeschäfts die Stiftungssatzung ist, welche einen Mindestinhalt haben muss. Ein Stiftungsgeschäft verlangt ferner die verbindliche Erklärung des Stifters, Vermögen zur Erfüllung der von ihm vorgegebenen Zwecke zu widmen, § 81 Abs. 1 Nr. BGB.[4]

111/1 Der Katalog in § 81 Abs. 1 Nr. 1 BGB enthält die Satzungsbestimmungen, die für jede Stiftung individuell festgelegt werden müssen. In jeder Stiftungssatzung müssen der Zweck, der Name und der Sitz der Stiftung festgelegt sowie Bestimmungen über die Bildung des Vorstands getroffen werden. Diese Be-

1 Holthaus, ZStV 2015 S. 112.

2 Stahl, S&S 6/2015 S. 24.

3 Ausführlich Stahl, S&S 6/2015 S. 24.

4 Zu Einzelheiten vgl. Weitemeyer in MüKoBGB, §§ 80, 81 Rz. 12.

stimmungen, die der Stiftung ihre Identität geben, können nicht für jede Stiftung generell-abstrakt durch gesetzliche Vorschriften vorgegeben werden.[1]

Die Bestimmungen zum Vermögen wurden zwar aus dem Katalog der zwingenden Satzungsbestimmungen gestrichen. Die **Widmung eines Vermögens** für den Stiftungszweck ist nach § 81 Abs. 1 Nr. 2 BGB gleichwohl **zwingender Bestandteil des Stiftungsgeschäfts.** Zudem werden in den §§ 83b und 83c BGB für jede Stiftung ausreichende Regelungen zum Stiftungsvermögen und seiner Verwaltung getroffen, die nicht zwingend durch Satzungsbestimmungen ergänzt werden müssen.[2] 111/2

Für die **Verbrauchsstiftung** sieht § 81 Abs. 2 BGB weitere Pflichtangaben in der „Errichtungssatzung" vor, nämlich „*die Festlegung der Zeit, für die die Stiftung errichtet wird*" (Nr. 1) und „*Bestimmungen zur Verwendung des Stiftungsvermögens, die die nachhaltige Erfüllung des Stiftungszwecks und den vollständigen Verbrauch des Stiftungsvermögens innerhalb der Zeit, für welche die Stiftung errichtet wird, gesichert erscheinen lassen*" (Nr. 2). 111/3

Stifter können in der Satzung wesentlich mehr regeln. Ein Stifter kann am besten entscheiden, welche zusätzlichen Satzungsbestimmungen für seine Stiftung noch zweckmäßig sind, um der Stiftung eine Stiftungsverfassung in seinem Sinne zu geben. Das Gesetz räumt dem Stifter die dafür notwendige Satzungsautonomie ein. Viele Regelungen des Stiftungsrechts im Bürgerlichen Gesetzbuch sind dispositiv und können durch Satzungsbestimmungen ersetzt oder geändert werden. Bei jeder dispositiven Vorschrift wird ausdrücklich geregelt, inwieweit durch die Satzung von dieser Vorschrift abgewichen werden kann, so dass Stiftern deutlich vor Augen geführt wird, welche Regelungen sie durch die Satzung treffen können. Soweit ein Stifter die ihm eingeräumte Satzungsautonomie nicht nutzt, bestimmt sich die Verfassung der Stiftung nach den einschlägigen dispositiven Vorschriften des Bürgerlichen Gesetzbuchs oder des für die Stiftung geltenden Landesstiftungsgesetzes.[3] 111/4

Formal kommen als Stifter nicht nur natürliche (geschäftsfähige) Personen in Betracht;[4] Stifter können auch sein: 111/5

- eine öffentlich-rechtliche Körperschaft (str.),[5]

1 BT-Drucks. 19/28173 v. 31.3.2021 S. 47.

2 BT-Drucks. 19/28173 v. 31.3.2021 S. 47.

3 BT-Drucks. 19/28173 v. 31.3.2021 S. 47.

4 Weitemeyer in MüKoBGB, §§ 80, 81 Rz. 4.

5 Nach Ansicht des OVG NRW (Urteil v. 19.12.2012 - 16 A 1451/10, DVBl 2013 S. 449) kann eine Gemeinde keine privatrechtliche Stiftung errichten; vgl. Schulte/Herbrich, S&S 5/2013 S. 34.

- ein eingetragener Verein,
- eine BGB-Gesellschaft,
- eine OHG, KG,
- eine GmbH, AG,
- eine Stiftung.[1]

Hingegen scheidet eine Erbengemeinschaft als Stifter aus.[2]

1.2 Stiftungsgeschäft unter Lebenden

112 Als Stiftungsgeschäft bezeichnet man die einseitige rechtsverbindliche Erklärung des Stifters, eine Stiftung zu errichten.[3] Durch das Stiftungsgeschäft werden auch die Mindestinhalte der Satzung festgelegt. An sich wird die Stiftungsorganisation primär in der Stiftungssatzung geregelt; aus praktischen Überlegungen wird aber oft der Gründungsvorstand im Stiftungsgeschäft bestimmt.[4]

113 Bei einer Stiftungserrichtung unter Lebenden bedarf das Stiftungsgeschäft der **schriftlichen Form** (§ 126 BGB), wenn nicht in anderen Vorschriften ausdrücklich eine strengere Form vorgeschrieben ist (§ 81 Abs. 3 BGB). Nach dem Gesetzeswortlaut ist die schriftliche Form für das Stiftungsgeschäft unter Lebenden immer ausreichend und genügend, es sei denn, in anderen Vorschriften ist ausdrücklich eine strengere Form für das Stiftungsgeschäft vorgesehen. Damit wird insbesondere auch klargestellt, dass Formerfordernisse, die für Verträge gelten, wie insbesondere § 311b BGB oder § 15 Abs. 4 GmbHG nicht analog auf das Stiftungsgeschäft anzuwenden sind.[5]

Im Stiftungsgeschäft legt der Stifter den Namen und Zweck der Stiftung fest (personenrechtlicher Teil). Ferner benennt er das Vermögen (vermögensrechtlicher Teil), das er der Stiftung zur Erfüllung ihres Zwecks widmet. Für die Widmung erhält er aber keine Gesellschaftsrechte oder eine Gegenleistung.[6] Hieraus folgt mittelbar die „Unangreifbarkeit" des Stiftungsvermögens. Dritte

---

1 Eine Stiftung kann eine Tochterstiftung errichten, vgl. Weitemeyer in MüKoBGB, §§ 80, 81 Rz. 5.

2 Werner in Werner/Saenger/Fischer, Die Stiftung, Rz. 270 ff.; Weitemeyer in MüKoBGB, §§ 80, 81 Rz. 6.

3 Werner in Werner/Saenger/Fischer, Die Stiftung, Rz. 278 ff.

4 Werner in Werner/Saenger/Fischer, Die Stiftung, Rz. 330.

5 BT-Drucks. 19/28173 v. 31.3.2021 S. 50.

6 Zur Rechtsnatur vgl. Weitemeyer in MüKoBGB, §§ 80, 81 Rz. 3; Werner in Werner/Saenger/Fischer, Die Stiftung, Rz. 282.

können nämlich nicht auf die „Anteile an der Stiftung" zugreifen, da es solche nicht gibt.

Das Stiftungsgeschäft muss auch **eigenhändig unterschrieben** werden, wobei Vertretung möglich, aber unüblich ist.[1] 114

Zu einer Nichtigkeit des Stiftungsgeschäfts wird es nur selten kommen. Als Nichtigkeitsgründe kommen Formnichtigkeit, Sittenwidrigkeit und Geschäftsunfähigkeit des Stifters (§ 105 Abs. 1 BGB) in Betracht, ferner wenn das Stiftungsgeschäft gegen ein gesetzliches Verbot (§ 134 BGB) verstößt oder für den Stifter ein nicht ausreichend bevollmächtigter Vertreter handelte (§ 180 Satz 1 BGB).[2] Folge der Nichtigkeit ist, dass die Stiftung als rechtlich niemals wirksam entstanden gilt. Alle Rechtsgeschäfte wären rückabzuwickeln.

Die Gefahr der Nichtigkeit des Stiftungsgeschäfts und damit der Gründung der Stiftung ist besonders bei juristischen Personen, die der katholischen Kirche zuzuordnen sind, gegeben. Hier können kirchliche Zustimmungsvorbehalte (z. B. des Diözesanbischofs) dazu führen, dass ein Stiftungsgeschäft ohne vorherige **amtskirchliche Genehmigung** von Anfang an nichtig ist.[3]

Auch wenn das Stiftungsgeschäft mit vertraglichen Abreden verbunden ist, 115
handelt es sich um eine einseitige, nicht empfangsbedürftige Willenserklärung. Bis zur Anerkennung der Stiftung kann das Stiftungsgeschäft frei **widerrufen** werden (§ 81a BGB).[4] Geregelt wird auch weiterhin nur der Widerruf des Stiftungsgeschäfts, das der Stifter in schriftlicher Form errichtet hat. Stiftungsgeschäfte, die in letztwilligen Verfügungen enthalten sind, können nur vom Stifter nach den erbrechtlichen Vorschriften widerrufen werden.[5] Nach Auffassung der Rechtsprechung ist das Stiftungsgeschäft nicht bedingungsfeindlich, allerdings wird die staatliche Anerkennung erst nach Eintritt der aufschiebenden Bedingung erteilt werden.

Das Recht zum Widerruf (bis zum Zugang des Verwaltungsaktes mit der Aner- 116
kennung) nach § 81a BGB geht nach dem Tod des Stifters nicht auf seine Erben über.[6] Ebenfalls nicht über geht das Recht auf Widerruf des Antrags auf Anerkennung.[7]

1 Werner in Werner/Saenger/Fischer, Die Stiftung, Rz. 326.
2 Krause, S&S 2/2014 S. 36 f.
3 Krause, S&S 2/2014 S. 36 f.
4 Werner in Werner/Saenger/Fischer, Die Stiftung, Rz. 312.
5 BT-Drucks. 19/28173 v. 31.3.2021 S. 51.
6 Weitemeyer in MüKoBGB, §§ 80, 81 Rz. 49.
7 Weitemeyer in MüKoBGB, §§ 80, 81 Rz. 50.

117 Verstirbt der Stifter nach Einreichung des Stiftungsgeschäfts, dann wirkt die spätere Anerkennung durch die Anerkennungsbehörde zurück, d. h., die Stiftung gilt als zu Lebzeiten des Erblassers errichtet, § 80 Abs. 2 Satz 2 BGB.

118 Das Widerrufsrecht nach § 81a BGB darf nicht verwechselt werden mit den in Schenkungsverträgen regelmäßig vorgesehenen Schenkungswiderrufsvorbehalten. Insbesondere ist es **nicht möglich**, die **Vermögensausstattung** der Stiftung unter einen **Rückforderungsvorbehalt** zu stellen.[1] Denn die Regeln des Stiftungszivilrechts gehen denen des Schenkungsrechts vor.

119 Anders ist dies bei einer **Zustiftung**,[2] da hier § 81a BGB nicht gilt. Demnach kommen neben einem Widerrufsvorbehalt sämtliche typischerweise bei vorweggenommenen Erbfolgeregelungen vorbehaltene Nutzungsrechte wie etwa ein Nießbrauchvorbehalt oder Wohnrecht in Betracht.

1.3 Stiftungsgeschäft von Todes wegen

120 Ein Stiftungsgeschäft von Todes wegen (§ 81 Abs. 3 BGB) kann durch (ggf. gemeinschaftliches) **Testament** oder **Erbvertrag** erfolgen.[3] Für ein Stiftungsgeschäft, das in einer Verfügung von Todes wegen enthalten ist, gilt das Schriftformerfordernis nicht, sondern es muss den i. d. R. strengeren Formvorschriften für die Verfügung von Todes wegen genügen.[4]

Die Stiftung wird in diesem Fall meist als Alleinerbe oder Miterbe eingesetzt, sie kann aber auch mit einem Vermächtnis oder durch eine Auflage bedacht und damit ihre Errichtung initiiert werden. Neben den Formvorschriften, die bei einer Verfügung von Todes wegen zu beachten sind,[5] muss der Erblasser stets **Pflichtteilsrechte** (inkl. Pflichtteilsergänzungsansprüchen) des Ehegatten, der Kinder und – bei Fehlen von Abkömmlingen – ggf. seiner Eltern bedenken, die gegen die Stiftung geltend gemacht werden können.[6]

HINWEIS:

Eine gemeinnützige Stiftung als Alleinerbin ist im Erbscheinsverfahren gerichtsgebührenbefreit.[7]

1 Schiffer/Pruns in Schiffer, Die Stiftung in der Beratungspraxis, S. 94 Rz. 89.

2 Vgl. → Rz. 768, → Rz. 772.

3 Weitemeyer in MüKoBGB, § 83 Rz. 1; Lange, ZStV 2019 S. 85; Werner in Werner/Saenger/Fischer, Die Stiftung, Rz. 281; ein Testamentsmuster stellt Schiffer, EE 2016 S. 171, vor.

4 BT-Drucks. 19/28173 v. 31.3.2021 S. 50.

5 Schlüter/Stolte, Stiftungsrecht, Kapitel 2 Rz. 99.

6 Vgl. zu Pflichtteilsergänzungsansprüchen Beispiel 2 bei Werner in Werner/Saenger/Fischer, Die Stiftung, Rz. 333.

7 OLG Frankfurt, Beschluss v. 21.12.2018 - 21 W 101/18, NZG 2019 S. 312.

Um das Risiko zu minimieren, dass die Anerkennung der Stiftung von Todes wegen scheitern könnte, wird häufig ein **Testamentsvollstrecker** eingesetzt.[1] Einer Dauertestamentsvollstreckung bedarf es regelmäßig nicht;[2] vielmehr genügt die Abwicklungsvollstreckung. Der Testamentsvollstrecker wird befugt, Änderungen an der Stiftungssatzung vorzunehmen, wenn dies z. B. aus steuerlichen Gründen (Erlangung der Steuerfreiheit) notwendig ist. Weitergehende Kompetenzen etwa zur selbständigen Ausgestaltung der Satzung oder Treffen von grundlegenden Entscheidungen besitzt er nicht.[3] Ist die Festlegung des Stifters zu vage, scheitert die Stiftungserrichtung. So hat etwa das OLG Celle entschieden, dass die Auflage, welche die Erblasserin angeordnet hat, ihr „Erbe in die Stiftung L. einzubringen", unwirksam ist.[4] Denn die Erblasserin habe den Zweck der Stiftung nicht bestimmt (§ 2193 Abs. 1 BGB). Aus dem Testament gehe nämlich nicht hervor, welchem Zweck die Erblasserin die Stiftung widmen wollte (§ 81 Abs. 1 Satz 2 BGB). Andererseits ist eine letztwillige Stiftungserrichtung nicht deshalb unwirksam, weil es keine vollständige Stiftungssatzung in testamentarischer Form gibt.[5] In diesem Fall ist für die erforderliche Stiftungssatzung nicht etwa eine ergänzende Testamentsauslegung maßgebend, sondern die behördliche Ergänzungsbefugnis nach § 81 Abs. 4 BGB. Danach wird der Stiftung durch die zuständige Stiftungsaufsichtsbehörde vor der Anerkennung eine Satzung gegeben oder eine unvollständige Satzung ergänzt; dabei soll der Wille des Stifters berücksichtigt werden.[6] 121

§ 81 Abs. 4 Satz 1 BGB regelt die Pflicht der nach Landesrecht zuständigen Behörde zur **Ergänzung** einer **fehlenden oder unvollständigen** Satzung, wenn ein Stifter nach der Errichtung des Stiftungsgeschäfts verstorben ist. Die Vorschrift ist sowohl für schriftliche Stiftungsgeschäfte anwendbar, die der Stifter noch zu seinen Lebzeiten getätigt hat, als auch für Stiftungsgeschäfte, die in einer Verfügung von Todes wegen enthalten sind. Die Hauptanwendungsfälle der Vorschrift werden dabei auch weiterhin die Stiftungsgeschäfte bilden, die in einer Verfügung von Todes wegen enthalten sind.[7] 121/1

---

1 Rott/Kornau, NWB 11/2010 S. 386 NWB WAAAD-54512; Werner in Werner/Saenger/Fischer, Die Stiftung, Rz. 341; Schlüter/Stolte, Stiftungsrecht, Kapitel 2 Rz. 118.

2 Schlüter/Stolte, Stiftungsrecht, Kapitel 2 Rz. 118; Pauli, ZEV 2012 S. 461, 465.

3 Werner in Werner/Saenger/Fischer, Die Stiftung, Rz. 341.

4 OLG Celle, Beschluss v. 11.4.2017 - 6 W 36/17 NWB QAAAG-46739 = ZEV 2017 S. 295 (LS).

5 OLG München, Beschluss v. 4.7.2017 - 31 Wx 211/15 NWB RAAAG-50582 = ZEV 2017 S. 634; OLG Stuttgart, Beschluss v. 10.6.2009 - 8 W 501/08, npoR 2010 S. 83.

6 Schiffer, npoR 2018 S. 105, 108.

7 BT-Drucks. 19/28173 v. 31.3.2021 S. 50.

121/2 Die Pflicht zur Ergänzung einer fehlenden oder unvollständigen Satzung besteht nur, wenn der Stifter im Stiftungsgeschäft zumindest den Zweck der Stiftung festgelegt hat und ein Vermögen gewidmet hat. Ein Stiftungsgeschäft, in dem der Stifter keinen Stiftungszweck festgelegt hat, ist unwirksam und deshalb nicht ergänzungsfähig. Ein Stiftungsgeschäft, in dem der Stifter den Stiftungszweck festgelegt und ein Vermögen gewidmet hat, welches aber nicht sonstigen gesetzlichen Anforderungen entspricht, insbesondere keine oder nur eine unvollständige Satzung enthält, ist von der Stiftungsbehörde unter Berücksichtigung des wirklichen oder mutmaßlichen Stifterwillens so zu ergänzen, dass die Stiftung anerkennungsfähig wird. Diese Pflicht zur Ergänzung des Stiftungsgeschäfts besteht aber nur, wenn die dauernde und nachhaltige Erfüllung des vom Stifter festgelegten Stiftungszwecks gesichert erscheint.[1]

121/3 Enthält das Stiftungsgeschäft keine Satzung, kann die zuständige Behörde die Satzung erstellen. Ist die im Stiftungsgeschäft enthaltene Satzung unvollständig, kann die Stiftungsbehörde die unvollständige Satzung um die noch erforderlichen Regelungen ergänzen. Wenn der Stifter den Zweck der Stiftung im Stiftungsgeschäft festgelegt hat, kann die zuständige Landesbehörde eine Satzung, die sie neu erstellt oder vervollständigt, auch um die notwendigen Regelungen zum Zweck ergänzen. Sie kann eine schon vorhandene Regelung zum Zweck in der Satzung auch umformulieren, um die satzungsmäßigen Voraussetzungen für Steuervergünstigungen nach § 60 AO zu schaffen. Die zuständige Landesbehörde kann das Stiftungsgeschäft auch um andere zwingende Satzungsbestimmungen nach § 81 Abs. 1 Nr. 1 Buchst. b–d BGB oder um andere erforderliche Satzungsbestimmungen ergänzen, z. B. um sonstige Regelungen, die notwendig sind, um die satzungsmäßigen Voraussetzungen für eine Steuerbefreiung nach § 60 AO zu schaffen.[2]

121/4 Satzungsbestimmungen nach § 81 Abs. 2 BGB, durch die die Stiftung als Verbrauchsstiftung errichtet wird, können durch die zuständige Behörde eingefügt werden, wenn der Stifter bei der Errichtung der Stiftung den Willen geäußert hat, dass die Stiftung als Verbrauchsstiftung errichtet werden soll.[3]

121/5 Bei der Ergänzung des Stiftungsgeschäfts (§ 81 Abs. 4 Satz 2 BGB) soll der wirkliche, hilfsweise der mutmaßliche Wille des Stifters berücksichtigt werden. Als wirklicher Wille kann nur der Wille berücksichtigt werden, der ausdrücklich

1 BT-Drucks. 19/28173 v. 31.3.2021 S. 50.
2 BT-Drucks. 19/28173 v. 31.3.2021 S. 50.
3 BT-Drucks. 19/28173 v. 31.3.2021 S. 51.

oder konkludent vom Stifter geäußert wurde. Wenn der wirkliche Wille des Stifters nicht feststellbar ist, hat die zuständige Behörde so zu handeln, wie es dem mutmaßlichen Willen des Stifters entspricht. Als der mutmaßliche Wille des Stifters ist der Wille anzusehen, der dem Interesse der Stiftung entspricht.[1]

Wenn der verstorbene Stifter im Stiftungsgeschäft keinen Sitz für die Stiftung 121/6
bestimmt hat, ist im Zweifel anzunehmen, dass die Stiftung ihren Sitz an dem Ort haben soll, an dem der letzte Wohnsitz des Stifters im Inland im Sinne der §§ 7 ff. BGB bestand. Diese Auslegungsregel greift nur ein, wenn sich nicht unter Berücksichtigung des wirklichen oder mutmaßlichen Willens des Stifters ein anderer Sitz ermitteln lässt. Hatte der Stifter bis zu seinem Tode mehrere Wohnsitze im Inland, kann nach § 81 Abs. 4 Satz 3 BGB die Zuständigkeit mehrerer Behörden begründet sein. Die Bestimmung der zuständigen Behörde richtet sich dann nach den Vorschriften des allgemeinen Verwaltungsverfahrensrechts der betroffenen Länder.[2]

Eine gänzlich andere rechtliche Fragestellung ist, ob eine Stiftung als Alleiner- 121/7
bin und Testamentsvollstreckerin berufen werden kann.[3] Insbesondere das sogenannte **Erbschaftsfundraising** kann Risiken beinhalten, weil Streitigkeiten mit den testamentarischen Erben ausgefochten werden müssen.[4] Es darf zudem nicht übersehen werden, dass Fälle denkbar sind, in denen sich sogar eine Erbeinsetzung für die Stiftung als **Risiko** erweisen kann. Unter Umständen muss dann die Stiftung oder ein Testamentsvollstrecker **Nachlassverwaltung** nach § 1975 BGB oder **Nachlassinsolvenz** gem. § 1980 BGB beantragen.[5]

Rechtlich umstritten ist auch, ob eine Dauertestamentsvollstreckung für das 121/8
der Stiftung aufgrund des Stiftungsgeschäfts von Todes wegen zugedachte Vermögen angeordnet werden kann. Denn dann würde der Testamentsvollstrecker quasi für Teile des Stiftungsvermögens – anstelle des Vorstandes – handeln, es verwalten bzw. darüber verfügen.[6]

Ist das Stiftungsgeschäft als **Vermächtnis** ausgestaltet, besteht die Ver- 122
mögensausstattung in dem klagbaren Anspruch der Stiftung gegen den oder die beschwerten Erben auf Leistung des vermachten Gegenstandes (§§ 2174,

---

1 BT-Drucks. 19/28173 v. 31.3.2021 S. 51.
2 BT-Drucks. 19/28173 v. 31.3.2021 S. 51.
3 Vgl. hierzu Pauli, ZEV 2012 S. 461, 465 (unter 4.3.).
4 Schmidt Thomé, S&S 6/2015 S. 38.
5 Rott, S&S 1/2014 S. 36 f.
6 Pauli, ZEV 2012 S. 461, 465 (unter 4.4.).

2176 BGB).[1] Aufgrund der gesetzlichen Fiktion (§ 84 BGB) wird die erst nach dem Tod anerkannte Stiftung so behandelt, als hätte sie beim Tod des Stifters schon existiert. Der Beschwerte ist also wegen der Rückwirkung vom Erbfall an bereits verpflichtet, mag die Stiftung auch erst danach entstanden sein.

123 Um Auslegungsprobleme zu vermeiden, sollte der Stifter unbedingt seinem **Testament** oder dem Erbvertrag die **Stiftungssatzung** als **Anlage** beifügen. Allerdings müssen die wesentlichen Grundzüge der Satzung – die erbrechtlichen Formvorschriften beachtend – im Testament oder Erbvertrag niedergelegt sein.[2]

124 Das Erbschaftsteuerrecht folgt der zivilrechtlichen Rückwirkung (§ 80 Abs. 2 Satz 2 BGB) nicht, so dass als übergegangenes Vermögen i. S. des § 3 Abs. 2 Nr. 1 ErbStG dasjenige Vermögen zu verstehen ist, das der Stiftung im **Zeitpunkt ihrer Anerkennung**, also ex nunc, zufällt.[3]

Ertragsteuerlich hat der BFH entschieden, dass die Rückwirkungsfiktion entsprechend § 80 Abs. 2 Satz 2 BGB auch im Ertragsteuerrecht anzuwenden sei und die Stiftung damit rückwirkend der Körperschaftsteuer unterliege.[4] Das der Stiftung zugeordnete Vermögen sei der Stiftung ab dem Todestag zuzuordnen. Allerdings scheide die Rückwirkung bei der Steuerbefreiung aus.[5]

125 Die Möglichkeit, die Stiftung durch eine Auflage zu bedenken,[6] darf nicht verwechselt werden mit dem Fall, dass der Erblasser den Erben mit der Auflage beschwert, seinerseits eine Stiftung zu errichten. Wird demnach die Erklärung mit dem Inhalt des Stiftungsgeschäfts vom Erben aufgrund einer entsprechenden Auflage im Testament abgegeben, handelt es sich nicht um ein Stiftungsgeschäft von Todes wegen, vielmehr um ein solches unter Lebenden. Der Erbe ist in diesem Fall als Stifter anzusehen.

126 **HINWEIS:**

In der Praxis hat sich gezeigt, dass die Stiftungserrichtung im Wege der sogenannten Stufenlösung vorteilhafter ist. Der Stifter gründet in diesem Fall eine Stiftung zu Lebzeiten und widmet ihr ein zunächst bescheidenes Vermögen. Er kann hierbei – im Falle

1 Schlüter/Stolte, Stiftungsrecht, Kapitel 2 Rz. 113.

2 Werner in Werner/Saenger/Fischer, Die Stiftung, Rz. 336.

3 BFH, Urteil v. 25.10.1995 - II R 20/92, BStBl 1996 II S. 99 = DB 1996 S. 191; a. A. FG Düsseldorf, Urteil v. 20.3.2003 - 15 K 5912/00 K NWB HAAAB-07332 = EFG 2003 S. 895.

4 FG Münster, Urteil v. 13.10.2017 - 13 K 641/14 K NWB KAAAG-70451 = EFG 2018 S. 92, rkr. (vgl. Urteil BFH v. 6.6.2019 - V R 50/17, BStBl II 2019 S. 782 NWB XAAAH-32261).

5 Ähnlich bereits Hessisches FG, Urteil v. 16.4.2015 - 4 K 1685/14 NWB HAAAF-77895, rkr. (vgl. BFH, Urteil v. 13.11.2019 - V R 30/16, BFH/NV 2020 S. 342 NWB SAAAH-42094); Günther, ErbStB 2016 S. 306.

6 Weitemeyer in MüKoBGB, § 83 Rz. 11; Schlüter/Stolte, Stiftungsrecht, Kapitel 2 Rz. 114.

einer steuerbegünstigten Stiftung – noch selbst die einkommensteuerlichen Vorteile[1] beanspruchen. In seinem Testament kann er dann unproblematisch die bereits handlungsfähige und wirksam errichtete Stiftung als Erbe, Miterbe oder Vermächtnisnehmer einsetzen, ohne dass es hierbei zu Streitigkeiten oder Auslegungsfragen kommen kann. Zudem kann er zu Lebzeiten die Geschicke der Stiftung noch selbst lenken.

2. Inhalt des Stiftungsgeschäfts

2.1 Stiftungserklärung

Mit dem Stiftungsgeschäft muss der Stifter der Stiftung eine Satzung geben 127
und ihr ein Vermögen zur Erfüllung des von ihm in der Satzung festgelegten Zwecks widmen.[2] Das Stiftungsgeschäft (§ 81 BGB) ist nach allgemeiner Ansicht eine einseitige, nicht empfangsbedürftige **Willenserklärung**. Es besteht nach ganz h. M. aus **zwei Teilen**: Einem **organisationsrechtlichen** und einem **vermögensrechtlichen**.[3] Der organisationsrechtliche, konstitutionelle Teil ist auf die Errichtung der juristischen Person gerichtet. Der vermögensrechtliche Teil (Widmungsakt, Zuwendungsversprechen) betrifft die Ausstattung der Stiftung. Das Stiftungsgeschäft muss zur Verwirklichung eines bestimmten Zwecks den Willen des Stifters zur Errichtung eines selbständigen Rechtsträgers erkennen lassen, sogenannte Stiftungsabsicht. Als vermögensrechtlicher Bestandteil des Stiftungsgeschäfts wird die verbindliche Erklärung des Stifters gem. § 81 Abs. 1 Nr. 2 BGB verlangt, ein Vermögen „zur Erfüllung eines von ihm vorgegebenen Zwecks" zu widmen. Dies bedeutet zweierlei. Eine wirksame Stiftungserklärung liegt **nicht** vor, wenn eine isolierte Vermögensausstattung zugesagt wird. Und auch eine reine Funktionsstiftung, die zur Erfüllung ihres Zwecks kein Vermögen benötigt, wäre nicht anerkennungsfähig.[4] Letzteres wäre z. B. der Fall, wenn sich die Stiftung als Komplementärin ohne eigenes Vermögen an einer KG beteiligt.

Einen bestimmten Wortlaut verlangt zwar das Zivilrecht für das Stiftungs- 128
geschäft nicht, gleichwohl verlangen vor allem die Finanzbehörden bei steuerbegünstigten Stiftungen häufig die Verwendung steuerlicher Begriffe aus der AO.[5] Im Ergebnis wird man indes stets auf eine eindeutige Formulierung des Stiftungsgeschäfts und auch der Satzung achten, um Mehrdeutigkeiten und

1 Vgl. → Rz. 1156.
2 BT-Drucks. 19/28173 v. 31.3.2021 S. 47.
3 Weitemeyer in MüKoBGB, § 81 Rz. 3.
4 Weitemeyer in MüKoBGB, § 81 Rz. 13.
5 Werner in Werner/Saenger/Fischer, Die Stiftung, Rz. 293 ff.

damit Auslegungsproblematiken zu vermeiden.[1] Sollte es dennoch zu Auslegungsproblemen kommen, ist nicht auf § 157 BGB als Norm zur Auslegung von Verträgen, sondern allein auf § 133 BGB als Norm zur Auslegung von Willenserklärungen zurückzugreifen.

2.2 Umfang der Vermögenszusage

129 Die rechtliche Einordnung der Vermögenszusage nach § 80 Abs. 1 Nr. 2 BGB ist streitig. Nach wohl h. M. handelt es sich um ein **Rechtsgeschäft sui generis**, das aber vollumfänglich den Regeln des Schenkungszivilrechts unterliegt.[2]

130 Damit ist die Vermögensausstattung als **unentgeltlicher Vorgang** anzusehen, der grds. auch anfechtungs- und insolvenzrechtlich der **Schenkungsanfechtung** (§ 4 AnfG, § 134 InsO) unterliegt.[3]

131 Ebenfalls anwendbar sind damit **analog §§ 519, 528 f. BGB**.[4] Anders ist dies bei Zustiftungen, auf die das Schenkungsrecht unmittelbar anzuwenden ist. Hier erfolgt die Zuwendung nicht aufgrund des Stiftungsgeschäfts.[5]

132 Es ist nach umstrittener Ansicht **nicht möglich**, die **Vermögensausstattung** der Stiftung unter einen **Rückforderungsvorbehalt** zu stellen.[6] Argumentiert wird, dass die Regeln des Stiftungszivilrechts denen des Schenkungsrechts vorgehen. Die Gegenansicht bringt vor, dass es für die Anerkennung maßgeblich darauf ankomme, dass der Stiftung auch nach einem etwaigen Widerruf genügend Vermögen verbleibe, so dass die dauernde und nachhaltige Erfüllung des Stiftungszwecks gesichert erscheine (§ 80 Abs. 2 Satz 1 BGB a. F.).[7] Man wird deshalb im konkreten Fall nicht umhinkommen, diese Frage im Vorfeld mit der Stiftungsbehörde zu klären. Gegebenenfalls ist der Weg der Zustiftung zu wählen.

HINWEIS:

Bei einer Zustiftung ist ein Rückforderungsrecht denkbar, denn die Zuwendung erfolgt hier nicht aufgrund des Stiftungsgeschäfts.

---

1 Werner in Werner/Saenger/Fischer, Die Stiftung, Rz. 313.

2 Weitemeyer in MüKoBGB, § 81 Rz. 20.

3 Weitemeyer in MüKoBGB, § 81 Rz. 21.

4 Weitemeyer in MüKoBGB, § 81 Rz. 21.

5 Weitemeyer in MüKoBGB, § 81 Rz. 21.

6 Schiffer/Pruns in Schiffer, Die Stiftung in der Beratungspraxis, S. 94 Rz. 89; a. A. Theuffel-Werhahn, ZEV 2017 S. 17, 20 (Tz. 3.2).

7 Theuffel-Werhahn, ZEV 2017 S. 17, 20 (Tz. 3.2).

Mit ihrer Rechtsfähigkeit erwirbt die Stiftung einen **Anspruch gegen den Stifter** auf Übertragung des Vermögens, das dieser im Rahmen des Stiftungsgeschäfts zugesagt hat (sogenanntes Grundstockvermögen, vgl. § 82a BGB). Ein Vermögensübergang kraft Gesetzes, wie bei der Erbfolge (§ 1922 BGB), findet nicht statt („ist zu übertragen"). Für den Vermögenserwerb sind grds. einzelne Übertragungsakte (§§ 929, 873 BGB) erforderlich,[1] es sei denn, § 82a Satz 2 BGB findet Anwendung. Nach § 82a Satz 2 BGB gehen Rechte, zu deren Übertragung der Abtretungsvertrag (§§ 398, 413 BGB) genügt, ausnahmsweise kraft Gesetzes mit der Anerkennung der Stiftung als rechtsfähig auf diese über, sofern sich nicht aus dem Stiftungsgeschäft ein anderer Wille des Stifters ergibt.[2] Rechte i. S. von § 82a Satz 2 BGB sind z. B. Forderungen, Urheber- und Patentrechte, ferner auch GmbH-Anteile.[3] Geht man davon aus, dass der Gesellschaftsanteil an einer Personengesellschaft überwiegend als subjektives Recht angesehen und für übertragbar gehalten wird, dann sind hierfür ebenfalls die §§ 413, 398 BGB einschlägig.[4] Ist im Stiftungsgeschäft z. B. die Übertragung eines GbR-Anteils versprochen, wäre § 82a Satz 2 BGB nach wohl h. M. hierfür einschlägig, da der GbR-Anteil als Personengesellschaftsanteil nach §§ 413, 398 BGB übertragen wird. Allerdings steht § 82a Satz 2 BGB unter dem Vorbehalt, dass sich aus dem Stiftungsgeschäft ein anderer Wille des Stifters nicht ergeben darf. 133

Die Zusage eines **Mindestvermögens/-kapitals** ist zwar gesetzlich nicht vorgeschrieben und wird auch in der Literatur überwiegend abgelehnt,[5] allerdings werden Stiftungen regelmäßig erst bei einem Dotationsvermögen von mindestens 100.000 € oder mehr anerkannt. Das Vermögen muss nämlich so groß sein, dass mit den hieraus erzielten Erträgen auch in Niederzinsphasen – wie in den letzten Jahren – die dauernde und nachhaltige Erfüllung des Stiftungszwecks gesichert erscheint, § 82 Satz 1 BGB.

Als Grundstockvermögen kommen **Sachen und Rechte aller Art** in Betracht, also insbesondere Geld, Wertpapiere, Grundstücke, Anteile an Unternehmen sowie Unternehmen selbst. 134

1 Weitemeyer in MüKoBGB, § 82 Rz. 1.

2 BayOLG, Beschluss v. 25.6.1987 - BReg. 2 Z 67/87, NJW-RR 1987 S. 1418; Backert in Bamberger/Roth, Beck'scher Online-Kommentar BGB, § 82 Rz. 2.

3 Zimmermann, NJW 2011 S. 2931 f.; Schwake in Münchener Handbuch des Gesellschaftsrechts, Bd. 5, 4. Aufl. 2016, § 77 Rz. 147.

4 Heinze, NZG 2011 S. 647; Reiff/Nannt, DStR 2009 S. 2376.

5 Hüttemann in Hüttemann/Richter/Weitemeyer, Landesstiftungsrecht, Rz. 13.11, Rz. 14.44; Weitemeyer in MüKoBGB, § 81 Rz. 14.

Die **Haftung** des Stifters für die Erfüllung des Anspruchs der Stiftung auf Übertragung des im Stiftungsgeschäft zugesagten Vermögens nach § 82a Satz 1 BGB regelt sich nach h. M. in Analogie zu den Schenkungsvorschriften (§§ 521 ff. BGB).[1] Die Haftung des Stifters beginnt mit der Anerkennung der Stiftung. Wenn der Stifter nach Anerkennung der Stiftung, aber vor Übertragung des zugesagten Vermögens verstirbt, geht die Verpflichtung des Stifters nach § 1967 BGB auf den oder die **Erben** über. Die Haftung des oder der Erben entspricht derjenigen des Stifters.[2] Damit treffen den oder die Erben dieselben Pflichten, die auch den Stifter getroffen haben. Mithin wären die Erben, wenn man einen automatischen Erwerb des zugesagten Vermögens gem. § 82a Satz 2 BGB verneint, zur Erfüllung des Anspruchs auf Übertragung verpflichtet und würden für die Erfüllung dieser Pflicht ab Bedingungseintritt haften.

135 Entscheidend ist, dass diese Vermögenswerte **Erträge** abwerfen, um der Stiftung die „dauernde und nachhaltige“[3] Verfolgung ihres Stiftungszwecks zu ermöglichen. Daher sind selbst wertvollste Kunstsammlungen als alleiniges Vermögen einer neu zu errichtenden Stiftung ungeeignet.[4] Der Stifter muss in diesem Fall weiteres Vermögen widmen, aus dessen Erträgnissen die laufenden Kosten (z. B. Diebstahlversicherung, Kosten der Präsentation bzw. Lagerung und des Unterhalts etc.) gedeckt sind.[5] Über die sogenannte **Lebensfähigkeitsprüfung** muss festgestellt werden, ob die konkrete Vermögensausstattung „die dauernde und nachhaltige Erfüllung des Stiftungszwecks gesichert erscheinen“ lässt.[6]

136 Anerkennungsfähig sind auch sogenannte **Verbrauchsstiftungen**,[7] bei denen der Stiftungszweck durch Verbrauch der zugewendeten Mittel verwirklicht wird, § 80 Abs. 1 Satz 2 i.V. mit § 82 Satz 2 BGB).[8] In der Praxis werden zunehmend mehr Verbrauchsstiftungen errichtet. Zudem erlaubt § 83b Abs. 3 BGB nunmehr, dass der Stifter im Stiftungsgeschäft auch bei Stiftungen, die auf unbestimmte Zeit errichtet werden, Teile des gewidmeten Vermögens in der Errichtungssatzung zu sonstigem Vermögen bestimmt. Stiftungen werden durch solche Satzungsbestimmungen **nicht** zu Verbrauchsstiftungen. Sie bleiben Stiftungen, die ihren Zweck auf unbestimmte Zeit dauernd und nachhal-

1 Vgl. → Rz. 129.
2 Weitemeyer in MüKoBGB, § 82 Rz. 6.
3 § 82 Satz 1 BGB.
4 Werner in Werner/Saenger/Fischer, Die Stiftung, Rz. 284.
5 Ebling, FR 2007 S. 565, 569.
6 § 82 Satz 1 BGB; Hüttemann/Rawert, S&S RS 1/2014 S. 3 f.
7 § 82 Satz 2 BGB; vgl. → Rz. 80.
8 Weitemeyer in MüKoBGB, §§ 80, 81 Rz. 17 ff.

tig erfüllen sollen. Diese Stiftungen können ihren Zweck aber nicht nur mit den Nutzungen aus dem Teil des gewidmeten Vermögens erfüllen, das zu sonstigem Vermögen bestimmt wurde. Das gewidmete Vermögen, das zu sonstigem Vermögen bestimmt wurde, können sie grds. auch für die Zweckerfüllung verbrauchen.

Um dem **Grundsatz der Vermögensbindung** gem. § 55 Abs. 1 Nr. 4 Satz 1 AO zu genügen, verlangt § 61 Abs. 1 AO ergänzend, dass im Falle der Auflösung oder Aufhebung der Stiftung eine Aussage in der Satzung enthalten sein muss, die eine Prüfung dahingehend erlaubt, ob der Verwendungszweck steuerbegünstigt ist.[1] 137

Auflagen in Form von vorbehaltenen Nutzungsrechten (oder Reallasten Grunddienstbarkeiten), wodurch der Wert des zugesagten Vermögens reduziert wird, sind denkbar. Häufiger wird es allerdings im Rahmen einer Zustiftung bzw. anlässlich des Erwerbs der Stiftung von Todes wegen zu vorbehaltenen Rechten am übergehenden Vermögen kommen. Typische Fälle sind die (vorbehaltene) Versorgung des überlebenden Ehegatten des Stifters durch Rentenzahlungsverpflichtungen, die auf die Stiftung übergehen. 138

Ferner kommen gelegentlich vorbehaltene **Nießbrauch- und Wohnrechte** bei Immobilienübertragungen vor, wenn z. B. das Familienheim zwar in das Eigentum der Stiftung sofort übergehen soll, aber der Stifter sich (und ggf. seinem Ehepartner) ein lebenslängliches Wohnrecht zurückbehält. 139

Aus steuerlicher Sicht sind diese vorbehaltenen Rechte zugunsten des Stifters oder naher Angehöriger auch bei steuerbefreiten Stiftungen unkritisch, da diese zurückbehaltenen Rechte nicht auf die in § 58 Nr. 6 AO enthaltene Drittelgrenze[2] anzurechnen sind.

3. Das Anerkennungsverfahren

Durch das Gesetz zur Modernisierung des Stiftungsrechtes,[3] welches am 1.9.2002 in Kraft getreten ist, hat der Bundesgesetzgeber abschließend geregelt, unter welchen Voraussetzungen eine Stiftung Rechtsfähigkeit erlangt. Alle anderen Fragen bleiben unverändert dem Landesrecht vorbehalten, insbesondere die formale Ausgestaltung des Anerkennungsverfahrens (früher: Genehmigungsverfahren) und die Stiftungsaufsicht. 140

1 AEAO zu § 61 Nr. 1.

2 Vgl. → Rz. 1021.

3 Zur Entwicklung des Stiftungsrechts auf Bundes- und Landesebene vgl. Andrick in Werner/Saenger/Fischer, Die Stiftung, Rz. 75 ff.

141 § 82 Satz 1 BGB regelt die Voraussetzungen für die Anerkennung der Stiftung durch die zuständige Behörde des Landes, die nach § 80 Abs. 2 BGB neben dem Stiftungsgeschäft für das Entstehen der Stiftung als Rechtssubjekt erforderlich ist. Die zuständige Behörde des Landes **hat** eine Stiftung **anzuerkennen**, wenn das Stiftungsgeschäft den Anforderungen des § 81 Abs. 1–3 BGB genügt und die dauernde und nachhaltige Erfüllung des Stiftungszwecks gesichert erscheint, es sei denn, die Stiftung würde das Gemeinwohl gefährden. Für die Frage der **Gemeinwohlgefährdung** ist auf die Stiftung, nicht nur auf den Stiftungszweck abzustellen. Damit wird der Gleichklang mit den Vorschriften über die Aufhebung der Stiftung wegen Gemeinwohlgefährdung erreicht.[1]

141/1 Unter **Gemeinwohl** in § 82 Satz 1 BGB sind ebenso wie in § 396 AktG, § 62 GmbHG und § 81 GenG die rechtlich geschützten Interessen der Allgemeinheit oder zumindest größerer Bevölkerungskreise zu verstehen. Eine Gefahr für das Gemeinwohl ist eine Lage, die bei ungehindertem Ablauf mit hinreichender Wahrscheinlichkeit zu einem Schaden oder einer Verletzung der rechtlich geschützten Interessen der Allgemeinheit oder größerer Bevölkerungskreise führt.

141/2 Eine **Gemeinwohlgefährdung** liegt insbesondere vor, wenn die Stiftung einen Zweck verfolgen will, der die Interessen der Allgemeinheit gefährdet. Sie ist aber auch gegeben, wenn im Anerkennungsverfahren absehbar ist, dass der Stifter oder Mitglieder der Stiftungsorgane die Stiftung nutzen wollen, um Recht zu verletzen, insbesondere rechtswidriges Verhalten zu verschleiern. Zu denken ist hier insbesondere an verfassungswidrige oder andere kriminelle Aktivitäten. Auch in diesen Fällen muss es möglich sein, die Anerkennung der Stiftung abzulehnen. Anderenfalls wäre die zuständige Behörde des Landes gezwungen, Stiftungen anzuerkennen, die sie alsbald wieder aufheben müsste. In den Fällen, in denen die Stiftung ihren Zweck mit Mitteln verfolgt, die das Gemeinwohl gefährden, oder sie einen gemeinwohlgefährdenden Zweck verfolgt, ist die Stiftung nach § 87a Abs. 2 Nr. 2 BGB aufzuheben, wenn die Gemeinwohlgefährdung nicht auf andere Weise beseitigt werden kann. Es ist im Interesse der bestehenden Stiftungen und des Rechtsverkehrs, dass solche Stiftungen gar nicht erst entstehen können.[2]

141/3 Die **Behörde** muss die Tatsachen **darlegen**, aus denen geschlossen werden kann, dass von der Stiftung eine Gefahr für das Gemeinwohl ausgehen würde, und diese Tatsachen im Streitfall auch beweisen können. Ist aufgrund der be-

1 BT-Drucks. 19/28173 v. 31.3.2021 S. 51.
2 BT-Drucks. 19/28173 v. 31.3.2021 S. 51.

kannten Tatsachen zweifelhaft, ob die Stiftung das Gemeinwohl gefährdet, kann die Behörde die Anerkennung der Stiftung nicht ablehnen. Deshalb werden auch künftig Entscheidungen, durch die die Anerkennung einer Stiftung wegen Gefährdung des Gemeinwohls abgelehnt wird, seltene Ausnahmen bleiben.[1]

Den früher gegen die **Familienstiftung** als Unternehmensträgerstiftung vorgebrachten Bedenken ist der Gesetzgeber, wie § 82 Satz 1 BGB verdeutlicht, nicht gefolgt. Denn mit der Aufnahme des dort geregelten Negativerfordernisses („das Gemeinwohl nicht gefährdet") hat der Bundesgesetzgeber keine weiteren Restriktionen vorgesehen, sich mittelbar also für die **Zulässigkeit** der Familienstiftung ausgesprochen. 141/4

Das Bundesland, in dessen Gebiet die Stiftung ihren Sitz haben soll, ist für die Anerkennung sachlich zuständig (§ 80 Abs. 2 Satz 1 BGB). Die **Zuständigkeit** der Landesbehörde bestimmt sich nach dem jeweils einschlägigen Landesstiftungsgesetz. Mit Ausnahme von Hamburg haben alle Länder die für die Anerkennung zuständige Behörde in ihren Stiftungsgesetzen festgelegt.[2] 142

Die Anerkennung setzt eine **Antragstellung** voraus, die ggf. auch durch einen Testamentsvollstrecker oder das Nachlassgericht als **Antragsbefugte** erfolgen kann.[3] 143

Der Antrag auf Anerkennung einer Stiftung bedarf nicht der Schriftform, könnte theoretisch also auch mündlich gestellt werden;[4] letzteres kommt in der Praxis aber nicht vor.

Zwingend ist hingegen, dass dem Antrag das Stiftungsgeschäft einschließlich der Stiftungssatzung im Original beizufügen ist.[5]

Das **Antragsverfahren** ist nur in Bayern abweichend vom Verwaltungsverfahrensgesetz (VwVfG) geregelt. Damit gelten die dort geregelten allgemeinen Grundsätze zur Anhörung und eventuellen Beratung des Stifters.[6] Verfahrenstechnisch gilt – mit Ausnahme von Bayern – in allen Ländern der sogenannte 144

1 BT-Drucks. 19/28173 v. 31.3.2021 S. 52.
2 Backert in Hüttemann/Richter/Weitemeyer, Landesstiftungsrecht, Rz. 9.1.
3 Backert in Hüttemann/Richter/Weitemeyer, Landesstiftungsrecht, Rz. 10.17.
4 Backert in Hüttemann/Richter/Weitemeyer, Landesstiftungsrecht, Rz. 10.22 f.
5 Backert in Hüttemann/Richter/Weitemeyer, Landesstiftungsrecht, Rz. 10.25.
6 Backert in Hüttemann/Richter/Weitemeyer, Landesstiftungsrecht, Rz. 10.44 f.

Untersuchungsgrundsatz. Danach trifft den Stifter nur die Mitwirkungsobliegenheit nach § 26 Abs. 2 VwVfG.[1]

145 Die das Anerkennungsverfahren abschließende **Entscheidung** ist die **schriftliche** Anerkennung bzw. Ablehnung des Antrags. Zwar regeln dies nur Brandenburg, Rheinland-Pfalz, Sachsen, Sachsen-Anhalt und Thüringen; jedoch gelten in den übrigen Ländern subsidiär § 37 Abs. 2 Satz 1 VwVfG. Danach muss ein Verwaltungsakt zwar nicht zwingend schriftlich ergehen, dies ist aber gängige Praxis.[2]

4. Stiftungsaufsicht

146 Die Mitwirkung des Staates äußert sich nicht nur bei der Anerkennung einer Stiftung, sondern auch im Rahmen der Stiftungsaufsicht, die in der Überwachung der laufenden Geschäftstätigkeit, mithin der Stiftungsorgane selbst zum Ausdruck kommt. Da sie sich jedoch stets auf eine reine **Rechtsaufsicht**[3] beschränkt, werden Zweckmäßigkeitsfragen, etwa in welcher Art und Weise die Stiftungsorgane den Stiftungszweck am besten verfolgen können, nicht aufgeworfen.

146/1 Wirksame Stiftungsaufsicht kann die zuständige Behörde über eine Stiftung nur ausüben, wenn die Verwaltung der Stiftung im Inland geführt wird. In § 83a BGB ist ausdrücklich geregelt, dass die **Verwaltung** der Stiftung **im Inland** geführt werden muss. Der Ort der Verwaltung der Stiftung ist der Ort, an dem schwerpunktmäßig die Geschäftsführungsorgane der Stiftung tätig sind.

146/2 § 83a BGB soll nach Ansicht des Gesetzgebers für alle Stiftungen gelten, auch für Stiftungen, die einen wirtschaftlichen Erwerbszweck verfolgen und Niederlassungsfreiheit nach den Artikeln 49, 54 AEUV genießen, weil sie als Gesellschaften im Sinne des Artikels 54 AEUV anzusehen sind.[4] Nach der Rechtsprechung des Europäischen Gerichtshofs sind Regelungen eines Mitgliedstaats, nach denen die Sitzverlegung einer nach dem Recht des Mitgliedstaats gegründeten Gesellschaft in einen anderen Mitgliedstaat bewirkt, dass die Gesellschaft im Gründungsmitgliedstaat ihre Eigenschaft als Gesellschaft nach

---

1 Zu Einzelheiten vgl. Backert in Hüttemann/Richter/Weitemeyer, Landesstiftungsrecht, Rz. 10.49.

2 Backert in Hüttemann/Richter/Weitemeyer, Landesstiftungsrecht, Rz. 10.70.

3 Backert in Werner/Saenger/Fischer, Die Stiftung, Rz. 1275.

4 BT-Drucks. 19/28173 v. 31.3.2021 S. 53.

dem Recht des Gründungsstaates verliert, vereinbar mit der Niederlassungsfreiheit nach den Artikeln 49, 54 AEUV.[1]

Wenn die zuständigen Stiftungsorgane die Verwaltung der Stiftung ins Ausland verlegen, führt dies **nicht** zur automatischen Auflösung oder Aufhebung der Stiftung. Eine Stiftung soll nach den §§ 87 und 87a BGB nur durch einen Beschluss der zuständigen Stiftungsorgane mit Genehmigung der nach Landesrecht zuständigen Behörde aufgelöst oder durch eine Entscheidung der nach Landesrecht zuständigen Behörde aufgehoben werden können. Die Stiftungsorgane sollen nicht durch Verlegung der Stiftungsverwaltung ins Ausland die automatische Auflösung der Stiftung herbeiführen können.[2] 146/3

Die nach Landesrecht zuständigen Behörden haben bei einer Verlegung des Verwaltungssitzes einer Stiftung ins Ausland zunächst darauf hinzuwirken, dass der Verwaltungssitz im Inland begründet wird. Die Behörden haben dabei die ihnen zu Gebote stehenden aufsichtsrechtlichen Maßnahmen zu nutzen, um die Einhaltung des § 83a BGB durchzusetzen. Nur wenn es der Behörde mit den zur Verfügung stehenden aufsichtsrechtlichen Maßnahmen nicht innerhalb angemessener Zeit gelingt, dass die Verwaltung der Stiftung im Inland geführt wird, ist die Stiftung nach § 87a Abs. 2 Nr. 3 BGB aufzuheben.[3] 146/4

Die Stiftungsaufsicht folgt in allen Ländern grds. dem **Opportunitätsprinzip**.[4] Für die Prüfung des Rechenschaftsberichts[5] gilt hingegen das Legalitätsprinzip. 147

4.1 Zuständige Behörde

In der Regel sind die Anerkennungsbehörden auch die Aufsichtsbehörden und werden unter dem Begriff der Stiftungsbehörde zusammengefasst.[6] Lediglich in Schleswig-Holstein und Thüringen fällt die Zuständigkeit von Anerkennungsbehörde und Aufsichtsbehörde auseinander.[7] 148

In den Ländern mit einem **dreistufigen Verwaltungsaufbau**, also in Baden-Württemberg, Bayern, Hessen Nordrhein-Westfalen, Rheinland-Pfalz, Sachsen, 149

1 EuGH, Urteil v. 16.12.2008 - Rs. C-210/06 „Cartesio", Rz. 110 NWB KAAAD-02818.

2 BT-Drucks. 19/28173 v. 31.3.2021 S. 53.

3 BT-Drucks. 19/28173 v. 31.3.2021 S. 53.

4 Zu weiteren Einzelheiten vgl. Backert in Werner/Saenger/Fischer, Die Stiftung, Rz. 1279 ff.

5 Vgl. → Rz. 155.

6 Schulte in Hüttemann/Richter/Weitemeyer, Landesstiftungsrecht, Rz. 28.25 f.

7 Schulte in Hüttemann/Richter/Weitemeyer, Landesstiftungsrecht, Rz. 28.27.

Sachsen-Anhalt und Thüringen üben die Behörden der Mittelinstanz die Aufsicht über Stiftungen aus.[1]

150 In den Ländern mit einem **zweistufigen Verwaltungsaufbau** (Berlin, Brandenburg, Bremen, Hamburg, Mecklenburg-Vorpommern, Niedersachsen und Saarland) wird die Aufsicht von den obersten Landesbehörden ausgeübt.[2] In Schleswig-Holstein ist abweichend der Landrat oder der Bürgermeister (Behörde erster Instanz, § 16 SchlHolStiftG) Aufsichtsbehörde.

151 Im Rahmen der Aufsicht ist die Behörde berechtigt, sich über Angelegenheiten der Stiftung zu unterrichten und die Verwaltung der Stiftung zu prüfen bzw. prüfen zu lassen.[3] Die Intensität der Stiftungsaufsicht ist in den einzelnen landesgesetzlichen Vorschriften sehr unterschiedlich ausgestaltet.

152 Für **Familienstiftungen** enthalten einzelne Landesstiftungsgesetze Sonderregelungen hinsichtlich der Intensität der Aufsicht. Teilweise wird bei ihnen hierauf völlig – wie in Bayern – verzichtet.[4] Als Grund wird angeführt, dass das Eigeninteresse der Destinatäre die Durchsetzung des Stifterwillens hinreichend sichere.[5]

HINWEIS:

Wegen der fehlenden Rechtsaufsicht wird Bayern häufig als Sitz einer Familienstiftung gewählt.[6]

4.2 Vorlagepflichten

153 Der Stiftungsaufsicht sind im Rahmen der **Vorlagepflicht** jährlich drei Bestandteile des Rechenschaftsberichts[7] unaufgefordert einzureichen:

- die Jahresrechnung,
- die Vermögensübersicht und
- der Bericht über die Erfüllung des Stiftungszwecks.

1 Also z. B. in Nordrhein-Westfalen die Bezirksregierung oder in Baden-Württemberg die Regierungspräsidien; vgl. im Einzelnen Schulte in Hüttemann/Richter/Weitemeyer, Landesstiftungsrecht, Rz. 28.19 f.

2 Schulte in Hüttemann/Richter/Weitemeyer, Landesstiftungsrecht, Rz. 28.24.

3 Vgl. z. B. § 9 Abs. 3 BaWürttStiftG.

4 Vgl. § 10 Abs. 1 Satz 1 BayStiftG und Schulte in Hüttemann/Richter/Weitemeyer, Landesstiftungsrecht, Rz. 28.39; Richter/Gollan in Hüttemann/Richter/Weitemeyer, Landesstiftungsrecht, Rz. 30.56.

5 Saenger in Werner/Saenger/Fischer, Die Stiftung, Rz. 185.

6 Theuffel-Werhahn, ZEV 2017 S. 17, 20.

7 Teilweise werden unterschiedliche Terminologien verwandt, vgl. Spiegel in Hüttemann/Richter/Weitemeyer, Landesstiftungsrecht, Rz. 22.11.

Innerhalb welcher **Frist** die Vorlage zu erfolgen hat, variiert in den einzelnen Bundesländern stark. Die kürzeste Frist beträgt vier Monate (Berlin) und die längste zwölf Monate (Nordrhein-Westfalen und Sachsen-Anhalt).[1] Allerdings gibt es landesspezifische Verlängerungsmöglichkeiten, z. B. nach § 9 Abs. 2 Nr. 3 BaWürttStiftG kann die Stiftungsbehörde die Vorlage in größeren jährlichen Abständen zulassen. 154

4.3 Prüfung des Rechenschaftsberichts

Der **Umfang der Prüfung** des Rechenschaftsberichts seitens der Aufsichtsbehörde umfasst i. d. R. alle seine drei Bestandteile.[2] Während das Bayerische und Hessische Stiftungsgesetz eine Pflicht zur Prüfung durch die Stiftungsbehörde ausdrücklich vorsehen,[3] wird diese Pflicht in den anderen Bundesländern stillschweigend vorausgesetzt.[4] 155

Nicht alle Landesstiftungsgesetze regeln den Prüfungsumfang eindeutig.[5] Aus dem Zusammenspiel mit den Vorlagepflichten wird man aber folgern können, dass **Prüfungsgegenstand** der aus den drei Bestandteilen[6] bestehende Rechenschaftsbericht ist. Die Aufsichtsbehörde hat festzustellen, ob die vorgelegten Unterlagen den Anforderungen des jeweiligen Landesstiftungsgesetzes entsprechen.[7] 156

4.4 Maßnahmen der Stiftungsaufsicht

Die rechtsfähige Stiftung ist die einzige juristische Person des Privatrechts, die staatlich überwacht und beaufsichtigt wird. Dies ist neben der mitgliederlosen Struktur die zweite Besonderheit der Stiftung des bürgerlichen Rechts.[8] 157

Die Stiftungsbehörde als Aufsichtsbehörde kann weiterhin diejenigen Maßnahmen der Stiftungsorgane, die den Gesetzen, dem Stiftungsgeschäft oder der Stiftungssatzung widersprechen, **beanstanden** und verlangen, dass sie in- 158

1 Einen Überblick gibt Spiegel in Hüttemann/Richter/Weitemeyer, Landesstiftungsrecht, Rz. 22.12.
2 Zu Einzelheiten der Prüfung in den jeweiligen Ländern vgl. Spiegel in Hüttemann/Richter/Weitemeyer, Landesstiftungsrecht, Rz. 22.14 ff.; Meyn, S&S 4/2013 S. 34.
3 Art. 16 Abs. 2 Satz 1 BayStiftG, § 12 Abs. 2 Satz 1 HessStiftG.
4 Spiegel in Hüttemann/Richter/Weitemeyer, Landesstiftungsrecht, Rz. 22.14.
5 Vgl. etwa § 6 Abs. 3 Satz 1 BrbgStiftG oder § 11 Abs. 4 NStiftG.
6 Vgl. › Rz. 153.
7 Spiegel in Hüttemann/Richter/Weitemeyer, Landesstiftungsrecht, Rz. 22.17.
8 Backert in Werner/Saenger/Fischer, Die Stiftung, Rz. 1256.

nerhalb einer bestimmten Frist aufgehoben oder rückgängig gemacht werden (§ 10 BaWürttStiftG).

159 Einen Eingriff von größerer Tragweite stellt die Möglichkeit der **Abberufung** von Organmitgliedern dar.[1]

160 Als Ultima Ratio sind die in § 87 BGB der Stiftungsaufsicht verliehenen Kompetenzen anzusehen.[2] Danach kann die Aufsicht unter den Voraussetzungen der Norm den **Stiftungszweck ändern** oder die **Stiftung aufheben.**[3] Für diese Maßnahmen (Aufhebung und Zweckänderung) hat die Stiftungsaufsicht eine **Alleinkompetenz.**[4] Nach § 87 Abs. 3 BGB soll der Vorstand aber zuvor gehört werden.

Gegen Maßnahmen der Stiftungsaufsicht ist der **Verwaltungsrechtsweg** eröffnet.[5]

5. Geschäftsjahr

161 In der Satzung wird üblicherweise klargestellt, dass das Geschäftsjahr mit dem Kalenderjahr übereinstimmt.[6]

6. Rechnungslegung

162 Wegen der großen praktischen Bedeutung befinden sich die Ausführungen zur Rechnungslegung in einem eigenen Kapitel, vgl. → Rz. 1420 ff.

7. Stiftungskollisionsrecht

163 Das deutsche Stiftungskollisionsrecht ist gesetzlich nicht geregelt. Es fehlt in dieser Hinsicht sowohl an völkerrechtlichen Vorgaben als auch an autonomen Regelungen des nationalen Rechts. Für dieses Rechtsgebiet ist deshalb auf die Grundsätze des internationalen Gesellschaftsrechts zurückzugreifen.[7] Das Personalstatut von Gesellschaften richtet sich nach der sogenannten Gründungstheorie, wenn die Auslandsgesellschaft in einem Mitgliedstaat der Europäischen Union, des EWR oder in einem mit diesen aufgrund eines Staatsvertrags in Bezug auf die Niederlassungsfreiheit gleichgestellten Staat gegründet wor-

1 Vgl. → Rz. 207.
2 Backert in Werner/Saenger/Fischer, Die Stiftung, Rz. 1264.
3 Weitemeyer in MüKoBGB, § 87 Rz. 4.
4 Weitemeyer in MüKoBGB, § 87 Rz. 5.
5 Feick/Fischer, ZStV 2017 S. 27; Meyn, S&S 6/2013 S. 35.
6 Ivens, Hamburger Handbuch zur Vermögensnachfolge, S. 695.
7 BGH, Urteil v. 8.9.2016 - III ZR 7/15 NWB PAAAF-83110 = DB 2016 S. 2536.

den ist. Nur für Gesellschaften, die in einem Drittstaat gegründet worden sind, hält die Rechtsprechung an der sogenannten Sitztheorie fest, nach der für das Personalstatut das Recht des Sitzstaats maßgeblich ist.[1] Bei Übertragung dieser Grundsätze auf das Personalstatut von Stiftungen ist hiernach das Recht (des Landes) maßgeblich, nach welchem die Stiftung gegründet wurde.

Das Personalstatut der Stiftung ist nach Ansicht des BGH auch für die Rechts- 164
stellung als Destinatär und die daraus folgenden Ansprüche maßgeblich.[2] Im internationalen Gesellschaftsrecht unterliegen nicht nur die Entstehung der Gesellschaft, ihre Rechtsfähigkeit, ihre organschaftliche Verfassung und ihre sonstigen inneren Verhältnisse dem Personalstatut. Vielmehr bestimmen sich hiernach u. a. auch die Rechtsstellung als Gesellschafter sowie die aus dieser Stellung folgenden Rechte und ihre Ausgestaltung, wie etwa die Auskunfts- und Rechenschaftsansprüche, mithin auch die Ausschüttungsansprüche. Die Übertragung dieser Grundsätze auf das Stiftungsrecht bedeutet, dass auch für die Rechtsstellung als Destinatär und die daraus folgenden Ansprüche, Zuwendungen aus dem Stiftungsvermögen zu erhalten, das Personalstatut der Stiftung maßgeblich ist. Zwar ist der Destinatär einer Stiftung mit Gesellschaftern einer Handelsgesellschaft nicht unmittelbar gleichzusetzen, da er nicht inkorporiertes Mitglied der Stiftung ist, so dass zwischen den Beteiligten keine Binnenbeziehung mit einer gesellschaftsrechtsähnlichen Struktur besteht. Jedoch sind die Zwecke einer Handelsgesellschaft und einer Stiftung in Bezug auf die Gesellschafter bzw. die Destinatäre so ähnlich, dass es geboten ist, in analoger Anwendung der Grundsätze des Internationalen Gesellschaftsrechts auch das Rechtsverhältnis zwischen Stiftung und (potentiellem) Destinatär dem Personalstatut der Stiftung zuzuordnen. Typischerweise ist eine Handelsgesellschaft auf die Erwirtschaftung eines Gewinns gerichtet, der letztlich in Form von Ausschüttungen ihren Gesellschaftern zugutekommen soll. Sind Destinatäre bestimmt, ist es in vergleichbarer Weise Zweck einer Stiftung, ihr Vermögen bzw. die Erträge hieraus unmittelbar oder mittelbar den Begünstigten zuzuwenden. Deren Verhältnis zur Stiftung ist deshalb in dieser entscheidenden Hinsicht mit der Rechtsbeziehung von Gesellschaftern zur Gesellschaft gleichartig.

Zur Pflicht der Stiftung, die Verwaltung im Inland zu führen, siehe 165
→ Rz. 146/1–146/4.

(Einstweilen frei) 166–169

1 BGH, Urteil v. 27.10.2008 - II ZR 158/06 NWB YAAAD-01260 = DStR 2009 S. 59.

2 BGH, Urteil v. 8.9.2016 - III ZR 7/15 NWB PAAAF-83110 = DB 2016 S. 2536.

8. Stiftungsregister

170 § 82b Abs. 1 BGB regelt die Einführung des Stiftungsregisters, das am 1.1.2026 seinen Betrieb aufnehmen soll. In das vom Bundesamt für Justiz geführte Register sollen alle bestehenden rechtsfähigen Stiftungen des bürgerlichen Rechts eingetragen werden. Die **Eintragungen** in das Stiftungsregister sollen nur **deklaratorische** Wirkung haben. Die Einzelheiten zum Aufbau des Registers und der Registerführung finden sich im Stiftungsregistergesetz, § 82b Abs. 1 Satz 2 BGB.

171 Aus Sicht des Gesetzgebers ist es sinnvoll, ein **zentrales Bundesstiftungsregister** zu errichten, da es derzeit nur ca. 23.300 rechtsfähige Stiftungen des bürgerlichen Rechts gibt. Damit soll vermieden werden, dass eine Vielzahl von Stiftungsregistern bei den zuständigen Stiftungsbehörden oder Registergerichten für jeweils wenige Stiftungen geschaffen werden müssen. Ein zentrales Stiftungsregister ermöglicht auch Dritten einen einfachen Zugang zu diesem. Streitigkeiten über Eintragungen und Löschungen in dem vom Bundesamt für Justiz geführten Stiftungsregister werden den Verwaltungsgerichten zugewiesen, da diese auch sonst überwiegend über stiftungsrechtliche Fragen zu entscheiden haben.

172 § 82b Abs. 2 BGB bestimmt, dass Stiftungen nach ihrer Anerkennung vom Vorstand zur Eintragung ins Stiftungsregister anzumelden sind, und regelt die Anforderungen an die Anmeldung. Nicht nur die Eintragung der Stiftung, sondern auch alle anderen Eintragungen zu Stiftungen im Stiftungsregister sollen auf Anmeldungen der Stiftungen beruhen. Nur so kann gewährleistet werden, dass der Registerinhalt stets aktuell und richtig ist, insbesondere auch in Bezug auf die Angaben zu den Mitgliedern von Vertretungsorganen der Stiftungen, und dass Streit über den Inhalt von Registereintragungen zwischen der Registerbehörde und den Stiftungen vermieden wird.

173 Durch § 82c BGB werden Stiftungen, die ins Stiftungsregister eingetragen sind, verpflichtet, ihren Namen mit dem Namenszusatz „eingetragene Stiftung“ zu führen, wenn sie auf unbestimmte Zeit errichtet wurden. Dieser Namenszusatz kann mit „e. S.“ abgekürzt werden. Eingetragene Verbrauchsstiftungen haben den Namenszusatz „eingetragene Verbrauchsstiftung“ zu führen, der mit „e. VS.“ abgekürzt werden kann.

174–179 *(Einstweilen frei)*

III. Notwendige Bestandteile einer Stiftungssatzung

Nach bundesrechtlicher Vorgabe sind für die Anerkennung einer Stiftung gem. § 81 Abs. 1 Nr. 1 BGB in der **Satzung** mindestens **vier**[1] Anordnungen zu treffen (**Mindestinhalt**), nämlich über den Zweck, Namen, Sitz und die Organe der Stiftung.[2] 180

Die Satzung jeder **Verbrauchsstiftung** muss als weiteren (fünften) Mindestinhalt nach § 81Abs. 2 Nr. 2 BGB auch Bestimmungen zur Verwendung des Stiftungsvermögens enthalten, die die nachhaltige Erfüllung des Stiftungszwecks und den vollständigen Verbrauch des Stiftungsvermögens während der Zeit, für die die Verbrauchsstiftung errichtet wird, als gesichert erscheinen lassen. Diese Satzungsbestimmungen müssen sicherstellen, dass bei Verbrauchsstiftungen das gewidmete Vermögen kein Grundstockvermögen wird und auch später kein Grundstockvermögen gebildet werden kann, da das gesamte Stiftungsvermögen für den Stiftungszweck zu verbrauchen ist. Sie bilden die satzungsmäßige Grundlage für die Bestimmung in § 83b Abs. 1 Satz 2 BGB, nach der das gesamte Vermögen von Verbrauchsstiftungen sonstiges Vermögen ist.[3] 180/1

Diese **zusätzlichen** Satzungsbestimmungen bei Verbrauchsstiftungen nach § 81 Abs. 2 Nr. 2 BGB sind auch erforderlich, um den zuständigen Anerkennungsbehörden die Prüfung der Anerkennungsvoraussetzungen nach § 82 Satz 1 BGB-neu zu ermöglichen. Nach § 82 Satz 2 BGB-neu, der inhaltlich dem bisherigen § 80 Abs. 2 Satz 2 BGB entspricht, ist bei einer Verbrauchsstiftung zwar von einer dauernden Zweckerfüllung auszugehen, wenn sie für einen Zeitraum von mindestens zehn Jahren errichtet wird. Deshalb sind die Festlegungen in der Satzung über den Verbrauch des Stiftungsvermögens vor allem bedeutsam für die Prüfung, ob auch die nachhaltige Erfüllung des Stiftungszwecks während des gesamten Zeitraums, für den die Stiftung errichtet wird, gesichert erscheint. Das Stiftungsvermögen darf nicht so verbraucht werden, dass der Zweck schon nach kurzer Zeit des Bestehens der Stiftung nicht mehr wirksam verfolgt werden kann. Eine nachhaltige Zweckerfüllung erscheint aber regelmäßig auch dann nicht gesichert, wenn der Großteil des Stiftungsvermögens erst kurz vor Ablauf der für die Stiftung vorgesehenen Lebensdauer für die Zweckerfüllung verbraucht wird.[4] 180/2

1 Eine Verbrauchsstiftung muss fünf (5) Mindestinhalte haben, vgl. → Rz. 180/1.

2 Weitemeyer in MüKoBGB, §§ 80, 81 Rz. 25; Werner in Werner/Saenger/Fischer, Die Stiftung, Rz. 343.

3 BT-Drucks. 19/28173 v. 31.3.2021 S. 49.

4 BT-Drucks. 19/28173 v. 31.3.2021 S. 49.

180/3 Der Katalog in § 81 Abs. 1 Nr. 1 BGB enthält die Satzungsbestimmungen, die für jede Stiftung individuell festgelegt werden müssen. In jeder Stiftungssatzung müssen der Zweck, der Name und der Sitz der Stiftung festgelegt sowie Bestimmungen über die Bildung des Vorstands getroffen werden. Diese Bestimmungen, die der Stiftung ihre Identität geben, können nicht für jede Stiftung generell-abstrakt durch gesetzliche Vorschriften vorgegeben werden.[1]

180/4 Stifter können in der Satzung wesentlich mehr regeln. Ein Stifter kann am besten entscheiden, welche zusätzlichen Satzungsbestimmungen für seine Stiftung noch zweckmäßig sind, um der Stiftung eine Stiftungsverfassung in seinem Sinne zu geben. Das Gesetz räumt dem Stifter die dafür notwendige **Satzungsautonomie** ein. Viele Regelungen des Stiftungsrechts im Bürgerlichen Gesetzbuch sind dispositiv und können durch Satzungsbestimmungen ersetzt oder geändert werden. Bei jeder dispositiven Vorschrift wird ausdrücklich geregelt, inwieweit durch die Satzung von dieser Vorschrift abgewichen werden kann, so dass Stiftern deutlich vor Augen geführt wird, welche Regelungen sie durch die Satzung treffen können. Soweit ein Stifter die ihm eingeräumte Satzungsautonomie nicht nutzt, bestimmt sich die Verfassung der Stiftung nach den einschlägigen dispositiven Vorschriften des Bürgerlichen Gesetzbuchs oder des für die Stiftung geltenden Landesstiftungsgesetzes.[2]

180/5 HINWEIS:

Bei der Abfassung der Satzung sollten der Stifter und seine Berater bedenken, dass sich die Lebensverhältnisse verändern werden und daher eine zu enge Satzung nachteilig sein kann.[3]

1. Stiftungszweck

1.1 Zivilrechtliche Aspekte

181 Der Stifter kann der Stiftung einen weiten oder engen Zweck geben. Er kann sich auf die Angabe des bloßen Zwecks beschränken oder noch weitere Einzelheiten zum Zweck regeln, insbesondere die Art und Weise der Zweckerfüllung näher bestimmen.[4]

181/1 Der Stiftungszweck prägt die Stiftung; wegen seiner zentralen Funktion wird er auch als die „Seele der Stiftung“ bezeichnet.[5] Enthält die Satzung keine An-

1 BT-Drucks. 19/28173 v. 31.3.2021 S. 47.
2 BT-Drucks. 19/28173 v. 31.3.2021 S. 47.
3 Vgl. → Rz. 7.
4 BT-Drucks. 19/28173 v. 31.3.2021 S. 47.
5 Nissel in Werner/Saenger/Fischer, Die Stiftung, Rz. 207.

gabe zum Zweck der Stiftung, ist sie unwirksam. Grundsätzlich ist jeder Zweck zugelassen, der mit der Rechtsordnung in Einklang steht (sogenannte **gemeinwohlkonforme Allzweckstiftung**).[1] Auch wirtschaftliche oder eigennützige Zwecke stehen einer Anerkennung nicht entgegen.

Eine Pflicht des Stifters, in der Satzung immer auch Bestimmungen zur Art und Weise der Zweckerfüllung zu treffen, wird vom Gesetzgeber nicht vorgesehen. Solche Regelungen sind nicht bei jedem Stiftungszweck geboten, da es auch Stiftungszwecke gibt, die regelmäßig nur auf eine bestimmte Art und Weise erfüllt werden können. Dies gilt z. B. für eine Stiftung, die den Zweck hat, ein bestimmtes Bauwerk wiederherzustellen oder zu restaurieren und zu erhalten. Im Übrigen soll es nach Ansicht des Gesetzgebers möglich sein, dass ein Stifter einer Stiftung einen weiten Zweck geben kann, wie z. B. die Förderung der Kunst oder der Freimaurerei, und nicht festlegen muss, auf welche Art und Weise die Stiftung diesen Zweck zu erfüllen hat.[2] 181/2

Umfangreiche Zweckbestimmungen können auch dazu führen, dass sich der eigentliche Stiftungszweck nicht mehr einfach bestimmen lässt. Insbesondere auch die umfangreichen Zweckbestimmungen von steuerbegünstigten Stiftungen führen dazu, dass sich der eigentliche Stiftungszweck nicht mehr einfach aus der Zweckbestimmung herauslesen lässt. Bei Stiftungen, deren Zweckbestimmungen den Anforderungen des § 60 Abs. 1 Satz 2 AO in Verbindung mit § 1 der Mustersatzung in der Anlage 1 zur AO entsprechen, ist die Unterscheidung zwischen stiftungsrechtlichem Zweck, der Art und Weise der Zweckerfüllung und der Angabe des steuerrechtlichen Tatbestands nicht immer einfach. Nicht selten wird dann der in die Zweckbestimmung übernommene steuerliche Tatbestand irrtümlich mit dem Stiftungszweck gleichgestellt, obwohl die beiden regelmäßig nicht identisch sind.[3] 181/3

Nicht möglich ist es als Stiftungszweck festzulegen, dass die Stiftung nur ihr Vermögen erhalten und bewirtschaften soll (Verbot der sogenannten **Selbstzweckstiftung**).[4] Danach wäre es nicht möglich, wenn der Stiftungszweck sich im Erhalt eines denkmalgeschützten Gebäudes erschöpfen würde.[5] 182

1 Heinrichs in Grüneberg, BGB, 78. Aufl. 2019, § 80 Rz. 11; Saenger in Werner/Saenger/Fischer, Die Stiftung, Rz. 176; Nissel in Werner/Saenger/Fischer, Die Stiftung, Rz. 211 ff.

2 BT-Drucks. 19/28173 v. 31.3.2021 S. 48.

3 BT-Drucks. 19/28173 v. 31.3.2021 S. 48.

4 Weitemeyer in MüKoBGB, §§ 80, 81 Rz. 105 f.; Nissel in Werner/Saenger/Fischer, Die Stiftung, Rz. 209.

5 Schiffer/Pruns, NWB-EV 7/2012 S. 229, 232 NWB RAAAE-12109.

Danach ist es ebenfalls verboten, dass eine Stiftung allein den Interessen des Stifters dient bzw. dass der Stifter Destinatär der von ihm errichteten Stiftung sein kann.[1]

183 Zu den typischen Betätigungsfeldern einer Stiftung gehören neben sozialen Aufgaben auch die Förderung des Gesundheitswesens, der Bildung, Wissenschaft, Kunst und Kultur und Natur und Umwelt.[2]

183/1 Die Stiftung braucht sich nicht auf einen Zweck zu beschränken, sondern sie kann **mehrere** Zwecke verfolgen,[3] wobei zwischen Haupt- und Nebenzweck unterschieden wird.[4] Denkbar ist auch, dass mehrere Zwecke hintereinander geschaltet werden (sogenannte **Sukzessivstiftung**).[5]

183/2 Schließlich ist ein **zeitlich begrenzter** Stiftungszweck denkbar, wofür die Stiftung zum Wiederaufbau der Dresdner Frauenkirche ein anschauliches Beispiel ist. In der Praxis sind allerdings diese Stiftungen auf Zeit eher selten.[6]

184 Weitere Voraussetzung für einen zulässigen Stiftungszweck ist ferner, dass dieser dauernd und nachhaltig erfüllt werden kann, § 80 Abs. 1 Satz 1 BGB.[7] Primär wird dies dahin verstanden, dass das Stiftungsvermögen ausreichend ist, um die Verwirklichung des Stiftungszwecks zu gewährleisten. So wäre etwa eine Kunststiftung, der lediglich Gemälde in den Vermögensstock zugewandt werden, nicht überlebensfähig, wenn die Mittel zur Bezahlung der Versicherung der Gemälde, ihrer Aufbewahrung etc. nicht ebenfalls gestiftet werden.

185 **Privatnützige** Zwecke sind nicht per se unzulässig. Altruismus ist zwar ein prägendes Motiv für eine Stiftungserrichtung, aber kein Erfordernis.[8] Die Anzahl der **Familienstiftungen** liegt bei rund **8 %** aller Stiftungen.[9]

186 Die Änderung des Stiftungszwecks bereitet in der Praxis erhebliche Schwierigkeiten, weil auch von den Stiftern selbst häufig nicht verstanden wird, dass

1 Kritisch hierzu Schiffer/Pruns, NWB-EV 7/2012 S. 229, 233 NWB RAAAE-12109.

2 Statistische Angaben finden sich bei Nissel in Werner/Saenger/Fischer, Die Stiftung, Rz. 208.

3 Nissel in Werner/Saenger/Fischer, Die Stiftung, Rz. 221.

4 Saenger in Werner/Saenger/Fischer, Die Stiftung, Rz. 174.

5 Weitemeyer in MüKoBGB, §§ 80, 81 Rz. 33; Nissel in Werner/Saenger/Fischer, Die Stiftung, Rz. 222.

6 Nissel in Werner/Saenger/Fischer, Die Stiftung, Rz. 223.

7 VG Gießen, Urteil v. 9.3.2012 - 8 K 1213/11.GI, S&S 4/2013 S. 37; Weitemeyer in MüKoBGB, §§ 80, 81 Rz. 31; Nissel in Werner/Saenger/Fischer, Die Stiftung, Rz. 224 f.

8 Nissel in Werner/Saenger/Fischer, Die Stiftung, Rz. 226 ff.

9 Der Bundesverband Deutscher Stiftungen ermittelte im Frühjahr 2022, dass ca. 8 % aller Stiftungen nicht gemeinnützige Familienstiftungen sind.

auch zu ihren Lebzeiten eine Satzungsänderung nur noch unter erschwerten Bedingungen möglich ist. Eine einseitige Änderung des Zwecks durch den Stifter ist grds. ausgeschlossen. Versteht man die Zweckänderung als Ultima Ratio, wird sie nur in Betracht kommen, wenn die Satzung diesbezüglich eine **Öffnungsklausel** enthält.[1]

1.2 Steuerliche Aspekte

Will der Stifter erreichen, dass „seine“ Stiftung in den Genuss weitgehender Steuerfreiheit gelangt,[2] muss sie steuerbegünstigte Zwecke i. S. des §§ 51 ff. AO verfolgen. Nach dem Regelungskonzept der AO ist die Gemeinnützigkeit nur ein Teilbereich dessen, was unter steuerbegünstigten Zwecken (= Oberbegriff) verstanden wird; denn auch mildtätige und kirchliche Zwecke können steuerbegünstigt sein. 187

In § 52 Abs. 2 Satz 1 AO sind die möglichen gemeinnützigen Zwecke aufgelistet. Der Katalog in § 52 Abs. 2 Satz 1 AO ist im Grundsatz abschließend, d. h., die von der Körperschaft geförderten Zwecke müssen hinsichtlich der Merkmale, die ihre steuerrechtliche Förderung rechtfertigen, mit den im Gesetz genannten Zwecken identisch sein. Fällt der verfolgte Zweck nicht unter diese Aufzählung, kann er gem. § 52 Abs. 2 Satz 2 AO für gemeinnützig erklärt werden, wenn die Allgemeinheit auf materiellem, geistigem oder sittlichem Gebiet entsprechend selbstlos gefördert wird. 188

Für die Erklärung als gemeinnützig ist gem. § 52 Abs. 2 Satz 3 AO in jedem Land zentral eine Behörde zuständig. Für die ab 1.1.2013 durch Feststellungsbescheid (§ 60a AO) festzustellende Freistellung ist das Finanzamt zuständig, in dessen Bezirk sich der Sitz der Stiftung befindet. 189

In § 60 AO sind die formellen Anforderungen an die Satzung der Stiftung niedergelegt.[3] Diese muss so präzise gefasst sein, dass in ihr eindeutig die Voraussetzungen für die steuerlichen Vergünstigungen vorliegen. Um die strengen Anforderungen des § 60 Abs. 1 AO (sogenanntes **Bestimmtheitsgebot**) zu erfüllen, genügt nicht die allgemeine Zweckangabe, dass „gemeinnützige Zwecke verfolgt werden“. Die Satzung muss gem. § 60 Abs. 1 Satz 2 AO – rein aus steuerlichen Gründen – die in einer Anlage zu § 60 AO enthaltene Festlegungen 190

1 Nissel in Werner/Saenger/Fischer, Die Stiftung, Rz. 234 f.
2 In der Praxis sind rund 95 % aller Stiftungen steuerbefreit.
3 Vgl. Mustersatzungen in AEAO zu § 60, Anlage 1–3.

enthalten. Die Rechtsprechung verlangt ferner, dass der geförderte Personenkreis eindeutig in der Satzung festgelegt ist.[1]

191 Um die steuerlichen Vorgaben – die losgelöst von den zivilrechtlichen Erfordernissen zu sehen sind[2] – erfüllen zu können, wird in der Praxis dem zuständigen Finanzamt vorab ein Entwurf der Satzung zugeleitet. Erst nach erfolgter Abstimmung wird das Stiftungsgeschäft nebst Satzung der für die Anerkennung zuständigen Stiftungsbehörde zugeleitet.

2. Name der Stiftung

192 Der Name einer Stiftung (§ 81 Abs. 1 Satz 1 Nr. 3 BGB) ist wesentliches Kennzeichen der Identität. Bei der Wahl des Namens ist der Stifter grds. frei und nur an die allgemeinen Vorschriften gebunden (insbesondere §§ 30, 37 HGB, § 12 BGB). So darf der Name keine falschen Vorstellungen über den Zweck, die Art und Größe der Stiftung erwecken.[3] Problematisch sind reine Ortsangaben oder Artbezeichnungen, die jedoch überwiegend bei Bürgerstiftungen – auf die in diesem Handbuch nicht näher eingegangen wird – zu Problemen führen.[4]

192/1 In der Praxis wählt der Stifter häufig seinen eigenen Namen, der dann gleichsam über den Tod hinaus in der Stiftung weiterlebt.[5] Daneben hat sich der Hinweis auf die Rechtsform als Stiftung eingebürgert, also z. B. „Maria Lorch Stiftung".

3. Sitz der Stiftung

193 Der in der Satzung zwingend festzulegende Stiftungssitz ist grds. frei wählbar und insbesondere nicht an den Sitz der Verwaltung gebunden.[6] Zum Schutz des Rechtsverkehrs und zur effektiven Durchführung der Stiftungsaufsicht wird teilweise in der Literatur gefordert, dass am gewählten Sitz auch die Verwaltungsorganisation eingerichtet werden müsse.[7] Diese Ansicht ist abzulehnen, weil von der Wahlfreiheit des Stifters auch umfasst ist, wo die Stiftung ihren Sitz hat. Demnach sind auch die die Verwaltung ausübenden Personen

1 FG Münster, Urteil v. 23.6.1992 - 15 K 752/87 U, EFG 1993 S. 188.
2 Nissel in Werner/Saenger/Fischer, Die Stiftung, Rz. 254 ff., 256.
3 Weitemeyer in MüKoBGB, §§ 80, 81 Rz. 26.
4 Hellmann, S&S 6/2013 S. 30; Werner in Werner/Saenger/Fischer, Die Stiftung, Rz. 345.
5 Werner in Werner/Saenger/Fischer, Die Stiftung, Rz. 344.
6 Werner in Werner/Saenger/Fischer, Die Stiftung, Rz. 347.
7 Weitemeyer in MüKoBGB, §§ 80, 81 Rz. 28.

frei, wo sie ansässig sind bzw. an welchem Ort die Verwaltung erfolgt.[1] Wollte man dies anders beurteilen, wäre es nicht möglich, ein nicht am Sitz der Stiftung ansässiges Organ zu bestellen. Der **Verwaltungssitz** braucht also mit dem Stiftungssitz nicht identisch zu sein, muss allerdings im Inland liegen, § 83a BGB (vgl. → Rz. 146/1 f.).

Unklar ist, ob eine Stiftung einen sogenannten **Doppelsitz** haben kann.[2]

Der in der Satzung festzulegende Stiftungssitz bestimmt zugleich, welches Bundesland und – z. B. in Baden-Württemberg – welches Regierungspräsidium für die Anerkennung zuständig ist (§ 80 Abs. 2 Satz 1 BGB). Ein rein fiktiver Sitz ist allerdings unzulässig. 193/1

Eine **Sitzverlegung** (**Wegzug**) ist nur begrenzt möglich, da hierfür eine Satzungsänderung notwendig ist, die ihrerseits nur unter eingeschränkten Voraussetzungen, die für Satzungsänderungen gelten, möglich ist.[3] In einzelnen Ländergesetzen gibt es für **den Wegzug** spezifische Zustimmungsvorbehalte, wie z. B. in § 10 Abs. 1 Satz 3 StiftGBbg, oder Genehmigungsvorbehalte, wie z. B. in § 8 Abs. 2 Satz 1 BremStiftG.[4] 194

Neben diesen für den Wegzug geltenden Normen sind auch Zustimmungsvorbehalte im **Zuzugsland** zu beachten. So regelt etwa § 10 Abs. 2 Satz 1 ThürStiftG einen Einwilligungsvorbehalt; andere Landesstiftungsgesetze sehen Genehmigungsvorbehalte vor, wie z. B. § 5 Abs. 3 Satz 1 SchlHolStiftG.[5] 195

4. Stiftungsorgane

Die Rechtsstellung der Stiftungsorgane wurde bisher in § 86 BGB a. F. durch zahlreiche Verweisungen ins Vereinsrecht geregelt, die teilweise zu nicht einfach verständlichen Verweisungsketten führen. Die Organverfassung der Stiftung ist seit 1.7.2023 umfassend und eigenständig im Stiftungsrecht geregelt. Die Verweisungen sind auf das Vereinsrecht beschränkt, damit das Recht besser auf die Stiftung und ihre Besonderheiten abgestimmt werden kann und für den Rechtsanwender einfacher zugänglich und verständlich wird. Die Regelungen tragen auch dem Umstand Rechnung, dass Stiftungen nicht selten ne- 196

1 Werner in Werner/Saenger/Fischer, Die Stiftung, Rz. 350.

2 Weitemeyer in MüKoBGB, §§ 80, 81 Rz. 28; a. A. Werner in Werner/Saenger/Fischer, Die Stiftung, Rz. 351.

3 Ivens, Hamburger Handbuch zur Vermögensnachfolge, S. 695; Jakob in Hüttemann/Richter/Weitemeyer, Landesstiftungsrecht, Rz. 6.18 ff.

4 Jakob in Hüttemann/Richter/Weitemeyer, Landesstiftungsrecht, Rz. 6.20.

5 Jakob in Hüttemann/Richter/Weitemeyer, Landesstiftungsrecht, Rz. 6.39 ff.

ben dem Vorstand weitere Organe haben, die neben oder zusammen mit dem Vorstand auch Geschäftsführungsaufgaben wahrnehmen. Deshalb werden zahlreiche Regelungen nicht nur für Vorstandsmitglieder, sondern allgemein für Organmitglieder formuliert.[1]

4.1 Vorstand

196/1 Die in § 81 Abs. 1 Nr. 1 lit. d) BGB enthaltene Satzungsbestimmung zur „Bildung des Vorstands“ wird durch §§ 84 ff. BGB ergänzt. Durch die Satzung muss zumindest festgelegt werden, wie viele Mitglieder der Vorstand haben soll und wie die Mitglieder des Vorstands bestellt werden sollen.[2]

196/2 § 84 Abs. 1 Satz 1 BGB bestimmt, dass jede Stiftung einen Vorstand haben muss. § 84 Abs. 1 Satz 1 BGB ist zwingend. Der Vorstand ist das einzige **Pflichtorgan** der Stiftung. Durch die Satzung können nach § 84 Abs. 4 und 5 BGB neben dem Vorstand weitere Organe vorgesehen werden.[3]

4.1.1 Gesetzlicher Vertreter

196/3 Eine juristische Person handelt im Rechtsverkehr durch ihre aus natürlichen Personen bestehenden Organe. § 84 Abs. 1 Satz 2 BGB stellt ausdrücklich klar, dass der Vorstand grds. das **Geschäftsführungsorgan** der Stiftung ist. Die Geschäftsführung umfasst alle Tätigkeiten zur Verfolgung des Stiftungszwecks einschließlich der Vertretung der Stiftung, die in § 84 Abs. 2 BGB als wichtiger Teil der Geschäftsführung speziell geregelt ist.[4]

196/4 Die Vorschrift ist nach § 84 Abs. 3 BGB teilweise dispositiv. **Geschäftsführungsaufgaben** können durch die Satzung bei Stiftungen ebenso wie bei Vereinen **auch anderen Organen** zugewiesen werden. Deshalb regelt § 84a BGB die Rechte und Pflichten bei der Geschäftsführung in Bezug auf alle Organmitglieder, nicht nur für Vorstandsmitglieder. Eine Ausnahme gilt allerdings für die aktive und passive **Vertretung** der Stiftung nach § 84 Abs. 2 Satz 1 und 3 BGB. Diese ist **zwingend** dem Vorstand vorbehalten. Die Vertretungsmacht des Vorstands kann nach § 84 Abs. 3 BGB mit Außenwirkung nur beschränkt, aber nicht ausgeschlossen werden.[5]

---

1 BT-Drucks. 19/28173 v. 31.3.2021 S. 58.
2 BT-Drucks. 19/28173 v. 31.3.2021 S. 48.
3 BT-Drucks. 19/28173 v. 31.3.2021 S. 59.
4 BT-Drucks. 19/28173 v. 31.3.2021 S. 59.
5 BT-Drucks. 19/28173 v. 31.3.2021 S. 59.

Es ist also mindestens eine natürliche Person erforderlich, die als Vorstand die Stiftung führt und vertritt.[1] Nicht zwingend ist es, dass dieses Organ auch als Vorstand bezeichnet wird; ebenfalls geläufig sind als Bezeichnung für den Vorstand „Direktorium" oder „Präsidium".[2] 196/5

Nach § 84 Abs. 2 Satz 1 BGB ist der Vorstand das zwingende Vertretungsorgan der Stiftung. Die Vorstandsfähigkeit ist bei Stiftungen gesetzlich nicht beschränkt. Ebenso wie bei Vereinen können Vorstandsmitglieder nicht nur natürliche Personen, sondern auch juristische Personen des privaten und öffentlichen Rechts, z. B. auch Gemeinden, und sonstige rechtsfähige Personenvereinigungen sein. Diese selbst nicht handlungsfähigen Vorstandsmitglieder handeln durch ihre zuständigen Organe. Das zuständige Organ wird durch Gesetz oder Satzung bestimmt. Bei kommunalen Stiftungen können die Gemeinden, Kreise oder Bezirke zu Vorständen bestellt werden und durch Landesrecht kann geregelt werden, welches Organ der Körperschaft die Vorstandsaufgaben wahrnimmt.[3] 196/6

Die **Vertretungsmacht** des Stiftungsvorstands ist nach § 84 Abs. 2 Satz 1 BGB wie beim Vereinsvorstand nach § 26 Abs. 1 Satz 2 BGB umfassend und unbeschränkt. Sie kann allerdings durch die Satzung beschränkt werden, insbesondere können auch Mitwirkungsrechte anderer Organe bei Vertretung der Stiftung vorgesehen werden.[4] 196/7

Bei einem **mehrköpfigen Vorstand** wird die Stiftung gem. § 84 Abs. 2 Satz 2 BGB durch die Mehrheit der Vorstandsmitglieder vertreten. Nach § 84 Abs. 3 BGB kann die Vertretungsmacht der Vorstandsmitglieder durch die Satzung auch abweichend geregelt werden, insbesondere kann den Vorstandsmitgliedern auch Einzelvertretungsmacht oder nur Gesamtvertretungsmacht eingeräumt werden. 196/8

§ 84 Abs. 2 Satz 3 BGB regelt die **passive Vertretungsmacht** der Mitglieder des Stiftungsvorstands. Ebenso wie beim Verein ist jedes Vorstandsmitglied allein zur Empfangsvertretung für die Stiftung berechtigt, das heißt eine Erklärung, die der Stiftung gegenüber abzugeben ist, ist der Stiftung zugegangen, wenn Zugang bei einem Vorstandsmitglied bewirkt wurde. Die passive Vertretungs- 196/9

1 Zu der Frage, ob eine juristische Person Vorstand werden kann, eingehend Wanka, npoR 2019 S. 117.

2 Manteufel, S&S 2/2013 S. 36; Timmer, S&S RS 6/2009 S. 1; Grambow, Organe von Vereinen und Stiftungen, Rz. 749.

3 BT-Drucks. 19/28173 v. 31.3.2021 S. 59.

4 BT-Drucks. 19/28173 v. 31.3.2021 S. 59.

macht des jeweiligen Vorstandsmitglieds kann wie bisher nicht ausgeschlossen werden.[1]

196/10 Ist ein Vorstandsmitglied eine juristische Person oder rechtsfähige Personenvereinigung, so ist der Zugang einer Erklärung bei diesem Vorstandsmitglied bewirkt, wenn die Erklärung einer Person zugeht, die für das Vorstandsmitglied empfangsberechtigt ist. Dies gilt auch für juristische Personen des öffentlichen Rechts. Es besteht deshalb kein Bedürfnis für Vorstandsmitglieder, die juristische Personen des öffentlichen Rechts sind, eine von § 84 Abs. 2 Satz 3 BGB abweichende Regelung vorzusehen.[2]

196/11 § 84 Abs. 3 BGB bestimmt, inwieweit von § 84 Abs. 1 und 2 BGB durch die Satzung abgewichen werden kann. Der Vorstand ist nach § 84 Abs. 1 Satz 2 BGB das Geschäftsführungsorgan der Stiftung. Diese Vorschrift ist allerdings nicht zwingend, so dass durch die Satzung Geschäftsführungsaufgaben mit Ausnahme der Vertretung der Stiftung auch auf andere Stiftungsorgane übertragen werden können.[3]

196/12 Durch die Satzung kann von der Vorschrift des § 84 Abs. 2 Satz 2 BGB abgewichen werden, die regelt, dass die Stiftung, die einen mehrköpfigen Vorstand hat, durch die Mehrheit der Vorstandmitglieder vertreten wird. Die Vertretungsmacht des Vorstands kann wie bisher durch die Satzung mit Wirkung auch gegen Dritte beschränkt werden. Die Vertretungsmacht des Vorstands kann insbesondere dadurch beschränkt werden, dass sie an die Zustimmung eines anderen Organs gebunden wird.[4]

196/13 Sind **mehrere Organe** (z. B. Vorstand und Stiftungsrat) bestellt, können sich Streitigkeiten zwischen den Organen ergeben. Über die zivilrechtliche Wirksamkeit oder Unwirksamkeit von Beschlüssen und den hieraus für die Stiftung und ihre Organe bzw. deren Mitglieder resultierenden Folgen haben die ordentlichen Gerichte zu befinden.[5]

196/14 Organe juristischer Personen können im Zivilprozess nur die Stellung von gesetzlichen Vertretern haben und nicht selbst Partei sein. Im Verhältnis zwischen den Mitgliedern der Organe liegt folglich ein sogenannter **Inter-Organstreit** vor. Aus dem zivilprozessualen Erfordernis des Parteiengegensatzes folgt die zwingende Notwendigkeit einer Personenverschiedenheit von Kläger und

1 BT-Drucks. 19/28173 v. 31.3.2021 S. 60.

2 BT-Drucks. 19/28173 v. 31.3.2021 S. 60.

3 BT-Drucks. 19/28173 v. 31.3.2021 S. 60.

4 BT-Drucks. 19/28173 v. 31.3.2021 S. 60.

5 OLG Frankfurt, Urteil v. 25.9.2018 - 5 U 130/18, NZG 2019 S. 22, Rz. 32.

Beklagtem, so dass Organstreitverfahren innerhalb eines Rechtsträgers nur ausnahmsweise aufgrund einer besonderen Ermächtigung zuzulassen sind.[1] In der stiftungsrechtlichen Literatur wird anders als im Aktienrecht nicht näher erörtert, ob und wie ggf. die Stiftungsorgane selbst einen Beschlussmangel (das Vorliegen eines solchen Mangels ist Vorfrage der Verfügungsanträge) geltend machen können. Richtigerweise muss es im Stiftungsrecht **Organklagen** in dem Sinne geben, dass jedes Organ innerhalb des zugewiesenen Geschäftskreises befugt ist, namens der Stiftung gegen seiner Meinung nach pflichtwidriges Handeln oder Unterlassen der Mitglieder eines anderen oder auch desselben Organs gerichtlich vorzugehen.[2]

Die Nennung konkreter Organpersonen erfolgt nicht in der Stiftungssatzung, 197 sondern im Stiftungsgeschäft. Häufig wird der Stifter sich selbst oder andere Personen seiner Wahl als „erste" Vorstandsmitglieder bestellen. Behält sich der Stifter selbst die lebzeitige Position des alleinigen Vorstandes vor (sogenannter **Gründungsvorstand**), gilt es zu beachten, dass er bei der Ausgestaltung seiner Organstellung denselben Grenzen unterworfen wird, die auch für fremde Dritte gelten. So ist es nicht möglich, die Organfunktion dahingehend „auszunutzen", dass der eigene subjektive Wille (des Stiftervorstands) an die Stelle des in der Satzung niedergelegten Willens gesetzt wird.

Bei der Festlegung der Person des Gründungsvorstands im Stiftungsgeschäft 198 ist der Stifter nicht an das für die später zu bestellenden Vorstände vorgegebene Wahlverfahren gebunden. Der Stifter kann sowohl was die Anzahl der Vorstandsmitglieder als auch deren Amtszeit anbelangt von den Festlegungen in der Satzung abweichen.[3]

BEISPIELE

(1) Der erste Stiftungsvorstand besteht aus mindestens drei Mitgliedern und wird von den Stiftern berufen; danach werden seine Mitglieder vom Stiftungsrat gewählt.

(2) Die Stiftungsvorstandsmitglieder werden jeweils für die Dauer von fünf Jahren gewählt; ein Vorstandsmitglied darf höchstens dreimal wiedergewählt werden.

(3) Die Stifter gehören dem Stiftungsvorstand auf Lebenszeit an, die von den Stiftern mit Errichtung der Stiftung persönlich berufenen Stiftungsvorstände bis zur Vollendung des 75. Lebensjahres. Im Übrigen scheidet ein Vorstandsmitglied mit Vollendung des 68. Lebensjahres aus dem Vorstand aus.

1 OLG Frankfurt, Urteil v. 25.9.2018 - 5 U 130/18, NZG 2019 S. 22, Rz. 38 f.

2 OLG Frankfurt, Urteil v. 25.9.2018 - 5 U 130/18, NZG 2019 S. 22, Rz. 47; Harder, ZStV 2019 S. 146.

3 Werner in Werner/Saenger/Fischer, Die Stiftung, Rz. 392.

199 Bei einem mehrgliedrigen Vorstand (drei oder max. fünf Personen)[1] sollte in der Satzung die Position der Vorsitzenden bzw. des Vorsitzenden und deren/dessen Stellvertreter inklusive des Wahlverfahrens vorgesehen werden.

BEISPIEL ▸ Der Stiftungsvorstand wählt aus seiner Mitte einen Vorsitzenden und einen Stellvertreter. Solange der Stifter Mitglied im Stiftungsvorstand ist, übt er die Funktion des Vorsitzenden aus.

HINWEIS:

Nur die vertretungsberechtigten Vorstände werden im Stiftungsverzeichnis aufgeführt. Die weiteren Vorstände sind dort nicht ausgewiesen.

200 Kann der Vorstand (nach dem Ausscheiden des Stifters) nicht von einem anderen Gremium (z. B. Beirat) bestimmt werden, weil dieses nicht besteht (eingliedrige Organisation), sollte **Kooptation** vorgesehen werden.[2] Hierbei wählen die verbleibenden, noch amtierenden Mitglieder, das neue Organmitglied und berufen es.[3]

BEISPIEL ▸ Scheidet der Stifter oder ein anderes Mitglied des Stiftungsvorstands aus, so wählen die verbleibenden Vorstandsmitglieder durch einstimmigen Beschluss einen Nachfolger im Wege der Selbstergänzung hinzu.[4]

201 Sind mehrere Organe vorhanden (mehrgliedrige Organisation), dann sollte vermieden werden, dass der Vorstand als Exekutivorgan die Mitglieder des Aufsichtsorgans (Beirats/Kuratoriums) bestellt. Als Lösung bietet sich zweierlei an. Zum einen die Bestellung der Vorstandsmitglieder durch Dritte. Zum anderen die Wahl und Berufung der Vorstandsmitglieder durch den Beirat als Aufsichtsgremium, wobei die Ersatzmitglieder des Aufsichtsgremiums dann im Wege der Kooptation gewählt werden dürfen.[5]

202 Sinnvoll ist es ferner, die **Amtszeit** des Vorstands (wie auch anderer Organmitglieder) in der Stiftungsatzung zu begrenzen.

---

1 Werner in Werner/Saenger/Fischer, Die Stiftung, Rz. 401.

2 Schlüter/Stolte, Stiftungsrecht, Kapitel 2 Rz. 65 f.; Werner in Werner/Saenger/Fischer, Die Stiftung, Rz. 404.

3 Schlüter/Stolte, Stiftungsrecht, Kapitel 2 Rz. 66.

4 Teilweise wird die Selbstergänzung auch „Ergänzungszuwahl" genannt.

5 Schlüter/Stolte, Stiftungsrecht, Kapitel 2 Rz. 67 f.; Werner in Werner/Saenger/Fischer, Die Stiftung, Rz. 403.

BEISPIEL Der Vorstand wird vom Stiftungsrat auf höchstens fünf Jahre bestellt, sofern bei der Bestellung des jeweiligen Vorstandsmitglieds nichts anderes bestimmt wird; mehrfache Wiederwahl eines Mitglieds des Stiftungsvorstands ist zulässig.

Ferner ist an die Festlegung eines **Höchstalters** hinsichtlich der Wählbarkeit eines Vorstandsmitglieds zu denken. Denn vielen Stiftern bereitet die Vorstellung ein Grauen, dass das der Stiftung anvertraute Vermögen oder die Geschicke ihres Unternehmens von Greisen verwaltet oder gelenkt wird. Häufig wird dabei übersehen, dass das isolierte Abstellen auf das Lebensalter kein ausreichendes Kriterium darstellt, wie lange eine Person als Organ für eine Stiftung handeln darf. Daher hat sich eingebürgert, ein Ende der Amtszeit mit dem Eintritt des Vorsorgefalls i. S. des § 1896 BGB vorzusehen. 203

BEISPIEL Mit Vollendung des 70. Lebensjahres scheidet ein Mitglied aus dem Stiftungsvorstand aus; dasselbe gilt, wenn vorher der Vorsorgefall eintritt bzw. Betreuung angeordnet wird, selbst wenn der Betreuer nur vorübergehend und/oder nur für bestimmte Bereiche eingesetzt wird.

Ergänzt wird dies oft durch eine Regelung, die neben dem Höchst-/Mindestalter im Zeitpunkt der Wahl auch ein bestimmtes Durchschnittsalter der Organe verlangt. 204

BEISPIEL Der Vorstand ist im Interesse der Kontinuität der Stiftungsarbeit verpflichtet, auf eine ausgewogene Altersstruktur bei Wahl und Wiederwahl seiner Mitglieder zu achten; das Durchschnittsalter des Vorstandes (ohne die Stifter) darf 65. Lebensjahre nicht übersteigen. Zum Vorstand kann nur gewählt werden, wer mindestens das 40. Lebensjahr vollendet und das 70. Lebensjahr noch nicht erreicht hat.

Der Stifter kann ferner regeln, welche Personen nicht als Organmitglied bestellt werden dürfen. 205

BEISPIELE Folgende Personen können nicht in den Vorstand berufen werden:

a) Angehörige und Verwandte des Stifters einschließlich deren Abkömmlinge und deren Angehörige;

b) Angehörige und Verwandte aktiver Vorstands- und Stiftungsratsmitglieder einschließlich deren Abkömmlinge und deren Angehörige.

Die Organstellung kann ferner durch Abberufung enden. Da das BGB hierzu keine Regelungen enthält, bedarf es einer Satzungsregelung, unter welchen Voraussetzungen eine Abberufung eines Vorstandsmitglieds möglich ist.[1] Auch ohne Satzungsregelung ist hingegen eine Abberufung aus wichtigem 206

1 Vgl. → Rz. 229.

Grund stets möglich.[1] Die Abberufung eines Vorstandsmitglieds aus anderen als wichtigen Gründen richtet sich folglich allein nach der Satzung.

BEISPIELE ▸ Vorstandsmitglieder können vom Stiftungsrat abberufen werden, wenn

a) das betroffene Vorstandsmitglied gegen die Satzung oder Gremienbeschlüsse verstößt;

b) bei erkennbarer Unfähigkeit des Betroffenen, den ihm obliegenden Pflichtenkreis wahrzunehmen;

c) bei Verweigerung der Mitarbeit oder bei grober Verletzung der Treuepflicht gegenüber der Stiftung. Ein solcher grober Treueverstoß liegt vor, wenn ein Organmitglied sein Amt dazu ausnutzt, sich persönliche Vorteile zu verschaffen.[2]

207 Neben den satzungsmäßigen Abberufungsgründen sehen alle Landesstiftungsgesetze (z. B. § 12 Abs. 1 BaWürttStiftG)[3] eine **Abberufung** eines Vorstandsmitglieds durch die **Stiftungsaufsicht** bei Vorliegen eines wichtigen Grundes vor.[4] Als wichtiger Grund werden grobe Pflichtverletzungen oder die Unfähigkeit zur ordnungsgemäßen Geschäftsführung angesehen. In jedem Fall muss es sich um einen schwerwiegenden Mangel handeln, der die Stiftung in ihrer Existenz und Tätigkeit erheblich gefährdet oder beeinträchtigt.[5] Bei dem Vorliegen einer groben Pflichtverletzung handelt es sich um einen unbestimmten Rechtsbegriff, der voller gerichtlicher Überprüfung unterliegt. Ob eine grobe Pflichtverletzung vorliegt, hängt von den Umständen des Einzelfalls ab; es kommt auf den Grad des Verschuldens und die Bedeutung der Pflichtverletzung für die Stiftung an.[6] Die Verletzung einer Pflicht kann resultieren aus einer Missachtung stiftungsrechtlicher oder sonstiger gesetzlicher Vorschriften oder der Stiftungssatzung. Ob eine grobe Pflichtverletzung vorliegt, hängt von den Umständen des Einzelfalles ab. Zu berücksichtigen ist die Bedeutung der Pflichtverletzung für die Stiftung und der Grad des Verschuldens des Organwalters. Eine grobe Pflichtverletzung liegt etwa in der beharrlichen Weigerung, den Stiftungszweck zu erfüllen, oder in der Beeinträchtigung des Funktionsinteresses der Stiftung.[7]

---

1 OLG Hamm, Teilurteil v. 8.5.2017 - 8 U 86/16 NWB WAAAG-54996 = NZG 2017 S. 864; Grambow, Organe von Vereinen und Stiftungen, Rz. 788.

2 Werner, NJOZ 2019 S. 241, 241.

3 Vgl. die Zusammenstellung bei Schulte in Hüttemann/Richter/Weitemeyer, Landesstiftungsrecht, Rz. 29.37.

4 Grambow, Organe von Vereinen und Stiftungen, Rz. 790; VG Karlsruhe, Beschluss v. 18.1.2018 - 7 K 14854/17, npoR 2018 S. 114.

5 VG Karlsruhe, Beschluss v. 18.1.2018 - 7 K 14854/17, npoR 2018 S. 114, Rz. 11; Schulte in Hüttemann/Richter/Weitemeyer, Landesstiftungsrecht, Rz. 29.37.

6 VG Bremen, Urteil v. 17.7.2020 - 2 K 2193/17, ZStV 2022 S. 112.

7 VG Karlsruhe, Beschluss v. 18.1.2018 - 7 K 14854/17, npoR 2018 S. 114, Rz. 11.

Schließlich kommt die **Amtsniederlegung** durch das Vorstandsmitglied selbst in Betracht. Der **Rücktritt** ist gegenüber dem Kreationsorgan (z. B. Stiftungsrat) zu erklären und nicht gegenüber der Stiftungsbehörde.[1]

Ebenfalls sollten Regelungen in der Satzung getroffen werden, wie Vorstands-Beschlüsse zu treffen sind. Enthält die Stiftungssatzung hierzu nichts, dann gilt § 84b BGB. Satz 1 des § 84b BGB bestimmt, dass Stiftungsorgane, die mehrere Mitglieder haben, ihre Beschlüsse entsprechend § 32 BGB fassen. § 32 BGB seinerseits regelt die Beschlussfassung durch die Mitgliederversammlung, wenn in der Satzung nichts anderes geregelt ist. Nach dem gesetzlichen Leitbild entscheidet also die **Mehrheit** der **erschienenen** Mitglieder, § 32 Abs. 1 Satz 3 BGB.[2] Sollte diese gesetzliche Regelung nicht den Vorstellungen des Stifters entsprechen, wird empfohlen, durch konkrete Satzungsregelungen die erforderlichen Mehrheiten für die Beschlussfassung innerhalb und außerhalb von Versammlungen der Organe zu regeln. 208

§ 84b Satz 2 BGB entspricht § 34 BGB, der einen Stimmrechtsausschluss bei Interessenkollisionen vorsieht. Die Vorschrift, die für die Beschlussfassung in der Mitgliederversammlung und im Vorstand des Vereins gilt, soll künftig direkt auch für die Beschlussfassung in allen Stiftungsorganen gelten. Die Vorschrift soll – wie die vergleichbaren vereinsrechtlichen Vorschriften in den §§ 28 und 34 BGB – zwingend sein.[3] 208/1

Riskant ist eine Regelung, wonach alle Entscheidungen nur durch **einstimmigen** Beschluss aller Organmitglieder getroffen werden können. Eine derartige Regelung beeinträchtigt unverhältnismäßig die Handlungsfähigkeit des Organs; von ihr ist **abzuraten**. Ist es z. B. einem Mitglied des Organs aus Krankheitsgründen nicht möglich, seine Zustimmung in einer Sitzung zu erteilen, könnte das Organ eine ggf. sogar dringliche Entscheidung nicht treffen; im schlimmsten Fall könnte ein einzelnes Mitglied des Organs – ohne Sachgründe – wichtige Entscheidungen aufgrund seines Vetorechts blockieren. Daher muss vermieden werden, dass – insoweit ist die Interessenlage gänzlich anders als die eines Gesellschafters in einer Gesellschafterversammlung – einer einzelnen Person eine so starke Position eingeräumt wird. Zum Schutz der Stiftung ist es ausreichend, wenn die Beschlüsse mit **einfacher oder qualifizierter** Mehrheit geschlossen werden.[4] 209

1 Weitemeyer in MüKoBGB, § 86 Rz. 11.

2 Schlüter/Stolte, Stiftungsrecht, Kapitel 2 Rz. 70.

3 BT-Drucks. 19/28173 v. 31.3.2021 S. 62.

4 Vgl. etwa § 10 Abs. 2 und § 20 Abs. 3 Satzung der Bertelsmann Stiftung.

BEISPIEL Der Vorstand ist beschlussfähig, wenn mindestens die Hälfte seiner Mitglieder anwesend ist. Der Vorstand fasst seine Beschlüsse mit einfacher Mehrheit der anwesenden Mitglieder; bei Stimmengleichheit gibt die Stimme des/der Vorsitzenden den Ausschlag.

Diese Regelung ist zu empfehlen, weil das Erfordernis „mindestens die Hälfte der Mitglieder" sicherstellt, dass zwar nicht alle, aber mindestens drei Mitglieder eines vierköpfigen Vorstands bzw. vier Mitglieder eines fünfköpfigen anwesend sein müssen, um die Beschlüsse fassen zu können.

210 Sind Beschlussthemen denkbar, die den Stifter persönlich berühren, ist an folgende Regelung zu denken:

BEISPIEL Für Beschlüsse nach § ... dieser Satzung (z. B. Vermögensumschichtungen) ist eine Zweidrittelmehrheit aller Mitglieder des Vorstands erforderlich; solange der Stifter Mitglied des Vorstands ist, bedarf ein derartiger Beschluss außerdem der Zustimmung des Stifters.

211 Die Vorschriften über die Ladung zu einer Vorstandssitzung, die Möglichkeit des Beschlusses im schriftlichen **Umlaufverfahren** bzw. per E-Mail werden üblicherweise nicht in der Stiftungssatzung vereinbart. Vielmehr werden diese Details in der **Geschäftsordnung** geregelt.[1]

BEISPIEL Sollen Entscheidungen ausnahmsweise im Umlaufverfahren getroffen werden, so fordert der Vorsitzende, im Falle seiner Verhinderung der stellvertretende Vorstandsvorsitzende, zur schriftlichen Abstimmung innerhalb einer bestimmten Frist auf. Voraussetzung für die Wirksamkeit der Beschlüsse ist die Beteiligung aller Vorstandsmitglieder am Abstimmungsverfahren.

212 Bei einer Stiftung mit zwei Organen bedarf der Beschluss des Vorstands über die „Geschäftsordnung des Vorstands" üblicherweise der Zustimmung des Aufsichtsorgans (Beirat bzw. Kuratorium).

213 **Beschlussfähigkeit** wird i. d. R. angenommen, wenn „mehr als die Hälfte der Vorstandsmitglieder an der Beschlussfassung teilnimmt". Etwas anderes gilt dann, wenn die Satzung ausdrücklich eine größere Mehrheit verlangt. Für ein höheres Quorum für „normale" Beschlüsse besteht regelmäßig kein Bedarf. Und selbst für satzungsändernde Beschlüsse genügt es, wenn 4/5 sämtlicher Mitglieder des Organs dafür stimmen.[2]

Geregelt werden sollte auch, ob sich ein Vorstandsmitglied einer rechtsfähigen Stiftung bürgerlichen Rechts bei organschaftlichen Beschlussfassungen im Vorstand **durch ein anderes Vorstandsmitglied vertreten** lassen kann. Die

1 Vgl. etwa § 20 Abs. 1 Satz 3 Satzung der Bertelsmann Stiftung.

2 So z. B. § 20 Abs. 3 Satz 4 Satzung der Bertelsmann Stiftung.

herrschende Auffassung geht davon aus, dass zur Erhaltung der Arbeitsfähigkeit eines Stiftungsvorstands sich dessen Mitglieder zwar nicht durch Dritte, wohl aber durch andere Vorstandsmitglieder vertreten lassen können.[1] Für die Möglichkeit der Stellvertretung im Stiftungsvorstand bedarf es nach Ansicht des BVerwG keiner ausdrücklichen Gestattung in der Stiftungssatzung. Vielmehr reicht es aus, wenn sich der Stiftungssatzung eine entsprechende Ermächtigung im Wege der Auslegung entnehmen lässt.[2]

Üblicherweise beträgt die **Ladungsfrist** vierzehn Tage. Zu bedenken ist, dass 214
längere Ladungsfristen für Vorstandssitzungen und die Festlegung einer zu hohen Anwesenheits-Quote für die Beschlussfähigkeit des Organs dazu führen können, dass der Vorstand handlungsunfähig wird bzw. seine Entscheidungsfindung viel zu lange dauert.

Eine an die Organmitglieder gerichtete Ladung sollte stets zusammen mit der **Tagesordnung** versandt werden.[3]

Zu regeln ist – i. d. R. in der Stiftungssatzung – auch, wem die **Sitzungsleitung** obliegt.[4] Sofern der Stifter sich als Vorstand bestellt, wird er dieses Amt übernehmen.

4.1.2 Tätigkeitsvergütung für den Vorstand

Ein Organmitglied wird nach § 84a Abs. 1 Satz 2 BGB unentgeltlich für die Stif- 215
tung tätig, wenn die Satzung nichts Abweichendes regelt. Der Zeitaufwand für die Tätigkeit als Organmitglied darf von der Stiftung deshalb nur vergütet werden, wenn die Satzung eine solche Vergütung zulässt oder eine Vergütung nach § 84c Abs. 2 Satz 1 BGB bewilligt wurde.[5] Wird eine Vergütung des Organs in der Satzung angeordnet, sollte auch geregelt werden, welches andere Organ (i. d. R. der Beirat) die Höhe festlegt.[6] Vom Umfang der Tätigkeit wird abhängen, ob der Vorstand hauptberuflich als Organ für die Stiftung tätig wird. Ist der Umfang sehr gering, kommt eine ehrenamtliche Tätigkeit in Betracht. Insbesondere bei der Stufengründung[7] wird der Umfang bis zum Ableben des Stifters oft so gering sein, so dass eine Entlohnung wie im Rahmen

1 Ellenberger in Grüneberg, BGB, 78. Aufl. 2019, § 28 Rz. 2.

2 BVerwG, Beschluss v. 6.3.2019 - 6 B 135.18 NWB AAAAH-12055 = BeckRS 2019 S. 5318.

3 Werner in Werner/Saenger/Fischer, Die Stiftung, Rz. 421.

4 Werner in Werner/Saenger/Fischer, Die Stiftung, Rz. 422.

5 BT-Drucks. 19/28173 v. 31.3.2021 S. 61.

6 BMF, Schreiben v. 21.11.2014, BStBl 2014 I S. 1581 (Tz. 8); Schlüter/Stolte, Stiftungsrecht, Kapitel 2 Rz. 71.

7 Vgl. → Rz. 264.

eines Arbeitsverhältnisses ausscheidet. Nach dem Erbfall wird sich dies indes meist grundlegend ändern, so dass in der Satzung bereits geregelt sein muss, dass eine Vergütung/Entlohnung in Betracht kommt.[1]

216 Insbesondere bei steuerbefreiten Stiftungen ist bzgl. der Vergütung von Vorständen eine enge Abstimmung mit dem zuständigen Finanzamt notwendig, da nur eine adäquate Vergütung mit den steuerlichen Vorgaben der AO in Deckung zu bringen ist.[2] Ein Vorstand, der eine satzungswidrige Vergütung bezieht, erfüllt regelmäßig **nicht** den strafrechtlichen **Untreuetatbestand**, da es am Merkmal des „Nachteilzufügens" fehlt, wenn der Vorstand eine Gegenleistung in Form seiner Arbeitskraft erbringt.[3]

4.1.3 Vertretungsmacht

217 Der **Vorstand** (eine oder mehrere Personen) ist **gesetzlicher Vertreter** der Stiftung und vertritt diese gerichtlich und außergerichtlich (§§ 86, 26 Abs. 2 Satz 1 BGB).

218 Bei einem **mehrgliedrigen** Vorstand sollte geregelt werden, ob dem Vorsitzenden **Alleinvertretungsmacht** eingeräumt wird, oder ob Gesamtvertretung gelten soll.

219 Wird, um die Handlungsfähigkeit der Stiftung zu garantieren, jedem Vorstand Alleinvertretungsmacht eingeräumt, sollte in der Geschäftsordnung für den Vorstand geregelt werden, in welchen Fällen der Stellvertreter des Vorsitzenden an dessen Stelle tätig werden soll/muss.[4]

220 Nur in den seltensten Fällen besteht ein Bedürfnis dafür, dass der Vorstand vom Verbot des Selbstkontrahierens gem. **§ 181 BGB** befreit wird. Besteht ein weiteres Organ neben dem Vorstand, kann dieses in Fällen des § 181 BGB entscheiden, so dass die pauschale Befreiung des Vorstands – wie bei den Geschäftsführern einer GmbH üblich – unterbleiben kann.[5]

221 Die **Vertretungsmacht** des Vorstands kann durch die Stiftungssatzung mit Wirkung gegen Dritte oder auch nur im Innenverhältnis gem. § 84 Abs. 3 BGB

---

1 Werner in Werner/Saenger/Fischer, Die Stiftung, Rz. 442.

2 Siehe → Rz. 1325

3 OLG Köln, Beschluss v. 6.5.2013 - 2 Ws 254/13, S&S 6/2013 S. 38; vgl. auch OFD Frankfurt, Vfg. v. 1.8.2013 - S 2121 A-32-St 213, S&S 5/2013 S. 40.

4 Werner in Werner/Saenger/Fischer, Die Stiftung, Rz. 399, 405.

5 Werner in Werner/Saenger/Fischer, Die Stiftung, Rz. 400; Grambow, Organe von Vereinen und Stiftungen, Rz. 758.

eingeschränkt werden.[1] Die Beschränkung kann sich auf eine bestimmte Art von Geschäften beziehen, z. B. auf Abschluss von Kauf-/Verkaufsverträgen, oder auf Geschäfte mit einem bestimmten Wert. Die Beschränkungen müssen sich aber stets aus der Satzung selbst eindeutig ergeben; in einer Geschäftsordnung wäre dies nicht möglich. Einer generellen Einschränkung der Vertretungsmacht durch den Stiftungszweck hat der BGH eine Absage erteilt.[2] Ein Kernbereich an Rechten hat dem Vorstand indes zu verbleiben, da er als einziges Vertretungsorgan zwingend handlungsfähig bleiben muss.[3] Bei unternehmensverbundenen Stiftungen in der Rechtsform der Handelsgesellschaft kann die Beschränkung unter Umständen keine rechtliche Wirkung entfalten.[4]

Derzeit ist nur in § 19 BayStiftG ein Genehmigungsvorbehalt (qualifizierte Anzeigepflicht) für bestimmte Arten von Rechtsgeschäften vorgesehen.[5] Demgegenüber sind in einigen Ländern Anzeige und Vorlagepflichten normiert worden,[6] die ebenfalls den Vorstand in seiner Handlungsmacht reglementieren. 222

Um seine Vertretungsmacht (insbesondere gegenüber Banken) nachzuweisen, werden sogenannte **Vertretungsbescheinigungen** von der Stiftungsaufsichtsbehörde erteilt.[7] Soweit dies in den einzelnen Bundesländern nicht bereits gesetzlich vorgesehen ist, hat zumindest jede Stiftung einen Rechtsanspruch auf Erteilung einer derartigen Vertretungsbescheinigung.[8] Die Stiftung hat ihrerseits jede Änderung in der Besetzung der Gremien unverzüglich anzuzeigen. 223

HINWEIS:

In Bayern werden Familienstiftungen keine Vertretungsbescheinigungen ausgestellt. Hier hilft „nur“ die Bitte, die Stiftungsbehörde möge immerhin bestätigen, welche Person im Stiftungsgeschäft sowie in der Satzung als erster Stiftungsvorstand benannt ist.[9]

1 BGH v. 15.4.2021 - III ZR 139/20 NWB RAAAH-79698 = NJW 2021 S. 2036; Grambow, Organe von Vereinen und Stiftungen, Rz. 762.

2 BGH v. 15.4.2021 - III ZR 139/20 NWB RAAAH-79698 = NJW 2021 S. 2036 Rz. 32.

3 Grambow, Organe von Vereinen und Stiftungen, Rz. 763.

4 Grambow, Organe von Vereinen und Stiftungen, Rz. 764.

5 Schulte in Hüttemann/Richter/Weitemeyer, Landesstiftungsrecht, Rz. 29.19.

6 Z. B. in § 13 Abs. 1 Satz 1 BaWürttStiftG oder in § 9 Abs. 1 Satz 1 SchlHolStiftG.

7 Meyn, S&S 6/2013 S. 35; Rawert in Hüttemann/Richter/Weitemeyer, Landesstiftungsrecht, Rz. 12.4 f.

8 Rawert in Hüttemann/Richter/Weitemeyer, Landesstiftungsrecht, Rz. 12.5, 12.21 ff.

9 Theuffel-Werhahn, ZEV 2017 S. 17, 21.

4.1.4 Geschäftsführung

224 Die Satzung muss ferner die **Geschäftsführung** (Vermögensverwaltung und Erfüllung des Stiftungszwecks) regeln. Diese ist per se dem Vorstand als gesetzlichem Vertreter der Stiftung übertragen.

BEISPIEL Zu den Aufgaben des Vorstands gehören alle **laufenden Angelegenheiten** der Stiftung, insbesondere:

a) die laufende Buchhaltung, wobei der Vorstand professionelle Hilfe in Anspruch nehmen soll;
b) die Verwaltungsaufgaben und den Zahlungsverkehr der Stiftung (Einnahmen, Ausgaben);
c) die Vorbereitung und Durchführung von Stiftungsveranstaltungen und sonstiger satzungsgemäßer Aktivitäten (Förderveranstaltungen, Akquisitionen etc.);
d) die Wahrnehmung der Berichtspflichten gegenüber der Aufsichtsbehörde, insbesondere durch die Erstellung der Jahresrechnung mit Vermögensübersicht sowie des Berichts über die Erfüllung des Stiftungszwecks;
e) die Abwicklung sämtlicher stiftungs- und steuerrechtlicher Angelegenheiten mit den zuständigen Behörden.

225 Ferner kann durch einen Katalog an zustimmungspflichtigen Geschäften erreicht werden, dass der Vorstand im Innenverhältnis vor einer Maßnahme z. B. den Beirat um Zustimmung bitten muss.

BEISPIELE

a) Die Verwaltung des Stiftungsvermögens erfolgt auf Basis der vom Stiftungsrat vorgegebenen Richtlinien.
b) Die Verwendung der Stiftungserträge zur Verwirklichung des Stiftungszwecks darf nur nach Weisung durch den Stiftungsrat erfolgen.

226 Vorgeschlagen wird in der Literatur, dass der Vorstand für jedes Geschäftsjahr einen **Haushaltsplan** aufzustellen habe.[1] Dem wird man zustimmen können, wenn die Stiftung über erhebliches Vermögen verfügt und andernfalls eine Entscheidungsgrundlage für die Aufsichtsgremien in der Stiftung nicht besteht.

227 Grundsätzlich können die Mitglieder des Vorstands nur höchstpersönlich handeln.[2] Zu beachten ist, dass die **Vertretung** eines krankheitsbedingt abwesenden Vorstandsmitglieds dann auch nur möglich ist, wenn die Satzung eine Vertretungsbefugnis **ausdrücklich regelt**. Die Vertretung eines Vorstandsmitglieds durch ein anderes Vorstandsmitglied bei Beschlussfassung des Stif-

1 Werner in Werner/Saenger/Fischer, Die Stiftung, Rz. 396.
2 Werner in Werner/Saenger/Fischer, Die Stiftung, Rz. 407.

tungsvorstands über eine Satzungsänderung widerspricht nicht zwingenden gesetzlichen Vorgaben.[1]

Schließlich sollte der Vorstand in der Satzung ermächtigt werden (ggf. entscheidet dies der Stiftungsrat), einen **Geschäftsführer** einzustellen, wenn die zu bewältigenden Verwaltungsaufgaben dies erfordern. 228

BEISPIELE

1. Der Stiftungsvorstand kann für die Erledigung der laufenden Stiftungsarbeit einen Geschäftsführer der Stiftung berufen.
2. Der Stiftungsvorstand kann dem Geschäftsführer Vertretungsvollmacht erteilen. Der Umfang der Vollmacht soll im Innenverhältnis durch eine Geschäftsordnung oder eine entsprechende Weisung des Stiftungsvorstandes begrenzt werden.
3. Der Geschäftsführer hat Anspruch auf ein dem Arbeitsaufwand angemessenes Entgelt, das vom Stiftungsvorstand festgelegt wird.

Findet sich – wie vorstehend[2] – eine entsprechende Klausel zur Geschäftsführerbenennung in der Satzung, ist unklar, ob der Vorstand in diesen Fällen nur einen Geschäftsführer berufen darf/kann, oder ob die Ermächtigung auch die Berufung/Ernennung von zwei oder mehr Geschäftsführern umfasst. Im Zweifel sollte der Vorstand – insbesondere bei einer gemeinnützigen Stiftung – zuvor mit dem zuständigen Finanzamt (und der Stiftungsbehörde) eine Abstimmung herbeiführen. Regelmäßig wird es aber, wenn aufgrund des Umfangs der laufenden Verwaltung ein Bedürfnis zur Bestellung eines zweiten oder dritten Geschäftsführers besteht, erforderlich sein, die Satzung zu ändern. Denn wenn die Satzung – wie im Beispiel – im Singular von „einem" Geschäftsführer spricht, dann könnte die Bestellung weiterer Geschäftsführer als Satzungsverstoß angesehen werden. 228/1

Mit § 84c BGB soll für Stiftungen eine eigenständige Regelung für die Notmaßnahmen bei fehlenden Vorstandsmitgliedern und Mitgliedern anderer Stiftungsorgane getroffen werden. Die Regelung ersetzt in Bezug auf die Notmaßnahmen beim Fehlen von Vorstandsmitgliedern die Verweisung im bisherigen § 86 Satz 1 BGB auf die vereinsrechtliche Vorschrift in § 29 BGB, die die Notbestellung von Vorstandsmitgliedern den Amtsgerichten zuweist.[3] 228/2

§ 84c Abs. 1 Satz 1 BGB regelt die Voraussetzungen und die Zuständigkeit für Notmaßnahmen beim Fehlen von Vorstandsmitgliedern und den Mitgliedern anderer Organe der Stiftung, worunter auch Liquidatoren fallen. 228/3

1 Vgl. OVG Schleswig Holstein, Urteil v. 7.12.2017 - 3 LB 3/17, npoR 2018 S. 262 („Fall Aldi Nord").
2 Siehe → Rz. 228.
3 BT-Drucks. 19/28173 v. 31.3.2021 S. 62.

Nach § 84c Abs. 1 Satz 1 BGB sind für Notmaßnahmen beim Fehlen von Vorstandsmitgliedern oder den Mitgliedern anderer Organe der Stiftung die Stiftungsbehörden zuständig, nicht mehr die Amtsgerichte. Die Stiftungsbehörden kennen die Stiftungen und können besser entscheiden, welche Maßnahmen getroffen werden sollten. Zudem werden sie i. d. R. auch schneller als die Amtsgerichte geeignete Personen finden können, die zu Vorstandsmitgliedern oder Mitgliedern anderer Stiftungsorgane bestellt werden können.

228/4 Die Stiftungsbehörden werden auf Antrag eines Beteiligten oder von Amts wegen tätig. Antragsberechtigter Beteiligter ist entsprechend § 29 BGB jedermann, der ein berechtigtes Interesse an der Notmaßnahme hat. Das kann ein Organmitglied der Stiftung, aber auch ein Gläubiger der Stiftung sein.[1]

228/5 Die zuständige Behörde soll anders als das Amtsgericht nach § 29 BGB auch von Amts wegen tätig werden können. Dies ist erforderlich, weil Stiftungen anders als Vereine nicht über Mitglieder verfügen und deshalb bei Stiftungen nicht gewährleistet ist, dass immer ein Antragsteller vorhanden ist, der Notmaßnahmen nach § 84c Abs. 1 BGB beantragen könnte. Insbesondere bei Stiftungen, die als einziges Organ einen Einzelvorstand haben, wird es häufig keinen Antragsteller geben, wenn das einzige Vorstandsmitglied fehlt. In solchen Fällen muss die zuständige Behörde Maßnahmen auch von Amts wegen treffen können.[2]

228/6 Die zuständige Behörde kann wie das Amtsgericht nach § 29 BGB beim Fehlen von Organmitgliedern Notmaßnahmen nach § 84c Abs. 1 Satz 1 BGB nur in dringenden Fällen treffen, um die Handlungsfähigkeit eines Organs zu gewährleisten. Typischer Fall für Notmaßnahmen wird bei Stiftungen nach § 84c Abs. 1 Satz 1 BGB-neu auch weiterhin das Fehlen notwendiger Vorstandsmitglieder sein. Bei Stiftungen ist es aber auch möglich, dass bei anderen Organen, die an der Geschäftsführung oder Vertretung der Stiftung mitwirken müssen oder die für die Bestellung von Vorstandsmitgliedern zuständig sind, notwendige Mitglieder fehlen. Auch in diesen Fällen soll es möglich sein, dass die zuständige Behörde Notmaßnahmen treffen kann. Sie soll auch fehlende Mitglieder eines solchen Organs für eine Übergangszeit bestellen können, damit das Organ wieder beschlussfähig wird und an der Geschäftsführung mitwirken oder die notwendigen Vorstandsmitglieder bestellen kann. Notbestel-

1 BT-Drucks. 19/28173 v. 31.3.2021 S. 62.
2 BT-Drucks. 19/28173 v. 31.3.2021 S. 63.

lungen von Vorstandsmitgliedern für längere Zeit können so vermieden werden.[1]

Die zuständige Behörde soll nicht auf die Notbestellung von Organmitgliedern beschränkt sein, sondern auch andere Maßnahmen treffen können, durch die die Entscheidungsfähigkeit von Stiftungsorganen, denen notwendige Mitglieder fehlen, hergestellt werden kann. Die zuständige Behörde hat im jeweiligen Einzelfall zu entscheiden, welche Maßnahmen geeignet und erforderlich sind, um die Entscheidungsfähigkeit des Organs wieder dauerhaft zu gewährleisten und weitere Notmaßnahmen nach § 84c Abs. 1 Satz 1 BGB zu vermeiden.[2] 228/7

Nach bisheriger Rechtslage konnte die Bestellung zum Vorstandsmitglied einer Stiftung nicht jederzeit frei widerrufen werden. Dies folgte daraus, dass § 86 BGB a. F. ausdrücklich nur auf § 27 Abs. 3 BGB verwies. Danach war eine Satzungsbestimmung, die ein freies Abberufungsrecht begründete, unwirksam. Auch der Stifter konnte sich ein solches Recht nicht vorbehalten.[3] Der Stifter unterliegt bei der Ausgestaltung des Abberufungsrechts allerdings Gestaltungsgrenzen, die aus der besonderen Struktur der Stiftung als mitgliederlosem Zweckvermögen resultieren. Weder kann ein freies Abberufungsrecht vorgesehen, noch die aktienrechtliche Regelung des § 84 Abs. 4 Satz 4 AktG wirksam nachgebildet werden, wonach die Abberufung als wirksam gelten würde, bis die Unwirksamkeit rechtskräftig festgestellt wurde. Die letztere Grenze gilt es besonders zu betonen, weil eine solche statutarische Regelung nicht selten empfohlen wird.[4] Ein Vorstandsmitglied einer rechtsfähigen Stiftung konnte demnach nur aus wichtigem Grund abberufen werden (vgl. Beispiel in → Rz. 206).[5] 229

§ 84a Abs. 1 BGB regelt das Bestellungsverhältnis zwischen der Stiftung und ihrem Organmitglied. Die Vorschrift ist der Regelung für die Vorstandsmitglieder von Vereinen in § 27 Abs. 3 BGB nachgebildet. § 84a Abs. 1 Satz 1 BGB bestimmt, dass sich die jeweilige Tätigkeit des Organmitglieds aufgrund des durch die Bestellung begründeten Rechtsverhältnisses zwischen diesem und der Stiftung nach den Vorschriften des Auftragsrechts richtet. Das soll nach 229/1

1 BT-Drucks. 19/28173 v. 31.3.2021 S. 63.

2 BT-Drucks. 19/28173 v. 31.3.2021 S. 63.

3 Uffmann, NZG 2022 S. 1131; Götz, StiftungsBrief 2016 S. 27 f.

4 Uffmann, NZG 2022 S. 1131, 1138.

5 OLG Hamm, Teilurteil v. 8.5.2017 - 8 U 86/16 NWB WAAAG-54996 = NJW-Spezial 2017 S. 432; Werner, NJOZ 2019 S. 241.

der Gesetzesbegründung sowohl für die Mitglieder des Vorstands als auch für die Mitglieder weiterer Organe der Stiftung gelten.[1]

229/2 § 84a Abs. 1 Satz 3 BGB bestimmt, dass § 84a Abs. 1 Satz 1 und 2 BGB ebenso wie die bisher entsprechend anwendbaren vereinsrechtlichen Regelungen für Vorstandsmitglieder in § 27 Abs. 3 BGB dispositiv sind, so dass die Rechte und Pflichten von Organmitgliedern durch die Satzung auch weiterhin abweichend ausgestaltet werden können.[2] Dies spricht dafür, dass die in → Rz. 229 geregelten Grundsätze weiterhin gelten und eine freie Abberufung weiterhin nicht möglich ist.

HINWEIS:

Ist die freie Abberufung des Vorstands einer Stiftung nicht vorgesehen, kann die Auslegung des konkludent geschlossenen Anstellungsvertrages ergeben, dass auch dieser nicht ordentlich kündbar ist.[3]

229/3 Die Kompetenz zur Abberufung des Vorstands wird man üblicherweise dem Überwachungsorgan (Stiftungsrat) übertragen.[4]

BEISPIEL ▸ Vorstandsmitglieder können vom Stiftungsrat aus wichtigem Grund abberufen werden.

Allerdings kann sich auch der Stifter in der Satzung insoweit Sonderrechte vorbehalten.[5] Mittelbar kann sich dies daraus ergeben, dass der Stifter zu Lebzeiten den Vorstand bestellen kann.

230 Wegen der besonderen Bedeutung von gemeinsamen Vorstandssitzungen hat der Vorstand eine **Sitzungsniederschrift** hierüber anzufertigen.

BEISPIEL ▸ Der Vorstand dokumentiert seine Beschlüsse schriftlich; besteht der Vorstand aus mehreren Personen, fasst er seine Beschlüsse in Vorstandssitzungen und erstellt hierüber schriftliche Protokolle, die vom gesamten Vorstand abzuzeichnen sind.

4.1.5 Haftung des Stiftungsvorstands

231 § 84a BGB regelt das Innenverhältnis zwischen der Stiftung und dem Mitglied eines Stiftungsorgans. Die Vorschrift ersetzt hinsichtlich der Mitglieder des

1 BT-Drucks. 19/28173 v. 31.3.2021 S. 60.

2 BT-Drucks. 19/28173 v. 31.3.2021 S. 61.

3 OLG Hamm, Teilurteil v. 8.5.2017 - 8 U 86/16 NWB WAAAG-54996 = NJW-Spezial 2017 S. 432, Rz. 83.

4 Werner in Werner/Saenger/Fischer, Die Stiftung, Rz. 439.

5 Burgard, Gestaltungsfreiheit im Stiftungsrecht, S. 455; Weitemeyer in MüKoBGB, § 85 Rz. 28.

Vorstands den bisherigen § 86 Satz 1 BGB, der die vereinsrechtliche Vorschrift des § 27 Abs. 3 BGB für anwendbar erklärt hat.[1]

§ 84a Abs. 2 Satz 1 BGB regelt, welche **Sorgfaltsanforderungen** an das Führen der Geschäfte der Stiftung zu stellen sind. Die Regelung gilt insbesondere für die Mitglieder des Stiftungsvorstands, kann aber auch bedeutsam werden für Mitglieder anderer Stiftungsorgane, denen Geschäftsführungsaufgaben durch Satzungsreglungen übertragen wurden. Ein Organmitglied, das zur Führung der Geschäfte der Stiftung berufen ist, hat bei seiner Tätigkeit die Sorgfalt eines ordentlichen Geschäftsführers anzuwenden. 231/1

Verletzen Organmitglieder ihre Pflichten bei der Geschäftsführung vorsätzlich oder fahrlässig, sind sie gem. § 280 Abs. 1 BGB der Stiftung zum Ersatz des daraus resultierenden Schadens verpflichtet, wenn sie sich nicht auf die Haftungserleichterungen nach § 84a Abs. 3 Satz 1 BGB in Verbindung mit § 31a Abs. 1 Satz 1 BGB berufen können.[2] 231/2

§ 84 Abs. 2 Satz 2 BGB konkretisiert die Pflichten der Stiftungsorgane bei der Wahrnehmung von Geschäftsführungsaufgaben. Zahlreiche Geschäftsführungsaufgaben sind zukunftsgerichtet und erfordern Prognosen hinsichtlich zukünftiger Entwicklungen. Dies gilt vor allem auch für Entscheidungen über die Anlage des Stiftungsvermögens. Deshalb wurde eine, der sogenannten Business-Judgement-Rule nach § 93 Abs. 1 Satz 2 AktG nachgebildete, Regelung in § 84a Abs. 2 Satz 2 BGB eingestellt. Beachtet ein Organmitglied bei der Wahrnehmung von Geschäftsführungsaufgaben, z. B. bei Entscheidungen über die Anlage des Stiftungsvermögens, die gesetzlichen und satzungsgemäßen Vorgaben und durfte es vernünftigerweise annehmen, auf der Grundlage angemessener Informationen zum Wohle der Stiftung zu handeln, verletzt das Organmitglied durch eine solche Wahrnehmung der Geschäftsführungsaufgaben nicht seine Geschäftsführungspflichten.[3] 232

HINWEISE:

- Bei der Anlage des Stiftungsbarvermögens in Aktien wird in Baden-Württemberg eine Aktienquote von maximal 30 %–40 % – ungeachtet der seit mehr als zehn Jahren andauernden Niedrigzinsphase – gefordert. Hierbei wird auf § 22 Abs. 3 Satz 2 Nr. 5 GemHVO verwiesen.
- Es wird angeraten, eine Anlagerichtlinie zu errichten, in der festgelegt wird, wie die Barmittel der Stiftung angelegt werden dürfen. Hierbei sollten Spannbreiten genannt werden (z. B. „Aktienquote bis 40 %") und keine festen Größen.

1 BT-Drucks. 19/28173 v. 31.3.2021 S. 60.
2 BT-Drucks. 19/28173 v. 31.3.2021 S. 61.
3 BT-Drucks. 19/28173 v. 31.3.2021 S. 61.

233 84a Abs. 3 BGB verweist ebenso wie der bisherige § 86 Satz 1 BGB auf § 31a BGB, der Haftungserleichterungen für im Wesentlichen unentgeltlich tätige Vereinsmitglieder vorsieht. Für Mitglieder von Stiftungsorganen, die unentgeltlich für die Stiftung tätig sind oder nur eine Vergütung erhalten, die die Vergütungsgrenze nach § 31a Abs. 1 Satz 1 BGB nicht übersteigt, sollen weiterhin die Haftungserleichterungen nach § 31a Abs. 1 Satz 1 BGB entsprechend anwendbar sein und sie sollen einen Freistellungsanspruch gegen die Stiftung nach § 31a Abs. 2 BGB haben.

233/1 § 31a BGB soll für Stiftungen nicht mehr zwingend sein. Bei Stiftungen können Haftungsfälle, durch die die Stiftung hohe Verluste erleidet und für die sie wegen der Haftungserleichterungen keinen Schadensersatz verlangen kann, dazu führen, dass die Stiftung ihren Zeck nicht mehr dauernd und nachhaltig verfolgen kann und deshalb aufgelöst werden muss. Anders als Vereine, die sich über Beiträge ihrer Mitglieder finanzieren, haben die meisten Stiftungen nicht die Möglichkeit, solche Verluste wieder ausgleichen zu können. In § 84a Abs. 3 Satz 2 BGB wird deshalb geregelt, dass die Anwendbarkeit des § 31a BGB auf eine Stiftung durch die Satzung ausgeschlossen oder beschränkt werden kann. Dies ist nicht nur durch die Errichtungssatzung möglich, sondern auch noch durch Satzungsänderung. Ein Ausschluss des § 31a BGB kann für Stiftungen insbesondere zweckmäßig sein, wenn für die durch Pflichtverletzungen ihrer Organmitglieder verursachten Schäden Versicherungsschutz besteht.[1]

234 Neben der **Innenhaftung**[2] kommt für Organe einer Stiftung auch eine sogenannte **Außenhaftung** in Betracht. Diese Ansprüche resultieren aus Vertrag, Vertrauen oder Delikt. Gegenüber der Finanzverwaltung können sich Haftungstatbestände aus §§ 34, 35 AO ergeben, die durch Haftungsbescheid (§ 191 AO) festgesetzt werden.[3] Insbesondere in der Krise kann eine Haftungsreduktion durch sachverständige Beratung und Befolgung des Rats erlangt werden.[4]

235 Aus der treuhänderischen Stellung des Vorstands[5] folgt das Gebot, die Stiftung im Einklang mit den gesetzlichen Regelungen und den Vorgaben der Satzung zu führen. In diesem Bereich besteht kein Ermessen des Vorstands, sondern eine **Legalitätspflicht**.[6] Als **Ausprägung seiner Treuepflicht** unterliegt der Vor-

1 BT-Drucks. 19/28173 v. 31.3.2021 S. 62.
2 Schmittmann, ZStV 2019 S. 91.
3 Schmittmann, ZStV 2019 S. 121, 125.
4 Schmittmann, ZStV 2019 S. 121, 129.
5 Siehe → Rz. 22.
6 Weitemeyer in MüKoBGB, § 86 Rz. 31.

stand dem Verbot, auf Kosten der Stiftung eigene Interessen oder Interessen Dritter zu verfolgen (sogenannte duty of loyalty). Insbesondere ist der Abschluss von Rechtsgeschäften mit einem die Stiftung benachteiligenden Inhalt stets eine Pflichtverletzung der beteiligten Vorstandsmitglieder, gleichgültig, ob sie die Stiftung vertreten oder ihr Geschäftsgegner sind. Auch die fehlende Beanstandung durch die Stiftungsaufsicht heilt die Pflichtverletzung nicht. Denn die Stiftungsbehörde hat als Inhaberin der Rechtsaufsicht nicht die Kompetenz, den Vorstand von seinen Pflichten zu entbinden, sondern im Gegenteil die Aufgabe, diese Pflichten durchzusetzen. Allenfalls kann die Nichtbeanstandung im Einzelfall das Verschulden (und damit die Haftung) entfallen lassen. Einen die Stiftung benachteiligenden Inhalt haben die Rechtsgeschäfte, wenn sie die Stiftung ungünstiger stellen, als andere Vertragspartner in vergleichbaren Fällen zu stehen pflegen. Bei Güteraustauschgeschäften ist das (signifikante) **Unterschreiten oder Überschreiten von Marktpreisen** zulasten der Stiftung **untersagt**, es sei denn, die Leistungen werden an Destinatäre im Rahmen des Stiftungszwecks erbracht. Vergünstigungen für Vorstandsmitglieder oder ihnen nahestehende Personen, die nicht durch ihre Anstellungsverträge gedeckt sind, sind unzulässig.[1] Voraussetzung für eine ordnungsgemäße Ermessensentscheidung ist unabhängig von der Rechtsgrundlage, dass der Vorstand auf **ausreichender Informationsgrundlage** entscheidet und sich nicht in einem Interessenskonflikt befindet. Hat der Vorstand keine eigenen ausreichenden Kenntnisse, muss er sich unabhängiger Fachleute bedienen, denen er allerdings eigene Vorgaben machen und deren Einhaltung er kontrollieren muss.[2]

Ob eine wirksame **Entlastung** eines Vorstandsmitglieds analog der Entlastung eines GmbH-Geschäftsführers[3] möglich ist, ist umstritten. An eine Entlastung des Vorstands ist jedoch zu denken, wenn ein weiteres „Kontrollorgan" (Beirat, Kuratorium) bestellt ist. Denn eine Selbstentlastung oder eine Entlastung durch weitere Vorstandsmitglieder ist nicht möglich.[4]

Zur Absicherung der Vorstandsmitglieder wird der Abschluss einer **D&O Versicherung** empfohlen. Diese schützt die Vorstandsmitglieder vor einer persönlichen Inanspruchnahme.[5] 236

1 Weitemeyer in MüKoBGB, § 86 Rz. 32.

2 Weitemeyer in MüKoBGB, § 86 Rz. 39.

3 Zur Rechtsnatur der Entlastung als „Rechtsgeschäft sui generis" vgl. Ristelhuber, GWR 2016 S. 247.

4 Grambow, Organe von Vereinen und Stiftungen, Rz. 774; a. A. wohl Stolte, S&S 2/2014 S. 34.

5 Vgl. → Rz. 67; vgl. auch Grambow, Organe von Vereinen und Stiftungen, Rz. 778.

Nicht abschließend geklärt ist, ob durch ein **Compliance-Management-System** die Haftung von Organmitgliedern wirksam ausgeschlossen werden kann.[1] Geklärt ist jedoch, dass dieses **bußgeldmindernd** bei der Bemessung einer Geldbuße wirkt.[2] Im AEAO zu § 153, Nr. 2.6 wird eine interessante Möglichkeit der Absicherung von Stiftungsvorständen eröffnet, um sich gegen die „Kriminalisierung" größerer Fehler bei der Tax-Compliance zu wehren.[3]

4.2 Fakultative Organe

4.2.1 Das Aufsichtsorgan

237 Häufig wird ein zweites Stiftungsorgan (meist als **Stiftungsrat**, **Beirat** oder **Kuratorium** bezeichnet) bestellt, um eine Aufteilung der Funktionen innerhalb der Stiftungsorgane und eine stiftungsinterne Kontrolle der durch den Vorstand ausgeübten Geschäftstätigkeit zu erreichen.[4] Der Stiftungsrat greift unbeschadet seiner Zuständigkeit für Grundsatzentscheidungen und seiner Aufsicht über den Vorstand zwar nicht in die unmittelbare Führung der laufenden Geschäfte ein, aber schon vor dem Hintergrund von grds. möglichen Meinungsverschiedenheiten der Organe bei Satzungsänderungen bzw. eines Konflikts der Organe muss der Stiftungsrat als der dem Vorstand letztlich übergeordnete Entscheidungsträger auch die Rechtsmacht haben, ohne zeitraubende (gerichtliche) Auseinandersetzungen oder einschneidendere Maßnahmen die Stiftungsaufsicht um eine dieser zugewiesene Entscheidung zu ersuchen und hierzu die Änderungen vorzulegen.[5] Nicht übersehen werden darf, dass auch ein Mitglied dieses Organs sich einem Haftungsrisiko aussetzt, wenn ein Mitverschulden bejaht werden kann.[6]

238 Neben **internen Kontrollmöglichkeiten** (Aufsicht) dient dieses zweite Organ der Einbindung von fachlichem Sachverstand,[7] persönlicher Kompetenz und äußerem Ansehen.

BEISPIEL ▸ Der Stiftungsrat entscheidet in allen grds. Angelegenheiten und stellt die Einhaltung des Willens der Stifter sicher. Er erstellt Richtlinien für die Stiftungsarbeit

1 Ritter, S&S RS 3/2014 S. 9.

2 BGH, Urteil v. 9.5.2017 - 1 StR 265/16 NWB MAAAG-51401 = wistra 2017 S. 390; Lorenz, ZStV 2019 S. 154 f.

3 Erdbrügge, S&S 4/2016 S. 26 zu „Tax-Compliance-Management-Systemen".

4 Vgl. Wernicke, ZEV 2003 S. 301.

5 OLG Frankfurt, Urteil v. 25.9.2018 - 5 U 130/18, NZG 2019 S. 22.

6 Elmenhorst/Decker, S&S 3/2014 S. 32.

7 Vgl. aber → Rz. 254, wonach der besondere Sachverstand oft in einem dritten Organ, dem Beratungsorgan, gebündelt wird.

und überwacht als unabhängiges Kontrollorgan die Geschäftsführung durch den Stiftungsvorstand.

Der Stiftungsrat wird üblicherweise aus drei bzw. fünf Mitgliedern bestehen und vom Stifter persönlich benannt werden. Bei der Wahl bzw. Wiederwahl von Mitgliedern zum Stiftungsrat sollte auf eine ausgewogene Kompetenzverteilung geachtet werden; dabei sollten möglichst ein oder zwei Stiftungsratsmitglieder sachkundig bezüglich des Stiftungszwecks und des Stiftungsvermögens sein. 239

Häufig werden die Stiftungsratsmitglieder jeweils für die **Dauer** von fünf Jahren gewählt; geregelt werden kann, dass ein Stiftungsratsmitglied z. B. höchstens dreimal wiedergewählt werden darf.[1] 240

In der Regel ist es nicht gewünscht, dass eine Person sowohl dem Vorstand als auch dem weiteren Organ (Stiftungsrat) angehört. Denn ansonsten wird das Ziel, das mit dem zweiten Organ angestrebt wird, die Kontrolle des Vorstands, nicht wirksam erreicht.[2] 241

BEISPIEL ▸ Mitglieder eines Stiftungsorgans können nicht zugleich dem anderen Stiftungsorgan angehören.

Ein bekanntes Beispiel für eine **Personalunion** in zwei Organen ist die Alfried-Krupp-von-Bohlen-und-Halbach-Stiftung, in der der 99-jährige Berthold Beitz bis zu seinem Ableben am 31.7.2013 sowohl den Vorsitz im Vorstand als auch im Kuratorium innehatte.

Der oder die Stifter gehören dem Stiftungsrat – sofern sie nicht als Vorstand berufen sind – i. d. R. auf Lebenszeit an. Für die anderen von den Stiftern mit Errichtung der Stiftung persönlich berufenen Stiftungsräte wird oft eine Altersgrenze (bis zur Vollendung des 75. Lebensjahres) vorgesehen. Sollte vorher bereits der Vorsorgefall eingetreten bzw. Betreuung angeordnet sein, endet deren Amt früher. 242

Hinsichtlich der Verteilung der **Aufgaben** unter den beiden Stiftungsorganen (Vorstand und Stiftungsrat) ist der Stifter nicht etwa an aktienrechtliche Grundsätze gebunden. So kann neben dem Vorstand auch der Stiftungsrat die Geschäftsführungs- und Vertretungsbefugnisse übernehmen. Um die Stiftungssatzung nicht unnötig zu belasten, werden in der Praxis häufig die Einzelheiten der Geschäftstätigkeit der Stiftungsorgane deren eigener Regelungskompetenz überlassen. 243

1 Werner in Werner/Saenger/Fischer, Die Stiftung, Rz. 436.

2 Schiffer/Pruns in Schiffer, Die Stiftung in der Beratungspraxis, § 3 Rz. 80.

244 Die Rechtsgrundlage für die Stiftungsorgane zum Erlass einer eigenen **Geschäftsordnung** stellt die Stiftungssatzung dar. Hat das zweite Organ Aufsichtspflichten zu erfüllen, dann wird man den Erlass seiner Geschäftsordnung sicher nicht dem Exekutivorgan (Vorstand) zuweisen, sondern mittels einstimmigen Beschlusses des Aufsichtsorgans sicherstellen, dass eine ausgewogene Geschäftsordnung erlassen wird.

245 Ob die Mitglieder dieser Organe haupt- oder ehrenamtlich tätig werden und ob die Zahlung einer Aufwandsentschädigung vorgesehen ist, richtet sich nach der Größe der Stiftung und dem anfallenden Arbeitsvolumen. Primär ist aber entscheidend, ob die Stiftung steuerbefreit ist. Denn im letzteren Fall sind die Mitglieder typischerweise ehrenamtlich tätig und erhalten nur Aufwandsersatz.

246 Für den Stifter ist es wesentlich zu wissen, dass er nicht nur die **Erstbesetzung** der Organe persönlich bestimmen kann. Er kann die Nachfolge in diese Positionen auch testamentarisch regeln.[1] Scheiden Organmitglieder später durch Erreichung der satzungsmäßigen Altersgrenze, durch Tod oder aufgrund der Niederlegung ihres Amtes aus, erfolgt die Neubesetzung anhand der vom Stifter benannten Ersatzpersonen.

247 Alternativ bietet sich – wie beim Vorstand (→ Rz. 197) – zum einen an, die Bestellung der oder bestimmter Organmitglieder entweder durch Inhaber eines bestimmten Amtes vornehmen zu lassen. In Betracht kommen insoweit z. B. der Oberbürgermeister, Präsidenten eines Gerichtes oder der Industrie- und Handelskammer. Zum anderen ist daran zu denken, den Organmitgliedern selbst die Möglichkeit zu geben, ihren Nachfolger zu bestimmen (Selbstkooptation, Selbstergänzung).[2]

248 Auch für den Stiftungsrat und die von ihm zu treffenden Beschlüsse gilt: Im Gesellschaftsrecht mag das Einstimmigkeitsprinzip zum Schutz der Gesellschafter sinnvoll sein; bei einer Stiftung ist ein einstimmiger Beschluss aller Stiftungsratsmitglieder allenfalls bei der Selbstergänzung und bei Satzungsänderungen angebracht.[3]

BEISPIEL ▸ Der Stiftungsrat ist beschlussfähig, wenn mindestens die Hälfte seiner Mitglieder anwesend ist. Der Stiftungsrat fasst seine Beschlüsse mit einfacher Mehrheit

---

1 Hof in Seifart/v. Campenhausen, Stiftungsrechts-Handbuch, 3. Aufl. 2009, § 8 Rz. 125.

2 Vgl. → Rz. 200.

3 Werner in Werner/Saenger/Fischer, Die Stiftung, Rz. 424.

der anwesenden Mitglieder; bei Stimmengleichheit gibt die Stimme des/der Vorsitzenden den Ausschlag.

Auch für den Stiftungsrat wird man eine **Altersbeschränkung** vorsehen.[1] 249

BEISPIEL Der Stiftungsrat ist im Interesse der Kontinuität der Stiftungsarbeit verpflichtet, auf eine ausgewogene Altersstruktur des Stiftungsrats bei Wahl und Wiederwahl seiner Mitglieder zu achten; das Durchschnittsalter des Stiftungsrats (ohne die Stifter) darf 65 Lebensjahre nicht übersteigen.

Zum Stiftungsrat kann nur gewählt werden, wer mindestens das 40. Lebensjahr vollendet und das 70. Lebensjahr noch nicht erreicht hat.

Ein Stiftungsratsmitglied, das zum Zeitpunkt einer möglichen Wiederwahl noch nicht das 72. Lebensjahr vollendet hat, kann bis zum Erreichen der individuellen Altersgrenze auch für weniger als fünf Jahre gewählt werden, sofern das Durchschnittsalter des Stiftungsrats dem nicht entgegensteht.

Ist es nicht gewünscht, dass Angehörige des Stifters Einfluss auf die Stiftung 250
nehmen können, indem sie in den Stiftungsrat gewählt werden, wird man diese Personen als nicht wählbar bezeichnen.

BEISPIEL Siehe → Rz. 205.

Zu regeln ist auch, wem die **Sitzungsleitung** und wem der Vorsitz obliegt.[2] So- 251
fern der Stifter sich nicht als Vorstand bestellt, wird er dieses Amt im Stiftungsrat auf Lebenszeit übernehmen.

BEISPIEL Der Stiftungsrat wählt aus seiner Mitte einen Vorsitzenden und einen Stellvertreter. Solange der Stifter Mitglied im Stiftungsrat ist, übt er die Funktion des Stiftungsratsvorsitzenden aus.

Eine **Ladung** des Stiftungsrats wird heute oft per E-Mail erfolgen; daneben 252
kommt auch eine Ladung per Telefax oder gar telefonisch in Betracht.[3] Die **Einzelheiten** hierzu werden aber nicht in der Satzung, sondern in der **Geschäftsordnung** des Stiftungsrats geregelt. Diese Geschäftsordnung wird der Stiftungsrat i. d. R. mit qualifizierter Mehrheit selbst verabschieden.

Vorgesehen werden sollte ferner, dass Beschlüsse des Stiftungsrats im **Um-** 253
laufverfahren getroffen werden können, um zeit-/kostenaufwendige Sitzungen in Einzelfällen zu vermeiden.[4]

1 Vgl. → Rz. 203.
2 Werner in Werner/Saenger/Fischer, Die Stiftung, Rz. 422.
3 Werner in Werner/Saenger/Fischer, Die Stiftung, Rz. 423.
4 Werner in Werner/Saenger/Fischer, Die Stiftung, Rz. 427.

4.2.2 Der Stiftungsbeirat als drittes Organ

254 In wenigen Einzelfällen besteht ein Bedürfnis dafür, ein drittes Organ als weiteres **Beratungsorgan** zu installieren. In Betracht kommt dieses zusätzliche Organ dann, wenn der Stifter z. B. für eine von der Stiftung gehaltene unternehmerische Beteiligung besonderen Sachverstand benötigt. Für dieses Organ wird dann häufig die Bezeichnung „Stiftungsbeirat" oder schlicht „Beirat" gewählt.

BEISPIEL ▸ Der Stiftungsbeirat hat die Aufgabe, anstelle des Stiftungsrats und damit abweichend von § ... der Stiftungssatzung über das Stimmverhalten in der Gesellschafter-/Hauptversammlung der X-AG/GmbH zu entscheiden. Der Stiftungsbeirat erteilt hierzu dem Stiftungsvorstand auf Basis seiner Beschlüsse entsprechende Weisungen, wie das Stimmrecht in der Gesellschafter-/Hauptversammlung der X-AG/GmbH auszuüben ist.

Der Beirat hat in diesen Fällen die Aufgabe, die fachliche Kompetenz seiner Mitglieder zum Wohle des Beteiligungs-Unternehmens einzubringen. Diese Kompetenz kann bei Kinder- und Jugendstiftungen auch durch **Kinderbeiräte** beigesteuert werden.[1]

255 Der Sinn und Zweck dieses Organs besteht darin, die Eigentümerrechte und die Stimmrechte zu trennen. Dazu wird man alle „unternehmerischen Entscheidungen" (wie z. B. die Umwandlung der Beteiligungsgesellschaft oder der Erwerb und die Veräußerung von Tochtergesellschaften) ausschließlich der Kompetenz des Beirats zuordnen. Diese Entscheidungen bedürfen dann keiner Zustimmung des Stiftungsrats. Beschlüsse des Stiftungsbeirats über das Stimmverhalten in der Gesellschafter-/Hauptversammlung der Stiftungstochter bedürfen jedoch dann der Zustimmung des Stiftungsrats, wenn hiervon die Eigentümerrechte der Stiftung an der Beteiligungsgesellschaft betroffen sind. Hierzu zählen insbesondere die Liquidation, Aufspaltung, Abspaltung oder die Verschmelzung.

256 Den Außenauftritt, d. h. die Vertretung der Stiftung in der Gesellschafter-/Hauptversammlung der Beteiligungsgesellschaft übernimmt der Vorstand als gesetzlicher Vertreter; der Vorstand fungiert – wie im Beispiel in → Rz. 254 – dann wie ein Bote für den Beirat, wenn ihm im Innenverhältnis keine eigene Entscheidungskompetenz zukommen soll.

257 Ist die Stiftung steuerbefreit, hat der Beirat zudem auch die Interessen der Stiftung an nachhaltigen Erträgen zu berücksichtigen. Dies geschieht, indem in der Satzung festgelegt wird, dass der Stiftungsbeirat bei seinen Entschei-

1 Störmann/Fehrmann, S&S 2/2013 S. 26.

dungen über das Stimmverhalten in der Gesellschafter-/Hauptversammlung auch den Interessen der Stiftung als Anteilseigner ausdrücklich verpflichtet ist.

Vom Stifter bereits vorzusehen ist die Frage der **Vergütung** für dieses Expertengremium. Üblicherweise wird man für jedes Beiratsmitglied eine Vergütung z. B. in Form einer Sitzungspauschale vorsehen, wobei Tagessätze – je nach Größe der Beteiligungsgesellschaft – von 1.500 €–3.000 € genannt werden. 258

Um die Unabhängigkeit dieses Fach-Gremiums zu wahren, wird man keine Bestellung der Beirat-Ersatzmitglieder durch den Stiftungsrat vorsehen; vielmehr werden die Stiftungsbeiratsmitglieder durch **Kooptation**[1] bestimmt. 259

Auch für den Beirat und seine Mitglieder wird üblicherweise eine **Altersbeschränkung** vorgesehen werden.[2]

Ferner sind in der Satzung Festlegungen über die Anzahl der Sitzungen des Beirats, ihre Einberufung sowie die Mehrheitsverhältnisse (einfache oder qualifizierte Mehrheit) zu treffen. 260

Ebenfalls sollte in der Satzung geregelt werden, wann ein Beiratsmitglied von der Stimmabgabe ausgeschlossen ist. Dies kann z. B. dann der Fall sein, wenn ein Beiratsmitglied zugleich im Aufsichtsrat einer Tochter-AG der Stiftung sitzt (vgl. § 136 AktG); dann können die beiden weiteren Stiftungsbeiratsmitglieder seine Entlastung bei der AG wirksam beschließen.[3] 261

4.3 Auslagenersatz

Alle Organmitglieder können nach § 670 BGB den **Ersatz** ihrer **Auslagen** und Aufwendungen verlangen.[4] 262

Details über die Erstattung von Auslagen werden üblicherweise nicht in der Satzung, sondern „nur" in einer Geschäftsordnung festgelegt.

Bei steuerbefreiten Stiftungen ist auch in diesem Punkt eine enge Abstimmung mit dem zuständigen Finanzamt notwendig, denn hier können überhöhe Erstattungsbeträge zu einem Wegfall der Steuerbefreiung führen. Gesichert ist diese nur, wenn man die im Einkommensteuergesetz nach Dienstrei- 263

1 Vgl. → Rz. 200.

2 Vgl. → Rz. 203.

3 Hüffer, AktG, 11. Aufl. 2014, § 136 Rz. 8 ff.

4 Werner in Werner/Saenger/Fischer, Die Stiftung, Rz. 442; Schlüter/Stolte, Stiftungsrecht, Kapitel 2 Rz. 71.

segrundsätzen von einem Arbeitgeber steuerfrei ersetzbaren Höchstbeträge als erstattungsfähig vereinbart.

BEISPIEL ▸ **Geschäftsordnung „Auslagen- und Aufwendungsersatz"**

Als Auslagen werden diejenigen Ausgaben bezeichnet, die im Namen und für Rechnung der Stiftung gemacht werden und die zumindest ganz überwiegend durch die Belange der Stiftung bedingt, von dieser veranlasst oder gebilligt sind (z. B. ein Vorstandsmitglied erwirbt aus seinen eigenen Mitteln einen von der Stiftung dringend benötigten Gegenstand).

Unter Aufwandsersatz fallen Zahlungen der Stiftung an ein Organmitglied der Stiftung, die dieses aufgrund von Ausgaben erhält, die es im eigenen Namen und auf eigene Rechnung getätigt hat und die durch seine Organtätigkeit veranlasst sind (z. B. die Nutzung des privaten Pkw, um zu einer Vorstandssitzung zu gelangen.

Voraussetzung für den Ersatz von Auslagen und Aufwendungen ist grds. der Nachweis durch Vorlage entsprechender Quittungen/Belege.

Die Organmitglieder erhalten bei Benutzung des eigenen Pkw je Fahrtkilometer 0,30 € erstattet. In der Abrechnung ist der Grund der Fahrt, die Dauer und die Fahrstrecke in Kilometer sowie Abfahrtsort und Zielort anzugeben. Die Erstattung ist beim jeweiligen Organmitglied nach § 3 Nr. 16 EStG steuerfrei.

IV. Stiftungsvermögen

264 Die Bestimmungen zum Vermögen gehören seit dem 1.7.2023 nicht mehr zum Katalog der zwingenden Satzungsbestimmungen. Die Widmung eines Vermögens für den Stiftungszweck ist nach § 81 Abs. 1 Nr. 2 BGB aber **zwingender** Bestandteil des **Stiftungsgeschäfts.**[1]

1. Grundstockvermögen/Stiftungsvermögen/Errichtungskapital

264/1 Das Stiftungsvermögen besteht gem. § 83b Abs. 1 Satz 1 BGB aus dem Grundstockvermögen und sonstigem Vermögen. Dieses „gewidmete Vermögen" (§ 82a BGB) ist zwingender Bestandteil des Stiftungsgeschäfts, § 81 Abs. 1 Nr. 2 BGB. Wird die Stiftung im Wege der Stufenlösung errichtet, wird das Grundstockvermögen, also das im Stiftungsgeschäft der Stiftung versprochene Vermögen, eher gering sein. Erst im Falle des Ablebens des Stifters werden weitere, i. d. R. sehr werthaltige Vermögenswerte, auf die Stiftung übergehen. Diese werden grds. dem Stiftungsvermögen (Grundstockvermögen) zugeführt.

BEISPIEL ▸ Das Stiftungsvermögen besteht zum Zeitpunkt der Stiftungsgründung aus 2 Mio. €. Der Stiftung soll darüber hinaus der gesamte Nachlass des Stifters zufallen

1 BT-Drucks. 19/28173 v. 31.3.2021 S. 47.

bzw. Teile davon, ggf. auch Aktien an der X-AG bzw. andere Unternehmensbeteiligungen.

Das Grundstockvermögen ist – mit Ausnahme der sogenannten Verbrauchsstiftungen[1] – nach § 83c Abs. 1 Satz 1 BGB nicht zum Verbrauch bestimmt, sondern in seiner Substanz „ungeschmälert zu erhalten" (sogenanntes **Substanzerhaltungsgebot**). Dies bedeutet, dass die Organe einer Wertminderung entgegenzuwirken und **Instandsetzungen** (insbesondere bei bebauten Grundstücken) vorzunehmen haben.[2] Im Ergebnis stehen nur die mit dem Grundstockvermögen (im Rahmen der Vermögensverwaltung) erzielten Einnahmen für eine Verwendung zur Erfüllung satzungsmäßiger Zwecke zur Verfügung; die Substanz darf nicht angegriffen werden. 265

Der Stifter kann aber nach § 83b Abs. 3 BGB im Stiftungsgeschäft auch bei Stiftungen, die auf unbestimmte Zeit errichtet werden, Teile des gewidmeten Vermögens in der Errichtungssatzung zu **sonstigem Vermögen** bestimmen. Stiftungen werden durch solche Satzungsbestimmungen nicht zu Verbrauchsstiftungen. Sie bleiben Stiftungen, die ihren Zweck auf unbestimmte Zeit dauernd und nachhaltig erfüllen sollen. Diese Stiftungen können ihren Zweck aber nicht nur mit den Nutzungen aus dem Teil des gewidmeten Vermögens erfüllen, das zu sonstigem Vermögen bestimmt wurde. Das gewidmete Vermögen, das zu sonstigem Vermögen bestimmt wurde, können sie grds. auch für die Zweckerfüllung verbrauchen.[3] 265/1

Nach einigen Landesstiftungsgesetzen ist der Stifterwille bei der Verwaltung des Vermögens seitens der Organe vorrangig zu beachten.[4] Teilweise wird geregelt, dass ein ausdrücklicher **Vorrang** des Stifterwillens vor dem Gebot der Bestandserhaltung besteht.[5] Im Grundsatz ist es demnach nach allen Landesstiftungsgesetzen Sache des Stifters, in der Satzung diesbezügliche Regelungen zu treffen. Fehlen sie, so gilt das Gebot der Substanzerhaltung. 266

Eine Ausprägung des Gebots der Substanzerhaltung ist der Grundsatz des sparsamen Wirtschaftens. Die Organe der Stiftung sind gehalten, sparsam und kostenbewusst zu wirtschaften.[6]

1 Vgl. → Rz. 80 ff.
2 Ivens, Hamburger Handbuch zur Vermögensnachfolge, S. 686.
3 BT-Drucks. 19/28173 v. 31.3.2021 S. 54.
4 Richter in Hüttemann/Richter/Weitemeyer, Landesstiftungsrecht, Rz. 15.5.
5 Richter in Hüttemann/Richter/Weitemeyer, Landesstiftungsrecht, Rz. 15.6.
6 Ivens, Hamburger Handbuch zur Vermögensnachfolge, S. 686.

267 Weitere Ausprägung des Substanzerhaltungsgebots ist der Vorrang des Vermögenserhalts vor Renditeoptimierung.[1] Bei Wertpapieren entspricht das dem „Gebot der ruhigen Hand“; somit würden das Eingehen von spekulativen Investments (Risikoanlagen) und laufende Vermögensumschichtungen dem Gebot der Substanzerhaltung widersprechen.[2]

268 Das Prinzip der Substanzerhaltung verbietet es nicht, **Vermögensumschichtungen** vorzunehmen. § 83c BGB enthält hierzu spezielle Regelungen für die Verwaltung und Verwendung des Grundstockvermögens. Für das Grundstockvermögen, das bei auf unbestimmte Zeit errichteten Stiftungen letztlich die dauernde und nachhaltige Erfüllung des Stiftungszwecks gewährleisten muss, gelten neben den allgemeinen Verwaltungsregelungen in § 83b Abs. 4 BGB zusätzlich besondere Verwaltungsregelungen. Diese besonderen Regelungen haben keine Auswirkungen auf die Verwaltung des sonstigen Vermögens der Stiftung, das ergibt sich schon aus der Überschrift des § 83c BGB. Sie haben auch keine Bedeutung für Verbrauchsstiftungen, da diese Stiftungen kein Grundstockvermögen haben.[3]

268/1 In § 83c Abs. 1 BGB wird die Pflicht zum ungeschmälerten Erhalt des Grundstockvermögens erstmals bundesrechtlich geregelt. Durch diese Erhaltungspflicht unterscheidet sich das Grundstockvermögen vom sonstigen Vermögen der Stiftung, das für die Erfüllung des Stiftungszwecks erbracht werden soll (z. B. die laufenden Erträge aus dem Grundstockvermögen) oder verbraucht werden kann (z. B. gewidmetes Vermögen, das der Stifter zu sonstigem Vermögen bestimmt hat).[4]

268/2 Die Pflicht zum Erhalt des Grundstockvermögens ist derzeit schon in fast allen Landesstiftungsgesetzen geregelt. Die meisten Landesstiftungsgesetze verlangen wie § 83c Abs. 1 Satz 1 BGB den ungeschmälerten Erhalt des Grundstockvermögens. Die Erhaltungspflicht nach § 83c Abs. 1 Satz 1 BGB bezieht sich grds. auf das Grundstockvermögen als Ganzes, nicht auf die einzelnen Vermögensgegenstände, die das Grundstockvermögen bilden. Verlangt wird nach § 83c Abs. 1 Satz 1 BGB der Erhalt des Grundstockvermögens für die Stiftung als Mittel zur dauernden und nachhaltigen Erfüllung des Stiftungszwecks.[5]

1 Ivens, Hamburger Handbuch zur Vermögensnachfolge, S. 687.

2 Richter in Hüttemann/Richter/Weitemeyer, Landesstiftungsrecht, Rz. 15.119.

3 BT-Drucks. 19/28173 v. 31.3.2021 S. 55.

4 BT-Drucks. 19/28173 v. 31.3.2021 S. 56.

5 BT-Drucks. 19/28173 v. 31.3.2021 S. 56.

Die Zusammensetzung des Grundstockvermögens kann von den zuständigen Stiftungsorganen geändert werden. Sie können über einzelne Rechte des Stiftungsvermögens verfügen, um Verbindlichkeiten der Stiftung zu erfüllen. Auch an der Rückgabe von Kulturgut, das Teil des Grundstockvermögens ist, ist eine Stiftung nicht dadurch gehindert, dass es Teil des Grundstockvermögens ist, wenn gegen die Stiftung ein Herausgabeanspruch erhoben wird. Ist ein Herausgabeanspruch verjährt oder möchte die Stiftung das Kulturgut freiwillig herausgeben, sind bei der Entscheidung im jeweiligen Einzelfall insbesondere der Stifterwille hinsichtlich des betreffenden Objekts, der Wert des Besitzes oder des Eigentums an dem Kulturgut für die Stiftung sowie die Auswirkungen, die die Erhebung der Verjährungseinrede oder die Verweigerung der Herausgabe aus anderen Gründen erwarten lässt, sowie das wohlverstandene Interesse der Stiftung an einer Rückgabe, insbesondere auch hinsichtlich der Reputation der Stiftung, zu berücksichtigen. Das gilt auch für die Rückgabe von Kulturgütern, die Anspruchstellern in der SBZ/DDR entzogen worden sind. Im wohlverstandenen Interesse einer Stiftung liegt regelmäßig die Erfüllung gerechtfertigter Restitutionsansprüche in Umsetzung der Washingtoner Prinzipien und der hierzu ergangenen gemeinsamen Erklärung der Bundesregierung, der Länder und der kommunalen Spitzenverbände. Die Restitution von NS-verfolgungsbedingt entzogenen Kulturgütern ist ein wesentliches Element der Aufarbeitung des nationalsozialistischen Unrechtregimes. Es ist der erklärte Wille der Bundesregierung, der Länder und der kommunalen Spitzenverbände, dass auch Privatpersonen und privatrechtlich organisierte Einrichtungen der gemeinsamen Erklärung folgen, die ihrerseits die Washingtoner Erklärung umsetzt. Zudem liegt die Rückgabe von Kulturgut nicht nur dann im wohlverstandenen Interesse einer Stiftung, wenn ein Rückgabeanspruch nach dem Kulturgutschutzgesetz besteht, sondern regelmäßig auch in jedem Fall, in dem durch die Rückgabe unrechtmäßig verbrachtes Kulturgut anderer Staaten an diese zurückgegeben werden kann. Dasselbe gilt für die Rückgabe von Sammlungsgut aus kolonialen Kontexten, dessen Aneignung in rechtlich und/oder ethisch heute nicht mehr vertretbarer Weise erfolgte.[1] 268/3

Die Zusammensetzung des Grundstockvermögens kann von den zuständigen Stiftungsorganen auch geändert werden, um durch Vermögensumschichtungen höhere Erträge für die Stiftung zu erwirtschaften. Werden Umschichtungsgewinne erzielt, können diese wie bisher zur Erfüllung des Stiftungszwecks verwendet werden. § 83c Abs. 3 BGB stellt klar, dass § 83c Abs. 2 Satz 2 BGB einer Satzungsbestimmung nicht entgegensteht, die ausdrücklich regelt, 268/4

1 BT-Drucks. 19/28173 v. 31.3.2021 S. 56.

dass die Zuwächse aus Umschichtungen für die Erfüllung des Stiftungszwecks verwendet werden können. Eine Umschichtung darf aber nicht die dauernde und nachhaltige Erfüllung des Stiftungszwecks gefährden. Dies kann vor allem bei einer Veräußerung solcher vom Stifter auf die Stiftung übertragenen Vermögensgegenstände gegeben sein, die unmittelbar der Erfüllung des Stiftungszwecks dienen, wie z. B. Grundstücke oder Einrichtungen, die nicht durch gleichwertige Vermögensgegenstände ersetzt werden können. Der Stifter kann in der Errichtungssatzung auch ausdrücklich bestimmen, dass einzelne Vermögensgegenstände nicht zu veräußern und in ihrem Wert zu erhalten sind. Dann sind die zuständigen Stiftungsorgane daran gebunden, solange die Satzungsbestimmung nicht geändert wird.[1]

268/5 Der Stifter sollte sich daher ausdrücklich äußern und seinen Willen in der Satzung niederlegen.[2]

BEISPIEL ▸ Das Stiftungsvermögen ist in seinem Wert grds. ungeschmälert zu erhalten. Werterhaltende oder wertsteigernde Vermögensumschichtungen sind zulässig; dies gilt auch für die Veräußerung von Aktien der X-Holding AG oder anderer Unternehmensbeteiligungen sowie für die Neuanlage des jeweiligen Erlöses.

269 Will man die Vermögensumschichtungen nicht dem Vorstand überlassen, sondern durch ein Überwachungsgremium genehmigen lassen, bietet sich folgende Regelung an:

BEISPIEL ▸ Der Stiftungsrat hat insbesondere folgende Aufgabe:

Die Entscheidung bezüglich der Verfügungen über das Stiftungsvermögen nach § 5 Abs. 2 dieser Satzung (werterhaltende oder wertsteigernde Vermögensumschichtungen).

270 Zentraler Inhalt der Pflicht zur Erhaltung des Grundstockvermögens nach § 83c Abs. 1 Satz 1 BGB ist das **Verbot**, Grundstockvermögen für die Erfüllung des Stiftungszwecks zu verbrauchen. Nach § 83 Abs. 1 Satz 2 BGB ist der Stiftungszweck mit den Nutzungen des Grundstockvermögens zu erfüllen, das heißt nach § 100 BGB entweder durch die Früchte, insbesondere Erträge, die aus den Vermögensgegenständen gezogen sind und die Gebrauchsvorteile, die die Vermögensgegenstände gewähren.[3]

270/1 Der in § 83c Abs. 1 Satz 1 BGB geregelte **Vermögenserhaltungsgrundsatz**, der auf den ungeschmälerten Erhalt des Grundstockvermögens gerichtet ist, beschränkt sich aber nicht auf das Verbot des Verbrauchs von Grundstockver-

1 BT-Drucks. 19/28173 v. 31.3.2021 S. 56.

2 Kraftsoff/Steinsdörfer, S&S 3/2016 S. 30.

3 BT-Drucks. 19/28173 v. 31.3.2021 S. 57.

mögen, sondern verlangt von den zuständigen Stiftungsorganen auch, das Vermögen als Mittel zur Erfüllung des Stiftungszwecks so zu verwalten, dass die nachhaltige Erfüllung des Stiftungszwecks durch die Nutzungen aus dem Vermögen sowohl gegenwärtig als auch langfristig gewährleistet wird. Daraus können sich sehr unterschiedliche Anforderungen an die Vermögensverwaltung ergeben, die abhängig sind vom Zweck der Stiftung, von der Art und dem Umfang ihres Grundstockvermögens sowie von der konkreten Nutzung des Grundstockvermögens für den Stiftungszweck. Deshalb kann auch **nicht** einfach geregelt werden, dass das Grundstockvermögen zu seinem **nominalen oder realen** Wert zu erhalten ist. Hierbei ist schon fraglich, was unter Wert gemeint ist.[1]

Erfüllt die Stiftung ihren Zweck unmittelbar durch Gebrauch einzelner Ver- 270/2
mögensgegenstände, wie z. B. die Nutzung von stiftungseigenen Grundstücken und Gebäuden, so verpflichtet der Vermögenserhaltungsgrundsatz die Stiftung grds., diese Vermögensgegenstände so zu verwalten, dass sich ihr Gebrauchswert für die Stiftung möglichst nicht schmälert. Bloße Schwankungen beim Marktwert solcher Vermögensgegenstände beeinflussen hingegen regelmäßig ihren Wert für die Stiftung nicht, solange diese Schwankungen beim Marktwert den Gebrauchswert für die Stiftung nicht beeinträchtigen.[2]

Wenn die Stiftung ihren Zweck mit Erträgen aus dem Grundstockvermögen er- 270/3
füllen soll, ist das Grundstockvermögen möglichst so zu verwalten, dass die Ertragskraft des Vermögens nicht geschmälert wird. Das Gebot, die Ertragskraft des Stiftungsvermögens möglichst gleichbleibend zu erhalten, und das Verbot, Grundstockvermögen zu verbrauchen, stehen dabei in einem Spannungsverhältnis. Eine Anlage von Grundstockvermögen, die hohe Wertzuwächse oder Erträge für die Stiftung verspricht, entspricht zwar dem Gebot, das Grundstockvermögen in seiner Ertragskraft zu erhalten. Wenn eine solche Anlage aber mit einem erheblichen Verlustrisiko verbunden ist, kann eine solche Anlageentscheidung gegen das Verbot verstoßen, Grundstockvermögen zu verbrauchen.[3]

Da Stiftungen sehr verschieden sind, sowohl hinsichtlich ihrer Zwecke als auch 270/4
hinsichtlich der Zusammensetzung ihres Vermögens, und sie ihr Vermögen auch auf sehr unterschiedliche Weise für die Erfüllung ihrer Zwecke nutzen, lassen sich die Anforderungen an die Verwaltung des Grundstockvermögens

1 BT Drucks. 19/28173 v. 31.3.2021 S. 57.
2 BT-Drucks. 19/28173 v. 31.3.2021 S. 57.
3 BT-Drucks. 19/28173 v. 31.3.2021 S. 57.

gesetzlich nicht weiter konkretisieren. Welche Verwaltungsmaßnahmen erforderlich sind, kann regelmäßig nur mit Blick auf die konkrete Stiftung und die bestehenden Anlagemöglichkeiten für das Grundstockvermögen der Stiftung entschieden werden. Stifter können in der Satzung die Anforderungen an die Verwaltung des Grundstockvermögens und seinen Erhalt inhaltlich weiter konkretisieren, insbesondere auch ein Vermögenserhaltungskonzept für die Stiftung in der Satzung festschreiben. Anlagerichtlinien, die der Stifter oder die jeweils zuständigen Organe aufstellen, können eine wichtige Grundlage für transparente und nachvollziehbare Anlageentscheidungen der Stiftungsorgane und die ordnungsgemäße Führung der Geschäfte durch die zuständigen Stiftungsorgane nach § 84a Abs. 2 BGB sein.[1]

270/5 Nach § 83c Abs. 1 Satz 2 BGB ist der **Stiftungszweck mit den Nutzungen** aus dem Grundstockvermögen **zu erfüllen**. Durch die Regelung, dass der Stiftungszweck durch die Nutzungen des Grundstockvermögens zu erfüllen ist, wird nicht nur der Grundsatz der Erhaltung des Grundstockvermögens konkretisiert, sondern auch geregelt, wie das Grundstockvermögen der Zweckerfüllung dient. Aus der Regelung ergibt sich insbesondere, dass das Grundstockvermögen aus Vermögensgegenständen zusammengesetzt sein muss, die entweder unmittelbar zur Erfüllung des Stiftungszwecks gebraucht werden können oder die Erträge erbringen können, mit denen der Stiftungszweck erfüllt werden kann. Alle Nutzungen des Stiftungsvermögens müssen unmittelbar oder mittelbar zur Erfüllung des Stiftungszwecks verwendet werden. Damit die Stiftung ihren Stiftungszweck dauernd und nachhaltig erfüllen kann, sind die aus dem Grundstockvermögen gezogenen Nutzungen überwiegend unmittelbar zur Erfüllung des Stiftungszwecks verwenden. Die Stiftung kann und muss ggf. auch Erträge zu Grundstockvermögen bestimmen, um den Gebrauchswert oder die Ertragskraft des Grundstockvermögens zu erhalten oder zu erhöhen.[2]

270/6 Nach § 83c Abs. 2 Satz 1 BGB können **durch die Satzung** für einen **Teil des Grundstockvermögens** Ausnahmen vom Vermögenserhaltungsgrundsatz nach § 83c Abs. 1 Satz 1 BGB bestimmt werden. Solche Satzungsbestimmungen kann vor allem der Stifter in der Errichtungssatzung treffen und damit den Handlungsspielraum der Stiftungsorgane bei der Verwaltung des Grundstockvermögens erweitern. Sie können aber auch im Wege einer späteren Satzungsänderung getroffen werden.[3]

1 BT-Drucks. 19/28173 v. 31.3.2021 S. 57.

2 BT-Drucks. 19/28173 v. 31.3.2021 S. 58.

3 BT-Drucks. 19/28173 v. 31.3.2021 S. 58.

Die Möglichkeiten, vom Grundsatz der Vermögenserhaltung nach § 83c Abs. 1 Satz 1 BGB abzuweichen, sind vielfältig. **Zulässig** sind nach § 83c Abs. 2 Satz 1 BGB aber **nur zeitlich beschränkte Ausnahmen** von der Erhaltungspflicht nach § 83c Abs. 1 Satz 1 BGB. Eine solche Ausnahme darf nicht dazu führen, dass die dauerhafte und nachhaltige Erfüllung des Stiftungszwecks nicht mehr gesichert erscheint. Es kann jeweils nur mit Blick auf die einzelne Stiftung bestimmt werden, wieviel Grundstockvermögen nach § 83c Abs. 2 Satz 1 BGB zum Verbrauch bestimmt werden kann.[1] 270/7

Nach § 83c Abs. 2 Satz 2 BGB kann durch die Satzung der Verbrauch von Teilen des Grundstockvermögens nur zugelassen werden, wenn die Stiftung durch die Satzungsbestimmung verpflichtet wird, das Grundstockvermögen in absehbarer Zeit wieder um den verbrauchten Teil aufzufüllen. Dies soll gewährleisten, dass mit Blick auf die Bedeutung des Grundstockvermögens für den Bestand der Stiftung regelmäßig nur zeitweise auf das Grundstockvermögen zurückgegriffen wird. Typisch hierfür sind Satzungsbestimmungen, die den Stiftungsorganen erlauben, zur Finanzierung größerer Projekte Grundstockvermögen zu verbrauchen, wenn es in den Folgejahren wieder aufgefüllt wird.[2] 270/8

Durch § 83c Abs. 3 BGB soll klargestellt werden, dass Satzungsbestimmungen, die bestimmen, dass die Zuwächse aus Umschichtungen des Grundstockvermögens für die Erfüllung des Stiftungszwecks verwendet können, wirksam sind. Es wird ausdrücklich klargestellt, dass § 83c Abs. 2 Satz 2 BGB für solche Satzungsbestimmungen nicht gilt, auch wenn man die Auffassung vertritt, dass diese Satzungsbestimmungen unter § 83c Abs. 2 Satz 1 BGB fallen.[3] 270/9

§ 83c Abs. 4 BGB ermöglicht, dass die in einigen Landesstiftungsgesetzen vorgesehenen Vorschriften, die die zuständigen Behörden ermächtigen, zeitlich begrenzte Ausnahmen vom Gebot der Erhaltung des Grundstockvermögens zuzulassen, beibehalten werden können.[4] 270/10

2. Zustiftungen

Zu Grundstockvermögen werden nach § 83b Abs. 2 Nr. 2 BGB auch alle Zustiftungen. Zustiftungen werden **legaldefiniert** als Vermögen, das der bestehenden Stiftung zugewendet wird und das vom Zuwendenden dazu bestimmt wurde, Teil des Grundstockvermögens der Stiftung zu werden. Zuwendender 271

1 BT-Drucks. 19/28173 v. 31.3.2021 S. 58.
2 BT-Drucks. 19/28173 v. 31.3.2021 S. 58.
3 BT-Drucks. 19/28173 v. 31.3.2021 S. 58.
4 BT-Drucks. 19/28173 v. 31.3.2021 S. 58.

kann der Stifter oder ein Dritter sein. Eine Stiftung darf eine Zustiftung annehmen, wenn der Stifter in der Errichtungssatzung die Annahme von Zustiftungen nicht ausgeschlossen hat und die Zustiftung sich auch unter Berücksichtigung etwaiger mit ihr verbundener Auflagen im Rahmen einer Gesamtbetrachtung positiv auf die Erfüllung des Stiftungszwecks auswirkt.[1]

272 Um für den Vorstand eine Verwaltungsvereinfachung zu erreichen, kann sich anbieten, in der Stiftungssatzung bzgl. der Verwendung von Bagatellspenden Folgendes zu regeln:

BEISPIEL ▸ Zuwendungen des Stifters bzw. Dritter wachsen dem Stiftungsvermögen zu, wenn sie ausdrücklich dazu bestimmt sind und einen Mindestbetrag von 1.000 € erreichen (Zustiftungen).

3. Spenden

273 In einigen Landesstiftungsgesetzen ist geregelt, dass neben den Erträgen einer Stiftung auch **Zuwendungen Dritter** für die Erfüllung des Stiftungszwecks zu verwenden sind, soweit nicht ausdrücklich anderes bestimmt wurde.[2]

274 Grundsätzlich unterscheiden sich Zustiftungen,[3] die dem Grundstockvermögen zufließen, von Zuwendungen, die zum laufenden Verbrauch (bei steuerbefreiten Stiftungen Spenden genannt) bestimmt sind.

Maßgeblich ist hinsichtlich der Zuordnung, welchen Willen der Zuwendende geäußert hat, vgl. § 83b Abs. 2 Nr. 2 BGB. Allerdings darf eine Stiftung eine Zustiftung nur annehmen, wenn der Stifter in der Errichtungssatzung die Annahme von Zustiftungen nicht ausgeschlossen hat und die Zustiftung sich auch unter Berücksichtigung etwaiger mit ihr verbundener Auflagen im Rahmen einer Gesamtbetrachtung positiv auf die Erfüllung des Stiftungszwecks auswirkt.[4] So kann die Stiftungssatzung etwa konstitutiv regeln, dass eine Zustiftung erst ab einem Betrag von 10.000 € möglich ist, um z. B. Bagatellbeträge nicht aufwendig verbuchen zu müssen.[5]

1 BT-Drucks. 19/28173 v. 31.3.2021 S. 54.

2 Vgl. die Nachweise/Verweise auf die Landesstiftungsgesetze bei Hüttemann in Hüttemann/Richter/Weitemeyer, Landesstiftungsrecht, Rz. 16.9.

3 Siehe → Rz. 271.

4 BT-Drucks. 19/28173 v. 31.3.2021 S. 54.

5 Siehe → Rz. 272.

4. Vermögensverwaltung

In der Praxis stellt die Verwaltung von Barvermögen eine große Herausforderung für die Organe der Stiftung dar. Denn die Beachtung der drei „R" (Risiko, Rendite und Rücklagen) bereitet Schwierigkeiten. Für die Verwaltung des Vermögens der Stiftung gilt wie für andere Geschäftsführungsmaßnahmen der **Sorgfaltsmaßstab** des § 84a Abs. 2 Satz 1 BGB-neu. Auch bei der Anlage des Stiftungsvermögens müssen die zuständigen Organmitglieder die Sorgfalt eines ordentlichen Geschäftsführers anwenden. Für die Anlage von Stiftungsvermögen gibt es keine konkreten Anlageregelungen, wie z. B. für Mündelvermögen. Es sind auch keine gesetzlichen Verbote für bestimmte Anlageformen vorgesehen. Inwieweit bestimmte Anlagen, wie z. B. bestimmte Aktien oder Anteile an bestimmten Investmentfonds, für eine konkrete Stiftung geeignet sind, ist regelmäßig eine **Einzelfallentscheidung**.[1] 275

In der Praxis wird häufig eine sogenannte **Anlagerichtlinie** verabschiedet, wobei hierfür meist das Überwachungsorgan (Stiftungsrat) zuständig ist.[2] Anlagerichtlinien kann aber auch bereits der Stifter aufstellen. Sie können eine wichtige Grundlage für transparente und nachvollziehbare Anlageentscheidungen der Stiftungsorgane und die ordnungsgemäße Führung der Geschäfte durch die zuständigen Stiftungsorgane nach § 84a Abs. 2 BGB sein.[3] 276

Die zuständigen Stiftungsorgane haben, wenn sie nicht durch Satzungsbestimmungen oder bestehende Anlagerichtlinien anderer Stiftungsorgane gebunden sind, bei der Anlage von Stiftungsvermögens einen **weiten Ermessensspielraum**. Sie können sich bei Entscheidungen über die Anlage des Vermögens wie bei anderen Geschäftsführungsentscheidungen auf die sogenannte Business-Judgement-Rule berufen. Stiftungsorgane, die bei der Verwaltung des Stiftungsvermögens unter Beachtung der gesetzlichen und satzungsgemäßen Vorgaben gehandelt haben und vernünftigerweise annehmen durften, auf der Grundlage angemessener Informationen zum Wohle der Stiftung zu handeln, haften der Stiftung für eintretende Vermögensverluste nicht.[4] 276/1

Sofern das Bar-/Wertpapiervermögen der Stiftung von einer **Bank** verwaltet wird, werden auch ihr gegenüber die wesentlichen Anlageentscheidungen (z. B. Aktienquote 30 % oder keine Anlage in Währungen) zuvor festgelegt. 276/2

1 BT-Drucks. 19/28173 v. 31.3.2021 S. 55.
2 Richter in Hüttemann/Richter/Weitemeyer, Landesstiftungsrecht, Rz. 15.13.
3 BT-Drucks. 19/28173 v. 31.3.2021 S. 57.
4 BT-Drucks. 19/28173 v. 31.3.2021 S. 55.

277 Problematisch ist bei **steuerbefreiten** Stiftungen, wenn eine unternehmerische Beteiligung keine Erträge ausschüttet, sondern diese thesauriert. Ein „Austrocknen" der Stiftung wirft steuerliche Probleme auf, die sogar einen Verlust der Steuerfreiheit bewirken können.[1]

278 Entsprechendes gilt auch für die Anlageentscheidung durch eine Bank, wenn die überwiegenden Erträge aus Veräußerungsgewinnen erzielt werden oder eine Anlageform gewählt wird, die keine Ausschüttungen generiert.[2] Dies sollte bei der Übertragung des Stiftungsvermögens auf einen professionalen Verwalter bedacht werden. Denn bei **steuerbefreiten** Stiftungen können andernfalls die satzungsmäßigen Zwecke nicht oder nur unzureichend verfolgt werden.

279 Aber auch bei einer **Familienstiftung** ist die angestrebte Versorgung des Stifters und der Destinatäre nur gesichert, wenn ausreichend Erträge von der Tochterbeteiligung an die Stiftung ausgeschüttet werden.[3] Hier können sich Thesaurierungsregelungen auf Ebene der Gesellschaftsverträge der Tochtergesellschaften nachteilig auswirken.

5. Ertragsverwendung

280 Die laufenden Einnahmen der Stiftung sollen nicht nur die Verwaltungskosten decken, sondern ihr Überschuss muss für die Erfüllung des Stiftungszwecks zur Verfügung stehen (**Gebot zur laufenden Ertragsverwendung**).[4] Nach § 83c Abs. 1 Satz 2 BGB ist der Stiftungszweck mit den Nutzungen aus dem Grundstockvermögen zu erfüllen. Durch die Regelung, dass der Stiftungszweck durch die Nutzungen (Erträge) des Grundstockvermögens zu erfüllen ist, wird nicht nur der Grundsatz der Erhaltung des Grundstockvermögens konkretisiert, sondern auch geregelt, wie das Grundstockvermögen der Zweckerfüllung dient. Aus der Regelung ergibt sich insbesondere, dass das Grundstockvermögen aus Vermögensgegenständen zusammengesetzt sein muss, die entweder unmittelbar zur Erfüllung des Stiftungszwecks gebraucht werden können oder die Erträge erbringen können, mit denen der Stiftungszweck erfüllt werden kann. Alle Nutzungen des Stiftungsvermögens müssen unmittelbar oder mittelbar

---

1 Vgl. → Rz. 1008.

2 Richter in Hüttemann/Richter/Weitemeyer, Landesstiftungsrecht, Rz. 15.120; Fritz in Werner/Saenger/Fischer, Die Stiftung, Rz. 445.

3 Schiffer/Pruns, NWB-EV 7/2012 S. 229, 234 NWB RAAAE-12109; BFH, Urteil v. 18.11.2009 - II R 46/07NWB , BFH/NV 2010 S. 898 NWB XAAAD-39259, mit Anm. Schiffer/Pruns, ZStV 2012 S. 1 f.

4 Ivens, Hamburger Handbuch zur Vermögensnachfolge, S. 688; Hüttemann in Hüttemann/Richter/Weitemeyer, Landesstiftungsrecht, Rz. 16.10.

zur Erfüllung des Stiftungszwecks verwendet werden. Damit die Stiftung ihren Stiftungszweck dauernd und nachhaltig erfüllen kann, sind die aus dem Grundstockvermögen gezogenen Nutzungen überwiegend unmittelbar zur Erfüllung des Stiftungszwecks zu verwenden.[1]

Dieses Gebot zur Ertrags-/Mittelverwendung ist in fast allen Landesstiftungs- 280/1
gesetzen enthalten.[2] Ob dieses Gebot zur laufenden Ertragsverwendung auch beinhaltet, dass eine sofortige oder **zeitnahe Mittelverwendung** zu erfolgen hat, ist zweifelhaft.[3] Im Steuerrecht kennt die AO in § 55 Abs. 1 Nr. 5 Satz 3 zwar eine ab dem 1.1.2013 36-monatige Frist. Für eine steuerpflichtige Stiftung, wie z. B. eine Familienstiftung, dürfte diese steuerliche **Mittelverwendungsfrist** jedenfalls nicht gelten. Auch die Landesstiftungsgesetze enthalten keine dem Steuerrecht entsprechenden Regelungen. Das Fehlen einer landesstiftungsgesetzlichen Mittelverwendungsfrist bedeutet indes nicht, dass es eine Pflicht zur Ertragsverwendung[4] nicht gibt. Es besteht lediglich außerhalb des Steuerrechts keine Vorgabe, innerhalb welcher Frist die Mittel zu verwenden sind.

Bei der Verwendung der Überschüsse (Einnahmen über Verwaltungskosten) 281
ist das sogenannte **Admassierungsverbot** zu beachten. Danach dürfen Erträge im Grundsatz nicht dem Grundstockvermögen zugeführt werden. Das Admassierungsverbot ist Ausfluss des Verbots der Selbstzweckstiftung. Demnach ist eine Zuführung der Erträge zum Grundstockvermögen nur ausnahmsweise zulässig, wenn z. B. Vermögensverluste ausgeglichen werden sollen.[5] Ferner muss die Stiftung ggf. auch Erträge zu Grundstockvermögen bestimmen, um den Gebrauchswert oder die Ertragskraft des Grundstockvermögens zu erhalten oder zu erhöhen.[6] Auch in diesen Fällen ist das Admassierungsverbot nicht betroffen.

Rücklagen dürfen – vorbehaltlich anderslautender steuerlicher Vorschriften für 282
steuerbefreite Stiftungen – grds. gebildet werden, wenn bestimmte Vorhaben eine Ansammlung verlangen.

1 BT-Drucks. 19/28173 v. 31.3.2021 S. 57.

2 Vgl. die Hinweise auf die jeweiligen Landesstiftungsgesetze bei Hüttemann in Hüttemann/Richter/Weitemeyer, Landesstiftungsrecht, Rz. 16.10.

3 Hüttemann in Hüttemann/Richter/Weitemeyer, Landesstiftungsrecht, Rz. 16.11.

4 Vgl. → Rz. 280.

5 Ivens, Hamburger Handbuch zur Vermögensnachfolge, S. 687 f.

6 BT-Drucks. 19/28173 v. 31.3.2021 S. 58.

283 Für steuerbefreite Stiftungen ergeben sich aus den steuerlichen Vorschriften der AO weitere Besonderheiten hinsichtlich des Zwangs zur Mittelverwendung bzw. der eingeschränkten Möglichkeit, Rücklagen zu bilden.[1]

284 Nach § 83c Abs. 2 Satz 1 BGB können durch die Satzung für einen Teil des Grundstockvermögens **Ausnahmen vom Vermögenserhaltungsgrundsatz** nach § 83c Abs. 1 Satz 1 BGB bestimmt werden. Solche Satzungsbestimmungen kann vor allem der Stifter in der Errichtungssatzung treffen und damit den Handlungsspielraum der Stiftungsorgane bei der Verwaltung des Grundstockvermögens erweitern. Sie können aber auch im Wege einer späteren Satzungsänderung getroffen werden. Die Möglichkeiten, vom Grundsatz der Vermögenserhaltung nach § 83c Abs. 1 Satz 1 BGB abzuweichen, sind vielfältig. Zulässig sind nach § 83c Abs. 2 Satz 1 BGB aber nur **zeitlich beschränkte** Ausnahmen von der Erhaltungspflicht nach § 83c Abs. 1 Satz 1 BGB. Eine solche Ausnahme darf nicht dazu führen, dass die dauerhafte und nachhaltige Erfüllung des Stiftungszwecks nicht mehr gesichert erscheint. Es kann jeweils nur mit Blick auf die einzelne Stiftung bestimmt werden, wie viel Grundstockvermögen nach § 83c Abs. 2 Satz 1 BGB zum Verbrauch bestimmt werden kann.[2]

284/1 Nach § 83c Abs. 2 Satz 2 BGB kann durch die Satzung der Verbrauch von Teilen des Grundstockvermögens nur zugelassen werden, wenn die Stiftung durch die Satzungsbestimmung verpflichtet wird, das Grundstockvermögen **in absehbarer Zeit** wieder um den verbrauchten Teil **aufzufüllen**. Dies soll gewährleisten, dass mit Blick auf die Bedeutung des Grundstockvermögens für den Bestand der Stiftung regelmäßig nur zeitweise auf das Grundstockvermögen zurückgegriffen wird. Typisch hierfür sind Satzungsbestimmungen, die den Stiftungsorganen erlauben, zur Finanzierung größerer Projekte Grundstockvermögen zu verbrauchen, wenn es in den Folgejahren wieder aufgefüllt wird.[3]

285 *(Einstweilen frei)*

V. Begünstigtenkreis/Destinatäre

286 Über die Rechtsstellung der Destinatäre (Bezugsberechtigte) enthalten die §§ 80 ff. BGB keine Regelungen. Bei steuerbefreiten Stiftungen ergibt sich der Kreis der Begünstigten i. d. R. aus dem Zweck der Stiftung;[4] bei privatnützigen Stiftungen, insbesondere einer **Familienstiftung**, ist hingegen zwingender Be-

---

1 Vgl. → Rz. 1045 ff.

2 BT-Drucks. 19/28173 v. 31.3.2021 S. 58.

3 BT-Drucks. 19/28173 v. 31.3.2021 S. 58.

4 Siehe → Rz. 181 ff.

standteil der Satzung, dass der Stifter den Kreis der Begünstigten (nahe/entfernte Familienangehörige[1]) konkret bestimmt.

Nach den gesetzlichen Regelungen sind Destinatäre einer rechtsfähigen Familienstiftung im Wesentlichen rechtlose Nutznießer des Stiftungsvermögens. **Mitgliedschaftliche Rechte**, insbesondere in Bezug auf die Erträge des Stiftungsvermögens oder (effektive) Informations-, Einfluss- oder Kontrollrechte bzgl. der Amtsführung der Stiftungsorgane, stehen den Destinatären kraft Gesetzes **nicht** zu.[2] 287

Auch in der Stiftungssatzung wird den Begünstigten (Destinatären) i. d. R. **kein Rechtsanspruch** auf eine konkrete Leistung der Stiftung eingeräumt. Ihrer Rechtsnatur nach handelt es sich bei Ansprüchen von Destinatären auf Stiftungsleistungen auch nicht um solche aus Schenkung (§ 516 BGB) oder Schenkungsversprechen (§ 518 BGB). Durch die Zuwendung an die Destinatäre wird der Stiftungszweck erfüllt; der Stiftungszweck selbst bildet den Rechtsgrund der Zuwendung[3]. Die h. M. nimmt daher zu Recht an, dass es sich um Ansprüche sui generis aufgrund der Satzung selbst handelt.[4] Der Stifter ist bei der Bestimmung der Destinatäre grds. nicht an den Gleichbehandlungsgrundsatz gem. Art. 3 GG gebunden. Um die Vertrags- und Testierfreiheit nicht auszuhöhlen, können allenfalls bestimmte, aus besonderen Gründen als anstößig empfundene Verstöße gegen Art. 3 GG das Geschäft sittenwidrig i. S. von § 138 Abs. 1 BGB machen. Die Bevorzugung männlicher Nachkommen durch die Stiftungssatzung ist kein derartiger Verstoß. Da die Stiftungsaufsicht den Destinatären gegenüber keine Amtspflichten hat, können diese auch keine Amtshaftungsansprüche aus Art. 34 GG, § 839 BGB geltend machen.[5] 288

Der **BGH** hat in einem besonders gelagerten Fall von Stipendien entschieden,[6] dass „die Frage, ob die dem Kreis der Destinatäre angehörenden Personen „**ausnahmsweise**" einen **klagbaren** Anspruch auf die Stiftungsleistungen haben, sich ausschließlich nach dem in der Stiftungsurkunde oder der Stiftungssatzung niedergelegten Willen des Stifters entscheidet, der erforderlichenfalls durch Auslegung der Satzung zu ermitteln ist". Maßgeblich sei, ob die Satzung für den Kreis der infrage kommenden Destinatäre bestimmte objektive Merk- 289

1 Siehe → Rz. 456 ff.

2 Rücker, ZEV 2018 S. 451.

3 Eine Zuwendung i. S. des § 7 Abs. 1 Nr. 1 ErbStG verneint auch der BFH, Urteil v. 3.7.2019 - II R 6/16 NWB GAAAH-32258 = DStR 2019 S. 2195.

4 Backert in Beck'scher Online-Kommentar BGB, § 85 Rz. 6.

5 Backert in Beck'scher Online-Kommentar BGB, § 85 Rz. 6.

6 BGH, Urteil v. 15.12.2016 - I ZR 63/15 NWB QAAAG-36079 = NZG 2017 S. 268.

male aufstellt, durch deren Erfüllung die Eigenschaft eines Destinatärs unmittelbar erworben wird, ohne dass den Stiftungsorganen die Möglichkeit einer Auswahl gelassen ist, oder ob einem Stiftungsorgan oder einem Dritten die Befugnis eingeräumt wird, die Stiftungsdestinatäre, die in den Genuss des Stiftungsnutzens kommen sollen, aus einem in der Satzung näher umschriebenen Kreis von Personen auszuwählen. Soweit keine klare Regelung bestehe, würden Dritte mit der Satzung lediglich eine nicht rechtlich definierte Chance auf den Erhalt von Stiftungsleistungen erhalten und nicht bereits einen Rechtsanspruch.

290 Werden den Destinatären ausnahmsweise in der Stiftungssatzung Rechte zugewiesen, kann dies zu unerwünschten Folgen führen. Destinatäre, denen z. B. über ein eigenes Organ (Destinatärsversammlung) das Recht zur Bestellung und Abberufung von Vorstandsmitgliedern eingeräumt wird, könnten ihre Macht missbrauchen und so Einfluss auf künftige Auszahlungen durch den Vorstand nehmen.

291 Destinatäre, denen mangels entsprechender Regelung in der Stiftungssatzung Leistungen aus dem Stiftungsvermögen nur zustehen, wenn die Stiftungsorgane dies von Fall zu Fall beschließen, denen also kein klagbarer Anspruch gegen die Stiftung auf Gewährung bestimmter Leistungen aufgrund von Bestimmungen in der Stiftungssatzung oder einer mit dem Stiftungsvorstand darüber getroffenen Vereinbarung zusteht, kommen als zur Stellung des Insolvenzantrags berechtigte Insolvenzgläubiger (§§ 38, 45 InsO) von vornherein nicht in Betracht.[1]

292 Maßnahmen der Stiftungsaufsicht können grds. nicht von Destinatären der Stiftung angegriffen oder gerichtlich erzwungen werden. Destinatäre sind nur wirtschaftlich Begünstigte des Stiftungsvermögens oder der Stiftungserträge. Ihnen stehen aber nach den §§ 80 ff. BGB und den Landesstiftungsgesetzen keine mitgliedschaftsähnlichen oder aufsichtsrechtlichen Befugnisse zu. Es fehlt daher ein subjektives öffentliches Recht der Destinatäre, das ihnen Klagebefugnis i. S. des § 42 Abs. 2 VwGO verleihen würde. Destinatäre können Maßnahmen der Stiftungsaufsicht folglich auch dann nicht gerichtlich angreifen, wenn die Maßnahme faktisch eine Verschlechterung ihrer Rechtsposition bedeutet.[2]

293–294 *(Einstweilen frei)*

1 Gummert in Münchener Handbuch des GesR, Band 5, 5. Aufl. 2021, § 116 Insolvenz Rz. 19.

2 Schwarz van Berk/Fischer in Münchener Handbuch des GesR, Band 5, 5. Aufl. 2021,§ 101 Stiftung im Rechtstreit Rz. 36.

VI. Beendigung der Stiftung

1. Auflösung durch Organentscheidung

Die §§ 87–87c BGB regeln die Beendigung von Stiftungen. Bei Stiftungen muss der Beendigung außer in den Fällen der Zulegung oder Zusammenlegung wie bisher immer eine Auflösung oder Aufhebung vorangehen. In den §§ 87–87b BGB werden die Auflösungs- und Aufhebungsgründe geregelt. § 87c BGB bestimmt, wie eine aufgelöste oder aufgehobene Stiftung beendet wird.[1] 295

Eine Stiftung wird ebenso wie ein Verein nach § 86 Satz 1 BGB i.V. mit § 42 Abs. 1 Satz 1 BGB aufgelöst durch die Eröffnung des Insolvenzverfahrens oder durch Rechtskraft des Beschlusses, durch den die Eröffnung des Insolvenzverfahrens mangels Masse abgewiesen wurde.[2] 296

Nach bisherigem Recht gilt: Stiftungen konnten (bisher) nach § 87 BGB a. F. durch die zuständige Landesbehörde aufgehoben werden, wenn die Erfüllung des Stiftungszwecks unmöglich geworden ist oder die Stiftung das Gemeinwohl gefährdet. Daneben enthalten zahlreiche Stiftungsgesetze Vorschriften zur Auflösung der Stiftung durch die Stiftungsorgane mit Genehmigung der zuständigen Behörden. Die landesrechtlichen Regelungen lassen die Auflösung der Stiftung überwiegend bei einer wesentlichen Änderung der Verhältnisse zu. Die Voraussetzungen für die Aufhebung nach § 87 Abs. 1 BGB a. F. haben sich als zu eng erwiesen. Stiftungen können nach § 87 Abs. 1 BGB a. F. auch dann noch nicht aufgehoben werden, wenn sie schon lange Zeit ihren Zweck nicht mehr wirksam erfüllen können und absehbar ist, dass ihnen eine wirksame Zweckerfüllung auch künftig nicht mehr möglich werden wird. Das führte dazu, dass Stiftungen ohne Zukunftsperspektive weiter verwaltet und beaufsichtigt werden müssen, bei denen dem Aufwand für die Verwaltung und Stiftungsaufsicht kaum noch ein Nutzen gegenübersteht. Solche Stiftungen sollen nach §§ 87–87c BGB n. F. aufgelöst werden können. 297

Mit den §§ 87–87b BGB sollen die Auflösung der Stiftung durch die Organe und die Aufhebung der Stiftung durch die zuständigen Landesbehörden sowie die Aufhebung der Stiftung durch Insolvenz abschließend bundesrechtlich geregelt werden. Bei der Regelung der Auflösung und Aufhebung der Stiftung wird ein Mittelweg zwischen dem bisherigen § 87 BGB a. F. und den landesrechtlichen Vorschriften über die Auflösung der Stiftung durch die Organe gewählt. Eine Stiftung soll aufgelöst oder aufhoben werden können, wenn die 298

1 BT-Drucks. 19/28173 v. 31.3.2021 S. 76.

2 BT-Drucks. 19/28173 v. 31.3.2021 S. 76.

dauernde und nachhaltige Zweckerfüllung endgültig unmöglich geworden ist. Wenn die dauernde und nachhaltige Zweckerfüllung unmöglich geworden ist, sind nach § 85 BGB auch erhebliche Umgestaltungen der Stiftung durch Satzungsänderung möglich. Eine Stiftung soll allerdings nur aufgelöst oder aufgehoben werden, wenn sie endgültig ihren Zweck nicht mehr dauernd und nachhaltig erfüllen kann, d. h. die dauernde und nachhaltige Zweckerfüllung insbesondere auch nicht mehr durch eine Satzungsänderung gewährleistet werden kann.

299 Die Vorschriften zur Beendigung von Stiftungen in den §§ 87–87c BGB sind **abschließend und zwingend**. Durch die Satzung kann die Auflösung oder Aufhebung einer Stiftung nicht erleichtert oder erschwert werden. Mit Inkrafttreten der §§ 87–87c BGB wird den bestehenden landesrechtlichen Vorschriften über die Auflösung von Stiftungen die Kompetenzgrundlage entzogen.[1]

300 Die Auflösung stellt bei einer an sich auf Dauer angelegten Stiftung per se einen schwerwiegenden Eingriff dar.[2] Die Befugnis zur Auflösung muss in diesen Fällen vom Stifter im Stiftungsgeschäft, das seinen Niederschlag in der Satzung findet, eingeräumt werden. Die Aufhebung der Stiftung selbst kann indes nur von der zuständigen Stiftungsbehörde vorgenommen werden.[3]

301 § 87 BGB regelt die Auflösung der Stiftung durch **Beschluss** der zuständigen Stiftungsorgane. Der organschaftliche Charakter unterscheidet die Auflösung von der behördlichen Aufhebung der Stiftung und der Auflösung der Stiftung infolge der Insolvenz der Stiftung nach § 87b BGB. Die Organe können die Stiftung nur mit Genehmigung der zuständigen Landesbehörden auflösen. Das Genehmigungserfordernis soll sicherstellen, dass eine Stiftung nur aufgelöst und abgewickelt wird, wenn die gesetzlichen Auflösungsvoraussetzungen vorliegen.[4]

302 § 87 Abs. 1 BGB regelt den wichtigsten Auflösungsgrund, der für alle Stiftungen gilt, und bestimmt, welche Stiftungsorgane über die Auflösung zu entscheiden haben. Eine Stiftung soll nach § 87 Abs. 1 Satz 1 BGB durch den Vorstand aufgelöst werden, wenn die dauernde und nachhaltige Erfüllung des Stiftungszwecks endgültig unmöglich ist. § 87 Abs. 1 Satz 1 BGB knüpft damit an die Aufhebungsvoraussetzung im bisherigen § 87 Abs. 1 BGB a. F. an, verlangt für die Auflösung der Stiftung aber nicht mehr, dass die Erfüllung des

1 BT-Drucks. 19/28173 v. 31.3.2021 S. 77.

2 VG Ansbach, Urteil v. 16.4.2019 - AN 4 K 17.2330, ZStV 2019 S. 97.

3 Reimann, DNotZ 2012 S. 250.

4 BT-Drucks. 19/28173 v. 31.3.2021 S. 77.

Stiftungszwecks gänzlich unmöglich geworden sein muss. Verlangt wird nur noch, dass sich die Prognose bei der Errichtung der Stiftung nach § 82 BGB, der dem bisherigen § 80 Abs. 2 BGB a. F. entspricht, nicht als zutreffend erwiesen hat. Damit knüpft § 87 Abs. 1 BGB an die gleichen Voraussetzungen, die § 85 Abs. 1 Satz 1 Nr. 1 BGB für grundlegende Satzungsänderungen regelt. Um die Subsidiarität der Auflösung gegenüber der Satzungsänderung zum Ausdruck zu bringen, verlangt § 87 Abs. 1 Satz 1 BGB, dass die dauernde und nachhaltige Erfüllung des Stiftungszwecks endgültig unmöglich sein muss.

Als endgültig ist nach Ansicht des Gesetzgebers die Unmöglichkeit der dauernden und nachhaltigen Zweckerfüllung anzusehen, wenn sie auf absehbare Zeit nicht mehr beseitigt werden kann. Dies ist insbesondere der Fall, wenn die Stiftung nicht mehr über ein dafür ausreichendes Vermögen verfügt und auch nicht zu erwarten ist, dass die Stiftung durch Zuwendungen neues Vermögen in ausreichender Höhe erlangen wird. Liegt der Auflösungsgrund nach § 87 Abs. 1 Abs. 1 Satz 1 BGB vor, soll die Stiftung aufgelöst werden, das heißt sie ist regelmäßig aufzulösen. Gegebenenfalls kommt anstelle einer Auflösung aber auch eine Zulegung oder Zusammenlegung in Betracht. Bei der Wahl der jeweiligen Maßnahme ist nach § 83 Abs. 3 BGB immer der Stifterwille zu beachten. Regelmäßig wird eine mögliche Zulegung oder Zusammenlegung Vorrang vor einer Auflösung der Stiftung haben, weil dadurch die vom Stifter begründete Zweck-Vermögen-Bindung aufrechterhalten werden kann, was jedenfalls dem mutmaßlichen Stifterwillen eher entspricht als eine Beendigung der Stiftung durch Auflösung oder Aufhebung.[1] 303

§ 87 Abs. 1 Satz 2 BGB konkretisiert den Auflösungsgrund nach § 87 Abs. 1 Satz 1 BGB. Endgültige Unmöglichkeit der dauernden und nachhaltigen Zweckerfüllung liegt insbesondere dann nicht vor, wenn die Stiftung durch Satzungsänderung so umgestaltet werden kann, dass sie ihren Zweck wieder dauernd und nachhaltig erfüllen kann. Damit wird insbesondere die Subsidiarität der Auflösung gegenüber der Satzungsänderung geregelt. Aber auch in anderen Fällen, in denen die dauernde und nachhaltige Zweckerfüllung nur vorübergehend nicht möglich ist, liegt ein Auflösungsgrund nicht vor. So darf auch eine Stiftung, die nicht mehr über ein ausreichendes Stiftungsvermögen verfügt, um ihren Zweck dauernd und nachhaltig zu erfüllen, nicht aufgelöst werden, wenn zu erwarten ist, dass ihr zusätzliches Vermögen zugewendet werden wird. 304

1 BT-Drucks. 19/28173 v. 31.3.2021 S. 77.

304/1 Nach § 87 Abs. 1 Satz 1 BGB ist für die Auflösung der Stiftung der Vorstand zuständig. Nach § 87 Abs. 1 Satz 3 BGB kann durch die **Satzung** die Entscheidung über die Auflösung auch einem **anderen Stiftungsorgan** zugewiesen werden.[1]

304/2 § 87 Abs. 2 BGB enthält eine **Sonderregelung** für die **Auflösung von Verbrauchsstiftungen**. Eine Verbrauchsstiftung ist nach § 87 Abs. 2 BGB aufzulösen, wenn die Zeit, für die sie errichtet wurde, abgelaufen ist. Verbrauchsstiftungen werden anders als Vereine, die auf Zeit errichtet wurden, nicht schon durch bloßen Zeitablauf aufgelöst. Sie müssen wie alle anderen Stiftungen durch die Stiftungsorgane aufgelöst oder durch die zuständigen Landesbehörden aufgehoben werden. Eine Auflösung einer Verbrauchsstiftung ist auch möglich, wenn bei der Stiftung die Voraussetzungen des § 87 Abs. 1 BGB vorliegen. Verbrauchsstiftungen sind wie andere Stiftungen auch aufzuheben, wenn die Aufhebungsgründe nach § 87a Abs. 2 Nr. 2 oder Nr. 3 BGB gegeben sind.[2]

304/3 Nach § 87 Abs. 3 BGB bedarf die Auflösung der Stiftung nach § 87 Abs. 1 oder Abs. 2 BGB der **Genehmigung** der nach Landesrecht zuständigen Behörde. Das sind i. d. R. die Landesstiftungsbehörden. Das **Genehmigungserfordernis** dient dem Schutz der Stiftung. Stiftungen sind anders als Körperschaften nicht frei auflösbar, sondern nur dann, wenn gesetzliche Auflösungsgründe vorliegen. Deren Vorliegen ist im Genehmigungsverfahren zu überprüfen. Die Auflösungsentscheidung des zuständigen Stiftungsorgans wird erst mit der Genehmigung wirksam.[3]

2. Aufhebung der Stiftung von Amts wegen

305 § 87a BGB regelt die Aufhebung von Stiftungen durch die nach Landesrecht zuständigen Behörden. Die zuständigen Behörden sollen nach § 87a Abs. 1 BGB die Stiftung durch **Verwaltungsakt** aufheben, wenn ein Auflösungsgrund nach § 87 Abs. 1 Satz 1 BGB vorliegt. Sie haben eine Verbrauchsstiftung nach § 87a Abs. 2 Nr. 1 BGB aufzuheben, wenn der Auflösungsgrund nach § 87 Abs. 2 BGB gegeben ist. **Auflösung und Aufhebung** sind **wirkungsgleich**. Allerdings soll die Auflösung durch die Stiftungsorgane bei den Auflösungsgründen nach § 87 Abs. 1 Satz 1 und Abs. 2 BGB grds. Vorrang vor der hoheitlichen Aufhebung durch die zuständigen Behörden haben. In § 87a Abs. 2 Nr. 2 und 3

1 BT-Drucks. 19/28173 v. 31.3.2021 S. 78.
2 BT-Drucks. 19/28173 v. 31.3.2021 S. 78.
3 BT-Drucks. 19/28173 v. 31.3.2021 S. 78.

BGB werden weitere **zwingende Aufhebungsgründe** geregelt, bei deren Vorliegen keine Auflösung, sondern nur die Aufhebung vorgesehen ist.[1]

Zuständig hierfür sind nach § 87 Abs. 1 BGB die nach Landesrecht „zuständigen Behörden", in Schleswig-Holstein z. B. das Innenministerium.[2]

Nach § 87a Abs. 1 BGB soll eine Stiftung durch die zuständige Behörde aufgehoben werden, wenn ein Auflösungsgrund nach § 87 Abs. 1 Satz 1 BGB vorliegt und ein Tätigwerden der Behörde erforderlich ist, weil das zuständige Stiftungsorgan nicht rechtzeitig die Auflösungsentscheidung trifft. Dies erfasst sowohl den Fall, dass das zuständige Stiftungsorgan die Auflösung nicht rechtzeitig beschließen kann, weil es nicht ordnungsgemäß besetzt ist, als auch den Fall, dass das Stiftungsorgan die Stiftung pflichtwidrig nicht auflöst, obwohl sie nach § 87 Abs. 1 BGB aufzulösen ist.[3] 306

In § 87a Abs. 2 BGB werden weitere Aufhebungsgründe geregelt, bei deren Vorliegen die Stiftung von der Stiftungsbehörde aufzuheben ist. 307

Nach § 87a Abs. 2 **Nr. 1** BGB hat die nach Landesrecht zuständige Behörde eine **Verbrauchsstiftung** aufzuheben, wenn die Zeit, für die die Stiftung errichtet wurde, abgelaufen ist und die Stiftung von den zuständigen Organen nicht rechtzeitig aufgelöst wird. 307/1

Eine Stiftung ist von der zuständigen Behörde nach § 87a Abs. 2 **Nr. 2** BGB aufzuheben, wenn sie das **Gemeinwohl gefährdet** und die Gefährdung des Gemeinwohls durch die Stiftung nicht auf andere Weise beseitigt werden kann. Der Begriff der Gemeinwohlgefährdung in § 87a Abs. 2 Nr. 2 BGB-neu entspricht dem in § 82 Satz 1 BGB-neu. Vor der Aufhebung einer Stiftung nach § 87a Abs. 2 Nr. 2 BGB-neu hat die zuständige Behörde des Landes immer zu prüfen, ob die Gemeinwohlgefährdung durch die Stiftung nicht auf andere Weise beseitigt werden kann. Gefährdet der Zweck der Stiftung das Gemeinwohl, ist vor einer Aufhebung zu prüfen, ob die Gemeinwohlgefährdung durch eine Zweckänderung ausgeräumt werden kann. Wird das Gemeinwohl durch die Tätigkeit der Stiftung gefährdet, kommt die Aufhebung nur in Betracht, wenn die gemeinwohlgefährdende Tätigkeit der Stiftung nicht durch aufsichtsrechtliche Maßnahmen unterbunden werden kann, insbesondere auch durch eine Abberufung der Organmitglieder, die die gemeinwohlgefährdende Betätigung der Stiftung zu verantworten haben.[4] 307/2

1 BT-Drucks. 19/28173 v. 31.3.2021 S. 78.

2 Meyn in Hüttemann/Richter/Weitemeyer, Landesstiftungsrecht, Rz. 25.5 m. w. N.

3 BT-Drucks. 19/28173 v. 31.3.2021 S. 78.

4 BT-Drucks. 19/28173 v. 31.3.2021 S. 79.

307/3 § 87a Abs. 2 **Nr. 3** BGB enthält einen neuen Aufhebungsgrund, der § 83a BGB ergänzt. Durch den Aufhebungsgrund wird klargestellt, dass ein Verstoß gegen § 83a BGB durch Begründung des Verwaltungssitzes der Stiftung im Ausland **nicht zur automatischen** Auflösung der Stiftung führt. In einem solchen Fall bedarf es auch der Aufhebung, um die Stiftung beenden zu können. Ebenso wie im Fall der Gemeinwohlgefährdung soll auch bei einem Verstoß gegen § 83a BGB die Aufhebung nach § 87a Abs. 2 Nr. 3 BGB nur möglich sein, wenn die zuständige Behörde nicht mit aufsichtsrechtlichen Mitteln innerhalb angemessener Zeit erreichen kann, dass die Verwaltung der Stiftung wieder im Inland geführt wird. Deshalb dürfte eine Aufhebung wegen Verstoßes gegen § 83a BGB nur selten vorkommen.[1]

3. Rechtsfolgen der Aufhebung/Auflösung der Stiftung

308 § 87c Abs. 1 Satz 2 BGB regelt wie § 88 Satz 2 BGB a. F., dass das Stiftungsvermögen an den Fiskus des Landes fällt, in dem die Stiftung ihren Sitz hatte, wenn in der Satzung keine Anfallberechtigten bestimmt wurden.[2]

309 § 87c Abs. 1 Satz 3 BGB ermächtigt die Länder zum Erlass von Vorschriften, mit denen anstelle des Landesfiskus eine andere Person des öffentlichen Rechts als Anfallberechtigte bestimmt werden kann, bei der das Stiftungsvermögen nach der Auflösung oder Aufhebung der Stiftung in gleicher Weise anfällt wie beim Fiskus. Als andere Person des öffentlichen Rechts kann insbesondere auch eine kirchliche Körperschaft anstelle des Landesfiskus bestimmt werden. Die Regelung entspricht inhaltlich § 88 Satz 2 Halbsatz 2 BGB a. F.[3]

310 § 87c Abs. 2 Satz 1 BGB bestimmt, dass bei einem Vermögensanfall beim Landesfiskus § 46 BGB entsprechend anzuwenden ist, das heißt, dass das Stiftungsvermögen im Wege der Gesamtrechtsnachfolge auf den Fiskus übergeht und die Stiftung ohne Liquidation beendet wird. Dasselbe soll auch gelten, wenn eine juristische Person des öffentlichen Rechts anfallberechtigt ist, die durch Landesrecht anstelle des Fiskus als Anfallberechtigte bestimmt wurde.[4]

311 Bei Aufhebung einer **gemeinnützigen** Stiftung ist der Grundsatz der Vermögensbindung (§ 55 Abs. 1 Nr. 4 Satz 1 AO) zu beachten, d. h., das Vermögen fällt an den nach der Satzung bestimmten steuerbefreiten Anfallsberechtigten. Der Rechtsübergang erfolgt im Rahmen einer Liquidation (§ 88 Satz 3

1 BT-Drucks. 19/28173 v. 31.3.2021 S. 79.
2 BT-Drucks. 19/28173 v. 31.3.2021 S. 79.
3 BT-Drucks. 19/28173 v. 31.3.2021 S. 80.
4 BT-Drucks. 19/28173 v. 31.3.2021 S. 80.

i.V. mit §§ 47–53 BGB). Der oder die Anfallsberechtigte(n) haben einen schuldrechtlichen Anspruch auf Auskehrung des nach der Liquidation verbleibenden Überschusses.[1]

Wird eine **Familienstiftung** aufgelöst, fällt ihr Vermögen an die in der Stiftungssatzung bestimmten Personen. Diese Auskehrungen sind nach § 20 Abs. 1 Nr. 9 Satz 1 EStG steuerbar und auch schenkungsteuerpflichtig, § 7 Abs. 1 Nr. 9 ErbStG.[2] 312

§ 87c Abs. 2 Satz 2 BGB regelt die Beendigung der Stiftung, wenn das Stiftungsvermögen nach der Auflösung oder Aufhebung nicht beim Landesfiskus oder einer anderen juristischen Person des öffentlichen Rechts nach § 87c Abs. 1 Satz 3 BGB anfällt. Dann sind die §§ 47–53 BGB entsprechend anzuwenden, das heißt nach der Auflösung oder Aufhebung der Stiftung muss die Stiftung entsprechend den §§ 47 ff. BGB abgewickelt werden.[3] 313

(Einstweilen frei) 314

VII. Stiftungsverfassung und Stifterwille

§ 83 BGB regelt den Inhalt der Stiftungsverfassung und die Maßgeblichkeit des ursprünglichen Stifterwillens, den die Stiftungsorgane bei ihrer Tätigkeit für die Stiftung und die zuständigen Behörden bei der Aufsicht über die Stiftung beachten müssen.[4] 315

Die Stiftungsverfassung wird auch weiterhin durch Bundesrecht, Landesrecht und durch das Stiftungsgeschäft und insbesondere die Satzung bestimmt. Die Errichtungssatzung ist Teil des Stiftungsgeschäfts. Sie kann sich durch Satzungsänderung aber verändern. Durch die ausdrückliche Nennung der Satzung wird nicht nur die Bedeutung der Satzung für die Stiftungsverfassung hervorgehoben, sondern auch klargestellt, dass die Verfassung der Stiftung nicht durch die Errichtungssatzung, sondern die jeweils gültige Satzung bestimmt wird. Das maßgebliche Bundesrecht sind die §§ 80–88 BGB-neu, das maßgebliche Landesrecht die Vorschriften der Landesstiftungsgesetze.[5] 316

§ 83 Abs. 2 BGB regelt, dass die Stiftungsorgane bei ihrer Tätigkeit für die Stiftung und die Stiftungsbehörden bei der Aufsicht über die Stiftung den bei der 317

1 Schiffer/Schürmann, SB 2012 S. 103.
2 BFH, Urteil v. 28.2.2018 - VIII R 30/15 NWB ZAAAG-86783.
3 BT-Drucks. 19/28173 v. 31.3.2021 S. 80.
4 BT-Drucks. 19/28173 v. 31.3.2021 S. 52.
5 BT-Drucks. 19/28173 v. 31.3.2021 S. 52.

Errichtung der Stiftung zum Ausdruck gekommenen Willen, hilfsweise den mutmaßlichen Willen des Stifters zu beachten haben. Der **Stifterwille** ist insbesondere auch bei Satzungsänderungen zu berücksichtigen und bei Zulegungen oder Zusammenlegungen von Stiftungen. Der bei Errichtung der Stiftung zum Ausdruck gekommene Stifterwille ist regelmäßig der Stifterwille, der im Stiftungsgeschäft zum Ausdruck gekommen ist. Wenn sich aus dem Stiftungsgeschäft ein Stifterwille nicht eindeutig ergibt, können aber auch andere Dokumente, die im Zusammenhang mit der Errichtung der Stiftung erstellt wurden, zur Ermittlung des Stifterwillens herangezogen werden. Wenn der ausdrückliche Stifterwille nicht feststellbar ist, haben die Stiftungsorgane so zu handeln, wie es dem mutmaßlichen Willen des Stifters entspricht. Als der **mutmaßliche Wille** des Stifters ist der Wille anzusehen, der dem Interesse der Stiftung entspricht.[1]

318–319 *(Einstweilen frei)*

VIII. Satzungsänderung

320 § 85 BGB regelt die **Voraussetzungen** für die Änderungen der Stiftungsverfassung durch Satzungsänderung durch die Stiftungsorgane und die nach Landesrecht zuständigen Behörden bundesrechtlich **abschließend.** § 85 BGB ersetzt § 87 BGB a. F., soweit dieser die Änderung des Stiftungszwecks regelte, und die landesrechtlichen Vorschriften über Satzungsänderungen durch die Stiftungsorgane und die zuständigen Behörden. Die Vorschrift ist weitgehend § 87 BGB a. F. und den landesrechtlichen Vorschriften über Satzungsänderungen nachgebildet. § 85 BGB enthält wie die Vorgängervorschriften gesetzliche Ermächtigungen für Satzungsänderungen durch den Vorstand der Stiftung, ein anderes zuständiges Stiftungsorgan oder die nach Landesrecht zuständigen Behörden.[2]

321 Nach § 85 BGB können Satzungsbestimmungen geändert, ergänzt oder aufgehoben werden und dadurch die Stiftungsverfassung, soweit sie durch die Satzung bestimmt werden kann, geändert werden. Die Vorschrift unterscheidet zwischen drei Gruppen von Änderungen der Stiftungsverfassung durch Satzungsänderung, die an unterschiedliche Voraussetzungen gebunden werden. Die Voraussetzungen für Satzungsänderungen sind desto strenger, je stärker die Satzungsänderungen in die Stiftungsverfassung (§ 83 BGB) eingreifen und damit die Stiftung verändern. Nach § 85 Abs. 1 und 2 BGB sind auch

1 BT-Drucks. 19/28173 v. 31.3.2021 S. 52.
2 BT-Drucks. 19/28173 v. 31.3.2021 S. 64.

Änderungen des in der Satzung festgelegten Zwecks möglich. Als Zweck ist bei der Stiftung wie beim Verein der oberste Leitsatz der Stiftungstätigkeit anzusehen, der das Handeln der Stiftung nach dem Willen des Stifters bestimmen soll.[1]

Bei jeder Zweckänderung muss die Satzungsbestimmung, in welcher der Zweck festgelegt wurde (sogenannte Zweckbestimmung), geändert werden. 322
Nicht jede Ergänzung, Erweiterung oder Begrenzung der Zweckbestimmung ist aber auch eine Zweckänderung. Häufig enthalten die Zweckbestimmungen in der Satzung zusätzlich auch noch Angaben zur Art und Weise der Zweckerfüllung oder wiederholen die steuerlichen Tatbestände in § 52 Abs. 2, § 53 oder § 54 AO, nach denen der Zweck als ein steuerbegünstigter Zweck anzusehen ist. Eine Änderung der Zweckbestimmung ist nur dann auch eine Zweckänderung, wenn sich dadurch die inhaltliche Ausrichtung der Stiftung in einer für den Stifter zur Zeit der Errichtung der Stiftung unvorhersehbaren Weise wandelt. Eine solche Änderung liegt z. B. vor, wenn das typische Aufgabengebiet der Stiftung geändert werden soll oder das bestehende Aufgabengebiet um ein weiteres Aufgabengebiet ergänzt werden soll. Eine Änderung von Teilen der Zweckbestimmung in der Satzung, die nur die Mittel zur Erreichung des Zwecks aufführen, ist grds. keine Zweckänderung, es sei denn, dem Stifter kam es gerade auch auf die besondere Art und Weise der Zweckerfüllung an.[2]

Die Regelungen in § 85 Abs. 1–3 BGB sind für den Stifter **dispositiv**. Er kann in 323
der Errichtungssatzung nach Maßgabe des § 85 Abs. 4 BGB abweichende Regelungen zur Satzungsänderung treffen.

Bei jeder Satzungsänderung ist nach § 83 Abs. 2 BGB der **Wille des Stifters** zu 324
beachten. Gegen den Willen des Stifters kann die Satzung nicht geändert werden. Bei jeder Satzungsänderung ist immer zu fragen, ob es mit dem Stifterwillen vereinbar ist, dass die jeweilige Bestimmung der Stiftungsverfassung überhaupt geändert wird, und inwieweit es ggf. eine Alternative zu der geplanten Neuregelung gibt, die dem Stifterwillen besser entspräche.[3]

IX. Stiftungsfonds

Stiftungsfonds sind eine Form der Zustiftung in das Grundstockvermögen ei- 325
ner gemeinnützigen Stiftung (oder Bürgerstiftung), die vom Stifter mit einem

1 BT-Drucks. 19/28173 v. 31.3.2021 S. 64.
2 BT-Drucks. 19/28173 v. 31.3.2021 S. 64.
3 BT-Drucks. 19/28173 v. 31.3.2021 S. 64.

bestimmten Namen oder Anliegen zweckgebunden werden kann.[1] Stiftungsfonds zeichnen sich durch vergleichsweise geringe Verwaltungskosten aus. Es muss nicht die „eigene Gemeinnützigkeit" bei der Finanzverwaltung beantragt werden. Das Kapital des Stiftungsfonds wird i. d. R. als Sondervermögen getrennt verwaltet. Mit dem Stiftungsfondsvermögen müssen nicht dieselben Zwecke verfolgt werden wie die der Stiftung. Das Stiftungsfondsvermögen, Surrogate sowie die aus dem Vermögen oder ihren Surrogaten erzielten Erträge sind in der Rechnungslegung der Stiftung gesondert auszuweisen und entsprechend den Vorgaben zu verwenden. Die Stiftungsfonds können darüber hinaus – auf Wunsch des Stifters – mit dem Namen des Stifters verbunden werden.

326 Stiftungsfonds unterliegen nicht der Stiftungsaufsicht, sondern werden durch einen privatschriftlichen Vertrag zwischen dem Stifter und der Stiftung begründet. Gleichwohl kann der Stifter alle steuerlichen Vorteile realisieren.

327 Die bekannteste Stiftungsfondsvariante ist der Stiftungsfonds mit Verfügungsrecht. Sie wird international als **Donor Advised Fund** bezeichnet. Diese Art wurde erstmals 1931 in New York eingerichtet.[2]

X. Gründungskosten

328 Aus steuerlicher Sicht ist es vorteilhaft, wenn eine gemeinnützige Stiftung ihre Gründungskosten selbst übernimmt. Dies hat zur Folge, dass der Stifter der Stiftung den Betrag zusätzlich widmen und einen höheren Sonderausgabenabzug geltend machen kann, § 10 b Abs. 1 EStG. Ohne eine Regelung in der Satzung ist eine Erstattung der Gründungskosten durch die Stiftung nicht möglich. Dies folgt zwar nicht aus einer analogen Anwendung des § 26 AktG, da die Regelung dem Anleger- und Gläubigerschutz dient, welcher auf die GmbH, nicht aber auf die Stiftung übertragbar ist. Die Organe der Stiftung sind jedoch verpflichtet, die Erträge der Stiftung zur Erfüllung des Stiftungszwecks zu verwenden, wozu eine freiwillige Erstattung der Gründungskosten, die alleine den Stifter begünstigt, nicht gehört. Die Übernahme der Gründungskosten dürfte aber durch eine Satzungsregelung zu ermöglichen sein, denn die Stiftung trägt selbstverständlich ihre laufenden Verwaltungskosten, welche die Voraussetzung ihrer Zweckverwirklichung sind. Einen Grund, die Gründungskosten bei einer entsprechenden Erstattungspflicht im Gründungs-

1 Weitemeyer in MüKoBGB, § 80 Rz. 228; Nährlich/Biedermann, S&S 2/2016 S. 26.

2 Nährlich/Biedermann, S&S 2/2016 S. 26.

geschäft oder der Stiftungssatzung anders als die laufenden Verwaltungskosten zu behandeln, ist nicht ersichtlich.[1]

329 Aus stiftungsrechtlicher Sicht ergibt sich die Regelungsbefugnis aus der Maßgeblichkeit des Stifterwillens für die Leitlinien der Vermögenserhaltung. Eine solche Regelung muss allerdings hinreichend konkret sein, da die Erstattung nicht im Ermessen der Organe liegen darf. Es sollten mithin ein Höchstbetrag und die Art der Kosten festgelegt werden. Auch das Steuerrecht dürfte gemeinnützige Stiftungen nicht an der Übernahme der (angemessenen) Gründungskosten hindern. Der Grundsatz der Selbstlosigkeit aus § 55 Abs. 1 Nr. 1, Abs. 3 AO steht einer Übernahme von organisationsbezogenen Kosten nicht generell entgegen, fordert jedoch ihre Angemessenheit.[2]

330 Eine Regelung zur Erstattung der Gründungskosten könnte in der Satzung wie folgt formuliert werden:[3]

Die Stiftung übernimmt die Kosten ihrer Errichtung (steuerliche Beratung, Rechtsberatung, Notarkosten, Kosten der Anerkennung durch die Stiftungsbehörde) bis zu einem Betrag von 10.000 € selbst.

331–334 *(Einstweilen frei)*

1 Dahlmanns, RNotZ 2020 S. 417, 438.
2 Dahlmanns, RNotZ 2020 S. 417, 438.
3 Dahlmanns, RNotZ 2020 S. 417, 439.

C. Rechtsinstitut der unselbständigen Stiftung

I. Begriff und Struktur der unselbständigen Stiftung

1. Unterschiede und Gemeinsamkeiten zwischen der selbständigen und unselbständigen Stiftung des Privatrechts

Unter einer unselbständigen Stiftung (Treuhandstiftung) versteht man die Übertragung von Vermögenswerten auf eine natürliche oder juristische Person mit der Maßgabe, diese als ein vom übrigen Vermögen des Empfängers getrenntes wirtschaftliches Sondervermögen zu verwalten und dauerhaft zur Verfolgung der vom Stifter gesetzten Zwecke zu verwenden.[1] 335

Die unselbständige Stiftung hat mit der selbständigen gemein, dass ein Stifter ein **bestimmtes Vermögen** zu einem von ihm vorgegebenen Zweck auf Dauer widmet. Sie unterscheiden sich dadurch von der selbständigen, dass die unselbständige Stiftung keine juristische Person ist und nicht selbst Träger von Rechten und Pflichten sein kann. Die unselbständige Stiftung bedarf damit eines rechtsfähigen Trägers **(Stiftungsträgers)**, um handeln zu können. Die unselbständige (nichtrechtsfähige) Stiftung wird auch als **fiduziarische**, **treuhänderische** oder aber **virtuelle**[2] **Stiftung** bezeichnet. 336

Ungeachtet dieser fehlenden Rechtsfähigkeit handelt es sich dennoch um eine **Stiftung im Rechtssinne**. Das Vermögen der unselbständigen Stiftung soll ebenfalls dauerhaft erhalten bleiben und nur die Erträge sollen satzungsgemäß verwandt werden. Die unselbständige Stiftung ist aber keine „Vorform" der rechtsfähigen Stiftung. Allerdings kann die Interimsphase zwischen dem Stiftungsgeschäft und der Errichtung der „endgültigen" rechtsfähigen Stiftung (= Anerkennung) durch die Gründung einer (zeitweiligen) nicht rechtsfähigen (unselbständigen) Stiftung überbrückt werden (unten → Rz. 355).[3] 337

Folge der **Nichtrechtsfähigkeit** ist auch, dass für diese Stiftungsform weder §§ 80 ff. BGB – auch nicht analog – noch die Landesstiftungsgesetze Anwen- 338

1 BGH, Urteil v. 12.3.2009 - III ZR 142/08 NWB GAAAD-18938 = ZEV 2009 S. 410; Werner in Werner/Saenger, Die Stiftung, Rz. 944; Wachter, Stiftungen, F Rz. 1; Pues/Scheerbarth, Gemeinnützige Stiftungen im Zivil- und Steuerrecht, Teil 1, § 6, I., S. 74.

2 Sandweg, BWNotZ 2017 S. 126.

3 BFH, Urteil v. 11.2.2015 - X R 36/11, BStBl 2015 II S. 545 NWB OAAAE-87704.

dung finden.[1] Der Gesetzgeber hat auf eine ausdrückliche Regelung bewusst verzichtet.[2] Damit sind die unselbständigen Stiftungen auch der **Stiftungsaufsicht entzogen**. Dies mag aus Sicht des Stifters ein Nachteil sein, gleichwohl wird gerade dieses Fehlen der Aufsicht und der Wegfall des Anerkennungsverfahrens als besonderer Vorteil dieser Stiftungsform hervorgehoben.

339 Zwar kann die unselbständige Stiftung als unternehmensverbundene Stiftung oder als Familienstiftung in Erscheinung treten, allerdings ist dies in der Praxis die Ausnahme. Die weit **überwiegende Anzahl** aller unselbständigen Stiftungen sind steuerbefreite **gemeinnützige** Stiftungen.

340 Insbesondere bei **kleineren Stiftungsvolumina** wird ganz überwiegend empfohlen, den Weg der unselbständigen Stiftung einzuschlagen und sich z. B. an eine bereits bestehende rechtsfähige gemeinnützige Stiftung anzubinden.[3]

340/1 Nicht selten entsteht nach einer kürzeren oder längeren Existenz der unselbständigen Stiftung der Wunsch, diese in eine rechtsfähige Stiftung zu überführen. So kann es sein, dass das Stiftungsvermögen durch Zustiftungen des Stifters oder Dritter oder durch Rücklagenbildung mit den Erträgen die kritische Masse für eine aufwendigere Organisation erreicht hat. Denkbar ist auch, dass der Stiftungsträger in eine instabile Lage gerät. Womöglich erfordert auch die Komplexität des Stiftungszwecks die Einbeziehung weiterer Personen in das Stiftungsorgan.[4]

2. Träger des Stiftungsvermögens

341 Als Stiftungsträger kommt zwar **grundsätzlich** jede natürliche oder juristische Person in Betracht. Da die unselbständige Stiftung wie die rechtsfähige (selbständige) Stiftung auch auf Dauer angelegt ist, lässt sich dieses Ziel mit einer prinzipiell „unsterblichen" juristischen Person leichter erreichen als mit einer natürlichen Person.[5]

341/1 Verstirbt eine natürliche Person als Stiftungsträger, treten dessen Erben nicht automatisch in den Treuhandvertrag ein. In diesem Fall endet die unselbstän-

1 Hof in v. Campenhausen/Richter, Stiftungsrecht-Handbuch, § 36 Rz. 9; Schauhoff, Handbuch der Gemeinnützigkeit, § 3 Rz. 184.

2 Hackenberg, NWB 3/2016 S. 179 NWB SAAAF-25184.

3 Elicker, ZStV 2012 S. 135; Hof in v. Campenhausen/Richter, Stiftungsrecht-Handbuch, § 36 Rz. 76.

4 Muscheler, ZEV 2018 S. 187.

5 Wachter, Stiftungen, F Rz. 3.

dige Stiftung, es sei denn, Stifter und Stiftungsträger hätten im Stiftungsvertrag bereits geregelt, wer in den Vertrag eintreten soll.[1]

Häufig bieten Sparkassen und Volksbanken ihren Kunden, aber auch Dritten an, dass sie unter dem Dach einer – von dem Institut eröffneten – Stiftung eine unselbständige Stiftung oder einen Stiftungs-/Namensfonds errichten können. Einzelne Stiftungsfonds bewegen sich durchaus in der Größenordnung von mehreren Mio. Euro. Ermöglicht wird von diesen Anbietern auch, dass Stifter die Verbrauchsoption (Verbrauchsstiftung) für ihre Stiftung wählen. 341/2

Das Vermögen geht bei der unselbständigen Stiftung als **Sondervermögen** in das **Eigentum** des Stiftungsträgers über, wobei der Träger nicht Organ der unselbständigen Stiftung ist.[2] Vielmehr handelt der Stiftungsträger im Rechtsverkehr im eigenen Namen. 342

Das Stiftungsvermögen ist nach den allgemeinen Vorschriften des BGB auf den Stiftungsträger zu übereignen.[3] Notarielle Beurkundung ist erforderlich, wenn Grundstücke (§ 311b BGB) oder GmbH-Anteile (§ 15 Abs. 4 GmbHG) auf den Stiftungsträger übertragen werden sollen. 342/1

Nicht möglich ist es, dass der **Stifter selbst** Stiftungsträger (seiner eigenen unselbständigen) Stiftung ist. Dies erschließt sich relativ leicht, denn der Stifter kann keinen Vertrag mit sich selbst abschließen.[4] 343

Angesichts der Bedeutung des Trägers kommt seiner Auswahl besondere Bedeutung zu.

3. Steuerliche Besonderheiten

3.1 Körperschaftsteuer

Ungeachtet ihrer Nichtrechtsfähigkeit wird die unselbständige Stiftung im Steuerrecht als **selbständiges Steuersubjekt** (Zweckvermögen) anerkannt, § 1 Abs. 1 Nr. 5 KStG. 344

Nach § 3 Abs. 1 KStG sind nichtrechtsfähige Stiftungen **körperschaftsteuerpflichtig**, wenn ihr Einkommen weder nach dem KStG noch nach dem EStG un- 345

1 Hindahl, ZStV 2022 S. 145, 146.

2 Schauhoff, Handbuch der Gemeinnützigkeit, § 3 Rz. 185; Werner in Werner/Saenger, Die Stiftung, Rz. 944.

3 Hof in v. Campenhausen/Richter, Stiftungsrecht-Handbuch, § 36 Rz. 73.

4 Schlüter/Stolte, Stiftungsrecht, Kapitel 2 C. I. Rz. 127.

mittelbar bei einem anderen Steuerpflichtigen zu versteuern ist.[1] Die nichtrechtsfähige Stiftung muss demnach wirtschaftlich selbständig sein, d. h. das Stiftungsvermögen darf dem Treuhänder als zivilrechtlichem Rechtsträger nicht zugerechnet werden. Voraussetzung für die Anerkennung der Selbständigkeit ist, dass das Stiftungsvermögen vom sonstigen Vermögen des Treuhänders gesondert verwaltet wird.

346 Körperschaftsteuerrechtlich ist die rechtsfähige Stiftung (§ 1 Abs. 1 Nr. 4 KStG) der nichtrechtsfähigen Stiftung (§ 1 Abs. 1 Nr. 5 KStG) gleichgestellt. Die nichtrechtsfähige Stiftung ist damit auch eine Körperschaft im Sinne des steuerlichen Gemeinnützigkeitsrechts (§ 51 Satz 2 AO). Somit sind auch Zuwendungen an nichtrechtsfähige Stiftungen unter den Voraussetzungen des § 13 Abs. 1 Nr. 16 Buchst. b ErbStG von der Erbschaft- und Schenkungsteuer befreit, da diese Vorschrift in ihrer Wortwahl unmittelbar an das steuerliche Gemeinnützigkeitsrecht anknüpft. § 29 Abs. 1 Nr. 4 begünstigt zwar nicht die Übertragung an jede Körperschaft im Sinne des Körperschaftsteuergesetzes, sondern (neben Gebietskörperschaften) nur an Stiftungen. Es ist kein Grund ersichtlich, weshalb der Gesetzgeber dies nur hinsichtlich rechtsfähiger Stiftungen gelten lassen wollte, zumal er zur allgemeinen Voraussetzung die Erfüllung der Vorschriften des Gemeinnützigkeitsrechts gemacht hat, die auch durch eine nichtrechtsfähige Stiftung erbracht werden kann.[2]

347 Die Finanzverwaltung nennt zusätzliche Kriterien, die eine Abgrenzung der beiden Vermögensmassen ermöglichen:[3]

- Die nichtrechtsfähige Stiftung und der Treuhänder verfolgen unterschiedliche Zwecke oder
- die nichtrechtsfähige Stiftung und der Treuhänder verfolgen identische Zwecke, aber die nichtrechtsfähige Stiftung verfügt über eigene Stiftungsgremien, die unabhängig von dem Treuhänder des Stiftungsvermögens über die Verwendung der Mittel entscheiden können. Der Treuhänder als zivilrechtlicher Rechtsträger ist vom Einfluss auf die Verwendung der Mittel ausgeschlossen.

348 Die unselbständige Stiftung kann steuerbegünstigte Zwecke i. S. der §§ 51 ff. AO verfolgen und dadurch nach § 5 Abs. 1 Nr. 9 i. V. mit § 1 Abs. 1 Nr. 5 KStG

1 OFD Frankfurt, Vfg. v. 30.8.2011 - S 0170 A-41-St 53, DStR 2012 S. 610.

2 BayLfSt, Vfg. v. 9.1.2019 - S 3840.1.1 - 3/5 St 34 NWB KAAAH-05129 und BayLfSt, Vfg. v. 18.9.2019 - S 3840.1.1-3/8 St 34, DB 2019 S. 2268.

3 OFD Frankfurt, Vfg. v. 30.8.2011 - S 0170 A-41-St 53, DStR 2012 S. 610.

von der Körperschaftsteuer befreit sein. Es kommt hierbei **nicht** darauf an, ob auch der Stiftungsträger selbst steuerbegünstigte Zwecke verfolgt.[1]

Damit hängt die Inanspruchnahme der Gemeinnützigkeitsregeln nicht von der 349
Rechtsfähigkeit ab, so dass eine unselbständige Stiftung steuerbegünstigte Zwecke verfolgen und Spenden entgegennehmen kann. Insoweit besteht aus steuerlicher Sicht **kein Unterschied zur rechtsfähigen** Stiftung; allein unter Steuerbegünstigungszwecken bedarf es demnach keiner selbständigen Stiftung.

Werden gemeinnützige Zwecke verfolgt, muss der Treuhänder für erhaltene 350
Spenden und Zustiftungen die **Zuwendungsbescheinigungen** der Stiftung ausstellen.[2]

Hinsichtlich der zu beachtenden allgemeinen Voraussetzungen, unter denen 351
die unselbständige Stiftung als steuerbegünstigt anerkannt wird, kann auf die Ausführungen zur selbständigen Stiftung[3] verwiesen werden.

Unterhält der Treuhänder für die unselbständige Stiftung ein separat geführ- 352
tes (auf seinen Namen lautendes) Tagesgeld-/Termingeldkonto, kam es **bis 2012** in der Praxis zu Problemen, wenn die Bank **Kapitalertragsteuer** einbehielt, obwohl die unselbständige Stiftung steuerbefreit war. Häufig konnte nur im Wege der Billigkeit beim Finanzamt jährlich ein Antrag auf Erstattung einbehaltener Zinsabschlagsteuer, Kapitalertragsteuer und des Solidaritätszuschlags gestellt werden, um die zu Unrecht einbehaltenen Steuern zurückzuerhalten.

Durch BMF-Schreiben[4] hat die Finanzverwaltung geregelt, dass ein Konto oder 353
Depot dann als im Namen der unselbständigen Stiftung geführt gilt und damit **keine Kapitalertragsteuer** einbehalten werden muss, wenn das Konto oder Depot durch einen Zusatz zur Bezeichnung eindeutig sowohl vom übrigen Vermögen des anderen Berechtigten zu unterscheiden als auch steuerlich der Stiftung zuzuordnen ist. Der Gesetzgeber hat die Befreiungsmöglichkeit in § 44a Abs. 6 Satz 3 EStG gesetzlich verankert.[5]

1 BFH, Urteil v. 11.2.2015 - X R 36/11, BStBl 2015 II S. 545 NWB OAAAE-87704; OFD Frankfurt, Vfg. v. 30.8.2011 - S 0170 A-41-St 53, DStR 2012 S. 610.

2 Schlüter/Stolte, Stiftungsrecht, Kapitel 4 B. II. Rz. 11.

3 Vgl. → Rz. 925 ff.

4 BMF, Schreiben v. 16.8.2011 - IV C 1 - S 2404/10/10005, BStBl 2011 I S. 787 NWB ZAAAD-90420.

5 Steuervereinfachungsgesetz 2011 v. 1.11.2011, BGBl 2011 I S. 2131.

354 Eine durch letztwillige Verfügung errichtete gemeinnützige unselbständige Stiftung **entsteht** mit dem **Erbfall**.[1] Die Identität der Stiftung und ihre subjektive Steuerpflicht ändert sich nicht dadurch, dass der Träger (Fiduziar) für die Stiftung einen vom Erblasser abweichenden Stiftungszweck festlegt, der möglicherweise nicht von der testamentarisch eingeräumten Gestaltungsfreiheit zu Satzungsänderungen gedeckt ist.[2]

355 Wird kurzfristig eine Stiftung benötigt, weil bspw. unbedingt ein **Spendenabzug** im laufenden Kalenderjahr angestrebt wird, ist dies nach Ansicht des BFH über eine zeitweilige unselbständige Stiftung möglich.[3] Die Errichtung einer (**zeitweiligen**) nicht rechtsfähigen (**unselbständigen**) Stiftung setzt u. a. voraus, dass der Stifter einen Rechtsträger verpflichtet, die ihm zunächst übertragenen Vermögenswerte vorübergehend zu verwalten und nach der Anerkennung der rechtsfähigen (selbständigen) Stiftung auf diese zu übertragen. Im Gegensatz zur Rechtslage bei der rechtsfähigen (selbständigen) Stiftung handelt es sich bei dem Stiftungsgeschäft der nicht rechtsfähigen (unselbständigen Stiftung) nicht um einen einseitigen Akt des Stifters, sondern um einen gegenseitigen schuldrechtlichen Vertrag zwischen dem Stifter und einem Dritten als Rechtsträger der nicht rechtsfähigen (unselbständigen) Stiftung. Die Vermögensübertragung selbst bedarf eines gesonderten dinglichen Rechtsgeschäfts nach den allgemeinen Regeln der §§ 873, 925, 929 BGB. Nach Anerkennung der rechtsfähigen (selbständigen) Stiftung muss der Dritte das Zweckvermögen auf diese übertragen, um den schuldrechtlichen Anspruch der Stiftung gegen den Stifter (§ 82 BGB) gem. § 362 BGB zum Erlöschen zu bringen.

3.2 Erbschaftsteuer

356 Die Zuwendung des Stifters an den Stiftungsträger (i. d. R. den Treuhänder) wird erbschaft-/schenkungsteuerlich als sogenannte **Zweckzuwendung** (§ 1 Abs. 1 Nr. 3 i.V. mit § 8 ErbStG) behandelt. Eine Zweckzuwendung setzt zunächst eine „normale" Zuwendung von Todes wegen oder eine freigebige Zuwendung unter Lebenden voraus. Diese Zuwendung muss mit einer Auflage verbunden oder von einer Bedingung abhängig sein, wonach der Erwerber seinen Erwerb oder einen Teil davon zugunsten eines bestimmten Zwecks verwenden muss. Der Verwendungszweck darf ihm nicht selbst zugutekommen. Die Verpflichtung des Beschwerten aus der Auflage/Bedingung lässt hinsicht-

1 BFH, Urteil v. 16.11.2011 - I R 31/10 NWB QAAAE-03542.

2 BFH, Urteil v. 16.11.2011 - I R 31/10 NWB QAAAE-03542.

3 BFH, Urteil v. 11.2.2015 - X R 36/11, BStBl 2015 II S. 545 NWB OAAAE-87704.

lich des von ihm dafür einzusetzenden Teils des erworbenen Vermögens eine getrennte Vermögensmasse (**Sondervermögen**) entstehen, die der Erwerber nach dem Willen des Zuwendenden verwaltet und verwendet. Dieses Zweckvermögen stellt den eigentlichen Besteuerungsgegenstand dar.[1]

Ist die Zweckzuwendung steuerbegünstigt, weil der Beschwerte sie für steuer- 357
begünstigte Zwecke bestimmungsgemäß verwenden muss, fällt keine Erbschaft-/Schenkungsteuer an. Soweit die Zweckzuwendung nicht steuerbefreit ist, schuldet der Beschwerte die Steuer (§ 20 Abs. 1 ErbStG), obwohl er selbst nicht bereichert ist. Wirtschaftlich wird er durch die Steuer indes nicht belastet, weil er sie regelmäßig aus dem Zweckvermögen entnehmen kann.

In der Literatur wurde schon bisher die Ansicht vertreten, eine unselbständige 358
Familienstiftung unterliege **nicht** der **Erbersatzsteuer** nach § 1 Abs. 1 Nr. 4 ErbStG.[2] Das FG Köln hatte dies zwar anders gesehen.[3] Der BFH hat nunmehr die Literaturansicht bestätigt und die Vorinstanz aufgehoben.[4] Zur Begründung hat der BFH auf Folgendes hingewiesen:

Eine **nichtrechtsfähige** Stiftung erfüllt **nicht** den Begriff der Familienstiftung 359
i. S. des § 1 Abs. 1 Nr. 4 ErbStG. Sie besitzt kein eigenes Vermögen, welches der Ersatzerbschaftsteuer unterliegen kann. Die nichtrechtsfähige Stiftung ist nicht gesetzlich geregelt. Sie hat ein dem Stiftungszweck gewidmetes Vermögen, aber keine eigene Rechtspersönlichkeit. Träger des Stiftungsvermögens ist ein Treuhänder. Dieser kann z. B. eine natürliche oder eine juristische Person sein. Der Stifter überträgt das Vermögen durch Vertrag oder Verfügung von Todes wegen auf den Treuhänder. Der Treuhänder übernimmt und verwaltet es entsprechend dem festgelegten Zweck und nach den Weisungen des Stifters. Die für rechtsfähige Stiftungen geltenden §§ 80 ff. BGB sind grds. auf nichtrechtsfähige Stiftungen nicht anwendbar. Der Wortlaut des § 1 Abs. 1 Nr. 4 ErbStG spricht lediglich von Stiftung und differenziert nicht ausdrücklich zwischen der rechtsfähigen und der nichtrechtsfähigen Stiftung. Der Ersatzerbschaftsteuer unterliegt aber das Vermögen der Stiftung. Daher bezieht sich § 1 Abs. 1 Nr. 4 ErbStG nur auf rechtsfähige Stiftungen und schließt solche ohne Rechtsfähigkeit nicht ein. Denn nur eine rechtsfähige Stiftung kann Träger von eigenem Vermögen sein. Das **Stiftungsvermögen ist konstitutives**

1 Moench/Weinmann, ErbStG, § 8 Rz. 5.

2 Meßbacher-Hönsch in Götz/Meßbacher-Hönsch, eKomm, Stand Juni 2016, § 1 Rz. 33; Oppel, ZEV 2017 S. 22; Theuffel-Werhahn, ZEV 2014 S. 14.

3 FG Köln, Urteil v. 25.5.2016 - 7 K 291/16 NWB BAAAF-80741 = EFG 2016 S. 1447; Niemann, DStR 2016 S. 2888.

4 BFH, Urteil v. 25.1.2017 - II R 26/16, BStBl 2018 II S. 199 NWB EAAAG-40097 = DStR 2017 S. 597.

Merkmal der rechtsfähigen Stiftung. Bei einer nichtrechtsfähigen Stiftung hingegen ist zivilrechtlicher Eigentümer des Vermögens der Träger der Stiftung. Dieser hält das Vermögen im Rahmen eines besonderen Treuhandverhältnisses, ohne wirtschaftlicher Eigentümer zu sein, und handelt für die Stiftung. Bei der Prüfung, wer Eigentümer des Vermögens ist und daher der Ersatzerbschaftsteuer unterliegt (§ 20 Abs. 1 Satz 1 i.V. mit § 1 Abs. 1 Nr. 4 ErbStG), kommt es ausschließlich auf die Zivilrechtslage und nicht darauf an, wem nach wirtschaftlicher Betrachtungsweise Vermögen oder Einkommen zuzurechnen ist. Das folgt aus der Einordnung der Erbschaft- und Schenkungsteuer als Verkehrsteuer.

360 Weitere Normen des ErbStG, die das Wort „Stiftung" verwenden, beziehen sich ebenfalls nur auf die rechtsfähige Stiftung. Nach § 9 Abs. 1 Nr. 1 Buchst. c ErbStG entsteht die Erbschaftsteuer im Fall des § 3 Abs. 2 Nr. 1 Satz 1 ErbStG für den Übergang von Vermögen auf eine vom Erblasser angeordnete Stiftung mit dem Zeitpunkt der Anerkennung der Rechtsfähigkeit. Nur für die Entstehung einer rechtsfähigen Stiftung ist nach § 80 Abs. 1 BGB u. a. die Anerkennung durch die zuständige Behörde des Landes erforderlich. Nichtrechtsfähige Stiftungen hingegen bedürfen für ihre Entstehung nicht der Anerkennung. Daher ist § 3 Abs. 2 Nr. 1 Satz 1 ErbStG nur auf rechtsfähige Stiftungen anwendbar.

361 In § 9 Abs. 1 Nr. 4 ErbStG ist formuliert, dass in den Fällen des § 1 Abs. 1 Nr. 4 ErbStG die Steuer in Zeitabständen von je 30 Jahren seit dem Zeitpunkt des ersten Übergangs von Vermögen auf die Stiftung entsteht. Auch dieser gesetzlichen Formulierung ist zu entnehmen, dass Voraussetzung für eine Besteuerung mit Ersatzerbschaftsteuer das Vorliegen eines auf die Stiftung übergegangenen, eigenen Vermögens ist, was nur bei einer rechtsfähigen Stiftung der Fall sein kann.

362 In § 20 Abs. 1 Satz 1 ErbStG ist festgelegt, dass in den Fällen des § 1 Abs. 1 Nr. 4 ErbStG als Steuerschuldner die Stiftung anzusehen ist. § 20 Abs. 1 Satz 2 ErbStG bestimmt hingegen, dass in den Fällen von § 3 Abs. 2 Nr. 1 Satz 2 und § 7 Abs. 1 Nr. 8 Satz 2 ErbStG Steuerschuldner die Vermögensmasse ist.

363 Auch die Gleichstellung von (nichtrechtsfähigen) Vermögensmassen ausländischen Rechts mit den rechtsfähigen Stiftungen in § 3 Abs. 2 Nr. 1 Satz 2, § 7 Abs. 1 Nr. 8 Satz 2, § 7 Abs. 1 Nr. 9 Satz 2 ErbStG und die Bestimmung dieser Vermögensmassen als Steuerschuldner in § 20 Abs. 1 Satz 2 ErbStG[1] führen

1 Durch das Steuerentlastungsgesetz (StEntlG) 1999/2000/2002 v. 24.3.1999, BGBl 1999 I S. 402.

nach Ansicht des BFH nicht zur Einbeziehung der nichtrechtsfähigen Stiftung in den Tatbestand des § 1 Abs. 1 Nr. 4 ErbStG.

Schließlich steht der Nichteinbeziehung der nichtrechtsfähigen Stiftung in § 1 364
Abs. 1 Nr. 4 ErbStG nicht entgegen, dass sie körperschaftsteuerpflichtig sein kann. Denn nach § 1 Abs. 1 KStG sind auch Vermögensmassen körperschaftsteuerpflichtig; wegen § 1 Abs. 1 Nr. 5 KStG gilt dies unabhängig davon, ob sie rechtsfähig oder nichtrechtsfähig sind.[1] Auch § 3 Abs. 1 KStG sieht ausdrücklich eine Körperschaftsteuerpflicht von nichtrechtsfähigen Vermögensmassen vor.

Nach Ansicht der Finanzverwaltung führt die Übertragung von Vermögens- 365
gegenständen, die der Übertragende zuvor durch Erbschaft oder Schenkung erworben hat, zum Erlöschen der hierfür zu entrichtenden Erbschaft- oder Schenkungsteuer nach **§ 29 Abs. 1 Nr. 4 ErbStG**. Voraussetzung ist, dass sie innerhalb der Zweijahresfrist an eine nichtrechtsfähige Stiftung übertragen werden, die gemeinnützigen Zwecken i. S. der §§ 52–54 AO – mit Ausnahme der Zwecke nach § 52 Abs. 2 Nr. 4 AO – dient. Für die Anwendbarkeit der Norm auch auf nichtrechtsfähige Stiftung spricht:

§ 29 Abs. 1 Nr. 4 ErbStG **begünstigt** nicht allein die **Errichtung** einer Stiftung, 366
sondern auch die zeitlich nachgelagerte **Übertragung** (Zustiftungen) von Vermögen auf eine bestehende Stiftung. Die „Zustiftung" zu einer nichtrechtsfähigen Stiftung unterscheidet sich hinsichtlich der Anforderungen an die schenkungsrechtlichen Vereinbarungen nicht von der erstmaligen Begründung einer solchen Stiftung. Allerdings kann es dem Stiftungsträger erlaubt werden, das Vermögen der ursprünglichen Stiftung und das nachträglich zugeflossene Vermögen gemeinsam zu verwalten, wenn es demselben Zweck dient. Die Übertragung von Vermögen i. S. des § 29 Abs. 1 Nr. 4 ErbStG ist nicht nur Tatbestand für das Erlöschen der Erbschaft- oder Schenkungsteuer aus der ursprünglichen Zuwendung an den Übertragenden, sondern eine weitere steuerbare Schenkung unter Lebenden zwischen diesem und der empfangenden Körperschaft. Soweit die Voraussetzungen des § 29 Abs. 1 Nr. 4 ErbStG erfüllt sind, liegt jedoch regelmäßig auch der Steuerbefreiungstatbestand nach § 13 Nr. 15 oder Nr. 16 Buchst. b ErbStG vor. Umgekehrt ist diese Steuerbefreiung aber nicht schon deshalb ausgeschlossen, weil § 29 Abs. 1 Nr. 4 ErbStG nicht zur Anwendung kommt.[2]

1 Vgl. BFH, Urteil v. 29.1.2003 - I R 106/00 NWB CAAAA-71704, BFH/NE 201 S. 287, unter II.1.
2 BayLfSt, Vfg. v. 9.1.2019 - S 3840.1.1 - 3/5 St 34 NWB KAAAH-05129.

367 Auch Zuwendungen an Verbrauchsstiftungen sind nach § 29 Abs. 1 Nr. 4 ErbStG begünstig.[1]

3.3 Umsatzsteuer

368 Eine unselbständige Stiftung kann selbst **nicht** umsatzsteuerlich **Leistungsempfänger** sein.[2] Nach ständiger BFH-Rechtsprechung bestimmt sich die Person des Leistenden und die des Leistungsempfängers nach dem der Leistung zugrunde liegenden Rechtsverhältnis, mithin den abgeschlossenen zivilrechtlichen Vereinbarungen. Ebenso ist es im Unionsrecht und nach der EuGH-Rechtsprechung. Ob das für die Annahme eines Leistungsaustauschs erforderliche Rechtsverhältnis auf schuldrechtlichen oder (bei Leistungen zwischen Gesellschaft und Gesellschafter) gesellschaftsvertraglichen Vereinbarungen oder etwa (bei Leistungen eines Vereins an seine Mitglieder) auf der Vereinssatzung beruht, ist unerheblich. Leistender ist i. d. R. derjenige, der die Lieferungen oder sonstigen Leistungen im eigenen Namen gegenüber einem anderen selbst oder durch einen Beauftragten ausführt. Ob eine Leistung dem Handelnden oder einem anderen zuzurechnen ist, hängt grds. davon ab, ob der Handelnde gegenüber Dritten im eigenen Namen oder berechtigterweise im Namen eines anderen bei Ausführung entgeltlicher Leistungen aufgetreten ist. Leistender kann jede Person, jeder Personenzusammenschluss, jedes Zweckvermögen und sonstige Wirtschaftsgebilde sein; der Leistende muss zusätzlich Unternehmer sein. Der Kreis möglicher Umsatzsteuersubjekte (Unternehmer) macht sich, anders als im Ertragsteuerrecht, nicht an der Rechts- bzw. Unternehmensform fest. Für Zweckvermögen (so auch nichtrechtsfähige Stiftungen) legen insbesondere § 1 Abs. 1 Nr. 5 KStG, §§ 34 Abs. 1 und 2, 267 Satz 2 AO nahe, dass ihre vermögensrechtliche Verselbständigung im Wirtschaftsverkehr auch für umsatzsteuerliche Zwecke als hinreichend anzusehen sind; als Unternehmer tritt nach außen aber regelmäßig nur der Stiftungsträger auf.[3] Diese Grundsätze sind auf die Person des Leistungsempfängers zu übertragen. Auch Leistungsempfänger kann jede Person, jeder Personenzusammenschluss, jedes Zweckvermögen und sonstige Wirtschaftsgebilde sein; der Leistungsempfänger muss aber nicht auch Unternehmer sein.

1 Meincke/Hannes/Holtz, 18. Aufl. 2021, ErbStG § 29 Rz. 18.

2 FG Münster v. 5.5.2022 - 5 K 1753/20 U NWB KAAAJ-18171, nrkr. (Az. BFH: V R 13/22 NWB MAAAJ-26937) = DStZ 2022 S. 457, Rz. 65.

3 FG Münster v. 5.5.2022 - 5 K 1753/20 U NWB KAAAJ-18171, nrkr. (Az. BFH: V R 13/22 NWB MAAAJ-26937) = DStZ 2022 S. 457, Rz. 67.

Die nichtrechtsfähigen Stiftungen, die keine Verpflichtungen eingehen können, können umsatzsteuerrechtlich insgesamt **selbst keine** Leistungen beziehen (vgl. hierzu auch die Rechtsprechung des V. Senats des BFH zur Bruchteilsgemeinschaft unter Aufgabe früherer Rechtsprechung, wonach die Bruchteilsgemeinschaft i. S. der §§ 741 ff. BGB mangels Rechtsfähigkeit im Verhältnis zu Dritten rechtlich inexistent und damit weder Leistende noch Leistungsempfängerin sein kann)[1]. Auch die Bruchteilsgemeinschaft ist unfähig, Trägerin von Rechten und Pflichten zu sein; sie nimmt weder selbst noch durch Vertreter am Rechtsverkehr teil. Bestimmt sich die Person des Leistenden und die des Leistungsempfängers nach dem der Leistung zugrunde liegenden Rechtsverhältnis, wäre es widersprüchlich, eine Person, die mangels eigener Rechtspersönlichkeit wie auch wegen fehlender Rechtsfähigkeit nicht Partei derartiger Rechtsverhältnisse sein kann, als Leistenden oder als Leistungsempfänger anzusehen.[2] 368/1

Dass die unselbständigen Stiftungen ertragsteuerlich als eigenständiges Steuersubjekt angesehen werden, steht der umsatzsteuerlich anderslautenden Wertung schon deshalb nicht entgegen, weil das Ertragsteuerrecht, anders als die Umsatzsteuer, an die Leistungsfähigkeit des jeweiligen Steuersubjekts anknüpft. Die Umsatzsteuer ist hingegen als eine indirekte Verbrauchsteuer konzipiert. Anders als das Körperschaftsteuergesetz, das in § 1 Abs. 1 Nr. 5 ausdrücklich eine unbeschränkte Körperschaftsteuerpflicht für nichtrechtsfähige Stiftungen vorsieht, existiert im UStG eine entsprechende Regelung nicht.[3] 368/2

(Einstweilen frei) 369

II. Errichtungsformen

1. Allgemeines

Die unselbständige Stiftung kann ebenso wie die selbständige sowohl von Todes wegen als auch unter Lebenden errichtet werden. Je nachdem, ob es sich um ein Rechtsgeschäft unter Lebenden oder um eine Verfügung von Todes wegen handelt, sind die allgemeinen schuldrechtlichen oder erbrechtlichen Bestimmungen maßgebend. Der Stifterwillen kommt zwar ebenfalls im **Stif-** 370

1 BFH, Urteil v. 22.11.2018 - V R 65/17 NWB QAAAH-06916 = HFR 2019, 303, Rz. 20–23; vgl. hierzu auch Wäger, UR 2020 S. 627

2 FG Münster v. 5.5.2022 - 5 K 1753/20 U NWB KAAAJ-18171, nrkr. (Az. BFH: V R 13/22 NWB MAAAJ-26937) = DStZ 2022 S. 457, Rz. 75.

3 FG Münster v. 5.5.2022 - 5 K 1753/20 U NWB KAAAJ-18171, nrkr. (Az. BFH: V R 13/22 NWB MAAAJ-26937) = DStZ 2022 S. 457, Rz. 87.

tungsgeschäft zum Ausdruck. Da das Stiftungsgeschäft, anders als bei der selbständigen Stiftung, keine nicht empfangsbedürftige Willenserklärung ist, bedarf es der **Annahme** durch den Stiftungsträger. Es gelten die Regeln des Schuldrechts. Folge ist, dass neben dem im Stiftungsgeschäft verlautbarten Gewollten auch der sogenannte Empfängerhorizont maßgeblich ist.

371 Die Errichtung einer unselbständigen Stiftung bedarf grds. nicht der der Schriftform. Aus **Nachweisgründen** wird zu Recht empfohlen, Stiftungsgeschäft und Satzung **schriftlich** zu fixieren.[1] Aber auch aus steuerlichen Gründen (§ 60a AO) ist die Einhaltung der Schriftform unerlässlich.

372 Die **Pflichten des Trägers** der Stiftung ergeben sich aus dem jeweiligen Stiftungsgeschäft. Insoweit müssen dort die wesentlichen Parameter des Stifterwillens niedergelegt werden. So ist etwa der Aufgabenkatalog des Trägers detailliert zu beschreiben, damit die Vorstellungen des Stifters auch umgesetzt werden (können). Der Träger ist dem Stifter gegenüber zur Auskunft, z. B. bzgl. der Jahresrechnung, verpflichtet.[2]

373 Angesichts der hervorgehobenen Stellung des Stiftungsträgers erweist sich seine **Auswahl** als besonders **schwierig**. Stiftungsträger kann grds. jede natürliche oder juristische Person sein, doch kommen wegen des auf Dauer angelegten Charakters der Stiftung regelmäßig nur juristische Personen als Stiftungsträger in Betracht. Da in der Praxis aber die meisten unselbständigen Stiftungen steuerbegünstigt sind, relativiert sich dieses Problem. Denn wird eine selbständige steuerbefreite Stiftung als Träger gewählt, ist das Risiko für den Stifter minimal. Denn der Träger unterliegt ja – einschließlich des Vermögens der unselbständigen Stiftung – der Stiftungsaufsicht.[3] Umgekehrt ist aus der Anerkennung der steuerlichen Gemeinnützigkeit beim Stiftungsträger nicht zu schließen, dass die nichtrechtsfähige Stiftung ohne Prüfung von deren Verhältnissen gemeinnützig ist.[4]

2. Stiftungsgeschäft unter Lebenden

374 Das Stiftungsgeschäft ist kein einseitiger Errichtungsakt, wie bei der rechtsfähigen Stiftung. Das Stiftungsgeschäft stellt vielmehr einen **Vertrag** dar, in dem sich der Stifter verpflichtet, dem Stiftungsträger die zur Erfüllung des von

1 Hof in v. Campenhausen/Richter, Stiftungsrecht-Handbuch, § 36 Rz. 25.

2 OLG Sachsen-Anhalt, Beschluss v. 23.9.2013 - 1 W 28/13, NZG 2014 S. 470.

3 Eine tabellarische Übersicht zu den Unterschieden zwischen selbständiger und unselbständiger Stiftung findet sich bei Schlüter/Stolte, Stiftungsrecht, Kapitel 4 B. II. Rz. 14.

4 BayLfSt, Vfg. v. 9.1.2019 - S 3840.1.1 - 3/5 St 34.

ihm formulierten Stiftungszwecks erforderlichen Vermögensgegenstände zu übertragen.[1] Im Gegenzug verpflichtet sich der Träger, die erlangten Mittel entsprechend dem Stiftungszweck zu verwenden.[2]

Die **rechtliche Einordnung** des Stiftungsgeschäfts als Treuhandvertrag oder als Schenkung unter Auflage ist bis heute umstritten.[3] Maßgeblich ist der Parteiwillen. In der Praxis hat sich die auch als Treuhandstiftung bezeichnete unselbständige Stiftung durchgesetzt und ist die häufigste Form.[4] 375

2.1 Schenkung unter Auflage

Beinhaltet das Stiftungsgeschäft eine Schenkung unter Auflage, dann sind §§ 518 ff. BGB anwendbar. Damit bedarf das Stiftungsgeschäft der notariellen Beurkundung, sofern nicht das Vermögen unmittelbar übertragen wird.[5] Sobald der Stifter das Vermögen an den Träger geleistet hat, ist dieser gem. § 525 Abs. 1 BGB verpflichtet, den Stiftungszweck zu erfüllen. Mittels der Auflage wird primär die Verwendung des Stiftungsvermögens abgesichert; daneben sind andere Regelungsinhalte über die Auflage absicherbar, z. B. die Organisation der Stiftung. 376

Anspruch auf Vollziehung der Auflage haben der Stifter bzw. dessen Erben gem. § 525 BGB. Ist die Vollziehung im öffentlichen Interesse, weil die Stiftung z. B. steuerbegünstigte (gemeinnützige) Zwecke verfolgt, dann kann auch die nach Landesrecht zuständige Behörde die Vollziehung verlangen (§ 525 BGB).[6] 377

2.2 Treuhandgeschäft

Ist das Stiftungsgeschäft hingegen als Treuhandgeschäft anzusehen, dann regelt der (gemischte) Vertrag zwischen Treuhänder und Stifter nicht nur die Übereignung des Stiftungsvermögens, sondern auch die schuldrechtlichen Pflichten. Die Treuhandstiftung ist demnach keine Rechtsperson, sondern ein **Rechtsverhältnis**. 378

1 Wochner, ZEV 1999 S. 125 f.

2 Zum Rechtscharakter des Vertrages vgl. Hof in v. Campenhausen/Richter, Stiftungsrecht-Handbuch, § 36 Rz. 28.

3 Wachter, Stiftungen, F Rz. 6; Milatz/Kemcke/Schütz, Stiftungen im Zivil- und Steuerrecht, 2. Teil, C., S. 57.

4 Schlüter/Stolte, Stiftungsrecht, Kapitel 4 B. I. Rz. 4; a. A. Wochner, ZEV 1999 S. 125, 127.

5 Pues/Scheerbarth, Gemeinnützige Stiftungen im Zivil- und Steuerrecht, Teil 1, § 6, II. 2., S. 76; Milatz/Kemcke/Schütz, Stiftungen im Zivil- und Steuerrecht, 2. Teil, C., S. 57.

6 Hof in v. Campenhausen/Richter, Stiftungsrecht-Handbuch, § 36 Rz. 34 m. w. N. in Fn. 53; Wachter, Stiftungen, F Rz. 8.

379 Dem Vertrag liegt regelmäßig ein **Auftragsverhältnis**[1] oder ein **Dienst-/Geschäftsbesorgungsvertrag** zugrunde,[2] wobei der Träger unentgeltlich für die Stiftung tätig wird.

380 Ist der Stiftungsvertrag als **Auftragsverhältnis** ausgestaltet, ist ein **Widerruf** durch den Stifter oder dessen Erben **jederzeit möglich.**[3] Die Abhängigkeit der Stiftung nach dem Tod des Stifters vom Willen der Erben wird zu Recht als Gefahr für den Fortbestand der Stiftung angesehen. Denn bei einer unentgeltlichen Geschäftsbesorgung ist der Vertrag durch die Erben auch ohne Grund jederzeit kündbar.[4] Der Stifter kann auf diese Kündigungsmöglichkeit auch nicht verzichten.

380/1 Handelt es sich hingegen um einen **Dienstvertrag**, kann dieser nach §§ 620, 621, 623 BGB **gekündigt** werden.[5]

381 Die Stiftung **entsteht** nicht bereits mit Abschluss des Stiftungsvertrages, sondern erst, wenn der Stifter das Vermögen an den Treuhänder wirksam übereignet hat. Hingegen gibt es keine Anerkennung durch die Stiftungsbehörde, da das Anerkennungsverfahren nur für die rechtsfähigen Stiftungen gilt.

3. Stiftungsgeschäft von Todes wegen

382 Wird die unselbständige Stiftung durch Verfügung von Todes wegen (Testament, Erbvertrag) errichtet, dann sind die **erbrechtlichen Gestaltungsformen** und **Formvorschriften** für das Stiftungsgeschäft zu beachten.[6] Soweit das Stiftungsgeschäft Teil eines handschriftlichen Testamentes ist, muss es vom Stifter eigenhändig geschrieben und unterschrieben sein.[7]

383 Der Erblasser setzt den Träger entweder zum **Alleinerben** ein oder setzt zu seinen Gunsten ein **Vermächtnis** aus.[8] Durch die Anordnung einer Auflage wird der Träger verpflichtet, den Stiftungszweck entsprechend der Vorgaben des Stifters zu erfüllen.

1 Zu dogmatischen und praktischen Problemen bei Annahme eines Auftragsverhältnisses vgl. Reuter in MüKoBGB, vor § 80 Rz. 41 ff.

2 Schlüter/Stolte, Stiftungsrecht, Kapitel 2 C. I. Rz. 125.

3 Reuter in MüKoBGB, Vor § 80 Rz. 98.

4 Reuter in MüKoBGB, Vor § 80 Rz. 98.

5 Schlüter/Stolte, Stiftungsrecht, Kapitel 2 C. I. Rz. 131.

6 Lange, ZErb 2013 S. 324, 326.

7 Muscheler, ZEV 2014 S. 573.

8 Schlüter/Stolte, Stiftungsrecht, Kapitel 2 C. II. Rz. 157.

Zu bedenken ist, dass bei Unklarheiten im Testament die besonderen erbrechtlichen Auslegungsregeln anwendbar sind. Daher ist bei der Abfassung des Stiftungsgeschäftes große Sorgfalt von Nöten. 384

In der **Praxis** erfolgt die Errichtung einer unselbständigen Stiftung regelmäßig durch die Anordnung einer **Auflage**. Die letztwillige Auflage stellt eine Nachlassverbindlichkeit dar, zu deren Erfüllung der Träger nach den erbrechtlichen Vorschriften unbeschränkt, aber beschränkbar auf das Stiftungsvermögen haftet.[1] 385

Um die Erfüllung der Auflage abzusichern (§ 2194 BGB),[2] kann der Erblasser **Testamentsvollstreckung** anordnen.[3] Denkbar ist, dass der Testamentsvollstrecker ermächtigt ist, die Auswahl des Stiftungsträgers und die inhaltliche Fassung der Stiftungssatzung vorzunehmen. 386

Wird ein Pflichtteilsberechtigter zum Erben eingesetzt und erhält er nicht die Hälfte des gesetzlichen Erbteils, weil Vermögen der Stiftung zugewandt werden muss, kann die Errichtung scheitern.[4] Denn zugunsten des pflichtteilsberechtigten Erben gilt die Auflage dann als nicht angeordnet (§ 2306 Abs. 1 Satz 1 BGB). 387

Im Unterschied zu einer rechtsfähigen Stiftung ist die Einsetzung eines Stiftungsträgers als Vorerbe denkbar und ggf.s sinnvoll. Ebenfalls denkbar ist, den Stiftungsträger als Nacherben einzusetzen.[5] 388

Wird der Stiftungsträger als Vermächtnisnehmer bedacht, hat er einen schuldrechtlichen Anspruch gegen den oder die Erben auf Übertragung des vermachten Vermögens. Nachteilig kann sein, wenn Pflichtteilsberechtigte Rechte aus § 2306 Abs. 1 BGB geltend machen können.[6] 389

4. Rechtsstellung der Destinatäre

Dem Begünstigten steht grds. ein Anspruch auf Leistung nicht zu, § 1940 BGB. Sofern dies ausnahmsweise gewünscht ist, muss dies besonders geregelt werden. Hierbei ist zu beachten, dass die unselbständige Stiftung nur über ihren 390

1 Lange, ZErb 2013 S. 324, 326.
2 Eingehend hierzu Heinzmann, BWNotZ 2012 S. 97.
3 OLG München, Beschluss v. 28.5.2014 - 31 Wx 144/13 NWB RAAAE-67832 = ZErb 2014 S. 233; Lange, ZErb 2013 S. 324, 326.
4 Wochner, ZEV 1999 S. 125, 129.
5 Hof in v. Campenhausen/Richter, Stiftungsrecht-Handbuch, § 36 Rz. 108.
6 Hof in v. Campenhausen/Richter, Stiftungsrecht-Handbuch, § 36 Rz. 110.

Stiftungsträger handeln kann und auch nur er kann die Leistung erbringen.[1]

391 Ist die unselbständige Stiftung als Auflage konstruiert, so stehen nur den vollziehungsberechtigten Personen Ansprüche gegen den Stiftungsträger zu.[2]

5. Genehmigungspflicht nach dem KWG

392 In der Literatur wird diskutiert, ob die Tätigkeit des Stiftungstreuhänders nach **§ 32 Abs. 1 KWG** der **Genehmigung** der Bundesanstalt für Finanzdienstleistungsaufsicht bedarf.[3] Dies nur vor dem Hintergrund, dass derjenige, der gewerbsmäßig oder in einem Umfang, einen in kaufmännischer Weise eingerichteten Geschäftsbetrieb erfordere, Bankgeschäfte betreibe und damit der Erlaubnis bedürfe.

393 Nach zutreffender Ansicht bedarf der Treuhänder **keiner** Genehmigung nach § 32 Abs. 1 KWG, da er kein Einlagengeschäft betreibt, sondern das ihm zivilrechtlich übereignete Vermögen verwaltet. Ein Rückzahlungsanspruch des Stifters, wie er bei einem Einlagegeschäft typisch ist, liegt nicht vor.

394–404 *(Einstweilen frei)*

III. Satzung, Vermögensausstattung, Haftung, Auflösung

1. Die Satzung der unselbständigen Stiftung

405 Angesichts des **Vertragscharakters** des Stiftungsgeschäfts muss auch die Stiftungssatzung mit dem Träger ausgehandelt werden. Denn der Träger wird darin ja zu einem bestimmten Tun verpflichtet, was ohne seine Zustimmung rechtlich nicht möglich ist.[4]

406 Die Satzung selbst ist **aus Nachweisgründen schriftlich** abzufassen. Bei unselbständigen steuerbefreiten Stiftungen ist dies bereits deshalb erforderlich, damit die Steuerbefreiung überhaupt zu erlangen ist, § 60a AO. Der Inhalt weicht von dem einer selbständigen Stiftung nicht wesentlich ab. So sind z. B. auch Aussagen zum Vermögenserhalt, zur Vermögensumschichtungen, oder dem Recht zur Satzungsänderung zu treffen.[5]

1 Lange, ZErb 2013 S. 324, 329.

2 Zu Einzelheiten vgl. Lange, ZErb 2013 S. 324, 329.

3 Werner, ZErb 2013 S. 1, 3 f.

4 Hof in v. Campenhausen/Richter, Stiftungsrecht-Handbuch, § 36 Rz. 119.

5 Hof in v. Campenhausen/Richter, Stiftungsrecht-Handbuch, § 36 Rz. 145.

Lediglich insoweit sind Besonderheiten zu beachten, soweit sich diese aus dem Fehlen der Rechtsfähigkeit ergeben. Zwar kann die unselbständige Stiftung einen **Namen** tragen, einen **Sitz** hat sie indes nicht. Ebenso wie bei der selbständigen Stiftung muss bei einer **steuerbegünstigten** unselbständigen Stiftung der **Zweck** im Vorfeld mit dem Finanzamt auf die Einhaltung der Vorgaben der AO abgestimmt werden.

Ebenso wie bei einer steuerpflichtigen selbständigen Stiftung sind bei einer unselbständigen Stiftung Regelungen zu treffen bzgl. der Auswahl der Destinatäre und ihrer eventuell zugewiesenen Rechtsansprüche.[1]

Besondere Sorgfalt ist auf die **Stiftungsorganisation** zu verwenden. Denn die Kompetenzverteilung zwischen dem Beirat und dem Träger der unselbständigen Stiftung bedarf eingehender Regelung.[2] Insbesondere wenn der **Beirat** als **Kontrollorgan** gedacht ist, sind dessen Rechte klar zu umgrenzen. 407

HINWEIS: 407/1

Die Satzung kann grds. zwischen dem Stifter und dem Stiftungsträger jederzeit einvernehmlich geändert werden.[3]

Empfehlenswert ist, wenn die Satzung auch die **Vergütung des Trägers** regelt. Grundsätzlich würde der Träger über § 670 BGB zwar eine Aufwandsentschädigung erhalten. Um Diskussionen zu vermeiden, wird jedoch überwiegend eine vertragliche Regelung angeraten.[4] 408

Zu regeln ist ferner, wie zu verfahren ist, wenn der Träger der unselbständigen Stiftung kündigt oder – im Falle einer natürlichen Person – verstirbt. 409

2. Vermögensausstattung und -zuordnung

Die Besonderheiten resultieren hier – im Vergleich zur rechtsfähigen Stiftung – daraus, dass das Vermögen nicht auf die unselbständige Stiftung als solche übergehen kann, sondern **Eigentümer** wird der **Träger**. 410

Die unselbständige Stiftung kennt keinen Mindestwert der Vermögensausstattung. Allerdings wird bei einer gemeinnützigen Stiftung das Finanzamt 411

1 Hof in v. Campenhausen/Richter, Stiftungsrecht-Handbuch, § 36 Rz. 130.

2 Zu Einzelheiten vgl. Hof in v. Campenhausen/Richter, Stiftungsrecht-Handbuch, § 36 Rz. 131–136.

3 Wachter, Stiftungen, F Rz. 4.

4 Schlüter/Stolte, Stiftungsrecht, Kapitel 2 C. I. Rz. 139.

nur dann zustimmen, wenn eine Zweckerfüllung aus den um die Aufwendungen verminderten Erträgen möglich ist.[1]

412 Soweit eine sogenannte **Verbrauchsstiftung** angestrebt wird, bei der der Vermögenserhalt gerade nicht angestrebt wird, lässt sich dies ebenfalls über eine unselbständige Stiftung leichter erreichen als über eine rechtsfähige.[2]

413 Die unselbständige Stiftung kann sich dann als **riskant** erweisen, wenn Zugriffe von Gläubigern des Trägers oder Stifters drohen können. Schirmt die rechtsfähige Stiftung weitgehend das übergegangene Vermögen ab, kann dies bei der unselbständigen Stiftung nicht erreicht werden. Je nach Ausgestaltung des Stiftungsgeschäfts als Treuhandvertrag oder Schenkung unter Auflage können sich weitere Unterschiede ergeben.[3]

Den Gläubigern des Stifters ist grds. ein Zugriff auf das Stiftungsvermögen verwehrt, weil es ja Eigentum des Treuhänders wurde. Allerdings können die Gläubiger des Stifters dessen Ansprüche aus dem Treuhandvertrag pfänden, so dass es nicht zu dem vergleichbaren Schutz des Stiftungsvermögens kommt, wie bei einer rechtsfähigen Stiftung, bei der außerhalb der Anfechtungsfristen (§ 3 Abs. 1 Nr. 3 AnfG) Vermögenstrennung und Abschottung eintreten,.[4]

414 Die unselbständige Stiftung selbst ist nicht insolvenzfähig.[5] Fallen die Erben (**Treugeber**) des Stifters in **Insolvenz**, so erlischt das Auftragsverhältnis nach § 115 InsO mit der Folge, dass der Insolvenzverwalter einen Herausgabeanspruch gem. § 667 BGB geltend machen kann.[6]

415 Wird über das Vermögen des **Stiftungsträgers** ein **Insolvenzverfahren** eröffnet, so können der Stifter oder seine Erben nach der **Treuhandlösung** das übertragene Stiftungsvermögen nach § 47 InsO aussondern.[7] Weiterhin können der Stifter oder seine Erben nach § 771 ZPO Widerspruchsklage in einer Zwangsvollstreckung gegen den Stiftungsträger erheben.[8]

1 Schlüter/Stolte, Stiftungsrecht, Kapitel 2 C. I. Rz. 144.

2 Schlüter/Stolte, Stiftungsrecht, Kapitel 2 C. I. Rz. 145.

3 Zu Einzelheiten vgl. Pues/Scheerbarth, Gemeinnützige Stiftungen im Zivil- und Steuerrecht, Teil 1, § 6, V., S. 79 f.

4 Hof in v. Campenhausen/Richter, Stiftungsrechts-Handbuch, § 36 Rz. 79.

5 Münchener Handbuch des GesR, Band 5, 5. Aufl. 2021, § 116 Insolvenz Rz. 8.

6 Reuter in MüKoBGB, 6. Aufl. 2012, vor § 80 Rz. 99.

7 Reuter in MüKoBGB, vor § 80 Rz. 100.

8 Schauhoff, Handbuch der Gemeinnützigkeit, § 3 Rz. 192.

Ob auch dann, wenn die Stiftung als **Schenkung unter Auflage** ausgestaltet ist, der Vollziehungsberechtigte Drittwiderspruchsklage erheben kann, wenn Gläubiger des Stiftungsträgers in das Stiftungsvermögen vollstrecken, ist unklar.[1] 415/1

3. Haftungsfragen bei der unselbständigen Stiftung

Der **Träger** unterliegt anlässlich seiner Tätigkeiten für die unselbständige Stiftung **nicht** den in den Stiftungsgesetzen für selbständige Stiftungen vorgesehenen Beschränkungen. Der Träger hat demnach primär nur die Vorgaben aus dem Stiftungsgeschäft und der Satzung zu beachten. Losgelöst hiervon gelten für ihn daneben natürlich auch die allgemeinen Rechtsvorschriften. 416

HINWEIS:

Das Stiftungsvermögen haftet nicht nur für Verbindlichkeiten der Stiftung, sondern daneben – abhängig von der Ausgestaltung des Stiftungsgeschäfts – auch für Verbindlichkeiten der Privatgläubiger des Stifters oder des Stiftungsträgers.[2]

Handelt der Träger **schuldhaft**, so haftet er für eine Pflichtverletzung mit seinem eigenen Vermögen.[3] Auf die Haftungsbeschränkung gem. § 277 BGB kann sich der Träger nur berufen, wenn dies im Stiftungsgeschäft ausdrücklich vorbehalten wurde. 417

Die Organhaftungsregelung des § 31 BGB findet keine Anwendung auf den Träger, da er ja gerade kein Organ der unselbständigen Stiftung ist. 418

Hat der Träger mit einem Gläubiger der unselbständigen Stiftung – wie regelmäßig – keine Haftungsbeschränkung auf das Stiftungsvermögen vereinbart, haftet er mit seinem Privatvermögen für Schulden, die anlässlich der Stiftungsverwaltung entstanden sind.[4] 419

4. Auflösung der unselbständigen Stiftung

Zu einer **Beendigung** der unselbständigen Stiftung kommt es, wenn das Stiftungsgeschäft vom Stifter oder seinen Erben oder vom Träger widerrufen 420

1 Reuter in MüKoBGB, vor § 80 Rz. 110.

2 Richter, Stiftungsrecht, 1. Aufl. 2019, § 17 Die unselbständige Stiftung, Rz. 50.

3 Hof in v. Campenhausen/Richter, Stiftungsrecht-Handbuch, § 36 Rz. 133; Schauhoff, Handbuch der Gemeinnützigkeit, § 3 Rz. 194.

4 Hof in v. Campenhausen/Richter, Stiftungsrecht-Handbuch, § 36 Rz. 138.

wird.[1] Gleiches gilt, wenn das Stiftungsgeschäft von beiden einvernehmlich aufgehoben wird.[2]

421 Daneben findet die unselbständige Stiftung ihr Ende, wenn ihr Zweck erfüllt oder die vereinbarte Frist abgelaufen ist.[3]

422 Daneben sind Unmöglichkeit der Zweckerfüllung[4] oder Wegfall des Trägers[5] denkbare Auflösungsgründe.

Auch bei der Auflösung kommt der dogmatischen Einordnung – Treuhandvertrag oder Auflagenschenkung – grundlegende Bedeutung zu.[6]

423 Denkbar ist auch, dass eine unselbständige Stiftung **in eine selbständige** rechtsfähige Stiftung „**umgewandelt**" wird. Der BGH hat hierzu entschieden, dass bei der Umwandlung einer von mehreren Stiftern errichteten unselbständigen treuhänderischen Stiftung in eine selbständige Stiftung der Treuhänder hinsichtlich der Ausgestaltung des Stiftungsgeschäfts nicht an eine ohne Mitwirkung der weiteren Stifter und Auftraggeber ergangenen Weisung eines einzelnen Stifters gebunden sei.[7]

424 Das UmwG mit seiner gesetzlich normierten Technik der Gesamtrechtsnachfolge ist nicht anwendbar. Weder ist die unselbständige Stiftung ein Rechtsträger, von dem aus umgewandelt werden kann, noch wird die rechtsfähige Stiftung als Zielobjekt genannt, in die umgewandelt werden könnte. Die unselbständige Stiftung kann auch nicht nach Stiftungsrecht einer (neu gegründeten) rechtsfähigen Stiftung zugelegt oder mit ihr zusammengelegt werden. Die Stiftungsgesetze der Länder sehen Zulegung und Zusammenlegung nur für beidseits rechtsfähige Stiftungen vor. Es ist daher im Weg der Einzelrechtsnachfolge das Stiftungsvermögen vom bisherigen Stiftungsträger auf die rechtsfähige Stiftung zu übertragen. Grundstücke sind nach §§ 873, 925 BGB durch Auflassung und Umschreibung, bewegliche Sachen nach §§ 929 ff. BGB durch Einigung und Übergabe, Forderungen durch Abtretung nach §§ 398 ff. BGB zu übertragen.[8]

---

1 Hof in v. Campenhausen/Richter, Stiftungsrecht-Handbuch, § 36 Rz. 144, 146.

2 Hof in v. Campenhausen/Richter, Stiftungsrecht-Handbuch, § 36 Rz. 145.

3 Hof in v. Campenhausen/Richter Stiftungsrecht-Handbuch, § 36 Rz. 147, 148.

4 Hof in v. Campenhausen/Richter Stiftungsrecht-Handbuch, § 36 Rz. 150–152.

5 Hof in v. Campenhausen/Richter, Stiftungsrecht-Handbuch, § 36 Rz. 153.

6 Zu Einzelheiten vgl. Pues/Scheerbarth, Gemeinnützige Stiftungen im Zivil- und Steuerrecht, Teil 1, § 6, V., S. 83 f.; Schauhoff, Handbuch der Gemeinnützigkeit, § 3 Rz. 195.

7 BGH, Urteil v. 22.1.2015 - III ZR 434/13, DStR 2015 S. 1123.

8 Muscheler, ZEV 2018 S. 187.

Sind sich Stifter und Träger der unselbständigen Stiftung über das „Ob und Wie“ des Übergangs zu einer selbständigen Stiftung einig, dann steht ihrem Gestaltungswunsch nichts im Wege, außer dass natürlich die Voraussetzungen der §§ 80, 81 BGB eingehalten werden müssen. Auch bei der Schenkung unter Auflage, die die unselbständige Stiftung bestandsfester macht als die Begründung der Stiftung durch Auftrag bzw. Geschäftsbesorgungsvertrag, gilt nichts anderes.[1] 425

(Einstweilen frei) 426–429

IV. Die unselbständige Stiftung als Erbin

Die unselbständige Stiftung kann im Gegensatz zur rechtsfähigen Stiftung **nicht unmittelbar selbst Erbin** werden. Die unselbständige Stiftung unterscheidet sich von der selbständigen Stiftung der §§ 80 ff. BGB dadurch, dass sie erstens nicht verselbständigt und damit keine juristische Person ist und zweitens in ihrer Errichtung nicht von einem staatlichen Akt abhängt. Eine nicht rechtsfähige, unselbständige Stiftung kann aber gleichwohl als Erbin eingesetzt werden.[2] 430

Eine unselbständige Stiftung kann durchaus durch die Kommanditistin als Erbin einer GmbH & Co. KG eingesetzt werden. Die nicht rechtsfähige unselbständige Stiftung kann aber nicht unmittelbar selbst als Erbin und damit auch nicht unmittelbar als Kommanditistin in das Register eingetragen werden. Das OLG Düsseldorf hat erkannt, dass bei der Erbeinsetzung einer unselbständigen Stiftung folgerichtig der Rechtsträger Erbe wird und deshalb auch dieser in das Register einzutragen ist.[3] 431

(Einstweilen frei) 432–434

V. Vorteile der unselbständigen Stiftung

Der bedeutsamste Vorteil liegt in der **unkomplizierten Errichtungsmöglichkeit** im Vergleich zur selbständigen Stiftung, so dass auch eine kurzfristige Gründung möglich ist. Dieser Zeitvorteil relativiert sich indes, wenn die unselbständige Stiftung als gemeinnützig anerkannt werden soll. Denn dann ist eine **Abstimmung mit der Finanzverwaltung** genauso unerlässlich wie bei einer selb- 435

1 Muscheler, ZEV 2018 S. 187, 189.

2 Pauli, ZStV 2020 S. 227.

3 OLG Düsseldorf v. 12.8.2019 - I-3 Wx 231/17, ZStV 2020 S. 226.

ständigen Stiftung. Je nach zuständigem Finanzamt kann dies unterschiedlich lange (wenige Wochen bis mehrere Monate) dauern.

436 Obwohl die Errichtung theoretisch mündlich, also gänzlich formfrei, erfolgen kann, wird man diesen Vorteil regelmäßig nicht nutzen. Zu Recht wird das freiwillige Einhalten der Schriftlichkeit gefordert.[1]

Ob die **fehlende Aufsicht** als Vorteil anzuführen ist, wird unterschiedlich bewertet. Soweit eine steuerbefreite unselbständige Stiftung angestrebt wird, erfolgt zwar keine Aufsicht durch die Stiftungsbehörde, gleichwohl ist eine staatliche Aufsicht durch die Finanzverwaltung gegeben.

437 Als entscheidenden Vorteil wird man indes die im Vergleich zur rechtsfähigen Stiftung erheblich **geringeren Verwaltungskosten** anführen müssen. Daher wird diese Rechtsform zu Recht bei kleineren Vermögen empfohlen, ohne dass steuerliche Vorteile (§ 10b EStG) verloren wären.

438 Ist die Zuwendung ertraglosen Vermögens, z. B. einer Bibliothek oder einer Kunstsammlung, geplant, scheidet eine selbständige Stiftung i. d. R. aus, es sei denn erhebliche Barmittel werden zusätzlich übertragen. Hier bietet sich die unselbständige Stiftung an, weil der Stifter diese Vermögenswerte nicht in das Eigentum einer anderen Stiftung überführen muss, sondern mit einem Sondervermögen etwas Eigenständiges schaffen kann.[2]

439 In den letzten Jahren ist ein Trend feststellbar, dass die Anzahl der Neuerrichtung von rechtsfähigen Stiftungen stagniert und die Treuhandstiftung als Alternative immer breitere Akzeptanz findet.[3]

VI. Transparenzregister

440 In Bezug auf nichtrechtsfähige Stiftungen bestehen gem. § 21 Abs. 2 Nr. 1 GwG Besonderheiten hinsichtlich der Pflicht, Angaben zu den wirtschaftlich Berechtigten einzuholen, aufzubewahren, auf aktuellem Stand zu halten und der registerführenden Stelle unverzüglich zur Eintragung in das Transparenzregister mitzuteilen. Diese **Pflichten** bestehen bei nichtrechtsfähigen Stiftungen **nur**, wenn der Stiftungszweck aus Sicht des Stifters eigennützig ist.

441 Den Begriff „**Eigennutz**" kennt man im Rahmen der Unterscheidung zwischen eigennützigen und fremdnützigen Treuhandverhältnissen. Im Kontext von

1 Pues/Scheerbarth, Gemeinnützige Stiftungen im Zivil- und Steuerrecht, 2004, Teil 1, § 6, IV., S. 78.

2 Werner in Werner/Saenger/Fischer, Die Stiftung, Rz. 947.

3 Schlüter, ZStV 4/2012 S. I (Editorial).

nichtrechtsfähigen Stiftungen hilft ein Rückgriff auf diese Unterscheidung jedoch nicht weiter. Das für eine nichtrechtsfähige Stiftung vom Stifter zur Verfügung gestellte Vermögen wird niemals zu Sicherungszwecken im Interesse eines „Treuhänders" übertragen, wie es etwa bei der eigennützigen Treuhand der Fall wäre. Die nichtrechtsfähige Stiftung wird nach dem Willen und im Interesse des Stifters gegründet, auch wenn das Interesse des Stifters darin liegt, mit der Stiftung einen Beitrag zur Förderung der Allgemeinheit zu schaffen. Eine Differenzierung zwischen „eigennützigen" und „fremdnützigen" nichtrechtsfähigen Stiftungen ist daher nicht möglich. Schließlich erscheint es ohnehin unangemessen, bei gemeinnützigen Stiftungen von einer typischen treuhänderischen Verwaltung und Verteilung des Vermögens zu sprechen, da das Vermögen der Allgemeinheit und keiner natürlichen Person zugutekommt.

Der begründete Gesetzesentwurf der Bundesregierung zur Umsetzung der 442
4. Geldwäscherichtlinie enthält keine konkrete Klarstellung dazu, wann der Zweck aus Sicht des Stifters eigennützig ist. Es heißt dort, dass mit der Regelung in § 21 Abs. 2 Nr. 1 GwG solche Konstellationen umfasst werden sollen, die mit Trusts vergleichbar sind. Dies sei bei nichtrechtsfähigen Stiftungen nur der Fall, wenn der Stiftungszweck aus Sicht des Stifters eigennützig ist.[1] Diese Aussage muss im Kontext des Gesetzeszwecks gelesen werden. Zweck ist es, natürliche Personen als wirtschaftlich Berechtigte von Trusts und vergleichbaren Rechtsgestaltungen zu identifizieren, um Geldwäsche, Terrorismus und organisierte Kriminalität besser bekämpfen zu können. Eigennutz unter Berücksichtigung des Zweckes dürfte also bedeuten, dass der Stifter mittels Gründung einer nichtrechtsfähigen Stiftung natürlichen Personen (sich selbst oder anderen Personen) durch finanzielle Zuwendungen Einfluss einräumt, aufgrund dessen Geldwäsche betrieben oder Terrorismus und organisierte Kriminalität gefördert werden könnten. Daher besteht die Pflicht zur Mitteilung der wirtschaftlich Berechtigten gem. § 21 Abs. 2 Nr. 1 GwG z. B. bei nichtrechtsfähigen Familienstiftungen, bei denen in der Satzung insbesondere natürliche Personen als Begünstigte genannt werden. Von dem Zweck der Gesetzesänderung ausgehend sind die Voraussetzungen gem. § 21 Abs. 2 Nr. 1 GwG im Gegensatz dazu jedoch nicht erfüllt, wenn nach dem Willen des Stifters keine natürlichen Personen begünstigt und somit „uneigennützige" Zwecke, mit anderen Worten gemeinnützige, mildtätige oder kirchliche Zwecke zum Wohle der Allgemeinheit, verfolgt werden. Legt man die Regelung des § 21 Abs. 2 Nr. 1 GwG entsprechend dem Zweck der neu eingeführten Regelungen des GwG

1 BT-Drucks. 18/11555 v. 17.3.2017 S. 131.

aus, sind somit gemeinnützige nichtrechtsfähige Stiftungen nicht mitteilungspflichtig.[1]

443–449 *(Einstweilen frei)*

1 Nadwornik, npoR 2017 S. 233 f.

D. Die steuerpflichtige Familienstiftung im Steuerrecht

I. Einführung

1. Einsatzbereich der Familienstiftung

Familienstiftungen bieten eine hervorragende Chance, unternehmerische Ziele des Stifters auch über den Tod hinaus weiterverfolgen zu können.[1] Die Möglichkeiten, ein Unternehmen nach Vorgaben des Stifters durch Dritte fortführen zu lassen, sind durch Einschaltung einer Stiftung vielfältig. Diese rechtlichen Vorteile lassen sich mit dem Interesse des Stifters an einer dauerhaften Absicherung seiner Familie kombinieren, ohne dass dies zu ertragsteuerlichen Nachteilen führt. Manche Stifter sprechen plakativ vom Schutz des Vermögens vor der Familie für die Familie.[2] 450

Die Familienstiftung gehört zu der Gruppe der **steuerpflichtigen Stiftungen** und ist deren häufigste Erscheinungsform. Sie wird in verschiedenen Steuergesetzen (AStG, ErbStG) besonders behandelt; **ertragsteuerlich** wird sie (selbst) wie eine Kapitalgesellschaft (GmbH oder AG) behandelt und besteuert. 451

Eine (Familien-)Stiftung & Co. KG ist keine gewerblich geprägte Personengesellschaft. Für eine vermögensverwaltende Stiftung & Co. KG, bei der ausschließlich eine Stiftung persönlich haftende Gesellschafterin ist, ist ein Wert nach § 151 Abs. 1 Satz 1 Nr. 4 BewG festzustellen.[3] 451/1

Als weiterer Vorteil der Familienstiftung ist die leichter zu kalkulierende erbschaftsteuerliche Belastung des in die Stiftung überführten Vermögens/Unternehmens in Form der Erbersatzsteuer[4] zu nennen. Nicht zu unterschätzen ist ferner die Vermögenssicherung vor möglichen Gläubigern von Familienangehörigen (asset protection), aber auch vor Ansprüchen von Pflichtteilsberechtigten bzw. gegenüber Zugewinnausgleichsansprüchen.[5] Ferner kann die Vermeidung der Mitbestimmung und Handelsregisterpublizität[6] ein Motiv sein. Und bei Familien, bei denen Kinder im Ausland leben, kann die Familienstiftung die 452

1 Vgl. → Rz. 4 f.

2 Wachter, FR 2017 S. 69.

3 BFH v. 27.4.2022 - II R 9/20, BStBl II 2022 S. 541 NWB KAAAJ-17348.

4 Vgl. → Rz. 802 ff.

5 Demuth/Butenberg/Schubert, NWB-EV 2/2019 S. 53, 58 NWB XAAAH-05998; Oppel, NWB-EV 9/2018 S. 297 NWB KAAAG-92772; Wachter, FR 2017 S. 69 f.

6 § 33 HGB gilt nur für Stiftungen, die ein Handelsgewerbe betreiben. Zur Jahresabschlusspublizität vgl. §§ 264a ff. HGB, die auch für Stiftungen & Co. KG gelten.

Nachlassabwicklung erheblich vereinfachen.[1] Schließlich hat die Erbschaftsteuerreform 2016 die Attraktivität der Familienstiftung zusätzlich gefördert.[2]

2. Begriff der Familienstiftung

453 Die steuerpflichtigen Stiftungen unterscheiden sich von den gemeinnützigen dadurch,[3] dass von den steuerpflichtigen Stiftungen Ziele i. S. der §§ 51 ff. AO nicht verfolgt werden. Die sogenannte Familienstiftung als **Sonderfall** der steuerpflichtigen Stiftung verfolgt zuvorderst das Ziel, die Mitglieder einer bestimmten Familie materiell zu fördern (vgl. § 1 Abs. 1 Nr. 4 ErbStG).

454 In welchem **Umfang** eine Stiftung die **Familie fördern** muss, damit von einer Familienstiftung gesprochen werden kann, ist im Einzelnen streitig und wird im Stiftungssteuerrecht anders beurteilt als im Stiftungszivilrecht.

455 Nach Ansicht des **BGH** dienen Familienstiftungen von ihrer Zielsetzung her ausschließlich oder überwiegend dem Interesse der Mitglieder einer oder mehrerer Familien. Entscheidend sei, auf den in der Satzung niedergelegten Willen des Stifters abzustellen. Die Familienstiftung sei nur eine besondere Ausprägung der privaten Stiftung.[4]

Nach Ansicht des **BFH**[5] dient eine Stiftung dann wesentlich dem Interesse einer Familie oder bestimmter Familien, wenn nach der Satzung und ggf. dem Stiftungsgeschäft ihr Wesen darin besteht, es den Familien zu ermöglichen, das Stiftungsvermögen, soweit es einer Nutzung zu privaten Zwecken zugänglich ist, zu nutzen und die Stiftungserträge an sich zu ziehen. Inwieweit davon tatsächlich Gebrauch gemacht wird, ist nach Ansicht des BFH nicht entscheidend.

Nach **§ 15 Abs. 2 AStG** liegt eine Familienstiftung vor, wenn der Stifter, seine Angehörigen und deren Abkömmlinge zu mehr als der Hälfte bezugs- oder anfallsberechtigt sind

456 Die **Finanzverwaltung** geht davon aus, dass eine Familienstiftung nicht nur dann vorliegt, wenn der Stifter, seine Angehörigen und deren Abkömmlinge zu mehr als 50 % bezugs- oder anfallsberechtigt sind. Vielmehr soll das Vorliegen einer Familienstiftung auch dann bejaht werden, wenn der Stifter, seine

1 Wachter, FR 2017 S. 69 f.

2 Siehe unten Teil I → Rz. 1860 ff.

3 Vgl. → Rz. 925.

4 BGH, Urteil v. 22.1.1987 - III ZR 26/85, BGHZ 99 S. 344–358, Rz. 34.

5 BFH, Urteil v. 10.12.1997 - II R 25/94, BStBl 1998 II S. 114 NWB CAAAA-96079.

Angehörigen und deren Abkömmlinge zwar nur zu mehr als 25 % bezugs- oder anfallsberechtigt sind, zusätzliche Merkmale jedoch ein „wesentliches Familieninteresse" belegen. Dies kann insbesondere dann gegeben sein, wenn die Familie wesentlichen Einfluss auf die Geschäftsführung der Stiftung hat. Bereits die Bezugsberechtigung der in den Satzungen bezeichneten Familienangehörigen prägt das Wesen als Familienstiftung, auch wenn Ausschüttungen bisher nicht vorgenommen worden sind. In welchem Umfang die Stiftung ihre Erträge thesauriert, ist für die Bezugsberechtigung der Destinatäre ohne Bedeutung.[1]

Zu Einzelheiten vgl. unten → Rz. 590. 457

(Einstweilen frei) 458–459

3. Familienstiftung mit Sitz im Ausland

Privatnützige Familienstiftungen lassen sich steuersystematisch in zwei Gruppen unterteilen: 460

- (privatnützige) ausländische Familienstiftungen **ohne** Sitz oder Ort der Geschäftsleitung im Inland, die dem Besteuerungssonderregime des **§ 15 AStG** unterfallen, sowie
- privatnützige Familienstiftungen, die aufgrund der Kriterien Sitz und/oder Ort der Geschäftsleitung im Inland der **unbeschränkten Körperschaftsteuerpflicht** unterfallen.

§ 15 AStG ist zunächst durch das JStG 2009 mittels zweier neuer Absätze 6 461
und 7 „vermeintlich"[2] an das Europarecht angeglichen worden. Zwar schließt § 15 Abs. 6 Satz 1 AStG seitdem die Hinzurechnung bei Familienstiftungen mit **Geschäftsleitung oder Sitz in EU-/EWR-Staaten** aus, wenn *„nachgewiesen wird, dass das Stiftungsvermögen der Verfügungsmacht der in Abs. 2 und 3 genannten Personen rechtlich und tatsächlich entzogen ist"* **und** dass *„zwischen der Bundesrepublik Deutschland und dem Staat, in dem die Familienstiftung Geschäftsleitung oder Sitz hat, auf Grund der Amtshilferichtlinie gemäß § 2 Absatz 11 des EU-Amtshilfegesetzes oder einer vergleichbaren zwei- oder mehrseitigen Vereinbarung, Auskünfte erteilt werden, die erforderlich sind, um die Besteuerung durchzuführen"*. Das Gesetz enthält jedoch zum einen eine Beweislastumkehr zulasten des Steuerpflichtigen, zum anderen die zusätzliche Voraus-

1 R E 1.2 Abs. 2 ErbStR 2019.
2 Zur erneuten Europarechtswidrigkeit Hey, IStR 2009 S. 181.

setzung der Auskunftserteilung, so dass eine vollständige Gleichstellung von EU-/EWR-Familienstiftungen mit inländischen Familienstiftungen ausbleibt.

461/1 Mit dem AmtshilfeRLUmsG[1], das für den Veranlagungszeitraum 2013 erstmals Anwendung findet, wurde § 15 AStG wesentlich geändert und ergänzt. So wurde Absatz 1 angepasst und neue Absätze 7–11 eingefügt.

461/2 § 15 Abs. 1 AStG griff bisher auf das Einkommen ausländischer Familienstiftungen und vergleichbarer Rechtsträger zu, soweit Bezugs- oder Anfallsberechtigte der unbeschränkt steuerpflichtige Stifter oder seine unbeschränkt steuerpflichtigen Angehörigen oder deren Abkömmlinge waren. Nach Ansicht des BFH bezog sich die Zurechnung nach dem Gesetzeswortlaut auf das – nach den Vorschriften für juristische Personen ermittelte – Einkommen der Stiftung, nicht auf die in ihm enthaltenen Einkünfte. Damit war nach Ansicht des Gesetzgebers geklärt, dass das Einkommen der Stiftung dem Stifter oder den Bezugs- oder Anfallsberechtigten nicht so zugerechnet werden konnte, als hätten sie es unmittelbar bezogen. Es sei nach Ansicht des Gesetzgebers sachgerecht, auf der Grundlage dieser Rechtsprechung die Systematik der Vorschrift fortzuentwickeln. Dazu soll, vergleichbar § 10 AStG, nicht das Einkommen, sondern die Einkünfte auf der Ebene der Stiftung gesondert festgestellt werden. Gleichzeitig sollen bei der Ermittlung der Einkünfte steuerliche Vergünstigungen oder Steuerbefreiungen unberücksichtigt bleiben, die sich allein aus der spezifischen Systematik der Besteuerung der Körperschaften ergeben, wie dies insbesondere für Steuerbefreiungen nach § 8b Abs. 1 und 2 KStG gilt. Das entspricht dem Sinn und Zweck der Regelung, nämlich die gesamten Einkünfte der ausländischen Stiftung der inländischen Besteuerung zuzuführen. Durch die systematische Änderung der Anknüpfung an die Einkünfte statt an das Einkommen wird auch vermieden, dass ein negativer Gesamtbetrag der Einkünfte vortragsfähig ist, obwohl sich nach Zurechnung des Betrags nach Abs. 1 ein positiver Einkommensbetrag ergibt. Denn nach dem BFH-Urteil[2] sei bisher das nach § 15 Abs. 1 AStG zuzurechnende Einkommen nicht bei der Ermittlung des Gesamtbetrags der Einkünfte, sondern erst bei der Ermittlung des Einkommens anzusetzen.[3]

461/3 Mit dem **ATADUmsG**[4] wurden weitere Änderungen in § 15 AStG vorgenommen. Aufgrund der geänderten Anrechnungsmethodik in § 12 AStG normiert § 15 Abs. 5 AStG n. F. die Regelungen für die Anrechnung künftig selbst. Der

1 V. 26.6.13, BGBl I 2013 S. 1809; vgl. auch BT-Drucks. 17/13722 v. 5.6.2013 S. 38.

2 BFH, Urteil v. 5.11.1992 - I R 39/92, BStBl II 1993 S. 388 NWB TAAAA-94462.

3 BT-Drucks. 17/10000 v. 19.6.2012 S. 67.

4 V. 25.6.2021, BGBl I 2021 S. 2035.

Verweis auf den § 12 AStG entfällt. § 15 Abs. 7 Satz 2 AStG verwies bezgl. der Einkünfteermittlung der Stiftung auf § 10 Abs. 3 AStG. Da diese Vorschrift nach der Neuregelung keinen Ausschluss des § 8b KStG mehr enthält, war eine dahingehende Anpassung des § 15 Abs. 7 AStG erforderlich. Durch Einfügung des neuen Satzes 2 in § 15 Abs. 9 AStG wollte der Gesetzgeber normieren, dass die Grundsätze des § 7 Abs. 1 Satz 3 AStG für die der ausländischen Stiftung nachgeschalteten Zwischengesellschaften entsprechend gelten. § 15 Abs. 11 AStG wurde um einen Satz 2 ergänzt, nach dem die Steuern auf nach Satz 1 befreite Zuwendungen in entsprechender Anwendung des § 34c Abs. 1 und 2 EStG und § 26 Abs. 1 und 2 Satz 1 KStG anrechenbar sind. Diese gesonderte Regelung ist aufgrund des Wegfalls des Verweises auf § 12 AStG in § 15 Abs. 5 AStG erforderlich geworden.[1]

§ 15 AStG gilt **nicht** für die Erbschaftsteuer und damit auch nicht für die Erbersatzsteuer (§ 2 Abs. 1 Nr. 4 ErbStG); es handelt sich um eine rein ertragsteuerliche Zurechnungsnorm. 462

Ob (privatnützige) ausländische Familienstiftungen ohne Sitz und Ort der Geschäftsleitung im Inland von dem Regime der **beschränkten Körperschaftsteuerpflicht** nach § 2 Nr. 1 KStG erfasst sind, erscheint nicht völlig geklärt.[2] Zu denken wäre an solche ausländischen Familienstiftungen, die inländische Einkünfte i. S. des § 49 EStG erzielen. Der überwiegende Teil der Literatur geht zu Recht davon aus, dass ausländische Familienstiftungen durchaus der beschränkten Körperschaftsteuerpflicht unterfallen können.[3] 463

4. Familienstiftung mit Geschäftsleitung im Ausland

Unter **Geschäftsleitung** ist gem. § 10 AO der Mittelpunkt der geschäftlichen Oberleitung zu verstehen. Dieser Ort ist begrifflich von dem statutenmäßig festliegenden (rechtlichen) Satzungs- oder Gründungssitz als Sitz i. S. des § 11 AO zu unterscheiden. Der einer Verlegung durch tatsächliches Verhalten zugängliche Ort der Geschäftsleitung wird in Anlehnung an die gesellschaftsrechtliche Begriffsbildung auch als Ort des (tatsächlichen) Verwaltungssitzes bezeichnet. Die erforderliche **Bestimmung des Ortes** der Geschäftsleitung richtet sich im Rahmen des § 10 AO nach dem Ort, von dem aus das Unternehmen tatsächlich im Sinne einer „Oberleitung“ geführt wird. Insofern gewinnen also die tatsächlichen Verhältnisse des konkreten Einzelfalls ausschlaggebende Be- 464

1 BR-Drucks. 245/21 v. 26.3.2021 S. 74
2 Kraft, DStR 2016 S. 2825.
3 Kraft, DStR 2016 S. 2825 (Fn. 3) m. w. N.

deutung. Nach deren Gesamtbild ist nämlich zu beurteilen, wo der für die Geschäftsführung maßgebende Wille gebildet wird, an welchem Ort also die für die Geschäftsführung nötigen Maßnahmen von einiger Wichtigkeit angeordnet werden. Bei einer Körperschaft ist damit regelmäßig auf denjenigen Ort verwiesen, an dem die zur Vertretung befugten Personen die ihnen obliegende **laufende Geschäftsführertätigkeit** entfalten, d. h. an dem sie die tatsächlichen, organisatorischen und rechtsgeschäftlichen Handlungen vornehmen, die der gewöhnliche Betrieb der Gesellschaft mit sich bringt (sogenannte Tagesgeschäfte).[1] Im Vordergrund steht hierbei nicht die juristische Berechtigung, sondern die konkrete Ausübung der (Ober-)Leitung seitens der Entscheidungsträger.[2]

465 Für eine im Inland errichtete Stiftung können sich daher nachteilige Folgen ergeben, wenn der einzige Stiftungsvorstand seinen Wohnsitz nach Stiftungserrichtung ins EU-Ausland (z. B. Schweiz) verlagert. Folge des Wohnsitzwechsels ist, dass sich in diesem Fall der **Ort der Geschäftsleitung** der Stiftung vom Inland **ins EU-Ausland verlagert**. Nach überwiegender Auffassung im Schrifttum ist eine identitätswahrende Verlegung des Verwaltungssitzes einer Stiftung ins Ausland aus Sicht des deutschen Internationalen Stiftungsrechts nicht möglich. Die Verlegung des Verwaltungssitzes ins Ausland führt nach dieser Auffassung also grds. zur **Auflösung**. Das deutsche internationale Gesellschaftsrecht folgt nämlich grds. der Sitztheorie, wonach maßgeblicher Anknüpfungspunkt für das anwendbare Recht der Sitz der effektiven Verwaltung ist.[3] Im Verhältnis zu Drittstaaten ist die Sitztheorie jedenfalls anwendbar.[4] Im Verhältnis zu EU-/EWR-Staaten stellt sich die Frage, ob europarechtlich die Anwendung der Gründungstheorie auch auf Stiftungen ohne Erwerbszweck geboten ist.[5]

466 Aus **steuerlicher** Sicht hätte die Verlagerung des Verwaltungssitzes ins Ausland folgende Konsequenzen:

Unter Berücksichtigung von Art. 4 Abs. 3 OECD-MA würde Deutschland das Recht auf eine unbeschränkte Besteuerung verlieren, was zu einer fingierten **Auflösung und Abwicklung der Stiftung** führt (§ 12 Abs. 3 Satz 2 KStG).[6]

1 BFH, Urteil v. 19.3.2002 - I R 15/01, BFH/NV 2002 S. 1411, Rn 16 NWB BAAAA-68107.

2 Gosch/Hummel, KStG, § 1 Rz. 47.

3 Jakob in Hüttemann/Richter/Weitemeyer, Landesstiftungsrecht, Rz. 6.76; Mogck, Die Mobilität der gemeinnützigen Stiftung in Europa durch Wandlung, S. 125 ff.

4 Jakob in v. Campenhausen/Richter, Stiftungsrechts-Handbuch, § 44 Rz. 33.

5 Offenlassend BGH, Urteil v. 8.9.2016 - III ZR 7/15 NWB PAAAF-83110 = DNotZ 2017 S. 106.

6 Kessler/Kröner/Köhler, KonzernStR, § 8 Rz. 277.

HINWEIS: 467

Diese steuerlichen Folgen gelten bei einer Verlagerung des Ortes der Geschäftsleitung in das EU-Ausland nicht. Denn § 12 Abs. 3 Satz 1 KStG ist einschränkend dahingehend auszulegen, dass er nur für Verlegungen der Geschäftsleitung/des Sitzes aus der EU/den EWR-Staaten in Staaten außerhalb der EU und des EWR (sogenannte Drittstaaten) gilt, also für Verlegungen, die dazu führen, dass die Körperschaft usw. in keinem EU-Mitgliedstaat und keinem EWR-Staat mehr unbeschränkt körperschaftsteuerpflichtig ist.[1]

(Einstweilen frei) 468–469

II. Besteuerung der Stiftungserrichtung

1. Besteuerung des Stifters

Stifter kann eine **natürliche** oder eine juristische **Person** sein. Nachfolgend 470
wird vornehmlich die Besteuerung der natürlichen Person als Stifter behandelt, da es sich bei Stiftungserrichtung durch juristische Personen im Wesentlichen um Geldzuwendungen für die Errichtung steuerbegünstigter Stiftungen[2] i. S.von § 5 Abs. 1 Nr. 4 KStG handelt, für die ein Spendenabzug gem. § 9 Abs. 1 Nr. 2 KStG bei körperschaftsteuerpflichtigen Stiftern in Betracht kommt.

Das Umwandlungsgesetz[3] berücksichtigt die Stiftungserrichtung nicht. Dies 471
bedeutet, dass durch eine **Umwandlung** zur Neugründung eine Stiftungserrichtung **nicht** möglich ist.

1.1 Einkommensteuer

1.1.1 Grundsätze

Bei der Beurteilung der ertragsteuerlichen Folgen für den **Stifter** ist entschei- 472
dend darauf abzustellen, ob die im Zuge der Stiftungserrichtung auf die Stiftung übertragenen Vermögensgegenstände beim Stifter zu einer **Gewinnrealisierung** führen oder nicht. Der Stifter begibt sich bei der Stiftung zwar jeglicher Eigentumsrechte, ohne dass er ein Entgelt bzw. eine Gegenleistung (wie z. B. bei einer Personengesellschaft oder Kapitalgesellschaft in Form von Ge-

1 Pfirrmann in Brandis/Heuermann (vormals Blümich), KStG, § 12 Rz. 94.

2 Siehe → Rz. 1156.

3 Als übertragende Rechtsträger kommen hingegen Stiftungen in Betracht, vgl. Schmitt/Hörtnagl/Stratz, UmwG, § 124 Rz. 46.

sellschaftsrechten)[1] erhält. Dennoch führen bestimmte Übertragungsakte zur Aufdeckung stiller Reserven entweder im Privat- oder Betriebsvermögen des Stifters, obwohl sie mangels Gegenleistung unentgeltlich erfolgen.[2]

473 Übertragungen von einzelnen Vermögensgegenständen des **Privatvermögens**[3] zu Lebzeiten und von Todes wegen spielen sich in der Privatsphäre ab und sind aufgrund der Unentgeltlichkeit grds. nicht steuerpflichtig („Fußstapfentheorie"). Zudem **fehlt** es im Fall der Übertragung auf eine Stiftung regelmäßig an der **Entgeltlichkeit**, so dass eine Gewinnrealisierung nicht eintritt.[4] Anders ist dies allenfalls dann, wenn der Stifter nicht unentgeltlich überträgt, sondern Wirtschaftsgüter des Privatvermögens an die Stiftung ganz oder teilweise veräußert. In diesem Fall sind Veräußerungstatbestände nach §§ 17, 23 EStG denkbar. Dies wird aber der Ausnahmefall sein, weil der Stifter regelmäßig unentgeltlich auf die von ihm errichtete Stiftung Vermögen übertragen wird.

HINWEIS:

Ist die Stiftung als Alleinerbin eingesetzt, kann ein vorhandener Verlustvortrag des Erblassers von der Stiftung nicht geltend gemacht werden.[5] Der Große Senat des BFH hat entschieden, dass ein Erbe einen vom Erblasser nicht ausgenutzten Verlustabzug nach § 10d EStG nicht bei seiner eigenen Veranlagung zur Einkommensteuer geltend machen kann.

474 Steuerlich komplizierter stellt sich die Rechtslage dar, wenn der Stifter einzelne Wirtschaftsgüter des Betriebsvermögens bzw. Sonderbetriebsvermögen oder betriebliche Sachgesamtheiten auf die Stiftung überträgt. Hier kann es zur Aufdeckung stiller Reserven kommen.

1.1.2 Betriebsvermögen, Mitunternehmeranteil

475 Ist ein **Betrieb** oder eine **Personengesellschaft** so sehr an die Person des Stifters gebunden, dass eine Fortführung durch die Stiftung nicht erfolgversprechend erscheint, kann eine Veräußerung des Betriebs oder der Anteile an der Personengesellschaft vor Stiftungserrichtung in Betracht kommen mit der Folge, dass der Stiftung nicht Betriebsvermögen, sondern Barvermögen zugewendet wird. Ein Veräußerungsgewinn wird noch in der Person des Stifters realisiert;

1 Da eine Stiftung keine Gesellschaft ist, scheidet die Gewährung von Gesellschaftsrechten per se aus.

2 Pauli, FR 2011 S. 600.

3 Zur Abgrenzung vom Betriebsvermögen siehe u. a. Schmidt, EStG, § 4 Rz. 20 ff.

4 Pauli, FR 2011 S. 601 ff.

5 Zur bisherigen Rechtslage siehe BFH, Urteil v. 22.6.1962 - VI 49/61 S, BStBl 1962 III S. 386 NWB MAAAA-89983; BFH, Urteil v. 5.5.1999 - XI R 1/97, BStBl 1999 II S. 653 NWB UAAAA-96611; Schmidt, EStG, § 10d Rz. 4; H 10d EStH 2018 unter „Verlustabzug im Erbfall".

er kann ggf. gem. §§ 16, 34 EStG ermäßigt beim Stifter besteuert werden.[1] Die §§ 16, 34 EStG kommen aber für die Veräußerungen eines Teils eines Mitunternehmeranteils nicht zum Zuge; auch muss die Veräußerung eines Mitunternehmeranteils etwaiges Sonderbetriebsvermögen (z. B. auch Betriebs- und Verwaltungsgrundstücke) als wesentliche Betriebsgrundlage mitumfassen.[2]

Nach **§ 6 Abs. 3 EStG** tritt beim Stifter **keine Gewinnrealisierung** ein, wenn er seinen Betrieb, einen Teilbetrieb oder seinen Anteil als Mitunternehmer auf die Stiftung unentgeltlich überträgt; die Stiftung muss die Buchwerte fortführen. 476

§ 6 Abs. 3 Satz 1 EStG lässt zwar ausdrücklich die Buchwertfortführung bei der Übertragung von Teilen eines Mitunternehmeranteils zu. Allerdings muss der Übernehmer nach dem insoweit eindeutigen Wortlaut des § 6 Abs. 3 Satz 1 Halbsatz 2 EStG eine natürliche Person sein, so dass die **Teil-Mitunternehmeranteilsübertragung** auf eine Stiftung nach umstrittener Ansicht **nicht** möglich ist.[3] Im Zweifelsfall sollte hier eine verbindliche Auskunft eingeholt werden, denn eine systematische Rechtfertigung für die Begrenzung der Buchwertübertragung auf natürliche Personen ist nicht ersichtlich.[4] 476/1

Als **Teilbetrieb** gilt nach § 16 Abs. 1 Nr. 1 Satz 2 EStG zwar auch die **100%ige Beteiligung** an einer Kapitalgesellschaft. Gleichwohl scheidet eine Anwendung von § 6 Abs. 3 EStG hierfür aus, so dass eine Realisation der stillen Reserven erfolgt.[5] 477

Übertragungen von **einzelnen Gegenständen** des **Sonderbetriebsvermögens** auf die Stiftung führen über § 6 Abs. 1 Nr. 4 EStG zur **Gewinnverwirklichung** in Höhe des Unterschiedsbetrages zwischen Teilwert und Buchwert (als laufender Gewinn).[6] Gegebenenfalls kann bei entgeltlichen Übertragungen § 6b EStG genutzt werden. Zwar lässt § 6 Abs. 1 Nr. 4 Satz 4 EStG eine Entnahme einzelner Wirtschaftsgüter zum Buchwert zu, wenn diese unmittelbar einer nach § 5 Abs. 1 Nr. 9 KStG steuerbefreiten Stiftung zur Verwendung für steuerbegünstigte Zwecke i. S. des § 10b Abs. 1 Satz 1 EStG unentgeltlich zugewendet wer- 478

1 Vgl. Schulze zur Wiesche, Wpg 2001 S. 1377; Schmidt, EStG, §§ 16, 34.

2 § 16 Abs. 1 Nr. 2 EStG.

3 Wendt, FR 2005 S. 468, 478; Pauli, FR 2011 S. 600, 602 f.

4 Gratz in Herrmann/Heuer/Raupach, EStG, § 6 Rz. 1365 und 1375 m. w. N.; siehe hierzu auch → Rz. 531.

5 Oppel, NWB-EV 9/2018 S. 297 f. NWB KAAAG-92772; BFH, Urteil v. 20.7.2005 - X R 22/02, BStBl 2006 II S. 497 NWB TAAAB-66086; Schmidt, EStG, § 6 Rz. 477 und § 16 Rz. 161.

6 Pauli, FR 2011 S. 600, 602.

den. Diese Sondervorschrift kommt indes bei **steuerpflichtigen** Stiftungen und damit auch bei einer Familienstiftung **nicht** zum Tragen.

479 Ungeklärt ist, ob die zeitgleiche Übertragung eines **Betriebsaufspaltungsunternehmens**, d. h. des Besitz- und Betriebsunternehmens auf eine Familienstiftung nach § 6 Abs. 3 EStG zum Buchwert möglich ist. Denn vom Wortlaut des § 6 Abs. 3 Satz 1 EStG ist die „Betriebsaufspaltung" als begünstigter Übertragungsgegenstand nicht umfasst.[1]

480 Eine **unentgeltliche** Übertragung eines Betriebes oder Mitunternehmeranteils i. S. des § 6 Abs. 3 EStG liegt nur vor, wenn alle wesentlichen Teile desselben übertragen werden.[2] **Sonderbetriebsvermögen** darf grds. – um die Buchwertfortführung nicht zu riskieren – nicht zurückbehalten werden.[3] Besteht Sonderbetriebsvermögen, muss Vorsorge im Stiftungsgeschäft bzw. in den letztwilligen Verfügungen getroffen werden, dass es nicht zur Gewinnverwirklichung durch Zwangsentnahme beim Nachlass kommt.

481 Werden anlässlich der Stiftungserrichtung wesentliche Teile eines Betriebsvermögens in das **Privatvermögen** übernommen, ist eine Betriebsaufgabe nach § 16 Abs. 3 EStG anzunehmen mit der Folge, dass ein Veräußerungsgewinn in Höhe des Unterschiedsbetrags zwischen den Buchwerten und den gemeinen Werten sowohl der in die Stiftung eingebrachten als auch der in das Privatvermögen übernommenen Wirtschaftsgüter entsteht.[4]

482 Die Grundsätze der **verdeckten Einlage**, die eine Anwendung von § 6 Abs. 3 EStG ausschließen könnten,[5] sind anlässlich der Übertragung von betrieblichem Vermögen auf eine Stiftung nicht anwendbar, da der Stifter an der Stiftung nicht beteiligt ist und auch durch die Übertragung nicht an ihr beteiligt wird.

483 Unentgeltliche Übertragungen **einzelner** Wirtschaftsgüter aus einem Betriebsvermögen sind grds. als Entnahmen aus dem Betriebsvermögen[6] zu behandeln. Dies gilt nicht nur für die Gewinnermittlung nach § 4 Abs. 1 und § 5 EStG,

1 Ausführlich Pauli, FR 2011 S. 600, 602 f.

2 Düll/Fuhrmann/Eberhard, DStR 2001 S. 1773; BMF, Schreiben v. 3.5.2005 - IV B 2 - S 2241 - 14/05, BStBl 2005 I S. 458 Rz. 4 NWB NAAAB-44182.

3 BFH, Urteil v. 24.8.2000 - IV R 51/98, BStBl 2005 II S. 173 NWB MAAAA-97000; BFH, Urteil v. 12.4.2000 - XI R 35/99, BStBl 2001 II S. 26 NWB FAAAA-88863; BMF, Schreiben v. 3.5.2005, BStBl 2005 I S. 458 Rz. 4 NWB NAAAB-44182.

4 Vgl. BMF, Schreiben v. 3.5.2005, BStBl 2005 I S. 458 Rz. 5 NWB NAAAB-44182; Schmidt, EStG, § 16 Rz. 100 f.

5 BMF, Schreiben v. 3.5.2005, BStBl 2005 I S. 458 Rz. 2 NWB NAAAB-44182.

6 § 4 Abs. 1 Satz 1–4 EStG; vgl. Schmidt, EStG, § 4 Rz. 326, § 6 Rz. 414.

sondern auch für die Gewinnermittlung nach § 4 Abs. 3 EStG. Gemäß § 6 Abs. 1 Nr. 4 EStG sind die Entnahmen mit dem Teilwert zu bewerten, so dass i. d. R. (Teilwert > Buchwert) Gewinnrealisierung bei der unentgeltlichen Übertragung eintritt. Ein als **laufender** Gewinn zu versteuernder Entnahmegewinn entsteht auch, wenn im Rahmen einer unentgeltlichen Betriebsübertragung einzelne Wirtschaftsgüter zurückbehalten und in das Privatvermögen überführt werden.[1]

Das Prinzip der **Entnahmebesteuerung** einzelner Wirtschaftsgüter, die in die Stiftung eingebracht werden, wird durchbrochen durch die Sondervorschrift des § 6 Abs. 1 Nr. 4 Satz 4 und 5 EStG. Da diese Begünstigungsvorschrift jedoch voraussetzt, dass die übernehmende Stiftung nach § 5 Abs. 1 Nr. 9 KStG steuerbefreit ist, scheidet diese Norm bei steuerpflichtigen Stiftungen und damit bei Familienstiftungen aus.[2] 484

Im Zusammenhang mit der Übertragung von mitunternehmerischem Vermögen auf eine Stiftung kann, wenn die Voraussetzungen des § 6 Abs. 3 EStG nicht erfüllt sind, ggf. eine **Realteilung** der Personengesellschaft/Mitunternehmerschaft in Betracht kommen. Nach § 16 Abs. 3 Satz 2 EStG ist Buchwertfortführung bei einer Realteilung auch dann möglich, wenn keine Teilbetriebe oder Mitunternehmeranteile übertragen werden und auch nicht § 6 Abs. 5 Satz 3 EStG erfüllt ist. Werden jedoch anlässlich der Realteilung, bei der (auch) einzelne Wirtschaftsgüter übertragen worden sind, innerhalb einer Frist von drei Jahren nach Abgabe der Steuererklärung der Mitunternehmerschaft Grund und Boden, Gebäude und andere übertragene wesentliche Betriebsgrundlagen veräußert oder entnommen, ist rückwirkend zum Realteilungszeitpunkt der gemeine Wert anzusetzen; Letzteres gilt auch, wenn – unabhängig von der Sperrfrist – bei einer Realteilung Wirtschaftsgüter unmittelbar oder mittelbar auf eine Körperschaft (z. B. Stiftung) übertragen werden. Im Ergebnis dürfte daher die Realteilung als steuerneutrale Übertragungsmöglichkeit ausscheiden. 485

Will die Stiftung einen Gewerbebetrieb i. S. von § 15 Abs. 2 EStG des Stifters nicht selbst fortführen, sondern **verpachten**, so ist es i. d. R. wegen der Steuererleichterungen von § 16 Abs. 4 i.V. mit § 34 EStG günstiger, wenn der Stifter den Betrieb **vor** der Einbringung verpachtet und die Betriebsaufgabe[3] erklärt. 485/1

1 H 16 Abs. 6 „Zurückbehaltene Wirtschaftsgüter" EStH 2018.

2 Vgl. → Rz. 453.

3 BFH, Urteil v. 13.11.1963 - GrS 1/63 S, BStBl 1964 III S. 124 NWB CAAAA-90052.

Erklärt nämlich die Stiftung die Betriebsaufgabe, wäre der Aufgabegewinn bei ihr voll steuerpflichtig.

486 Wird bei der **Stiftungserrichtung von Todes wegen** das Vermögen einer Erbengemeinschaft aufgeteilt und fallen Abfindungszahlungen an, liegt insoweit ein Veräußerungsgeschäft vor, das über die grds. zu übernehmenden Buchwerte zu weiteren Anschaffungskosten beim Zahlenden führt.[1] Auf den Veräußerungsgewinn, der sich aus der Abfindung ergibt, wendet die Finanzverwaltung die Tarifbegünstigung nach §§ 16, 34 EStG nicht an.[2] Wird in Erfüllung eines **Vermächtnisses** von der Erbengemeinschaft ein Wirtschaftsgut aus einem Betriebsvermögen entnommen, muss von der Erbengemeinschaft (nicht vom Erblasser) ein Veräußerungsgewinn versteuert werden.[3] Betrifft das Vorausvermächtnis Betriebsvermögen, liegt bei der Erbengemeinschaft kein Veräußerungs- oder Aufgabevorgang vor.[4]

1.1.3 Vorweggenommene Erbfolge

487 Die Rechtsprechungsgrundsätze zur **vorweggenommenen Erbfolge** sind nicht unmittelbar zur Stiftungserrichtung selbst ergangen, da bereits im Beschluss des Großen Senats des BFH vom 5.7.1990[5] die vorweggenommene Erbfolge als Vereinbarung definiert wird, in der Eltern ihr Vermögen mit Rücksicht auf die künftige Erbfolge auf „Abkömmlinge" übertragen. Auch in der Folgerechtsprechung des BFH[6] findet sich die Definition der „Vermögensübertragung von **Eltern auf Kinder**".

488 Die **Finanzverwaltung** dehnte bisher die Grundsätze der vorweggenommenen Erbfolge auf alle Personen aus, die als zukünftige Erben in Betracht kommen.[7] Zum begünstigten Personenkreis kann demnach auch eine Stiftung gehören.

1 Wacker in Schmidt, EStG, § 16 Rz. 548; BMF, Schreiben v. 14.3.2006 - IV B 2 S 2242 - 7/06, BStBl 2006 I S. 253 Rz. 19 NWB PAAAH-23614.

2 BMF, Schreiben v. 28.2.2006 - IV B 2 - S 2242 - 6/06, BStBl 2006 I S. 228 unter VI. NWB ZAAAB-78364; BMF, Schreiben v. 14.3.2006 - IV B 2 S 2242 - 7/06, BStBl 2006 I S. 253 Rz. 14 NWB PAAAH-23614.

3 BMF, Schreiben v. 14.3.2006 - IV B 2 S 2242 - 7/06, BStBl 2006 I S. 253 Rz. 60 NWB PAAAH-23614; Schmidt, EStG, § 16 Rz. 622.

4 BMF, Schreiben v. 14.3.2006 - IV B 2 S 2242 - 7/06, BStBl 2006 I S. 253 Rz. 65 NWB PAAAH-23614.

5 BFH, Urteil v. 5.7.1990 - GrS 4-6/89, GrS 4/89, GrS 5/89, GrS 6/89, BStBl 1990 II S. 847 NWB DAAAA-93413.

6 BFH, Urteil v. 25.3.1992 - X R 100/91, BStBl 1992 II S. 803 NWB WAAAA-94234.

7 Siehe Definition im BMF, Schreiben v. 13.1.1993 - IV B 3 - S 2190 - 37/92, BStBl 1993 I S. 80, Rz. 1 NWB OAAAA-77082, geändert durch BMF, Schreiben v. 26.2.2007 - IV C 2 - S 2230 - 46/06, BStBl 2007 I S. 269 NWB OAAAC-39226; ferner BMF, Schreiben v. 23.12.1996 - IV B 3 - S 2257 - 54/96, BStBl 1996 I S. 1508 ff. Rz. 3 und 23 NWB XAAAA-84022; Vorwald, DStR 1998 S. 585.

Damit dürfte es auch künftig möglich sein, einen Betrieb oder Mitunternehmeranteil z. B. gegen Versorgungsleistungen (§ 10 Abs. 1a Nr. 2 EStG) auf eine Stiftung zu übertragen.

489 Die unentgeltliche Übertragung eines Betriebs oder Mitunternehmeranteils auf eine Stiftung gegen **wiederkehrende Leistungen** kann bei der Stiftung den Sonderausgabenabzug (§ 10 Abs. 1a EStG) eröffnen, wenn beim Empfänger die Beträge als wiederkehrende Bezüge (§ 22 Nr. 1 EStG) steuerpflichtig sind.

Im 4. Rentenerlass[1] erkennt die Finanzverwaltung unter Bezugnahme auf das BFH-Urteil vom 16.12.1997[2] an, dass eine vorweggenommene Erbfolge mit ausbedungenen **Versorgungsleistungen** auch unter Fremden nicht ausgeschlossen ist. Dies gilt grds. auch, wenn die Versorgungsleistung auf einer Verfügung von Todes wegen beruht.[3]

490 Damit ist geklärt, dass die Grundsätze der Finanzverwaltung aus dem 3. Rentenerlass und die Rechtsprechung des X. Senats auch nach der Neufassung des § 10 Abs. 1a EStG mit Wirkung ab dem 1.1.2008 fortgelten.

491 Wird bei **Stiftungserrichtungen unter Lebenden** auch Vermögen von Eltern auf Kinder im Wege der vorweggenommenen Erbfolge übertragen und führen **Auflagen** des Stifters ggf. zu entgeltlichen Rechtsgeschäften, können diese Auflagen bei den Kindern zu Anschaffungskosten führen. Bei der Stiftung, wenn sie dieselben Auflagen erhält, soll Unentgeltlichkeit anzunehmen sein, mit der Folge, dass sie diese Auflagen zulasten des Wertes des übertragenen Stiftungsvermögens passivieren muss, mithin **keine Anschaffungskosten** insoweit aufweisen würde. Die Finanzverwaltung folgte in ihrem Nichtanwendungserlass[4] dem BFH[5] zwar nicht. Gleichwohl bleibt unklar, weshalb einerseits das Urteil im BStBl veröffentlicht und andererseits im AEAO zu § 55 unverändert die gegenteilige Ansicht vertreten wird. Wegen der unverändert bestehenden Unklarheiten empfiehlt sich bei **Auflagen** im Stiftungsgeschäft die Einholung einer **verbindlichen Auskunft** des zuständigen Finanzamts.

1 BMF, Schreiben v. 11.3.2010 - IV C 3 - S 2221/09/10004, BStBl 2010 I S. 227 Rz. 3 NWB RAAAD-39637.

2 BFH, Urteil v. 16.12.1997 - IX R 11/94, BStBl 1998 II S. 718 NWB BAAAA-96344.

3 BFH, Urteil v. 11.10.2007 - X R 14/06, BStBl 2008 II S. 123 NWB BAAAC-65399; BMF, Schreiben v. 11.3.2010 - IV C 3 - S 2221/09/10004, BStBl 2010 I S. 227 Rz. 2 NWB RAAAD-39637.

4 Nichtanwendungserlass v. 6.11.1998, DStR 1998 S. 1876 (unverändert anzuwenden, vgl. Gleich lautende Erlasse der obersten Finanzbehörden der Länder v. 23.3.2015 - O2000, BStBl 2015 I S. 279 NWB NAAAE-88147).

5 BFH, Urteil v. 21.1.1998 - II R 16/95, BStBl 1998 II S. 758 NWB OAAAA-96357.

1.1.4 Erwerb von Vermögen von Todes wegen

492 Die beiden Schreiben der Finanzverwaltung zur vorweggenommenen Erbfolge[1] und Erbauseinandersetzung[2] haben auch Bedeutung für die Besteuerung der Stiftungserrichtung; wegen deren Umfangs kann hier nur auf einige Punkte im Zusammenhang der Frage „Entgeltlichkeit oder Unentgeltlichkeit der Einbringung in eine Stiftung" eingegangen werden. Zweifellos kommt das erstgenannte Schreiben bei Stiftungserrichtung von Todes wegen zur Anwendung, bei denen im Todesfall die Stiftung als Erbe neben anderen eingesetzt ist und somit an einer Erbengemeinschaft beteiligt oder mit einem Sachvermächtnis zulasten einer Erbengemeinschaft bedacht wird.

493 Wird die Stiftung **Miterbe** und gehört zum Nachlass ein **Kommanditanteil** an einer gewerblich tätigen Kommanditgesellschaft, so wird sie im Fall der sogenannten einfachen Nachfolgeklausel – entsprechend der Erbquote – automatisch ab dem Erbfall Mitunternehmer.[3] Setzt sich die Erbengemeinschaft später auseinander und überträgt die Stiftung den Kommanditanteil auf einen Miterben, sind ihr grds. die Einkünfte zwischen Erbfall und Erbauseinandersetzung zuzurechnen. Ist der Kommanditanteil durch **Sachvermächtnis** einem Miterben vermacht worden, so erzielt gleichwohl jeder Miterbe bis zur Erfüllung des Vermächtnisses gewerbliche Einkünfte als Mitunternehmer.[4]

494 Die vorstehend dargestellte grds. **Zurechnung** der Einkünfte aus der Mitunternehmerschaft **ab Erbfall** wird von der Finanzverwaltung dann nicht vorgenommen, wenn sich die Miterben binnen **sechs Monaten** nach dem Erbfall im Rahmen einer (Teil-)Erbauseinandersetzung hinsichtlich der Übernahme des Mitunternehmeranteils abweichend einigen.[5] In diesem Fall sind nur dem Übernehmer des Personengesellschaftsanteils die gewerblichen Einkünfte (rückwirkend ab dem Erbfall) zuzurechnen.

495 Die **Vermächtniserfüllung** durch eine Stiftung als Erbin bzw. die Auflagenerfüllung stellt regelmäßig keine nachträglichen Anschaffungskosten für einen zum Nachlass gehörenden Betrieb oder Mitunternehmeranteil dar.[6] Die Über-

1 BMF, Schreiben v. 13.1.1993 - IV B 3 - S 2190 - 37/92, BStBl 1993 I S. 80 NWB OAAAA-77082; geändert durch BMF, Schreiben v. 26.2.2007 2007 - IV C 2 - S 2230 - 46/06, BStBl 2007 I S. 269 NWB OAAAC-39226.

2 BMF, Schreiben v. 14.3.2006 - IV B 2 S 2242 - 7/06, BStBl 2006 I S. 253 NWB PAAAH-23614.

3 BMF, Schreiben v. 14.3.2006 - IV B 2 S 2242 - 7/06, BStBl 2006 I S. 253, Rz. 3 NWB PAAAH-23614.

4 BMF, Schreiben v. 14.3.2006 - IV B 2 S 2242 - 7/06, BStBl 2006 I S. 253, Rz. 61 NWB PAAAH-23614.

5 BMF, Schreiben v. 14.3.2006 - IV B 2 S 2242 - 7/06, BStBl 2006 I S. 253, Rz. 8 NWB PAAAH-23614.

6 Schmidt, EStG, § 6 Rz. 142.

nahme von privaten Schulden, Zahlung von Abfindungen, Gleichstellungsgeldern u. Ä., die der Stiftung bei der Errichtung im Todesfall (und auch bei Zustiftung im Todesfall) auferlegt sind, können zu einem entgeltlichen Erwerb und damit zu nachträglichen Anschaffungskosten führen.[1]

Nach der gegenwärtigen Rechtslage ist es ertragsteuerlich vorteilhafter, wenn der potenzielle Erblasser Abfindungen zum **Pflichtteilsverzicht** nicht der Stiftung auferlegt, sondern selbst trägt. Die Leistung der Abfindung durch den Stifter führt bei ihr zu keinem entgeltlichen Rechtsgeschäft.[2] 496

1.1.5 Nießbrauch

Die Übertragung von Vermögen auf die Stiftung unter Nießbrauchvorbehalt kommt in der Praxis häufiger vor als die Zuwendung eines Nießbrauchrechts an die Stiftung. Gestützt auf höchstrichterliche Rechtsprechung hat die Finanzverwaltung einen **Nießbraucherlass** zu den Einkünften aus Kapitalvermögen und einen Nießbraucherlass zu den Einkünften aus Vermietung und Verpachtung herausgegeben. 497

Bei der Übertragung von Vermögen auf die Stiftung kann dem Interesse des Stifters an einer unveränderten Nutzung der Einkunftsquelle zu Lebzeiten entsprochen werden, indem diese Übertragung unter Nießbrauchvorbehalt erfolgt. 498

Das Steuerrecht spricht vom **Vorbehaltsnießbrauch**, wenn bei der Übertragung eines Wirtschaftsgutes gleichzeitig ein Nießbrauchrecht für den bisherigen Eigentümer bestellt worden ist. In der Praxis ist der Vorbehaltsnießbrauch beliebt, da er dem Stifter lebenslänglich (allerdings normal steuerpflichtige) Einkünfte sichert, die sich unter Einschluss der Abschreibungen z. B. bei bebauten Grundstücken berechnen. Da die Stiftung als Eigentümer beim Vorbehaltsnießbrauch **keine Einkünfte** erzielt, kann sie auch keine Werbungskosten oder Betriebsausgaben (z. B. für Zinsen und Abschreibungen auf Anlagen) geltend machen. 499

Ein **Zuwendungsnießbrauch** liegt vor, wenn der Stiftung – z. B. auf Lebenszeit des Stifters – ein Nießbrauch zugewendet wird, der Stifter aber Eigentümer des Vermögensgegenstandes bleibt. Wegen der fehlenden Abschreibungsberechtigung (der AK/HK von Gebäuden)[3] sowohl beim Eigentümer als auch 500

1 BMF, Schreiben v. 14.3.2006 - IV B 2 S 2242 - 7/06, BStBl 2006 I S. 253 Rz. 14, 63 NWB PAAAH-23614.

2 BFH, Beschluss v. 16.3.2001 - IV B 96/00 NWB HAAAA-67052 = DStRE 2001 S. 1075 f.

3 Götz/Hülsmann, Der Nießbrauch im Zivil- und Steuerrecht, 13. Aufl. 2023, Rz. 955.

beim Nießbraucher, ist ein Zuwendungsnießbrauch steuerlich ungünstig und kommt daher in der Praxis nur **selten** vor.

501 Wendet der Stifter seiner Stiftung einen Zuwendungsnießbrauch an Kapitalvermögen zu, werden die Einnahmen dem Nießbrauchbesteller – hier dem Stifter – zugerechnet, obwohl sie zivilrechtlich dem Nießbraucher – hier der Stiftung – zufließen.

502 Im Gegensatz dazu werden beim Zuwendungsnießbrauch an Grundstücken – dem Zivilrecht folgend – Einnahmen aus Vermietung und Verpachtung dem Nießbraucher zugerechnet.

503 Im Ergebnis spielen Nießbrauchgestaltungen bei einer Familienstiftung eine nur untergeordnete Rolle. Allenfalls die Vereinbarung eines Vorbehaltsnießbrauchs kommt gelegentlich vor, wenn der Stifter sich zu Lebzeiten noch nicht endgültig von der Einkunftsquelle trennen will.

504–512 *(Einstweilen frei)*

1.2 Sonstige Steuern

513 Schon bisher war geklärt, dass **gewerbesteuerliche Verluste** nicht auf die Erben – und damit auch nicht auf eine Stiftung – als Rechtsnachfolger übergehen.[1] Gegebenenfalls sollte daher geprüft werden, ob die einkommen- und gewerbesteuerlichen Verluste durch Ausübung von Bewertungswahlrechten bis zum Erbfall abgebaut werden können.[2]

514 Außer dem Solidaritätszuschlag und der u. U. anfallenden KiSt und GewSt begründet die Stiftungserrichtung beim Stifter keine weiteren Ertragsteuerpflichten.

515 Auf Ebene des Stifters hat die mit der Stiftungserrichtung verbundene Übertragung von Wirtschaftsgütern nur im Ausnahmefall unter den Voraussetzungen von § 3 Abs. 1b Nr. 1 UStG **umsatzsteuerbare** Folgen.

516 Nach Auffassung des BFH sind die als Einkünfte aus Kapitalvermögen zu qualifizierenden Zinsen, die ein Stifter für ein (bei der Einbringung von Kommanditanteilen) zurückbehaltenes Gesellschafter-Darlehen vereinnahmt, mit dem **Abgeltungssteuersatz** von 25 % zu versteuern.[3] Die Regelung, wonach der Regelsteuersatz Anwendung finde, wenn Gläubiger und Schuldner nahestehende

1 H 10a.3 Abs. 1 GewStR 2009; BFH, Urteil v. 7.12.1993 - VIII R 160/86, BStBl 1994 II S. 331 NWB LAAAA-94806.

2 Hörger/Stephan/Pohl, Unternehmens- und Vermögensnachfolge, Rz. 1801.

3 BFH, Urteil v. 28.9.2021 - VIII R 12/19 NWB WAAAI-05002 = BB 2022 S. 548.

Personen sind (§ 32d Abs. 2 Nr. 1 Buchst. a EStG), greife nicht ein. Die Besonderheit des Urteilsfalls bestand darin, dass der Stifter und auch seine Ehefrau Vorstand im dreiköpfigen Stiftungsvorstand waren, jedoch weder der Stifter noch seine Ehefrau Mehrheitsbeschlüsse des Vorstands ohne die Mitwirkung eines anderen Vorstandsmitglieds herbeiführen konnten.[1] Nach Ansicht des BFH ergab sich eine beherrschende Stellung auch nicht aus der Möglichkeit eines Stichentscheids durch den Vorstandsvorsitzenden der Stiftung, weil die beiden anderen Vorstandsmitglieder die für einen solchen Stichentscheid erforderliche Stimmengleichheit durch ihre Anwesenheit in den Vorstandssitzungen verhindern konnten. Entgegen der Auffassung des Finanzamts führt auch der Umstand, dass den Eheleuten gemeinschaftlich die Stimmrechtsmehrheit im Stiftungsvorstand zustand, nicht zur Annahme einer beherrschenden Stellung. Wie der Senat bereits entschieden hat, genügt ein aus der Ehegatteneigenschaft abgeleitetes, persönliches Interesse für sich genommen nicht, um ein Näheverhältnis zwischen Ehegatten zu begründen[2]. Dementsprechend ist das nahe persönliche Verhältnis zwischen Ehegatten auch kein hinreichender Grund dafür, die den Ehegatten jeweils zustehenden Stimmrechte zur Bestimmung eines Näheverhältnisses zusammenzurechnen, sofern nicht besondere Beweisanzeichen vorliegen, die unabhängig von der ehelichen Lebensgemeinschaft auf ein persönliches oder wirtschaftliches Abhängigkeitsverhältnis zwischen den Ehegatten schließen lassen.[3]

(Einstweilen frei) 517–529

2. Besteuerung des Unternehmens des Stifters

2.1 Einkommensteuer

Werden auf die Stiftung Einzelwirtschaftsgüter übertragen, die aus einem Betriebsvermögen des Stifters stammen (entnommen werden), führt diese zur Belastung mit Einkommen- und ggf. Gewerbeertragsteuer. Die unentgeltliche Übertragung von Einzelwirtschaftsgütern aus dem Betriebsvermögen zwingt als **Entnahme** (§ 6 Abs. 1 Nr. 4 EStG) zur Aufdeckung der stillen Reserven. 530

Hingegen löst die **unentgeltliche** Übertragung eines Betriebs, eines Teilbetriebs oder eines Mitunternehmeranteils (z. B. eines Kommanditanteils an einer GmbH & Co. KG) auf eine Familienstiftung gem. § 6 Abs. 3 Satz 1 Halb- 531

---

1 FG Münster, Urteil v. 28.2.2019 - 3 K 2547/18 E NWB RAAAH-14148 = StE 2019 S. 338, bestätigt durch BFH, Urteil v. 28.9.2021 - VIII R 12/19 NWB WAAAI-05002 = BB 2022 S. 548.

2 BFH, Urteil v. 16.6.2020 - VIII R 5/17, BStBl II 2020, 807 NWB MAAAH-61063.

3 BFH, Urteil v. 28.9.2021 - VIII R 12/19 NWB WAAAI-05002 = BB 2022 S. 548, Rz. 23.

satz 1 EStG[1] ebenso wenig Ertragsteuern aus, wie die Übertragung von Teilen des Privatvermögens des Stifters oder die unentgeltliche Übertragung von Anteilen an Kapitalgesellschaften i. S. des § 17 EStG bzw. von einbringungsgeborenen/sperrfristbehafteten Anteilen gem. § 21 UmwStG a. F. bzw. § 22 UmwStG.[2]

531/1 Nach Ansicht des BFH erfolgt eine **Nachversteuerung thesaurierter Gewinne** beim Stifter **nicht**, wenn dieser einen Mitunternehmeranteil unentgeltlich auf eine Stiftung überträgt.[3] § 34a Abs. 6 Satz 1 Nr. 2 EStG sei nicht – auch nicht analog – anwendbar.

531/2 Nach dem Wortlaut § 6 Abs. 3 Satz 1 Halbsatz 2 EStG nicht begünstigt ist die Übertragung eines **Teil-Mitunternehmeranteils** auf eine Stiftung, da dies nur bei einer natürlichen Person als Empfänger steuerneutral möglich ist.[4] Unklar ist, ob ebenso wie bei einer gemeinnützigen Stiftung als Übernehmerin[5] auch die Teil-Mitunternehmeranteilsübertragung auf eine steuerpflichtige Stiftung als steuerneutral angesehen werden kann, weil der Einbringende ja – ebenso wie nach § 6 Abs. 3 Satz 1 Halbsatz 1 EStG – nicht Gesellschafter der erwerbenden Stiftung ist und damit kein Bedürfnis besteht, diesen Vorgang mangels Anwendbarkeit des § 6 Abs. 3 Satz 1 Halbsatz 2 EStG zu besteuern.[6]

2.2 Körperschaftsteuer

532 Werden Wirtschaftsgüter auf Weisung des Gesellschafters (Stifters) aus einer inländischen Kapitalgesellschaft **entnommen**, um sie in eine Stiftung einzulegen, führt dies nach § 6 Abs. 1 Nr. 4 Satz 1 EStG zur **Gewinnverwirklichung** und insoweit zur Körperschaftsteuerpflicht.[7] Denn die Einlage stellt sich regelmäßig als betriebsfremder Zweck dar. Dies gilt sowohl für die Entnahme von Einzelwirtschaftsgütern wie für Beteiligungen an Personen- und Kapitalgesellschaften.

---

1 BMF, Schreiben v. 3.3.2005 - IV B 2 - S 2241 - 14/05, BStBl 2005 I S. 458, Rz. 2 NWB NAAAB-44182; Kulosa in Schmidt, EStG, § 6 Rz. 653; → Rz. 476 ff.

2 BMF, Schreiben v. 3.3.2005 - IV B 2 - S 2241 - 14/05, BStBl 2005 I S. 458, Rz. 2 NWB NAAAB-44182; Kulosa in Schmidt, EStG, § 6 Rz. 653.

3 BFH, Urteil v. 17.1.2019 - III R 49/17 NWB OAAAH-21063 = DStR 2019 S. 1351 (Vorinstanz: FG Münster, Urteil v. 27.1.2017 - 4 K 56/16 F, EFG 2017 S. 477); OFD Frankfurt/M, Vfg. v. 15.2.2019 - S 2290a A - 002 - St 213 NWB YAAAH-09566 = DB 2019 S. 640.

4 Siehe → Rz. 476.

5 Siehe → Rz. 1182.

6 Siehe → Rz. 476; Wendt, FR 2005 S. 468, 478; Kulosa in Schmidt, EStG, § 6 Rz. 653; Götz, StiftungsBrief 2015 S. 167.

7 Kulosa in Schmidt, EStG, § 6 Rz. 410 ff.

Eine **Ausnahme** von der Gewinnverwirklichung besteht nach § 6 Abs. 1 Nr. 4 Satz 2 EStG nur, wenn ein Wirtschaftsgut im **unmittelbaren Anschluss** an seine Entnahme einer nach § 5 Abs. 1 Nr. 9 KStG **steuerbefreiten Stiftung** zugeführt wird, die es für steuerbegünstigte Zwecke i. S. von § 10b Abs. 1 Satz 1 verwendet.[1] Da diese Ausnahmevorschrift bei der steuerpflichtigen Familienstiftung nicht anwendbar ist, sind die Entnahmen auf Ebene der Körperschaft als laufender Gewinn steuerpflichtig. 533

(Einstweilen frei) 534

2.3 Gewerbesteuer

Ist das Unternehmen, aus dem der Stifter einzelne Vermögensgegenstände zwecks Einbringung in die Stiftung entnimmt, gewerbesteuerpflichtig, führt die oben dargestellte Gewinnverwirklichung zu einer entsprechenden Auswirkung bei der **Gewerbeertragsteuer**. Dies gilt sowohl für die Personengesellschaften wie für die Kapitalgesellschaften. 535

Wird ein einzelkaufmännisches Unternehmen in eine Stiftung eingebracht oder werden Anteile an einer Personengesellschaften übertragen, führt dies zu einem Unternehmerwechsel i. S. von § 2 Abs. 5 GewStG und damit zur Versagung des Überganges eines gewerbesteuerlichen **Verlustvortrages** (§ 10a Satz 3 GewStG).[2] Nach h. M. führen Änderungen im Gesellschafterbestand nur dann zu keinem Unternehmerwechsel im Ganzen, wenn mindestens ein bisheriger Unternehmer den Betrieb fortführt[3] mit der Folge eines anteiligen Verlustvortrags für die oder den verbleibenden Gesellschafter. Es kommt nicht darauf an, ob er ihn allein oder zusammen mit anderen Unternehmern weiterbetreibt und auf welche Weise (Übertragung, Gesamtrechtsnachfolge oder Anwachsung) die Eigentumsanteile der Ausscheidenden auf den verbleibenden oder die neu hinzutretenden Unternehmer übergehen.[4] 536

Die entgeltliche Übertragung von Betrieben und Teilbetrieben führt zu einem gewerbesteuerpflichtigen Gewinn nur, wenn sie **aus** einer **Kapitalgesellschaft** 537

1 Vgl. → Rz. 1175.

2 Siehe auch OFD Köln, Vfg. v. 12.2.1997, DStR 1997 S. 1046; OFD Köln, Vfg. v. 12.5.1998, G 1427 - 6 - St 132, DStR 1998 S. 1472.

3 R 2.7 Abs. 2 GewStR 2009.

4 Werkmüller, ZEV 2018 S. 446, 450.

übertragen werden.[1] Als entgeltlich zu behandelnde Übertragungen von Mitunternehmeranteilen und von Teilen derselben, auch von anteiligen Übertragungen von Sonderbetriebsvermögen, unterliegen nicht der Gewerbesteuer.[2]

538 Bei Spenden i. S. von § 10b EStG richtet sich die Abzugsfähigkeit nach § 9 Nr. 5 GewStG.

2.4 Umsatzsteuer

539 Wird ein Wirtschaftsgut aus einem Betriebsvermögen entnommen und fehlt es an einem Entgelt, kommt als umsatzsteuerlicher Tatbestand nur die **unentgeltliche** Entnahme oder Zuwendung von Gegenständen (§ 3 Abs. 1b Nr. 1 und 3 UStG) in Betracht. Dies aber nur bei den Fällen, in denen der Stifter zugleich Unternehmer ist. Es handelt sich dann um eine **Entnahme** zu betriebsfremden Zwecken. Voraussetzung ist allerdings, dass diese Gegenstände zuvor zum vollen Vorsteuerabzug im Unternehmen berechtigt haben.

540 Die unentgeltliche Einbringung einzelner Wirtschaftsgüter aus dem Einzelunternehmen oder die Übertragung einer Gesellschaftsbeteiligung wird bei einer Stiftungserrichtung i. d. R. nicht im betrieblichen Interesse liegen.[3] Sind betriebsfremde Zwecke beim Unternehmer zu bejahen, erfolgt die Versteuerung gem. § 3 Abs. 1b Nr. 1 und 3 UStG. Die Bemessungsgrundlage ergibt sich aus § 10 Abs. 5 Nr. 1 i. V. mit Abs. 4 UStG.[4]

541 Bei der Errichtung einer betrieblichen Unterstützungskasse in Stiftungsform kann die Stiftungsgründung jedoch ausnahmsweise im betrieblichen Interesse liegen.

542 Gemäß § 1 Abs. 1a UStG unterliegen Umsätze im Rahmen einer Geschäftsveräußerung an einen anderen Unternehmer für dessen Unternehmen nicht der Umsatzsteuer. Die unentgeltliche Übertragung eines Betriebs oder Teilbetriebs auf eine Stiftung wird als nicht steuerbare Geschäftsveräußerung angesehen.[5] Für den Erwerber (also die Stiftung) gilt § 15a Abs. 10 UStG.

---

1 H 7.1 Abs. 4 GewStH 2009.

2 BFH, Urteil v. 15.3.2000 - VIII R 51/98, BStBl 2000 II S. 316 NWB KAAAA-88656; BFH, Urteil v. 24.8.2000 - IV R 51/98, BStBl 2005 II S. 173 NWB MAAAA-97000; OFD Düsseldorf, Vfg. v. 18.1.2001 - G 1421 - 19 - St 132 - K, DStR 2001 S. 708; Düll/Fuhrmann/Eberhard, DStR 2001 S. 1773 ff.; H 7.1 GewStR 2009.

3 Siehe BFH, Urteil v. 16.9.1987 - X R 51/81, BStBl 1988 II S. 205 NWB UAAAA-92496.

4 Ebenso Werner/Saenger/Fischer, Die Stiftung, Rz. 927; a. A. wohl Otto, Handbuch der Stiftungspraxis, S. 194 (III.1.).

5 Götz, GmbHR 1998 S. 349.

Problematisch ist die Anwendung des § 1 Abs. 1a UStG dann, wenn die Stiftung den übernommenen Betrieb nicht fortführt.[1] Kritisch sind auch die Fälle, bei denen die Stiftung die bisherige Nutzung, z. B. die Vermietung, **nicht fortsetzt** und die Mietverträge beendet.[2] In diesen Fällen ist das Tatbestandsmerkmal der Fortführung nicht erfüllt, so dass reguläre Steuerpflicht eintritt. Insoweit ist bereits im Vorfeld zu prüfen, wie die Stiftung den übernommenen Betrieb/Teilbetrieb im Sinne des Umsatzsteuergesetzes fortführt. 543

Wird irrtümlich eine Steuerpflicht bejaht, obwohl § 1 Abs. 1a UStG gegeben ist, liegt ein Fall des § 14c UStG vor. Bei einer Berichtigung der Rechnung sind vielfältige Formalitäten zu beachten, insbesondere darf der Empfänger der Rechnung (also die Stiftung) keine Umsatzsteuer gezogen haben.[3] 544

Ist die Übertragung umsatzsteuerrechtlichen Unternehmensvermögens keine durch § 1 Abs. 1a UStG ausgeklammerte Geschäftsveräußerung, stellt sich die Frage, ob anlässlich der Übertragung vorbehaltene wiederkehrenden Bezüge Entgelte für die Vermögensübertragungen (Lieferungen i. S. des § 3 UStG) sind.[4] **Entgelte** stellen zweifellos Veräußerungsrenten dar, bei denen Leistung und Gegenleistung gegeneinander abgewogen worden sind. Aber auch für Versorgungsrenten hat sich die Auffassung durchgesetzt, dass sie – wie im Erbschaftsteuerrecht und abweichend vom Ertragsteuerrecht – Teilentgelte sind. Die Vermögensübertragungen gegen Versorgungsrenten und ähnliche wiederkehrende Leistungen sind deshalb kein Eigenverbrauch, sondern steuerbare Lieferungen.[5] 545

Die Bestellung eines **Vorbehaltsnießbrauches** an einem Betriebsgrundstück, das bei der Stiftungserrichtung im Zuge der Einbringung eines Unternehmens in die Stiftung eingebracht wird, ist nach § 4 Nr. 9 Buchst. a UStG umsatzsteuerfrei.[6] 546

Gemäß § 3 Abs. 9a Nr. 2 UStG werden auch **unentgeltliche Zuwendungen** einer sonstigen Leistung i. S. von § 3 Abs. 9 UStG, die das Unternehmen an eine Stiftung erbringt, der Umsatzsteuer unterworfen, wenn sie nicht unter einen Be- 547

1 BFH, Urteil v. 11.10.2007 - V R 57/06, BStBl 2008 II S. 447 NWB ZAAAC-69477.

2 FG Niedersachsen, Urteil v. 27.2.2006 - 16 K 10889/03 NWB FAAAB-95735 = EFG 2006 S. 1295 (rkr., vgl. BFH, Urteil v. 4.9.2008 - V R 23/06 NWB DAAAD-03276); OFD Hannover, Vfg. v. 31.5.2006 - S 7100 b - 1 - StO 171 NWB JAAAB-88221 UR 2006 S. 606.

3 BFH, Urteil v. 11.10.2007 - V R 27/05, BStBl 2008 II S. 438 NWB ZAAAC-69477.

4 Korn, KÖSDI 1998 S. 11595.

5 Korn, KÖSDI 1998 S. 11595.

6 Götz/Hülsmann, Nießbrauch im Zivil- und Steuerrecht, Rz. 1658.

freiungstatbestand des § 4 UStG fallen. Dies gilt auch für solche Zuwendungen, die anlässlich der Stiftungserrichtung erfolgen.

548–559 *(Einstweilen frei)*

3. Besteuerung der Stiftung

3.1 Ertragsteuern

560 Die Stiftung hat auf den Errichtungszeitpunkt eine **Eröffnungsbilanz** (§§ 7, 13 KStG) zu erstellen. Die Bewertungsvorschriften des § 6 EStG sind hierbei anzuwenden.

561 Die Stiftungserrichtung löst bei der Stiftung selbst **keine Ertragsteuern** aus, da der Vorgang in deren Vermögenssphäre fällt.[1]

562 Soweit **ein Betrieb, ein Teilbetrieb oder ein Mitunternehmeranteil**[2] auf die Stiftung übertragen wird, ist die Stiftung als Rechtsnachfolger gem. § 6 Abs. 3 Satz 2 EStG an die Buchwerte gebunden.[3] In diesem Falle geht auch eine gem. § 6b–d EStG gebildete Rücklage auf den Rechtsnachfolger über. Die Auflage zur Übernahme privater Verbindlichkeiten schließt die Anwendung des § 6 Abs. 3 EStG nicht aus, wenn ihr Wert niedriger als der Buchwert des Kapitalkontos des Betriebs ist.[4] Im Übrigen erfolgt der Ansatz zum Teilwert gem. § 6 Abs. 1 Nr. 5 Satz 1 EStG.[5]

563 Eine **Ausnahme** von dem Ansatz zum **Teilwert** enthält § 6 Abs. 1 Nr. 5 EStG, der in den Anschaffungs- bzw. Herstellungskosten einen Höchstwert vorschreibt für die in den **letzten drei Jahren** vor dem Zeitpunkt der Zuführung angeschafften oder hergestellten Wirtschaftsgüter und der wesentlichen Beteiligungen an Kapitalgesellschaften i. S.von § 17 Abs. 1 EStG. Bei abnutzbaren Wirtschaftsgütern sind die Anschaffungs- und Herstellungskosten für die Zeit zwischen Anschaffung bzw. Herstellung um die Abschreibungen zu kürzen. Bei aus einem Betriebsvermögen entnommenem Wirtschaftsgut ist aber in jedem Fall der Wert anzusetzen, mit dem die Entnahme angesetzt wurde; dies ist i. d. R. der Teilwert.

---

1 Oppel, NWB-EV 9/2018 S. 297, 303 NWB KAAAG-92772.

2 Siehe → Rz. 476.

3 Werkmüller, ZEV 2018 S. 446, 448.

4 Wacker in Schmidt, EStG, § 16 Rz. 57 ff. und BMF, Schreiben v. 13.1.1993, BStBl 1993 I S. 87, Rz. 38, 39, 41.

5 Kulosa in Schmidt, EStG, § 6 Rz. 414 ff.

Besonderheiten gelten ferner für **nicht** zu einem Betriebsvermögen gehörende Wirtschaftsgüter (z. B. Immobilien) des steuerlichen Privatvermögens, die von der Stiftung **unentgeltlich** erworben worden sind. Hier **tritt** die Stiftung hinsichtlich der Absetzung für Abnutzung, die nach § 11d EStDV von den Anschaffungs- oder Herstellungskosten des Rechtsvorgängers (ggf. zuzüglich der von der Stiftung aufgewendeten Anschaffungs- oder Herstellungskosten) zu berechnen ist, in die **Abschreibungsreihen** des Rechtsvorgängers (z. B. Gebäude-AfA) **ein**. 564

Wird der Stiftung vom Stifter unentgeltlich ein Nutzungsrecht übertragen, sind die Grundsätze des Großen Senats zu beachten.[1] 565

Erfolgt die Einbringung unter einer **Auflage** gem. § 525 Abs. 1 BGB, so ist in der **Eröffnungsbilanz** der **Teilwert der Auflage** bei der Stiftung zu passivieren, das Grundstockvermögen ist entsprechend gemindert. 565/1

Liegt dagegen nach den Grundsätzen zur vorweggenommenen Erbfolge eine **entgeltliche Auflage** vor, hat die Stiftung insoweit **Anschaffungskosten** (korrespondierend mit der Behandlung beim Begünstigten).[2] 566

Ebenfalls Entgelt und korrespondieren Anschaffungskosten bei der Stiftung liegen nach der Rechtsprechung des BFH vor, wenn bei der Stiftungserrichtung eine **Übernahme privater Schulden, Zahlungen** an weichende Erben oder **Gleichstellungsgelder** auferlegt werden.[3] 567

Abfindungen für Pflichtteils- und Pflichtteilsergänzungsansprüche, die der Stiftung im Stiftungsgeschäft auferlegt werden, sind **kein Entgelt** und stellen keine Anschaffungskosten der Stiftung dar.[4] 568

Bei einer Vermögensübertragung auf die Stiftung unter einem vorbehaltenen sogenannten **Totalnießbrauch**[5] bleibt der bisherige Eigentümer, d. h. hier der Stifter, wirtschaftlicher Eigentümer. Mangels Entnahme[6] im Betrieb des Stifters tritt korrespondierend auch keine Aktivierungspflicht bei der Stiftung ein. 569

---

1 BFH, Beschluss v. 4.12.2006 - GrS 1/05, BStBl 2007 II S. 508 NWB VAAAC-43790; BFH, Beschluss v. 26.10.1987 - GrS 2/86, BStBl 1988 II S. 348 NWB WAAAA-92533.

2 Wacker in Schmidt, EStG, § 16 Rz. 59 ff.

3 Wacker in Schmidt, EStG, § 16 Rz. 63 m. w. N.

4 Wacker in Schmidt, EStG, § 16 Rz. 73.

5 Vgl. BFH, Urteil v. 16.12.1988 - III R 113/85, BStBl 1989 II S. 763 NWB TAAAA-92949; BFH, Urteil v. 6.11.1991 - XI R 27/90, BStBl 1993 II S. 391 NWB DAAAA-94463.

6 FG München, Urteil v. 4.12.2006 - 13 K 4085/04 NWB AAAAC-65800 = ZErb 2008 S. 53.

3.2 Erbschaft-/Schenkungsteuer

3.2.1 Steuerpflicht

570 Im Gegensatz zur Gründung anderer juristischer Personen[1] ist der Übergang von Vermögen bei der Stiftungserrichtung

- für die **Stiftung von Todes** wegen nach § 3 Abs. 2 Nr. 1 ErbStG und
- für die **Stiftung unter Lebenden** nach § 7 Abs. 1 Nr. 8 ErbStG

erbschaftsteuerpflichtig,[2] wenn nach § 2 Abs. 1 ErbStG der Stifter ein **Inländer** ist **oder** die Stiftung zur Zeit der Entstehung der Steuer (§ 9 ErbStG) als **inländisch** gilt.

Der deutschen Erbschaftsteuer unterliegen daher folgende Fälle:

a) die Errichtung einer Stiftung durch inländische Stifter, wenn der

   (1) Sitz oder Ort der Geschäftsleitung im Inland ist oder

   (2) Sitz oder Ort der Geschäftsleitung sich im Ausland befindet;[3]

b) die Errichtung einer inländischen Stiftung (Sitz oder Ort der Geschäftsleitung im Inland) durch ausländische Stifter.

571 Wird durch einen Inländer, sei es von Todes wegen oder unter Lebenden, eine **ausländische** Stiftung oder ein ausländischer Trust (oder eine sonstige Vermögensmasse ausländischen Rechts) errichtet/gegründet, so ist dies nach § 3 Abs. 2 Nr. 2 Satz 2 bzw. § 7 Abs. 1 Nr. 8 Satz 2 ErbStG[4] **steuerpflichtig**. Folge ist, dass es zu einer Doppelbesteuerung kommen kann, z. B. bei einem Trust oder einer Stiftung ausländischen Rechts mit Sitz und Geschäftsleitung im Ausland bei Errichtung und beim Vermögensübergang. Diese Sonderregelungen kommen nicht zur Anwendung bei echten Treuhandverhältnissen bzw. dann, wenn dem Stifter das Vermögen unverändert zuzurechnen ist.[5]

572 Inländische Stiftungen sind stets **unbeschränkt** mit dem Weltvermögen erbschaftsteuerpflichtig, ausländische Stiftungen oder ein ausländischer Trust

---

1 Dort erfolgt die Einbringung zur Erfüllung einer Einlageverpflichtung oder gegen Gewährung von Gesellschaftsrechten, also im Rahmen eines Leistungsaustauschs, mithin nicht unentgeltlich wie bei einer Stiftung.

2 Götz in Wilms/Jochum, ErbStG, § 7 Rz. 248.

3 Siehe → Rz. 571.

4 Steuerentlastungsgesetz v. 24.3.1999, BGBl 1999 I S. 402.

5 Siehe Zondler/Zöller, IStR 2015 S. 960; Jülicher, DStR 2001 S. 2177 ff.; vgl. auch → Rz. 1794 ff.

(oder eine sonstige Vermögensmasse ausländischen Rechts) können **beschränkt** mit dem Inlandsvermögen steuerpflichtig sein.[1]

Die zuständige Finanzbehörde wird gem. § 10 ErbStDV von der Genehmigungsbehörde über die Genehmigung einer Stiftung im Inland und gem. §§ 1–4 ErbStG vom Todesfall eines Inländers unterrichtet. Außerdem besteht eine Anzeigepflicht gem. §§ 30, 33 und 34 ErbStG. 573

Wird eine Stiftung als **Nacherbe** eingesetzt, so tritt **doppelte Versteuerung** ein, 574
da nach § 6 Abs. 1 ErbStG der Vorerbe ebenfalls als Erbe besteuert wird.[2] Entgegen der bürgerlich-rechtlichen Betrachtung[3] gilt der Erwerb des Nacherben bei dessen Tod als vom Vorerben stammend (§ 6 Abs. 2 Satz 1 ErbStG). Auf Antrag kann im Nacherbfall nach dem Tode des Vorerben der Nacherbe beantragen, dass diejenige Steuerklasse zugrunde gelegt wird, die seinem Verhältnis zum Erblasser entspricht (§ 6 Abs. 2 Satz 2 ErbStG).[4] Bei einer erbschaftsteuerpflichtigen Stiftung wird dieses Antragsrecht nicht Früchte tragen, denn selbst wenn der Stifter z. B. seine Ehefrau als Vorerbin und die Stiftung als Nacherbin eingesetzt hat, wird es bei der Doppelversteuerung zu der ungünstigen Steuerklasse[5] verbleiben. Bei einer steuerpflichtigen Stiftung sollte daher i. d. R. die Vor- und Nacherbfolge der §§ 2100 ff. BGB nicht gewählt werden, während sie bei einer erbschaftsteuerbefreiten Stiftung[6] durchaus in Betracht gezogen werden kann, da sodann der Vorerbfall als normaler Erbfall einmal und abschließend versteuert wird.

Gemäß § 6 Abs. 4 ErbStG[7] stehen **Nachvermächtnisse** (§ 2191 Abs. 1 BGB) und 575
beim Tode des Beschwerten fällige Vermächtnisse den Nacherbschaften

1 Zur unbeschränkten und beschränkten Steuerpflicht siehe Meincke/Hannes/Holtz, ErbStG, § 2 Rz. 3 ff.; Troll/Gebel/Jülicher/Gottschalk, ErbStG, § 2 Rz. 6 ff.; R E 2.1 ErbStR 2019; zur Anrechnung ausländischer Erbschaftsteuer siehe R E 21 ErbStR 2019.

2 Vgl. Meincke/Hannes/Holtz, ErbStG, § 6 Rz. 4 ff.

3 §§ 2100 ff. BGB.

4 Dagegen gilt die Vorerbfolge als auflösend bedingter und die Nacherbfolge als aufschiebend bedingter Erwerb gem. § 6 Abs. 3 ErbStG, wenn die Nacherbfolge nicht durch den Tod des Vorerben eintritt. Siehe auch BFH, Urteil v. 17.2.1993 - II R 72/90, BStBl 1993 II S. 523 NWB LAAAA-94524. Für unentgeltliche Übertragung des Anwartschaftsrechtes auf Nacherbschaft auf einen Dritten siehe BFH, Urteil v. 28.10.1992 - II R 21/92, BStBl 1993 II S. 158 NWB GAAAA-94355.

5 Zu den Freibeträgen siehe BFH, Urteil v. 2.12.1998 - II R 43/94, DB 1999 S. 465 ff.; siehe auch → Rz. 586, 601 ff.

6 Siehe → Rz. 925 ff.

7 Siehe auch R E 6 ErbStR 2019.

gleich. Diese Bestimmung wird oft beim sogenannten **Berliner Testament**[1] übersehen.[2]

576 Ist ein Verein der Stifter und wird das Vereinsvermögen in die Stiftung eingebracht, so besteht Schenkungsteuerpflicht nach § 7 Abs. 1 Nr. 9 ErbStG.[3]

3.2.2 Steuerschuldner

577 Steuerschuldner ist gem. § 20 Abs. 1 Satz 1 ErbStG „nur" die Stiftung. Bei einer Stiftungserrichtung unter Lebenden und bei Zustiftungen ist daneben auch der Stifter bzw. der Zuwendende (Schenker) Schuldner.[4]

3.2.3 Entstehen der Steuerschuld

578 Bei Stiftung **unter Lebenden** entsteht die Steuerschuld nach § 9 Abs. 1 Nr. 2 ErbStG mit dem Zeitpunkt der Ausführung der Zuwendungen.[5]

579 Kommt die Stiftung rückwirkend (z. B. durch erfolgreiche Anfechtung des Stiftungsgeschäfts) nicht zustande, ist ein bereits erlassener Steuerbescheid gem. § 175 Abs. 1 Nr. 2 AO aufzuheben.[6]

580 Bei der Stiftung **von Todes wegen** entsteht die Steuerschuld nicht schon mit dem Erbfall, sondern nach § 9 Abs. 1 Nr. 1c ErbStG erst mit der **Anerkennung** der Stiftung.[7] Dies gilt auch dann, wenn die Anerkennung erst mehrere Jahre nach dem Tod des Erblassers erfolgt.[8] Gleiches gilt für die vom Erblasser angeordnete Bildung oder Ausstattung einer Vermögensmasse ausländischen Rechts, deren Zweck auf die Bindung von Vermögen gerichtet ist.

581 Die Erbschaftsteuer entsteht aber auch dann mit der Anerkennung der Stiftung, wenn die Vermögensübertragung auf die Stiftung noch nicht erfolgt ist. Auf die Vermögensübertragung kommt es bei der Erbschaftsteuer – insoweit anders als bei der Schenkungsteuer – nicht an. Demnach muss die Stiftung die Erbschaftsteuer u. U. bereits entrichten, obwohl ihr das Vermögen noch gar nicht übertragen worden ist.[9]

---

1 Ausführlich Viskorf/Schuck/Wälzholz, ErbStG, § 10 Rz. 86.

2 Vgl. Moench, DStR 1999 S. 305; Daragan/Zacher-Röder, DStR 1999 S. 90.

3 FinMin Baden-Württemberg, Erlass v. 7.12.2000 - S 3806/323, DStR 2000 S. 2189.

4 Zu weiteren Einzelheiten vgl. etwa Meincke/Hannes/Holtz, ErbStG, § 20.

5 Wachter, FR 2017 S. 69, 71.

6 Klein, AO, § 175 Rz. 5.

7 Wachter, FR 2017 S. 69, 71.

8 BFH, Urteil v. 25.10.1995 - II R 20/92, BStBl 1996 II S. 99 NWB MAAAA-95727; Wachter, FR 2017 S. 69, 71.

9 Wachter, FR 2017 S. 69, 72.

Dies ergibt sich ohne Zweifel de lege lata aus dem Erbschaftsteuergesetz,[1] entspricht aber weder den bürgerlich-rechtlichen Vorschriften (§ 80 Abs. 2 BGB) noch den Zeitpunkten der wirtschaftlichen Bereicherung, die ansonsten für die Erbschaftbesteuerung maßgebend sind.[2] Der rückwirkende Erwerb einer Stiftung wird somit ungleich dem rückwirkenden Erwerb anderer Personen behandelt. Nach Auffassung des BFH[3] soll diese unsystematische und ungleiche Behandlung aber verfassungsgemäß sein.[4] 582

Wertsteigerungen zwischen Tod und Genehmigung der Stiftung – obwohl i. d. R. mit Einkommen- und Ertragsteuern belastet – erhöhen die steuerpflichtige Bereicherung, während Werteinbußen sie vermindern.[5] 583

Eine stiftungsspezifische Spezialregelung enthält jedoch **§ 10 Abs. 7 ErbStG.** Liegt eine Stiftung i. S. von § 1 Abs. 1 Nr. 4 ErbStG vor, sind die nach der Stiftungsurkunde zu erbringenden Leistungen an die Begünstigten nicht abzugsfähig. Die nach der Satzung vorgegebene Verwendung des Ertrags wird also nicht wie eine auf der Zuwendung liegende Last behandelt. Dies ist insoweit konsequent, als Leistungen der Stiftung an ihre Destinatäre bei diesen nicht der Erbschaft- und Schenkungsteuer unterliegen. Sie werden vielmehr wie Dividenden mit dem Abgeltungstarif besteuert (§ 20 Abs. 1 Nr. 9 EStG). 584

HINWEIS:

Nicht unter das Abzugsverbot nach § 10 Abs. 7 ErbStG fallen jedoch Nachlassverbindlichkeiten, Vermächtnisse, Auflagen und Rentenverpflichtungen.[6] Somit mindert eine an die Witwe des Stifters zu zahlende Rente grds. den erbschaftsteuerlichen Erwerb der Stiftung bei einer Stiftungserrichtung von Todes wegen. Allerdings wird die Rente beim Berechtigten steuerlich erfasst.[7]

Nach § 10 Nr. 2 KStG sind u. a. Steuern vom Einkommen und sonstige Personensteuern sowie die auf diese Steuern entfallenden Nebenleistungen nicht abziehbare Aufwendungen. Die danach nicht abziehbaren Steuern sind dem Grunde nach Betriebsausgaben, werden aber durch § 10 Nr. 2 KStG vom Abzug ausgeschlossen. Zu den **nicht abziehbaren** Steuern gehören neben der Körper- 585

1 Bestätigt durch BFH, Urteil v. 25.10.1995 - II R 20/92, BStBl 1996 II S. 99 NWB MAAAA-95727 = DStR 1995 S. 59; mit Recht kritisch Ebeling, ZEV 1998 S. 93, zur Verwaltungsauffassung H E 9.3 ErbStR 2019.

2 Vgl. Meincke/Hannes/Holtz, ErbStG, Einf. Anm. 11 und § 9 Anm. 34.

3 Begründung Nr. 3 in BFH, Urteil v. 25.10.1995 - II R 20/92, BStBl 1996 II S. 99 NWB MAAAA-95727; H 24 ErbStH-E 2019.

4 Vgl. Michel, UVR 2000 S. 49.

5 Oppel, NWB-EV 9/2018 S. 297, 299 NWB KAAAG-92772.

6 Siehe → Rz. 614 f.

7 Oppel, NWB-EV 9/2018 S. 297, 299 NWB KAAAG-92772.

schaft- auch die **Erbschaftsteuer** sowie die Erbersatzsteuer, und zwar auch insoweit, als sie rechnerisch einen Zinsanteil enthält (§ 24 ErbStG).[1]

3.2.4 Berechnung der Steuer

586 Da die Stiftung als juristische Person in keinem Verwandtschaftsverhältnis zum Stifter stehen kann, sind grds. die 30 % bzw. (bei einem Erwerb über 13 Mio. €) 50 %[2] betragenden Steuersätze der Steuerklasse III (§ 15 Abs. 1, § 19 Abs. 1 ErbStG) anzuwenden. Durch die Errichtung mehrerer (steuerpflichtiger) Stiftungen kann der Anstieg des Steuersatzes bei Erwerben ab 13 Mio. € um 20 % vermieden werden.

587 Eine Sonderregelung hinsichtlich der **Steuerklasse** besteht für Stiftungen, die „wesentlich" im Interesse einer **Familie** oder bestimmter Familien gemacht worden sind.[3]

588 Sowohl § 15 Abs. 2 Satz 1 ErbStG (Steuerklasse) als auch § 1 Abs. 1 Nr. 4 (Erbersatzsteuer) enthalten **Regelungen**, die nur für **inländische** Familienstiftungen gelten, ohne aber eine Definition der verwendeten Begriffe zu geben.[4]

589 Unklar ist bereits, was der Gesetzgeber unter „**Familie**" verstehen wollte. Nach h. M.[5] ist hierunter der Stifter, seine Angehörigen und deren Abkömmlinge zu verstehen, wobei – bezogen auf den Stifter[6] – der Kreis der Angehörigen wie nach § 15 AO[7] zu bestimmen ist.

590 Ein **„wesentliches Familieninteresse"** wird bejaht, wenn eine Bezugs- oder Anfallsberechtigung dieser Personen von mehr als einem Viertel besteht. Die Finanzverwaltung[8] sieht ein „wesentliches Familieninteresse" als gegeben an, wenn die Familie wesentlichen Einfluss auf die Geschäftsführung der Stiftung hat; bei der Beurteilung der Frage, ob die Familienmitglieder zu mehr als 50 % oder zu mehr als 25 % bezugsberechtigt sind, soll es auf die tatsächlichen Aus-

1 Märtens in Gosch, KStG, 4. Aufl. 2020, § 10 KStG Rz. 26.

2 § 19 ErbStG.

3 Siehe Meincke/Hannes/Holtz, ErbStG, § 1 Anm. 16, § 15 Anm. 19.

4 Zu den drei unbestimmten Rechtsbegriffen „wesentlich", „im Interesse" und „Familie" siehe von Löwe, Familienstiftung und Nachfolgegestaltung, S. 37; zur Familienstiftung siehe Wachter, Stiftungen, S. 141 ff. und Götz, NWB 33/2005 S. 2773 f. NWB FAAAB-58306.

5 Meincke/Hannes/Holtz, ErbStG, § 1 Anm. 16; Troll/Gebel/Jülicher/Gottschalk, ErbStG, § 15 Rz. 31; Flick/Wassermeyer/Baumhoff, Außensteuerrecht, § 15 Rz. 64.

6 RFH, Urteil v. 23.1.1930 - I e A 890/28, RStBl 1930 S. 115. Bei mehreren Stiftern gilt jeder Stifter als Zuwender; vgl. Jülicher, StuW 1999 S. 363, insbesondere S. 370.

7 Siehe auch AEAO zu § 15; Klein, AO, § 15. In § 58 Nr. 5 AO sind dagegen nur die „nächsten" Angehörigen begünstigt, siehe AEAO zu § 58, Nr. 6.

8 R E 1.2 Abs. 2 und 3 ErbStR 2019.

schüttungen der Stiftung, entscheidend aber auf die Bezugsberechtigung ankommen. Thesaurierung von Gewinnen ist dabei ohne Bedeutung. Die „Wesentlichkeit“ von Familieninteressen zieht die Finanzverwaltung[1] recht weit als Vermögensinteressen jeder Art als Nutzungs- und Zugriffsmöglichkeiten. Die Stiftung dient diesen Vermögensinteressen dann wesentlich, wenn nach dem Stiftungsgeschäft deren Wesen darin besteht, es den Familien zu ermöglichen, das Stiftungsvermögen, soweit es einer Nutzung zugänglich ist, zu nutzen oder die Stiftungserträge an sich zu ziehen.[2] Das schließt die unentgeltliche Nutzung des Stiftungsvermögens ein. Auf die tatsächliche gezogene Nutzung soll es nicht ankommen.[3] Als „wesentliches“ Familieninteresse wird bereits „wesentliche“ Einflussnahme auf die Geschäftsführung einer Stiftung angenommen, die steuerbegünstigten Zwecken dient.[4] Die Rechtsprechung vermeidet eine Quantifizierung und stellt auf qualitative Merkmale ab. Beispielsweise legt das Hessisches FG [5] den Tatbestand sehr weit aus: *„Erst dann, wenn die (Stifter-)Familie keine oder nur ganz geringfügige Vorteile oder Einflussmöglichkeiten besitzt, ist es gerechtfertigt, diese Stiftung nicht (mehr) der Ersatzerbschaftsteuer zu unterwerfen.“* In der Literatur wird diese Auffassung zutreffend scharf kritisiert.[6]

Nach § 15 Abs. 2 Satz 1 ErbStG ist bei im Inland errichteten Familienstiftungen 591
das **Verwandtschaftsverhältnis** des nach der Stiftungsurkunde **„entferntest** Berechtigten“ zu dem Erblasser oder Schenker für die Festsetzung der Steuerklasse zugrunde zu legen. Der Ehegatte, Kinder und Stiefkinder, deren Abkömmlinge und – aber nur bei Erwerben von Todes wegen – die Eltern und Voreltern fallen in die Steuerklasse I. Dies gilt auch für die Abkömmlinge der Enkel,[7] so dass die Erbschaftsteuerlast bei der Errichtung von Familienstiftungen dann am niedrigsten ist, wenn deren Destinatäre nur die Abkömmlinge des Stifters sind, da diese alle in die günstigste Steuerklasse fallen.[8]

1 R E 1.2 Abs. 3 ErbStR-2019.

2 R E 1.1 Abs. 3 Satz 4 ErbStR 2019.

3 BFH, Urteil v. 10.12.1997 - II R 25/94, BStBl 1998 II S. 114 ff. NWB CAAAA-96079; R E 1.2 Abs. 3 Satz 4 ErbStR 2019; Viskorf/Schuck/Wälzholz, ErbStG, § 1 Rz. 20 f.

4 BFH, Urteil v. 10.12.1997 - II R 25/94, BStBl 1998 II S. 114 NWB CAAAA-96079; R E 1.2 Abs. 3 Satz 5, 6 ErbStR 2019.

5 Hessisches FG, Urteil v. 14.12.1993 - 10 K 3717/88, EFG 1994 S. 493.

6 Oppel, NWB-EV 9/2018 S. 297, 302 NWB KAAAG-92772.

7 Vgl. Meincke/Hannes/Holtz, ErbStG, § 15 Anm. 9 ff.

8 Zur Steuerklasse im Verhältnis zum Erstverstorbenen beim sogenannten „Berliner Testament“ siehe BFH, Urteil v. 16.6.1999 - II R 57/96, BStBl 1999 II S. 789 NWB BAAAA-96665.

HINWEISE:

1. Im Ergebnis wird in § 15 Abs. 2 Satz 1 ErbStG also für schenkung-/erbschaftsteuerliche Zwecke die rechtliche Selbständigkeit der Familienstiftung als juristische Person negiert und auf die durch die Stiftung Begünstigten durchgegriffen.[1]
2. Eine im Interesse nur eines Familienmitglieds errichtete Stiftung gilt ebenfalls als Familienstiftung.[2]
3. Unklar ist, ob bei mehreren Stiftern Steuerklasse I zur Anwendung gelangen kann.[3]

592 Der Gesetzeswortlaut des § 15 Abs. 2 ErbStG ist auch – abgesehen von undefinierten Begriffen „wesentlich“, „im Interesse“ und „Familie“ – insofern unklar, als er offenlässt, ob die **„entferntest“ Berechtigten** die bei Entstehung der Familienstiftung lebenden oder auch die noch nicht geborenen Destinatäre sein sollen. Bis heute liegt keine Rechtsprechung zu dem Begriff des „entferntest Berechtigten“ vor.[4] Die Finanzverwaltung geht davon aus,[5] dass bei der Bestimmung der Steuerklasse auf den nach der Stiftungssatzung möglichen entferntesten Berechtigten abzustellen ist, auch wenn er zur Zeit der Errichtung der Familienstiftung noch nicht unmittelbar bezugsberechtigt ist, mithin **noch nicht geboren** ist. Auch das FG Niedersachsen geht davon aus, dass zu den „entferntest Berechtigten“ gem. § 15 Abs. 2 Satz 1 ErbStG alle Personen gehören, die nach der Satzung – auch nur theoretisch – in Zukunft aus der Generationenfolge Vorteile aus der Familienstiftung erlangen können. Diese müssten weder bereits geboren sein noch einen klagbaren Anspruch haben.[6]

593 Diese Gesetzesauslegung durch die Finanzverwaltung ist zu Recht auf **Kritik** gestoßen,[7] da völlig ungewiss ist, ob der in der Stiftungssatzung vorgesehene „entferntest Berechtigte“ über die bereits bei Stiftungserrichtung Lebenden jemals geboren werden wird. Die Einbeziehung noch nicht geborener Personen als Bestimmungsfaktor für die Steuererhebung verstößt gegen eines der Grundprinzipien des ErbStG und des BewG, nämlich der Nichtberücksichtigung aufschiebend bedingter Ereignisse bis zum Bedingungseintritt (§ 12 Abs. 1 ErbStG i. V. mit §§ 4 ff. BewG).

1 Wachter, FR 2017 S. 69, 75.
2 RFH, Urteil v. 30.11.1933 - Ve 17/33, RStBl 1934 S. 75.
3 Bejahend v. Oertzen/Reich, DStR 2019 S. 317; a. A. Götz in Wilms/Jochum, ErbStG, § 15 Rz. 117.
4 Wachter, FR 2017 S. 69, 76.
5 H E 15.2 ErbStR 2019.
6 FG Niedersachsen v. 24.6.2021 - 3 K 5/21 NWB EAAAH-92317 = EFG 2021 S. 1558, nrkr. (Az. BFH: II R 25/21 NWB UAAAH-93084).
7 Siehe Götz, NWB 33/2005 S. 2773 NWB FAAAB-58306.

Eine Stiftung, die nach Ableben des letzten Kindes oder dessen Abkömmlings aufzuheben ist, wird mit der Steuerklasse I, eine solche, die nach dem Ableben des letzten Abkömmlings von Geschwistern aufzuheben ist, mit der Steuerklasse II besteuert. Auch für die Möglichkeit kraft Satzungsbestimmung, in der Generationenfolge den Kreis der Destinatäre durch Satzungsänderung auszudehnen, ist der Erfolg beschränkt, da die Finanzverwaltung in einer derartigen Satzungsänderung steuerlich die Aufhebung der vorhandenen und Errichtung einer neuen Familienstiftung sehen will, wobei die neue Stiftung als Erwerberin des Vermögens der bisherigen Stiftung gilt.[1] Wegen der Aufhebung einer Familienstiftung wird auf →Rz. 885 ff. verwiesen. Eine Rechtsgrundlage für diese vom bürgerlichen Recht abweichende Betrachtung ist nicht zu sehen. 594

Für Stiftungserrichtungen im **Ausland** findet § 15 Abs. 2 Satz 1 ErbStG keine Anwendung, so dass hier stets Steuerklasse III und deren Freibeträge gelten.[2] Die Beschränkung des Steuerklassenprivilegs auf die Errichtung von Familienstiftungen im Inland ist mit dem **Gemeinschaftsrecht nicht vereinbar.** Die Beschränkung des Steuerklassenprivilegs verstößt gegen die Kapitalverkehrsfreiheit gem. Art. 56 Abs. 1 EGV und die Niederlassungsfreiheit gem. Art. 43 EGV.[3] 595

Nach dem rechtskräftigen Gerichtsbescheid des Hessischen FG ist die Steuerbegünstigung nach § 15 Abs. 2 Satz 1 ErbStG über ihren Wortlaut hinaus **auch** im Fall einer **Familienstiftung** mit Sitz und Geschäftsleitung im Fürstentum **Liechtenstein** zu gewähren, da die Regelung hinsichtlich ihrer Beschränkung auf inländische Stiftungen gegen den freien Kapitalverkehr i. S. des Art. 40 EWR-Abkommen verstößt.[4] 595/1

Ungeklärt ist, wie die in der Praxis vereinzelt anzutreffenden Familienstiftungen mit einem **Doppelsatzungssitz** zu beurteilen sind.[5] 595/2

Die **Erbschaftbesteuerung** einer Familienstiftung wird – vor allem auch vor dem Hintergrund der noch zu besprechenden periodischen Erbersatzsteuer (§ 1 Abs. 1 Nr. 4 ErbStG)[6] – auch als **konfiskatorisch** bezeichnet. Dies ergibt sich daraus, dass bei einer auf unbestimmte Zeit angelegten Familienstiftung das 596

1 R E 1.2 Abs. 4 ErbStR 2019; Troll/Gebel/Jülicher/Gottschalk, ErbStG, § 15 Rz. 41.

2 Götz in Wilms/Jochum, ErbStG, § 15 Rz. 107; FG Rheinland-Pfalz, Urteil v. 19.3.1998 - 4 K 2887/97, EFG 1998 S. 1021; Viskorf/Schuck/Wälzholz, ErbStG, § 15 Rz. 40; Wachter, FR 2017 S. 69, 76.

3 Eingehend Götz in Wilms/Jochum, ErbStG, § 15 Rz. 108 ff.; ebenso Wachter, FR 2017 S. 69, 76.

4 Hessisches FG, Gerichtsbescheid v. 7.3.2019 - 10 K 541/17 NWB BAAAH-13634, Rz. 23, rkr. – Revision wurde eingelegt. Das Verfahren wurde nach Rücknahme der Revision eingestellt (BFH, Beschluss v. 9.12.2019 - II R 25/19 NWB HAAAH-20880).

5 Wachter, FR 2017 S. 69, 76.

6 Vgl. → Rz. 802 ff.

Aussterben des Stammes des Stifters nicht auszuschließen ist und Personen der Steuerklasse II oder III deshalb als Destinatäre – wenn auch unter aufschiebender Bedingung – in der Stiftungssatzung vorgesehen werden. Richtigerweise müsste § 4 BewG als allgemeiner Rechtsgrundsatz auch für die Bestimmung der Steuerklasse nach § 15 Abs. 2 Satz 1 ErbStG Anwendung finden. Der Verweis darauf, dass bei einer **„Umwandlung“** einer Familienstiftung in eine gemeinnützige Stiftung **kurze Zeit vor Ablauf** der 30 Jahre gem. § 1 Abs. 1 Nr. 4 ErbStG bei dieser keine Erbersatzsteuer anfällt, dürfte kaum einen Anreiz zur Errichtung von Familienstiftungen bieten. Sofern jedoch das Vermögen der Familienstiftung aus begünstigtem Vermögen i. S. des § 13b Abs. 2 ErbStG besteht, ist die Steuerbelastung aufgrund der Erbersatzsteuer u. U. gering bzw. nahezu null.[1] Dann kann keine Rede mehr davon sein, dass die Erbersatzsteuer gegen die Errichtung einer Familienstiftung spricht.

597 Sind keine Kinder und Enkel vorhanden und müssen deswegen Geschwister und deren Abkömmlinge als bezugsberechtigt benannt werden, ist allein die **Steuerklasse** II anzuwenden. Fällt nur ein Destinatär unter eine andere Steuerklasse als I, ist diese für den ganzen Erwerb anzuwenden.[2] Dies ist bereits der Fall, wenn die Ehegatten der Kinder oder Enkel als Destinatäre zugelassen sind.[3]

598 Die anzuwendende Steuerklasse ist für den anzuwendenden **Freibetrag** gem. § 16 ErbStG entscheidend.[4] Danach werden für Ehegatten 500.000 €, für Kinder und für Kinder verstorbener Kinder 400.000 €, für Enkel 200.000 € und die übrigen Personen der Steuerklasse I 100.000 € freigestellt. Für Personen der Steuerklasse II und für Personen der Steuerklasse III werden jeweils 20.000 € freigestellt.

599 **BEISPIEL:** Der Stifter S errichtet eine inländische Familienstiftung, wobei seine drei Kinder neben ihm als Destinatäre berufen sind. Nach deren Ableben sollen dann deren Abkömmlinge berufen sein. Auf die Stiftung wird im Zuge der Errichtung ein Mietwohngrundstück mit einem Verkehrswert von 2 Mio. € übertragen.

Die Stiftungserrichtung ist wie folgt zu besteuern:

Grundbesitzwert	2.000.000 €
§ 13d ErbStG[5]	- 200.000 €
Bereicherung	1.800.000 €

1 Siehe → Rz. 1860 ff.

2 Vgl. Meincke/Hannes/Holtz, ErbStG, § 15 Anm. 19 ff.

3 Meincke/Hannes/Holtz, ErbStG, § 15 Anm. 19.

4 R E 15.2 Abs. 2 ErbStR 2019.

5 Bis 30.6.2016: § 13c ErbStG.

Steuerklasse I Nr. 2[1]	
Freibetrag, § 16 Abs. 1 Nr. 2:	- 400.000 €
Steuerpflichtiger Erwerb	1.400.000 €
Steuersatz 19 %	
Festzusetzende Schenkungsteuer	266.000 €

BEISPIEL: ▸ Der Stifter S errichtet eine inländische Familienstiftung, wobei neben ihm sein Sohn und dessen Kinder als Destinatäre berufen sind. Auf die Stiftung wird im Zuge der Errichtung ein Mietwohngrundstück mit einem Verkehrswert von 2 Mio. € übertragen . 600

Die Stiftungserrichtung ist wie folgt zu besteuern:

Grundbesitzwert	2.000.000 €
§ 13d ErbStG[2]	- 200.000 €
Bereicherung	1.800.000 €
Steuerklasse I Nr. 3[3]	
Freibetrag, § 16 Abs. 1 Nr. 3:	- 200.000 €
Steuerpflichtiger Erwerb	1.600.000 €
Steuersatz 19 %	
Festzusetzende Schenkungsteuer	304.000 €

Im Unterschied zu dem Beispiel in → Rz. 599 sind hier auch Enkel bezugsberechtigt, so dass nur der Freibetrag von 200.000 €, der bei Zuwendungen an Enkel gilt, abzugsfähig ist

Soll eine Familienstiftung erst mit dem Tod des letztversterbenden Ehegatten (z. B. durch das sogenannte **Berliner Testament**, § 2269 BGB) errichtet werden, ergeben sich bei der Bestimmung der Steuerklasse für die Stiftung als Schlusserbe keine Besonderheiten. 601

Erfolgt eine Errichtung einer Familienstiftung durch einen der Ehegatten, sind die Folgen der Zuwendung für **Pflichtteilsansprüche** des anderen Ehegatten bei Ableben des Stifters – und bei Zugewinngemeinschaft im Hinblick auf § 1375 Abs. 2 BGB – zu bedenken. 602

1 H E 15.2 „Freibetrag bei Errichtung einer Familienstiftung" ErbStR 2019.

2 Bis 30.6.2016: § 13c ErbStG.

3 H E 15.2 „Freibetrag bei Errichtung einer Familienstiftung" ErbStR 2019.

603 Ist die Stiftung nur **Zuwendungsnießbrauchberechtigte**,[1] kann sie die nach § 23 Abs. 1 ErbStG entstandene Erbschaftsteuer, die Steuer vom Kapitalwert oder jährlich im Voraus in Höhe des Jahreswertes entrichten. Sie hat nach § 23 Abs. 2 ErbStG das Recht zur Ablösung der Jahressteuer mit ihrem Kapitalwert zum nächsten Fälligkeitstag.

604 Bei der **teilentgeltlichen Schenkung auf den Todesfall**[2] ist die Belastung wie bei dem Erwerb auf den Todesfall (§ 10 Abs. 1 Satz 2 ErbStG) voll abzugsfähig.[3]

605 Unbeschränkt steuerpflichtige Stiftungen, denen bei der Zuwendung von Auslandsvermögen **ausländische Erbschaftsteuer** auferlegt wird, erhalten nach Maßgabe des § 21 Abs. 1 ErbStG Anrechnung der ausländischen Erbschaftsteuer[4] auf das Auslandsvermögen i. S. von Abs. 2 auf die inländische Erbschaftsteuer. Einige Doppelbesteuerungsabkommen[5] stellen das im Ausland der Erbschaftsteuer unterworfene Vermögen (unter Progressionsvorbehalt) frei.

606 Im Übrigen gelten die allgemeinen Vorschriften des Erbschaftsteuerrechts. Es werden zur Anwendung der Freibeträge und zur Bestimmung der Steuersätze die Erstausstattung der Stiftung und spätere Zuwendungen des Stifters (bzw. Zustiftenden) gem. § 14 Abs. 1 Satz 1 ErbStG **zusammengerechnet**, soweit sie innerhalb von zehn Jahren vor dem Erwerb angefallen sind. Kritisch ist, dass die Finanzverwaltung eine **Zustiftung** des Stifters nach Steuerklasse III besteuern will,[6] obwohl die Erstausstattung der Stiftung z. B. nach Steuerklasse I besteuert worden ist. Wie in diesem Fall § 14 Abs. 1 ErbStG angewandt werden soll, ist unklar. Soll z. B. die nach Steuerklasse I mit 19 % besteuerte Erstausstattung infolge der Zustiftung binnen zehn Jahren in Steuerklasse III mit 30 % besteuert werden und es wird nur die nach Steuerklasse I bezahlte Schenkungsteuer angerechnet? Bei erbschaftsteuerpflichtigen Stiftungen kann daher die spätere Zustiftung über eine andere Person (z. B. überlebender Ehegatte, Kinder) durchaus vorteilhaft sein. Negative Erwerbe[7] bleiben bei der Zusammenrechnung gem. § 14 Abs. 1 Satz 4 ErbStG unberücksichtigt. Gemäß § 14 Abs. 2 ErbStG darf die durch jeden weiteren Erwerb veranlasste Erbschaftsteuer 50 %

1 Siehe → Rz. 500 f.

2 Siehe Nieder/Kössinger, Handbuch der Testamentsgestaltung, Rz. 436 ff.; §3 Abs. 1 Nr. 2 ErbStG.

3 R E 7.4 ErbStR 2019; Meincke/Hannes/Holtz, ErbStG, § 3 Rz. 61.

4 Zur anteiligen Anrechnung H E 21 ErbStH 2019.

5 Aktueller Stand in H E 2.1 ErbStH 2019.

6 R E 15.2 Abs. 3 ErbStR 2019; Wachter, FR 2017 S. 69, 77.

7 Götz in Fischer/Pahlke/Wachter, ErbStG, § 14 Rz. 16.

dieses Erwerbs nicht übersteigen. § 14 Abs. 1 Satz 3 ErbStG erlaubt aber nicht die Festsetzung einer negativen Steuer.[1]

3.2.5 Wertermittlung

Infolge der Entscheidung des BVerfG im Jahr 2014[2] hat der Gesetzgeber mit Wirkung ab dem 1.7.2016 die vom Bundesverfassungsgericht *„angesichts ihres Ausmaßes und der eröffneten Gestaltungsmöglichkeiten mit Art. 3 Abs. 1 GG unvereinbaren"* **Verschonungsregelungen** für das nach § 13b Abs. 1 ErbStG begünstigte Vermögen neu gefasst.[3] 607

Für die erwerbende Stiftung ist der **Wert der Zuwendung** nach §§ 10 ff. ErbStG (Bereicherung des Erwerbers) zu ermitteln. Über die Verweisung in § 12 ErbStG kommen im Wesentlichen die Bestimmungen des Bewertungsgesetzes zum Zuge. 608

Gemäß § 11 ErbStG ist für die Wertermittlung der Zeitpunkt der Entstehung maßgeblich. Bei der **Stiftungserrichtung von Todes wegen** ist daher gem. § 9 Abs. 1 Nr. 1c ErbStG der Zeitpunkt der Genehmigung der Stiftung, bei Bildung oder Ausstattung einer Vermögensmasse ausländischen Rechts zum Zwecke der Vermögensbindung (§ 3 Abs. 2 Nr. 1 ErbStG) der Zeitpunkt der Bildung oder Ausstattung maßgebend. Bei der **Stiftungserrichtung unter Lebenden** ist auf den Zeitpunkt der Ausführung der Zuwendung gem. § 9 Abs. 1 Nr. 2 ErbStG[4] abzustellen.[5] 609

Nach § 12 Abs. 2–7 ErbStG ergeben sich je nach Zuwendungsgegenstand Besonderheiten. Grundbesitz ist nach § 12 Abs. 3 mit dem speziellen, nach § 151 Abs. 1 Satz 1 Nr. 1 BewG ermittelten Werten anzusetzen. 610

- Für Betriebsvermögen erfolgt die Bewertung durch den Verweis in § 12 Abs. 4 ErbStG auf § 151 BewG und über §§ 95–97, 109 nach § 11 Abs. 2 BewG, also zum gemeinen Wert.
- Bodenschätze, die nicht zum Betriebsvermögen gehören, sind gem. § 12 Abs. 4 ErbStG mit ihren ertragsteuerlichen Werten anzusetzen.

---

1 BFH, Urteil v. 17.10.2001 - II R 17/00, BStBl 2002 II S. 52 NWB GAAAA-89103.

2 BVerfG, Urteil v. 17.12.2014 - 1 BvL 21/12, BGBl 2015 I S. 4 = BStBl 2015 II S. 50 NWB AAAAE-81469; BFH, Vorlagebeschluss v. 27.9.2012 - II R 9/11, BStBl 2012 II S. 899 NWB SAAAE-19326.

3 Gesetz zur Anpassung des Erbschaftsteuer- und Schenkungsteuergesetzes an die Rechtsprechung des Bundesverfassungsgerichts v. 4.11.2016, BGBl 2016 I S. 2464; siehe auch Teil I → Rz. 1871 ff.

4 Siehe → Rz. 578.

5 Viskorf/Schuck/Wälzholz, ErbStG, § 9 Rz. 37 ff.

- Sachleistungsansprüche und -verpflichtungen sind ebenfalls mit dem gemeinen Wert anzusetzen.[1]

611 Als steuerpflichtiger Erwerb von Todes wegen wird die Vermögenszuwendung an die Stiftung (**Bereicherung**) gem. § 10 Abs. 5 ErbStG angesehen unter Abzug vor allem der Nachlassverbindlichkeiten, der **Verbindlichkeiten** aus Vermächtnissen,[2] der Zugewinnausgleich des Ehegatten[3] und Pflichtteilen sowie der Kosten, die unmittelbar im Zusammenhang mit der „Erlangung des Erwerbs" der Stiftung entstehen. Die Erbschaftsteuer selbst ist nach § 10 Abs. 8 ErbStG vom Abzug allerdings ausgeschlossen.

612 Im Falle der Übertragung eines Nachlassgrundstücks **an Erfüllungs statt** ist der Nennwert der Pflichtteilsverbindlichkeit abzugsfähig.[4] Bei einem vertraglichen Verzicht auf einen Pflichtteilsanspruch gilt dieser mit dem Abfindungsbetrag als Zuwendung gem. § 7 Abs. 1 Nr. 1 ErbStG,[5] wenn der Vertrag noch mit dem Erblasser (Stifter) abgeschlossen wurde, aber als Erwerb von Todes wegen gem. § 3 Abs. 2 Nr. 4 ErbStG, wenn er mit der Stiftung als Erbin geschlossen wurde; der Abzug erfolgt zum Nennwert.

613 Bei **Vermächtnissen**, bei denen der Anspruch des Vermächtnisnehmers sofort entsteht, aber die Fälligkeit hinausgeschoben ist (betagtes Vermächtnis), ist der auf den Fälligkeitszeitpunkt abgezinste Betrag abzugsfähig.[6]

614 Nach § 10 Abs. 5 Nr. 3 ErbStG können bestimmte **Kosten**, die mit dem Todesfall und der Nachlassregelung des Stifters zusammenhängen, **abgezogen** werden. Ohne Nachweis lässt § 10 Abs. 5 Nr. 3 ErbStG den Abzug von 10.300 € für die Kosten zu. Kosten für die Verwaltung des Nachlasses dürfen nicht abgesetzt werden. **Abzugsfähig** sind auch die **Kosten** zur Erfüllung von **Vermächtnissen**. Der kapitalisierte Betrag der satzungsgemäßen Ausschüttungen an die Destinatäre, Auflagen, die einen weiteren Zweck der Stiftung begründen und Schulden, die im Zusammenhang mit steuerbefreiten Vermögensgegenständen[7] stehen, sind nicht abzugsfähig (§ 10 Abs. 6 bzw. Abs. 7 ErbStG).

---

1 Zur Problematik vgl. Götz, NWB 17/2007 S. 1463 NWB IAAAC-42834.

2 BFH, Urteil v. 28.6.1995 - II R 89/92, BStBl 1995 II S. 786 f. NWB ZAAAA-95390; zu den Kosten der Erfüllung von Vermächtnissen: BFH, Urteil v. 25.10.1995 - II R 5/92, BStBl 1996 II S. 97 NWB CAAAA-95726 zur Erfüllung eines Geldvermächtnisses durch Übertragung eines Grundstückes; Sedlaczek, UVR 2000 S. 294; OFD München, Vfg. v. 24.4.2002- S 3811 - 11 St 353 NWB CAAAB-20719 = DStR 2002 S. 1221.

3 § 5 ErbStG; R E 5.2 ErbStR 2019.

4 BFH, Urteil v. 7.10.1998 - II R 52/96, BStBl 1999 II S. 23 NWB QAAAA-96433.

5 BFH, Urteil v. 25.1.2001 - II R 22/98, BStBl 2001 II S. 456 NWB RAAAA-88940.

6 FinMin des Saarlandes, Erlass v. 20.8.1998 - B/5 - 268/98 - S 3802, DStR 1998 S. 1472 f.

7 Siehe → Rz. 648 ff.

Andere **Auflagen** bei Stiftungserrichtung von Todes wegen sind gem. § 10 Abs. 5 Nr. 2 ErbStG **abzugsfähig**. Dazu gehört nicht nur die Pflege der Gräber des Stifters und seiner Angehörigen (im üblichen Umfang ohnehin nach § 10 Abs. 5 Nr. 3 ErbStG abzugsfähig),[1] sondern auch Auflagen, Leibrenten, dauernde Lasten und Vorbehaltsnießbrauch sind u.U. als Nachlassverbindlichkeiten abzugsfähig; gleich ob die Stiftung Erbin oder Vermächtnisnehmerin ist. Die Bewertung von **wiederkehrenden Nutzungen und Leistungen** erfolgt nach § 13 BewG,[2] die Bewertung von lebenslänglichen Nutzungen und Leistungen nach § 14 BewG,[3] wobei die Berichtigungsfestsetzung gem. dessen Abs. 2 bei „vorzeitigem" Wegfall der Nutzungen und Leistungen zu beachten ist.[4] 615

§ 25 Abs. 1 ErbStG a. F. schloss nach altem (bis 31.12.2008 geltendem) Recht eine Abzugsfähigkeit von **Nutzungsauflagen zugunsten des Stifters** und dessen Ehegatten aus.[5] Nach dem seit dem 1.1.2009 geltenden Recht ist ein Abzug der Auflage in vollem Umfang möglich.[6] 616

In der in der Stiftungssatzung niedergelegten Verpflichtung, das Vermögen satzungsgemäß zu verwenden, ist keine den Wert mindernde Last zu sehen, so dass ein Abzug vom Erwerb ausscheidet.[7] 617

Bei im Stiftungsgeschäft ausbedungenen (vorbehaltenen) Nießbrauchrechten und anderen Nutzungsrechten an Vermögenswerten, die nach §§ 13a, 13b bzw. § 13d ErbStG begünstigt sind, ist ein Abzug des Nutzungsrechts nur anteilig möglich.[8] 618

Bei der Ermittlung des Werts eines vorbehaltenen Nießbrauchrechts ist als **Jahreswert** des Nießbrauchs der Betrag anzusetzen, der voraussichtlich in der Zukunft durchschnittlich erzielt wird (§ 15 Abs. 3 BewG). Gemäß § 16 Abs. 1 BewG kann er aber nicht mehr als den 18,6-ten Teil des Wertes der bei Stiftungserrichtung eingebrachten Vermögensgegenstände ausmachen. Dadurch wirkt sich eine über 5,5 % p. a. hinausgehende Nutzung bei der Erbschaftsbesteuerung nicht aus. 619

1 Siehe Meincke/Hannes/Holtz, ErbStG, § 10 Anm. 39.

2 Einzelheiten bei Viskorf/Schuck/Wälzholz, ErbStG, § 13 BewG.

3 Vgl. Ländererlass v. 15.9.1997, BStBl 1997 I S. 832, i. d. F. v. 7.12.2001, BStBl 2002 I S. 112 und 1041.

4 Siehe BFH, Urteil v. 17.10.2001 - II R 72/99, BStBl 2002 II S. 25 NWB PAAAA-89097; Ebeling, DStR 2002 S. 533.

5 Siehe → Rz. 661

6 R E 7.4 ErbStR 2019.

7 RFH, Urteil v. 12.5.1931 - I e A 164/30, RStBl 1931 S. 539.

8 Vgl. Götz, Erbrecht effektiv 2009 S. 203.

619/1 Auf **bestimmte Zeit** beschränkte Nießbrauchrechte werden nach § 13 Abs. 1 BewG ermittelt. Für **lebenslängliche** Nießbrauchrechte gilt § 14 BewG.[1]

620 In der Regel muss die Stiftung auch die auf dem zugewendeten Grundstück lastenden Verbindlichkeiten (z. B. Bankdarlehen) persönlich übernehmen. Behält sich der Stifter den Nießbrauch vor und verpflichtet er sich, diese **Verbindlichkeiten** (z. B. Bankdarlehen) weiter zu tilgen und die Zinsleistungen zu erbringen, liegt keine gemischte, sondern eine reine Schenkung vor. Die Schuldübernahme durch die Stiftung steht unter einer aufschiebenden Bedingung und ist daher gem. § 12 Abs. 1 ErbStG i. V. mit §§ 8, 6 Abs. 1 BewG erst mit dem Eintritt der Bedingung zu berücksichtigen.[2]

621 Sowohl beim **Nießbrauch** wie bei **Renten** hat die Stiftung nach § 23 ErbStG die Möglichkeit, die Erbschaftsteuer **jährlich** von dem Jahreswert der Nutzung nach dem Steuersatz für den gesamten Kapitalwert der Nutzungen zu entrichten.

622 Mit einem übertragenen Gewerbebetrieb oder Mitunternehmeranteil zusammenhängende **Betriebsschulden** sind nicht gesondert abzugsfähig, sondern im Wert des Betriebsvermögens, ermittelt gem. §§ 95–97, 109, 11 Abs. 2 BewG, enthalten. Auch im Sonderbetriebsvermögen enthaltene Verbindlichkeiten wirken sich nur noch mittelbar, über den Wert des Mitunternehmeranteils aus.

623 Die Finanzverwaltung[3] geht aufgrund des Wortlautes in § 13b Abs. 1 Nr. 2 ErbStG zu Recht davon aus, dass die Verschonungsregeln nach § 13a ErbStG auf einen unter **Vorbehaltsnießbrauch** zugewendeten Mitunternehmeranteil nur anwendbar sind, wenn der Nießbraucher Mitunternehmer wird. Dies ergibt sich aus dem Abstellen des Gesetzes auf die ertragsteuerliche Beurteilung des Gesellschafters einer Personengesellschaft.[4]

624 Der mittelbare oder unmittelbare Erwerb von Anteilen an **vermögensverwaltenden Personengesellschaften** gilt gem. § 10 Abs. 1 Satz 3 ErbStG als anteiliger Erwerb der einzelnen Wirtschaftsgüter (Aktiva und Passiva). Die Übernahme von Schulden führt dazu, dass diese abzugsfähig sind. Auch bei Darlehensverbindlichkeiten gegenüber Angehörigen des Stifters kommt der Schulden-

1 Vgl. BFH, Urteil v. 8.2.2006 - II R 38/04, BStBl 2006 II S. 475 NWB RAAAB-83250.

2 BFH, Urteil v. 17.10.2001 - II R 72/99, BStBl 2002 II S. 25 m. w. N NWB PAAAA-89097.

3 In H E 13b.5 „Schenkung von Betriebsvermögen unter freiem Widerrufsvorbehalt" ErbStR 2019.

4 Eingehend Götz/Hülsmann, Nießbrauch im Zivil- und Steuerrecht, Rz. 1558 ff.

abzug zum Tragen, die Anforderungen des sogenannten Fremdvergleichs[1] gelten für das Erbschaftsteuerrecht nicht,[2] da es dem bürgerlichen Recht folgt.[3]

Gemäß § 10 Abs. 1 Satz 1 ErbStG gilt als steuerpflichtiger Erwerb die **Bereicherung** des Erwerbers, soweit sie **nicht** nach §§ 5, 13, 13a, 13d, 16, 17 und 18 ErbStG **steuerfrei** ist. 625

Über § 10 Abs. 1 Satz 2 und Abs. 5 ErbStG wird jedoch bei Erwerben von Todes wegen der **Abzug** von Schulden auf Nachlassverbindlichkeiten **beschränkt**, § 10 Abs. 6 ErbStG.

Schenkungen unter Lebenden (§ 1 Abs. 1 Nr. 2 ErbStG) sind in § 10 Abs. 1 Satz 2 ErbStG **nicht** erwähnt, da § 10 Abs. 1 Satz 2 ErbStG sich ausdrücklich auf die Spezialbestimmung des Erwerbs auf den Todesfall, nämlich auf § 3 ErbStG bezieht, nicht aber auf die Bestimmung zu Schenkungen unter Lebenden (§ 7 ErbStG). § 7 Abs. 1 Nr. 1 ErbStG definiert jede freigebige Zuwendung unter Lebenden, „soweit der Bedachte durch sie auf Kosten des Zuwendenden bereichert wird, als Schenkung unter Lebenden", ohne die Bereicherung im verwendeten Sinne zu definieren. Meincke[4] definiert die Bereicherung zutreffend als Nettovermögenszuwachs beim Erwerber und folgert aus § 1 Abs. 2 ErbStG, nach dem die Vorschriften über die Erwerbe von Todes wegen auch für Schenkungen unter Lebenden anzuwenden sind, eine analoge Anwendung des § 10 Abs. 5 ErbStG für Schenkungen unter Lebenden. Der BFH vertritt zur alten (bis 31.12.2008 geltenden) Rechtslage eine andere Auffassung.[5] 626

Hat der Empfänger einer freigebigen Zuwendung dem Zuwendenden vertraglich eine (Gegen-)Leistung zu erbringen, deren Wert unterhalb des Wertes der Zuwendung liegt, wird von **„gemischter Schenkung"**[6] gesprochen. Die Belastung kann grds. vollumfänglich vom Erwerb abgezogen werden.[7] 627

---

1 Im Ertragsteuerrecht im Hinblick auf §§ 4 Abs. 4, 12 EStG. Siehe BFH, Urteil v. 18.12.1990 - VIII R 290/82, BStBl 1991 II S. 391 NWB AAAAA-93628; bestätigt auch durch BFH, Urteil v. 25.10.1995- II R 45/92, BStBl 1996 II S. 11 NWB FAAAA-95456.

2 BFH, Urteil v. 25.10.1995- II R 45/92, BStBl 1996 II S. 11 NWB FAAAA-95456.

3 Meincke/Hannes/Holtz, ErbStG, Einf. Anm. 7; BFH, Urteil v. 10.11.1982 - II R 111/80, BStBl 1983 II S. 116 NWB TAAAB-02565.

4 Meincke/Hannes/Holtz, ErbStG, § 7 Rz. 4–6, § 10 Rz. 7 und Rz. 20. Wegen des subjektiven Tatbestandsmerkmals auch im Zusammenhang mit Gesellschafter-Abfindungen vgl. Klein-Blenkers, DStR 1992 S. 1577.

5 BFH, Urteil v. 21.10.1981 - II R 176/78, BStBl 1982 II S. 83 NWB NAAAB-02327; R E 1.1 ErbStR 2019.

6 Siehe Meincke/Hannes/Holtz, ErbStG, § 7 Rz. 7, 27 ff., § 10 Rz. 20; R E 7.4 ErbStR 2019; Sedlaszek, UVR 2000 S. 293 f.

7 Lediglich dann, wenn § 13a, § 13d ErbStG zur Anwendung gelangt, erfolgt eine quotale Kürzung (§ 10 Abs. 6 Satz 4 ErbStG).

628 Die bis 31.12.2008 vorzunehmende erbschaft-/schenkungsteuerrechtliche **Differenzierung** zwischen **Leistungs- und Duldungsauflagen** ist **entfallen**. Es spielt bei der Berücksichtigung der Last als Abzugsposition keine Rolle (mehr), worin die Auflage besteht.

629 Bei der Stiftungserrichtung unter Lebenden kann der Stifter gem. § 10 Abs. 2 ErbStG die **Schenkungsteuer übernehmen.** Obwohl die übernommene Schenkungsteuer den Wert der Bereicherung erhöht, ergibt sich ein günstigerer Steuerbetrag.[1] Gleiches gilt bei der Stiftungserrichtung von Todes wegen, wenn der Erblasser die Entrichtung der Erbschaftsteuer einem anderen auferlegt hat.[2]

630 Bei Schenkungen mit **Wohnsitz** des Stifters in **mehreren Staaten** kann eine erhöhte Erbschaftsteuerbelastung bei fehlenden DBA auftreten.[3]

631 Im Gegensatz zum Nießbrauch ist die **Zeitrente** vererblich. Beim Erbfall wird gem. § 13 Abs. 1 BewG der Wert der Rente, berechnet nach der Restlaufzeit, für den Erben erbschaftsteuerpflichtig.

632 Behält der Stifter im Stiftungsgeschäft **für sich** oder seinen Ehegatten Nutzungen oder Renten vor, darf deren Kapitalwert von der Zuwendung im Grundsatz voll abgezogen werden.[4]

633 Auch sonstige (vorbehaltene) **Belastungen** mit Nutzungs- und Rentenlasten **zugunsten anderer** Personen als dem Stifter und seinen Ehegatten sind mit dem Kapitalwert gem. §§ 13 ff. BewG abzugsfähig.

634 Ein **Erbbauzinsanspruch** kann vom Stifter vorbehalten oder der Stiftung im Stiftungsgeschäft zugewendet werden. Die Bewertung des Erbbauzinsanspruches erfolgt nach § 92 BewG.

635 Wird eine **Unterbeteiligung** an dem Anteil an einer Personengesellschaft wegen eines Nießbrauchrechts zugunsten des Gesellschafters nicht als mitunternehmerisch qualifiziert, erfolgt die Bewertung der Unterbeteiligung als Kapitalforderung wie eine typische stille Beteiligung.[5]

636 Bei der Besteuerung wiederkehrender Nutzungen und Lasten ist die im Besteuerungszeitpunkt **aktuelle Sterbetafel** anzuwenden. Der Erwerber kann nach § 23 Abs. 1 ErbStG die Erbschaftsteuer statt vom Kapitalwert (§§ 13 ff.

1 Gebel in Troll/Gebel/Jülicher/Gottschalk, ErbStG, § 10 Rz. 73 ff.

2 Vgl. Meincke/Hannes/Holtz, ErbStG, § 10 Rz. 25.

3 Jülicher, IStR 1998 S. 599.

4 Vgl. aber → Rz. 618.

5 OFD München, Erlass v. 21.2.1995 - S 3811 - 17 St 353.

BewG) jährlich im Voraus von dem Jahreswert entrichten, wobei der Steuersatz sich nach dem gesamten Erwerb einschließlich Kapitalwert richtet. Die Berichtigungsvorschrift des § 14 Abs. 2 BewG bei Tod eines lebenslänglich Berechtigten oder Verpflichteten ist zu beachten.[1]

Bei **beschränkt Erbschaftsteuerpflichtigen** kommt es durch § 121 Abs. 2 BewG zu einer Ausweitung des Begriffes **„Inlandsvermögen"** um unmittelbare oder mittelbare wesentliche Beteiligungen an inländischen Kapitalgesellschaften (Nr. 4); partiarischen Darlehen (Nr. 8) und Nutzungsrechte (Nr. 9). Das der Erbschaftsbesteuerung unterworfene erweiterte Inlandsvermögen umfasst nach § 5 Abs. 1 AStG auch das anteilige Vermögen einer Zwischengesellschaft (§ 8 AStG). 637

Bildet die Stiftung bei Errichtung von Todes wegen mit anderen Erben eine **Erbengemeinschaft**, sind **Teilungsanordnungen** des Erblassers i. S. von § 2048 BGB **beachtlich,** wenn die Erwerbe nach § 13a oder § 13d ErbStG begünstigt sind. Denn § 13a Abs. 3, § 13b Abs. 3 und § 13d Abs. 2 ErbStG stellen entsprechend klar, dass es auf eine Letzterwerbsbetrachtung ankommt. Es bedarf für diese Vermögen also keines Vorausvermächtnisses mehr. 638

Die **Erben** werden – soweit kein Vermögen nach § 13a oder § 13d ErbStG betroffen ist – entsprechend ihrer **Erbquote** bezogen auf den steuerlichen Wert des Nachlasses besteuert, ohne dass es auf tatsächliche Zuweisung nach erfolgter Erbauseinandersetzung ankommt.[2]

Erbengemeinschaften sollten daher vom Stifter **vermieden** werden, soweit kein Vermögen nach § 13a oder § 13d ErbStG betroffen und eine Stiftung beteiligt ist, da dies zu Komplikationen führen kann. Für eine Stiftung als Miterbe sollte ein Vorausvermächtnis (§ 2150 BGB) statt Teilungsanordnung gewählt werden. Ist die Stiftung nicht als Erbe eingesetzt, kommt eine Stiftungserrichtung durch Vermächtnis gem. § 1939 BGB[3] (im Zweifel bei Zuwendung einzelner Vermögensgegenstände von Todes wegen gem. § 2087 Abs. 2 BGB) in Betracht. 639

Bei der Wertermittlung der Forderung des Sachvermächtnisnehmers gegen die Erben bestimmt sich deren Wert nach dem gemeinen Wert der Sache, die der Vermächtnisnehmer aus dem Nachlass zu beanspruchen hat. 640

1 Vgl. → Rz. 615 und → Rz. 621.

2 Siehe ausführlich Meincke/Hannes/Holtz, ErbStG, § 3 Anm. 20 ff. m. w. N.

3 Zur Abgrenzung siehe Grüneberg (vormals Palandt), BGB, § 2087 Anm. 1.

641 Das Zuwendungsobjekt (z. B. Mitunternehmeranteil, Anteil an Kapitalgesellschaften) muss nicht unmittelbar aus dem Vermögen des Stifters stammen, sondern kann durch Vertrag des Stifters mit einem Dritten zulasten des Vermögens des Stifters der Stiftung von dem Dritten verschafft werden (**mittelbare Schenkung**).[1] Im Bereich der Privatvermögens, z. B. bei Grundstücken, hat der BFH eine mittelbare Schenkung des Grundstückes anerkannt, wenn in der Abrede über die Schenkung eines bestimmten Geldbetrages das vom Beschenkten zu erwerbende Grundstück bestimmt ist[2] oder wenn der Schenker die Kosten für die Errichtung eines Gebäudes übernimmt;[3] das Grundstück oder Bauprojekt ist aber genau zu bezeichnen.

642 Eine **Geldschenkung** wird angenommen, wenn der Empfänger einer Grundstücksschenkung verpflichtet ist, das geschenkte Grundstück alsbald zu veräußern[4] oder er von vornherein nur über den Veräußerungserlös verfügen kann.

642/1 Wenn eine Durchgangsperson zur Weitergabe des Zugewandten an einen Dritten verpflichtet ist (**Kettenschenkung**), gilt die Zuwendung als Schenkung des Schenkers an den Dritten.[5]

643 Während bei der Stiftungserrichtung von Todes wegen die Behandlung der **Erwerbskosten** als abzugsfähige Nachlassverbindlichkeiten i. S. von § 10 Abs. 5 Nr. 3 ErbStG[6] geregelt ist, fehlt eine Gesetzesregelung bei unentgeltlichen Zuwendungen unter Lebenden.[7] Da das ErbStG die Bereicherung besteuert, wird über § 1 Abs. 2 i. V. mit § 10 Abs. 1 Nr. 2 und 3 ErbStG eine analoge Anwendung bejaht. Die Finanzverwaltung hat sich dieser Ansicht angeschlossen.[8]

644 Die außergewöhnliche Last nach dem Denkmalschutzgesetz (Überlast) ist nach § 10 Abs. 1 ErbStG abzugsfähig. Anders ist dies in den Fällen, in denen

---

1 R E 13b.2 Abs. 2 Satz 1 ErbStR 2019.

2 So BFH, Urteil v. 3.8.1988 - II R 39/86, BStBl 1988 II S. 1025 NWB DAAAA-92467; siehe Gleich lautende Erlasse der obersten Finanzbehörden der Länder v. 2.11.1989, BStBl 1989 I S. 443, II 1. Vgl. Kaefer/Rose, DStR 1992 S. 737. Diese Rechtslage ist – wenigstens bisher – nicht auf die mittelbare Zuwendung von Todes wegen ausgedehnt. Vgl. Streck/Schwedhelm/Olbing, DStR 1994 S. 1482; Siegemund, DStR 1993 S. 1281.

3 Gemäß BFH, Urteil v. 6.3.1985 - II R 19/84, BStBl 1985 II S. 382 NWB MAAAB-03065; Gleich lautende Erlasse der obersten Finanzbehörden der Länder v. 2.11.1989, BStBl 1989 I S. 443, II 2; vgl. Meincke/Hannes/Holtz, ErbStG, § 17 Anm. 17 ff.

4 BFH, Urteil v. 26.9.1990 - II R 50/88, BStBl 1991 II S. 32 NWB LAAAA-93591.

5 BFH, Urteil v. 10.3.2005 - II R 55/03 NWB UAAAB-53324.

6 Siehe Meincke/Hannes/Holtz, ErbStG, § 10 Anm. 15.

7 Vgl. → Rz. 626.

8 Gleich lautende Erlasse der obersten Finanzbehörden der Länder v. 23.3.2015, BStBl 2015 I S. 264.

der Erwerb nach § 13 Abs. 1 Nr. 2 ErbStG befreit ist oder aber die Stiftung auf die Steuerbefreiung (wegen des Überwiegens der Schulden für den unter § 13 Abs. 1 Nr. 2 ErbStG fallenden Vermögensgegenstand) gem. § 13 Abs. 3 ErbStG verzichtet hat.[1]

Bewertungsstichtag ist gem. § 11 ErbStG der Zeitpunkt der Entstehung der 645
Steuer. Die Steuer entsteht bei Erwerben von Todes wegen regelmäßig mit dem Erbfall, bei Schenkungen unter Lebenden mit der Ausführung der Zuwendung. § 11 ErbStG ist zwingend. Der Stifter hat es allerdings in der Hand, das Datum der Ausführung der Zuwendung nach seinen Vorstellungen festzulegen und damit das Datum der Steuerentstehung und den Bewertungsstichtag in seinem Sinne zu beeinflussen.

Die **Wertermittlung** hat nach § 9 Abs. 1 Nr. 1c ErbStG grds. zum **Zeitpunkt der** 646
Anerkennung der Stiftung bei Stiftungserrichtung unter Lebenden und von Todes wegen zu erfolgen.[2]

Diese Regelung hat zur Folge, dass bei der Stiftungserrichtung von Todes wegen (sei es als Erbin, Vermächtnisnehmerin oder durch Auflage an Erben oder Vermächtnisnehmer) ein eventueller Wertzuwachs zwischen Tag des Todes und der Genehmigung der Erbschaftsteuer unterliegt.[3]

Im Erbschaftsteuerrecht entscheidet allein das Zivilrecht über die Zugehörig- 647
keit zu den zu bewertenden Bereicherungsgegenständen.[4] Das wirtschaftliche Eigentum kann sich nur mittelbar auswirken.[5]

3.2.6 Steuerbefreiungen, Freibeträge

Die allgemeinen **Freibeträge** und **sachlichen Befreiungen** des § 13 ErbStG sind 648
auch für Stiftungen und damit auch für die Familienstiftung anzuwenden. Der Freibetrag nach § 16 ErbStG wird nur einmal gewährt; zu den Besonderheiten bei der anzuwendenden Steuerklasse vgl. → Rz. 587 ff.[6] Der besondere Versorgungsfreibetrag gem. § 17 ErbStG wird einer Familienstiftung allerdings selbst dann nicht gewährt, wenn nur die Ehegatten der Stifter als Berechtigte eingesetzt werden.

1 Siehe R E 10.6 ErbStR 2019; Meincke/Hannes/Holtz, ErbStG, § 13 Anm. 13 und 59.
2 Vgl. → Rz. 609.
3 Meincke/Hannes/Holtz, ErbStG, § 3 Rz. 95.
4 Meincke/Hannes/Holtz, ErbStG, Einf. Rz. 7.
5 Gebel, BB 2000 S. 537.
6 Insoweit anders bei Ermittlung der Erbersatzsteuer, vgl. § 15 Abs. 2 Satz 3 ErbStG.

649 Werden in eine Stiftung Kulturgüter von geschichtlichem, kunstgeschichtlichem oder wissenschaftlichem Wert wie Grundbesitz oder Teile von Grundbesitz, Kunstgegenstände, Kunstsammlungen,[1] wissenschaftliche Sammlungen, Bibliotheken oder Archive eingebracht, sind diese mit 60/85 % steuerfrei, wenn ihre Erhaltung wegen ihrer Bedeutung für Kunst, Geschichte oder Wissenschaft im öffentlichen Interesse liegt, die jährlichen Kosten i. d. R. die erzielten Einnahmen übersteigen und die Gegenstände in einem den Verhältnissen entsprechenden Umfang den Zwecken der Forschung oder der Volksbildung nutzbar gemacht werden (§ 13 Abs. 1 Nr. 2a ErbStG).

650 Die Einbringung von Kulturgütern i. S. des § 13 Abs. 1 Nr. 2 a ErbStG ist zu 100 % steuerfrei (§ 13 Abs. 1 Nr. 2b ErbStG), wenn

- der Steuerpflichtige bereit ist, die Gegenstände den geltenden Bestimmungen der Denkmalspflege zu unterstellen;
- die Gegenstände sich seit mindestens 20 Jahren im Besitz der Familie befinden oder in dem Verzeichnis national wertvollen Kulturgutes oder national wertvoller Archive nach dem Gesetz vom 6.8.1955[2] eingetragen sind.[3]

651 Ferner ist nach § 13 Abs. 1 Nr. 3 ErbStG die Einbringung von Grundbesitz steuerfrei, der für Zwecke der Volkswohlfahrt der Allgemeinheit ohne gesetzliche Verpflichtung zur Benutzung zugänglich gemacht ist und dessen Erhaltung im öffentlichen Interesse liegt, wenn die jährlichen Kosten i. d. R. die erzielten Einnahmen übersteigen.

652 Wie für jede andere Schenkung unter Lebenden oder Zuwendung von Todes wegen gelten auch hier die Steuerbegünstigungen bei der Übertragung von Unternehmen gem. den §§ 13 a, 13 b, 28 a ErbStG.[4]

653 Für die unentgeltliche Übertragung von **betrieblichem Vermögen** (land- und forstwirtschaftliches Vermögen, Betriebsvermögen, Mitunternehmeranteile, Anteile an Kapitalgesellschaften, an denen der Übertragende zu mehr als 25 % beteiligt war) auf eine Stiftung kann nur bis zu einem Wert des sogenannten begünstigten (produktiven) Vermögens i. S. von § 13 a Abs. 2 ErbStG von 26 Mio. € der ungekürzte Verschonungsabschlag in Höhe von 85 % oder – unter strengeren Voraussetzungen – in Höhe von 100 % in Anspruch genommen

---

1 Wachter, FR 2017 S. 69, 72; Söffing, SAM 2012 S. 122; v. Oertzen, ZEV 1999 S. 422.

2 BGBl 1955 I S. 501.

3 Zur unterschiedlichen Besitzzeit von Kunstgegenständen, die einem Erblasser und einer Familienstiftung gehören, BFH, Urteil v. 14.11.1980 - III R 9/79, BStBl 1981 II S. 251 NWB ZAAAA-91599.

4 Siehe Teil I → Rz. 1871 ff.

werden. Für sogenannte Großerwerbe im Wert von mehr als 26 Mio. Euro schmilzt der Verschonungsabschlag ratierlich ab; alternativ kann – und ab einem Wert des übertragenen begünstigten Vermögens von 90 Mio. € ausschließlich – die sogenannte Verschonungsbedarfsprüfung nach § 28 a ErbStG in Anspruch genommen werden. Danach wird die auf das begünstigte Vermögen entfallende Steuer erlassen, soweit der Erwerber über kein „verfügbares Vermögen" verfügt, mit welchem er die verbleibende Erbschaftsteuer begleichen kann. Zu dem verfügbaren Vermögen gehört sämtliches nicht begünstigte Vermögen, welches der Erwerber gleichzeitig erworben hat oder ihm bereits gehört; dessen Wert wird zu 50 % für die Begleichung der Erbschaftsteuer herangezogen.[1]

Eine neu errichtete Familienstiftung als Erwerberin von begünstigtem Be- 654
triebsvermögen eignet sich für derartige Großerwerbe nun in besonderem Maße, da sie zum Zeitpunkt der Vermögensübertragung kein nennenswertes verfügbares Vermögen hat und somit das begünstigte Vermögen unter Inanspruchnahme des Erlassmodells nahezu vollständig steuerfrei erwerben kann. Die Kinder vermögender Erblasser können dagegen oftmals aufgrund ihrer individuellen Vermögensverhältnisse nicht in den Genuss des vollständigen Steuererlasses kommen. Allerdings darf nicht unberücksichtigt bleiben, dass die Steuerbefreiung nach §§ 13 a, 13 b, 28 a ErbStG mit strengen Behaltensregelungen und Anforderungen an den Erhalt von Arbeitsplätzen einhergeht.[2]

(Einstweilen frei) 655–663

3.2.7 Rückwirkende Steuerbefreiung

Die in § 29 Abs. 1 Nr. 4 ErbStG eröffnete Möglichkeit, dass Erwerber von Todes 664
wegen (§ 3 ErbStG) oder durch Schenkung unter Lebenden (§ 7 ErbStG) erworbene Vermögensgegenstände innerhalb von 24 Monaten nach Entstehung der Erbschaftsteuer (§ 9 ErbStG) einer inländischen Stiftung zuwenden können, kann von einer steuerpflichtigen Stiftung **nicht** beansprucht werden. Denn sie dient keinen steuerbegünstigten Zwecken, § 29 Abs. 1 Nr. 4 Satz 1 Halbsatz 2 ErbStG.

1 Schienke-Ohletz/Mehren, ZStV 2022 S. 1, 2.
2 Schienke-Ohletz/Mehren, ZStV 2022 S. 1, 2.

3.3 Grunderwerbsteuer

665 Der Grundstückserwerb von Todes wegen und Grundstücksschenkungen unter Lebenden im Sinne des Erbschaftsteuergesetzes sind nach § 3 Nr. 2 GrEStG von der Grunderwerbsteuer befreit.

666 Besonderheiten ergeben sich, wenn der Stifter Vermögen unter einer **Auflage** überträgt. Hier fällt – unabhängig davon, ob es sich um eine Duldungs- oder Leistungsauflage handelt – Grunderwerbsteuer an, soweit die Auflage abzugsfähig ist. Unerheblich ist, ob die Auflage tatsächlich bei der Schenkungsteuer abgezogen wurde. Das gilt selbst dann, wenn die Grundstücksschenkung insgesamt von der Schenkungsteuer befreit ist.[1]

667 Fällt Grunderwerbsteuer an, so beträgt sie bei unentgeltlichen Erwerben gem. § 11 GrEStG je nach Bundesland zwischen 3,5 % und 6,5 %[2] von dem nach § 138 Abs. 2 oder 3 BewG ermittelten Wert[3] des Grundstücks (§ 8 Abs. 2 Satz 1 Nr. 1 GrEStG).

668 Werden im Zuge einer Stiftungserrichtung **Gesellschaftsanteile** an einer Grundbesitz haltenden **Personengesellschaft** auf die Familienstiftung übertragen, kann dies nach § 1 Abs. 2a GrEStG grunderwerbsteuerbar sein. Erfüllt eine Änderung im Gesellschafterbestand einer grundbesitzenden Personengesellschaft den Tatbestand des § 1 Abs. 2a GrEStG, so gilt dies als Übereignung des Grundstücks der Personengesellschaft auf die „neue" Personengesellschaft in der geänderten Gesellschafterzusammensetzung. Besteuert wird eine fiktive Grundstücksübereignung. Hat eine Personengesellschaft mehrere Grundstücke, liegen auch mehrere Steuerfälle i. S.von § 1 Abs 2a GrEStG vor.[4] Tatbestandlich ist, wenn innerhalb von (ab 1.7.2021) zehn Jahren der Gesellschafterbestand unmittelbar oder mittelbar sich dergestalt ändert, dass (ab 1.7.2021) mindestens 90 % der Gesellschaftsanteile auf neue Gesellschafter übergehen.[5] Dabei bleibt der Erwerb von Todes wegen außer Betracht (§ 1 Abs. 2a Satz 6 GrEStG). Nach § 1 Abs. 2a Satz 1 GrEStG steuerbare Änderungen im Gesellschafterbestand einer grundbesitzenden Personengesellschaft sind insoweit nach § 3 Nr. 2 Satz 1 GrEStG **steuerfrei**, als sie auf einer schenkweisen Anteilsübertragung beruhen. Unerheblich ist, dass § 1 Abs. 2a grunderwerb-

1 BFH, Urteil v. 12.7.2016 - II R 57/14, BStBl 2016 II S. 897 NWB MAAAF-80973.

2 Brandenburg.

3 Bei einem Plan für ein zu errichtendes Gebäude wird der Wert desselben nach § 8 Abs. 2 Satz 2 GrEStG einbezogen.

4 Meßbacher-Hönsch in Viskorf, GrEStG, 20. Aufl. 2021, § 3 Rz. 112.

5 Pahlke, GrEStG, § 1 Rz. 268 ff.; Grube/Wischott, DStR 2002 S. 206; Gleich lautende Erlasse der obersten Finanzbehörden der Länder v. 7.2.2000, BStBl 2000 I S. 344.

steuerrechtlich die Übereignung der Grundstücke auf eine „neue" Personengesellschaft fingiert, während der Schenkungsteuer die freigebige Zuwendung der Gesellschaftsanteile an die Stiftung unterliegt. Den unterschiedlichen rechtstechnischen Anknüpfungspunkten kommt im Hinblick auf den Zweck des § 3 Nr. 2 Satz 1 GrEStG, die doppelte Belastung eines Lebensvorgangs mit GrESt einerseits und ErbSt/SchenkSt andererseits zu vermeiden, keine Bedeutung zu.[1]

Vom Wortlaut der Befreiungsvorschrift des § 3 GrEStG unmittelbar nicht erfasst ist auch der Fall der Übertragung einer – ab 1.7.2021 – mindestens 90 %igen **Beteiligung an einer Kapitalgesellschaft**, zu deren Vermögen Grundbesitz gehört, auf die Stiftung. Dieser Vorgang ist nach § 1 Abs. 3 Nr. 3 und Nr. 4 GrEStG an sich steuerpflichtig. Fraglich ist, ob hier die sogenannte personenbezogene Befreiungsvorschrift des § 3 GrEStG anwendbar ist. Nach h. M. findet § 3 GrEStG ungeachtet des Wortlautes „Grundstückserwerb" grds. auf sämtliche Tatbestände von § 1 GrEStG Anwendung, mithin auch auf § 1 Abs. 3 Nr. 3 und Nr. 4 GrEStG.[2] Die unentgeltliche Übertragung von – ab 1.7.2021 – mehr als 90 % der Anteile an einer Grundbesitz haltenden Kapitalgesellschaft auf eine Stiftung ist nach dieser zutreffenden Ansicht gem. § 3 Nr. 2 GrEStG **steuerbefreit**. Da die Steuerbefreiung auch auf die vorrangig (vor § 1 Abs. 3 GrEStG zu prüfenden) Erwerbstatbestände nach § 1 Abs. 2 b GrEStG Anwendung findet, fällt bei einer unentgeltlichen Übertragung der Beteiligung auf die Stiftung keine Grunderwerbsteuer an.[3] 669

Ist eine Stiftung Miterbe und erhält sie zur **Teilung des Nachlasses** ein Nachlassgrundstück, so ist der Erwerb nach § 3 Nr. 3 GrEStG grunderwerbsteuerfrei.[4] 670

Für **gemischte Grundstücksschenkungen** wurde die BFH-Rechtsprechung[5] zur Aufteilung in einen entgeltlichen oder unentgeltlichen Teil in das Grunderwerbsrecht übernommen; der entgeltliche Teil unterliegt als Gegenleistung i. S. von § 8 Abs. 1 GrEStG der Grunderwerbsteuer (der unentgeltliche Teil der 671

1 Meßbacher-Hoensch in Viskorf, GrEStG, 20. Aufl. 2021, § 3 Rz. 114.

2 Meßbacher-Hoensch in Viskorf, GrEStG, 20. Aufl. 2021, § 3 Rz. 50.

3 Meßbacher-Hoensch in Viskorf, GrEStG, 20. Aufl. 2021, § 3 Rz. 50.

4 Meßbacher-Hoensch in Viskorf, GrEStG, 20. Aufl. 2021, § 3 Rz. 345 ff.; grunderwerbsteuerpflichtig ist die Grundstücksübertragung an Erfüllungs statt für geltend gemachte Pflichtteilsansprüche, BFH, Urteil v. 10.7.2002 - II R 11/01, BStBl 2002 II S. 775 NWB OAAAA-89349 = DStR 2002 S. 1527 f.

5 BFH, Urteil v. 21.10.1981 - II R 176/78, BStBl 1982 II S. 83 und Folgerechtsprechung NWB NAAAB-02327.

Schenkungsteuer).[1] Das BVerfG hat mit Beschluss vom 15.5.1984[2] entschieden, dass neben der Schenkungsteuer keine Grunderwerbsteuer zu erheben ist. Gemäß § 3 Nr. 2 GrEStG sind Grundstückserwerbe von Todes wegen und durch Schenkungen unter Lebenden von der Grunderwerbsteuerpflicht ausgenommen, um die Doppelbelastung zu vermeiden.[3]

672 **Erbbaurechte** und Gebäude auf fremdem Grund und Boden stehen im Übrigen gem. § 2 Abs. 2 Nr. 1 GrEStG Grundstücken gleich.[4] Die Übertragung einer Anwartschaft auf Nacherbfolge i. S. von §§ 2100 ff. BGB begründet hinsichtlich der im Vermögen enthaltenen Grundstücke keine Grunderwerbsteuerpflicht.

673 Der Erwerb einer Nacherbfolge (§§ 2100 ff. BGB) begründet keine Grunderwerbsteuerpflicht in Bezug auf die zum Nachlassvermögen gehörenden Grundstücke.[5]

674 Der entgeltliche Teil bei einer gemischten Grundstücksschenkung kann auch aufschiebend oder auflösend bedingt sein, so dass bei Feststellung des Entgelts §§ 4–7 BewG anwendbar sind.[6]

675 Nicht nur beim unmittelbaren, sondern auch beim mittelbaren Grundstücksvermächtnis ist wegen der Erbschaftsbesteuerung die Grunderwerbsteuerbefreiung bejaht worden.[7] Ferner kommen die Steuerbefreiungen des § 3 GrEStG zum Zuge, auch bei Errichtung von Stiftungen durch Körperschaften des öffentlichen Rechts.[8] Wird der steuerbegünstigte Zweck nicht verwirklicht oder später aufgegeben, besteht Anzeigepflicht.[9]

1 OFD Koblenz v. 20.5.1999 - S 4505 A NWB GAAAA-96792 = FN 1999 S. 463 f.

2 BVerfG, Beschluss v. 15.5.1984 - 1 BvR 464/81, 1 BvR 427/82, 1 BvR 440/82, 1 BvR 605/81, BStBl 1984 II S. 608.

3 Siehe ausführlich Meincke/Hannes/Holtz, ErbStG, Einf. Rz. 4.

4 Viskorf in Viskorf, GrEStG, 20. Aufl. 2021, § 2 Rz. 181.

5 Gleich lautende Erlasse der obersten Finanzbehörden der Länder v. 11.2.1983 - 37 S 4500 50/4 7.213.

6 BFH, Urteil v. 22.11.1995 - II R 26/92, BStBl 1996 II S. 162 NWB YAAAA-95480; zum Verfahren (hier bei Pflegefallleistungen) siehe OFD Koblenz, Erlass v. 28.2.1996 - S 2196 A - St 31 1 NWB CAAAB-80877 = DB 1996 S. 1375 f.

7 BFH, Urteil v. 21.7.1993 - II R 118/90, BStBl 1993 II S. 765 NWB IAAAA-94632.

8 FinMin Brandenburg, Erlass v. 17.7.1995 - 32 - S 4505 - 2/95, DB 1995 S. 1540.

9 BFH, Urteil v. 12.6.1996 - II R 3/93, BStBl 1996 II S. 485 NWB KAAAA-95625; FinMin Bayern, Erlass v. 11.2.1983 - 37 S 4500 50/4 7.213; FinMin Rheinland-Pfalz, Erlass v. 27.11.1992 - S 4540 A 446, BeckVerw 027434.

Die Nebenkosten des Grunderwerbs sind wie bei gemischten Schenkungen auch grunderwerbsteuerlich aufzuteilen. Der entgeltliche Teil ist „sonstige Leistung" i. S. von § 9 Abs. 1 Nr. 1 GrEStG.[1] 676

Die Grunderwerbsteuer ist ein Bestandteil der Anschaffungskosten und bei der Gewinnermittlung nicht abzugsfähig. 676/1

Gemäß § 22 Abs. 1 Satz 1 GrEStG darf die Umschreibung des Eigentümers erst nach Vorlage einer Unbedenklichkeitsbescheinigung erfolgen. Ausnahmen bestehen u. a. bei Grundstückserwerben von Todes wegen.[2] 677

Das Grunderwerbsteuergesetz enthält in § 19 besondere Anzeigepflichten, die aufgrund der Anzeigepflicht der Notare nach § 18 GrEStG weitgehend leerlaufen. 677/1

3.4 Umsatzsteuer

Soweit die Überführung von Wirtschaftsgütern aus einem Unternehmens-/Betriebsvermögen zu umsatzsteuerlichen Folgen beim **übertragenden** Betrieb führt, wurde dies bereits oben unter → Rz. 539 ff. dargestellt. 678

Die errichtete Stiftung ist mit allen Umsätzen, die sie als Unternehmerin i. S. des § 2 Abs. 1 UStG ausführt, umsatzsteuerpflichtig. Insoweit ergeben sich aus der Rechtsform Stiftung keine Besonderheiten gegenüber einem anderen Unternehmer i. S. des § 2 UStG. 679

Ein Leistungsaustausch mit den Destinatären, der in Erfüllung schuldrechtlicher Verträge erfolgt, führt zu umsatzsteuerpflichtigen Umsätzen. Zuwendungen an die Destinatäre, die aufgrund der Bestimmungen in der Satzung erfolgen, unterfallen demgegenüber nicht der Umsatzsteuer. 680

(Einstweilen frei) 681–689

1 Zur Vereinfachungsregelung siehe FinMin Bayern, Erlass v. 12.3.1997, ergänzt am 26.1.2001 - 36 S 4521 I/64 2028.

2 FinMin Nordrhein-Westfalen v. 16.6.1999 - S 4540 - 1 - V A 2, DB 1999 S. 1479.

III. Laufende Besteuerung

1. Laufende Besteuerung der Stiftung

1.1 Körperschaftsteuer

1.1.1 Steuerpflicht und Steuersatz

690 Die rechtsfähigen (wie auch die nicht rechtsfähigen) Stiftungen des **privaten** Rechts sind nach § 1 Abs. 1 Nr. 4 bzw. Nr. 5 KStG **unbeschränkt** körperschaftsteuerpflichtig, wenn sie ihre Geschäftsleitung oder ihren Sitz im Inland haben. Nach überwiegender Auffassung – u. a. der der Finanzverwaltung – beginnt die Körperschaftsteuerpflicht im Falle der Errichtung unter Lebenden mit der Anerkennung der Stiftung.[1] **Steuersubjekt** bleibt die Stiftung auch dann, wenn sie kraft besonderer Vorschriften ganz oder teilweise steuerbefreit ist.[2]

691 Nach § 2 KStG sind Stiftungen, die weder ihre Geschäftsleitung noch ihren Sitz im Inland haben, mit ihren inländischen Einkünften **beschränkt steuerpflichtig.**[3]

692 Auf die Sonderbestimmungen des § 15 AStG für **Familienstiftungen** mit Sitz oder Geschäftsleitung im **Ausland** wird in → Rz. 462 und → Rz. 728 f. hingewiesen. Das Einkommen wird in diesem Fall dem Stifter, wenn er unbeschränkt steuerpflichtig ist, sonst den unbeschränkt steuerpflichtigen Bezugs- oder Anfallsberechtigten zugerechnet.[4]

693 Sofern die Stiftung **Einkünfte aus ausländischen** Staaten erzielt, kann es im Einzelfall von Bedeutung sein, dass sie sich auf den Schutzbereich eines DBA berufen kann. Diese als **Abkommensberechtigung** umschriebene Möglichkeit ist nach den Bestimmungen der einzelnen DBA regelmäßig dann gegeben, wenn eine Stiftung als „eine in einem Vertragsstaat ansässige (juristische) Person" nach dem Recht Deutschlands dort aufgrund ihres Ortes ihrer Geschäftsleitung oder eines anderen ähnlichen Merkmals steuerpflichtig ist. Als ähnliches Merkmal kommt auch der Sitz einer juristischen Person in Betracht.[5]

---

1 H 1.1 KStH 2015.

2 Zur Sonderregelung für ausländische Kulturvereinigungen (auch in der Rechtsform der Stiftung) siehe BMF, Schreiben v. 20.7.1983, BStBl 1983 I S. 38.

3 Siehe auch → Rz. 462 und → Rz. 723.

4 Wegen der Einzelheiten siehe Flick/Wassermeyer/Baumhoff, Außensteuerrecht, § 15 AStG.

5 Kraft, DStR 2016 S. 2829.

Auch das AStG, vor allem dessen Vorschriften über die **Hinzurechnungsbesteuerung**, ist auf eine Stiftung anwendbar.[1] Tatbestandsvoraussetzung der Hinzurechnung nach §§ 7 ff. AStG ist u. a., dass unbeschränkt Steuerpflichtige mehrheitlich an einer Zwischengesellschaft beteiligt sind. Da eine unbeschränkt steuerpflichtige privatnützige Familienstiftung als „unbeschränkt Steuerpflichtige" i. S. des § 7 Abs. 1 Satz 1 AStG qualifiziert werden kann, bestehen keine Zweifel daran, dass sie auch Hinzurechnungssubjekt nach den Bestimmungen der Hinzurechnungsbesteuerung sein kann und dann auch von den damit korrespondierenden Pflichten nach § 18 AStG betroffen ist. Auf die Spezialliteratur wird verwiesen.[2] 694

Nach Ansicht der Finanzverwaltung[3] hat eine nach ausländischem Recht errichtete Stiftung mit Sitz im Ausland die **Geschäftsleitung** im **Inland**, wenn von im Inland unbeschränkt Steuerpflichtigen (hier: Stiftungsrat) der maßgebende Wille gebildet wird und überwiegend die wichtigen Entscheidungen getroffen werden. 695

Die **Zwischenschaltung** einer Kapitalgesellschaft mit Sitz und Geschäftsleitung im Ausland durch eine ausländische Stiftung kann gem. § 42 AO zur Zurechnung der inländischen Einkünfte (hier aus Vermietung und Verpachtung statt aus Gewerbebetrieb) führen.[4] 696

Ab dem VZ 2008 beträgt der **Steuersatz** für die steuerpflichtige Stiftung gem. § 23 Abs. 1 KStG einheitlich 15 %. Auch die Stiftungen kommen in den Genuss des Freibetrages von 5.000 € gem. § 24 KStG, wenn sie unbeschränkt steuerpflichtig sind. Liegt ihr Einkommen nicht über 5.000 €, sind sie nicht zu veranlagen und haben Anspruch auf Erteilung einer NV-Bescheinigung.[5] 697

Ist die Stiftung nach den Vorschriften des HGB zur Führung von **Handelsbüchern** verpflichtet, liegen stets Einkünfte aus **Gewerbebetrieb** vor. 698

Die Familienstiftung kann **sämtliche Einkunftsarten** i. S. von § 2 Abs. 1 EStG mit **Ausnahme** von Einkünften aus nichtselbständiger Arbeit aufweisen.[6] 699

1 Kraft, DStR 2016 S. 2829.

2 Deininger/Götzenberger, Internationale Vermögensnachfolgeplanung mit Auslandsstiftungen und Trusts.

3 FinMin Nordrhein-Westfalen, Erlass v. 5.1.1971, 1301 - Schweiz 23 - VB 3, DB 1971 S. 74, unter Bezugnahme auf Niedersächsisches FG, Urteil v. 12.12.1969 - I 43/68, EFG 1970 S. 316.

4 BFH, Urteil v. 27.8.1997 - I R 8–97 NWB BAAAA-96104 = DStR 1998 S. 116; Jegzentis/Kahl, IStR 2001 S. 131.

5 R 24 Abs. 2 KStR 2015.

6 Siehe → Rz. 719.

700 Eine **Verlegung** des **Sitzes** oder der **Geschäftsleitung** ins Ausland ist als „Entstrickung" gem. §§ 12, 11 KStG wie die Liquidation zu besteuern.[1]

701 Bei den Stiftungen zufließenden Kapitalerträgen ist vom Schuldner gem. § 43 mit den in § 43a EStG genannten Sätzen **Kapitalertragsteuer** einzubehalten (z. B. bei Dividenden und bei Zinsen 25 %).

702 Die 25%ige Kapitalertragsteuer (sogenannte Zinsabschlagsteuer) gem. § 43a Abs. 1 Nr. 1 EStG auf die in § 43 Abs. 1 Satz 1 Nr. 7 und 8 EStG genannten Kapitalerträge wird bei unbeschränkt steuerpflichtigen Stiftungen angerechnet bzw. bei beschränkt steuerpflichtigen Stiftungen als Abgeltung der Körperschaftsteuer behandelt.

703 Der **Solidaritätszuschlag** von 5,5 % teilt das Schicksal der Steuer, so dass sich – ohne Gewerbesteuer – eine effektive Belastung mit Körperschaftsteuer und Solidaritätszuschlag von 16,35 % ergibt.

704 Die **Steuerpflicht beginnt** mit der wirtschaftlichen Entstehung.[2] Bei Stiftungserrichtung unter Lebenden wird gem. § 82 BGB[3] das Stiftungsvermögen erst mit der Anerkennung auf die Stiftung übertragen.

705 Bei Stiftungserrichtung von Todes wegen kann zwischen dem Todestag und der Übertragung des Stiftungsvermögens nach Anerkennung der Stiftung aber eine erhebliche Zeit vergehen. Zwar fingiert § 80 Abs. 2 Satz 2 BGB n. F.[4] die Stiftungserrichtung auf den Todestag,[5] doch kann die Stiftung i. d. R. erst die Verfügungsmacht über das Stiftungsvermögen mit dessen Umschreibung nach der Anerkennung der Stiftung erlangen, wenn nicht andere Vorkehrungen (z. B. durch Vollmachten) vor dem Todestag getroffen worden sind. Durch diese Vorkehrungen zur Verschaffung der wirtschaftlichen Verfügungsmacht am Todestag werden jegliche Zweifel der Steuerbehörde an der Zurechnung von Einkünften ab Todestag bei Stiftungserrichtung durch Testament, Erbvertrag oder Vermächtnis ausgeräumt.[6] Es wird aber die Auffassung vertreten, dass auch vor Erlangung der Verfügungsmacht die Stiftung kraft § 1922 BGB

---

1 Siehe → Rz. 465.

2 Vgl. § 1 Abs. 1 Nr. 6 KStG; Maschke/Renner in FS Welf Müller, S. 815.

3 Siehe → Rz. 133 ff.

4 In der Fassung ab 1.7.2023; bis 30.6.2021: § 84 BGB.

5 Siehe → Rz. 117.

6 Siehe Spiegelberger, Vermögensnachfolge, Rz. 539; O. Schmidt, ZEV 1998 S. 81 (verneinend). Hinweis auf FG Köln, Urteil v. 12.5.1999 - 1 K 1996/97, EFG 1999 S. 834 (rkr.) und FG Düsseldorf, Beschluss v. 8.10.1999 - 6 V 5427/99 A (K, AO) NWB VAAAB-42127 = ZEV 2000 S. 79.

als Gesamtrechtsnachfolger zum Todeszeitpunkt voll in die Rechtsposition des Erblassers eintritt und ihr daher ab Todeszeitpunkt die Einkünfte zuzurechnen sind;[1] auch wenn sie zu diesem Zeitpunkt nicht rechtsfähig ist (§ 3 Abs. 1 KStG).

Ist eine Stiftungserrichtung von Todes wegen mit einer testamentarischen Teilungsanordnung verbunden, sieht die Finanzverwaltung eine **Sechs-Monats-Frist** für die rückwirkende Zurechnung der Einkünfte vor.[2] 706

1.1.2 Buchführungspflicht

Die Buchführungspflicht regelt sich nach den allgemeinen Grundsätzen. Stiftungen, die nach §§ 1 Abs. 2, 2 oder 3 HGB **Vollkaufleute** sind, haben bereits nach handelsrechtlicher Vorschrift (§ 238 HGB) Bücher zu führen; im Übrigen bestimmt sich die Buchführungspflicht nach §§ 140 ff. AO.[3] Die stiftungsrechtliche oder bürgerlich-rechtliche Buchführungspflicht[4] gilt daher auch steuerrechtlich. 707

§ 141 AO verlangt für gewerbliche Unternehmer sowie Land- und Forstwirte kaufmännische Buchführungspflicht und die Erstellung jährlicher Abschlüsse aufgrund von Bestandsaufnahmen, wenn 708

- sie einen *„Gesamtumsatz i. S. des § 19 Abs. 3 Satz 1 von mehr als 600 000 Euro im Kalenderjahr"* erzielen oder
- selbst bewirtschaftete land- und forstwirtschaftliche Flächen mit einem Wirtschaftswert (§ 46 BewG) von mehr als 25.000 €[5] oder
- ein Gewinn aus Gewerbebetrieb mehr als 60.000 € im Wirtschaftsjahr oder
- ein Gewinn aus Land- und Forstwirtschaft von mehr als 60.000 € im Kalenderjahr

vorliegt. Ist keine dieser **Grenzen** erreicht, genügt Überschussermittlung gem. § 4 Abs. 3 EStG durch Einnahmen-/Ausgabenrechnung.

---

1 Generell für Zinsen und Zinsabschlagsteuer vgl. FG Düsseldorf, Beschluss v. 8.10.1999 - 6 V 5427/99 A (K, AO) NWB VAAAB-42127 = ZEV 2000 S. 79 f.

2 BMF, Schreiben v. 14.3.2006 - IV B 2 S S 2242 - 7/06, BStBl 2006 I S. 253, Rz. 8 NWB WAAAB-80130; siehe aber BFH, Urteil v. 4.5.2000 - IV R 10/99, BStBl 2002 II S. 850 NWB CAAAA-96977.

3 Siehe ausführlich Spiegel in Richter, Stiftungsrecht, 1. Aufl. 2019, § 19 Rz. 69 ff.; AEAO zu § 140.

4 Siehe → Rz. 1475 ff.

5 Aufgehoben mit Wirkung ab dem 1.1.2025.

709 Die **Verpflichtung** zur Buchführung und zur Erstellung jährlicher Abschlüsse **beginnt** erst mit dem auf die Aufforderung des Finanzamts folgenden Wirtschaftsjahr gem. § 141 Abs. 3 AO. Entsprechendes gilt für die Beendigung.

710 In der Wahl der Erfüllung der Buchführungs- und Jahresabschlusspflicht ist die Stiftung zwar frei, muss aber gem. § 141 Abs. 1 Satz 2 AO die §§ 238, 240–242 Abs. 1 und die §§ 243–256 HGB beachten. Sie können kameralistische oder kaufmännische Buchführung wählen.

711 Eine **steuerliche Außenprüfung** ist nach § 193 Abs. 2 Nr. 2 AO auch bei einer Stiftung stets zulässig.[1]

712–713 *(Einstweilen frei)*

1.1.3 Wirtschaftsjahr

714 Es kommt vor, dass Stiftungen nach ihrer Struktur ein Interesse haben, abweichend vom Kalenderjahr Rechnung zu legen.

715 Ist die Stiftung gewerblich tätig, ist sie buchführungs- und bilanzierungspflichtig, §§ 238 ff. HGB. Dann kommt auch ein **abweichendes Wirtschaftsjahr** gem. § 7 Abs. 4 Satz 1 KStG in Betracht. Gemäß § 7 Abs. 4 Satz 2 KStG gilt der Gewinn des Wirtschaftsjahres als in dem Kalenderjahr bezogen, in dem das Wirtschaftsjahr endet.

716 Unterhält die Stiftung einen Betrieb der **LuF**, gilt gem. § 4a Abs. 1 Nr. 1 EStG der Zeitraum vom 1.7. bis zum 30.6. als Wirtschaftsjahr; nach § 4a Abs. 2 Nr. 1 EStG ist aber Aufteilung des Gewinns auf die beiden Kalenderjahre (mit Ausnahme von Veräußerungsgewinnen i. S. von § 14 EStG) vorgeschrieben.

1.1.4 Einkommensermittlung

717 Die Körperschaftsteuer der Stiftung bemisst sich gem. § 7 Abs. 1 Satz 1 KStG nach dem **Einkommen**. Was als Einkommen gilt und wie das Einkommen zu ermitteln ist, bestimmt sich gem. § 8 KStG nach den Vorschriften des **Einkommensteuergesetzes** und des **Körperschaftsteuergesetzes**.[2] Im Unterschied zu Kapitalgesellschaften erzielt die Stiftung jedoch nicht qua Rechtsform nur Einkünfte aus Gewerbebetrieb.[3]

1 Zur Frage der Zulässigkeit der Konzernbetriebsprüfung bei gemeinnützigen Körperschaften BFH, Urteil v. 13.11.1996 - I R 120/94NWB , BFH/NV 1997 S. 577 NWB BAAAB-38004 (bestätigend Vorinstanz FG Köln, Urteil v. 18.5.1994 - 12 K 5161/91, EFG 1995 S. 459).

2 Siehe BFH, Urteil v. 28.6.1989 - I R 86/85, BStBl 1990 II S. 550 NWB DAAAA-93277.

3 § 8 Abs. 2 KStG verweist nicht auf § 1 Abs. 1 Nr. 4 KStG.

Die **Gewinnermittlung** der gemeinnützigen Stiftung vollzieht sich nach den **allgemeinen Vorschriften** der §§ 4, 5 EStG. Bei den Überschuss-Einkunftsarten (§ 2 Abs. 2 Nr. 5–7 EStG)[1] sind die Einkünfte nach dem Überschuss der Einnahmen über die Werbungskosten zu ermitteln. Eine Besonderheit der Stiftung (z. B. gegenüber einer GmbH) besteht darin, dass die Stiftung **verschiedene Einkunftsarten** erzielen kann. So kann sie neben Einkünften aus Vermietung und Verpachtung auch Kapitaleinkünfte oder gewerbliche Einkünfte erzielen. Zudem besitzt eine Stiftung im Gegensatz zu einer GmbH auch ein Privatvermögen. Eine Umqualifizierung der Einkünfte in gewerbliche Einkünfte, wie es bei der GmbH der Fall ist, findet nicht statt. **Jede Tätigkeit** ist somit für sich **gesondert** zu betrachten und zu qualifizieren.[2] 718

Da für Stiftungen gem. § 1 Abs. 1 Nr. 4 i. V. mit § 8 Abs. 1 KStG für die Einkommensermittlung die Vorschriften des Einkommen- und des Körperschaftsteuergesetzes zur Anwendung kommen, vollzieht sich die Einkommensermittlung nach §§ 2 ff. EStG.[3] Es kommen grds. alle einkommensteuerrechtlichen Vorschriften zur Anwendung, soweit sie nicht an natürliche Personen gebunden sind.[4] Nach § 2 Abs. 4 EStG bestimmt sich das Einkommen nach dem Gesamtbetrag der Einkünfte, vermindert um die Sonderausgaben. Dass das KStG den Begriff der Sonderausgaben nicht kennt, schließt aber auch nicht aus, dass es bestimmte, im Einkommensteuerrecht als oder wie Sonderausgaben behandelte Ausgaben zum Abzug vom Gesamtbetrag der Einkünfte zulässt.[5] § 10 EStG ist auch bei der Ermittlung des körperschaftsteuerpflichtigen Einkommens anwendbar. So sind z. B. Steuerberatungskosten einer Stiftung des privaten Rechts als **Sonderausgaben** zu berücksichtigen, soweit sie nicht schon als Betriebsausgaben oder Werbungskosten abzugsfähig sind.[6] 719

Anzuwenden sind auch die Bestimmungen des § 10d EStG (**Verlustabzug**). 719/1
Über § 9 Abs. 1 Nr. 2 KStG kommen **Spenden** als abzugsfähige Aufwendungen in Betracht.[7]

Dagegen sind **außergewöhnliche Belastungen** i. S. von §§ 33, 33a EStG bei einer Stiftung nicht abzugsfähig.[8]

1 Einkünfte aus nichtselbständiger Arbeit können nicht vorkommen.

2 Piekarek/Kempges, NWB-EV 11/2020 S. 382, 385 NWB NAAAH-61913.

3 Zur Anwendbarkeit einzelner einkommensteuerrechtlicher Vorschriften vgl. R 8.1 KStR 2015.

4 BFH, Urteil v. 8.5.1991 - I R 33/90, BStBl 1992 II S. 437 m. w. N. NWB KAAAA-94076.

5 BFH, Urteil v. 14.11.1968 - I R 11/66, BStBl 1969 II S. 140 NWB EAAAB-50156.

6 FG Berlin, Urteil v. 13.7.1976 - IV 146/75, EFG 1976 S. 629.

7 Siehe auch → Rz. 759 f.

8 Pöllath/Richter in Seifart/v. Campenhausen, Stiftungsrechts-Handbuch, 3. Aufl. 2009, § 41 Rz. 52.

Zur Führung eines steuerlichen **Einlagekontos**[1] siehe → Rz. 854 f.

720 Vollkaufleute können nur Einkünfte aus Gewerbebetrieb haben (§ 8 Abs. 2 KStG). **Stiftungen**, die **nicht Vollkaufleute** sind, können alle Einkunftsarten von § 2 Abs. 3 EStG, die bei Stiftungen möglich sind, aufweisen, da nur Kapitalgesellschaften zwingend Einkünfte aus Gewerbebetrieb haben.

721 Da die allgemeinen Zuordnungskriterien des EStG auch für Stiftungen gelten,[2] werden auch die dort vorzunehmenden Abgrenzungsfragen für diese bedeutsam. Stiftungsrelevant ist u. a. die Abgrenzung der Einkünfte aus Gewerbebetrieb, aus Vermietung und Verpachtung und aus Kapitalvermögen. Als Beispiel ist die „Drei-Objekt-Grenze" bei Mehrfamilienhäusern[3] zu nennen, die auch von der Familienstiftung zu beachten ist.[4] Eine Familienstiftung kann – anders als eine GmbH[5] – eine **außerbetriebliche Sphäre** haben.[6] Diese Abgrenzungsfrage könnte sich etwa stellen, wenn in eine Familienstiftung ein Pferdegestüt oder ein Segelboot eingebracht wird. Wie bei natürlichen Personen, bei denen Aufwendungen, die weder Betriebsausgaben noch Werbungskosten sind, nur abziehbar sind, wenn das Gesetz dies ausdrücklich vorsieht, bedarf es bei Körperschaftsteuersubjekten, die eine außerbetriebliche Sphäre haben, einer besonderen Vorschrift, die den steuermindernden Abzug der Aufwendungen ausdrücklich zulässt.[7] Demnach unterfallen sämtliche Aufwendungen für das Pferdegestüt oder Segelboot dem Abzugsverbot. Mangels Gesellschafterstellung kommt eine Zurechnung beim Stifter über eine **vGA** – anders als bei der GmbH – nicht in Betracht.[8] Bei Letzterer liegt eine vGA vor, wenn die Gesellschaft im Interesse eines Gesellschafters eine verlustbringende Tätigkeit übernimmt.[9] Bei einer Stiftung ist dies nicht möglich.[10]

722 Grundsätzlich ist bei einer im Inland **unbeschränkt steuerpflichtigen Stiftung** ihr **Welteinkommen** der Körperschaftssteuer unterworfen. Von diesem Prinzip

1 Kraft, DStR 2016 S. 2825, 2828.

2 Siehe → Rz. 719.

3 Siehe BMF, Schreiben v. 9.7.2001 - IV A 6 - S 2240 - 35/01 NWB AAAAD-62359 = DB 2001 S. 1587, auch zur Einbeziehung von gestifteten (im Wege der vorweggenommenen Erbfolge zugewendeten oder geerbten) Grundstücken; OFD Koblenz v. 12.4.2001 - 0351 A - St 53 1, FN IdW 2001 S. 297 f.; BFH, Beschluss v. 10.12.2001 - GrS 1/98, BStBl 2002 II S. 291 NWB IAAAA-89189.

4 Vgl. Mahlow, DB 2001 S. 1450.

5 BFH, Urteil v. 6.7.2000 - I B 34/00, BStBl 2002 II S. 490 NWB EAAAA-89267.

6 BFH, Urteil v. 12.10.2011 - I R 102/10, BStBl 2014 II S. 484, Rz. 13 NWB QAAAE-01828.

7 BFH, Urteil v. 2.5.1974 - I R 225/72, BStBl 1974 II S. 549, Rz. 14 NWB OAAAB-00014; BFH, Urteil v. 12.10.2011 - I R 102/10, BStBl 2014 II S. 484, Rz. 13 NWB QAAAE-01828.

8 Siehe → Rz. 762.

9 Gosch/Roser, KStG, 4. Aufl. 2020, § 8 Rz. 69.

10 Richter in Richter, Stiftungsrecht, § 24 Rz. 50.

gibt es jedoch viele **Ausnahmen**. Wesentliche Ausnahmen sind durch die von Deutschland für Einkommen-/Körperschaftsteuer abgeschlossenen **Doppelbesteuerungsabkommen**[1] gegeben, die den Vertragsstaaten bestimmte Besteuerungsrechte zuweisen. Da sie nicht immer dem OECD-Musterabkommen[2] entsprechen, ist es bei jeder Auslandsbeziehung erforderlich, die Besteuerungsauswirkungen aufgrund des jeweils gültigen Abkommens zu klären.

Gemäß § 2a EStG werden bestimmte negative Einkünfte mit Auslandsbezug 722/1
von der Abzugsfähigkeit bei der Einkommensermittlung in Deutschland ausgeschlossen.

Die nur mit ihren inländischen Einkünften gem. § 2 KStG **beschränkt steuer-** 723
pflichtigen ausländischen Stiftungen haben u. U. – insbesondere bei Zwischenschaltung inländischer Gesellschaften – keinen Anspruch auf Freistellung nach dem geltenden DBA.[3] Ist eine Stiftung an einer unbeschränkt steuerpflichtigen Kapitalgesellschaft wesentlich beteiligt, kommen auch die Vorschriften zur Zinsschranke (§ 8a KStG) zur Anwendung. Ist die Stiftung an einer in- oder ausländischen Kapitalgesellschaft beteiligt, können Dividenden der Tochtergesellschaft bis zur Höhe von 95 % steuerfrei vereinnahmt werden, § 8b Abs. 1 und 5 KStG.

Sind der Stiftung gewerbliche Betriebe, oder eine atypische stille Beteiligung 724
oder gesellschaftsvertragliche Anteile an Personengesellschaften übertragen worden, die eine **Mitunternehmerschaft** i. S. von § 15 Abs. 1 Nr. 2 EStG[4] begründen, oder nimmt sie die Stellung einer persönlich haftenden Gesellschafterin einer KGaA ein, sind deren Einkünfte gem. § 15 Abs. 1 EStG stets als gewerbliche zu qualifizieren, für die auch die Vorschrift des § 16 EStG über die Betriebsaufgabe und Veräußerung sowie § 15a EStG über die Verlustgeltendmachung bei Beteiligungen als Kommanditist gelten.

Beteiligungserträge aus mitunternehmerischen Personengesellschaften sind 724/1
in der Stiftung mit 15,825 % oder – insgesamt auf beiden Ebenen und de facto – mit ca. 30,825 % (KSt in der Stiftung + GewSt in der Personengesellschaft, abhängig von Steuerpflicht und Hebesatz, + SolZ) zu versteuern.[5] Mit der Be-

1 Stand 1.1.2019, vgl. BMF, Schreiben v. 17.1.2019 - IV B 2 - S 1301/07/10017-10, BStBl 2019 I S. 31 NWB RAAAH-06369.

2 Krabbe, IStR 2000 S. 146.

3 Siehe BFH, Urteil v. 21.12.1994 - I R 65/94 NWB LAAAA-97531 = IStR 1995 S. 330; BFH, Urteil v. 27.8.1997 - I R 8/97, BStBl 1998 II S. 163 NWB BAAAA-96104 = IStR 1998 S. 113; Füger/Rieger, IStR 1998 S. 353.

4 Siehe auch H 15.8 EStR 2012; Schmidt, EStG, § 15 Rz. 400 ff.

5 Piekarek/Kempges, NWB-EV 11/2020 S. 382, 385 NWB NAAAH-61913.

teiligung an einer mitunternehmerischen Personengesellschaft wird ein wirtschaftlicher Geschäftsbetrieb begründet, es sei denn, die Personengesellschaft übt eine gewerblich geprägte vermögensverwaltende Tätigkeit aus. Aufgrund des Transparenzprinzips werden – trotz objektiver Steuerschuldnerschaft der gewerblich tätigen Gesellschaft – auch die Mitunternehmer als Gewerbetreibende und Steuersubjekte behandelt. Eine Doppelbelastung der Erträge aus der Personengesellschaft mit Gewerbesteuer findet allerdings nicht statt. Die Stiftung kann die Beteiligungserträge gem. § 9 Nr. 2 GewStG vom Gewerbeertrag kürzen. Daher kommt es in der Stiftung selbst nur zu einer Gesamtbesteuerung von 15,825 % (KSt + SolZ). Ob in der Personengesellschaft weitere ca. 15 % an Gewerbesteuer (abhängig von Steuerpflicht und Hebesatz) anfallen oder nicht, hängt davon ab, ob die Beteiligung vermögensverwaltender Natur, gewerblich geprägt oder originär gewerblich tätig ist.[1]

725 Bei **Betriebsverpachtung** ist dem Verpächter ein Wahlrecht[2] eingeräumt, ob er weiterhin gewerbliche Einkünfte oder Vermietungs- und Verpachtungseinkünfte (§ 21 EStG) mit der Folge der Zwangsrealisierung der stillen Reserven im Pachtgut erzielen will.

725/1 Die **Verpachtung eines Gewerbebetriebs** ist grds. nicht als Gewerbebetrieb anzusehen.[3]

725/2 Zur **Betriebsaufspaltung** siehe → Rz. 737.

725/3 Zum **Schachtelprivileg** siehe → Rz. 788, zur körperschaftsteuerlichen **Organschaft** → Rz. 774.

726 Bei **Einkünften aus Kapitalvermögen** steht den unbeschränkt steuerpflichtigen Stiftungen der Sparer-Freibetrag (§ 20 Abs. 9 Satz 1 EStG) zu. Im Hinblick auf die seit 1.1.2009 geltende **Abgeltungsteuer** bei den Einkünften aus Kapitalvermögen wurde mit Wirkung ab dem 1.1.2009 § 8 Abs. 10 Satz 1 KStG neu eingeführt. Ziel war es, dieses Besteuerungsregime bei den Einkünften aus Kapitalvermögen auf die Besteuerung bestimmter Körperschaften (nämlich die nach § 1 Abs. 1 Nr. 4–6 KStG[4]) zu übertragen. Dem Gesetzgeber sind hierbei indes

1 Piekarek/Kempges, NWB-EV 11/2020 S. 382, 385 NWB NAAAH-61913.

2 BMF, Schreiben v. 22.11.2016 - IV C 6 - S 2242/12/10001, BStBl 2016 I S. 1326 NWB IAAAF-87340.

3 R 15.7 Satz 4 EStR 2012.

4 Nur diese können im Prinzip alle Einkunftsarten verwirklichen (R 8.1 Abs. 2 KStR 2015). Dazu zählen insbesondere steuerpflichtige Stiftungen (z. B. Familienstiftungen oder gemeinnützige Stiftungen, denen für einen VZ die Gemeinnützigkeit aberkannt wurde) und wirtschaftliche Vereine.

zahlreiche **handwerkliche Fehler** unterlaufen, so dass die Unklarheiten derzeit überwiegen.

So sieht etwa § 8 Abs. 10 Satz 1 KStG vor, dass § 2 Abs. 5b Satz 1 EStG nicht anzuwenden ist. Obwohl dadurch die Kapitalerträge in das körperschaftsteuerliche Einkommen einzubeziehen sind, soll die **Verlustverrechnungsbeschränkung** nach § 20 Abs. 6 EStG und das **Werbungskostenabzugsverbot** nach § 20 Abs. 9 EStG **anzuwenden** sein.[1] Weshalb positive Einkünfte aber anders als Verluste behandelt werden sollen, bleibt rätselhaft. Ferner sieht § 32d Abs. 2 EStG für bestimmte Einkünfte aus Kapitalvermögen eine **Rückausnahme** vom besonderen Steuertarif vor. Nach § 8 Abs. 10 Satz 2 KStG sollen die Vorschriften des § 32d Abs. 2 Satz 1 Nr. 1 Satz 1 und Nr. 3 Satz 1 und Satz 3–6 EStG **entsprechend** anwendbar sein, so dass die Verlustverrechnungsbeschränkung und das Werbungskostenabzugsverbot nicht zur Anwendung gelangen. Diese analoge Anwendung macht indes bei einem einheitlichen Körperschaftsteuertarif keinen Sinn. Schließlich ist völlig unklar, ob durch § 8 Abs. 10 KStG ein Ausschluss der Anwendbarkeit von § 8b KStG[2] bewirkt werden soll.[3] 726/1

Bei **gemischten Tätigkeiten** einer steuerpflichtigen Stiftung ist entscheidend, welche Tätigkeit der Gesamtbetätigung das Gepräge gibt, wenn sie nicht eine einheitliche Betätigung darstellt.[4] Zu beachten sind auch § 15 Abs. 2 und 3 EStG (**Abfärberegelung**),[5] die allerdings beim geringfügigen Anteil der gewerblichen Tätigkeit nicht greifen.[6] 727

Bei **internationalen Verflechtungen** sind auch die Vorschriften des **Außensteuergesetzes** zu beachten, u. a. § 1 AStG (Berichtigung von Einkünften).[7] 728

§ 15 AStG findet für **Familienstiftungen mit Geschäftsleitung und Sitz im Ausland** Anwendung.[8] Es besteht die Möglichkeit, dass die Einkünfte der Stiftung nach § 15 Abs. 1 Satz 1 AStG dem unbeschränkt steuerpflichtigen Stifter bzw. den unbeschränkt steuerpflichtigen Personen, die bezugs- oder anfallsberechtigt sind, zugerechnet werden.[9] 728/1

---

1 BT-Drucks. 16/11108 v. 27.11.2008 S. 34.

2 Siehe → Rz. 629.

3 Vgl. Seidel, ErbStB 2009 S. 187, 194.

4 BFH, Urteil v. 20.12.1978 - I R 21/76, BStBl 1978 II S. 496.

5 H 15.8 Abs. 5 und 6 EStH 2018; Kempermann, DStR 2002 S. 664.

6 BFH, Urteil v. 11.8.1999 - XI R 12/98, BStBl 2000 II S. 229; BFH, Urteil v. 30.8.2001 - IV R 43/00, BStBl 2002 II S. 152; siehe Kempermann, DStR 2002 S. 664.

7 Es wird auf die Spezialliteratur verwiesen.

8 Siehe → Rz. 595.

9 R. Werner, IStR 2020 S. 130, 132.

728/2 Gemäß § 15 Abs. 6 AStG ist eine Hinzurechnungsbesteuerung bei Familienstiftungen ausgeschlossen, die ihren Sitz und ihre Geschäftsleitung im **EU-/EWR-Raum** haben, wenn nachgewiesen wird, dass das Stiftungsvermögen der Verfügungsmacht der in § 15 Abs. 1 und 2 AStG genannten Personen rechtlich und tatsächlich entzogen ist (§ 15 Abs. 6 Nr. 1 AStG) und zwischen Deutschland und dem Ansässigkeitsstaat der Stiftung ein Auskunftsaustausch in Steuersachen auf der Grundlage der EG-Amtshilferichtlinie oder einer anderen zwei- oder mehrseitigen Vereinbarung erfolgt (§ 15 Abs. 6 Nr. 2 AStG). In diesem Fall stellt sich allerdings die Frage, ob das Stiftungsvermögen dem Stifter nicht bereits nach § 39 AO als wirtschaftliches Eigentum zuzurechnen ist, und in welchem Verhältnis § 39 AO zur außensteuerlichen Spezialregelung des § 15 AStG steht.[1]

729 Im Übrigen gelten bei **Gewinnanteilen**, die die Familienstiftung aus einer ausländischen Tochterbeteiligung bezieht, §§ 34c, 34d, 50d EStG und die jeweils einschlägigen DBA.[2]

730 Die Besteuerung der Beteiligungserträge aus einer **Beteiligung an einer Kapitalgesellschaft** ist zum einen abhängig von der Beteiligung der Stiftung an der Kapitalgesellschaft sowie der Tätigkeit der Stiftung selbst. Grundsätzlich ist das Halten und Verwalten sowie der An- und Verkauf von Beteiligungen an Kapitalgesellschaften der Vermögensverwaltung und somit den Einkünften aus Kapitalvermögen gem. § 20 EStG zuzuordnen (siehe → Rz. 726). Ist dies der Fall, dann beträgt die Steuerbelastung in der Stiftung auf die Beteiligungserträge bei Beteiligungen, die größer oder gleich 10 % sind, 0,8 % (KSt+ SolZ). Bei geringeren Beteiligungsquoten fällt eine Steuer i. H.von 15,825 % (KSt + SolZ) an.[3]

730/1 Die Grenze der Vermögensverwaltung ist in der Stiftung dann überschritten, wenn sich die Tätigkeit der Stiftung nach ihrem **Gesamtbild** insgesamt als eine **gewerbliche** i. S. des § 15 EStG darstellt. Dies ist z. B. dann der Fall, wenn es sich bei der Holding um eine sogenannte geschäftsleitende Holding handelt. Ob dies der Fall ist, gilt es im Einzelfall zu überprüfen. In der laufenden Beratungspraxis sind den Stiftern und Vorständen Regeln an die Hand zu geben, bei deren Befolgung keine Geschäftsleitung und Führung durch die Holding gegeben ist. Ist jedoch eine geschäftsleitende Tätigkeit und sind somit gewerbliche Einkünfte gegeben, dann entsteht eine effektive Steuerbelastung

1 R. Werner, IStR 2020 S. 130, 132.

2 Zu Gewinnanteilen aus atypisch stillen Beteiligungen BMF, Schreiben v. 28.12.1999 - IV D 3 - S 1300 - 25/99 BStBl 1999 I S. 1121 NWB GAAAA-77345 = DStR 2000 S. 245 f.

3 Piekarek/Kempges, NWB-EV 11/2020 S. 382, 386 NWB NAAAH-61913.

analog einer GmbH als Holding. Gewinnausschüttungen und Veräußerungsgewinne aus Kapitalgesellschaftsbeteiligungen sind dann gem. § 8b Abs. 1 und 2 KStG zu 95 % steuerfrei. Gemäß § 8b Abs. 3 KStG sind Teilwertabschreibungen und Veräußerungsverluste nicht als Betriebsausgaben abzugsfähig. Die Freistellung der Veräußerungsgewinne gilt gem. § 8b Abs. 3 und 4 KStG nicht für einbringungsgeborene Anteile i. S. von § 21 UmwG bei Veräußerung innerhalb von sieben Jahren nach Erwerb.

731 Auf der Ausgaben-(Aufwand-)Seite der Einkommensermittlung der Stiftung hat die Unternehmensteuerreform das unter → Rz. 758 ff. zu besprechende **Abzugsverbot** für **satzungsgemäße Aufwendungen** (Zuwendungen an Destinatäre) gem. § 10 Abs. 1 KStG **unverändert** gelassen, obwohl sie die Besteuerung beim Destinatär grundlegend verändert hat.[1] Auch hier ist der Gesetzgeber zur **Doppelversteuerung** übergegangen, soweit die Zuwendungen an Destinatäre nicht aus Gewinnausschüttungen von Kapitalgesellschaften an die Stiftung oder aus Veräußerung von Anteilen an solchen stammen, die gem. § 8b Abs. 1 und 2 KStG nun bei der Stiftung nicht mehr versteuert werden.

732 **Verdeckte Gewinnausschüttungen**[2] einer Tochterkapitalgesellschaft an die Stiftung werden gem. § 8 Abs. 3 Satz 2 KStG wie offene Gewinnausschüttungen versteuert, bleiben also zu 95 % steuerfrei.

733 Nach dem Wesen der Stiftungen, die keine Anteilseigner (Mitglieder) haben kann, gelangen die Bewertungsvorschriften für Einlagen (§ 6 Abs. 1 Nr. 5 EStG) nicht zur Anwendung.

734 Bei **unentgeltlichen** Übertragungen aus der **Privatsphäre** setzt die Stiftung die Rechtsstellung des Stifters fort, übernimmt dessen Buchwerte und Abschreibungen auf abnutzbare Wirtschaftsgüter. Da bei einer Stiftungserrichtung unter unentgeltlicher Übertragung[3] eines **Betriebs, Teilbetriebs oder Mitunternehmeranteils** eigene Anschaffungskosten der im Inland steuerpflichtigen Stiftung nicht vorliegen, tritt die Stiftung gem. § 6 Abs. 3 EStG (wegen Fehlens sogenannter Steuerentstrickung) in die Rechtsstellung des Stifters ein.

735 Dies gilt auch für Familienstiftungen, da auch bei diesen keine Steuerentstrickung stattfindet. Bei Mitunternehmerschaften i. S. von § 15 Abs. 1 Nr. 2 EStG

1 Siehe → Rz. 845 ff.

2 Zum Begriff siehe R 8.5 KStR 2015; zur Anwendung bei Nichtkapitalgesellschaften BFH, Urteil v. 9.8.1989 - I R 4/84, BStBl 1990 II S. 237 NWB RAAAA-93135.

3 Kulosa in Schmidt, EStG, § 6 Rz. 473 ff. Zur Anwachsung siehe OFD Berlin, Vfg. v. 19.7.2002 - St 122 - S 2241 - 2/02, DB 2002 S. 1966.

tritt die Stiftung als Erbe (auch innerhalb einer Erbengemeinschaft) voll in die Mitunternehmerstellung des Erblassers ein.[1]

735/1 Die von der Familienstiftung anlässlich der **Erstausstattung** getragene **Schenkungsteuer** ist nicht vom Einkommen abzugsfähig, § 10 Nr. 2 KStG.[2]

736 Die Buchwerte des vom Stifter übertragenen Vermögens werden in die **Eröffnungsbilanz** übernommen, die Bemessungsgrundlage für die **Absetzungen für Abnutzung** gem. § 7 EStG bleiben unverändert, von einer bisher geübten linearen **Abschreibungsmethode** für ein Wirtschaftsgut kann nicht auf die degressive Abschreibungsmethode übergegangen werden. Auch bei **unentgeltlicher** Einbringung von **wesentlichen Beteiligungen** gem. § 17 EStG gelten die Anschaffungskosten fort, da keine Steuerentstrickung eintritt.[3]

737 Hat der Stifter bei der Einbringung eines Betriebs Wirtschaftsgüter zurückbehalten und verpachtet oder vermietet er diese an die Stiftung, führt dies nicht zum Entstehen einer **Betriebsaufspaltung** da der einheitliche geschäftliche Betätigungswille fehlt.[4] Die Pachten und Mieten sind bei der Stiftung normale Betriebsausgaben gem. § 4 Abs. 4 EStG.

738 Die Bilanzierung eines aus dem Betriebsvermögen des Stifters entnommenen und in das Stiftungsvermögen unentgeltlich übertragenen einzelnen Wirtschaftsgutes erfolgt nach § 6 Abs. 4 EStG zum gemeinen Wert als Anschaffungskosten.

739 Hat die Stiftung nach den neuen Grundsätzen bei **gemischten Schenkungen** und bei **entgeltbegründenden Auflagen**[5] Betriebsvermögen nicht unentgeltlich erworben, kommt § 6 Abs. 3 EStG nicht zur Anwendung; das Entgelt bilden die Anschaffungskosten (wenn nicht der Teilwert niedriger ist, § 6 Abs. 1 Nr. 7 EStG).

740 Bei **Auflagen**, die nicht als Entgelt angesehen werden, tritt die Stiftung in die Rechtstellung des Stifters ein und setzt dessen **Buchwerte** fort.[6] Bei **teilentgeltlichen Zuwendungen** an die Stiftung hat diese für den entgeltlichen Teil eige-

1 BFH, Beschluss v. 5.7.1990 - GrS 2/89, BStBl 1990 II S. 837 NWB JAAAA-93411. Siehe kritisch dazu Geuenich, ZEV 1998 S. 62 ff.; siehe → Rz. 490

2 BFH, Urteil v. 14.9.1994 - I R 78/94, BStBl 1995 II S. 207 NWB AAAAA-95128; siehe auch → Rz. 811.

3 Weber-Grellet in Schmidt, EStG, § 17 Rz. 182.

4 Folge: Aufdeckung der stillen Reserven beim Stifter gem. § 6 Abs. 1 Nr. 4 EStG.

5 Siehe → Rz. 492 ff.

6 BFH, Urteil v. 23.8.1963 - VI 81/62 U, BStBl 1963 III S. 484 NWB SAAAB-48194; Schleswig-Holsteinisches FG; Beschluss v. 28.2.1984 - IV 204/79 (V), EFG 1984 S. 493 f.

ne **Anschaffungskosten in Höhe des Entgelts;** hinsichtlich des nichtentgeltlichen Teils sind die Buchwerte des Stifters fortzuführen.[1]

Auch für die steuerpflichtigen Stiftungen können bei späteren Veräußerungen von Grund und Boden, Aufwuchs (bei Zugehörigkeit zu einem land- und forstwirtschaftlichen Betriebsvermögen) und Gebäuden stille Reserven nach Maßgabe des **§ 6b EStG** übertragen werden. 741

Hat sich der Stifter im Stiftungsgeschäft oder durch ein anderes unentgeltliches Geschäft das Nießbrauchrecht am Grundvermögen vorbehalten (**Vorbehaltsnießbrauch**[2]), so sind die Erträge und die Werbungskosten einschließlich AfA nach den Nießbraucherlassen[3] nicht der Stiftung zuzurechnen. 742

Ruhen auf einem nießbrauchbelasteten Grundstück Schulden, kann die Stiftung als Eigentümer ihren Zinsaufwand erst nach Erlöschen des Nießbrauchs geltend machen.

Während Nießbrauchbestellung bei gleichzeitiger Rückvermietung des Nießbrauchers an den Eigentümer nicht anerkannt wird (§ 42 AO), ist dies nach dem BFH-Urteil vom 3.2.1998[4] nicht der Fall, wenn der Nießbrauch nicht ausgeübt wird, sondern nur zur dringlichen Sicherung des Mietverhältnisses dient. 743

Im Zuge der Vermögensübergabe übernommene **Versorgungsleistungen** (Versorgungsrenten, dauernde Lasten) sowie der Vorbehalt oder die Einräumung von Nutzungsrechten[5] führen nicht zu Anschaffungskosten der Stiftung, da der Charakter der **Unentgeltlichkeit** der Vermögensübertragung nicht beeinträchtigt wird.[6] Der **Kapitalwert** der Versorgungsleistung bzw. des Nutzungsrechts **mindert** die **Erstausstattung an Stiftungsvermögen** (Grundstockvermögen). Die gezahlten Renten mindern mit ihrem Zinsanteil bei der Gewinnermittlung nach § 4 Abs. 1 oder § 4 Abs. 3 EStG als Betriebsausgaben und bei den 744

---

1 Kulosa in Schmidt, EStG, § 7 Rz. 73.

2 Zuwendungsnießbrauch liegt vor, wenn der Stifter Eigentümer bleibt und den Nießbrauch der Stiftung einräumt; siehe → Rz. 500.

3 BMF, Schreiben v. 23.11.1983 - IV B 1 - S 2253 - 90783, BStBl 1983 I S. 508 NWB BAAAA-76943; BMF, Schreiben v. 24.7.1998 IV B 3 - S 2253 - 59/98, BGBl 1998 I S. 914 ff. NWB VAAAD-99814; geändert am 9.2.2001 - IV C 3 - S 2253 - 18/01, BStBl 2001 I S. 171 ff. NWB IAAAA-83940.

4 BFH, Urteil v. 3.2.1998 - IX R 38/96, BStBl 1998 II S. 539 NWB GAAAA-96270.

5 Siehe → Rz. 495 ff.

6 Siehe zur vorweggenommenen Erbfolge BMF, Schreiben v. 13.1.1993 - IV B 3 - S 2190 - 37/92, BStBl 1993 I S. 80 NWB OAAAA-77082; BMF, Schreiben v. 26.2.2007 - IV C 2 - S 2230 - 46/06, BStBl 2007 I S. 269 NWB OAAAC-39226.

Überschusseinkünften als Werbungskosten die Einkünfte. Bei Gewinnermittlung nach § 5 EStG muss der Kapitalwert nach § 253 Abs. 1 Satz 2 HGB[1] passiviert werden, so dass auch bei dieser Gewinnermittlungsart nur der Zinsanteil Aufwand der Stiftung wird. Handelt es sich dagegen um dauernde Lasten, kann der volle Betrag bei der Stiftung nur als Sonderausgaben geltend gemacht werden. Damit korrespondiert die Behandlung bei der Stiftung mit der beim Empfänger. Wenn eine ausbedungene **Mindestzeitrente** (verlängerte Leibrente) kürzer als die voraussichtliche durchschnittliche Lebenserwartung der bezugsberechtigten Person ist, soll nach der BFH-Rechtsprechung[2] allerdings keine dauernde Last vorliegen.

745 Obwohl der BFH[3] ein einkommensteuerliches Korrespondenzprinzip verneint hat, wird die körperschaftliche Behandlung von im Stiftungsgeschäft der Stiftung auferlegten Zeitrenten, Leibrenten und dauernden Lasten in der Qualifikation der einkommensteuerlichen Behandlung beim Begünstigten entsprechen.

746 Bei der Stiftungserrichtung übernommene Rentenverpflichtungen können als **Sonderausgaben** nach § 10 Abs. 1 Nr. 1a EStG abzugsfähig sein, sofern sie nicht als Werbungskosten oder Betriebsausgaben einzuordnen sind. Die Abzugsfähigkeit der Versorgungsrenten wird auch anerkannt, wenn die Versorgungsrenten ihren Entstehungsgrund in einer letztwilligen Verfügung (Erbeinsetzung, Vermächtnis) haben und es sich nicht um die Verrentung des Erbanteils handelt.[4] Das Jahressteuergesetz 2008 hat im Bereich der Vermögensübergabe gegen Versorgungsleistungen jedoch zu einschneidenden Änderungen geführt. Insbesondere wurde das begünstigte Vermögen, das Gegenstand einer Vermögensübergabe gegen Versorgungsleistung nach § 10 Abs. 1 Nr. 1a EStG sein kann, auf seinen „Kernbereich" reduziert. Die Rückführung dieses Sonderrechtsinstituts auf seinen Kernbereich ist so ausgestaltet, dass nur noch die Übertragung eines Mitunternehmeranteils an einer Personengesellschaft, die eine Tätigkeit i. S. von § 13, § 15 Abs. 1 Satz 1 Nr. 1 oder § 18 Abs. 1 EStG ausübt, die Übertragung eines (Teil-)Betriebs sowie die Übertragung eines mindestens 50 % betragenden Anteils an einer GmbH im Sinne des Rechtsinstituts begünstigt. Bei der Übertragung von GmbH-Anteilen ist zusätzlich erforderlich, dass

1 Siehe im Einzelnen Adler/Düring/Schmaltz, Rechnungslegung und Prüfung der Unternehmen, § 253 Rz. 149 ff.; Schmidt, EStG, § 5 Anm. 37.

2 BFH, Urteil v. 21.10.1999 - X R 75/97, BStBl 2002 II S. 650 NWB XAAAA-97018 = DStR 2000 S. 147.

3 Siehe BFH, Urteil v. 26.1.1994 - X R 57/89, BStBl 1994 II S. 597 NWB VAAAA-94927.

4 BMF, Schreiben v. 11.3.2010 - IV C 3 - S 2221/09/10004, BStBl 2010 I S. 227, Rz. 2 NWB RAAAD-39637.

der Übergeber als Geschäftsführer tätig war und der Übernehmer diese Tätigkeit nach der Übertragung übernimmt. Diese gesetzliche Neuregelung bedeutet, dass insbesondere die Übertragung von Immobilienvermögen oder auch Wertpapierdepots nicht mehr im Wege einer Vermögensübergabe gegen Versorgungsleistungen möglich ist.[1]

Die Übernahme eines bestehenden und gegen den Stifter gerichteten Versor- 747
gungsanspruchs aus einer früheren Vermögensübertragung führt bei der übernehmenden Stiftung zur Abzugsfähigkeit der dadurch entstehenden Aufwendungen.[2]

Zahlungen zur **Abgeltung von Pflichtteilsansprüchen** können weder Betriebs- 748
ausgaben oder Werbungskosten noch Sonderausgaben sein,[3] da die Pflichtteilsansprüche das Stiftungsvermögen bei der Zuwendung vermindert haben.[4]

Werden **Privatschulden** des Stifters von der Stiftung gem. Stiftungsgeschäft 749
übernommen, wird in der **befreienden Schuldübernahme** von der **Finanzverwaltung**[5] bei Stiftungserrichtung unter Lebenden ein **entgeltliches** Geschäft wie bei der **Übernahme von Ausgleichs- und Abstandsverpflichtungen**[6] gesehen; die Stiftung hat insoweit als Gegenposten zu den passivierten Schulden eine Minderung der Erstausstattung mit Stiftungsvermögen (Grundstockvermögen) zu verbuchen. Tilgungsleistungen für Schulden sind bei keiner Einkunftsart abzugsfähig.[7]

Lange Zeit umstritten war der Abzug der sogenannten **Erbersatzsteuer für Fa-** 750
milienstiftungen i. S. von § 1 Abs. 1 Nr. 4, § 9 Abs. 1 Nr. 4, § 10 Abs. 1 letzter Satz ErbStG.[8] Die Finanzverwaltung hatte den Abzug als dauernde Last nicht zugelassen.[9] Der BFH[10] hat diese Ansicht bestätigt, wobei er nicht nur den Abzug der verrenteten Erbersatzsteuer[11] als dauernde Last, sondern auch den Abzug

1 Vgl. hierzu Heinrichshofen, ErbStB 2008 S. 114 m. w. N.
2 BFH, Urteil v. 23.1.1997 - IV R 45/96, BStBl 1997 II S. 458 NWB WAAAA-95887.
3 BFH, Urteil v. 2.3.1995 - IV R 62/93, BStBl 1995 II S. 413 NWB OAAAA-95226 = DB 1995 S. 1153 f.
4 FG Hamburg, Urteil v. 17.10.1994 - VII 36/92, EFG 1995 S. 433 f.; bestätigt durch BFH, Urteil v. 24.2.1999 - X R 3/95 NWB JAAAA-65012; siehe → Rz. 568.
5 Vgl. BMF, Schreiben v. 13.1.1993 - IV B 3 - S 2190 - 37/92, BStBl 1993 I S. 80, Rz. 9 und 27 f. NWB OAAAA-77082. Dazu gehört auch die Erfüllungsübernahme privater Schulden.
6 Siehe BMF, Schreiben v. 13.1.1993 - IV B 3 - S 2190 - 37/92, BStBl 1993 I S. 80, Rz. 7 NWB OAAAA-77082.
7 BFH, Urteil v. 28.7.1999 - X R 63/95 NWB HAAAA-97019 = DStRE 2000 S. 1.
8 Siehe auch → Rz. 1137 ff.
9 OFD Düsseldorf v. 24.6.1980 - 06-24 S 2755 A-St 13 H, StEK § 10 KStG Nr. 2.
10 BFH, Urteil v. 14.9.1994 - I R 78/94, BStBl 1995 II S. 207 NWB AAAAA-95128.
11 Siehe → Rz. 811.

des Zinsanteils als Betriebsausgaben oder als Werbungskosten verneint hat. Zur Nichtabzugsfähigkeit der Schenkungsteuer anlässlich der Erstdotation der Stiftung nach § 10 Nr. 2 KStG.[1]

751 **Ungünstig** kann es sich auswirken, wenn die Stiftung in einer **Erbengemeinschaft** Miterbe wird und Abfindungen zu zahlen hat oder Einzelwirtschaftsgüter aus einem Betriebsvermögen an Erben oder Vermächtnisnehmer herauszugeben sind, da insoweit Veräußerungsgewinne (allerdings auch mit der Folge von Anschaffungskosten) von der Finanzverwaltung angenommen werden.[2]

752 Da der BFH[3] die sogenannte **Sekundärfolgenrechtsprechung**[4] aufgegeben hat und die Finanzverwaltung[5] dem gefolgt ist, kann die Stiftung nicht mehr Aufwendungen zur Finanzierung von Vermächtnis-, Pflichtteils- und Abfindungsschulden als Betriebsausgaben und Werbungskosten absetzen.[6]

753 Wird eine **bisher steuerpflichtige Stiftung in eine steuerfreie Stiftung** (z. B. in eine gemeinnützige Stiftung) gem. § 5 Abs. 1 Nr. 9 KStG **umgewandelt**, so ist nach § 13 Abs. 1 KStG für die steuerpflichtige Stiftung eine **Schlussbilanz** aufzustellen, bei der die stillen Reserven des Betriebsvermögens aufzudecken sind. Der Ansatz eines selbstgeschaffenen Firmenwertes bleibt außer Ansatz.[7]

754 Hat die Stiftung **ausländische** Einkünfte, gelten die für Körperschaften gem. § 26 KStG geltenden Vorschriften ggf. i.V. mit dem betreffenden DBA.

755 Anrechenbare inländische **Kapitalertragsteuer** sowie ausländische **Quellensteuer** sind **Bestandteile der Erträge bzw. Einnahmen** in der betreffenden Einkunftsart ohne Rücksicht auf die tatsächliche Anrechnung (§ 12 Nr. 3 EStG i.V. mit § 8 Abs. 1 KStG).

---

1 Siehe → Rz. 735.

2 Siehe BMF, Schreiben v. 14.3.2006 - V B 2 - S 2242 - 7/06, BStBl 2006 I S. 253 Rz. 14 NWB WAAAB-80130.

3 BFH, Urteil v. 2.3.1993 - VIII R 47/90, BStBl 1993 II S. 619 NWB AAAAA-94934; BFH, Urteil v. 28.4.1992 - IX R 178/88 NWB RAAAA-97234.

4 BFH, Urteil v. 2.4.1987 - IV R 92/85, BStBl 1987 II S. 621 NWB RAAAA-98125; BFH, Urteil v. 28.4.1989 - III R 4/87, BStBl 1989 II S. 618 NWB IAAAA-97720; BFH, Urteil v. 17.10.1991 - IV R 97/89, BStBl 1992 II S. 392 NWB IAAAA-94055.

5 Mit BMF, Schreiben v. 11.8.1994 - IV B 2 - S 2242 - 33/94, BStBl 1994 I S. 603 NWB OAAAA-77124.

6 Entgegen der früheren Rechtsprechung, siehe u. a. BFH, Urteil v. 9.7.1985 - IX R 49/83, BStBl 1985 II S. 722 NWB YAAAA-97583.

7 R 13.4 KStR 2015.

Oft sieht sich eine Stiftung vor die Notwendigkeit gestellt, sogenannten anschaffungsnahen Aufwand[1] bei zugewendeten Grundstücken kurz nach deren Zuwendung zu tätigen, die ihrem Charakter nach „normal" Instandsetzungsaufwand, d. h. Betriebsausgaben oder Werbungskosten, wären. Der BFH[2] hat im Fall der Gesamtrechtsnachfolge durch Erbeinsetzung die Aktivierungspflicht anschaffungsnaher Aufwendungen zu Recht verneint, da der Erbe in die Rechtsposition des Erblassers eintritt. Bei teilentgeltlichem Erwerb nimmt die Finanzverwaltung[3] im prozentualen Verhältnis Anwendbarkeit der Grundsätze des anschaffungsnahen Aufwandes an. 756

Die Behandlung von Zuwendungen des Stifters oder Dritter an eine **bestehende Stiftung** wird in den Abschnitten[4] behandelt. 757

1.1.5 Abzugsverbot für satzungsgemäße Aufwendungen

Satzungsgemäße **Aufwendungen** dürfen nach § 10 Nr. 1 KStG das Einkommen der steuerpflichtigen Stiftung nicht mindern, da die für den Stiftungszweck satzungsgemäß aufgewandten Beiträge Einkommensverwendung darstellen. Daher gilt **§ 10 Nr. 1 KStG** auch für eine **Familienstiftung**, deren satzungsgemäßer Zweck die Erfüllung vor der Stiftungserrichtung begründeter Rentenvermächtnisse ist.[5] Die satzungsgemäßen Aufwendungen werden mit dem vollen Steuersatz besteuert. Davon sind insbesondere die Zuwendungen an die Destinatäre betroffen. 758

Der BFH[6] hat entschieden, dass bei einem Zusammentreffen von satzungsgemäßen Aufwendungen und Betriebsausgaben gem. § 4 Abs. 4 EStG die Vorschrift **§ 10 Nr. 1 KStG vorgeht**. Nicht abzugsfähige satzungsgemäße Aufwendungen sind demnach nur solche, die nicht zugleich Betriebsausgaben (oder Werbungskosten) sind. 759

Der BFH[7] hat die **Abzugsfähigkeit** auch satzungsgemäßer **Spenden** der steuerpflichtigen Stiftung anerkannt. Obwohl die Entscheidung noch zum alten Kör- 760

1 R 6.4 Abs. 1 EStR 2012.

2 Im Urteil v. 17.6.1997 - IX R 30/95, BStBl 1997 II S. 802 NWB ZAAAA-96041; Kulosa in Schmidt, EStG, § 6 Rz. 112.

3 Kulosa in Schmidt, EStG, § 6 Rz. 382; R 6.4 Abs. 1 Satz 2 EStR 2012.

4 Siehe → Rz. 768 ff.

5 BFH, Urteil v. 24.3.1993 - I R 27/92, BStBl 1993 II S. 637 NWB EAAAA-94574.

6 BFH, Urteil v. 10.5.1960 - I 205/59 U, BStBl 1960 III S. 335 NWB YAAAB-47249. Die Gewinnanteile aus einer KG wurden den Arbeitnehmern der KG zugewandt, die insoweit lohnsteuerpflichtig waren. Siehe auch BFH, Urteil v. 17.12.1997 - I R 58/97, BStBl 1998 II S. 357 NWB ZAAAA-96187, allerdings zur Abzugsfähigkeit bei einem wirtschaftlichen Geschäftsbetrieb.

7 BFH, Urteil v. 3.12.1963 - I 121/62 U, BStBl 1964 III S. 81 NWB KAAAA-90113.

perschaftsteuerrecht (vor 1977) erging, dürfte die Abzugsfähigkeit satzungsgemäßer Spenden auch heute zu bejahen sein.

761 Ob das Abzugsverbot des § 10 Nr. 1 KStG für in **Ausführung der vom Erblasser angeordneten Vermächtnisse,** die aber nicht in der Satzung als Zweck der Stiftung festgelegt sind, gilt, ist streitig.[1] Jedenfalls hat der BFH für **Auflagen des Stifters,** die nicht in die Satzung aufgenommen worden sind (z. B. **Versorgungsrenten** an seine Familie und andere Personen, Befriedigung der Pflichtteilsansprüche aus dem Stiftungsvermögen), die Anwendbarkeit des § 10 Nr. 1 KStG bejaht.[2] Demnach könnten diese auferlegten Zahlungen von einer Stiftung nicht gewinnmindernd abgezogen werden.

762 **Überhöhte Aufwendungen** und als Betriebsausgaben getarnte Zuwendungen an Destinatäre können **keine verdeckten Gewinnausschüttungen** sein.[3] Ob dies im Umkehrschluss bedeutet, dass sie dann als Betriebsausgaben abzugsfähig sind, muss bezweifelt werden. Ihre praktische Relevanz dürfte gering sein, da diese Zahlungen regelmäßig gegen die Satzung verstoßen und ihre Leistung eine Pflichtverletzung des Vorstandes begründen würden. Entsprechend verhält es sich mit überhöhten Vergütungen an Destinatäre.[4]

763 Die satzungsgemäßen Aufwendungen müssen nicht in der Zuwendung von Geld, sondern können auch in **Sachzuwendungen** und **geldwerten Vorteilen** liegen. Bereits der Reichsfinanzhof hat entschieden,[5] dass Verluste aus der unentgeltlichen Aufnahme von Patienten in einem Krankenhaus, das satzungsgemäß von der steuerpflichtigen Stiftung betrieben wird, dem **Einkommen zuzurechnen** sind.

764 Unentgeltlich in Erfüllung ihres satzungsgemäßen Zwecks überlassene **Wohnungen** sind nicht unter § 10 Nr. 1 KStG zu subsumieren.[6] Es kommt zu keiner fiktiven Erhöhung des Einkommens.[7]

765 § 10 Nr. 1 KStG gilt nicht, wenn keine Aufwendungen entstehen, sondern lediglich verhindert wird, dass Einnahmen anfallen. Werden etwa zur Erfüllung

1 BFH, Urteil v. 2.10.1959 - VI 64/57 U, BStBl 1960 III S. 36 NWB MAAAB-47000; a. A. Brandmüller/Klinger, Unternehmensverbundene Stiftung, S. 62.

2 BFH, Urteil v. 24.3.1993 - I R 27/92, BStBl 1993 II S. 637 NWB EAAAA-94574.

3 Siehe → Rz. 856; BFH, Urteil v. 22.9.1959 - I 5/59 U, BStBl 1960 III S. 37 NWB WAAAA-89864; BFH, Urteil v. 10.5.1960 - I 205/59 U, BStBl 1960 III S. 335 NWB YAAAB-47249; vgl. Richter in Richter, Stiftungsrecht, § 24 Rz. 50 ff.

4 Brandmüller/Klinger, Unternehmensverbundene Stiftung, S. 62.

5 RFH, Urteil v. 20.9.1938 - I 303/38, StuW 1939 Nr. 54.

6 BFH, Urteil v. 24.3.1993 - I R 27/92, BStBl 1993 II S. 637 NWB EAAAA-94574.

7 Gosch KStG/Märtens, 4. Aufl. 2020, KStG § 10 Rz. 15b.

des Stiftungszwecks **zinslose Darlehen** gewährt, so führt dies nicht zu einer fiktiven Erhöhung des Einkommens[1]. Entsprechend hat der BFH[2] entschieden, dass es eine Versteuerung des Nutzwertes des Geldkapitals nicht gibt.

Das Abzugsverbot des § 10 Nr. 1 KStG greift nicht, wenn sich die Erfüllung satzungsgemäßer Zwecke gleichzeitig als gewerbliche Tätigkeit der Stiftung darstellt.[3] 766

Abzugsfähig sind alle Aufwendungen, die der Stiftung dadurch entstehen, dass Vorstände etc. für sie handeln. Die an **Überwachungsorgane** bezahlten Vergütungen, die die Stiftung an Beiratsmitglieder bezahlt, sind hingegen nach § 10 Nr. 4 KStG **vom Abzug ausgeschlossen**. Die Vorschrift ist grds. auf alle Körperschaften, und damit auch Stiftungen, anwendbar, die aufgrund gesetzlicher Verpflichtung oder freiwillig einen Aufsichtsrat oder ein vergleichbares Aufsichtsorgan (z. B. Beirat) mit der Überwachung der Geschäftsführung betrauen.[4] 767

1.1.6 Zuwendungen an eine bestehende Stiftung

Eine besondere Stellung nehmen bei den bestehenden Stiftungen Zuwendungen des Stifters an die Stiftung in Form von **Zustiftungen**[5] und von **Zuwendungen Dritter** ein. Leider ist der Sprachgebrauch von „Zustiftungen“ nicht einheitlich. Da eine Stiftungserrichtung sich auf die freigebige Zuwendung eines Vermögens richtet, sollte auch der Gebrauch von „Zustiftungen“ sich nur auf diese beschränken. Erbschaftsteuerlich handelt es sich um eine gewöhnliche Schenkung, die auch eine Schenkung unter Auflagen sein kann, wenn sie zu Lebzeiten des Stifters erfolgt, oder um eine Zuwendung von Todes wegen, für die die allgemeinen Vorschriften des Erbschaftsteuerrechts, insbesondere auch die Verschonungen nach §§ 13a, 13b, 13d ErbStG, gelten.[6] 768

Eine **Zustiftung unter Auflagen** kann eine **unselbständige Stiftung**[7] innerhalb der selbständigen Stiftung begründen. 768/1

1 Herrmann/Heuer/Raupach, KStG, § 10 Anm. 51 „Darlehen“.

2 BFH, Urteil v. 22.9.1959 - I 5/59 U, BStBl 1960 III S. 37 NWB WAAAA-89864; BFH, Urteil v. 2.10.1959 - VI 214/58, DB 1960 S. 48.

3 BFH, Urteil v. 15.7.1987 - I R 280/81, BStBl 1988 II S. 75 NWB VAAAA-98180.

4 Märtens in Gosch, 4. Aufl. 2020, KStG, § 10 Rz. 41; Dötsch/Pung/Möhlenbrock, KStG, § 10 Rz. 64.

5 Die im Stiftungsgeschäft festgelegten rechtsverbindlichen Zuwendungen nach Stiftungserrichtung sind keine Zustiftungen, vgl. → Rz. 119; Godron in Richter, Stiftungsrecht, 1. Aufl. 2019, § 7 Rz. 3.

6 Siehe → Rz. 1841 ff.

7 Siehe → Rz. 335 ff.

768/2 Wie bereits dargestellt,[1] sollte die Möglichkeit der Annahme von Zustiftungen ausdrücklich in der **Stiftungssatzung** vorgesehen sein.

768/3 Fraglich ist, ob derartige Zuwendungen in die Vermögens- oder in die Einkommenssphäre (mit der Folge der Körperschaftsteuerpflicht) fallen, mit anderen Worten, ob es sich um **ertragsteuerneutrale Zuführungen** zum Eigenkapital (Stiftungsvermögen) oder um **Einkünfte** handelt.

769 Da die zuwendenden Stifter und Dritte nicht Gesellschafter sind, können **Einlagen** im gesellschaftsrechtlichen Sinn nicht auftreten. Dennoch dürften diese steuerfrei bleiben, da der Charakter der Unentgeltlichkeit überwiegt.[2] Zwar werden in der Literatur[3] auch Schenkungen zu den steuerpflichtigen Einkünften nach § 8 Abs. 2 KStG gerechnet, wenn die Stiftung steuerpflichtig und zur Führung von Büchern verpflichtet ist. Dies überzeugt indes nicht. Selbst wenn man zugesteht, dass eine Zuwendung, die schenkung-/erbschaftsteuerpflichtig ist, nicht automatisch die Körperschaftsteuerpflicht ausschließt,[4] spricht dennoch mehr dafür, diese Zuwendungen **steuerfrei** zu belassen.[5] Denn nach zutreffender Auffassung sind derartige Zuwendungen deshalb körperschaftsteuerfrei, da sie unter keine Einkunftsart nach § 2 Abs. 1 EStG fallen.[6]

770 **Körperschaftsteuerfreie Zuwendungen** sollten stets vorliegen, wenn sie im Stiftungsgeschäft vorgesehen sind, z. B. die Ausstattung der Stiftung mit Vermögen erfolgt in Etappen.[7] Die Verfügung der OFD Köln vom 20.6.1980[8] lässt einen Zuwachs der Zustiftungen zum Stiftungsvermögen zu.

771 Eine andere Frage ist, ob die **Schenkungsteuer** auf die körperschaftsteuerpflichtigen Zustiftungen und Schenkungen Dritter bei der Einkommensermittlung der Stiftung ausnahmsweise abzugsfähig ist. In diesen Fällen muss die Schenkungsteuer ja aufgewendet werden, um (körperschaftsteuerpflichtige) Einnahmen zu erzielen. Die Abzugsfähigkeit der Schenkungsteuer als Betriebsausgabe nach § 4 Abs. 4 EStG bzw. Werbungskosten nach § 9 EStG sollte daher zu bejahen sein, da der Vorgang in die Einkommenssphäre fällt.

1 Siehe → Rz. 271, → Rz. 274 und → Rz. 796.

2 A. A. Brandmüller/Lindner, Brandmüller/Klinger, Unternehmensverbundene Stiftung, S. 63.

3 Herrmann/Heuer/Raupach, KStG, § 6 Anm. 27.

4 BFH, Urteil v. 26.7.1963 - VI 353/62 U (VI 354/62 U), BStBl 1963 III S. 481 NWB UAAAB-48056; Finanzbehörde Hamburg v. 27.5.1993 - 51 - S3806 - 7/91.

5 Ebenso Otto, Handbuch der Stiftungspraxis, 2007, S. 266. Vgl. auch Rawert, DNotZ 2008 S. 5.

6 Vgl. BFH, Urteil v. 24.3.1993 - I R 131/90, BStBl 1993 II S. 799 NWB ZAAAA-94648.

7 Darunter fällt auch die Stiftungserrichtung unter Lebenden mit relativ kleinem Vermögen, während das wesentliche Stiftungsvermögen erst beim Tod des Stifters der Stiftung zufällt.

8 OFD Köln v. 20.6.1980 - S 0174 2 St 132, StEK AO 1977, § 55 Nr. 3.

Wird in eine bereits bestehende Stiftung vom Stifter oder von Dritten weiteres Vermögen übertragen (**Zustiftung**), so stellt dies zivil- und steuerrechtlich eine Schenkung dar, die nach § 7 Abs. 1 Nr. 1 EStG schenkungsteuerpflichtig ist. Daneben ist alles, was die Stiftung infolge der Vollziehung einer vom Stifter/Zustifter angeordneten Auflage erlangt, als Schenkung zu versteuern.[1] Die Zustiftung an eine (Familien-)Stiftung ist auch dann gem. § 7 Abs. 1 Nr. 1 ErbStG nach der Steuerklasse III steuerpflichtig, wenn der Zuwendende zugleich der einzige Begünstigte der Stiftung ist.[2] 772

1.1.7 Sachliche Steuerbefreiungen

Als spezielle Befreiungsvorschrift sachlicher Art für Stiftungen ist die Verordnung über die Steuerbegünstigung von Stiftungen, die an die Stelle von Familienfideikommissen getreten sind,[3] zu erwähnen. Danach bleiben bei diesen Stiftungen die Einkünfte außer Ansatz, die an die nach der Stiftungssatzung bezugsberechtigten, unbeschränkt einkommensteuerpflichtigen Familienmitglieder verteilt werden. 773

1.1.8 Organschaft mit Ergebnisabführungsvertrag

Eine Stiftung kann **Organträger** (aufgrund Ergebnisabführungsvertrag mit den Organgesellschaften) sein, wenn die Voraussetzungen der mittelbaren oder unmittelbaren **finanziellen Eingliederungen** einer Kapitalgesellschaft in die Stiftung erfüllt sind. 774

Folge einer steuerlich anerkannten Organschaft ist, dass Wertminderungen von Anteilen an Organgesellschaften beim Organträger nicht abzugsfähig sind. Die Rücklagenbildung bei Organgesellschaften ist auf den Betrag begrenzt, der bei vernünftiger kaufmännischer Beurteilung begründet ist (§ 14 Abs. 1 Satz 1 Nr. 4 KStG). 775

Organgesellschaften können nur Kapitalgesellschaften sein (§§ 14, 17 KStG). Für ihr Einkommen gelten Besonderheiten (§ 15 KStG), die in den letzten Jahren mehrfach angepasst wurden. 776

Die **finanzielle Eingliederung** ist gem. § 14 Abs. 1 Nr. 1 KStG für die Anerkennung maßgebend, wirtschaftliche und organisatorische Eingliederung werden nicht mehr gefordert. Ein inländisches gewerbliches Unternehmen muss gem. 777

1 Vgl. → Rz. 795.

2 BFH, Urteil v. 9.12.2009 - II R 22/08, BStBl 2010 II S. 363 NWB VAAAD-39277.

3 Vgl. R 1.2 KStR 2015.

§§ 14 und 16 KStG vom Beginn des Wirtschaftsjahres ununterbrochen über ihren Anteilsbesitz über die **Mehrheit der Stimmrechte (auch mittelbar)** an einer Kapitalgesellschaft mit Sitz und Geschäftsleitung im **Inland** verfügen und durch einen Ergebnisabführungsvertrag i. S. von § 291 Abs. 1 AktG deren ganzen Gewinn erhalten.

778 Ein im Handelsregister nicht eingetragener Organ- und Ergebnisabführungsvertrag ist unwirksam.[1]

779 Nach § 14 KStG wird das Einkommen des Organs den Trägerunternehmen zugerechnet; Ausgleichszahlungen i. S. des § 27 KStG hat das Organ allerdings nach § 16 KStG selbst zu versteuern.

1.2 Gewerbesteuer

780 Die Gewerbesteuerpflicht ist an das Vorliegen eines **inländischen Gewerbebetriebs** geknüpft (§ 2 Abs. 1 GewStG). Als vier positive Voraussetzungen sind

- Selbständigkeit,
- Nachhaltigkeit,
- Gewinnerzielungsabsicht und
- Beteiligung am allgemeinen wirtschaftlichen Verkehr

und als zwei negative Merkmale **keine Ausübung von LuF und eines freien Berufs** anzusehen.[2]

781 Ist eine Stiftung mangels Vorliegen eines Gewerbebetriebs i. S. von § 2 Abs. 1 GewStG nicht gewerbesteuerpflichtig, so kann sie dennoch über § 2 Abs. 3 GewStG (Unterhalten eines wirtschaftlichen Geschäftsbetriebs) gewerbesteuerpflichtig sein.[3] Während die Tätigkeit einer Kapitalgesellschaft stets als Gewerbebetrieb gilt (§ 2 Abs. 2 Satz 1 GewStG), ist die Gewerblichkeits-**Fiktion** auf Stiftungen **nicht** anwendbar (vgl. auch § 8 Abs. 2 KStG, der nicht auf § 1 Abs. 1 Nr. 5 KStG verweist).

781/1 **Gewerbesteuerpflicht** besteht – weil § 2 Abs. 1 GewStG auf die Stiftung selbst nicht anwendbar ist – also **nur**, wenn nach § 8 Abs. 3 GewStG ein wirtschaftlicher Geschäftsbetrieb unterhalten wird.[4] Unterhält eine Stiftung mehrere wirtschaftliche Geschäftsbetriebe, gelten sie als ein einheitlicher Gewerbe-

1 BGH, Urteil v. 5.11.2001 - II ZR 119/00 NWB MAAAB-97707 = DStR 2002 S. 1101.

2 § 1 Abs. 1 GewStDV und H 2.1 Abs. 1 GewStR 2009.

3 Vgl. Glanegger/Güroff, GewStG, § 2 Rz. 205 ff.

4 § 2 Abs. 3 GewStG, R 2.1 Abs. 5 GewStR 2009. Dies ist ein Vorteil gegenüber Familienkapitalgesellschaften.

betrieb (§ 8 GewStDV; § 64 Abs. 2 AO).[1] Durch § 2 Abs. 3 und § 3 Nr. 6 GewStG wird die LuF im Rahmen eines wirtschaftlichen Geschäftsbetriebs ausdrücklich von der Gewerbesteuerpflicht ausgenommen.[2]

Stiftungen, die körperschaftsteuerpflichtige Einkünfte aus Kapitalvermögen 782
oder aus LuF als einzige Einkünfte ausweisen, sind daher nicht gewerbesteuerpflichtig; bei einer Steuerpflicht nach § 2 Abs. 3 GewStG beschränkt sie sich auf den wirtschaftlichen Geschäftsbetrieb. Die Begriffsbestimmung ergibt sich nach § 14 AO.

Buchführungspflichtige Stiftungen sind auch **nicht** über § 8 Abs. 2 KStG gewer- 783
besteuerpflichtig, da § 8 Abs. 2 KStG nicht auf § 1 Abs. 1 Nr. 5 KStG verweist.

Die reine **Verwaltung** von Beteiligungsvermögen ist gewerbesteuerfrei.[3] Wird 784
aber daneben ein wirtschaftlicher Geschäftsbetrieb unterhalten, so sind die Beteiligungen Teil des Gewerbebetriebes, wenn sie in einem wirtschaftlichen Zusammenhang mit dem wirtschaftlichen Geschäftsbetrieb stehen.

Auch die reine Verwaltung von anderem **Kapital- oder von Grundvermögen**, 784/1
das keinen wirtschaftlichen Zusammenhang mit einem daneben unterhaltenen wirtschaftlichen Geschäftsbetrieb aufzuweisen hat, bleibt im Gegensatz zu Kapitalgesellschaften gewerbesteuerfrei.

Gewerbesteuerpflichtig ist nach §§ 6 und 7 GewStG der nach den körper- 785
schaftsteuerlichen Vorschriften ermittelte **Gewinn** vermehrt und vermindert um die in §§ 8 und 9 GewStG bezeichneten Beträge. Nachfolgend wird nur auf einige Besonderheiten eingegangen.

Gewinn- und Verlustanteile einer ganz oder partiell steuerpflichtigen Stiftung 786
aus Mitunternehmerschaften werden bei diesen ggf. gewerbesteuerlich erfasst (§§ 8, 9 Nr. 2 GewStG).

Durch § 8 Nr. 5 GewStG werden **Gewinnausschüttungen von Kapitalgesell-** 787
schaften bei Beteiligungen unter 15 % des Grund- oder Stammkapitals voll der Gewerbeertragssteuer unterworfen.

---

1 Brandis/Heuermann/Drüen, 160. EL Dezember 2021, GewStG § 2 Rz. 203.
2 R 2.1 Abs. 5 GewStR 2009.
3 R 2.1 Abs. 5 GewStR 2009.

788 Die Stiftung kommt gewerbesteuerlich in den Genuss des **Schachtelprivilegs** (§ 9 Nr. 2a GewStG),[1] wenn die Beteiligung mindestens 15 % des Grund- oder Stammkapitals der Kapitalgesellschaft beträgt. Auch das sogenannte „internationale Schachtelprivileg“ des § 9 Nr. 7 GewStG sieht eine Beteiligungsquote von mindestens 15 % am Stammkapital einer ausländischen Kapitalgesellschaft vor. Allerdings sind die besonderen Regelungen in den DBA vorrangig. Der Gewinn aus der **Veräußerung von Anteilen an Kapitalgesellschaften** ist zu 95 % **gewerbesteuerfrei**. Veräußerungsverluste können nicht abgezogen werden.

789 In § 7 GewStG wird geregelt, dass bei Stiftungen der **Gewinn** aus der **Aufgabe oder der Veräußerung** eines **Betriebs, eines Teilbetriebs einer Mitunternehmerschaft oder des Anteils an einer Mitunternehmerschaft** dem **Gewerbeertrag zugerechnet** wird.

790 Obwohl in H 7.1 Abs. 4 GewStR nicht genannt, gehört der Gewinn aus der Veräußerung eines im gewerbesteuerpflichtigen Bereich der Stiftung liegenden Betriebs, Teilbetriebes oder Beteiligung zum Gewerbeertrag,[2] wie jeder Gewinn aus der Veräußerung eines Anteils an einer Personengesellschaft und der Betriebsaufgabegewinn.

791 Wenn die Voraussetzungen nach §§ 14 Nr. 1–3, 17 und 18 KStG für die **Organschaft** erfüllt sind, so ist sie auch gewerbesteuerlich gem. § 2 Abs. 2 Satz 2 GewStG zu beachten. Bei nicht gewerblich tätigen Stiftungen ist daher (wie im Umsatzsteuerrecht) Organschaft nicht möglich. Das Organ gilt aber als Betriebsstätte des Organträgers.[3] Das Organeinkommen ist nach R 7.1 Abs. 5 GewStR zu ermitteln.[4] Auch zur gewerbesteuerlichen **Organschaft** ist nun ein **Ergebnisabführungsvertrag** und auch **finanzielle Eingliederung** erforderlich. Bei der sogenannten **Mehrmütterorganschaft** ist die Holding-GbR als Organträgerin selbst gewerbesteuerpflichtig (§ 14 Abs. 2 KStG, § 2 Abs. 2 GewStG).

792 Aufwendungen der Stiftung für **Renten und dauernde Lasten**, die nicht mit dem Satzungszweck zusammenhängen, weil sie z. B. anlässlich der Übertragung von Vermögen vorbehalten wurden, sind als **private** Renten **nicht** in der

---

1 Siehe BFH, Urteil v. 28.6.1989 - I R 86/85, BStBl 1990 II S. 550 NWB DAAAA-93277; FinMin Baden-Württemberg, Erlass v. 13.2.1985 - G 1421 A-6/84, DB 1985 S. 844. Auch mittelbare Beteiligung genügt gem. BFH, Urteil v. 17.5.2000 - I R 31/99, BStBl 2001 II S. 685 NWB QAAAA-89023; OFD Hannover, Vfg. v. 15.7.2002 - G 1425 - 34 - StO 231 G 1425 - 60 - StH 241, DB 2002 S. 1917; R 9.3 GewStR 2009.

2 Vgl. BFH, Urteil v. 5.9.2001 - I R 27/01, BStBl 2002 II S. 155 NWB AAAAA-89144 = DB 2001 S. 2633, in gefestigter Rechtsprechung.

3 § 2 Abs. 2 GewStG.

4 Orth, DB 2002 S. 811.

Gewinnermittlung zu berücksichtigen.[1] Eine Hinzurechnung gem. § 8 Nr. 1 Buchst. b GewStG erfolgt hingegen bei allen **betrieblichen** Renten.

Stiftungen wird ein **Freibetrag**, § 11 Abs. 1 Satz 3 Nr. 2 GewStG, i. H. von **5.000 €** gewährt.[2] Wird der Freibetrag nicht überschritten, entfällt für die betroffenen juristischen Personen zugleich die Verpflichtung, eine GewSt-Erklärung abzugeben, § 25 Abs. 1 Nr. 5 GewStDV.[3] 793

Der gem. § 14 GewStG zu erlassende Gewerbesteuermessbescheid darf gem. § 35b GewStG nur geändert werden, wenn der zugrunde gelegte Gewinn aus Gewerbebetrieb sich geändert hat, die Einkunftsart „Gewinn aus Gewerbebetrieb" jedoch später nicht wegfällt. Auch § 174 Abs. 4 AO soll nicht anwendbar sein.[4] 794

1.3 Erbschaftsteuer

Für Zuwendungen des Stifters **nach** Stiftungserrichtung (**Zustiftungen**) und Schenkungen Dritter gelten die allgemeinen Grundsätze des Erbschaftsteuerrechts.[5] Sie kommen – anders als die Erstdotation – nicht in den Genuss der Steuerklassenvergünstigung des § 15 Abs. 2 Satz 1 ErbStG. Ein Abstellen auf das Verwandtschaftsverhältnis des nach der Stiftungsurkunde entferntesten Berechtigten zu dem Stifter ist nicht möglich, so dass diese Zuwendungen stets in die **ungünstige Steuerklasse III** fallen. Gleiches gilt für nachträgliche Zuwendungen von Todes wegen, die als Erwerb gem. § 3 Abs. 1 Nr. 1 ErbStG angesehen werden. Die Steuerklasse III wirkt sich darüber hinaus auch auf den Steuersatz nach § 19 Abs. 1 ErbStG und den persönlichen Freibetrag gem. § 16 Abs. 1 ErbStG nachteilig aus, so dass sich bei einer Zustiftung gegenüber der Erstdotation erheblich höhere schenkung-/erbschaftsteuerliche Belastungen ergeben.[6] 795

Das Steuerklassenprivileg kann **ausnahmsweise** doch angewendet werden, wenn der Stifter bereits **im Stiftungsgeschäft** die hinreichend konkretisierte Verpflichtung zu weiteren **Zustiftungen** aufgenommen hat, weil dann noch von einem einheitlichen (ersten) Erwerbsvorgang gesprochen werden kann. Wird dies bei der Gestaltungsberatung beachtet, kann die Einordnung in eine 796

1 Güroff in Glanegger/Güroff, GewStG, § 8 Nr. 1b Rz. 4.
2 Vgl. Güroff in Glanegger/Güroff, GewStG, § 11 Rz. 8.
3 Brandis/Heuermann/Gosch, 160. EL Dezember 2021, GewStG § 11 Rz. 12.
4 BFH, Urteil v. 10.3.1999 - XI R 28/98, BStBl 1999 II S. 475 NWB YAAAA-96533.
5 Siehe → Rz. 570 ff.
6 R E 15.2 Abs. 3 ErbStR 2019; Fumi, EFG 2008 S. 1139.

günstigere Steuerklasse und damit unter Umständen eine erhebliche Ersparnis an Erbschaftsteuer erreicht werden.[1]

797 Zuwendungen **innerhalb von zehn Jahren** werden nach § 14 ErbStG zusammengerechnet.[2] Die dadurch veranlasste Erbschaftsteuer darf 50 % des Erwerbs nicht übersteigen, § 14 Abs. 2 ErbStG.

798 Die Zustiftung eines Grundstücks nach Bebauung desselben durch die Stiftung empfiehlt sich nicht, da die Finanzverwaltung den nicht zu leistenden Aufwendungsersatzanspruch der Stiftung (§ 951 Abs. 1 i.V. mit § 812 BGB) als Gegenleistung ansehen und die Bereicherung der Stiftung als gemischte Schenkung[3] besteuern will.[4]

799 Eine **Satzungsänderung**, die den Charakter der Stiftung unverändert lässt, löst keine **Erbschaftsteuerpflicht** aus. Nach Auffassung der Finanzverwaltung[5] ist dies jedoch bei der **Umwandlung einer Familienstiftung in eine gewöhnliche Stiftung** der Fall. Sie begründet dies damit, dass die Umwandlung als Aufhebung der Familienstiftung und Errichtung einer gewöhnlichen Stiftung anzusehen ist. Deren Erwerb soll nach Auffassung der Finanzverwaltung der Besteuerung nach § 7 Abs. 1 Nr. 9 i.V. mit § 15 Abs. 1 ErbStG nach Steuerklasse III versteuert werden.

800 Die **Aufnahme** bisher nicht bezugs- oder anfallsberechtigter **Familienmitglieder** in den Kreis der Destinatäre **durch Satzungsänderung** soll nach Verwaltungsauffassung[6] gem. § 15 Abs. 2 ErbStG entsprechende **Erbschaftsteuerpflicht** der „neuen" Stiftung auslösen.[7]

HINWEIS:

Bei Umwandlung der Familienstiftung in eine gemeinnützige Stiftung ist die Übertragung auf dieselbe nach § 13 Abs. 1 Nr. 16b ErbStG erbschaftsteuerfrei.[8]

1 Meincke/Hannes/Holtz, ErbStG, 18. Aufl. 2021, § 15 Rz. 22; Korezkij, ZEV 1999 S. 132, 134; Troll/Gebel/Jülicher/Gottschalk, ErbStG, § 15 Rz. 112.

2 Siehe → Rz. 606; Götz, ZEV 2001 S. 9.

3 Siehe → Rz. 627.

4 FinMin Baden-Württemberg, Erlass v. 7.12.2000 - 3812a/3, DB 2000 S. 2560; Hartmann, DStR 2001 S. 1545.

5 FinMin Baden-Württemberg, Erlass v. 28.10.1983 - S 3800 A-6/79, DStR 1983 S. 744; Niedersächsisches FinMin v. 6.12.1983 - S 3800 - 74 - 34, DB 1984 S. 23; R E 1.2 Abs. 4 ErbStR 2019.

6 R E 1.2 Abs. 4 ErbStR 2019; a. A. Götz in Wilms/Jochum, ErbStG, § 15 Rz. 140.

7 R E 1.2 Abs. 4 Satz 7 ErbStR 2019; siehe → Rz. 818.

8 R E 1.2 Abs. 5 ErbStR 2019.

Ob die **betagte Zuwendung** des Stifters einen Anwendungsfall des § 9 Abs. 1 Nr. 1a ErbStG darstellt,[1] wonach die Erbschaftsteuer erst mit dem Eintritt der Bedingung oder des Ereignisses entsteht, ist aufgrund der neueren Rechtsprechung fraglich geworden.[2] Denn die Erbschaftsteuer für betagte Ansprüche, die zu einem bestimmten (feststehenden) Zeitpunkt fällig werden, soll im Regelfall nach § 9 Abs. 1 Nr. 1 EStG bereits im Zeitpunkt des Todes des Erblassers entstehen.[3] 801

1.4 Erbersatzsteuer für Familienstiftungen

Zwar ist die sogenannte Erbersatzsteuer im Erbschaftsteuergesetz in § 1 Abs. 1 Nr. 4 ErbStG enthalten, dennoch ist sie **systemfremd** im Erbschaftsteuergesetz geregelt.[4] Ihre Erhebung knüpft weder an eine Bereicherung durch letztwillige Zuwendung noch durch Schenkung an. **Steuerschuldner** der Erbersatzsteuer ist gem. § 20 Abs. 1 ErbStG die **Stiftung**. 802

Nach der Erbschaftsteuerreform 1974[5] wurde ein vollkommen neuer Steuertatbestand geschaffen, nämlich eine Erbschaftsteuer für Familienstiftungen (und für Familienvereine) mit Sitz oder Geschäftsleitung im Inland.[6] Das Vermögen einer Familienstiftung unterliegt in **Zeitabständen von je 30 Jahren** der sogenannten Erbersatzsteuer (§ 1 Abs. 1 Nr. 4 i.V.m § 2 Abs. 1 Nr. 3 ErbStG). Die **„Ersatzerbschaftsteuer"**[7] beruht auf einer Erbgangsfiktion in Zeitabständen von 30 Jahren. Die Frist beginnt mit dem erstmaligen Übergang des Vermögens auf die neu gegründete Stiftung zu laufen. Durch diesen Besteuerungstatbestand soll verhindert werden, dass in Familienstiftungen gebundenes Vermögen auf Dauer der Erbschaftsteuer entzogen wird. 803

Das Gesetz **fingiert**, dass das Vermögen im Abstand von 30 Jahren einer nächsten, aus zwei Kindern bestehenden Generation anfällt, weshalb für die Ermittlung der Erbersatzsteuer stets die Steuerklasse I bezogen auf die **Hälfte** des steuerpflichtigen Vermögens heranzuziehen ist (§ 15 Abs. 2 Satz 3 ErbStG). Gemäß § 15 Abs. 2 letzter Satz ErbStG wird der **doppelte Freibetrag** nach § 16 Abs. 1 Nr. 2 ErbStG, also insgesamt 800.000 € gewährt, und die Steuer nach

1 BFH, Urteil v. 27.8.2003 - II R 58/01, BStBl 2003 II S. 921 NWB TAAAA-88063.

2 Näheres bei Viskorf/Schuck/Wälzholz, ErbStG, § 9 Rz. 15.

3 Gottschalk in Troll/Gebel/Jülicher/Gottschalk, ErbStG, 62. EL Juli 2021, § 9 Rz. 42; solche Ansprüche sind aber ggf. mit ihrem nach § 12 Abs. 3 BewG abgezinsten Wert anzusetzen.

4 So auch Meincke/Hannes/Holtz, ErbStG, § 1 Anm. 15 m. w. N.; Kapp/Ebeling, ErbStG, § 1 Rz. 49; R E 1.2 Abs. 1 ErbStR 2019.

5 Gesetz v. 17.4.1974, BGBl 1974 I S. 933.

6 Zur Definition siehe → Rz. 453, → Rz. 570, → Rz. 596, → Rz. 695.

7 Zum Begriff vgl. R E 1.2 Abs. 1 Satz 2 ErbStR 2019.

dem Vomhundertsatz der Steuerklasse I berechnet, der für die Hälfte des steuerpflichtigen Vermögens gelten würde. Die Wertermittlung des Stiftungsvermögens erfolgt nach § 12 ErbStG, also zu den je nach Vermögensart maßgeblichen (i. d. R. Verkehrs-)Werten (zum Stichtag, § 9 Abs. 1 Nr. 4 ErbStG). Bei der Wertermittlung gem. Bewertungsgesetz sind Leistungen an die nach der Stiftungsurkunde Berechtigten gem. § 10 Abs. 7 ErbStG nicht abzugsfähig.

804 Theoretisch kann die Erbersatzsteuer gem. § 28 Abs. 2 ErbStG **gestundet** werden, *„soweit dies zur Erhaltung des Betriebs notwendig ist"*. Die Stiftung selbst ist kein Betrieb. Die Führung von Einzelunternehmen in Stiftungen sind absolute Ausnahmefälle. Die Vorschrift gilt aber auch für land- und forstwirtschaftliche Betriebe.[1] Gleichwohl hat die Vorschrift geringe praktische Bedeutung.

805 Im JStG 2020[2] wurde im neu angefügten § 30 Abs. 5 ErbStG die **Anzeigepflicht** auch für die turnusmäßig zu erhebende Ersatzerbschaftsteuer für inländische Familienstiftungen nach § 1 Abs. 1 Nr. 4 ErbStG eingeführt, die zuvor – und damit weiterhin für Altfälle – vom Schrifttum verneint wurde. Damit wurde eine Lücke im System der Anzeigepflichten geschlossen, die sich teilweise auch daraus ergab, dass die Ersatzerbschaftsteuer eine Steuer systematisch auf das unbewegte Vermögen ist. [3]

805/1 Wegen der systematischen Besonderheit der Ersatzerbschaftsteuer im ErbStG ist nicht nur die Anzeigepflicht im Abs. 5 gesondert geregelt, sondern es finden sich auch einige vom System der im Übrigen anzeigepflichtigen Erwerbstatbestände abweichende Vorschriften. Bei der **Anzeige anzugeben sind** z. B. nebst Namen, Ort der Geschäftsleitung und Sitz der Stiftung sowie ihres gesetzlichen Vertreters der Zweck der Stiftung und insbesondere der Zeitpunkt des ersten Vermögensübergangs darauf. Damit korrespondiert, dass die Anzeige bereits innerhalb einer Frist von drei Monaten nach dem Zeitpunkt des ersten Übergangs von Vermögen auf Stiftung beim nach § 35 Abs. 4 ErbStG zuständigen Finanzamt schriftlich zu erstatten ist. Die Anzeigepflicht wird also **zeitlich vorverlagert**, denn Besteuerungstatbestand der Ersatzerbschaftsteuer ist frühestens das unbewegte Vermögen 30 Jahre nach dessen Übergang auf das Konstrukt. Die Finanzverwaltung soll somit in die Lage versetzt werden, im sogenannten Beobachtungszeitraum für eine Familienstiftung ggf. Ermittlungen durchzuführen und überdies den stichtagsgenauen, 30 Jahre nach Vermögensübertrag einsetzenden Ersatzerbschaftsteuertatbestand vorausschau-

1 Viskorf/Schuck/Wälzholz, ErbStG, § 28 Rz. 23.

2 Gesetz v. 21.12.2020, BGBl I 2020, 3096.

3 Jülicher in Troll/Gebel/Jülicher/Gottschalk, ErbStG, 62. EL Juli 2021, ErbStG § 30 Rz. 39.

end zu überwachen. Demgegenüber ist keine erneute Anzeigepflicht bei Entstehung der Ersatzerbschaftsteuer, 30 Jahre nach dem Vermögensübergang (§ 9 Abs. 1 Nr. 4 ErbStG), vorgesehen.[1]

Auch für die Erbersatzsteuer gilt gem. § 13a Abs. 11 ErbStG[2] die **Verschonungsregelung** des § 13a Abs. 1–10 ErbStG. Gehören also zum Vermögen der Familienstiftung Betriebsvermögen, Mitunternehmeranteile, land- und forstwirtschaftliche Vermögen oder Anteile an Kapitalgesellschaften (mit über 25 % des Nennbetrags), so sind die Verschonungsregelungen anwendbar.[3] 806

Durch die Gesetzesänderung mit Wirkung ab dem 1.7.2016 wird der Nettowert des **Verwaltungsvermögens** (§ 13b Abs. 4 ErbStG), also Verwaltungsvermögen, das nicht ausnahmsweise als „unschädliches Verwaltungsvermögen" (§ 13b Abs. 7 ErbStG) angesehen wird bzw. nach § 13b Abs. 3 und 4 ErbStG verrechnet werden kann, definitiv **besteuert**. Ziel des Gesetzgebers war es, dass nur das begünstigte operative Vermögen schlussendlich den Verschonungen des § 13a ErbStG unterliegt. Das Verwaltungsvermögen ist entsprechend der Vorgabe des BVerfG mit Ausnahme einer Quote von 10 %[4] nicht mehr begünstigt und voll zu versteuern. 806/1

HINWEIS:

Dies ist eine für Familienstiftungen mit nach der bis 30.6.2016 geltenden Rechtslage voll verschonungsfähigem Vermögen einzuplanende Verschlechterung der Rechtslage seit 1.7.2016. Es ist zu prüfen, ob im Hinblick auf eine in naher Zukunft erfolgende Festsetzung von **Erbersatzsteuer** nicht Verwaltungsvermögen abgebaut bzw. mittelfristig (zwei Jahre) umgeschichtet wird.

Die Erbersatzsteuer kann gem. § 24 ErbStG zu einem Zinssatz von 5,5 % auf **30 Jahre verrentet werden.**[5] 806/2

Die Erbersatzbesteuerung **fingiert**, dass im Abstand von 30 Jahren das Stiftungsvermögen **zwei Personen** der Steuerklasse I zur freien Verfügung zufällt.[6] Bei begünstigtem Vermögen i. S. des § 13b Abs. 1 ErbStG bedeutet diese **fiktive Halbierung** für die Ermittlung der Erbersatzsteuer, dass die Verschonungs- 807

1 Jülicher in Troll/Gebel/Jülicher/Gottschalk, ErbStG, 62. EL Juli 2021, § 30 Rz. 40.

2 Bis 30.6.2016: § 13a Abs. 9 ErbStG.

3 Zur Verschonung siehe → Rz. 1871 ff.

4 Der Nettowert des Verwaltungsvermögens wird wie begünstigtes Vermögen behandelt, soweit er 10 % des um den Nettowert des Verwaltungsvermögens gekürzten gemeinen Werts des Betriebsvermögens nicht übersteigt (unschädliches Verwaltungsvermögen). Dieses quasi begünstigte Vermögen stellt eine Art Freibetrag für Verwaltungsvermögen dar, denn insoweit nimmt es als Teil des begünstigten Vermögens an den gesetzlich vorgesehenen Verschonungen teil.

5 Siehe dazu Meincke/Hannes/Holtz, ErbStG, § 24 Rz. 1.

6 Siehe → Rz. 803.

bedarfsprüfung (§ 28a ErbStG) und der Verschonungsabschlag (§ 13c ErbStG) erst bei einem Wert des begünstigten Unternehmens/Gesellschaftsanteils von mehr als 52 Mio. € zum Tragen kommt. Anders als bei einer natürlichen Person, bei denen Erwerbe von mehr als 90 Mio. € grds. keine Begünstigung für den gesamten Erwerb erfahren (§ 13c Abs. 1 Satz 2 ErbStG), entfällt bei Familienstiftungen der Verschonungsabschlag erst bei einem begünstigten Vermögen von mehr als 180 Mio. €. In diesen Fällen kommt – bei entsprechendem Antrag – nur noch die Verschonungsbedarfsprüfung in Betracht. Die Anwendung eines abgeschmolzenen Verschonungsabschlags scheidet aus.

808 Gemäß § 1 Abs. 1 Nr. 4 ErbStG unterliegen Familienstiftungen mit **Sitz oder Geschäftsleitung** im **Ausland** nicht der Erbersatzsteuerpflicht.[1] Nach § 15 Abs. 1 Satz 2 AStG gilt die **Zurechnungsvorschrift** des § 15 Abs. 1 Satz 1 AStG für Vermögen und Einkommen ausländischer Familienstiftungen **nicht** für die **Erbschaftsteuer**, so dass ausländische Stiftungen und Trusts von der Erbersatzsteuer nicht betroffen sind.

808/1 Auch das Vermögen anderer Körperschaften wird nicht der Erbersatzsteuer unterworfen. Diese in § 1 Abs. 1 Nr. 4 ErbStG enthaltene Fiktion einer Besteuerung nach Zeitabständen war von Anfang an fragwürdig und ist durch die erheblich angestiegene durchschnittliche Lebenszeit von Männern und Frauen in Deutschland noch fragwürdiger geworden. Es kann keineswegs von einer Generationenfolge innerhalb von 30 Jahren ausgegangen werden. Bei der Bemessung auf 30 Jahre hat die Verkennung des Charakters einer Stiftung und die Gleichsetzung mit der Dauertestamentsvollstreckung (§ 2210 BGB) aus politischen Gründen wohl eine entscheidende Rolle gespielt. Im Charakter ist die Erbersatzsteuer eine Vermögensteuer, die bekanntlich seit 1.1.1997 wegen Verfassungswidrigkeit nicht mehr erhoben wird.

809 Wählt die Stiftung – was der Normalfall sein dürfte –, die Form der **Verrentung** gem. § 24 ErbStG, so kann die Verrentung auch für einen Teilbetrag erfolgen; die im Rahmen der Verrentung festgesetzten Jahresbeträge können ganz oder teilweise vorzeitig abgelöst werden und die Verrentung kann auf einen kürzeren Zeitraum als 30 Jahre bemessen werden.[2]

810 Bei der **vorzeitigen Ablösung** wird gem. § 23 Abs. 2 ErbStG verfahren; dies bedeutet u. a. Kapitalwertberechnung gem. § 13 Abs. 1 BewG unter Zugrundelegung eines Zinsfußes von 5,5 % p. a., der auch bei der Ermittlung des Jahresbetrages gem. § 24 ErbStG anzuwenden ist.

1 BFH, Urteil v. 6.12.1989 - II R 18/87, BStBl 1990 II S. 221 f. NWB CAAAA-93127

2 Niedersächsisches FinMin, Erlass v. 14.3.1984 - S 3826 - 1-34, DStR 1984 S. 306..

Die Erbersatzsteuer ist wie die Erbschaftsteuer (und Schenkungsteuer anlässlich der Erstdotation)[1] bei der Einkommensermittlung der **Abzug** nach § 10 Nr. 2 KStG **verwehrt**.[2] Auch ist sie – wie die Erbschaftsteuer – bei der Ermittlung des steuerpflichtigen Vermögens nicht abzugsfähig (§ 10 Abs. 8 ErbStG), da sie – zwar systemwidrig, aber mit Gesetzeskraft – im ErbStG enthalten ist.[3] 811

An der **Verfassungsmäßigkeit** der Erbersatzsteuer für Familienstiftungen wurden bereits während des Gesetzgebungsverfahrens erhebliche Zweifel geäußert.[4] Das **Bundesverfassungsgericht** hat jedoch mit Beschluss vom 8.3.1983[5] die Verfassungsmäßigkeit der Erbersatzsteuer **bejaht.** 812

Trotz aller Kritik (siehe → Rz. 808/1) ist darauf hinzuweisen, dass es im **Einzelfall** vorkommen kann, dass die **Belastung** durch die Erbersatzsteuer **geringer** ist als die „reguläre" Belastung einer Erbfolge mit Erbschaftsteuer. Besonders bei einem ungünstigen familiären Altersaufbau kann es zu Erbgängen in kürzeren Folgen als in 30 Jahren kommen. Die Steuerbelastung je Erbfall kann dann höher sein als die Erbersatzsteuer. Weiterhin wird als ein **Vorteil** der Erbersatzsteuer bezeichnet, dass sie wenigstens zeitlich kalkulierbar ist.[6] Eine Massenflucht aus der Familienstiftung vor der Erbersatzsteuer ist nach dem Verfassungsgerichtsbeschluss des § 1 Abs. 1 Nr. 4 ErbStG jedenfalls nicht bekannt geworden,[7] sie dürfte wegen fehlender Alternativen in Deutschland auch schwer durchzuführen sein. 813

Die **Konsequenzen**, die aus dem Edikt der Erbersatzsteuer gezogen wurden, sind recht unterschiedlich. Klöckner beispielsweise wählte zur Vermeidung der Erbersatzsteuer den Weg in die gemeinnützige Stiftung, Flick den Weg aus der Stiftung. 814

Vor allem Familienstiftungen, die über Generationen großes **ertragloses Vermögen** (z. B. Kulturgüter wie Baudenkmäler, Sammlungen von Gemälden, Skulpturen, Noten, Büchern, wissenschaftlichen Gegenständen, forst- und landwirtschaftliches Vermögen, nicht oder gering rentierendes Betriebs- und Grundvermögen) verwalten, können die Erbersatzsteuer ohne Verkäufe von 815

1 Siehe → Rz. 735.

2 Vgl. → Rz. 750.

3 FinMin Baden-Württemberg, Erlass v. 28.10.1983 - S 3800 A - 6/79, DStR 1983 S. 744; siehe auch BFH, Urteil v. 8.4.1981 - II R 47/79, BStBl 1981 II S. 581 NWB RAAAB-02223.

4 Meincke/Hannes/Holtz, ErbStG, § 1 Rz. 15 m. w. N.

5 BVerfG, Beschluss v. 8.3.1983 - 2 BvL 27/81, BStBl 1983 II S. 779 = BVerfGE 63 S. 312.

6 Götz, NWB 33/2005 S. 2773 f. NWB FAAAB-58306.

7 Pöllath/Richter in Seifart/v. Campenhausen, Stiftungsrechts-Handbuch, 3. Aufl. 2009, § 13 Rz. 112 ff.

Teilen desselben nicht aufbringen.[1] In einigen Fällen trat der Staat als rettender Käufer auf oder es wurden Familienstiftungen in andere Stiftungen (auch normal steuerpflichtige) durch Satzungsänderung überführt.[2]

816 Die Vorkalkulation der zu erwartenden Höhe erlaubt auch Vergleichsberechnungen der Steuerbelastung zu Alternativen, z. B. zur Aufhebung der Familienstiftung, Umwandlung in eine steuerbegünstigte Stiftung, Beibehaltung der Familienstiftung und Übertragung eines großen Teils des Vermögens auf eine neu zu errichtende gemeinnützige Stiftung, zusätzlichen Ausschüttung an die Destinatäre zur Verminderung des der Erbersatzsteuer unterliegenden Vermögens, Aufspaltung in mehrere Familienstiftungen nach Familienstämmen zur Verminderung des Erbschaftsteuersatzes u. a. m.

817 Soll die Familienstiftung nicht aufgehoben werden, so ist zu beachten, dass der Bestand des Vermögens der Stiftung zu dem für die Bewertung im dreißigjährigen Turnus maßgebenden Zeitpunkt entscheidend ist. Wenn es auch nahe liegt, vor dem Stichtag noch besondere Zuwendungen an die Destinatäre vorzunehmen, bleibt die „Erbersatzsteuer" bei größeren Familienstiftungen doch konfiskatorisch. Auch in ihrer verrenteten Form (§ 24 ErbStG) ist sie eine starke Belastung.

818 Eine bisher im Schrifttum vernachlässigte Gefahr stellt die Verwaltungsauffassung dar,[3] wonach die Dreißig-Jahres-Frist bei der „alten" Stiftung endet und bei der „neuen" Stiftung neu beginnt, wenn durch **Satzungsänderung** bisher nicht bezugs- oder anfallberechtigte Familienmitglieder in den Kreis der Destinatäre aufgenommen werden. Dies aber nur dann, wenn die Errichtung der „alten" Stiftung bei – unterstellter bereits damaliger Zugehörigkeit der neu aufgenommenen Destinatäre zum Kreis der Begünstigten – seinerzeit nach einer ungünstigeren Steuerklasse zu besteuern gewesen wäre (z. B. Geschwister und deren Abkömmlinge[4]). Die bei der Errichtung der „alten" Stiftung festgesetzte Erbschaftsteuer soll ferner **nicht** auf die Erbschaftsteuer der „neuen" Stiftung angerechnet werden,[5] so dass eine nicht sachgerechte Übersteuerung eintritt.

819 Der Vorstand einer Familienstiftung hat in seine Liquiditätsplanung einzustellen, wann und in welcher Höhe mutmaßlich Erbersatzsteuer anfallen wird. Die

1 Als Beispiel unter vielen kann die Hessische Hausstiftung dienen, FAZ v. 6.3.2002.

2 Vgl. FinMin Baden-Württemberg, Erlass v. 28.10.1983 - S 3800A - 6/79, DStR 1983 S. 744.

3 R E 1.2 Abs. 4 ErbStR 2019.

4 Siehe → Rz. 594.

5 R E 1.2 Abs. 4 letzter Satz ErbStR 2019.

für die Steuerzahlung voraussichtlich benötigte Liquidität ist vorzuhalten und bei der Bemessung der monatlichen/jährlichen Auszahlungen an die Destinatäre zu berücksichtigen.[1]

1.5 Umsatzsteuer und sonstige Steuern

1.5.1 Umsatzsteuer

Grundsätzlich gelten für Stiftungen umsatzsteuerlich keine Besonderheiten. 820
Im Einzelfall sind ggf. die Steuerbefreiungen nach § 4 UStG zu prüfen.

Das bloße **Halten von Beteiligungen** begründet noch **keine Unternehmereigenschaft** im Sinne des UStG.[2] Dies gilt auch, wenn die Stiftung als **Holding** administrative, finanzielle, kaufmännische oder/und technische Dienstleistungen für ihre Beteiligungsgesellschaften erbringt, sogenannte Finanzholding.[3] Erst wenn die Holding in das Tagesgeschäft ihrer Tochtergesellschaften eingreift im Sinne einer einheitlichen Leitung, ist sie Unternehmerin (sogenannte Führungs- und Funktionsholding).[4] Auch die persönlich haftende Gesellschafterin einer Personengesellschaft (z. B. Stiftung & Co. KG) ist wegen ihrer Geschäftsführungstätigkeit Unternehmerin.[5] 821

Die **Voraussetzungen** des § 2 Abs. 2 Nr. 2 UStG für die umsatzsteuerliche **Organschaft** – finanzielle, organisatorische und wirtschaftliche Eingliederung einer juristischen Person in ein anderes Unternehmen – sind **nicht identisch** mit den Voraussetzungen der körperschaftsteuerlichen und gewerbesteuerlichen Organschaft. Die **finanzielle** Eingliederung setzt eine mittelbare oder unmittelbare Beteiligung in der Weise voraus, dass der Organträger – hier die Stiftung – über mehr als 50 % der Stimmrechte der Organgesellschaft verfügt.[6] Da von der finanziellen Eingliederung nicht auf die organisatorische Eingliederung geschlossen werden kann, kann die organisatorische Eingliederung **i. d. R. nur** durch **Personalunion** der Organe erlangt werden.[7] 822

Besondere Brisanz hat sich durch ein Urteil des BFH ergeben, wonach **Tätigkeiten der Vorstände** eines Vereins gegen **Aufwandsentschädigung** – und Glei- 823

1 Vgl. → Rz. 282.
2 Abschnitt 2.3 Abs. 2 UStAE.
3 Abschnitt 2.3 Abs. 3 UStAE.
4 Abschnitt 2.3 Abs. 3 Satz 2 UStAE.
5 Abschnitt 2.2 Abs. 5 UStAE.
6 Abschnitt 2.8 Abs. 5 UStAE; BFH, Urteil v. 22.11.2001 - V R 50/00 NWB VAAAA-89150 = DStR 2002 S. 214 f.
7 BFH, Urteil v. 3.4.2008 - V R 76/05, BStBl 2008 II S. 905 NWB XAAAC-82782.

ches müsste für die Vorstände einer Stiftung gelten – **umsatzsteuerbare** Leistungen sein können.[1]

823/1 Die **Steuerbefreiung** nach § 4 Nr. 26b UStG wird bei steuerpflichtigen Stiftungen i. d. R. nicht greifen. Danach sind Tätigkeiten nur steuerfrei, wenn das Entgelt nur in **Auslagenersatz** und einer angemessenen Entschädigung für Zeitversäumnis besteht (§ 4 Nr. 26 Buchst. b UStG). Als Auslagen kommen insbesondere Reisekosten, Porto, Telefongebühren usw. in Betracht. Für Reisekosten dürften die einkommensteuerlich anerkannten Pauschsätze die Obergrenze bilden, falls nicht höhere Aufwendungen nachgewiesen werden. Die Angemessenheit der Entschädigung für Zeitverlust richtet sich insbesondere nach der beruflichen Stellung des ehrenamtlich Tätigen (siehe UStAE 4.26.1). Für nach dem 31.12.2012 ausgeführte Umsätze geht die Finanzverwaltung davon aus, dass eine Entschädigung von bis zu **50 € pro Stunde** als angemessen anzusehen ist, wenn die Vergütung insgesamt den Betrag von **17.500 € jährlich** nicht übersteigt.[2]

1.5.2 Sonstige Steuern

824 Als Arbeitgeber **haftet** die Stiftung für die Abführung der **Lohn- und Lohnkirchensteuer** ebenso wie für Sozialversicherungsbeiträge. Auch für den Arbeitnehmeranteil gem. § 42d EStG wird gehaftet. Während Vorstandsmitglieder mit ihren Gehältern grds. lohnsteuerpflichtig sind, erzielen Mitglieder eines Aufsichtsrates, Beirates und eines ähnlichen Stiftungsorgans mit ihren Bezügen i. d. R. Einkünfte aus selbständiger Arbeit oder – bei ehrenamtlicher Tätigkeit mit den die eigenen Aufwendungen übersteigenden Bezügen – sonstige Einkünfte i. S. von § 22 Nr. 3 EStG.[3]

825 Die Stiftung **haftet** gem. § 50a Abs. 5 EStG auch für den Steuerabzug bei den dort bezeichneten **beschränkt Steuerpflichtigen**, wenn sie nicht Arbeitnehmer sind, aber von der Stiftung engagiert werden. Ferner ist die **Steuerabzugspflicht für Bauleistungen** auch gem. § 48 EStG von Stiftungen zu beachten, wenn die Stiftung Unternehmer i. S. von § 2 UStG oder eine Stiftung des öffentlichen Rechts ist.

1 BFH, Urteil v. 14.5.2008 - XI R 70/07, BStBl 2008 II S. 912 NWB EAAAC-89504.
2 Bunjes/Heidner, UStG, 20. Aufl. 2021, § 4 Nr. 26 Rz. 4 m. w. N.
3 BMF, Schreiben v. 13.3.1996 - IV B 3 - S 2257 -10/96, DB 1996 S. 960.

1.6 Grunderwerbsteuer

Wird **Grundvermögen** auf eine Familienstiftung übertragen, sei es in Erfüllung der Verpflichtung aus dem Stiftungsgeschäft oder sei es später im Wege der Zustiftung, so erfolgt diese Übertragung regelmäßig **unentgeltlich**, so dass die Übertragung nach § 3 Nr. 2 Satz 1 GrEStG von der Grunderwerbsteuer **befreit** ist. 826

Anders ist dies, soweit die Zustiftung eine gemischte Schenkung (**Auflagenschenkung**) darstellt. Hat sich der Schenker (was in der Praxis häufig vorkommt) z. B. eine Leibrente oder ein Nutzungsrecht vorbehalten, hat also die Stiftung eine Gegenleistung für das übertragene Grundvermögen zu leisten, ist nach § 3 Nr. 2 Satz 1 GrEStG nur der unentgeltliche Teil der Zuwendung grunderwerbsteuerbefreit; der **entgeltliche Teil** ist nach § 3 Nr. 2 Satz 2 GrEStG **grunderwerbsteuerpflichtig**. 826/1

Wird nicht ein einzelnes Grundstück auf die Familienstiftung unentgeltlich übertragen, sondern ein Anteil an einer grundbesitzenden **Personengesellschaft**, so ist der ggf. nach § 1 Abs. 2a GrEStG[1] steuerbare Erwerb ebenfalls gem. § 3 Nr. 2 GrEStG von der Grunderwerbsteuer **befreit**.[2] Unerheblich ist, dass § 1 Abs. 2a GrEStG grunderwerbsteuerrechtlich die Übereignung der Grundstücke auf eine „neue" Personengesellschaft fingiert, während der Schenkungsteuer die freigebige Zuwendung der Gesellschaftsanteile an die Erwerber unterliegt.[3] 827

Bei einer **teilentgeltlichen** Übertragung kann hingegen neben Schenkungsteuer für den unentgeltlichen Teil noch zusätzlich Grunderwerbsteuer für den entgeltlichen Teil entstehen.[4] 828

Für Gesellschaftsanteile an einer grundbesitzenden **Kapitalgesellschaft**, die auf eine Familienstiftung übertragen werden, ist zu unterscheiden. Werden bereits in der Hand des Schenkers vereinigte Anteile an der Kapitalgesellschaft unentgeltlich auf die Familienstiftung übertragen (§ 1 Abs. 3 Nr. 3 und 4 GrEStG), ist § 3 Nr. 2 GrEStG anwendbar. Tritt die Anteilsvereinigung an der grundbesitzenden Kapitalgesellschaft bei der Familienstiftung infolge der Zuwendung ein (§ 1 Abs. 3 Nr. 1 und 2 GrEStG), ist dieser Vorgang ebenfalls gem. 829

1 Nach § 1 Abs. 3 Satz 1 GrEStG ist § 1 Abs. 2a GrEStG vorrangig anzuwenden.

2 Pahlke, GrEStG, § 3 Rz. 36.

3 Viskorf/Meßbacher-Hönsch, 20. Aufl. 2021, GrEStG § 3 Rz. 114.

4 Pahlke, GrEStG, § 3 Rz. 38.

§ 3 Nr. 2 GrEStG von der Grunderwerbsteuer **befreit**.[1] Allerdings kann bei einer **Anteilsvereinigung in zwei Rechtsakten**, wovon einer teilentgeltlich ist (z. B. gemischte Schenkung), eine **Aufteilung** in einen grunderwerbsteuerpflichtigen und grunderwerbsteuerbefreiten Vorgang vorzunehmen sein.[2]

830 Im Zusammenhang mit der Einführung des neuen Ergänzungstatbestands in § 1 Abs. 2b GrEStG mit Wirkung ab 1.7.2021 hat sich eine Diskussion darüber entsponnen, in welchem Verhältnis die Ergänzungstatbestände zueinanderstehen. Dies betrifft vor allem das Verhältnis der sogenannten Anteilsvereinigungs-Tatbestände, insbesondere in § 1 Abs. 3 Nr. 1, 3 GrEStG einerseits, zu den sogenannten Anteilsbewegungs-Tatbeständen in § 1 Abs. 2a, 2b GrEStG andererseits.[3]

831 Führt eine schenkweise Übertragung von Anteilen einer grundbesitzenden Kapitalgesellschaft zu einer fiktiven Übereignung des Grundstücks auf eine neue Kapitalgesellschaft i. S. des § 1 Abs. 2b GrEStG, ist dieser Erwerb steuerbar und insoweit nach § 3 Nr. 2 Satz 1 GrEStG steuerfrei, als er auf der schenkweisen Anteilsübertragung beruht. § 3 Nr. 2 Satz 1 GrEStG soll eine Doppelbesteuerung mit Schenkung- und Grunderwerbsteuer vermeiden. Die unterschiedlichen rechtstechnischen Anknüpfungspunkte für die Schenkungsteuer (freigebige Zuwendung von Anteilen an den Bedachten) und die Grunderwerbsteuer (fiktiver Grundstückserwerb der „neuen" Kapitalgesellschaft von der „alten" Kapitalgesellschaft) schließen die Steuerbefreiung des § 3 Nr. 2 Satz 1 GrEStG nicht aus. Insoweit gelten dieselben Grundsätze wie bei einer Anteilsvereinigung; die Steuerbefreiung erstreckt sich auf alle schenkweisen Anteilsübertragungen, die zum fiktiven Erwerb des Grundstücks geführt haben.[4]

832 Zu beachten ist die vorrangige Besteuerung gem. § 1 Abs. 2a GrEStG bei Änderungen im Gesellschafterbestand einer grundbesitzenden Personengesellschaft und gem. § 1 Abs. 2b GrEStG bei Änderungen im Gesellschafterbestand einer grundbesitzenden Kapitalgesellschaft. Die Einfügung des § 1 Abs. 2b GrEStG durch das GrEStÄndG 2021 führt zu einer Einschränkung des Anwendungsbereichs des § 1 Abs. 3 GrEStG.[5]

---

1 Gleich lautende Erlasse der Länder v. 6.3.2013, BStBl 2013 I S. 773 (Tz. 1 Bsp. 1) NWB BAAAE-40065.

2 Gleich lautende Erlasse der Länder v. 6.3.2013, BStBl 2013 I S. 773, 774 (Tz. 4) NWB BAAAE-40065.

3 Behrens/Klinger, DStR 2021 S. 2870.

4 Meßbacher-Hönsch in Viskorf, GrEStG, 20. Aufl. 2021, § 3 Rz. 117.

5 Meßbacher-Hönsch in Viskorf, GrEStG, 20. Aufl. 2021, § 3 Rz. 119.

§ 3 Nr. 2 Satz 1 GrEStG ist auf alle Anteilsvereinigungen i. S. von § 1 Abs. 3 Nr. 1 und 2 GrEStG bei grundbesitzenden Kapitalgesellschaften und Personengesellschaften anwendbar. Begünstigt sind Anteile, die schenkweise oder von Todes wegen von der Stiftung erworben wurden. Zu beachten ist jedoch, dass für Anteilsvereinigungen bei grundbesitzenden Personengesellschaften die Besteuerung nach § 1 Abs. 2a und für Anteilsvereinigungen bei grundbesitzenden Kapitalgesellschaften die Besteuerung nach § 1 Abs. 2b GrEStG vorrangig ist.[1] 833

(Einstweilen frei) 834–844

2. Besteuerung der Destinatäre

2.1 Einkommensteuer

Bei Stiftungsvorhaben wird den Regelungen zur Bemessung der Zuwendungen an die Destinatäre häufig wenig Beachtung geschenkt. Klar zu regeln ist nicht nur, wer das Ob und die Höhe der Zuwendungen bestimmt, sondern zusätzlich (positiv), dass **kein Rechtsanspruch** auf die Zuwendungen besteht. Daher sollte in Satzungen regelmäßig formuliert werden: *„Ein Rechtsanspruch auf Leistungen der Stiftung besteht in keinem Fall. Ein Anspruch auf Leistungen der Stiftung wird insbesondere auch nicht durch wiederholte Gewährung von Leistungen der Stiftung begründet"*. 845

Nach dem bis 31.12.2000 geltenden Recht waren satzungsmäßige laufende Zuwendungen an Destinatäre bei der unbeschränkt steuerpflichtigen Stiftung nicht abzugsfähig und unterlagen bei dieser endgültig der Körperschaftsteuer gem. § 10 Nr. 1 KStG. Aber auch bei den Destinatären unterlagen sie nicht der Einkommensbesteuerung, weil sie zu keiner der unter § 2 Abs. 1 EStG – auch nicht als wiederkehrende Bezüge gem. § 22 Nr. 1 EStG – aufgeführten Einkunftsarten gehörten. 846

Seit dem sogenannten Steuersenkungsgesetz[2] hat sich mit Wirkung ab dem 1.1.2001 diese Besteuerungsfolge grundlegend geändert. Die satzungsmäßigen laufenden Zuwendungen an einen Destinatär als natürliche Person sind nunmehr – bei unveränderter Nichtabzugsfähigkeit bei der Körperschaftsteuer gem. § 10 Nr. 1 KStG – vom **Destinatär** gem. § 20 Abs. 1 Nr. 9 EStG als Einnahmen aus **Kapitalvermögen** im Rahmen der Abgeltungssteuer[3] zu versteuern, 847

1 Meßbacher-Hönsch in Viskorf, GrEStG, 20. Aufl. 2021, § 3 Rz. 120.

2 So wurde das „Gesetz zur Senkung der Steuersätze und zur Reform der Unternehmensbesteuerung" (StSenkG) in der Bekanntmachung v. 23.10.2000, BGBl 2000 I S. 1433, genannt.

3 Levedag in Schmidt, EStG, § 20 EStG Rz. 131.

so dass die bisher vermiedene doppelte Einkommensbesteuerung eingetreten ist, obwohl ein dem Destinatär zuzurechnendes Kapitalvermögen bei der Stiftung nicht vorhanden ist.[1]

848 **Voraussetzung** für eine **Besteuerung** beim Destinatär nach § 20 Abs. 1 Nr. 9 EStG ist, dass es sich um „Einnahmen aus Leistungen" handelt, *„die Gewinnausschüttungen i. S. d. § 20 Abs. 1 Nr. 1 EStG wirtschaftlich vergleichbar sind"*. Der Gesetzgeber hat in der Gesetzesbegründung zum Steuersenkungsgesetz[2] wörtlich ausgeführt: *„Bei diesen Körperschaften (Stiftungen) gibt es grundsätzlich keine Ausschüttungen an Anteilseigner. Gleichwohl kommt es auch bei diesen Körperschaften zu Vermögensübertragungen an die hinter diesen Gesellschaften stehenden Personen. Diese Vermögensübertragungen sind wirtschaftlich gesehen mit Gewinnausschüttungen vergleichbar."*

849 Diese auf den ersten Blick eindeutige Gesetzesbegründung zur Auslegung des § 20 Abs. 1 Nr. 9 EStG hatte in der Literatur gleichwohl zu einem Meinungsstreit geführt. Es wurden im Wesentlichen drei verschiedene Ansichten vertreten (siehe Rz. 849 der Vorauflage).

850 Durch die Entscheidung des 1. Senats des BFH[3] aus 2010 hat der Meinungsstreit ein Ende gefunden. Der BFH unterwirft unterschiedslos **alle satzungsmäßigen laufenden** Zuwendungen einer Stiftung an den Destinatär der Besteuerung nach **§ 20 Abs. 1 Nr. 9 EStG**, es sei denn, es läge eine Gegenleistung vor.[4]

850/1 Bei satzungsmäßigen laufenden Zuwendungen ist **nicht** erforderlich, dass der Anspruch auf die Leistung **unmittelbar** aus der Stiftungssatzung resultiert. Es genügt, wenn der Anspruch des Destinatärs durch einseitige Zuerkennung eines Stiftungsorgans oder durch vertragliche Vereinbarung begründet wird, sofern dies dem in der Satzung niedergelegten Willen des Stifters entspricht und die satzungsmäßigen Voraussetzungen erfüllt sind. Satzungsgemäßen Zuwendungen fehlt es an der Freigebigkeit (§ 7 Abs. 1 Nr. 1 ErbStG), so dass sie nach herrschender Meinung nicht schenkungsteuerbar sind.[5]

850/2 Durch das JStG 2010 wurde § 20 Abs. 1 Nr. 9 EStG ein Satz 2 angefügt. Danach sind nun auch Leistungen von vergleichbaren Körperschaften, Personenvereini-

1 BFH, Urteil v. 14.7.2010 - X R 62/08, BStBl 2014 II S. 320 NWB PAAAD-57530.

2 BT-Drucks. 14/2683 und 14/3074; BR-Drucks. 90/00.

3 BFH, Urteil v. 3.11.2010 - I R 98/09, BStBl 2011 II S. 417 NWB FAAAH-81415.

4 Ebenso FG Hamburg, Urteil v. 20.8.2021 - 6 K 196/20 NWB UAAAH-93301 = EFG 2022 S. 241, nrkr. (Az. BFH: VIII R 25/21 NWB UAAAH-97520).

5 Jensen, npoR 2022 S. 122.

gungen oder Vermögensmassen, die weder Sitz noch Geschäftsleitung im Inland haben, nach § 20 Abs. 1 Nr. 9 EStG beim inländischen Destinatär steuerpflichtig.

Ein Destinatär kann seit 1.1.2009 nur noch den Sparer-Freibetrag (§ 20 Abs. 9 EStG) von den von der Stiftung ausbezahlten Leistungen abziehen. Ebenfalls seit diesem Zeitpunkt gilt auch für Zuwendungen der steuerpflichtigen Stiftung nach § 32d Abs. 1 EStG die sogenannte **Abgeltungsteuer** mit 25 % (zzgl. KiSt und Solidaritätszuschlag). Ist der Destinatär eine körperschaftsteuerpflichtige Körperschaft, sind die Bezüge bei ihr gem. § 8b Abs. 1 KStG zu 95 % steuerfrei. 851

Ebenfalls entschieden hat der BFH, dass seitens der Stiftung eine **Pflicht** zum **Kapitalertragsteuerabzug** besteht. Demnach muss die Stiftung als Schuldner der Kapitalerträge (seit 1.1.2009) 25 % Kapitalertragsteuer einbehalten, § 43a Abs. 1 Nr. 1 EStG; die Steuer ist zeitgleich mit der Auszahlung anzumelden und abzuführen, § 44 Abs. 1 Satz 5 EStG. 852

BEISPIEL ▸ Die Destinatäre A, B und C sollen jährlich am 1.7. eines Jahres einen fixen Betrag von je netto 25.000 € erhalten. Die Stiftung hat – im Hinblick auf die Kirchenzugehörigkeit eines Destinatärs (vgl. § 43a Abs. 1 Satz 2 EStG) – folgende unterschiedlichen Beträge beim Finanzamt anzumelden und die Steuern abzuführen:

	Destinatär A	**Destinatär B**	**Destinatär C**
einzubehaltene KapESt	25,00 %	25,00 %	25,00 %
einzubehaltener SolZ	5,50 %	5,50 %	5,50 %
einzubehaltene KiSt	8,00 %	0,00 %	0,00 %
ermäßigte KapESt (wg. KiSt)	24,51 %	-	-
Steuerbelastung	27,82 %	26,38 %	26,38 %
Auszahlung	**25.000,00**	**25.000,00**	**25.000,00**
einzubehaltene KapESt	8.488,96	8.488,96	8.488,96
einzubehaltener SolZ	466,89	466,89	466,89
einzubehaltene KiSt	679,12	0,00	0,00
Insgesamt an Finanzamt abzuführen	**9.634,97**	**8.955,86**	**8.955,86**
Gesamtbetrag (Liquiditätsabfluss bei der Stiftung)	**34.634,97**	**33.955,86**	**33.955,86**

Es zeigt sich, dass für die Destinatäre bei Vorliegen von KiSt-Pflicht andere Steuerbeträge an das Finanzamt abzuführen sind als bei Konfessionslosigkeit.

853 Von der Steuerpflicht sind die Bezieher relativ geringer Destinatärzuwendungen besonders hart betroffen. Denn hohe Destinatärbezüge sind selten. Viele Familienstiftungen gewähren sogar nur Ausbildungsbeihilfen, Unterstützungen u. Ä. Bei Vorlage einer Nichtveranlagungsbescheinigung durch einen Destinatär kann die Stiftung vom Abzug der Kapitalertragsteuer Abstand nehmen.[1]

854 Um beim Destinatär hinsichtlich der Besteuerung danach zu differenzieren, ob ertragsteuerlich steuerpflichtige oder steuerfreie Leistungen (Rückgewähr von Einlagen, siehe → Rz. 855) an den Destinatär gezahlt werden, ist es vonnöten, auf der Ebene der privatnützigen Stiftung die Leistungen jeweils entsprechend gegenüber dem Destinatär zu bescheinigen. Ausgehend von der Regelung in § 27 Abs. 1 i.V. mit Abs. 7 KStG besteht Einigkeit, dass privatnützige Stiftungen ein **steuerliches Einlagekonto** zu führen haben.[2]

855 Durch den Verweis in § 20 Abs. 1 Nr. 9 Satz 1 Halbsatz 2 EStG ist die Möglichkeit eröffnet, dass das Äquivalent einer Rückgewähr von Einlagen bei einer Kapitalgesellschaft durch eine Stiftung an ihren Destinatär steuerneutral zu behandeln ist. Mit anderen Worten: Gewinnausschüttungen wirtschaftlich vergleichbarer Leistungen der Stiftung an den Destinatär sind (abgeltung-)steuerpflichtig, **zurückgewährte Einlagen** an den Stifter (Anfangsdotation, Zustiftungen) etc. sind **steuerneutral**. In diesem Kontext ist darauf hinzuweisen, dass der Nachvollzug der „Eigenkapitalkonten" der Stiftung – aus generierten Erträgen bzw. aus Einlagen des Stifters bzw. der Destinatäre – von höchster Bedeutung ist (sogenanntes „tracking"). Für rechtsfähige Stiftungen, die Leistungen i. S. des § 20 Abs. 1 Nr. 9 EStG gewähren können, ist daher gem. § 27 Abs. 7 i.V. mit Abs. 1 KStG ein **steuerliches Einlagekonto**[3] zu führen und dessen Bestand nach Maßgabe des § 27 Abs. 2 KStG festzustellen. Der Umstand, dass § 27 Abs. 7 KStG nach seinem Wortlaut die sinngemäße Geltung der vorangehenden Absätze des § 27 KStG lediglich für Körperschaften und Personenvereinigungen, nicht jedoch ausdrücklich auch für Vermögensmassen anordnet, steht dieser rechtlichen Beurteilung nicht entgegen. Nach Auffassung des Senats ist davon auszugehen, dass die Verengung des Anwendungsbereichs des § 27 Abs. 7 KStG auf Körperschaften und Personenvereinigungen – unter Außerachtlassung der Vermögensmassen – auf einem gesetzgeberischen Ver-

1 Levedag in Schmidt, EStG, § 44a Rz. 2 ff.

2 Kraft, DStR 2016 S. 2825, 2828.

3 Vgl. Orth, DB 2017 S. 1410, 1412.

sehen beruht und die Lücke im Wortlaut der Norm durch teleologische Extension zu schließen ist.[1] Die Gesellschaftsbeteiligungen, die ein Stifter bei Errichtung der Stiftung auf diese überträgt, und auch entsprechend dem Stiftungsgeschäft geleistete Barzuwendungen sind in entsprechender Anwendung des § 27 Abs. 1 Satz 1 KStG als Leistungen in das mit dem Nennkapital einer Kapitalgesellschaft vergleichbare Stiftungskapital anzusehen. Sie können nach Ansicht des FG Münster indes – wie Nennkapital – nicht bei Feststellung des steuerlichen Einlagekontos berücksichtigt werden.[2]

Erhalten Destinatäre Zuwendungen hingegen aufgrund **schuldrechtlicher Aus-** 856
tauschverträge, so sind diese Zahlungen bei der Familienstiftung als Betriebsausgaben zu behandeln. Die Vergütungen werden, auch wenn sie unangemessen hoch sind, nicht als **verdeckte Gewinnausschüttungen** behandelt.[3] Die Annahme einer verdeckten Gewinnausschüttung setzt nämlich voraus, dass der Empfänger der „Ausschüttung" ein mitgliedschaftliches oder mitgliedschaftsähnliches Verhältnis zur Körperschaft hat,[4] was indes bei Destinatären einer Stiftung **rechtstechnisch nicht** der Fall sein kann.[5] Beim Empfänger sind die Zuwendungen in Höhe des Zuflusses als Einkünfte aus der entsprechenden Einkunftsart steuerpflichtig.

Bei **einmaligen Zuwendungen** dürfte aufgrund der Rechtsprechung des BFH 857
ebenfalls eine Steuerpflicht beim Destinatär gem. § 20 Abs. 1 Nr. 9 EStG vorliegen. Der 1. Senat hat zwar offengelassen,[6] ob nach § 20 Abs. 1 Nr. 9 EStG nur auf Wiederholung angelegte Leistungen steuerbar sind. Nach Sinn und Zweck der Norm kann es darauf aber nicht ankommen.[7] Ist die einmalige Zuwendung satzungsgemäß, erfolgt sie ebenfalls nicht freigebig zur Bereicherung des Empfängers und ist daher nicht schenkungsteuerbar.

Verdeckte Zuwendungen können in Form der Gewährung von Nutzungsvortei- 857/1
len oder in Form von Sachzuwendungen vorkommen. Hierbei gilt ebenfalls, dass sie – sofern es sich um satzungsgemäße Zuwendungen handelt – nicht

1 FG Münster, Urteil v. 16.1.2019 - 9 K 1107/17 F NWB LAAAH-14163 = BB 2019 S. 1265, rkr. (die Revision wurde zurückgenommen, BFH, Einstellungsbeschluss v. 19.6.2019 - I R 21/19).

2 FG Münster, Urteil v. 16.1.2019 - 9 K 1107/17 F NWB LAAAH-14163 = BB 2019 S. 1265, rkr. (die Revision wurde zurückgenommen, BFH, Einstellungsbeschluss v. 19.06.2019 - I R 21/19).

3 Siehe → Rz. 762.

4 Kraft, DStR 2016 S. 2825, 2829; R 8.5 Abs. 1 KStR 2015; Richter in Richter, Stiftungsrecht, § 24 Rz. 50.

5 H 8.5 I. Grundsätze „Stiftungen" KStR 2015.

6 BFH, Urteil v. 3.11.2010 - I R 98/09, BStBl 2011 II S. 417 Rz. 16 NWB UAAAD-61765.

7 BMF v. 9.5.2006 - IV B 7 - S 2252 - 1/06, BStBl I 2006 S. 417; Levedag in Schmidt, EStG, § 20 Rz. 131.

schenkungsteuerbar sind. Über den Verweis in § 20 Abs. 1 Nr. 9 Satz 1 Halbsatz 2 EStG auf Nr. 1 Satz 2 fallen auf Ebene des Destinatärs auch Vorgänge unter die zu versteuernden Kapitaleinkünfte, die einer verdeckten Gewinnausschüttung entsprechen. Somit unterliegt der Nutzungsvorteil lediglich der Kapitalertragsteuer von 25 %, obwohl es auf Ebene der Stiftung zu keiner steuerlichen Vorbelastung kommt.[1]

857/2 In der Praxis wird der Fall **nicht satzungsmäßiger** Zuwendungen vornehmlich im Zusammenhang mit ausländischen Familienstiftungen diskutiert. Die Zuwendung darf zivilrechtlich nicht im Widerspruch zur Satzung stehen. Dies schließt aber nicht aus, dass es nicht dennoch zu derartigen Zuwendungen kommt. Nach § 40 AO ist es für die steuerliche Betrachtung unerheblich, ob das Verhalten vor dem Hintergrund anderer Regelungen erlaubt ist. Eine nicht satzungsmäßige Zuwendung hat ihren Rechtsgrund gerade nicht in der Satzung der Stiftung, sondern vielmehr in der allgemeinen schuldrechtlichen Beziehung. Sie wäre somit nach dem Grundverständnis eine nach § 7 Abs. 1 Nr. 1 ErbStG steuerbare freigebige Schenkung. Allerdings unterliegt sie nach obigen Ausführungen zusätzlich gem.§§ 2 Abs. 1 Satz 1 Nr. 5, 20 Abs. 1 Nr. 9 Satz 1 EStG der Einkommensteuer.[2]

2.2 Erbschaftsteuer

858 Entscheidend für die Erbschaft-/Schenkungsteuerpflicht einer Leistung, welche die Stiftung an ihre Destinatäre erbringt, ist die Einordnung als freigebige Zuwendung i. S. des § 7 Abs. 1 Nr. 1 ErbStG. **Satzungsmäßige** Zuwendungen an die nach der Stiftungsurkunde Berechtigten (Destinatäre) sind für Erbschaftsteuerzwecke weder bei der Familienstiftung steuermindernd abzugsfähig (§ 10 Abs. 7 ErbStG) noch beim Empfänger als Schenkung zu erfassen. Es **fehlt** im Verhältnis zum Destinatär am Tatbestandsmerkmal der **Freigebigkeit**, da die Zuwendung aufgrund einer in der Satzung – wenn auch freiwillig – begründeten Rechtspflicht erfolgt. Dieses Gesetzesverständnis wird neuerdings von der Finanzverwaltung infrage gestellt.

858/1 Die Finanzverwaltung argumentiert, dass die Destinatäre einer – im konkreten Fall **ausländischen** – Familienstiftung sogenannte Zwischenberechtigte i. S. von § 7 Abs. 1 Nr. 9 Satz 2 ErbStG seien. Unter der hypothetischen, aber nicht haltbaren Annahme, dass eine Familienstiftung einer ausländischen Vermögensmasse gleichsteht und die Destinatäre (nur) Zwischenberechtigte i. S. von § 7

1 Jensen, npoR 2022 S. 122, 123 f.

2 Jensen, npoR 2022 S. 122, 124.

Abs. 1 Nr. 9 Satz 2 ErbStG sind, käme man bei Anwendung des Gesetzes tatsächlich zu einer Besteuerung der Destinatäre mit Schenkungsteuer bzgl. der Zuwendungen von der Stiftung. Allerdings möchte die Finanzverwaltung denselben Lebensvorgang gleichzeitig noch der Einkommensteuer unterwerfen.[1]

Der BFH hat zwischenzeitlich der in → Rz. 858/1 ausgeführten Ansicht eine klare Absage erteilt. Zuwendungen einer ausländischen Stiftung sind **nur dann** nach § 7 Abs. 1 Nr. 1 ErbStG steuerbar, wenn sie eindeutig **gegen den Satzungszweck verstoßen**.[2] Zudem stellte der BFH fest, dass bei ausländischen Stiftungen für Anwendung und Auslegung des § 7 Abs. 1 Nr. 1 ErbStG dieselben Grundsätze gelten, denn für die Frage der Freigebigkeit spielt der Sitz des Zuwendenden keine Rolle.[3] 858/2

Nimmt die Stiftung hingegen eine „Ausschüttung" an die Destinatäre vor, ohne dass eine satzungsmäßige oder vertragliche Verpflichtung hierzu besteht, ist eine schenkungsteuerpflichtige freigebige Zuwendung schon bisher anzunehmen. 858/3

Zuwendungen an Destinatäre oder Dritte **aufgrund einer Auflage des Stifters** unterliegen der **Schenkungsteuerpflicht** nach § 7 Abs. 1 Nr. 2 ErbStG. Für die Steuerklasse und für die Gewährung von Freibeträgen ist das Verwandtschaftsverhältnis zum Stifter entscheidend. 859

2.3 Zurechnung der erzielten Einkünfte gem. § 15 AStG

Die Einkommenszurechnung nach § 15 AStG a. F. war nicht nur europarechtswidrig, sondern auch in weiten Teilen ungeklärt. 860

Seit 1.1.2009 hat der Gesetzgeber im JStG 2009 durch den neuen § 15 Abs. 6 AStG versucht, die Europarechtswidrigkeit der Norm zu beseitigen, indem er unter bestimmten Voraussetzungen bei Familienstiftungen mit **Geschäftsleitung oder Sitz in EU-/EWR-Staaten** von einer Hinzurechnung absieht.[4] 861

§ 15 Abs. 5 AStG enthält ab 1.1.2022 eine Neuregelung der Anrechnung ausländischer Steuern.[5] 862

1 Wunderlich, DStR 2018 S. 905.

2 BFH, Urteil v. 3.7.2019 - II R 6/16, BStBl II 2020 S. 61 Rz. 13 und 19 f. NWB GAAAH-32258.

3 BFH, Urteil v. 3.7.2019 - II R 6/16, BStBl II 2020 S. 61 Rz. 20 NWB GAAAH-32258; Götz, NWB-EV 3/2022 S. 90 NWB ZAAAI-04820.

4 Vgl. → Rz. 1799 ff.

5 ATADUmsG v. 25.6.2021, BGBl I 2021 S. 2035

863 Die bereits durch das JStG 2008 eingeführte Vorschrift des **§ 18 Abs. 4 AStG** sieht vor, dass zumindest dann, wenn die Einkünfte einer ausländischen Familienstiftung **mehreren** Personen gem. § 15 Abs. 1 AStG **zuzurechnen** ist, die Besteuerungsgrundlagen **einheitlich und gesondert** in entsprechender Anwendung von § 18 Abs. 1–3 AStG festzustellen sind. Durch den Verweis auf § 18 Abs. 3 AStG ist ab 1.1.2022 klargestellt, dass die Erklärung zur gesonderten Feststellung nach amtlich vorgeschriebenem Vordruck abzugeben ist.

864 Eine Verschärfung ist die Möglichkeit einer Außenprüfung in Hinzurechnungsbesteuerungsfällen. Bislang richtet sich dies nach § 193 Abs. 2 Nr. 2 AO und ist nur möglich, wenn die dortigen Voraussetzungen erfüllt sind. Nun sieht § 18 Abs. 5 AStG – mit Wirkung ab dem 1.1.2022 – vor, dass eine Außenprüfung zur Ermittlung der Besteuerungsgrundlagen bei jedem Steuerpflichtigen zulässig ist. Dies könnte erhebliche Auswirkungen für die Praxis haben.[1]

865–874 *(Einstweilen frei)*

3. Umstrukturierung

875 Stiftungen können zivil-/handelsrechtlich nach § 124 UmwG Vermögen durch Spaltung ausgliedern.[2] Voraussetzung für die Anwendbarkeit des UmwStG auf Stiftungen ist, dass es sich um eine „Gesellschaft i. S. der Art. 48 Abs. 2 EGV bzw. Art. 34 EWR-Abkommen handelt", § 1 Abs. 2 Nr. 1 und Abs. 4 Nr. 1 und Nr. 2 Buchst. a Doppelbuchst. aa UmwStG. Anerkannt ist, dass das UmwStG auf rechtsfähige Stiftungen als juristische Personen anwendbar ist,[3] sofern sie Erwerbszwecke verfolgen. Nach der Rechtsprechung ist dieses Tatbestandsmerkmal weit zu verstehen, sodass selbst vermögensverwaltende Aktivitäten ausreichend sind.[4]

876 Wird ein Grundstück von der Stiftung auf eine Tochterbeteiligung überführt, löst dies grds. Grunderwerbsteuer aus. Nach § 6a GrEStG wird die Grunderwerbsteuer aber nicht erhoben, wenn die Voraussetzungen einer Umstrukturierung im Konzern vorliegen. Die Ausgliederung aus einer Stiftung ist ein Anwendungsfall des § 1 Abs. 1 Nr. 2 UmwG, sodass bei Bejahung der in § 6a

1 Nürnberg, SteuerStud 2021 S. 833, 843.

2 Vgl. → Rz. 86 ff.

3 Orth, FR 2010 S. 637, 640.

4 BFH, Beschluss v. 14.7.2004 - I R 94/02, BStBl 2005 II S. 721 NWB PAAAB-26545.

GrEStG genannten Voraussetzungen eine grunderwerbsteuerfreie Übertragung möglich ist.[1]

(Einstweilen frei) 877–884

IV. Besteuerung der Stiftungsaufhebung

1. Besteuerung der Stiftung

1.1 Körperschaftsteuer

Wird die Familienstiftung aufgelöst, sei es durch Zeitablauf, Zweckerreichung 885
oder Auflösungsbeschluss, so fällt ihr Vermögen an die **in der Stiftungssatzung bestimmten** Personen. Enthält die Satzung diesbezüglich keine Regelung, fällt das Vermögen nach den Stiftungsgesetzen der Länder i. d. R. an den Staat. Der Stifter sollte also in der Stiftungssatzung stets regeln, an wen das Stiftungsvermögen im Fall der Auflösung fallen soll.

Wie bei der Stiftungserrichtung ist bei der Aufhebung (Liquidation)[2] der Stiftung die Frage entscheidend, ob die **stillen Reserven** aufzudecken sind.

Ertragsteuerlich wirkt die Auflösung der Stiftung wie eine **Liquidation**. Es sind 886
somit die stillen Reserven zu versteuern, die sich zwischen dem Zeitpunkt der Zuwendung (Vermögensübertragung auf die Stiftung) und dem Zeitpunkt der Auflösung der Stiftung ergeben haben. Da § 11 KStG auf Stiftungen keine Anwendung findet,[3] erfolgt die **Auflösungsbesteuerung** gem. § 8 KStG nach §§ 16, 17 EStG.

Dies hat zur Folge, dass bei Stiftungen mit Betriebsvermögen die **stillen Reser-** 887
ven versteuert werden. Freibeträge können nicht angerechnet und eine Steuerermäßigung oder ein Steuererlass nicht gewährt werden. Im Übrigen gelten die Vorschriften im vollen Umfang. Soweit Betriebsvermögensteile bei der Liquidation nicht veräußert, sondern den **Destinatären** (unentgeltlich) überlassen werden, ist nach § 16 Abs. 3 EStG bei der Berechnung vom gemeinen Wert auszugehen. Wird Destinatären ein Betrieb, Teilbetrieb oder Mitunternehmeranteil unentgeltlich übertragen, können unter Beachtung der Voraussetzungen des § 6 Abs. 3 EStG die Buchwerte fortgeführt werden.

1 BFH, Urteil v. 21.8.2019 - II R 19/19, BStBl II 2020 S. 337 NWB HAAAH-42105; Orth, FR 2010 S. 637, 639.

2 Siehe → Rz. 530 ff.

3 Dötsch/Eversberg/Jost, KStG, § 11 Rz. 1.

888 Auch bei der **unentgeltlichen Übertragung** eines Betriebs, Teilbetriebs oder Mitunternehmeranteils auf eine andere Stiftung (z. B. durch Verschmelzung) oder auf eine andere Person ist § 6 Abs. 3 EStG anwendbar.[1] Bei anderen Wirtschaftsgütern tritt jedoch Gewinnrealisierung ein. Eine Ausnahme bilden Wirtschaftsgüter im Betriebsvermögen, die der Förderung steuerbegünstigter Zwecke i. S. von § 9 Abs. 1 Nr. 2 KStG dienen und in eine steuerbefreite Körperschaft i. S. von § 5 Abs. 1 Nr. 9 KStG fallen; für sie gilt gem. § 13 Abs. 4 KStG Buchwertfortführung.

889 Während die Finanzverwaltung die Umwandlung einer Familienstiftung in eine gewöhnliche Stiftung als Aufhebung der Stiftung behandelt,[2] ist die Umwandlung einer steuerpflichtigen in eine steuerfreie Stiftung i. S. von § 13 KStG steuerfrei.[3]

890 Bei einer stiftungsrechtlich zulässigen **Zusammenlegung** von Stiftungen[4] sollte Buchwertfortführung gem. § 6 Abs. 3 EStG i. V. mit § 8 Abs. 1 KStG zum Zuge kommen.

1.2 Gewerbesteuer

891 Während bei Kapitalgesellschaften der Liquidationsgewinn der Gewerbesteuer unterliegt,[5] endet bei Stiftungen die Gewerbesteuerpflicht mit der tatsächlichen Einstellung des Geschäftsbetriebes.[6] Ein **Aufgabegewinn** nach § 16 Abs. 1–3 EStG ist daher **gewerbesteuerfrei.**

1.3 Umsatzsteuer

892 Soweit bei der Liquidation Entgelte aus der Veräußerung von Gegenständen des Betriebsvermögens anfallen, sind diese umsatzsteuerbar und nach den Vorschriften des Umsatzsteuergesetzes umsatzsteuerpflichtig, sofern und soweit die Stiftung Unternehmer ist. Allerdings kommt auch hier unter Umständen die Sondervorschrift § 1 Abs. 1a UStG in Betracht.[7] Danach kann die Ver-

1 Unter der Voraussetzung der bleibenden deutschen „Steuerverstrickung“, d. h. nur bei Verbleiben in einem inländischen Betriebsvermögen; Brandmüller/Klinger, Unternehmensverbundene Stiftung, S. 115.

2 Otto, Handbuch der Stiftungspraxis, S. 271.

3 Z. B. FinMin Baden-Württemberg, Erlass v. 28.10.1983 - S 3800 A - 6/79, DStR 1983 S. 744.

4 Siehe auch →Rz. 307; zu den rechtlichen Vorgaben vgl. Werner, NWB 25/2018 S. 1834 NWB NAAAG-85536.

5 Vgl. R 2.6 Abs. 2 GewStR 2009.

6 So auch R 2.6 Abs. 3 GewStR 2009.

7 Vgl. Abschnitt 1.5 UStAE.

äußerung des Geschäftsbetriebs eine nicht steuerbare Geschäftsveräußerung im Ganzen darstellen.

1.4 Erbschaftsteuer

Wird die Familienstiftung nicht aufgelöst, sondern in eine gemeinnützige Stiftung umgewandelt, ist diese Umwandlung nach § 13 Abs. 1 Nr. 16b ErbStG steuerfrei. Dies gilt selbst dann, wenn dies erst unmittelbar vor dem erstmaligen Entstehen der „ersten" Erbersatzsteuer, also nach 29 Jahren erfolgt.[1] 893

1.5 Grunderwerbsteuer

Gehen Grundstücke im Zuge der Aufhebung der Stiftung auf den Stifter oder Dritte über, fällt **keine** Grunderwerbsteuer an, da der Erwerb des Grundstücks gem. § 7 Abs. 1 Nr. 9 ErbStG **als Schenkung gilt** und damit von der Grunderwerbsteuer befreit ist, § 3 Nr. 2 GrEStG. 894

(Einstweilen frei) 895–904

2. Besteuerung der Destinatäre

2.1 Erbschaftsteuer

Die **Aufhebung** einer nicht steuerbefreiten Stiftung ist in § 7 Abs. 1 Nr. 9 Satz 1 ErbStG ausdrücklich geregelt. Danach gilt als **Schenkung**, was bei Aufhebung einer Stiftung erworben wird. Im Rahmen der Reform des Stiftungsrechts[2] wird der Wortlaut *„Aufhebung einer Stiftung"* durch *„Auflösung, Aufhebung, Zulegung oder Zusammenlegung von Stiftungen"* mit Wirkung zum 1.7.2023 ersetzt, womit aber nach der Gesetzesbegründung[3] keine Erweiterung des Tatbestands des § 7 Abs. 1 Nr. 9 bezweckt ist. Mit dem Erlöschen der Stiftung fällt das Vermögen an die in der Stiftungsverfassung bestimmten Personen (§ 88 BGB).[4] Nach § 15 Abs. 2 Satz 2 ErbStG gilt der **Stifter** als Schenker. 905

Nach Ansicht des BFH[5] tritt jedoch bei einem **Vermögensrückfall an den Stifter** eine Steuerbefreiung nicht ein, vielmehr ist der Erwerb unter Heranziehung der ungünstigsten **Steuerklasse III** steuerpflichtig. Diese nachteilige steuerli- 905/1

1 R E 1.2 Abs. 5 ErbStR 2019; Brandmüller/Klinger, Unternehmensverbundene Stiftung, S. 117.

2 BGBl 2021 I S. 2947.

3 BT-Drucks. 19/28173 v. 31.3.2021 S. 106.

4 Meincke/Hannes/Holtz, ErbStG, 18. Aufl. 2021, § 7 Rz. 123.

5 BFH, Urteil v. 25.11.1992 - II R 78/90, BStBl 1993 II S. 238 NWB OAAAB-32992; Götz in Wilms/Jochum, ErbStG, § 15 Rz. 122.

che Beurteilung beruht auf einer Änderung der Rechtsprechung des Bundesfinanzhofs. Um die negativen steuerlichen Auswirkungen beim Vermögensrückfall an den Stifter selbst auszuschließen, sollte also in der Satzung stets vorgesehen werden, dass **ausschließlich** die **Abkömmlinge des Stifters** Anfallsberechtigte sein können.

905/2 Bei mehreren Stiftern können **unterschiedliche Steuerklassen** für jeden Anfallberechtigten zur Anwendung kommen.[1]

906 Wenn zwischen der Entrichtung der „Erbersatzsteuer" und Aufhebung weniger als zwei bzw. vier Jahre liegen, greift die **Ermäßigungsvorschrift** des § 26 ErbStG ein, wonach eine Teilanrechnung der Erbersatzsteuer erfolgt. Anspruchsberechtigt ist der Erwerber, der bei Auflösung der Familienstiftung etc. das Vermögen jeweils erwirbt. Bei der Familienstiftung, die zuvor Steuerschuldner der Ersatzerbschaftsteuer war, findet keine Entlastung statt.[2] Erwerben mehrere Berechtigte nach § 7 Abs. 1 Nr. 9 ErbStG, ist die zuvor z. B. von der Familienstiftung gezahlte Ersatzerbschaftsteuer aufzuteilen. § 26 ErbStG enthält unmittelbar dazu keine Regelungen.[3]

907 Haben **mehrere Stifter** eine Stiftung errichtet, so gilt hinsichtlich der Besteuerung des von der Stiftung ausgekehrten Vermögens nach § 7 Abs. 1 Nr. 9 Satz 1 i.V. mit § 15 Abs. 2 Satz 2 Halbsatz 1 ErbStG hinsichtlich der anzuwendenden Steuerklasse der Stifter als Schenker. Ohne diese Regelung wäre auf den Erwerb der Anfallberechtigten stets die ungünstigste Steuerklasse III anzuwenden. Dies soll § 15 Abs. 2 Satz 2 Halbsatz 1 ErbStG verhindern, indem ausschließlich zum Zweck der Steuerberechnung auf das persönliche Verhältnis des Destinatärs zum Stifter verwiesen wird. § 15 Abs. 2 Satz 2 Halbsatz 1 ErbStG enthält hingegen keine Regelung in Bezug auf den Steuertatbestand des § 7 Abs. 1 Nr. 9 Satz 1 ErbStG und trifft insbesondere keine von § 7 Abs. 1 Nr. 9 Satz 1 ErbStG abweichende Bestimmung über die Person des Zuwendenden.[4] Auch bei mehreren Stiftern liegt schenkungsteuerlich nur eine einheitliche Zuwendung der Stiftung – und nicht etwa eine Mehrheit von Zuwendungen entsprechend der Anzahl der Stifter – vor.

907/1 Bei der Berechnung der Schenkungsteuer gem. § 15 Abs. 2 Satz 2 ErbStG ist für die Bestimmung der Steuerklasse auf das jeweilige Verhältnis des Anfall-

1 Siehe Troll/Gebel/Jülicher/Gottschalk, ErbStG, § 15 Rz. 25.

2 Jülicher in Troll/Gebel/Jülicher/Gottschalk, ErbStG, 62. EL Juli 2021, § 26 Rz. 2.

3 Jülicher in Troll/Gebel/Jülicher/Gottschalk, ErbStG, 62. EL Juli 2021, § 26 Rz. 7.

4 BFH, Urteil v. 30.11.2009 - II R 6/07, BStBl 2010 II S. 237 NWB UAAAD-37063; Kapp/Ebeling, ErbStG, § 15 Rz. 65.1.

berechtigten zu den Stiftern abzustellen. Dabei können bei mehreren Stiftern entsprechend den persönlichen Verhältnissen der Anfallberechtigten auch unterschiedliche Steuerklassen anzuwenden sein; dies entspricht der Regelung des § 6 Abs. 2 Satz 3 ErbStG.

Um den Vermögensrückfall beim Stifter steuerfrei zu stellen, ist erwogen worden, dass sich der Stifter anlässlich der Stiftungserrichtung ein **jederzeitiges Widerrufsrecht/Rücktrittsrecht** vorbehält, um so in den Genuss des § 29 Abs. 1 Nr. 1 ErbStG zu kommen. Dies dürfte nicht nur daran scheitern, dass die Stiftungsbehörde in diesem Fall die Anerkennung versagt, sondern auch die Rechtsprechungsgrundsätze des BFH[1] dürften diesem vermeintlichen „Königsweg" entgegenstehen. 908

Wird eine steuerpflichtige Stiftung **in eine steuerbefreite** Stiftung umgewandelt, wird bei diesem Vorgang keine Schenkung-/Erbschaftsteuerpflicht der Destinatäre begründet, da es an einer Bereicherung der Destinatäre fehlt.[2] 909

Wird dagegen eine Familienstiftung in eine andere **steuerpflichtige** Stiftung umstrukturiert, beurteilte die Finanzverwaltung dies als zwei steuerbare Vorgänge, nämlich eine nach § 7 Abs. 1 Nr. 9 ErbStG erbschaftsteuerpflichtige Aufhebung der Familienstiftung gem. § 15 Abs. 2 Satz 2 ErbStG und die (steuerpflichtige) Neuerrichtung einer Stiftung nach § 7 Abs. 1 Nr. 1 ErbStG.[3] Nunmehr geht auch die **Finanzverwaltung** davon aus, dass die Aufhebung der bisherigen Stiftung **nicht gesondert besteuert** wird.[4] Bleibt nach der Satzungsänderung die bisherige Familienstiftung weiter eine Familienstiftung, beginnt die 30-Jahres-Frist für die Erbersatzsteuer neu. 910

Die Steuerpflicht nach § 7 Abs. 1 Nr. 9 ErbStG tritt unabhängig davon ein, ob der Erwerb aus der Auflösung einer **inländischen** (Satz 1) oder **ausländischen** (Satz 2) Familienstiftung stammt.[5] § 7 Abs. 1 Nr. 9 Satz 2 ErbStG erfasst auch die nichtrechtsfähige Vermögensmassen ausländischen Rechts, deren Zweck auf eine Bindung von Vermögen gerichtet ist. Sie sind der rechtsfähigen Stiftung gleichstellt. Damit gilt auch das bei der Beendigung einer Trustverwal- 911

---

1 BFH, Urteil v. 25.11.1992 - II R 77/90, BStBl 1993 II S. 238 NWB MAAAA-94392; Kapp/Ebeling, ErbStG, § 15 Rz. 66.1 m. w. N.

2 Siehe → Rz. 893.

3 Meincke/Hannes/Holtz, ErbStG, § 1 Anm. 21 und § 7 Anm. 115; Kapp/Ebeling, ErbStG, § 1 Rz. 55 ff., 155 m. w. N.

4 R E 1.2 Abs. 4 Satz 5 ErbStR 2019.

5 BFH, Urteil v. 1.7.1992 - I R 5/92, BStBl 1993 II S. 131 NWB DAAAA-94343.

tung zugeteilte Vermögen als Zuwendung aufgrund einer Schenkung unter Lebenden.[1]

2.2 Einkommensteuer

912 Die Auszahlung des Liquidationsendvermögens führt bei den Destinatären zusätzlich (neben der Schenkungsteuer) zu **einkommensteuerpflichtigen** Einkünften nach § 20 Abs. 1 Nr. 9 Satz 1 EStG. Durch den Verweis auf § 20 Abs. 1 Nr. 2 EStG[2] werden von § 20 Abs. 1 Nr. 9 EStG nicht nur laufende Zahlungen (Gewinnanteile i. S. des § 20 Abs. 1 Nr. 1 EStG), sondern auch Zahlungen bei Auflösung der Körperschaft (Bezüge i. S. des § 20 Abs. 1 Nr. 2 EStG) erfasst.[3] Dies gilt jedenfalls, soweit keine Kapitalrückzahlung vorliegt, für die Beträge aus dem steuerlichen Einlagekonto i. S. des § 27 KStG als verwendet gelten. Damit ist eine **Doppelbesteuerung** von Erträgen der Stiftung, die im Rahmen der Auflösung ausgeschüttet werden, nicht ausgeschlossen.[4]

913 Der BFH[5] hat zwar für die Streitjahre bis 2006 entschieden, dass eine Doppelerfassung mit ErbSt und ESt nicht möglich ist. Für Veranlagungszeiträume ab 2007 besteht die Problematik aber unverändert fort. In der Literatur werden hierzu verschiedene Lösungsansätzen diskutiert.[6]

914 Zur **Vermeidung** einer Doppelbesteuerung mit Schenkung- und Einkommensteuer bei Auflösung der Stiftung empfiehlt es sich, rechtzeitig **vor** der Auflösung der Familienstiftung sämtliche Erträge an die Destinatäre auszuschütten, so dass im Zeitpunkt der Auflösung der Stiftung keine ausgeschütteten Erträge mehr vorhanden sind.[7]

2.3 Sonstige Steuern

915 **Grunderwerbsteuer** fällt anlässlich einer Grundstücksübertragung auf den Destinatär nicht an, § 3 Nr. 2 GrEStG, da die Zuwendung als Schenkung gilt, § 7 Abs. 1 Nr. 9 ErbStG.

916–924 *(Einstweilen frei)*

1 Gebel in Troll/Gebel/Jülicher/Gottschalk, ErbStG, 62. EL Juli 2021, § 7 Rz. 346.

2 Eingefügt durch JStG 2017.

3 BFH, Urteil v. 28.2.2018 - VIII R 30/15 NWB ZAAAG-86783 = ZEV 2018 S. 540, Rz. 22.

4 Richter in Richter, Stiftungsrecht, § 26 Rz. 15 ff.; Meilicke, DStR 2017 S. 227; Oppel, NWB-EV 10/2018 S. 342, 348 NWB RAAAG-95314.

5 BFH, Urteil v. 28.2.2018 - VIII R 30/15 NWB ZAAAG-86783 = ZEV 2018 S. 540.

6 Oppel, ZEV 2018 S. 543.

7 Feick in Scherer, Münchener Anwaltshandbuch Erbrecht, 5. Aufl. 2018, § 39 Rz. 29.

E. Die steuerbefreite Stiftung im Steuerrecht

I. Voraussetzungen der Steuerbefreiung

1. Steuerbefreiung nach § 5 Abs. 1 Nr. 9 KStG

1.1 Grundsätze

925 Stiftungen, die nach ihrer **Satzung** und nach ihrer **tatsächlichen Geschäftsführung** ausschließlich und unmittelbar kirchlichen, gemeinnützigen oder mildtätigen Zwecken dienen (§§ 51–68 AO), sind nach § 5 Abs. 1 Nr. 9 KStG von der Körperschaftsteuer befreit. Voraussetzung ist nach § 59 AO, dass die Stiftungssatzung den Anforderungen der §§ 52–55 AO entspricht.[1]

926 **Beschränkt steuerpflichtige** Stiftungen[2] können ebenfalls nach § 5 Abs. 1 Nr. 9 KStG die Steuerbefreiung erhalten, wenn sie in einem EU-Staat oder in der EWR ansässig sind und die Voraussetzungen der §§ 51 ff. AO erfüllen, § 5 Abs. 2 KStG.[3]

927 **Gemeinnützige Zwecke** werden nach § 52 Abs. 1 Satz 1 AO verfolgt, wenn die Tätigkeit der Stiftung darauf gerichtet ist, die **Allgemeinheit** auf materiellem, geistigem und sittlichem Gebiet selbstlos zu fördern. Die Beschränkung auf einen bestimmten fest abgeschlossenen Personenkreis (z. B. Familie, Belegschaft, Selbsthilfegruppen) schließt nach Abs. 1 Satz 2 die Gemeinnützigkeit aus.[4] Fällt ein Zweck zwar nicht unter § 52 Abs. 2 Satz 1 AO, aber erfüllt er die Voraussetzungen des § 52 Abs. 2 Satz 2 AO, ist zu prüfen, ob der Zweck „die Allgemeinheit auf materiellem, geistigem oder sittlichem Gebiet entsprechend" fördert. „*Entsprechend*" bedeutet, dass der gem. § 52 Abs. 2 Satz 2 AO zu prüfende Zweck die Allgemeinheit in vergleichbarer Weise fördert wie die in § 52 Abs. 2 Satz 1 Nr. 1–25 AO genannten Zwecke. Das Gesetz verlangt keine Zweckidentität, sondern eine Gleichartigkeit (Vergleichbarkeit) der Zwecke. Die Entscheidung über die Gemeinnützigkeit dieses Zwecks ist damit auf der Grundlage der Wertungen des § 52 Abs. 2 Satz 1 AO zu treffen. Dabei muss sich die Entscheidung an Art. 3 Abs. 1 GG messen lassen. Der von der Körperschaft verfolgte Zweck muss sich folgerichtig in das Förderprogramm des Gesetzes einpas-

1 §§ 51 ff. AO regeln die steuerliche Gemeinnützigkeit im weiteren Sinne; die Einzelsteuergesetze im engeren Sinne; vgl. Hüttemann, Gemeinnützigkeits- und Spendenrecht, § 7 Rz. 1; AEAO zu § 59, Nr. 1.

2 Siehe → Rz. 950.

3 Hüttemann, Gemeinnützigkeits- und Spendenrecht, § 7 Rz. 18; AEAO zu § 51 Abs. 2, Nr. 7.

4 Vgl. Nr. 1 des AEAO zu § 55 Abs. 1 Nr. 1 und Nr. 3 des AEAO zu § 53; BFH, Urteil v. 11.3.1999 - V R 57, 58/96, BStBl 1999 II S. 331 im Fall der Förderung der Kameradschaft NWB FAAAA-96480.

sen, wie es in § 52 Abs. 2 Satz 1 AO zum Ausdruck kommt. Obschon die Norm auf ihrer Rechtsfolgenseite mit dem Wort *„kann"* auf ein Ermessen der Finanzbehörde hindeutet, hat die Behörde bei ihrer Entscheidung nach § 52 Abs. 2 Satz 2 AO kein Ermessen im eigentlichen Sinne.[1] Vielmehr drückt die Norm damit ihre tatbestandliche Öffnung für weitere, im Gesetz nicht explizit genannte Zwecke aus (Öffnungsklausel). Erfüllt der von der Körperschaft verfolgte Zweck die Voraussetzungen des § 52 Abs. 2 Satz 2 AO, ist er gemeinnützig und muss als solcher erklärt werden. Bei dem Verfahren nach § 52 Abs. 2 Satz 2 und 3 AO handelt es sich um ein eigenständiges Verfahren mit Verwaltungsaktqualität.[2]

927/1 Formell sollte ein Antrag auf Anerkennung eines weiteren gemeinnützigen Zwecks nach § 52 Abs. 2 Satz 2 AO mindestens folgende Fragen beantworten:

- Für welchen Zweck begehrt die Körperschaft die Anerkennung der Gemeinnützigkeit?
- Welchen Katalogzweck betrachtet die Körperschaft als vergleichbar?
- Worin soll die Vergleichbarkeit bestehen?
- Beabsichtigt die Körperschaft ernsthaft, den Zweck zu verwirklichen?[3]

928 **Preisverleihende Stiftungen** werden bei unmittelbarer und selbstloser Förderung der Allgemeinheit selbst dann gemeinnützig anerkannt, wenn ihre Zweckverwirklichung sich im Wesentlichen auf Preisverleihungen beschränkt.[4]

928/1 Ersatzschulen sind gemeinnützig, Ergänzungsschulen sind es nicht.[5]

929 Auch hinsichtlich der **Mildtätigkeit** werden strenge Anforderungen gestellt.[6] Eine mildtätige Stiftung muss **selbstlos** Personen unterstützen, die infolge ihres körperlichen, geistigen oder seelischen Umstandes auf die Hilfe anderer angewiesen sind oder deren Bezüge gewisse Grenzen nicht übersteigen (§ 53 AO).[7] Die Finanzverwaltung will eine **mildtätige Familienstiftung** nicht als steuerbegünstigt anerkennen, da nicht die Förderung mildtätiger Zwecke, sondern die Förderung der Familie im Vordergrund steht.[8]

1 Bott, BB 2018 S. 279; BFH, Urteil v. 9.2.2017 - V R 70/14, BStBl 2017 II S. 1106 NWB TAAAG-44609.

2 BFH, Urteil v. 9.2.2017 - V R 70/14, BStBl 2017 II S. 1106 NWB TAAAG-44609.

3 FinMin Sachsen-Anhalt, Urteil v. 30.1.2018 - 46-S 0171-174, DB 2018 S. 675 f.

4 OFD Frankfurt/M, Vfg. v. 25.6.2001 - S0171-A-20-StII1, DB 2001 S. 1751; vgl. → Rz. 994.

5 Vgl. AEAO Nr. 5 zu § 52.

6 AEAO zu § 53; OFD Magdeburg, Vfg. v. 28.5.2002 - S 0185 - 3 - St 217, DB 2002 S. 1477.

7 OFD Frankfurt/M., Vfg. v. 14.3.2002 - S 0172 A - 7 - St II 12 S 0185 A - 5 - St II 12, DB 2002 S. 870.

8 FinMin Niedersachsen, Erlass v. 3.2.2000 - S 0177-15-31, DStR 2000 S. 877.

Kirchliche Zwecke werden nach § 54 AO nur verfolgt, wenn eine Religionsgemeinschaft, die Körperschaft des öffentlichen Rechts ist, selbstlos gefördert wird.[1] Diese Förderung kann sich auf z. B. Bauwerke der Religionsgemeinschaft beschränken. 930

Nach § 14 AO ist eine selbständige nachhaltige Tätigkeit, durch die Einnahmen oder andere wirtschaftliche Vorteile erzielt werden und die über den Rahmen einer Vermögensverwaltung hinausgeht, ein **wirtschaftlicher Geschäftsbetrieb**;[2] eine Gewinnerzielungsabsicht ist dabei nicht erforderlich. Eine Steuerbefreiung wird nach § 5 Abs. 1 Nr. 9 Satz 2 KStG **insoweit** ausgeschlossen. 931

Eine Ausnahme bildet der **Zweckbetrieb** (§§ 65 ff. AO)[3], der zwar ein wirtschaftlicher Geschäftsbetrieb, nicht aber gem. § 64 AO steuerpflichtig ist. 931/1

Eine **Legaldefinition** der (steuerunschädlichen) **Vermögensverwaltung**[4] findet sich in § 14 Satz 3 AO nicht, vielmehr werden dort nur Regelbeispiele genannt. Nach § 14 Abs. 3 AO liegt i. d. R. ein wirtschaftlicher Geschäftsbetrieb nicht vor, wenn Vermögen genutzt, z. B. Kapitalvermögen verzinslich angelegt oder unbewegliches Vermögen vermietet oder verpachtet wird. Nach überwiegender Ansicht können zur Auslegung des Begriffs Vermögensverwaltung die **ertragsteuerlichen Grundsätze** zur Abgrenzung der Einkünfte aus Gewerbebetrieb von den anderen Einkunftsarten herangezogen werden.[5] Liegen Einkünfte aus Gewerbebetrieb vor, ist stets ein wirtschaftlicher Geschäftsbetrieb gegeben.[6] Für einen Gewerbebetrieb kennzeichnend ist die selbständige, nachhaltige Betätigung und Beteiligung am allgemeinen wirtschaftlichen Verkehr mit Gewinnabsicht.[7] Daher kommen die Grundsätze über den gewerblichen Grundstückshandel,[8] Betriebsaufspaltung,[9] Mitunternehmerschaft,[10] Vermietung und Verpachtung von beweglichen Wirtschaftsgütern[11] und bei ständig wechselnder kurzfristiger Dauer auch von Grundvermögen[12] zur Anwendung. 932

1 AEAO zu § 54. Die Förderung der Religion ist ein gemeinnütziger Zweck gem. § 52 Abs. 2 Nr. 1 AO, vgl. BFH, Urteil v. 23.9.1999 - XI R 66/98, BStBl 2000 II S. 533 NWB KAAAA-88737; aber vgl. FG Nürnberg, Urteil v. 29.8.2000 - I 78/1999, DStRE 2000 S. 1324.

2 Vgl. → Rz. 1224 ff.

3 Siehe → Rz. 1113 ff.

4 Siehe → Rz. 1077 f.

5 Hüttemann, Gemeinnützigkeits- und Spendenrecht, § 6 Rz. 116.

6 Schauhoff, Handbuch der Gemeinnützigkeit, § 8 Rz. 382.

7 Vgl. H 15.6 „Allgemeines" EStH 2020.

8 H 15.7 Abs. 1 EStH 2020.

9 R 15.7 Abs. 4 EStR 2012.

10 R 15.8 EStR 2012.

11 R 15.7 Abs. 3 EStR 2012.

12 R 15.7 Abs. 2 EStR 2012.

HINWEISE:

1. Das ständige Umschichten von Wertpapieren wird als Gewerbebetrieb angesehen.[1]
2. Dies gilt nicht, wenn die Stiftung im Rahmen der Verwaltung des Grundstockvermögens eine Bank als Vermögensverwalter eingeschaltet hat und diese im Rahmen der Depotverwaltung laufend Umschichtungen bei Aktien und anderen Wertpapieren vornimmt.

933 Bei den Einkunftsarten Einkünfte aus Kapitalvermögen, aus Vermietung und Verpachtung und i. d. R. aus LuF wird Vermögensverwaltung angenommen. Die Verpachtung eines Gewerbebetriebes ist grds. nicht als Gewerbebetrieb anzusehen.[2]

933/1 **Verpachtet** eine nach § 5 Abs. 1 Nr. 9 KStG steuerbefreite Stiftung ihren wirtschaftlichen Geschäftsbetrieb und erklärt sie die **Betriebsaufgabe**, wird die Versteuerung stiller Reserven dennoch durch § 6 Abs. 1 Nr. 4 Satz 4 EStG vermieden. Wird die Betriebsaufgabe nicht den Vorschriften entsprechend erklärt, gilt der wirtschaftliche Geschäftsbetrieb mit allen Folgen als fortgeführt.[3]

934 Gemäß § 60 Abs. 1 Satz 1 AO müssen die Satzungszwecke und die Art ihrer Verwirklichung in der Stiftungssatzung so präzise bestimmt sein, dass ohne weiteres geprüft werden kann, ob die in §§ 51 ff. AO gestellten Anforderungen an die Steuerbegünstigung durch die Satzung erfüllt sind (sogenannte **formelle Satzungsmäßigkeit**).[4] Die satzungsgemäße Zweckverwirklichung im Ausland löst besondere Nachweispflichten aus.[5]

934/1 Die **tatsächliche Geschäftsführung** muss nicht nur gemäß den Anforderungen der §§ 51 ff. AO die satzungsgemäßen Zwecke verwirklichen, sondern hat aus durch ordnungsgemäße Aufzeichnungen ihrer „Einnahmen und Ausgaben" sowie Erfüllung der Vorschriften gem. §§ 140 ff. AO nachzuweisen (§ 63 AO).[6]

935 Die in der Anlage 1 (zu § 60 AO) enthaltene **Mustersatzung** ist (seit 1.1.2009) verbindlich, weil die dort genannten Festlegungen in einer Satzung einer gemeinnützigen Stiftung enthalten sein müssen.[7] Insbesondere müssen Zwecke und Zweckverwirklichung individuell konkretisiert werden. Von den Finanzbehörden wird ferner die Einhaltung der strengen Muster-Satzungsformulierun-

1 H 15.7 Abs. 9 EStH 2020.

2 R 15.7 Abs. 1 Satz 4 EStR 2012.

3 Nur die Gewerbesteuerpflicht entfällt, R 2.6 Abs. 3 GewStR 2009.

4 Klein, AO, § 60 Rz. 1; AEAO zu § 60, Nr. 1.

5 Gemäß § 90 Abs. 2 AO i. V. mit AEAO zu § 63, Nr. 1 Satz 4; vgl. auch → Rz. 1035.

6 Klein, AO, § 63 Rz. 1; AEAO zu § 63, Nr. 1.

7 AEAO zu § 60, Nr. 2 und 3.

gen überwacht, die sich mit der Frage befassen, wem das Vermögen bei der Auflösung oder Aufhebung der Stiftung anfällt.

Weicht die von der Geschäftsführung gem. § 63 AO nachzuweisende Zweckverwirklichung von den satzungsgemäßen Zwecken ab (z. B. bei Verstoß gegen die rechtsstaatliche Ordnung), geht der Status der Steuerbegünstigung verloren. Bei mehreren Zwecken muss nicht jeder Zweck in jedem Jahr verwirklicht werden.[1] 936

Eine Familienstiftung schließt i. d. R. die Anerkennung als gemeinnützige oder mildtätige Stiftung aus, da es das Wesen einer Familienstiftung ist, nicht die Allgemeinheit, sondern einen kleinen Kreis, nämlich Familienangehörige, zu fördern. Damit ist § 52 Abs. 1 Satz 1 AO nicht erfüllt.[2] 937

Will der Stifter eine steuerbegünstigte Stiftung errichten, so muss er den Satzungsentwurf zunächst dem für die Stiftung zuständigen Finanzamt zuleiten. Erst wenn die **Finanzbehörde** keine Bedenken gegen die Satzung hat, kann diese der Stiftungsbehörde eingereicht werden.[3] Hat die Stiftungsbehörde Änderungswünsche an der Satzung, ist diese ggf. dem Finanzamt erneut vorzulegen. 938

Die Anerkennung einer Steuerbefreiung nach § 5 Abs. 1 Nr. 9 KStG erfolgt nach Antragstellung bei dem für Sitz oder Geschäftsleitung zuständigen Finanzamt durch **Feststellungsbescheid** gem. § 60a AO. Die Feststellung der satzungsmäßigen Voraussetzungen der Gemeinnützigkeit erfolgt erst ab Beginn der Körperschaftsteuerpflicht. Bei rechtsfähigen Stiftungen bürgerlichen Rechts kann ein Feststellungsbescheid unter Zugrundelegung der (noch) herrschenden Meinung, wonach es keine Vor-Stiftung gibt, erst mit Bekanntgabe der landesstiftungsbehördlichen Anerkennung ergehen.[4] Die Körperschaftsteuerpflicht einer Stiftung beginnt mit dem Tode des Stifters. Eine Ausdehnung der Rückwirkungsfiktion des § 84 BGB auf die in § 5 Abs. 1 Nr. 9 KStG angeordnete Steuerbefreiung kommt ohne eigenständige steuerrechtliche Anordnung der Rückwirkung nicht in Betracht.[5] 939

Nach Ansicht des BFH ist das Feststellungsverfahren nach § 60a AO auch bei einer **beschränkt körperschaftsteuerlicher** Stiftung anzuwenden. Der nationale 939/1

1 BMF, Schreiben v. 15.2.2001 - IV C 4 - S 0174 - 2/01, Wpg 2002 S. 309.

2 AEAO zu § 52, Nr. 1; vgl. → Rz. 925.

3 Ein eigenes besonderes steuerliches Anerkennungsverfahren besteht indes nicht, AEAO zu § 59, Nr. 3; Hüttemann, Gemeinnützigkeits- und Spendenrecht, § 7 Rz. 2 und Rz. 5 f.

4 Kirchhain, DStR 2014 S. 289, 291.

5 BFH, Urteil v. 6.6.2019 - V R 50/17, BStBl II 2019 S. 782 NWB XAAAH-32261.

Gesetzgeber sei auch aus Gründen des Unionsrechts – insbesondere der Grundfreiheiten – nicht verpflichtet, den Gemeinnützigkeitsstatus nach ausländischem Recht anzuerkennen. Den Mitgliedstaaten stehe – sofern sie das Unionsrecht beachten – die Entscheidung frei, welche Interessen der Allgemeinheit sie dadurch fördern wollen, dass sie Vereinigungen und Stiftungen, die selbstlos mit diesen Interessen zusammenhängende Ziele verfolgen, Vergünstigungen gewähren. Bevor sie einer Stiftung eine Steuerbefreiung gewähren, dürfen sie nachprüfen, ob die Stiftung die nach nationalem Recht vorgeschriebenen Voraussetzungen für die Befreiung erfüllt. Die nationalen Stellen eines Mitgliedstaats einschließlich der Gerichte hätten zu beurteilen, ob eine in einem anderen Mitgliedstaat als gemeinnützig anerkannte Einrichtung die dafür nach dem Recht des erstgenannten Mitgliedstaats vorgeschriebenen Voraussetzungen erfüllt und ihr Ziel die Förderung identischer Interessen der Allgemeinheit sei, so dass sie auch im erstgenannten Mitgliedstaat als gemeinnützig anerkannt werden könnten. Gleiches gelte für die Anerkennung der Verfolgung mildtätiger Zwecke, da insoweit zur Anerkennung gemeinnütziger Zwecke kein Unterschied besteht (§ 51 Abs. 1 Satz 1 AO).[1] Die Festschreibung des Satzungszwecks und die Art seiner Verwirklichung in der Satzung sollen es der Finanzbehörde ermöglichen, die Voraussetzungen der Steuervergünstigung leicht und einwandfrei zu überprüfen. Dies ist nicht der Fall, wenn in der Satzung auf ausländische Regelungen verwiesen wird, die vom nationalen Recht abweichen, und sich auch sonst aus der Satzung selbst nicht ergibt, dass die Anforderungen des nationalen Gemeinnützigkeitsrechts gewahrt werden. Wird nach den Angaben in der Satzung neben einem begünstigten Zweck ein nicht begünstigter Zweck verfolgt, verstößt die Satzung gegen das Gebot der Ausschließlichkeit i. S. von § 51 Abs. 1 Satz 1, § 56 AO.[2]

939/2 Die elektronische Übermittlung von Bilanzen sowie Gewinn- und Verlustrechnung nach § 5b EStG (**E-Bilanz**) findet auf **vollumfänglich** von der Körperschaftsteuer befreite Körperschaften keine Anwendung.[3] Sofern die Stiftung jedoch einen hinreichend großen wirtschaftlichen Geschäftsbetrieb unterhält (oder mehrere in Summe hinreichend große wirtschaftliche Geschäftsbetriebe), muss seit dem VZ 2015 die Erstellung und Übermittlung ihrer E-Bilanzen bedacht werden.[4]

1 BFH, Urteil v. 18.8.2022 - V R 15/20 NWB QAAAJ-30873 = IStR 2023 S. 177, Rz. 15; Strahl, NWB 3/2023 S. 167 NWB GAAAJ-31322.

2 BFH, Urteil v. 18.8.2022 - V R 15/20 NWB QAAAJ-30873 = IStR 2023 S. 177, Rz. 23.

3 BMF-Schreiben v. 19.12.2013 - IV C 6 - S 2133-b/11/1009:004 NWB WAAAE-52257 = S&S 1/2014 S. 40.

4 Kerssenbrock/Kirch, S&S 6/2015 S. 36 f.

Ob eine steuerbefreite Stiftung **Spenden** gem. § 10b EStG und § 9 Abs. 3 KStG entgegennehmen darf, wird der Stiftung ebenfalls im **Feststellungsbescheid** gem. § 60a AO mitgeteilt.[1] Diese Feststellung hat **von Amts wegen** bei der Veranlagung zur Körperschaftsteuer zu erfolgen, wenn bisher noch keine Feststellung getroffen wurde. Die Körperschaft hat aber auch die Möglichkeit, diese Feststellung zu beantragen. Diese **Beantragung** kann auch außerhalb des normalen Veranlagungsverfahrens erfolgen. Die Feststellung ist bindend für die Besteuerung der Körperschaft und die der Steuerpflichtigen, die dieser Körperschaft Spenden oder Mitgliedsbeiträge zugewandt haben. Ein Entfallen der Bindungswirkung wird durch eine Änderung oder Aufhebung der Rechtsvorschriften, auf denen die Feststellung beruht, ausgelöst (§ 60a Abs. 3 AO). 940

Der Feststellungsbescheid ist immer dann aufzuheben, wenn eine Änderung in den rechtlichen und tatsächlichen Verhältnissen eintritt. Die **Aufhebung** erfolgt dann mit Wirkung vom Zeitpunkt der Änderung der Verhältnisse (§ 60a Abs. 4 AO). Materielle **Fehler** im Feststellungsbescheid über die Satzungsmäßigkeit können mit Wirkung ab dem Kalenderjahr beseitigt werden, das auf die Bekanntgabe der Aufhebung der Feststellung folgt (§ 60a Abs. 5 AO).[2] 940/1

Mit dem mit Wirkung zum 29.12.2020 neu eingeführten § 60 a **Abs. 6** AO wird die Möglichkeit eröffnet, einen Feststellungsbescheid nach § 60 a Abs. 1 Satz 1 AO bei Hinweisen auf eine vermutlich rechtsmissbräuchliche Verwendung bereits von vornherein abzulehnen und somit Verstöße der Körperschaft bereits vor der ersten steuerlichen Veranlagung zu berücksichtigen. Dieses Anliegen findet sich auch im AEAO wieder.[3] Liegen der Finanzverwaltung demnach bis zum Zeitpunkt des Erlasses des erstmaligen Körperschaftsteuerbescheids oder Freistellungsbescheids bereits Erkenntnisse über Verstöße der tatsächlichen Geschäftsführung gegen die satzungsmäßigen Voraussetzungen vor, bspw. aufgrund von extremistischen Aktivitäten der Körperschaft, ist der Antrag auf Feststellung der satzungsmäßigen Voraussetzungen abzulehnen. 940/2

Die vorstehenden Grundsätze (siehe → Rz. 940/2) gelten – auf Grundlage von § 60 a Abs. 6 Satz 2 AO – entsprechend auch für die Aufhebung bestehender Feststellungen nach § 60 a Abs. 1 AO. Zur umfänglichen Verhinderung einer missbräuchlichen Nutzung des Feststellungsbescheids (z. B. bei der Abstandnahme vom Kapitalertragsteuerabzug) soll die Aufhebung nach vorherrschender Meinung in der Verwaltung jedoch nicht nur auf Fälle bis zum Erlass des 940/3

1 Hüttemann, Gemeinnützigkeits- und Spendenrecht, § 7 Rz. 9.
2 Emser, NWB 13/2013 S. 908, 911 f. NWB UAAAE-32352.
3 AEAO zu § 60a Abs. 6, Nr. 9 und 10.

erstmaligen Körperschaftsteuerbescheids oder Freistellungsbescheids beschränkt, sondern auch in Bestandsfällen anwendbar sein. Diese Auffassung ist Zweifeln ausgesetzt, da der Gesetzeswortlaut in § 60 a Abs. 6 Satz 1 AO auf den Zeitpunkt bis zum erstmaligen Körperschaftsteuerbescheid oder Freistellungsbescheids abstellt. Zudem geht aus der Gesetzesbegründung hervor, dass über diesen Zeitpunkt hinaus das Veranlagungsverfahren mögliche Verstöße berücksichtigt (Erlass eines Körperschaftsteuerbescheids) und damit steuerbegünstigende Auswirkungen verhindert.[1]

940/4 Mit Wirkung ab dem 1.8.2021 wurde ein neuer § 60a **Abs. 7** AO eingefügt.[2] Durch die entsprechende Einverständniserklärung im Antrag auf Gebührenbefreiung, dass die registerführende Stelle beim zuständigen Finanzamt Auskünfte über die Verfolgung steuerbegünstigter Zwecke einholen darf, ist es erforderlich, dass auch das zuständige Finanzamt eine dementsprechende Berechtigung hat, nach § 24 Abs. 1 Satz 3 des Geldwäschegesetzes mitteilen zu dürfen, dass die beantragende Vereinigung nach den §§ 52–54 der Abgabenordnung steuerbegünstigte Zwecke verfolgt. Der Nachweis kann durch die Vorlage einer Feststellung der satzungsmäßigen Voraussetzungen nach § 60a Abs. 1 AO, der Anlage zum Körperschaftsteuerbescheid oder des Freistellungsbescheids erfolgen. Die registerführende Stelle hat dem zuständigen Finanzamt zu bestätigen, dass das Einverständnis der den Antrag stellenden Vereinigung nach § 24 Abs. 1Satz 3 GwG vorliegt.[3]

HINWEIS:

Steuerbegünstigte Körperschaften sollten auch weiterhin bei jeder Satzungsänderung das Finanzamt kontaktieren, die neue Satzung vorlegen und einen neuen Antrag nach § 60a AO stellen. Auch im Falle einer Rechtsänderung empfiehlt es sich, die Satzung anzupassen, wenn dies notwendig ist, und einen neuen Antrag nach § 60a AO zu stellen.

Die Frage, ob die Satzung den gesetzlichen Anforderungen entspricht, kann dann außerhalb des Veranlagungsverfahrens geklärt werden. Denn bei einer Feststellung nach § 60a AO wird nur über die Einhaltung der satzungsmäßigen Voraussetzungen entschieden und nicht über die Steuerbegünstigung im Ganzen.

941 Die Stiftung muss nach Satzung und **tatsächlicher Geschäftsführung** den steuerbegünstigten Zwecken **dienen**[4] (§ 59 AO). Bei satzungswidriger tatsächlicher Geschäftsführung entfällt der Status als steuerbegünstigte Körperschaft; Kör-

1 Exner, npoR 2022 S. 77, 83.

2 Gesetz v. 25.6.2021, BGBl I 2021 S. 2083.

3 BT-Drucks. 19/30443 v. 9.6.2021 S. 71.

4 Tatsächliche Geschäftsführung genügt nicht: Klein, AO, § 60 Rz. 2; siehe AEAO zu § 61, Nr. 8.

perschaftsteuerpflicht tritt auch hinsichtlich der Spendeneinnahmen nur bei Vorliegen einer Einkunftsart i. S. von § 2 Abs. 1 Nr. 1–7 EStG ein.[1]

Aus der Satzung der steuerbegünstigten Stiftung muss sich ergeben, dass ihre Zwecke den §§ 52–55 AO entspricht und dass sie ausschließlich und unmittelbar verfolgt werden.[2] § 60 AO fordert präzise Bestimmungen der Satzungszwecke, so dass die Finanzbehörde prüfen kann, ob die satzungsmäßigen Voraussetzungen für die Steuerbegünstigung gegeben sind (sogenannte **formelle Satzungsmäßigkeit**).[3] Eine satzungsgemäße **Vermögensbindung** wird in § 61 AO verlangt.[4] Die jeweiligen Anerkennungsbehörden haben in Abstimmung mit den Finanzbehörden auch Mustersatzungen entwickelt, die bei der jeweiligen Stiftungsbehörde online abgerufen werden. 941/1

§ 5 Abs. 1 Nr. 9 KStG bindet die **Steuerbefreiung** an die Erfüllung der in §§ 51–68 AO gestellten Voraussetzungen nach Satzung, dem Stiftungsgeschäft und der tatsächlichen Geschäftsführung, so dass sie **entfällt**, wenn eine der Voraussetzungen nicht erfüllt ist oder die tatsächliche Geschäftsführung nicht dem Stiftungsgeschäft bzw. der Stiftungssatzung entspricht oder es an der ausschließlichen und unmittelbaren Zweckerfüllung mangelt. Die Voraussetzungen müssen auch während des gesamten VZ erfüllt werden.[5] 942

1.2 Beginn und Erlöschen der Steuerbefreiung

§ 13 KStG regelt die steuerlichen Folgen des Beginns und des Endes einer Steuerbefreiung. Die Vorschrift bezweckt, die während der Steuerpflicht einer Körperschaft angesammelten stillen Reserven der Besteuerung zu unterwerfen, bevor die Körperschaft aus der Steuerpflicht ausscheidet. Umgekehrt will sie erreichen, dass die während der Steuerfreiheit angesammelten stillen Reserven auch künftig steuerfrei belassen werden.[6] Endet die Steuerpflicht, hat die Stiftung eine Schlussbilanz aufzustellen; beginnt sie (wieder), hat sie eine Anfangsbilanz zu Teilwerten aufzustellen.[7] Soweit es sich um Wirtschaftsgüter handelt, die der Förderung steuerbegünstigter Zwecke i. S. von § 9 Abs. 1 Nr. 2 KStG dienen, muss in der Schlussbilanz aber der Buchwert und bei Erlöschen 943

1 FG Rheinland-Pfalz v. 23.5.1996 - 6 K 2210/92, rkr, EFG 1996 S. 937.

2 AEAO zu § 60, Nr. 1.

3 Auch im Wege der Auslegung, BFH, Urteil v. 13.8.1997 - I R 19/96, BStBl 1997 II S. 794 NWB YAAAA-96037.

4 Siehe → Rz. 980 ff.

5 Buchna/Leichinger/Seeger/Brox, Gemeinnützigkeit im Steuerrecht, Tz. 4.1.1, S. 481.

6 Märtens in Gosch, KStG, 4. Aufl. 2020, § 13 Rz. 1.

7 Vgl. Hüttemann, Gemeinnützigkeits- und Spendenrecht, § 7 Rz. 69 f.

der Steuerbefreiung in der Anfangsbilanz der Wert angesetzt werden, der sich bei ununterbrochener Steuerpflicht nach den Vorschriften über die steuerliche Gewinnermittlung ergeben würde.[1] Bei Beteiligungen ist bei Beendigung der Steuerpflicht § 17 EStG auch ohne Veräußerung für die nicht im Betriebsvermögen liegenden Anteile an Kapitalgesellschaften anzuwenden; wie bei Beginn der Steuerpflicht erfolgt der Ansatz zum gemeinen Wert (§ 13 Abs. 6 Satz 1–3 KStG). Dies soll aber gem. § 13 Abs. 6 Satz 4 KStG nicht für die der Förderung steuerbegünstigter Zwecke i. S. von § 9 Abs. 1 Nr. 2 KStG dienenden Anteile gelten.[2]

944 Das **Erlöschen der Steuerbefreiung** führt daher i. d. R. zur **Aufdeckung der stillen Reserven** in der Anfangsbilanz der nunmehr voll steuerpflichtigen Stiftung. Verbunden ist damit die Aufgabe der Vermögensbindung (§ 55 Abs. 1 Nr. 4 AO), so dass § 61 Abs. 3 AO anzuwenden ist. Gemäß § 175 Abs. 1 Satz 1 Nr. 2 AO i. V. mit § 61 Abs. 3 AO führt dies zur **zehn Jahre rückwirkenden Steuerpflicht,** und zwar **für alle Steuerarten.**[3] Da die Steuerbefreiung gem. § 61 Abs. 3 Satz 1 AO als „von Anfang an" fortgefallen gilt, kann die Anfangsbilanz des Zehn-Jahres-Zeitraumes nicht zu Teilwerten aufgestellt werden (§ 13 Abs. 4 Satz 2 KStG). Die für zehn Jahre nachgeforderten Körperschaft-, Gewerbe-, Umsatz- und Erbschaftsteuern gelten zwar i. d. R. nicht als hinterzogen, jedoch sind die Bestimmungen der §§ 69 ff. AO zu beachten, die bei schuldhafter Verletzung der Steuerpflichten zur persönlichen Haftung des Stiftungsvorstandes bzw. -abwicklers führen. Bei **Aberkennung der Steuerbefreiung** besteht für die gutgläubigen Spender kraft § 10b Abs. 4 EStG ein **Vertrauensschutz.**[4] Bei **Beendigung** eines wirtschaftlichen Geschäftsbetriebes, mit dem die Stiftung bisher partiell steuerpflichtig war, durch Veräußerung, Betriebsaufgabe oder Verpachtung mit Aufgabeerklärung, sind die stillen Reserven aufzulösen; eine Buchwertfortführung gem. § 13 Abs. 4 Satz 1 KStG ist ausgeschlossen.[5]

945 Gemäß § 13 Abs. 5 KStG gelten diese Grundsätze auch bei dem **teilweisen Beginn** oder der **teilweisen Beendigung der Steuerbefreiung** für den entsprechenden Teil des Betriebsvermögens, insbesondere auch bei Eröffnung oder Aufgabe eines **steuerpflichtigen wirtschaftlichen Geschäftsbetriebes** der im

1 § 13 Abs. 4 KStG, R 13.4 Abs. 2 KStR 2015.

2 Vgl. R 13.4 Abs. 3 KStR 2015.

3 Siehe AEAO zu § 61, Nr. 5; Buchna/Leichinger/Seeger/Brox, Gemeinnützigkeit im Steuerrecht, Tz. 4.1.5, S. 497 f.

4 Hüttemann, Gemeinnützigkeits- und Spendenrecht, § 8 Rz. 113 f.; FG Hamburg, Urteil v. 17.12.2001 - II 657/99 NWB YAAAB-08051 = EFG 2002 S. 545.

5 Buchna/Leichinger/Seeger/Brox, Gemeinnützigkeit im Steuerrecht, Tz. 4.1.6, S. 522.

Übrigen steuerbefreiten Stiftung.[1] Wird die steuerpflichtige Stiftung als wirtschaftlicher Geschäftsbetrieb einer steuerbefreiten Stiftung fortgeführt, tritt daher für die darin enthaltenen Wirtschaftsgüter keine Realisierung der stillen Reserven bei der Schlussbesteuerung ein. Die Beendigung einer teilweisen Steuerpflicht kann bei Verpachtung eines wirtschaftlichen Geschäftsbetriebes durch Aufgabeerklärung erreicht werden.[2]

1.3 Wirtschaftliche Betätigung

Die **wirtschaftliche Betätigung** einer steuerbegünstigten Stiftung vollzieht sich entweder im (steuerbefreiten) Bereich des **Zweckbetriebes** (§§ 65 ff. AO) oder im (steuerpflichtigen) Bereich des **wirtschaftlichen Geschäftsbetriebes** (§ 64 AO). Die Steuerbefreiung einer nach § 5 Abs. 1 Nr. 9 KStG steuerbefreiten Stiftung schließt Zweckbetriebe (§§ 65, 68 AO) ein, wirtschaftliche Geschäftsbetriebe (§§ 14, 64 AO) aber gem. Satz 2 aus.[3] Letzteres gilt auch dann, wenn deren Überschüsse für satzungsgemäße steuerbegünstigte Zwecke verwendet werden.[4] 946

Auf der anderen Seite dürfen **Verluste** der steuerpflichtigen wirtschaftlichen Geschäftsbetriebe **nicht** durch Mittel aus dem steuerbefreiten Teil der Stiftung **ausgeglichen** werden.[5] Auch Gewinne aus wirtschaftlichen Geschäftsbetrieben dürfen nicht durch Verluste im steuerfreien Bereich gemindert werden. 947

Die Summe bzw. der Saldo der Jahresergebnisse **aller** wirtschaftlichen Geschäftsbetriebe **unterliegen der Besteuerung** (§ 64 Abs. 2 AO), die Jahresergebnisse der übrigen Bereiche der steuerbegünstigten Stiftung (also aus dem ideellen Bereich, der Vermögensverwaltung und aus Zweckbetrieben) nicht (**partielle Steuerpflicht**). 948

Steuersubjekt ist stets die **rechtsfähige Stiftung** als solche, nicht etwa der wirtschaftliche Geschäftsbetrieb. Die Körperschaftsteuer beträgt gem. § 23 Abs. 1 KStG 15 % des zu versteuernden Einkommens gem. §§ 7 ff. KStG. Ob ein Überschreiten der **Freigrenze** von 45.000 €[6] gem. § 64 Abs. 3 AO gegeben ist, 949

1 R 13.2 Abs. 3 KStR 2015.

2 BMF, Schreiben v. 1.2.2002 - V A 2 - S 2765 - 1/02, Wpg 2002 S. 267 f.

3 AEAO zu § 64 Abs. 1, Nr. 1.

4 Klein, AO, § 14 Rz. 12; BFH, Urteil v. 21.8.1985 - I R 60/80, BStBl 1986 II S. 88 NWB UAAAA-92256.

5 Klein, AO, § 14 Rz. 25.

6 Erstmals anzuwenden ab Besteuerungszeitraum 2020, vgl. AEAO zu § 64 Abs. 3, Nr. 18 letzter Satz.

muss jährlich geprüft werden.[1] Gemäß § 64 Abs. 3 AO werden Körperschaftsteuer und Gewerbesteuer nicht erhoben, wenn die **Einnahmen** (einschließlich Umsatzsteuer) **aus den zusammengefassten wirtschaftlichen Geschäftsbetrieben** 45.000 € im Jahr nicht übersteigen. Hierbei sind die Einnahmen aus Zweckbetrieben nicht einzubeziehen.[2] Ist die Stiftung an einer Mitunternehmerschaft beteiligt, so sind die auf die Stiftung anteilig entfallenden Einnahmen bei Errechnung der Besteuerungsgrenze einzubeziehen.[3] Ferner kommt bei unbeschränkt steuerpflichtigen Stiftungen der **Freibetrag** von 5.000 € gem. § 24 KStG zum Zuge.

1.4 Beschränkung der Steuerbefreiung

950 Durch § 5 Abs. 2 KStG wird die **Steuerbefreiung eingeschränkt**. Sie gilt nicht für

- inländische Einkünfte, die dem **Steuerabzug** unterliegen, § 5 Abs. 2 Nr. 1 KStG. Gemäß § 50 Abs. 1 KStG gilt die Körperschaftsteuer durch den Steuerabzug als abgegolten. Die Stiftung kann sich jedoch gem. § 44b Abs. 2 EStG einbehaltene Kapitalertragsteuer erstatten lassen, wenn sie nicht durch rechtzeitige Vorlage der Freistellungsbescheinigung[4] beim auszahlenden Geldinstitut den Kapitalertragsteuerabzug vermieden hat.[5]
- **beschränkt steuerpflichtige Stiftungen**[6] (d. h. Sitz und gewöhnliche Geschäftsleitung im Ausland, aber Inlandsvermögen), § 5 Abs. 2 Nr. 2 KStG, es sei denn, sie hätten ihren Sitz in der **EU** oder in Teilen des **EWR**. Diese sind ebenfalls befreit, wenn sie nach den Rechtsvorschriften dieser Staaten gegründet wurden und mit diesen Staaten ein Amtshilfeabkommen besteht. Neben diesen beiden Voraussetzungen muss die beschränkt steuerpflichtige Stiftung steuerbegünstigte Zwecke i. S. des 51 ff. AO verfolgen (§ 5 Abs. 1 Nr. 9 KStG) und der nach § 90 Abs. 2 AO erhöhten Mitwirkungspflichte entsprechen.[7]

---

1 AEAO zu § 64 Abs. 1, Nr. 18 Satz 4.

2 AEAO zu § 64 Abs. 1, Nr. 4; Klein, AO, § 64 Rz. 4.

3 AEAO zu § 64 Abs. 3, Nr. 17; BFH, Urteil v. 27.3.2001 - I R 78/99, BStBl 2001 II S. 449 NWB AAAAA-88937.

4 Siehe → Rz. 951.

5 Buchna/Leichinger/Seeger/Brox, Gemeinnützigkeit im Steuerrecht, Tz. 4.2, S. 526 f.; Hüttemann, Gemeinnützigkeits- und Spendenrecht, § 7 Rz. 90–95.

6 Ausführlich dazu Hüttemann, Gemeinnützigkeits- und Spendenrecht, 2008, § 1 Rz. 122 f.

7 Märtens in Gosch, KStG, 4. Aufl. 2020, § 5 Rz. 359–360.

1.5 Kapitalertragsteuer

Die Vereinnahmung von Gewinnen (eventuell des Saldos mit Verlusten) aus wirtschaftlichen Geschäftsbetrieben unterliegt gem. § 44a Abs. 7 Satz 1 Nr. 1 bzw. Abs. 10 EStG **nicht** der **Kapitalertragsteuer**, sofern es sich um inländische steuerbegünstigte Stiftungen gem. § 5 Abs. 1 Nr. 9 KStG handelt.[1] 951

Nach § 36a EStG setzt die Anrechenbarkeit der Kapitalertragsteuer für vereinnahmte Kapitalerträge i. S. des § 43 Abs. 1 Satz 1 Nr. 1a EStG (insbesondere Dividenden aus sammelverwahrten Aktien) voraus, dass der Empfänger der Kapitalerträge für die Dauer von mindestens 45 Tagen, die innerhalb eines Zeitraums von 45 Tagen vor und 45 Tagen nach der Fälligkeit der Kapitalerträge (dies ist i. d. R. der Tag des Hauptversammlungsbeschlusses) liegen müssen, ununterbrochen wirtschaftlicher Eigentümer der Aktien gewesen ist (§ 36a Abs. 1 Nr. 1, Abs. 2 EStG). Zudem muss der Empfänger ein in § 36a Abs. 3 EStG näher bestimmtes Mindestwertänderungsrisiko tragen. Durch **§ 36a Abs. 4 EStG** werden auch steuerbegünstigte Anleger in den Anwendungsbereich der Regelung einbezogen. Nach der Vorschrift müssen etwa **gemeinnützige Stiftungen**, wenn sie die Voraussetzungen der Abs. 1–3 des § 36a EStG nicht erfüllen, dies dem zuständigen Finanzamt gegenüber anzeigen und eine Zahlung in Höhe des unterbliebenen Steuerabzugs leisten. Die gemeinnützige Stiftung muss also eine entsprechende Prüfung selbst vornehmen oder vornehmen lassen. Sollte sie die Voraussetzungen des § 36a EStG nicht erfüllt haben, muss sie Kapitalertragsteuer i. H. von 25 % auf die Kapitalerträge i. S. des § 43 Abs. 1 Satz 1 Nr. 1a EStG nachentrichten. Eine Ausnahme gilt, wenn die Kapitalerträge nicht mehr als 20.000 € im VZ betragen haben (§ 36a Abs. 5 Nr. 1 EStG).[2] 951/1

Eine weitere Erschwernis für (**neu gegründete**) gemeinnützige Anleger brachte das BMF-Schreiben vom 19.12.2017[3] mit sich. Hiernach muss die depotführende Bank, wenn ihr lediglich ein Bescheid nach § 60a AO (Feststellung der satzungsmäßigen Voraussetzungen der Gemeinnützigkeit) vorliegt, Kapitalertragsteuer einbehalten und abführen, wenn sie aus automationstechnischen Gründen die Abstandnahme vom Steuerabzug nicht auf Kapitalerträge i. S. des § 43 Abs. 1 Satz 1 Nr. 1a EStG i. H. von maximal 20.000 € pro Jahr begrenzen kann. Diese Regelung gilt für Kapitalerträge, die nach dem 31.12.2017 zuflie- 951/2

1 BMF, Schreiben v. 2.2.2016 - V C 2 - S 2706a/14/10001, BStBl 2016 I S. 200 Rz. 2 NWB GAAAF-66194; Buchna/Leichinger/Seeger/Brox, Gemeinnützigkeit im Steuerrecht, Tz. 4.2, S. 527. Gleiches gilt für Stiftungen und juristische Personen des öffentlichen Rechts, die ausschließlich und unmittelbar gemeinnützigen oder mildtätigen bzw. kirchlichen Zwecken dienen.

2 Zimmermann/Raddatz, NJW 2019 S. 485, 489.

3 BMF, Schreiben v. 19.12.2017 - IV C 1 - S 2405/0 :008, BStBl 2018 I S. 52 NWB BAAAG-68368.

ßen. Durch das Schreiben wird der Geltungsbereich des Prinzips der Abstandnahme vom Kapitalertragsteuerabzug weiter eingeschränkt und eine gemeinnützige Stiftung auf die nachgelagerte Erstattung der Kapitalertragsteuer auf Antrag verwiesen.

HINWEIS:

Neu gegründete gemeinnützige Stiftungen, die aufgrund einer noch nicht erfolgten Veranlagung zunächst nur über einen Bescheid nach § 60a AO verfügen und die Betragsgrenze überschreiten, sollten sich also möglichst frühzeitig um eine NV 2-Bescheinigung kümmern.[1]

Durch das am 1.1.2019 in Kraft getretene Jahressteuergesetz 2018 ist der Anwendungsbereich der Abstandnahme vom Kapitalertragsteuerabzug noch weiter beschnitten worden. § 44a Abs. 10 Satz 1 Nr. 2 EStG bestimmt, dass, soweit die vereinnahmten Kapitalerträge einen Betrag von 20.000 € übersteigen, bei steuerbegünstigten Gläubigern (also auch gemeinnützigen Stiftungen) ein Steuerabzug i. H. von 15 % vorzunehmen ist, wenn der Gläubiger bei Zufluss der Kapitalerträge nicht seit mindestens einem Jahr ununterbrochen wirtschaftlicher Eigentümer der Aktien oder Genussscheine ist. Dies trifft primär neu errichtete Stiftungen.[2] Der zugleich neu in § 44b EStG eingefügte Abs. 2 ermöglicht auf Antrag des gemeinnützigen Anlegers die Erstattung der einbehaltenen und abgeführten Kapitalertragsteuer, sofern dieser die Voraussetzungen des § 36a Abs. 1–3 EStG erfüllt. Hintergrund der Neuregelung ist, dass der Anspruch des Fiskus auf Nachzahlung der Steuer gem. § 36a Abs. 4 EStG bei gemeinnützigen Anlegern bislang leergelaufen ist. Im Ergebnis bedeutet dies, dass bei Kapitalerträgen und einer Haltedauer der Papiere von weniger als einem Jahr ein Kapitalertragsteuerabzug „auf Verdacht" erfolgt.

952 Wenn die Beteiligung an einer Kapitalgesellschaft im Betriebsvermögen eines (steuerpflichtigen) wirtschaftlichen Geschäftsbetriebes der Stiftung liegt,[3] wird die 25%ige Kapitalertragsteuer zwar nicht nach § 44b Abs. 1 EStG erstattet, aber bei der durchzuführenden Körperschaftsteuerveranlagung angerechnet und im Ergebnis zu 95 % wieder erstattet, da Beteiligungserträge gem. § 8b Abs. 1 KStG bei der Einkommensermittlung der partiell steuerpflichtigen Stiftung gem. § 8b Abs. 1 KStG zu 95 % außer Ansatz bleiben.[4]

1 Loleit/Cornelius, S&S 5/2018 S. 36; KÖSDI 2018 S. 21007.

2 Kraus, npoR 2018 S. 97, 98.

3 Siehe → Rz. 1084.

4 Vgl. Bott in Schauhoff, Handbuch der Gemeinnützigkeit, § 8 Rz. 355 f.

1.6 Besonderheiten bei wirtschaftlichem Geschäftsbetrieb

Die Verwendung von Vermögen des wirtschaftlichen Geschäftsbetriebes für den steuerbefreiten Bereich der Körperschaft oder für Dritte führt zu Entnahmen aus dem wirtschaftlichen Geschäftsbetrieb und mindert daher den laufenden Gewinn des wirtschaftlichen Geschäftsbetriebes nicht. 953

BEISPIEL ▸ Ein bisher dem wirtschaftlichen Geschäftsbetrieb zugeordnetes Wirtschaftsgut wird künftig im steuerbefreiten Bereich der Körperschaft verwandt. Diese geänderte Verwendung ist im Zuge der Gewinnermittlung des wirtschaftlichen Geschäftsbetriebs als Entnahme des Wirtschaftsguts zu behandeln.[1]

Unterhält eine Stiftung der oben genannten Art einen wirtschaftlichen Geschäftsbetrieb, der über den Rahmen einer Vermögensverwaltung hinausgeht, so ist sie nach dem Gebot der Wettbewerbsneutralität[2] insoweit steuerpflichtig (§ 5 Abs. 1 Nr. 9 KStG).[3] 954

Für die Anwendung des § 20 Abs. 1 Nr. 10 Buchst. b Satz 4 EStG bei **wirtschaftlichen Geschäftsbetrieben** (wiGB) der von der Körperschaftsteuer befreiten Körperschaften, Personenvereinigungen und Vermögensmassen (nachfolgend Körperschaften) gilt nach Ansicht der Finanzverwaltung Folgendes:[4] 954/1

Nach § 20 Abs. 1 Nr. 10 Buchst. b Satz 4 und 5 EStG gehören

- der nicht den Rücklagen zugeführte durch Betriebsvermögensvergleich ermittelte Gewinn eines von der Steuerbefreiung ausgeschlossenen wiGB ansonsten steuerbefreiter Körperschaften,
- der nicht den Rücklagen zugeführte Gewinn eines von der Steuerbefreiung ausgeschlossenen wiGB ansonsten steuerbefreiter Körperschaften, der die in § 20 Abs. 1 Nr. 10 Buchst. b Satz 1 EStG genannte Umsatz- oder Gewinngrenze überschreitet,
- die Auflösung von nach § 20 Abs. 1 Nr. 10 Buchst. b Satz 1 EStG gebildeten Rücklagen eines von der Steuerbefreiung ausgeschlossenen wiGB ansonsten steuerbefreiter Körperschaften zu Zwecken außerhalb eines wiGB und
- die Gewinne i. S. des § 22 Abs. 4 Nr. 2 UmwStG

zu den Einkünften aus Kapitalvermögen.

---

1 BMF, Schreiben v. 2.2.2016, V C 2 - S 2706a/14/10001, BStBl 2016 I S. 200 Rz. 4 NWB GAAAF-66194.

2 Siehe › Rz. 1136.

3 Tipke/Kruse, AO/FGO, § 64 Rz. 1.

4 BMF, Schreiben v. 2.2.2016 - V C 2 - S 2706a/14/10001, BStBl 2016 I S. 200 NWB GAAAF-66194.

954/2 Diese Gewinne des wiGB unterliegen der **Kapitalertragsteuer** nach § 20 Abs. 1 Nr. 10 Buchst. b Satz 4 i.V. mit § 43 Abs. 1 Satz 1 Nr. 7c EStG von **15 %** (§ 43a Abs. 1 Satz 1 Nr. 2 EStG). Die Steuerbefreiung auf diese dem Steuerabzug unterliegenden Einkünfte aus Kapitalvermögen ist nach § 5 Abs. 2 Nr. 1 KStG ausgeschlossen. Diese Kapitalertragsteuer hat abgeltende Wirkung (§ 32 Abs. 1 Nr. 1 KStG). Die **Kapitalertragsteuerpflicht** tritt **neben** die Besteuerung des in dem wiGB erzielten Gewinns mit 15 % des zu versteuernden Einkommens der Körperschaft (§ 23 Abs. 1 KStG).[1]

HINWEISE:

1. Beim Gewinn eines wirtschaftlichen Geschäftsbetriebs von nach § 5 Abs. 1 Nr. 9 KStG steuerbefreiten Körperschaften wird nach § 44a Abs. 7 Satz 1 Nr. 1 EStG vom Kapitalertragsteuerabzug Abstand genommen; auf die Vorlage der Bescheinigung nach § 44a Abs. 7 Satz 2 EStG an den Schuldner der Kapitalerträge (den wiGB) kann verzichtet werden
2. Verdeckte Gewinnausschüttungen an die Gesellschafter/Mitglieder zählen nicht zu den Steuertatbeständen des § 20 Abs. 1 Nr. 10 Buchst. b Satz 4 EStG.

955 Nach § 14 AO liegt eine – steuerfreie – **Vermögensverwaltung** i. d. R. vor, wenn Vermögen genutzt, z. B. Kapitalvermögen verzinslich angelegt oder unbewegliches Vermögen vermietet oder verpachtet wird.

955/1 Die Beteiligung an einer ausschließlich **vermögensverwaltenden Personengesellschaft** wird **nicht** als wirtschaftlicher Geschäftsbetrieb angesehen, wenn sie keine Einkünfte aus Gewerbebetrieb aufweist.[2]

956 Ferner begründet auch die Beteiligung an einer **gewerblich geprägten** Personengesellschaft (GmbH & Co. KG) **keinen** wirtschaftlichen Geschäftsbetrieb; dies gilt selbst dann, wenn die Personengesellschaft zuvor originär gewerblich tätig war. Die Einkünfte aus der Kommanditbeteiligung sind damit von der Steuerfreiheit des § 5 Abs. 1 Nr. 9 KStG umfasst.[3]

956/1 Das Halten einer **100%igen Beteiligung** an einer **Kapitalgesellschaft** begründet i. d. R. keinen wirtschaftlichen Geschäftsbetrieb, sondern stellt Vermögensverwaltung dar. Dies jedenfalls dann, wenn die Stiftung auf die laufende Geschäftsführung der Kapitalgesellschaft keinen Einfluss nimmt.[4] Gleiches gilt

1 Siehe → Rz. 1223.

2 AEAO zu § 64 Abs. 1, Nr. 3; BFH, Urteil v. 25.5.2011 - I R 60/10, BStBl 2011 II S. 858 NWB ZAAAD-87495.

3 BFH, Urteil v. 18.2.2016 - V R 60/13, BStBl 2017 II S. 251 NWB TAAAF-74524 = DB 2016 S. 1264; BFH, Urteil v. 25.5.2011 - I R 60/10, BStBl 2011 II S. 858 NWB ZAAAD-87495; AEAO zu § 64 Abs. 1, Nr. 3 Satz 3; siehe → Rz. 1001 und → Rz. 1098.

4 Klein, AO, § 14 Rz. 18 m. w. N.; Schauhoff, Handbuch der Gemeinnützigkeit, § 7 Rz. 147; AEAO zu § 64 Abs. 1, Nr. 3 Satz 4.

auch für Mehrheitsbeteiligungen. Es kommt demnach primär und unabhängig von der prozentualen Beteiligung nur darauf an, ob die Stiftung einen **beherrschenden Einfluss** tatsächlich ausübt. Von einem beherrschenden Einfluss ab einer Beteiligungsquote von 25 % als Regel kann nicht gesprochen werden.[1] Satzungsgemäße oder vertragliche **Weisungsrechte/-befugnisse**, die in die laufenden Angelegenheiten der Geschäftsführung eingreifen, deuten indes auf eine unternehmerische Stiftung hin.[2] Auf der anderen Seite berechtigt die Ausübung der gesellschaftlichen Rechte allein nicht zur Annahme einer unternehmerischen Betätigung der Stiftung.[3] Besteht die Beteiligung an einer Kapitalgesellschaft, die selbst ausschließlich der Vermögensverwaltung dient, so liegt auch bei Einflussnahme auf die Geschäftsführung kein wirtschaftlicher Geschäftsbetrieb vor.[4]

Fraglich ist, ob eine **Personenidentität** der Stiftungsorgane und der Organe der Beteiligungsgesellschaft eine **unternehmerische** Beteiligung der Stiftung **indizieren** und damit einen wirtschaftlichen Geschäftsbetrieb begründen kann.[5] Nach Ansicht des FG Schleswig-Holstein[6] ist eine tatsächliche Einflussnahme zu vermuten, wenn die Geschäftsführungsorgane der gemeinnützigen Stiftung und der gewerblich tätigen Kapitalgesellschaft identisch sind, denn die gleichzeitig auch zu Geschäftsführern der Kapitalgesellschaft berufenen Stiftungsvorstände seien verpflichtet, das (gewerbliche) Interesse der Kapitalgesellschaft wahrzunehmen und die laufende Geschäftsführung selbst auszuüben. Der BFH hat in dem nachfolgenden Beschluss über die Nichtzulassungsbeschwerde zu der Frage, ob bei einer Personalunion eine tatsächliche Einflussnahme vermutet werden kann, nicht Stellung genommen, da es sich hierbei nicht um eine Rechtsfrage, sondern um ein Problem der Tatsachenwürdigung handelte.[7] In einer späteren Entscheidung in 2010 hatte der BFH darüber zu entscheiden, ob aufgrund einer Personenidentität im Vorstand eines Berufsverbands und der Geschäftsführung einer Kapitalgesellschaft eine tatsächliche Einflussnahme auf die Geschäftsführung der GmbH vorlag.[8] Der BFH ist in dieser Konstellation nicht von einer Vermutung ausgegangen, sondern 956/2

1 OFD Frankfurt/M, Vfg. v. 22.2.1999 - S 2729 A - 3 St II 12 NWB PAAAA-85870.

2 Söffing/Henrich, BB 2016 S. 1943, 1948.

3 Schauhoff, Handbuch der Gemeinnützigkeit, § 7 Rz. 148.

4 AEAO zu § 64 Abs. 1, Nr. 3 Satz 6.

5 BFH, Urteil v. 25.8.2010 - I R 97/09 NWB WAAAD-59084; BFH, Urteil v. 30.6.1971 - I R 57/70, BStBl 1971 II S. 753 NWB TAAAA-90700; Söffing/Henrich, BB 2016 S. 1943, 1947; Richter in v. Campenhausen/Richter, Stiftungsrechts-Handbuch, § 43 Rz. 172.

6 FG Schleswig Holstein, Urteil v. 8.5.2001 - IV 519/96, n.v.

7 BFH, Beschluss v. 19.8.2002 - II B 122/01, BFH/NV 2003 S. 64 NWB VAAAA-68148.

8 BFH, Urteil v. 25.8.2010 - I R 97/09 NWB WAAAD-59084.

stellte ausdrücklich fest, dass eine **tatsächliche Einflussnahme nachgewiesen** werden müsse. Auch im Anwendungserlass zur AO wird an ein keiner Stelle ausgeführt, dass bei einer Personalunion von einer tatsächlichen Einflussnahme auf das Tagesgeschäft der Kapitalgesellschaft auszugehen ist.[1] Aus Vorsichtsgründen kann es dennoch sinnvoll sein, in der Stiftungssatzung zu regeln, dass der Vorstand der Stiftung nicht zugleich Geschäftsführer einer Beteiligungsgesellschaft sein darf.[2]

956/3 Bei der **Veräußerung einer Beteiligung** an einer Kapitalgesellschaft innerhalb der Vermögensverwaltung bleibt der Veräußerungsgewinn (ebenso wie eine Dividende) zu 100 % steuerfrei, da sich § 8b Abs. 3 und 5 KStG nur im Rahmen der partiellen Steuerpflicht (bei Halten der Beteiligung in einem wirtschaftlichen Geschäftsbetrieb) auswirken kann.[3] Der Veräußerungserlös bleibt Stiftungsvermögen und unterliegt nicht dem Gebot der zeitnahen Mittelverwendung gem. § 55 Abs. 1 Nr. 5 AO.

956/4 Bislang war unklar, ob der Veräußerungsgewinn aus **einbringungsgeborenen/** sperrfristbehafteten **Anteilen** (§ 21 UmwStG a. F. bzw. § 22 UmwStG) bei der gemeinnützigen Stiftung steuerfrei ist.[4] Gemäß § 21 Abs. 3 Nr. 2 UmwStG[5] gilt der Veräußerungsgewinn als in einem wirtschaftlichen Geschäftsbetrieb dieser Körperschaft entstanden, wenn der Veräußerer oder Eigner von Anteilen im Sinne des Absatz 1 Satz 1 von der Körperschaftsteuer befreit ist.[6] Der Gewinn aus der Veräußerung der Anteile an der GmbH bleibt aber (im Streitjahr 2012) nach Ansicht der Rechtsprechung bei der Ermittlung des Einkommens der Klägerin nach § 8b Abs. 2 KStG außer Ansatz; er löst eine Hinzurechnung nach § 8b Abs. 3 Satz 1 KStG nicht aus.[7]

1 Kraus/Mehren, DStR 2020 S. 1593, 1595.
2 Söffing/Henrich, BB 2016 S. 1943, 1948.
3 Siehe → Rz. 1242; Buchna/Leichinger/Seeger/Brox, Gemeinnützigkeit im Steuerrecht, Tz. 2.15.3.2, S. 286 ff.; OFD Düsseldorf, Vfg. v. 8.11.1982 - S 2729 A - St 13 H.
4 FG Orth, DB 2007 S. 419; Buchna/Leichinger/Seeger/Brox, Gemeinnützigkeit im Steuerrecht, Tz. 2.15.3.2, S. 287.
5 In der Fassung vom 15.10.2002.
6 FG Baden-Württemberg, Gerichtsbescheid v. 15.8.2019 - 6 K 1414/18, rkr. NWB NAAAH-63679 = EFG 2020 S. 1157 Rz. 25 (vgl. BFH, Urteil v. 1.6.2022 - I R 44/19, BFH/NV 2022 S. 2736 NWB DAAAJ-24461).
7 FG Baden-Württemberg, Gerichtsbescheid v. 15.8.2019 - 6 K 1414/18, rkr. NWB NAAAH-63679 = EFG 2020 S. 1157, Rz. 26 (vgl. BFH, Urteil v. 1.6.2022 - I R 44/19, BFH/NV 2022 S. 2736 NWB DAAAJ-24461.

1.7 Umwandlung, Betriebsaufspaltung, private Veräußerungsgeschäfte

Wird eine **vermögensverwaltende GmbH** (deren Einkünfte wegen ihrer Rechtsform gewerbliche waren) in eine Personengesellschaft **umgewandelt** und setzt diese die vermögensverwaltende Tätigkeit fort, hat die Personengesellschaft wegen der Übernahme von Betriebsvermögen nicht gewerbliche Einkünfte, sondern Einkünfte in der betreffenden Einkunftsart der Vermögensverwaltung.[1] Die Umwandlung kann für eine steuerbefreite Stiftung wegen der Nichtanrechnung der Körperschaftsteuer vorteilhaft sein. 957

Auch bei gemeinnützigen Stiftungen gelten die Grundsätze der **Betriebsaufspaltung.**[2] Die vermögensverwaltende Tätigkeit einer im Übrigen steuerbefreiten Stiftung wird dann in einen wirtschaftlichen Geschäftsbetrieb **umqualifiziert**, wenn die wirtschaftliche Tätigkeit auf eine Kapitalgesellschaft ausgegliedert ist und die Stiftung an diese Wirtschaftsgüter vermietet oder verpachtet.[3] Das Vorliegen einer Betriebsaufspaltung als solches ist kein Grund, einer Stiftung den Steuerbegünstigungsstatus abzuerkennen.[4] 958

HINWEIS:

Die Grundsätze der Betriebsaufspaltung sind nicht anzuwenden, wenn sowohl das Betriebs- als auch das Besitzunternehmen steuerbegünstigt sind. Dies gilt aber nur insoweit, als die überlassenen wesentlichen Betriebsgrundlagen bei dem Betriebsunternehmen nicht in einem steuerpflichtigen wirtschaftlichen Geschäftsbetrieb eingesetzt werden.[5]

Bei einer Stiftungszuwendung von **Mitunternehmeranteilen** von Todes wegen hat die Finanzverwaltung[6] eine Unschädlichkeit für die Steuerbefreiung der Stiftung zugestanden, wenn die Mitunternehmeranteile **unverzüglich** nach Todesfall in eine Kapitalgesellschaft gegen Gewährung von Gesellschaftsrechten gem. § 20 UmwStG eingebracht und damit Gewerbebetrieb in Vermögensverwaltung umqualifiziert wird.[7] 959

Tätigt eine steuerbefreite Stiftung ein **privates Veräußerungsgeschäft** durch Veräußerung von Grundstücken innerhalb von zehn Jahren oder von Termingeschäften bzw. von Wertpapieren innerhalb von einem Jahr nach Anschaffung i. S. von § 23 Abs. 1 Satz 1 EStG im Rahmen ihrer Vermögensverwaltung, 960

1 BFH, Urteil v. 6.3.1997 - IV R 21/96 NWB VAAAB-39017.

2 Hüttemann, Gemeinnützigkeits- und Spendenrecht, § 6 Rz. 135 f.; Schmidt, EStG, § 15 Rz. 800 ff.

3 Siehe BFH, Beschluss v. 5.6.1985 - I S 2/85 NWB MAAAB-28098.

4 Schauhoff, Handbuch der Gemeinnützigkeit, § 7 Rz. 126 ff.

5 AEAO zu § 64 Abs. 1, Nr. 3 Satz 8 und 9.

6 Siehe OFD München, Vfg. v. 7.5.1993 - S 3806 - 19 St 35, FN 1993 S. 411 f.

7 Vgl. → Rz. 1083 und → Rz. 1280.

die keinen eigenen Zweck (Erzielung von Spekulationsgewinnen) setzt, soll keine Besteuerung nach §§ 22 Nr. 2, 23 EStG eintreten; auch begründet der Spekulationsgewinn als solcher keinen wirtschaftlichen Geschäftsbetrieb.[1]

961 Wegen der Darlehensvergabe für gemeinnützige Zwecke zu ermäßigtem Zinssatz oder ohne Verzinsung siehe → Rz. 1005 ff.

1.8 Steuerbefreiung und Auslandsbeziehungen

962 Verwirklicht eine inländische Stiftung ihren Zweck (auch) **im Ausland,** wird dies grds. **nicht** als **schädlich** angesehen.[2]

963 Die Finanzverwaltung[3] verlangt in diesem Fall jedoch von der Stiftung

1. **ordnungsmäßige Aufzeichnungen** ihrer Ausgaben nach § 63 Abs. 3 AO mit **erhöhter Beweisvorsorge- und Mitwirkungspflicht** mit Verträgen, Quittungen, Tätigkeitsbeschreibungen, Bestätigungen einer deutschen Auslandsvertretung oder Wirtschaftsprüfern über die Projektdurchführung u. a.,[4]
2. bei Durchführung durch eine **Hilfsperson** i. S. des § 57 Abs. 1 Satz 2 AO[5] im Ausland Aufbewahrung der Abrechnung und Buchführungsunterlagen im Inland gem. § 146 Abs. 2 AO,
3. bei **Weitergabe** von Mitteln[6] **an ausländische Körperschaften** nach § 58 Nr. 1 AO eine Satzung derselben in deutscher Übersetzung und die unter 1. dargestellten Beweismittel,
4. **entsprechende Satzungsgestaltung** (§ 55 Nr. 1 AO) und **tatsächliche Geschäftsführung** (§ 63 AO).[7]

In der Spendenbestätigung ist die Verwendung im Ausland besonders zu vermerken.[8]

---

1 Hüttemann, Gemeinnützigkeits- und Spendenrecht, § 6 Rz. 146.

2 Siehe → Rz. 1038; BFH, Beschluss v. 14.7.2004 - I R 94/02, BStBl 2005 II S. 721 NWB PAAAB-26545.

3 OFD Frankfurt/M, Vfg. v. 5.9.2013 - S 0170 A - 50 - St 53 NWB TAAAE-45075 = DStR 2014 S. 102; BayLfSt, Vfg. v. 14.9.2012 - S 2223.1.1 - 23/5 St 32 NWB QAAAE-17186 = DB 2012 S. 2720; BayLfSt, Vfg v. 22.8.2012 - S 2223.1.1 - 23/2 St 32 NWB SAAAE-16050 = DStR 2012 S. 2282.

4 Siehe → Rz. 1010 ff.

5 Siehe → Rz. 1031.

6 Siehe → Rz. 1041.

7 Siehe → Rz. 934.

8 Hinweis auf BMF, Schreiben v. 16.5.2011 - IV C 4 -S 2223/07/0005 :008 BStBl 2011 I S. 559 NWB JAAAD-83439.

Vergibt die Stiftung i. S. von § 5 Abs. 1 Nr. 9 KStG ihrerseits **Spenden**, die den Anforderungen des § 10b EStG genügen, kann sie diese im Rahmen der Höchstgrenzen nur dann bei ihrem steuerpflichtigen Einkommen abziehen, wenn die Mittel aus dem steuerpflichtigen Bereich stammen. Der Spendenabzug setzt zudem die Begünstigung und Zuwendung an eine andere Körperschaft voraus. Der wirtschaftliche Geschäftsbetrieb der im Übrigen steuerbefreiten Einrichtung ist kein selbständiges Steuersubjekt. Die partiell steuerpflichtige Einrichtung i. S. des § 5 Abs. 1 Nr. 9 Satz 2 KStG kann daher aus ihrem wirtschaftlichen Geschäftsbetrieb in ihren eigenen ideellen steuerbegünstigten Bereich keine steuerwirksamen Spenden i. S. des § 9 Abs. 1 Nr. 2 KStG leisten.[1] 964

Anstelle der Zweckverwirklichung im Ausland[2] ist denkbar, dass die inländische Stiftung ihrerseits satzungsgemäß **Spenden** an eine **Stiftung mit Sitz im EU-/EWR-Ausland** tätigt. Der BFH hat die von der FinVerw. aufgestellten hohen Hürden für deren Anerkennung bestätigt.[3] Zwar ist der Nachweis, dass die tatsächliche Geschäftsführung einer gemeinnützigen Einrichtung den Erfordernissen des § 63 Abs. 1 AO entspricht, nicht zwingend durch detaillierte Geschäfts- und Tätigkeitsberichte sowie Aufzeichnungen über ihre finanziellen Verhältnisse zu führen, da § 63 Abs. 3 AO nur einen Nachweis durch ordnungsmäßige Aufzeichnungen über die Einnahmen und Ausgaben verlangt. Dem Gesetz lasse sich nämlich nicht entnehmen, dass Art und Umfang der Tätigkeiten nur durch Geschäfts- oder Tätigkeitsberichte nachgewiesen werden können. Seien Geschäfts- und Tätigkeitsberichte nicht angefertigt worden, könne die gemeinnützige Einrichtung infolgedessen den Nachweis über ihre Tätigkeit auch durch andere Unterlagen (z. B. Schriftverkehr und Notizen über vorbereitende Maßnahmen) führen. Sofern jährliche Rechenschaftsberichte erstellt und der ausländischen Stiftungsaufsicht übersandt wurden, könnten diese Berichte von der Finanzverwaltung angefordert werden. 965

Aus unionsrechtlichen Gründen kann **nicht** verlangt werden, dass die Zuwendungsbestätigung einer ausländischen Stiftung dem amtlich vorgeschriebenen **Vordruck i. S. des § 50 EStDV** entspricht. Gleichwohl gehöre, so der BFH, zu den **notwendigen** Bestandteilen der Zuwendungsbestätigung einer ausländischen gemeinnützigen Einrichtung, dass der ausländische Spendenempfän- 966

1 Schauhoff, Handbuch der Gemeinnützigkeit, § 8 Rz. 211; Dötsch/Jost/Pung/Witt, KStG, § 5 Rz. 61g.

2 Siehe → Rz. 962.

3 BFH, Urteil v. 21.1.2015 - X R 7/13, BStBl 2015 II S. 588 NWB ZAAAE-89757 = DStR 2015 S. 989; zustimmend Fischer, FR 2015 S. 716, 719.

ger bescheinigt, er habe die Spende erhalten, er verfolge den satzungsgemäßen gemeinnützigen Zweck und er setze die Spende ausschließlich satzungsgemäß ein. Von diesem durch die Zuwendungsbestätigung dokumentierten Verwendungsnachweis könne auch bei ausländischen Körperschaften nicht abgesehen werden.[1] Das FG Köln hat für eine Spende an die griechisch-katholische Kirche in Rumänien entschieden, dass diese in Rumänien einer Körperschaft des öffentlichen Rechts vergleichbar ist, allerdings sei dies nach Maßgabe des rumänischen Rechts zu prüfen. Der Senat hat – wie aus den Urteilsgründen zu entnehmen ist – aufgrund seiner Nachforschungen zum rumänischen Recht die Überzeugung gewonnen, dass die griechisch-katholische Kirche einer inländischen Körperschaft des öffentlichen Rechts vergleichbar ist, so dass der Spendenabzug an dieser Voraussetzung nicht scheiterte.[2]

1.9 Stiftung als Holding

967 Tritt die Stiftung als Holding auf, indem sie mehrere Beteiligungen an Kapitalgesellschaften hält und bei den Töchtern ihren Einfluss im Sinne einer planmäßigen Unternehmenspolitik geltend macht, dürfte dies zum Vorliegen eines **wirtschaftlichen Geschäftsbetriebs** führen. Um dies zu vermeiden, sollte zwischen die Stiftung und die diversen Tochter-Kapitalgesellschaften eine (weitere) Holding-Kapitalgesellschaft zwischengeschaltet werden, so dass die Stiftung „nur noch" eine Beteiligung hält.[3]

1.10 Steuerfolgen beim Halten von Fondsbeteiligungen

968 Durch das **Investmentsteuerreformgesetz** vom 19.7.2016 wurde mit Wirkung zum **1.1.2018** auch das Investmentsteuergesetz neu gefasst. Die damit verbundenen Änderungen sind insbesondere für steuerbegünstigte Stiftungen, die in Investmentfonds investieren, von Bedeutung. Nach früherem Recht unterlagen die Fondserträge weder auf Fondsebene noch auf Ebene der gemeinnützigen Stiftung der Ertragsbesteuerung (weil bei Letzterer die Erträge i. d. R. im steuerbefreiten Bereich der Vermögensverwaltung anfielen). Die wesentliche Neuerung besteht darin, dass Investmentfonds nun eigenständige Steuersubjekte sind und mit ihren Erträgen der Körperschaftsteuer und zumindest im Grundsatz auch der Gewerbesteuer unterliegen.[4]

1 BFH, Urteil v. 22.3.2018 - X R 5/16, BStBl 2018 II S. 651 NWB JAAAG-87918; Weitemeyer/Bornemann, FR 2016 S. 437 f.

2 FG Köln, Urteil v. 8.5.2019 - 9 K 1652/18 NWB GAAAH-27768.

3 Söffing/Henrich, BB 2016 S. 1943, 1948.

4 Zimmermann/Raddatz, NJW 2019 S. 485, 489.

Zu den steuerpflichtigen Einkünften gehören gem. § 6 Abs. 2 InvStG inländische Beteiligungseinnahmen, d. h. insbesondere Dividenden, inländische Immobilienerträge sowie sonstige inländische Einkünfte i. S. des § 49 Abs. 1 EStG mit Ausnahme von Einkünften aus wesentlichen Beteiligungen i. S. von § 17 i. V. mit § 49 Abs. 1 Nr. 2 Buchst. e EStG. Soweit diese Einkünfte einem Steuerabzug unterliegen, beträgt die Kapitalertragsteuer 15 %, ggf. inklusive Solidaritätszuschlag (§ 7 Abs. 1 Satz 1, 3 InvStG). Die Kapitalertragsteuer darf gem. § 7 Abs. 3 InvStG aber nur dann nach dem gegenüber dem regulären Steuersatz von 25 % (§ 43a Abs. 1 Satz 1 Nr. 1 EStG) reduzierten Satz erhoben werden, wenn dem Entrichtungspflichtigen eine Bescheinigung der zuständigen Finanzbehörde vorliegt, die den Status als Investmentfonds bestätigt („Statusbescheinigung").[1] 969

Aufgrund der Steuerbelastung auf Fondsebene kommen entsprechend **geringere Erträge** beim (steuerbegünstigten) Anleger an. 970

Allerdings sieht § 10 Abs. 1 InvStG vor, dass Publikums-Investmentfonds, an denen sich nach den Anlagebedingungen **nur steuerbegünstigte** Anleger beteiligen dürfen, steuerbefreit sind. Damit kommt es auf Fondsebene zu keiner steuerlichen Vorbelastung, d. h. beim steuerbegünstigten Anleger (z. B. gemeinnützige Stiftung) kommen die Erträge – wie früher – ungeschmälert an.[2]

Voraussetzung für die **Steuerfreiheit** der Erträge ist allerdings, dass die Anlagebedingungen nur eine Rückgabe von Investmentanteilen an den Investmentfonds zulassen und die Übertragung von Investmentanteilen ausgeschlossen ist (§ 10 Abs. 3 InvStG). Vereinnahmt der Fonds inländische Beteiligungserträge, muss er zudem die Voraussetzungen des § 36a EStG erfüllen, wobei das Erfordernis, während der Mindesthaltedauer (§ 36a Abs. 2 EStG) ein Mindestwertänderungsrisiko i. S. des § 36a Abs. 3 EStG zu tragen, eine hohe Hürde darstellt. Zudem haben die Anleger dem Investmentfonds gegenüber ihre Steuerbefreiung nachzuweisen. Dies kann durch eine vom zuständigen Finanzamt ausgestellte NV 2-Bescheinigung oder eine amtlich beglaubigte Kopie dieser Bescheinigung erfolgen (§ 9 Abs. 1 Nr. 1 InvStG i. V. mit § 44a Abs. 7 Satz 2 EStG). Das heißt, beteiligt sich eine gemeinnützige Stiftung an einem Publikums-Investmentfonds, der nur steuerbegünstigten Anlegern offensteht, kommt es für sie im Ergebnis zu keiner Veränderung gegenüber der bisherigen Rechtslage.[3] 971

1 Zimmermann/Raddatz, NJW 2019 S. 485, 489.
2 Zimmermann/Raddatz, NJW 2019 S. 485, 490.
3 Zimmermann/Raddatz, NJW 2019 S. 485, 490.

972 Die Fondsbranche hat auf die neuen Vorgaben nur verhalten reagiert und bietet derzeit nur einen **Fonds** an, der sich **ausschließlich** an **steuerbegünstigte** Anleger richtet. Verliert die Stiftung ihre Steuerbegünstigung oder überträgt sie ihren Fondsanteil auf einen Dritten, so ist sie nach § 13 Abs. 1 InvStG verpflichtet, dies dem Investmentfonds innerhalb eines Monats mitzuteilen. Dazu hat die Stiftung gem. § 13 Abs. 3 InvStG die zu Unrecht gewährten Befreiungsbeträge an den Investmentfonds zurückzuzahlen, der die Beträge unverzüglich an das für den Fonds zuständige Finanzamt abzuführen hat (§ 13 Abs. 4 Satz 1 InvStG).[1] Diese umfangreichen Pflichten machen es für Fondsanbieter derzeit unattraktiv, derartige Produkte anzubieten.

973 Dürfen sich an einem Fonds auch nicht steuerbegünstigte Anleger beteiligen, kommt es gem. § 8 Abs. 1 Nr. 1 InvStG zu einer Befreiung der oben angegebenen Einkünfte des Investmentfonds nur auf Antrag des Fonds und nur partiell, d. h., soweit steuerbefreite Anleger an den Fonds beteiligt sind. Da dies allerdings mit einem hohen Verwaltungsaufwand auf Fondsebene verbunden ist, werden solche Fonds steuerbefreiten Anlegern nicht angeboten.[2]

974 Auch im Fall eines **Spezial-Investmentfonds** i. S. des § 26 InvStG lässt sich – theoretisch – ein ebenso günstiges Ergebnis für steuerbegünstigte Anleger erzielen wie im Fall der Geltung des § 10 Abs. 1 InvStG: Solche Fonds haben gem. § 30 Abs. 1 InvStG die Möglichkeit, zur Steuerbefreiung zu optieren („Transparenzoption"), indem sie eine entsprechende unwiderrufliche Erklärung gegenüber dem Entrichtungspflichtigen abgeben. Macht der Fonds hiervon Gebrauch, werden die Fondserträge allein beim Anleger erfasst (§ 31 Abs. 1 InvStG). Wird die Option nicht ausgeübt, kommt es auf der Ebene des Fonds zu einer abgeltenden Besteuerung der Erträge, bei der gemeinnützigen Stiftung kommen entsprechend geringere Beträge an.[3]

HINWEIS:

Soweit ersichtlich, hat derzeit noch kein Anbieter einen entsprechenden Fonds aufgelegt.

975–979 *(Einstweilen frei)*

1 Zimmermann/Raddatz, NJW 2019 S. 485, 490.
2 Zimmermann/Raddatz, NJW 2019 S. 485, 490.
3 Zimmermann/Raddatz, NJW 2019 S. 485, 490.

2. Anforderungen an die Stiftungssatzung nach AO

2.1 Selbstlosigkeit (§ 55 AO)

980 Eine gemeinnützige Stiftung liegt vor, wenn sie nach § 52 Abs. 1 AO ihre Tätigkeit darauf richtet, die Allgemeinheit auf „materiellem, geistigem oder sittlichem Gebiet" selbstlos zu fördern. Nach der Rechtsprechung handelt eine Körperschaft selbstlos, wenn sie weder selbst noch zugunsten ihrer Mitglieder eigennützige oder eigenwirtschaftliche Zwecke verfolgt.[1] Dabei trägt eine Körperschaft, die eine Steuerbefreiung oder Steuerermäßigung wegen Verfolgung steuerbegünstigter Zwecke begehrt, die **Feststellungslast** für die Tatsachen, aus denen sich ergibt, dass sie die Voraussetzungen der Steuerbefreiung oder Steuerermäßigung erfüllt.[2] Die Selbstlosigkeit ist in § 55 AO die **erste Grundvoraussetzung** zur Anerkennung der Steuerbefreiung. Sie wird auch als wirtschaftliche Uneigennützigkeit verstanden.[3]

980/1 Selbstlosigkeit in diesem Sinne ist z. B. **nicht** gegeben, wenn die Würdigung der Umstände im Einzelfall ergibt, dass der Gründer einer Stiftung zur Bewahrung und Förderung von bildender **Kunst** maßgeblich sein Eigeninteresse am Sammeln und am Besitz von Kunstgegenständen verfolgt.[4] Die Selbstlosigkeit wurde vom BFH auch dann verneint, wenn *„die vorgesehene Zurverfügungstellung von Werken der Stiftung im Rahmen von öffentlichen Ausstellungen und Leihgaben"* nicht stattfindet. Werden demnach Kunstwerke in privaten – nicht der Allgemeinheit zugänglichen – Räumlichkeiten untergebracht und nur teilweise gelegentlich öffentlich ausgestellt, verfolgt eine zur Bewahrung und Förderung von bildender Kunst gegründete Stiftung mangels Selbstlosigkeit keine gemeinnützigen Zwecke.[5]

981 § 55 Abs. 1 Nr. 1 enthält das **Gebot der Vermögensbindung** (d. h., satzungsgemäße Zweckverwirklichung durch die Mittelverwendung), das in § 61 AO präzisiert wird. Ist die tatsächliche Geschäftsführung einer gemeinnützigen Stiftung nicht während des gesamten Besteuerungszeitraums auf die ausschließliche und unmittelbare Erfüllung der steuerbegünstigten Zwecke gerichtet, führt dies grds. nur zu einer Versagung der Steuerbefreiung für diesen

1 BFH, Urteil v. 13.12.1978 - I R 39/78, BStBl 1978 II S. 482 NWB CAAAA-91426.

2 BFH, Urteil v. 23.2.2017 - V R 51/15, BFH/NV 2017 S. 882, Leitsatz 2 NWB CAAAG-43981.

3 Tipke/Kruse, AO/FGO, § 55 Rz. 1 ff.

4 BFH, Beschluss v. 24.5.2016 - V B 123/15 NWB EAAAF-78693.

5 BFH, Urteil v. 23.2.2017 - V R 51/15 NWB CAAAG-43981.

Besteuerungszeitraum.[1] Entspricht also die **tatsächliche Geschäftsführung** einer Stiftung in einem Jahr nicht den Anforderungen der §§ 52–55 AO, kann ihr die Steuervergünstigung für dieses Jahre versagt werden.

981/1 Das Gebot der Vermögensbindung gilt auch für die Aufhebung oder Auflösung der Stiftung oder bei Wegfall der steuerbegünstigten Zwecke, wobei in der Satzung dieselben und der Empfänger des Vermögens bei Aufhebung oder Auflösung der Stiftung bzw. Wegfall der steuerbegünstigten Zwecke genau bestimmt werden müssen.

982 Gemäß § 61 Abs. 3 AO fällt die Steuerbegünstigung bei nachträglicher **Satzungsänderung,**[2] die den Anforderungen des § 55 Abs. 1 Nr. 4 AO nicht mehr entspricht, von Anfang an weg (**Nachversteuerung** für zehn Jahre).[3]

983 § 55 Abs. 1 Nr. 3 enthält das **Verbot der Begünstigung.** Die Vorschrift verbietet Ausgaben, die eine Person begünstigen, aber nicht dem Zweck der Körperschaft entsprechen (1. Alternative) oder aber eine unverhältnismäßig hohe Vergütung (2. Alternative) darstellen.[4] Ausgaben sind nicht nur Verwaltungsausgaben. Eine **satzungswidrige** Zuwendung liegt nicht nur vor, wenn eine Zuwendung nicht vom satzungsmäßigen Zweck getragen wird, sondern auch dann, wenn die Auszahlung als Gegenleistung für Dienste erfolgt, die der Körperschaft zwar zugutekommen, aber in der Satzung nicht vorgesehen sind.[5]

984 Steuerbegünstigte Körperschaften, die im Verbund mit Tochterunternehmen tätig sind, bündeln verstärkt nicht begünstigte Dienstleistungen in Form von Servicefunktionen (z. B. Aufgaben der Verwaltung) zentral in einer Körperschaft, um so dem zunehmenden Wettbewerbsdruck begegnen zu können. In solchen Unternehmensverbünden entstehen zahlreiche Leistungsverflechtungen, die zunehmend in den Fokus von steuerlichen Außenprüfungen geraten. Insbesondere das Thema der „angemessenen“ Vergütung und damit einhergehend die Annahme verdeckter Gewinnausschüttungen (vGA) ist ein beliebtes Prüffeld der steuerlichen Außenprüfer geworden.[6] Gerade bei den **Leistungsverrechnungen** zu den sogenannten Selbstkosten setzen steuerliche Au-

1 BFH, Beschluss v. 12.10.2010 - I R 59/09, BStBl 2012 II S. 226 NWB FAAAD-59094; Wallenhorst, DStR 2011 S. 698.

2 Siehe „Hinweis“ in → Rz. 940.

3 Gemäß § 175 Abs. 1 Satz 1 Nr. 3 i. V. mit § 61 Abs. 3 AO; siehe auch BFH, Urteil v. 25.4.2001 - I R 22/00, BStBl 2001 II S. 518 NWB DAAAA-88962. Nach Ansicht der OFD Niedersachsen (Vfg. v. 17.2.2000 - S 0180 - 1 - StO 214 / S 2729 - 326 - StH 233, DB 2000 S. 597) muss der Empfänger des Vermögensanfalls eine inländische steuerbegünstigte Körperschaft sein.

4 Klein, AO, § 55 Rz. 22.

5 Klein, AO, § 55 Rz. 23.

6 Seeger/Milde, DStR 2016 S. 2736.

ßenprüfer – mit Verweis auf das bereits vielfach diskutierte „Rettungsdienst-urteil" des BFH[1] – pauschal **Gewinnzuschläge** fest mit erheblichen Auswirkungen auf die steuerliche Belastung steuerbegünstigter Unternehmen. Als Maßstab zur Bestimmung fremdüblicher Preise sieht der BFH – so auch übernommen im AEAO[2] – für steuerbegünstigte Unternehmen ausschließlich die Kostenzuschlagsmethode vor. Nach zutreffender Ansicht[3] widerspricht diese Vorgehensweise jedoch offensichtlich den allgemein anerkannten Methoden zur Bestimmung marktüblicher Preise für die in Rede stehenden (marktgängigen) administrativen, kaufmännischen und technischen Dienstleistungen. Hierbei ist für den Profit-Bereich allgemein anerkannt, dass der marktübliche Preis über den sogenannten Fremdvergleichsmaßstab – unter Berücksichtigung der Nachfrageseite, mithin der Wettbewerbsbedingungen – nach der Preisvergleichsmethode bestimmt werden kann. Weshalb nunmehr für steuerbegünstigte Unternehmensverbünde und deren Leistungsverflechtungen eine restriktivere Auslegung einer „angemessenen" Vergütung gelten soll, ist nicht ersichtlich. Dies führt vielmehr zu einer nicht gerechtfertigten Benachteiligung des Non-Profit-Bereichs. Schließlich werden bei der Gewinnzuschlagsmethode die Besonderheiten der Kostenstruktur steuerbegünstigter Körperschaften (z. B. höhere Personalkosten aufgrund von Tarifbindung bzw. intensiverem Personaleinsatz etc.) völlig außer Acht gelassen.

Eine **Familienstiftung** kann nicht selbstlos arbeiten, d. h. i. d. R. nicht gemein- 985
nützig sein. Auch eine Stiftung, deren Zweck sich in der unterstützenden Hilfeleistung für Kinder und Kindeskinder der Stifter in Fällen der Not und Hilfsbedürftigkeit i. S. von § 53 AO erschöpft, wird von der Finanzverwaltung **nicht** als steuerfreie Stiftung anerkannt.[4]

Selbstlosigkeit ist bspw. auch nicht gegeben, wenn die Würdigung der Um- 985/1
stände im Einzelfall ergibt, dass der Gründer einer Stiftung zur Bewahrung und Förderung von bildender Kunst maßgeblich sein Eigeninteresse am Sammeln und am Besitz von Kunstgegenständen verfolgt.[5]

1 BFH, Urteil v. 27.11.2013 - I R 17/12, BStBl 2016 II S. 68 NWB WAAAE-63500; BMF, Schreiben v. 26.1.2016 - IV A 3 - S 0062/15/10006, BStBl 2016 I S. 155 NWB MAAAF-49289; AEAO zu § 55 Abs. 1 Nr. 1, Nr. 2 Satz 2.

2 BMF, Schreiben v. 26.1.2016 - IV A 3 - S 0062/15/10006, BStBl 2016 I S. 155 NWB MAAAF-49289; Kirchhain, DStR 2016 S. 505; AEAO zu § 55 Abs. 1 Nr. 1, Nr. 2 Satz 4.

3 Seeger/Milde, DStR 2016 S. 2736.

4 AEAO zu § 58 Nr. 6, Nr. 14.

5 BFH, Beschluss v. 24.5.2016 - V B 123/15 NWB EAAAF-78693; kritisch hierzu Weidmann/Kohlhepp, DStR 2016 S. 2673.

986 Die unentgeltliche Raumüberlassung an ein Vorstandsmitglied verstößt (ausnahmsweise) nicht gegen § 55 Abs. 1 Nr. 1 und 3 AO, wenn sie den satzungsgemäßen steuerbegünstigten Zwecken dient.[1]

987 Die **Erhaltung eines Betriebes** und die Erzielung von Dotationsmitteln für die Arbeitnehmer sind keine gemeinnützigen Zwecke. Die Gemeinnützigkeit scheidet ferner aus, wenn die Zahl der in Betracht kommenden Personen dauernd nur so klein sein kann und nach § 52 Abs. 1 AO keine Allgemeinheit gegeben ist.[2] Eine Stiftung zur Unterstützung von Schülern einer Schule, die allen Kindern einer Gemeinde offenstand, wurde als gemeinnützig anerkannt.

987/1 Die Unterhaltung eines **wirtschaftlichen Geschäftsbetriebes als Dotationsquelle** zur Bestreitung satzungsgemäßer steuerbegünstigter Ausgaben (Mittelverwendung) verstößt nicht gegen § 55 Abs. 1 Nr. 1 AO,[3] da sie **keinen eigenen Zweck darstellt** und nur der **Verwirklichung steuerbegünstigter Zwecke** dient.[4]

988 Die Verfolgung **in erster Linie eigenwirtschaftlicher Zwecke** (z. B. gewerbliche Zwecke oder sonstige Erwerbszwecke) **schließt** nach § 55 Abs. 1 AO **Selbstlosigkeit aus.** Für Stiftungen sind folgende Forderungen des § 55 Abs. 1 AO noch hervorzuheben:

- Die **Mittel** der Stiftung dürfen **nur für satzungsgemäße Zwecke** – mit den in § 58 AO zugelassenen Ausnahmen – verwendet werden.[5]
- Die Stiftung darf **keine Person durch unverhältnismäßig hohe Vergütungen** begünstigen (§ 55 Abs. 1 Nr. 3 AO).[6] Dazu gehören auch die Stiftungsorgane. Eine Definition zur „Verhältnismäßigkeit" fehlt. Für Vereine hat das FinMin Baden-Württemberg[7] erklärt, dass Zuwendungen an Mitglieder im Wert **bis zu 60 €** als „Annehmlichkeiten" beurteilt werden können. Bei Aufmerksamkeiten an Vereinsmitglieder sei zwischen zwei Anlässen zu unterscheiden. Geschehe die Zuwendung aus einem persönlichen Grund wie Ge-

1 BFH, Beschluss v. 20.12.1995 - I B 111/94 NWB IAAAB-37008, BFH/NV 1996 S. 383, zum Vorstandsmitglied mit Forschungstätigkeit.

2 AEAO zu § 52, Nr. 1; Schauhoff, Handbuch der Gemeinnützigkeit, § 6 Rz. 45.

3 Siehe AEAO zu § 55 Abs. 1 Nr. 1, Nr. 3 Satz 2; Bopp, DStZ 1999 S. 123; Hüttemann, Wirtschaftliche Betätigung und steuerliche Gemeinnützigkeit, S. 64 f., 191.

4 Vgl. Hüttemann, Gemeinnützigkeits- und Spendenrecht, § 6 Rz. 6.

5 Zum Begriff „Mittel": Hüttemann, Gemeinnützigkeits- und Spendenrecht, § 5 Rz. 16 f.

6 Siehe → Rz. 983. Aufwendungsersatz rechnet nicht zu Vergütungen, auch wenn vor Erfüllung des Ersatzanspruches der Anspruchsteller eine Durchlaufspende in derselben Höhe geleistet hat, so BFH, Urteil v. 3.12.1996 - I R 67/95, BStBl 1997 II S. 474 NWB LAAAA-95895 = DStR 1997 S. 716 f. Siehe ferner Tipke/Kruse, AO/FGO, § 55 Rz. 3b.

7 Presseerklärung des FinMin Baden-Württemberg v. 21.3.2019.

burtstag, Hochzeit oder Jubiläum, dürfe eine einzelne Zuwendung bis zu 60 € kosten (bisher 40 €). In begründeten Einzelfällen dürfe diese Summe auch überschritten werden. Handele es sich um Zuwendungen für ein besonderes Vereinsereignis wie die Weihnachtsfeier oder einen Ausflug, dürfe der Verein 60 € pro Mitglied im Jahr ausgeben (bisher 40 €). Man wird diese aus dem Lohnsteuerrecht entlehnten Betragsgrenzen auch auf Stiftungen bzw. Zuwendungen an Stiftungsorganmitglieder übertragen dürfen.

- Sind Leistung und Gegenleistung indes nach wirtschaftlichen Gesichtspunkten gegeneinander abgewogen, liegt per se keine Zuwendung vor.[1]
- Die Stiftung muss seit 1.1.2013 ihre Mittel spätestens in den auf den Zufluss folgenden zwei Jahren[2] (**Gebot der zeitnahen Mittelverwendung**) verwenden (§ 55 Abs. 1 Nr. 5 AO).[3] Am Ende des Kalender- oder Wirtschaftsjahrs noch vorhandene Mittel müssen in der Bilanz oder Vermögensaufstellung der Körperschaft zulässigerweise dem Vermögen oder einer zulässigen Rücklage zugeordnet oder als im zurückliegenden Jahr zugeflossene Mittel, die in den folgenden zwei Jahren für die steuerbegünstigten Zwecke zu verwenden sind, ausgewiesen sein. Soweit Mittel nicht schon im Jahr des Zuflusses für die steuerbegünstigten Zwecke verwendet oder zulässigerweise dem Vermögen zugeführt werden, ist ihre zeitnahe Verwendung nachzuweisen, zweckmäßigerweise durch eine Nebenrechnung (Mittelverwendungsrechnung). Der Zweck des Grundsatzes der zeitnahen Mittelverwendung gebietet es, dass bei der Nachprüfung der Mittelverwendung nicht auf die einzelne Zuwendung abzustellen ist, sondern auf die Gesamtheit aller zeitnah zu verwendenden Zuwendungen und sonstigen Einnahmen bzw. Vermögenswerte der Körperschaft (Saldobetrachtung bzw. Globalbetrachtung).[4] Nach § 55 Abs. 1 Nr. 5 AO wurde für kleine Körperschaften (Einnahmen von höchstens 45.000 € pro Jahr) eine Ausnahmeregelung geschaffen.[5]

Ausgaben für Anschaffung und Herstellung von Vermögensgegenständen 989
(z. B. Grundstücke mit Gebäuden, EDV-Anlagen, Büroausstattung, Kraftfahr-

1 AEAO zu § 55 Abs. 1 Nr. 1, Nr. 12; Buchna/Leichinger/Seeger/Brox, Gemeinnützigkeit im Steuerrecht, Tz. 2.5.5.6, S. 155.

2 Vgl. AEAO zu § 55 Abs. 1 Nr. 5, Nr. 29.

3 Spitaler/Schröder, DStR 2014 S. 2144.

4 BFH, Urteil v. 20.3.2017 - X R 13/15, BStBl 2017 II S. 1110 NWB BAAAG-53337.

5 Gesetz v. 21.12.2020, BGBl I 2020 S. 3096; zu AEAO zu § 55 Abs. 1 Nr. 5, Nr. 30.

zeuge), die den satzungsgemäßen Zwecken dienen, stellen anzuerkennende Mittelverwendung im Jahr der Ausgaben dar.[1]

990 Wegen des Einnahmen-/Ausgabendenkens finden **Abschreibungen** i. S. von § 7 EStG zur erfolgsmäßigen Berücksichtigung von Wertminderung durch Abnutzung oder Substanzverringerung von Wirtschaftsgütern in § 55 Abs. 1 AO keinen Platz. Die BFH-Rechtsprechung[2] hat aber anerkannt, dass (verdiente) Abschreibungen auf abnutzbare Wirtschaftsgüter nicht dem Gebot der zeitnahen Mittelverwendung unterliegen. Dem ist das Schrifttum[3] gefolgt, das sich im Rahmen des § 62 Abs. 1 Nr. 1 AO[4] für die Zuführung dieser Mittel für Ersatz- und Erneuerungsinvestitionen ausspricht.

990/1 Das **Grundstockvermögen** einer gemeinnützigen Stiftung unterliegt **nicht** dem Gebot der zeitnahen Mittelverwendung i. S. des § 55 Abs. 1 Nr. 5 AO; es kann deshalb allenfalls dann, wenn es nach den Satzungsbestimmungen zur Erfüllung des Stiftungszwecks verwendet werden darf, in die Frage einbezogen werden, ob die Stiftung dem Gebot zur satzungsmäßigen Verwendung ihrer Mittel entsprochen hat.[5]

990/2 Auch aus der **Umschichtung** von Verwaltungsvermögen zufließende Mittel (Umschichtungsgewinne)[6] sind Stiftungsvermögen, die **nicht** zeitnah zu verwendenden sind.[7] Die sogenannte **Umschichtungsrücklage** ist eine besondere Darstellungsform des Grundstockvermögens einer Stiftung und nicht Rücklage i. S. des § 62 Abs. 1 und 2 AO.[8] Sie kann ein **Risikobudget** schaffen, um z. B. ein Engagement in Rentenpapiere zu ermöglichen.[9]

991 Die zeitnahe Mittelverwendung ist der Finanzbehörde in einer besonderen **Nebenrechnung** jährlich **nachzuweisen**.[10] Nach § 55 Abs. 1 Nr. 5 AO wurde für kleine Körperschaften (Einnahmen von höchstens 45.000 € pro Jahr) eine Aus-

1 Vgl. AEAO zu § 55 Abs. 1 Nr. 5, Nr. 28; Hüttemann, Gemeinnützigkeits- und Spendenrecht, § 5 Rz. 86.

2 BFH, Urteil v. 26.4.1989 - I R 209/85, BStBl 1989 II S. 670 NWB NAAAA-92925.

3 Hüttemann, Gemeinnützigkeits- und Spendenrecht, § 5 Rz. 87; Buchna/Leichinger/Seeger/Brox, Gemeinnützigkeit im Steuerrecht, Tz. 2.5.9.4, S. 179 und Tz. 2.5.9.1.2, S. 165.

4 Siehe → Rz. 1044 ff.

5 BFH, Beschluss v. 7.9.2011 - I B 36/11 NWB EAAAD-94150.

6 Kraftsoff/Steinsdörfer, S&S 3/2016 S. 30.

7 AEAO zu § 55 Abs. 1 Nr. 5, Nr. 32; Spiegel S&S 2/2014 S. 24; Buchna/Leichinger/Seeger/Brox, Gemeinnützigkeit im Steuerrecht, Tz. 2.5.9.4, S. 179.

8 Kohler/Gengel, S&S 2/2014 S. 22.

9 Kohler/Gengel, S&S 2/2014 S. 23.

10 Nach dem Wortlaut AEAO zu § 55 Abs. 1 Nr. 5, Nr. 26 Satz 2 erstreckt sich die Mittelverwendungsrechnung nur auf den Nachweis der „Verwendung" der Mittel zum Abschlussstichtag im folgenden Wirtschaftsjahr; siehe → Rz. 1010 f.

nahmeregelung geschaffen.[1] Bei (zugelassener) **Zweckverwirklichung im Ausland**[2] bestehen besondere **Nachweis- und Rechnungslegungsvorschriften.**

Sind die zeitnah zu verwendenden Mittel nicht **innerhalb der Frist** des § 55 Abs. 1 Nr. 5 AO zur Zweckverwirklichung verwendet worden, liegt ein Verstoß der tatsächlichen Geschäftsführung (§ 63 AO) vor. Gemäß § 63 Abs. 4 AO kann eine Heilung erfolgen, wenn das Finanzamt eine Frist zur Mittelverwendung setzt und die Stiftung tatsächlich die angesammelten Mittel für die steuerbegünstigten Zwecke verwendet.[3] Auf die **Beweissicherung** und entsprechende Behandlung in der besonderen Nebenrechnung, dass Verpflichtungen für satzungsgemäße Zweckverwirklichungen (z. B. Förderungszusagen) bindend eingegangen sind, ist daher besonderer Wert zu legen.[4] 991/1

Eine Körperschaft ohne Eigenkapitalausstattung handelt nicht selbstlos bei Darlehensfinanzierung durch ihre Gründer, wenn die erzielten Einnahmen zur Verzinsung der Darlehen benötigt werden.[5] Dies dürfte auch für eine Stiftung gelten, bei der das Grundstockvermögen gering ist und die durch Vermögensverwaltung erzielten steuerfreien Einnahmen zu einem erheblichen Teil an den Stifter in Form von Zinsen „zurückfließen". 992

§ 55 Abs. 1 Nr. 4 i. V. mit Abs. 3 AO als Ausnahme vom Grundsatz der Vermögensbindung ist für Stiftungen sinngemäß anwendbar.[6] Dies bedeutet, dass es zulässig ist, das Stiftungskapital und Zustiftungen von der Vermögensbindung auszunehmen und im Falle des Erlöschens der Zustiftung an den Stifter oder seine Erben zurückfallen zu lassen. Für solche Stiftungen und Zustiftungen kann dann aber auch nicht die Spendenbegünstigung nach § 10b EStG in Anspruch genommen werden. 993

Preisverleihende gemeinnützige Stiftungen handeln nicht selbstlos, wenn die Ergebnisse der durch den Preis ausgezeichneten Tätigkeit nicht der Allgemeinheit zur Verfügung gestellt werden. Ein Verstoß führt nicht etwa zu einem wirtschaftlichen Geschäftsbetrieb, auch wenn sie ggf. beim Empfänger ein- 994

1 Gesetz v. 21.12.2020, BGBl I 2020 S. 3096.

2 AEAO zu § 63, Nr. 1 Satz 4; OFD München, Vfg. v. 23.11.2001 - S 2223 - 145 St 41, DStR 2002 S. 806.

3 Siehe Buchna/Leichinger/Seeger/Brox, Gemeinnützigkeit im Steuerrecht, Tz. 2.14.10, S. 277; OFD Frankfurt, Vfg. v. 6.8.2003 - S. 0177 A - 1 - St II 1.03, DB 2003 S. 2255.

4 Buchna/Leichinger/Seeger/Brox, Gemeinnützigkeit im Steuerrecht, Tz. 2.14.9, S. 276; OFD Frankfurt, Vfg. v. 14.3.2002 - S 0172 A - 7 - St II 12/S 0185 A - 5 - St II 12, DB 2002 S. 870.

5 BFH, Urteil v. 26.4.1989 I R 209/85, BStBl 1989 II S. 670 NWB NAAAA-92925; AEAO zu § 55 Abs. 1 Nr. 1, Nr. 1 Satz 3.

6 AEAO zu § 55 Abs. 3, Nr. 34 Satz 2 und 3.

kommensteuerpflichtig sind,[1] sondern zur Aberkennung der Gemeinnützigkeit.

995 Nach der sogenannten **Geprägetheorie** musste eine eigenwirtschaftliche Betätigung gegenüber der eigentlichen (steuerbegünstigten Zwecksetzung) nachrangig sein und durfte ihr nicht das Gepräge geben.[2] Die Finanzverwaltung hat die Geprägetheorie zwischenzeitlich aber **aufgegeben**.[3] Alle wirtschaftlichen Aktivitäten einer steuerbegünstigten Stiftung sind aus Sicht der Gemeinnützigkeit unschädlich, wenn sie um des steuerbegünstigten Zwecks willen erfolgen.[4] Auf den Umfang der gemeinnützigen Tätigkeit kommt es nicht mehr entscheidend an. Maßgebend ist vielmehr, ob das unterstützte Vorhaben der Einrichtung materiell oder in anderer Weise dient.[5] Vermögensverwaltende Tätigkeit und steuerpflichtiger wirtschaftlicher Geschäftsbetrieb werden bei dieser Betrachtung gleich behandelt. Die Sachdienlichkeit der nicht steuerbegünstigten Maßnahmen ist Beurteilungskriterium.

996 Nach Ansicht des BFH,[6] dem sich die Finanzverwaltung[7] angeschlossen hat, lassen **unangemessene Ausgaben** für die allgemeine Verwaltung und Spendenakquisition die Gemeinnützigkeit wegen Verstoßes gegen das Gebot der Selbstlosigkeit des § 55 Abs. 1 AO entfallen.[8] Bei Stiftungen, die sich weitgehend aus Spenden finanzieren, müssen diese Ausgaben in einem angemessenen Verhältnis (sogenannte **Verwaltungskostenquote**) zu den Spendeneinnahmen stehen. Die vom BFH[9] genannte Obergrenze von **50 %** in der Aufbauphase will die Finanzverwaltung[10] nicht allgemein anerkennen, sondern die Angemessenheit nach der Lage des Einzelfalls beurteilen, wobei die Ausgaben für die Geschäftsführung und die Spendenakquisition besonders kritisch untersucht werden. Es wird als Verstoß gegen § 55 AO gewertet, wenn diese „un-

1 BMF, Schreiben v. 5.9.1998, BStBl 1998 I S. 1150.

2 Vgl. Tipke/Kruse, AO/FGO, § 55 Rz. 2; Dötsch/Jost/Pung/Witt, KStG, § 5 Rz. 55a.

3 Änderung des Anwendungserlasses am 17.12.2012.

4 AEAO zu § 55 Abs. 1 Nr. 1, Nr. 3 Satz 2 und Nr. 8 Satz 1.

5 Ritter, S&S 5/2013 S. 28.

6 BFH, Urteil v. 21.1.1998 - II R 16/95, BStBl 1998 II S. 758 NWB OAAAA-96357; BFH, Beschluss v. 23.9.1998 - IB 82/98, DStR 1998 S. 1674; BFH, Beschluss v. 23.2.1999 - XI B 128/98 NWB MAAAA-62873. Siehe dazu Hofmeister, DStZ 1999 S. 545.

7 BMF, Schreiben v. 15.5.2000 - S 0170, BStBl 2000 I S. 814 NWB GAAAA-76830; AEAO zu § 55 Abs. 1 Nr. 1, Nr. 1 und Nr. 19–21.

8 Siehe dazu Geserich, DStR 2001 S. 604; AEAO zu § 55 Abs. 1 Nr. 1, Nr. 1 und Nr. 21.

9 BFH, Beschluss v. 23.9.1998 - I B 82/98, BStBl 2000 II S. 320 NWB GAAAA-97443.

10 BMF, Schreiben v. 15.2.2002 - IV C 4 - S 0174 - 2/01 NWB MAAAA-82796 = DB 2002 S. 456; AEAO zu § 55 Abs. 1 Nr. 1, Nr. 1 und Nr. 18.

angemessen" sind.[1] Bei **Förderstiftungen** sind nur **30 %** angemessen.[2]

Sind Vorstandsmitglieder ehrenamtlich tätig und erhalten sie (ohne ausdrückliche Regelung in der Satzung dennoch) **Tätigkeits- und Aufwandsvergütungen**, hat der BFH[3] darin einen Verstoß gegen das Gebot der Selbstlosigkeit gesehen. Die Folge ist der Verlust des Gemeinnützigkeitsstatus. Bei hauptamtlichen Vorstandsmitgliedern sollten Vergütungen als angemessen anerkannt werden, die von anderen Körperschaften für gleichartige Leistungen gezahlt werden.[4] 997

HINWEIS:

Die Vergütung der Organe bedarf stets[5] einer Öffnungsklausel in der Satzung.[6]

In einem immer härteren Wettbewerb steuerbegünstigter Organisationen um Spenden sind Fördervereine für gemeinnützige Stiftungen gegründet worden, die nur **„Fundraising" für Stiftungen** betreiben.[7] Dieselben Spenden sind sodann beim Verein und sodann nach Weiterleitung bei der Stiftung Einnahmen aus Spenden. Da die Namen von Stiftung und Verein gleich sind, wissen die Spender oft nicht, ob sie an die Stiftung oder an den Verein spenden. 998

Das BMF hat sich ausführlich zum sogenannten **Crowdfunding** geäußert.[8] Crowdfunding bezeichnet eine Form der Mittelakquise unter Nutzung internetbasierter Strukturen, die die Beteiligung einer Vielzahl von Personen (der „Crowd") ermöglicht. Dabei werden die einzelnen durch einen Dritten („Projektveranstalter") durchzuführenden Projekte oder zu entwickelnden Produkte auf einer Internetplattform (sogenanntes „Crowdfunding-Portal") vorgestellt und gezielt Gelder zur Erreichung eines häufig festen Finanzierungsziels eingeworben. Organisation und Abwicklung der einzelnen Akquisemethoden können dabei sehr unterschiedlich gestaltet sein. Als sogenanntes **„Spenden Crowdfunding"** werden anlassbezogene Spendensammlungen organisiert, die i. d. R. ein festes Sammlungsziel haben. Nur bei Erreichen des Sammlungsziels 998/1

1 Zur Problematik siehe AEAO zu § 55 Abs. 1 Nr. 1, Nr. 19; Buchna/Leichinger/Seeger/Brox, Gemeinnützigkeit im Steuerrecht, Tz. 2.5.5.1, S. 126.

2 Weidmann/Kohlepp, Die gemeinnützige GmbH, S. 74.

3 BFH, Beschluss v. 8.8.2001 - I B 40/01 NWB DAAAA-66680.

4 Sandberg, S&S 1/2015 S. 22; Buchna/Leichinger/Seeger/Brox, Gemeinnützigkeit im Steuerrecht, Tz. 2.5.7, S. 158.

5 Vgl. → Rz. 215.

6 AEAO zu § 55 Abs. 1 Nr. 3, Nr. 25; Buchna/Leichinger/Seeger/Brox, Gemeinnützigkeit im Steuerrecht, Tz. 2.5.7, S. 158.

7 Siehe Ripken, S&S 1/2015 S. 14.

8 BMF, Schreiben v. 15.12.2017 - IV C 4 - S 2223/17/10001, BStBl 2018 I S. 246 NWB JAAAG-70943.

in der vorgegebenen Höhe und Zeit leitet das Crowdfunding-Portal die eingesammelten Mittel an die jeweiligen Projektveranstalter weiter. Weder die einzelnen Zuwendenden noch das Crowdfunding-Portal erhalten für diese Zuwendung eine Gegenleistung. Wird das Sammlungsziel nicht erreicht, dann erhalten die zuwendenden Personen in einigen Fällen ihre Einzahlung ohne Abzüge zurück (sogenanntes „Alles-oder-Nichts-Prinzip"). Wenn der Empfänger der Finanzierungsmittel aus dem Crowdfunding eine nach § 5 Abs. 1 Nr. 9 KStG i.V. mit §§ 51 ff. AO steuerbegünstigte Körperschaft oder juristische Person des öffentlichen Rechts ist, dann ist diese nach den allgemeinen gemeinnützigkeits- und spendenrechtlichen Regelungen berechtigt, für die erhaltenen Mittel Zuwendungsbestätigungen nach § 50 Abs. 1 EStDV auszustellen. Die Zulässigkeit eines steuerlichen Spendenabzugs hängt dabei von den Eigenschaften der Beteiligten und den zwischen ihnen bestehenden rechtlichen Verbindungen ab.

999 Eine **eigenwirtschaftliche** Betätigung i. S. des § 55 Abs. 1 AO liegt vor, wenn gemeinnützige Zwecke vom Gewinnstreben bei den Aktivitäten der Stiftung überlagert werden.[1] Ein Verstoß gegen das Mittelverwendungsgebot des § 55 Abs. 1 Nr. 1 AO liegt nicht vor, wenn ein Spender unmittelbar nach seiner Spende seinen nachgewiesenen Anspruch auf Aufwendungsersatz erfüllt erhält.[2]

1000 Die **Beteiligung** an einer **gewerblichen** (mitunternehmerischen) **Personengesellschaft** begründet grds. einen **wirtschaftlichen Geschäftsbetrieb**.[3] Anders ist dies, wenn die Tätigkeit der Personengesellschaft selbst nur Vermögensverwaltung darstellt,[4] also keine gewerblichen Einkünfte erzielt werden.

1001 Auch die Beteiligung an einer **gewerblich geprägten** Personengesellschaft begründet **keinen** wirtschaftlichen Geschäftsbetrieb.[5] Sie ist vielmehr von der Steuerfreiheit des § 5 Abs. 1 Nr. 9 KStG umfasst.[6] Dabei trägt eine Körperschaft, die eine Steuerbefreiung oder Steuerermäßigung wegen Verfolgung steuerbegünstigter Zwecke begehrt, die Feststellungslast für die Tatsachen, aus denen sich ergibt, dass sie die Voraussetzungen der Steuerbefreiung oder Steuerermäßigung erfüllt.

1 BFH, Urteil v. 26.4.1989 - I R 209/85, BStBl 1989 II S. 670 NWB NAAAA-92925.
2 BFH, Urteil v. 3.12.1996 - I R 67/95, BStBl 1997 II S. 474 NWB LAAAA-95895.
3 BFH, Urteil v. 16.11.2011 - I R 31/10 NWB QAAAE-03542; vgl. → Rz. 1083.
4 So das FG Düsseldorf v. 18.5.1984 - I 714/79, EFG 1985 S. 83; siehe auch → Rz. 955.
5 AEAO zu § 64 Abs. 1, Nr. 3 Satz 3; siehe auch → Rz. 956 und → Rz. 1098.
6 BFH, Urteil v. 25.5.2011 - I R 60/10, BStBl 2011 II S. 858 NWB ZAAAD-87495.

Das Gebot der Selbstlosigkeit des § 55 AO ist auch verletzt, wenn die Tätigkeit der Stiftung in erster Linie auf **Mehrung**[1] **des Vermögens** gerichtet ist.[2] Unklar ist, ob dieser Grundsatz nominell oder substanziell auszulegen ist. 1002

Bei nur nomineller **Vermögenserhaltung** muss bei fortschreitender Inflation die Zweckverwirklichung aus den Erträgen (z. B. Zinsen) immer schmaler werden, bis sie endlich nicht mehr möglich ist. Auch die Finanzverwaltung akzeptiert die substantielle Vermögenserhaltung, indem sie eine zeitnahe Verwendung von bei Vermögensumschichtungen aufgelöster stiller Reserven nicht fordert.[3] 1003

Mittel i. S. von § 55 AO sollen nach Auffassung der Finanzverwaltung[4] nicht nur Spenden, Vermögenserträge und Erträge aus wirtschaftlichen Geschäftsbetrieben und aus Zweckbetrieben, sondern **sämtliche Vermögenswerte** der steuerbefreiten Körperschaft sein.[5] Da eine gesetzliche Definition der Mittel nicht erfolgt ist, erkennt auch die Finanzverwaltung an, dass dem Gebot der zeitnahen Mittelverwendung keinesfalls die Mittel unterliegen, die durch Stiftungsgeschäft, Gesetz oder Vertrag (Zustiftungen und Spenden mit der Auflage, sie dem Stiftungsvermögen zuzuführen) dem Stiftungsvermögen zuzurechnen sind, das stiftungsrechtlich im Wert zu erhalten ist, und dies nicht gegenständlich, sondern betragsmäßig. Ungeachtet der Vermögensbindung des Stiftungsvermögens gem. § 61 AO können Mittel i. S. von § 55 Abs. 1 Satz 1 AO nur Einnahmen bzw. Erträge sein, die zur laufenden Zweckverwirklichung bestimmt sind. Folgerichtig sind **Schulden** der Stiftung vermögensschmälernd, so dass die zu ihrer Tilgung erforderlichen Gegenposten (z. B. Bankguthaben und andere Vermögenswerte) keinesfalls zeitnah zu verwendende Mittel sein können. Ob die Schulden aus dem Stiftungsgeschäft, aus Zustiftungen oder aus Aktivitäten zur Zweckverwirklichung (aus dem steuerbefreiten Bereich, aus wirtschaftlichen Geschäftsbetrieben oder aus Zweckbetrieben) stammen, muss völlig gleichgültig sein.[6] 1004

1 Wegen der Erhaltung des Vermögens siehe → Rz. 1054 ff.

2 Siehe Buchna/Leichinger/Seeger/Brox, Gemeinnützigkeit im Steuerrecht, Tz. 2.5.1, S. 117; AEAO zu § 55 Abs. 1 Nr. 1, Nr. 1 Satz 2.

3 AEAO zu § 55 Abs. 1 Nr. 5, Nr. 32 Satz 1; Buchna/Leichinger/Seeger/Brox, Gemeinnützigkeit im Steuerrecht, Tz. 2.5.9.4, S. 178; Schauhoff, Handbuch der Gemeinnützigkeit, § 3 Rz. 61.

4 AEAO zu § 55 Abs. 1 Nr. 1, Nr. 3 und AEAO zu § 55 Abs. 1 Nr. 5, Nr. 30; OFD Frankfurt, Vfg. v. 20.2.2012 - S 0177 A-1-St 53 NWB YAAAE-04773 = DStR 2012 S. 1229.

5 BFH, Urteil v. 23.10.1991 - I R 19/91, BStBl 1992 II S. 62 NWB QAAAA-94155. Vgl. auch Spitaler/Schröder, DStR 2014 S. 2144, 2145; Buchna/Leichinger/Seeger/Brox, Gemeinnützigkeit im Steuerrecht, Tz. 2.5.5, S. 125; Hüttemann, Gemeinnützigkeits- und Spendenrecht, § 5 Rz. 16 ff.

6 Entgegen der Auffassung der Finanzverwaltung, siehe → Rz. 1024 ff.

1005 Geklärt ist, dass satzungsgemäß gemeinnützige Aufgaben nicht nur durch Mittelhingabe als solche, sondern auch durch Bereitstellung zinsgünstiger oder zinsloser **Darlehen**, mithin durch einen Zinsvorteil aus der Nutzung eines Geldbetrages, gefördert werden können.[1]

1006 Die Finanzverwaltung beurteilt die **Darlehensvergabe** als unschädlich, wenn damit unmittelbar die satzungsgemäßen steuerbegünstigten Zwecke verwirklicht werden oder eine andere Körperschaft die darlehensweise erhaltenen Mittel unmittelbar für steuerbegünstigte Zwecke zeitnah verwendet.[2] Die steuerbegünstigte Stiftung darf hierzu aus ihrem Grundstockvermögen einschl. zulässig gebildeter Rücklagen Darlehen zum Kapitalmarktzins vergeben, es sei denn, dass ein Zinsverzicht der Satzung und dem Gemeinnützigkeitsrecht entspricht.[3] Diese Darlehensvergaben fallen mithin nicht unter das Gebot der zeitnahen Mittelverwendung, sondern unter Vermögensumschichtung. Nur die **Verluste** im **ideellen Bereich**, in der **Vermögensverwaltung** und im **Zweckbetrieb** mindern die zeitnah zu verwendenden Mittel.

1007 Eine steuerbefreite Stiftung muss die **Überschüsse aus allen Bereichen zeitnah** für ihre satzungsgemäßen Zwecke verwenden, soweit sie nicht in unschädliche Rücklagen nach § 62 Abs. 1 Nr. 1–3 AO eingestellt werden.[4] Gemäß § 55 Abs. 1 Nr. 5 AO beinhaltet „zeitnahe" Verwendung, dass die zugeflossenen Mittel[5] bis zum Ende des zweiten auf den Mittelzufluss folgenden Jahres verwendet worden sind.[6] Nach § 55 Abs. 1 Nr. 5 AO wurde für kleine Körperschaften (Einnahmen von höchstens 45.000 € pro Jahr) eine Ausnahmeregelung geschaffen.[7] Treten **Verluste** auf (ggf. als Saldo mit Gewinnen), dürfen diese nicht aus Mitteln aus dem steuerbefreiten Bereich abgedeckt werden, da dies ein Verstoß gegen das Gebot der Selbstlosigkeit des § 55 AO darstellen würde.[8] Eine **Unschädlichkeit** wird angenommen, wenn ein Verlust nur gelegentlich auftritt und ein Ausgleich auf anderem Wege (z. B. durch Erhöhung der Leis-

1 Zur bisherigen Rechtslage vgl. → Rz. 1005.

2 Siehe AEAO zu § 55 Abs. 1 Nr. 1, Nr. 16 und 17.

3 Siehe AEAO zu § 55 Abs. 1 Nr. 1, Nr. 16 und 17.

4 AEAO zu § 55 Abs. 1 Nr. 1, Nr. 3; siehe → Rz. 1045 ff.

5 Siehe → Rz. 1004.

6 BMF, Schreiben v. 15.2.2002 - S 0174, BStBl 2002 I S. 267 NWB MAAAA-82796; entgegen BFH, Urteil v. 15.7.1998 - I R 156/94, BStBl 2002 II S. 162 NWB EAAAA-89147 = DB 1998 S. 2304; AEAO zu § 55, Nr. 26.

7 Gesetz v. 21.12.2020, BGBl I 2020 S. 3096.

8 AEAO zu § 55 Abs. 1 Nr. 1, Nr. 4; Buchna/Leichinger/Seeger/Brox, Gemeinnützigkeit im Steuerrecht, Tz. 2.5.5.2, S. 131.

tungsentgelte des wirtschaftlichen Geschäftsbetriebes) ernsthaft versucht wurde.[1] Der BFH[2] hat diese Auffassung in der Weise eingeschränkt, dass ein **Verlustausgleich** aus dem **ideellen** Bereich nur dann kein Verstoß gegen das Mittelverwendungsgebot des § 55 Abs. 1 Nr. 1 Satz 1 AO sein soll, wenn der Verlust auf einer Fehlkalkulation beruht und die Körperschaft bis zum Ende des dem Verlustentstehungsjahr folgenden Jahres dem ideellen Bereich wieder Mittel in entsprechender Höhe zuführt, die aber nicht aus Zweckbetrieben und Spenden stammen dürfen. Da dieses Urteil zu einem Golfclub ergangen ist, kann es auf Stiftungen nicht übertragen werden. Im Übrigen sind die Verluste nach § 10d i.V. mit § 8 Abs. 1 EStG **rücktrags- und vortragsfähig**. In der Rechnungslegung führen nicht ausgeglichene, sondern vorgetragene Verluste bei Einnahmen-/Ausgabenrechnung zu einer „inneren" Verschuldung des wirtschaftlichen Geschäftsbetriebes gegenüber dem steuerbefreiten Bereich, die zu verzinsen und kurzfristig (eventuell durch Darlehensaufnahme des wirtschaftlichen Geschäftsbetriebes) auszugleichen ist. Ermittelt der wirtschaftliche Geschäftsbetrieb sein Einkommen nach § 5 EStG, hat der Verlust nicht unbedingt die Qualität eines kassenmäßigen Fehlbetrages, aber es kann auch bei dieser Gewinnermittlungsart zu einer „inneren" Verschuldung kommen, die wie bei der Einnahmen-/Ausgabenrechnung kurzfristig zu beseitigen ist. Besteht der wirtschaftliche Geschäftsbetrieb aus der **Beteiligung** an einer **Kommanditgesellschaft** und werden Verluste der Kommanditgesellschaft bei dieser vorgetragen, führen sie zwar aus der Mitunternehmerschaft zu steuerlichen Verlusten, aber bei Einnahmen-/Ausgabenrechnung nicht zu Fehlbeträgen bei der Stiftung, bei Gewinnermittlung nach § 5 EStG allerdings zu einem Aufwandposten des wirtschaftlichen Geschäftsbetriebes ggf. durch eine Abschreibung auf die Beteiligung.[3]

Mit dem Gebot der Selbstlosigkeit der gemeinnützigen oder mildtätigen Stif- 1008
tung ist es vereinbar, dass außer den unschädlichen Rücklagen nach § 62 Abs. 1 Nr. 2 und 3 AO auch im **wirtschaftlichen Geschäftsbetrieb Rücklagen** gebildet werden.[4] Zusätzlich kann im Bereich der **Vermögensverwaltung** z. B. für Instandsetzung und Modernisierung eine Rücklage für Grundbesitz gebildet werden (§ 61 Abs. 1 Nr. 2 AO).[5] Aber auch bei **Beteiligungsgesellschaften** sind

1 Siehe BFH, Urteil v. 2.10.1968 - I R 40/68, BStBl 1969 II S. 43 NWB MAAAA-90494; AEAO zu § 55 Abs. 1 Nr. 1, Nr. 8.

2 BFH, Urteil v. 13.11.1996 - I R 152/93 NWB HAAAA-96342 = DStR 1997 S. 278.

3 Siehe IDW RS HFA 18 Rz. 33.

4 Spitaler/Schröder, DStR 2014 S. 2144, 2145.

5 OFD Frankfurt, Vfg. v. 20.2.2012 - S 0177 A-1-St 53 NWB YAAAE-04773 = DStR 2012 S. 1229 (unter Rz. 2.3.2, S. 1231).

freie Rücklagen zulässig, die bei vernünftiger kaufmännischer Beurteilung entsprechend § 14 Abs. 1 Nr. 4 KStG begründet sind. Sie müssen demnach bei vernünftiger kaufmännischer Beurteilung existenzsichernd sein und so von der Stiftung begründet werden.[1] Dazu bedarf es eines konkreten Anlasses aus **objektiver unternehmerischer** Sicht.[2] Als Beispiele werden nicht nur Betriebsverlegung, sondern auch Erneuerung und Erweiterung genannt. Eine Rücklagenbildung zur **Abdeckung** besonderer **unternehmerischer Risiken** sollte nicht ausgeschlossen sein,[3] jedoch kommt es wie immer auf die Begründung an. Die Rücklagenbildung ist nach den Gewinnermittlungsvorschriften nicht als Betriebsausgabe oder Werbungskosten abzugsfähig. Losgelöst von der Frage der Zulässigkeit einer Rücklagenbildung auf Ebene der Stiftung ist die Frage zu beantworten, wie die Stiftung ihre **Gesellschafterrechte** in der Gesellschafterversammlung einer Tochter-(Beteiligungs-)gesellschaft bzgl. des dort zu fassenden Gewinnverwendungsbeschlusses (= Höhe der Dividende) **ausüben** muss.

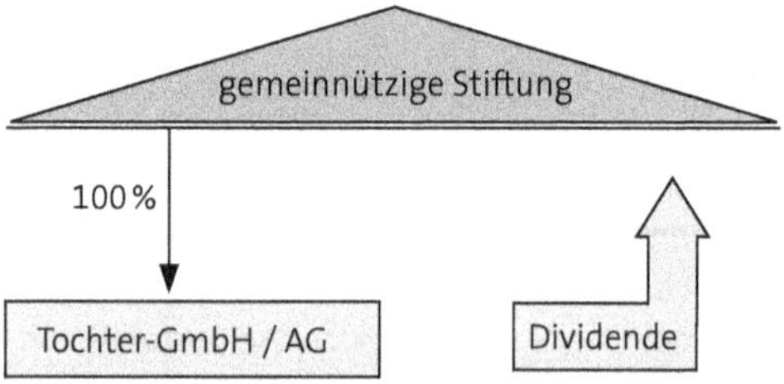

1008/1 Unstreitig dürfte sein, dass die gemeinnützige Stiftung mit den ihr zufließenden Erträgen langfristig in der Lage sein muss, die in der Stiftungssatzung vorgesehenen Zwecke zu erfüllen. Daher ist eine dauerhafte **Thesaurierung** der Gewinne auf **Ebene der Tochter-GmbH/AG** unzulässig. Gleiches gilt für eine Dividende, die nur die bei der Stiftung anfallenden jährlichen Verwaltungskosten abdeckt.

1008/2 Das Gemeinnützigkeitsrecht verlangt von dem Stiftungsvorstand, dass er in der Gesellschafterversammlung der Tochter-GmbH (Hauptversammlung der

1 BFH, Urteil v. 15.7.1998 - I R 156/94, BStBl 2002 II S. 162 NWB EAAAA-89147; AEAO zu § 55 Abs. 1 Nr. 1, Nr. 3; BMF, Schreiben v. 15.2.2002 - S 0174, BStBl 2002 I S. 267 NWB MAAAA-82796; Schauhoff, Handbuch der Gemeinnützigkeit, § 9 Rz. 107.

2 So AEAO zu § 55 Abs. 1 Nr. 1, Nr. 3. Siehe auch Hüttemann, Gemeinnützigkeits- und Spendenrecht, § 5 Rz. 104 ff., Rz. 135.

3 Hinweis auf BFH, Urteil v. 29.10.1980 - I R 61/77, BStBl 1981 II S. 336 NWB EAAAA-91609; Hüttemann, Gemeinnützigkeits- und Spendenrecht, § 5 Rz. 135.

Tochter-AG) die (regelmäßige) Ausschüttung einer **Mindestdividende**[1] an die Stiftung (mit-)beschließt.

Bei Vorliegen eines sachlichen Grundes wird das Finanzamt – nach vorheriger Information durch den Stiftungsvorstand und entsprechender Prüfung – trotz ausschüttbaren Gewinnen der Aussetzung einer Mindest-Dividende (= Thesaurierung auf Ebene der Tochtergesellschaft) ggf. auch über einen mehrjährigen Zeitraum zustimmen. Daneben kommt eine Aussetzung einer Gewinnausschüttung für mehrere (bis zu fünf) Jahre in der Krise des Tochter-Unternehmens in Betracht. Ob das Unternehmen einen handelsrechtlich ausschüttbaren Gewinn erzielt hat, sollte jedenfalls dann unerheblich sein, wenn unternehmerische Gründe auf Ebene der Tochtergesellschaft für eine zeitlich befristete Thesaurierung sprechen. 1008/3

BEISPIEL ▶ Die Tochter-GmbH einer gemeinnützigen Stiftung erwirtschaftete im Jahr 2012 ein ausschüttbares Ergebnis von 500.000 €. Die Vorstände der Stiftung, die als ehemalige Aufsichtsräte einer börsennotierten AG sehr sachkundig sind, erhalten eine pauschale Entschädigung von 55.000 €. Die Tochter-GmbH will über mehrere Jahre ihre Eigenkapitalausstattung verbessern und daher so wenig wie möglich ausschütten.

Wenn die Stiftungsvorstände nun eine Dividende bei der Tochter-GmbH von bspw. 100.000 € (= Thesaurierung von 400.000 € auf Ebene der Tochter-GmbH) beschließen würden, könnte die Stiftung 45.000 € für gemeinnützige Zwecke ausgeben. Dies dürfte gemeinnützigkeitsrechtlich unkritisch sein.

Würde hingegen der verbleibende Betrag von 45.000 € nur die laufenden (allgemeinen) Kosten der Stiftung abdecken, dann könnte die Stiftung in diesem Jahr keine gemeinnützigen Zwecke verfolgen. Wenn der Stiftungsvorstand in dieser Situation keine höhere Dividende als 100.000 € beschließen würde, wäre dies gemeinnützigkeitsrechtlich kritisch und könnte zum Verlust der Gemeinnützigkeit führen.

HINWEIS:

Beträgt der Wert, den die Geschäftsanteile an der Tochter-GmbH haben, z. B. 10 Mio. €, so wird das Finanzamt eine Mindestdividende von (2 % x 10 Mio. € =) 200.000 € fordern, die für die Erfüllung gemeinnütziger Zwecke zur Verfügung steht. Dies würde für das Abstimmverhalten der Stiftungsvorstände in der Gesellschafterversammlung der Tochter-GmbH bedeuten, dass sie bei den vorstehend genannten allgemeinen Verwaltungskosten der Stiftung von 45.000 € und einer Entschädigung von 55.000 €, die an die Stiftungsvorstände bezahlt wird, eine Dividende von 300.000 € beschließen müssten. Ein Beschluss mit dem Inhalt, dass eine Vollausschüttung des gesamten Ergebnisses von 500.000 € zu erfolgen hat, ist unter gemeinnützigkeitsrechtlichen Erwägungen aber nicht erforderlich. Gleichwohl führen die gemeinnützigkeitsrechtlichen Zwänge dazu, dass die Interessen der Tochter-GmbH an einer maximal hohen Thesaurierungs-

1 Bemessungsgrundlage ist der Wert der Beteiligung an der Tochter-GmbH/AG. Die vom Finanzamt unterstellte Verzinsung wird – je nach Marktzins – zwischen 2 % und 4 % betragen.

quote mit den die Stiftung treffenden gemeinnützigkeitsrechtlichen Vorgaben in Einklang zu bringen sind.

1009 Die Vermutung für Selbstlosigkeit kann durch tatsächliche Geschäftsführung und Satzung **(tatsächliche Zweckverwirklichung)** geschaffen werden. Hat der Vorstand den in § 63 Abs. 3 AO geforderten Nachweis der Zweckverwirklichung durch **ordnungsgemäße Aufzeichnungen** erbracht, trifft die Finanzbehörde die Beweislast für fehlende Selbstlosigkeit.

1010 Nach dem Wortlaut von § 63 Abs. 3 AO ist der **Nachweis** der satzungsgemäßen, ausschließlichen und unmittelbaren Erfüllung der steuerbegünstigten Zwecke durch ordnungsgemäße Aufzeichnungen über die **Einnahmen und Ausgaben** der Stiftung zu führen (Zu- und Abflussprinzip). Die Finanzverwaltung nimmt aber selbst bestimmte Einnahmen, z. B. aus der Veräußerung von dem Stiftungsvermögen zuzurechnende Vermögensgegenstände (Vermögensumschichtung),[1] aus. Ferner unterliegen Zuwendungen von Todes wegen, aufgrund eines entsprechenden Spendenaufrufs und von Sachen gem. § 62 Abs. 3 und § 62 Abs. 4 AO nicht dem Mittelverwendungsgebot. Die **Mittelverwendungsrechnung** wird auch als Nebenrechnung nur im Zusammenhang mit „nicht im Jahr des Zuflusses für die steuerbegünstigten Zwecke verwendete oder zulässigerweise dem Vermögen zugewendete Mittel" angesehen.

1011 In der Mittelverwendungsrechnung sind die nach § 58 AO unschädlich vorgenommenen Mittelverwendungen **getrennt** zum ordnungsgemäßen Nachweis gem. § 63 Abs. 3 AO zu erfassen, so dass in ihr auch die gem. § 62 Abs. 1 Nr. 1–3 AO zulässigerweise vorgenommenen Rücklagenbildungen gesondert erscheinen. Bei einer Einnahmen-/Ausgabenrechnung erscheinen zur Zweckverwirklichung **eingegangene Verpflichtungen** als Zuführung zur „Rücklage" gem. § 62 Abs. 1 Nr. 1 AO, bei einer Ertrags-/Aufwandrechnung dagegen als Verbindlichkeiten bzw. Rückstellungen in der Bilanz.[2]

1012 *(Einstweilen frei)*

1 AEAO zu § 55 Abs. 1 Nr. 5, Nr. 32; Hüttemann, Gemeinnützigkeits- und Spendenrecht, § 5 Rz. 24–26.

2 Zur Kritik siehe Schauhoff, Handbuch der Gemeinnützigkeit, § 19 Rz. 75 f.; Buchna/Leichinger/Seeger/Brox, Gemeinnützigkeit im Steuerrecht, Tz. 2.5.9.1.2, S. 168 f.

2.2 Ausschließlichkeit (§ 56 AO)

§ 56 verlangt, dass die Stiftung ausschließlich ihre **steuerbegünstigten satzungsgemäßen Zwecke** verfolgt.[1] Eine Körperschaft darf mehrere steuerbegünstigte Zwecke nebeneinander verfolgen, ohne dass dadurch die Ausschließlichkeit verletzt wird.[2] Die Verfolgung nicht satzungsgemäßer Zwecke ist schädlich.[3] Die unmittelbare oder mittelbare Unterstützung oder Förderung politischer Parteien ist nach § 55 Abs. 1 Nr. 1 Satz 3 AO schädlich. Ebenso zu werten sind unverhältnismäßige Vergütungen an Organe[4] oder sonstige und Ausgaben, die dem Zweck der Stiftung fremd sind (§ 55 Abs. 1 Nr. 3 AO). 1013

Will die Stiftung auch Zwecke fordern, die nicht in der Satzung vorgesehen sind, muss eine entsprechende **Satzungsänderung** vorgenommen werden, die von der Stiftungsbehörde anerkannt und mit der Finanzverwaltung abgestimmt sein muss.[5] 1013/1

Ausnahmen vom strikten Ausschließlichkeitsgebot des § 56 AO lässt das Gesetz in § 58 (unschädliche Betätigungen), § 64 (wirtschaftlicher Geschäftsbetrieb), § 65 (Zweckbetrieb), § 66 (Wohlfahrtspflege), § 67 (Krankenanstalten) und § 68 (einzelne Zweckbetriebe) der AO zu. 1014

Es ist unbestritten, dass eine steuerbegünstigte Stiftung **Eigenveranstaltungen** (z. B. wissenschaftlicher Art) im angemessenen Rahmen mit zeitnah zu verwendenden Mitteln finanzieren darf.[6] Dies muss auch für die Repräsentation durch Druckschriften, Rechenschaftsberichte u. Ä. gelten, zumal diese mittelbar auch der Zweckverwirklichung und Spendenakquisition dient. Es kommt wohl auf die Angemessenheit an, ob Festbankette gleich zu beurteilen sind.[7] 1015

Die **vermögensverwaltende** Tätigkeit einer steuerbegünstigten Stiftung verstößt nicht gegen § 56 AO, wenn sie der Zweckverwirklichung dient.[8] Gegebenenfalls kann sie bei Gewerblichkeit aber einen wirtschaftlichen Geschäftsbetrieb begründen. Im Übrigen ist sie dem steuerbefreiten Bereich zuzuordnen. 1016

---

1 Klein, AO, § 56 Rz. 1; Buchna/Leichinger/Seeger/Brox, Gemeinnützigkeit im Steuerrecht, Tz. 2.6, S. 184 f.; Hüttemann, Gemeinnützigkeits- und Spendenrecht, § 4 Rz. 8 ff.

2 AEAO zu § 56, Nr. 2 Satz 1.

3 Siehe Tipke/Kruse, AO/FGO, § 56 Rz. 1.

4 Vgl. Herfurth/Dehesselles, S&S 1/2000 S. 22 und 2/2000, S. 17 f.

5 AEAO zu § 56, Nr. 2 Satz 3.

6 Vgl. § 58 Nr. 8 AO; Thiel, S&S RS 3/1998 S. 13, unter Verweisung auf OFD Nürnberg, Vfg. v. 1.8.1991 - S 2223 - 279/St 21.

7 Hüttemann, Gemeinnützigkeits- und Spendenrecht, § 4 Rz. 30.

8 Buchna/Leichinger/Seeger/Brox, Gemeinnützigkeit im Steuerrecht, Tz. 2.6, S. 184.

1017 Ist einer Körperschaft zugewendetes Vermögen mit **vor** der Übertragung wirksam begründeten Ansprüchen (z. B. Nießbrauch, Grund- oder Rentenschulden, Vermächtnisse aufgrund testamentarischer Bestimmungen des Zuwendenden) belastet, deren Erfüllung durch die Körperschaft keine nach wirtschaftlichen Grundsätzen abgewogene Gegenleistung für die Übertragung des Vermögens darstellt, mindern die Ansprüche das übertragene Vermögen bereits im Zeitpunkt des Übergangs. Wirtschaftlich betrachtet wird der Körperschaft nur das nach der Erfüllung der Ansprüche verbleibende Vermögen zugewendet. Demnach ist z. B. ein vom Stifter für sich und seine Erben **vorbehaltener Nießbrauch** an bestimmten Vermögensteilen nicht schädlich; die Erfüllung der Ansprüche stellt keine Zuwendung nach § 55 Abs. 1 Nr. 1 AO dar.[1]

1017/1 Stiftungszivilrechtlich muss der Wert der Auflage erheblich **unter** dem Wert des Wirtschaftsgutes liegen und die Auflage aus der Substanz, was die Tilgung anbetrifft, und aus den Erträgen, was die Zinsen (oder den Ertragsanteil) anbetrifft, zu bestreiten sein.[2] **Stiftungsvermögen** ist der **um den Wert der Auflage gekürzte** Wert des Wirtschaftsgutes (bei übernommenen Hypothekenschulden bspw. der Wert des eingebrachten Grundstücks abzüglich Hypothek mit deren Valuta). Bei Rechnungslegung nach § 5 EStG ist daher der Wert der Auflage zu passivieren, nur der Zinsanteil geht zulasten des Aufwands, ihm steht aber der Ertrag des Wirtschaftsgutes gegenüber. Ob eine Auflage dinglich abgesichert ist oder nicht, kann keinerlei Bedeutung zugemessen werden.[3]

1018 Im Stiftungsgeschäft ausbedungene **Auflagen** zur Grabpflege und Rentenzahlungen an den Stifter und seine Angehörigen, die eine Erweiterung des Aufgabenkreises darstellen, können gem. § 58 Nr. 6 AO die Ausschließlichkeit nicht aufheben.

1019 Bei **Vermögensübertragungen unter Auflage** führen bei Auflagenerfüllung nicht zur Anwendbarkeit von § 58 Nr. 6 AO. Diese Norm spricht nach Ansicht des BFH einen völlig anderen Sachverhalt an, nämlich eine Einkommensverwendung der Stiftung zugunsten des Stifters und seiner nächsten Angehörigen als Ausnahme von der stiftungs-/zweckgebundenen Einkommensverwendung. Die Verzinsung einer im Stiftungsgeschäft auferlegten Verbindlichkeit oder Auskehrung vorbehaltener Nutzungen ist aber nicht Einkommensverwendung, sondern ein Abzugsposten vor der Feststellung des Einkommens.

1 AEAO zu § 55 Abs. 1 Nr. 1, Nr. 13.

2 Vgl. BFH, Urteil v. 21.1.1998 - II R 16/95, BStBl 1998 II S. 758 NWB OAAAA-96357.

3 Müller-Gatermann, JbFStR 1993/1994 S. 426.

Verbindlichkeiten, die in Ausführung des Stiftungsgeschäftes auf die Stiftung übergehen, mindern nach Ansicht des BFH von vornherein das der Stiftung zugewendete Vermögen; der zur Erfüllung derartiger Ansprüche notwendige Teil des Stiftungsvermögens steht den satzungsmäßigen Zwecken der Stiftung von Anfang an nicht zur Verfügung. Die Erfüllung derartiger Ansprüche stellt keinen Verstoß gegen die Gebote der Selbstlosigkeit und Ausschließlichkeit dar; für die Anwendung des § 58 Nr. 6 AO ist insoweit kein Raum.[1] 1020

Im Übrigen darf – als **Ausnahme** von dem Ausschließlichkeitsgebot des § 56 AO und als Anreiz zur Errichtung gemeinnütziger Stiftungen – eine gemeinnützige Stiftung bis zu einem **Drittel ihres Einkommens** dazu verwenden (§ 58 Nr. 6 AO),[2] in angemessener Weise für den Unterhalt des Stifters und seiner Angehörigen zu sorgen.[3] Da in dieser Gesetzesbestimmung keine objektive Begrenzung der „Angemessenheit" festgelegt ist, können die Vorstellungen der Finanzbehörden und des Stifters und seiner Angehörigen über das, was als angemessen i. S. des § 58 Abs. 6 AO zu gelten hat, weit auseinandergehen. Abzulehnen ist die teilweise geäußerte Auffassung,[4] dass bei der Beurteilung der Angemessenheit **eigene Einkünfte** und **eigenes Vermögen** des Stifters und seiner Angehörigen berücksichtigt, d. h. vorrangig herangezogen werden sollen. Nicht nur das Primat des Stifterwillens wäre damit missachtet, sondern die Bereitschaft zur Errichtung gemeinnütziger oder mildtätiger Stiftungen würde leiden, wenn der Stifter damit rechnen muss, dass eine Behörde die von ihm für seine Familienangehörigen ausbedungenen Unterhaltsleistungen nach eigenen subjektiven Vorstellungen kürzt. 1021

Bei diesen **freiwilligen Leistungen** seitens der Stiftung besteht zwar kein Rechtsanspruch des Stifters und seiner Familienangehörigen, jedoch muss in der **Stiftungssatzung** bereits eine Grundlage für solche Zuwendungen geschaffen worden sein. Ohne eine derartige Grundlage würde die Stiftung satzungswidrig und damit gemeinnützigkeitsschädlich handeln, wenn sie ihre Mittel außerhalb des Satzungszwecks zugunsten des Stifters und seiner Familienangehörigen verwenden würde. Hinzuweisen ist in diesem Kontext auf eine Verfügung der OFD Magdeburg,[5] wonach es **nicht zulässig** ist, generell oder in 1022

1 BFH, Urteil v. 21.1.1998 - II R 16/95, BStBl 1998 II S. 758 NWB OAAAA-96357.

2 Buchna/Leichinger/Seeger/Brox, Gemeinnützigkeit im Steuerrecht, Tz. 2.8.6, S. 215 ff.; Hüttemann, Gemeinnützigkeits- und Spendenrecht, § 4 Rz. 19 ff.

3 AEAO zu § 58 Nr. 6, Nr. 13 Satz 3: Als Maßstab für die „Angemessenheit" wird der Lebensstandard des Zuwendungsempfängers herangezogen. Kritisch Hüttemann, Gemeinnützigkeits- und Spendenrecht, § 4 Rz. 24.

4 So Buchna/Leichinger/Seeger/Brox, Gemeinnützigkeit im Steuerrecht, Tz. 2.8.6.5, S. 218.

5 OFD Magdeburg, Vfg. v. 3.3.2014 - S 1900-22-St 217/S 0171-155-St 217, S&S 4/2014 S. 39.

Höhe eines bestimmten Prozentsatzes der Erträge der Stiftung diese an den Stifter oder seine nächsten Angehörigen auszuzahlen.[1] Aus der Entstehungsgeschichte der Vorschrift ergebe sich, dass deren Sinn und Zweck darin bestehe, einem potenziellen Stifter die Sorge zu nehmen, er sowie seine nächsten Angehörigen – insbesondere Enkel und Kinder – könnten unvorhergesehenerweise aufgrund der Weggabe von Vermögen an die Stiftung in Not geraten und sich den gewohnten Lebensstil nicht mehr leisten. Danach sind also nicht generell Ausschüttungen an den Stifter und seine nächsten Angehörigen unschädlich für die Gemeinnützigkeit. Soweit es sich um unzulässige Ausschüttungen an den Stifter und seine nächsten Angehörigen handele, seien diese als Verstoß gegen das Gebot der Selbstlosigkeit (§ 55 Abs. 1 Nr. 1 AO) anzusehen.

1022/1 Die **Drittel-Begrenzung** bezieht sich auf jeden **Besteuerungsabschnitt**; Nachholung und Vortrag sind nicht gestattet.[2] Bei stark wechselnden Einkünften oder vorübergehend unzureichenden Einkünften ist daher eine sichere Grundversorgung des Stifters und seiner Angehörigen durch diese Ausnahmeregelung nicht möglich.[3]

1023 Unterschiedliche Auffassungen bestehen auch darüber, was als **„Einkommen“** i. S. von § 58 Nr. 6 AO zu verstehen ist. § 58 Nr. 6 AO enthält als Sonderbestimmung **keine** eigene **Definition**, so dass die Begriffsbestimmung des § 2 EStG Anwendung finden muss. Nach dessen Abs. 4 ist das Einkommen der Gesamtbetrag der Einkünfte, vermindert um Sonderausgaben und außergewöhnliche Belastungen; nach § 2 Abs. 3 EStG ist der Gesamtbetrag der Einkünfte die Summe der der Einkommensteuer unterliegenden Einkünfte in den sieben Einkunftsarten nach § 2 Abs. 1 und 2.[4] Im Gegensatz zum Umsatzsteuerrecht[5] kennt das Einkommensteuerrecht keine „steuerbaren“ Einkünfte, die sowohl die steuerpflichtigen als auch die steuerbefreiten Einkünfte umfassen. Der BFH[6] hat lapidar dazu festgestellt: *„Der Begriff der Einkünfte ergibt sich aus § 2 Abs. 3 und 4 EStG. Bei den steuerpflichtigen Einkünften in diesem Sinn können keine Einnahmen angesetzt werden, die entweder unter keine Einkunftsart fallen oder aber aufgrund besonderer Vorschriften als steuerfrei behandelt werden.“* Die **Finanzverwaltung** definiert den Begriff indes abweichend, indem sie im

1 AEAO zu § 58 Nr. 6, Nr. 13 Satz 4.

2 Tipke/Kruse, AO/FGO, § 58 Rz. 6.

3 So auch Müller/Schubert, DStR 2000 S. 1294 f.

4 Zum Schema der Einkommensermittlung siehe R 3 EStR 2012.

5 § 1 UStG.

6 BFH, Urteil v. 14.1.1972 - VI R 30/69, BStBl 1972 II S. 341 NWB RAAAA-99110. Siehe auch Schmidt, EStG, § 2 Rz. 10.

AEAO zu § 58 eine Spezialdefinition in dem Sinne aufgenommen hat, dass zwar unter „Einkommen" i. S. des § 58 Nr. 6 AO die Summe der Einkünfte aus den einzelnen Einkunftsarten des § 2 Abs. 1 EStG zu verstehen sein soll. Unabhängig davon, ob die Einkünfte steuerpflichtig sind oder nicht, d. h. bei partieller Steuerpflicht einer Stiftung, sollen jedoch auch die (fiktiven) „Einkünfte" aus den steuerbefreiten Bereichen wie steuerbefreite Vermögensverwaltung und Zweckbetriebe dazu zählen.[1] Der ideelle Bereich kann keine Einkünfte i. S. von § 2 EStG aufweisen. Sie müssen mithin gesondert ermittelt werden. Auch die nach § 2 Abs. 4 EStG bei der Einkommensermittlung abzusetzenden Sonderausgaben und außergewöhnlichen Belastungen sollten berücksichtigungsfähig sein.[2]

Unklar ist auch die Ansicht der Finanzverwaltung,[3] nach der bei der Einkunftsermittlung von den Einnahmen, also einer pagatorischen Größe, die damit zusammenhängenden „Aufwendungen einschließlich der Abschreibungsbeträge" abzuziehen sind. An die nach § 5 EStG Einkünfte aus Gewerbebetrieb ermittelnde Körperschaften war offenbar nur inkonsequent gedacht worden. Daher mindern Aufwendungen für die nach § 58 AO unschädlichen Betätigungen das zugrunde zu legende Einkommen **nicht**,[4] zumindest nicht bei der Berechnung der höchstzulässigen Rücklagendotierung gem. § 62 Abs. 1 Nr. 3 und Nr. 4 AO. Kein Zweifel besteht, dass die maßgebliche Einkommensgrenze auf den jeweiligen VZ zu beziehen ist. 1024

Nach **Verwaltungsauffassung** sind bei steuerbegünstigten Stiftungen im Stiftungsgeschäft ausbedungene (vorbehaltene) **Renten** auf die Drittel-Regelung des § 58 Nr. 6 AO **anzurechnen**.[5] Im Ergebnis wird damit die Drittel-Grenze nicht nur auf den Barwert einer vorbehaltenen Rentenverpflichtung, sondern auf die gesamten Zahlungen der Stiftung ausgedehnt.[6] Aus dieser Auffassung ist der Schluss der **„Schädlichkeit einer Auflage"** gezogen worden, wenn zur 1025

1 AEAO zu § 58 Nr. 6, Nr. 11.

2 Siehe → Rz. 746 m. w. N. In Betracht kommen nicht unter das Abzugsverbot des § 10 Nr. 1 KStG auf besonderen Verpflichtungsgründen beruhende Renten und dauernde Lasten für Personen außerhalb des Personenkreises des § 58 Nr. 6 AO; zu Steuerberatungskosten vgl. FG München, Urteil v. 14.2.2017 - 6 K 309/15 NWB BAAAG-44320 = EFG 2017 S. 854.

3 AEAO zu § 58 Nr. 6, Nr. 11.

4 Entsprechend AEAO zu § 58 Nr. 6, Nr. 11.

5 AEAO zu § 55 Abs. 1 Nr. 1, Nr. 14; vgl. oben → Rz. 1018 ff.

6 A. A. BFH, Urteil v. 21.1.1998 - II R 16/95, BStBl 1998 II S. 758 NWB OAAAA-96357; BMF, Nichtanwendungserlass v. 6.11.1998 - S 0177, BStBl 1998 I S. 1446 NWB ZAAAA-82825; Buchna/Leichinger/Seeger/Brox, Gemeinnützigkeit im Steuerrecht, Tz. 2.5.5.6, S. 153 und Tz. 2.8.6.2, S. 216 f.

Bedienung von Auflagen zugunsten des Stifters auf „andere Mittel“ (ohne diese zu definieren) zurückgegriffen wird.[1]

1025/1 **Unschädlich** wäre danach eine Zuwendung eines Unternehmens an eine gemeinnützige Stiftung unter der **Auflage** einer lebenslänglichen **Unterhaltszahlung an den Stifter**, wenn der Stifter neben dem Unternehmen nicht nur den Barwert, sondern den Nominalbetrag der Rentenverpflichtung einbringen würde. Nur dann fiele die Erfüllung in die Vermögenssphäre und würde nicht die Gebote der Ausschließlichkeit und Selbstlosigkeit der Abgabenordnung beeinträchtigen.[2]

1025/2 Abgesehen davon, dass kein Stifter weiß, wie lange er noch lebt, und damit die **Summe der künftigen** Rentenzahlungen bei der Zuwendung **nicht zu beziffern** ist, erscheint diese Auffassung vom Gesetz nicht gedeckt. Zudem kann sich diese Auffassung nicht auf den BFH stützen.

1026 Da kein Stifter wissen kann, wie hoch das zulässige Drittel des Einkommens einer gem. § 5 Abs. 1 Nr. 9 KStG steuerbefreiten Stiftung in den Jahren sein wird, in denen noch Leistungen für übergegangene Verpflichtungen bei der Stiftung anfallen, beschränkt sich das Lockmittel des § 58 Nr. 6 AO zur Errichtung gemeinnütziger und mildtätiger Stiftungen auf das gelegentlich ehrende Andenken an den Stifter und Blumen für sein Grab u. Ä., mehr häufig nicht. Denn bei Überschreitung der in § 58 Nr. 6 AO enthaltenen Begrenzung **droht Umqualifizierung** der steuerbegünstigten Stiftung in eine steuerpflichtige Familienstiftung, mit allen Folgen. Dies dürfte nicht im Sinne des Gesetzgebers sein, wie sie sich bei der Reform des Gemeinnützigkeitsrechtes gezeigt hat.[3]

1027 Ist die **Unterstützung von Verwandten** wegen körperlicher, geistiger, moralischer oder wirtschaftlicher Hilfsbedürftigkeit[4] einer der Satzungszwecke, ist die Anerkennung der gesamten Stiftung als steuerbegünstigt nach Auffassung der Finanzverwaltung[5] zu versagen, auch wenn die Stiftung im Übrigen mildtätige Zwecke verfolgt und die Leistungen an Verwandte und Stifter sich in der Begrenzung des § 58 Nr. 6 AO halten und die Verwandtschaft zum Stifter kein Kriterium für die Stiftungsleistungen ist. Ist die Unterstützung von Verwandten nicht Satzungszweck neben anderen, sieht die Finanzverwaltung[6] eine Unschädlichkeit *„im Rahmen der tatsächlichen Geschäftsführung“* an,

1 Hüttemann, Gemeinnützigkeits- und Spendenrecht, § 4 Rz. 21.
2 Tipke/Kruse, AO/FGO, § 58 AO Rz. 6.
3 Gesetz zur weiteren Stärkung des bürgerschaftlichen Engagements, BGBl 2007 I S. 2332.
4 AEAO zu § 53, Nr. 3; Klein, AO, § 53 Rz. 3.
5 OFD Hannover v. 15.3.2000 - S 0177 - 12 - StO 214/S 2729 - 326 - StH 233, BB 2000 S. 913.
6 OFD Hannover v. 15.3.2000 - S 0177 - 12 - StO 214/S 2729 - 326 - StH 233, BB 2000 S. 913.

wenn die Verwandtschaft zum Stifter kein Kriterium für die Unterstützung ist. § 63 AO fordert, dass die tatsächliche Geschäftsführung auf die ausschließliche und unmittelbare Erfüllung der steuerbegünstigten Zwecke der Stiftung gerichtet sein und den Bestimmungen entsprechen muss, die die Satzung über die Voraussetzungen für Steuervergünstigungen enthält. Satzungswidrige Leistungen verstoßen mithin auch gegen § 63 AO.

Während § 58 Nr. 6 AO die Drittel-Regelung auf den „Stifter und seine nächsten Angehörigen" bezieht, legt die Finanzverwaltung[1] den **Angehörigenbegriff** – insoweit nicht durch das Gesetz gedeckt – **weit** aus. Erfasst sollen als **nächste Angehörige** sein Ehegatte, Eltern, Großeltern, Kinder, Enkel, Geschwister, Pflegeeltern und Pflegekinder.[2] 1028

Aus dem steuerbefreiten Bereich dürfen grds. **keine** Mittel **für steuerpflichtige wirtschaftliche Geschäftsbetriebe** – auch nicht zum Verlustausgleich – verwendet werden.[3] Zu Ausnahmen siehe → Rz. 1007.[4] 1029

(Einstweilen frei) 1030

2.3 Unmittelbarkeit (§ 57 AO)

§ 57 AO verlangt die Zweckverwirklichung durch die steuerbefreite Stiftung[5] **selbst**, also an sich unmittelbar. Allerdings wird auch die Zweckverwirklichung durch sogenannte „Hilfspersonen" zugelassen, wenn *„nach den Umständen des Falles, insbesondere nach den rechtlichen und tatsächlichen Beziehungen, die zwischen der Körperschaft und den Hilfspersonen bestehen, das Wirken der Hilfsperson wie eigenes Wirken der Körperschaft anzusehen ist."*[6] 1031

Nach § 57 Abs. 2 AO wird eine Körperschaft, in der steuerbegünstigte Körperschaften (Dach- oder Spitzenverbände) zusammengefasst sind, einer Körperschaft gleichgestellt, die selbst unmittelbar steuerbegünstigte Zwecke verfolgt. Sie muss aber sämtliche Voraussetzungen für eine Steuerbegünstigung 1031/1

---

1 AEAO zu § 58 Nr. 6, Nr. 12.

2 Vgl. AEAO zu § 58 Nr. 6, Nr. 12; OFD Magdeburg, Vfg. v. 3.3.2014 - S 1900-22-St 217/S 0171-155-St 217, S&S 4/2014 S. 39; so auch Tipke/Kruse, AO/FGO, § 58 AO Rz. 6; Klein, AO, § 58 Rz. 6.

3 AEAO zu § 55 Abs. 1 Nr. 1, Nr. 4 Satz 1.

4 AEAO zu § 55 Abs. 1 Nr. 1, Nr. 6.

5 Vgl. AEAO zu § 57, Nr. 1.

6 BFH, Urteil v. 7.3.2007 - I R 90/04, BStBl 2007 II S. 628 NWB LAAAC-45798; AEAO zu § 57, Nr. 2; OFD Frankfurt/M., Vfg. v. 16.5.2002 - S-0176 A-1-St II 12, DB 2002 S. 1531.

erfüllen und darf selbst nicht unmittelbar steuerbegünstigte Zwecke verfolgen oder mit Rat oder Tat die steuerbegünstigten Körperschaften fördern.[1]

1032 Aus der BFH-Rechtsprechung[2] geht hervor, dass es stets auf die **eigene** Zweckverwirklichung ankommt. Das Gebot der Unmittelbarkeit ist aber gem. § 57 Abs. 1 Satz 2 AO auch dann erfüllt, wenn sich die steuerbegünstigte Körperschaft einer **Hilfsperson** bedient. Hierfür ist es erforderlich, dass nach den Umständen des Falls, insbesondere nach den rechtlichen und tatsächlichen Beziehungen, die zwischen der Körperschaft und der Hilfsperson bestehen, das Wirken der Hilfsperson wie eigenes Wirken der Körperschaft anzusehen ist, d. h. die Hilfsperson nach den Weisungen der Körperschaft einen konkreten Auftrag ausführt. Hilfsperson kann eine natürliche Person, Personenvereinigung oder juristische Person sein. Die Körperschaft hat durch Vorlage entsprechender Vereinbarungen nachzuweisen, dass sie den Inhalt und den Umfang der Tätigkeit der Hilfsperson im Innenverhältnis bestimmen kann. Die Tätigkeit der Hilfsperson muss den Satzungsbestimmungen der Körperschaft entsprechen. Diese hat nachzuweisen, dass sie die Hilfsperson überwacht. Die Steuerbegünstigung einer Körperschaft, die nur über eine Hilfsperson das Merkmal der Unmittelbarkeit erfüllt (§ 57 Abs. 1 Satz 2 AO), ist unabhängig davon zu gewähren, wie die Hilfsperson gemeinnützigkeitsrechtlich behandelt wird. [3]

1032/1 Das planmäßige Zusammenwirken mit mindestens einer weiteren Körperschaft, die im Übrigen die Voraussetzungen der §§ 51–68 AO erfüllt, ist ein Fall der unmittelbaren Zweckverwirklichung. Körperschaften können damit steuerbegünstigt arbeitsteilig vorgehen, um gemeinsam einen steuerbegünstigten Zweck zu verfolgen. Wenn mehrere Körperschaften, die außer dem Unmittelbarkeitsgrundsatz alle Voraussetzungen der §§ 51–68 AO erfüllen, satzungsgemäß durch planmäßiges Zusammenwirken einen gemeinnützigen Zweck verfolgen, ist das Kriterium der Unmittelbarkeit für alle beteiligten Körperschaften erfüllt.[4] Zusammenwirken umfasst alle Tätigkeiten, die geeignet sind, die Verwirklichung der eigenen satzungsmäßigen Zwecke in Kooperation mit einer anderen Körperschaft zu erfüllen. Hierzu können neben Dienstleistungen und Warenlieferungen auch Nutzungsüberlassungen gehören. Ein planmäßiges Zusammenwirken liegt z. B. vor, wenn ein Krankenhaus eine zum Zweck-

1 AEAO zu § 57 Abs. 2, Nr. 3 Satz 2.

2 Vgl. BFH, Urteil v. 7.3.2007 - I R 90/04, BStBl 2007 II S. 628 m. w. N. NWB LAAAC-45798.

3 AEAO zu § 57 Abs. 1, Nr. 2.

4 AEAO zu § 57 Abs. 3, Nr. 4.

betrieb i. S. des § 67 AO gehörende Wäscherei auf eine GmbH ausgliedert und die Wäscherei weiterhin Leistungen an das Krankenhaus erbringt.[1]

Bei **Preisverleihungen** wird Unmittelbarkeit von der Finanzverwaltung grds. anerkannt, selbst dann, wenn die Tätigkeit der Stiftung sich im Wesentlichen auf Preisverleihungen beschränkt.[2] 1032/2

Nach § 58 Abs. 9 AO dürfen von Gebietskörperschaften errichtete Stiftungen zur Erfüllung ihrer steuerbegünstigten Zwecke **Zuschüsse** an Wirtschaftsunternehmen geben; mithin auch dann, wenn das bezuschusste Wirtschaftsunternehmen nicht Hilfsperson i. S. des § 57 Abs. 1 Satz 2 AO ist. 1033

Stiftungen, die **allgemeine Wirtschaftsförderung** zum Zweck haben, erfüllen regelmäßig nicht das Gebot der Unmittelbarkeit.[3]

Nach § 52 Abs. 2 Nr. 25 AO i. d. F. des Gesetzes zur weiteren Stärkung des bürgerschaftlichen Engagements ist die **Förderung** des bürgerschaftlichen Engagements zugunsten gemeinnütziger, mildtätiger oder kirchlicher Zwecke als Förderung der Allgemeinheit anzuerkennen. Nach Ansicht der Finanzverwaltung wird hierdurch das **Gebot der Unmittelbarkeit**, nach dem eine Körperschaft ihre steuerbegünstigten Zwecke grds. selbst verwirklichen muss, **nicht** berührt.[4] Eine Körperschaft soll nach dieser Ansicht nur dann als gemeinnützig anerkannt werden, wenn sie nicht nur einen steuerbegünstigten Zweck fördert, sondern zusätzlich auch die Voraussetzungen des § 57 AO erfüllt. Körperschaften, die den gemeinnützigen Zweck durch Überlassung von Liegenschaften an steuerbegünstigte Körperschaften, durch Beratung und Förderung von Selbsthilfeorganisationen oder durch die Unterstützung und Beratung bei Stiftungsgründungen nur **mittelbar** fördern, sollen nach dieser Verwaltungsansicht **nicht** als steuerbegünstigte Körperschaft anerkannt werden.[5] Unklar ist, ob diese Ansicht nicht gegen § 58 Nr. 1–4 AO verstößt. Denn gegen das Prinzip der Unmittelbarkeit verstoßen **nicht** die in § 58 Nr. 1–4 AO bezeichneten Überlassungen von Mitteln, Personen und Sachen an andere Körperschaften für die Verwirklichung steuerbegünstigter Zwecke.[6] 1034

1 AEAO zu § 57 Abs. 3, Nr. 5.

2 Siehe BMF, Schreiben v. 5.9.1996 - IV B 1 -S 2121 - 34/96, BStBl 1996 I S. 1150 NWB LAAAA-78444; Buchna/Leichinger/Seeger/Brox, Gemeinnützigkeit im Steuerrecht, Tz. 2.2.7, S. 84 und Tz. 2.7.2, S. 189.

3 OFD Rostock, v. 5.5.1993 - S 0170 A-42/93 - St 232, BeckVerw 122533; Dehesselles, DB 2005 S. 72.

4 OFD Frankfurt, Vfg. v. 5.9.2008 - S 0171 A-174-St 53, DStR 2008 S. 2267.

5 OFD Frankfurt, Vfg. v. 5.9.2008 - S 0171 A-174-St 53, DStR 2008 S. 2267.

6 Siehe → Rz. 1041 f.

1035 Die Beschränkung auf die Vergabe von **Zuschüssen** an die Eigentümer beim gemeinnützigen Zweck „Förderung der Denkmalpflege“ wird als vereinbar mit § 57 AO angesehen, weil anders der Zweck kaum zu verwirklichen ist.[1]

1036 Nach § 57 Abs. 4 AO wird durch das Halten und Verwalten von Anteilen an steuerbegünstigten Kapitalgesellschaften der Grundsatz der Unmittelbarkeit erfüllt (**Holdingstrukturen**). Dabei genügt auch die Beteiligung an nur einer steuerbegünstigten Kapitalgesellschaft. Eine Mindestbeteiligungsquote ist nicht erforderlich. Das schließt aber nicht aus, dass eine solche steuerbegünstigte Holdinggesellschaft auch Anteile an steuerpflichtigen Kapitalgesellschaften halten kann. Die übrigen Voraussetzungen der §§ 51 ff. AO (insbesondere Grundsätze der Selbstlosigkeit und der Ausschließlichkeit, §§ 55, 56 AO) müssen dennoch vorliegen.[2]

1037 Zentrale **gemeinsame Einrichtungen** steuerfreier Körperschaften wie Zentralwäschereien von Krankenhäusern, Gehaltsabrechnungs- und Buchführungsstellen, Einkaufs- oder Vertriebsgemeinschaften erfüllen unter Beachtung von § 57 Abs. 3 AO das Gebot der Unmittelbarkeit.[3] Soweit aber eine Holdinggesellschaft entgeltliche Leistungen, wie z. B. Buchführung, gegenüber den Kapitalgesellschaften ausführt, an denen sie beteiligt ist, sind diese Leistungen grds. als steuerpflichtiger wirtschaftlicher Geschäftsbetrieb zu qualifizieren.[4]

2.4 Zweckverfolgung im Ausland

1038 Gemeinnützige Zwecke können auch im **Ausland** verfolgt werden (Auslandsprojekt bzw. -spende).[5] Eine Förderung der Allgemeinheit i. S. des § 52 AO setzt nicht voraus, dass die Fördermaßnahmen Bewohnern oder Staatsangehörigen der Bundesrepublik Deutschland zugutekommen. Erforderlich ist nur, dass natürliche Personen mit Sitz oder gewöhnlichem Aufenthalt im Inland gefördert werden **oder** dass die Tätigkeit neben der Verwirklichung der steuerbegünstigten Zwecke auch zum Ansehen der Bundesrepublik Deutschland beitragen kann (sogenannter **struktureller Inlandsbezug**).[6] Dabei bedarf es keiner spür-

1 Vgl. hierzu auch Hüttemann, Gemeinnützigkeits- und Spendenrecht, § 4 Rz. 61.

2 AEAO zu § 57 Abs. 4, Nr. 12; kritisch Möhlenbrock/Obermair, FR 2016 S. 975, 976; Hüttemann, FR 2016 S. 969, 972.

3 AEAO zu § 57 Abs. 3, Nr. 5.

4 AEAO zu § 57 Abs. 4, Nr. 15 Satz 1.

5 BayLfSt, Vfg. v. 6.3.2018 - S 0170.1.1-3/3 St 31 NWB ZAAAG-84265 = BeckVerw 435559; Weitemeyer/Bornemann, FR 2016 S. 437; Fiand, NWB 27/2018 S. 1954 NWB XAAAG-86989; Klemm/Dreßel, S&S 6/2014 S. 34; BFH, Urteil v. 17.9.2013 - I R 16/12, BStBl 2014 II S. 440 zur Rechtslage im Jahr 2004 NWB LAAAE-57216.

6 Von Wedelstädt, DB 2009 S. 84; Rz. 962 f.

baren oder messbaren Auswirkung auf das Ansehen Deutschlands im Ausland. Bei im Inland ansässigen Körperschaften ist der mögliche Beitrag zum Ansehen Deutschlands im Ausland – ohne besonderen Nachweis – bereits dadurch erfüllt, dass sie sich personell, finanziell, planend, schöpferisch oder anderweitig an der Förderung gemeinnütziger und mildtätiger Zwecke im Ausland beteiligen (Indizwirkung). Der Feststellung der positiven Kenntnis aller im Ausland Begünstigten oder aller Mitwirkenden von der Beteiligung deutscher Organisationen bedarf es dabei nicht. Der nach § 51 Abs. 2 AO bei Auslandsaktivitäten zusätzlich geforderte Inlandsbezug wirkt sich nicht auf die Auslegung der weiteren, für die Anerkennung der Gemeinnützigkeit notwendigen Voraussetzungen aus. Deren Vorliegen ist weiterhin unabhängig von der Frage, ob die Tätigkeit im In- oder Ausland ausgeübt wird, zu prüfen. Der Inlandsbezug hat somit insbesondere keine Auswirkung auf Inhalt und Umfang der in den §§ 52–53 AO beschriebenen förderungswürdigen Zwecke. Daher können bspw. kirchliche Zwecke weiterhin nur zugunsten inländischer Religionsgemeinschaften, die Körperschaften des öffentlichen Rechts sind, verfolgt werden; andererseits kann die Förderung der Religion nach § 52 Abs. 2 Satz 1 Nr. 2 AO wie bisher auch im Ausland erfolgen; auch kann wie bisher z. B. eine hilflose Person im Ausland unterstützt werden (§ 53 Nr. 1 AO).[1]

Verwendet eine inländische Körperschaft Mittel im Ausland , so müssen die Hilfsleistungen grds. zu den Satzungszwecken gehören. Die Mittelverwendung kann durch die steuerbegünstigte Körperschaft selbst erfolgen oder durch eine Hilfsperson i. S. des § 57 Abs. 1 Satz 2 AO. Des Weiteren können Mittel als Förderkörperschaft gem. § 58 Nr. 1 AO an eine ausländische Körperschaft gegeben werden. Auch eine teilweise Weitergabe von Mitteln nach § 58 Nr. 2 AO kann in Betracht kommen. Eine Körperschaft kann ihre steuerbegünstigten Zwecke **im Ausland** auch durch eine **Hilfsperson** gem. § 57 Abs. 1 Satz 2 AO unmittelbar verwirklichen. Dies können ausländische natürliche oder juristische Personen sein. Zur Beweisvorsorge empfiehlt sich hier insbesondere der Abschluss eines schriftlichen Vertrags zwischen der steuerbegünstigten Körperschaft und der Hilfsperson, der Inhalt und Umfang der Tätigkeiten sowie die Rechenschaftspflichten der Hilfsperson festlegt. Abrechnungs- und Buchführungsunterlagen sind im Inland aufzubewahren (§ 146 Abs. 2 AO). 1038/1

Das heißt, die Steuervergünstigung setzt bei **Verwirklichung** der steuerbegünstigten Zwecke **im Ausland** nach § 51 Abs. 2 AO alternativ voraus, dass 1038/2

1 AEAO zu § 51 Abs. 2, Nr. 7.

- *„entweder natürliche Personen mit Wohnsitz oder gewöhnlichem Aufenthalt in Deutschland gefördert werden“* oder
- die Tätigkeit der Körperschaft neben der Verwirklichung der steuerbegünstigten Zwecke *„auch zum Ansehen der Bundesrepublik Deutschland im Ausland beitragen kann“*.

1039 Außerdem erfolgte in § 51 Abs. 3 AO eine eher als Klarstellung zu definierende Regelung, wonach die Tätigkeit der **ausländischen** Einrichtung **keine** verfassungswidrigen Bestrebungen i. S. des § 4 des Bundesverfassungsschutzgesetzes fördert und **nicht** dem Gedanken der Völkerverständigung zuwider handelt.[1]

1039/1 Schließlich hat der Gesetzgeber in § 60 Abs. 1 Satz 2 AO den **Grundsatz der formellen Satzungsmäßigkeit** des § 59 AO hinsichtlich der steuerbegünstigten Zweckverfolgung dadurch verschärft, dass seit 1.1.2009[2] die ausdrückliche Verwendung der Begriffe „ausschließlich“ und „unmittelbar“ in der Satzung der ausländischen Einrichtung gefordert wird. Dies war vom BFH in seiner Entscheidung vom 14.7.2004[3] auf Basis der früheren Gesetzeslage noch verneint worden.[4]

1039/2 Die gesetzlichen Regelungen bei Verwirklichung steuerbegünstigter Ziele im Ausland **verstoßen** ersichtlich gegen **Europarecht**.[5] Denn die Anforderungen an die zu erbringenden Nachweise sind in der Praxis kaum zu führen und es ergibt sich so eine Ungleichbehandlung bei Auslandszweckverfolgung im Vergleich zur inländischen Zweckverfolgung. Zu den hier in Betracht kommenden Nachweisen vgl. im Einzelnen Buchna und → Rz. 963.[6]

2.5 Steuerlich unschädliche Betätigungen (§ 58 AO)

1040 In § 58 AO sind einzelne Tatbestände aufgeführt, deren Erfüllung an sich gegen die Gebote der **Selbstlosigkeit, Ausschließlichkeit** und der **Unmittelbarkeit** verstoßen würde. Kraft gesetzlicher Anordnung gilt deren Erfüllung als gemeinnützigkeitsunschädlich.[7] Damit ist auch klargestellt, dass das sogenannte

---

1 Hofmann/Stole, S&S 6/2014 S. 36.

2 Art. 97 § 1d Abs. 2 EGAO i. d. F. des JStG 2009.

3 BFH, Urteil v. 14.7.2004 - I R 94/02, BStBl 2005 II S. 721 NWB PAAAB-26545.

4 Vgl. hierzu BFH, Urteil v. 25.10.2016 - I R 54/14, BStBl 2017 II S. 1216 NWB DAAAG-38827; BFH, Urteil v. 20.12.2006 - I R 94/02, BStBl 2010 II S. 331 NWB YAAAC-38819.

5 Vgl. Fiand, NWB 27/2018 S. 1954, 1957 NWB XAAAG-86989; Thömmes, JbFStR 2009 S. 9.

6 Buchna/Leichinger/Seeger/Brox, Gemeinnützigkeit im Steuerrecht, Tz. 2.14.9, S. 276 und Tz. 2.1.1.1, S. 31; Weitemeyer/Bornemann, FR 2016 S. 437; AEAO zu § 63, Nr. 1 Satz 4.

7 Vgl. OFD Rostock, Vfg v. 21.3.2001 - S 0174 - 02/01 - St 241, Abschnitt 2.2, DStR 2001 S. 942.

Endowment, also die Gründung einer gemeinnützigen Tochtergesellschaft, nach § 58 Nr. 3 AO zulässig ist und hierfür auch eine Rücklage nach § 62 Abs. 1 Nr. 1 AO gebildet werden kann.[1]

Der einheitliche Tatbestand der Mittelweitergabe in § 58 Nr. 1 AO ermöglicht 1041
es, Körperschaften als steuerbegünstigt anzuerkennen, die andere Körperschaften durch die vollständige oder teilweise Weitergabe bzw. Zuwendung eigener Mittel fördern. Mittel sind nicht nur Bar- oder Buchgeld, sondern auch alle anderen Vermögenswerte. Auch Nutzungsüberlassungen, Warenlieferungen und die Erbringung von Dienstleistungen unterfallen dem Begriff der Mittel. Sind diese Gegenstand einer **Kooperation** mit mindestens einer weiteren gemeinnützigen Körperschaft , richtet sich deren Behandlung nach § 57 Abs. 3 AO (**Kooperationsprivileg**).[2]

§ 58 Nr. 1 AO ist für die **fördernden,** als gemeinnützig anerkannten **Körper-** 1041/1
schaften bedeutsam, die meistens als Fördervereine konstruiert sind, aber auch Förderstiftungen[3] sein können.[4] Der Empfänger der **weitergeleiteten Mittel** muss nicht in der Stiftungssatzung der leistenden Körperschaft festgelegt werden, sie muss jedoch die Beschaffung von Mitteln für andere steuerbegünstigte Körperschaften als Satzungszweck enthalten.[5] Ist aber im Gesellschaftsvertrag einer sogenannten Förderkörperschaft bestimmt, dass der Satzungszweck der Förderkörperschaft mit dem Satzungszweck der empfangenden Körperschaft übereinstimmen muss, und werden Mittel an eine Körperschaft weitergegeben, die wegen anderer Zwecke als gemeinnützig anerkannt ist, verstößt die tatsächliche Geschäftsführung gegen die Satzungsbestimmungen.[6]

Die Mittelbeschaffung für andere steuerbefreite Körperschaften (Förderkörper- 1041/2
schaft) muss aber **Satzungszweck** sein, wenn die Stiftung ausschließlich Mittel weitergibt (§ 58 Nr. 1 Satz 4 AO),[7] ansonsten darf sie nur einen Teil ihrer Mittel dazu verwenden (§ 58 Nr. 3 AO).[8] Die Ausnahmeregelung § 58 Nr. 1 AO ermög-

1 Weidmann/Kohlepp, Die gemeinnützige GmbH, S. 146, 160.
2 Werthebach/Brill, NWB 8/2023 S. 542, 543 NWB MAAAJ-33906.
3 Hüttemann, Gemeinnützigkeits- und Spendenrecht, § 3 Rz. 182 ff.; ein Satzungsmuster enthält OFD Kiel, Vfg. v. 19.6.1998 - S 0179 A - St 141, DB 1998 S. 1492.
4 Siehe → Rz. 1034.
5 AEAO zu § 58 Nr. 1, Nr. 1 Satz 4.
6 BFH, Urteil v. 25.6.2014 - I R 41/12 NWB YAAAE-81769.
7 Vgl. → Rz. 1042 f.
8 Klein, AO, § 58 Rz. 3; OFD Rostock v. 10.3.1997 - S 0177 A - 1/97 - St 242, FN 1997 S. 250 f. begrenzt die Mittelbeschaffung für andere Körperschaften auf 50 % der Mittel als Teil i. S. von § 58 Nr. 2 AO; siehe schon Herbert, BB 1991 S. 182 (str.).

licht es, Körperschaften als steuerbegünstigt anzuerkennen, die andere Körperschaften fördern und dafür Spenden sammeln oder auf andere Art Mittel beschaffen (Mittelbeschaffungskörperschaften). Die Beschaffung von Mitteln muss als Satzungszweck festgelegt sein. Ein steuerbegünstigter Zweck, für den Mittel beschafft werden sollen, muss in der Satzung angegeben sein. Es ist nicht erforderlich, die Körperschaften, für die Mittel beschafft werden sollen, in der Satzung aufzuführen.[1] Die Körperschaft, für die Mittel beschafft werden, muss nur dann selbst steuerbegünstigt sein, wenn sie eine unbeschränkt steuerpflichtige Körperschaft des privaten Rechts ist. Werden Mittel für nicht unbeschränkt steuerpflichtige Körperschaften beschafft, muss die Verwendung der Mittel für die steuerbegünstigten Zwecke ausreichend nachgewiesen werden. Weitergabefähige Mittel i. S. des § 58 Nr. 1 AO sind nicht nur solche, die bereits mit dem Ziel der Weitergabe beschafft wurden. Gemeinnützigkeitsunschädlich weitergegeben werden dürfen sämtliche Mittel, soweit die Satzung der hingebenden Körperschaft im Zeitpunkt der Weitergabe über eine entsprechende Satzungsbestimmung verfügt[2] und die Zwecke der hingebenden und empfangenden Körperschaft insoweit identisch sind.

1041/3 Die **Vertrauensschutzregelung** des **§ 58a AO** gilt für alle Mittelzuwendungen einer steuerbegünstigten Körperschaft an andere, ebenfalls steuerbegünstigte Körperschaften. Sie ist auch auf die Übertragung von Mitteln auf Grundlage der Vermögensbindungsklausel des § 55 Abs. 1 Nr. 4 Satz 2 AO anwendbar. Bei Zuwendungen an juristische Personen des öffentlichen Rechts für die Verwirklichung steuerbegünstigter Zwecke gilt – unabhängig von § 58a AO – stets der Vertrauensschutz, weil die Verwaltung nach Art. 20 Abs. 3 des Grundgesetzes an Gesetz und Recht gebunden ist, so dass Zuwendende darauf vertrauen dürfen, dass eine juristische Person des öffentlichen Rechts die zugewendeten Mittel entsprechend ihrer Bestimmung für steuerbegünstigte Zwecke verwendet. Ausreichend für den Nachweis des geschützten Vertrauens im Sinne des § 58a Abs. 2 AO ist eine (elektronische) Kopie der vorgenannten Unterlagen.[3]

1042 Nach § 58 Nr. 1 Satz 3 AO dürfen Mittel für die Verwirklichung steuerbegünstigter Zwecke auch beschafft werden, um sie an in § 5 Abs. 2 Nr. 2 KStG aufgeführte Körperschaften (beschränkt steuerpflichtige Körperschaften aus EU-/EWR-Staaten) zu geben, wenn diese selbst steuerbegünstigt ist.[4]

1 AEAO zu § 58 Nr. 1, Nr. 3 Satz 4.
2 AEAO zu § 58 Nr. 1, Nr. 3 Satz 2.
3 AEAO zu § 58a, Nr. 1.
4 Vgl. AEAO zu § 58 Nr. 1, Nr. 2.

Als Mittelempfänger kommen ferner auch ausländische Körperschaften, die nicht beschränkt steuerpflichtig sind, bei denen die spätere Verwendung der Mittel für steuerbegünstigte Zwecke ausreichend nachgewiesen wird, und beschränkt steuerpflichtige Körperschaften aus Nicht-EU-/EWR-Staaten, bei denen die spätere Verwendung der Mittel für steuerbegünstigte Zwecke ausreichend nachgewiesen wird, in Betracht. [1] Bei der Mittelzuwendung handelt es sich um eine Art der Zweckverwirklichung und nicht um einen eigenständigen steuerbegünstigten Zweck.[2] 1042/1

Auch die **Überlassung von Arbeitskräften,** damit verbunden von Arbeitsgeräten und die Überlassung der Stiftung gehörender Räume für steuerbegünstigte Zwecke ist unschädlich (Nr. 4 und 5).[3] Es können sowohl Mittel nach § 58 Nr. 1 wie nach § 58 Nr. 2 AO entsprechend der Satzung vergeben werden, ohne dass dies jährlich erfolgen muss.[4] Die Verwendung bei der anderen Körperschaft zu deren steuerbegünstigten Zwecken muss nachgewiesen sein. Zur **Beweissicherung** sollte sich die Förderkörperschaft den Feststellungsbescheid (über die Satzungsmäßigkeit, § 60a AO) der Empfängerkörperschaft aushändigen lassen. 1042/2

Die **Mittelbeschaffung** für Betriebe gewerblicher Art von juristischen Personen des öffentlichen Rechts ist nach § 58 Nr. 1 AO nur noch steuerunschädlich, wenn diese Betriebe (z. B. Museen, Theater) selbst durch eigene Satzung und Geschäftsführung i. S. von §§ 51–68 AO die Voraussetzungen für die Anerkennung der Steuerbefreiung nach § 5 Abs. 1 Nr. 9 KStG schaffen.[5] 1042/3

Eine von einer Gebietskörperschaft errichtete Stiftung darf gem. § 58 Nr. 9 AO zur Erfüllung ihrer steuerbegünstigten Zwecke Zuschüsse an Wirtschaftsunternehmen vergeben.[6] 1042/4

Nach Ansicht der Finanzverwaltung[7] ist es **unschädlich**, wenn die Stiftung auch über einen längeren Zeitraum (aber nicht auf Dauer) einen oder mehrere steuerbegünstigte Satzungszwecke nicht verfolgt (z. B. auch die Mittelbeschaffung nach § 58 Nr. 1 AO). 1042/5

---

1 Vgl. AEAO zu § 58 Nr. 1, Nr. 2.

2 AEAO zu § 58 Nr. 1, Nr. 3 Satz 1.

3 Hüttemann/Schauhoff/Kirchhain, DStR 2016 S. 633; AEAO zu § 58 Nr. 4, Nr. 9 und AEAO zu § 58 Nr. 5, Nr. 10; Hüttemann, Gemeinnützigkeits- und Spendenrecht, § 3 Rz. 186.

4 Hüttemann, Gemeinnützigkeits- und Spendenrecht, § 3 Rz. 194; a. A. FinMin Bayern, Erlass v. 25.6.1997 - 33 - S 0177 - 19/11 - 32948, DB 1997 S. 1746.

5 OFD Nürnberg, Vfg. v. 17.4.2002 - S 0177 - 16/St 31, DB 2002 S. 1081 f.

6 AEAO zu § 58 Nr. 9, Nr. 16; Buchna/Leichinger/Seeger/Brox, Gemeinnützigkeit im Steuerrecht, Tz. 2.8.9, S. 223.

7 OFD Rostock, Vfg. v. 10.3.1997 - S 0177A-1/97 - St 242.

1042/6 Die Unschädlichkeit der Verwendung eines Teils des Einkommens der steuerbefreiten Stiftung, höchstens eines Drittels, um in „angemessener" Weise den Stifter und seine nächsten Angehörigen zu unterhalten, ihre Gräber zu pflegen und ihre Andenken zu ehren, ist schon als Ausnahme unter → Rz. 1018 ff. erwähnt worden.

1043 Sofern ihre **Satzung** es gestattet, ist der steuerbegünstigten Stiftung die **Umschichtung ihres Vermögens** erlaubt, z. B. liquide Mittel in Grundbesitz und Beteiligungen anzulegen.[1] Ein neuer Zweck darf der Stiftung allerdings dadurch nicht verliehen werden. Veräußerungsgewinne können angelegt werden. Mit Kunstwerken, Kunstdenkmälern und wissenschaftlichen Sammlungen errichtete Stiftungen haben oft zu wenige Erträge, um ihre Aufwendungen zu decken. Der **gelegentliche Verkauf von einzelnen Stücken** begründet noch **keinen wirtschaftlichen Geschäftsbetrieb,** sondern kann (steuerunschädliche) Vermögensumschichtung sein, wenn die Stiftungssatzung dies gestattet. Nicht dem Grundstockvermögen zugeführte Erlöse unterliegen jedoch dem Gebot der zeitnahen Mittelverwendung der AO (§ 55 Abs. 1 Nr. 1 i.V. mit § 62 Abs. 1 Nr. 1–3 AO). Bei gemeinnützigen Stiftungen muss die Satzung mithin die Möglichkeit eröffnen, Teile von Verkaufserlösen zur Deckung laufender Aufwendungen heranzuziehen, um nicht in Konflikt mit dem stiftungsrechtlichen Grundsatz der ungeschmälerten Erhaltung des Grundstockvermögens[2] zu geraten. Nach § 55 Abs. 1 Nr. 5 AO wurde für kleine Körperschaften (Einnahmen von höchstens 45.000 € pro Jahr) eine Ausnahmeregelung geschaffen.[3]

2.6 Rücklagenbildung (§ 62 AO)

1044 § 62 Abs. 1 und 2 AO gestatten als Ausnahme von dem Grundsatz der zeitnahen Mittelverwendung (§ 55 Abs. 1 Nr. 5 AO) die **Rücklagenbildung.**[4] Die Bildung steuerlicher Rücklagen setzt einen förmlichen Beschluss des zuständigen Organs voraus.[5]

1 OFD Frankfurt, Vfg. v. 20.2.2012 - S 0177 A-1-St 53 NWB YAAAE-04773 = DStR 2012 S. 1229. Ein bei einer Wertpapierumschichtung erzielter Spekulationsgewinn allein berechtigt noch nicht zur Annahme eines wirtschaftlichen Geschäftsbetriebes, Niedersächsisches FG, Urteil v. 24.11.1988 - VI 308/87, EFG 1989 S. 253, rkr.

2 Vgl. → Rz. 133.

3 Gesetz v. 21.12.2020, BGBl I 2020 S. 3096.

4 Zur Problematik Spitaler/Schröder, DStR 2014 S. 2144; Hüttemann, Gemeinnützigkeits- und Spendenrecht, § 5 Rz. 104 ff.; Buchna/Leichinger/Seeger/Brox, Gemeinnützigkeit im Steuerrecht, Tz. 2.13.1, S. 247 f. m. w. N.

5 Spitaler/Schröder, DStR 2014 S. 2144, 2146.

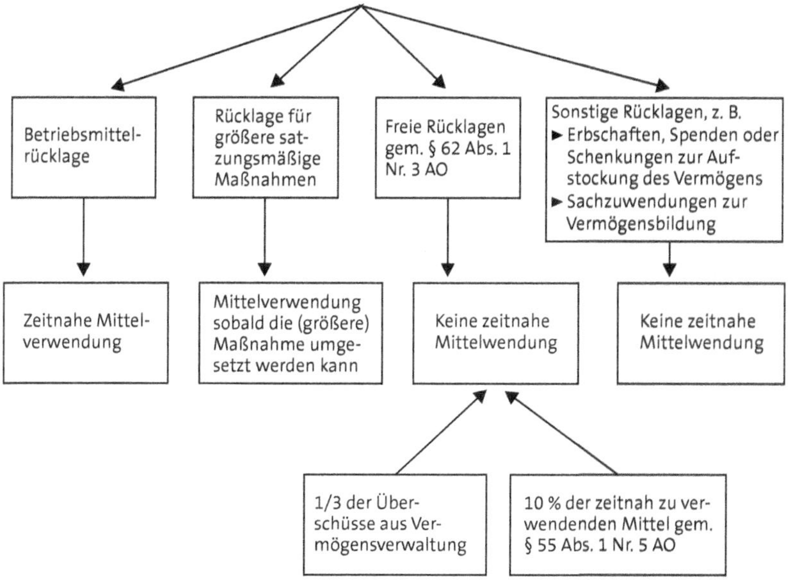

Im Bereich der **Vermögensverwaltung** können Rücklagen durch Zuführung der Überschüsse aus der Vermögensverwaltung nur für die Durchführung konkreter Reparatur- oder Erhaltungsmaßnahmen an Vermögensgegenständen i. S. des § 21 EStG gebildet werden. Die Maßnahmen, für deren Durchführung die Rücklage gebildet wird, müssen notwendig sein, um den ordnungsgemäßen Zustand des Vermögensgegenstandes zu erhalten oder wiederherzustellen und in einem angemessenen Zeitraum durchgeführt werden können (z. B. geplante Erneuerung eines undichten Dachs).[1] Der BFH[2] hat es als unschädlich angesehen, wenn in einzelnen Jahren nur mittelbare Zweckverwirklichung durch Förderung anderer steuerbegünstigter Körperschaften, im Übrigen **Mittel für ein Großprojekt** gem. § 62 Abs. 1 Nr. 1 AO[3] in eine zweckgebundene Rücklage eingestellt werden. 1045

Steuerlich unschädlich ist die Ansammlung einer Rücklage zur nachhaltigen Erfüllung satzungsgemäßer, steuerbegünstigter Zwecke gem. § 62 Abs. 1 Nr. 1 AO. Auf die Herkunft der Mittel kommt es nicht an. Diese auch als **Projektrück-** 1046

1 AEAO zu § 62, Nr. 1.

2 BFH, Urteil v. 15.7.1998 - I R 156/94, BStBl 2002 II S. 162 NWB EAAAA-89147 = ZEV 1999 S. 155 m. Anm. v. von Oertzen.

3 Siehe → Rz. 1046 ff.

lage bezeichnete Rücklage darf auch aus **Spendenmitteln** gespeist werden.[1]

1047 Die zweckgebundene Rücklage nach § 62 Abs. 1 Nr. 1 AO, die auch eine sogenannte **„Betriebsmittelrücklage“** (bei Einnahmen-/Ausgabenrechnung vor allem in Höhe der Verbindlichkeiten und Rückstellungen) umfasst, muss innerhalb von zwei Jahren (§ 55 Abs. 1 Nr. 5 AO) abgewickelt werden.[2] Nach Ansicht der Finanzverwaltung[3] darf die Betriebsmittelrücklage auch periodisch wiederkehrende Ausgaben (genannt werden z. B. Löhne, Gehälter, Mieten) in Höhe des Mittelbedarfs für eine angemessene Zeitperiode umfassen.[4] Auch fördernde Stiftungen i. S. von § 58 Nr. 1 AO können eine Rücklage nach § 62 Abs. 1 Nr. 1 AO bilden.[5] Sie kann im ideellen Bereich und Zweckbereich gebildet werden und ist durch eine Mittelverwendungsrechnung nachzuweisen. Zu empfehlen ist aus **Nachweisgründen**, die Mittel auf einem separaten Bankkonto (Unterkonto) zu führen und davon die laufenden Aufwendungen zu bezahlen.

1047/1 Auch Investitions- und Reparatur- bzw. **Wiederbeschaffungsrücklagen**, z. B. für Fahrzeuge und andere Wirtschaftsgüter, für deren Anschaffung die laufenden Einnahmen nicht ausreichen, sind nach § 62 Abs. 1 Nr. 2 AO zulässig.[6] Eine Wiederbeschaffungsabsicht liegt nur vor, wenn tatsächlich eine Neuanschaffung des einzelnen Wirtschaftsguts geplant und in einem angemessenen Zeitraum möglich ist. Im Regelfall ist als Nachweis für die Wiederbeschaffungsabsicht ausreichend, dass die Rücklage gebildet wurde. Diese Nachweiserleichterung gilt nicht für Immobilien.[7] Verwendet werden können alle Mittel der Körperschaft, also auch zeitnah zu verwendende Mittel.[8]

1048 Im **wirtschaftlichen Geschäftsbetrieb** können Rücklagen durch Zuführung des Gewinns gebildet werden. Die Rücklagen müssen bei vernünftiger kaufmännischer Beurteilung wirtschaftlich begründet sein (entsprechend § 14 Abs. 1

1 AEAO zu § 62 Abs. 1 Nr. 1, Nr. 3.

2 AEAO zu § 55 Abs. 1 Nr. 4, Nr. 26; OFD Frankfurt, Vfg. v. 20.2.2012 - S 0177 A-1-St 53 NWB YAAAE-04773 = DStR 2012 S. 1229, Rz. 2.1.; Hüttemann, Gemeinnützigkeits- und Spendenrecht, § 5 Rz. 112; Buchna/Leichinger/Seeger/Brox, Gemeinnützigkeit im Steuerrecht, Tz. 2.13.1.1, S. 248.

3 Gemäß AEAO zu § 62 Abs. 1 Nr. 1, Nr. 4.

4 Buchna/Leichinger/Seeger/Brox, Gemeinnützigkeit im Steuerrecht, Tz. 2.13.1.1, S. 249, nennt einige Monate bis zu höchstens einem Jahr als angemessen.

5 Wie Spendensammel- und Fördervereine. Siehe BFH, Urteil v. 13.9.1989 - I R 19/85, BStBl 1990 II S. 28 NWB FAAAA-93152.

6 OFD Frankfurt, Vfg. v. 20.2.2012 - S 0177 A-1-St 53 NWB YAAAE-04773 = DStR 2012 S. 1229, Rz. 2.1.

7 AEAO zu § 62 Abs. 1 Nr. 2, Nr. 6; Hüttemann, DB 2014 S. 442; Spitaler/Schröder, DStR 2014 S. 2144, 2147.

8 AEAO zu § 62 Nr. 3; Spitaler/Schröder, DStR 2014 S. 2144, 2147.

Nr. 4 KStG). Es muss ein konkreter Anlass gegeben sein, der auch aus objektiver unternehmerischer Sicht die Bildung der Rücklage im wirtschaftlichen Geschäftsbetrieb rechtfertigt (z. B. eine geplante Betriebsverlegung, Werkserneuerung oder Kapazitätsausweitung). Eine fast vollständige Zuführung des Gewinns zu einer Rücklage im wirtschaftlichen Geschäftsbetrieb ist nur dann unschädlich für die Steuerbegünstigung, wenn die Körperschaft nachweist, dass die betriebliche Mittelverwendung zur Sicherung ihrer Existenz geboten war.[1] Die Rücklagenbildung für wirtschaftliche Geschäftsbetriebe kann nicht steuerfrei über § 62 Abs. 1 Nr. 1 AO erfolgen, sondern erst nach Versteuerung.[2] Einrichtungsträgerstiftungen benötigen zum Bau von Sozialimmobilien häufig Kredite, weil Überschüsse zur Bildung von Rücklagen bedingt möglich sind und die Bildung einer Wiederbeschaffungsrücklage in § 62 Abs. 1 Nr. 2 AO für Gebäude eingeschränkt worden ist. Hier kommen **Stifterdarlehen** in Betracht, die jedoch wegen § 32 Abs. 1 Satz 1 KWG unter Umständen der Erlaubnis der **BaFin** bedürfen.[3]

Obwohl der BFH[4] die tatsächlichen Anforderungen zur Zweckverwirklichung entsprechend anerkannt hatte, dass dem Gebot zeitnaher Mittelverwendung „notwendige" Planungsphasen nicht entgegenstehen, darf nach Auffassung der Finanzverwaltung[5] eine Rücklage nach § 62 Abs. 1 Nr. 1 AO nicht mit der Begründung gebildet werden, „die Überlegungen zur Verwendung der Mittel seien noch nicht abgeschlossen". Verlangt wird, dass die Mittel für **„bestimmte" Vorhaben** angesammelt werden. Wie weit diese konkretisiert sein müssen (z. B. „die ausgewählten Personen für Forschungsstipendien"), ist auch in der Literatur umstritten.[6] 1049

Eine Rücklagenbildung ist **unschädlich**, wenn Mittel für **bestimmte Vorhaben** angesammelt werden, für deren Verwirklichung bereits konkrete Zeitvorstellungen bestehen. Ob die Voraussetzungen für die Bildung einer Rücklage gege- 1050

1 AEAO zu § 62 Nr. 1.

2 AEAO zu § 62 Abs. 1 Nr. 2, Nr. 8; Buchna/Leichinger/Seeger/Brox, Gemeinnützigkeit im Steuerrecht, Tz. 2.13.1.3, S. 251 f.; BFH, Beschluss v. 23.2.1999 - XI B 128/98 NWB MAAAA-62873 = DStRE 1999 S. 623.

3 Kern/Regierer/Mühling, S&S 6/2013 S. 36.

4 Mit Urteil v. 15.7.1998 - I R 156/94, BStBl 2002 II S. 162 NWB EAAAA-89147 = DStR 1998 S. 1710.

5 AEAO zu § 62 Abs. 1, Nr. 2; BMF, Schreiben v. 15.2.2002 - S 0174, BStBl 2002 I S. 267 NWB MAAAA-82796.

6 Spitaler/Schröder, DStR 2014 S. 2144, 2146; Hüttemann, Gemeinnützigkeits- und Spendenrecht, § 5 Rz. 112.

ben sind, hat die steuerbegünstigte Körperschaft dem Finanzamt im Einzelnen glaubhaft zu machen/darzulegen.[1] Hierbei muss es genügen, wenn eine Rücklagenbildung darin ihre Rechtfertigung findet, dass sie zur nachhaltigen Erfüllung (§ 62 Abs. 1 Nr. 1 AO) der steuerbegünstigten satzungsgemäßen Zwecke erforderlich ist. Oft entstehen in der Praxis gemeinnütziger Stiftungen unbeabsichtigt Rücklagen dadurch, dass Förderungsvorhaben sich nicht oder nicht im vollen Umfang oder nur mit Verzögerung durchführen ließen. Rücklagenbildung ohne jede Aussicht auf Zweckverwirklichung ist schädlich.

1051 Eine sogenannte **Leistungserhaltungsrücklage**, die zur Sicherung der durch die Geldentwertung beeinträchtigten Leistungskraft nach § 62 Abs. 1 Nr. 1 AO gebildet wird, muss zulässig sein.[2] Sie ist zur nachhaltigen Aufrechterhaltung der Verwirklichung steuerbegünstigter Zwecke bzw. Geldentwertung unerlässlich. Unterbleibt sie, wird der reelle Umfang der Stiftungsleistungen bei fortschreitender Geldentwertung immer geringer werden, bis wegen Verzehr aller ihrer Mittel die Stiftung aufzuheben ist. Lediglich die Bildung von Rücklagen über einen längeren Zeitraum, die zur nachhaltigen Aufrechterhaltung der Leistungen der steuerbegünstigten Stiftung nicht erforderlich sind, kann zu einem neuen, steuerschädlichen Zweck der Stiftung führen. Der Gesetzgeber hat diesen Gedanken im Gesetz zur weiteren steuerlichen Förderung von Stiftungen[3] im neu gefassten § 62 Abs. 1 Nr. 3 AO (**freie Rücklage**) Rechnung getragen, nachdem nunmehr bis zu 33,33 % pro Jahr des Überschusses aus der Vermögensverwaltung (Vermögensverwaltungsrücklage) und 10 % ihrer sonstigen nach § 55 Abs. 1 Nr. 5 AO zeitnah zu verwendenden Mittel eines Jahres (10 v. H.-Rücklage) einer freien Rücklage zugeführt werden können. Die Höhe der Rücklage selbst ist nicht begrenzt.[4] Die Bildung einer solchen freien Rücklage ist empfehlenswert, weil die Mittel insoweit gem. AEAO zu § 62, Nr. 11 Satz 7, auch dem Vermögen der Körperschaft zugeführt oder für die Errichtung eines steuerpflichtigen wirtschaftlichen Geschäftsbetriebs (z. B. Kantine) verwendet werden können.

1051/1 Rücklagenzuführungen in einem (steuerpflichtigen) wirtschaftlichen Geschäftsbetrieb sind nicht an die Begrenzung gem. § 62 Abs. 1 Nr. 1 und Nr. 2

1 Siehe AEAO zu § 62 Abs. 2, Nr. 14 Satz 3; OFD Frankfurt, Vfg. v. 20.2.2012 - S 0177 A-1-St 53 NWB YAAAE-04773 = DStR 2012 S. 1229.

2 A. A. Hüttemann, Gemeinnützigkeits- und Spendenrecht, § 5 Rz. 113.

3 Vom 14.7.2000, BGBl 2000 I S. 1034.

4 Schiffer, StuB 2001 S. 318; kritisch Hüttemann, Gemeinnützigkeits- und Spendenrecht, § 5 Rz. 116.

AO gebunden,[1] sondern müssen bei „vernünftiger kaufmännischer Beurteilung“ entsprechend § 14 Abs. 1 Nr. 4 KStG konkret begründet sein.[2]

Die **Höchstgrenze** im Rahmen der Bildung einer **freien** Rücklage gem. § 62 Abs. 1 Nr. 3 AO von 33,33 % des Überschusses aus der Vermögensverwaltung und darüber hinaus 10 % ihrer sonstigen nach § 55 Abs. 1 Nr. 5 AO zeitnah zu verwendenden **Mittel** (mithin auch Spenden)[3] ist auf den VZ zu beziehen. Mittel im Sinne des Gesetzes sind die Überschüsse bzw. Gewinne aus steuerpflichtigen wirtschaftlichen Geschäftsbetrieben und Zweckbetrieben sowie die Bruttoeinnahmen aus dem ideellen Bereich.[4] 1052

Zur Berechnung und zum Nachweis der Einhaltung dieser Höchstgrenzen sind **besondere Rechnungslegungen** erforderlich. In die gesonderte Rechnung zur Ermittlung der 33,33 %-Grenze gem. § 62 Abs. 1 Nr. 3 AO dürfen Einnahmen aus anderen Quellen (insbesondere aus Spenden, wirtschaftlichen Geschäftsbetrieben, Zweckbetrieben) nicht einbezogen werden. Eine **Nachholung** ist ab 1.1.2014 gem. § 62 Abs. 1 Nr. 3 AO in den folgenden beiden Jahren möglich, wenn bislang die Höchstbeträge noch nicht ausgeschöpft waren.[5] Bei der Feststellung des Überschusses ist der Saldo der Einkünfte aus allen vermögensverwaltenden Aktivitäten maßgebend.[6] Da § 62 Abs. 1 Nr. 3 AO die Höchstgrenze nur auf den Überschuss *„aus der Vermögensverwaltung“* bezieht, sind andere Überschüsse in die nach einer besonderen Rechnungslegung nachzuweisende Ermittlung nicht einzubeziehen.[7] Die gebildete freie Rücklage wird Bestandteil des Stiftungsvermögens und unterliegt zwar der Vermögensbildung nach § 61 AO, aber nicht dem Gebot einer zeitnahen Mittelverwendung des § 55 Abs. 1 Nr. 5 AO. 1052/1

Auch für die Bildung einer **Rücklage nach § 62 Abs. 1 Nr. 4 AO** (Mittel zum Erwerb von Gesellschaftsrechten) ist die Mittelherkunft ohne Bedeutung. Diese Bestimmung soll einem großen Bedürfnis gemeinnütziger Körperschaften 1053

1 Gemäß AEAO zu § 62, Nr. 1.

2 Siehe AEAO zu § 62, Nr. 1.

3 AEAO zu § 62 Abs. 1 Nr. 3, Nr. 10 Satz 2.

4 AEAO zu § 62 Abs. 1 Nr. 3, Nr. 10 Satz 1.

5 AEAO zu § 62 Abs. 1 Nr. 3, Nr. 11.

6 Hüttemann, Gemeinnützigkeits- und Spendenrecht, § 5 Rz. 123.

7 Siehe Hüttemann, Gemeinnützigkeits- und Spendenrecht, § 5 Rz. 124; AEAO zu § 62 Abs. 1 Nr. 3, Nr. 9 Satz 1 und Nr. 10 Satz 1. Ob die Überschüsse aus Zweckbetrieben einzubeziehen sind, ist streitig, vgl. AEAO zu § 58 Nr. 2, Nr. 7 und Nr. 14 Satz 2; ebenso Buchna/Leichinger/Seeger/Brox, Gemeinnützigkeit im Steuerrecht, Tz. 2.13.2.1.1, S. 253.

Rechnung tragen, die **Beteiligungen an Kapitalgesellschaften** als Dotationsquelle zur Zweckverwirklichung halten.[1]

1053/1 Unter **Anrechnung** auf die Rücklagenbildung nach § 62 Abs. 1 Nr. 3 AO, die mithin für die jährliche Zuführung **eine Höchstgrenze** bildet, darf eine steuerbefreite Stiftung zur Erhaltung der prozentualen Beteiligung eine Rücklage ansammeln, die bei **einer Kapitalerhöhung der Beteiligungsgesellschaft zu verwenden** ist, § 62 Abs. 1 Nr. 4 AO. Die Kapitalerhöhung bei einer gewerblichen Personengesellschaft fällt nicht unter die Vorschrift.[2] Sie ist aus Überschüssen aus dem (steuerpflichtigen) wirtschaftlichen Geschäftsbetrieb zu finanzieren.[3] Als Voraussetzung für eine Rücklagenbildung nach § 62 Abs. 1 Nr. 4 AO wird in der Literatur eine „in absehbarer Zeit" bevorstehende Kapitalerhöhung der Kapitalgesellschaft genannt.[4] Diese Voraussetzung findet im Gesetz keinen Niederschlag.

1054 Nach Ansicht der Finanzverwaltung soll eine Zuführung zur freien Rücklage nach dem Jahr der Verwendung einer Rücklage nach § 62 Abs. 1 Nr. 4 AO erst wieder zugelassen werden, wenn die für die Rücklagenbildung nach § 62 Abs. 1 Nr. 3 AO verwendbaren Überschüsse insgesamt die für die Erhaltung der Beteiligungsquote verwendeten Mittel übersteigen, sofern die verwendeten Mittel ein Viertel des Jahresüberschusses des Jahres der Mittelverwendung überstiegen haben.[5]

1055 In der Literatur wird teilweise eine steuerunschädliche Beteiligung an der **Kapitalerhöhung** nur zugelassen, wenn sich daraus ein Überschuss (mindestens ein ausgeglichenes Ergebnis) erzielen lässt. Das Ausweichen auf Darlehensfinanzierung zur Übernahme der neuen Anteile wird von ausreichenden Erträgen aus der Beteiligung zur Bestreitung der Tilgung und Zinsen abhängig gemacht.[6] Diese Meinung, die bei Ertragsverfall einer ansonsten renditestarken Kapitalgesellschaft und aufwendigen Rekonstruktions- und Sanierungsmaß-

1 Siehe im Einzelnen OFD Frankfurt, Vfg. v. 6.8.2003 - S 0177 A - 1 - St II 1 03, DB 2003 S. 2255 und BMF, Schreiben v. 15.2.2002 - S 0174, BStBl 2002 I S. 267 NWB MAAAA-82796; AEAO zu § 62 Abs. 1 Nr. 4, Nr. 12; Hüttemann, Gemeinnützigkeits- und Spendenrecht, § 5 Rz. 130 f.

2 Buchna/Leichinger/Seeger/Brox, Gemeinnützigkeit im Steuerrecht, Tz. 2.13.2.2, S. 258.

3 Hüttemann, Gemeinnützigkeits- und Spendenrecht, § 5 Rz. 130; Buchna/Leichinger/Seeger/Brox, Gemeinnützigkeit im Steuerrecht, Tz. 2.5.5.4, S. 144.

4 Siehe Hüttemann, Gemeinnützigkeits- und Spendenrecht, § 5 Rz. 131; Buchna/Leichinger/Seeger/Brox, Gemeinnützigkeit im Steuerrecht, Tz. 2.13.2.2, S. 259, spricht von *„konkret abzeichnen"*.

5 Siehe Beispielsrechnung unter AEAO zu § 62 Abs. 1 Nr. 4, Nr. 13; OFD Frankfurt, Vfg. v. 20.2.2012 - S 0177 A-1-St 53 NWB YAAAE-04773 = DStR 2012 S. 1229 f.

6 Buchna/Leichinger/Seeger/Brox, Gemeinnützigkeit im Steuerrecht, Tz. 2.13.2.2, S. 258.

nahmen relevant wird, ist zu weitgehend, da sie dem Exitus der Beteiligungsgesellschaft als Dotationsquelle Vorschub leisten würde.

Durch das Ehrenamtsstärkungsgesetz[1] wurde mit Wirkung ab dem 1.1.2014 in § 62 Abs. 2 AO erstmals geregelt, bis **zu welchem Zeitpunkt** eine Rücklage **zu bilden** ist und **wann eine Auflösung** zu erfolgen hat. Die Rücklagen sind innerhalb der Frist des § 55 Abs. 1 Nr. 5 Satz 3 AO (= spätestens in den auf den Zufluss der Mittel folgenden zwei Kalender- oder Wirtschaftsjahren) zu bilden. Entfällt der Grund für die Rücklagenbildung, ist die Rücklage unverzüglich aufzulösen. Die dann frei werdenden Mittel sind innerhalb der Frist des § 55 Abs. 1 Nr. 5 Satz 3 AO zur Verwirklichung steuerbegünstigter Zwecke zu verwenden.[2] 1056

Zur **Rücklagenbildung** beim **wirtschaftlichen Geschäftsbetrieb** selbst siehe → Rz. 1008 und → Rz. 1048. 1056/1

Die zeitnahe Mittelverwendung und die Ermittlung der zulässigen Rücklagen ist der Finanzverwaltung nachzuweisen.[3] Die **Nachprüfbarkeit** muss **ohne besonderen Aufwand** möglich sein.[4] Der Nachweis in einer Nebenrechnung reicht aus, kann aber auch in den Jahresabschluss integriert sein.[5] Aus Gründen des Bürokratieabbaus wurde mit Wirkung zum 29.12.2020 in § 55 Abs. 1 Nr. 5 AO ein neuer Satz 4 für kleine Körperschaften (Einnahmen von höchstens 45.000 € pro Jahr) angefügt. Danach gilt das Gebot der zeitnahen Mittelverwendung i. S. des § 55 Abs. 1 Nr. 5 AO für diese kleine Körperschaften nicht (mehr).[6] Damit ist auch die Nachweispflicht ausgesetzt.[7] 1057

Ist die nach § 5 Abs. 1 Nr. 9 KStG steuerbefreite Stiftung an Unternehmen **beteiligt**, so kann **in deren Satzungen** eine Rücklagenbildung vorgesehen werden. Nicht erhaltene (thesaurierte) Gewinne der Beteiligungsunternehmen sind nicht Mittel i. S. von § 55 Abs. 1 Nr. 1 AO, die für steuerbegünstigte Zwecke auszugeben sind.[8] 1057/1

1 Gesetz zur Stärkung des Ehrenamts v. 21.3.2013, BGBl 2013 I S. 556.
2 AEAO zu § 62 Abs. 2, Nr. 14; Emser, NWB 13/2013 S. 908, 913 NWB UAAAE-32352.
3 AEAO zu § 62 Abs. 2, Nr. 14.
4 BFH, Urteil v. 20.12.1978 - I R 21/76, BStBl 1979 II S. 496 NWB WAAAA-91428.
5 Buchna/Leichinger/Seeger/Brox, Gemeinnützigkeit im Steuerrecht, Tz. 2.13.1.3, S. 250; AEAO zu § 62 Abs. 2, Nr. 14 und Abs. 1 Satz 3.
6 Gesetz v. 21.12.2020, BGBl I 2020 S. 3096.
7 AEAO zu § 55 Abs. 1 Nr. 5, Nr. 31.
8 Siehe aber → Rz. 1008.

1058 **Unzulässige Rücklagenbildung** bei der Stiftung selbst führt hingegen zur **Aberkennung der Steuerbefreiung.**[1] Gemäß § 63 Abs. 4 AO kann die Finanzverwaltung eine Frist zur Mittelverwendung stellen.[2]

1058/1 Gemeinnützige Stiftungen dürfen auch dann freie Rücklagen nach § 62 Abs. 1 Nr. 3 AO bilden, wenn dies in der Satzung nicht vorgesehen ist, und sie dem Stiftungskapital zuführen.[3]

1058/2 Spendensammelnden fördernden Stiftungen i. S. von § 58 Nr. 1 AO ist die Rücklagenbildung im zulässigen Rahmen nicht verwehrt.[4]

1059 Durch das Gesetz zur weiteren steuerlichen Förderung von Stiftungen[5] wurden bedeutende **Ausnahmen** vom Gebot der zeitnahen Mittelverwendung in § 62 Abs. 3 und Abs. 4 AO geschaffen. Danach dürfen **steuerunschädlich** dem Stiftungsvermögen zugeführt werden:[6]

(a) **Zuwendungen von Todes wegen,** wenn der Erblasser keine Verwendung für die laufenden Ausgaben vorgeschrieben hat,

(b) **Zuwendungen** unter der Erklärung, dass sie für das **Stiftungsvermögen** bestimmt sind,

(c) **Zuwendungen** aufgrund eines **Spendenaufrufs** zur Ausstattung oder Aufstockung des Stiftungsvermögens,

(d) **Sachzuwendungen** (z. B. Grundstück, Unternehmen oder Gesellschaftsbeteiligungen), die ihrer Natur nach zum Stiftungsvermögen gehören.

(e) **Überschüsse** aus der **Vermögensverwaltung** und die **Gewinne** aus **wirtschaftlichen Geschäftsbetrieben** (§ 14 AO) im Jahr der Stiftungserrichtung und in den drei folgenden Kalenderjahren ganz oder teilweise.

Durch den Verweis in § 62 Abs. 4 AO auf § 14 AO ist klargestellt, dass auch Überschüsse aus **Zweckbetrieben** unter diese Bestimmung fallen.[7]

---

1 Vgl. Buchna/Leichinger/Seeger/Brox, Gemeinnützigkeit im Steuerrecht, Tz. 2.5.9.2, S. 174; BFH, Urteil v. 11.2.1998 - I R 26/97, BStBl 1998 II S. 576 NWB HAAAA-96287.

2 Siehe Buchna/Leichinger/Seeger/Brox, Gemeinnützigkeit im Steuerrecht, Tz. 2.14.10, S. 277.

3 OFD Frankfurt, Vfg. v. 20.2.2012 - S 0177 A-1-St 53 NWB YAAAE-04773 = DStR 2012 S. 1229 (Tz. II.1.).

4 Buchna/Leichinger/Seeger/Brox, Gemeinnützigkeit im Steuerrecht, Tz. 2.8.1.5, S. 203; BFH, Urteil v. 13.9.1989 - I R 19/85, BStBl 1990 II S. 28 ff. NWB FAAAA-93152.

5 Vom 14.7.2000, BGBl 2000 I S. 1034.

6 Die Aufzählung ist abschließend, vgl. OFD Frankfurt, Vfg. v. 20.2.2012 - S 0177 A-1-St 53 NWB YAAAE-04773 = DStR 2012 S. 1229, 1231.

7 OFD Frankfurt, Vfg. v. 20.2.2012 - S 0177 A-1-St 53 NWB YAAAE-04773 = DStR 2012 S. 1229, 1231.

Stiftungen dürfen im Jahr ihrer Errichtung und in den drei folgenden Kalenderjahren Überschüsse und Gewinne aus der Vermögensverwaltung, aus Zweckbetrieb und aus steuerpflichtigen wirtschaftlichen Geschäftsbetrieben ganz oder teilweise ihrem **Vermögen zuführen**. Für sonstige Mittel, z. B. Zuwendungen und Zuschüsse, gilt diese Regelung dagegen nicht. Liegen in einem Kalenderjahr positive und negative Ergebnisse aus der Vermögensverwaltung, aus den Zweckbetrieben und dem einheitlichen steuerpflichtigen wirtschaftlichen Geschäftsbetrieb vor, ist eine Zuführung zum Vermögen auf den positiven Betrag begrenzt, der nach der Verrechnung der Ergebnisse verbleibt.[1] 1060

(Einstweilen frei) 1061–1074

3. Die Einkommens- und Vermögenssphären einer steuerbegünstigten Stiftung

3.1 Überblick

Gemeinnützigkeitsrechtlich und steuerlich werden vier Sphären unterschieden. 1075

Wie die nachfolgende Übersicht zeigt, sind an sich nur drei Sphären gegeben. Unterteilt man indes, wie § 64 AO vorsieht, den wirtschaftlichen Geschäftsbetrieb, so lassen sich im Ergebnis vier Bereiche unterscheiden:

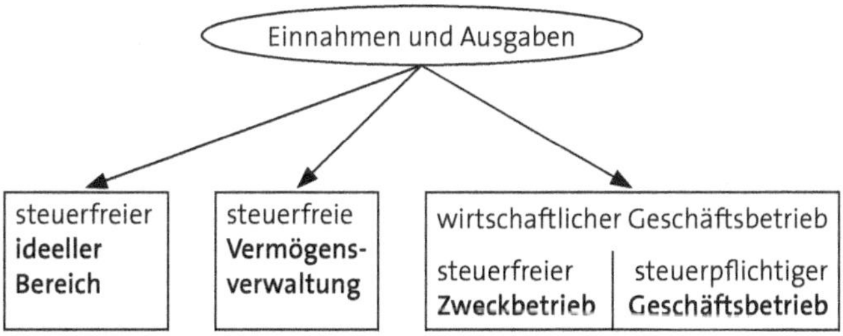

3.2 Ideeller Bereich

Dem ideellen Bereich einer Stiftung werden Tätigkeiten zugeordnet, die auf die unmittelbare und ausschließliche Verwirklichung des Satzungszwecks gerichtet sind. Einnahmen stellen im ideellen Bereich primär erhaltene Spenden dar, daneben Zustiftungen, Schenkungen, alle Formen letztwilliger Zuwendun- 1076

1 AEAO zu § 62 Abs. 4, Nr. 17.

gen und ggf. staatliche Zuschüsse.[1] Anderes gilt nur dann, wenn der Zuwendende ausdrücklich eine Verstärkung des Stiftungs-/Dotationskapitals anstrebt. In der Praxis bereitet diese Frage der Abgrenzung wenige Probleme.

1076/1 Ausgaben des ideellen Bereichs entstehen durch die satzungsmäßige Verwendung der Mittel und Personalkosten bzw. Sachausgaben.[2]

1076/2 Im ideellen Bereich ist die Stiftung ohne Gewinnerzielungsabsicht tätig und erlangt für sich aus der Tätigkeit in diesem Bereich keine wirtschaftlichen Vorteile. Werden im Zusammenhang mit der satzungsgemäßen Tätigkeit einer gemeinnützigen Stiftung zugunsten des Natur- und Landschaftsschutzes Ökopunkte zugeteilt, die nur durch den Verkauf verwertet werden können, ist der Erlös aus diesem Verkauf ebenso wie die zugrunde liegende Tätigkeit nach § 5 Abs. 1 Nr. 9 KStG, § 3 Nr. 6 GewStG steuerfrei.[3]

3.3 Vermögensverwaltung

1077 Nutzt die Stiftung ihr zugewendete Vermögensgegenstände zur Einnahmeerzielung, liegt regelmäßig eine vermögensverwaltende Tätigkeit i. S. des § 14 Satz 3 AO vor. Der Einsatz des Stiftungskapitals zur Einkünfteerzielung bildet die Basis, satzungsmäßige Zwecke erfüllen zu können. Wird der Stiftung ein Wertpapierdepot zugewandt, sind die daraus erzielten Zinsen und Dividenden typische Erträge aus Vermögensverwaltung. Gehört zum Vermögen der Stiftung eine fremdvermietete Immobilie, werden die erzielten Mieteinnahmen im Bereich der Vermögensverwaltung erzielt.

1077/1 Die Vermögensverwaltung erfüllt damit an sich alle Merkmale einer wirtschaftlichen Betätigung, wird aber aufgrund der gesetzlichen Definition in § 14 Satz 1 AO nicht zum wirtschaftlichen Geschäftsbetrieb gerechnet.

Die aus der Vermögensverwaltung resultierenden **Einnahmen** bleiben **unbesteuert**.

1078 Da der Begriff der Vermögensverwaltung prima facie eindeutig ist und in der Praxis alleine die Abgrenzung vom wirtschaftlichen Geschäftsbetrieb Probleme bereitet, wird die Vermögensverwaltung nachfolgend zusammen mit dem wirtschaftlichen Geschäftsbetrieb dargestellt.

---

1 Bei Vereinen sind zusätzlich noch die Mitgliedsbeiträge dem ideellen Bereich zuzuordnen.

2 Schlüter/Stolte, Stiftungsrecht, Kapitel 6 Rz. 63; Otto, Handbuch der Stiftungspraxis, S. 148.

3 BFH, Urteil v. 24.1.2019 - V R 63/16, BStBl 2019 II S. 392 = DStR 2019 S. 1040.

3.4 Wirtschaftlicher Geschäftsbetrieb

Einer nach § 5 Abs. 1 Nr. 9 KStG steuerbefreiten Stiftung ist es nicht verwehrt, neben dem ideellen Bereich und dem Bereich der Verwaltung ihres Vermögens i. S. von § 14 AO sich in einem weiteren Bereich des wirtschaftlichen Geschäftsbetriebes[1] zu betätigen, der grds. zur **partiellen Steuerpflicht** für diesen Bereich führt. Ausgenommen sind Zweckbetriebe i. S. von §§ 65 ff. AO,[2] die steuerfrei sind. 1079

Der steuerpflichtige Bereich einer im Übrigen steuerbegünstigten Stiftung ist in § 64 AO geregelt. Gemäß § 64 Abs. 1 AO verliert die Stiftung die Steuervergünstigung für die dem wirtschaftlichen Geschäftsbetrieb zuzuordnenden Besteuerungsgrundlagen (Einkünfte, Umsätze, Vermögen), *„wenn das Gesetz insoweit die Steuerbegünstigung ausschließt"*. Bei der Körperschaftsteuer ist dies durch § 5 Abs. 1 Nr. 9 Satz 2 KStG erfolgt. 1080

Im Gegensatz zur gemeinnützigen Kapitalgesellschaft kann der wirtschaftliche Geschäftsbetrieb nach § 5 Abs. 1 Nr. 9 KStG **auch andere Einkunftsarten als gewerbliche** aufweisen.

Die **Errichtung** von wirtschaftlichen Geschäftsbetrieben darf nicht aus zeitnah zu verwendenden Mitteln der Stiftung i. S. von § 55 Abs. 1 Nr. 5 AO,[3] sondern muss **aus Mitteln des Stiftungsvermögens** erfolgen.[4]

Der wirtschaftliche Geschäftsbetrieb darf **nicht Satzungszweck** sein, sondern er **muss den steuerbegünstigten Zwecken dienen.**[5] Daraus folgt, dass Gewinne aus dem wirtschaftlichen Geschäftsbetrieb zu den satzungsgemäßen steuerbegünstigten Zwecken **zu verwenden sind** und gem. § 55 Abs. 1 Nr. 5 AO[6] dem Gebot der zeitnahen Mittelverwendung unterliegen, soweit sie nicht zulässig im wirtschaftlichen Geschäftsbetrieb zur Rücklagenbildung herangezogen werden.[7] Das Betreiben von wirtschaftlichen Unternehmen als wirtschaftlicher Hauptzweck führt zur totalen Steuerpflicht der Stiftung,[8] es sei denn, dass das wirtschaftliche Unternehmen selbst die Anerkennung als gemeinnütziges Un- 1081

1 Hüttemann, Gemeinnützigkeits- und Spendenrecht, § 6 Rz. 4, 5.

2 Siehe → Rz. 1113 ff.

3 Hüttemann, Gemeinnützigkeits- und Spendenrecht, § 6 Rz. 35 f., 48.

4 Siehe → Rz. 1085.

5 Hüttemann, Gemeinnützigkeits- und Spendenrecht, § 6 Rz. 53; zum wirtschaftlichen Geschäftsbetrieb siehe BMF, Schreiben v. 15.2.2002 - S 0174, BStBl 2002 I S. 267 NWB MAAAA-82796; AEAO zu § 55, Nr. 1; BFH, Urteil v. 5.6.2003 - I R 76/01, BStBl 2005 II S. 305 NWB LAAAA-71753.

6 Siehe → Rz. 988.

7 Siehe → Rz. 1008

8 Hüttemann, Gemeinnützigkeits- und Spendenrecht, § 4 Rz. 90 f., § 6 Rz. 5.

ternehmen gefunden hat. Wirtschaftliche Geschäftsbetriebe einer im Übrigen steuerbefreiten Stiftung werden daher nur zur **Erfüllung ihrer satzungsgemäßen (ideellen) Zwecke oder zur Mittelbeschaffung für dieselbe** zugelassen.

1082 Ein wirtschaftlicher Geschäftsbetrieb setzt nach § 14 AO **selbständige und nachhaltige Tätigkeit** voraus, durch die Einnahmen oder andere wirtschaftliche Vorteile erzielt werden und die über den Rahmen der steuerfreien Vermögensverwaltung hinausgeht. **Selbständig** ist eine Tätigkeit, die sich aus der Gesamtbetätigung in einem aktiven Handeln, Dulden oder Unterlassen wirtschaftlich heraushebt.[1] **Nachhaltig** ist eine planmäßige Tätigkeit, die mit der Absicht der Wiederholung ausgeübt wird.[2]

1082/1 Ein wirtschaftlicher Geschäftsbetrieb i. S. von § 14 AO erfordert **nicht** das Bestehen eines **konkreten oder potentiellen Wettbewerbs**. Zwar hat die Besteuerung der wirtschaftlichen Geschäftsbetriebe steuerbegünstigter Körperschaften ihren wesentlichen Beweggrund im Wettbewerbsgedanken, der eine Gleichbehandlung der begünstigten Körperschaften mit konkurrierenden erwerbswirtschaftlichen Unternehmen fordert. Dennoch gehört die Möglichkeit von **Wettbewerbsbeeinträchtigungen** ausdrücklich **nicht** zu den gesetzlichen Tatbestandsmerkmalen des wirtschaftlichen Geschäftsbetriebs. Sie gehört dazu auch nicht als ungeschriebene Voraussetzung, die jeweils zusätzlich zu den gesetzlichen Tatbestandmerkmalen des wirtschaftlichen Geschäftsbetriebs geprüft und bejaht werden müsste, um dessen Steuerpflicht zu bejahen.[3]

HINWEIS:

Es gibt Finanzämter, die folgende Satzungsregelung beanstanden: *„Die Stiftung kann ferner auf der Rechtsgrundlage einer Verwaltungsvereinbarung die Verwaltung anderer rechtsfähiger Stiftungen übernehmen."* Hierzu wird die Ansicht vertreten, dass diese Tätigkeit einen wirtschaftlichen Geschäftsbetrieb begründe (dies selbst dann, wenn man diese Tätigkeit als Stiftung unentgeltlich erbringe).

1083 Ob die Erzielung von Einnahmen oder anderer wirtschaftlicher Vorteile einer **Gewinnerzielungsabsicht** dient, ist für die Annahme eines wirtschaftlichen Geschäftsbetriebes (im Gegensatz zur Annahme eines Gewerbebetriebes) völlig **unerheblich**.[4] Beispiele für einen wirtschaftlichen Geschäftsbetrieb sind z. B. Vorführung und Verleih von Filmen und Tonbändern, Beratung der Angehöri-

1 Hüttemann, Gemeinnützigkeits- und Spendenrecht, § 6 Rz. 97.

2 H 15.2 EStH 2020 „Wiederholungsabsicht"; Abschnitt 15 Abs. 3 GewStR; Hüttemann, Gemeinnützigkeits- und Spendenrecht, § 6 Rz. 103.

3 BFH, Urteil v. 24.6.2015 - I R 13/13, BStBl 2016 II S. 971 NWB OAAAF-06778 = DStR 2015 S. 2428.

4 Vgl. § 14 Satz 2 AO; Hüttemann, Gemeinnützigkeits- und Spendenrecht, § 6 Rz. 106–109.

gen eines Berufsstandes, Unterhaltung einer Buchstelle, einer Sterbekasse, einer Kantine oder von Laboratorien,[1] Veranstaltung von Märkten, Abschluss und Vermittlung von Versicherungen.[2] Aber auch eine unternehmerische Betätigung durch **Beteiligung** an einer **gewerblich tätigen Personengesellschaft** begründet einen wirtschaftlichen Geschäftsbetrieb, da hierbei reine Verwaltung von Vermögen i. S. von § 14 AO nicht mehr gegeben ist.[3]

Während das Dulden von Werbung eines anderen gegen Entgelt noch Ver- 1083/1
mögensverwaltung ist, begründet die nachhaltige Mitwirkung bei der Werbung einen wirtschaftlichen Geschäftsbetrieb.[4] Der BFH hat indes bei einem gemeinnützigen Verein, der einen wissenschaftlichen Kongress ausrichtete, entscheiden, dass die im Rahmen des Kongresses durchgeführte Vermietung von Informationsständen an Pharmaunternehmen als Werbung i. S. von § 64 Abs. 6 AO das Wahlrecht eröffne, den Gewinn auf 15 % der Einnahmen zu schätzen. Hierbei führte das Gericht aus, dass Werbung i. S. des § 64 Abs. 6 AO auch die „Duldung von Werbung", also die passive Werbung ist.[5]

Ist die **Beteiligung an** einer **Personen- oder Kapitalgesellschaft** nicht als unter- 1084
nehmerische, sondern als eine **vermögensverwaltende** Beteiligung[6] zu qualifizieren, kann sie (als Dotationsquelle) als gewillkürtes Betriebsvermögen mit der Folge der Besteuerung beim (steuerpflichtigen) wirtschaftlichen Geschäftsbetrieb geführt werden.[7] Wenn bei der Einlage der Beteiligung in das Betriebsvermögen des wirtschaftlichen Geschäftsbetriebes erkennbar ist, dass diese besonders risikobehaftet ist und ihm keinen Nutzen bringt, wird sie nicht als gewillkürtes Betriebsvermögen anerkannt.[8] Bei Beteiligungen an **Mit-**

1 BFH, Urteil v. 6.2.2013 - I R 59/11, BStBl 2013 II S. 603 NWB OAAAE-40091.

2 Vgl. auch die Beispiele bei Hüttemann, Gemeinnützigkeits- und Spendenrecht, § 6 Rz. 111.

3 Hüttemann, Gemeinnützigkeits- und Spendenrecht, § 6 Rz. 126; vgl. → Rz. 1000, → Rz. 1095 und → Rz. 1280

4 Schauhoff, Handbuch der Gemeinnützigkeit, § 7 Rz. 299; BFH, Urteil v. 1.8.2002 - V R 21/01, BStBl 2002 II S. 438 NWB UAAAA-89522.

5 BFH, Urteil v. 26.6.2019 - V R 70/17, BStBl 2019 II S. 654 NWB HAAAH-28209, NWB-Eilnachricht 35/2019 S. 2550.

6 Siehe → Rz. 955 ff. und → Rz. 1000.

7 Ob dies hinsichtlich einer Beteiligung an einer Kapitalgesellschaft allerdings sinnvoll ist, muss bezweifelt werden. Denn hier besteht ja i. d. R. die Möglichkeit der Steuerfreiheit (vgl. → Rz. 1082). Zu gewillkürtem Betriebsvermögen vgl. Bott in Schauhoff, Handbuch der Gemeinnützigkeit, § 8 Rz. 247.

8 Siehe Bott in Schauhoff, Handbuch der Gemeinnützigkeit, § 8 Rz. 247; BFH, Urteil v. 19.2.1997 - XI R 1/96, BStBl 1997 II S. 399 NWB MAAAA-95860 = DStR 1997 S. 812 m. w. N. Siehe auch → Rz. 1095.

unternehmerschaften ist die Qualifizierung bei der einheitlichen und gesonderten Feststellung ihrer Einkünfte maßgebend.[1]

1085 Das **Ausstattungskapital** eines **wirtschaftlichen Geschäftsbetriebes** kann nur aus dem mit der Errichtung eingebrachten **Grundstockvermögens** und **freien Rücklagen nach** § 62 Abs. 1 Nr. 3 AO erbracht werden.[2] Die Verwendung von nach § 55 Abs. 1 Nr. 1 AO[3] gebundenen Mitteln, insbesondere aus Spenden und nicht für das Grundstockvermögen bestimmte Zustiftungen und Zuschüsse, gefährdet den Status der Steuerfreiheit der Stiftung an sich. Die Überschüsse des wirtschaftlichen Geschäftsbetriebes dürfen nur zu satzungsgemäßen Zwecken verwendet, Fehlbeträge nicht aus Mitteln des ideellen Bereiches abgedeckt werden.

1086 Der **Begriff** des wirtschaftlichen Geschäftsbetriebs ist **weiter** als der des **Gewerbebetriebs.**[4] Die Absicht, Gewinn zu erzielen, ist nicht erforderlich, es reicht eine **Tätigkeit** mit dem **Ziel der Kostendeckung.**[5] Auch die Teilnahme am allgemeinen wirtschaftlichen Verkehr (Marktpräsenz) und wirtschaftliche Selbständigkeit werden nicht vorausgesetzt.[6] Die Verpachtung eines Betriebes, der ein wirtschaftlicher Geschäftsbetrieb wäre, wenn die Stiftung ihn selbst betreiben würde, wird – wenn es sich nicht nur um eine Vermögensanlage handelt – i. d. R. keinen wirtschaftlichen Geschäftsbetrieb begründen.[7] Bei **Verpachtung** eines zugewendeten Betriebes besteht das Wahlrecht auf Fortführung oder Betriebsaufgabe.[8]

1087 Eine (unschädliche) Vermögensverwaltung liegt vor, wenn Vermögen genutzt wird und Zinsen und Mieten hieraus erzielt werden. **Kaufmanns- oder Mitunternehmereigenschaft** begründen dagegen einen wirtschaftlichen Geschäftsbetrieb.

Eine nachhaltige geschäftsmäßige **An- und Verkaufstätigkeit** einer steuerbefreiten Stiftung hinsichtlich ihres Vermögens wird zur Annahme eines wirtschaftlichen Geschäftsbetriebs und u. U. zur Aufhebung der Steuerbefreiung

1 BFH, Urteil v. 27.3.2001 - I R 78/99, BStBl 2001 II S. 449 NWB AAAAA-88937 = DStR 2001 S. 1071; AEAO zu § 64 Abs. 1, Nr. 3 Satz 1.

2 BFH, Urteil v. 13.9.1989 - I R 19/85, BStBl 1990 II S. 28 NWB FAAAA-93152. Siehe → Rz. 1052 ff.

3 Siehe → Rz. 981 ff.

4 AEAO zu § 64 Abs. 1, Nr. 2.

5 Otto, Handbuch der Stiftungspraxis, S. 150.

6 Vgl. Hüttemann, Gemeinnützigkeits- und Spendenrecht, § 6 Rz. 100; AEAO zu § 64 Abs. 1, Nr. 2 Satz 6; Buchna/Leichinger/Seeger/Brox, Gemeinnützigkeit im Steuerrecht, Tz. 2.15.2, S. 283.

7 Hüttemann, Gemeinnützigkeits- und Spendenrecht, § 6 Rz. 137.

8 Bott in Schauhoff, Handbuch der Gemeinnützigkeit, § 7 Rz. 134; Hüttemann, Gemeinnützigkeits- und Spendenrecht, § 6 Rz. 137; AEAO zu § 64 Abs. 1, Nr. 2 Satz 6.

führen, weil sie nach der tatsächlichen Geschäftsführung einen weiteren Stiftungszweck setzt.[1] **Gelegentliche Vermögensumschichtung** ist dagegen **unschädlich**,[2] dabei aufgelöste stille Reserven können im Rahmen der Vermögensverwaltung wieder angelegt werden.[3] Ein **gelegentlich erzielter** Spekulationsgewinn i. S. von § 23 EStG führt nicht zur Annahme eines wirtschaftlichen Geschäftsbetriebs.[4]

Das **selbst betriebene Werbegeschäft** (auch Anzeigengeschäft) ist **steuerpflichtig**.[5] Wenn die Stiftung das Werbegeschäft in der Weise verpachtet hat, dass sie nur Flächen einem Pächter zur Verfügung stellt, der das gesamte Risiko trägt, bleibt es als **Vermögensverwaltung steuerfrei**.[6] Gleiches gilt für Gaststätten- und Beherbergungsbetriebe, Kioske, Verkaufsstände u. Ä. 1088

Die entgeltliche Aufnahme einer Firmen- oder Markenbezeichnung in den Namen der Stiftung stellt stets einen wirtschaftlichen Geschäftsbetrieb dar.[7] 1088/1

Einen wirtschaftlichen Geschäftsbetrieb stellen auch Benefizveranstaltungen,[8] Galakonzerte u. a. selbst dann dar, wenn im Eintrittsgeld ein sogenannter Spendenanteil enthalten ist.[9] Bei kulturellen Veranstaltungen liegt kein Zweckbetrieb i. S. von § 68 Nr. 7 AO vor, wenn die Förderung kultureller Zwecke nicht auch Satzungszweck ist.[10] Entsprechend ergeben sich umsatzsteuerliche Belastungen.[11] 1088/2

Auch Gewährung und Verschaffung von Versicherungsschutz bildet einen wirtschaftlichen Geschäftsbetrieb.[12] 1088/3

Altmaterialsammlungen mit dem Ziel der Veräußerung, um Mittel für die steuerbegünstigte Tätigkeit der Stiftung zu erhalten, bilden stets einen wirt- 1089

---

1 Schauhoff, Handbuch der Gemeinnützigkeit, § 7 Rz. 9.

2 Bott in Schauhoff, Handbuch der Gemeinnützigkeit, § 8 Rz. 128.

3 Hüttemann, Gemeinnützigkeits- und Spendenrecht, § 6 Rz. 46.

4 Schauhoff, Handbuch der Gemeinnützigkeit, § 8 Rz. 130.

5 Schauhoff, Handbuch der Gemeinnützigkeit, § 8 Rz. 43a.

6 AEAO zu § 67a, Nr. 9 Satz 1; Schauhoff, Handbuch der Gemeinnützigkeit, § 7 Rz. 299.

7 OFD Hannover, Vfg. v. 4.4.2000 - S 2729 - 67 - StO 214/5 2729 - 76 - StH 233, DB 2000 S. 900; Buchna/Leichinger/Seeger/Brox, Gemeinnützigkeit im Steuerrecht, Tz. 2.15.4.4, S. 300.

8 Schlüter/Stolte, Stiftungsrecht, Kapitel 6 Rz. 73.

9 Buchna/Leichinger/Seeger/Brox, Gemeinnützigkeit im Steuerrecht, Tz. 2.15.4.5, S. 304.

10 BFH, Urteil v. 15.10.1997 - I R 2/97, BStBl 1998 II S. 229 NWB ZAAAA-96109.

11 Siehe → Rz. 1291 ff.

12 Siehe OFD Hannover, Vfg. v. 14.2.2000 S 2729 - 211 - StO 214 / S 2729 - 429 - StM 233, DB 2000 S. 449 f.; Buchna/Leichinger/Seeger/Brox, Gemeinnützigkeit im Steuerrecht, Tz. 2.15.4.5, S. 310.

schaftlichen Geschäftsbetrieb.[1] Unter der Verwertung von Altmaterial ist die Veräußerung von Gegenständen zu verstehen, die – wie Altkleider, Altpapier und Schrott – nur noch einen Altmaterialwert haben. Die Norm findet damit ihrem Wortlaut nach keine Anwendung auf den Einzelverkauf gebrauchter Sachen, die darüber hinaus noch einen Gegenstandswert aufweisen (z. B. Edelmetalle).[2] Ebenfalls zur Begründung eines wirtschaftlichen Geschäftsbetriebs führt **Werbung**,[3] die das Gebot der geringen Mitwirkung der steuerbegünstigten Stiftung nach dem Sponsoring-Erlass[4] überschreitet.

1090 Während § 64 Abs. 5 AO[5] die **Schätzung des Überschusses** aus der Verwertung unentgeltlich erworbenen **Altmaterials** außerhalb einer ständig vorgehaltenen Verkaufsstelle in Höhe des branchenüblichen Reingewinns zulässt, kann gem. § 64 Abs. 6 AO[6] der **Gewinn mit 15 % der Einnahmen** angesetzt werden für

- Werbung für Unternehmen, die im Zusammenhang mit der steuerbegünstigten Tätigkeit (einschl. Zweckbetrieben) stattfindet,[7]
- Totalisatorbetriebe,[8]
- zweite Fraktionierungsstufe der Blutspendedienste.

1091 Beim **Sponsoring**[9] wird zwar ein Korrespondenzprinzip zwischen Betriebsausgabenabzug beim Sponsor und steuerpflichtigen Einnahmen bei der empfangenden Körperschaft und damit Begründung eines steuerpflichtigen wirtschaftlichen Geschäftsbetriebes nicht mehr verlangt,[10] jedoch liegt ein solcher stets vor, wenn die Körperschaft „an den Werbemaßnahmen mitwirkt".[11] Ob

1 OFD Frankfurt/M., Vfg. v. 14.11.2001 - S 7242 NWB XAAAA-77536 = DB 2001 S. 351; Buchna/Leichinger/Seeger/Brox, Gemeinnützigkeit im Steuerrecht, Tz. 2.15.4.5, S. 303.

2 BFH, Beschluss v. 11.5.2016 - V B 119/15 NWB IAAAF-77189.

3 Vgl. Buchna/Leichinger/Seeger/Brox, Gemeinnützigkeit im Steuerrecht, Tz. 2.15.4.4, S. 310; siehe → Rz. 1083.

4 Vgl. AEAO zu § 64 Abs. 1, Nr. 7–9; Buchna/Leichinger/Seeger/Brox, Gemeinnützigkeit im Steuerrecht, Tz. 2.15.4.4, S. 300.

5 Siehe AEAO zu § 64 Abs. 5, Nr. 29.

6 AEAO zu § 64 Abs. 6, Nr. 32 ff.

7 Vgl. aber AEAO zu § 64 Abs. 6, Nr. 33.

8 BFH, Urteil v. 5.6.2003 - I R 76/01, BStBl 2005 II S. 305 NWB LAAAA-71753; Buchna/Leichinger/Seeger/Brox, Gemeinnützigkeit im Steuerrecht, Tz. 2.15.10, S. 318 f.

9 Siehe → Rz. 1253 f. mit Literaturangaben.

10 BMF, Schreiben v. 18.2.1998 - IV B 2 - S 2144 - 40/98 IV B 7 - S 0183 - 62/98, BStBl 1998 I S. 212 NWB EAAAA-77324; FinMin Bayern, Erlass v. 11.2.2000 - 33 - S 0183 - 12/14 - 59238, DB 2000 S. 548; Buchna/Leichinger/Seeger/Brox, Gemeinnützigkeit im Steuerrecht, Tz. 2.14.4, S. 260 f., 262.

11 AEAO zu § 64 Abs. 1, Nr. 11 Satz 1; Ehlers/Schmidt/Korfmann/Melzer/Klöck/Brixius, S&S RS 6/2013 S. 3; Buchna/Leichinger/Seeger/Brox, Gemeinnützigkeit im Steuerrecht, Tz. 2.14.4.1, S. 301 f.

ein Überwiegen von – im Übrigen anzuerkennender – Sponsoringeinnahmen über die übrigen Einnahmen sogar zur Aberkennung der Gemeinnützigkeit einer kulturellen Einrichtung führt, muss bezweifelt werden. **Kein wirtschaftlicher Geschäftsbetrieb** liegt nach dem genannten BMF-Schreiben vor, wenn die „steuerbegünstigte" Stiftung dem Sponsor nur die Nutzung ihres Namens zu Werbezwecken gestattet, dass der Sponsor selbst zu Werbezwecken oder zur Imagepflege auf seine Leistungen an die Stiftung hinweist, oder wenn die Stiftung z. B. auf Plakaten, Veranstaltungshinweisen, in Ausstellungskatalogen, Programmen u. Ä. auf den Sponsor ohne besondere Hervorhebung unter Verwendung des Namens, Emblems oder Logos Hinweise gibt.[1] Durch Zuwendung von **Fahrzeugen mit Werbeaufschriften** für den Sponsor soll kein wirtschaftlicher Geschäftsbetrieb begründet werden, wenn vertraglich die Fahrzeuge über den zu eigenen Zwecken notwendigen Umfang nicht eingesetzt oder werbewirksam nicht abgestellt werden.[2]

Als wirtschaftlicher Geschäftsbetrieb wird auch die **Betreuung von Schülern** in 1092
Grund- und Sonderschulen vor und nach dem Unterricht gegen einen Kostenbeitrag durch eine steuerbegünstigte Körperschaft angesehen, der allerdings Zweckbetrieb gem. § 65 AO sein soll; Spendenbescheinigungen dürfen für die Kostenbeiträge nicht ausgestellt werden.[3]

Die **Förderung der Bildung** im Umgang mit neuen elektronischen Medien 1093
durch Schulung und Bereitstellung von Informationsmaterial wird als gemeinnützig anerkannt, jedoch nicht die Förderung der Kommunikation durch Zurverfügungstellung von Zugängen zu Kommunikationsnetzwerken (z. B. Internet) sowie Aufbau, Förderung und Unterhalt derselben zur privaten oder geschäftlichen Nutzung. Wird für diese Nutzung ein **Entgelt** erhoben, kann beim Überwiegen der Verwirklichung des gemeinnützigen Zwecks ein wirtschaftlicher Geschäftsbetrieb für diesen Bereich vorliegen.[4]

Die **Förderung der Arbeitsbeschaffung** durch Umschulung und soziale Betreu- 1094
ung wird als gemeinnützig anerkannt, nicht dagegen die Arbeitsbeschaffung und die Arbeitnehmerüberlassung.[5] In derartigen Fällen wird es auf die tat-

1 Vgl. Schauhoff, Handbuch der Gemeinnützigkeit, § 7 Rz. 111; Buchna/Leichinger/Seeger/Brox, Gemeinnützigkeit im Steuerrecht, Tz. 2.14.4.1, S. 303; Litzel/Brackert, S&S 3/2001 S. 27.

2 Buchna/Leichinger/Seeger/Brox, Gemeinnützigkeit im Steuerrecht, Tz. 2.14.4.4, S. 315; OFD Frankfurt/M., Vfg. v. 13.5.1998 - S 0183 A - 15 - St II 12 NWB SAAAA-82875 = DB 1998 S. 1208.

3 So OFD Düsseldorf, Vfg. v. 11.11.1996 - S 2729 A - St 1312 QAAAA-78853 = DB 1996 S. 2364 f.

4 OFD Münster, Vfg. v. 6.2.1996 - S 2729 - 171 - St 13 - 31 ZAAAA-85819 = DB 1996 S. 656; a. A. wohl Buchna/Leichinger/Seeger/Brox, Gemeinnützigkeit im Steuerrecht, Tz. 2.2.6, S. 74.

5 Buchna/Leichinger/Seeger/Brox, Gemeinnützigkeit im Steuerrecht, Tz. 2.2.8, S. 92; vgl. auch OFD Frankfurt/M., Vfg. v. 18.7.1997 - S 0171 A - 85 St II 12, DB 1997 S. 2055.

sächlichen Verhältnisse ankommen, ob die letztgenannten Tätigkeiten einen wirtschaftlichen Geschäftsbetrieb darstellen oder die Körperschaft total steuerpflichtig ist. Bei sogenannten **Beschäftigungskörperschaften**[1] kann ein wirtschaftlicher Geschäftsbetrieb vorliegen, wenn Waren hergestellt und vertrieben oder Leistungen an Dritte im Rahmen einer gemeinnützigen Stiftung erbracht werden.

1095 Die Beteiligung einer steuerbefreiten Stiftung an Personengesellschaften als **Mitunternehmer** wird **grds.** als wirtschaftlicher Geschäftsbetrieb der Stiftung behandelt.[2] Anders ist dies, wenn die Personengesellschaft lediglich gewerblich geprägt ist.[3]

1096 Das Unterhalten eines wirtschaftlichen Geschäftsbetriebs ist nur schädlich, wenn ein Verstoß gegen das Gebot der Ausschließlichkeit gem. § 56 AO vorliegt. Die Finanzverwaltung hat sich mithin der nachfolgend dargestellten BFH-Rechtsprechung angeschlossen und die frühere Geprägetheorie aufgegeben.[4]

1097 Der BFH[5] hat das Vorliegen von **„Fremdnützigkeit"** indes auch dann (noch) bejaht, wenn der wirtschaftliche Geschäftsbetrieb das gesamte oder nahezu gesamte Stiftungsvermögen umfasst und zur dauerhaften Existenz- und Zweckverwirklichungssicherung dessen Gewinne zur Eigenkapitalaufstockung teilweise verwendet werden; die Sicherung der Dotationsquelle hat somit Vorrang vor dem Gebot der zeitnahen Mittelverwendung des § 55 Abs. 1 Nr. 5 AO.[6]

1098 Die Beteiligung einer Stiftung an einer **vermögensverwaltenden** Personengesellschaft oder an einer **gewerblich geprägten** Personengesellschaft begründet **keinen** wirtschaftlichen Geschäftsbetrieb.[7] Dies ergibt sich aus dem Zweck der Besteuerung wirtschaftlicher Geschäftsbetriebe, die aus Gründen der Wettbewerbsneutralität von der Steuerbefreiung ausgenommen sind. Vermögens-

1 Koordinierter Ländererlass v. 11.3.1999, Wpg 1999 S. 376; OFD Hannover v. 8.3.1999 - S 0170 NWB ZAAAA-85871 = Wpg 1999 S. 376.

2 Schauhoff, Handbuch der Gemeinnützigkeit, § 7 Rz. 142.

3 Vgl. BFH, Urteil v. 25.5.2011 - I R 60/10, BStBl 2012 II S. 858 NWB ZAAAD-87495; ebenso die Vorinstanz Hessisches FG, Urteil v. 23.6.2010 - 4 K 2258/09 NWB AAAAD-49127 = EFG 2011 S. 23; vgl. auch → Rz. 956, → Rz. 1000 und → Rz. 1098.

4 Seifried/Volland, ZEV 2012 S. 242.

5 BFH, Urteil v. 15.7.1998 - I R 156/94, BStBl 2002 II S. 162 NWB EAAAA-89147; BFH, Urteil v. 4.4.2007 - I R 76/05, BStBl 2007 II S. 631 NWB OAAAC-47809 = DStR 2007 S. 1121.

6 Siehe auch AEAO zu § 55 Nr. 8, Nr. 8 und Matyschik/Schiffer, StuB 2000 S. 1102 f.

7 AEAO zu § 64 Abs. 1, Nr. 3 Satz 3; BFH, Urteil v. 25.5.2011 - I R 60/10, BStBl 2011 II S. 858 NWB ZAAAD-87495; vgl. auch → Rz. 956, → Rz. 1000 f. und → Rz. 1083.

verwaltenden Tätigkeiten – auch solchen, die kraft der in § 15 Abs. 3 Nr. 2 EStG enthaltenen Fiktion als gewerblich gelten – misst § 14 Satz 2 AO aber keine Bedeutung für die Wettbewerbsneutralität zu. Beteiligt sich eine gemeinnützige Stiftung an einer gewerblich geprägten vermögensverwaltenden Personengesellschaft, unterhält sie auch dann keinen wirtschaftlichen Geschäftsbetrieb, wenn die Personengesellschaft zuvor originär gewerblich tätig war.[1]

Die **Führung und tatsächliche Beherrschung von Kapitalgesellschaften** durch die Stiftung begründet hingegen Steuerpflicht.[2] Zu Einzelheiten oben → Rz. 956. Eine **Identität** von Stiftungsvorstand und Vorstand/Geschäftsführung der Beteiligungsgesellschaft wird stets zur Annahme eines wirtschaftlichen Geschäftsbetriebes führen.[3] 1099

Gleiches gilt bei Vermietung wesentlicher Betriebsanlagen an die Betriebsgesellschaft im Rahmen einer **Betriebsaufspaltung**.[4] Die Stiftung ist an die Entscheidung des für die Personengesellschaft zuständigen Finanzamt bei der **einheitlichen und gesonderten Feststellung der Einkünfte** und des Vermögens gebunden.[5]

Eine schädliche Mittelverwendung i. S. des § 55 Abs. 1 Nr. 1 AO liegt **nicht** vor, wenn der steuerbefreite Bereich dem wirtschaftlichen Geschäftsbetrieb ein **Darlehen** gewährt und dieses aus Mitteln des wirtschaftlichen Geschäftsbetriebes innerhalb von zwölf Monaten nach dem Ende des Verlustentbehrungsjahres (mit Zinsen) zurückgezahlt wird.[6] 1100

Hat die Stiftung **mehrere** wirtschaftliche Geschäftsbetriebe, werden diese nach § 64 Abs. 2 AO als **ein wirtschaftlicher Geschäftsbetrieb** behandelt.[7] Es ist mithin nur der **jährliche Saldo** von Gewinnen und Verlusten aus den wirtschaftlichen Geschäftsbetrieben steuerrechtlich relevant, so dass Verluste aus einem Betrieb mit Gewinnen aus anderen Betrieben ausgeglichen werden können. Aus dem Gebot der Selbstlosigkeit i. S. von § 55 Nr. 1 AO folgt, dass der 1101

1 BFH, Urteil v. 18.2.2016 - V R 60/13, BStBl 2017 II S. 251 NWB TAAAF-74524 = DStR 2016 S. 1264.

2 Schauhoff, Handbuch der Gemeinnützigkeit, § 7 Rz. 129.

3 BFH, Urteil v. 25.8.2010 - I R 97/09 NWB WAAAD-59084; BFH, Urteil v. 30.6.1971 - I R 57/70, BStBl 1971 II S. 753 NWB TAAAA-90700; Söffing/Henrich, BB 2016 S. 1943, 1947.

4 Vgl. → Rz. 1288 zur Betriebsaufspaltung.

5 Siehe BFH, Urteil v. 27.7.1988 - I R 113/84, BStBl 1989 II S. 134 NWB QAAAA-92736; AEAO zu § 64 Abs. 1, Nr. 3 Satz 2.

6 AEAO zu § 55 Abs. 1 Nr. 1, Nr. 7; OFD Hannover, Vfg. v. 12.7.2000 - S 0174 - 8 - StO 214-S 2729 - 326 - StH 233, DStR 2000 S. 1564; OFD Nürnberg, Vfg. v. 11.9.2000 - S 0171 - 700/St 31 NWB XAAAA-78842 = DB 2000 S. 2196.

7 AEAO zu § 64 Abs. 2, Nr. 14; Schauhoff, Handbuch der Gemeinnützigkeit, § 6 Rz. 126.

Verlustausgleich nicht aus Mitteln des ideellen Bereichs und der (steuerfreien) Vermögensverwaltung erfolgen darf, sondern aus späteren Gewinnen oder Zuschüssen, die aber nicht Spenden sein dürfen, erfolgen muss. Wenn dies scheitert, wird allerdings der gelegentliche Verlustausgleich als unschädlich betrachtet.[1] Wenn dem ideellen Bereich in den sechs vorausgegangenen Jahren Gewinne der wirtschaftlichen Geschäftsbetriebe in mindestens gleicher Höhe zugeführt worden sind, wird ein Verlust (Saldo) der wirtschaftlichen Geschäftsbetriebe nicht als gemeinnützigkeitsschädlich angesehen:

1102 Letzteres gilt auch, wenn[2]

- der Verlust ausschließlich durch anteilige Abschreibungen auf gemischt genutzte Wirtschaftsgüter entstanden ist,
- marktübliche Preise verlangt werden,
- das Wirtschaftsgut im ideellen Bereich angeschafft oder hergestellt und nur zur besseren Auslastung und Mittelbeschaffung teil- oder zeitweise für den steuerpflichtigen Bereich genutzt wurde,
- das so genutzte Wirtschaftsgut nicht größer angeschafft oder hergestellt wurde als es für den ideellen Bereich notwendig war,
- der wirtschaftliche Geschäftsbetrieb keinen eigenständigen Sektor eines Gebäudes bildet.

Diese Grundsätze gelten bei der Verlustbeurteilung auch für andere gemischte Aufwendungen (z. B. Personalaufwand).

1103 Der Verlustausgleich ist außerdem **gemeinnützigkeitsunschädlich**, wenn[3]

- der Verlust auf einer Fehlkalkulation beruht,
- die Stiftung innerhalb von zwölf Monaten nach Eintritt des Verlustes dem ideellen Bereich Mittel in entsprechender Höhe wieder zuführt und diese Mittel nicht aus Zweckbetrieben, (steuerbefreiter) Vermögensverwaltung, Beiträgen oder aus anderen Zuwendungen zur Förderung steuerbegünstigter Zwecke der Stiftung stammen.

---

1 Schauhoff, Handbuch der Gemeinnützigkeit, § 7 Rz. 20 f.; AEAO zu § 55 Abs. 1 Nr. 1, Nr. 5–7; BFH, Urteil v. 13.11.1997 - I R 152/93, BStBl 1998 II S. 711 NWB HAAAA-96342; hierzu BMF, Schreiben v. 19.10.1998 - S 0171, BStBl 1998 I S. 1423 NWB QAAAA-77307.

2 AEAO zu § 55 Abs. 1 Nr. 1, Nr. 5.

3 AEAO zu § 55 Abs. 1 Nr. 1, Nr. 6.

Die Verrechnung von Gewinnen und Verlusten mehrerer wirtschaftlicher Geschäftsbetriebe muss auch erfolgen, wenn diese **verschiedene Einkunftsarten** aufweisen.[1] 1104

Anlaufverluste in der Aufbauphase (**vier Jahre** höchstens; nach Lage des Einzelfalls) nach Stiftungserrichtung sind gemeinnützigkeitsrechtlich **unschädlich**.[2] 1104/1

Dies alles bedingt, dass für **jeden wirtschaftlichen Geschäftsbetrieb** der **Gewinn gesondert zu ermitteln** ist.[3] 1104/2

Ein **Verlustausgleich** zwischen den Bereichen **„Wirtschaftlicher Geschäftsbetrieb"** und **„Zweckbetrieb"** ist **unzulässig**.[4] 1104/3

Das Wahlrecht des § 10d EStG für **Verlustrücktrag oder -vortrag** gilt auch für Stiftungen.[5]

Nicht jeder wirtschaftliche Geschäftsbetrieb ist steuerpflichtig;[6] es müssen Einkünfte i. S. von § 2 Abs. 1 EStG erzielt werden.[7] Die Unterhaltung eines Gewerbebetriebes i. S. von § 15 EStG ist stets wirtschaftlicher Geschäftsbetrieb. Letzteres gilt auch für die Eigenbewirtschaftung von Land- und Forstbesitz.[8] Nicht steuerpflichtig ist der Zweckbetrieb i. S. von § 65 AO, obwohl er nach dem Gesetzeswortlaut als steuerpflichtiger wirtschaftlicher Geschäftsbetrieb i. S. von § 64 AO eine weitere Unterart des wirtschaftlichen Geschäftsbetriebes i. S. von § 14 AO ist. 1105

Die im wirtschaftlichen Geschäftsbetrieb, der nicht Zweckbetrieb ist, erzielten Einkünfte aus Gewerbebetrieb (§§ 15–17 EStG) unterliegen der Besteuerung 1105/1

---

1 AEAO zu § 64 Abs. 2, Nr. 17; OFD Frankfurt/M., Vfg. v. 12.2.1998 - S 0183 A 16 St II 12, DB 1998 S. 651.

2 BFH, Urteil v. 21.1.1998 - II R 16/95, BStBl 1998 II S. 758 NWB OAAAA-96357; BFH, Beschluss v. 23.9.1998 - I B 82/98, BStBl 2000 II S. 320 NWB GAAAA-97443; BFH, Beschluss v. 23.2.1999 - XI B 128/98 NWB MAAAA-62873; BMF, Schreiben v. 15.5.2000 - S 0170, BStBl 2000 I S. 814, II.2. NWB GAAAA-76830; Schauhoff, Handbuch der Gemeinnützigkeit, § 7 Rz. 21.

3 OFD Cottbus, Vfg. v. 10.9.1996 - S 0177 - 1 - St 123 NWB UAAAA-82870.

4 Hüttemann, Gemeinnützigkeits- und Spendenrecht, § 6 Rz. 17; BFH, Urteil v. 5.2.1992 - I R 59/91 NWB WAAAB-33020.

5 Bott in Schauhoff, Handbuch der Gemeinnützigkeit, § 8 Rz. 220 f.; bei Unterschreitung der Besteuerungsgrenze von 45.000 € bleiben (gem. AEAO zu § 64 Abs. 3, Nr. 23) Verluste generell außer Ansatz.

6 Bott in Schauhoff, Handbuch der Gemeinnützigkeit, § 8 Rz. 66.

7 Hüttemann, Gemeinnützigkeits- und Spendenrecht, § 7 Rz. 82; Buchna/Leichinger/Seeger/Brox, Gemeinnützigkeit im Steuerrecht, Tz. 4.1.5, S. 498.

8 Vgl. Klein, AO, § 14 Rz. 3 letzter Abs.; kraft besonderer Vorschrift, nämlich des § 5 Abs. 1 Nr. 9 Satz 2 KStG, ist aber die Steuerbefreiung insoweit nicht ausgeschlossen.

mit allen Rechtsfolgen. Anwendbar sind auch die Grundsätze der **Betriebsaufspaltung,**[1] der **Betriebsaufgabe**[2] mit anschließender Verpachtung und der Abfärbetheorie.[3] Beim Vorliegen der Zuordnungsmerkmale können aber auch **Einkünfte anderer Einkunftsarten** i. S. von § 2 Abs. 1 EStG (z. B. aus LuF) vorliegen.[4]

1105/2 Das **Verbot von** angemessenen **Zuwendungen an den Stifter,** seine Angehörigen und an Dritte (dazu rechnen auch die Stiftungsorgane) des § 55 Abs. 1 Nr. 1 und 3 sowie die unter → Rz. 1007 behandelte Ausnahmeregelung des § 62 Abs. 1 Nr. 1–3 AO (Rücklagenbildung) haben **auch** für den **Bereich der wirtschaftlichen Geschäftsbetriebe** Gültigkeit.[5]

1106 Dem wirtschaftlichen Geschäftsbetrieb dürfen nur die **Einnahmen/Erträge** bzw. **Ausgaben/Aufwendungen** zugeordnet werden, die durch ihn **veranlasst** werden.[6] Aus diesem Grundprinzip folgt, dass sich die Veranlassung nicht nur auf die direkt zurechenbaren Posten, sondern auch die mittelbar zurechenbaren Posten erstrecken muss. Bei der Gewinnermittlung müssen daher auch die durch den wirtschaftlichen Geschäftsbetrieb veranlassten und ihm zurechenbaren Teile der gemeinsamen Aufwendungen abzugsfähig sein.[7] Nach der früheren BFH-Rechtsprechung[8] soll eine **Aufteilung** unterbleiben, wenn die Ausgabe auch ohne die andere Tätigkeit entstanden wäre. In seiner Entscheidung vom 15.1.2015[9] hat der BFH seinen **restriktiven Grundsatz** der Nichtberücksichtigung von Aufwendungen, deren primäre Veranlassung in der ideellen Tätigkeit der gemeinnützigen Körperschaft gesehen wurde, **relativiert.** Die Finanzverwaltung wendete diese restriktiven Rechtsprechungsgrundsätze indes schon bisher nur eingeschränkt an und ließ einen **anteiligen** Betriebsausgabenabzug von **Gemeinkosten** im wirtschaftlichen Geschäftsbetrieb zu. Soweit eine Aufteilung nach objektiven Maßstäben möglich ist, wird diese zugelassen.[10] Bei Werbemaßnahmen, die bei sportlichen oder kulturellen Ver-

1 Vgl. → Rz. 958.

2 Vgl. → Rz. 1086.

3 Vgl. Schmidt, EStG, § 15 Rz. 185.

4 Vgl. Buchna/Leichinger/Seeger/Brox, Gemeinnützigkeit im Steuerrecht, Tz. 4.1.5, S. 498. Selbstbetriebene Forstbetriebe sind nach § 5 Abs. 1 Nr. 9 Satz 3 KStG von der Besteuerung jedoch ausgenommen.

5 AEAO zu § 62, Nr. 1.

6 AEAO zu § 64 Abs. 1 Nr. 4, Nr. 4; Buchna/Leichinger/Seeger/Brox, Gemeinnützigkeit im Steuerrecht, Tz. 4.1.5.1.3, S. 501.

7 Vgl. Buchna/Leichinger/Seeger/Brox, Gemeinnützigkeit im Steuerrecht, Tz. 4.1.5.1.3, S. 502.

8 BFH, Urteil v. 21.7.1999 - I R 55/98 NWB WAAAA-63042.

9 BFH, Urteil v. 15.1.2015 - I R 48/13, BStBl 2015 II S. 713 NWB UAAAE-88376.

10 AEAO zu § 64 Abs. 1, Nr. 6.

anstaltungen durchgeführt werden, sollen diese keine Betriebsausgaben des im wirtschaftlichen Geschäftsbetriebs darstellen.[1] Im Übrigen soll aber ein anteiliger Betriebsausgabenabzug im wirtschaftlichen Geschäftsbetrieb möglich sein.[2]

Eine gemeinnützige Körperschaft kann aus ihrem steuerpflichtigen wirtschaft- 1106/1
lichen Geschäftsbetrieb eine (begrenzt) abziehbare Spende i. S. von § 9 Abs. 1 Nr. 2 KStG an ihre ebenfalls gemeinnützige Tochtergesellschaft leisten. Ob es sich bei einer Zuwendung an die Tochtergesellschaft um eine verdeckte Einlage oder um eine Spende handelt, ist anhand einer Veranlassungsprüfung in Form eines Fremdvergleichs festzustellen, der im gerichtlichen Verfahren vom Finanzgericht anhand aller Umstände des konkreten Einzelfalls vorzunehmen ist.[3]

Dient eine **Veranstaltung** einer steuerbegünstigten Stiftung sowohl dem ideel- 1107
len Bereich wie dem Bereich eines wirtschaftlichen Geschäftsbetriebs, ist eine Zuordnung der Ausgaben entsprechend der Veranlassung vorzunehmen.[4] Der Verkauf von Speisen und Getränken und die Werbung bei kulturellen Veranstaltungen gehören nicht zu dem Zweckbetrieb. Diese Tätigkeiten sind gesonderte wirtschaftliche Geschäftsbetriebe. Wird für den Besuch einer kulturellen Veranstaltung mit Bewirtung ein einheitliches Entgelt entrichtet, so ist dieses – ggf. im Wege der Schätzung – in einen Entgeltsanteil für den Besuch der Veranstaltung (Zweckbetrieb) und für die Bewirtungsleistungen (wirtschaftlicher Geschäftsbetrieb) aufzuteilen.[5]

Zu einem steuerlichen Risiko kann es bei der Zusammenarbeit von gemeinnüt- 1107/1
zigen Stiftungen/Körperschaften kommen, wenn sich diese **unabsichtlich** als **GbR** darstellt. Denn eine GbR kann nicht gemeinnützig sein, so dass steuerliche Vorteile für die Beteiligten entfallen.[6]

Die **Finanzverwaltung** hat die BFH-Auffassung zur Zuordnung **gemischter Auf-** 1108
wendungen übernommen.[7] Zum Verlust führende **Abschreibungen** eines (steuerpflichtigen) wirtschaftlichen Geschäftsbetriebes sind danach dann

1 AEAO zu § 64 Abs. 1, Nr. 5 Satz 2.

2 Fritz, S&S 3/2015 S. 36.

3 BFH, Urteil v. 13.7.2022 - I R 52/20, DStR 2022 S. 2612.

4 AEAO zu § 64 Abs. 1, Nr. 6; FG Nürnberg, Urteil v. 31.5.2001 - I 61/2000, I 61/00 NWB BAAAD-26629 = DStRE 2001 S. 1299.

5 AEAO zu § 68 Nr. 7, Nr. 15; siehe auch BMF, Schreiben v. 15.5.2000 - S 0170, BStBl 2000 I S. 814 NWB GAAAA-76830.

6 Schotenroehr/Bergdieck, S&S 3/2014 S. 28.

7 AEAO zu § 55 Abs. 1 Nr. 1, Nr. 5.

nicht gemeinnützigkeitsschädlich, wenn dem ideellen Bereich dienende Wirtschaftsgüter zur besseren Kapazitätsauslastung und zur zusätzlichen Mittelbeschaffung für den ideellen Bereich teil- oder zeitweise wirtschaftlichen Geschäftsbetrieb genutzt werden, aber nur, wenn

- die Nutzungsentgelte marktüblich sind,
- kein größeres Wirtschaftsgut angeschafft oder hergestellt wurde als es für die steuerbegünstigte Tätigkeit notwendig ist,
- der wirtschaftliche Geschäftsbetrieb keinen eigenständigen Sektor eines Gebäudes bildet.

1109 Diese Grundsätze sollen für **alle gemischten Aufwendungen** (d. h. auch für die Personalgestellung) gelten.[1] Sie widersprechen damit dem Grundsatz der kausalen Zurechnung nach objektiven Maßstäben und betriebswirtschaftlichen Kostenrechnungsgrundsätzen.

Die Forderungen der Finanzverwaltung nach nachweisbaren objektiven Maßstäben für die Aufteilung sogenannter gemischter Aufwendungen begründet besondere Rechnungslegungs- und Dokumentationspflichten.[2]

1110 Betreibt eine Körperschaft ausschließlich einen wirtschaftlichen Geschäftsbetrieb, der nicht Zweckbetrieb ist, so ist sie voll steuerpflichtig, ohne dass es darauf ankäme, ob die formellen und materiellen Voraussetzungen für die Gemeinnützigkeit im Übrigen erfüllt sind.[3]

1111 Wegen der partiellen Steuerpflicht sind gem. § 13 Abs. 5 KStG auch § 13 Abs. 1–4 KStG für den Beginn und Wegfall der partiellen Steuerpflicht[4] für Wirtschaftsgüter anwendbar, die beim Wegfall der partiellen Steuerpflicht – z. B. durch Betriebsaufgabeerklärung gem. § 16 Abs. 3 EStG – der Förderung steuerbegünstigter Zwecke i. S. von § 9 Abs. 1 Nr. 2 KStG dienen und in dem steuerbefreiten Teil der Stiftung verbleiben. Hier wird die Buchwertfortsetzung nach § 13 Abs. 4 KStG wirksam.[5]

1112 Wenn die wirtschaftliche Entwicklung des Bereichs Wirtschaftlicher Geschäftsbetrieb so „erfolgreich" ist, dass er zum **Hauptzweck der Stiftung** zu werden

1 AEAO zu § 55 Abs. 1 Nr. 1, Nr. 5 a. E.

2 Siehe → Rz. 1230; FinMin Baden-Württemberg, Erlass v. 8.12.1998 - S 2729-17, DStR 1999 S. 159.

3 Vgl. BFH, Urteil v. 27.10.1993 - I R 60/91, BStBl 1994 II S. 573 NWB MAAAA-94917 = DB 1994 S. 1503.

4 Siehe auch R 13.2 Abs. 3 KStR 2015.

5 Vgl. Buchna/Leichinger/Seeger/Brox, Gemeinnützigkeit im Steuerrecht, Tz. 4.1.6, S. 522.

droht,[1] hilft nur dessen Ausgliederung in eine Kapitalgesellschaft, um der totalen Steuerpflicht der Stiftung mit steuerbegünstigten Zwecken zu entgehen. Gemäß § 161 UmwG dürfen Stiftungen des bürgerlichen Rechts die von ihnen betriebenen Unternehmen oder Teile derselben zur Aufnahme dieses Unternehmens oder von Teilen desselben durch Personenhandelsgesellschaften oder Kapitalgesellschaften oder zur Neugründung von Kapitalgesellschaften nach §§ 152 ff. UmwG **ausgliedern.** Die Ausgliederung auf eine mitunternehmerische Personenhandelsgesellschaft wäre sinnlos, weil die Beteiligung an der mitunternehmerischen Personenhandelsgesellschaft ihrerseits dem wirtschaftlichen Geschäftsbetrieb zuzurechnen wäre. Auf die Ausgründung wird unter → Rz. 1273 ff. noch einzugehen sein.

Die **Besteuerungsgrenze** von 45.000 € gem. § 64 AO Abs. 3 AO, ab der ein wirt- 1112/1
schaftlicher Geschäftsbetrieb steuerpflichtig wird, ist erstmals für den Veranlagungszeitraum 2020 anwendbar und wurde unter → Rz. 949 bereits behandelt.

3.5 Zweckbetrieb

Betrachtet man die verschiedenen Tätigkeitsfelder einer steuerbegünstigten 1113
Stiftung, so findet sich neben dem ideellen Bereich und der Vermögensverwaltung als Unterfall des wirtschaftlichen Geschäftsbetriebs der vierte Vermögens-/Tätigkeitsbereich, der **steuerfreie** Zweckbetrieb.

§ 64 Abs. 1 ordnet an, dass der Verlust der Steuerbegünstigung nicht eintritt, 1114
soweit sich der wirtschaftliche Geschäftsbetrieb als Zweckbetrieb im Sinne von §§ 65–68 AO erweist. Ein Zweckbetrieb ist zwar definitorisch auch ein wirtschaftlicher Geschäftsbetrieb, er dient aber der gemeinnützigen Zweckverwirklichung, so dass die Steuerbegünstigung nicht verloren geht. „Zweckbetriebe" sind beispielhaft in §§ 66–68 AO aufgeführt (**Katalogzweckbetriebe**).[2] Die Tätigkeit der gemeinnützigen Körperschaft hat dazu die jeweils dort individuell genannten Voraussetzungen zu erfüllen.

Daneben kommen die sogenannten **originären Zweckbetriebe** nach § 65 AO in 1114/1
Betracht. Danach ist ein Zweckbetrieb gegeben, wenn (kumulativ)

1 Siehe → Rz. 1081, → Rz. 1095 ff.

2 Vgl. auch zum Folgenden mit umfangreichen Nachweisen Tipke/Kruse, AO/FGO, § 64 Rz. 6; Buchna/Leichinger/Seeger/Brox, Gemeinnützigkeit im Steuerrecht, Tz. 2.17.1, S. 331 ff.; Hüttemann, Gemeinnützigkeits- und Spendenrecht, § 6 Rz. 165 ff.; Schauhoff, Handbuch der Gemeinnützigkeit, § 7 Rz. 164 ff.

1. der wirtschaftliche Geschäftsbetrieb in seiner Gesamtrichtung dazu dient, die **steuerbegünstigten satzungsmäßigen Zwecke zu verwirklichen,**

2. die **Zwecke nur durch einen solchen Geschäftsbetrieb erreicht werden können** und

3. der wirtschaftliche Geschäftsbetrieb zu nicht begünstigten Betrieben derselben oder ähnlicher Art **nicht in größerem Umfang in Wettbewerb** tritt, als es bei Erfüllung der steuerbegünstigten Zwecke unvermeidbar ist.

1115 Die Voraussetzungen nach Ziffer 2 ist z. B. nicht erfüllt beim Betrieb einer Beschaffungsstelle (zentraler Ein- und Verkauf von Ausrüstungsgegenständen, Auftragsbeschaffung etc.), da dieser weder unentbehrlich noch das einzige Mittel zur Erreichung des steuerbegünstigten Zwecks ist.[1]

Rechtsprechung, Schrifttum und auch Verwaltungsverfügungen[2] lassen eine einheitliche Auslegung dieser Bestimmungen nicht erkennen. Die steuerliche Behandlung erscheint **kasuistisch**. Rechtssicherheit ist auf diesem Gebiet nicht gegeben.

1116 Die steuerliche Einordnung des Zweckbetriebs als Sonderfall des wirtschaftlichen Geschäftsbetriebes erscheint unglücklich und verwirrend. Nach dem Einführungserlass zur AO[3] muss der Zweckbetrieb tatsächlich und **unmittelbar** die satzungsgemäßen Zwecke der Stiftung verwirklichen; ein mittelbares Dienen (z. B. durch Beschaffung von Finanzmitteln) ist schädlich.[4] Er darf gem. § 65 Abs. 3 AO auch nicht in zwar nicht konkret vorhandenen, aber möglichen Wettbewerb zu nicht begünstigten Betrieben derselben oder ähnlichen Art im größeren Umfang treten.[5] Zudem genügt die Mittelbeschaffung für den ideellen Bereich nicht als Zweck, sondern der Zweckbetrieb muss für die Zweckverwirklichung der Stiftung unentbehrlich sein.[6] „Mittelbeschaffungsbetriebe" (z. B. Verkaufsstände, Hausdruckereien, Basare, Gaststätten u. Ä.) sind daher keine Zweckbetriebe, sondern steuerpflichtige wirtschaftliche Geschäftsbetriebe.

1 AEAO zu § 65, Nr. 3 Satz 3.

2 Siehe etwa BMF, Schreiben v. 27.11.2000 - IV C 6 - S 0183 - 22/00 NWB TAAAA-77893; OFD Hannover v. 11.8.2006 - S 1087 - 15 - StO 251 NWB QAAAB-92973; OFD Düsseldorf, Vfg. v. 14.6.2004 - S 0187 - 20 - St 133 - K/S 2927 A - St 13 NWB YAAAB-23869.

3 AEAO zu § 65, Nr. 2.

4 Siehe Buchna/Leichinger/Seeger/Brox, Gemeinnützigkeit im Steuerrecht, Tz. 2.16.1, S. 321.

5 Siehe AEAO zu § 65, Nr. 4.

6 Hüttemann, Gemeinnützigkeits- und Spendenrecht, § 6 Rz. 184.

Während im einheitlichen und gesonderten Feststellungsbescheid für eine Personengesellschaft oder Gemeinschaft die Qualifikation der Einkünfte bindend festgestellt wird,[1] wird dagegen bei der **Körperschaftsteuerveranlagung der Stiftung** bei der **Qualifikation** als gewerbliche Einkünfte entschieden, ob es sich um einen (steuerpflichtigen) wirtschaftlichen Geschäftsbetrieb oder um einen Zweckbetrieb handelt.[2] Die Grundsätze der **Betriebsaufspaltung** sind nicht im Verhältnis zum Zweckbetrieb anzuwenden, wenn die tragende Stiftung selbst gemeinnützig ist.[3] 1117

Beispiele für Zweckbetriebe als eng zu ziehende Ausnahmeregelungen sind in §§ 66–68 AO aufgeführt.[4] Dazu rechnen insbesondere Einrichtungen der Wohlfahrtspflege, z. B. auch Krankenhäuser, für die die Sonderregelung des § 67 AO zum Zuge kommt, Siechenheime, Anstalten für Geisteskranke, Waisenhäuser, Erziehungsanstalten und Beratungsdienste für soziale Angelegenheiten, ferner Kindergärten, Kinder-, Jugend-, Studenten-, Schullandheime, Jugendherbergen, Werkstätten für behinderte Menschen,[5] Einrichtungen zur Blindenfürsorge, der Fürsorge für Körperbehinderte, aber auch kulturelle Einrichtungen wie Theater, Museen, Konzertveranstaltungen, Kunstausstellungen und kulturelle Veranstaltungen, bestimmte Wissenschafts- und Forschungseinrichtungen[6] sowie von den zuständigen Behörden genehmigte Lotterien und Ausspielungen, die eine steuerbegünstigte Stiftung höchstens zweimal im Jahr zu ausschließlich gemeinnützigen, mildtätigen und kirchlichen Zwecken veranstaltet.[7] **Gesellige Veranstaltungen** sind **nicht** mehr Zweckbetrieb.[8] 1118

Zentrale Beschaffungsstellen mehrerer steuerbegünstigter Körperschaften sind nicht Zweckbetrieb, sondern wirtschaftlicher Geschäftsbetrieb.[9] Gleiches 1119

1 BFH, Urteil v. 27.7.1989 - I R 113/84, BStBl 1989 II S. 134 NWB QAAAA-92736; AEAO zu § 64 Abs. 1, Nr. 3; Buchna/Leichinger/Seeger/Brox, Gemeinnützigkeit im Steuerrecht, Tz. 2.15.3.3, S. 291.

2 AEAO zu § 64 Abs. 1, Nr. 3.

3 AEAO zu § 64 Abs. 1, Nr. 3 Satz 8.

4 Vgl. Hüttemann, Gemeinnützigkeits- und Spendenrecht, § 6 Rz. 216 ff.

5 OFD Koblenz, Vfg. v. 5.7.2006 - S 0187 A - St 33 1 NWB CAAAC-19508 = DB 2006 S. 2478.

6 FinMin Bayern, Erlass v. 13.4.2000 - 33 - S-0171 - 81/33 - 17787, DB 2000 S. 954.

7 OFD Rostock, Vfg. v. 22.1.2001 - S 0184 - 0/99 - St 241 NWB SAAAA-82794.

8 Buchna/Leichinger/Seeger/Brox, Gemeinnützigkeit im Steuerrecht, Tz. 2.15.4.5, S. 306; AEAO zu § 66, Nr. 8.

9 FinMin Thüringen, Erlass v. 21.7.1994 - S 0184 A-02-206.2, DB 1994 S. 1700; BFH, Urteil v. 15.10.1997 - II R 94/94 NWB WAAAB-38934 = DStRE 1997 S. 1014.

gilt für die **entgeltliche Übernahme von Arbeiten** für eine andere Körperschaft, auch wenn diese steuerbefreit ist.[1]

1120 Die Aufzählung einzelner Zweckbetriebe in § 68 AO ist nicht erschöpfend. Die beispielhafte Aufzählung von Betrieben, die ihrer Art nach Zweckbetriebe sein können, gibt aber wichtige Anhaltspunkte für die Auslegung der Begriffe Zweckbetrieb (§ 65 AO) im Allgemeinen und Einrichtungen der Wohlfahrtspflege (§ 66 AO) im Besonderen.[2]

1121 Bei **kulturellen Veranstaltungen** i. S. von § 68 Nr. 7 AO muss die Förderung der Kultur Satzungszweck sein,[3] um als Zweckbetrieb anerkannt zu werden. Der Verkauf von Speisen und Getränken sowie die Werbung bei kulturellen Veranstaltungen (ausgenommen Sponsoring) bilden wirtschaftliche Geschäftsbetriebe.[4] Die kulturelle Darbietung darf als Zweckverwirklichung auch im Rahmen einer anderen, nicht selbst steuerbegünstigten Veranstaltung erbracht werden.[5]

1122 Der in § 68 Nr. 3 AO enthaltene Begriff „Werkstatt für behinderte Menschen" bestimmt sich nach § 219 SGB IX. Werkstätten für behinderte Menschen bedürfen der förmlichen Anerkennung. Anerkennungsbehörde ist die Bundesagentur für Arbeit, die im Einvernehmen mit dem überörtlichen Träger der Sozialhilfe über die Anerkennung einer Einrichtung als Werkstatt für behinderte Menschen durch Anerkennungsbescheid entscheidet (§ 225 SGB IX).[6]

1123 Die in § 68 Nr. 6 AO als Zweckbetriebe zugelassenen **Tombolas, Lotterien und Ausspielungen** müssen öffentlich-rechtlich zugelassen sein. Die sachlichen Voraussetzungen und die Zuständigkeit für die Genehmigung bestimmen sich nach den lotterierechtlichen Verordnungen der Länder. Der Gesetzeswortlaut lässt es offen, in welchem Umfang solche Lotterien veranstaltet werden dürfen.[7]

1124 **Altmaterialsammlungen** (Sammlung und Verwertung von Lumpen, gesammelten Kleidungsstücken, Altpapier, Schrott) mit dem Ziel der Veräußerung zur Mittelbeschaffung für steuerbegünstigte Zwecke sind steuerpflichtiger

1 BFH, Urteil v. 13.8.1997 - I R 85/96, BStBl 1998 II S. 161 NWB HAAAA-96102; FG Schleswig-Holstein, Urteil v. 5.12.2000 - IV 224/99, rkr. NWB UAAAB-12999 = EFG 2001 S. 410.

2 AEAO zu § 68, Nr. 1.

3 AEAO zu § 68 Nr. 7, Nr. 14.

4 AEAO zu § 68 Nr. 7, Nr. 15; siehe auch Buchna/Leichinger/Seeger/Brox, Gemeinnützigkeit im Steuerrecht, Tz. 2.20.8, S. 400.

5 AEAO zu § 68 Nr. 7, Nr. 14 Satz 4.

6 AEAO zu § 68 Nr. 3, Nr. 6.

7 AEAO zu § 68 Nr. 6, Nr. 11; Klein, AO, § 68 Rz. 9; Menges, S&S 1/2001 S. 18.

wirtschaftlicher Geschäftsbetrieb.[1] § 64 Abs. 5 AO eröffnet ein Wahlrecht für die Gewinnermittlung.[2]

Tierparks und **zoologische Gärten** können als Zweckbetrieb anerkannt werden. Werden dort Ansichtskarten, Tierbücher, Dias, Kalender, Stofftiere und dergleichen verkauft, liegt ein steuerpflichtiger wirtschaftlicher Geschäftsbetrieb vor.[3] 1125

Abfallbeseitigung und **Abfallverwertung** einer „im Dienst des öffentlichen Gesundheitswesens und der Förderung des Umweltschutzes" stehenden Körperschaft begründet keinen Zweckbetrieb, sondern einen steuerpflichtigen Geschäftsbetrieb.[4] 1126

Gastronomische Einrichtungen, die von gemeinnützigen Stiftungen selbst betrieben werden, sind wirtschaftlicher Geschäftsbetrieb.[5] Dies gilt auch bei Theatern, wenn das Anbieten von Speisen und Getränken ausschließlich an Theaterbesucher zum Verzehr an Ort und Stelle als Nebenleistung zum Theaterbesuch vor der Vorstellung oder in Pausen erfolgt.[6] Gleiches gilt für Werbung bei kulturellen Veranstaltungen.[7] 1127

Die Herausgabe von **Druckschriften**, die für einen breiten Interessenkreis bestimmt sind, können dagegen Zweckbetriebe sein.[8] Selbstbewirtschaftete Forstbetriebe unterliegen nach § 5 Abs. 1 Nr. 9 Satz 3 KStG als wirtschaftliche Geschäftsbetriebe nicht der Körperschaftsteuer.[9] 1128

Der Betrieb einer **Kunsteisbahn** kann eine sportliche Veranstaltung (§ 67a AO) und ein Zweckbetrieb einer entsprechenden gemeinnützigen Körperschaft sein.[10] 1128/1

1 AEAO zu § 64 Abs. 5, Nr. 29; Buchna/Leichinger/Seeger/Brox, Gemeinnützigkeit im Steuerrecht, Tz. 2.15.9, S. 316.
2 AEAO zu § 64 Abs. 5, Nr. 30.
3 Gleich lautend FinMin Brandenburg, Erlass v. 17.8.1994 - 35 - S 2729 - 28/94, DB 1994 S. 1902; FinMin Thüringen, Erlass v. 30.8.1994 - S 2729 A-07-206.2, DStR 1994 S. 1691.
4 BFH, Urteil v. 15.2.1993 - X R 115/91, BStBl 1994 II S. 314.
5 FinMin Brandenburg, Erlass v. 22.7.1993 - III/5 - S 0185 - 1/93, DB 1993 S. 1648.
6 AEAO zu § 68 Nr. 7, Nr. 15; Klein, AO, § 68 Rz. 10.
7 AEAO zu § 68 Nr. 7, Nr. 15.
8 Siehe BFH, Urteil v. 18.12.2002 - I R 60/01 NWB AAAAA-88052.
9 Siehe Bott in Schauhoff, Handbuch der Gemeinnützigkeit, § 8 Rz. 55; Buchna/Leichinger/Seeger/Brox, Gemeinnützigkeit im Steuerrecht, Tz. 2.15.4.5, S. 306.
10 BFH, Urteil v. 30.3.2000 - V R 30/99, BStBl 2000 II S. 705 NWB NAAAA-96982; Buchna/Leichinger/Seeger/Brox, Gemeinnützigkeit im Steuerrecht, Tz. 2.2.8, S. 98.

1128/2 Im Wettbewerb stehende Dienstleistungen für öffentliche Auftraggeber bilden einen wirtschaftlichen Geschäftsbetrieb, keinen Zweckbetrieb.[1]

1129 Die entgeltliche Durchführung von **Flugtagen**[2] und Benutzung von **Freiluftballonen** mit Werbeaufschrift[3] sind keine Zweckbetriebe. Die Einnahmen hieraus werden im Rahmen eines wirtschaftlichen Geschäftsbetriebs erzielt.

1130 **Auftragsforschung und Projektträgerschaften** von als gemeinnützig anerkannten Einrichtungen wurden früher von der Rechtsprechung nicht als Zweckbetrieb,[4] sondern als wirtschaftlicher Geschäftsbetrieb angesehen. Der Gesetzgeber hat durch das Jahressteuergesetz 1997[5] mit § 68 Nr. 9 AO Wissenschafts- und Forschungseinrichtungen, deren Träger sich überwiegend aus Zuwendungen der öffentlichen Hand oder Dritter oder aus der Vermögensverwaltung finanziert (**Auftragsforschung**), in den gesetzlichen Katalog der Zweckbetriebe aufgenommen.[6] Bei der Anwendung des § 68 Nr. 9 AO bestehen keine Unterschiede zwischen Wissenschaftseinrichtungen und Forschungseinrichtungen. Tätigkeiten, die sich auf die Anwendung gesicherter wissenschaftlicher Erkenntnisse beschränken, die Übernahme von Projektträgerschaften sowie wirtschaftliche Tätigkeiten ohne Forschungsbezug fallen jedoch nicht darunter. Die Anwendungsvorschriften der Verwaltung sind einengend.[7] Die Ausgliederung steuerpflichtiger Auftragsforschung in eine Tochter-Kapitalgesellschaft wird zugelassen.[8] Zur Umsatzsteuer siehe → Rz. 1185 ff. und → Rz. 1291 ff.

1131 Privatrechtlich organisierte **Einrichtungen** (Institute u. Ä.) **an einer Hochschule** gehören nicht zum hoheitlichen Bereich und sind daher nach den AO-Vorschriften steuerrechtlich zu qualifizieren.[9]

1132 Einrichtungen der **Wohlfahrtspflege, Alten-, Altenwohn- und Pflegeheime, Erholungsheime und Mahlzeitendienste** müssen im besonderen Maße den in § 53 AO genannten Personen dienen. Weitere Voraussetzung, um einen Zweck-

1 FG Berlin, Urteil v. 15.1.2002 - 7 K 8618/99 NWB JAAAB-14147 = EFG 2002 S. 518 f.

2 FG Brandenburg, Urteil v. 17.1.2001 - 2 K 1742/98 K, G NWB AAAAB-06935 = EFG 2001 S. 398 f.

3 BFH, Urteil v. 1.8.2002 - V R 21/01, BStBl 2003 II S. 438 NWB UAAAA-89522.

4 BFH, Urteil v. 13.12.1995 - XI R 43-45/89, XI R 43/89, XI R 44/89, XI R 45/89 NWB PAAAA-95512 = DB 1996 S. 967.

5 Jahressteuergesetz 1997 v. 20.12.1996, BGBl 1996 I S. 2049.

6 Plantiko, ZStV 2018 S. 1; siehe auch OFD Frankfurt, Vfg. v. 16.6.2005 - S 0187 A - 12 - St II 1.03, DB 2005 S. 1659; Strahl, DStR 2000 S. 2163; Strahl, FR 2006 S. 1012; Buchna/Leichinger/Seeger/Brox, Gemeinnützigkeit im Steuerrecht, Tz. 2.20.10, S. 401 f.

7 AEAO zu § 68 Nr. 9, Nr. 16–20.

8 FinMin Bayern, Erlass v. 13.4.2000 - 33 - S-0171 - 81/33 - 17787, DB 2000 S. 954.

9 BMF, Schreiben v. 17.4.1997 - IV C 4 - S 7130 - 15/97, DB 1997 S. 909.

betrieb bejahen zu können ist, dass die Wohlfahrtspflege nicht des Erwerbs wegen ausgeübt wird. Eine Einrichtung wird dann „des Erwerbs wegen“ betrieben, wenn damit Gewinne angestrebt werden, die den konkreten Finanzierungsbedarf des jeweiligen wirtschaftlichen Geschäftsbetriebs übersteigen, die Wohlfahrtspflege mithin in erster Linie auf Mehrung des eigenen Vermögens gerichtet ist. Dabei kann die Erzielung von Gewinnen in gewissem Umfang – z. B. zum Inflationsausgleich oder zur Finanzierung von betrieblichen Erhaltungs- und Modernisierungsmaßnahmen – geboten sein, ohne in Konflikt mit dem Zweck der steuerlichen Begünstigung zu stehen. Werden in drei aufeinanderfolgenden Veranlagungszeiträumen jeweils Gewinne erwirtschaftet, die den konkreten Finanzierungsbedarf der wohlfahrtspflegerischen Gesamtsphäre der Körperschaft übersteigen, ist widerlegbar (z. B. unbeabsichtigte Gewinne aufgrund von Marktschwankungen) von einer **zweckbetriebsschädlichen** Absicht der Körperschaft auszugehen, den Zweckbetrieb des Erwerbs wegen auszuüben.[1]

Soweit eine steuerbegünstigte Stiftung Leistungen im Rahmen der **häuslichen Pflege** erbringt, ist i. d. R. ein Zweckbetrieb gegeben.[2] 1132/1

Krankenhäuser sind nach § 2 Nr. 1 KHG Einrichtungen, in denen durch ärztliche und pflegerische Hilfeleistung Krankheiten, Leiden oder Körperschäden festgestellt, geheilt oder gelindert werden sollen oder Geburtshilfe geleistet wird und in denen die zu versorgenden Personen untergebracht und verpflegt werden können. Krankenhausleistungen sind Leistungen, die unter Berücksichtigung der Leistungsfähigkeit des Krankenhauses im Einzelfall nach Art und Schwere der Krankheit für die medizinisch zweckmäßige und ausreichende Versorgung der Patienten notwendig sind.[3] Der Versorgungsauftrag eines Krankenhauses (§ 8 Abs. 1 Satz 4 Krankenhausentgeltgesetz) regelt, welche Leistungen ein Krankenhaus, unabhängig von der Art der Krankenversicherungsträger, erbringen darf. Für die gemeinnützigkeitsrechtliche Beurteilung folgt daraus, dass für Leistungen, die **außerhalb** des Versorgungsauftrags erbracht werden, eine **Zuordnung zum Zweckbetrieb** Krankenhaus **ausscheidet**.[4] Krankenhäuser sind nur Zweckbetriebe gem. § 67 Abs. 1 und 2 AO, wenn mindestens 40 % der jährlichen Belegungstage auf Patienten entfallen, bei denen 1132/2

1 AEAO zu § 66, Nr. 2.

2 AEAO zu § 66, Nr. 4; Buchna/Leichinger/Seeger/Brox, Gemeinnützigkeit im Steuerrecht, Tz. 2.17.2, S. 337; FinMin Sachsen-Anhalt, Erlass v. 11.4.1996 - 43 - S 0185 - 1, DB 1996 S. 1703.

3 AEAO zu § 67, Nr. 1 Satz 1.

4 AEAO zu § 67.

nur Entgelte für allgemeine Krankenhausleistungen berechnet werden.[1] Für die Beurteilung eines Krankenhauses als Zweckbetrieb ist allein § 67 AO maßgebend. Es müssen nicht zusätzlich die Voraussetzungen des § 66 AO erfüllt sein.[2]

1133 Die „Grundversorgung“ durch Abgabe von Speisen und Getränken an Schulen wird als Zweckbetrieb nach § 65 oder § 66 AO anerkannt.[3] Wenn dagegen Abgaben im lokalen Wettbewerb mit steuerpflichtigen Unternehmen erfolgen, wird ein wirtschaftlicher Geschäftsbetrieb angenommen.[4]

1134 Einrichtungen, die der **Selbstversorgung** von Körperschaften dienen sind nach § 68 Nr. 2 AO ebenfalls als Zweckbetriebe anzusehen. Dazu rechnen z. B. landwirtschaftliche Betriebe und Gärtnereien, die der Ernährung von Angehörigen einer steuerfreien Anstalt dienen, die Werkstätte eines Theaters, ein handwerklicher Betrieb eines Jugenderziehungsheimes, die Wäscherei eines Krankenhauses, die Reparaturwerkstatt eines Sportvereins. Die Selbstversorgungseinrichtung wird zum steuerpflichtigen wirtschaftlichen Geschäftsbetrieb, wenn mehr als 20 % der gesamten Lieferungen und Leistungen an Außenstehende (z. B. an Angestellte) gehen.[5] Daher ist eine Wäscherei, die mehreren Krankenhäusern dient, ein wirtschaftlicher Geschäftsbetrieb, da er nicht das Gebot der Selbstlosigkeit erfüllt.

1135 Nach § 64 Abs. 6 Nr. 1 AO kann der Gewinn aus **Werbemaßnahmen** pauschal ermittelt werden, wenn diese im Zusammenhang mit der steuerbegünstigten Tätigkeit einschließlich der Zweckbetriebe stattfinden. Beispiele für derartige Werbemaßnahmen sind die Trikot- oder Bandenwerbung bei Sportveranstaltungen, die ein Zweckbetrieb sind, oder die aktive Werbung in Programmheften oder auf Plakaten bei kulturellen Veranstaltungen. Entsprechend begünstigte Werbemaßnahmen können aber auch passive Duldungsleistungen sein, indem bspw. eine steuerbegünstigte Körperschaft Standflächen an Unternehmen für deren eigene Werbezwecke vermietet.[6] Bei den vorgenannten steuerpflichtigen wirtschaftlichen Geschäftsbetrieben ist der Besteuerung auf Antrag der Körperschaft ein Gewinn von 15 % der Einnahmen zugrunde zu legen.

1 Ausführlich hierzu Buchna/Leichinger/Seeger/Brox, Gemeinnützigkeit im Steuerrecht, Tz. 2.18.2, S. 341 ff.; OFD Frankfurt/M. v. 18.10.2004 - S 0186 A - 6 - St II 1.03 NWB OAAAB-36530.

2 AEAO zu § 67.

3 OFD Frankfurt/M., Vfg. v. 18.6.2001 - S 0184 A - 14 - St I 12, DB 2001 S. 1535; AEAO zu § 66, Nr. 5.

4 OFD Frankfurt/M., Vfg. v. 13.10.1998 - S-0183 A - 18 - St II 12, DB 1998 S. 2300.

5 AEAO zu § 68 Nr. 2, Nr. 5; Buchna/Leichinger/Seeger/Brox, Gemeinnützigkeit im Steuerrecht, Tz. 2.20.3, S. 386.

6 AEAO zu § 64 Abs. 6, Nr. 33.

Der Antrag gilt jeweils für alle gleichartigen Tätigkeiten in dem betreffenden Veranlagungszeitraum. Er entfaltet keine Bindungswirkung für folgende Veranlagungszeiträume.[1]

Kommerzielle Werbung ist nicht Zweckbetrieb, sondern stets steuerpflichtiger wirtschaftlicher Geschäftsbetrieb. Auch der Betrieb eines **Clubheimes**, einer Gaststätte, das Anzeigengeschäft einer **Vereinszeitung**,[2] der Handel mit Sportartikeln, die **Vermietung** von Sportartikeln, Tennisplätzen u. Ä, der Unterhalt einer Pferdepension sind steuerpflichtige wirtschaftliche Geschäftsbetriebe, da sie damit mit anderen Unternehmen in Wettbewerb stehen.[3] Sponsorenleistungen sind beim Zweckbetrieb unschädlich.[4] 1135/1

Das dritte Abgrenzungskriterium in § 65 Nr. 3 AO **„Wettbewerbsneutralität"** ist regelmäßig der kritische und entscheidende Punkt, an dem sich nicht selten die Auffassungen von Steuerpflichtigem und Finanzverwaltung unterscheiden. Denn im Unterschied zu den Katalogzweckbetrieben, bei denen die Voraussetzungen i. d. R. klar abgrenzbar geregelt sind, besteht insbesondere beim Wettbewerbskriterium des originären Zweckbetriebs ein gewisser Auslegungs- und Ermessensspielraum. Es handelt sich hierbei um eine eng auszulegende Ausnahmevorschrift.[5] Bereits ein potenzieller Wettbewerb im Einzugsbereich der Körperschaft reicht für einen Verstoß gegen das Wettbewerbsverbot aus; es ist nicht erforderlich, dass ein tatsächlicher Wettbewerb stattfindet. 1136

Das **Wettbewerbskriterium** ist auch dann ausschlaggebend, wenn eine im Wettbewerb stehende Aktivität einer sonst alle Anforderungen an die Steuerbefreiung erfüllenden Stiftung bei dieser nur Nebenzweck und Nebenbetätigung ist.[6] 1136/1

HINWEIS:

Keine Bedeutung hat hingegen der Wettbewerbsgesichtspunkt bei den in §§ 66–68 AO genannten Zweckbetrieben.

Ein Verstoß gegen das Wettbewerbsverbot gem. § 65 Nr. 3 AO wird nur für Zweckbetriebe verneint, die zu nicht steuerbegünstigten Betrieben derselben 1137

1 AEAO zu § 64 Abs. 6, Nr. 32 Satz 3.

2 BFH, Urteil v. 18.12.2002 - I R 60/01 NWB AAAAA-88052; Buchna/Leichinger/Seeger/Brox, Gemeinnützigkeit im Steuerrecht, Tz. 2.16.2, S. 331.

3 AEAO zu § 67a, Nr. 12; Buchna/Leichinger/Seeger/Brox, Gemeinnützigkeit im Steuerrecht, Tz. 2.19.3, S. 362 ff.

4 Schauhoff, Handbuch der Gemeinnützigkeit, § 7 Rz. 299.

5 Gersch in Klein, AO, § 65 Rz. 1.

6 Vgl. Klein, AO, § 65 Rz. 6 f.; Hüttemann, Gemeinnützigkeits- und Spendenrecht, § 6 Rz. 188 ff.; Buchna/Leichinger/Seeger/Brox, Gemeinnützigkeit im Steuerrecht, Tz. 2.16.1, S. 325 ff.

oder ähnlicher Art nicht „in größerem Umfang" in Wettbewerb treten, *„als es bei der Erfüllung der steuerbegünstigten Zwecke unvermeidbar ist"*.[1] Dies bedeutet, dass die wirtschaftliche Betätigung unentbehrlich und das einzige Mittel sein muss, um den steuerbegünstigten Zweck tatsächlich zu erfüllen.[2] Unschädlich ist der uneingeschränkte Wettbewerb zwischen Zweckbetrieben, die demselben steuerbegünstigten Zweck dienen und ihn in der gleichen oder ähnlichen Form verwirklichen.[3] Schwierig gestaltet sich insbesondere der Nachweis, dass ein unvermeidbarer potenzieller Wettbewerb im Einzugsbereich der Körperschaft vorliegt. Hierzu ist eine umfassende Beweisvorsorge notwendig, die sich mit der individuellen Tätigkeit der Körperschaft sowie der Wettbewerbssituation im Einzugsbereich detailliert und im Einzelfall auseinandersetzt. Aufgrund der oftmals speziellen Eigenart der Tätigkeit fällt der Nachweis mangels passender Vergleichsmöglichkeiten sehr schwer bzw. ist mit hohem Aufwand und Unsicherheit verbunden.[4]

1138 Eine **Konkurrentenklage** gegen die Steuerbegünstigung eines Zweckbetriebes ist zulässig; dazu reicht ein potenzieller Wettbewerb.[5] Das BFH-Urteil vom 30.3.2000,[6] in dem die Beurteilung von der konkreten Wettbewerbssituation vor Ort abhängig gemacht wurde, hat die Finanzverwaltung[7] insoweit als nicht anwendbar erklärt.

1138/1 Nach richtiger Ansicht ist bei der Anwendung der **Wettbewerbsklausel** des § 65 Nr. 3 AO stets prüfen, ob örtlich ein Wettbewerb bereits vorhanden oder möglich ist und ob der Wettbewerb bei Erfüllung der steuerbegünstigten Zwecke vermeidbar ist.[8]

1139 Die Gemeinnützigkeit und damit das Vorliegen eines Zweckbetriebs wird erst im Rahmen des **Veranlagungs- bzw. Freistellungsverfahrens** überprüft. Dem Prinzip der Abschnittsbesteuerung folgend, findet dies nach Abschluss des Besteuerungszeitraums, teilweise auch erst nach Abschluss von drei Besteuerungszeiträumen statt. Eine abweichende Zuordnung des Finanzamts zum wirtschaftlichen Geschäftsbetrieb führt zu wesentlichen Konsequenzen, die in

1 BFH, Beschluss v. 19.12.2007 - I R 15/07, BStBl 2009 II S. 262 NWB DAAAC-73416.

2 Gersch in Klein, AO, § 65 Rz. 7.

3 AEAO zu § 65, Nr. 4 Satz 5.

4 Engelsing/Adrian, NWB 33/2016 S. 2505 NWB CAAAF-79349.

5 BFH, Beschluss v. 18.9.2007 - I R 30/06, BStBl 2009 II S. 126 NWB XAAAC-70424.

6 BFH, Urteil v. 30.3.2000 - V R 30/99, BStBl 2000 II S. 705 NWB NAAAA-96982.

7 AEAO zu § 65, Nr. 4 Satz 4; BMF, Schreiben v. 27.11.2000 - IV C 6 - S 0183 - 22/00, BStBl 2000 I S. 1548 NWB TAAAA-77893.

8 Siehe Hüttemann, Gemeinnützigkeits- und Spendenrecht, § 6 Rz. 188 ff.; Schauhoff, Handbuch der Gemeinnützigkeit, § 7 Rz. 235 ff.

vielen Fällen existenzbedrohend sein können. Das Augenmerk wird dabei regelmäßig auf der Umsatzsteuer liegen, da eine Umqualifizierung vom ermäßigten zum Regelsteuersatz zu einer erheblichen Mehrsteuer führt. Gegebenenfalls ist die gemeinnützige Körperschaft in der Lage, den erhöhten Umsatzsteuersatz ihren Leistungsempfängern zusätzlich in Rechnung zu stellen. Zudem sind Körperschaft- und Gewerbesteuerlasten auf etwaige Gewinne zu beachten, auch wenn diesen in der Praxis keine vergleichbare Bedeutung wie der zusätzlichen Umsatzsteuer beizumessen ist. Handelte es sich bisher um einen dauerdefizitären Zweckbetrieb, kann eine Umqualifizierung in einen wirtschaftlichen Geschäftsbetrieb zu einer gemeinnützigkeitsrechtlichen Mittelfehlverwendung führen.

HINWEIS:[1]

Eine verbindliche Auskunft muss vor der Verwirklichung des Sachverhalts erteilt werden. Es ist also wichtig, bevor jegliche Tätigkeit im Rahmen eines (vermeintlichen) Zweckbetriebs aufgenommen wird, die Erteilung der verbindlichen Auskunft abzuwarten. Die Antragstellung inklusive aller notwendigen Recherchen, Dokumentationen etc. kann zeitaufwendig sein. Auch die anschließende Bearbeitung in der Finanzverwaltung nimmt, bedingt durch Rückfragen und Arbeitsbelastung, ebenfalls wieder Zeit in Anspruch. Es sollte ein Zeitfenster von mindestens drei bis vier Monaten einkalkuliert werden. Von kurzfristigen Schnellschüssen ist dringend abzuraten, um eine später erteilte Auskunft nicht unwirksam werden zu lassen.

Die Grenzen zwischen wirtschaftlichem Geschäftsbereich (§ 14 AO) und 1140
Zweckbetrieb (§ 65 AO) werden auch oft durch den Grundsatz der unmittelbaren Verwirklichung der steuerbegünstigten Zwecke gem. § 57 Abs. 1 AO erkennbar. So ist z. B. die Tätigkeit für die Mittelbeschaffung für steuerbegünstigte Zwecke durch **Sammeln und Verkauf von Altkleidern** ein wirtschaftlicher Geschäftsbetrieb, während das Sammeln von Altkleidern **für Bedürftige** einen **Zweckbetrieb** darstellt, auch wenn die unbrauchbaren Stücke verkauft werden.[2]

Auch die Überschüsse von Zweckbetrieben unterliegen dem Gebot der zeit- 1141
nahen Mittelverwendung des § 55 Abs. 1 Nr. 5 AO,[3] im Gegensatz zum wirtschaftlichen Geschäftsbetrieb mindern Verluste die zeitnah zu verwendenden Mittel.[4]

1 Siehe Engelsing/Adrian, NWB 33/2016 S. 2505, 2507 NWB CAAAF-79349.
2 AEAO zu § 66, Nr. 9; Bott in Schauhoff, Handbuch der Gemeinnützigkeit, § 8 Rz. 305.
3 Siehe → Rz. 991.
4 Siehe → Rz. 1007.

1142 **Kongress**- und **Tagungsveranstaltungen** sowie **Seminare** können einen steuerbefreiten Zweckbetrieb darstellen, wenn sie der Zweckverwirklichung dienen, § 52 Abs. 2 Nr. 7, § 68 Nr. 8 AO (**Bildungs-Zweckbetriebe**). Unsicherheit hatte eine Entscheidung des FG Köln[1] ausgelöst, weil das Finanzgericht einen Zweckbetrieb mit dem Argument verneinte, der Verein könne auch ohne die Veranstaltungen seinen Vereinszweck verwirklichen. Dem ist aber der BFH entgegengetreten und hat die Entscheidung aufgehoben und die Voraussetzungen des § 68 Nr. 8 AO bejaht.[2]

1143 Im BMF-Schreiben vom 26.1.2016[3] hat sich die Finanzverwaltung nicht nur mit der Rechtsprechung des BFH[4] befasst, sondern versucht, die bewusste und dauerhafte **Quersubventionierung** anderer mit der **Wohlfahrtspflege** (§ 66 Abs. 2 AO) völlig unverbundener Aktivitäten zu unterbinden.[5] Dies begegnet Bedenken, denn es erscheint willkürlich, wenn z. B. Gewinne aus dem Bereich des betreuten Wohnens (§ 66 AO) nicht dazu eingesetzt werden dürfen, um Verluste im stationären Bereich eines Altersheims (§ 68 Nr. 1 Buchst. a AO) auszugleichen.[6]

1144 **Sportliche Veranstaltungen** eines Sportvereins sind grds. ein Zweckbetrieb, wenn die Einnahmen einschließlich der Umsatzsteuer aus allen sportlichen Veranstaltungen des Vereins die Zweckbetriebsgrenze von 45.000 € im Jahr nicht übersteigen (§ 67a Abs. 1 Satz 1 AO). Übersteigen die Einnahmen die Zweckbetriebsgrenze von 45.000 €, liegt grds. ein steuerpflichtiger wirtschaftlicher Geschäftsbetrieb vor.[7]

1145 Die entgeltliche Tätigkeit einer gemeinnützigen Körperschaft ist von der Körperschaftsteuer (§ 5 Abs. 1 Nr. 9 Satz 1 des Körperschaftsteuergesetzes i. V. mit § 64 Abs. 1 AO) und der Gewerbesteuer (§ 3 Nr. 6 des Gewerbesteuergesetzes i. V. mit § 64 Abs. 1 AO) befreit, wenn der mit dieser selbständigen und nachhaltigen Tätigkeit begründete wirtschaftliche Geschäftsbetrieb (§ 14 AO) die **Voraussetzungen** eines allgemeinen **Zweckbetriebs** nach § 65 AO erfüllt.[8] Ein

1 FG Köln, Urteil v. 7.4.2016 - 10 K 2601/13 NWB RAAAF-78803 = EFG 2016 S. 1236 (aufgehoben durch BFH, Urteil v. 21.6.2017 - V R 34/16, BStBl 2018 II S. 55 NWB QAAAG-59320; Fritz, S&S 6/2016 S. 36 f.

2 BFH v. 21.6.2017 - V R 34/16, BStBl 2018 II S. 55.

3 BMF, Schreiben v. 26.1.2016 - IV A 3 - S 0062/15/10006, BStBl 2016 I S. 155 NWB MAAAF-49289.

4 BFH, Urteil v. 27.11.2013 - I R 17/12, BStBl 2016 II S. 68 NWB WAAAE-63500.

5 Hüttemann, DB 2016 S. 1338, 1341.

6 Hüttemann, DB 2016 S. 1338, 1342.

7 AEAO zu § 67a, Nr. 1 Satz 2.

8 BFH, Urteil v. 18.8.2022 - V R 49/19 NWB AAAAJ-32014 = NWB 7/2023 S. 472 Rz. 25 NWB DAAAJ-33358.

Zweckbetrieb setzt insbesondere voraus, dass der Betrieb in seiner Gesamtrichtung dazu **dient**, die steuerbegünstigten **satzungsmäßigen Zwecke der Körperschaft zu verwirklichen**. Nach ständiger Rechtsprechung verlangt dies, dass der wirtschaftliche Geschäftsbetrieb mit den ihn begründenden Tätigkeiten und nicht nur mit den durch ihn erzielten Einnahmen unmittelbar der Verwirklichung des steuerbegünstigten satzungsmäßigen Zwecks dient.[1] Die **Feststellung** dieser Voraussetzung bedarf einer **Gesamtwürdigung** anhand des objektiven Charakters der Betätigung.[2]

Zwar hat der BFH entschieden, dass eine Tätigkeit in ihrer Gesamtrichtung nur 1146
dann den steuerbegünstigten satzungsmäßigen Zwecken dient, wenn durch die Förderung der in der Satzung der Körperschaft dienenden Zwecke Einnahmen erzielt werden und sich das erhobene Entgelt insoweit letztlich an dem Prinzip der Kostendeckung orientiert[3] und dass diese Voraussetzung bspw. nicht erfüllt ist, wenn ein Zweckbetrieb der Wohlfahrtspflege im Wesentlichen um des Erwerbs Willen anstatt zum Wohle der Allgemeinheit tätig wird. Dem kommt indes keine andere Bedeutung zu, als dass ein nach § 65 Nr. 1 AO **schädliches Gewinnstreben** erst dann anzunehmen ist, wenn die **Erfüllung der steuerbegünstigten** Satzungszwecke gegenüber der Absicht zur Erzielung von finanziellen Überschüssen **in den Hintergrund** tritt. Eine Gewinnerzielung in drei aufeinanderfolgenden Jahren reicht hierfür nicht aus.[4]

(Einstweilen frei) 1147–1154

II. Besteuerung der Stiftungserrichtung

1. Besteuerung des Stifters

1.1 Übereignung von Privatvermögen

Überträgt der Stifter zur Erfüllung seiner Vermögenszusage, die er im Stif- 1155
tungsgeschäft abgegeben hat, **unentgeltlich** steuerliches Privatvermögen, wie z. B. von Wertpapieren oder Grundstücken, an eine gemeinnützige Stiftung, löst dies beim Stifter grds. keine Ertragsteuern aus. Dies gilt auch für wesentli-

1 BFH, Urteil v. 17.2.2010 - I R 2/08, BStBl II 2010 S. 1006 Rz 26 NWB XAAAD-43393; BFH, Urteil v. 6.4.2005 - I R 85/04, BStBl II 2005 S. 545 unter II.4.a NWB ZAAAB-54368 und BFH, Urteil v. 26.4.1995 - I R 35/93, BStBl II 1995 S. 767 unter II.3. NWB QAAAA-95380.

2 BFH, Urteil v. 18.8.2022 - V R 49/19 NWB AAAAJ-32014 = NWB 7/2023 S. 472 Rz. 27 NWB DAAAJ-33358.

3 BFH, Urteil v. 26.06.2019 - V R 70/17, BStBl II 2019 S. 654 Rz. 11 NWB HAAAH-28209.

4 BFH, Urteil v. 18.8.2022 - V R 49/19 NWB AAAAJ-32014 = NWB 7/2023 S. 472 Rz. 29 NWB DAAAJ-33358; Strahl, NWB 5/2023 S. 304 NWB WAAAJ-32371.

che Beteiligungen i. S. des § 17 EStG bzw. für einbringungsgeborene/sperrfristbehaftete Anteile i. S. des § 21 UmwStG. Der Umstand, dass sich der Stifter zur Übertragung/Übereignung im Stiftungsgeschäft verpflichtet hat, lässt die Unentgeltlichkeit der Zuwendung unberührt.

Keine unentgeltliche Übertragung, sondern einen entgeltlichen Vorgang stellt das Modell der sogenannten **Zustifterrente** dar.[1] Hier veräußert der Senior Grundbesitz an eine Stiftung gegen Wohnrecht und Einmalzahlung/Leibrente.

1.2 Spendenabzug

1156 Da auch steuerlich die **Vorstiftung** nicht anerkannt wird, kann diese **kein** begünstigter Zuwendungsempfänger i. S. von § 5 Abs. 1 Nr. 9 i. V. mit § 1 Abs. 1 Nr. 4 KStG sein.[2] Demgegenüber ist eine rechtsfähige (selbständige) gemeinnützige, gem. § 5 Abs. 1 Nr. 9 KStG steuerbefreite Stiftung zur Entgegennahme von Spenden berechtigt.

1156/1 Die vom Stifter in die Stiftung überführten Vermögensgegenstände sind bei ihm als **Spende** nach Maßgabe des § 10b Abs. 1 Satz 1 und 3 EStG mit Vortragsmöglichkeit steuerbegünstigt.[3] Sie können bis zur Höhe von insgesamt **20 %** des Gesamtbetrags seiner Einkünfte oder 4 % der Summe seiner gesamten Umsätze und der im Kalenderjahr aufgewendeten Löhne und Gehälter als Sonderausgaben abgezogen werden (§ 10b Abs. 1 Satz 1 Nr. 2 EStG). Zu diesen steuerbegünstigten Ausgaben gehören auch die Zuwendungen des Stifters, die dieser im Rahmen der Erstausstattung (sogenannte **Erstdotation**) einer gemeinnützigen Stiftung erbringt. Hierbei spielt es nach ganz h. M. keine Rolle, dass die Erstausstattung nach § 82 BGB „geschuldet" ist.

1156/2 In § 10b Abs. 1 Satz 3 lässt das Gesetz abweichend vom Grundsatz der Jahresbesteuerung zu, dass Leistungen, die die Höchstbeträge nach Satz 1 übersteigen, in den folgenden Wirtschaftsjahren als Sonderausgaben abgezogen werden können. Für diesen „Überhang", seine Feststellung und künftige Berücksichtigung gilt § 10d Abs. 4 EStG entsprechend. Für den **Spendenvortrag** kommt es somit nicht mehr darauf an, wie hoch die einzelne Spende ist, welcher Zweck gefördert oder in welchem VZ die Spende geleistet wird.

---

1 Nachbaur/Sedlmeier, S&S 3/2013 S. 34.

2 BFH, Urteil v. 11.2.2015 - X R 36/11, BStBl 2015 II S. 545 NWB OAAAE-87704.

3 Pues/Scheerbarth, Gemeinnützige Stiftungen im Zivil- und Steuerrecht, § 19 S. 193; BMF, Schreiben v. 18.12.2008 - IV C 4 - S 2223/07/0020, BStBl 2009 I S. 16 NWB UAAAD-02336 = DStR 2009 S. 226.

Der zusätzliche (neben dem Spendenabzug gewährte) Höchstbetrag für Spenden in den Vermögensstock einer Stiftung (§ 10b Abs. 1a EStG) beträgt 1 Mio. €. Die Spende muss nicht anlässlich der Neugründung einer Stiftung geleistet werden, so dass **auch Zustiftungen** begünstigt sind.[1] 1157

Nicht in den Genuss der Stiftungsspende kommen juristische Personen und Körperschaften als Spender.[2] Ferner sind **nicht** begünstigt Spenden, die an eine **Verbrauchsstiftung** geleistet werden, § 10b Abs. 1a Satz 2 EStG.[3] Spenden an Verbrauchsstiftungen sind nur nach den allgemeinen Grundsätzen § 10b Abs. 1 EStG abzugsfähig. Zu den Besonderheiten bei einer **Hybridstiftung**[4] zählt, dass die Spenden in das Grundstockvermögen nach § 10b Abs. 1a Satz 1 EStG begünstigungsfähig sind.[5] 1158

Nach § 10b Abs. 1a Satz 1 EStG kommt es zu einer **Verdoppelung** des steuerlich abzugsfähigen Höchstbetrages für Spenden in den Vermögensstock einer Stiftung im Falle der **Zusammenveranlagung** (§ 26b EStG), so dass bei Ehegatten Stiftungsdotationen i. H.von insgesamt 2 Mio. € abzugsfähig sind.[6] Unerheblich ist, aus welchem der beiden Vermögen der Ehegatten das Geleistete stammt.[7] 1159

Nach Ansicht der Finanzverwaltung[8] sind Vermögensstockspenden sowohl nach § 10b Abs. 1 EStG als auch nach § 10b Abs. 1a EStG als Sonderausgabe abziehbar. Der Steuerpflichtige kann **wählen**, ob er Vermögensstockspenden nach Abs. 1 oder nach Abs. 1a des § 10b EStG geltend macht (Antrag). Er hat auch die Möglichkeit, die Vermögensstockspende **aufzuteilen** und einen Teilbetrag nach § 10b Abs. 1 EStG und den restlichen Teilbetrag nach § 10b Abs. 1a EStG geltend zu machen (und ggf. einen **Spendenvortragsbescheid** nach § 10b Abs. 1a Satz 4 EStG) beantragen.[9] 1160

BEISPIEL ▸ Wurden 1,2 Mio. € in den Vermögensstock einer Stiftung geleistet, kann der Steuerpflichtige beantragen, dass von diesem Betrag 1 Mio. € nach § 10b Abs. 1a

1 Siehe → Rz. 1159.

2 Heinicke in Schmidt, EStG, § 10b Rz. 72; Wallenhorst in Wallenhorst/Halaczinsky, Die Besteuerung gemeinnütziger Vereine und Stiftungen, Kapitel E Rz. 75.

3 BMF, Schreiben v. 15.9.2014, BStBl 2014 I S. 1278, Tz. 1. a) bb).

4 Siehe → Rz. 83.

5 Hackert, NWB 13/2018 S. 877, 879 NWB HAAAG-78329; BMF, Schreiben v. 15.9.2014, BStBl 2014 I S. 1278, Tz. 1. a) cc).

6 Vgl. zum „alten" Recht BFH, Urteil v. 3.8.2005 - XI R 76/03, BStBl 2006 II S. 121; wie hier Buchna/Leichinger/Seeger/Brox, Gemeinnützigkeit im Steuerrecht, Tz. 3.5.6.2.4, S. 451.

7 Schauhoff, S&S 5/2013 S. 10.

8 OFD Frankfurt/M., Vfg. v. 13.10.2008 - S 2223 A - 155 - St 216, DStR 2008 S. 2421.

9 Reddig, DB 2019 S. 877 f.

EStG und 200.000 € nach § 10b Abs. 1 EStG als Sonderausgabe abgezogen werden. Es ist auch zulässig, dass der Höchstbetrag von 1 Mio. € nach Abs. 1a nicht ausgeschöpft und der restliche Betrag nach Abs. 1 geltend gemacht wird, der Steuerpflichtige also in dem genannten Beispiel nur 600.000 € nach § 10b Abs. 1a EStG und die übrigen 600.000 € nach § 10b Abs. 1 EStG geltend macht.

1160/1 Für den Fall, dass der Steuerpflichtige für seine Zuwendung dieses Wahlrecht nach § 10b EStG ausübt und somit über das Ob und Wie der Verteilung der Vermögensstockspenden im Rahmen seiner Steuererklärung entschieden hat, soll nach Ansicht der Finanzverwaltung ein anschließender Wechsel zwischen den Abs. 1a und 1 des § 10b EStG nicht möglich sein. Vermögensstockspenden, für die das Wahlrecht nach § 10b Abs. 1a EStG ausgeübt worden ist, die sich aber steuerlich nicht ausgewirkt haben, weil sie innerhalb des Zehn-Jahres-Zeitraums nicht vom Gesamtbetrag der Einkünfte abgezogen werden konnten, gehen demnach nicht in den allgemeinen unbefristeten Spendenvortrag nach § 10b Abs. 1 EStG über, sondern verfallen.

1161 Bei **Sachspenden**[1] aus einem **Betriebsvermögen** des Stifters kann gem. § 10b Abs. 3 Satz 2 EStG der bei der Entnahme i. S. von § 6 Abs. 1 Nr. 4 EStG anzusetzende Buchwert zuzüglich der dabei anfallenden Umsatzsteuer (§ 3 Abs. 1b UStG) als Spende geltend gemacht werden.[2]

HINWEIS:

Nicht anwendbar ist das Buchwertprivileg bei Sachausschüttungen.[3]

1161/1 Zur Problematik von Spenden durch eine Kapitalgesellschaft vgl. → Rz. 1179 ff.

1162 Bei Sachspenden aus dem steuerlichen **Privatvermögen** ist der Ansatz des gemeinen Werts **eingeschränkt**.[4] Der gemeine Wert darf nur noch angesetzt werden, wenn die **Veräußerung** des betreffenden Wirtschaftsgutes selbst **nicht steuerpflichtig** wäre. Würde eine Veräußerung hingegen eine Besteuerung auslösen, können bei der Sachspende nur die fortgeführten Anschaffungs- oder Herstellungskosten für den Spendenabzug berücksichtigt werden. Die Neuregelung führt zu einer erheblichen Einschränkung des steuerlichen Effekts von Sachspenden aus dem Privatvermögen; die in der Vergangenheit propagierten Gestaltungen sind damit weitgehend hinfällig.

1 Vgl. Hüttemann, Gemeinnützigkeits- und Spendenrecht, Rz. 8.188 ff.; Buchna/Leichinger/Seeger/Brox, Gemeinnützigkeit im Steuerrecht, Tz. 3.4, S. 429 f.

2 R 10b.1 Abs. 1 Satz 4 EStR 2012.

3 Pohl, NWB 5/2019 S. 244, 247 NWB RAAAH-05277; BFH, Urteil v. 11.4.2018 - I R 34/15 NWB TAAAG-99272 = DStR 2018 S. 2419.

4 Hüttemann, Gemeinnützigkeits- und Spendenrecht, Rz. 8.31 ff.; BR-Drucks. 545/08 v. 8.8.2008 S. 12; BT-Drucks. 16/11108 v. 27.11.2008.

BEISPIEL Der Stifter S will in den Vermögensstock eine Beteiligung an einer GmbH von 20 % (Anschaffungskosten 100.000 €; gemeiner Wert 500.000 €) und ein im Jahr 2020 angeschafftes unbebautes Grundstück (Anschaffungskosten 200.000 €; gemeiner Wert 400.000 €) übertragen.

Ein Spendenabzug ist 2023 in Höhe von 300.000 €.

Die Regelung § 10b Abs. 3 Satz 2 EStG greift bei **beweglichen Wirtschaftsgütern** (z. B. **Kunstgegenstände**) nicht, so dass nach Ablauf **eines Jahres** (§ 23 Abs. 1 Satz 1 Nr. 2 EStG) eine Sachspende zum gemeinen Wert möglich ist. Dies jedoch nur, wenn sie nicht entgeltlich, z. B. an ein Museum, überlassen worden waren. Denn dann verlängert sich die Jahresfrist auf zehn Jahre (§ 23 Abs. 1 Satz 1 Nr. 2 Satz 2 EStG). Da gem. § 9 BewG bei der Ermittlung des gemeinen Werts vom erzielbaren Veräußerungspreis im gewöhnlichen Geschäftsverkehr ohne Berücksichtigung der vom Stifter oder vom Staat angeordneten Verfügungsbeschränkungen (z. B. für Kunstwerke) auszugehen ist, kann die Möglichkeit des Spendenvortrags bei hohen Werten eine Erleichterung bringen. Alternativ bietet sich an, zu Lebzeiten des Stifters bei der Stiftungserrichtung eine relativ kleine Erstausstattung vorzusehen und danach – nach Maßgabe optimaler ertragsteuerlicher Abzugsfähigkeit – laufende Zustiftungen vorzunehmen. 1163

Hat der Erbe durch **Vermächtnis des Erblassers**[1] eine steuerbefreite Stiftung zu errichten, ist dem Erben (wie dem Erblasser) der Spendenabzug nach § 10b EStG verwehrt,[2] da die Stiftung einen Rechtsanspruch auf Übertragung des Stiftungsvermögens gem. § 82 BGB erworben hat. 1164

Der **Spendenvortrag**[3] des Stifters ist **nicht vererblich**.[4] Der BFH steht damit auf einer Linie zur Rechtsprechung des Großen Senats zur Vererblichkeit des allgemeinen Verlustabzugs nach § 10d EStG. Zur Begründung verwies der BFH auf seine Entscheidung aus dem Jahr 1993,[5] wonach es beim Erben an einer eigenen Leistung fehle. Daran könne auch die Gesamtrechtsnachfolge gem. § 45 AO nichts ändern. Bedauerlicherweise versagte der BFH eine Übergangsregelung, wie sie seinerzeit vom Großen Senat vorgesehen worden war. Damit geht der **Spendenvortrag** im **Erbfall** vollständig **unter**. 1165

1 Vgl. → Rz. 122.

2 BFH, Urteil v. 22.9.1993 - X R 107/91, BStBl 1993 II S. 874 NWB PAAAA-94686; BFH, Urteil v. 23.10.1996 - X R 75/94, BStBl 1997 II S. 239 NWB YAAAA-95788 = DB 1997 S. 308 f.

3 Vgl. → Rz. 1156.

4 BFH, Urteil v. 21.10.2008 - X R 44/05 NWB YAAAD-03645 = DStRE 2009 S. 339.

5 BFH, Urteil v. 22.9.1993 - X R 107/91, BStBl 1993 II S. 874 NWB PAAAA-94686.

1166 Für **beschränkt** Steuerpflichtige ist bei Errichtung einer inländischen Stiftung ein Spendenabzug nach § 10b EStG zulässig;[1] damit ist auch der Abzug einer Stiftungsspende möglich.

1167 Ist einer Körperschaft zugewendetes Vermögen mit vor der Übertragung wirksam begründeten Ansprüchen (z. B. Nießbrauch, Grund- oder Rentenschulden, Vermächtnisse aufgrund testamentarischer Bestimmungen des Zuwendenden) belastet, deren Erfüllung durch die Körperschaft keine nach wirtschaftlichen Grundsätzen abgewogene Gegenleistung für die Übertragung des Vermögens darstellt, mindern die Ansprüche das übertragene Vermögen bereits im Zeitpunkt des Übergangs. Wirtschaftlich betrachtet wird der Körperschaft nur das nach der Erfüllung der Ansprüche verbleibende Vermögen zugewendet.[2]

1.3 Rückwirkende Befreiung von der Erbschaftsteuer, § 29 Abs. 1 Nr. 4 ErbStG

1168 Hat der spätere Stifter als Erbe oder Beschenkter das erlangte Vermögen zunächst als „eigenen" Erwerb versteuert und wurde für diesen Erwerb tatsächlich Erbschaft-/Schenkungsteuer festgesetzt, so kann die bereits entstandene Erbschaft-/Schenkungsteuer gem. § 29 Abs. 1 Nr. 4 ErbStG mit Wirkung für die Vergangenheit **erlöschen**, soweit von Todes wegen oder durch Schenkungen unter Lebenden erworbene Vermögensgegenstände **innerhalb von 24 Monaten** nach dem Zeitpunkt der Entstehung der Steuer (§ 9) einer inländischen Stiftung zu **„steuerbegünstigten"** Zwecken i. S. von §§ 52–54 AO mit Ausnahme der sogenannten Freizeitzwecke (§ 52 Abs. 1 Nr. 4 AO) zugewendet werden.

1169 Diese Norm ist nicht anwendbar, sofern diese Stiftung Leistungen gem. § 58 Nr. 5 AO zu erbringen hat oder ein Spendenabzug nach § 10b EStG, § 9 Abs. 1 Nr. 2 KStG oder § 9 Nr. 5 GewStG in Anspruch genommen wurde. Der Stifter erhält in diesem Fall eine für den Erwerb bereits bezahlte Erbschaft-/Schenkungsteuer insoweit zurückerstattet, als sie anteilig auf das Vermögen entfällt, welches er auf eine gemeinnützige Stiftung übertragen hat.

1170 Dem Steuerpflichtigen wird ein Wahlrecht eingeräumt, ob er die Freistellung von der ErbSt oder den Spendenabzug bei der ESt/KSt/GewSt in Anspruch nehmen will. Das Wahlrecht ist in der Steuererklärung unwiderruflich auszuüben (S. 3) und hat Bindungswirkung für die ErbSt/SchSt (S. 4).[3]

1 Loschelder in Schmidt, EStG, § 50 Rz. 16.

2 AEAO zu § 55 Abs. 1 Nr. 1, Nr. 13.

3 Meincke/Hannes/Holtz, ErbStG, 18. Aufl. 2021, § 29 Rz. 22.

(Einstweilen frei) 1171–1174

2. Besteuerung des Unternehmens des Stifters

2.1 Ertragsteuern

2.1.1 Überführung von einzelnen Wirtschaftsgütern des Betriebsvermögens

Werden Einzelwirtschaftsgüter, die zum Betriebsvermögen eines Einzelunternehmens oder einer Mitunternehmerschaft rechnen, **unentgeltlich** auf eine gemeinnützige Stiftung übertragen, liegt zwar tatbestandlich eine Entnahme vor. Diese ist jedoch dann zum Buchwert gem. § 6 Abs. 1 Nr. 4 Satz 5 EStG möglich, wenn das entnommene Wirtschaftsgut steuerbegünstigten Zwecken i. S. des § 10b Abs. 1 Satz 1 EStG dient. Es kommt also in diesen Fällen zu keiner Aufdeckung stiller Reserven und Gewinnrealisierung im Unternehmen des Stifters. 1175

Mit der Änderung des § 10b Abs. 1 Satz 1 EStG mit Wirkung ab dem 1.1.2007 wurde der Anwendungsbereich des Buchwertprivilegs gem. § 6 Abs. 1 Nr. 4 Satz 5 EStG entsprechend erweitert. 1176

Ein Unternehmer kann mittels dieser Begünstigungsvorschrift bspw. Teile seines Forschungs- und Entwicklungsbereichs über eine Stiftung steuergünstig ausgliedern, indem er die wissenschaftliche und praktische Erfahrung von Studenten und wissenschaftlichem Personal von Hochschulen dadurch fördert, dass diese jedenfalls zum Teil Erfahrungen in mittelständischen Unternehmen gewinnen. Eine mittel- und langfristige Zusammenarbeit zwischen Hochschulen und Unternehmen wird so steuerbegünstigt gefördert.[1] 1177

Wird der Gegenstand von der gemeinnützigen Stiftung nicht entsprechend der Vorgaben des § 10b Abs. 1 Satz 1 EStG verwendet, verbleibt es hingegen bei dem Prinzip der Entnahmebesteuerung nach § 6 Abs. 1 Nr. 4 Satz 1 EStG und damit der Aufdeckung der stillen Reserven im Unternehmen des Stifters. Da es sich dann um einen laufenden, zudem gewerbesteuerpflichtigen Gewinn handelt, dürften solche Übertragungen die Ausnahme sein. 1178

Das Buchwertprivileg gem. § 6 Abs. 1 Nr. 4 Satz 5 EStG gilt über § 8 Abs. 4 KStG grds. auch für **Kapitalgesellschaften** (vgl. § 9 Abs. 2 Satz 3 KStG).[2] 1179

1 Vgl. Wallenhorst, DStR 2002 S. 984.

2 Brandis/Heuermann, EStG, § 6 Rz. 23; Richter in v. Campenhausen/Richter, Stiftungsrechts-Handbuch, § 40 Rz. 47; Buchna/Leichinger/Seeger/Brox, Gemeinnützigkeit im Steuerrecht, Tz. 3.4.4, S. 433; a. A. Wachter, Stiftungen, Rz. 161; Crezelius/Rawert, ZEV 2000 S. 421, 425 (Fn. 77).

1179/1 Bei Zuwendungen, die eine Kapitalgesellschaft an eine Stiftung tätigt, besteht die Gefahr der Annahme einer verdeckten Gewinnausschüttung (**vGA**). Dies ist stets dann der Fall, wenn der Stifter oder nahe Angehörige des Stifters Mitglied eines Organs der Stiftung und zugleich Gesellschafter der Kapitalgesellschaft sind.[1]

BEISPIEL:[2] A ist Alleingesellschafter der A-GmbH. Ferner hat A 2009 eine gemeinnützige Stiftung errichtet, deren Zweck Förderung „Kunst und Kultur" ist. Zunächst spendete nur A Kunstwerke an die Stiftung und machte den Spendenabzug geltend. In den Folgejahren spendete die A-GmbH von ihr erworbene Kunstwerke im Wert von jährlich zwischen 134.000 € und 337.000 € an die Stiftung und machte für diese Aufwendungen den Betriebsausgaben- bzw. Spendenabzug geltend.

1179/2 Zuwendungen, die als vGA i. S. des § 8 Abs. 3 KStG beurteilt und damit als verdeckte Einkommensverteilung angesehen werden, sind vom Spendenabzug ausgeschlossen und außerhalb der Bilanz dem Einkommen der Körperschaft wieder hinzuzurechnen, § 9 Abs. 1 Nr. 2 KStG. Eine vGA ist immer dann anzunehmen, wenn bei einer Körperschaft eine Vermögensminderung oder verhinderte Vermögensmehrung eingetreten ist, die durch das Gesellschaftsverhältnis veranlasst ist, sich auf das Einkommen der Körperschaft ausgewirkt hat und nicht auf einem ordnungsgemäßen Gewinnverteilungsbeschluss beruht. Es ist davon auszugehen, dass Spenden regelmäßig durch eine ideelle Nähe der die Unternehmensführung bestimmenden Gesellschafter zum Empfänger der Zuwendung mit veranlasst sind, so dass derartige auf die Motive der Gesellschaftsorgane einwirkende Voreinstellungen für sich nicht ausreichend sein können, um die Abzugsfähigkeit des Spendenaufwands aufgrund eines Nahestehens des Empfängers bzw. der persönlichen Interessen des Gesellschafters zu versagen. Die Entscheidung darüber, ob eine als Spende bezeichnete Zuwendung einer Kapitalgesellschaft eine abzugsfähige Spende oder sachlich eine vGA darstellt, hängt vielmehr von den konkreten Umständen des Einzelfalls ab. Wenn eine Kapitalgesellschaft mit der Gründung einer Stiftung spendenbegünstigte Zwecke fördern will und in diesem Zusammenhang auch keine (weiteren) Zusatz- oder Nebenzwecke verfolgt, ist damit grds. die erforderliche Spendenmotivation gegeben. Eine vGA dürfte dagegen vorliegen,

1 FG Köln, Urteil v. 21.3.2018 - 10 K 2146/16 NWB YAAAG-95689 = BB 2018 S. 2134, rkr. (bestätigt durch BFH, Beschluss v. 13.7.2021 - I R 16/18 NWB FAAAH-95931 = NZG 2022 S. 89); Müller, DB 2018 S. 2466; Buchna/Leichinger/Seeger/Brox, Gemeinnützigkeit im Steuerrecht, Tz. 3.3.2.8, S. 427 f.; Hüttemann, Gemeinnützigkeits- und Spendenrecht, § 8 Rz. 65; Erle/Sauter, KStG, § 9 Rz. 97.

2 Nachgebildet dem Urteilsfall, den das FG Köln, Urteil v. 21.3.2018 - 10 K 2146/16 NWB YAAAG-95689 = BB 2018 S. 2134, rkr. (bestätigt durch BFH, Beschluss v. 13.7.2021 - I R 16/18 NWB FAAAH-95931 = NZG 2022 S. 89) zu entscheiden hatte.

wenn sich die Gesellschafter der Kapitalgesellschaft mit der Spende oder den (Zu-)Stiftungsbeträgen einer eigenen Verpflichtung entledigen oder damit in anderer Weise (Vermögens-)Vorteile für die Gesellschafter der Kapitalgesellschaft verbunden sind. Gleiches dürfte gelten, wenn die Kapitalgesellschaft nicht selbst aus eigener Spendenmotivation Zuwendungen tätigt, sondern letztlich private Motive der Gesellschafter ursächlich für die Zuwendung sind. Dies kann nach Auffassung des Hessischen Finanzgerichts[1] der Fall sein, wenn eigene Aufwendungen der Gesellschafter, bei denen das Geltungsbedürfnis der Gesellschafter im Vordergrund steht, von der Kapitalgesellschaft übernommen werden.[2]

Es gibt Stimmen in der Fachliteratur, die für die Abgrenzung zwischen **Spende** 1180
und vGA die Rechtsprechung des BFH zu Spenden von Sparkassen an ihre Gewährträger auf andere („ähnliche") Fälle übertragen möchten und an dieser Stelle die Spende einer steuerpflichtigen GmbH an ihren gemeinnützigen Gesellschafter nennen.[3] Der BFH entscheidet in diesen Fällen nach dem sogenannten „Gießkannenprinzip": Eine vGA ist danach regelmäßig zu bejahen, wenn die an den Gewährträger geleisteten Spenden den durchschnittlichen Spendenbetrag übersteigen, der an fremde Dritte innerhalb der letzten drei Jahre geleistet wurde.[4] Die Finanzverwaltung ist dem gefolgt,[5] während in der Literatur Kritik überwiegt.[6] Der Umstand, dass Spenden an andere Einrichtungen ganz fehlen oder einen vergleichsweise geringen Umfang haben, dürfe keine unwiderlegbare Vermutung für eine gesellschaftliche Veranlassung sein, sondern nur einen Gesichtspunkt neben anderen darstellen.[7]

1 Hessisches FG, Urteil v. 23.11.1998 - 4 K 1309/97, EFG 1999 S. 496.

2 Götz, NWB-EV 2/2022 S. 49 NWB HAAAI-02360.

3 Hüttemann, Gemeinnützigkeits- und Spendenrecht, § 8 Rz. 65 ff.

4 Ständige Rechtsprechung, vgl. etwa BFH, Urteil v. 8.4.1992 - I R 126/90, BStBl 1992 II S. 849 NWB IAAAA-94256.

5 H 9 KStR 2015.

6 Wagner, DStR 2011 S. 1594.

7 Hüttemann, Gemeinnützigkeits- und Spendenrecht, § 8 Rz. 65 ff.

BEISPIEL

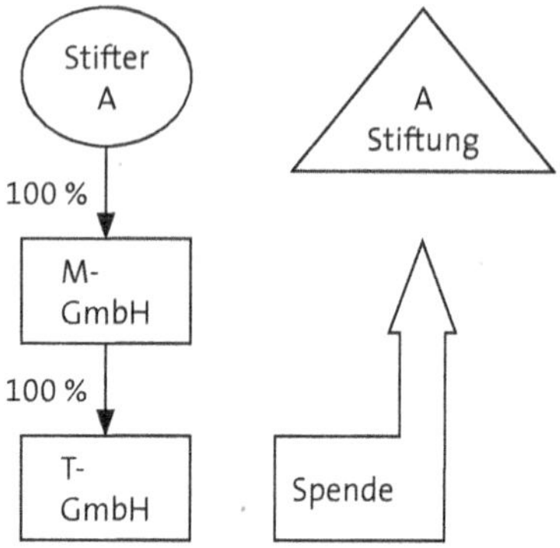

1181 Spendet nicht die Muttergesellschaft M-GmbH, an der der Stifter zu 100 % beteiligt ist, sondern die Tochtergesellschaft T-GmbH, droht ebenfalls ein steuerlicher Nachteil. Erfolgt die Spende von der Tochter-Kapitalgesellschaft und wird diese als vGA an den Gesellschafter A (= Stifter) als nahestehende Personen erkannt, käme es ertragsteuerlich zu einem sogenannten Kaskadeneffekt bzw. einer sogenannten Ketten-vGA mit dem Ergebnis, dass auch bei der Mutter-Kapitalgesellschaft zu 5 % nicht abzugsfähigen Betriebsausgaben vorlägen.[1]

2.1.2 Überführung von Betrieben, Teilbetrieben und Mitunternehmeranteilen

1182 Die unentgeltliche Übertragung eines Betriebs, Teilbetriebs oder eines Mitunternehmeranteils (z. B. eines Kommanditanteils an einer originär gewerblichen KG) auf eine gemeinnützige Stiftung kann gem. § 6 Abs. 3 EStG **steuerneutral** ohne Aufdeckung von stillen Reserven erfolgen.[2]

1183 Die unentgeltliche Übertragung eines Betriebs oder MU-Anteils auf eine Stiftung führt zu einem Wechsel des Besteuerungsregimes und zur Nachversteuerung **thesaurierter Gewinne** gem. § 34a Abs. 6 Nr. 3 EStG.[3]

1 Dötsch/Jost/Pung/Witt, KStG, § 8 Abs. 3 Teil C Rz. 816.

2 BMF, Schreiben v. 3.3.2005 - IV B 2 - S 2241 - 14/05, BStBl 2005 I S. 458, Rz. 2 NWB NAAAB-44182; Kulosa in Schmidt, EStG, § 6 Rz. 653.

3 BT-Drucks. 18/12128 v. 26.4.2017 S. 29; Brandis/Heuermann/Ratschow, 161. EL März 2022, EStG § 34a Rz. 71.

Nicht nach § 6 Abs. 3 EStG **begünstigt** ist nach Ansicht der Finanzverwaltung[1] hingegen die Übertragung eines Mitunternehmeranteils an einer (lediglich) **gewerblich geprägten** Personengesellschaft. Begründet wird dies unter Hinweis auf die Rechtsprechung des BFH,[2] wonach der Anteil an einer gewerblich geprägten Personengesellschaft bei der übernehmenden Körperschaft zu keinem wirtschaftlichen Geschäftsbetrieb führt.[3] Der Gesetzgeber hat mit der Änderung von § 6 Abs. 3 Satz 1 EStG[4] mit Wirkung ab dem 24.12.2016 diese Verwaltungsansicht in das Gesetz eingefügt. 1184

HINWEISE:

- Folge ist, dass der Mitunternehmeranteil des Stifters – steuerlich betrachtet – vor der Zuwendung als ins steuerliche Privatvermögen entnommen gilt, § 16 Abs. 3 Satz 1 EStG. Die Entnahme soll zu Buchwerten nach § 6 Abs. 1 Nr. 4 Satz 4 EStG erfolgen, wenn die den Mitunternehmeranteil umfassenden Wirtschaftsgüter der gemeinnützigen Stiftung unentgeltlich überlassen werden. Gehen jedoch – wie regelmäßig – auch Verbindlichkeiten mit über, läge eine unentgeltliche Überlassung nicht vor und die stillen Reserven wären zwingend aufzudecken.[5]
- Nach dem Wortlaut nicht begünstigt ist die Übertragung eines Teil-Mitunternehmeranteils auf eine Stiftung, da dies nur bei einer natürlichen Person als Empfänger steuerneutral möglich ist. Ob man die Teil-Mitunternehmeranteilsübertragung bei einer gemeinnützigen Stiftung dennoch als steuerneutral ansehen kann, weil kein Bedürfnis besteht, diesen Vorgang zu besteuern, ist höchstrichterlich nicht geklärt.[6] Man wird dies jedoch mit der h. M. bejahen können.

Auf unbeschränkt körperschaftsteuerpflichtige Kapitalgesellschaften als Überträger findet § 6 Abs. 3 EStG zwar grds. Anwendung. Gleichwohl dürfte aber eine Übertragung, die im Interesse des Gesellschafters (Stifters) erfolgt, nicht 1185

1 OFD Frankfurt, Vfg. v. 27.7.2016 - S 2241 A - 129 - St 213 NWB JAAAF-79176 = DB 2016 S. 1966; Kirchhain, DB 2016 S. 1605.

2 BFH, Urteil v. 25.5.2011 - I R 60/10, BStBl 2011 II S. 858 NWB ZAAAD-87495.

3 Siehe → Rz. 1098; AEAO zu § 64, Nr. 1 Satz 3; Kratt/Ungemach, NWB 24/2019 S. 1730 NWB EAAAH-16170.

4 Durch Anti-BEPS-Umsetzungsgesetz v. 20.12.2016, BGBl 2016 I S. 3000, lautet § 6 Abs. 3 Satz 1 EStG nunmehr wie folgt (der neue Teil der Norm ist kursiv markiert): „*Wird ein Betrieb, ein Teilbetrieb oder der Anteil eines Mitunternehmers an einem Betrieb unentgeltlich übertragen, so sind bei der Ermittlung des Gewinns des bisherigen Betriebsinhabers (Mitunternehmers) die Wirtschaftsgüter mit den Werten anzusetzen, die sich nach den Vorschriften über die Gewinnermittlung ergeben,* sofern die Besteuerung der stillen Reserven sichergestellt *ist; dies gilt auch bei der unentgeltlichen Aufnahme einer natürlichen Person in ein bestehendes Einzelunternehmen sowie bei der unentgeltlichen Übertragung eines Teils eines Mitunternehmeranteils auf eine natürliche Person.*"

5 Hänsch, NWB 13/2017 S. 935, 939 NWB JAAAG-40428.

6 Wendt, FR 2005 S. 468, 478; Kulosa in Schmidt, EStG, § 6 Rz. 653; a. A. Herrmann in Frotscher/Geurts, EStG, § 6 Rz. 478.

begünstigt sein, sondern vielmehr eine verdeckte Gewinnausschüttung darstellen.[1]

1186 Die Sondervorschrift des § 6 Abs. 1 Nr. 4 Satz 4 und 5 EStG hat vor allem Bedeutung für die Einbringung von Kunstwerken, -denkmäler und -sammlungen aus einem Betriebsvermögen in eine gemeinnützige Stiftung (Künstlerstiftung),[2] ebenso für die Einbringung von wissenschaftlichen Sammlungen.

1187–1189 *(Einstweilen frei)*

2.2 Umsatzsteuer

1190 Die Entnahme von **einzelnen** Vermögensgegenständen aus einem Einzelunternehmen des Stifters bzw. aus einer Personengesellschaft und Weiterleitung an eine gemeinnützige Stiftung stellt eine einer Lieferung gleichgestellte steuerbare unentgeltliche Wertabgabe dar (§ 3 Abs. 1b Satz 1 Nr. 3 UStG). Der Letztverbrauch von unentgeltlich abgegebener Ware findet bei dem Unternehmer statt, welcher die Waren aus seinem Unternehmen entnimmt; aus umsatzsteuerlicher Sicht verhält sich dieser wie ein Endverbraucher und wird diesem deshalb gleichgestellt. Allerdings gelangt § 3 Abs. 1b UStG nur dann zur Anwendung, wenn der Erwerb des Gegenstands zum vollen oder teilweisen Vorsteuerabzug berechtigt hat. Dem liegt die gesetzgeberische Intention zugrunde, dass die Besteuerung einer unentgeltlichen Wertabgabe der Kompensation des (im Nachhinein zu Unrecht) in Anspruch genommenen Vorsteuerabzugs dienen soll. Eine Sachspende ist nicht nach § 4 bzw. § 4b bzw. § 5 UStG befreit, also somit grds. steuerpflichtig. Die Bemessungsgrundlage ist gem. § 10 Abs. 5 Nr. 1 i.V. mit Abs. 4 UStG zu ermitteln. Als Bemessungsgrundlage derartiger Entnahmen dienen nach § 10 Abs. 4 Nr. 1 UStG der Einkaufspreis zuzüglich etwaige Nebenkosten oder (wenn dieser nicht vorliegt) die Selbstkosten. Hierbei sind nicht die historischen tatsächlichen Preise bzw. Kosten maßgebend, sondern diejenigen (fiktiven) im Zeitpunkt des Umsatzes. Umsatzsteuerlich sind somit nicht die historischen Anschaffungskosten, sondern die Wiederbeschaffungskosten bzw. bei Selbstkosten die Wiederherstellungskosten anzusetzen.[3]

1191 Soweit eine **entgeltliche** Übertragung auf die Stiftung erfolgt, ist diese regulär umsatzsteuerpflichtig.

1 Vgl. Schauhoff, Handbuch der Gemeinnützigkeit, § 12 Rz. 125.

2 Siehe Hüttemann, DB 2000 S. 1591.

3 Meyering/Hintzen/Keitel, DStR 2021 S. 2614, 2615.

Die **unentgeltliche** Übertragung eines **Betriebs** oder **Teilbetriebs** auf eine gemeinnützige Stiftung stellt demgegenüber eine nicht steuerbare Geschäftsveräußerung gem. § 1 Abs. 1a Satz 2 UStG dar.[1] 1192

Gemäß § 3 Abs. 9a Nr. 2 UStG werden auch **unentgeltliche Zuwendungen** des Unternehmens an eine Stiftung, die einer sonstigen Leistung i. S.von Abs. 9 gleichstehen, der Umsatzsteuer unterworfen. Dies jedoch nur, wenn sie nicht unter einen Befreiungstatbestand des § 4 UStG fällt. Dies gilt auch für Zuwendungen nach Stiftungserrichtung.[2] 1193

(Einstweilen frei) 1194–1199

3. Besteuerung der steuerbefreiten Stiftung

3.1 Ertragsteuern

Die Stiftungserrichtung löst bei der Stiftung selbst keine Ertragsteuern aus, da der Vorgang bei ihr in die Vermögenssphäre fällt.[3] 1200

Soweit ein **Betrieb**, ein **Teilbetrieb** oder ein **Mitunternehmeranteil**[4] übertragen wird, ist die Stiftung als Rechtsnachfolger gem. § 6 Abs. 3 Satz 2 EStG an die Buchwerte gebunden. In diesem Falle geht auch eine gem. §§ 6b–6d EStG gebildete Rücklage auf den Rechtsnachfolger über. Das eingebrachte Vermögen bildet in diesem Fall aber einen wirtschaftlichen Geschäftsbetrieb. 1201

Die Auflage zur **Übernahme privater Verbindlichkeiten** schließt die Anwendung des § 6 Abs. 3 EStG nicht aus, wenn ihr Wert niedriger als der Buchwert des Kapitalkontos des Betriebs ist.[5] Im Übrigen erfolgt der Ansatz zum Teilwert gem. § 6 Abs. 1 Nr. 5 Satz 1 EStG. 1202

3.2 Erbschaft-/Schenkungsteuer

Die **Ausstattung** der gemeinnützigen Stiftung zu Lebzeiten des Stifters stellt sowohl zivilrechtlich als auch schenkungsteuerlich eine **unentgeltliche** Übertragung von Vermögen und damit tatbestandlich eine Schenkung an die Stiftung als Erwerber dar (§ 7 Abs. 1 Nr. 8 ErbStG). Allerdings bleiben die an sich steuerpflichtigen Zuwendungen an eine gemeinnützige Stiftung gem. § 13 1203

1 Buchna/Leichinger/Seeger/Brox, Gemeinnützigkeit im Steuerrecht, Tz. 3.4.7, S. 437.

2 Siehe → Rz. 1308.

3 Otto, Handbuch der Stiftungspraxis, S. 194.

4 Siehe → Rz. 476.

5 Schmidt, EStG, § 16 Rz. 40 und BMF, Schreiben v. 13.1.1993 - IV B 3 - S 2190 - 37/92, BStBl 1993 I S. 847 NWB OAAAA-77082.

Abs. 1 Nr. 16b ErbStG steuerfrei, wobei es keinen Unterschied macht, ob der Vermögensübergang bereits zu Lebzeiten oder von Todes wegen erfolgt. Wird die gemeinnützige Stiftung allerdings lediglich als **Vorerbin** eingesetzt, ist umstritten, ob die Steuerbefreiung nach § 13 Abs. 1 Nr. 16b ErbStG gewährt werden kann.[1] Für die Steuerbefreiung ausreichend ist es, wenn eine vom Erblasser angeordnete Stiftung (von Todes wegen) die Voraussetzungen der Gemeinnützigkeit erst im Zeitpunkt der Entstehung der Erbschaftsteuer erfüllt.

HINWEIS:

Die Steuerbefreiung für Zuwendungen ist – auch bei Übertragung von Unternehmensbeteiligungen – unabhängig von den Regelungen zur Betriebsvermögensverschonung nach §§ 13a, 13b ErbStG anwendbar. Damit sind gemeinnützige Stiftungen von den ab 1.7.2016 geltenden Einschränkungen der Verschonungsregelungen nicht betroffen.[2]

1204 Die **Steuerbefreiung** soll nach abzulehnender Auffassung **infrage gestellt sein**, soweit Vermögen übertragen wird, das einen wirtschaftlichen Geschäftsbetrieb bei der gemeinnützigen Stiftung bildet. Betroffen sind nach dieser Ansicht vor allem das auf die Stiftung übertragene Einzelunternehmen bzw. eingebrachte Mitunternehmeranteile des Stifters. Nach Sinn und Zweck des § 13 Abs. 1 Nr. 16 Buchst. b ErbStG lässt die Zuwendung von Vermögen, das einen **wirtschaftlichen Geschäftsbetrieb** bildet, nur dann die Steuerfreiheit entfallen, wenn die Stiftung als solche hierdurch die Gemeinnützigkeit verliert.[3] Dies ist jedoch nur ausnahmsweise der Fall, denn neben der Vermögensverwaltung ist die Unterhaltung eines wirtschaftlichen Geschäftsbetriebs durchaus möglich.[4] Unschädlich für die Steuerbefreiung sind i. d. R. eingebrachte Kapitalgesellschaftsanteile, da diese regelmäßig der Vermögensverwaltung zuzuordnen sind.[5]

1204/1 Entspricht die **tatsächliche Geschäftsführung** einer Stiftung nicht mehr den Anforderungen des **§ 63 Abs. 1 AO**, weil das Stiftungsvermögen nahezu ausschließlich in stark risikobehaftete Anlagen investiert wird, **entfällt** die Steuerbefreiung gem. § 13 Abs. 1 Nr. 16 Buchst. b Satz 2 ErbStG (**rückwirkend**) in dem Umfang, in dem sich das Anlagerisiko realisiert und das Vermögen deshalb für die Erfüllung der satzungsmäßigen Zwecke nicht mehr zur Verfügung steht.[6]

1 FinMin Bayern, Vfg. v. 12.11.2003 - S 3812 - 044 - 37478/03 NWB BAAAB-15272 = ZEV 2004 S. 65; a. A. Söffing/Henrich, BB 2016 S. 1943.

2 Söffing/Henrich, BB 2016 S. 1943.

3 Ebenso Söffing/Henrich, BB 2016 S. 1943, 1946; Wachter, FR 2017 S. 69, 74.

4 OFD Kiel, Vfg. v. 25.8.2003 - S 0174 A - St 262 NWB CAAAB-15224 = DB 2003 S. 2360.

5 Siehe → Rz. 956 f.

6 FG Münster, Urteil v. 11.12.2014 - 3 K 323/12 Erb NWB AAAAE-86271 = EFG 2015 S. 739, rkr.

Eine vermögenserhaltende Anlagestrategie müsse zwar darauf ausgerichtet sein, ausreichende Erträge zu erzielen, so dass bei abnehmendem Zinsniveau auch gegenüber sogenannten mündelsicheren Anlageformen wegen höherer Ertragschancen auch Anlageformen gewählt werden können und müssen, denen ein größeres Ausfallrisiko anhaftet. Die Umschichtung von Stiftungsvermögen in Anlagen, die einseitig und ganz oder teilweise **nicht ausreichend besichert** sind, hält das FG Münster aber nicht für zulässig.

3.3 Grunderwerbsteuer

Wird im Stiftungsgeschäft zugesagt, dass ein Grundstück auf die Stiftung 1205
übertragen werden soll, so stellt der Vollzug dieses Versprechens einen grunderwerbsteuerbaren Tatbestand dar. Allerdings erfolgt die Übertragung durch den Stifter regelmäßig unentgeltlich und bleibt somit grunderwerbsteuerfrei, § 3 Nr. 2 GrEStG.

Die **unentgeltliche** Grundstücksübertragung auf eine gemeinnützige Stiftung 1206
ist als Grundstückserwerb von Todes wegen oder als Grundstücksschenkung unter Lebenden von der Grunderwerbsteuer befreit (§ 3 Nr. 2 GrEStG).[1] Die Tatsache, dass die Stiftung für den Grundstückserwerb wegen § 13 Abs. 1 Nr. 16b ErbStG keine Steuer bezahlen muss, ist unbeachtlich. Anders ist dies, wenn eine öffentliche Hand ein Grundstück auf eine Stiftung überträgt, Hier fehlt es an der Unentgeltlichkeit und damit wird keine Grunderwerbsteuerbefreiung gewährt.[2]

Unbeachtlich ist auch, wenn im Zuge der Buchwert-Übertragung nach § 6 1207
Abs. 1 Nr. 4 EStG ein Grundstück übergeht. Auch hier ist die Befreiung nach § 3 Nr. 2 GrEStG anwendbar.

Vom Wortlaut der Befreiungsvorschrift nicht erfasst ist der Fall der Übertra- 1208
gung einer 100%igen Beteiligung an einer Kapitalgesellschaft, zu deren Vermögen ein Grundstück gehört. Dieser Vorgang ist nach § 1 Abs. 3 Nr. 3 und Nr. 4 GrEStG steuerpflichtig. Die Finanzverwaltung hat in der Vergangenheit die Befreiungsvorschrift des § 3 GrEStG in diesen Fällen nicht angewandt.[3] Aufgrund der Entscheidung des BFH v. 12.10.2006,[4] wonach der Anwendbarkeit

1 OFD Magdeburg, Vfg. v. 20.11.2013 - S 4505-6-St 272, ZEV 2014 S. 275; Pues/Scheerbarth, Gemeinnützige Stiftungen im Zivil- und Steuerrecht, 2004, § 18 S. 189.

2 BFH, Urteil v. 27.11.2013 - II R 11/12 NWB PAAAE-55557; OFD Frankfurt, Vfg. v. 3.4.2014 - S 3806 A-23-St 119, juris.

3 Vgl. FinMin Baden-Württemberg, Erlass v. 28.4.2005 - 3 - S 4501/6 NWB GAAAB-53025 = DB 2005 S. 975.

4 BFH, Urteil v. 12.10.2006 - II R 79/05, BStBl 2007 II S. 409 NWB SAAAC-36611.

der Befreiungsvorschriften des § 3 GrEStG nicht entgegensteht, wenn ein Grundstückserwerb (wie in § 1 Abs. 2a und Abs. 3 GrEStG) nur fingiert wird, hat die Finanzverwaltung ihre Ansicht aufgegeben.[1] Der unentgeltliche Übergang sämtlicher Gesellschaftsanteile an einer Grundbesitz haltenden Kapitalgesellschaft auf eine Stiftung ist daher gem. § 3 Nr. 2 GrEStG steuerbefreit.

1209 Durch die Zuwendung einer 10,1 %-igen (bis 30.6.2021: 5,1 %-igen) Beteiligung an einer Grundvermögen besitzenden Kapitalgesellschaft (z. B. GmbH oder AG) lässt sich eine grunderwerbsteuerliche **Abschirmwirkung** erreichen.

1210 Bringt etwa A als alleiniger Gesellschafter der A-GmbH von seiner Beteiligung an der A-GmbH 10,1 % in eine gemeinnützige Stiftung ein, so ist für spätere Anteilsübertragungen durch A auf Dritte die Gefahr der Besteuerung mit Grunderwerbsteuer nach § 1 Abs. 2b und Abs. 3 GrEStG gebannt. Durch spätere Anteilsübertragungen z. B an den künftigen Erwerber B kann es nicht zu einer mittelbaren oder unmittelbaren Vereinigung von mehr als 90 % der Anteile an der A-GmbH in einer Hand kommen. Denn die von der Stiftung gehaltenen Anteile (10,1 %) sind weder A noch dem Dritten B zuzurechnen, da die Stiftung – unabhängig von der Person des Stifters – eine eigenständige Vermögensmasse ist.[2] Unberührt bleibt natürlich die Grunderwerbsteuerpflicht eines Erwerbs von Grundstücken durch eine Tochtergesellschaft. Ferner bleibt das Risiko einer Anteilsvereinigung auf einer Ebene unterhalb der A-GmbH, weil dort bei einer Zwischengesellschaft das Quorum mindestens 90 % bzgl. einer grundbesitzenden Enkelgesellschaft gegeben sein könnte.

1211–1219 *(Einstweilen frei)*

III. Laufende Besteuerung

1. Laufende Besteuerung der Stiftung

1.1 Körperschaftsteuer

1.1.1 Steuerpflicht und Steuersatz

1220 Die rechtsfähigen (wie auch die nicht rechtsfähigen) Stiftungen des **privaten** Rechts sind nach § 1 Abs. 1 Nr. 4 bzw. Nr. 5 KStG **unbeschränkt** körperschaftsteuerpflichtig, wenn sie ihre **Geschäftsleitung oder ihren Sitz im Inland** ha-

1 FinMin Baden-Württemberg, Erlass v. 11.10.2007 - 3 S 450.1/6, DB 2007 S. 2400.

2 Binz/Freudenberg/Sorg, DStR 1990 S. 753.

ben. Dieser Grundsatz gilt für eine gemeinnützige Stiftung insoweit nicht, als sie steuerbegünstigte Zwecke verfolgt.

Steuerpflicht besteht jedoch insoweit, als ein wirtschaftlicher Geschäfts- 1221
betrieb unterhalten wird. **Steuersubjekt** bleibt auch in diesem Fall die **Stiftung** selbst. Steuerpflichtiger ist also nicht der wirtschaftliche Geschäftsbetrieb, sondern ausschließlich die Stiftung. Die Steuerpflicht erstreckt sich in diesem Fall auch auf die Gewerbesteuer, sofern der wirtschaftliche Geschäftsbetrieb gewerblich tätig ist.

Die Steuerpflicht **beginnt** mit der Aufnahme der Tätigkeit des wirtschaftlichen 1222
Geschäftsbetriebs. Dieser Zeitpunkt muss mit dem Entstehen der Stiftung nicht zusammenfallen. Bei einer Stiftungserrichtung von Todes wegen gilt: Die Körperschaftsteuerpflicht einer Stiftung beginnt mit dem Tode des Stifters. Die Rückwirkungsfiktion des § 84 BGB kommt insoweit zum Tragen.[1]

Wandelt sich die Vermögensverwaltung in einen wirtschaftlichen Geschäfts- 1222/1
betrieb um, beginnt die Steuerpflicht in diesem Zeitpunkt. Eine Bilanzierungspflicht besteht nur, wenn die Stiftung bilanziert (§ 13 Abs. 2 KStG).[2]

Der Körperschaftsteuersatz, mit dem das zu versteuernde **Einkommen** des 1223
wirtschaftlichen Geschäftsbetriebs besteuert wird, beträgt gem. § 23 Abs. 1 KStG seit 1.1.2008 15 %.

Bei nur mit ihrem wirtschaftlichen Geschäftsbetrieb **steuerpflichtigen** Stiftun- 1224
gen wird die auf ihre Kapitalerträge einbehaltene Kapitalertragsteuer auf die Körperschaftsteuerschuld gem. § 36 Abs. 2 Nr. 2 EStG i.V. mit § 31 Abs. 1 KStG **angerechnet.**

Bei den ganz oder partiell steuerbefreiten Stiftungen kann für die im steuer- 1225
freien Bereich anfallenden Kapitalerträge von dem Kapitalertragsteuerabzug Abstand genommen werden.

Voraussetzung für die sogenannte „Abstandnahme" vom Kapitalertragsteuer- 1226
abzug ist, dass die Erträge nicht in einem wirtschaftlichen Geschäftsbetrieb i. S. des § 14 AO der Stiftung anfallen und sie der auszahlenden Stelle eine NV 2-Bescheinigung oder eine beglaubigte Kopie des letzten Freistellungsbescheids oder des Bescheids nach § 60a AO (Feststellung der satzungsmäßigen Voraussetzungen der Gemeinnützigkeit) vorlegt.[3]

1 BFH, Urteil v. 6.6.2019 - V R 50/17, BStBl 2019 II S. 782, Rz. 14 NWB XAAAH-32261.

2 Zu Einzelheiten vgl. Otto, Handbuch der Stiftungspraxis, S. 197.

3 Siehe → Rz. 951; Zimmermann/Raddatz, NJW 2019 S. 485, 488; Loleit/Cornelius, S&S 5/2018 S. 36; Kraus, npoR 2018 S. 97.

1227 Das **steuerliche Einlagekonto** eines wirtschaftlichen Geschäftsbetriebs, der unter § 20 Abs. 1 Nr. 10 Buchst. b Satz 4 EStG fällt, erhöht sich durch direkte Einlagen der Gesellschafter bzw. Mitglieder der Körperschaft, durch Zuführungen von Vermögensmitteln aus dem steuerfreien Bereich der Körperschaft sowie aus Zuführungen aus wiGB derselben Körperschaft, die nicht unter § 20 Abs. 1 Nr. 10 Buchst. b Satz 4 EStG fallen. Mittelverwendungen zwischen wiGB, die unter § 20 Abs. 1 Nr. 10 Buchst. b Satz 4 EStG fallen, haben im Hinblick auf die Zusammenfassung der wiGB dagegen keinen Einfluss auf den Bestand des steuerlichen Einlagekontos.[1]

1.1.2 Buchführungspflicht

1228 Gemäß § 64 Abs. 3 AO werden Körperschaftsteuer und Gewerbesteuer nicht erhoben, wenn die **Einnahmen** (einschließlich Umsatzsteuer) **aus den zusammengefassten wirtschaftlichen Geschäftsbetrieben** 45.000 € (bis 31.12.2020: 35.000 €) im Jahr nicht übersteigen. Hierbei sind die **Einnahmen** aus **Zweckbetrieben** nicht einzubeziehen.[2] Bei Beteiligungen an Mitunternehmerschaften fließen deren auf die Stiftung anfallenden anteiligen Einnahmen bei Errechnung der Besteuerungsgrenze ein.[3] Ob ein Überschreiten der **Freigrenze** von 45.000 € (bis 31.12.2020: 35.000 €) gem. § 64 Abs. 3 AO gegeben ist, muss jährlich geprüft werden.[4]

1229 Für Zwecke der **Überwachung** nach § 64 Abs. 3 AO verlangt die Steuerbehörde auch für die übrigen Bereiche Rechnungslegung, mindestens Einnahmen-/Ausgabenrechnungen.[5] Bei **mehreren** wirtschaftlichen Geschäftsbetrieben ist die Grenze der zusammengefassten Betriebe (§ 64 Abs. 2 AO) maßgebend; Zweckbetriebe werden nicht mitgerechnet.[6] Es genügt eine Überschussrechnung und ein Rechnungsabschluss für die zusammengefassten Betriebe. Durch Unterschreiten der Besteuerungsgrenze verlieren jedoch die wirtschaftlichen Geschäftsbetriebe nicht ihren steuerpflichtigen Charakter, so dass weiterhin Verpflichtung zur Überschussermittlung durch Einnahmen-/Ausgabenrechnung besteht.[7]

1 BMF, Schreiben v. 2.2.2016 - IV C 2 S 2706a/14/10001, BStBl 2016 I S. 200 NWB GAAAF-66194.
2 AEAO zu § 64 Abs. 1, Nr. 4; Klein, AO, § 64 Rz. 4.
3 AEAO zu § 64 Abs. 3, Nr. 17; BFH, Urteil v. 27.3.2001 - I R 78/99, BStBl 2001 II S. 449 NWB AAAA-88937 = DStR 2001 S. 1072.
4 AEAO zu § 64 Abs. 3, Nr. 14 Satz 4.
5 AEAO zu § 64 Abs. 3, Nr. 18.
6 AEAO zu § 64 Abs. 2, Nr. 14.
7 Klein, AO, § 64 Rz. 9.

Ist eine Stiftung **teilweise steuerbefreit**, muss sie auch für den steuerbefreiten Bereich – ggf. getrennt auch für jeden Zweckbetrieb – schon nach bürgerlichrechtlichen Vorschriften und damit gem. § 140 AO auch steuerrechtlich ordnungsgemäße **Aufzeichnungen** über die Einnahmen und Ausgaben mit den zugehörigen Belegen (§ 259 i.V. mit §§ 666, 27 Abs. 3 BGB) vornehmen. Auch gemeinnützigkeitsrechtliche Vorschriften (§ 63 Abs. 3, § 58 Nr. 5–7 AO) setzen dies verbunden mit zweckgebundenen Sonderrechnungen voraus. §§ 145 ff. AO gelten somit auch für den steuerbefreiten Bereich.[1] 1230

Kerngedanke ist nicht nur der Nachweis der Erfüllung aller Voraussetzungen der Steuerbefreiung durch die tatsächliche Geschäftsführung, sondern auch die **Trennung** von Einnahmen, Ausgaben und Vermögen der **vier Sphären**[2] 1231

- steuerfreier ideeller Bereich,
- Vermögensverwaltung (steuerfrei),
- Zweckbetrieb (steuerfrei),
- wirtschaftlicher Geschäftsbetrieb (steuerpflichtig).

Ein Ergebnisausgleich ist ausgeschlossen.[3] Daraus ergibt sich zwingend eine **Rechnungslegungspflicht** für **jeden** Bereich und für jeden Betrieb und der Spenden.[4] 1232

Die **Zuordnung von Gemeinkosten** hat nach dem Verursachungsprinzip auf die einzelnen Bereiche nach den Regeln der Kostenrechnung zu erfolgen.[5] In einer **Mittelverwendungsrechnung** ist nachzuweisen, dass die zeitnah zu verwendenden Mittel satzungsgemäß verwendet worden sind.[6] Dient eine Stiftung sowohl mildtätigen als auch gemeinnützigen oder kirchlichen Zwecken, muss entsprechend der getrennten Betätigung auch getrennt Rechnung gelegt werden.[7] 1233

Die Rechnungslegung ist nicht identisch mit der steuerlichen Einkommensermittlung, die aber aus der Rechnungslegung abzuleiten ist. Aus der **steuerlichen Nachweispflicht** des § 63 Abs. 3 AO ergibt sich auch eine Rechnungs- 1234

1 Vgl. Buchna/Leichinger/Seeger/Brox, Gemeinnützigkeit im Steuerrecht, Tz. 2.14.5, S. 268 ff.
2 Siehe → Rz. 1075.
3 BFH, Urteil v. 5.2.1992 - I R 59/91 NWB WAAAB-33020.
4 Siehe → Rz. 1010 ff.
5 AEAO zu § 64, Nr. 4; BFH, Urteil v. 5.2.1992 - I R 59/91 NWB WAAAB-33020.
6 Siehe → Rz. 1010 ff.
7 Vgl. BMF, Schreiben v. 27.6.1990 - IV B 4 - S 0170 145/9; OFD Kiel, Vfg. v. 24.7.1990 - S 0170 A St 141/S 2121, A St 114/St 116, Wpg 1990 S. 577.

legungspflicht über die Entwicklung des Stiftungsvermögens (zu steuerlichen Buchwerten) und der nach § 58 AO unschädlichen Mittelverwendungen.[1]

1235 Buchungspflichtig sind auch **Nutzungsänderungen** von Wirtschaftsgütern gem. § 13 Abs. 4 KStG. Dies sollte auch für Beteiligungen gelten (z. B. unternehmerische Beteiligungen werden umgewandelt in steuerfreie Vermögensverwaltung).

1236 Wenn § 63 Abs. 3 AO den **Nachweis der tatsächlichen Geschäftsführung** i. S. des Abs. 1 durch „ordnungsgemäße Aufzeichnungen über Einnahmen und Ausgaben“ fordert, so ist dies im Zusammenhang mit anderen steuerrechtlichen Bestimmungen[2] zu sehen, die davon ausgehen, dass Stiftungen (und Vereine) nur Einnahmen-/Ausgabenrechnungen kennen. Es ist nicht bekannt, dass bei einer anderen gewählten Gewinnermittlungsart (§§ 4 Abs. 1, 5 EStG) die zuständige Finanzbehörde Einwendungen erhoben hat. Die AO sollte aber in dieser Hinsicht angepasst werden.

1237 Eine bisher steuerbefreite Stiftung, die **steuerpflichtig wird** und ihren Gewinn durch Betriebsvermögensvergleich ermittelt, hat analog gem. § 13 Abs. 2 und 3 KStG eine **Anfangsbilanz zu Teilwerten** aufzustellen.

HINWEIS:

Auch eine nach § 5 Abs. 1 Nr. 9 KStG steuerbegünstigte Stiftung unterliegt der steuerlichen Außenprüfung gem. §§ 193 ff. AO.[3]

1.1.3 Wirtschaftsjahr

1238 §§ 60, 63 AO gehen zwar von der **Rechnungslegung** für das **Kalenderjahr** für **steuerbegünstigte Stiftungen** i. S. von § 5 Abs. 1 Nr. 9 KStG aus, jedoch können die Nachweise auch durch Vorlage der Unterlagen für zwei abweichende Rechnungslegungsjahre, die den jeweiligen VZ (Kalenderjahr) abdecken, erbracht werden.[4]

1238/1 Steuerbegünstigte Stiftungen mit **wirtschaftlichen Geschäftsbetrieben**, die ordnungsgemäß Bücher führen und regelmäßig Abschlüsse machen, können auf Antrag das abweichende Wirtschaftsjahr in entsprechender Anwendung

1 Siehe → Rz. 991 ff.

2 Z. B. § 59 Nr. 5 und 7, § 64 Abs. 3 AO.

3 Klein, AO, § 193 Rz. 17; Teufel, DB 1999 S. 874; Hüttemann, Gemeinnützigkeits- und Spendenrecht, § 4 Rz. 67.

4 FinMin Nordrhein-Westfalen v. 27.7.1994 - S 0170 41 V B 4, DStR 1994 S. 1195; siehe AEAO zu § 64, Nr. 14.

des § 7 Abs. 4 KStG der Besteuerung des wirtschaftlichen Geschäftsbetriebes zugrunde legen.[1]

1.1.4 Einkommensermittlung

Besteht hinsichtlich eines (steuerpflichtigen) **wirtschaftlichen Geschäftsbetriebes** einer steuerbegünstigten Stiftung des privaten Rechts eine **partielle Steuerpflicht**,[2] so ist die Stiftung **nur** mit dem im wirtschaftlichen Geschäftsbetrieb erzielten Einkommen steuerpflichtig.[3] Für das Vermögen des wirtschaftlichen Geschäftsbetriebes gelten die Vorschriften über **Betriebsvermögen**. Für die Gewinnermittlung desselben kann sie zwischen dem Betriebsvermögensvergleich (§ 4 Abs. 1 EStG), der Einnahmen-/Ausgabenrechnung (§ 4 Abs. 3 EStG) und der kaufmännischen Buchführung und Rechnungslegung (§ 5 EStG) **wählen**, wenn nicht letzteres aufgrund handels- oder steuerrechtlicher Vorschriften oder der Satzung zwingend vorgeschrieben ist.[4] 1239

Auf das Erfordernis der **getrennten Einkommensermittlung** für alle steuerpflichtigen und den steuerbefreiten Bereichen einer Stiftung wurde schon hingewiesen.[5] Der **Saldo der Gewinne und Verluste** aller steuerpflichtigen wirtschaftlichen Geschäftsbetriebe unterliegt der Besteuerung. 1240

Hinsichtlich der **Gewinnermittlung** für den **wirtschaftlichen Geschäftsbetrieb** bestehen zwei Besonderheiten: 1241

Zum einen ist hinzuweisen auf das in § 64 Abs. 6 AO enthaltene **Wahlrecht** zur pauschalierten Gewinnermittlung mit 15 % der Einnahmen für bestimmte wirtschaftliche Geschäftsbetriebe, nämlich für

- Werbung für Unternehmen, die im Zusammenhang mit der steuerbegünstigten Tätigkeit einschl. Zweckbetrieben[6] stattfindet,
- Totalisatorbetriebe,
- die zweite Fraktionierungsstufe der Blutspendedienste.

Zum anderen gibt es bei Altmaterialverwertung eine Gewinnpauschalierung, § 64 Abs. 3 AO.

1 Siehe FinMin Nordrhein-Westfalen v. 27.7.1994 - S 0170 41 V B 4, DStR 1994 S. 1195, unter Nr. 2.

2 Siehe → Rz. 1079 ff.

3 Zur Einkommensermittlung des wirtschaftlichen Geschäftsbetriebs siehe auch → Rz. 932.

4 Vgl. Schmidt, EStG, § 5 Rz. 12.

5 Siehe → Rz. 1232.

6 Siehe → Rz. 949 ff.

1242 Im **wirtschaftlichen Geschäftsbetrieb** ist es zulässig, gewinnmindernde **Rücklagen** zu bilden.[1]

1243 Ist eine Stiftung an einer unbeschränkt steuerpflichtigen Kapitalgesellschaft wesentlich beteiligt, kommen auch die Vorschriften zur **Zinsschranke** zur Anwendung (§ 8a KStG).

1243/1 Auch **§ 8b KStG** gilt für die partiell – nämlich mit ihren wirtschaftlichen Geschäftsbetrieben[2] – steuerpflichtigen Stiftungen. Da § 8b KStG hinsichtlich der erzielten Veräußerungsgewinne von wirtschaftlichen Geschäftsbetrieben steuerbefreiter Stiftungen keine Sonderregelung enthält, sind diese stets zu 95 % steuerfrei (§ 8b Abs. 5 KStG). Bei Dividenden, die im wirtschaftlichen Geschäftsbetrieb erzielt werden, sind ebenfalls 95 % steuerfrei (§ 8b Abs. 3 und 5 KStG). Dies gilt auch, wenn zwischen der Stiftung und einer Kapitalgesellschaft eine Betriebsaufspaltung besteht; in diesem Fall findet ebenfalls § 8b Abs. 5 KStG Anwendung und 5 % der Dividende werden als nichtabzugsfähige Betriebsausgaben dem Gewinn wieder hinzugerechnet. Ob dies auch bei einer Betriebsaufspaltung über die Grenze gilt, ist derzeit unklar.[3]

1244 Hingegen sind die im Bereich der **Vermögensverwaltung** erzielten Gewinne aus der Veräußerung von Gesellschaftsanteilen zu 100 % steuerfrei. § 8b Abs. 5 KStG gilt insoweit nicht.[4] Bei einbringungsgeborenen Anteilen i. S.von § 21 Abs. 1 Satz 1 UmwStG a. F., die innerhalb der Sperrfrist von sieben Jahren (§ 8b Abs. 4 Nr. 1 KStG) veräußert werden, fingiert das Steuerrecht eine Zwangsüberführung in den steuerpflichtigen Bereich. Gleiches gilt für sperrfristbehaftete Anteile nach § 22 UmwStG.[5]

1245 Anrechenbare inländische **Kapitalertragsteuer** sowie ausländische **Quellensteuer** sind **Bestandteile der Erträge bzw. Einnahmen** des wirtschaftlichen Geschäftsbetriebs in der betreffenden Einkunftsart ohne Rücksicht auf die tatsächliche Anrechnung (§ 12 Nr. 3 EStG i.V. mit § 8 Abs. 1 KStG).

1246 Auf der Ausgaben-(Aufwand-)Seite der Einkommensermittlung des wirtschaftlichen Geschäftsbetriebs der Stiftung besteht weiterhin ein **Abzugsverbot** für satzungsgemäße Aufwendungen (Zuwendungen an Destinatäre) gem. § 10

1 AEAO zu § 55 Abs. 1 Nr. 1, Nr. 2 Satz 3 und AEAO zu § 62, Nr. 1 Satz 1.

2 Siehe → Rz. 1079 f.

3 BFH, Urteil v. 17.11.2020 - I R 72/16 NWB IAAAH-78531 = DStR 2021 S. 1149.

4 Buchna/Leichinger/Seeger/Brox, Gemeinnützigkeit im Steuerrecht, Tz. 2.15.3.2, S. 286.

5 Pung in Dötsch/Pung/Möhlenbrock, KStG, § 8b Rz. 124.

Abs. 1 KStG. Dies ist verwunderlich, weil sich die Besteuerung beim Destinatär grundlegend verändert hat.[1]

Eine **Auskehrung der Gewinne** aus dem wirtschaftlichen Geschäftsbetrieb in den ideellen Bereich stellt **keine Spende** dar, die den Gewinn des wirtschaftlichen Geschäftsbetriebs mindert. Es handelt sich vielmehr um eine steuerlich irrelevante Mittelverwendung; zur Kapitalertragsteuer oben → Rz. 951. 1247

1.2 Zustiftung

Grundsätzlich sind Zuwendungen an bestehende Stiftungen danach zu unterscheiden, ob es sich um Spenden oder Zuwendungen in den Vermögensstock (sogenannte **Zustiftungen**[2]) handelt. Diese Differenzierung ist gleichermaßen vorzunehmen bei (weiteren) Zuwendungen des Stifters wie auch bei **Zuwendungen Dritter**. 1248

Nach herrschender Meinung[3] liegen **Zustiftungen** in dem hier verwendeten Sinne vor, wenn nicht **eine andere Zweckbestimmung** des Zuwendenden erfolgt bzw. die Satzung anderes regelt.[4] Dann sind sie dem Stiftungsvermögen zuzuführen. Gemäß § 62 Abs. 3 AO kann eine steuerbefreite Stiftung gemeinnützigkeitsunschädlich ihrem Vermögen zuführen: 1249

- Zuwendungen von Todes wegen, wenn der Erblasser eine Verwendung für den laufenden Aufwand nicht besonders vorschreibt,
- Zuwendungen, bei denen der Zuwendende ausdrücklich erklärt, dass sie zur Ausstattung der Stiftung bestimmt sind,
- Zuwendungen aufgrund eines Spendenaufrufs, wenn darin ersichtlich ist, dass die Spenden zur Vermögensaufstockung erbeten werden,
- Sachzuwendungen, die ihrer Natur nach der Vermögensausbildung dienen (z. B. Schenkung eines Mietwohngrundstückes).

Bei Pensions- und Unterstützungskassen in Stiftungsform gehören die Zuwendungen des Trägerunternehmens nicht zu den steuerpflichtigen Einkünften i. S. von § 2 EStG. 1250

In der **Stiftungssatzung** sollte eine Bestimmung enthalten sein, wie Zustiftungen des Stifters und Dritter (von Familienangehörigen oder von Fremden) zu 1251

1 Siehe → Rz. 1345.

2 Die im Stiftungsgeschäft festgelegten rechtsverbindlichen Zuwendungen nach Stiftungserrichtung sind keine Zustiftungen. Hof in v. Campenhausen/Richter, Stiftungsrechts-Handbuch, § 9 Rz. 13 ff.

3 Pues/Scheerbarth, Gemeinnützige Stiftungen im Zivil- und Steuerrecht, 2004, § 3 S. 58.

4 Siehe → Rz. 272.

behandeln sind und ob sie auflagenfrei oder auflagenbehaftet zu sein haben, um eine stiftungsrechtliche Grundlage zu erhalten. Eine solche Bestimmung sollte ggf. im Wege der Satzungsänderung eingefügt werden.

HINWEIS:

Eine Zustiftung unter Auflagen kann eine unselbständige Stiftung innerhalb der selbständigen Stiftung begründen.

1.3 Spendenabzug für Zuwendungen an eine bestehende Stiftung

1252 Freigiebige Zuwendungen können **Zustiftungen** zum Stiftungsvermögen – wie im vorangegangenen Abschnitt dargestellt – aber auch **Zuwendungen zur Zweckverwirklichung** der Stiftung mit Verpflichtung zur zeitnahen Verwendung[1] sein. Zum Spendenabzug vgl. oben → Rz. 1156 ff.

HINWEIS:

Unklar ist, ob eine Zuwendung unter Rückforderungsvorbehalt steuerlich anzuerkennen ist. Wird beabsichtigt, eine betragsmäßig bedeutsame Spende zugunsten einer gemeinnützigen Einrichtung zu tätigen, wird die Vereinbarung von Rückforderungsrechten für den Schenkungsteuerfall zur Absicherung empfohlen. Der Spender habe i. d. R. keinen Einfluss auf die geförderte Einrichtung und könne die Versagung der Gemeinnützigkeit weder herbeiführen noch abwenden. Der Absicherung gegen das Risiko einer nachträglichen Festsetzung der Schenkungsteuer sei gegenüber einem möglichen Spendenabzug auf jeden Fall Vorrang einzuräumen. Sofern sich das zuständige Finanzamt aufgrund der vereinbarten Rückforderungsrechte weigern sollte, den Spendenabzug zuzulassen, wird geraten, diese Frage im Rechtsweg zu klären.[2]

1253 Spenden sind von der Vereinnahmung von **Sponsoringzahlungen**[3] abzugrenzen, die zu i. d. R. **steuerpflichtigen** Einnahmen im wirtschaftlichen Geschäftsbetrieb und zum Betriebsausgabenabzug des zuwendenden Unternehmens führen,[4] wenn eine Gegenleistung mit der Zuwendung verbunden ist. Für diese Sponsoring-Ausgaben kommt daher ein Spendenabzug beim Unternehmer/Unternehmen **nicht** in Betracht.

1 Siehe → Rz. 991.

2 Blusz, NWB 45/2018 S. 3302 NWB MAAAG-97906.

3 Zum Begriff des Sponsoring siehe AEAO zu § 64, Nr. 7; BMF, Schreiben v. 18.2.1998 - IV B 2 - S 2144 - 40/98 IV B 7 - S 0183 - 62/98, BStBl 1998 I S. 212 NWB EAAAA-77324; FinMin Bayern, Erlass v. 11.2.2000 - 33 - S 0183 - 12/14 - 59238, DB 2000 S. 548.

4 Siehe Buchna/Leichinger/Seeger/Brox, Gemeinnützigkeit im Steuerrecht, Tz. 2.15.4.1, S. 291 ff.; AEAO zu § 64 Abs. 1, Nr. 8–11.

Nach dem BMF-Schreiben vom 18.2.1998[1] sind Zuwendungen des Sponsors, die **keine Betriebsausgaben** sind, **als Spenden** gem. § 10b EStG zu behandeln, wenn sie zur Förderung steuerbegünstigter Zwecke freiwillig oder aufgrund einer freiwillig eingegangenen Rechtspflicht erbracht werden, kein Entgelt für eine bestimmte Leistung des Empfängers sind und nicht in einem tatsächlichen wirtschaftlichen Zusammenhang mit dessen Leistungen stehen. Ein Betriebsausgabenabzug kommt auch nicht beim Vorliegen einer Gegenleistung in Betracht, wenn ein Missverhältnis zwischen den Leistungen des Sponsors und dem erstrebten wirtschaftlichen Vorteil besteht. Auch hohe Sponsoringaufwendungen im Verhältnis zum Gewinn des Sponsors werden als Indiz für eine gesellschaftliche (nach § 12 EStG nicht abzugsfähige) Veranlassung angesehen.[2] 1254

Gleiches gilt für sogenannte **Benefizveranstaltungen** (z. B. Theateraufführungen, Konzerte), wobei der Besucher eine **geldwerte Leistung** erhält.[3] Nur wenn Leistungsentgelt und Spende ersichtlich getrennt sind und auch so behandelt werden, kann eine Spendenbescheinigung in Höhe der Spende erteilt werden. Die Benennung eines Saals nach einem Sponsor begründet keinen wirtschaftlichen Geschäftsbetrieb,[4] dagegen wohl Werbeseiten oder -beilagen des Sponsors und – wenn die Umschaltung auf die Werbeseiten des Sponsors möglich ist – auch das Logo des Sponsors auf der Internetseite der gemeinnützigen Stiftung, während sonst das Logo des Sponsors ohne besondere Hervorhebung und Mitwirkung der Stiftung nach dem **Sponsoring-Erlass**[5] unschädlich ist. 1254/1

Aufwendungsersatzansprüche können Gegenstand sogenannter **Aufwandsspenden** gem. § 10b Abs. 3 Satz 5 und 6 EStG sein. Das gilt auch im Verhältnis eines Zuwendungsempfängers zu seinen ehrenamtlich tätigen Mitgliedern. Hat der Zuwendende einen Aufwendungsersatzanspruch gegenüber dem Zuwendungsempfänger und verzichtet er darauf, ist ein Spendenabzug nach § 10b Abs. 3 Satz 5 EStG allerdings nur dann rechtlich zulässig, wenn der entsprechende Aufwendungsersatzanspruch durch einen Vertrag oder die Sat- 1255

1 Ehlers/Schmidt/Korfmann/Melzer/Klöck/Brixius, S&S RS 6/2013; sogenannter Sponsoring-Erlass, BMF, Schreiben v. 18.2.1998 - IV B 2 - S 2144 - 40/98 IV B 7 - S 0183 - 62/98, BStBl 1998 I S. 212 NWB EAAAA-77324.

2 Hessisches FG, Urteil v. 23.11.1998 - 4 K 1309/97, EFG 1999 S. 496; Buchna/Leichinger/Seeger/Brox, Gemeinnützigkeit im Steuerrecht, Tz. 2.15.4.1, S. 292.

3 Siehe Buchna/Leichinger/Seeger/Brox, Gemeinnützigkeit im Steuerrecht, Tz. 3.10, S. 472.

4 FinMin Bayern, Erlass v. 11.2.2000 - 33 - S 0183 - 12/14 - 59238, DB 2000 S. 548.

5 BMF, Schreiben v. 18.2.1998 - IV B 2 - S 2144 - 40/98 IV B 7 - S 0183 - 62/98, BStBl 1998 I S. 212 unter III. NWB EAAAA-77324.

zung eingeräumt worden ist, und zwar bevor die zum Aufwand führende Tätigkeit begonnen worden ist.[1]

1256 Der Verzicht auf bestehende sonstige Ansprüche (**Rückspende**), wie z. B. Lohn- oder Honorarforderungen oder gesetzliche Ansprüche (die keine Aufwendungsersatzansprüche sind), ist unter den nachstehend aufgeführten Voraussetzungen als Spende i. S. des § 10b EStG abziehbar. Ansprüche auf einen Aufwendungsersatz oder auf eine Vergütung müssen ernsthaft eingeräumt sein und dürfen nicht von vornherein unter der Bedingung des Verzichts stehen. Wesentliche Indizien für die Ernsthaftigkeit von Ansprüchen auf Aufwendungsersatz oder auf eine Vergütung sind auch die zeitliche Nähe der Verzichtserklärung zur Fälligkeit des Anspruchs und die wirtschaftliche Leistungsfähigkeit des Zuwendungsempfängers. Die Verzichtserklärung ist dann noch zeitnah, wenn bei einmaligen Ansprüchen innerhalb von drei Monaten und bei Ansprüchen aus einer regelmäßigen Tätigkeit innerhalb eines Jahres nach Fälligkeit des Anspruchs der Verzicht erklärt wird. Regelmäßig ist eine Tätigkeit, wenn sie gewöhnlich monatlich ausgeübt wird. Die wirtschaftliche Leistungsfähigkeit ist anzunehmen, wenn der Zuwendungsempfänger ungeachtet eines späteren Verzichts durch den Zuwendenden bei prognostischer Betrachtung zum Zeitpunkt der Einräumung des Anspruchs auf den Aufwendungsersatz oder die Vergütung wirtschaftlich in der Lage ist, die eingegangene Verpflichtung zu erfüllen. Wird auf einen Anspruch verzichtet, muss dieser auch im Zeitpunkt des Verzichts tatsächlich werthaltig sein. Nur dann kommt ein Abzug als steuerbegünstigte Zuwendung in Betracht.[2] Sofern die Körperschaft im Zeitpunkt der Einräumung des Anspruchs auf einen Aufwendungsersatz oder eine Vergütung wirtschaftlich in der Lage ist, die eingegangene Verpflichtung zu erfüllen, kann regelmäßig davon ausgegangen werden, dass der Anspruch im Zeitpunkt des Verzichts noch werthaltig ist. Etwas anderes gilt nur dann, wenn sich die finanziellen Verhältnisse des Vereins im Zeitraum zwischen der Einräumung des Anspruchs und dem Verzicht wesentlich verschlechtert haben. Von der wirtschaftlichen Leistungsfähigkeit ist immer dann auszugehen, wenn die Körperschaft offensichtlich über genügend liquide Mittel bzw. sonstiges Vermögen verfügt, das zur Begleichung der eingegangenen Verpflichtung herangezogen wird. Dabei ist keine Differenzierung nach steuerbegünstigtem Tätigkeitsbereich (ideelle Tätigkeit, Zweckbetrieb), steuerfreier

1 BMF, Schreiben v. 24.8.2016 - IV C 4 - S 2223/07/0010: 007, BStBl 2016 I S. 994 NWB SAAAF-81622 = DStR 2016 S. 2161; BMF, Schreiben v. 25.11.2014 - IV C 4 - S 2223/07/0010: 005, BStBl 2015 I S. 1584 NWB FAAAE-80520.

2 Rausch/Meirich, DStR 2017 S. 2769, 2770.

Vermögensverwaltung oder steuerpflichtigem wirtschaftlichen Geschäftsbetrieb vorzunehmen.[1] Bei dem nachträglichen Verzicht auf den Ersatz der Aufwendungen bzw. auf einen sonstigen Anspruch handelt es sich um eine Geldspende, bei der entbehrlich ist, dass Geld zwischen dem Zuwendungsempfänger und dem Zuwendenden tatsächlich hin und her fließt. Dem Zuwendenden ist deshalb eine Zuwendungsbestätigung über eine Geldzuwendung zu erteilen, in der auch ausdrückliche Angaben darüber zu machen sind, ob es sich um den Verzicht auf die Erstattung von Aufwendungen handelt. Eine Zuwendungsbestätigung darf nur erteilt werden, wenn sich der Ersatzanspruch auf Aufwendungen bezieht, die zur Erfüllung der satzungsmäßigen Zwecke des Zuwendungsempfängers erforderlich waren. Für die Höhe der Zuwendung ist der vereinbarte Ersatzanspruch maßgeblich.[2]

Bei **Sachspenden**[3] ist grds. der gemeine Wert (§ 9 BewG) anzusetzen.[4] Bei Sach- 1257
spenden von Wirtschaftsgütern, die unmittelbar vor der Spende einem Betriebsvermögen entnommen werden und von der steuerbefreiten Stiftung für steuerbegünstigte Zwecke i. S. von § 10b Abs. 1 Satz 1 EStG verwendet werden, kann wahlweise der Buchwert angesetzt werden. Dies gilt aber nicht für Nutzungen und Leistungen (§ 6 Abs. 1 Nr. 4 Satz 2 EStG). Im Übrigen gilt für Entnahmen der Teilwert (§ 6 Abs. 1 Nr. 4 Satz 1 EStG).

Soll die Zuwendung eine Sachspende sein, stellt sich die Frage, ob es **zweck- 1257/1**
mäßiger ist, der Stiftung eine Geldspende zukommen zu lassen mit der Bedingung, die Sache käuflich zu erwerben. Dies bietet sich vor allem an, um Auseinandersetzungen mit der Finanzbehörde hinsichtlich des nach § 9 Abs. 2 BewG auszusetzenden gemeinen Werts (Marktwert) zu vermeiden.[5] Bei **Entnahme** aus einem Betriebsvermögen liegt ein Umsatzsteuer auslösender Tatbestand vor (§ 3 Abs. 1b UStG). Wie die Sachentnahme selbst ist die im betroffenen Unternehmen anfallende Umsatzsteuer nichtabziehbare Ausgabe i. S. von § 12 Nr. 3 EStG, § 10 Nr. 2 KStG. Es ist nicht mehr strittig, dass bei Sachspenden aus einem Betriebsvermögen der Spendenwert die auf den Eigenverbrauch entfallende Umsatzsteuer einschließt.[6] Die Spendenbescheinigung der

1 BMF, Schreiben v. 24.8.2016 - IV C 4 - S 2223/07/0010: 007, BStBl 2016 I S. 994 NWB SAAAF-81622 = DStR 2016 S. 2161, Tz. 3.

2 Rausch/Meirich, DStR 2017 S. 2769, 2770.

3 Siehe BMF, Schreiben v. 7.11.2013 - IV C 4 - S 2223/07/0018: 005, BStBl 2013 I S. 1333 NWB LAAAE-48987.

4 Schauhoff, Handbuch der Gemeinnützigkeit, § 12 Rz. 105; BMF, Schreiben v. 7.11.2013 - IV C 4 - S 2223/07/0018: 005, BStBl 2013 I S. 1333 NWB LAAAE-48987.

5 Siehe zur Spendenbescheinigung → Rz. 1260.

6 Siehe Buchna/Leichinger/Seeger/Brox, Gemeinnützigkeit im Steuerrecht, Tz. 3.4.5, S. 435.

empfangenden Stiftung hat daher zur Geltendmachung die Umsatzsteuer einzubeziehen.

1258 Zuwendungen im Zusammenhang mit **Gegenleistungen** sind generell nicht nach § 10b EStG als Spenden i. S.von § 10b EStG anzusehen, sondern Entgelt und daher nicht als Sonderausgaben gem. § 10b EStG abzugsfähig.[1]

1259 Spenden i. S.von § 10b EStG und § 9 Abs. 1 Nr. 2 KStG darf der Spender nach § 50 Abs. 1 EStDV nur bei Vorlage einer förmlichen **Spendenbescheinigung** geltend machen (sofern nicht der vereinfachte Nachweis durch Bareinzahlungsbeleg oder Buchungsbestätigung des Geldinstituts gem. § 50 Abs. 4 Satz 1 Nr. 2 EStDV bei Katastrophenfällen und Beträgen bis 300 € zugelassen ist.[2]

1260 In § 63 Abs. 5 Nr. 1 AO ist gesetzlich[3] geregelt, wann eine Körperschaft Zuwendungsbestätigungen ausstellen darf. Aus der Gesetzesbegründung ergibt sich, dass die Regelung des § 63 Abs. 5 Nr. 2 AO Körperschaften, die noch keinen Feststellungsbescheid erhalten haben, ermöglichen soll, Zuwendungsbestätigungen auszustellen. Dies heißt im Umkehrschluss aber auch, dass im Falle einer Ablehnung der Steuerbegünstigung nach § 5 Abs. 1 Nr. 9 KStG nach Erteilung des Bescheids nach § 60a AO keine Zuwendungsbestätigungen mehr erteilt werden dürfen.[4]

1260/1 Verstößt eine Körperschaft gegen die Regelungen in § 63 Abs. 5 AO, dann entspricht die tatsächliche Geschäftsführung nicht den gesetzlichen Anforderungen und dies führt zu einem Wegfall der Steuerbegünstigung für den betroffenen VZ.

1260/2 Eine gültige **Spendenbescheinigung/Zuwendungsbestätigung** muss dem **amtlichen Muster** entsprechen.[5] Die amtlich vorgeschriebenen Muster sind vollständig vom Spendenempfänger auszufüllen. Spendenbestätigungen, in denen das angegebene Datum des Körperschaftsteuerfreistellungsbescheides länger als fünf Jahre bzw. das Datum der Feststellungsbescheinigung nach § 60a AO länger als drei Jahre seit dem Tag der Ausstellung der Spendenbestätigung zurückliegt, werden nicht anerkannt.[6]

1 Buchna/Leichinger/Seeger/Brox, Gemeinnützigkeit im Steuerrecht, Tz. 3.3.2.3, S. 421; BFH, Urteil v. 9.12.2014 - X R 4/11 NWB BAAAE-88365.

2 Hüttemann, DB 2021 S. 72.

3 Ehrenamtsstärkungsgesetz v. 21.3.2013, BStBl 2013 I S. 339.

4 Emser, NWB 13/2013 S. 908, 914 NWB UAAAE-32352.

5 BMF, Schreiben v. 26.3.2014 - IV C 4 - S 2223/07/0018: 005, BStBl 2014 I S. 1333 NWB MAAAE-61542, in dem eine Übergangsfrist zur Verwendung der alten Vordrucke bis längstens 31.12.2014 geregelt wird.

6 Buchna/Leichinger/Seeger/Brox, Gemeinnützigkeit im Steuerrecht, Tz. 3.9.1, S. 467.

Gemäß § 50 Abs. 4 EStDV hat die Stiftung die Vereinnahmung und die zweckentsprechende Verwendung der Spenden ordnungsgemäß **aufzuzeichnen** und ein **Doppel** der Zuwendungsbestätigung aufzubewahren.[1] Im Einvernehmen mit den obersten Finanzbehörden der Länder gilt für die Frage, ob durch den Zuwendungsempfänger **elektronisch** an den Zuwendenden **übersandte Zuwendungsbestätigungen** als Zuwendungsnachweise i. S. des § 10b EStG i.V. mit § 50 Abs. 1 EStDV anerkannt werden können und zum Sonderausgabenabzug berechtigen, Folgendes: „Zuwendungsempfänger, die dem zuständigen Finanzamt die Nutzung eines Verfahrens zur maschinellen Erstellung von Zuwendungsbestätigungen gem. R 10b.1 Abs. 4 EStR angezeigt haben, können die maschinell erstellten Zuwendungsbestätigungen auf elektronischem Weg in Form schreibgeschützter Dokumente an die Zuwendenden übermitteln. Für die Abzugsberechtigung ist es dann unerheblich, dass der Zuwendungsempfänger den Ausdruck des entsprechenden Dokuments nicht selbst übernimmt, sondern dem Zuwendenden überlässt."[2] 1260/3

Den Preis dafür, dass die Spender grds. von der Richtigkeit der ihnen erteilten Spendenbescheinigung ausgehen dürfen (Vertrauensschutz des Zuwendenden, § 10b Abs. 4 Satz 1 EStG) haben die Vorstände der Stiftungen zu bezahlen. Die sogenannte **Ausstellerhaftung** trifft grds. nur die **Stiftung** (§ 50 Abs. 1 EStDV).[3] Der **Stiftungsvorstand haftet** gem. § 9 Abs. 3 Satz 2 KStG und § 10b Abs. 4 Satz 2 und 3 EStG bei Vorsatz und grober Fahrlässigkeit **für die Richtigkeit** von Spendenbescheinigungen und für die **Verwendung** zu den in der Spendenbescheinigung angegebenen steuerbegünstigten Zwecken (§ 10b Abs. 4 EStG n. F.).[4] Die Spende darf auch nicht zu einem anderen steuerbegünstigten Zweck verwendet werden. Der Veranlasser einer Mittelverwendung, die nicht zu den in den Spendenbescheinigungen angegebenen steuerbegünstigten Zwecken erfolgt, haftet für die entgangene Steuer.[5] Die **Haftungssumme** beträgt seit 1.1.2007 30 % des Spendenbetrages (§ 9 Abs. 3 Satz 3 KStG, entspricht § 10b Abs. 4 Satz 3 EStG). 1261

1 Buchna/Leichinger/Seeger/Brox, Gemeinnützigkeit im Steuerrecht, Tz. 3.9.3, S. 471.

2 BMF, Schreiben v. 6.2.2017- IV C 4 - S 2223/07/0012, BStBl 2017 I S. 287 NWB MAAAG-37583 = DStR 2017 S. 330.

3 OFD Frankfurt, Vfg. v. 17.3.2014 - S 2223 A - 95 - St 53, DStR 2014 S. 1445.

4 OFD Frankfurt, Vfg. v. 17.3.2014 - S 2223 A - 95 - St 53, DStR 2014 S. 1445; auch die Verwendung zu einem anderen steuerbegünstigten Zweck als angegeben ist schädlich, so FG Münster, Urteil v. 22.1.2001 - 9 K 1222, 1265/97 K, DStRE 2001 S. 867, bestätigt durch BFH, Urteil v. 10.9.2003 - XI R 58/01, BStBl 2004 II S. 352 NWB TAAAB-13899.

5 Siehe Geserich, S&S RS 3/2001 S. 1.

1262 Wird eine Stiftung im Körperschaftsteuer-Veranlagungsverfahren als nicht steuerbegünstigt qualifiziert, obwohl ein Feststellungsbescheid nach § 60a AO über die Steuerbegünstigung ausgestellt worden war, ist eine **Haftung gem. § 10b Abs. 4 EStG** denkbar.[1] Ebenso lässt sich die Vorschrift aber auch dahin gehend verstehen, dass eine abweichende Verwendung nur dann vorliegt, wenn die bestätigten Zwecke und die tatsächliche Verwendung nicht übereinstimmen. Die Regelung ist im Zusammenhang mit der 1. Alternative des § 10b Abs. 4 Satz 2 EStG zu sehen, wonach derjenige haftet, der vorsätzlich oder grob fahrlässig eine unrichtige Bestätigung ausstellt. Stellt man die Haftungstatbestände der fehlerhaften Ausstellung und der abweichenden Verwendung nebeneinander, so spricht viel dafür, das Unrichtig werden einer Bestätigung wegen der **rückwirkenden Aberkennung** der Gemeinnützigkeit des Spendenempfängers als Fall der Unrichtigkeit der 1. Alternative zuzuordnen. Dies führt jedoch dazu, dass in bestimmten Fällen[2] der Fiskus das Ausfallrisiko trägt; denn die Haftung wegen Unrichtigkeit der ausgestellten Spendenbestätigung setzt **Verschulden** voraus, das bei einer Anerkennung des Spendenempfängers als gemeinnützig im Regelfall nicht gegeben sein wird. Andererseits scheint es dem BFH bei summarischer Betrachtung bedenklich, die weitgefasste Verursacherhaftung auf die Fälle auszudehnen, in denen Spendenbestätigung und Verwendung übereinstimmen, die Steuerbegünstigung der Zwecke jedoch rückwirkend entfällt.

Da die rückwirkende Aberkennung der Steuerbegünstigung kein rückwirkendes Ereignis i. S. von § 175 Abs. 1 Satz 1 Nr. 2 AO ist, **bleibt** der **Spendenabzug bestehen**.[3]

1263 **Mehrere Personen** haften als **Gesamtschuldner** (§ 44 AO). Die Haftung für zweckentfremdete Mittelverwendung setzt ein Verschulden nicht voraus[4] und ist daher besonders gefährlich.

1 So das FG Münster, Beschluss v. 22.3.2001 - 7 V 4469/00 NWB FAAAB-10541 = EFG 2001 S. 838; BFH, Beschluss v. 3.12.2001 - XI B 86/01 NWB QAAAA-67986.

2 BFH, Beschluss v. 3.12.2001 - XI B 86/01 NWB QAAAA-67986.

3 Siehe aber →Rz. 1264; vgl. auch Hüttemann, Gemeinnützigkeits- und Spendenrecht, § 8 Rz. 121; Buchna/Leichinger/Seeger/Brox, Gemeinnützigkeit im Steuerrecht, Tz. 3.7, S. 455.

4 Buchna/Leichinger/Seeger/Brox, Gemeinnützigkeit im Steuerrecht, Tz. 3.8.2, S. 460; a. A. Hüttemann, Gemeinnützigkeits- und Spendenrecht, § 8 Rz. 132; siehe auch BFH, Beschluss v. 23.2.1999 - XI B 128/98 NWB MAAAA-62873 = DStRE 1999 S. 624.

Dem Finanzamt wird ein relativ weiter Spielraum zuerkannt, an welchen von mehreren Haftungsschuldnern es sich halten will. Es muss sich jedoch ermessensgerecht verhalten.[1]

Rückwirkende Aberkennung der Gemeinnützigkeit führt zum **Wegfall** des Spendenabzuges, wenn dem Spender die Unrichtigkeit der Bestätigung bekannt oder infolge grober Fahrlässigkeit nicht bekannt war.[2] Im Übrigen gilt der Grundsatz von Treu und Glauben.[3] 1264

Der Verlust der Anerkennung als gemeinnützige Stiftung kann durch Abhilfemaßnahmen auch vorübergehend sein; dennoch kann bei Aberkennung der Vermögensanfall an eine andere steuerbegünstigte Körperschaft ausgelöst werden.[4]

Eine Spendenbescheinigung kann einen **Vertrauensschutz** dann nicht begründen, wenn es für den Leistenden und den Empfänger der Zahlung angesichts der Begleitumstände klar erkennbar ist, dass die Zahlung in einem Gegenleistungsverhältnis steht, denn nach § 10b Abs. 4 Satz 1 EStG darf nur der gutgläubige Steuerpflichtige auf die Richtigkeit der Bestätigung über Spenden vertrauen.[5] 1265

Wird eine Zustiftung in **Erfüllung eines Vermächtnisses** vom Erben vorgenommen, ist ihm nach der BFH-Rechtsprechung[6] der Spendenabzug verwehrt. 1266

HINWEIS:

Anders ist dies bei einer Schenkung unter Auflage an den Ehegatten. Hier lässt der BFH den Spendenabzug trotz der Auflage zu.[7] Im konkreten Fall hat die Ehefrau insgesamt 400.000 € erhalten, jedoch unter der Bedingung, davon insgesamt 130.000 € an zwei gemeinnützige Vereine weiterzuleiten. Der Fall wurde zwar zur Sachverhaltsaufklärung an das Finanzgericht zurückverwiesen. Für den Fall des Vorliegens einer Schenkung geht der BFH davon aus, dass die entscheidenden Merkmale der Freiwilligkeit und des Fehlens einer Gegenleistung vorlägen und damit ein Spendenabzug zulässig sei. Nach Ansicht des BFH ändert an der Freiwilligkeit auch nichts, dass die Weiterleitung an die gemeinnützigen Einrichtungen Voraussetzung für den Erhalt der restlichen 270.000 € war.

---

1 OFD Frankfurt, Vfg. v. 17.3.2014 - S 2223 A - 95 - St 53, DStR 2014 S. 1445, 1446; BFH, Beschluss v. 23.2.1999 - XI B 128/98 NWB MAAAA-62873.

2 Siehe → Rz. 1262 a. E.; vgl. auch § 10b Abs. 4 EStG, § 9 Abs. 3 Satz 1 KStG; siehe auch BFH, Urteil v. 11.6.1997 - X R 242/93, BStBl 1997 II S. 612 NWB NAAAA-95958.

3 BFH, Urteil v. 11.6.1997 - X R 242/93, BStBl 1997 II S. 612 NWB NAAAA-95958.

4 Herfurth, S&S 5/1998 S. 24.

5 BFH, Urteil v. 2.8.2006 - XI R 6/03, BStBl 2007 II S. 8 NWB RAAAC-18009.

6 BFH, Urteil v. 23.10.1996 - X R 75/94, BStBl 1997 II S. 239 NWB YAAAA-95788; BMF, Schreiben v. 22.3.1993 - IV B 4 - S 2223 - 47/93, BStBl 1993 I S. 298 NWB IAAAA-78137.

7 BFH, Urteil v. 15.1.2019 - X R 6/17, BStBl 2019 II S. 318 NWB EAAAH-10195 = DStR 2019 S. 608.

1267 Für (partiell) steuerpflichtige **Unterstützungskassen** in Stiftungsform gelten Besonderheiten.[1] Zuwendungen des Trägerunternehmens an die Unterstützungskasse sind nicht als steuerpflichtige Einkünfte der Stiftung anzusehen. Die Höhe der Zuwendungen wird durch § 4d EStG bestimmt.

1268 **Spenden** wären als unentgeltliche Zuwendung an sich nach § 7 Abs. 1 Nr. 1 ErbStG schenkungsteuerpflichtig, wenn sie nicht ausdrücklich nach § 13 Abs. 1 Nr. 16 und Nr. 17 ErbStG schenkungsteuerbefreit wären.

1268/1 Ist der Spender gewerbesteuerpflichtig, richtet sich die Abzugsfähigkeit der Spenden beim Gewerbeertrag nach § 9 Nr. 5 GewStG.

1.4 Organschaft

1269 Steuerbefreite Stiftungen sowie Stiftungen mit Sitz oder Geschäftsleitung im **Ausland** können nach § 14 Nr. 2 KStG **nicht** Organträger sein.

1270 Eine **inländische** Stiftung als Organträgerin muss mindestens ihre **Beteiligungen an den Organen** als einen **steuerpflichtigen Geschäftsbetrieb** führen, da die Organschaft nur bei Vorliegen eines Gewerbebetriebs bei dem Organträger anerkannt werden kann, § 14 Abs. 1 Nr. 2 Satz 1 KStG.[2]

1271 Die Anerkennung einer steuerbegünstigten Stiftung **als Organgesellschaft** mit Gewinnabführungsvertrag ist **nicht** denkbar, da § 55 Abs. 1 Satz 1 AO dem entgegensteht.

1272 Bei Stiftungen, die Beteiligungen außerhalb eines Gewerbebetriebs führen, ist die Organschaft mit steuerlicher Wirkung ausgeschlossen.[3]

1.5 Ausgründung von Unternehmen

1273 Bei Stiftungen, die steuerpflichtige Unternehmen als Unternehmerin oder Mitunternehmerin in der Form des wirtschaftlichen Geschäftsbetriebs oder eines Zweckbetriebs einer im Übrigen nach § 5 Abs. 1 Nr. 9 KStG steuerbefreiten Stiftung betreiben, kommt aus Finanzierungs- und Organisationsgründen häufig eine **rechtliche Verselbständigung** in Betracht. Diese – auch **„Ausgründung"** oder **„Outsourcing"**[4] genannt – vollzieht sich so, dass eine Gesellschaft gegründet wird und die Stiftung ihr Unternehmen oder ihren Mitunternehmer-

1 BMF, Schreiben v. 28.11.1996 - IV B 2 - S 2144c-44/96, DStR 1996 S. 1931.

2 Buchna/Leichinger/Seeger/Brox, Gemeinnützigkeit im Steuerrecht, Tz. 2.15.3.2, S. 289.

3 Hinweis auf BFH, Urteil v. 17.12.1969 - I 252/64, BStBl 1970 II S. 257 NWB VAAAA-90546.

4 Orth, S&S 1/1998 S. 20; Orth, S&S RS 5/1999 S. 2 zur Auslagerung von Bereichen, Funktionen und Prozessen auf externe Unternehmen; Tönnes/Wevel, DStR 1998 S. 274.

anteil als Sacheinlage einbringt. Bei einer nach § 5 Abs. 1 Nr. 9 KStG steuerbefreiten Stiftung dürfen zur **Kapitalausstattung der Tochtergesellschaft** im Grundsatz keine Mittel verwendet werden, die dem Gebot der satzungsgemäßen zeitnahen Verwendung des § 55 AO unterliegen. Dies gilt nicht ausnahmslos, so etwa wenn die Einnahmen weniger als 45.000 € betragen oder wenn Mittel gem. § 58 Nr. 3 AO verwendet werden, um z. B. eine gGmbH-Tochter zu gründen. Denkbar ist auch der Einsatz freier Rücklagen.[1] Aber auch die Ausgliederung von Zweckbetrieben auf eine steuerbegünstigte Tochter-Kapitalgesellschaft ist entgegen der bisherigen Verwaltungsansicht möglich. Es tritt kein Sphärenwechsel ein.[2]

Das UmwStG sieht für die Einbringung eines Betriebs, eines Teilbetriebs oder 1274
Mitunternehmeranteils in eine Kapitalgesellschaft (§ 20) die Fortführung der Buchwerte unter bestimmten Bedingungen vor. Eine Stiftung des bürgerlichen Rechts ist spaltungsfähiger Rechtsträger i. S. des § 124 UmwG. Daher können Vermögensübertragungen ohne Liquidation im Wege der Auf- oder Abspaltung (§ 123 UmwG) auf eine Kapitalgesellschaft erfolgsneutral nach den Vorschriften der §§ 15 und 16 UmwStG vorgenommen werden.

Für die **Spaltung zur Aufnahme** gelten §§ 126 ff. UmwG, für die **Spaltung zur** 1275
Neugründung §§ 135 ff. UmwG. Für die Beteiligung an einer GmbH bzw. AG oder KGaA gelten die besonderen Vorschriften der §§ 138 ff. bzw. §§ 141 ff. UmwG.

Stiftungen sind nicht in § 3 UmwG, sondern in § 124 Abs. 1 UmwG zur Spal- 1275/1
tung durch Aufnahme von Vermögensteilen auf einen bestehenden oder neu gegründeten Rechtsträger zugelassen (§§ 126 ff. UmwG).[3]

Ferner eröffnet § 161 UmwG die **Ausgliederung** der von einer rechtsfähigen 1276
Stiftung i. S. von § 80 BGB betriebenen Unternehmen (mithin auch von wirtschaftlichen Geschäftsbetrieben und Zweckbetrieben) oder von Teilen desselben zur Aufnahme durch Personenhandels- oder Kapitalgesellschaften oder zur Neugründung von Kapitalgesellschaften. Für den Ausgliederungsbeschluss, den Ausgliederungsbericht, die staatliche Genehmigung und für den Sachgründungs- und Gründungsbericht sind §§ 162 ff. UmwG maßgebend. Auch hier ist **Buchwertfortführung** durch Antragstellung möglich (§§ 11–16 UmwStG).

1 AEAO zu § 55 Abs. 1 Nr. 5, Nr. 31; Hüttemann, DB 2021 S. 72, 77; ZStV Aktuell 2022 S. IV.
2 Hüttemann, DB 2021 S. 72, 77.
3 Orth, S&S RS 5/1999 S. 10.

1277 Bei Übertragungen auf eine **Personengesellschaft**, die nach den Ausführungen unter →Rz. 1095 ff. i. d. R. nicht interessant sein dürfte, gelten gem. § 16 UmwStG die Vorschriften der §§ 3–8, 10 und 15 UmwStG entsprechend.

1278 Gemeinnützigkeitsrechtlich ist die **Ausgliederung auf** eine der Stiftung gehörende **Tochtergesellschaft** eine **unschädliche Umschichtung** des nicht der zeitnahen Mittelverwendung unterliegenden Stiftungsvermögens, wenn ein steuerpflichtiger oder steuerbefreiter Teil desselben in eine Kapital- oder Personengesellschaft ausgegliedert wird.[1] Letzteres wird aber stiftungsrechtlich nur zugelassen, wenn die **Haftung** der Stiftung **beschränkt** ist, d. h., sie kann nur Kommanditistin sein. Ein **Zweckbetrieb** kann auch in eine steuerbefreite Kapitalgesellschaft bei Erfüllung aller Anforderungen des § 5 Abs. 1 Nr. 9 KStG ausgegliedert werden.[2] Bei **„Outsourcing" auf Fremde** mit Vermögensübertragung liegt ein Verstoß gegen das Gebot der satzungsgemäßen Vermögensbindung des § 61 AO[3] vor. Dient dieser Fremde nur funktionsmäßig der Zweckverwirklichung, muss er Hilfsperson i. S. von § 57 Abs. 1 Satz 2 AO sein. **Zeitnah zu verwendende Mittel** der Stiftung dürfen keinesfalls zur Kapitalausstattung eines steuerpflichtigen ausgegründeten Betriebes verwendet werden.[4] Bei Beteiligung Dritter muss auch steuerrechtlich ein Wertausgleich stattfinden.[5]

1279 Die Grundsätze der **Betriebsaufspaltung**[6] sind auch auf steuerbefreite Stiftungen anzuwenden, die die wirtschaftliche **Tätigkeit auf eine Kapitalgesellschaft ausgegliedert** haben, wenn diese steuerpflichtig ist;[7] sie sind nicht anwendbar, wenn die Kapitalgesellschaft selbst nach § 5 Abs. 1 Nr. 9 KStG steuerbefreit ist.

1280 Die Umwandlung (Ausgliederung) hat insbesondere bei steuerbegünstigten Stiftungen Bedeutung, um die anlässlich der Errichtung eingebrachten Betriebe und Mitunternehmeranteile auf eine Tochter-GmbH auszugliedern und so einen wirtschaftlichen Geschäftsbetrieb zu **vermeiden**.[8] Diesen Weg sind viele gemeinnützige Körperschaften auch deshalb gegangen, um zu vermeiden, dass die gewachsenen wirtschaftlichen Geschäftsbetriebe ihr das Gepräge als steuerbefreite Körperschaft nahmen. Durch die Umwandlung konnten die er-

---

1 Siehe auch Orth, S&S RS 5/1999 S. 12 f.

2 So auch Orth, S&S RS 5/1999 S. 13.

3 Siehe →Rz. 1031 f.

4 Siehe →Rz. 990; OFD Rostock, Vfg. v. 21.3.2001 - S 0174 - 02/01 - St 241, DStR 2001 S. 942; Schröder, DStR 2001 S. 1415.

5 OFD Rostock, Vfg. v. 21.3.2001 - S 0174 - 02/01 - St 241, DStR 2001 S. 942.

6 →Rz. 958.

7 Buchna/Leichinger/Seeger/Brox, Gemeinnützigkeit im Steuerrecht, Tz. 2.15.4.3, S. 298 und Tz. 4.5.4, S. 549 ff.

8 Vgl. →Rz. 959.

langten Anteile der unschädlichen **Vermögensverwaltung** zugerechnet werden.

1.6 Investitionszulage

1281 Während – bei Erfüllung aller Voraussetzungen – eine steuerpflichtige Stiftung Investitionszulage nach dem Investitionszulagengesetz bzw. dem Auslandsinvestitionsgesetz beanspruchen kann, ist dies einer steuerbefreiten Stiftung verwehrt.[1]

1.7 Gewerbesteuer

1.7.1 Grundsatz der Steuerfreiheit

1282 Nach der Satzung und der tatsächlichen Geschäftsführung **ausschließlich und unmittelbar gemeinnützigen, mildtätigen oder kirchlichen Zwecken dienende Unternehmen** sind nach § 3 Nr. 6, 9, 20 GewStG in gleicher Weise wie bei der Körperschaftsteuer **steuerbefreit**.[2]

1283 Gemäß § 3 Nr. 6 GewStG gilt die Steuerbefreiung für Stiftungen, die ausschließlich und unmittelbar gemeinnützigen, mildtätigen oder kirchlichen Zwecken nach Satzung und tatsächlicher Geschäftsführung dienen, nicht für ihre **wirtschaftlichen Geschäftsbetriebe** (ausgenommen LuF, so schon § 2 Abs. 3 GewStG im Ergebnis).

1.7.2 Steuerpflicht des wirtschaftlichen Geschäftsbetriebs

1284 Gewinn- und Verlustanteile einer ganz oder partiell steuerpflichtigen Stiftung aus Mitunternehmerschaften werden bei diesen ggf. gewerbesteuerlich erfasst (§§ 8, 9 Nr. 2 GewStG).

1285 Gemäß § 8 Nr. 5 GewStG werden **Gewinnausschüttungen von Kapitalgesellschaften** bei Beteiligungen unter 15 % des Grund- oder Stammkapitals voll (d. h. auch hinsichtlich der nach § 8b Abs. 1 KStG steuerbefreiten Ausschüttungen) der Gewerbeertragssteuer unterworfen. Dies jedoch nur, wenn die Beteiligung nicht zum Bereich der Vermögensverwaltung gerechnet werden kann.

1286 Die Stiftung kommt mit einem **wirtschaftlichen Geschäftsbetrieb** gewerbesteuerlich in den Genuss des **Schachtelprivilegs** (§ 9 Nr. 2a GewStG), wenn

---

1 BFH, Urteil v. 28.7.1994 III R - II R 2/92 NWB CAAAA-95042 = DB 1994 S. 2377.

2 Ambulante Vorsorge- und Rehabilitationseinrichtungen fallen unter die Befreiung des § 3 Nr. 20d GewStG, FinMin Bayern, Erlass v. 28.5.1999 - 33 - G 1412 - 12/18 - 22 940, DB 1999 S. 1355.

die Beteiligung mindestens 15 % des Grund- oder Stammkapitals der Kapitalgesellschaft beträgt. Auch das sogenannte „internationale Schachtelprivileg" des § 9 Nr. 7 GewStG setzt eine Beteiligungsquote von 15 % voraus.

1287 Nach § 7 GewStG wird bei einer partiell steuerpflichtigen Stiftung der **Gewinn** aus der Aufgabe der Veräußerung eines Betriebs, eines Teilbetriebs einer Mitunternehmerschaft des Anteils an einer Mitunternehmerschaft dem Gewerbeertrag zugerechnet.

1288 Sind die ein **verpachtendes Besitzunternehmen** beherrschenden Personen in der Lage, über eine zwischengeschaltete rechtsfähige Stiftung bei dem Betriebsunternehmen ihren Willen hinsichtlich aller wesentlichen unternehmerischen Entscheidungen durchzusetzen, sind die Grundsätze über die **Betriebsaufspaltung** anzuwenden.[1]

1289 Dieser Grundsatz gilt wegen des den §§ 14, 64 und 65 AO zugrunde liegenden Konkurrenzgedankens auch für gemeinnützige Stiftungen.[2] Dies hat zur Folge, dass auch gewerbesteuerlich eine steuerpflichtige wirtschaftliche Betätigung einer **Vermögensverwaltungsstiftung** vorliegt, wenn die eigentliche wirtschaftliche Tätigkeit im Wege der Betriebsaufspaltung auf eine selbständige Kapitalgesellschaft ausgegliedert worden ist.[3]

1290 Für die (gewerbesteuerpflichtigen) wirtschaftlichen Geschäftsbetriebe der ansonsten nach § 3 Nr. 6 oder Nr. 9 GewStG steuerbefreiten Stiftungen kommt der Freibetrag nach § 11 Abs. 1 Nr. 2 GewStG von 5.000 € beim Gewerbeertrag zum Zuge.

1.8 Umsatzsteuer

1291 Grundsätzlich gelten für Stiftungen umsatzsteuerlich keine Besonderheiten. Da nach § 2 Abs. 1 UStG Umsatzsteuerpflicht durch jede nachhaltige Tätigkeit zur Erzielung von Einnahmen auch ohne Absicht, dabei einen Gewinn zu erzielen, begründet wird, können auch von der Körperschaft-, Gewerbe- und Erbschaftsteuer **befreite** Stiftungen **umsatzsteuerpflichtig** sein.[4] Selbst Leistungen ansonsten steuerfreier Körperschaften an gemeinnützige Körperschaften fallen bei Nachhaltigkeit unter Umsatzsteuerpflicht. Echte **Zuschüsse**, auch an ei-

1 BFH, Beschluss v. 26.8.2005 - X B 98/05, BStBl 2005 II S. 833 NWB ZAAAB-66609.

2 OFD Frankfurt/M., Vfg. v. 18.2.1982 - S 2729-A-3 - St II 11/S 0178-A-4 - St II 11, Wpg 1982 S. 452.

3 BFH, Urteil v. 19.3.2002 - VIII R 57/99, BStBl 2002 II S. 662 NWB BAAAA-89310 = Wpg 2002 S. 675.

4 Otto, Handbuch der Stiftungspraxis, S. 202; vgl. ausführlich Buchna/Leichinger/Seeger/Brox, Gemeinnützigkeit im Steuerrecht, Tz. 4.5.1, S. 532 ff.

nen wirtschaftlichen Geschäftsbetrieb, sind nicht umsatzsteuerbar, da kein Leistungsaustausch vorliegt.[1]

Lediglich der ideelle Bereich ist als **nichtunternehmerischer Bereich** hiervon ausgenommen, so dass Tätigkeiten im Rahmen der Zweckerfüllung und bei Fehlen einer Einnahmeerzielungsabsicht (außerhalb eines Leistungsaustauschs) nicht steuerbar sind.[2] Hingegen sind die Tätigkeiten eines wirtschaftlichen Geschäftsbetriebs **stets** als **unternehmerisch** anzusehen.[3] Ausgehend von den vier Sphären (§ 64 AO) ergibt sich umsatzsteuerlich folgende Einteilung: 1291/1

Ideeller Bereich	Vermögensverwaltung	Zweckbetrieb	Wirtschaftlicher Geschäftsbetrieb
——	Unternehmerischer Bereich	Unternehmerischer Bereich	Unternehmerischer Bereich

Diese Differenzierung hat Auswirkungen auf den Vorsteuerabzug. Wird z. B. ein Pkw angeschafft, der im wirtschaftlichen Geschäftsbetrieb und für den ideellen Bereich eingesetzt wird, so ist die Vorsteuer nur anteilig abzugsfähig.[4] 1291/2

Da es im Umsatzsteuerrecht keinen generellen persönlichen Steuerfreibetrag gibt, kommen **Steuerbefreiungen** nur nach § 4 UStG in Betracht. Für einen steuerbefreiten Bereich ist der Vorsteuerabzug ausgeschlossen, so dass oft freiwillig zur Steuerpflicht optiert wird.[5] 1292

Aus dem **Befreiungskatalog** des § 4 UStG sind vor allem zu nennen: 1293

- Nr. 14 Heilberufliche Tätigkeiten,[6]
- Nr. 16 Krankenhäuser, Alten-, Pflegeheime u. Ä.,[7]
- Nr. 17b Beförderung von kranken und verletzten Personen mit Fahrzeugen, die hierfür besonders eingerichtet sind,[8]

1 Zu den steuerbaren Zuschüssen siehe Abschnitt 10.2 Abs. 1 ff. UStAE; Hüttemann, Gemeinnützigkeits- und Spendenrecht, § 7 Rz. 131 ff.

2 Erdbrügger in Schauhoff, Handbuch der Gemeinnützigkeit, § 13 Rz. 81 ff.

3 Erdbrügger in Schauhoff, Handbuch der Gemeinnützigkeit, § 13 Rz. 10.

4 Klöttschen/Muth/Krumpen/Hein, S&S RS 2/2014 S. 4.

5 Siehe Otto, Handbuch der Stiftungspraxis, S. 205.

6 Abschnitt 4.14.1 UStAE; BFH, Beschluss v. 3.2.2000 - V R 1/98 NWB BAAAA-97034 = DB 2000 S. 1107; BMF, Schreiben v. 27.3.2001, BStBl 2001 I S. 250, DStR 2001 S. 853; EuGH, Urteil v. 10.9.2002 - Rs. C-141/00 „Kügler" NWB SAAAB-72575 = DStRE 2002 S. 1196.

7 Abschnitt 4.16.1 UStAE; BMF, Schreiben v. 18.5.2000 - IV D 2 - S 7172 – 7-00 II NWB SAAAA-79149 = DStR 2000 S. 1095; BFH, Urteil v. 14.12.2000 - V R 54/98 NWB PAAAA-67755 = DB 2001 S. 416.

8 Abschnitt 4.17.2 UStAE.

- Nr. 18 Leistungen der freien Wohlfahrtspflege,[1]
- Nr. 20a von der zuständigen Landesbehörde anerkannte Theater, Orchester, Museen, Denkmäler u. Ä.,[2]
- Nr. 20b Theater- und Konzertveranstaltungen durch andere Unternehmer, wenn die Darbietung von den unter Nr. 20a genannten Theatern, Orchestern u. Ä. erbracht werden,[3]
- Nr. 21a unmittelbar dem Schul- und Bildungszweck dienende private Schulen und andere allgemeinbildende und berufsbildende Einrichtungen,[4]
- Nr. 22 Vorträge, Kurse und andere Veranstaltungen belehrender Art,
- Nr. 22b andere kulturelle und sportliche Veranstaltungen,[5]
- Nr. 23 Kindergärten, Ausbildungs- und Fortbildungsheime für Jugendliche,[6]
- Nr. 25 bestimmte Leistungen der förderungswürdigen Träger der freien Jugendhilfe,[7]
- Nr. 26b ehrenamtliche Tätigkeit.

1294 Bei **Forschungseinrichtungen** erstreckt sich die Unternehmereigenschaft nur auf den entgeltlichen Bereich,[8] in den auch Zuschüsse fallen,[9] wenn ein Leistungsaustauschverhältnis besteht.[10] Unter Entgelt können auch Leistungen gem. § 10 Abs. 1 Satz 3 UStG fallen. Nur „echte" Zuschüsse ohne Gegenleistung sind nicht umsatzsteuerbar. Dazu zählen auch Bundeszuschüsse.[11]

---

1 Abschnitt 4.18.1 UStAE; BFH, Urteil v. 8.11.2007 - V R 2/06, BStBl 2008 II S. 634 NWB VAAAC-70403; Versagung bei Mitwirkung am ärztlichen Notfalldienst: FG Düsseldorf, Urteil v. 24.10.2001 - 5 K 3/97 U NWB XAAAB-07532 = EFG 2002 S. 355 (rkr.).

2 Abschnitt 4.20.1–4.20.3 UStAE; FG Rheinland-Pfalz, Urteil v. 6.5.2008 - 6 K 1666/06 NWB MAAAC-85142 = DStRE 2008 S. 1392; BFH, Urteil v. 18.8.2005 - V R 20/03, BStBl 2005 II S. 910 NWB XAAAB-67531.

3 OFD Frankfurt/M., Vfg. v. 14.8.2007 - S 7110 A - 2/86 - St 11 NWB XAAAC-61579.

4 Abschnitt 4.21.2 UStAE; OFD Hannover, Vfg. v. 17.3.2000 - S 7179 - 18 StO 353-S 7179 - 6 StH 532, DStR 2000 S. 1095 f.; BMF, Schreiben v. 28.9.2001, BStBl I 2001 S. 726, DStR 2001 S. 1845; BFH, Urteil v. 30.3.2000 - V R 30/99 NWB NAAAA-96982 = DStR 2000 S. 1256; OFD Hannover, Vfg. v. 4.4.2001 - S 7179 - 18 - StO 353/S 7179 - 6 - StH 532, DStR 2001 S. 1349.

5 Abschnitt 4.22.2 UStAE.

6 Abschnitt 4.23.1 UStAE; BFH, Urteil v. 28.9.2006 - V R 57/05, BStBl 2007 II S. 846 NWB CAAAC-34399.

7 Abschnitt 4.25.1 UStAE; BMF, Schreiben v. 28.9.2001, BStBl 2001 I S. 726, DStR 2001 S. 1875; FG Nürnberg, Urteil v. 11.9.2007 - II 238/04, DStRE 2008 S. 498.

8 Abschnitt 2.10 Abs. 1 UStAE.

9 Vgl. Abschnitt 2.10 Abs. 1 Satz 3 und 4 sowie Abschnitt 10.2 Abs. 10 UStAE.

10 § 1 Nr. 1 UStG, Abschnitt 2.10 Abs. 1 UStAE; FinMin Bayern, Erlass v. 13.4.2000 - 33 - S-0171 - 81/33 - 17787, DB 2000 S. 900. Zur Auftragsforschung staatlicher Hochschulen EuGH, Urteil v. 20.6.2002 - Rs. C-287/00 „Kommission/Deutschland" NWB JAAAB-72701 = DStR 2002 S. 1172.

11 Siehe BFH, Beschluss v. 22.7.2008 - V B 34/07 NWB QAAAC-92234; BMF, Schreiben v. 15.8.2006 - IV A 5 -S 7200 - 59/06, BStBl 2006 I S. 502 NWB QAAAB-92211.

Regelmäßig sind im Zusammenhang mit befreiten Umsätzen abgrenzbare Leistungen, die in **Konkurrenz** zu nicht steuerbefreiten Unternehmern erbracht werden, nicht in die Befreiung einbezogen (z. B. Betrieb von Kiosken, Restaurants, Hotels).[1] Nur Nebenleistungen im engsten Sinn teilen das Schicksal der Hauptleistung. 1294/1

Die Abgabe von **Speisen und Getränken** bei umsatzsteuerfreien Veranstaltungen sind umsatzsteuerpflichtig.[2] Die Beantwortung der Frage, ob die Abgabe von Speisen und Getränken eine ermäßigt besteuerte Lieferung oder eine nicht ermäßigt besteuerte sonstige Leistung darstellt, ist unverändert schwierig. Die **Abgrenzung** ist nach den für alle einheitlichen Leistungen geltenden Grundsätzen vorzunehmen.[3] Überwiegen die Elemente einer Lieferung, handelt es sich insgesamt um eine Lieferung. Überwiegen die Elemente einer sonstigen Leistung, liegt insgesamt eine sonstige Leistung vor.[4] 1295

Nach § 4 Nr. 16 Buchst. b UStG mit dem **Krankenhausbetrieb** eng verbundene und damit umsatzsteuerfreie Umsätze sind nur anzunehmen, wenn sie für die Ausübung der Tätigkeiten, für die die Steuerbefreiung gewährt wird, typisch und unerlässlich sind, regelmäßig und allgemein beim laufenden Betrieb vorkommen und damit unmittelbar oder mittelbar zusammenhängen. Die Steuerbefreiung ist ausgeschlossen, wenn die Umsätze im Wesentlichen dazu bestimmt sind, der Einrichtung zusätzliche Einnahmen durch Tätigkeiten zu verschaffen, die in unmittelbarem Wettbewerb zu steuerpflichtigen Umsätzen anderer Unternehmer stehen.[5] Die Verabreichung von Zytostatika im Rahmen einer ambulant in einem Krankenhaus durchgeführten ärztlichen Heilbehandlung, die dort individuell für den einzelnen Patienten in einer Apotheke dieses Krankenhauses hergestellt werden, ist als ein mit der ärztlichen Heilbehandlung eng verbundener Umsatz gem. § 4 Nr. 16 Buchst. b UStG steuerfrei.[6] 1296

Da der Begriff **„sportliche Veranstaltung"** in § 4 Nr. 22b UStG den gleichen Inhalt wie in § 67a AO haben soll,[7] gilt § 4 Nr. 22b UStG auch für sportliche Ver- 1297

1 Zum Wettbewerb siehe → Rz. 1136.

2 Buchna/Leichinger/Seeger/Brox, Gemeinnützigkeit im Steuerrecht, Tz. 4.5.12.1, S. 654; BFH, Urteil v. 14.5.1998 - V R 85/97, BStBl 1999 II S. 145 NWB FAAAA-96402.

3 Abschnitt 3.6 UStAE.

4 Abschnitt 3.6 UStAE.

5 Vgl. Abschnitt 4.16.6 Abs. 1 UStAE; OFD Karlsruhe, Vfg. v. 15.8.2007 - S 7172 NWB DAAAC-54167 = DStR 2007 S. 1771.

6 BFH, Urteil v. 24.9.2014 - V R 19/11, BStBl 2016 II S. 781 NWB AAAAE-81161 = DStR 2014 S. 2505; a. A. entgegen Abschnitt 4.14.6 Abs. 3 Nr. 3 UStAE.

7 Nach BFH, Urteil v. 25.7.1996 - V R 7/95, BStBl 1997 II S. 154 NWB FAAAA-95751. Nur Teilnehmerentgelte sind steuerbefreit, vgl. Abschnitt 4.22.2 Abs. 3 Satz 2 UStAE.

anstaltungen von Stiftungen, sofern *„Einrichtungen, die gemeinnützigen Zwecken dienen"*, als Veranstalter anerkannt sind. Sportliche Veranstaltungen in diesem Sinne liegen vor, wenn ein Verein organisatorische Maßnahmen erbringt, die den aktiven Sportlern – auch Nichtmitgliedern – die Sportausübung ermöglichen. Diese Voraussetzung ist gegeben, wenn mehrere Maßnahmen als Teil einer Gesamtorganisation erbracht werden, z. B. Zurverfügungstellung von Parkplätzen, Umkleidekabinen und Toilettenanlagen, Betreuung, Unfallverhütung u. a., die allen Personen zugutekommt.[1]

1298 Bei **Rettungsdienstleistungen** i. S. von § 4 Nr. 17b UStG ist nur das Entgelt für die Beförderung der Kranken oder verletzten Personen, nicht aber für andere Leistungen (z. B. den Transport einer gesunden Begleitperson) nach dieser Bestimmung umsatzsteuerbefreit.[2]

1298/1 Die Steuerbefreiung gem. § 4 Nr. 18 UStG gilt auch für den Betrieb einer **Mensa**, einer **Cafeteria** und einer Einrichtung der freien Wohlfahrtspflege für wirtschaftlich bedürftige Personen.[3]

1298/2 Bei der Beförderung von Behinderten zu ihrem Arbeitsplatz in der **Behindertenwerkstatt** handelt es sich um abgrenzbare Leistungen an die Behinderten als Leistungsempfänger, die zur Ausführung steuerfreier Leistungen nach § 4 Nr. 18 UStG dienen, weshalb der auf die Transportkosten entfallende Vorsteuerabzug nach § 15 Abs. 2 Satz 1 Nr. 1 UStG in vollem Umfang ausgeschlossen ist.[4]

1299 Die Leistungen eines als Gewerbebetrieb qualifizierten **Pflegedienstes** auf dem Gebiet der Behandlungspflege sind weder nach § 4 Nr. 14 UStG noch nach § 4 Nr. 16 UStG von der Umsatzsteuer befreit. Umsätze eines mit Gewinnstreben betriebenen **„Reiterhofs"**, der nicht als Einrichtung mit sozialem Charakter anerkannt ist, sind weder nach nationalem Recht (§ 14 Nr. 14 bzw. 23 UStG) noch nach Unionsrecht umsatzsteuerfrei.[5]

1300 Für den Bereich der **Vermögensverwaltung** der umsatzsteuerpflichtigen Stiftung kommen vor allem die Befreiungsvorschriften des § 4 Nr. 8 UStG (u. a. für **Zinsen**) und § 4 Nr. 9a und Nr. 12 UStG (u. a. für **Mieten von Grundstücken**) in

1 OFD Karlsruhe, Vfg. v. 5.3.2001 - S 7180/1, UR 2001 S. 509.

2 Abschnitt 4.17.2 Abs. 2 Satz 3 UStAE.

3 Abschnitt 4.18.1 Abs. 6 ff. UStAE.

4 Hessisches FG, Urteil v. 18.10.2018 - 6 K 1715/17 NWB HAAAH-03494 = npoR 2019 S. 123.

5 BFH, Urteil v. 26.11.2014 - XI R 25/13 NWB PAAAE-85670.

Betracht. Bei Grundstücken kann ein **Verzicht auf die Befreiung gem. § 9 UStG** sinnvoll sein.[1] Die Nachweisanforderungen zur Steuerbefreiung sind streng.[2]

Im Verhältnis zu den **Destinatären** kann nicht nur eine satzungsgemäße entgeltliche Überlassung von Gegenständen Umsatzsteuerpflicht auslösen. Bei der unentgeltlichen Wertabgabe kommt zusätzlich § 3 Abs. 1b und Abs. 9a UStG in Betracht.[3] 1301

Bei gemeinnützigen oder mildtätigen Stiftungen ist die unentgeltliche oder entgeltliche **Überlassung** von **Dienst-Kraftfahrzeugen** und -Telefonen zur privaten Nutzung grds. gem. § 3 Abs. 9a UStG umsatzsteuerpflichtig. Auch die sogenannte **Wertabgabe** gem. § 3 Abs. 1b UStG, z. B. an Belegschaftsangehörige der Stiftung, löst Umsatzsteuerpflicht aus. Auch beim Zweckbetrieb kann der Tatbestand der „unentgeltlichen Wertabgabe" gem. § 3 Abs. 1b UStG erfüllt sein.[4] 1301/1

Lieferungen und Leistungen eines wirtschaftlichen Geschäftsbetriebes (§ 14 AO) einer im Übrigen steuerbefreiten Stiftung unterliegen den allgemeinen Vorschriften der Umsatzbesteuerung. Gleiches gilt für die **Betriebe gewerblicher Art** von **Stiftungen des öffentlichen Rechts.** 1302

Infolge des in den letzten Jahren immer stärker ausgeweiteten Anwendungsbereichs der Umkehrung der Steuerschuldnerschaft (**Reverse-Charge-Verfahren**) geraten auch gemeinnützige Stiftungen (unwissentlich) in die Situation, als Leistungsempfänger zum Steuerschuldner zu werden. Dies kann zu einer zusätzlichen Kostenbelastung führen, da sie oftmals nicht oder nicht vollumfänglich vorsteuerabzugsberechtigt sind.[5] Nach § 3a Abs. 2 Satz 3 UStG ist der Ort einer sonstigen Leistung (z. B. Beratungsleistung) beim Leistungsempfänger (= Stiftung) und damit im Inland (§ 1 Abs. 1 Nr. 1 UStG). Der Umfang der unternehmerischen Tätigkeit ist unerheblich; auch die Kleinunternehmereigenschaft verhindert nicht die Anwendung der Norm. Ohne die Regelung des § 13b UStG müsste der ausländische Unternehmer seine Rechnung mit deutscher Umsatzsteuer ausweisen und die erhaltene Umsatzsteuer an das für ihn zuständige deutsche Finanzamt abführen. Aufgrund von § 13b UStG hat der Leistungsempfänger (= Stiftung) die Umsatzsteuer für den Leistenden an das 1303

1 Siehe Abschnitt 9.2 ff. UStAE; BFH, Urteil v. 26.6.1996 - XI R 43/90 NWB JAAAA-96068 = DStR 1996 S. 1479 f.

2 Vgl. Abschnitt 9.2 Abs. 4 UStAE.

3 Siehe Buchna/Leichinger/Seeger/Brox, Gemeinnützigkeit im Steuerrecht, Tz. 4.5.2, S. 535 f. und Tz. 4.5.11.2, S. 648.

4 Buchna/Leichinger/Seeger/Brox, Gemeinnützigkeit im Steuerrecht, Tz. 4.5.4.2, S. 550 f.

5 Adrian/Engelsing, NWB 13/2015 S. 900 NWB JAAAE-86323.

zuständige Finanzamt abzuführen. Voraussetzung für die Umkehrung der Steuerschuldnerschaft ist, dass der Leistungsempfänger ein Unternehmer oder eine juristische Person ist, § 13b Abs. 5 Satz 1 UStG; dies gilt auch, wenn die Leistung für den nichtunternehmerischen Bereich bezogen wird, § 13b Abs. 5 Satz 6 UStG.[1]

1304 Leistungen von Stiftungen, die **ausschließlich und unmittelbar gemeinnützige, mildtätige oder kirchliche Zwecke** verfolgen, können nach § 12 Abs. 2 Nr. 8a UStG in den Genuss des ermäßigten Steuersatzes von 7 % kommen.[2] Die Umsätze der **Zweckbetriebe**[3] unterliegen daher regelmäßig gem. § 12 Abs. 2 Nr. 8a UStG dem ermäßigten Steuersatz von 7 %. Auch die Verkaufserlöse von Gegenständen der Betriebs- und Geschäftsausstattung gemeinnütziger Stiftungen (außerhalb ihrer wirtschaftlichen Geschäftsbetriebe) werden nicht mit dem normalen, sondern mit dem ermäßigten Steuersatz besteuert, wenn sie umsatzsteuerpflichtig sind. Somit unterfällt auch der gesamte Bereich der vermögensverwaltenden Tätigkeit dem ermäßigten Steuersatz.

1305 Der **ermäßigte** Steuersatz gilt **nicht** für **wirtschaftliche Geschäftsbetriebe** (§ 12 Abs. 2 Nr. 8a Satz 2 UStG).[4] Ob er für den Bereich der Vermögensverwaltung „noch“ greift, ist fraglich geworden.[5]

1306 Unter **Sponsoring** wird üblicherweise die Gewährung von Geld oder geldwerten Vorteilen durch Unternehmen zur Förderung von Personen, Gruppen und/oder Organisationen in sportlichen, kulturellen, kirchlichen, wissenschaftlichen, sozialen, ökologischen oder ähnlich bedeutsamen gesellschaftspolitischen Bereichen verstanden, mit der regelmäßig auch eigene unternehmensbezogene Ziele der Werbung oder Öffentlichkeitsarbeit verfolgt werden.

1306/1 Umsatzsteuerlich wird beim Sponsoring zwischen **Werbeleistungen** (wirtschaftlicher Geschäftsbetrieb) und **Duldungsleistungen** (Vermögensverwaltung) unter Abgrenzung zur Spende (ideeller Bereich) unterschieden. Die Werbeleistungen sind mit dem normalen, die Duldungsleistungen mit dem ermäßigten Steuersatz zu versteuern.[6]

1 Ausführlich Adrian/Engelsing, NWB 13/2015 S. 900, 902 NWB JAAAE-86323.
2 Siehe Buchna/Leichinger/Seeger/Brox, Gemeinnützigkeit im Steuerrecht, Tz. 4.5.12, S. 654 f.
3 BMF, Schreiben v. 9.2.2007 - IV A 5 - S 7242 a/07/0001, BStBl 2007 I S. 218 NWB OAAAC-37684; Buchna/Leichinger/Seeger/Brox, Gemeinnützigkeit im Steuerrecht, Tz. 4.5.12.1, S. 654.
4 Abschnitt 12.9 Abs. 3 Satz 1 UStAE; Ehlers/Schmidt/Korfmann/Melzer/Klöck/Brixius, S&S RS 6/2013 S. 5, Tz. 3.1.2.
5 Vgl. BFH, Urteil v. 20.3.2014 - V R 4/13 NWB SAAAE-69845; Wäger, DStR 2014 S. 1526.
6 Kirchhain in Schauhoff, Handbuch der Gemeinnützigkeit, § 7 Rz. 302; BMF, Schreiben v. 25.7.2014 - IV D 2 - S 7100/08/10007: 003, BStBl 2014 I S. 1114 NWB CAAAE-70370 = DStZ 2014 S. 590; a. A. BFH, Urteil v. 20.3.2014 - V R 4/13 NWB SAAAE-69845.

Aus der Sicht des Zuwendungsempfängers gilt nach Ansicht der Finanzverwaltung Folgendes:[1] 1306/2

- Zahlungen im Rahmen des Sponsorings sind Entgelt für steuerpflichtige Leistungen an den Sponsor (§ 1 Abs. 1 Nr. 1 UStG), wenn nach dem jeweiligen Sponsoring-Vertrag konkrete Leistungen (z. B. Banden- oder Trikotwerbung, Anzeigen, Vorhalten von Werbedrucken, Lautsprecherdurchsagen, Überlassung von Eintrittskarten usw.) vereinbart sind. Diese Leistungen unterliegen auch bei steuerbegünstigten Einrichtungen dem allgemeinen Steuersatz, da es sich um Umsätze im Rahmen eines steuerschädlichen wirtschaftlichen Geschäftsbetriebs handelt.
- Kein Leistungsaustausch liegt vor, wenn der Empfänger von Zuwendungen aus einem Sponsoringvertrag auf Plakaten, in Veranstaltungshinweisen, in Ausstellungskatalogen, auf seiner Internetseite oder in anderer Weise auf die Unterstützung durch den Sponsor lediglich hinweist. Dieser Hinweis kann unter Verwendung des Namens, Emblems oder Logos des Sponsors, jedoch ohne besondere Hervorhebung oder Verlinkung zu dessen Internetseiten, erfolgen.
- Dies gilt auch, wenn der Sponsor auf seine Unterstützung in gleicher Art und Weise lediglich hinweist. Dagegen ist von einer Leistung des Zuwendungsempfängers an den Sponsor auszugehen, wenn dem Sponsor das ausdrückliche Recht eingeräumt wird, die Sponsoringmaßnahme im Rahmen eigener Werbung zu vermarkten.
- Gehören zu den Leistungen der gesponserten Einrichtung auch Eintrittsberechtigungen zu Veranstaltungen, ist eine Aufteilung des Entgelts vorzunehmen.
- Auf Sach- oder Dienstleistungen im Rahmen des Sponsorings (z. B. Zuwendung von Kunstwerken, Überlassung von Fahrzeugen) sind die obigen Ausführungen entsprechend anzuwenden.
- Die Beteiligten haben über steuerpflichtige Umsätze grds. Rechnungen mit gesondert ausgewiesener Umsatzsteuer zu erteilen. Ob und ggf. in welcher Höhe ein Vorsteuerabzug aus der Rechnung des Sponsors zulässig ist, beurteilt sich nach der tatsächlichen Verwendung der Sach- oder Dienstleistung. Eine ausschließliche Verwendung für unternehmensfremde Zwecke oder für nichtwirtschaftliche Tätigkeiten im engeren Sinne (z. B. ideeller Vereinsbereich) oder für steuerfreie Umsätze schließt den Vorsteuerabzug aus.

1 OFD Karlsruhe, Vfg. v. 29.2.2016 - S 7100, DB 2016 S. 924.

- Wird der Gegenstand für unternehmerische (wirtschaftliche) Zwecke oder nichtwirtschaftliche Tätigkeiten im engeren Sinne (z. B. im ideellen Bereich) und für unternehmensfremde Zwecke (z. B. unentgeltliche Fahrzeugüberlassungen an Arbeitnehmer) verwendet, kann der Unternehmer diesen nur im Umfang der Nutzung für unternehmerische – wirtschaftliche – und für unternehmensfremde Zwecke dem Unternehmensvermögen zuordnen. Die Nutzung für unternehmensfremde Zwecke ist grds. als unentgeltliche Wertabgabe zu besteuern. Die Verwendung für nichtwirtschaftliche Tätigkeiten im engeren Sinne schließt den Vorsteuerabzug aus. Insoweit entfällt eine Besteuerung als unentgeltliche Wertabgabe.

1306/3 Mangels Leistungsaustauschs ist die **Spende** bei der Stiftung **nicht** umsatzsteuerrelevant.

1307 Bei umsatzsteuerlichen Lieferungen und Leistungen ist die Stiftung gem. § 14 UStG zur **Ausstellung von Rechnungen** mit Mehrwertsteuerausweis **verpflichtet**.

1308 Es wird vom Zuwendenden an eine Stiftung oft übersehen, dass nicht nur unentgeltliche Lieferungen **(Sachzuwendungen)** gem. § 3 Abs. 1b UStG, sondern auch die unentgeltliche Erbringung einer **sonstigen Leistung** gem. § 3 Abs. 9a Nr. 2 UStG des zuwendenden Unternehmens umsatzpflichtig ist. Empfänger kann auch der umsatzsteuerliche wirtschaftliche Geschäftsbetrieb oder Zweckbetrieb einer im Übrigen gem. § 5 Abs. 1 Nr. 9 UStG steuerbefreiten Stiftung sein, die außerhalb dieser Betriebe nur steuerbefreite Umsätze gem. § 4 UStG ausführt. Die ausgelöste Umsatzsteuer ist bei Verwendung im umsatzsteuerbefreiten Bereich gem. § 15 Abs. 2 Nr. 1 UStG nicht abzugsfähig.

1309 Bei **Sach- oder Dienstleistungen gegen** eine **sonstige Leistung** (z. B. beim Sponsoring) ist gem. §§ 3 Abs. 12, 10 Abs. 2 UStG der **gemeine Wert** anzusetzen.[1] Bei Zuwendung eines einheitlichen Gegenstandes, sowohl für den umsatzsteuerpflichtigen als auch für den umsatzsteuerbefreiten Bereich der Stiftung, muss die Nutzung für unternehmerische Zwecke mindestens 10 % betragen (§ 15 Abs. 1 Satz 2 UStG).[2]

1310 **Unentgeltliche Wertabgaben** aus dem unternehmerischen Bereich der Stiftung für unternehmensfremde Zwecke, z. B. für den ideellen Bereich, sind nach

1 Abschnitt 10.5 Abs. 1 UStAE; Ehlers/Schmidt/Korfmann/Melzer/Klöck/Brixius, S&S RS 6/2013 S. 6.

2 Abschnitt 15.2 Abs. 21 Nr. 2 UStAE.

§ 3 Abs. 1b und 9a UStG steuerbar.[1] Die Freigrenze des § 64 Abs. 3 AO gilt nicht für die Umsatzsteuer.[2]

Auch Stiftungen können in den Genuss der **Kleinunternehmer**-Regelung des § 19 UStG fallen. Bei Kleinunternehmen wird die Umsatzsteuer nicht erhoben, wenn der Gesamtumsatz (§ 19 Abs. 3 UStG) zuzüglich Umsatzsteuer im vorangegangenen Kalenderjahr 22.000 € (bis 31.12.2019: 17.500 €) nicht überstiegen hat und im laufenden Kalenderjahr 50.000 € voraussichtlich nicht überschreiten wird. Da bei der Kleinunternehmer-Regelung ein **Vorsteuerabzug ausgeschlossen** ist, sollte geprüft werden, ob die Stiftung nicht zweckmäßig auf die Kleinunternehmer-Regelung verzichtet. Gemäß § 19 Abs. 2 UStG ist die Stiftung an die Verzichtserklärung allerdings fünf Jahre lang gebunden.[3] 1311

Durch den § 23a Abs. 2 UStG wurde nicht buchführungspflichtigen nach § 5 Abs. 1 Nr. 9 KStG steuerbefreiten Stiftungen mit steuerpflichtigen Umsätzen bis 35.000 € im vorangegangenen Kalenderjahr gestattet, pauschal 7 % des steuerpflichtigen Umsatzes als Vorsteuer geltend zu machen (Wahlrecht).[4] 1312

Schließen sich gemeinnützige und mildtätige Stiftungen zwecks **gemeinsamen Einkauf** u. Ä. zu einer **Gesellschaft bürgerlichen Rechts** zusammen, ist zu beachten, dass diese GbR selbst Unternehmerin im Sinne des Umsatzsteuerrechts wird, wenn sie im Außenverhältnis selbständig tätig wird.[5] Ihre Entgelte von den Stiftungen sind daher mit der Umsatzsteuer (zum normalen Satz) belastet, allerdings hat sie den vollen Vorsteuerabzug; im Saldo werden ihre eigenen weiterberechneten Kosten mit Umsatzsteuer belastet. 1313

Umsätze einer der freien Wohlfahrtspflege dienenden Gesellschaft, deren Gesellschafter selbst Mitglied eines amtlich anerkannten Verbandes der freien Wohlfahrtspflege und deren Umsätze nach § 4 Nr. 18 UStG steuerbefreit sind, sind steuerpflichtig, wenn sie nicht selbst Mitglied ist.[6] 1314

Nach § 4 Nr. 18 UStG sind die Leistungen der amtlich anerkannten Verbände der freien Wohlfahrtspflege steuerfrei, wenn neben weiteren Voraussetzun- 1314/1

1 Erdbrügger in Schauhoff, Handbuch der Gemeinnützigkeit, § 13 Rz. 115; Buchna/Leichinger/Seeger/Brox, Gemeinnützigkeit im Steuerrecht, Tz. 4.5.11.2, S. 648 f.

2 Klein, AO, § 64 Rz. 7.

3 Siehe im Einzelnen Abschnitt 19.2 Abs. 3 UStAE.

4 Buchna/Leichinger/Seeger/Brox, Gemeinnützigkeit im Steuerrecht, Tz. 4.5.15.7, S. 702; Hüttemann, Gemeinnützigkeits- und Spendenrecht, § 7 Rz. 215; Erdbrügger in Schauhoff, Handbuch der Gemeinnützigkeit, § 13 Rz. 21 und Rz. 403 ff.

5 Siehe Buchna/Leichinger/Seeger/Brox, Gemeinnützigkeit im Steuerrecht, Tz. 4.5.12.1, S. 654 f.; Abschnitt 2.1 Abs. 1 UStAE.

6 Abschnitt 4.18.1 UStAE; OFD Frankfurt/M., Vfg. v. 8.10.1997 - S 7175 A - 6 - St IV 22, DB 1997 S. 2407.

gen die Entgelte für die in Betracht kommenden Leistungen hinter den durchschnittlich für gleichartige Leistungen von Erwerbsunternehmen verlangten Entgelten zurückbleiben.

1315 Ist die Stiftung **Erbin**, wird sie nur dann zum **Unternehmer**, wenn sie selbst die Voraussetzungen verwirklicht, an die das Umsatzsteuerrecht die Unternehmereigenschaft knüpft; sie geht daher auch nicht durch Gesamtrechtsnachfolge über.[1] Ist die Stiftung umsatzsteuerlich nicht Unternehmerin, kommt weder beim Erblasser noch beim Erben eine **Vorsteuerberichtigung** nach § 15a UStG in Betracht.[2]

1316 Der **nachhaltige Verkauf** von Gegenständen, die von Todes wegen der Stiftung zugewendet worden sind, ist ggf. dem unternehmerischen Bereich zuzuordnen.[3]

1317 Übt nach Satzung und tatsächlicher Geschäftsführung die Stiftung nur **Vermögensverwaltung** – auch ihrer Beteiligungen – aus, begründet dies **keine Unternehmereigenschaft** im umsatzsteuerlichen Sinne.[4] Gleiches gilt für den Erwerb eines Einzelunternehmens zu dem Zweck, es in eine Gesellschaft einzubringen.[5] Lediglich der geschäftsmäßige An- und Verkauf von Beteiligungen (wie von Wertpapieren und anderen Wirtschaftsgütern) kann eine Unternehmereigenschaft begründen, nicht dagegen die gelegentliche Umschichtung des Vermögens.[6]

1318 Oft gründen **gemeinnützige** Stiftungen – **Outsourcing** genannt – **gemeinsame Einrichtungen**, die für sie bestimmte Dienst- oder Sachleistungen gegen Kostenerstattung erbringen (z. B. Rechenzentren). Diese Einrichtungen sind i. d. R. mit dem Normalsatz **umsatzsteuerpflichtig**,[7] während den Stiftungen der Vorsteuerabzug versagt ist, soweit die erhaltenen Leistungen in ihren steuerbefreiten Bereich fallen oder ihren steuerbefreiten Umsätzen zuzuordnen sind (§ 15 Abs. 2 UStG). **Outsourcing** kann daher insgesamt zu erheblichen umsatzsteuerlichen Mehrbelastungen führen. Outsourcing ist abzugrenzen von umsatzsteuerfreien Beistellungen von Personal-, Dienst- und Sachleistungen.[8]

---

1 Abschnitt 2.6 Abs. 5 Satz 1 UStAE.

2 OFD Frankfurt/M., Vfg. v. 22.10.1996 - S 7104 A - 43 - St IV 10 Nr. 2, DB 1996 S. 2415.

3 Hüttemann, Gemeinnützigkeits- und Spendenrecht, § 7 Rz. 118; Buchna/Leichinger/Seeger/Brox, Gemeinnützigkeit im Steuerrecht, Tz. 4.5.4.1, S. 549.

4 Abschnitt 2.3 Abs. 1 UStAE.

5 Abschnitt 2.3 Abs. 6 Satz 2 UStAE.

6 Hüttemann, Gemeinnützigkeits- und Spendenrecht, § 7 Rz. 120; Abschnitt 2.3 Abs. 4 UStAE.

7 BMF, Schreiben v. 30.5.2000 - IV D 2 - S 7160 d - 5/00 NWB AAAAA-79181 = DB 2000 S. 1258.

8 Abschnitt 1.1 Abs. 6 und 7 UStAE.

Da i. d. R. Stiftungen **sowohl steuerpflichtige wie steuerfreie** Umsätze aufweisen, sind die Vorschriften der §§ 15 und 15a UStG über den **Vorsteuerabzug** und **dessen Berichtigung** genau zu beachten. Unter anderem kann der Vorsteuerabzug gem. § 15 Abs. 1 Satz 1 UStG nur für erhaltene Rechnungen für Lieferungen und sonstige Leistungen geltend gemacht werden, wenn die Rechnungen die Erfordernisse des § 14 UStG erfüllen. Bei Verwendung zur Ausführung steuerfreier Umsätze ist gem. § 15 Abs. 2 Nr. 1 UStG der Vorsteuerabzug ausgeschlossen, ebenso gem. Nr. 2 bzw. 3 dieser Vorschrift für Umsätze im Ausland und für unentgeltliche Lieferungen und Leistungen, die steuerfrei wären, wenn sie im Inland bzw. wenn sie gegen Entgelt ausgeführt würden.[1] 1319

Auch wenn Lieferungen und Leistungen steuerpflichtigen Umsätzen zuzuordnen sind, kommen für die Stiftungen die allgemeinen **Abzugsverbote** des § 15 Abs. 1a UStG zum Zuge (u. a. Reisekosten, Werbegeschenke). 1320

Für Umsätze, die nach § 4 Nr. 8a–8g, Nr. 9a, Nr. 12, 13 oder 19 UStG **steuerfrei** sind, kann auch eine Stiftung als Unternehmen i. S. von § 2 UStG durch **Verzicht** auf die Steuerbefreiung in den Genuss des Vorsteuerabzuges insofern und insoweit gelangen, als sie an sich nach den o. a. Vorschriften steuerbefreite Lieferungen und Leistungen an einen anderen Unternehmer für dessen Unternehmen ausführt. 1321

Die **Option** hat für Stiftungen mit Grundbesitz große Bedeutung, wenn Grundstücke oder Teile davon an einen anderen Unternehmer für dessen Unternehmen (z. B. als Büro-, Laden- oder Lagerflächen) vermietet sind. Eine Aufteilung bei gemischter Verwendung eines Grundstückes nach Umsätzen mit Unternehmern und Nichtunternehmern ist sachgerecht.[2] 1322

Ein Verzicht auf die Umsatzsteuerbefreiung nach § 9 Abs. 1 UStG ist nach Abs. 2 erschwert, da die Stiftung nachweisen muss, dass der Leistungsempfänger das Grundstück ausschließlich für Umsätze verwendet oder zu verwenden beabsichtigt, die den Vorsteuerabzug (§ 15 UStG) nicht ausschließen.[3] 1322/1

Das **Reverse-Charge-Verfahren** ist ein umsatzsteuerliches Spezialthema von hoher Relevanz für alle gemeinnützigen Körperschaften, die **Leistungen aus dem Ausland** beziehen. Die Regelungen des Reverse-Charge-Verfahrens nach § 13 b i.V. mit § 3 a UStG sind nicht neu, aber in der Praxis nicht zuletzt wegen ihrer Komplexität häufig unbekannt. Seit 2011 ist es für die Ortsbestimmung 1323

---

1 Hüttemann, Gemeinnützigkeits- und Spendenrecht, § 7 Rz. 210.

2 Klöttschen/Muth/Krumpen/Heun, S&S RS 2/2014 S. 9 f.; zur Seeling-Entscheidung des EuGH vgl. Buchna/Leichinger/Seeger/Brox, Gemeinnützigkeit im Steuerrecht, Tz. 4.5.15.3, S. 691 f.

3 Abschnitt 9.2 Abs. 4 UStAE.

des § 3 a Abs. 2 UStG unerheblich, ob die Leistung für den unternehmerischen oder nichtunternehmerischen Bereich einer gemeinnützigen Körperschaft bezogen wurde. Umsatzsteuer kann seitdem auch anfallen, wenn Leistungen für den ideellen Bereich einer Körperschaft eingekauft werden.[1]

1323/1 Das Reverse-Charge-Verfahren führt bei gemeinnützigen Körperschaften regelmäßig auch zu einer **zusätzlichen Kostenbelastung**, da sie die im Rahmen des Reverse-Charge-Verfahrens anfallende Umsatzsteuer – anders als die meisten klassischen Unternehmer – regelmäßig nicht als Vorsteuer geltend machen können. Ein vollständiger Vorsteuerabzug der nach § 13 b UStG geschuldeten Umsatzsteuer würde voraussetzen, dass die Eingangsleistungen ausschließlich für steuerpflichtige Umsätze verwendet werden, was nur auf wenige gemeinnützige Körperschaften zutrifft. Regelmäßig werden Eingangsleistungen entweder ausschließlich oder zumindest anteilig für nichtunternehmerische Tätigkeiten oder für steuerfreie Umsätze verwendet, die den Vorsteuerabzug ausschließen.[2]

1324 Die Voraussetzungen des § 2 Abs. 2 Nr. 2 UStG für die umsatzsteuerliche **Organschaft** – finanzielle, organisatorische und wirtschaftliche[3] Eingliederung einer juristischen Person in ein anderes Unternehmen – sind **nicht** identisch mit den Voraussetzungen der körperschaftsteuerlichen und gewerbesteuerlichen Organschaft. Die **finanzielle** Eingliederung setzt eine mittelbare oder unmittelbare Beteiligung in der Weise voraus, dass der Organträger – hier die Stiftung – über mehr als 50 % der Stimmrechte der Organgesellschaft verfügt.[4] Die organisatorische Eingliederung ist i. d. R. nur durch Personalunion der Organe herzustellen,[5] was bei steuerbefreiten Stiftungen nicht möglich ist, sondern erst bei einer zwischengeschalteten Holding.[6] Bei einer Betriebsaufspaltung sind die Voraussetzungen für die Anerkennung der Organschaft hinsichtlich der wirtschaftlichen Eingliederung abhängig von der Ersatzmöglichkeit des gepachteten Grundstücks.[7]

1325 Besondere Brisanz hat sich durch ein Urteil des BFH ergeben, wonach Tätigkeiten der Vorstände eines Vereins, und damit auch die einer Stiftung, gegen **Auf-**

1 Maydell, npoR 2022 S. 190.

2 Maydell, npoR 2022 S. 190.

3 Vgl. BFH, Beschluss v. 13.5.2008 - XI B 195/07 NWB MAAAC-86756.

4 Klöttschen/Muth/Krumpen/Heun, S&S RS 2/2014 S. 13; Abschnitt 2.8 Abs. 5 UStAE; BFH, Urteil v. 22.11.2001 - V R 50/00, BStBl 2001 II S. 167 NWB VAAAA-89150.

5 BFH, Urteil v. 3.4.2008 - V R 76/05, BStBl 2008 II S. 905 NWB XAAAC-82782.

6 Hinweis auf Krawitz/Büttgen/Hick, Wpg 2002 S. 85.

7 BFH, Urteil v. 09.09.1993 - V R 124/89, BStBl 1994 II S. 129 NWB WAAAA-94717.

wandsentschädigung umsatzsteuerbare Leistungen sein können.[1] Bei gemeinnützigen Stiftungen wird hier allerdings häufig die Steuerbefreiung von Ehrenamtsvergütungen nach § 4 Nr. 26 Buchst. b UStG greifen.[2] Zu den ehrenamtlichen Tätigkeiten gehören nach der Rechtsprechung des BFH[3] alle Tätigkeiten, die in einem anderen Gesetz als dem UStG ausdrücklich als solche genannt werden, die man im allgemeinen Sprachgebrauch herkömmlicher Weise als ehrenamtlich bezeichnet oder die vom materiellen Begriff der Ehrenamtlichkeit umfasst werden; dieser setzt das Fehlen eines eigennützigen Erwerbsstrebens, die fehlende Hauptberuflichkeit und den Einsatz für eine fremdnützig bestimmte Einrichtung voraus.

Als angemessene Entschädigung für Zeitversäumnis sieht die Finanzverwaltung einen Betrag von 50 € je Tätigkeitsstunde an. Allerdings darf die Vergütung für die gesamten ehrenamtlichen Tätigkeiten i. S. des § 4 Nr. 26 Buchst. b UStG den Betrag von 17.500 € nicht übersteigen.[4] Eine vom tatsächlichen Zeitaufwand unabhängige laufend bezahlte monatliche Pauschale führt zur Nichtanwendbarkeit der Befreiungsvorschrift.[5] Etwas anderes gilt jedoch, wenn durch einen Vertrag, die Satzung oder einen Beschluss zwar eine Pauschale vorgesehen ist, diese aber zugleich festlegt, dass der ehrenamtlich Tätige eine bestimmte Anzahl an Stunden pro Woche/Monat/Jahr für die Stiftung tätig ist und die vorgenannten Betragsgrenzen nicht überschritten werden.[6] 1325/1

1.9 Sonstige Steuern

Auch hinsichtlich der sonstigen Steuern ergeben sich keine Besonderheiten. 1326
Grundbesitz von Stiftungen, die nach Verfassung und tatsächlicher Geschäftsführung ausschließlich und unmittelbar gemeinnützigen oder mildtätigen Zwecken dienen, ist gem. § 3 Abs. 1 Nr. 3b GrStG von der **Grundsteuer** befreit, wenn der Grundbesitz von der Stiftung unmittelbar für gemeinnützige oder mildtätige Zwecke benutzt wird.[7] Grundbesitz, der zugleich Wohnzwecken dient, ist nur unter den in § 5 Abs. 1 GrStG genannten Voraussetzungen von

1 BFH, Urteil v. 14.5.2008 - XI R 70/07, BStBl 2008 II S. 912 NWB EAAAC-89504.

2 BMF, Schreiben v. 27.3.2013 - IV D 3 - S 7185/09/10001-04, BStBl 2013 I S. 452 NWB PAAAE-32909 = UVR 2013 S. 230; S&S 6/2014 S. 45.

3 BFH, Beschluss v. 25.1.2011 - V B 144/09 NWB GAAAD-74757; BFH, Urteil v. 20.8.2009 - V R 32/08, BStBl 2010 II S. 88 NWB FAAAD-29331.

4 Abschnitt 4.26.1 Abs. 4 Satz 2 UStAE.

5 Abschnitt 4.26.1 Abs. 5 Satz 1 UStAE.

6 Abschnitt 4.26.1 Abs. 5 Satz 2 UStAE.

7 Vgl. Hüttemann, Gemeinnützigkeits- und Spendenrecht, § 7 Rz. 231 ff.; Richter in v. Campenhausen/Richter, Stiftungsrechts-Handbuch, § 41 Rz. 84 ff.

der Grundsteuer befreit. **Wohnungen** sind gem. § 5 Abs. 2 GrStG stets **steuerpflichtig**, auch wenn die Voraussetzungen des § 5 Abs. 1 GrStG vorliegen, also etwa, wenn sie zur Erfüllung gemeinnütziger oder mildtätiger Zwecke überlassen werden. Der Gesetzgeber hat damit eine Entscheidung dahin getroffen, dass bei einer Mehrheit von Räumen, die den Begriff der Wohnung erfüllen, stets das Überwiegen des Wohnzwecks anzunehmen und Grundsteuerpflicht gegeben ist. Dies verbietet es, Rechtsträgern i. S. des § 3 Abs. 1 Satz 1 Nr. 3 Buchst. a und b GrStG eine Grundsteuerbefreiung dann und insoweit zu gewähren, als sie Wohnungen in Verfolgung und in Verwirklichung eines gemeinnützigen oder mildtätigen Zwecks Dritten überlassen. Diese Einschränkung der Befreiung von der Grundsteuer ist mit dem Grundgesetz vereinbar.[1]

1327 Für Kulturgut und öffentliche Grünanlagen kann gem. § 32 GrStG Erlass der Grundsteuer beantragt werden. Auch bei wesentlicher Ertragsminderung von Betrieben der LuF und bei bebauten Grundstücken ist ein Erlass der Grundsteuer möglich (§ 33 GrStG).[2] Durch § 34 GrStG besteht eine Ausschlussfrist für das Antragsverfahren. Nach § 8 GrStG kommt bei teilweiser Nutzung für steuerbegünstigte Zwecke eine Befreiung nach dem räumlichen Anteil in Betracht, wenn nicht die Nutzung für steuerbegünstigte Zwecke überwiegt und die räumliche Aufteilung nicht möglich ist.[3]

1328 Die Verwendung von Kraftfahrzeugen für gemeinnützige oder mildtätige Zwecke genießt i. d. R. keine Freistellung von der **Kraftfahrzeugsteuer.** Allerdings sieht § 3 Nr. 5a KraftStG eine Befreiung für das Halten von Fahrzeugen von gemeinnützigen und mildtätigen Organisationen für humanitäre Hilfsgütertransporte in das Ausland vor.[4]

1329 Auf die **Haftung** des Arbeitgebers für die Abführung der **Lohn- und Lohnkirchensteuer** (wie auch für Sozialversicherungsbeiträge), auch des Arbeitnehmeranteils, gem. § 42d EStG wird hingewiesen.[5] Während Vorstandsmitglieder mit ihren Gehältern grds. lohnsteuerpflichtig sind, weisen Mitglieder eines Aufsichtsrates, Beirates und eines ähnlichen Stiftungsorgans mit ihren Bezügen i. d. R. Einkünfte aus selbständiger Arbeit oder – bei ehrenamtlicher Tätig-

1 BFH, Urteil v. 4.12.2014 - II R 20/14, BStBl 2015 II S. 610 NWB OAAAE-87221.

2 Vgl. SenFin Berlin, Erlass v. 20.3.2008 - III D - G 1163 a - 2/2007 NWB VAAAC-76268.

3 Abschnitt 32 GrStR; BFH, Urteil v. 27.11.1991 - II R 100/87, BStBl 1992 II S. 563 NWB OAAAA-94134.

4 Siehe dazu FinMin Baden-Württemberg, Erlass v. 30.7.2001 - 3 - S 6105/22, DStR 2001 S. 1801.

5 Vgl. Buchna/Leichinger/Seeger/Brox, Gemeinnützigkeit im Steuerrecht, Tz. 2.19.7.1, S. 374 und Tz. 2.19.7.2, S. 376.

keit mit den die eigenen Aufwendungen übersteigenden Bezügen – sonstige Einkünfte i. S. von § 22 Nr. 3 EStG auf.[1]

Hält die Stiftung Aktien von ausländischen Emittenten, so stellt sich das Problem, wie die Freistellung oder die Erstattung von bereits einbehaltener **ausländischer Quellensteuer** erreicht wird. Obwohl die Stauffer-Entscheidung[2] die Hoffnung genährt hat, alle europäischen Staaten würden die gemeinnützigen Stiftungen ertragsteuerfrei stellen, sieht die Praxis anders aus. 1330

Die **Rückforderung** einbehaltener **ausländischer Quellensteuer** verschlingt 1331 i. d. R. hohe Beratungshonorare und lohnt sich daher oft nicht.[3]

Erwirbt die Stiftung z. B. im Rahmen der Vermögensverwaltung entgeltlich ein 1332 Grundstück, so ist dieser Vorgang nach § 1 Abs. 1 GrEStG „regulär" **grunderwerbsteuerpflichtig**. Zur Befreiung von der Grunderwerbsteuer kommt es (auch) für eine gemeinnützige Stiftung nur, wenn die allgemeinen Befreiungstatbestände, insbesondere von § 3 GrEStG, erfüllt sind. Bedeutsam ist vor allem die Steuerbefreiung nach § 3 Nr. 2 GrEStG; hierbei spielt es keine Rolle, dass wegen § 13 Nr. 16 Buchst. b Satz 2 ErbStG keine Schenkungsteuer anfällt.

Entspricht die tatsächliche Geschäftsführung einer Stiftung nicht mehr den 1333 Anforderungen des § 63 Abs. 1 AO, weil das Stiftungsvermögen nahezu ausschließlich in stark risikobehaftete Anlagen investiert wird, **entfällt** die **Steuerbefreiung** gem. § 13 Abs. 1 Nr. 16 Buchst. b Satz 2 ErbStG (**rückwirkend**) in dem Umfang, in dem sich das Anlagerisiko realisiert und das Vermögen deshalb für die Erfüllung der satzungsmäßigen Zwecke nicht mehr zur Verfügung steht.[4]

Stipendien für an einer Hochschule beschäftigte Wissenschaftler zur Erfüllung 1334 einer Forschungsaufgabe oder zur Bestreitung des Lebensunterhalts sind nach § 3 Nr. 44 Satz 3 Buchst. a EStG grds. **steuerfrei**, wenn sie die zuvor aus einem Beschäftigungsverhältnis bezogenen Einnahmen nicht übersteigen, nach den von dem Geber erlassenen Richtlinien vergeben werden und der Empfänger im Zusammenhang mit dem Stipendium nicht zu einer bestimmten wissenschaftlichen oder künstlerischen Gegenleistung oder zu einer bestimmten Arbeitnehmertätigkeit verpflichtet ist.[5] Mit der am bürgerlichen Unterhaltsrecht und dem vor Gewährung eines Stipendiums vorhandenen Lebenszuschnitt ori-

1 BMF, Schreiben v. 13.3.1996 - IV B 3 - S 2257 - 10/96, DB 1996 S. 960.

2 EuGH, Urteil v. 14.9.2006 - Rs. C-386/04 „Centro di Musicologia Walter Stauffer" NWB AAAAC-16451 = IStR 2006 S. 675.

3 Otto, S&S 2/2014 S. 30.

4 FG Münster, Urteil v. 11.12.2014 - 3 K 323/12 Erb, rkr. NWB AAAAE-86271 = EFG 2015 S. 739.

5 BFH, Urteil v. 24.2.2015 - VIII R 43/12, BStBl 2015 II S. 691 NWB OAAAE-93364; OFD Frankfurt/M., Vfg. v. 29.3.2017 - S 2121 A-13-St 213 NWB MAAAG-42517 = BeckVerw 340334.

entierten Bestimmung des „notwendigen Lebensunterhalts“ im Anwendungsbereich des § 3 Nr. 44 EStG hat der BFH rechtssichere Kriterien entwickelt. Die Finanzverwaltung hat sich in einer Verfügung ausführlich zur Steuerfreiheit geäußert und wendet die Rechtsprechungsgrundsätze an.[1]

Von der Einkommensteuerfreiheit können auch Stipendiaten profitieren, die aus dem europäischen **Ausland** Stipendien ausbezahlt erhalten.[2] Den Nachweis, dass der ausländische Stipendiengeber die deutschen gemeinnützigkeitsrechtlichen Vorgaben erfüllt, hat der inländische Stipendiat gegenüber dem für ihn zuständigen Finanzamt durch Vorlage geeigneter Belege, insbesondere Satzung, Tätigkeitsbericht, Aufstellung der Einnahmen und Ausgaben, Kassenbericht, Vermögensübersicht mit Nachweisen über die Bildung und Entwicklung der Rücklagen, Aufzeichnung über die Vereinnahmung von Zuwendungen und deren zweckgerechte Verwendung sowie Vorstandsprotokolle zu erbringen (§ 90 Abs. 2 AO). Bescheinigungen über Stipendien von nicht im Inland steuerpflichtigen Organisationen reichen als alleiniger Nachweis nicht aus.[3]

1335 Die **Prüfung**, ob die gesetzlichen Voraussetzungen für die Steuerfreiheit der Stipendien (von inländischen Stipendiengebern) nach **§ 3 Nr. 44** Satz 1 und 2 EStG vorliegen, hat das Finanzamt vorzunehmen, das für die Veranlagung des Stipendiengebers zur Körperschaftsteuer zuständig ist oder zuständig wäre, wenn der Geber steuerpflichtig wäre. Dieses Finanzamt hat auf Anforderung des Stipendienempfängers oder des für ihn zuständigen Finanzamt eine Bescheinigung über die Voraussetzungen des § 3 Nr. 44 Satz 3 Buchst. a und b EStG zu erteilen bzw. abzulehnen. Diese Bescheinigung bindet als verwaltungsinterne Mitteilung das Finanzamt des Stipendienempfängers hinsichtlich der rechtlichen Beurteilung der Steuerfreiheit nach § 3 Nr. 44 EStG. Eine erneute Prüfung der Tatbestandsmerkmale hat nicht zu erfolgen.[4]

1336 Die **umsatzsteuerliche** Behandlung der Tätigkeit eines **Aufsichtsratsmitglieds** ist seit 2019 zum Brennpunktthema in der Umsatzsteuer geworden. Eine einheitliche Aussage über die Unternehmereigenschaft eines Aufsichtsratsmitglieds ist seitdem nicht mehr möglich. Nach neuester Rechtsprechung und der daraufhin angepassten Finanzverwaltungsauffassung kann die Tätigkeit eines Aufsichtsratsmitglieds sowohl als unternehmerisch als auch als nichtunternehmerisch eingeordnet werden. Aktuelle Brisanz erhält das Thema durch das

1 OFD Frankfurt/M., Vfg. v. 29.3.2017 - S 21221 A-13-St 213 NWB MAAAG-42517.

2 Winheller, ZStV Aktuell 5/2015 S. III.

3 OFD Frankfurt, Vfg. v. 29.3.2017 - S 21221 A-13-St 213 NWB MAAAG-42517, Tz. 1.2.

4 OFD Frankfurt, Vfg. v. 29.3.2017 - S 21221 A-13-St 213 NWB MAAAG-42517, Tz. 1.1.

BMF-Schreiben v. 29.3.2022[1], welches die erst kürzlich neu angepasste Finanzverwaltungsauffassung ersetzt und konkretisiert. Dies betrifft in der Praxis eine Vielzahl noch offener Anwendungsfragen.

Die Finanzverwaltung geht immer dann von der **Selbständigkeit** eines Auf- 1336/1
sichtsratsmitglieds aus, wenn dieses ein gewisses Vergütungsrisiko trägt. Das zu tragende Vergütungsrisiko wird dabei von der Finanzverwaltung in drei Abstufungen eingeteilt. Erhält ein Aufsichtsratsmitglied ausschließlich Festvergütungen und trägt insofern überhaupt kein Vergütungsrisiko, liegt keine selbständige Tätigkeit vor und das Aufsichtsratsmitglied ist kein Unternehmer. Erhält ein Aufsichtsratsmitglied ausschließlich variable Vergütungen, trägt es hingegen das volle Vergütungsrisiko, wodurch eine selbständige Tätigkeit und damit die Unternehmereigenschaft zu bejahen ist. Nicht von der Rechtsprechung höchstrichterlich geklärt ist der dritte Fall der Abstufung des Vergütungsrisikos. Erhält ein Aufsichtsratsmitglied eine Mischvergütung (bestehend sowohl aus variablen Vergütungsbestandteilen sowie Festvergütungsbestandteilen) ist anhand einer in Abschnitt 2.2 Abs. 3a UStAE eingeführten 10 %-Grenze zu unterscheiden, ob das Aufsichtsratsmitglied als Unternehmer oder Nichtunternehmer einzuordnen ist. Betragen die variablen Vergütungsbestandteile weniger als 10 % der Gesamtvergütung, trägt das Aufsichtsratsmitglied kein ausreichendes Vergütungsrisiko und ist demnach nicht als Unternehmer anzusehen. Bei variablen Vergütungsbestandteilen von mindestens 10 % liegt nach Auffassung der Finanzverwaltung ein Vergütungsrisiko vor und das Aufsichtsratsmitglied ist als Unternehmer bezüglich dieses Mandats einzustufen.[2]

1.10 Sozialversicherung

Das BSG hat entschieden, dass **Vorstände** einer gemeinnützigen Stiftung nach 1337
§ 7 Abs. 1 Satz 2 SGB IV mit ihren Vergütungen sozialversicherungspflichtig sein können.[3] Das Gericht sah den „Beschäftigtenbegriff" bei den Vorständen als erfüllt an. Bei Stiftungen wird sich eine abhängige Beschäftigung der Vorstandsmitglieder nicht allein aus deren treuhänderischer Funktion ableiten lassen, vielmehr wird auch hier genau auf die jeweiligen Kompetenzbereiche abzustellen sein. Wenn in der Stiftung ein Gremium wie etwa ein Kuratorium oder Stiftungsrat besteht und zur Beschlussfassung berufen ist, verhält es sich

1 BMF v. 29.3.2022 - III C 2 - S 7104/19/10001 :005, MwStR 2022 S. 333.

2 Gries/Pickelmann/Rüttler, MwStR 2022 S. 417, 418.

3 BSG, Urteil v. 23.2.2022 - B 12 R 15/19 R NWB UAAAH-77623 = npoR 2022 S. 260; BSG, Urteil v. 23.2.2021 - B 12 R 15/19 NWB UAAAH-77623 = ZStV 2022 S. 228.

mit diesem wie bei der Mitgliederversammlung im Verein: Der Vorstand muss dessen Beschlüsse ausführen und ist in der Konsequenz abhängig beschäftigt. Anders ist es, wenn die Beschlüsse durch einen Geschäftsführer ausgeführt werden und der Vorstand lediglich repräsentative Aufgaben erfüllt. Auch in der Satzung fest vorgesehene, selbsterklärende Verwaltungsaufgaben sind insoweit unschädlich. Spielräume in der Satzungsgestaltung bestehen aber auch, wenn der Vorstand einziges Organ der Stiftung ist und als solches alle Beschlüsse selbst fasst und durchführt. Ein Vorstandsmitglied, das intern überstimmt werden kann und so ihm nicht genehme Weisungen befürchten muss, ist Beschäftigter. Kann das Vorstandsmitglied ihm nicht genehme Weisungen aber verhindern, ist es im Umkehrschluss aber gerade nicht abhängig beschäftigt. Denken lässt sich hier an ein Einstimmigkeitserfordernis bei Vorstandsbeschlüssen. Von der im Gesetz vorgesehenen Gesamtvertretung gem. § 26 Abs. 2 Satz 1 BGB, § 86 BGB (vgl. zum neuen Stiftungsrecht §§ 84 Abs. 2 Satz 2, Abs. 3 BGB n. F.) kann ebenfalls abgewichen werden. Auch bei der Stiftung lässt sich also durch die Satzungsgestaltung eine abhängige Beschäftigung ausschließen, namentlich durch die Installation eines Geschäftsführers, Einstimmigkeit und Einzelvertretungsmacht. Ob dies im Einzelfall sachgerecht und angemessen ist, bleibt im Einzelfall zu entscheiden.[1]

1337/1 Relativ klar war die Rechtslage hinsichtlich einer möglichen Sozialversicherungspflicht bereits bisher bei „**Geschäftsführern**", die in Verein oder Stiftung neben dem Vorstand agieren. Ein „Geschäftsführer", der als Arbeitnehmer einzustufen ist, wird auf jeden Fall dem Beschäftigtenbegriff des § 7 Abs. 1 SGB IV unterfallen. Aber auch wenn ein Geschäftsführer einer Stiftung oder eines Vereins arbeitsrechtlich als Selbständiger fungieren sollte, wird er sozialversicherungsrechtlich nach § 7 Abs. 1 SGB IV als Beschäftigter einzustufen und in der Sozialversicherung beitragspflichtig sein.[2]

1338 *(Einstweilen frei)*

1.11 Wegfall der Steuerbefreiung

1339 Ein besonderes Verfahren zur Aberkennung der Gemeinnützigkeit gibt es nicht. Ist das Finanzamt der Auffassung, steuerbegünstigte Zwecke würden nicht mehr verfolgt, erlässt es Steuerbescheide.[3]

1 Rinckhoff, ZStV 2022 S. 95, 98 f.

2 Rinckhoff, ZStV 2022 S. 95.

3 Märtens in Gosch, KStG, 4. Aufl. 2020, § 5 Rz. 255.

Die Folge von Gemeinnützigkeitsverstößen ist nach dem **Grundsatz der Verhältnismäßigkeit** zu prüfen. Die Versagung der Gemeinnützigkeit ist also keinesfalls zwingend. Wie § 63 Abs. 4 AO zeigt, soll die Versagung in bestimmten Fällen lediglich ultima ratio sein. Aber auch sonst hat die FinVerw im Wege der ordnungsgemäßen Ermessensausübung zu prüfen, ob der Gemeinnützigkeitsverstoß derart schwerwiegend ist, dass er die Versagung der Gemeinnützigkeit für einen oder mehrere Veranlagungszeiträume rechtfertigt. Liegt ein gravierender Verstoß vor, der die Versagung der Gemeinnützigkeit rechtfertigt, ist in zeitlicher Hinsicht zu unterscheiden: Wird gegen die Vorschriften der ordnungsgemäßen Geschäftsführung verstoßen, führt dies nach §§ 63 Abs. 2, 60 Abs. 2 AO grds. zur Versagung der Gemeinnützigkeit in dem Veranlagungszeitraum, in dem der Geschäftsführungsverstoß begangen wurde. Wird gegen die Vorschriften über die Vermögensbindung verstoßen, gilt die Vermögensbindung als von Anfang an steuerlich nicht bestehend, §§ 63 Abs. 2, 61 Abs. 3 Satz 1 AO. Die Versagung der Gemeinnützigkeit kann rückwirkend für die letzten zehn Kalenderjahre erfolgen, §§ 61 Abs. 3 Satz 2, 175 Abs. 1 Satz 1 Nr. 2 AO.[1] 1340

Wird bei einer Körperschaft, die bereits nach § 5 Abs. 1 Nr. 9 KStG steuerbefreit war, im Rahmen der Veranlagung festgestellt, dass die **Satzung** nicht den Anforderungen des Gemeinnützigkeitsrechts genügt, dürfen aus Vertrauensschutzgründen hieraus keine nachteiligen Folgerungen für die Vergangenheit gezogen werden. Die Körperschaft ist trotz der fehlerhaften Satzung für abgelaufene VZ und für das Kalenderjahr, in dem die Satzung beanstandet wird, als steuerbegünstigt zu behandeln. Dies gilt nicht, wenn bei der **tatsächlichen Geschäftsführung** gegen Vorschriften des Gemeinnützigkeitsrechts verstoßen wurde.[2] 1341

Wird die Gemeinnützigkeit aberkannt, wird das Körperschaftsteuersubjekt mit sämtlichen Einkünften i. S. des § 2 Abs. 3 Nr. 1–3 EStG steuerpflichtig, demnach auch mit den bislang der steuerbefreiten Vermögensverwaltung zuzurechnenden Einkünften aus VuV sowie den Einkünften aus Kapitalvermögen. Allerdings führt der Verlust der Steuerbefreiung nicht zwingend zur Steuerbarkeit der gesamten Tätigkeit. Vielmehr setzt dies voraus, dass der Tatbestand einer Einkunftsart erfüllt ist. Einnahmen, die bislang im ideellen Bereich angefallen sind, wie Mitgliederbeiträge oder Zuschüsse, sind nach wie vor steuerfrei. Spie- 1342

1 Streck/Alvermann, KStG, 10. Aufl. 2022, § 5 Rz. 114.
2 AEAO zu § 59, Nr. 4.

gelbildlich können Verluste aus dem steuerfreien Bereich nicht mit gewerblichen Gewinnen verrechnet werden.[1]

1343–1344 *(Einstweilen frei)*

2. Besteuerung der Destinatäre

2.1 Einkommensteuer

1345 Werden von der gemeinnützigen Stiftung laufende wiederkehrende Zuwendungen an Destinatäre aufgrund der Stiftungssatzung geleistet, handelt es sich um **Bezüge** aus einer „freiwillig begründeten Rechtspflicht" i. S. des § 22 Nr. 1 EStG. Dies hätte an sich zur Folge, dass die wiederkehrenden Bezüge bei den begünstigten Familienangehörigen (vgl. § 58 Nr. 6 AO) nicht steuerpflichtig sind. Allerdings hat der Gesetzgeber in § 22 Nr. 1 Satz 2 Halbsatz 2 Buchst. a EStG vorgesehen, dass Bezüge dem Empfänger ausnahmsweise doch zuzurechnen und von diesem zu versteuern sind, wenn sie von einer von der Körperschaftsteuer befreiten Körperschaft und zudem außerhalb der Erfüllung satzungsbegünstigter Zwecke i. S. der §§ 52–54 AO gewährt werden. Sinn und Zweck dieser Regelung ist es, dass die Zuwendung einer gemeinnützigen Stiftung an ihre Destinatäre sonst ohne ausreichenden Grund weder bei der Stiftung noch bei den Zuwendungsempfängern besteuert worden wäre. Der bereits durch das Steuerbereinigungsgesetz 1986 eingefügte Satz 2 der Vorschrift führt im Ergebnis dazu, dass die Zuwendungen an Familienangehörige des Stifters zumindest einmal der Besteuerung unterliegen.[2] Die Einkünfte sind auf der Ebene der Destinatäre **voll steuerpflichtig**; § 3 Nr. 40i EStG findet auf Bezüge, die von einer steuerbefreite Stiftung stammen, keine Anwendung.[3] Die Einkünfte unterfallen auch nicht der Abgeltungsteuer gem. § 32d EStG.

1345/1 Nach Ansicht des BFH sind wiederkehrende Bezüge, die ein Steuerpflichtiger aufgrund eines **Vermächtnisses** von einer gemeinnützigen, vom Erblasser mit Vermögen ausgestatteten Stiftung erhält, lediglich mit dem Ertragsanteil gem. § 22 Nr. 1 Satz 3 Buchst. a Doppelbuchst. bb EStG steuerpflichtig.[4]

1346 Zuwendungen seitens der gemeinnützigen Stiftung, die entweder nicht regelmäßig, z. B. nur **einmalig**, oder im Rahmen der **Erfüllung steuerbegünstigter**

1 Märtens in Gosch, KStG, 4. Aufl. 2020, § 5 Rz. 255.
2 Vgl. Kußmaul/Meyering, ZSteu 2003 S. 41.
3 Weber-Grellet in Schmidt, EStG, § 22 Rz. 68.
4 BFH, Urteil v. 15.7.2014 - X R 41/12 NWB YAAAE-77327 = DStR 2014 S. 2115.

Zwecke erfolgen, sind nicht nach § 22 Nr. 1 Satz 2 EStG steuerbar.[1] Die fehlende Steuerbarkeit gilt unabhängig davon, ob es sich um einmalige Zahlungen handelt oder um wiederkehrende, denn § 22 Nr. 1 Satz 2, 2. Halbsatz lit. a EStG ordnet eine Steuerpflicht ausdrücklich nur für *„außerhalb der Erfüllung steuerbegünstigter Zwecke im Sinne der §§ 52–54 der Abgabenordnung"* gewährte Leistungen an. Im Umkehrschluss bedeutet dies, dass im Rahmen der Erfüllung der steuerbegünstigten Zwecke gewährte Leistungen beim Empfänger nicht steuerbar sind (und zwar auch dann nicht, wenn sich die Leistungen wiederholen).[2]

2.2 Schenkung-/Erbschaftsteuer

Für die etwaige Erbschaft-/Schenkungsteuerpflicht einer Leistung, die eine gemeinnützige Stiftung an ihre Destinatäre erbringt, kommt es entscheidend darauf an, ob es sich um eine **freigebige Zuwendung** i. S. des § 7 Abs. 1 Nr. 1 ErbStG handelt. 1347

Satzungsmäßige Zuwendungen unterliegen **nicht** der Schenkungsteuer, weil die Zuwendung aufgrund einer in der Satzung – wenn auch freiwillig – begründeten Rechtspflicht erfolgt und daher nicht freigebig ist. 1348

Nimmt die Stiftung hingegen eine „Barausschüttung" an die Destinatäre **ohne satzungsmäßige** oder vertragliche Verpflichtung vor, ist eine freigebige Zuwendung i. S. des § 7 Abs. 1 Nr. 1 ErbStG anzunehmen, die Schenkungsteuer auslösen kann. 1349

Entsprechend sind auch Zuwendungen an die Destinatäre, die aufgrund einer **Auflage** des Stifters erfolgen, schenkungsteuerpflichtig. 1350

(Einstweilen frei) 1351–1354

3. Umstrukturierung

Stiftungen können zivil-/handelsrechtlich als übertragender Rechtsträger nach § 124 UmwG Vermögen **ausgliedern**.[3] § 161 UmwG lässt nur die Ausgliederung von Teilen des Stiftungsvermögens auf bereits bestehende Personenhandelsgesellschaften zu; die Ausgliederung auf eine neu gegründete Per- 1355

---

1 Vgl. Otto, Handbuch der Stiftungspraxis, S. 215; Kußmaul/Meyering, ZSteu 2004 S. 41.

2 Teufel-Werhahn in Winheller/Geibel/Jachmann-Michel, Gesamtes Gemeinnützigkeitsrecht, 2. Aufl. 2020, EStG § 22 Rz. 13.

3 Vgl. → Rz. 1273 ff.

sonenhandelsgesellschaft ist unmöglich. Neben § 161 UmwG sind die §§ 162–167 UmwG zu beachten.[1]

1355/1 Voraussetzung für die Anwendbarkeit des **UmwStG** auf Stiftungen ist, dass es sich um eine Gesellschaft i. S. des Art. 48 Abs. 2 EGV bzw. Art. 34 EWR-Abkommen handelt, § 1 Abs. 2 Nr. 1 und Abs. 4 Nr. 1 und Nr. 2 Buchst. a Doppelbuchst. aa UmwStG. Anerkannt ist, dass das UmwStG auf rechtsfähige Stiftungen als juristische Personen anwendbar ist,[2] sofern sie Erwerbszwecke verfolgen. Nach der Rechtsprechung ist dieses Tatbestandsmerkmal weit zu verstehen, so dass selbst vermögensverwaltende Aktivitäten ausreichend sind.[3] Damit wäre zumindest die gemeinnützige Stiftung mit einem wirtschaftlichen Geschäftsbetrieb vom UmwStG erfasst.

1356 Unterhält die Stiftung einen **wirtschaftlichen Geschäftsbetrieb**, so kann sie diesen nach § 20 UmwStG in eine Tochterkapitalgesellschaft (gegen Gewährung von Gesellschaftsrechten) zum Buchwert **einbringen.**[4] Denkbar ist dies über eine Ausgliederung nach § 161 UmwG oder im Wege der Einzelrechtsnachfolge, § 1 Abs. 3 Nr. 2 und 4 UmwStG. Die gemeinnützigkeitsrechtliche Mittelbindung nach §§ 55, 58 AO wäre durch eine solche Ausgliederung/Einbringung nicht verletzt.[5] Die erhaltenen Geschäftsanteile/Aktien sind der Vermögensverwaltung zuzurechnen.[6]

1357 Einen **Zweckbetrieb** kann die Stiftung zwar nicht nach § 20 UmwStG in eine steuerpflichtige Kapitalgesellschaft einbringen, weil dieser zwar Betriebsvermögen darstellt, aber nicht steuerverstrickt ist. Allerdings kann ihn die Stiftung nach den allgemeinen Voraussetzungen des § 6 Abs. 1 Nr. 5 EStG i.V. mit § 8 KStG zum Teilwert einbringen. Die im Zuge der Einbringung aufzudeckenden stillen Reserven bleiben aber wegen der Steuerbefreiung der Stiftung unbesteuert.[7]

1 Schmitt/Hörtnagl/Hörtnagl, UmwG/UmwStG, 9. Aufl. 2020, § 124 UmwG Rz. 49.

2 Orth, FR 2010 S. 637, 640.

3 BFH, Urteil v. 14.7.2004 - I R 94/02, BStBl 2005 II S. 721 NWB PAAAB-26545.

4 Zu den Folgen einer späteren Veräußerung der erlangten Kapitalgesellschaftsanteile durch die Stiftung vgl. Buchna/Leichinger/Seeger/Brox, Gemeinnützigkeit im Steuerrecht, Tz. 2.5.5.5, S. 145; Orth, FR 2010 S. 637, 641.

5 Orth, FR 2010 S. 637, 641.

6 AEAO zu § 64, Nr. 3 Satz 4.

7 Buchna/Leichinger/Seeger/Brox, Gemeinnützigkeit im Steuerrecht, Tz. 2.5.5.5, S. 151.

4. Besteuerung der Stiftungsvorstände

Die Finanzverwaltung hat die gemeinnützigkeitsrechtlichen Folgen der Zahlungen an Vorstandsmitglieder, insbesondere die Voraussetzungen, unter denen die Einnahmen bei den Vorständen nach § 3 Nr. 26a und 26b EStG steuerfrei bleiben, ausführlich erläutert.[1] § 3 EStG sieht für unterschiedliche Arten gemeinwohlorientierter Tätigkeit Steuerfreibeträge vor, so für nebenberufliche Einnahmen aus der sogenannten Ehrenamtspauschale (Nr. 26a), als Übungsleiter (Nr. 26) bzw. für rechtsfürsorgende Tätigkeiten (Nr. 26b). 1358

Von § 3 Nr. 26a EStG erfasst wird aber nicht nur die Tätigkeit der Mitglieder des Vorstands, sondern auch die eines Vereinskassierers, der Bürokraft, des Reinigungspersonals oder des Platzwartes, sofern diese nebenberuflich ausgeübt werden. Der steuerfreie Jahresfreibetrag beträgt ab Veranlagungszeitraum 2021 840 €. 1359

5. Steuerliche Begünstigung des Zweckbetriebs

Die Einordnung eines wirtschaftlichen Geschäftsbetriebs i. S. des § 14 AO als ein Zweckbetrieb[2] ist für eine gemeinnützige Körperschaft mit diversen Vorteilen verbunden. Nicht nur die Befreiung von der Körperschaft- und Gewerbesteuer ist hier zu nennen, sondern auch die Möglichkeit, Dauerverluste ohne die Gefahr einer Mittelfehlverwendung zu erzielen. Von besonderer Bedeutung ist zudem die Möglichkeit – bei Vorliegen weiterer Voraussetzungen –, die Anwendung des ermäßigten Umsatzsteuersatzes von 7 % zu beanspruchen.[3] 1360

Wegen der Risiken, die bei einem Zweckbetrieb nach § 65 AO bestehen („Wettbewerbsneutralität").[4] 1361

(Einstweilen frei) 1362–1364

IV. Besteuerung der Stiftungsaufhebung

1. Erbschaftsteuer

Die Aufhebung bzw. das Erlöschen einer Stiftung kann durch Zeitablauf, Zweckerreichung, Unmöglichwerden des Stiftungszwecks, die Gefährdung des 1365

1 BMF, Schreiben v. 21.11.2014 - IV C 4 - S 2121/07/0010: 032, BStBl 2014 I S. 1581 NWB NAAAE-82000.

2 Siehe → Rz. 1113 ff.

3 Siehe → Rz. 1304.

4 Siehe → Rz. 1136 ff.

Allgemeinwohls, Aufhebungsbeschluss der Stiftungsorgane oder aber die Eröffnung des Insolvenzverfahrens erfolgen. Mit dem Erlöschen der Stiftung fällt das Vermögen gem. § 87c Abs. 1 BGB[1] den in der Satzung bzw. dem Stiftungsgeschäft bestimmten Personen anheim.[2]

1366 Der Erwerb bei Aufhebung einer Stiftung gilt als Schenkung unter Lebenden, § 7 Abs. 1 Nr. 9 ErbStG.[3] Mit der Übertragung des Stiftungsvermögens auf den in der Satzung genannten ebenfalls steuerbefreiten Anfallsberechtigten (vgl. § 61 Abs. 1 AO) erlischt die Stiftung.[4] Die Auskehrung des Stiftungsvermögens löst i. d. R. keine Besteuerung aus, da der Anfallsberechtigte zwingend seinerseits steuerbegünstigt sein muss (§ 61 Abs. 1 AO), so dass über § 13 Nr. 16 ErbStG der Anfall stets freigestellt ist.

2. Ertragsteuern

1367 Der Vermögenserwerb durch den steuerbefreiten Anfallsberechtigten löst keine ertragsteuerlichen Folgen aus, da der Erwerb unentgeltlich erfolgt.

3. Grunderwerbsteuer

1368 Geht ein Grundstück im Zuge der Auflösung von der Stiftung auf einen Dritten über, löst dies keine Grunderwerbsteuer aus, § 3 Nr. 2 GrEStG.[5]

1369–1379 *(Einstweilen frei)*

1 Bis 30.6.2022: § 88 Satz 1 BGB.

2 Pauli in Stumpf/Suerbaum/Schulte/Pauli, Stiftungsrecht, 3. Aufl. 2018, ErbStG § 7 Rz. 16.

3 Götz in Wilms/Jochum, ErbStG, § 7 Rz. 261.

4 Zum Zivilrecht vgl. Pues/Scheerbarth, Gemeinnützige Stiftungen im Zivil- und Steuerrecht, 2004, § 5 S. 77.

5 Götz in Wilms/Jochum, ErbStG, § 7 Rz. 264.

F. Kombination von/mit Stiftungen

I. Die Doppelstiftung

1. Rechtliche Konstruktion

Eine Möglichkeit, um die Vorteile der Familienstiftung mit denjenigen der gemeinnützigen Stiftung zu kombinieren stellt die sogenannte Doppelstiftung dar.[1] Diese Kombination von zwei unabhängigen Stiftungen[2] wird primär eingesetzt, wenn der Stifter über eine unternehmerische Beteiligung verfügt; die Doppelstiftung ist mithin ein **Instrument der Unternehmensnachfolge**.[3] 1380

Die Verbindung zwischen beiden unabhängigen Stiftungen liegt in dem von beiden Stiftungen gehaltenen Vermögen. Organisatorisch bestehen i. d. R. personelle Überschneidungen in den jeweiligen Stiftungsorganen und ggf. Sonderrechte in einer oder in beiden Stiftungssatzungen für den Stifter und die jeweils andere Stiftung, wie Benennungs- oder Vetorechte.[4] 1380/1

Die für die Doppelstiftung erforderliche Familienstiftung und die gemeinnützige Stiftung müssen **nicht** zeitgleich errichtet werden. Möglich ist auch, eine der beiden Stiftungen lebzeitig und die andere von Todes wegen zu errichten. Ein Gesamtkonzept ist nicht erforderlich, so dass bspw. mit einer lebzeitig errichteten Familienstiftung auch nach dem Tod des Stifters von den Erben durch Gründung einer gemeinnützigen Stiftung noch eine Doppelstiftung errichtet werden kann. Dies hat den Vorteil des rückwirkenden Wegfalls der Erbschaftsteuer bei Errichtung und Vermögensübertragung innerhalb von zwei Jahren nach dem Ableben des Stifters, § 29 Abs. 1 Nr. 4 ErbStG.[5] 1380/2

Stiftungsrechtliche Probleme sind selten. Denn anerkannt ist, dass sowohl die privatnützige Familienstiftung als auch die gemeinnützige Stiftung Unternehmensstiftungen sein können. Zu den Unternehmensstiftungen wird neben der Unternehmensträgerstiftung[6] auch die Beteiligungsträgerstiftung[7] gezählt. 1380/3

1 Werner, NWB-EV 8/2014 S. 283 NWB DAAAE-70160; Theuffel-Werhahn, ZStZ 2015 S. 169 und S. 201 ff.

2 BGH, Urteil v. 1.10.2020 - IX ZR 228/19 NWB OAAAH-64399 = NJW 2021 S. 1163, Rz. 2; Fleisch, S&S RS 4/2018 S. 15, Tz. 7.2.

3 Kirnberger/Werz, ErbSt 2004 S. 145.

4 Windeknecht, NWB 18/2021 S. 1326, 1327 NWB WAAAH-77404.

5 Windeknecht, NWB 18/2021 S. 1326, 1327 NWB WAAAH-77404.

6 Vgl. → Rz. 28.

7 Vgl. → Rz. 52.

1381 Bei der Doppelstiftung, einer **Sonderform der Beteiligungsträgerstiftung**, werden typischerweise Gesellschaftsanteile an einer Kapitalgesellschaft teilweise von einer gemeinnützigen Stiftung und teilweise von einer Familienstiftung, die als sogenannte Führungsstiftung ausgestaltet ist, gehalten.

1381/1 Beide Stiftungen sind als **rechtsfähige Stiftungen** des bürgerlichen Rechts ausgestaltet. Die Familienstiftung ist nach den Stiftungsgesetzen einzelner Länder dahingehend definiert, dass sie ausschließlich private Zwecke verwirklicht und dann nur sehr eingeschränkt der **Stiftungsaufsicht** unterliegt. Die gemeinnützige Stiftung unterliegt der normalen Stiftungsaufsicht.

2. Schaubild einer Doppelstiftung

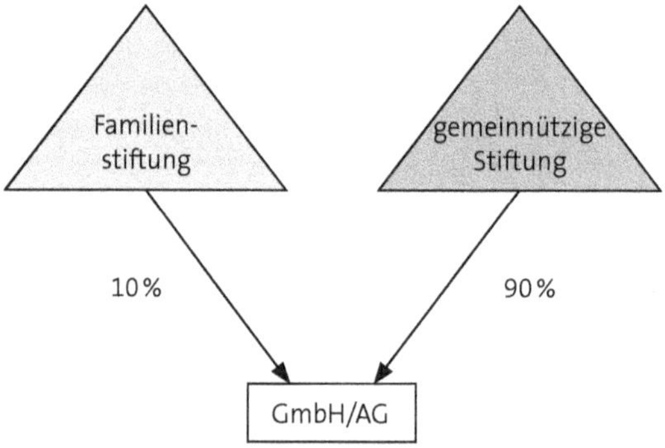

1382 Die **Familienstiftung** kann bspw. mit 10 % am Vermögen der Beteiligungskapitalgesellschaft, aber mit 90 % der Stimmen und zu 50 % am Gewinn beteiligt werden.

Die **gemeinnützige Stiftung** ist in diesem Fall zwar mit 90 % am Vermögen der Beteiligungskapitalgesellschaft beteiligt, erhält aber nur 10 % der Stimmen und lediglich 50 % des Gewinns.

1382/1 Im Ergebnis werden bei der Doppelstiftung Vermögen und Ertrag „getrennt“.[1] Durch die Zuweisung von lediglich 10 % der Stimmrechte für die von der gemeinnützigen Stiftung gehaltenen Anteile wird die **unternehmerische Verantwortung** im Ergebnis auf die **Familienstiftung** übertragen. Dies dient der klaren Trennung zwischen gemeinnütziger Zweckverfolgung und Unternehmensführung. Um diese disquotale Verteilung erreichen zu können, muss der Gesellschaftsvertrag der Beteiligungskapitalgesellschaft entsprechend angepasst

1 Werner, NWB 14/2019 S. 959 f. NWB OAAAH-10397.

werden. Je nach Wahl der Rechtsform der Beteiligungs-Kapitalgesellschaft, nämlich GmbH oder AG, ergeben sich hierbei typusbedingte Besonderheiten. So wird wegen der Satzungsstrenge gem. § 23 Abs. 5 AktG die AG als Rechtsform für das Beteiligungsunternehmen regelmäßig ausscheiden.[1]

Demgegenüber bietet das **GmbH-Recht** deutlich größere **Gestaltungsfreiheiten**. Hier lässt sich regeln, dass bestimmte Geschäftsanteile kein oder nur ein eingeschränktes Stimmrecht besitzen.[2] Nach § 29 Abs. 3 GmbHG kann der Gesellschaftsvertrag der GmbH die Gewinnanteile abweichend von der vermögensmäßigen Beteiligung ausgestalten. Selbst wenn ein Stimmrecht gänzlich ausgeschlossen wurde, bedeutet dies nicht, dass bei sogenannten Kernbereichsbeschlüssen nicht dennoch ein Stimmrecht besteht.[3] Teilweise wird vertreten, dass diese gesetzlichen Zustimmungsvorbehalte antizipiert und bereits in der Satzung erklärt werden können.[4] 1383

3. Variable Versorgung der Familienangehörigen

In welcher Höhe Gesellschaftsanteile an der Beteiligungskapitalgesellschaft auf die Familienstiftung bzw. auf die gemeinnützige Stiftung übertragen werden, hängt im Wesentlichen von den Zielsetzungen des Stifters ab. Maßgebliches Kriterium wird sein, in welchem Umfang die Versorgung der Familie abgesichert werden soll. Reicht aller Wahrscheinlichkeit nach der Anteil der zu erwartenden Erträge des Unternehmens, der von der Stiftung ohne Steuerbelastung an den Stifter und seine nächsten Angehörigen ausbezahlt werden kann, für die Versorgung der Familie aus, erscheint es im Hinblick auf die steuerlichen Vorteile der gemeinnützigen Stiftung sinnvoll, 70 % oder mehr der Gesellschaftsanteile auf diese schenkungsteuerfrei zu übertragen. 1384

In Abhängigkeit von dem Versorgungsbedarf der Familienangehörigen können bei einer GmbH die Erträge, unabhängig von der Höhe der tatsächlich auf die Familiengesellschaft übertragenen Beteiligung, an die Gesellschaftsanteile gebunden werden, die auf die Familienstiftung übergehen. Wird die Familienstiftung dergestalt mit einer überhöhten Gewinnbeteiligung ausgestattet, gilt das Übermaß an Gewinnbeteiligung dennoch nicht als eine selbständige Schenkung i. S. des § 7 Abs. 6 ErbStG, denn diese Vorschrift findet nur auf Personengesellschaften und nicht auf juristische Personen Anwendung.[5] 1385

1 Zu Einzelheiten vgl. Werner, ZEV 2012 S. 244 f.

2 Werner, NWB 14/2019 S. 959 f. NWB OAAAH-10397.

3 Wicke, MittBayNot 2021 S. 103; Werner, ZEV 2012 S. 244.

4 Roth/Altmeppen, GmbHG, § 53 Rz. 47.

5 Vgl. Meincke/Hannes/Holtz, ErbStG, § 7 Rz. 134.

1386 Sollte aufgrund der Versorgungslage der Familienangehörigen des Stifters ein größerer Teil des Vermögens in die Familienstiftung einfließen müssen, ist ausschließlich der Familienstiftung die unternehmerische Verantwortung zu übertragen. Dies insbesondere vor dem unternehmenspolitischen Hintergrund, dass sowohl bei Finanzierung als auch bei der Bemessung der Gewinnausschüttungen die Unternehmensbedürfnisse vorrangig zu beachten sind.

1387 Wird das operativ tätige Unternehmen nicht als Kapitalgesellschaft, sondern in der Rechtsform der Personengesellschaft geführt, sollte aus steuerlichen Gründen (unmittelbare Beteiligung der gemeinnützigen Stiftung an der gewerblich tätigen Personengesellschaft führt stets zu einem wirtschaftlichen Gewerbebetrieb),[1] zwischen die Personalgesellschaft und die gemeinnütziger Stiftung eine GmbH zwischengeschaltet werden.[2] Denn die gelockerte Sicht der Finanzverwaltung und die BFH-Rechtsprechung beziehen sich derzeit wohl nur auf gewerblich geprägte Personengesellschaften, so dass originär gewerbliche Personengesellschaftsbeteiligungen von einer gemeinnützigen Stiftungen zurzeit wohl noch nicht im Bereich der Vermögensverwaltung gehalten werden können. Wird eine Kapitalgesellschaft demnach – um steuerlich sicher zu gehen – zwischengeschaltet, dann hält diese die Beteiligung an der Personengesellschaft. Die Anteile an der GmbH liegen in diesem Fall bei der gemeinnützigen Stiftung.

BEISPIEL

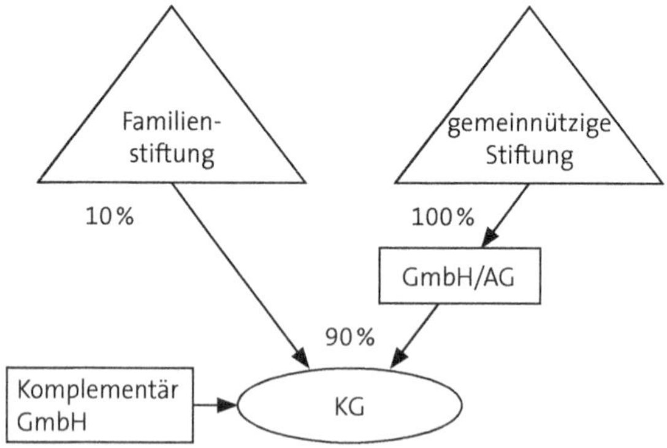

1388 Möglich wäre jedoch auch, die GmbH-Anteile bei beiden Stiftungen zu belassen. Die GmbH würde dann die unterschiedlichen Gesellschafterinteressen

1 Vgl. → Rz. 1095.

2 Werner, ZEV 2012 S. 244 f.

bündeln und –wie bei einem Stimmenpool– die Einheitlichkeit der Stimmabgabe in der Gesellschafterversammlung der Personengesellschaft wahren.

BEISPIEL

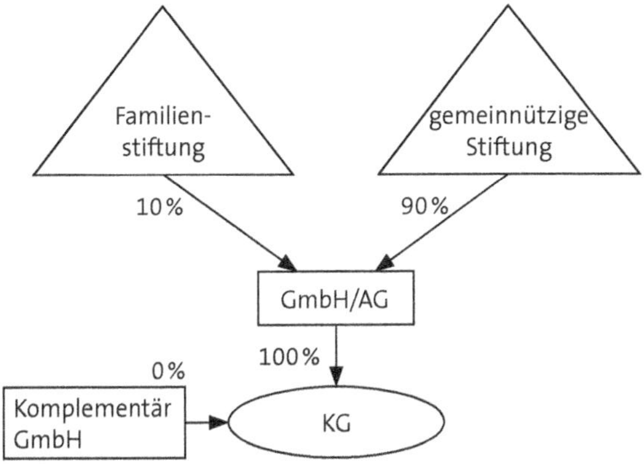

4. Vorteile der Doppel-Stiftung

Durch die Wahl der Doppel-Stiftung kann der Stifter die mit der Errichtung 1389
und dem Bestand einer Familienstiftung sonst verbundene **Steuerbelastung minimieren**, da der größere Teil des Vermögen erbschaft-/schenkungsteuerfrei auf die gemeinnützige Stiftung übergeht und auch die Erträge teilweise steuerbefreit bleiben.

Unabhängig davon, wie die Vermögensausstattung der beiden Stiftungen erfolgt, sollte der Familienstiftung auch aus steuerlichen Gründen die alleinige unternehmerische Verantwortung zukommen, um so bei der gemeinnützigen Stiftung das Entstehen eines steuerpflichtigen wirtschaftlichen Gewerbebetriebs zu vermeiden. Familienstiftung und gemeinnützige Stiftung lassen sich bei unternehmenstragenden Konstruktionen auch in der Weise kombinieren, dass neben eine mit geringer Kapitalquote ausgestattete Familienstiftung eine gemeinnützige Stiftung mit hoher Kapitalausstattung tritt, die ihre Stimmrechte auf die Familienstiftung überträgt (sogenanntes **Wiesbadener Modell**).

Angeführt wird weiter die Möglichkeit, dass die gemeinnützige Stiftung die Rolle einer „**Familienbank**" übernimmt.[1] Die steuerbefreite Stiftung würde

1 Zum Begriff Schiffer/Pruns in Schiffer, Die Stiftung in der Beratungspraxis, 3. Aufl. 2012, § 10 Rz. 66 f.

dem Beteiligungsunternehmen bzw. der Unternehmensgruppe Darlehen gewähren, so dass diese nicht auf Fremdkapital von Dritten angewiesen ist.

5. Steuerliche Besonderheiten

5.1 Gemeinnützigkeitsrechtliche Fragen

1390 Sofern es sich um eine Kapitalgesellschaftsbeteiligung handelt, kann diese von der gemeinnützigen Stiftung im Bereich der Vermögensverwaltung gehalten werden, so dass die Dividendenausschüttungen bei der Stiftung steuerfrei bleiben.

Kritisch könnte sein, dass die disquotale Verteilung des Gewinnbezugsrechts zulasten einer gemeinnützigen Stiftung gegen Gemeinnützigkeitsrechtliche Vorgaben verstößt. Aber auch die Tatsache, dass die gemeinnützige Stiftung zwar mehrheitlich am Vermögen beteiligt ist, aber nur über eine eingeschränkte bzw. überhaupt keine Stimmrechtsmacht verfügt, ist nach § 55 Abs. 1 Nr. 1 AO nicht unkritisch zu sehen. Die i.V. mit § 55 Abs. 1 Nr. 1 AO genannten Bedenken wird man beseitigen können, wenn die Stiftung die Beteiligung (erst dann) übertragen erhält, nachdem die Ausgestaltung der Stimmrechte etc. im Wege der Gesellschaftsertragsanpassung durch Gesellschafterbeschluss vereinbart worden war.[1] Denn dann erhält die gemeinnützige Stiftung den Gesellschaftsanteil bereits mit den beschränkten Stimm-/Gewinnbezugsrechten.[2]

5.2 Schenkungsteuerliche Besonderheiten

1391 Schenkungsteuerlich ist § 7 Abs. 6 ErbStG zu beachten, wonach eine überhöhte Gewinnbeteiligung bei einer Personengesellschaft zu einer eigenständigen Zuwendung führen kann.[3]

Da regelmäßig eine Kapitalgesellschaft zwischengeschaltet ist, wird sich dieser Vorteil bereits bei der Bewertung des Geschäftsanteils nach § 11 BewG auswirken.[4] Infolge der weitgehenden Befreiung nach § 13a ErbStG wird dieses Gewinnübermaß regelmäßig zu keiner Mehrsteuer bei der Zuwendung der Gesellschaftsanteile an die Familienstiftung führen.

1 Werner, ZEV 2012 S. 244, 246.

2 Werner, ZEV 2012 S. 244, 247.

3 Götz in Wilms/Jochum, ErbStG, § 7 Rz. 319 ff.

4 Werner, ZEV 2012 S. 244, 247.

Umstritten ist, ob es zu schenkungsteuerlichen Problemen kommt, wenn die disquotale Gewinnausschüttung erst nach der Übertragung der Anteile beschlossen wird. Als Lösung wird diskutiert, dass diese Ausschüttungen erst nach einiger Zeit beschlossen werden sollten.[1] 1392

5.3 Ertragsteuerliche Besonderheiten

Eine **disquotale Gewinnausschüttung** ist ertragsteuerlich nicht länger proble- 1393
matisch, da die Finanzverwaltung die günstige BFH-Rechtsprechung[2] – allerdings mit Einschränkungen – übernommen hat.[3] Nach dem neuen Erlass der Finanzverwaltung muss zunächst die inkongruente Gewinnausschüttung zivilrechtlich wirksam geworden sein, um steuerlich anerkannt werden zu können. Damit nähert sich die Finanzverwaltung der Rechtsprechung an, für die die zivilrechtlich wirksame Grundlage ebenfalls einzige Voraussetzung für die Anerkennung ist. Die zivilrechtliche Wirksamkeit liegt dann vor, wenn im Gesellschaftsvertrag gem. § 29 Abs. 3 Satz 2 GmbHG ein anderer Maßstab der Verteilung als das Verhältnis der Geschäftsanteile im Gesellschaftsvertrag festgesetzt wurde. Für eine nachträgliche Satzungsänderung zur Regelung einer ungleichen Gewinnverteilung ist gem. § 53 Abs. 3 GmbHG die Zustimmung aller beteiligten Gesellschafter erforderlich. Gleichzeitig weist das BMF-Schreiben darauf hin, dass die Grundsätze des Missbrauchs rechtlicher Gestaltungsmöglichkeiten i. S. des § 42 AO zu beachten sind. Von einem Missbrauch im Sinne der Vorschrift ist bei Vereinbarung einer inkongruenten Gewinnausschüttung nicht auszugehen, wenn für die vom gesetzlichen Verteilungsschlüssel abweichende Gewinnverteilung beachtliche wirtschaftlich vernünftige außersteuerliche Gründe nachgewiesen werden. An dem Vorliegen wirtschaftlich beachtlicher Gesellschafterleistungen wird somit nicht mehr länger festgehalten. Damit wird das bisherige Ausnahmeverhältnis umgekehrt und inkongruente Gewinnausschüttungen werden im Grundsatz anerkannt. – Den Begriff „außersteuerliche Gründe" definiert die Finanzverwaltung allerdings nicht.[4]

Da im Falle der Doppelstiftung die gemeinnützige Stiftung „verzichtender Gesellschafter" wäre, ist das steuerliche Risiko gering. Denn selbst wenn es zu

1 Werner, ZEV 2012 S. 244, 248 m. w. N.

2 BFH, Urteil v. 19.8.1999 - I R 77/96, BStBl 2001 II S. 43 NWB TAAAA-96980.

3 BMF, Schreiben v. 17.12.2013 - IV C 2 - S 2750 a/11/10001, BStBl 2014 I S. 63 NWB JAAAE-51917.

4 Harle, NWB 40/2014 S. 3007, 3010 f. NWB NAAAE-73570.

einer Zurechnung nach § 20 Abs. 2 Nr. 2 Satz 1 EStG käme, würde diese stets ins Leere laufen.[1]

6. Thesaurierung durch Beteiligungsgesellschaft

1394 Bei der Frage, inwieweit Erträge des Familien-/Beteiligungsunternehmens thesauriert werden können, sind zwei Ebenen zu unterscheiden, die Unternehmens- und die Stiftungsebene. Um den Interessen des Beteiligungsunternehmens zu entsprechen und eine ausreichende Eigenkapitalausstattung sicherzustellen, ist es unabdingbar, dass eine permanente Vollausschüttung an die Stiftung verhindert werden kann. Diese „Rücksichtnahme" kann von den Stiftungsorganen per se nicht geleistet werden, da sie verpflichtet sind, möglichst hohe Dividenden zu vereinnahmen, um damit ihre satzungsmäßigen Zwecke zu verfolgen.[2] Die Generalnorm des § 55 Abs. 1 Nr. 1 Satz 1 AO bestimmt, dass die Mittel einer steuerbegünstigten Körperschaft nur für die satzungsmäßigen steuerbegünstigten Zwecke verwendet werden dürfen. Dieses Gebot impliziert ein angemessenes Ausgabeverhalten der steuerbegünstigten Körperschaft. Diese Voraussetzung ist erfüllt, solange deren Verhalten wirtschaftlich sinnvoll ist und dazu beiträgt, dass ein möglichst hoher Anteil der Mittel unmittelbar und effektiv den begünstigten Satzungszwecken zugutekommt, ohne dass hierfür eine absolute oder relative Untergrenze besteht.[3] Angemessenes Ausgabeverhalten bedeutet auch, dass das Vermögen der gemeinnützigen Stiftung, sofern die Erfüllung des steuerbegünstigten Zwecks nichts anderes erfordert, zu jeder Zeit wirtschaftlich, d. h. rentierlich, angelegt werden muss. Denn ein Verzicht auf Einnahmeerzielung entspricht ebenfalls nicht der gebotenen angemessenen Mittelverwendung. Eine unbegrenzte Thesaurierung der Gewinne bei der Tochtergesellschaft zum stetigen Ausbau des Unternehmens kann deshalb nicht zulässig sein.[4]

Allerdings darf nicht verkannt werden, dass die Frage der Höhe der Dividendenausschüttung bzw. die Beurteilung, ob eine Stärkung des Eigenkapitals notwendig ist, eine unternehmerische ist. Diese kann und soll die gemeinnützige Stiftung nicht anstellen.

1395 Ist die gesellschaftsrechtliche Stellung der steuerbegünstigten Körperschaft zu schwach, um die Gewinnverwendung entsprechend zu beeinflussen, muss

1 Werner, ZEV 2012 S. 244, 248 m. w. N.; Werner, NWB-EV 8/2014 S. 283, 286 NWB DAAAE-70160.

2 Siehe → Rz. 1008; Werner, NWB-EV 8/2014 S. 283, 285 NWB DAAAE-70160.

3 BFH, Urteil v. 18.12.2002 - I R 60/01 NWB AAAAA-88052.

4 Binz/Sorg, ZEV 2005 S. 520, 522.

ggf. über eine Vermögensumschichtung nachgedacht werden. Wenn diese aus rechtlichen (z. B. Vinkulierung) oder tatsächlichen Gründen nicht möglich ist, kann u. E. selbst eine dauerhafte Vollthesaurierung auf der Ebene der Kapitalgesellschaft die Steuerbegünstigung der steuerbegünstigten Körperschaft nicht infrage stellen.[1]

Es bietet sich an, die unternehmerischen Entscheidungen aus der Verantwor- 1396
tung der Stiftungsorgane herauszulösen. Hierzu ist auf Ebene der Tochter-/Beteiligungsgesellschaft in deren Satzung eine automatische Thesaurierungsquote vorzusehen. Diese sollte sich an der Vergangenheit (als es noch keine Stiftung als Mehrheits-/Alleingesellschafter gab) orientieren. Sie muss aber zugleich so bemessen sein, dass es nicht zu einer Ausschüttungssperre kommt. Wenn aber der (spätere) Stifter als Alleingesellschafter bspw. zu Lebzeiten nie mehr als 50 % des Jahresüberschusses ausgeschüttet hat, könnte diese Quote von 50 % in der Satzung der Beteiligungsgesellschaft – vor Errichtung der Stiftung – verankert werden.[2]

(Einstweilen frei) 1397–1409

II. Stiftung und Betriebsführungsgesellschaft

Bei dieser Gestaltungsvariante werden die Vorteile einer gemeinnützigen Stif- 1410
tung mit der Möglichkeit, auf die Geschäftsführung des Betriebsunternehmens maßgeblich Einfluss nehmen zu können, kombiniert. An der **Betriebsgesellschaft** in der Rechtsform einer **GmbH bzw. AG** wird die gemeinnützige Stiftung mit 95 % am Kapital, mit 10 % der Stimmen in der Gesellschafterversammlung und mit 10% am Gewinn und Verlust beteiligt. Die **Führungs-GmbH** ist demgegenüber mit 5 % am Gesellschaftskapital beteiligt, verfügt über 90 % der Stimmen und erhält 90 % der Gewinne und Verluste zugewiesen. Insbesondere bei Vorhandensein von erheblichen Grundstückswerten bietet sich diese Variante an, da der gemeinnützigen Stiftung die Grundstücke übertragen werden können.

1 Werner, ZEV 2012 S. 244, 246; Binz/Sorg, ZEV 2005 S. 520, 522.

2 Binz/Sorg, ZEV 2005 S. 520, 523.

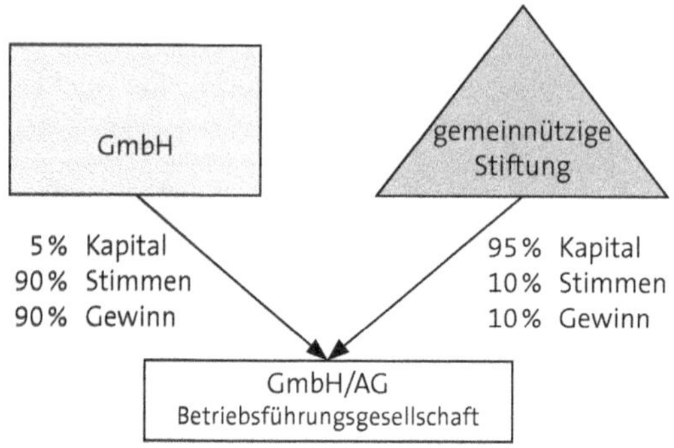

1411 Ferner ermöglicht diese Gestaltung, dass der Stifter selbst in der Führungs-GmbH die zukunftsweisenden Entscheidungen vorgeben und weiterhin seinen Einfluss geltend machen kann. Ungeachtet dessen wird eine erhebliche steuerliche Entlastung erreicht, weil die Substanzsteuern nahezu gänzlich entfallen, da fast das gesamte Vermögen von der gemeinnützigen Stiftung gehalten wird. Durch entsprechende Geschäftsführergehälter und Anstellungsverträge kann zudem erreicht werden, dass mitarbeitende Familienangehörige ausreichend mit finanziellen Mitteln ausgestattet werden, so dass deren Unterhalt gesichert ist.

III. Gemischte Stiftung als Alternative zur Doppelstiftung

1412 Gemischte Stiftungen verfolgen mehr als einen Stiftungszweck. Von einer gemischten Stiftung i. e. S. spricht man, wenn die Stiftung sowohl privat- als auch gemeinnützige Zwecke verfolgt.[1] Die gleichzeitige Verfolgung beider Zwecke wirft besondere zivil- und steuerrechtliche Probleme auf. Klar ist, dass eine gemischte Stiftung nicht gemeinnützig i. S. der §§ 51 ff. AO sein kann, weil dies die ausschließliche Verfolgung gemeinnütziger Zwecke voraussetzt. Sollen die mit dem Instrument der gemischten Stiftung verfolgten Gestaltungsziele erreicht werden, muss die gemischte Stiftung in jedem Fall besonderen Voraussetzungen genügen.[2]

1413 Im Vergleich zur Doppelstiftung ist die gemischte Stiftung schon von der Konstruktion her einfacher. Weiterhin entfällt die Notwendigkeit der Beach-

1 Reich, DStR 2020 S. 265; Windeknecht, NWB 18/2021 S. 1326, 1331 NWB WAAAH-77404.
2 Werner, ZEV 2020 S. 529.

tung der komplexen Anforderungen des Gemeinnützigkeitsrechts. Insbesondere das Gebot der zeitnahen Mittelverwendung nach § 55 Abs. 1 Nr. 5 Satz 3, § 62 AO lässt eine Rücklagenbildung auf Stiftungsebene nur sehr eingeschränkt zu. Ist die gemischte Stiftung so ausgestaltet, dass sie zwar nur eingeschränkt der Stiftungsaufsicht unterliegt, dafür aber der Erbersatzsteuer, dann gelten lediglich Prinzipien wie für eine Familienstiftung. Unterliegt die gemischte Stiftung vollumfänglich der Stiftungsaufsicht, dann stellt sich die Frage, wie dies von den Landesstiftungsgesetzen sanktioniert wird. Die erbschaft- und schenkungsteuerliche Errichtungsbesteuerung wird durch die aktuell geltenden Vergünstigungen bei der Übertragung von Unternehmensvermögen stark reduziert. Auch die Nachteile der laufenden Besteuerung sind überschaubar.[1]

(Einstweilen frei) 1414–1419

1 Werner, ZEV 2020 S. 529, 534.

G. Die Rechnungslegung bei Stiftungen

I. Externe Rechnungslegung

Mittels der Rechnungslegung bildet deren Ersteller, oder auch Rechnungsleger, sein wirtschaftliches Handeln systematisch und überwiegend zahlenmäßig ab, um hiermit andere Personen, die sogenannten Rechnungslegungsadressaten, hierüber zu informieren, ihnen Rechenschaft abzulegen und ggf. die Grundlagen für ihre Ansprüche zu ermitteln.[1] 1420

Laut Gablers Wirtschaftslexikon wird unter der externen Rechnungslegung – sie wird auch als externes Rechnungswesen bezeichnet – der Teil des Rechnungswesens verstanden, dessen Adressaten primär unternehmensexterne Personen oder Institutionen sind.[2] Sie bildet die finanzielle Situation einer wirtschaftlichen Einheit nach außen ab und stellt die Vermögens-, Finanz- und Ertragslage dar.[3] Sie tut dies auf der Basis der sogenannten Buchführung, erstellt von der Buchhaltung.[4] 1421

Im Gegensatz dazu richtet sich das interne Rechnungswesen primär an die Unternehmensleitung und andere unternehmensinterne Personen oder Stellen. Es beschäftigt sich mit der Planung, der Kontrolle und der Koordination bewerteter Unternehmensprozesse im Hinblick auf die Maximierung des Unternehmenserfolgs. Es wird auch als Controlling bezeichnet.[5] 1422

Das externe sowie das interne Rechnungswesen sind jeweils Teilgebiete des Rechnungswesens im Allgemeinen, welches außerdem die betriebswirtschaftliche Statistik und Vergleichsrechnung sowie die Planungsrechnung umfasst. 1423

1 Vgl. Wikipedia, Stichwort Rechnungslegung, abrufbar unter: http://de.wikipedia.org/wiki/Rechnungslegung#cite_note-Pellens_2-1 m. w. N.; vgl. Überblick über die allgemeinen betriebswirtschaftlichen Funktionen des Rechnungswesens mit speziellem Bezug zu Stiftungen bei Seidemann, ZStV 2012 S. 6.

2 Vgl. Gabler Wirtschaftslexikon, Stichwort: externes Rechnungswesen, abrufbar unter: http://wirtschaftslexikon.gabler.de/Archiv/55843/externes-rechnungswesen-v8.html.

3 Vgl. hierzu und zum Folgenden Wikipedia, Stichwort Rechnungswesen, abrufbar unter: http://de.wikipedia.org/wiki/Rechnungswesen.

4 Die Begriffe Buchhaltung und Buchführung werden umgangssprachlich häufig als Synonym verwendet. In der Betriebswirtschaftslehre bezeichnet der Begriff Buchführung nur die Methodik und Tätigkeit, die Buchhaltung die entsprechenden Aufzeichnungen in ihren unterschiedlichen Ausprägungen, wie Finanzbuchhaltung, Anlagenbuchhaltung, Debitorenbuchhaltung usw., vgl. Wikipedia, Stichwort Buchhaltung, abrufbar unter: http://de.wikipedia.org/wiki/Buchhaltung.

5 Vgl. hierzu und zum Folgenden Wikipedia, Stichwort Rechnungswesen, abrufbar unter: http://de.wikipedia.org/wiki/Rechnungswesen.

II. Die Auswirkung der Stiftungsrechtsreform auf die Rechnungslegung bei Stiftungen

1424 Grundlegend zur Stiftungsrechtsreform 2021, die in Teilen zum 1.7.2023 und zum 1.1.2026 in Kraft tritt, vergleiche das Kapitel J „Die Stiftungsrechtsreform“.

Die Auswirkungen der Reform auf die Rechnungslegung der Stiftungen werden in der Literatur, soweit ersichtlich, eingehend nur von Grittern untersucht.[1] Sie sind vordergründig gut überschaubar, haben jedoch im Detail einen beachtlichen Umfang. Bisher war die Rechnungslegung von Stiftungen nur spärlich geregelt und zwar durch Verweis des § 86 BGB a. F. auf das Vereinsrecht (§ 27 Abs. 3 BGB), das wiederum auf die Bestimmungen zum Auftragsrecht weiterverweist, die §§ 666, 259 BGB. Das Ziel der Stiftungsrechtsreform ist es, für die wesentlichen Aspekte im Kernstiftungsrecht einheitliche Regelungen auf Bundesebene zu erreichen. Daher fällt die derzeitige Generalverweisungsnorm in das Vereinsrecht (§ 86 BGB a. F.) künftig weg. In § 84a Abs. 1 Satz 1 BGB-neu ist nun jedoch ein direkter Verweis in das Auftragsrecht geregelt. Folglich werden auch künftig die nur wenig ergiebigen §§ 666, 259 BGB für die Rechnungslegung von Stiftungen maßgebend sein.

Aufgrund der bewussten Entscheidung des Gesetzgebers, auch weiterhin von stiftungsspezifischen Vorgaben zur Rechnungslegung abzusehen, haben sich die gesetzlichen Bestimmungen grds. nicht geändert. Es formulieren daher weiterhin die geltenden Landesstiftungsgesetze ihre konkretisierenden Vorgaben. Das neue einheitliche Stiftungsrecht erlaubt es den Stiftungen auch künftig, für die Berichterstattung einen kaufmännischen Jahresabschluss mit doppelter Buchführung, Bilanz und Gewinn- und Verlustrechnung sowie ggf. einem erläuternden Anhang zu wählen.

Somit ergibt sich allein aus der Reform heraus hinsichtlich der Rechnungslegung von Stiftungen für den Rechtsanwender bei der Wahl der Rechnungslegungsmethode kein Handlungsbedarf. Die bisherige Art der Rechnungslegung kann beibehalten werden. Wegen der neuen Bestimmungen zum Kapitalerhalt und den Vermögensumschichtungen ergibt sich jedoch ein beachtlicher Anpassungsbedarf bzgl. der Informationen, die die Rechnungslegung bereitzustellen hat. Hier liegt der Schwerpunkt der materiellen Auswirkungen der Stiftungsrechtsreform für die Rechnungslegung.[2]

1 Vgl. hierzu und zum Folgenden Grittern, npoR 5/2022 S. 245.
2 Vgl. Grittern, npoR 5/2022 S. 245, 247 und → Rz. 1428.

1. Wandlung der Begriffe

Mit der Stiftungsrechtsreform 2023/2026 ist es zu einer Wandlung der Begriffe Stiftungsvermögen, Grundstockvermögen etc. gekommen. Vor der Reform sprach z. B. Art. 16 Abs. 3 BayStiftG von der Erhaltung des Grundstockvermögens und der bestimmungsgemäßen Verwendung seiner Erträge, wobei unter Grundstockvermögen damals das gesamte gewidmete und angesammelte Kapital, auch als Stiftungsvermögen bezeichnet, verstanden wurde. Art. 4 des Hamburgischen Stiftungsgesetzes spricht vom Stiftungsvermögen, das getrennt zu halten ist. In seinem RS HFA 5 aus dem Jahre 2000 verwendet das IDW bei der Gliederung des Eigenkapitals der Passivseite der Bilanz den Begriff Grundstockvermögen. Im RS HFA 5 aus dem Jahr 2013 hat es diesen durch den Begriff Errichtungskapital ersetzt. In Rz. 9 kommt beim IDW zum Ausdruck, dass das Grundstockvermögen gegenständlich gemeint sei als die Vermögensgegenstände, die der Stifter der Stiftung zugewendet hat. Auf der Passivseite der Bilanz hingegen könne der Begriff Grundstockvermögen nicht gegenständlich verstanden werden. Es ist daher vom HFA konsequent, hier von Errichtungskapital zu sprechen als dem Wert des Vermögens, das der Stiftung im Rahmen der Errichtung übertragen wurde (Rz. 56). 1425

Seit der Reform besteht das der Stiftung gewidmete Vermögen (§ 81 Abs. 1 Nr. 2 BGB-neu) nach § 83c Abs. 1 Satz 1 BGB-neu aus *„dem Grundstockvermögen und ihrem sonstigen Vermögen"*. Hier ist der Gesetzestext unpräzise. Denn das „gewidmete Vermögen" wird in § 83b Abs. 2 Nr. 1 BGB-neu als Teil des Grundstockvermögens angeführt, in Abs. 3 heißt es dann zusätzlich, dass das gewidmete Vermögen zu sonstigem Vermögen bestimmt werden kann. Der Begriff „gewidmetes Vermögen" (§81 Abs. 1 Nr. 2 BGB-neu) wird also sowohl als Ober- als auch als Unterbegriff verwendet. Der Oberbegriff ist also das „gesamte gewidmete Vermögen", das vielleicht in Anlehnung an den Begriff Errichtungskapital des IDW als Errichtungsvermögen bezeichnet werden kann. Im Zeitpunkt der Errichtung ist dieses deckungsgleich mit dem „Stiftungsvermögen".

Später kann zu dem Stiftungsvermögen in Form des „gesamten gewidmeten Vermögens" (Errichtungsvermögen) auch weiteres Vermögen hinzukommen und zwar sowohl als Grundstockvermögen (z. B. Zustiftungen) als auch als sonstiges Vermögen, das die Stiftung z. B. in einer Kapitalerhaltungsrücklage aus den Erträgen oder sonstigen Zuflüssen ansammelt, um das Grundstockvermögen zu erhalten, um dauerhaft dazu in der Lage zu sein, ihren Stiftungszweck zu erfüllen, oder das die Stiftung für ihre Stiftungszwecke einsetzen kann. [1]

Es gilt folglich, eine ganze Reihe von Begriffen zu unterscheiden:

1. das Stiftungsvermögen, das das gesamte Vermögen der Stiftung umfasst,
2. das gewidmete Vermögen (§ 81 Abs. 1 Nr. 2 BGB-neu, also das gesamte gewidmete Vermögen (oder Errichtungsvermögen), bestehend aus
   - dem gewidmetem Grundstockvermögen und
   - dem gewidmeten sonstigen Vermögen,
3. das Grundstockvermögen (§ 83c Abs. 2 BGB-neu) bestehend aus
   - dem gewidmetem (Grundstock-)Vermögen,
   - den Zustiftungen,
   - dem von der Stiftung zu Grundstockvermögen bestimmten Vermögen

und

4. das sonstige Vermögen, bestehend aus
   - dem gewidmeten sonstigen Vermögen und
   - dem weiteren sonstigen Vermögen.

Die Unterscheidung hat insoweit Bedeutung, als das Grundstock- und das sonstige Vermögen scharf getrennt werden müssen, denn nur das Grundstockvermögen unterliegt der Kapitalerhaltungspflicht nach § 83c Abs. 1 Satz 1 BGB-neu. Die weitere Unterteilung der beiden Arten ist vor allem von Interesse, wenn man die Entwicklung des Stiftungsvermögens nachvollziehbar gestalten will.[2]

2. Kapitalerhalt

1426 Eine Stiftung kann im Wege einer Bargründung oder einer Sachgründung errichtet werden. Bei der ersteren bringt der Stifter einen gewissen Geldbetrag ein, bei der zweiten ein Wertpapierdepot, eine Immobilie oder einen Betrieb bzw. ein Unternehmen. Der Wert des Stiftungsvermögens wird weder in den §§ 80 ff. BGB a. F. noch nach den neuen §§ 83b und 83c BGB-neu explizit thematisiert. Denn im Stiftungsrecht ist die wertmäßige und/oder sachliche Einigung des aufgebrachten Stiftungsvermögens für die dauernde und nachhalti-

1 Ggf. a. A. Grittern, npoR 5/2022 S. 245, 252.
2 Vgl. auch Grittern, npoR 5/2022 S. 245, 250 f.

ge Erfüllung der Stiftungszwecke entscheidend (§ 80 Abs. 2 Satz 1 BGB a. F.). Dies ist in Abgrenzung zur Gründung einer Kapitalgesellschaft zu sehen, bei deren Sachgründung den Aspekten Aufbringung der versprochenen Haftungsmasse sowie dem Schutz des Rechtsverkehrs und der Gläubiger besondere Bedeutung zukommen.

Aufgrund dieser Grundgedanken formulieren alle Landesstiftungsgesetze den Grundsatz der Kapitalerhaltung (siehe → Rz. 1425). Wie dort ausgeführt, unterscheidet § 83b BGB-neu nun aber zwischen dem Grundstockvermögen und dem sonstigen Vermögen, wobei nur das Grundstockvermögen nach § 83c Abs. 1 Satz 1 BGB-neu erhalten werden muss. Das vom Stifter gewidmete und durch die Stiftung selbst „angesparte" sonstige Vermögen kann hingegen für die Stiftungszwecke „verbraucht" oder durch Geldentwertung gemindert werden.

Im Folgenden bestimmt § 83c Abs. 1 Satz 2 BGB-neu, dass der Stiftungszweck mit den „Nutzungen" des Grundstockvermögens zu erfüllen ist und dass Zuwächse aus der Umschichtung des Grundstockvermögens für die Erfüllung des Stiftungszwecks verwendet werden können, soweit dies die Satzung nicht ausschließt und die Erhaltung des Grundstockvermögens gewährleistet ist.

Daher kommt es auch zukünftig bei der Frage des anzuwendenden Konzeptes der Vermögenserhaltung vor allem auf die Stiftungssatzung an. Dabei sind die „gegenständliche" bzw. die rein „wertmäßige" Erhaltung des Stiftungsvermögens zu unterscheiden. Erstere ist nur gegeben, falls dies in der Satzung geregelt ist oder Teile des Stiftungsvermögens untrennbar mit der vorgeschriebenen Zweckerfüllung verbunden sind.[1] Der Erhalt eines bestimmten Unternehmens wäre hierfür ein Beispiel. Im Falle der Übertragung lediglich liquiden Vermögens oder beliebig zusammengestellter Vermögensgegenstände auf die Stiftung, liegt es nahe, von einer sog. „Kapitalstiftung" auszugehen, bei der die gegenständliche Erhaltung für die Erfüllung des Stiftungszwecks sogar unvorteilhaft sein könnte.

3. Vermögensumschichtung

In § 83c BGB-neu wird, wie bereits ausgeführt, indirekt die Zulässigkeit der Umschichtung des Grundstockvermögens geregelt, d. h. Anleihen, Aktien, Immobilien oder Unternehmen(-santeile), die bei der Errichtung der Stiftung auf diese übertragen wurden, dürfen veräußert und dafür andere Vermögens- 1427

1 Vgl. Gesetzesbegründung in BT-Drucks. 19/28173 v. 31.3.2021 S. 54 zu § 83b, Abs. 2; Grittern, npoR 5/2022 S. 245, 248.

gegenstände angeschafft werden.[1] Wie oben zitiert, können dabei erzielte Gewinne (Zuwächse) für die Erfüllung der Stiftungszwecke verwendet werden, soweit dies durch die Satzung nicht ausgeschlossen wurde und die Erhaltung des Grundstockvermögens gewährleistet ist.

In der Gesetzesbegründung des Regierungsentwurfs wird dazu ausgeführt: *„Die Zusammensetzung des Grundstockvermögens kann von den zuständigen Stiftungsorganen auch geändert werden, um durch Vermögensumschichtungen höhere Erträge für die Stiftung zu erwirtschaften.“*[2] Die Aufnahme dieses Gedankens ist hilfreich bei der teleologischen Auslegung der Vorschrift, insbesondere im häufigen Fall einer Kapitalstiftung.

Der Wert des Grundstockvermögens im Zeitpunkt der Zuwendung ist ungeschmälert zu erhalten. Bei reinen Kapitalstiftungen wird daher der Wert aller übertragenen Aktiva abzüglich eventueller Belastungen – wie z. B. Vermächtnisse, Leibrenten oder ähnliche Lasten – im Übertragungszeitpunkt als Erhaltungsmaßstab im Sinne einer „Rechengröße“ festgeschrieben. Diese ist danach von der konkreten Zusammensetzung des Vermögens bzw. der Vermögensgegenstände entkoppelt.[3] Auf die Bedeutung der Vorschrift wird im Beispiel ab → Rz. 1602 eingegangen.

4. Anpassungsbedarf in der Rechnungslegung

1428 Die beiden Aufgaben von Stiftungen sind die Erfüllung des Stiftungszwecks, § 81 Abs. 1 Nr. 1 Buchst.a BGB-neu (Zweck der Stiftung) und der Erhalt des Vermögens, § 83c Abs. 1 Satz 1 BGB-neu. Diese beiden Aufgaben[4] machen eine Abgrenzung zwischen der **Ertrags- und der Vermögenssphäre** einer Stiftung erforderlich.[5] Die Pflicht zur Ertragsverwendung setzt Klarheit darüber voraus, was genau unter den Erträgen des Stiftungsvermögens zu verstehen ist. Es treffen sich hier das stiftungsrechtliche Admassierungsverbot (§ 83b Abs. 2 Satz 2 BGB-neu)[6] und der Vermögenserhaltungsgrundsatz. Ersteres ist Ausfluss der Verpflichtung zur Zweckerfüllung, d. h., die Erträge der Stiftung sind primär für deren Zwecke einzusetzen und dürfen nicht zur Anhäufung von Kapi-

1 Vgl. → Rz. 1583 ff.

2 Vgl. BT-Drucks. 19/28173 v. 31.3.2021 S. 56 zu § 83c Abs. 1 Satz 1.

3 Vgl. Grittern, npoR 5/2022 S. 245, 248.

4 Vgl. z. B. auch Art. 6 BayStG; RS HFA 5, Rz. 9, 29.

5 Vgl. → Rz. 265 und → Rz. 1075 ff.; Hüttemann in Hüttemann/Richter/Weitemeyer, Landesstiftungsrecht, Rz. 16.3. Zum Teil wird als dritte Aufgabe die satzungsgemäße Verwendung der Erträge aufgeführt, diese kann man jedoch auch als Teil der Zweckerfüllung verstehen.

6 *„Mit dem Stiftungsvermögen darf nur der Stiftungszweck erfüllt werden.“*; vgl. auch → Rz. 281, siehe auch z. B. https://www.verwaltungstreuhand.de/stiftungsglossar/.

tal verwendet werden.[1] Der Grundsatz der Vermögenserhaltung wiederum verbietet nach § 83c Abs. 1 BGB-neu einen Verbrauch von Grundstockvermögen für Stiftungszwecke, nicht jedoch von dessen Erträgen hierfür. § 83c Abs. 1 Satz 2 BGB-neu ordnet an: *„Der Stiftungszweck ist mit den Nutzungen des Grundstockvermögens zu erfüllen."*

Die Stiftungsrechtsreform hat diese Zweiteilung komplizierter gemacht. Zum einen, weil das gewidmete Vermögen auch zu sonstigem Vermögen bestimmt werden kann, das dem Grundsatz der Vermögenserhaltung nicht unterliegt, also für Sitzungszwecke eingesetzt werden kann, deswegen aber nicht der Ertragssphäre zuzuordnen ist, sondern grds. in der Vermögensphäre verbleibt. Zum anderen, weil Zuwächse aus der Umschichtung von Grundstockvermögen nun auch für Stiftungszwecke verwendet werden dürfen, soweit dies die Satzung nicht ausschließt und die Erhaltung des Grundstockvermögens gewährleistet ist, § 83c Abs. 1 Satz 3 BGB-neu. Früher wurden Umschichtungsgewinne nach der höchstrichterlichen Rechtsprechung nicht als Nutzungen, sondern als Verwertung des Vermögens eingeordnet[2] und die Umschichtungsergebnisse folglich allein der Vermögenssphäre zugeordnet.

Hieraus folgt, Umschichtungsgewinne müssen nach der Stiftungsrechtsreform ggf. auf die Ertrags- und die Vermögenssphäre aufgeteilt werden. Die für Stiftungszwecke zur Verfügung stehenden Mittel können aber nicht nur aus der Ertragssphäre gespeist werden, sondern z.T. können sie auch aus dem sonstigen Vermögen der Vermögenssphäre entnommen werden.

Die Aufgaben des Rechnungswesens können nach der Stiftungsrechtsreform wie folgt festgestellt werden:

- Das Grundstockvermögen und das sonstige Vermögen müssen getrennt voneinander ausgewiesen werden, damit der Erhalt des Grundstockvermögens nachgewiesen werden kann.
- Die Nutzungen des Grundstockvermögens sind zu erfassen, von der Vermögenssphäre getrennt zu halten und es ist zu dokumentieren, dass diese für die Satzungszwecke verwendet werden.

---

1 Auch wegen der Beschränkung der Zuführung für freie Rücklagen gem. § 62 Nr. 3 AO, bis 31.12.2013 § 58 Nr. 7a AO; vgl. hierzu Hüttemann in Hüttemann/Richter/Weitemeyer, Landesstiftungsrecht, Rz. 15.21 f.

2 Vgl. Demuth, NWB-EV 8/2022 S. 259, 261 NWB XAAAJ-18265.

- Die Ergebnisse von Vermögensumschichtungen von Grundstockvermögen sind so festzuhalten, dass diese in zutreffender Weise auf die Ertrags- und Vermögenssphäre verteilt werden können.[1]
- Außerdem empfiehlt sich, die Nutzung und die Ergebnisse von Umschichtungen des sonstigen Vermögens getrennt hiervon erfassen, damit die Einhaltung der gesetzlichen Vorschriften bzgl. des Grundstockvermögens überprüft werden kann.

Die Organe der Stiftung werden also entscheiden müssen, ob nicht schon von vornherein das Grundstockvermögen getrennt vom sonstigen Vermögen zu halten und zu verwalten ist. Dies erleichtert sicherlich die Einhaltung der oben genannten Anforderungen an das Rechnungswesen, verkompliziert aber andererseits die Verwaltung. So werden u.U. zwei Depots mit zwei Korrespondenz- und Festgeldkonten notwendig, was die Anlageentscheidungen sicherlich nicht einfacher macht.

5. Haftung der Organmitglieder

1429 Abschließend soll an dieser Stelle ein Hinweis auf § 84a BGB-neu erfolgen, der keine direkte Bedeutung für die Rechnungslegung von Stiftungen hat. Die neuen Regeln bzgl. der Haftung von Organmitgliedern können jedoch die Bedeutung der Rechnungslegung erhöhen, da mit ihrer Hilfe u.U. nachgewiesen werden kann, dass die Organmitglieder die Sorgfalt eines ordentlichen Geschäftsführers anwendeten. § 84a BGB-neu bestimmt, dass alle Stiftungsorgane, nicht nur der Vorstand, bei der Führung der Geschäfte der Stiftung die Sorgfalt eines ordentlichen Geschäftsführers anzuwenden haben. Sie haften folglich für jede schuldhafte Pflichtverletzung, sofern in der Satzung nicht anderes geregelt ist.[2] Eine Pflichtverletzung liegt allerdings laut Gesetz nicht vor, wenn das Mitglied des Organs bei der Geschäftsführung unter Beachtung der gesetzlichen und satzungsgemäßen Vorgaben vernünftigerweise annehmen durfte, auf der Grundlage angemessener Informationen zum Wohle der Stiftung zu handeln. Außerdem wird auf § 31a BGB verwiesen, der bei Vereinen die Haftung von Organmitgliedern und besonderen Vertretern regelt. Danach gibt es Haftungserleichterungen, falls sie im Prinzip unentgeltlich für die Stiftung tätig sind (€ 840).

In der Neureglung ist wohl nicht eine Haftungsverschärfung zu sehen, jedoch dürfte die Bedeutung des Tätigkeitsberichts für die interne Überwachung im

1 Vgl. → Rz. 1515.

2 Vgl. hierzu und im Folgenden Kapital Stiftungsrechtsreform J) Neufassung des § 84a BGB

Hinblick auf angemessene Informationen im Sinne der Business-Judgement-Rule an Bedeutung gewinnen.[1]

III. Adressaten der externen Rechnungslegung einer Stiftung

1430 Eine Stiftung ist eine rechtliche Organisationsform, deren Zweck es ist, den Willen des Stifters durch die Verwendung des gestifteten Vermögens dauerhaft zu gewährleisten.[2] Eine Stiftung hat keine Mitglieder oder Eigentümer. Im Rechtsverkehr handelt sie durch ihren Stiftungsvorstand. Sie unterscheidet sich damit von den übrigen juristischen Personen des privaten Rechts durch ihre fehlenden Mitglieder bzw. Gesellschafter.

1431 Mangels Eigentümern, denen gegenüber eine Personen- und Kapitalgesellschaft z. B. Rechnung legen muss, dient die Rechnungslegung einer Stiftung vor allem den Verwaltungsorganen der Stiftung und der Stiftungsaufsicht. Ferner kommen als Adressaten die Stifter, die Zustifter, die Spender, ggf. die Empfänger von Stiftungsleistungen sowie die interessierte Öffentlichkeit in Betracht,[3] ebenso die Finanzbehörden und eventuelle Gläubiger.[4]

1432 In diesem Abschnitt des vorliegenden Buches wird unter Rechnungslegung grds. die externe Rechnungslegung verstanden, d. h. die Ausgestaltung, die Art und Weise der Berichterstattung gegenüber den genannten außenstehenden Adressaten. Hiervon abzugrenzen ist die Buchführung, die die Buchhaltung erstellt, und auf der die externe Berichterstattung beruht.

1433 Bei der Beurteilung darüber, auf welchen gesetzlichen Regelungen die externe Rechnungslegung von Stiftungen beruht, muss unterschieden werden zwischen Vorschriften, die die externe Rechnungslegung oder Berichterstattung der Stiftung betreffen oder Vorschriften, die lediglich Aufzeichnungs- und Nachweispflichten festlegen, auf deren Grundlage die externe Rechnungslegung erfolgen kann. Als Beispiel kann die Verpflichtung genannt werden, geringwertige Wirtschaftsgüter über 250 € in ein laufend zu führendes Verzeichnis aufzunehmen, § 6 Abs. 2 Satz 4 EStG.

1 So auch Gittern, npoR 5/2022 S. 245, 246.

2 Vgl. → Rz. 40; IDW RS HFA 5, Rz. 1. Seit dem 29.3.2013 kann es nach § 80 Abs. 2 Satz 2 BGB auch sogenannte Verbrauchsstiftungen geben, wobei die Erfüllung des Stiftungszwecks mindestens zehn Jahre umfassen muss, vgl. IDW RS HFA 5, Rz. 7; vgl. → Rz. 80 ff.

3 Vgl. IDW RS HFA 5, Rz. 27.

4 Vgl. auch Seidemann, ZStV 2012 S. 6 f.; IDW RS HFA 5, Rz. 27; vgl. auch Berndt/Nordhoff, Rechnungslegung und Prüfung von Stiftungen, S. 110, Rz. 46.

1434–1439 *(Einstweilen frei)*

IV. Fokussierung auf bestimmte Stiftungsarten in der vorliegenden Auflage

1440 Die Rechnungslegung von Stiftungen ist weder auf Landes- noch auf Bundesebene hinreichend geregelt.[1] Es gibt hierzu zahlreiche Beiträge und Monographien, die die unterschiedlichsten Aspekte beleuchten. Die Gesetzgeber haben vermutlich keine speziellen Vorschriften zur Rechnungslegung von Stiftungen geschaffen, da es im BGB Bestimmungen über die Legung von Rechenschaft gibt, die Abgabenordnung (AO) Vorschriften zur Rechnungslegung enthält und Stiftungen, die die Kaufmannseigenschaft erfüllen, nach dem Handelsgesetzbuch zur Rechnungslegung verpflichtet sind. Zudem gibt es die unterschiedlichsten Arten von Stiftungen. Sie wollten vermutlich den Stiftungen keine bestimmte Art der Rechnungslegung vorschreiben, sondern ihnen die Möglichkeit geben, die für sie jeweils passende Art der Rechnungslegung zu wählen.[2] Aus diesem Grund finden sich Bestimmungen zur Rechnungslegung von Stiftungen in den unterschiedlichsten Rechtsvorschriften. Die Stiftungsbehörden einzelner Bundesländer gaben aber Hinweise zur Erstellung von Jahresrechnungen heraus, z. B. Bayern vom 28.4.2022. Darin heißt es:[3]

„Gemäß Art. 16 Abs. 1 Bayerisches Stiftungsgesetz (BayStG) sind Stiftungen zu einer ordnungsgemäßen Buchführung verpflichtet. Die Art der Buchführung können Stiftungen im Rahmen der gesetzlichen Bestimmungen selbst wählen. Es empfiehlt sich in der Regel die doppelte Buchführung (...).

Die Jahresrechnung kann in Form einer Bilanz mit Gewinn- und Verlustrechnung oder in Form eines Rechnungsabschlusses (Einnahmen-/Ausgabenrechnung) mit Vermögensübersicht unter Beachtung der maßgeblichen gesetzlichen Vorschriften (z. B. HGB) erstellt werden."

1441 Die Arten von Stiftungen unterscheiden sich danach, ob sie auf der Basis des Öffentlichen Rechts oder des Bürgerlichen Rechts errichtet worden sind. Dabei können Stiftungen gemeinnützige Zwecke verfolgen oder den Interessen einer bestimmten Familie oder einer bestimmten Gruppe von Personen dienen.[4]

---

1 Vgl. IDW RS HFA 5, Rz. 1. Grittern, npoR 5/2022 S. 245.

2 Vgl. → Rz. 1465 und → Rz. 1470; z. B. Art. 16 Abs. 1 Satz 2 BayStiftG.

3 Vgl. Merkblatt der Regierung von Oberbayern – Stiftungsaufsicht, Hinweise zur Erstellung der Jahresrechnung, I. https://www.regierung.oberbayern.bayern.de/mam/dokumente/bereich1/sg12-1/2020-04-28_rob-stiftungsaufsicht_hinweise_jahresrechnung.pdf

4 Vgl. → Rz. 45 ff.

Bei gemeinnützigen Stiftungen soll die eine z. B. den Umweltschutz verfolgen und muss dafür in großem Umfang Spenden sammeln. Eine andere Stiftung soll hingegen den Ärmsten der Armen einer Gemeinde helfen und kann hierzu nur die Erträge aus dem ihr vom Stifter zugewandten Grundstockvermögen[1] einsetzen. Bei Stiftungen, die den Interessen bestimmter Gruppen dienen sollen, kann der Zweck z. B. die Führung und Erhaltung eines landwirtschaftlichen Gutes oder der Unternehmen einer Familie über die Generationen hinweg sein. 1442

Bei Stiftungen mit Unternehmensbezug werden zwei Ausprägungen unterschieden, die untereinander auch kombinierbar sind.[2] Eine Unternehmensträgerstiftung betreibt selbst ein Unternehmen. Die Unternehmensbeteiligungsstiftung beschränkt sich auf die Verwaltung der Beteiligung an einem oder mehreren Unternehmen. Derartige Stiftungen können auch gemeinnützig sein. 1443

Aber auch in nur einer Stiftung können bis zu vier verschiedene Sphären unterschieden werden.[3] 1444

1. Der ideelle Bereich, in dem es um Spenden, Zuschüsse, Personal und Sachausgaben geht.
2. Die Vermögensverwaltung, in der es um Dividenden, Zinsen, Mieterträge, Kontoführungs- und Depotgebühren, Vermögensverwaltung[4] und Gebäudeaufwendungen geht.
3. Der Zweckbetrieb, der zur unmittelbaren Verwirklichung der begünstigten Zwecke notwendig ist, z. B. Behindertenwerkstätten mit Auftragsfertigung.

---

1 Art. 16 Abs. 3 BayStiftG spricht von der Erhaltung des Grundstockvermögens und der bestimmungsgemäßen Verwendung seiner Erträge. Art. 4 des HmbStiftG spricht vom Stiftungsvermögen, das getrennt zu halten ist. In seinem RS HFA 5 aus dem Jahre 2000 verwendet das IDW bei der Gliederung des Eigenkapitals der Passivseite der Bilanz den Begriff Grundstockvermögen. Im RS HFA 5 aus 2013 hat es diesen durch den Begriff Errichtungskapital ersetzt. In Rz. 9 kommt zum Ausdruck, dass das Grundstockvermögen gegenständlich gemeint ist als Vermögensgegenstände, die der Stifter der Stiftung zugewendet hat. Auf der Passivseite der Bilanz kann der Begriff Grundstockvermögen nicht gegenständlich verstanden werden. Es ist daher konsequent, hier von Errichtungskapital zu sprechen als dem Wert des Vermögens, das der Stiftung im Rahmen der Errichtung übertragen wurde, Rz. 56. Der Begriff Stiftungsvermögen umfasst sowohl das Grundstückvermögen als auch das Errichtungskapital. Vgl. nun auch § 83c BGB-neu, vgl. i. E. → Rz. 1577.

2 Vgl. IDW RS HFA 5, Rz. 8, 18 f.

3 Vgl. im Einzelnen → Rz. 1075, → Rz. 1565; Spiegel in Hüttemann/Richter/Weitemeyer, Landesstiftungsrecht, Rz. 19.14.

4 Vgl. → Rz. 1557 ff.

4. Der steuerpflichtige wirtschaftliche Geschäftsbetrieb, in dem die Stiftung selbständig nachhaltig zur Einkunftserzielung tätig ist, z. B. der Museumsladen.

Die Steuerpflicht kann damit unterschiedlich ausgebildet sein.

Dieser kurze Überblick über die existierenden Arten von Stiftungen und deren Tätigkeiten vermittelt bereits ein Gefühl dafür, dass es die unterschiedlichsten Ansprüche an die Rechnungslegung gibt.

1445 Dieser Abschnitt des vorliegenden Buches hat sich zum Ziel gesetzt, für die vielen kleinen gemeinnützigen Stiftungen, die ihre Einnahmen zur Verfolgung ihrer gemeinnützigen Zwecke und zur Erhaltung ihrer Stiftungsvermögen allein mittels der Vermögensverwaltung generieren, die Grundlagen der Rechnungslegen darzustellen und Hilfen für die Umsetzung zur Verfügung zu stellen.

1446 Diesem „Zweck" verpflichtet will es nicht detailliert auf die speziellen Rechnungslegungsvorschriften, die es für die unterschiedlichsten Arten von Stiftungen gibt, eingehen. Es kann hierzu auf andere Veröffentlichungen verweisen.[1] Selbstverständlich muss jedoch ein Überblick über die Rechtsvorschriften im Allgemeinen gegeben werden. Abgesehen davon kann sich die vorliegende Auflage jedoch darauf konzentrieren, die Anforderungen an die Rechnungslegung der im Fokus stehenden Stiftungen darzustellen und Hinweise dazu geben, wie diese in der Praxis umgesetzt werden können. Die hier erarbeiteten Vorschläge können jedoch auch ohne großen Aufwand von anderen Stiftungen aufgenommen werden, da sich die Vorschläge ganz zentral auf die Regelungen zur Rechnungslegung von Kapitalgesellschaften im Handelsgesetzbuch stützen. Diese wurden geschaffen vor allem unter dem Aspekt der Verwaltung fremden Vermögens durch die Gesellschaftsorgane. Ähnlich verhält es sich auch bei Stiftungen, der Stiftungsvorstand verwaltet ihm nicht gehörendes Vermögen.[2] Die Empfehlung zum Aufbau des Jahresberichtes ab → Rz. 1595 ff. gilt daher grds. auch für nicht steuerbefreite Stiftungen wie z. B. Familienstiftungen.[3] Ab einer gewissen Größe sind jedoch ggf. weitere Aufstellungsvorschriften des HGB zu beachten.

1447–1459 *(Einstweilen frei)*

1 Vgl. z. B. Spiegel in Hüttemann/Richter/Weitemeyer, Landesstiftungsrecht, Rz. 19.1 ff.

2 Vgl. → Rz. 1537; IDW RS HFA 5 v. 25.2.2000, Rz. 36.

3 Vgl. → Rz. 1672.

V. Gesetzliche Regelungen bezüglich der Rechnungslegung von Stiftungen

Für eine zusammenfassende Darstellung vgl. Punkt VII.4 „Besonderheiten bei der Rechnungslegung von Stiftungen gegenüber der kaufmännischen Rechnungslegung", → Rz. 1554 ff. 1460

Eine Stiftung kann von der zuständigen Behörde des Landes, in dem die Stiftung ihren Sitz haben soll, als rechtsfähig anerkannt werden, sofern unter anderem die dauernde und nachhaltige Erfüllung des Stiftungszwecks gesichert erscheint.[1] Im Anschluss an die Anerkennung der Rechtsfähigkeit der Stiftung muss durch die staatliche Stiftungsaufsicht geprüft werden, ob diese nachhaltige Erfüllung der Stiftungszwecke über die Jahre hinweg auch tatsächlich gesichert bleibt. So bestimmt nun § 83c Abs. 1 BGB-neu, dass das Grundstockvermögen ungeschmälert zu erhalten ist. Aus diesem Grund verpflichten die Landesstiftungsgesetze die Stiftungen zur Erstellung einer Jahresrechnung, wobei teils ausdrücklich, teilweise implizit, eine zeitnahe Buchführung gefordert wird, in der sämtliche Geschäftsvorfälle systematisch erfasst werden.[2] Darüber hinaus haben die Stiftungen bei der Ausgestaltung ihrer Buchführung eine Reihe weiterer Buchführungsnormen zu beachten, auf die die einzelnen Landesstiftungsgesetze zum Teil ausdrücklich Bezug nehmen (Grundsätze ordnungsmäßiger Buchführung, GoB) bzw. die neben dem Stiftungsrecht gelten. In einzelnen Landesstiftungsgesetzen finden sich auch Bestimmungen zur Erstellung einer Planungsrechnung (Haushaltsplan) durch den Stiftungsvorstand.

Die bei einer Stiftung anzuwendenden Rechtsvorschriften bestimmen sich 1461
nach der Art ihrer Errichtung, d. h., ob sie als privatrechtliche oder öffentlich-rechtliche Stiftung errichtet wurde. Für die Rechnungslegung privatrechtlicher Stiftungen gelten ganz grds. die Regelungen des Bürgerlichen Gesetzbuches

1 Vgl. §§ 80, 81 ff. BGB-neu; bei Verbrauchsstiftungen müssen dies mindestens zehn Jahre sein, vgl. § 82 Satz 2 BGB-neu.

2 Vgl. hierzu und zum Folgenden Hüttemann in Hüttemann/Richter/Weitemeyer, Landesstiftungsrecht, Rz. 14.1; Spiegel in Hüttemann/Richter/Weitemeyer, Landesstiftungsrecht, Rz. 19.1 ff.; Merkblatt der Regierung von Oberbayern – Stiftungsaufsicht, Hinweise zur Erstellung der Jahresrechnung, abrufbar unter https://www.regierung.oberbayern.bayern.de/mam/dokumente/bereich1/sg12-1/2020-04-28_rob-stiftungsaufsicht_hinweise_jahresrechnung.pdf; 20 Prinzipien guter Stiftungspraxis der VW Stiftung Tz. 13 ff., abrufbar unter: https://www.volkswagenstiftung.de/sites/default/files/documents/Prinzipien_guter_Stiftungspraxis_0.pdf.

(BGB), die ggf. ergänzt werden um die Vorschriften des Handelsgesetzbuches (HGB) und des Publizitätsgesetzes (PublG), sofern die Stiftung Kaufmann ist.[1] Die Aufzeichnungen öffentlich-rechtlicher, insbesondere kommunaler oder staatlich verwalteter Stiftungen sowie kirchlicher Stiftungen werden häufig nach öffentlichem Haushaltsrecht oder Kirchenrecht geführt.[2]

1462 Beauftragt eine Stiftung einen Wirtschaftsprüfer mit der Prüfung ihres Jahresabschlusses, so werden mittelbar für sie auch IDW Standards relevant.[3] Das Institut der Wirtschaftsprüfer in Deutschland e.V., Düsseldorf (IDW) erarbeitet als Organisation des Berufsstandes der Wirtschaftsprüfer Verlautbarungen, die sich an die Mitglieder des Berufsstandes richten. Zur Vermeidung von Haftungsrisiken darf der Wirtschaftsprüfer von einer Verlautbarung des IDWs nur in begründeten Ausnahmefällen abweichen. Als derartige Verlautbarungen werden Rechnungslegungsstandards (RS) und Prüfungsstandards (PS) veröffentlicht.

1463 Die hier zu behandelnden, kleinen oder mittelgroßen gemeinnützigen Stiftungen sind i. d. R. bürgerlich-rechtliche Stiftungen, die die Kaufmannseigenschaft nicht erfüllen. Ihre Verpflichtung zur Rechnungslegung basiert auf dem BGB. Ergänzt werden diese Vorschriften durch das Stiftungsgesetz des Bundeslandes in dem sie errichtet wurde. Das Bundesstiftungsrecht enthält im BGB keine expliziten Vorschriften zur Rechnungslegung[4] und die Landesstiftungsgesetze sind grds. unterschiedlich aufgebaut und ausformuliert. Sie alle enthalten aber nur wenig konkrete Regelungen zur Rechnungslegung und stellen die Art der Buchführung in das Ermessen der Stiftung selbst.[5]

1464 Als Grund hierfür sind vermutlich die sehr unterschiedlichen Zwecke, die Stiftungen, wie wir gesehen haben, verfolgen können. Diese Unterschiedlichkeit macht eine gewisse Flexibilität bei der Rechnungslegung nötig, so dass sich die Gesetzgeber der Länder nicht dazu entschlossen haben, eine bestimmte Art der Rechnungslegung vorzuschreiben.

---

1 Vgl. § 238 i.V. mit §§ 1 ff. HGB; IDW RS HFA 5, Rz. 18 ff.; §§ 1 ff. PublG bei der Erfüllung der entsprechenden Größenmerkmale.

2 Vgl. Spiegel in Hüttemann/Richter/Weitemeyer, Landesstiftungsrecht, Rz. 19.18 und 19.27.

3 Vgl. Spiegel in Hüttemann/Richter/Weitemeyer, Landesstiftungsrecht, Rz. 19.19 ff.

4 Vgl. §§ 80 ff. BGB-neu; siehe auch Kapitel J Stiftungsrechtsreform; Grittern, npoR 5/2022 S. 245.

5 Vgl. z. B. Art. 16 Abs. 1 Satz 2 BayStG, zuletzt geändert durch § 1 Abs. 279 der Verordnung v. 26.3.2019, GVBl 2019 S. 98; Merkblatt der Regierung von Oberbayern – Stiftungsaufsicht, Hinweise zur Erstellung der Jahresrechnung, abrufbar unter https://www.regierung.oberbayern.bayern.de/mam/dokumente/bereich1/sg12-1/2020-04-28_rob-stiftungsaufsicht_hinweise_jahresrechnung.pdf; vgl. → Rz. 1470; Spiegel in Hüttemann/Richter/Weitemeyer, Landesstiftungsrecht, Rz. 19.1; Orth, DB 1997 S. 1341.

Für Stiftungen, die öffentliche Zuwendungen erhalten, können sich, neben den im Folgenden beschriebenen Regelungen, auch noch Pflichten aufgrund des Haushaltsrechtes (HGrG) ergeben. 1465

Außerdem ist es denkbar, dass die Satzung oder die Geschäftsordnung einer Stiftung Regelungen zur Rechnungslegung enthält, sie z. B. dazu verpflichtet, einen handelsrechtlichen Jahresabschluss entsprechend den Vorschriften für Kapitalgesellschaften aufzustellen. Schließlich ist es vorstellbar, dass eine Stiftung im Wege der freiwilligen Selbstverpflichtung die „Grundsätze guter Stiftungspraxis" des Bundesverbandes Deutscher Stiftungen für sich für anwendbar erklärt hat.[1] Danach hat die Stiftung ein Rechnungswesen zu unterhalten, das die wirtschaftliche Lage der Stiftung zeitnah, vollständig und sachlich richtig abbildet. Zusätzlich enthalten die Grundsätze im Rahmen der anzuerkennenden Transparenz, als Ausdruck der Verantwortung von Stiftungen gegenüber der Gesellschaft und als ein Mittel zur Vertrauensbildung, bezugnehmend auf das Rechnungswesen die Forderung nach einer Bereitstellung von wesentlichen inhaltlichen und wirtschaftlichen Informationen über die Stiftung (insbesondere über den Stiftungszweck, die Zweckerreichung im jeweiligen abgelaufenen Jahr, die Förderkriterien, die Organmitglieder und die Bewilligungsbedingungen) sowie die Forderung nach der raschen und vollständigen Erfüllung gesetzlicher Auskunftspflichten.[2] 1466

1. Die Rechnungslegung von Stiftungen nach BGB

Im BGB vor der Stiftungsrechtsreform befassten sich die §§ 80–88 BGB mit den Stiftungen.[3] Sie befinden sich im 1. Buch des BGB, dem Allgemeinen Teil, 1. Abschnitt, Personen, 2. Titel Juristische Personen, 2. Untertitel Stiftungen. Für die Rechnungslegung erklärte § 86 BGB etliche Vorschriften des Vereinsrechts für Stiftungen ebenfalls für anwendbar.[4] So auch § 27 Abs. 3 BGB, der die für den Auftrag geltenden Vorschriften der §§ 664–670 BGB auf die Geschäftsfüh- 1467

1 Verabschiedet am 11.5.2006, Stand 2019, vgl. https://www.stiftungen.org/stiftungen/basiswissen-stiftungen/stiftungsgruendung/grundsaetze-guter-stiftungspraxis.html . Die Grundsätze wurden im Jahre 2019 ergänzt, siehe an der angegebenen Stelle.

2 Siehe hierzu. die dortigen Grundsätze 9, 11, 12 und 13.

3 Vgl. hierzu und zum Folgenden IDW RS HFA 5, Rz. 12 f.; Spiegel in Hüttemann/Richter/Weitemeyer, Landesstiftungsrecht, Rz. 19.3 f.

4 § 86 BGB Anwendung des Vereinsrechts: *„Die Vorschriften der §§ 26 und 27 Abs. 3 und der §§ 28 bis 31a und 42 finden auf Stiftungen entsprechende Anwendung, die Vorschriften des § 26 Abs. 2 Satz 1, des § 27 Abs. 3 und des § 28 jedoch nur insoweit, als sich nicht aus der Verfassung, insbesondere daraus, dass die Verwaltung der Stiftung von einer öffentlichen Behörde geführt wird, ein anderes ergibt. Die Vorschriften des § 26 Abs. 2 Satz 2 und des § 29 finden auf Stiftungen, deren Verwaltung von einer öffentlichen Behörde geführt wird, keine Anwendung."*

rung des Vereinsvorstandes für anwendbar erklärt. § 666 BGB[1] verpflichtet diesen zur Rechnungslegung auf Verlangen des Auftraggebers.[2] Der Umfang der Rechenschaftspflicht ergibt sich aus § 259 Abs. 1 BGB. Sie erstreckt sich auf die geordnete Zusammenstellung der Einnahmen und Ausgaben und die Vorlage von Belegen, soweit Belege erteilt zu werden pflegen. Außerdem hat der zur Rechenschaft Verpflichtete in gewissen Abständen oder auf Anfrage ein Vermögensbestandsverzeichnis nach § 260 Abs. 1 BGB vorzulegen.[3] Der oben genannte Verweis auf das Vereinsrecht fiel in § 86 BGB-neu weg; nun verweist allerdings § 84a Abs. 1 Satz 1 BGB-neu direkt in das Auftragsrecht, so dass die weiteren Ausführungen weiterhin gelten.

1468 Die Art und Weise, wie die Rechenschaftspflicht der Vereinsorgane nach §§ 259 und 260 BGB gegenüber den Mitgliedern geregelt ist, grenzt sich betont von den handelsrechtlichen Vorschriften ab. Das Bürgerliche Gesetzbuch verlangt nur eine geordnete Zusammenstellung der Einnahmen und Ausgaben und die Aufstellung eines Vermögensbestandsverzeichnisses.[4] Die Einnahmen-Ausgabenrechnung ist die gängigste Form der Rechnungslegung für Vereine. Die Aufstellung einer Bilanz sowie einer Gewinn- und Verlustrechnung, wie sie die handelsrechtlichen Vorschriften verlangen, ist im BGB nicht genannt.

1469 Wegen des neuen § 87b BGB-neu ist auch der Verweis des § 86 BGB a. F. auf die Vereinsinsolvenz (§ 42 BGB) entbehrlich geworden. Nun wird die Stiftung in § 7087b BGB-neu dazu verpflichtet, mithilfe ihrer Rechnungslegung jederzeit den Insolvenzgrund der Überschuldung feststellen zu können.[5] Wie eine mögliche Überschuldung ermittelt werden muss, regelt das BGB jedoch nicht.

Zur Fassung des BGB nach der Stiftungsrechtsreform vergleiche das Kapitel J, zu den Auswirkungen der Reform auf die Rechnungslegung bei Stiftungen vgl. → Rz. 1424.

1 § 666 BGB Auskunfts- und Rechenschaftspflicht: *„Der Beauftragte ist verpflichtet, dem Auftraggeber die erforderlichen Nachrichten zu geben, auf Verlangen über den Stand des Geschäfts Auskunft zu erteilen und nach der Ausführung des Auftrags Rechenschaft abzulegen."*

2 Vgl. hierzu ausführlich Spiegel in Hüttemann/Richter/Weitemeyer, Landesstiftungsrecht, Rz. 19.3; Orth, DB 1997 S. 1346.

3 Vgl. z. B. Gali, DStR 1998 S. 263 f.

4 Das BGB enthält keine Bestimmungen über den Turnus der Rechnungslegung. Heute werden die Normen jedoch regelmäßig als Pflicht zur periodischen Rechenschaftslegung verstanden, vgl. IDW RS HFA 5, Rz. 13.

5 Vgl. im Ergebnis immer noch Spiegel in Hüttemann/Richter/Weitemeyer, Landesstiftungsrecht, Rz. 19.4.

2. Die Rechnungslegung von Stiftungen nach Landesstiftungsgesetz

Die Landesstiftungsgesetze ergänzen diese Grundsätze regelmäßig um die Pflicht zur Erstellung eines **Tätigkeitsberichtes** mit dem **Nachweis der Erfüllung des Stiftungszweckes.**[1] Als Beispiel dafür, wie auch die Landesstiftungsgesetze eine ordnungsgemäße Buchführung und Rechnungslegung vorschreiben, sollen Art. 16 und 17 des Bayerischen Stiftungsgesetzes (im Folgenden BayStiftG) vom 26.9.2008 betrachtet werden:[2] (fett markierte Worte sind Hervorhebungen des Autors) 1470

*„(1) [1]Die Stiftungen sind zu einer **ordnungsgemäßen Buchführung** verpflichtet. [2]Die Buchführungsart können sie im Rahmen der gesetzlichen Bestimmungen selbst wählen. [3]Vor Beginn eines jeden Geschäftsjahres **sollen die Stiftungen einen Voranschlag** aufstellen, der die Grundlage für die Verwaltung aller Einnahmen und Ausgaben bildet. [4]Innerhalb **von sechs Monaten** nach Ablauf des Geschäftsjahres sind ein **Rechnungsabschluss und eine Vermögensübersicht (Jahresrechnung)** zu erstellen und mit einem **Bericht über die Erfüllung des Stiftungszwecks** der Stiftungsaufsichtsbehörde vorzulegen.*

(2) [1]Die Stiftungsaufsichtsbehörde hat die Jahresrechnung zu prüfen. [2]Die Prüfung kann sich auf Stichproben beschränken, wenn aufgrund vorausgegangener Prüfungen eine umfassende Prüfung nicht erforderlich erscheint. [3]Die Stiftungsaufsichtsbehörde kann bei Stiftungen, die jährlich im Wesentlichen gleichbleibende Einnahmen und Ausgaben aufweisen, die Prüfung der Jahresrechnungen für mehrere Jahre zusammenfassen. [4]Sie kann für höchstens drei Jahre von einer Vorlage der Unterlagen durch die Stiftung nach Abs. 1 Satz 4 sowie einer Prüfung der Jahresrechnungen nach Satz 1 absehen, wenn die Prüfung der Jahresrechnungen in mindestens fünf aufeinanderfolgenden Jahren keine Beanstandung ergeben hat. [5]Ergibt auch die anschließende Rechnungsprüfung keine Beanstandung, findet Satz 4 entsprechende Anwendung.

1 In Ermangelung anderweitiger Vorschriften haben gem. Art. 70 Abs. 1 GG die Länder die Zuständigkeit für die Regeln und Einzelheiten der Aufsicht von rechtsfähigen Stiftungen, vgl. Seidemann, ZStV 2012 S. 6, 12. Kußmaul/Meyering/Richter, DStR 2015 S. 1328 geben eine Übersicht über die Regelungen in den Landesstiftungsgesetzen zur Buchführung und Rechnungslegung bei Stiftungen.

2 In der Fassung der Verordnung v. 26.3.2019. Vgl. Merkblatt der Regierung von Oberbayern – Stiftungsaufsicht, Hinweise zur Erstellung der Jahresrechnung, abrufbar unter https://www.regierung.oberbayern.bayern.de/mam/dokumente/bereich1/sg12-1/2020-04-28_rob-stiftungsaufsicht_hinweise_jahresrechnung.pdf. Zu den unterschiedlichen Landesstiftungsgesetzen im Einzelnen Spiegel in Hüttemann/Richter/Weitemeyer, Landesstiftungsrecht, Rz. 20.14 ff.; vgl. auch Abdruck der Landesstiftungsgesetze im Anhang.

(3) [1]Wird eine Jahresrechnung durch verwaltungseigene Stellen der staatlichen Rechnungsprüfung, einen Prüfungsverband, einen ***Wirtschaftsprüfer*** *oder einen vereidigten Buchprüfer geprüft, so* ***muss*** *sich die* ***Prüfung auch auf die Erhaltung des Grundstockvermögens*** *und die* ***bestimmungsgemäße Verwendung*** *seiner Erträge und* ***zum Verbrauch*** *bestimmter* ***Zuwendungen*** *erstrecken. [2]Der Prüfungsbericht ist der Stiftungsaufsichtsbehörde vorzulegen. [3]In diesem Fall sieht die Stiftungsaufsichtsbehörde von einer eigenen Prüfung der Jahresrechnung ab.*[1]

(4) [1]Die Stiftungsaufsichtsbehörde kann verlangen, dass eine Stiftung einen Prüfungsverband, einen Wirtschaftsprüfer oder einen vereidigten Buchprüfer mit der Durchführung einer Prüfung im Sinne des Abs. 3 beauftragt. [2]Abs. 2 Sätze 4 und 5 finden entsprechende Anwendung."

Art. 6 Abs. 2 und 17 BayStiftG regelt die Kapitalerhaltung:[2]

Art. 6 Abs. 2:

„Das Vermögen, das der Stiftung zugewendet wurde, um aus seiner Nutzung den Stiftungszweck dauernd und nachhaltig zu erfüllen (Grundstockvermögen), ist ungeschmälert zu erhalten."[3]

Art. 17:

„Ist das Vermögen einer Stiftung so erheblich geschwächt, dass die nachhaltige Erfüllung des Stiftungszwecks beeinträchtigt wird, so kann die Stiftungsaufsichtsbehörde anordnen, dass der Ertrag des Stiftungsvermögens ganz oder teilweise solang anzusammeln ist, bis die Stiftung wieder leistungsfähig geworden ist."

1471 Es zeigt sich, dass Art. 16 BayStiftG seinen Schwerpunkt auf die Stiftungsaufsicht und damit auf die Prüfung legt. Die Stiftung hat eine sogenannte Jahresrechnung, bestehend aus Rechnungsabschluss und Vermögensübersicht zu erstellen. Eine Legaldefinition dessen, was ein **Rechnungsabschluss** und eine **Vermögensübersicht (Jahresrechnung)** sind, gibt es nicht. Weder im BayStiftG noch in einem anderen Landesgesetz. Sicherlich kann unter einem **Rechnungsabschluss** zumindest eine Gegenüberstellung der Einnahmen und Ausgaben

1 Vgl. auch Merkblatt der Regierung von Oberbayern – Stiftungsaufsicht, Hinweise zur Erstellung der Jahresrechnung, abrufbar unter https://www.regierung.oberbayern.bayern.de/mam/dokumente/bereich1/sg12-1/2020-04-28_rob-stiftungsaufsicht_hinweise_jahresrechnung.pdf

2 Vgl. Kapitel G.VI.4.1 „Kapitalerhaltung und Vermögensverwaltung", Rz. 1557 ff., sowie zu den anderen Landesstiftungsgesetzen Hüttemann in Hüttemann/Richter/Weitemeyer, Landesstiftungsrecht, Rz. 14.20 ff.; vgl. auch Abdrucke der Landesstiftungsgesetze im Anhang.

3 Vgl. nun jedoch § 83b BGB-neu, nach dem das vom Stifter zugewandte Vermögen eingeteilt sein kann in das Grundstockvermögen, das zu erhalten ist, und das sonstige Vermögen, das „verbraucht" werden kann, vgl. → Rz. 1425 f., → Rz. 1577.

und unter einer **Vermögensübersicht** die Auflistung der Vermögensgegenstände und Verpflichtungen verstanden werden.[1] Somit beinhaltet die **Jahresrechnung**, vergleichbar mit dem Jahresabschluss eines Einzelkaufmanns, der keine Kapitalgesellschaft ist, die Ermittlung des Überschusses und die Aufstellung über das Vermögen. Einzelne andere Landesgesetze verweisen explizit auf die **Grundsätze ordnungsmäßiger Buchführung (GoB)**.[2]

Art. 16 Abs. 1 BayStiftG verlangt, wie oben zitiert, einen Bericht über die Erfüllung des Stiftungszwecks. Dieser Tätigkeitsbericht trägt dem Erfordernis Rechnung, dass die Stiftungsaufsichtsbehörden die im Stiftungsgeschäft und in der Satzung angelegte Zweckverwirklichung im Sinne einer Rechtsaufsicht überwachen müssen.[3] Bei gemeinnützigen Stiftungen ergibt sich diese Anforderung auch aus § 63 AO sowie dem AEAO Nr. 1 ff. zu § 63 AO. Die Finanzverwaltung muss prüfen, ob die tatsächliche Geschäftsführung den steuerlichen Vorgaben für die Gewährung der Gemeinnützigkeit entspricht.

3. Die Rechnungslegung von Stiftungen und das Berufsrecht der Wirtschaftsprüfer

Für die Rechnungslegung und Buchführung von Stiftungen, die einen Wirtschaftsprüfer mit der Prüfung ihres Jahresabschlusses beauftragt haben, sind insbesondere zwei Verlautbarungen des Hauptfachausschusses des IDW (HFA) von Bedeutung.[4] 1472

Die IDW-Stellungnahme zur Rechnungslegung von Stiftungen (IDW RS HFA 5) wurde in ihrer aktuellen Fassung am 6.12.2013 verabschiedet.[5] Sie befasst sich neben den rechtlichen Grundlagen der Rechnungslegung von Stiftungen mit zahlreichen Einzelfragen zum Jahresabschluss, Anhang und Lagebericht bzw. Einnahmen-Ausgaben- und Vermögensrechnungen von Stiftungen. Den Schwerpunkt der Stellungnahme bilden Bewertungsfragen, der Eigenkapital- 1473

1 Vgl. § 666 BGB: *„Der Beauftragte ist verpflichtet, dem Auftraggeber die erforderlichen Nachrichten zu geben, auf Verlangen über den Stand des Geschäfts Auskunft zu erteilen und nach der Ausführung des Auftrags Rechenschaft abzulegen."*

2 Vgl. § 7 Abs. 3 BaWürttStiftG, § 4 Abs. 4 HambStiftG, § 4 Abs. 2 Nr. 2 Meck-VorStifG, § 5 Abs. 1 SaarlStiftG, § 4 Abs. 2 SächsStiftG; zu den GoB vgl. Kapitel G.V.2 „Die aus den Aufgaben der Stiftung abzuleitenden speziellen Anforderungen an die Rechnungslegung von Stiftungen", → Rz. 1517 ff.

3 Vgl. Grittern, npoR 5/2022 S. 245, 246 mit Verweis auf §§ 80 Abs. 2, 81 Abs. 1 Satz 2 BGB a. F. bzw. §§ 80 Abs. 1, 81 Abs. 1 Nr. 2, 83 Abs. 2 BGB-neu.

4 Vgl. Spiegel in Hüttemann/Richter/Weitemeyer, Landesstiftungsrecht, Rz. 19.19 f.; Burkhardt/Müller, NWB-EV 6/2013 S. 185 NWB IAAAE 36293.

5 Vgl. FN-IDW 2014 S. 61 Altfassung v. 25.2.2000, vgl. FN-IDW 2000 S. 429. Zu den Änderungen vgl. Kußmaul/Meyering/Richter, DStR 2015 S. 1328, 1331.

ausweis, die Kapitalerhaltung, die Ergebnisverwendung und die Bilanzierung satzungsgemäßer Leistungen. Aufgrund der größeren Sicherheit der Doppik, der Aussagekraft der periodengerechten Ergebnisabgrenzung und der Vergleichbarkeit auf Grundlage der detaillierter geregelten Rechnungslegung, empfiehlt das IDW die kaufmännische Bilanzierung.[1]

1474 Den Standard zur Rechnungslegung spendensammelnder Organisationen (IDW RS HFA 21) verabschiedete der IDW-Hauptfachausschuss (HFA) am 11.3.2010.[2] Er ist bedeutsam für Stiftungen, die in einem relevanten Umfang Spenden erhalten. Der Standard betrifft insbesondere Fragen der Darstellung des Erhalts und der Verwendung von Spenden.

4. Buchführungs- und Aufzeichnungspflichten aufgrund steuerlicher Vorschriften

1475 In der AO finden sich zahlreiche Vorschriften zu Buchführungs- und Aufzeichnungspflichten, die die Finanzbehörden von steuerbefreiten und steuerpflichtigen Stiftungen fordern. Die deswegen gemachten Aufzeichnungen legen es nahe, diese auch für die externe Rechnungslegung der Stiftung zu verwenden.[3]

1476 In zweierlei Hinsicht existieren öffentlich-rechtlich Aufzeichnungspflichten nach der Abgabenordnung. Diese Pflichten legen fest, welche Nachweise der Steuerpflichtige oder die Stiftung gegenüber den Finanzbehörden erbringen muss.

1477 Eine nicht steuerbefreite Stiftung hat nach den Vorschriften des BGB Aufzeichnungen über die Einnahmen und Ausgaben zu führen.[4] Da diese auch für die Besteuerung von Bedeutung sind, folgt hieraus die Verpflichtung zur Führung von Aufzeichnungen gem. § 140 AO auch für die Zwecke der Besteuerung (abgeleitete Aufzeichnungspflicht).[5]

---

1 Vgl. IDW RS HFA 5, Rz. 33.

2 Vgl. FN-IDW 2010 S. 201.

3 In den vergangenen Jahren haben sich in der AO Änderungen bzgl. der besonderen Buchführungspflichten gemeinnütziger Stiftungen ergeben, Gesetz zur Stärkung des Ehrenamtes, BGBl 2013 I S. 556. Außerdem müssen Stiftungen unter bestimmten Voraussetzungen eine sogenannte E-Bilanz erstellen, vgl. Kußmaul/Meyering/Richter, DStR 2015 S. 1328, 1330.

4 Vgl. zur Buchführungspflicht, zum Wirtschaftsjahr und zur laufenden Besteuerung der Stiftung → Rz. 709 ff.

5 Vgl. hierzu und zum Folgenden z. BZugmaier/Nöcker/Weiss, § 140 AO NWB JAAAH-03959; Gali, DStR 1998 S. 263.

Zusätzlich sieht das Gemeinnützigkeitsrecht in den §§ 51 ff. AO eigenständige Aufzeichnungspflichten vor.[1] Die Nachweispflicht über z. B. die Einhaltung der steuerbegünstigten Zwecke obliegt nicht den Finanzbehörden, sondern der Stiftung. Viele der hier aufgeführten Vorschriften haben vor allem Bedeutung für die Buchhaltung, damit aus ihr heraus die spezifischen Nachweisanforderungen der Finanzbehörden erfüllt werden können. Für die Gestaltung der Rechnungslegung nach außen, also gegenüber dem Stifter, den eventuellen Zustiftern, Spendern und der interessierten Öffentlichkeit sind sie jedoch nicht von Bedeutung. Sie können allerdings Daten für die externe Rechnungslegung liefern. 1478

Werden mehrere Tätigkeitsbereiche, also ideeller Bereich, Vermögensverwaltung, steuerfreier Zweckbetrieb und steuerpflichtiger wirtschaftlicher Geschäftsbetrieb unterhalten,[2] müssen die Einnahmen und Ausgaben jeweils getrennt festgehalten werden. Die Aufzeichnungen haben ohne expliziten Verweis in § 63 Abs. 3 AO (Zweckbetriebe) den grds. Anforderungen der §§ 145–148 AO zu entsprechen. 1479

Für einen „Wirtschaftlichen Geschäftsbetrieb“ z. B., in dem ein gewerbliches Unternehmen und/oder eine Land- und Forstwirtschaft betrieben werden, gilt vor allem § 141 Abs. 1 AO.[3] Hiernach besteht Buchführungspflicht und die Verpflichtung zur Erstellung kaufmännischer Jahresabschlüsse in sinngemäßer Anwendung der §§ 238, 240–242 Abs. 1 und §§ 243–256 HGB, sofern der wirtschaftliche Geschäftsbetrieb eine der folgenden Grenzen übersteigt: 1480

- die Umsätze i. S. des § 19 Abs. 3 Satz 1 UStG, also ohne bestimmte steuerfreie Umsätze, ähnlich der Kleinunternehmerregelung, betragen im Kalenderjahr mehr als 600.000 €[4] oder
- die selbstbewirtschaftete land- und forstwirtschaftliche Fläche hat einen Wirtschaftswert (§ 46 BewG) von mehr als 25.000 € oder
- der Gewinn aus Gewerbebetrieb oder aus LuF beträgt im Wirtschaftsjahr bzw. im Kalenderjahr mehr als 60.000 €.

Sofern eine Stiftung unternehmerisch i. S. des UStG tätig wird, ergeben sich Aufzeichnungspflichten nach § 22 UStG i. V. mit §§ 63–68 UStDV. 1481

1 Vgl. zu den Anforderungen an die Stiftungssatzung nach AO → Rz. 980 ff., zur laufenden Besteuerung und zum Wirtschaftsjahr → Rz. 1220 ff.; Grittern, npoR 5/2022 S. 245 ; zur Voraussetzung der zeitnahen Mittelverwendung vgl. § 55 Nr. 5 AO, zur Rücklagenbildung vgl. § 62 AO.

2 Vgl. im Einzelnen → Rz. 1075 ff., → Rz. 1444 und → Rz. 1565.

3 Vgl. auch AEAO zu § 141.

4 Vgl. NWB Kommentar Abgabeordnung § 141 Tz. 25 NWB GAAAH-03960.

5. Die Rechnungslegung nach HGB

5.1 Die Verpflichtung des Kaufmanns, einen Jahresabschluss aufzustellen

1482 Wer Kaufmann ist,[1] hat nach § 242 HGB einen Jahresabschluss nach den Grundsätzen ordnungsmäßiger Buchführung klar und übersichtlich aufzustellen, § 243 HGB.[2] Für diese Jahresabschlüsse gibt es unterschiedliche Vorschriften je nachdem, ob der zur Abschlusserstellung Verpflichtete ein Kaufmann, eine Personengesellschaft, eine Kleinstkapitalgesellschaft, eine kleine Kapitalgesellschaft, eine mittelgroße, eine große Kapitalgesellschaft oder eine kapitalmarktorientierte Kapitalgesellschaft ist.[3]. Zusätzlich gibt es noch Sondervorschriften für z. B. kapitalmarktorientierte Kapitalgesellschaften, Kreditinstitute, Versicherungen und Konzerne,[4] und vom Bundesjustizminister nach § 330 HGB erlassene Rechtsverordnungen zur Rechnungslegung besonderer Branchen,[5] welche hier jedoch nur erwähnt und nicht näher ausgeführt werden sollen.

1483 Was unter einem Jahresabschluss zu verstehen ist, wird in § 242 Abs. 3 HGB definiert, der für alle Kaufleute gilt. Er bestimmt, dass der Jahresabschluss aus der Bilanz sowie der Gewinn- und Verlustrechnung besteht. Die Bilanz ist dabei nach Abs. 1 definiert als ein Abschluss, der das Verhältnis des Vermögens und der Schulden des Kaufmanns darstellt. Abs. 2 definiert die Gewinn- und Verlustrechnung als Gegenüberstellung der Aufwendungen und Erträge des Geschäftsjahres. Kapitalgesellschaften haben nach § 264 Abs. 1 HGB den Jahresabschluss um einen Anhang zu erweitern, der allgemeine Angaben sowie Erläuterungen zur Bilanz sowie der Gewinn- und Verlustrechnung enthält, § 284 HGB, und mit der Bilanz und der Gewinn- und Verlustrechnung eine Einheit bildet. Außerdem haben sie ab einer gewissen Größe einen Lagebericht aufzustellen.[6]

1484 Die Rechnungslegung nach HGB in Form eines Jahresabschlusses hat zum Ziel, einen Gewinn des Rechnungslegers zu ermitteln sowie sein Vermögen darzustellen. Insgesamt gilt: *„Der Jahresabschluss der Kapitalgesellschaft hat unter*

1 Vgl. §§ 1 ff. HGB, wegen der Kaufmannseigenschaft einer Stiftung Seidemann, ZStV 2012 S. 6, 9.

2 Ausnahme für kleine Einzelkaufleute nach §§ 241a und 242 Abs. 4 HGB.

3 Vgl. §§ 264, 264a–c, 267, 267a HGB.

4 Vgl. z. B. §§ 264d ff., 290 ff., 340 ff., 341 ff. HGB. Zu § 264d HGB vgl. auch Theile, NWB LAAAD-97950.

5 Vgl. Krankenhaus-Buchführungsverordnung v. 24.3.1987, Stand 7.8.2021, Pflege-Buchführungsverordnung v. 22.11.1995, Stand 7.8.2021 für Pflegedienste und Pflegeheime, Werkstättenverordnung v. 13.8.1980, Stand 206.2021 für Behindertenwerkstätten.

6 Vgl. § 264 Abs. 1 Satz 1 HGB.

Beachtung der Grundsätze ordnungsmäßiger Buchführung ein den tatsächlichen Verhältnissen entsprechendes Bild der Vermögens-, Finanz-, und Ertragslage der Kapitalgesellschaft zu vermitteln."[1] Bei der Kapitalgesellschaft entscheiden die Gesellschafter über die Verwendung des Gewinns, u. a. für Ausschüttungen. Diese sind grds. durch den im Jahresabschluss ermittelten Jahresüberschuss begrenzt (Ausschüttungsbemessungsfunktion des Jahresabschlusses).[2] Der Jahresabschluss hat damit eine Rechenschafts-, eine Gewinnermittlungs-, eine Ausschüttungs-, eine Gläubigerschutz- und eine Informationsfunktion.[3]

Die hier betrachteten kleinen oder mittleren gemeinnützigen Stiftungen betreiben i. d. R. lediglich Vermögensverwaltung. Sie sind keine Kaufleute und stellen einen handelsrechtlichen Jahresabschluss daher allenfalls freiwillig auf. Einen Lagebericht werden sie i. d. R. nicht aufstellen. Die Vorschriften für den Anhang sind jedoch von Interesse.[4] 1485

In der handelsrechtlichen Praxis haben die Anhänge folgende Struktur:[5] 1486

- allgemeine Angaben, inklusive der Angaben zur Identifikation der Kapitalgesellschaft,[6]
- Bilanzierungs- und Bewertungsmethoden oder -grundsätze,[7]
- Erläuterung der Bilanz (in der Reihenfolge der Posten mit ziffernmäßiger Verknüpfung),
- Erläuterung der Gewinn- und Verlustrechnung (in der Reihenfolge der Posten mit ziffernmäßiger Verknüpfung),
- sonstige Angaben,
- Organmitglieder (§ 285 Nr. 10 HGB).

Die Pflichtangaben im Anhang sind umfangreich. Es gibt die in den §§ 284, 285 enumerativ genannten Angaben, Angaben, die Vorschriften zu einzelnen 1487

1 § 264 Abs. 2 Satz 1 HGB.

2 Vgl. § 268 Abs. 1 HGB. Durch die Auflösung früherer Gewinnrücklagen können sie jedoch auch fallweise höher als der Jahresüberschuss sein. Begrenzt werden sie durch Ausschüttungssperren gem. § 268 Abs. 8 HGB. Vgl. z. B. Hoffmann/Lüdenbach in NWB Kommentar Bilanzierung, § 268 Rz. 156 ff. NWB ZAAAJ-19459.

3 Vgl. Winkeljohann/Schellhorn in Beck'scher Bilanzkommentar, § 264 Rz. 35.

4 Vgl. → Rz. 1659 ff.

5 Vgl. i. E. Hoffmann/Lüdenbach in NWB Kommentar Bilanzierung, § 284 Rz. 13 NWB FAAAJ-19551; Spiegel in Hüttemann/Richter/Weitemeyer, Landesstiftungsrecht, Rz. 21.4.

6 Vgl. § 264 Abs. 1a HGB.

7 Die Angaben der Grundlagen der Währungsumrechnung sind nach BilRUG nicht mehr verpflichtend, da generell die Bewertungsmethoden anzugeben sind und damit auch für die Währungsumrechnung, vgl. Hoffmann/Lüdenbach in NWB Kommentar Bilanzierung, § 284 Rz. 56. NWB FAAAJ-19551

Posten der Bilanz oder GuV **begleiten,** und Angaben, die außerhalb des HGB in **rechtsformspezifischen** Vorschriften enthaltenen sind. Ihre detaillierte Darstellung würde den hiesigen Rahmen sprengen. Ihr Umfang fördert die Checklistentechnik, die einerseits hilfreich ist, aber andererseits auch die Gefahr birgt, im Interesse der formellen Vollständigkeit den Sinn der Abschlusserläuterungen aus dem Auge zu verlieren.[1]

1489 Die Pflichtangaben nach den §§ 284 und 285 HGB muss der Anhang in der Reihenfolge der einzelnen Posten in der Bilanz und Gewinn- und Verlustrechnung enthalten, kleine und ggf. mittelgroße Kapitalgesellschaften dürfen bestimmte Angaben jedoch unterlassen werden, §§ 274a, 288[2] HGB. Zum Schutz der öffentlichen und in bestimmten Ausnahmefällen individueller Interessen können einzelne Angaben nach § 286 HGB unterlassen werden. Wird ein Anhang **freiwillig aufgestellt und die Angaben als „Anhang" gekennzeichnet**, müssen die Vorschriften über den Mindestinhalt eingehalten werden.[3]

1490 Der nach HGB aufgestellte Jahresabschluss muss den Grundsätzen ordnungsmäßiger Buchführung (GoB) entsprechen, § 243 Abs. 1 HGB. Die handelsrechtlichen GoB sind ein System von Regeln und Konventionen, das die gesamte Rechnungslegung umfasst.[4] Das HGB unterscheidet folgende Anwendungsbereiche:

- Grundsätze ordnungsmäßiger Buchführung (im engeren Sinne)
- Grundsätze ordnungsmäßiger Inventur und
- Grundsätze ordnungsmäßiger Bilanzierung

1491 In formaler Hinsicht haben das Handels- und Steuerrecht GoB-Anforderungen für die Buchführung im engeren Sinne und die Inventur formuliert, damit die dementsprechenden Aufzeichnungen als zuverlässig und aussagekräftig angesehen werden können. Sie haben allgemein gültigen Charakter.

1 Vgl. Hoffmann/Lüdenbach in NWB Kommentar Bilanzierung, § 285 Rz. 1 und § 284 Rz. 36 ff. NWB IAAAJ-19469 mit einer ausführlichen Darstellung.

2 So müssen kleine Kapitalgesellschaften nach § 288 Abs. 1 Nr. 1 HGB z. B. keine Angaben nach § 285 Nr. 32 HGB zu den Aufwendungen und Erträgen, die einem anderen Geschäftsjahr zuzurechnen sind, machen, kein Anlagegitter (§ 284 Abs. 3 HGB) aufstellen oder den Vorschlag für die Verwendung des Ergebnisses oder den Beschluss über seine Verwendung (§ 285 Nr. 34 HGB) aufführen.

3 Vgl. Hoffmann/Lüdenbach in NWB Kommentar Bilanzierung, § 264, Rz. 9 NWB GAAAJ-19448; Ist dies nicht gewünscht, sollte eine andere Bezeichnung gewählt werden. Spiegel in Hüttemann/Richter/Weitemeyer, Landesstiftungsrecht, Rz. 21.6.

4 Vgl. Hoffmann/Lüdenbach in NWB Kommentar Bilanzierung, § 243 Rz. 1 NWB CAAAJ-19364 i.V. mit§ 241 HGB; im Einzelnen Spiegel in Hüttemann/Richter/Weitemeyer, Landesstiftungsrecht, Rz. 19.24.

- Es muss sich ein sachverständiger Dritter in angemessener Zeit einen Überblick über die Geschäftsvorfälle und über die Lage des Unternehmens verschaffen können (§ 238 Abs. 1 HGB, § 145 AO).
- Die Aufzeichnungen müssen in einer lebenden Sprache geführt werden (§ 239 Abs. 1 HGB, § 146 Abs. 3 AO).
- Die Aufzeichnungen müssen vollständig, richtig, zeitgerecht und geordnet vorgenommen werden (§ 239 Abs. 2 HGB, § 146 Abs. 1 AO).
- Die Kassenaufzeichnungen müssen jederzeit den Vergleich des Soll- mit dem Ist-Bestand erlauben (Kassensturzfähigkeit, § 146 Abs. 1 AO).
- Die Aufzeichnungen müssen auf der Grundlage von Belegen als Nachweis der einzelnen Geschäftsvorfälle erfolgen („Keine Buchung ohne Beleg!").

Die Grundsätze ordnungsmäßiger Bilanzierung sind gesetzlich nur für Kaufleu- 1492
te, die der Pflicht zur Bilanzierung unterliegen, ausdrücklich vorgeschrieben. Da sie aber den Anforderungen an eine getreue Rechenschaft entsprechen, sind sie auch für andere Formen der Rechnungslegung, wie z. B. die Einnahmen-/Ausgabenrechnung mit Vermögensrechnung zum größten Teil maßgeblich.[1]

- Richtigkeit: die Posten des Jahresabschlusses sind inhaltlich und wertmäßig richtig anzusetzen.
- Willkürverbot: die Bewertung von Posten hat frei von sachfremden Erwägungen zu erfolgen.
- Klarheit und Übersichtlichkeit: der Grundsatz betrifft die äußere Form und die Art der Darstellung des gesamten Jahresabschlusses also der Bilanz, der Gewinn- und Verlustrechnung sowie des Anhangs.[2]
- Vollständigkeit: alle bilanzierungsfähigen Vermögensgegenstände, Schulden und Abgrenzungsposten sind in der Bilanz, alle Erträge und Aufwendungen in der Gewinn- und Verlustrechnung zu erfassen (§ 246 Abs. 1 HGB).
- Saldierungsverbot: Posten der Aktivseite dürfen nicht mit Posten der Passivseite, Aufwendungen nicht mit Erträgen verrechnet werden, sie sind „brutto" auszuweisen (§ 246 Abs. 2 HGB).

1 Vgl. hierzu und zum Folgenden IDW RS HFA 5, Rz. 30 f.; Spiegel in Hüttemann/Richter/Weitemeyer, Landesstiftungsrecht, Rz. 19.25.

2 Vgl. Hoffmann/Lüdenbach in NWB Kommentar Bilanzierung, § 243, Rz. 18 ff. NWB CAAAJ-19364.

- Annahme der Fortführung der Tätigkeit: die Bewertung hat regelmäßig unter der Annahme der Fortführung des Unternehmens zu erfolgen (Going-Concern-Prinzip) (§ 252 Abs. 1 Nr. 2 HGB).
- Einzelbewertung der Vermögens- und Schuldposten, damit Wertschwankungen nicht saldiert werden (§ 252 Abs. 1 Nr. 3 HGB).
- Vorsichtsprinzip: Risiken und Verluste sind bis zum Stichtag zu berücksichtigen, Gewinne nur, sofern sie bereits realisiert sind (Realisationsprinzip). Verluste und Gewinne werden insoweit ungleich behandelt (Imparitätsprinzip) (§ 252 Abs. 1 Nr. 4 HGB).
- Bewertungsstetigkeit: die gewählten Bewertungsmethoden sind beizubehalten (§ 252 Abs. 1 Nr. 6 HGB).
- Gliederungsstetigkeit: bei Kapitalgesellschaften ist die Form der Darstellung, insbesondere die Gliederung der aufeinanderfolgenden Bilanzen und Gewinn- und Verlustrechnungen beizubehalten (§ 265 Abs. 1 HGB).
- Anschaffungskostenprinzip: Vermögensgegenstände dürfen maximal mit den Anschaffungs- bzw. Herstellungskosten bewertet werden (§ 253 Abs. 1 HGB).
- Niederstwertprinzip: neben der Abschreibung über die gewöhnliche Nutzungsdauer[1] ist Anlagevermögen am Bilanzstichtag mit dem voraussichtlich dauerhaft niedrigeren beizulegenden Wert, Umlaufvermögen auch mit einem nur vorübergehend niedrigeren Börsen- oder Marktpreis zu bewerten (§ 253 Abs. 3 und 4 HGB). Bei Finanzanlagen können außerplanmäßige Abschreibungen auch bei voraussichtlich nicht dauernder Wertminderung vorgenommen werden (§ 253 Abs. 3 Satz 6 HGB).[2]
- Stichtagsprinzip: es sind alle Geschäftsvorfälle bis zum Abschlussstichtag zu erfassen und für die Bewertung sind die Verhältnisse am Stichtag maßgeblich (§ 242 Abs. 1 und 2 HGB).
- Bilanzidentität: die Werte der Eröffnungsbilanz müssen mit denen der vorangegangenen Schlussbilanz übereinstimmen (§ 252 Abs. 1 Nr. 1 HGB).

---

1 Nach § 253 Abs. 3 Satz 3 HGB sind auch selbst geschaffene immaterielle Vermögensgegenstände des Anlagevermögens planmäßig abzuschreiben. Sollte die voraussichtliche Nutzungsdauer nicht verlässlich geschätzt werden können, so ist diese mit einem Zeitraum von zehn Jahren anzunehmen. Dies gilt auch für entgeltlich erworbene Geschäfts- oder Firmenwerte.

2 In seinem Positionspapier Trendwatch Zinsen v. 24.3.2016, S. 14, weist das IDW darauf hin, dass das Zinsniveau einen bedeutsamen Einfluss auf die bilanzielle Bewertung des Vermögens und der Schulden hat. Die Diskontierungszinssätze für Werthaltigkeitstests auf der Aktivseite der Bilanz sinken. Dadurch steigen ceteris paribus die beizulegenden Zeitwerte der Aktiva, so dass außerplanmäßige Abschreibungen unwahrscheinlicher werden.

- Aufwands- und Ertragsperiodisierung: Aufwendungen und Erträge sind unabhängig von den Zahlungszeitpunkten in der zutreffenden Periode zu erfassen (§ 252 Abs. 1 Nr. 5 HGB).

Die fünf zuletzt genannten Prinzipien der Grundsätze ordnungsmäßiger Bilanzierung sind nicht auch auf andere Formen der Rechnungslegung, wie z. B. die Einnahmen-Ausgabenrechnungen mit Vermögensübersicht übertragbar.[1]

Grundsätzlich gibt es für Stiftungen keine Offenlegungspflichten, es sei denn 1493
die Vorschriften des Publizitätsgesetzes finden Anwendung. Dies kann der Fall sein bei gewerbetreibenden, rechtsfähigen Stiftungen des bürgerlichen Rechts sowie Stiftungen des öffentlichen Rechts, die Kaufmann nach § 1 HGB oder als Kaufmann im Handelsregister eingetragen sind.[2]

5.2 Änderungen durch das Bilanzrichtlinie-Umsetzungsgesetz (BilRUG)

Am 18.6.2015 wurde vom Bundestag das Bilanzrichtlinie-Umsetzungsgesetz – 1494
kurz BilRUG – verabschiedet, passierte am 10.7.2015 den Bundesrat und wurde am 22.7.2015 im Bundesgesetzblatt veröffentlich. Es trat am 23.7.2015 in Kraft.[3] Zu den hierdurch eingetretenen Änderungen bei der handelsrechtlichen Rechnungslegung wird auf die Ausführungen in der 3. Aufl. ab Rz. 1494 verwiesen.[4]

(Einstweilen frei) 1495–1509

VI. Zusammenstellung der gesetzlichen Anforderungen an die Rechnungslegung von Stiftungen

1. Die zentralen Aufgaben (Ziele) von Stiftungen

Die Suche nach Bestimmungen für die Rechnungslegung von Stiftungen im 1510
Bundesstiftungsrecht endet aufgrund eines Verweises in § 84a Abs. 1 Satz 1 BGB-neu über § 666 BGB bei den §§ 259 und 260 BGB, die ganz allgemein anordnen, dass Rechenschaft mittels einer geordneten Aufzeichnung der Einnah-

1 Vgl. Spiegel in Hüttemann/Richter/Weitemeyer, Landesstiftungsrecht, Rz. 19.25; IDW RS HFA 5, Rz. 31.

2 Vgl. Seidemann, ZStV 2012 S. 6, 10; IDW RS HFA 5, Rz. 95.

3 Vgl. https://de.wikipedia.org/wiki/Bilanzrichtlinie-Umsetzungsgesetz

4 Dort werden folgende Themen behandelt: Umsatzerlöse laut BilRUG, Wegfall der außerordentlichen Posten der GuV laut BilRUG, Finanz- und Beteiligungsergebnis verändertes Gliederungsschema für die GuV-Rechnung und veränderte und erweiterte Anhangsangaben.

men und Ausgaben, der Vorlage von Belegen und der Erstellung von Vermögensübersichten abzulegen ist.[1] Aus den Vorschriften der §§ 51 ff. und §§ 140 ff. AO ergeben sich zum Teil sehr detaillierte Anforderungen an die Art der Buchführung, um gewissen Nachweispflichten entsprechen zu können. Bestimmungen mit Anforderungen an die externe Rechnungslegung von Stiftungen finden sich nur, falls diese „Unternehmer" ist und gewisse Größenmerkmale überschreitet, § 141 AO.[2]

1511 Ergiebiger ist Art. 16 BayStiftG. In Abs. 1 heißt es am Anfang zwar auch nur, dass nach Abschluss des Geschäftsjahres ein Rechnungsabschluss und eine Vermögensübersicht zu erstellen sind, aber außerdem ist *„... ein* ***Bericht über die Erfüllung des Stiftungszwecks*** *der Stiftungsaufsichtsbehörde vorzulegen."* (Tätigkeitsbericht) Das heißt, es muss nicht nur dokumentiert werden, welche Einnahmen die Stiftung erzielte, welche Ausgaben sie tätigte und wie sich ihr Vermögen entwickelte. Bei den Ausgaben ist zu unterscheiden zwischen Ausgaben, die der Erzielung von Einnahmen dienen und solchen Ausgaben, die zur Erfüllung der Stiftungszwecke getätigt werden.[3]

1512 In Abs. 3 schließlich heißt es, falls die Jahresrechnung von einer anderen Institution als der Stiftungsaufsicht selbst geprüft wird, *„... so* ***muss*** *sich die* ***Prüfung auch auf die Erhaltung des Grundstockvermögens*** *und die* ***bestimmungsgemäße Verwendung*** *seiner Erträge und* ***zum Verbrauch*** *bestimmter* ***Zuwendungen*** *erstrecken."*

1513 Das BayStiftG bringt damit die zentralen Aufgaben der Stiftung zum Ausdruck,[4] an denen sich die Geschäftsführung des Stiftungsvorstandes orientieren und deren Erfüllung mit der Hilfe der externen Rechnungslegung durch die Stiftung dokumentiert werden muss:

---

1 Vgl. → Rz. 1424 ff.; Grittern, npoR 5/2022 S. 245 f. Zur Fassung des BGB nach der Stiftungsrechtsreform vergleiche das Kapitel J, zu den Auswirkungen der Reform auf die Rechnungslegung bei Stiftungen vgl. → Rz. 1424. Es wird nun direkt auf die nur allgemeinen §§ 666, 259 BGB verwiesen.

2 Vgl. → Rz. 709 ff. und → Rz. 1475 ff.

3 Vgl. Merkblatt der Regierung von Oberbayern – Stiftungsaufsicht, Hinweise zur Erstellung der Jahresrechnung, abrufbar unter https://www.regierung.oberbayern.bayern.de/mam/dokumente/bereich1/sg12-1/2020-04-28_rob-stiftungsaufsicht_hinweise_jahresrechnung.pdf, in dem die vorzulegenden Unterlagen bei einer Prüfung durch die Stiftungsaufsichtsbehörde oder einen Prüfungsverband oder einen Wirtschaftsprüfer aufgeführt werden; IDW RS HFA 5, Rz. 50; die Rechnungslegung muss einen klaren und zutreffenden Einblick in die Stiftungstätigkeit geben, so dass sich der Adressat ein Urteil über die Verwendung des eingesetzten Vermögens und der damit erzielten Erträge bilden kann.

4 Vgl. z. B. auch RS HFA 5, Rz. 9, 29.

- die Zweckerfüllung und
- die Kapitalerhaltung.

Beiden Zwecken dienen

- die Ermittlung des Überschusses des Geschäftsjahres und
- die Dokumentation der verschiedenen Arten von Einnahmen sowie der Ausgaben.

Das Ziel der Zweckerfüllung erklärt sich aus sich selbst heraus. Das Ziel der Kapitalerhaltung folgt aus der Tatsache, dass für die dauerhafte Erfüllung der Zwecke, die der Stifter festgelegt hat, einer Stiftung nur das Stiftungsvermögen bzw. die hiermit erzielten Erträge sowie ggf. Spenden oder anderer unentgeltlichen Zuwendungen wie Fördermittel zur Verfügung stehen. Aus diesem Grund kommt der Erhaltung des Stiftungsvermögens eine besondere Bedeutung zu.[1] Häufig wird die Stiftung nur oder in starkem Maße mithilfe der Erträge ihres Stiftungsvermögens ihre Zwecke dauerhaft erfüllen können. Das Stiftungsvermögen setzt sich dabei zusammen aus dem Grundstockvermögen und dem sonstigen Vermögen. [2] 1514

Die beiden Aufgaben von Stiftungen, Zweckerfüllung und Kapitalerhaltung machen eine Abgrenzung zwischen der **Ertrags- und Vermögenssphäre** einer Stiftung erforderlich.[3] Die Pflicht zur Ertragsverwendung setzt Klarheit darüber voraus, was genau unter den Erträgen des Stiftungsvermögens zu verstehen ist. Es treffen sich hier also das stiftungsrechtliche Admassierungsverbot[4] und der Vermögenserhaltungsgrundsatz. Ersteres ist Ausfluss der Verpflichtung zur Zweckerfüllung, d. h., die Erträge der Stiftung sind primär für deren Zwecke einzusetzen und dürfen nicht zur Anhäufung von Kapital verwendet werden.[5] Der Grundsatz der Vermögenserhaltung wiederum verbietet nach § 83c Abs. 1 BGB-neu einen Verbrauch von Grundstockvermögen für Stiftungszwecke, nicht jedoch von dessen Erträgen hierfür. 1515

---

1 Vgl. nun auch § 83c Abs. 1 Satz 1 BGB-neu.

2 Vgl. → Rz. 1578; § 83b BGB-neu.

3 Vgl. → Rz. 265 und → Rz. 1075 ff.; Hüttemann in Hüttemann/Richter/Weitemeyer, Landesstiftungsrecht, Rz. 16.3. Zum Teil wird als dritte Aufgabe die satzungsgemäße Verwendung der Erträge aufgeführt, diese kann man jedoch auch als Teil der Zweckerfüllung verstehen.

4 Vgl. → Rz. 281, siehe auch z. B. https://www.verwaltungstreuhand.de/stiftungsglossar/; siehe auch § 83c Abs. 1 BGB-neu.

5 Auch wegen der Beschränkung der Zuführung für freie Rücklagen gem. § 62 Nr. 3 AO, bis 31.12.2013 § 58 Nr. 7a AO, vgl. hierzu Hüttemann in Hüttemann/Richter/Weitemeyer, Landesstiftungsrecht, Rz. 15.21 f.

Die Stiftungsrechtsreform hat diese Zweiteilung komplizierter gemacht. Zum einen, weil das gewidmete Vermögen auch zu sonstigem Vermögen bestimmt werden kann, das dem Grundsatz der Vermögenserhaltung nicht unterliegt, also für Sitzungszwecke eingesetzt werden kann. Deswegen ist es aber nicht der Ertragssphäre zuzuordnen, sondern verbleibt in der Vermögensphäre. Zum anderen, weil Zuwächse aus der Umschichtung von Grundstockvermögen nun auch für Stiftungszwecke verwendet werden dürfen, soweit dies die Satzung nicht ausschließt und die Erhaltung des Grundstockvermögens gewährleistet ist, § 83c Abs. 1 Satz 3 BGB-neu. Früher wurden Umschichtungsgewinne nach der höchstrichterlichen Rechtsprechung nicht als Nutzungen, sondern als Verwertung des Vermögens eingeordnet.[1]

Hieraus folgt, Umschichtungsgewinne müssen ggf. auf die Ertrags- und die Vermögenssphäre aufgeteilt werden. Die für Stiftungszwecke zur Verfügung stehenden Mittel können aber nicht nur aus der Ertragssphäre gespeist werden, sondern können z.T. auch aus dem sonstigen Vermögen der Vermögenssphäre entnommen werden.

Das Rechnungswesen steht also vor der Aufgabe, das Grundstockvermögen getrennt vom sonstigen Vermögen auszuweisen, um den Erhalt des ersteren zu dokumentieren und gleichzeitig aufzuzeigen, welches sonstige Vermögen für die Stiftungszwecke zur Verfügung steht. Gleichzeitig muss das Rechnungswesen die Nutzungen des Grundstockvermögens erfassen und dokumentieren, diese von der Vermögenssphäre getrennt halten und die Ergebnisse von dessen Vermögensumschichtungen so festhalten, dass diese in zutreffender Weise auf die Ertrags- und Vermögenssphäre verteilt werden können. Parallel dazu müssen die Erträge und die Ergebnisse der Vermögensumschichtungen des sonstigen Vermögens dokumentiert werden.[2]

1516 Die Gebote der Zweckerfüllung und Kapitalerhaltung können dabei durchaus konträr wirken.[3] In Negativzins-Zeiten wie vor 2022 und mit aktuell fast zweistelligen Inflationsraten lassen sich mit Bankeinlagen und mündelsicheren Anleihen nur Zinserträge erzielen, die unterhalb der Inflationsrate liegen. Eine gewisse Alternative stellt die Anlage in Aktien dar, sofern diese Dividenden ausschütten, die zu einer Dividendenrendite oberhalb der Inflationsrate führen. Das Investment Aktien jedoch stellt immer ein Risiko dar, denn durch unerwartete Geschehnisse, wie z. B. die Insolvenz der Bank Lehman Brothers in den

1 Vgl. Demuth, NWB-EV 8/2022 S. 259, 261.

2 Vgl. auch → Rz. 1428 und → Rz. 1520.

3 Vgl. auch → Rz. 1557 ff., → Rz. 2048 und → Rz. 2050.

USA im Jahre 2008, dem Anschlag auf das World Trade Center in New York im Jahre 2001 oder dem Angriffskrieg in der Ukraine 2022 sowie einem eventuellen Währungskrieg zwischen den USA und China, können unvorhersehbar heftige Kursrückgänge ausgelöst werden. Auch die Finanzverwaltung fordert nicht die zeitnahe Verwendung von bei Vermögensumschichtungen aufgedeckten stillen Reserven.[1]

2. Die aus den Aufgaben der Stiftung abzuleitenden speziellen Anforderungen an die Rechnungslegung von Stiftungen

Wie die Rechnungslegung einer Stiftung in Umsetzung dieser Aufgaben im 1517 Einzelnen auszugestalten ist, ist aber wie dargelegt weder auf Landes- noch auf Bundesebene abschließend geregelt.[2] Vielmehr werden nur allgemeine Anforderungen formuliert. Eine bestimmte Form der Rechnungslegung, wie also z. B. die der Bilanzierung, der Einnahmen-Ausgaben-Rechnung[3] oder eines kameralistischen Haushaltsplans werden weder vorgeschrieben noch wird definiert, wie diese auszusehen hätten. Einzelne Landesgesetze verlangen nicht nur eine ordnungsmäßige Buchführung,[4] sondern verweisen auf die **Grundsätze ordnungsmäßiger Buchführung (GoB).**[5] Die GoB stellen Regeln dar, die formale materielle Grundsätze zur ordnungsgemäßen Buchführung im engeren Sinne, nämlich der Inventur, Bilanzierung und Rechnungslegung beinhalten.[6]

Da die Landesstiftungsgesetze jedoch keine Buchführungsart vorschreiben, 1518 muss der Verweis auf die GoB konkretisiert werden, die anzuwendenden GoB müssen somit nach der jeweils gewählten Buchführungsart bestimmt werden. Dabei kann festgestellt werden, dass sich die kameralistischen Grundsätze getreuer Rechenschaftslegung und die handelsrechtlichen GoB teilweise überschneiden. Da die handelsrechtlichen GoB auch die Grundsätze ordnungsmäßiger Bilanzierung beinhalten, können sie vollständig jedoch nur bei einer kaufmännischen Bilanzierung greifen.

1 Vgl. → Rz. 270, → Rz. 1003, → Rz. 1424 und → Rz. 1460.

2 Vgl. auch IDW RS HFA 5, Rz. 1; nach der Stiftungsrechtsreform Grittern, npoR 5/2022 S. 245.

3 Sofern nicht eine kaufmännische Rechnungslegung nach den vorgenannten Grundsätzen erforderlich ist, kann die Rechnungslegung von Stiftungen durch Einnahmen-/Ausgaben- und Vermögensrechnungen erfolgen, vgl. IDW RS HFA 5, Rz. 75 ff.; Spiegel in Hüttemann/Richter/Weitemeyer, Landesstiftungsrecht, Rz. 19.25.

4 Vgl. z. B. Art. 16 Abs. 1 Satz 1 BayStiftG.

5 Vgl. § 7 Abs. 3 BaWürttStiftG, § 4 Abs. 4 HambStiftG, § 4 Abs. 2 Nr. 2 Meck-VorStifG, § 5 Abs. 1 SaarlStiftG, § 4 Abs. 2 SächsStiftG.

6 Vgl. → Rz. 1490 ff.; Spiegel in Hüttemann/Richter/Weitemeyer, Landesstiftungsrecht, Rz. 19.24; Schmidt/Usinger in Beck'scher Bilanzkommentar, § 243 Rz. 1 ff.

1519 Als Anforderungen an die Buchführung von Stiftungen können daher aus dem BGB und den LStiftG herausgearbeitet werden:

- die vollständige, richtige, übersichtliche (kontenklare), zeitnahe und nachprüfbare **Aufzeichnung aller Einnahmen und Ausgaben** (d. h. Ermittlung des Jahresergebnisses in Form einer Einnahmen-Ausgabenrechnungen)
- die vollständige, richtige, übersichtliche und nachprüfbare Aufzeichnung aller Vermögensgegenstände aufgrund von Inventuren in einer Vermögensübersicht (Bestandsverzeichnis, Status),
- die Vorlage von Belegen als Nachweise für die ausgewiesenen Zahlen[1] und
- die Erstellung eines Tätigkeitsberichts mit dem Nachweis der Erfüllung des Stiftungszwecks.[2] Bei gemeinnützigen Stiftungen flankieren diese Anforderung der § 63 AO sowie der AEAO Nr. 1 ff. zu § 63 AO. Sie verlangen einen Tätigkeitsbericht, um der Finanzverwaltung die Prüfung der tatsächlichen Geschäftsführung zu ermöglichen, eine Voraussetzung für die Gemeinnützigkeit.[3]

1520 Entsprechend den herausgearbeiteten zentralen Aufgaben einer Stiftung und der Stiftungsrechtsreform 2023[4] lassen sich die Zwecke und damit die zentralen Anforderungen an die externe Rechnungslegung von Stiftungen, die auf der Grundlage der Buchführung zu erstellen ist, wie folgt ableiten:[5]

- Die Ermittlung von Überschüssen aus der Vermögensverwaltung oder anderen Tätigkeiten der Stiftung.[6]
- Die Dokumentation und Rechenschaft über die Mittelverwendung.
- Der Nachweis der Kapitalerhaltung bzgl. des Grundstockvermögens, nicht des sonstigen Vermögens.[7]
- Daher ist das Grundstockvermögen getrennt vom sonstigen Vermögen auszuweisen.
- Die Nutzungen des Grundstockvermögens sind zu erfassen, von der Vermögenssphäre getrennt zu halten und es ist zu dokumentieren, dass diese Nutzungen für die Satzungszwecke verwendet werden.

1 Vgl. § 259 Abs. 1 BGB.

2 Vgl. Landesstiftungsgesetze im Anhang.

3 Vgl. z. B. Grittern, npoR 5/2022 S. 245.

4 Vgl. → Rz. 1425 ff.

5 Vgl. IDW RS HFA 5, Rz. 27 ff. und wegen der Änderungen aufgrund der Stiftungsrechtsreform → Rz. 1428.

6 Vgl. die denkbaren vier Sphären → Rz. 1075 ff., → Rz. 1444.

7 Vgl. hierzu und zum Folgenden IDW RS HFA 5, Rz. 55 ff.; § 83d Abs. 1 Satz 1 BGB-neu.

- Die Ergebnisse der Vermögensumschichtungen von Grundstockvermögen sind so festzuhalten, dass diese in zutreffender Weise auf die Ertrags- und Vermögenssphäre verteilt werden können.[1]
- Außerdem empfiehlt es sich, die Nutzung und die Ergebnisse von Umschichtungen des sonstigen Vermögens getrennt hiervon zu erfassen, damit die Einhaltung der gesetzlichen Vorschriften bzgl. des Grundstockvermögens überprüft werden kann.

(Einstweilen frei) 1521–1529

VII. Ableitung einer Empfehlung für die Ausgestaltung der externen Rechnungslegung durch Stiftungen

1. Arten der Rechnungslegung im Bereich der Kaufleute und des Steuerrechts

Für den Steuerberater und den Wirtschaftsprüfer ist es naheliegend sich in einem ersten Schritt mit den ihm bekannten Arten der Rechnungslegung zu befassen. Grundsätzlich gibt es:[2] 1530

- die kameralistische Buchführung, die häufig von Stiftungen angewandt wird, welche von Trägern der öffentlichen Hand verwaltet werden. Bei ihr werden in Form von Einnahmen und Ausgaben Geldströme und insbesondere der Geldverbrauch erfasst. Wichtigstes Rechnungsziel ist die Überschuss- und Fehlbetragsermittlung, um die tatsächlich erreichte Deckung der wirklichen Ausgabe nachzuweisen.[3]
- die einfache Buchführung des BGB, die sämtliche Zahlungsvorgänge chronologisch im Grundbuch aufzeichnet, sogenanntes Journal. Hiermit können die Anfangs- und Endbestände der liquiden Posten (Banken, Kasse) abgeglichen werden.
- die doppelte Buchführung. Hier erfasst die kaufmännische Doppik jeden Geschäftsvorfall doppelt, einmal im Grundbuch (Journal) und einmal im Hauptbuch in sachlicher Ordnung (Sachkonten). Auf diese Weise kann der Jahreserfolg doppelt errechnet werden, nämlich über den Abschluss der Be-

---

1 Vgl. → Rz. 1515.

2 Vgl. hierzu im Einzelnen Spiegel in Hüttemann/Richter/Weitemeyer, Landesstiftungsrecht, Rz. 19.26 ff.

3 Vgl. Gabler Wirtschaftslexikon, Stichwort: Kameralistik, abrufbar unter: http://wirtschaftslexikon.gabler.de/Archiv/4663/kameralistik-v9.html.

standskonten in der Bilanz und über den Abschluss der Erfolgskonten in der Gewinn- und Verlustrechnung.

1531 In der täglichen Praxis werden die einfache und die doppelte Buchführung primär als folgende Rechenwerke angewandt:

- die steuerliche Einnahmen-Überschussrechnung nach § 4 Abs. 3 EStG,
- der sogenannte Bestandsvergleich nach § 4 Abs. 1 EStG und die
- Jahresabschlüsse nach §§ 238 ff. HGB.[1]

1532 Die Jahresrechnung einer Stiftung nach z. B. Art. 16 Abs. 1 BayStiftG verlangt neben einem „Rechnungsabschluss" auch eine Vermögensübersicht und einen Bericht über die Erfüllung des Stiftungszwecks (Tätigkeitsbericht). Eine reine Einnahmen-Überschussrechnung ist also nicht ausreichend, sondern muss um eine Vermögensrechnung und einen Tätigkeitsbericht ergänzt werden.[2]

2. Empfehlung zur Rechnungslegung auf der Basis eines handelsrechtlichen Jahresabschlusses

1533 Die kameralistische Buchführung beinhaltet die Planung von Budgets sowie die Dokumentation der entsprechenden Mittelverwendung. Die Einnahmen- und Ausgabenrechnung nach § 4 Abs. 3 EStG dient der Ermittlung eines Überschusses, damit die gewinnabhängigen Steuern korrekt erhoben werden können. Der handelsrechtliche Jahresabschluss dokumentiert das vorhandene Vermögen und dient der Ermittlung des durch die Tätigkeit der Einheit erzielten Überschusses, der anschließend entsprechend den geltenden Vorschriften und den Beschlüssen der Gesellschafter für Rücklagen oder Ausschüttungen verwendet wird.[3]

1534 Ähnlich einem kaufmännischen Jahresabschluss laut Handelsgesetzbuch hat auch die Rechnungslegung einer Stiftung eine Zahlungsbemessungsfunktion. Sie hat zum Ziel, die Überschüsse eines Jahres zu ermitteln, die für die Stiftungszwecke und den Kapitalerhalt zu verwenden sind. Hierzu muss die Rechnungslegung von Stiftungen ein zutreffendes, vollständiges und klares Bild der Erzielung von Erträgen und deren Verwendung sowie insbesondere der Vermögenslage der Stiftung vermitteln. Allerdings gehören zu den Erträgen ei-

1 Vgl. → Rz. 1482 ff.

2 Vgl. z. B. IDW RS HFA 5, Rz. 33, 75; siehe auch: Das Merkblatt der Regierung von Oberbayern, Stiftungsaufsicht, Hinweise zur Erstellung der Jahresrechnung, empfiehlt i. d. R. die doppelte Buchführung, https://www.regierung.oberbayern.bayern.de/mam/dokumente/bereich1/sg12-1/2020-04-28_rob-stiftungsaufsicht_hinweise_jahresrechnung.pdf.

3 Vgl. → Rz. 1484.

ner Stiftung nicht nur wirtschaftliche Gewinne, sondern z. B. auch die erhaltenen Spenden und sonstigen Zuwendungen, aber deren Dokumentation ist mit einer Überschussermittlung vergleichbar.

Hiermit zeigt sich, dass von den drei genannten Buchführungsarten diejenige 1535
des handelsrechtlichen Jahresabschlusses am weitesten den Anforderungen an die externe Rechnungslegung von Stiftungen entspricht. Auch wenn sie diese noch **nicht vollumfänglich erfüllt**, da die Stiftungen – anders als der Jahresabschluss eines Kaufmanns – die Verwendung der ihr zugeflossenen Mittel offenlegen müssen.

Aus diesen Gründen bietet es sich an, die externe Rechnungslegung von Stif- 1536
tungen auf der Basis eines handelsrechtlichen Jahresabschlusses aufzubauen.[1] In den folgenden Punkten wird herausgearbeitet werden, welche Besonderheiten bei der Rechnungslegung von Stiftungen zu berücksichtigen sind und wie diese in der externen Rechnungslegung berücksichtigt werden können.[2]

Größeren Stiftungen, die in wesentlichem Umfang über Forderungen, Verbind- 1537
lichkeiten, Rückstellungen, Abgrenzungsposten und Anlagevermögen verfügen, empfiehlt das IDW ebenfalls, auf freiwilliger Basis ihre Rechnungslegung nach den Grundsätzen einer kaufmännischen Bilanzierung auszugestalten.[3] Der Jahresabschluss hat dann den Grundsätzen ordnungsmäßiger Buchführung (GoB)[4] in vollem Umfang zu entsprechen. Als Grund für diese Empfehlung führt das IDW zutreffend die beschränkte Aussagekraft von Ein-

1 Vgl. Formulierung Kußmaul/Meyering, Finance Office Professional, Rz. 18: „*1. der über das Stiftungsrecht hinausgehende Informationszweck der handelsrechtlichen Rechnungslegung dient insbesondere der Selbstinformation des Kaufmanns (mit dem Ziel, das Risiko einer Insolvenz zu reduzieren); 2. die in einem handelsrechtlichen Jahresabschluss enthaltenen Informationen sind darauf ausgerichtet, die Führung eines kaufmännischen Geschäftsbetriebs zu unterstützen. Daher ist die generelle Befreiung einer Stiftung von der handelsrechtlichen Rechnungslegung unseres Erachtens unangemessen.*“, abrufbar unter: https://www.haufe.de/finance/finance-office-professional/stiftungen-besonderheiten-der-rechnungslegung-31-handelsgesetzbuch_idesk_PI11525_HI7674334.html. Vgl. auch die Ausführungen der VW-Stiftung, 20 Prinzipien guter Stiftungspraxis mit Erläuterungen für die Praxis, Rz. 17: „*Die Rechnungslegung der VolkswagenStiftung erfolgt nach den für alle Kaufleute geltenden Vorschriften des Handelsgesetzbuches (§§ 238 bis 263 HGB). Die für große Kapitalgesellschaften geltenden Vorschriften des HGB werden nicht als verbindlich angesehen. Die Jahresrechnung wird um ‚Ergänzende Angaben zur Jahresrechnung' erweitert, die sich an den für Kapitalgesellschaften geltenden Vorschriften zum Anhang orientieren. Daneben wird eine Kapitalerhaltungsrechnung aufgestellt. Die Buchführung, die Jahresrechnung, die Ergänzenden Angaben zur Jahresrechnung und die Kapitalerhaltungsrechnung der Stiftung werden durch eine Wirtschaftsprüfungsgesellschaft geprüft und testiert (...).*“, abrufbar unter: https://www.volkswagenstiftung.de/sites/default/files/documents/Prinzipien_guter_Stiftungspraxis_0.pdf dort (17) .

2 Vgl. im Einzelnen → Rz. 1554 ff. und → Rz. 1595 ff.

3 Vgl. hierzu und zum Folgenden IDW RS HFA 5, Rz. 33 f., Rz. 1596.

4 Vgl. → Rz. 1490 ff.

nahmen-Ausgabenrechnungen und die zusätzliche Sicherheit einer nach der Doppik geführten kaufmännischen Buchführung an. Das IDW empfiehlt dabei u. E. zu Recht die Anwendung nicht nur der Vorschriften des ersten Abschnittes des Dritten Buches des HGB (§§ 238–263 HGB), die für alle Kaufleute Geltung haben, sondern auch die ergänzenden Vorschriften für Kapitalgesellschaften.[1] Der zweite Abschnitt des Dritten Buches des HGB (§§ 264–289f HGB) enthält Vorschriften für den Jahresabschluss vor allem unter dem Aspekt der Verwaltung fremden Vermögens durch die Gesellschaftsorgane der Kapitalgesellschaft.

1538 Auch der Vorstand einer Stiftung verwaltet ihm nicht gehörendes Vermögen und deshalb ist es sachgerecht, die für Kapitalgesellschaften geltenden Bewertungsvorschriften des HGB anzuwenden, die eher als die allgemeinen Bewertungsvorschriften eine Bildung stiller Reserven unterbinden. Zwar kann die Bildung stiller Reserven durch die Vermeidung von Ausschüttungen zur Erhaltung des Stiftungsvermögens beitragen, jedoch ist es denkbar, dass dies gleichzeitig aufgrund der eingeschränkten Mittelverwendung zu einem Verstoß gegen das Admassierungsverbot führt, die Mittel also nicht im notwendigen Maße für die Stiftungszwecke verwendet werden.[2]

1539 Stiftungen, die einen den handelsrechtlichen Vorschriften entsprechenden Jahresabschluss aufstellen, haben nicht nur eine Bilanz und eine Gewinn- und Verlustrechnung aufzustellen, sondern diese um einen Anhang und einen Lagebericht[3] zu ergänzen, wobei kleine Gesellschaften i. S. des § 267 Abs. 1 HGB und Kleinstkapitalgesellschaften nach § 267a HGB von der Aufstellung eines Lageberichtes befreit sind, § 264 Abs. 1 HGB.[4]

1540 Kleine und mittlere gemeinnützige Stiftungen, die im Zentrum des Interesses dieses Buches stehen, werden i. d. R. keinen eigenen Geschäftsbetrieb haben, sondern die Mittel zur Erfüllung ihrer Stiftungszwecke aus der Vermögensverwaltung generieren und daher den handelsrechtlichen Jahresabschluss freiwillig aufstellen. Sie können somit auf einen Lagebericht verzichten.[5] Die Aufstellung eines Anhanges ist jedoch sinnvoll, denn in diesem kann die Stiftung Angaben machen, die den Besonderheiten der Rechnungslegung von Stiftungen

1 A. A. Kußmaul/Meyering/Richter, DStR 2015 S. 1328.

2 Vgl. → Rz. 281 und → Rz. 1515. Siehe z. B. auch https://www.verwaltungstreuhand.de/stiftungs-glossar/.

3 Vgl. → Rz. 1483; § 264 Abs. 1 HGB.

4 Weitere Erleichterungen z. B. in § 275 Abs. 5, § 288 und § 326 HGB.

5 Vgl. hierzu im Einzelnen die Kommentierung von Grottel in Beck'scher Bilanzkommentar, § 289 HGB; Spiegel in Hüttemann/Richter/Weitemeyer, Landesstiftungsrecht, Rz. 21.7.

entsprechen, aber nicht in einer Bilanz sowie Gewinn- und Verlustrechnung nach handelsrechtlichen Vorschriften gemacht werden können. Wie zuvor festgestellt, ist nach § 83c BGB-neu und den Landesstiftungsgesetzen z. B. die Dokumentation der Kapitalerhaltung ein wesentliches Ziel für Stiftungen, damit sie ihre Stiftungszwecke nachhaltig und auf Dauer erfüllen können.[1]

Für derartige Stiftungen richtet sich also das Interesse auf die Vorschriften für kleine Kapitalgesellschaften[2] i.V. mit den Vorschriften über den steuerlichen Bestandsvergleich nach § 4 Abs. 1 EStG. Die steuerlichen Vorschriften sind hierbei zu erwähnen, da Stiftungen mit ihren Erträgen grds. steuerpflichtig sind und daher Steuererklärungen mit einer steuerlichen Gewinnermittlung bei den für sie zuständigen Finanzämtern abgeben müssen. Sofern sie als gemeinnützig anerkannt wurden, müssen sie zwar keine Körperschaft-, Gewerbe- und Umsatzsteuer entrichten, aber dennoch turnusmäßig Steuererklärungen und Berichte einreichen, damit die Finanzbehörden die Erfüllung der steuerlichen Vorschriften für die Anerkennung der Gemeinnützigkeit nach §§ 51 ff. AO überprüfen können.[3] 1541

Nach der hier vertretenen Auffassung gilt die Empfehlung, die externe Rechnungslegung auf einem handelsrechtlichen Jahresabschluss entsprechend den Vorschriften für kleine Kapitalgesellschaften aufzubauen, grds. für alle Stiftungen, egal ob gemeinnützig und steuerbefreit oder steuerpflichtig und unabhängig von ihrer Größe. Zur Umsetzung vgl. Punkt 5: Empfehlung für den Aufbau des Jahresberichts einer steuerbefreiten, gemeinnützigen Stiftung, die ihre Mittel allein aus der Vermögensverwaltung generiert.[4] 1542

Bei Kleinstiftungen, bei denen es zu keiner Wertänderung des Sachvermögens kommt und bei denen für die Ermittlung des Jahresergebnisses allein die Aufzeichnung der Geldbewegungen ausreichend ist,[5] ist jedoch zu prüfen, ob der Aufwand für einen handelsrechtlichen Jahresabschluss nicht unverhältnismäßig wäre. 1543

1 Vgl. → Rz. 1514; vgl. auch IDW RS HFA 5, Rz. 39.

2 Die Anwendungen der Bestimmungen für Kleinstkapitalgesellschaften ist nicht angemessen, siehe im Einzelnen → Rz. 1597.

3 Vgl. hierzu → Rz. 709, → Rz. 925 ff. und → Rz. 1475 ff.; Spiegel in Hüttemann/Richter/Weitemeyer, Landesstiftungsrecht, Rz. 22.4.

4 Vgl. → Rz. 1595.

5 Vgl. ausführlicher Spiegel in Hüttemann/Richter/Weitemeyer, Landesstiftungsrecht, Rz. 20.33.

3. Begriffsabgrenzung: Jahresabschluss bei Kapitalgesellschaften und Jahresbericht bei Stiftungen

1544 An dieser Stelle ist es erforderlich, auf die Terminologie einzugehen, um eventuellen Missverständnissen vorzubeugen.

1545 In der Praxis entscheiden sich viele Stiftungen dafür, sich bei ihrer Rechnungslegung der kaufmännischen doppelten Buchführung zu bedienen. Dies sicherlich wegen der vom IDW angeführten Gründe[1] und zusätzlich, weil die Stiftungsvorstände diese aus der Rechnungslegung von Kapitalgesellschaften etc. kennen. Außerdem sind mit den Regelungen des Handelsgesetzbuches und den Grundsätzen ordnungsgemäßer Buchführung (GoB) die Regeln, nach denen Jahresabschlüsse erstellt werden, eindeutig definiert.

1546 Allerdings wurde bereits dargelegt, dass die Rechnungslegung von Stiftungen Angaben erfordert, die über die in einem handelsrechtlichen Jahresabschluss gemachten hinausgehen.[2] Diesen stiftungsrechtlichen Ansprüchen wird regelmäßig in der Berichterstattung entsprochen, aber dennoch werden diese Berichte als Jahresabschluss bezeichnet.[3]

1547 Was unter einem Jahresabschluss zu verstehen ist, wird im Handelsgesetzbuch definiert, §§ 242 ff. HGB.[4] Die Berichterstattung einer Stiftung, die sämtliche Anforderungen des Stiftungsrechts erfüllt, kann u. U. die Definition Jahresabschluss i. S. des HGB erfüllen, wird aber i. d. R. mehr als ein Jahresabschluss sein und sollte daher nicht als „Jahresabschluss" bezeichnet werden, da dessen Inhalt gesetzlich anders definiert ist.

1548 Die Landesstiftungsgesetze, z. B. das BayStiftG in Art. 16, fordern „…nach Ablauf des Geschäftsjahres sind ein Rechnungsabschluss und eine Vermögens-

1 Vgl. → Rz. 1536 f.; vgl. auch Kußmaul/Meyering, Finance Office Professional, Rz. 18, abrufbar unter: https://www.haufe.de/finance/finance-office-professional/stiftungen-besonderheiten-der-rechnungslegung-31-handelsgesetzbuch_idesk_PI11525_HI7674334.html; VW-Stiftung, 20 Prinzipien guter Stiftungspraxis, abrufbar unter: https://www.volkswagenstiftung.de/sites/default/files/documents/Prinzipien_guter_Stiftungspraxis_0.pdf.

2 Vgl. → Rz. 1535.

3 Im Jahre 2023ist im Internet z. B. der „Jahresabschluss zum 31. Dezember 2021" der Stiftung Ärzte ohne Grenzen , geprüft von der KPMG, zu finden2019 fanden sich im Internet z. B. die Jahresabschlüsse der gemeinnützigen STAR-Stiftung, geprüft von der KPMG, und der Stiftung „Deutsche Stiftung Meditation". 2023 ist von der Stiftung „Deutsche Stiftung Meditation" ein Jahresbericht 2021 zu finden.

4 Vgl. → Rz. 1482 ff.

übersicht (Jahresrechnung) zu erstellen und mit einem Bericht über die Erfüllung der Stiftungszwecke der Stiftungsaufsichtsbehörde vorzulegen."[1]

Der Begriff „Jahresrechnung" einer Stiftung beschreibt zwar einen ähnlichen 1549
Inhalt wie die Begriffe „steuerliche Gewinnermittlung" und „handelsrechtlicher Jahresabschluss" mit Bilanz sowie Gewinn- und Verlustrechnung. Aber die Stiftung hat zusätzlich z. B. noch einen Bericht über die Zweckerfüllung und ggf. den Kapitalerhalt abzuliefern. Auch der Begriff „Jahresrechnung" umfasst daher nicht die komplette externe Rechnungslegung der Stiftung.

Aus diesen Gründen greifen die Ausdrücke „Jahresrechnung" und „Jahresabrechnung" etwas zu kurz.[2] Es wird daher empfohlen, in Abgrenzung zu dem Begriff „Jahresabschluss", der immer einen im Sinne des HGB bedeutet, bei Stiftungen von einem „Jahresbericht" zu sprechen, um deutlich zu machen, dass dieser mehr Informationen als ein „Jahresabschluss" enthält.[3]

(Einstweilen frei) 1550–1553

4. Besonderheiten bei der Rechnungslegung von Stiftungen gegenüber der kaufmännischen Rechnungslegung

Eine Stiftung ist eine rechtliche Organisationsform, deren Zweck es ist, den 1554
Willen des Stifters durch die Verwendung des gestifteten Vermögens dauerhaft zu gewährleisten. Sie hat keine Mitglieder oder Eigentümer. Im Rechtsverkehr handelt sie durch ihren Stiftungsvorstand. Um trotz der fehlenden Eigentümer die Umsetzung des Stifterwillens sicherzustellen, hat der Gesetzgeber die staatliche Stiftungsaufsicht eingeführt und bestimmte Aufgaben für diese definiert. Die entsprechenden Rechtsquellen stellen, wie bereits erläutert, zusätzliche, eventuell auch andere Anforderungen an die externe Rechnungslegung einer Stiftung als dies die Gesellschafter, Gläubiger und sonstigen Interessenten an die Rechnungslegung eines Kaufmannes oder die Steuerbehörden an die Gewinnermittlung für steuerliche Zwecke tun. Dies hat zur Folge, dass in einem Jahresbericht einer Stiftung andere/zusätzliche Positionen auszuweisen sind, als in einem handelsrechtlichen Jahresabschluss. Zu nennen sind:

1 Siehe auch Merkblatt der Regierung von Oberbayern, Stiftungsaufsicht, Hinweise zur Erstellung der Jahresrechnung, https://www.regierung.oberbayern.bayern.de/mam/dokumente/bereich1/sg12-1/2020-04-28_rob-stiftungsaufsicht_hinweise_jahresrechnung.pdf.

2 Das IDW interpretiert sie als inhaltsgleich, vgl. IDW RS HFA 5, Rz. 16.

3 Vgl. z. B. den Jahresbericht 2021 der Stiftung „Deutsche Stiftung Meditation".

- Die Vermögensübersicht,[1] die zumindest im Rahmen der Darstellung des erfolgreichen Erhalts des Grundstockvermögens den Wert des Vermögens zu Zeitwerten angibt.[2] Bei Vermögensgegenständen, durch deren Gebrauch die Stiftung ihre Zwecke erfüllt, genügt der Erhalt ihres Gebrauchswertes.[3]
- Während eine Kapitalgesellschaft lediglich eine Gewinnermittlung als Teil des Jahresabschlusses vorzulegen hat, muss eine Stiftung die Überschüsse ihrer Vermögensverwaltung und/oder anderen Sphären[4] ermitteln und die Verwendung dieser Überschüsse sowie weiterer unentgeltlicher Zuwendungen wie Fördermittel und Spenden dokumentieren.
- Der Ausweis der Aufwendungen für satzungsmäßige Zwecke und die Dokumentation der satzungsgemäßen Mittelverwendung.[5]
- In bestimmten Landesstiftungsgesetzen ein Haushaltsvoranschlag.[6]
- Die Ergebnisse aus Vermögensumschichtungen sind in der Bilanz neben dem Stiftungskapital auszuweisen[7] und so zu dokumentieren, dass sie in zutreffender Weise auf die Ertrags- und Vermögenssphäre verteilt werden können.[8]
- Die Bildung und die Entwicklung von Ergebnisrücklagen und des Ergebnisvortrags.[9]
- Sofern die Steuergesetze Steuervergünstigungen gewähren, muss die Erfüllung der in den §§ 51 ff. AO normierten Anforderungen gewährleistet sein, z. B. die Anforderungen an die tatsächliche Geschäftsführung gem. § 63 AO.[10]

1555 Angesichts der zahlreichen Arten von Stiftungen mit sehr unterschiedlichen Zwecken erhebt diese Aufzählung keinen Anspruch auf Vollständigkeit. Sie bestätigt aber die bisherige Erkenntnis, dass die Ermittlung eines handelsrecht-

1 Vgl. z. B. Art. 16 Abs. 1 Satz 4 BayStiftG.
2 Vgl. IDW RS HFA 5, Rz. 91, zur Kapitalerhaltung allgemein Rz. 58 ff.
3 Vgl. → Rz. 2049.
4 Vgl. die denkbaren vier Sphären, → Rz. 1075 ff., → Rz. 1444 ff. und zur Abgrenzung der Ertrags- und Vermögenssphäre → Rz. 1515.
5 Vgl. z. B. Art. 16 Abs. 1, 3 BayStiftG; diese fordern einen Bericht über die Erfüllung des Stiftungszwecks und die Prüfung der bestimmungsgemäßen Verwendung der Erträge des Grundstockvermögens.
6 Vgl. z. B. Art. 16 Abs. 1 Satz 3 BayStiftG.
7 IDW RS HFA 5, Rz. 55, 66.
8 Nach der Stiftungsrechtsreform, vgl. Kapitel J und → Rz. 1425, können Gewinne aus Vermögensumschichtungen in Zukunft ggf. auch für die satzungsmäßigen Zwecke verwendet werden; vgl. auch → Rz. 1515.
9 IDW RS HFA 5, Rz. 65, 68 f.; z. B. Art. 18 Abs. 1 Satz 4 BayStiftG.
10 Vgl. → Rz. 925 ff. und → Rz. 1475 ff: § 59 AO.

lichen Jahresüberschusses nach § 275 HGB und die Aufstellung einer Bilanz nach HGB, dessen Bewertungsvorschriften von dem Anschaffungskosten- und Realisationsprinzip[1] geprägt sind, noch nicht vollumfänglich den Anforderungen des Stiftungsrechtes genügen.

Im Folgenden wird zunächst die Bedeutung der aufgeführten Positionen für die Rechnungslegung bei Stiftungen erläutert. Später wird auf rechnungslegungsspezifische Einzelheiten in Abgrenzung zu den Vorschriften für den handelsrechtlichen Jahresabschluss eingegangen. 1556

4.1 Kapitalerhaltung und Vermögensverwaltung

Art. 16 Abs. 1 BayStiftG z. B. schreibt die Vorlage eines Rechnungsabschlusses und einer Vermögensübersicht (Jahresrechnung) zusammen mit einem Bericht über die Erfüllung des Stiftungszwecks innerhalb von sechs Monaten nach Ablauf eines Geschäftsjahres vor[2], die Art. 6[3] und 17[4] BayStiftG ordnen die Kapitalerhaltung an.[5] Nach dem neuen einheitlichen Stiftungsrecht besteht keine Verpflichtung zur realen Kapitalerhaltung.[6] Ob diese im Einzelfall vorgeschrieben ist, müsste sich aus dem Willen des Stifters ergeben. 1557

Das Thema Kapitalerhaltung impliziert auch die Fragen der Vermögensverwaltung und Vermögensanlage. Nach herrschender Auffassung sind hierbei unter Beachtung der in den Landesstiftungsgesetzen und dem BGB nach der Stiftungsrechtsreform 2023/2026 niedergelegten grds. Stiftungszwecke der Zweckerfüllung und Kapitalerhaltung,[7] die Vorgaben des Stifters für den Vorstand beachtlich und zwar selbst dann, wenn sie nach Ansicht des Stiftungsvorstandes unzweckmäßig oder suboptimal erscheinen.[8] In den hierdurch ge- 1558

1 Vgl. §§ 252 f. HGB; vgl. auch → Rz. 1614 ff.

2 Vgl. auch Merkblatt der Regierung von Oberbayern, Stiftungsaufsicht, Hinweise zur Erstellung der Jahresrechnung, https://www.regierung.oberbayern.bayern.de/mam/dokumente/bereich1/sg12-1/2020-04-28_rob-stiftungsaufsicht_hinweise_jahresrechnung.pdf.

3 Nach Abs. 6 Satz 1 ist das Vermögen der Stiftung sicher und wirtschaftlich zu verwalten. Abs. 2 schreibt vor: *„Das Vermögen, das der Stiftung zugewendet wurde, um aus seiner Nutzung den Stiftungszweck dauernd und nachhaltig zu erfüllen (Grundstockvermögen), ist ungeschmälert zu erhalten."*

4 *„Ist das Vermögen einer Stiftung so erheblich geschwächt, dass die nachhaltige Erfüllung des Stiftungszwecks beeinträchtigt wird, so kann die Stiftungsaufsichtsbehörde anordnen, dass der Ertrag des Stiftungsvermögens ganz oder teilweise so lange anzusammeln ist, bis die Stiftung wieder leistungsfähig geworden ist."*

5 Vgl. → Rz. 265 f.; § 83c BGB-neu.

6 Vgl. auch Grittern, npoR 5/2022 S. 245, 249.

7 Vgl. → Rz. 232 und → Rz. 265, zur Anlage in Aktien vgl. → Rz. 1516, → Rz. 2048 und → Rz. 2050.

8 Vgl. im Einzelnen → Rz. 266; Hüttemann in Hüttemann/Richter/Weitemeyer, Landesstiftungsrecht, Rz. 14.17; Richter in Hüttemann/Richter/Weitemeyer, Landesstiftungsrecht, Rz. 15.15.

setzten Grenzen liegt die Vermögensverwaltung im Ermessensspielraum des Stiftungsvorstandes, wobei eine Diversifizierung der Stiftungsvermögen zu empfehlen ist. Unter Verweis auf professionelle Vermögensverwalter führt Richter[1] folgende Aufteilung an: Neben den Barreserven ca. 60 % bis 80 % in Renten, ca. 20 % bis 40 % in Aktien, wobei in der Praxis Private Equity und andere alternative Investments lediglich bis zu 10 % gewichtet werden. Hinzu kommt die Anlage eines Teils des Stiftungsvermögens in Immobilien. Außerdem wird auf eine Diversifizierung innerhalb der jeweiligen Anlageklasse hingewiesen.

Aus den Geboten der Kapitalerhaltung und Zweckerfüllung, die in den Landesstiftungsgesetzen und § 83c Abs. 1 BGB-neu niedergelegt sind, folgt jedenfalls das Verbot einer rein spekulativen Vermögensanlage.[2]

1559 Das IDW[3] führt zum Thema Kapitalerhaltung aus, dass die langfristige Planung der Erhaltung des Vermögens dem Stiftungsvorstand obliegt, der das Vermögen der Stiftung verwaltet und die Stiftung nach außen vertritt. Er hat hierfür ein zu dokumentierendes Kapitalerhaltungskonzept zu erstellen.

1560 Bei der Entwicklung dieses Kapitalerhaltungskonzepts ist in erster Linie der Wille des Stifters ausschlaggebend, wie er sich aus der Satzung der Stiftung und dem Stiftungsgeschäft ergibt.[4] Außerdem sind die Bestimmungen des Stiftungsrechts und des Steuerrechts zu beachten. Letzteres regelt z. B. in § 62 Abs. 1 Nr. 3 AO, dass eine Stiftung höchstens 1/3 des Überschusses der Einnahmen über die Unkosten aus Vermögensverwaltung und darüber hinaus höchstens 10 % ihrer sonstigen nach § 55 Abs. 1 Nr. 5 AO zeitnah zu verwendenden Mittel einer freien Rücklage zuführen darf.

1561 Es ist denkbar, dass die Stiftung durch die Satzung auf die Bildung von Rücklagen entsprechend den gemeinnützigkeitsrechtlichen Bestimmungen gerichtet wird. Ergibt sich dies nicht aus dem Willen des Stifters und lassen sich aus diesem oder den stiftungs- bzw. steuerrechtlichen Vorschriften keine anderen Anhaltspunkte zur zweckentsprechenden, planmäßigen Erhaltung des Vermögens herleiten oder beschränken sich diese Bestimmungen oder Anhaltspunkte lediglich auf Teile des Vermögens, so ist davon auszugehen, dass der

1 Vgl. Richter in Hüttemann/Richter/Weitemeyer, Landesstiftungsrecht, Rz. 15.1 ff., 15.49.

2 Vgl. → Rz. 267, → Rz. 2050; Richter in Hüttemann/Richter/Weitemeyer, Landesstiftungsrecht, Rz. 15.18, 15.19, 15.50; Hüttemann in Hüttemann/Richter/Weitemeyer, Landesstiftungsrecht, Rz. 14.10.

3 Vgl. IDW RS HFA 5, Rz. 9f., 58 ff.

4 Vgl. § 83 BGB-neu; siehe auch Hüttemann in Hüttemann/Richter/Weitemeyer, Landesstiftungsrecht, Rz. 14.40.

Stifter die Erbringung der satzungsmäßigen Leistungen auf Dauer gewährleistet haben möchte.[1] Nach Auffassung des IDW genügt in diesem Fall eine nominale Kapitalerhaltung nicht. Allerdings ist es nicht zulässig, um das Ziel des realen Werterhalts zu erreichen, so riskante Anlagen einzugehen, dass hierdurch die Erhaltung des Grundstockvermögens gefährdet würde. Dies lässt sich aus dem Gebot der Substanzerhaltung ableiten.[2]

Die für die folglich zu erreichende reale Kapitalerhaltung notwendige Indexierung des Grundstockvermögens, nicht des sonstigen Vermögens, §§ 83b und 83c BGB-neu, kann sich dabei auf die speziellen Stiftungsleistungen beziehen oder sich nach allgemeinen Preisindizes richten. In diesen Fällen kann im Kapitalerhaltungskonzept berücksichtigt werden, dass die der Kapitalerhaltungsrücklage plangemäß zuzuführenden Beträge um die Zuwächse bei den Zeitwerten des Vermögens oder des Grundstockvermögens der Stiftung gekürzt werden, um Doppelerfassung zu vermeiden.[3] 1562

Hieraus ergibt sich die Anforderung, dass von einer Stiftung dem jeweils geltende Kapitalerhaltungskonzept entsprechende Angaben im Jahresbericht zu machen sind. In der Praxis geschieht dies teilweise – in Abweichung von der handelsrechtlichen Rechnungslegung – durch Bilanzierung mit Zeitwerten. 1563

Nach der hier vertretenen, im Folgenden darzustellenden Auffassung, sollten jedoch diese Informationen zum Kapitalerhalt nicht durch eine vom Handelsrecht abweichende Bilanzierung erfolgen, sondern mittels entsprechender zusätzlicher Angaben im Anhang dem Leser des Jahresberichtes zur Verfügung gestellt werden. 1564

4.2 Die Bedeutung der unterschiedlichen Sphären einer Stiftung für die Rechnungslegung

Wie bereits ausgeführt, sind bei einer Stiftung bis zu vier Sphären denkbar.[4] In der ideellen Sphäre verwirklicht die Stiftung ihren Satzungszweck unmittelbar mit unentgeltlichen Leistungen aus Mitteln, die sie im Wege unentgeltlicher Zuwendung erhalten hat, z. B. im Wege von Spenden oder dem Erhalt von Fördergeldern. Im Bereich der Vermögensverwaltung legt sie das sogenannte freie Vermögen, das nicht kurzfristig zweckgebunden verwendet werden 1565

1 Vgl. hierzu und zum Folgenden IDW RS HFA 5, Rz. 10, 7, 1.

2 Vgl. → Rz. 267.

3 Vgl. wegen des Gebrauchswertes → Rz. 2049.

4 Vgl. hierzu und zum Folgenden → Rz. 1075 und → Rz. 1444; Spiegel in Hüttemann/Richter/Weitemeyer, Landesstiftungsrecht, Rz. 19.14.

muss, an, um hieraus Einnahmen aus Kapitalerträgen, Mieten etc. zu erzielen. Sollte die Stiftung daneben selbständig nachhaltig zur Einnahmeerzielung tätig werden, unterhält sie einen wirtschaftlichen Geschäftsbetrieb, der unterschiedlichen Bereichen zugeordnet werden kann. Werden z. B. in einer Behindertenwerkstätte Auftragsfertigungen vorgenommen, so dient dieser Betrieb der unmittelbaren Verwirklichung der begünstigten Zwecke. Es handelt sich um einen sogenannten Zweckbetrieb, der von Ertragsteuern befreit ist und der bei der Umsatzsteuer einen ermäßigten Steuersatz anwenden kann. Dient hingegen der Geschäftsbetrieb allein der Gewinnung zusätzlicher Einnahmen wie z. B. ein Museumsladen, so liegt ein steuerpflichtiger wirtschaftlicher Geschäftsbetrieb vor, der der regulären Besteuerung unterliegt.

1566 Jede dieser vier Sphären wird steuerlich unterschiedlich behandelt, es müssen also getrennte steuerliche Bemessungsgrundlagen ermittelt werden und es gelten u. U. unterschiedliche Regelungen für die zulässige Rücklagenbildung.[1] Außerdem sind Quersubventionierungen untersagt. So dürfen keine zweckgebundenen Mittel, wie z. B. Spendeneinnahmen aus dem ideellen Bereich oder Überschüsse aus dem Zweckbetrieb zu einem Verlustausgleich in die Bereiche der Vermögensverwaltung oder des steuerpflichtigen Geschäftsbetriebs transferiert werden. Aus diesen Gründen sind die den verschiedenen Sphären zuzurechnenden Einnahmen und Ausgaben in der Buchhaltung getrennt zu erfassen und auszuweisen. In der Folge sind bestimmte Aufwendungsarten wie z. B. Personalkosten ggf. aufzuspalten in satzungsmäßige und solche die den Verwaltungsbereich betreffen.[2] Es empfiehlt sich daher für die unterschiedlichen Bereiche eigene Buchhaltungen oder zumindest Buchungskreise einzuführen. In den Jahresberichten sind ihre jeweiligen Ergebnisse gesondert darzustellen.

1567 Wie bereits ausgeführt, hat sich dieses Buch zum Ziel gesetzt, sich schwerpunktmäßig mit der Rechnungslegung von kleinen oder mittleren gemeinnützigen Stiftungen zu befassen, die die notwendigen Mittel für die Erfüllung ihrer Stiftungszwecke allein mithilfe einer Vermögensverwaltung generieren.[3] Sie erzielen ihre Erträge z. B. in Form von Zinsen, Dividenden, Mieten oder ähnlichen Einnahmen. Außerdem wird angenommen, dass diese Stiftungen keine Spenden oder sonstige unentgeltlichen Leistungen wie Fördergelder erhalten.

1 Vgl. → Rz. 1008 und → Rz. 1475 ff.; im nicht steuerbefreiten Geschäftsbetrieb gilt § 62 Nr. 3 AO z. B. nicht.

2 Vgl. Hagner, Bilanzierende Stiftungen, S. 26.

3 Vgl. auch → Rz. 1557 ff. und → Rz. 1077 ff.

Sie verfügen daher allein über die Sphäre der Vermögensverwaltung und die ideelle Sphäre.

Die Darstellung der Fragen, die bei einer Stiftung mit mehreren Sphären bezüglich der Trennung dieser Sphären in der Buchhaltung und die hierdurch notwendig werdenden Zuordnungen bestimmter Aufwendungen entstehen, kann daher zukünftigen Auflagen vorbehalten bleiben. Sie lassen sich mittels eigener Buchungskreise, getrennter Berichte und einer weiteren Unterteilung des gesamten Jahresberichts lösen. 1568

4.3 Die Überschuss- und Mittelverwendungsrechnung einer Stiftung in Abgrenzung zur Gewinn- und Verlustrechnung einer Kapitalgesellschaft

Der sich am Ende eines Geschäftsjahres ergebende Überschuss aus der wirtschaftlichen Tätigkeit einer Kapitalgesellschaft wird in deren Ergebnisrechnung als einheitlicher Jahresüberschuss/Jahresfehlbetrag ausgewiesen. Als solcher oder nach seiner Weiterentwicklung zu einem Bilanzgewinn/Bilanzverlust wird dieser in das Eigenkapital der Bilanz der Kapitalgesellschaft übernommen. Für diese Erfolgsrechnung hat sich der Begriff der Gewinn- und Verlustrechnung eingebürgert und wurde im HGB übernommen, § 275 HGB. 1569

Abgesehen von der oben beschriebenen Trennung der bis zu vier Sphären einer Stiftung,[1] verlangt z. B. Art. 16 Abs. 1 BayStiftG, dass eine Stiftung eine Jahresrechnung und einen Bericht über die Erfüllung des Stiftungszweckes vorzulegen hat, um die Erhaltung des Stiftungsvermögens nachvollziehbar zu machen. Die Stiftung hat also einen Gewinn oder Verlust zu ermitteln, indem sie den erzielten Einnahmen die durch die Einnahmenerzielung verursachten Aufwendungen gegenüberstellt. Zusätzlich muss sie dokumentieren, dass sie diese Überschüsse satzungsgemäß zur Erfüllung der Stiftungszwecke eingesetzt hat.[2] 1570

Die Ausgestaltung dieser Rechnung erfolgt in der Praxis auf unterschiedliche Art und Weise. In den Jahresberichten vieler Stiftungen wird in Anlehnung an die Terminologie beim kaufmännischen Jahresabschluss von der Gewinn- und Verlustrechnung gesprochen.[3] Deren Ergebnis wird jedoch nicht Jahresüberschuss genannt sondern z. B. Mittel- oder Ergebnisvortrag, oder es werden vor 1571

1 Vgl. im Einzelnen → Rz. 1075 ff. und → Rz. 1444; Spiegel in Hüttemann/Richter/Weitemeyer, Landesstiftungsrecht, Rz. 19.14.

2 Vgl. hierzu auch IDW RS HFA 5, Rz. 27, 29, 50 f.

3 Vgl. z. B. Alfred Toepfer Stiftung 2020/21, Ärzte ohne Grenzen 2021 (Jahresabschluss) und UNICEF 2021 (Geschäftsbericht mit Gewinn- und Verlustrechnung).

dessen Ermittlung sämtliche satzungsmäßige Aufwendungen in die Rechnung eingestellt, so dass sich ein Mittel- oder Ergebnisvortrag von 0 € ergibt.[1] Es liegt damit keine Gewinn- und Verlustrechnung i. S. des § 275 HGB vor.

1572 Erstellt die Kapitalgesellschaft im Rahmen ihres Jahresabschlusses eine Gewinn- und Verlustrechnung, so sollte man bei einer Stiftung in Abgrenzung zu der kaufmännischen Terminologie laut HGB von einer „Überschuss- und Mittelverwendungsrechnung" sprechen. Denn die Stiftung hat einen Überschuss für Stiftungszwecke zu ermitteln und die Mittelverwendung nachzuweisen. Damit geht der Informationsgehalt ihrer Erfolgsrechnung über den einer GuV deutlich hinaus.

4.4 Ausweis der satzungsgemäßen Leistungen und die Dokumentation der Mittelverwendung

1573 Art. 16 Abs. 1 BayStiftG z. B.[2] verlangt einen Bericht über die Erfüllung des Stiftungszweckes, dies ist zu verstehen als der Ausweis der satzungsgemäßen Aufwendungen.[3] Der Abs. 3 des Art. 16 BayStiftG ordnet an, dass sich die Prüfung der Jahresrechnung einer Stiftung auch auf die bestimmungsgemäße Verwendung der Erträge des Grundstockvermögens und der zum Verbrauch bestimmten Zuwendungen erstreckt, sofern die Jahresrechnung durch verwaltungseigene Stellen der staatlichen Rechnungsprüfung, einen Prüfungsverband, einen Wirtschaftsprüfer oder einen vereidigten Buchprüfer geprüft werden. Dies erfordert, dass bei der Aufstellung der Jahresrechnung entsprechende Angaben gemacht werden.[4]

1574 Satzungsgemäße Leistungen einer Stiftung sind Leistungen, die sie aufgrund ihrer Satzung an bestimmte Leistungsempfänger erbringen muss. Diese Leis-

1 Es wird auch der Überschuss als z. B. Mittelvortrag ausgewiesen, vgl. Hagner, Bilanzierende Stiftungen, S. 26; Alfred Toepfer Stiftung F.V. S. Hamburg, GuV 2020/2021, oder es wird der Überschuss in Rücklagen eingestellt, so dass sich als Ergebnis ein Mittelvortrag von 0 € ergibt, vgl. z. B. die Stiftung Ärzte ohne Grenzen, Jahresabschluss 2020. Im Jahresbericht vom 1.1. bis 31.12.2021 der UNICEF z. B. werden die Erträge und Aufwendungen dargestellt, wobei diese so bemessen sind, dass sich als Ergebnis ein Jahresüberschuss von 0 € ergibt.

2 Zu anderen Landesstiftungsgesetzen vgl. Kußmaul/Meyering/Richter, DStR 2015 S. 1328 bzw. die Landesstiftungsgesetze im Anhang.

3 Zu den Anforderungen des Steuerrechts vgl. §§ 51–68 AO; vgl. auch → Rz. 980 ff. und → Rz. 1478.

4 Vgl. → Rz. 1511; Merkblatt der Regierung von Oberbayern – Stiftungsaufsicht, Hinweise zur Erstellung der Jahresrechnung, abrufbar unter https://www.regierung.oberbayern.bayern.de/mam/dokumente/bereich1/sg12-1/2020-04-28_rob-stiftungsaufsicht_hinweise_jahresrechnung.pdf; IDW RS HFA 5, Rz. 50: Die Rechnungslegung muss einen klaren und zutreffenden Einblick in die Stiftungstätigkeit geben, so dass sich der Adressat ein Urteil über die Verwendung des eingesetzten Vermögens und der damit erzielten Erträge bilden kann.

tungen können z. B. die Erbringung von Grabpflegeleistungen, die Überlassung einer Wohnung oder die Zahlung laufender Beträge oder Renten an bestimmte Destinatäre sein. Denkbar ist auch, dass sich die Stiftung gegenüber einem Projektpartner zur Erbringung bestimmter satzungsgemäßer Leistungen verpflichtet hat.[1]

In der Überschuss- und Mittelverwendungsrechnung sind derartige satzungsgemäße Leistungen gesondert auszuweisen. Eine dem Grunde und der Höhe nach bestimmte Verpflichtung gegenüber einem Leistungsempfänger bzw. Dienstleister ist als Verbindlichkeit in der Bilanz zu erfassen. Hat sich die Stiftung gegenüber einem Dritten, z. B. einem Projektpartner zur Erbringung satzungsmäßiger Leistungen verpflichtet und sind diese Leistungen hinsichtlich ihrer Höhe noch ungewiss, so muss sie nach allgemeinen handelsrechtlichen Grundsätzen Rückstellungen hierzu bilden, § 249 HGB, die ggf. nach § 253 Abs. 2 Satz 1 HGB abzuzinsen sind. Wird eine Leistungszusage unter dem Vorbehalt erteilt, dass diese nur unter der Bedingung erfolgt, falls genügend Stiftungsmittel zur Verfügung stehen, so handelt es sich, sofern zum Abschlussstichtag diese Mittel noch nicht vorhanden sind, um eine Verbindlichkeit, die erst nach Zugang bzw. mit Erwirtschaftung der entsprechenden Stiftungsmittel bilanziert werden muss. Es empfiehlt sich zur Information der Adressaten der Jahresrechnung über derartige aufschiebend bedingte Verpflichtungen im Anhang gesondert zu berichten.[2] 1575

4.5 Eigenkapitalausweis

Für die dauerhafte Erfüllung der vom Stifter festgelegten Zwecke stehen einer Stiftung das Stiftungsvermögen bzw. die hiermit erzielten Erträge sowie Spenden oder andere unentgeltlichen Zuwendungen wie Fördermittel zur Verfügung. Aus diesem Grund kommt der Erhaltung des Grundstockvermögens[3] eine besondere Bedeutung zu. Das Stiftungsvermögen setzt sich zusammen aus dem Grundstockvermögen und dem sonstigen Vermögen, § 83b Abs. 1 BGB-neu. Nur das Grundstockvermögen unterliegt der Kapitalerhaltungspflicht nach § 83c Abs. 1 Satz 1 BGB-neu. 1576

Sowohl das Grundstockvermögen als auch das sonstige Vermögen können dabei aus gewidmetem Vermögen (§ 81 Abs. 1 Nr. 2 BGB-neu) und später erworbenem Vermögen bestehen. Zustiftungen werden dem Grundstockvermögen

1 Vgl. IDW RS HFA 5, Rz. 70 ff.
2 Vgl. IDW RS HFA 5, Rz. 72.
3 Zur Wandlung der Begriffe vgl. → Rz. 1425.

zugeordnet, § 83b Abs. 2 Nr. 2 BGB-neu, Spenden, Fördermittel und Erträge aus der Vermögensverwaltung dem sonstigen Vermögen.

Erträge aus den Vermögensumschichtungen des Grundstockvermögens gehören grds. zu diesem, sie können jedoch auch teilweise dem sonstigen Vermögen zugerechnet werden, § 83c Abs. 1 Satz 3 BGB-neu.

Sonstiges Vermögen kann von der Stiftung auch zu Grundstockvermögen bestimmt werden, wie z. B. zuvor gebildete Ergebnisrücklagen.[1]

1577 Für die Gliederung des Eigenkapitals der Stiftung in der Vermögensübersicht bzw. Bilanz empfiehlt das IDW 2013 in der Zeit vor der Stiftungsrechtsreform folgende Aufgliederung, da es damals die Unterscheidung zwischen Grundstockvermögen und sonstigem Vermögen noch nicht gab:[2]

A. Eigenkapital
   I. Stiftungskapital
      1. Errichtungskapital[3]
      2. Zustiftungskapital
   II. Rücklage
      1. Kapitalrücklagen
      2. Ergebnisrücklagen
   III. Umschichtungsergebnisse
   IV. Ergebnisvortrag

§ 83b BGB-neu verwendet die Begriffe „Stiftungsvermögen", „gewidmetes Vermögen", „Grundstockvermögen" und „sonstiges Vermögen", nicht jedoch den Begriff „Errichtungskapital". Unter dem Errichtungskapital i. S. des HFA ist laut BGB-neu das „(gesamte) gewidmete Vermögen" nach § 81 Abs. 1 Nr. 2 BGB-

1 Vgl. IDW RS HFA 5, Rz. 55 i. V. mit § 83b BGB-neu.

2 Vgl. hierzu und zum Folgenden IDW RS HFA 5 n. F., Rz. 55 ff.; noch mit anderer Terminologie, die noch stärker von der handelsrechtlichen Gliederung abwich: IDW RS HFA 5, Altfassung 2000, Rz. 51 ff.

3 In seinem RS HFA 5 aus dem Jahre 2000 verwendete das IDW bei der Gliederung des Eigenkapitals der Passivseite der Bilanz den Begriff Grundstockvermögen. Im RS HFA 5 aus dem Jahr 2013 hat es diesen durch den Begriff Errichtungskapital ersetzt. In Rz. 9 kommt zum Ausdruck, dass das Grundstockvermögen gegenständlicher gemeint sei als die Vermögensgegenstände, die der Stifter der Stiftung zugewendet hat. Auf der Passivseite der Bilanz könne der Begriff Grundstockvermögen jedoch nicht gegenständlich verstanden werden. Es ist daher vom HFA konsequent, hier von Errichtungskapital zu sprechen als dem Wert des Vermögens, das der Stiftung im Rahmen der Errichtung übertragen wurde, Rz. 56.

neu zu verstehen, wobei dieses „(gesamte) gewidmete Vermögen" sowohl „Grundstockvermögen", § 83b Abs. 2 Nr. 1 BGB-neu als auch „sonstiges Vermögen" sein kann, § 83b Abs. 3 BGB-neu.[1] Soweit der Stifter nicht bestimmt, dass das von ihm „(gesamte) gewidmete Vermögen" „sonstiges Vermögen" sein soll, wird es zu „Grundstockvermögen".[2] Das „(gesamte) gewidmete Vermögen" sollte vielleicht in Anlehnung an den HFA als „Errichtungsvermögen" bezeichnet werden.

Der Unterschied zwischen „Grundstockvermögen" und „sonstigem Vermögen" ist, dass die Erhaltungspflicht nach § 83c Abs. 1 Satz 1 BGB-neu nur für das „Grundstockvermögen" gilt, folglich im Umkehrschluss nicht für das „sonstige Vermögen", es kann grds. grds. auch für die Zweckerfüllung verbraucht werden.[3] Dabei unterliegt das „sonstige Vermögen" auch bei steuerbefreiten Stiftungen nicht dem Gebot der zeitnahen Mittelverwendung nach § 55 Abs. 1 Nr. 5 AO, da es von der Ausnahmeregelung in § 62 Ab. 3 Nr. 2 AO erfasst wird.[4]

Neben der Unterscheidung des § 83b BGB-neu zwischen „Grundstockvermögen" und „sonstigem Vermögen" erlaubt § 83c Abs. 1 Satz 2 BGB-neu indirekt die Umschichtung von Grundstockvermögen: *„Zuwächse aus der Umschichtung des Grundstockvermögens können für die Erfüllung des Stiftungszwecks verwendet werden, soweit dies durch die Satzung nicht ausgeschlossen wurde und die Erhaltung des Grundstockvermögens gewährleistet ist."* Es können daher grds. die vom Stifter zugewandten Gegenstände ausgetauscht werden, vorgeschrieben ist nur der wertmäßige Erhalt.[5]

Die Unterscheidung zwischen gegenständlich oder nur wertmäßig „gewidmetem Vermögen" wird im Gesetz und seiner Begründung nur indirekt angesprochen: *„Die Verwaltung des Grundstockvermögens richtet sich nach den gesetzlichen und satzungsmäßigen Vorgaben."*[6] Sollen der Stiftung zugewendete Vermögensgegenstände gegenständlich erhalten werden, so bedarf es dafür entsprechender Regelungen in der Satzung. In der Vermögensübersicht bzw. Bilanz sind die vom Gesetz verwendeten Begriffe jedenfalls nur wertmäßig zu verstehen.

1 Das Gesetz ist hier unpräzise, weil es gewidmetes Vermögen sowohl als Ober- als auch als Unterbegriff verwendet, vgl. → Rz. 1425.

2 Vgl. Gesetzesbegründung in BT Drucks. 19/28173 v. 31.3.2021 S 54 zu § 83b Abs. 2 Nr. 1.

3 Vgl. Gesetzesbegründung in BT Drucks. 19/28173 v. 31.3.2021 S. 54 zu § 82b Abs. 3, 1. Abs.

4 Gesetzesbegründung in BT-Drucks. 19/28173 v. 31.3.2021 S. 54 zu § 83b Abs. 3, 2. Abs.

5 Vgl. auch → Rz. 1425.

6 Gesetzesbegründung in BT Drucks. 19/28173 v. 31.3.2021 S. 54 zu § 83b, Abs. 2.

Es bleibt daher der Satzung vorbehalten, festzulegen, welche Gegenstände des Grundstockvermögens gegenständlich zu erhalten sind, z. B. eine bestimmte Gesellschaft, ein bestimmter landwirtschaftlicher Betrieb oder Oldtimer usw. und welche ggf. umgeschichtet und wie umgeschichtet werden dürfen.

Eine bilanzielle Unterscheidung zwischen gewidmeten Gegenständen, die erhalten bleiben müssen, und denjenigen, die umgeschichtet werden dürfen, ist im Hinblick auf die Kapitalerhaltung sinnvoll, falls letztere in der Satzung geregelt wird. Sollte in der Satzung nicht nur die nominale, sondern auch die reale Werterhaltung festgeschrieben sein, sollte zwischen diesen beiden Arten von gewidmetem Vermögen unterscheiden werden. Denn die reale Werterhaltung ist bei den gegenständlich zu erhaltenden gewidmeten Gegenständen auch ohne wertmäßige Indexierung gegeben, falls ihr Gebrauchswert erhalten bleibt.[1] Bei dem nur wertmäßig zu erhaltenden Grundstockvermögen hingegen muss diese Indexierung erfolgen. Während das gegenständliche Grundstockvermögen im Bilanzansatz gleich bleiben kann, wird sich das Stiftungskapital wegen des indexierten Grundstockvermögens erhöhen müssen, z. B. in Form der Kapitalerhaltungsrücklage oder des Grundstockvermögens laut Stiftungsbeschluss.

1578 Mit den Vorgaben des ab dem 1.7.2023 geltenden § 83b BGB-neu wird hier vorgeschlagen, die Gliederung des HFA in Anlehnung an § 266 HGB zu ändern und weiter zu verfeinern.[2] Grittern hinterfragt die weitere Untergliederung und begründet sie ausführlich unter dem Gesichtspunkt der Transparenz.[3]

A. Eigenkapital

  I. Stiftungskapital

    1. Grundstockvermögen (vergleichbar dem gezeichneten Kapital lt. § 266 HGB)

      a) gegenständlich gewidmetes Vermögen

      b) gewidmetes Vermögen

      c) gegenständliches Zustiftungskapital

      d) Zustiftungskapital

      e) Grundstockvermögen lt. Stiftungsbeschluss

---

1 Vgl. zum Gebrauchswert → Rz. 1554 und → Rz. 2049.

2 Vgl. auch Grittern, npoR 5/2022 S. 245, 250 f.; Schauhoff/Mehren StiftungsR/Mehren, Kap. 7 Rz. 126, deren Terminologie jedoch nicht übernommen wird.

3 Vgl. Grittern, npoR 5/2022 S. 245, 251.

2. Sonstiges Vermögen (vergleichbar den Kapital- und Gewinnrücklagen in § 266 HGB)[1]

   a) Kapitalrücklage (u. a. gewidmetes sonstiges Vermögen)

   b) Ergebnisrücklagen

II. Umschichtungsergebnisse

1. Erhalt Grundstockvermögen

2. sonstiges Vermögen

III. Ergebnisvortrag

Grittern[2] verwendet abweichende Begriffe. „Widmungskapital" für das gewidmete Grundstockvermögen ist wegen der bereits erwähnten Unschärfe im Gesetz, das „gewidmetes Vermögen" als Ober- und Unterbegriff verwendet, ungeeignet. Der Begriff „Bestimmungskapital" ist zwar aus dem Gesetz ableitbar, aber für einen mit diesem Nichtvertrauten kaum zu verstehen. Daher wird hier eine Begrifflichkeit vorgeschlagen, die möglichst nah am Gesetzeswortlaut ist. Grittern ist zwar dabei zuzustimmen, dass der Begriff „Vermögen" etwas anderes bezeichnet als der Begriff „Kapital" in einer Bilanz, allerdings sind die Autoren der Auffassung, dass die gesetzlichen Begriffe „Grundstockvermögen" und „sonstiges Vermögen" mit Verweis auf § 265 Abs. 6 HGB sehr wohl in der Bilanz verwendet werden können, da sie unter der Überschrift Eigenkapital stehen, wodurch dem Leser offensichtlich wird, dass sie hier im Sinne von Kapital zu verstehen sind.

Das Eigenkapital der Stiftung ist danach zu unterteilen in das Stiftungskapital, die Umschichtungsergebnisse und den Ergebnisvortrag. Das Stiftungskapital setzt sich aus dem Grundstockvermögen, das dem „gezeichneten Kapital" laut § 266 Abs. 3 HGB ähnelt, und dem sonstigen Vermögen zusammen, das den Kapital- und Gewinnrücklagen laut § 266 Abs. 3 HGB ähnelt.

Das Grundstockvermögen wiederum besteht aus den in § 83b Abs. 2 BGB-neu aufgeführten drei Teilen, wobei hierbei das gewidmete Grundstockvermögen und das Zustiftungskapital wegen der ggf. in der Satzung angeordneten Kapitalerhaltung jeweils aufgeteilt werden in das gegenständliche und das nur wertmäßige, gewidmete Vermögen bzw. in Zustiftungen.

---

1 Da das sonstige Vermögen nach § 83b BGB-neu nicht zu erhalten ist, sind die Entnahmen aus dem sonstigen Vermögen leichter als bei einer AG, KGaA und SE, vgl. Hoffmann/Lüdenbach in NWB Kommentar Bilanzierung, § 272, Rz. 58 f. NWB QAAAJ-19462; Beck § 272, Rz. 176.

2 Vgl. Grittern, npoR 5/2022 S. 245, 250.

Das sonstige Vermögen besteht aus dem bei der Errichtung der Stiftung gewidmetem sonstigen Vermögen, das ausdrücklich nicht dem Grundstockvermögen zugeordnet wurde, § 83b BGB-neu, es ähnelt der Kapitalrücklage laut § 266 Abs. 3 HGB und den Ergebnisrücklagen, die aus den Ergebnissen gebildet werden. Sie ähneln den Gewinnrücklagen in § 266 HGB.

1579 Die Ergebnisrücklagen können beispielsweise nach Projekten oder anderen Zweckbindungen aufgegliedert werden, oder es können unter ihnen auch Ansparrücklagen für größere Investitionen erfasst werden. Die Ergebnisrücklagen sollten weiter untergliedert werden, sofern die in ihnen enthaltenen Beträge aus verschiedenen Sphären der Stiftung stammen.[1] In der Sphäre der Vermögensverwaltung gelten bei einer gemeinnützigen, steuerbefreiten Stiftung z. B. § 62 Nr. 1 und 3 AO, in der Sphäre eines steuerpflichtigen wirtschaftlichen Geschäftsbetriebs der Stiftung jedoch nicht.[2]

1580 Bilanziert eine Stiftung, die nicht nach kaufmännischen Grundsätzen Rechnung legen muss, nach Zeitwerten, hat sie dies laut IDW hinreichend zu verdeutlichen und außerdem bilanztechnisch sicherzustellen, dass Aufwertungsbeträge, die über die Anschaffungs- oder Herstellungskosten hinausgehen, nicht Bestandteil des verwendungsfähigen Ergebnisses werden. Sie sollten nach IDW in eine Neubewertungsrücklage eingestellt werden.[3]

1581 § 83c Abs. 1 Satz 2 BGB-neu bestätigt die Aussage des IDW, dass Ergebnisrücklagen nur aus dem erwirtschafteten Ergebnis gebildet werden können. Dadurch wird das Interesse auf die Mittelverwendung durch eine Stiftung gelenkt. Hat eine Stiftung ermittelt, welchen Überschuss sie mit ihrer Vermögensverwaltung erzielte und dokumentiert, welche sonstigen Mittel ihr z. B. in Form von Spenden oder sonstigen unentgeltlichen Zuwendungen wie Fördermitteln zur Verfügung gestellt wurden, muss sie darüber entscheiden, wie sie diese Mittel verwendet. Verteilt sie ihre Mittel an bestimmte Organisationen und ist nicht dazu verpflichtet, Leistung in bestimmter Höhe zu erbringen, so hängen ihre jährlichen Zuwendungen faktisch von dem Mittelzufluss ab, den sie im Vorjahr erzielte. In der Praxis wird sie errechnen, welche Mittel ihr im Vorjahr per Saldo zuflossen und anschließend wird sie darüber entscheiden, wie sie diese verwendet. Sie wird i. d. R. mit dem errechneten Mittelzufluss zunächst eine Kapitalerhaltungsrücklage im gesetzlich zulässigen Maße (z. B. § 62 Nr. 3 AO) dotieren und diese unter dem sonstigen Vermögen

1 Zur Aufgliederung nach verschiedenen Projekten vgl. IDW RS HFA 5, Rz. 65.

2 Vgl. → Rz. 990, → Rz. 1008 und → Rz. 1044.

3 Vgl. IDW RS HFA 5, Rz. 91.

als Teil der Ergebnisrücklagen ausweisen.[1] Die restlichen Mittel wird sie in die zweckgebundene sonstige Ergebnisrücklage und eventuell den Ergebnisvortrag einstellen. Im Folgejahr wird sie diese restlichen Mittel aus der zweckgebundenen sonstigen Ergebnisrücklage und ggf. dem Ergebnisvortrag wieder entnehmen und sie an die begünstigten Organisationen verteilen.[2]

Ist eine Stiftung von ihrem Stifter dazu verpflichtet worden, einer bestimmten Organisation oder bestimmten Personen festgesetzte jährliche Beträge auszukehren, so wird sie, nach der Dotierung der Kapitalerhaltungsrücklage, die hierfür notwendigen Mittel in die sonstige Ergebnisrücklage einstellen und diese nach Projekten oder anderen Zweckbindungen untergliedern. Verbleiben ihr hiernach noch weitere freie Mittel, über deren Verwendung der Stiftungsvorstand noch nicht beschließen kann oder will, weil z. B. noch der Satzung entsprechende Empfänger oder Projekte ausfindig gemacht werden müssen, so stellt die Stiftung diese Mittel in den sogenannten Ergebnisvortrag ein.[3] Über die Verwendung des Ergebnisvortrags hat der Vorstand einer gemeinnützigen, steuerbefreiten Stiftung in angemessener Zeit zu beschließen, um sicherzustellen, dass die Finanzbehörden den Ergebnisvortrag nicht als verdeckte Dotierung einer Rücklage nach § 62 Nr. 3 AO qualifiziert, weil die Stiftung sie nicht gem. § 55 Abs. 1 Nr. 5 AO zeitnah für ihre steuerbegünstigten satzungsgemäßen Zwecke verwendet.[4] 1582

4.6 Ergebnisse aus Vermögensumschichtungen des Grundstockvermögens

Bis zur Stiftungsrechtsreform waren nach den Regelungen in den Landesstiftungsgesetzen Vermögensumschichtungen als Maßnahmen der Vermögensverwaltung zulässig. Hieran ändert § 83c Abs. 1 Satz 3 BGB-neu nichts, er lässt sie sogar ausdrücklich zu und erlaubt die Verwendung der hiermit erzielten Zuwächse auch für Stiftungszwecke, sofern dem die Satzung nicht entgegensteht und die Erhaltung des Grundstockvermögens gewährleistet ist.[5] Er stellt somit klar, dass entsprechende Satzungsregelungen dem gesetzlichen Gebot der Vermögenserhaltung nicht widersprechen. Bisher war dies ein schwieriges Thema, denn zivilrechtlich waren die Umschichtungen nach der höchstrichter- 1583

1 IDW RS HFA 5 führt in Rz. 67 aus, dass Rücklagen i. S. der Abgabenordnung nur dann auch in der handelsrechtlichen Rechnungslegung als Ergebnisrücklage gezeigt werden dürfen, wenn sie den handelsrechtlichen Vorschriften entsprechen, also aus dem Ergebnis gebildet werden.

2 Vgl. IDW RS HFA 5, Rz. 68 f.

3 Vgl. IDW RS HFA 5, Rz. 69. Noch mit der Bezeichnung „Mittelvortrag" IDW RS HFA 5, Altfassung 2000, Rz. 62.

4 Vgl. → Rz. 1007 und → Rz. 1044 ff.

5 § 83c Abs. 1 Satz 2 BGB-neu, vgl. auch → Rz. 1427.

lichen Rechtsprechung keine Nutzungen aus der Sache, sondern Verwertung der Sache selbst. Dementsprechend mussten sie grds. dem Grundstockvermögen zugeordnet werden.[1] In welchem Rahmen sie erfolgen dürfen, bestimmt sich nach den Vorgaben des Stifters im Stiftungsgeschäft,[2] mit denen er die Vermögensverwaltung und den Vermögenserhalt regelt. Sollten solche Vorgaben fehlen, haben sich die Stiftungsorgane bei der Verwaltung des Stiftungsvermögens an den Erfordernissen der Stiftungszwecke zu orientieren.[3]

1584 Es sind daher im Zusammenhang mit der Vermögensumschichtung drei Punkte zu beachten:

1. Das Gebot der Vermögenserhaltung fordert, dass die Vermögensumschichtung nicht zu einer Vermögensminderung führt, rein spekulative Vermögensanlagen sind daher verboten.[4]
2. Die Stiftungsorgane sind bei der Entscheidung darüber, welche Gegenstände mit dem Veräußerungserlös angeschafft werden, nicht frei, sondern müssen sich nach den Vorgaben des Stifters bzw. den Erfordernissen des Stiftungszwecks richten.
3. Die Ergebnisse der Vermögensumschichtungen sind grds. dem Grundstockvermögen zuzuordnen, in Teilen dürfen sie aber auch als Ertrag den Stiftungszwecken zugeführt werden.

1585 Die Strenge, mit der die genannten Gebote anzuwenden sind, ist abhängig von den Vermögensgegenständen, die umgeschichtet werden. Verfügt eine unternehmensnahe Stiftung über eine Beteiligung an einem bestimmten Unternehmen oder verwaltet eine Familienstiftung ein bestimmtes landwirtschaftliches Gut, so sind an die Zulässigkeit einer Vermögensumschichtung bezüglich dieser Vermögensgegenstände strenge Maßstäbe anzulegen. Verfügt die Stiftung jedoch über ein Wertpapierdepot mit den unterschiedlichsten Aktien, Anleihen und anderen Wertpapieren, so werden bei der Entscheidung über die Zulässigkeit einer Vermögensumschichtung die Fragen in den Vordergrund rücken, ob

- hierdurch ein Verlust oder ein Gewinn entsteht oder
- sich die Ertragsstärke des Wertpapiers, das veräußert werden soll, geändert hat und

1 Vgl. Demuth, NWB-EV 8/2022 S. 259, 261.
2 Vgl. → Rz. 268 f. mit dem Vorschlag einer entsprechenden Satzungsregelung.
3 Vgl. hierzu und zum Folgenden → Rz. 264 ff.; Hüttemann in Hüttemann/Richter/Weitemeyer, Landesstiftungsrecht, Rz. 14.49 f.
4 Vgl. → Rz. 267 und → Rz. 1557 ff.

- welche Kursbewegungen in Zukunft zu erwarten oder zu befürchten sind.

FOLGENDES BEISPIEL SEI GEBILDET: Eine Stiftung hat ihr sogenanntes freies Vermögen z. B. zum Teil in Aktien angelegt, um drohenden Inflationsgefahren entgegenzuwirken und über eine gute Dividendenrendite dem ehemals niedrigen Zinsniveau mündelsicherer Anleihen teilweise auszuweichen.[1] Nun fallen die Kurse der Aktien an einem Bilanzstichtag unter das Niveau der Anschaffungskosten. Zu einem späteren Bilanzstichtag liegen die Kurse wieder darüber. Nach einem besonders starken Kursanstieg bei einer bestimmten Aktie beschließt der Stiftungsvorstand oder die mit der Verwaltung des Depots beauftragte Bank, diese zu veräußern, weil sie der Überzeugung sind, dass der Kurs spekulativ überhöht ist und dieses Niveau nicht halten kann. Daher sei es sinnvoll, den möglichen Gewinn zu realisieren. Umgekehrt kann es genauso gut sein, dass der Stiftungsvorstand eine Krise frühzeitig erkennt und eventuellen Kursverlusten durch den Verkauf von Aktien entgegenwirken will. In solchen Fällen ist die Realisierung von Kursverlusten zulässig. Die hierbei erzielten Verluste werden jedoch in der Bilanz gesondert ausgewiesen und dadurch steigen die Anforderungen an den Stiftungsvorstand bezüglich des Nachweises der Kapitalerhaltung siehe unten.[2] 1586

Derartige Kursschwankungen und Verkäufe führen regelmäßig dazu, dass handelsrechtlich Ab- und Zuschreibungen bei den Buchwerten der Aktien notwendig werden oder es zur Realisierung von Kursgewinnen oder -verlusten kommt. Zuschreibungen nach zuvor notwendigen Abschreibungen sind dabei durch das Anschaffungskostenprinzip nach § 253 Abs. 1 HGB begrenzt.[3]

Bei einer Kapitalgesellschaft sind die hieraus folgenden Ergebnisse regelmäßig 1587
Teil des normalen Jahresüberschusses, denn der Zweck der Rechnungslegung bei Kapitalgesellschaften ist es, den Jahresüberschuss zu ermitteln. Dieser wird anschließend weiterentwickelt zum Bilanzgewinn, über dessen Verwendung die Gesellschafter bzw. Aktionäre entscheiden. Aus welchen Quellen der Jahresüberschuss bzw. der Bilanzgewinn stammt, hat hierbei keine Bedeu-

---

1 Vgl. Richter in Hüttemann/Richter/Weitemeyer, Landesstiftungsrecht, Rz. 15.1 ff.; danach hat die Berücksichtigung des Stifterwillens Vorrang (vgl. auch hier → Rz. 266). In den hierdurch vorgegebenen Grenzen liegt die Vermögensanlage im Ermessensspielraum des Stiftungsvorstandes, wobei eine Diversifizierung der Stiftungsvermögen zu empfehlen ist. Unter Verweis auf Vermögensverwalter wird folgende Aufteilung aufgeführt. Neben den Barreserven ca. 60 % bis 80 % in Renten, ca. 20 % bis 40 % in Aktien, wobei in der Praxis Private Equity und andere alternative Investments lediglich bis zu 10 % gewichtet werden. Hinzu kommt die Anlage eines Teils des Stiftungsvermögens in Immobilien. Außerdem wird auf eine Diversifizierung innerhalb der jeweiligen Anlageklasse hingewiesen. Die Stiftungsgesetze verwenden den Begriff der Mündelsicherheit zwar nicht mehr, aber die Rechtsprechung sieht es weiterhin so eng (vgl. OLG Oldenburg, Urteil v. 8.11.2013 - 6 U 50/13 NWB MAAAF-77208 = BB 2014 S. 724, gehalten durch BGH, Urteil v. 20.11.2014 - III ZR 509/13, DStR 2015 S. 237). Allerdings gab es in den Streitjahren 2006–2008 noch keine Negativzinsen der EZB und bei Bundesanleihen, so dass mündelsichere Papiere noch einen hinreichenden Ertrag abwarfen, vgl. → Rz. 1527.

2 Vgl. → Rz. 1661.

3 Vgl. → Rz. 1492 a. E. und im Einzelnen → Rz. 1619.

tung. Laut dem Gliederungsschema der GuV in § 275 HGB wird zwar zwischen unterschiedlichen Ertrags- und Aufwandsarten unterschieden,[1] aber sind diese erst einmal in den Jahresüberschuss bzw. dem Bilanzgewinn eingeflossen, so entscheiden die Gesellschafter einheitlich über diesen und nicht getrennt über Ergebnisse aus bestimmten Aktivitäten. Sofern das Gesetz die Ausschüttung gewisser Erträge verhindern will, hat es dies über Ausschüttungssperren in § 268 Abs. 8 HGB geregelt. Diese wirken jedoch nur beim Jahresüberschuss bzw. Bilanzgewinn, also „global", und nicht bezüglich der Ergebnisse bestimmter Aktivitäten. Die Vorgehensweise des Gesetzgebers entspricht der Zielsetzung des handelsrechtlichen Jahresabschlusses, die ausschüttbaren Ergebnisse zu ermitteln, und zwar unter Berücksichtigung des Vorsichtsprinzips und von Gläubigerschutzaspekten.[2]

1588 Demgegenüber jedoch ist es Zielsetzung der Rechnungslegung bei Stiftungen, den Erhalt des Kapitals und die Erfüllung der satzungsgemäßen Zwecke zu dokumentieren, wobei Umschichtungen des Grundstockvermögens grds. der Vermögenssphäre zuzuordnen sind (siehe aber § 83c Abs. 1 Satz 3 BGB-neu). Daher ist bei einer Stiftung zwischen den normalen Erträgen der Vermögensverwaltung (= Nutzung des Grundstockvermögens) und den Gewinnen und Verlusten aus Umschichtungen in der Vermögenssphäre zu trennen. Bei den Ergebnissen aus der Umschichtung des sonstigen Vermögens der Stiftung (§ 83b Abs. 1 BGB-neu) hingegen hat die Stiftung im Umkehrschluss keine gesetzlichen Vorschriften für die Zuordnung zur Ertrags- oder Vermögenssphäre zu beachten.

Die hier betrachteten Stiftungen erzielen üblicherweise ihre Erträge durch die Nutzung des Kapitals im Wege der entgeltlichen Überlassung und nicht durch die Spekulation auf eventuelle Kurssteigerungen. In welchem Verhältnis diese beiden Arten der Einnahmeerzielung zueinanderstehen dürfen, muss aus der Satzung und dem Stiftungsgeschäft, durch die der Wille des Stifters zum Ausdruck kommt, abgeleitet werden.[3] Regelmäßig steht bei Stiftungen die Erhaltung des Kapitals im Vordergrund, so dass eine gezielte Generierung von Ein-

1 Vgl. z. B. § 275 Abs. 2 Nr. 7b HGB Abschreibungen auf Vermögensgegenstände des Umlaufvermögens, soweit diese die in der Kapitalgesellschaft übliche Abschreibung überschreiten, Nr. 10 Erträge aus anderen Wertpapieren und Ausleihungen des Finanzanlagevermögens (davon aus verbundenen Unternehmen), Nr. 12 Abschreibung auf Finanzanlagen und auf Wertpapiere des Umlaufvermögens.

2 Vgl. im Einzelnen Grottel/Huber in Beck'scher Bilanzkommentar, § 268 Rz. 65 ff.; Winkeljohann/Schellhorn in Beck'scher Bilanzkommentar, § 264 Rz. 35: Der Jahresabschluss hat die Rechenschafts-, die Gewinnermittlungs-, die Ausschüttungsbemessungs-, die Gläubigerschutz- und die Informationsfunktion.

3 Vgl. → Rz. 266 ff und → Rz. 1558.

nahmen durch die Realisation von Wertsteigerungen einer Stiftung nicht oder nur in geringem Rahmen vertretbar ist. Derartige Erträge treten allenfalls als Nebeneffekt der Kapitalanlage auf, sofern die Stiftung ihr Vermögen umschichtet. Die hierbei entstehenden Gewinne und Verluste sollen folglich auch die Zweckerfüllung der Stiftung grds. nicht beeinflussen.[1] In Zeiten rascher Zinsanstiege und daher eines großen Angebots an unter pari Anleihen kann dies zu relativieren sein, da hier Umschichtungsgewinne in Form von Einlösegewinnen eigentlich Zinsertrag darstellen.[2]

Aus diesem Grund ist es bei Stiftungen grds. notwendig, die Erträge, die aus 1589 der entgeltlichen Überlassung des Kapitals zur Nutzung stammen, von denen zu trennen, die ihre Ursache in Wertschwankungen oder realisierten Kursgewinnen bzw. -verlusten haben. Deswegen müssen im Jahresbericht einer Stiftung die sich aus den Wertschwankungen ihres Vermögens ergebenden Ergebnisse bzw. die realisierten Gewinne und Verluste grds. gesondert als Ergebnisse aus Vermögensumschichtungen ausgewiesen werden. Dabei ist zu unterscheiden zwischen den Ergebnissen, die allein auf Kurswertänderungen beruhen und den Ergebnissen, die ihre Ursache in realisierten Gewinnen und Verlusten haben. Der Ausweis erfolgt laut IDW in der Bilanz nach dem Stiftungskapital und den Rücklagen.[3] Die Veränderung ergibt sich aus der Überschussermittlung nach Stiftungsrecht.

Über die Verwendung derartiger Ergebnisse aus bewertungsinduzierten oder 1590 realisierten Kurswertschwankungen bzw. ihren Ausgleich, hat der Stiftungsvorstand getrennt von der Verwendung der anderen Erträge zu entscheiden. Dabei hat er zwischen den beiden Aufgaben der Stiftung abzuwägen, also zwischen der Kapitalerhaltung und der Erfüllung der Satzungszwecke.[4] Von besonderer Bedeutung ist hierbei der in der Satzung und dem Stiftungsgeschäft niedergelegte oder ableitbare Wille des Stifters.[5]

Allerdings ist zu beachten, dass nach § 83c Abs. 1 Satz 3 BGB-neu Zuwächse 1591 aus der Umschichtung von Grundstockvermögen auch für die Erfüllung des Stiftungszwecks verwendet werden dürfen, soweit dies durch die Satzung nicht ausgeschlossen wurde und die Erhaltung des Grundstockvermögens ge-

1 Vgl. auch → Rz. 278 mit weiteren Überlegungen.

2 Vgl. zum Erwerb einer unter pari Anleihe → Rz. 1632.

3 Vgl. IDW RS HFA 5, Rz. 55, 66. Vgl. jedoch im Praxisfall „Neuhausen Stiftung“, → Rz. 1633. Dort werden die negativen Vermögensumschichtungen direkt nach dem Stiftungskapital und vor den Rücklagen ausgewiesen.

4 Vgl. → Rz. 1510 ff.

5 Vgl. → Rz. 266.

währleistet ist.[1] Ein Veräußerungsgewinn kann also vom Stiftungsvorstand aufgeteilt werden in den Teil, der dem Stiftungskapital (Vermögenssphäre) zugeordnet wird, und denjenigen, der für Stiftungszwecke (Ertragssphäre) verwendet wird. Sollte es bei einer Stiftung mit der Satzung und § 83c Abs. 1 Satz 3 BGB-neu zu vereinbaren sein, dass die realisierten Umschichtungsgewinne wie andere Erträge der Vermögensverwaltung pauschal zu einem bestimmten Anteil der Kapitalerhaltungsrücklage zugeführt und der Rest für Stiftungszwecke verwendet werden, könnte man auf den Gedanken kommen, aus Vereinfachungsgründen den gesonderten Ausweis des Gewinns als Umschichtungsgewinn zu unterlassen. Bei gemeinnützigen, steuerbefreiten Stiftungen beträgt die Zuführung zur Kapitalerhaltungsrücklage prinzipiell 1/3 des Überschusses aus der Vermögensverwaltung, § 62 Abs. 1 Nr. AO.[2]

Da es jedoch nicht nur Gewinne, sondern auch Verluste aus Umschichtungen gibt, wird hiervon abgeraten, auch im Sinne der Business-Judgement-Rule.[3] Aus Haftungsgründen muss überprüfbar sein, dass die Organe der Stiftung die Sorgfalt eines ordentlichen Geschäftsführers anwenden. Es darf also nicht zu einer Verrechnung von Gewinnen und Verlusten kommen, die eine zu geringe Zuführung zu der Kapitalerhaltungsrücklage zur Folge hätte und damit einen Verstoß gegen den Kapitalerhaltungsgrundsatz darstellen würde.

Im Falle des Erwerbs von unter pari Anleihen sollte dieses vereinfachende Vorgehen jedoch zulässig sein, da die Einlösegewinne eigentlich Erträge aus der Vermögensverwaltung darstellen. [4]

1592 Vor dem Hintergrund dieser Besonderheiten bietet sich eine tiefergehende Untergliederung des Eigenkapitals als vom IDW[5] vorgeschlagen an. Wie bei den aus den ermittelten Überschüssen gebildeten Ergebnisrücklagen ist es sinnvoll, die Ergebnisse aus Vermögensumschichtungen zu unterteilen in Ergebnisse aufgrund von Kurswertänderungen und Ergebnisse aus realisierten Kursgewinnen bzw. Kursverlusten und dabei zwischen den Ergebnissen zu unterschieden, die die Vermögenssphäre (Grundstockvermögen) und die Ertragssphäre (sonstiges Vermögen) betreffen.[6]

1593 Sofern die nicht gezielt generierten Ergebnisse aus realisierten Vermögensumschichtungen nachhaltig einen positiven Bestand ausweisen, sollte der Stif-

1 Vgl. → Rz. 1526.

2 Vgl. i. E. → Rz. 1560.

3 Vgl → Rz. 1429.

4 Vgl. zu unter pari Anleihen und dem Nutzungscharakter des Einlösegewinns → Rz. 1632.

5 Vgl. IDW RS HFA 5, Rz. 55, 66; hier → Rz. 1577.

6 Ggf. a. A, Grittern, npoR 5/2022 S. 245, 252.

tungsvorstand über ihre Verwendung entscheiden. Entweder er verwendet sie zur Kapitalerhaltung oder für stiftungsmäßige Zwecke, sofern dies nach der Satzung oder dem voraussichtlichen Stifterwillen zulässig ist und die gemeinnützigkeitsrechtlichen Bestimmungen nicht verletzt werden.[1]

Aufgrund dieser Überlegungen kann die oben wiedergegebene Gliederung[2] des Eigenkapitals einer Stiftung wie folgt verfeinert werden: 1594

A. Eigenkapital

I. Stiftungskapital

1. Grundstockvermögen
   a) gegenständlich gewidmetes Vermögen
   b) gewidmetes Vermögen
   c) gegenständliches Zustiftungskapital
   d) Zustiftungskapital
   e) Grundstockvermögen lt. Stiftungsbeschluss

2. Sonstiges Vermögen[3]
   a) Kapitalrücklage[4]
   b) Ergebnisrücklagen
      ggf. aufgegliedert nach Projekten oder anderen Zweckbindungen,[5] z. B.
      (1) Kapitalerhaltungsrücklage (z. B. nach § 62 Nr. 3 AO)
      (2) Beteiligungserhaltungsrücklage nach § 62 Nr. 4 AO
      (3) Projektrücklage nach § 62 Nr. 1 AO
      (4) Betriebsmittelrücklage nach § 62 Nr. 1 AO
      (5) Wiederbeschaffungsrücklage nach § 62 Nr. 2 AO
      (6) zweckgebundene sonstige Ergebnisrücklage

II. Ergebnisse aus Vermögensumschichtungen

1. Erhaltung Grundstockvermögen
   a) aufgrund von Kurswertänderungen
   b) realisierte Kursgewinne und -verluste

1 Vgl. → Rz. 1040 ff., → Rz. 1052, → Rz. 1589.
2 Vgl. → Rz. 1578.
3 Untergliederung in Kapitalerhaltungs- und Ergebnisrücklage, vgl. IDW RS HFA 5, Rz. 65.
4 Da das sonstige Vermögen nach § 83b BGB-neu nicht zu erhalten ist, sind die Entnahmen aus dem sonstigen Vermögen leichter als bei einer AG, KGaA und SE; vgl. Hoffmann/Lüdenbach in NWB Kommentar Bilanzierung, § 272, Rz. 58 f. NWB QAAAJ-19462; Beck § 272, Rz. 176.
5 Vgl. IDW RS HFA 5, Rz. 65, vgl. z. B. auch → Rz. 1581.

2. sonstiges Vermögen
   a) aufgrund von Kurswertänderungen
   b) realisierte Kursgewinne und -verluste

III. Ergebnisvortrag

5. Empfehlung für den Aufbau des Jahresberichtes einer steuerbefreiten, gemeinnützigen Stiftung, die ihre Mittel allein aus Vermögensverwaltung generiert

1595 Die zusammengestellten, von der handelsrechtlichen Rechnungslegung abweichenden Anforderungen an die Rechnungslegung einer Stiftung machen deutlich, dass die Erstellung eines Jahresabschlusses nach §§ 242 ff. und 264 ff. HGB den Anforderungen des Stiftungsrechts nicht vollumfänglich genügt. Als augenfälligste Abweichung seien angeführt die denkbare Bilanzierung zu Zeitwerten,[1] die Abweichung vom Anschaffungskostenprinzip[2] laut HGB sowie der direkte Ausweis der Ergebnisse aus Vermögensumschichtungen in der Bilanz und Gewinn- und Verlustrechnung,[3] ohne dass sie in der Überschussermittlung gesondert ausgewiesen würden.

1596 In der Praxis hat sich jedoch gezeigt, dass ein Abweichen von den stringenten Bewertungsvorschriften des HGB über die Jahre zu Verständnisschwierigkeiten führen kann, sofern nicht die angewandten Bewertungsmethoden akribisch dokumentiert und konsequent eingehalten wurden. Aus diesem Grund empfiehlt es sich aus Sicht der Autoren, bei der Aufstellung des Jahresberichts einer Stiftung die Rechnungslegungsvorschriften des HGB konsequent anzuwenden und die Informationen, die der handelsrechtliche Jahresabschluss mit Bilanz, GuV sowie Anhang und ggf. Lagebericht liefert, entsprechend den stiftungsrechtlichen Anforderungen zu ergänzen. So sieht auch das HGB in seinem Dritten Buch, vierter Abschnitt ergänzende Vorschriften für Unternehmen bestimmter Geschäftszweige vor. Außerdem ordnet § 265 Abs. 4–8 HGB explizit an, dass:

- eine weitere Untergliederung der Posten sowie neue Posten und Zwischensummen sind zulässig (Abs. 5),
- die Gliederung und Bezeichnung der mit arabischen Zahlen versehenen Posten der Bilanz und der Gewinn- und Verlustrechnung zu ändern sind,

1 Vgl. → Rz. 1554 und → Rz. 1580.
2 Vgl. → Rz. 1492 a. E.
3 Vgl. → Rz. 1583 ff.

wenn dies wegen Besonderheiten der Kapitalgesellschaft zur Aufstellung eines klaren und übersichtlichen Jahresabschlusses erforderlich ist (Abs. 6),

- die mit arabischen Zahlen versehenen Posten der Bilanz sowie der Gewinn- und Verlustrechnung unter bestimmten Voraussetzungen zusammengefasst ausgewiesen werden können (Abs. 7) und
- ein Posten der Bilanz oder der Gewinn- und Verlustrechnung, der keinen Betrag ausweist, nicht auf geführt zu werden braucht, es sei denn, dass im vorhergehenden Geschäftsjahr unter diesen Posten ein Betrag ausgewiesen wurde (Abs. 8).

Damit wird zwingend eine begrenzte Abweichung von den gesetzlichen Schemata vorgeschrieben, damit die Gliederungen den Besonderheiten der Branche angepasst werden.[1]

Wie unter Punkt IV.5. Rechnungslegung nach HGB[2] ausgeführt, sieht das HGB 1597
Erleichterungen oder Verschärfungen für Kapitalgesellschaften unterschiedlicher Größenklassen vor, die in §§ 267, 267a HGB geregelt sind. Die Anwendung der Erleichterungen für Kleinstkapitalgesellschaften ist für Stiftungen nicht zu empfehlen, auch wenn sie anwendbar sein sollten. Die angestrebten Erleichterungen für Kleinstkapitalgesellschaften werden erreicht durch die Erstellung einer verkürzten Bilanz sowie GuV, dem bedingten Verzicht auf die Erstellung eines Anhangs sowie die Hinterlegung der Bilanz anstatt der Veröffentlichung des Jahresabschlusses. Die Verkürzung der Bilanz sowie der GuV verringert jedoch den Aussagegehalt dieser Rechenwerke erheblich. Bei Kleinstkapitalgesellschaften, die von den Eigentümern geführt und finanziert werden, ist dies angebracht. Soll jedoch die Vorlage derartiger Jahresabschlüsse die Kapitalaufnahme bei Eigen- und Fremdkapitalgeber unterstützen, so haben diese die Möglichkeit eventuellen Informationsdefiziten entgegenzutreten, in dem sie die Kapitalgewährung von zusätzlichen Informationen abhängig machen. Bei Stiftungen und insbesondere bei den in dieser Auflage behandelten kleinen und mittleren gemeinnützigen Stiftungen sind die Adressaten jedoch nicht Kapitalgeber, sondern i. d. R. nur die Stiftungsaufsicht, die Organe der Stiftung und eventuell bestimmte Destinatäre. Deren Informationsbedürf-

1 Vgl.Hoffmann/Lüdenbach in NWB Kommentar Bilanzierung, § 265, Rz. 34 ff. NWB RAAAJ-19453; IDW RS HFA 5, Rz. 50: *„Obgleich gesetzliche Vorschriften zur Gliederung der Gewinn- und Verlustrechnung für Nicht-Kapitalgesellschaften nicht bestehen, ist auch hier eine sachgerechte Aufgliederung der Aufwendungen und Erträge erforderlich. Dabei sollte die Gliederung des Jahresabschlusses einen so vollständigen, klaren und zutreffenden Einblick in die Stiftungstätigkeit geben, dass sich der Adressat ein Urteil über die Verwendung des eingesetzten Vermögens und der damit erzielten Erträge bilden kann."*

2 Vgl. → Rz. 1482 f.

nissen würde mit einem Jahresabschluss entsprechend den Erleichterungen für Kleinstkapitalgesellschaften i. d. R. nicht genügt. So müssen Kleinstkapitalgesellschaften unter Umständen keinen Anhang aufstellen, in dem z. B. Ausführungen zu dem Ziel der Kapitalerhaltung gemacht werden können.[1] Aus diesen Gründen wird die Auffassung vertreten, dass Jahresabschlüsse, auf denen der Jahresbericht einer Stiftung basiert, i. d. R. entsprechend den Vorschriften, die für kleine Kapitalgesellschaften gelten, aufzustellen ist.

1598 Dies hat den Vorteil, dass über die im Jahresbericht angewandten Ansatz- und Bewertungsvorschriften Klarheit besteht, da der Leser des Jahresberichtes diese notfalls im Gesetz und der umfangreichen Literatur zur kaufmännischen Rechnungslegung nachlesen kann. Außerdem kann der Leser die in der Bilanz sowie der GuV ausgewiesenen Werte problemlos mit denen einer Kapitalgesellschaft vergleichen. Dadurch wird der Jahresbericht einer Stiftung für denjenigen, der es gewohnt ist, Jahresabschlüsse von Kapitalgesellschaften zu lesen, gut verständlich.

1599 In den vorhergehenden Abschnitten wurden bereits detaillierte Ausführungen zu bestimmten Bilanzpositionen gemacht. Dabei zeigte sich, dass sich in der Bilanz die Abweichungen von dem üblichen Gliederungsschema in überschaubaren Grenzen halten. Sie erschöpfen sich in einer gegenüber dem Handelsrecht weiteren Untergliederung der Position Eigenkapital. Wesentlich umfangreicher sind die Ergänzungen in der Gewinn- und Verlustrechnung. Der Überschuss einer Stiftung enthält z. B. nicht die Ergebnisse aus Vermögensumschichtungen und außerdem ist die Verwendung der Mittel der Stiftung zu dokumentieren. Aus diesem Grund ist die Gewinn- und Verlustrechnung zu einer Überschussermittlungs- und Mittelverwendungsrechnung auszubauen.[2]

1600 Damit die Vergleichbarkeit mit der Gewinnermittlung eines Kaufmanns erhalten bleibt, wird in diesem Buch vorgeschlagen, dass auch die Stiftung in einem ersten Abschnitt eine, den handelsrechtlichen Vorschriften entsprechende Gewinn- und Verlustrechnung aufstellt, den darin ermittelten Jahresüberschuss anschließend in einem zweiten Abschnitt durch entsprechende Anpassungen in einen Überschuss für Stiftungszwecke überleitet und in einem dritten Abschnitt die Mittelverwendung dokumentiert, um schließlich zu einem Bilanzgewinn zu gelangen, der null beträgt.

1601 Mit welchen Maßnahmen ein handelsrechtlicher Jahresabschluss durch Ergänzungen in einem Jahresbericht einer Stiftung übergeleitet werden kann, soll

1 Vgl. IDW RS HFA 5, Rz. 90; → Rz. 1660.
2 Vgl. → Rz. 1569 ff.

im Folgenden anhand einer kleineren Stiftung aufgezeigt werden, die eine überschaubare Anzahl an Anlagen hat, anhand deren interessante Fragen erörtert werden können.

5.1 Angaben zur Neuhausen Stiftung (Gründung, siehe Anhang 1)

1602 Vom Stifter wurde der Neuhausen Stiftung in Rittweck mit seinem Tode im Jahre 2014 ein gewidmetes Vermögen von 2.200.000 € übertragen, wobei er 2.000.000 € als gewidmetes Grundstockvermögen und weitere 200.000 € als sonstiges Vermögen i. S. des § 83b BGB-neu bestimmte.[1]

1603 Zu den im Stiftungsgeschäft vom Stifter getroffenen Regelungen ist Folgendes zu beachten:

1. Die unentgeltliche Überlassung einer Zweizimmerwohnung an die Dame, die ihn in seinen letzten Lebensjahren aufopferungsvoll gepflegt hatte. Der Stifter verfügte dabei, dass die Stiftung die von der Hausverwaltung abgerechneten Wohngeldkosten zu tragen habe, lediglich die darin enthaltenen Verbrauchskosten für Heizung, Warm- und Kaltwasser hätte die Dame zu übernehmen.
2. Die Satzung bestimmt nicht, dass die auf die Stiftung übertragenen Vermögensgegenstände gegenständlich erhalten bleiben müssen.
3. Das vom Stifter eingebrachte sonstige Vermögen in Form eines Wertpapierdepots kann i. H. von 200.000 € für den Ausgleich von Verlusten verbraucht werden (dies in Vorwegnahme der Stiftungsrechtsreform 2023/26, allerdings bestimmte er das sonstige Vermögen lediglich betragsmäßig).
4. Die Kapitalerhaltung der Stiftung soll durch jährliche Rücklagenzuweisungen im Rahmen der steuerlich zulässigen Grenzen erfolgen. Sollte die Notwendigkeit bestehen, bestimmte Projekte der durch die Stiftung unterstützten Organisationen zu fördern, so kann in vereinzelten Jahren diese Rücklagenzuweisung um bis zu 1/4 gekürzt werden.
5. Umschichtungsgewinne sind zum Ausgleich entsprechender Verluste zu verwenden und ansonsten zum Erhalt des Grundstockvermögens einzusetzen In angemessenem Maße dürfen sie auch zur Erfüllung der Stiftungszwecke eingesetzt werden.
6. Die Stiftung hat die Kosten für den Erhalt und die Pflege seines Familiengrabes zu tragen.

1 Vgl. → Rz. 1425.

7. Die Erträge der Stiftung, die sie nach Abzug der angemessenen Verwaltungskosten, die auch eine angemessene Aufwandsentschädigung für den Vorstand umfassen, erzielt, hat die Stiftung jeweils zu 25 % an den ortsansässigen gemeinnützigen Trachtenverein für dessen Jugendarbeit, die ortsansässige Bergwacht, das ortsansässige bayerische Rote Kreuz und die katholische Pfarrei für deren Kindergarten auszukehren.
8. Als Stiftungsvorstand auf Lebenszeit wurden ein in der Vermögensverwaltung erfahrener Freund des Stifters sowie die Dame, die ihn gepflegt hatte, bestimmt.

1604 Die vom Testamentsvollstrecker mit Stiftungssatzung vom 20.5.2014 errichtete Neuhausen Stiftung wurde mit Genehmigungsurkunde vom 12.6.2014 von der Regierung von Oberbayern als öffentliche Stiftung des bürgerlichen Rechts mit Sitz in Rittweck gem. § 80 BGB und Art. 3, 5 und 6 BayStiftG genehmigt. Die Stiftung wurde hiermit rechtsfähig.

Die Stiftungsaufsicht der Regierung von Oberbayern verlangt von der Stiftung die jährliche Vorlage eines Jahresberichts, der mit einem uneingeschränkten Bestätigungsvermerk eines Wirtschaftsprüfers versehen ist.

1605 Die Bescheinigung, dass es sich bei der Stiftung um eine Körperschaft, Personenvereinigung oder Vermögensmasse i. S. des § 44a Abs. 4 und 7 EStG handelt, wird der Neuhausen Stiftung turnusgemäß erteilt. Hiermit ist die Stiftung von Abzugssteuern befreit. Ebenso erhält sie regelmäßig den Freistellungsbescheid zur Körperschaftsteuer und Gewerbesteuer.

In der Anlage wurden für die Neuhausen Stiftung beigefügt:

1. eine Bilanz zum 31.12.2023,
2. eine Überschuss- und Mittelverwendungsrechnung für die Zeit vom 1.1.–31.12.2023,
3. ein Haushaltsvorschlag für 2024 sowie
4. Erläuterungen zur Bilanz sowie zur Überschuss- und Mittelverwendungsrechnung, in denen die einzelnen Posten zum besseren Verständnis weiter aufgegliedert werden.

► **Das Vermögen der Stiftung**

1606 Das Vermögen der Stiftung setzt sich zusammen aus der Zweizimmerwohnung, die der Stifter am 2.1.2011 für einen Kaufpreis inklusive Nebenkosten von 200.000 € erworben hatte. Laut Gutachten eines gerichtlich bestellten Sachverständigen hatte die Wohnung bei der Errichtung der Stiftung, unter Berücksichtigung des Wohnrechts der darin lebenden Dame, einen Wert von

200.000 €. Daneben erhielt die Stiftung vom Stifter bei dessen Tode ein Kapitalvermögen von 2.000.000 € zugewandt, wovon der Stifter 200.000 € als sonstiges Vermögen bestimmte. Bei der Anlage der Gelder entschied der Vorstand, Aktien und Anleihen zu erwerben. Die Aktien ordnete dieser dem Grundstockvermögen zu.

Dieses Kapitalvermögen ist wie folgt angelegt. Am 1.8.2014 erwarb die Stiftung 3.900 Aktien der Kreditbank. Der Kurs der Kreditbank betrug 25,3515 €, so dass sich Anschaffungskosten von 98.870,85 € ergaben. Als Anschaffungsnebenkosten musste die Neuhausen Stiftung 0,5 % des Kurswertes aufwenden, dies sind 494,35 €. Die gesamten Anschaffungskosten beliefen sich damit auf 99.365,20 €. Der Börsenkurs der Kreditbank AG entwickelte sich danach wie folgt:

- am 31.12.2021: 14,6840 €
- am 31.12.2022: 5,6792 €
- am 31.12.2023: 3,7180 €

Am 5.8.2014 erwarb die Stiftung 14.000 Aktien der Kaurus AG. Der Kurs der 1607
Kaurus AG betrug 21,28 €. Als Anschaffungsnebenkosten musste die Neuhausen Stiftung 0,5 % des Kurswertes aufwenden, dies sind 1.489,60 €. Die gesamten Anschaffungskosten beliefen sich damit auf 299.409,60 €. Der Börsenkurs der Kaurus AG entwickelte sich wie folgt:

- am 31.12.2021: 25,00 €
- am 31.12.2022: 20,00 €
- am 31.12.2023: 71,89 €

Nach zwischenzeitlich anderen Anlagen erwarb die Stiftung am 27.10.2020 1608
eine 3,5%ige Schatzanweisung des Freistaates Bayern, die am 27.1.2020 aufgelegt worden war und eine Laufzeit bis zum 27.1.2027 hat. Der Nominalwert beträgt 680.000 €, der Kurs betrug 101,71 %. Die Anschaffungskosten damit 691.628 €, die Anschaffungsnebenkosten beliefen sich auf 3.338,80 € und die Stiftung hatte 17.850€ an Stückzinsen zu bezahlen. Insgesamt musste die Stiftung somit 712.816,80 € aufwenden. Die Kurse der Anleihe entwickelten sich danach wie folgt:

- am 31.12.2021: 104,61 %
- am 31.12.2022: 107,55 %
- am 31.12.2023: 109,67 %

Als die Stiftung in der Vergangenheit unerwartet Geld benötigte, veräußerte sie einige andere Anleihen, deren Kurswert über den Anschaffungskosten lag. Hierbei erzielte sie einen Gewinn von 16.869,83 €.

1609 Nachdem andere Anleihen zurückgezahlt worden waren, hatte die Neuhausenstiftung einen Betrag von 1.100.000,00 € neu anzulegen. Sie kaufte daher am 26.10.2021 eine 2,15%ige Anleihe der Deutschen Bahn, die eine Laufzeit vom 4.11.2021 bis 4.11.2031 hat. Die Stiftung konnte diese Anleihe zu einem Ausgabekurs von 90 % und ohne Spesen erwerben. Sie kaufte Anleihen zu 1.000.000 € nominal. An den folgenden Bilanzstichtagen bildeten sich an der Börse folgende Kurse:

- am 31.12.2021: 94,40 %
- am 31.12.2022: 100,80 %
- am 31.12.2023: 112,20 %

Diese 10-jährige Anleihe der Deutschen Bahn war für den Vorstand aufgrund der hervorragenden Bonität der Bahn sehr interessant. Wegen des niedrigen Kurses konnte zwar ein hoher Nominalbetrag der Anleihe erworben werden, jedoch ist der Zinskupon gering, so dass die laufenden Einnahmen der Stiftung deutlich geringer wurden. Um ihre stiftungsmäßigen Leistungen aber im gewohnten Maße erbringen zu können, entschied der Vorstand gleichzeitig, auch eine 5,11%-ige Anleihe der Private Equity AG zu kaufen, mit einer Laufzeit ebenfalls vom 4.11.2021 bis zum 4.11.2029. Die Stiftung konnte sie ebenfalls ohne Spesen und zu einem Kurs von 100 % erwerben und mit einem Anteil von 200.000,00 € der Bahn-Anleihe beimischen. An den folgenden Bilanzstichtagen bildeten sich an der Börse folgende Kurse:

- am 31.12.2021: 95,60 %
- am 31.12.2022: 102,80 %
- am 31.12.2023: 110,20 %

► Das Anlagevermögen der Neuhausen Stiftung

1610 Gegenstände, die dazu bestimmt sind, dem Geschäftsbetrieb dauernd zu dienen, werden als Anlagevermögen bezeichnet und sind als solches in der Bilanz auszuweisen, § 247 Abs. 2 HGB. Der Begriff „dauernd“ enthält ein Zeitelement, er darf jedoch nicht als absoluter Zeitbegriff im Sinne von „für alle Zeiten“ oder „immer“ verstanden werden.[1] Die Bezeichnung „dauernd dienen“ um-

1 Vgl. hierzu und zum Folgenden Hoffmann/Lüdenbach in NWB Kommentar Bilanzierung, § 247, Rz. 22 ff. NWB XAAAJ-19370.

schreibt die betriebliche Funktion des Gegenstandes. Er muss so in die Betriebsabläufe eingegliedert sein, dass er auf Dauer und wiederholt zur betrieblichen Nutzung zur Verfügung stehtWelche Gegenstände zum Anlagevermögen gehören, ergibt sich außerdem aus der Gegenüberstellung der Komplementärbegriffe Anlagevermögen und Umlaufvermögen.

Aufgrund der obigen Sachverhaltsangaben können die Wohnung, die Aktien- 1611
pakete und die Anleihen der Neuhausen Stiftung dem Anlagevermögen zugeordnet werden. Die Wohnung muss die Stiftung einer begünstigten Person lebenslänglich zur Nutzung überlassen und wird sie anschließend vermutlich durch Vermietung zur Erzielung von Einnahmen verwenden. Die übrigen ihr zugewandten Geldmittel muss die Stiftung nach ihrer Zweckbestimmung zur Erzielung von Einnahmen einsetzen, um hiermit die ihr vom Stifter aufgegebenen Zwecke dauerhaft verfolgen zu können. Anlagen im Wert von 200.000,00 €, die vom Stifter dem sonstigen Vermögen zugeordnet wurden, kann die Stiftung ggf. auch zum Ausgleich von Kursverlusten und zu Satzungszwecken einsetzen. Bei der Anlage von Geldbeträgen entspricht es der allgemeinen Erfahrung und guten Übung einer ordnungsgemäßen Geschäftsführung für eine gewisse Streuung der Chancen und Risiken zu sorgen.[1] Um der Anforderung der Kapitalerhaltung zu genügen und die Risiken bei der Geldanlage zu minimieren, hatte der Stiftungsvorstand beschlossen, den Großteil der zur Verfügung stehenden Geldmittel in Anleihen erstklassiger Bonität zu investieren. Wegen des geringen Kupons der Bahn-Anleihe mischte sie eine gutverzinsliche Anleihe der Private Equity AG, die eine gute Bonität aufweist, bei. Aufgrund der i. d. R. höheren Ertragsaussichten von Aktienanlagen und deren Eigenschaft, ein Instrument zur Absicherung von Inflationsrisiken zu sein, hat der Vorstand außerdem zwei Aktienpakete erworben. Aus der Tatsache, dass sich der Vorstand dazu entschloss, nicht in ein breit angelegtes Aktienportfolio zu investieren, sondern er zwei bestimmte Aktien heraussuchte, lässt sich schlussfolgern, dass diese Aktienpakete dazu bestimmt sind, der Stiftung dauerhaft zur Einnahmeerzielung zu dienen.

Aufgrund dieser Fakten und Überlegungen sind die Wohnung, die Anleihen 1612
und die Aktienpakete dem Anlagevermögen der Stiftung zuzuordnen. Die Wohnung gehört dabei zu den Sachanlagen gem. § 266 Abs. 2 A. II. HGB und dort zu: 1. Grundstücke, grundstücksgleiche Rechte und Bauten einschließlich der Bauten auf fremden Grundstücken. Die Anleihen und Aktienpakete sind dem Finanzanlagevermögen zuzuordnen, § 266 Abs. 2 A. III. HGB und dort

1 Vgl. → Rz. 1558.

5. Wertpapiere des Anlagevermögens. Im Einzelnen kann zu den Anlagegegenständen folgendes ausgeführt werden.

► **Die Wohnung**

1613 Die Neuhausen Stiftung erhielt die Wohnung vom Stifter zugewandt gegen die Auflage, bestimmte Stiftungszwecke dauerhaft zu erfüllen. Es liegt daher aus handelsrechtlicher Sicht ein Anschaffungsgeschäft vor.[1] Daher hat die Neuhausen Stiftung die Anschaffungs- oder Herstellungskosten der Wohnung gem. § 253 Abs. 3 HGB auf die Geschäftsjahre zu verteilen, in denen die Wohnung voraussichtlich genutzt werden kann.[2] Dabei kann grds. auch bei der handelsrechtlichen Abschreibung von der in § 7 Abs. 4 EStG vorgesehenen Nutzungsdauer, die regelmäßig 50 Jahre beträgt, ausgegangen werden.[3] Bei Anschaffungskosten von 200.000 €, angesetzt mit dem Sachverständigenwert unter Berücksichtigung des Wohnrechts, und einem Anteil von Grund und Boden i. H. von 15 % belief sich die AfA-Bemessungsgrundlage auf 170.000€. Die zweiprozentige Abschreibung hierauf beträgt 3.400€ im Jahr.

► **Das Kaurus Aktienpaket**

1614 Der Börsenkurs bei Anschaffung betrug 21,28 €, die Anschaffungsnebenkosten beliefen sich auf 0,5 %. Am 31.12.2021 war der Kurs auf 25 € gestiegen. Nach § 253 Abs. 1 Satz 1, § 255 Abs. 1 HGB war daher für den 31.12.2021 ein Wertansatz mit den Anschaffungskosten einschließlich der Nebenkosten von 299.409,60 € vorgeschrieben.

Zum 31.12.2022 fiel der Kurs auf 20 €, so dass nach § 253 Abs. 3 Satz 5 HGB zu entscheiden war, ob es sich um eine voraussichtlich dauernde Wertminderung handelte. Ist das gegeben, muss auf den niedrigeren beizulegenden Wert abgeschrieben werden. Sollte die Wertminderung voraussichtlich nicht dauernd

---

1 In entsprechender Anwendung der von Schubert/Gadek in Beck'scher Bilanzkommentar, § 255 Rz. 100 formulierten Gedanken, dass ein dem Anschaffenden bekannter Zweck der Zuwendung einen (Gewinn realisierenden) Ansatz rechtfertigen kann, wenn mit der Zuwendung die Verbesserung der Kapitalstruktur, der Finanzlage oder der Ertragslage bezweckt war. Im Falle der Zuwendung durch den Stifter war der Zweck die zunächst unentgeltliche Überlassung und anschließend die Einnahmeerzielung, um die anderen Stiftungszwecke verfolgen zu können. Vgl. auch IDW RS HFA 5, Rz. 46: Aktivierung mit dem Preis, der für den entgeltlichen Erwerb des Vermögensgegenstands hätte aufgewandt werden müssen, falls dieser ihr nicht zugewendet worden wäre (ausgenommene Anschaffungskosten). (Anm. Hoffmann/Lüdenbach NWB Kommentar Bilanzierung § 255 Rz. 73 NWB HAAAJ-19439 nicht hilfreich, nur zu Schenkung, Erbe, Vermächtnis: Die wohl h. M. nimmt gleichwohl ein Wahlrecht zwischen Ansatz zum Erinnerungswert, Zeitwert oder Zwischenwert an.)

2 Vgl. Schubert/Andrejewski in Beck'scher Bilanzkommentar, § 253 Rz. 223. So wohl auch Koss, Rechnungslegung von Stiftungen, S. 130.

3 Eine eventuell tatsächlich kürzere Nutzungsdauer ist handelsrechtlich anzusetzen, vgl. Schubert/Andrejewski in Beck'scher Bilanzkommentar, § 253 Rz. 420.

sein, so liegt es nur im Falle von Finanzanlagevermögen im Ermessen des Bilanzausstellers, ob er außerplanmäßige Abschreibung vornimmt, § 253 Abs. 3 Satz 6 HGB.[1]

Auf die abweichende Regelung nach § 6 Abs. 1 Nr. 1 Satz 2 EStG wird hingewiesen. Danach ist der Ansatz eines niedrigeren Teilwerts auch beim Vorliegen einer voraussichtlich dauernden Wertminderung nicht verpflichtend (Wahlrecht).[2]

Für Aktien des Anlagevermögens hat der BFH mit Urteil vom 21.9.2011[3] allerdings entschieden, dass von einer voraussichtlich dauernden Wertminderung gem. § 6 Abs. 1 Nr. 2 Satz 2 EStG 1997 bei börsennotierten Aktien grds. dann auszugehen ist, „... *wenn der Börsenwert zum Bilanzstichtag unter denjenigen im Zeitpunkt des Aktienerwerbs gesunken ist und der Kursverlust die Bagatellgrenze von 5 % der Notierung bei Erwerb überschreitet. Auf die Kursentwicklung nach dem Bilanzstichtag kommt es hierbei nicht an.*" Der Teilwert, auf den in diesem Falle abgeschrieben werden kann, bestimmt sich dabei als Börsenkurs zzgl. der entsprechenden Anschaffungsnebenkosten. Diese werden im Urteilsfall angegeben als prozentuale Quote der Anschaffungskosten, die auf den Börsenkurs am Bilanzstichtag aufgeschlagen wird. 1615

Wie bereits ausgeführt, verpflichtet § 253 Abs. 3 Satz 5 HGB im Gegensatz zu § 6 EStG bei einer voraussichtlich dauernden Wertminderung zu einer Abschreibung und stellt sie nicht in das Ermessen des Bilanzaufstellers. Aus diesem Grund geht das Handelsrecht nicht zwingend bei einem zum Bilanzstichtag abgesunkenem Börsenkurs von einer voraussichtlich dauernden Wertminderung aus, auch wenn den vom BFH bei seiner Auslegung des § 6 Abs. 1 Nr. 2 EStG angeführten Gründen zuzustimmen ist.[4] Bei Finanzanlage (§ 266 Abs. II HGB) gewährt allerdings § 253 Abs. 3 Satz 5 HGB ein Wahlrecht. Es können außerplanmäßige Abschreibungen auch bei voraussichtlich nicht dauernder Wertminderung vorgenommen werden (gemildertes Niederstwertprinzip). 1616

Für denjenigen, der die Bilanz einer gemeinnützigen, steuerbefreiten Stiftung nach HGB aufstellt, gibt es somit einen gewissen Ermessensspielraum, wann er von einer voraussichtlich dauernden Wertminderung ausgehen muss. Aller- 1617

1 Vgl. Schubert/Kreher in Beck'scher Bilanzkommentar, § 253 Rz. 350.

2 Vgl. Schubert/Andrejewski in Beck'scher Bilanzkommentar, § 253 Rz. 323.

3 Vgl. BFH, Urteil v. 21.9.2011 - I R 89/10, BStBl 2014 II S. 612 NWB FAAAD-98629 = DStR 2012 S. 21. Ebenso BMF, Schreiben v. 16.7.2014, BStBl 2014 I S. 1162, Tz. II.3.c) NWB AAAAE-54055 = DStR 2014 S. 1549, 1551.

4 Vgl. Hoffmann/Lüdenbach in NWB Kommentar Bilanzierung, § 253, Rz. 216 NWB NAAAJ-19437; Schubert/Andrejewski in Beck'scher Bilanzkommentar, § 253 Rz. 300.

dings besteht bei Stiftungen i. d. R. die Verpflichtung zur Kapitalerhaltung, die anhand einer Bilanz nur geprüft werden kann, sofern zu Zeitwerten bilanziert wird. Ein Bilanzansatz über den Anschaffungskosten ist nach Handelsrecht nicht möglich, aber wie dargestellt sehr wohl eine Abschreibung auf einen niedrigeren beizulegenden Wert, Zeitwert. Aus diesem Grund ist nach der hier vertretenen Auffassung zu argumentieren, dass eine Abschreibung auf den beizulegenden niedrigeren Wert zu erfolgen hat, sofern sie handelsrechtlich zulässig ist. Dem widerspricht auch nicht der Grundsatz der Zweckerfüllung, denn wie bereits ausgeführt, muss nach der hier vertretenen Auffassung dieser Wertverlust zwar bei der Ermittlung des handelsrechtlichen Jahresüberschusses der Stiftung berücksichtigt werden, es muss aber dieser Jahresüberschuss in einen Überschuss für Stiftungszwecke übergeleitet werden. Bei dieser Überleitung wird die handelsrechtliche Abschreibung wieder neutralisiert, denn diese darf keinen Einfluss auf die Zweckerfüllung haben.[1] Damit ist allein das Ziel der Kapitalerhaltung bei der Frage entscheidend, ob eine Abschreibung auf den beizulegenden Wert vorgenommen wird, und das führt zu dem Schluss,[2] dass eine Abschreibung vorzunehmen ist, sofern sie handelsrechtlich und steuerrechtlich zulässig ist.

1618 Der beizulegende niedrigere Wert beinhaltet auch nach Handelsrecht neben dem Börsenkurs die entsprechenden Anschaffungsnebenkosten.[3] Im Falle der Kaurus Aktien wird nach diesen Ausführungen zum 31.12.2022 eine Abschreibung i. H. von 18.009,60 € auf 281.400 € notwendig.

1619 Am 31.12.2023 war der Kurs der Kaurus Aktien sehr stark auf 71,89 € gestiegen. Der Bilanzansatz des Jahres 2022 von 281.400 € darf nach § 253 Abs. 5 HGB nicht mehr beibehalten werden, weil die Gründe für die außerplanmäßige Abschreibung weggefallen sind und es sich bei den Aktien nicht um einen entgeltlich erworbenen Geschäfts- oder Firmenwert handelt. Es hat somit eine Zuschreibung auf die Anschaffungskosten nach § 253 Abs. 1 Satz 1 HGB i. H. von 18.009,60 € auf 299.409,60 € zu erfolgen. Der Ansatz mit dem aus dem gestiegenen Börsenkurs abgeleiteten Kurswert der Aktien (Zeitwert) ist nach HGB nicht möglich.

1 Vgl. → Rz. 1588.

2 Nach der hier vertretenen Auffassung sind daher die umfangreichen Erörterungen in der Literatur, vgl. z. B. Hagner, Bilanzierende Stiftungen, S. 29 ff.

3 Vgl. Schubert/Andrejewski in Beck'scher Bilanzkommentar, § 253 Rz. 308; Maier, Beck'sches Steuer- und Bilanzrechtslexikon, Edition 61/2022, Stichwort: Wertpapiere Rz. 7 i. V. mit Stichwort Teilwert Rz. 3.

Im Rahmen des Nachweises des erfolgreichen Kapitalerhalts hat der Kurswert des Aktienpakets jedoch durchaus seine Bedeutung. Hierbei kann es unter Umständen notwendig werden, die Kurswerte des Anlageportfolios zum Bilanzstichtag im Anhang anzugeben.[1]

Im Rahmen der Prüfung des Kapitalerhalts stellt sich die Frage, ob bei der Bewertung des Aktienpakets der Kurswert maßgebend ist, der sich ergibt, wenn man die Anzahl der Aktien mit dem Börsenkurs am Bilanzstichtag multipliziert, oder ob der tatsächlich zu erzielende Veräußerungserlös anzusetzen ist?

Beide Ansichten sind vertretbar. Orientiert man sich bei der Beantwortung die- 1620
ser Frage an dem Bild des vorsichtigen Kaufmanns, der im Interesse der Kapitalerhaltung das Aktienpaket verkaufen wird, weil er von zukünftig fallenden Kursen ausgeht, so spricht dies für eine Bewertung mit dem denkbaren Veräußerungserlös. In diesem Fall ist der Börsenkurs um die anteiligen Veräußerungspesen zu kürzen, bevor das Ergebnis mit der Anzahl der Aktien multipliziert wird.

Bei der Zugrundelegung dieses vorsichtigen Ansatzes ist im Anhang als Zeitwert der Kaurus Aktien ein Betrag von 1.001.427,70 € anzugeben.

► **Das Kreditbank Aktienpaket**

Beim Erwerb des Aktienpakets am 1.8.2014 lag der Börsenkurs der Kreditbank 1621
AG bei 25,3515 €. Inklusive der Anschaffungsnebenkosten musste die Neuhausen Stiftung für die erworbenen 3.900 Aktien einen Betrag von 99.365,20 € bezahlen. In den Folgejahren hatte sich der Börsenkurs über dem Einstandspreis gehalten, am 31.12.2021 jedoch lag er nunmehr bei 14,684 €. Aufgrund der zu dem Kaurus Aktienpaket gemachten Erläuterungen war zum 31.12.2021 der Buchwert des Kreditbank Aktienpakets auf den niedrigeren beizulegenden Wert unter Berücksichtigung der Wiederbeschaffungskosten außerplanmäßig abzuschreiben. Das Aktienpaket steht somit am 31.12.2021 mit einem Wert von 57.553,94 € in der Bilanz.

Zum 31.12.2022 war der Kurs weiter auf 5,6792 € gefallen und es wurde eine weitere außerplanmäßige Abschreibung i. H. von 35.294,31 € auf 22.259,62 € notwendig. Am 31.12.2023 war der Kurs dann auf 3,7180 € gefallen und es musste auf 14.427,70 € abgeschrieben werden, eine weitere außerplanmäßige Abschreibung i. H. von 7.831,93 €. Die kurswertbedingten außerplanmäßigen Abschreibungen auf das Aktienpaket der Kreditbank AG belaufen sich damit auf insgesamt -84.937,51 €.

---

1 Vgl. IDW RS HFA 5, Rz. 59; hier → Rz. 1540, → Rz. 1564 und → Rz. 1661.

► Anleihe 3,5 % Freistaat Bayern Schatzanweisung von 2020 (2027), nominal 680.000,00 € zu einem Kurs von 101,71%

1622 Die Anleihe wurde am 27.10.2020 erworben, da sie jedoch am 27.1.2020 aufgelegt worden war und der Zinstermin jeweils der 27.1. ist, musste die Neuhausen Stiftung neben den Anschaffungs- und Anschaffungsnebenkosten auch Stückzinsen i. H. von ca. 17.850 € bezahlen. Diese Stückzinsen sind nicht Bestandteil der Anschaffungskosten, sondern waren im Jahre 2020 als ein gesondert erworbener Zinsanspruch (sonstiger Vermögensgegenstand) zu bilanzieren, denn dieser Anspruch wurde durch Einlösung der Zinsscheine am 27.1.2021 getilgt.[1] Die Anleihe war daher mit 691.628 € Anschaffungskosten zuzüglich 3.338,80 € Anschaffungsnebenkosten (§ 255 Abs. 1 HGB) zu aktivieren, zusammen somit 694.966,80 €.

1623 Der Kurs der Anleihe belief sich bei der Anschaffung auf 101,71 %. Daher liegen die Anschaffungskosten i. H. von 691.628 € um 11.628 € über dem Nominalwert der Anleihe i. H. von 680.000 €. Am Ende der Laufzeit der Anleihe am 27.1.2027 wird die Stiftung daher lediglich den Nominalbetrag von 680.000 € erhalten, die 11.628 € sind Anschaffungskosten, die sie bei der Rückzahlung der Anleihe nicht vergütet bekommen wird.

Diese „verlorenen Anschaffungskosten" i. H. von 11.628 € musste die Stiftung bezahlen, weil der Kupon, also der Zinssatz, den der Anleiheschuldner auf den Nominalbetrag bezahlt, im Zeitpunkt des Erwerbs der Anleihe höher lag als der Marktzins, denn der Kupon wird bis zum Ende der Laufzeit der Anleihe unverändert bleiben. Diese „verlorenen Anschaffungskosten" stellen also eine Korrektur des nominalen Zinses von 3,5 % auf 680.000 € dar. Diese Korrektur erfolgt über die gesamte Laufzeit der Anleihe, denn zu jedem Zinstermin wird die Stiftung einen Zinsbetrag bekommen, der höher sein wird als derjenige, den sie bekäme, falls sie am 27.10.2009 eine Anleihe erworben hätte, deren Nominalzins dem damals geltenden Marktzinssatz bei vergleichbarer Bonität des Schuldners entsprochen hätte.

Diese Zinskorrektur ist unter zwei Aspekten zu betrachten. Einmal unter dem handelsrechtlichen Aspekt der Aufwands- und Ertragsperiodisierung (§ 252 Abs. 1 Nr. 5 HGB) und zum Zweiten unter der notwendigen Abgrenzung zwischen den Unkosten der Vermögensverwaltung und den Ergebnissen aus Vermögensumschichtungen.[2]

1 Vgl. Schubert/Gardek in Beck'scher Bilanzkommentar, § 255 Rz. 307, 176 m. w. N.
2 Vgl. → Rz. 265, → Rz. 1566 und → Rz. 1588.

Nach § 252 Abs. 1 Nr. 5 HGB sind die Aufwendungen und Erträge des Geschäftsjahres unabhängig von den Zeitpunkten der entsprechenden Zahlungen im Jahresabschluss zu berücksichtigen. Die „verlorenen Anschaffungskosten" müssten daher eigentlich über die Restlaufzeit der Anleihe als Aufwand verrechnet werden, um eine periodengerechte Aufwandsverteilung sicherzustellen. 1624

In der handelsrechtlichen Literatur wird eine Abschreibung der über pari Anschaffungskosten von festverzinslichen Wertpapieren nur für den Fall diskutiert, in dem der Börsenkurs unter die Anschaffungskosten gefallen ist.[1] In der Praxis jedoch finden sich in den Anhängen zu Geschäftsberichten von Banken Aussagen, nach denen bei festverzinslichen Wertpapieren des Anlagevermögens die Anschaffungskosten über pari durch eine lineare Abschreibung bis zur Fälligkeit an den niedrigeren Einlösungskurs angepasst werden.[2] 1625

Bei dem Jahresabschluss einer Kapitalgesellschaft kann es nach der hier vertretenen Ansicht dahingestellt bleiben, ob die über pari Anschaffungskosten eines festverzinslichen Wertpapiers linear auf den Einlösungsbetrag abgeschrieben werden müssen oder nicht. Zwar wurde durch die Zuordnung der Wertpapiere zum Anlagevermögen dokumentiert, dass sie der langfristigen Kapitalanlage dienen sollen. Dennoch ist es nicht ausgeschlossen, dass sie zur Gewinnung zusätzlicher Liquidität, oder zur Realisierung von Kursgewinnen vor Laufzeitende verkauft werden. 1626

Diese Veräußerungsmotive können auch bei einer Stiftung, die ihre Mittel durch die Anlage ihres Vermögens erzielt, nicht ausgeschlossen werden. Dennoch ist eine Veräußerung zur Realisierung von Kursgewinnen relativ unwahrscheinlich, da die Stiftung den Veräußerungserlös i. d. R. wieder anderweitig anlegen muss. Dies ist der Fall, sofern Grundstockvermögen veräußert wird, weil dessen Erhaltung gewährleistet sein muss, § 83c Abs. 1 Satz 3 BGB-neu.[3] Außerdem könnte die Stiftung zwar bei einem Verkauf eines festverzinslichen Wertpapiers mit erheblich gestiegenem Kurswert einen Gewinn erzielen, aber anschließend lediglich ein anderes festverzinsliches Wertpapier erwerben, das einen deutlich niedrigeren Zinskupon hat. Sie könnte zwar aufgrund des reali- 1627

1 Vgl. Hoffmann/Lüdenbach in NWB Kommentar Bilanzierung, § 253 Rz. 180 ff. NWB NAAAJ-19437; Schubert/Andrejewski in Beck'scher Bilanzkommentar, § 253 Rz. 215: Finanzanlagen sind nicht abnutzbar, vgl. Rz. 308 ff.; Golombek in Beck'sches Steuer- und Bilanzrechtslexikon, Edition 61/2022, Stichwort: Wertpapiere Rz. 7; siehe auch Schorr/Fritz, DStR 2017 S. 1223.

2 Vgl. z. B. Lagebericht 2021 mit Jahresabschluss der Sparkasse Siegen, S. 18; Jahresabschluss 2021 mit Lagebericht Volksbank Franken eG, S. 6; siehe auch Schorr/Fritz, DStR 2017 S. 1223.

3 Vgl. → Rz. 265, → Rz. 1566 (unterschiedliche Sphären mit eigenen Vorschriften zur Rücklagenbildung) und → Rz. 1588.

sierten Kursgewinns einen höheren Nominalbetrag erwerben, aber dürfte im Ergebnis nicht mehr Zinsen erzielen als zuvor. Sie hätte lediglich Verkaufs- und Kaufspesen im Vergleich zur kostenlosen Einlösung der ursprünglichen Anleihe verursacht.

1628 Hält jedoch die Stiftung das festverzinsliche Wertpapier, das sie über pari erworben hat, bis zur Einlösung und schreibt sie die über pari Anschaffungskosten nicht linear ab, so würde sie am Tag der Einlösung einen Verlust realisieren, der als Differenz zwischen den Anschaffungskosten und dem Veräußerungserlös als Ergebnis aus Vermögensumschichtung qualifiziert werden könnte, falls das Wertpapier zum Grundstockvermögen gehört. Dies geschähe, obwohl der Aufwand zu den Kosten der Vermögensverwaltungen gehört, siehe unten. Das Gleiche gälte, falls die Stiftung vor dem Einlösetermin das fragliche festverzinsliche Wertpapier auf einen niedrigeren Kurswert abschriebe. Im Falle der Neuhausen Stiftung und der 3,5 % Anleihe des Freistaates Bayern ergebe sich bei Einlösung ein Verlust von 11.628,00 € zzgl. 3.328,00 € Kaufspesen.

1629 Die eventuelle Qualifizierung der über pari Anschaffungskosten als Ergebnis aus Vermögensumschichtung wäre nicht zutreffend, denn wie zuvor festgestellt, stellen diese Kosten lediglich ein Korrektiv zu der über dem Marktzins liegenden nominalen Verzinsung der Anleihe dar. Nun bestünde die Möglichkeit im Falle der Neuhausen Stiftung die über pari Anschaffungskosten von 11.628 € bei der Einlösung am 27.1.2016 statt als Ergebnis aus Vermögensumschichtung als Unkosten der Vermögensverwaltung zu qualifizieren. In diesem Fall jedoch würde der Betrag von 11.628 € in einem Wirtschaftsjahr komplett als Unkosten verrechnet werden und in diesem Jahr die Mittel der Stiftung, die für satzungsgemäße Zwecke zur Verfügung stehen, erheblich mindern. Bei einem Überschuss für Stiftungszwecke i. H.von ca. 53.000 € wären dies über 20 %, ein Betrag, der nicht mehr unwesentlich ist.[1] Die Ertragslage würde verzerrt dargestellt werden.[2] Dies gilt in gleicher Weise für die oben genannten Anschaffungsnebenkosten der Stiftung i. H.von 3.328,00 €, die als Kaufspesen angefallen sind.

1630 Aus diesen Gründen ist es sinnvoll, wenn eine Stiftung die über pari Anschaffungskosten planmäßig über die Laufzeit bis zum Einlösetag abschreibt:

1 Hoffmann/Lüdenbach in NWB Kommentar Bilanzierung, § 253, Rz. 236 f. NWB NAAAJ-19437.

2 Vgl. § 264 Abs. 2 Satz 1 HGB; der Jahresabschluss hat ein den tatsächlichen Verhältnissen entsprechendes Bild der Vermögens-, Finanz- und Ertragslage zu vermitteln, vgl. Hoffmann/Lüdenbach in NWB Kommentar Bilanzierung, § 264, Rz. 15 ff.; Winkeljohann/Schellhorn in Beck'scher Bilanzkommentar, § 264 Rz. 41 ff.; Wesentlichkeitsgrundsatz nach § 252 HGB, vgl. Hoffmann/Lüdenbach in NWB Kommentar Bilanzierung, § 253, Rz. 236 f. NWB NAAAJ-19437; Winkeljohann/Büssow in Beck'scher Bilanzkommentar, § 252 Rz. 70.

1. Hierdurch wird vermieden, dass diese Kosten als Ergebnis aus Vermögensumschichtungen qualifiziert werden und daher der Überschuss für Stiftungszwecke höher als wirtschaftlich veranlasst ausgewiesen würde.
2. Durch die planmäßige lineare Abschreibung wird der Aufwand für die über pari Anschaffungskosten und Kaufspesen verursachungsgerecht auf die betroffenen Kalenderjahre verteilt und hierdurch eine Verzerrung der Ertragslage der Stiftung vermieden, die einträte, falls diese Kosten im Jahr der Einlösung der Anleihe geballt als Aufwand der Vermögensverwaltung berücksichtigt würden.

Im Falle der 3,5 %-Anleihe des Freistaats Bayern der Neuhausen Stiftung erfolgte der Erwerb am 27.10.2020, wobei die Anleihe eine Laufzeit bis zum 20.1.2027 hat. Es errechnet sich somit eine Laufzeit von 75 Monaten und hieraus folgende Abschreibungstabelle. 1631

Jahr	Afa Monate	AHK	kumulierte Afa	RBW 31.12.
		694.966,80 €		
2020	2	-399,11 €	-399,11 €	694.567,69 €
2021	12	-2.394,69 €	-2.793,80 €	692.173,00 €
2022	12	-2.394,69 €	-5.188,49 €	689.778,31 €
2023	12	-2.394,69 €	-7.583,18 €	687.383,62 €
2024	12	-2.394,69 €	-9.977,87 €	684.988,93 €
2025	12	-2.394,69 €	-12.372,55 €	682.594,25 €
2026	12	-2.394,69 €	-14.767,24 €	680.199,56 €
2027	1	-199,56 €	-14.966,80 €	680.000,00 €

► 2,15 % Anleihe der Deutschen Bahn von 2021 (2031), Kurs 90,00 %

Die Bahn-Anleihe wurde ein paar Tage vor der offiziellen Emission zu einem Kurs von 90 % und ohne Spesen erworben. Es liegt folglich ein sogenannter unter pari Erwerb vor. Der Stiftungsvorstand entschied, für die Anschaffung einen Teilbetrag von 900.000,00 € ihres Investitionsbudgets[1] zu verwenden. Aufgrund des günstigen Kurses konnte er daher die Anleihe mit einem Nominalbetrag von 1.000.000,00 € erwerben. Aus diesem Grund ergibt sich bei dieser Anleihe keine Notwendigkeit einer planmäßigen linearen Abschreibung 1632

1 Vgl. → Rz. 1609, anzulegender Betrag 1.100.000,00 €.

von über pari Anschaffungskosten und Anschaffungsnebenkosten auf den niedrigeren Einlösebetrag. Ebenso wenig mussten Stückzinsen bezahlt werden, so dass auch keine sonstige Forderung aktiviert werden musste.

Die Anleihe wurde am 4.11. aufgelegt und hat am 4.11. eines jeden Jahres ihren Zinstermin. Aus diesem Grund wird in der Depotaufstellung der Neuhausen Stiftung zum 31.12.2021 ein entsprechender Stückzinsanspruch ausgewiesen. Dieser muss zum 31.12.2023 ertragswirksam aktiviert und am 4.11.2024, wenn die jährliche Zinszahlung erfolgt, erfolgswirksam aufgelöst werden. Hierdurch kommt es zu einer periodengerechten Zuordnung der Zinserträge.

In der Handelsbilanz gilt bei unter pari Erwerben das Anschaffungskostenprinzip der § 253 Abs. 1 Satz 1, § 255 Abs. 1 HGB. Die Anleihe ist daher mit 900.000,00 € in der Bilanz anzusetzen und nicht mit ihrem Nominalbetrag von 1.000.000,00 €. Danach stiegen die Kurse der Anleihe (am 31.12.2021 94,40 € statt 90,00 €), so dass sich die Frage einer Abschreibung nicht stellte. Bei der Einlösung der Anleihe wird die Stiftung allerdings einen Gewinn von 100.00,00 € machen. Wollte sie diesen Gewinn über die zehn Jahre der Laufzeit der Anleihe gleichmäßig verteilen, wie dies bei der über pari Anschaffung der Anleihe des Freistaates mit den über pari Anschaffungskosten geschieht, so müsste die Stiftung jedes Jahr 10.000,00 € mehr Ertrag aus der Vermögensverwaltung ausweisen und für ihre satzungsmäßigen Zwecke verwenden, als ihr an Zinsen zufließen. Diese Auszahlungen würden im Hinblick auf einen zukünftigen Gewinn erfolgen. Sie widersprächen dem handelsrechtlichen Vorsichtsprinzip und der zivilrechtlichen Verpflichtung zur ungeschmälerten Erhaltung des Grundstockvermögens nach § 83c Abs. 1 BGB-neu. Aus diesen Gründen kommt die Verteilung des Gewinns über die Laufzeit der Anleihe nicht in Frage. Die Stiftung wird also warten müssen, bis die Anleihe wieder eingelöst wird und kann dann einen Einlösegewinn ausweisen. Diesen Gewinn kann sie, sofern die Satzung nichts Gegenteiliges bestimmt, für ihre Stiftungszwecke verwenden oder als Umschichtungsgewinn den Rücklagen zuführen, § 83c Abs. 1 BGB-neu.

Dass dieser Einlösegewinn der Ertragssphäre zugeordnet werden kann, ergibt sich auf folgender Überlegung: Nehmen wir an, das Zinsniveau für einen Schuldner der Bonität der Bahn liegt bei 3,5 % und die Stiftung hatte wie ausgeführt ein Kapital von 900.000,00 € zur Verfügung. Ihr jährlicher Zinsertrag beliefe sich daher auf 31.500,00 €.

Die Anleihe der Bahn bewirbt die Stiftung zu einem Kurs von 90,00 %, weil deren Kupon nur bei 2,15 % und nicht bei 3,5 % liegt. Bei einem Nominalwert von 1.000.000,00 €, den die Stiftung für ihren Kaufpreis von 900.000,00 € bekommt, und einem Zins von 2,15 % errechnet sich eine jährliche Zinseinnahme von 21.500,00 €. Addiert man hierzu den jährlichen Wertzuwachs der Anleihe von 10.000,00 €, so errechnet sich wieder ein jährlicher Gesamtertrag von 31.500,00 €. Den erhielte die Stiftung auch, wenn sie ihr Kapital von 900.000,00 € in eine Anleihe mit einem marktmäßigen Kupon von 3,5 % investieren würde. Diese Rechnung ist natürlich für die Darstellung vereinfacht, denn sie berücksichtigt nicht die am Kapitalmarkt berücksichtigten Zinseszinsen.

Im Ergebnis bedeutet der Erwerb von unter pari Anleihen, dass die Stiftung hierdurch zunächst niedrigere Erträge haben und die Summe dieses „Wenigers" später als Einlösegewinn geballt ausgeglichen wird.

Die Kurse der Anleihe blieben in der Folge grds. stabil, und da sich die Bonität der Bahn nicht verschlechterte und daher der Einlösebetrag quasi sicher ist, sind außerplanmäßige Abschreibungen nicht notwendig.[1]

► **5,11% -Anleihe der Private Equity AG von 2021 (2029), Kurs 90,00 %**

Den Rest ihres Investitionsbudgets von insgesamt 1.100.000,00 €, somit 200.000,00 €, investierte die Neuhausen Stiftung in die Anleihe der Private Equity AG mit einem Kupon von 5,11 %. Die Bonität der Private Equity AG liegt dabei im unteren Bereich, aber nicht am Ende des Bonitätsrahmens für Anleihen, den sich die Stiftung selbst gegeben hat. Mit dem hohen Kupon will der Vorstand den niedrigen Kupon der Bahn-Anleihe ausgleichen und ist der Meinung, dass ein höheres Risiko bei lediglich 2/11 des Investitionsbudgets hinnehmbar ist.

Da keine Erwerbsspesen anfielen und die Anleihe zu einem Kurs von 100 % erworben wurde, ist sie mit ihren Anschaffungskosten von 200.000,00 € in der Bilanz auszuweisen. Bezüglich der Stückzinsen gilt dasselbe wie bei der Bahn-Anleihe.

► **Aktive Rechnungsabgrenzung**

Der aktive Rechnungsabgrenzungsposten hat seinen Grund in der Grabpflege. 1633
Die Neuhausen Stiftung hatte ein Grabpflegevertrag mit einem externen Dienstleister über mehrere Jahre abgeschlossen und das gesamte Entgelt im Jahr des Vertragsabschlusses beglichen.

1 Vgl. zur Geltung des Niederstwertprinzips bei Aktien z. B. → Rz. 1614 ff.

► **Passivseite**

Auf der Passivseite folgte die Neuhausen Stiftung der oben[1] empfohlenen Gliederung, die sich an den IDW Rechnungslegungsstandard HFA 5 anlehnt und entsprechend der Stiftungsrechtsreform 2023 weiterentwickelt wurde.

Bei der Neuhausen Stiftung sind die Ergebnisse aus Vermögensumschichtungen negativ, die Kapitalerhaltungsrücklage aus den Gewinnrücklagen jedoch deutlich höher. Das Grundstockvermögen ist also wertmäßig in vollem Umfang erhalten. Da die Satzung der Neuhausen Stiftung keine Gegenstände definiert, die gegenständlich erhalten werden müssen, ist damit die Pflicht zur Erhaltung des Grundstockvermögens erfüllt.[2] Hierauf wird auch in den Ausführungen zum Anhang der Neuhausen Stiftung eingegangen.[3]

5.2 Der Aufbau einer Überschuss- und Mittelverwendungsrechnung auf der Basis einer handelsrechtlichen Gewinn- und Verlustrechnung entsprechend § 275 HGB

1634 Wie unter Punkt G.VI.2[4] ausgeführt ist es zu empfehlen, den Jahresbericht einer Stiftung auf der Grundlage eines, den handelsrechtlichen Vorschriften entsprechenden Jahresabschlusses aufzubauen. Handelsrechtlich erfolgt die Ermittlung des Jahresergebnisses mittels der sogenannten Gewinn- und Verlustrechnung, die in § 275 HGB geregelt ist. Unter Punkt VI.4.3[5] wurde bereits darauf hingewiesen, dass es im Jahresbericht einer Stiftung nicht nur um die Ermittlung eines Jahresergebnisses geht, sondern dass dieser auch Rechenschaft über die Verwendung der erwirtschafteten oder auf andere Weise erhaltenen Mittel legen muss. Aus diesem Grund wird im Folgenden von einer Überschuss- und Mittelverwendungsrechnung gesprochen, die eine § 275 HGB entsprechende handelsrechtliche Gewinn- und Verlustrechnung mit umfasst.

1635 Im Rahmen der handelsrechtlichen Rechnungslegung gibt es ausreichend Spielräume, um der Trennung zwischen dem laufenden Ertrag, der eindeutig zur Zweckerfüllung zur Verfügung steht und den sonstigen Erträgen aus Vermögensumschichtung zu unterscheiden. § 265 Abs. 5–8 HGB wurden bereits zitiert, die im Bereich der arabischen Zahlen eine weitere Untergliederung oder Zusammenfassung von Posten, neue Posten und Zwischensummen und

1 Vgl. → Rz. 1578.
2 Vgl. → Rz. 1425, → Rz. 1578, → Rz. 1603 (zur Satzung)
3 Vgl. → Rz. 1659.
4 Vgl. → Rz. 1533.
5 Vgl. → Rz. 1569 ff.

eine zwingende Abweichung von den gesetzlichen Schemata vorschreiben, um die Gliederung der Bilanz sowie der GuV an die Besonderheiten einer Branche anzupassen.[1] Im Bereich der GuV ist zusätzlich auf § 275 Abs. 4 HGB hinzuweisen, der anordnet, dass Veränderungen der Kapital- und Gewinnrücklagen in der GuV erst nach dem Posten „Jahresüberschuss/Jahresfehlbetrag" ausgewiesen werden dürfen.

Mit diesem gesetzlichen Rüstzeug kann die in Anhang 1 beigefügte Überschuss- und Mittelverwendungsrechnung der Neuhausen Stiftung auf ihre Besonderheiten hin untersucht werden. In diesem Zusammenhang wird auf den Anhang 1, Erläuterungen hingewiesen, in dem die einzelnen Positionen der Überschuss- und Mittelverwendungsrechnung zusätzlich erläuternd aufgegliedert sind.

Die Überschuss- und Mittelverwendungsrechnung der Neuhausen Stiftung enthält in ihrem ersten Teil A. die Ermittlung des Jahresüberschusses nach HGB.

Bei der Gliederung der Posten der GuV folgt das Gesetz beim sogenannten Ge- 1636
samtkostenverfahren nach § 275 Abs. 2 HGB, dem Konzept der Erfolgsspaltung. Da das Gliederungsschema in § 275 HGB für ein Produktionsunternehmen entworfen wurde, wird das „Ergebnis nach Steuern" gedanklich unterteilt in ein „Betriebsergebnis" und ein „Finanzergebnis". Das Ziel der Erfolgsspaltung kann man darin sehen, *„das nachhaltig erzielbare Ergebnis aus der eigentlichen Unternehmenstätigkeit ermitteln"* zu können.[2]

Die Umsatzerlöse sind die Ausgangsgröße für die GuV sowie zugleich sowohl 1637
als absolute Zahl als auch in Beziehung zu anderen Posten eine der wichtigsten Kennzahlen. Nach § 277 Abs. 1 HGB umfassen diese verkürzt die Erlöse *„... aus dem Verkauf und der Vermietung oder Verpachtung von Produkten sowie aus der Erbringung von Dienstleistungen der Kapitalgesellschaft ..."*. Unter Dienstleistungen sind nicht nur diejenigen zu verstehen, die der gewöhnlichen Geschäftstätigkeit der Gesellschaft entsprechen,[3] sondern auch solche, die nicht zu dieser zählen.

Im speziellen Fall der Neuhausen Stiftung ist die typische Dienstleistung gegenüber anderen Marktteilnehmern die entgeltliche Überlassung von Kapital.

---

1 Vgl. → Rz. 1596.

2 Vgl. zur Rechtslage vor BilRUG Förschle/Peun in Beck'scher Bilanzkommentar, 9. Aufl. 2014, § 275 Rz. 40 ff.

3 Vgl. zur alten Rechtslage Förschle/Peun in Beck'scher Bilanzkommentar, 9. Aufl. 2014, § 275 Rz. 49. (unverändert 9. Aufl., da Verweis auf Zeit vor BilRUG).

Aus diesem Grund wurden unter den Umsatzerlösen die Erträge aus Wertpapieren des Anlagevermögens und die sonstigen Zinsen und ähnlichen Erträge die im § 275 Abs. 2 HGB mit den Nrn. 10. Bzw. 11. Bezeichnet sind, als Untergliederung der „Umsatzerlöse", hier umbenannt in „Erträge", ausgewiesen.[1]

1638 Darüber hinaus erzielt die Neuhausen Stiftung noch weitere Erlöse. Sie hat die in ihrem Eigentum befindliche Wohnung entsprechend den Verfügungen des Stifters dessen Pflegerin auf Lebenszeit unentgeltlich zu überlassen. Die Verbrauchskosten dieser Wohnung jedoch hat die Pflegerin der Stiftung entsprechend den Anordnungen des Stifters zu ersetzen. Diese Zahlungen sind Einnahmen der Stiftung. Obwohl sie nicht aufgrund von Dienstleistungen erzielt werden, die die Stiftung üblicherweise Marktteilnehmern gegenüber erbringt, handelt es sich um Umsatzerlöse.

1639 Bei den Umsatzerlösen ist in § 275 Abs. 2 HGB eine Untergliederung nach unterschiedlichen Tätigkeiten nicht vorgesehen. Vielmehr hätte die Neuhausen Stiftung gem. § 276 HGB als kleine Kapitalgesellschaft sogar die Möglichkeit, die ersten fünf Positionen des gesetzlichen Gliederungsschema zu einem Posten unter der Bezeichnung „Rohergebnis" zusammenzufassen. Im Hinblick auf den vom Stiftungsrecht geforderten gesonderten Ausweis der Aufwendungen für satzungsgemäße Zwecke[2] hat die Neuhausen Stiftung hierauf verzichtet und die Positionen weiter untergliedert.

Die Position Personalaufwand erscheint in der GuV der Stiftung nicht, da sie über keine abhängig Beschäftigten verfügt, sondern den Vorstandsmitgliedern lediglich Aufwandsentschädigungen bezahlt.

1640 Im gesetzlichen Gliederungsschema werden als nächstes die Abschreibungen aufgeführt, wobei zwischen den Abschreibungen für Anlagevermögen und Umlaufvermögen unterschieden wird. Im Falle der Neuhausen Stiftung liegt jedoch kein Umlaufvermögen vor, vielmehr ergibt sich bei der Anleihe des Freistaates Bayern, wie zuvor erläutert, die Notwendigkeit einer linearen Abschreibung der über pari Anschaffungskosten zzgl. Der angefallenen Anschaffungsnebenkosten, um bis zum Einlösetag eine periodengerechte Verteilung des hierdurch entstehenden Aufwands zu erreichen. Im Falle der Neuhausen Stif-

1 Vgl. § 265 Abs. 6 HGB; das IDW in IDW RS HFA 5, Rz. 50, fordert: *„Obgleich gesetzliche Vorschriften zur Gliederung der Gewinn- und Verlustrechnung für Nicht-Kapitalgesellschaften nicht bestehen, ist auch hier eine sachgerechte Aufgliederung der Aufwendungen und Erträge erforderlich. Dabei sollte die Gliederung des Jahresabschlusses einen so vollständigen, klaren und zutreffenden Einblick in die Stiftungstätigkeit geben, dass sich der Adressat ein Urteil über die Verwendung des eingesetzten Vermögens und der damit erzielten Erträge bilden kann."* .

2 Vgl. → Rz. 1566.

tung, deren Geschäftstätigkeit die entgeltliche Überlassung von Kapital zur Nutzung ist, ist dieser Aufwand dem Betriebs- und nicht dem Finanzergebnis zuzuordnen.

Die Unterscheidung zwischen Betriebs- und Finanzergebnis in § 275 Abs. 2 1641
HGB (Erfolgsspaltung) geschah vor dem Hintergrund der Konzeption der Erfolgsrechnung für ein Produktionsunternehmen. Die Abschreibungen auf Sachanlagen sind daher dem Betriebsergebnis zuzuordnen, während die im Gesetz mit der Nr. 12. bezeichneten „Abschreibungen auf Finanzanlagen und auf Wertpapiere des Umlaufvermögens" dem Finanzbereich zugeordnet werden, der gedanklich neben der Produktion existiert.

Diese Unterscheidung kann sinngemäß auf die Neuhausen Stiftung übertragen werden. Das Halten von Aktien und Anleihen als zentrale Tätigkeit zur Erzielung von Einnahmen ist dabei der „Produktion" vergleichbar, während die Berücksichtigung von Wertschwankungen dieses Anlagevermögens, deren Ergebnisse bei Stiftungen als sogenannte „Ergebnisse aus Vermögensumschichtungen" aus der Überschussermittlung isoliert und direkt in der Bilanz unter dem Eigenkapital ausgewiesen werden, den von der „Produktion" getrennten Finanzbereich darstellt. Solange zumindest eine Gewinnermittlung entsprechend den Vorschriften des HGB vorgenommen wird.

In Umsetzung dieses Erfolgsspaltungskonzepts unterscheidet die Neuhausen 1642
Stiftung daher zwischen einerseits der planmäßigen Abschreibung auf das Sachanlagevermögen (Wohnung) und auf Finanzanlagen (über pari Anschaffungskosten und Anschaffungsnebenkosten), die wie bei einem Produktionsunternehmen den „Werteverzehr" dieser über pari Anschaffungskosten und Anschaffungsnebenkosten darstellt, und andererseits der „Abschreibung auf Finanzanlagen und auf Wertpapiere des Umlaufvermögens", die ihre Ursache in Wertschwankungen hat und daher außerplanmäßige Abschreibungen darstellt.

Die unter Nr. 3. aufgelisteten sonstigen betrieblichen Aufwendungen entspre- 1643
chen den verwirklichten Sachverhalten. Gemäß den Anforderungen des Stiftungsrechts, die satzungsgemäßen Aufwendungen gesondert auszuweisen,[1] untergliedert die Neuhausen Stiftung diese Aufwendungen in diejenigen aus Verwaltungstätigkeit und die aus der Wohnungsüberlassung und Grabpflege, denn die beiden letzteren sind satzungsgemäße Leistungen der Stiftung.

---

1 Vgl. → Rz. 1573 ff.

1644 Hiermit ist gem. § 275 Abs. 2 HGB die Ermittlung des „Betriebsergebnisses" abgeschlossen. Wegen des BilRUG gibt es in der GuV die Zwischensumme „14. Ergebnis der gewöhnlichen Geschäftstätigkeit" nicht mehr. Dennoch ist es bei einer Stiftung angemessen an dieser Stelle nach § 265 Abs. 5 HGB eine Zwischensumme auszuweisen, weil hiermit das Ergebnis aus der Vermögensverwaltung, aber auch aus der Erledigung bestimmter satzungsgemäßer Zwecke beendet ist. Die Neuhausen Stiftung entschied sich dazu, dieses Zwischenergebnis als „Ergebnis der Verwaltung- und satzungsmäßigen Tätigkeiten" zu bezeichnen.

Hieran schließt sich die Ermittlung des „Finanzergebnisses", wie oben bereits beschrieben, an.

1645 Die Wertaufholungen gem. § 253 Abs. 5 HGB folgen aus der Tatsache, dass sich der Aktienkurs der Kaurus AG im Jahre 2023 wieder erholte und über die Anschaffungskosten hinaus anstieg. Hier greift das handelsrechtliche Vorsichts- und Imparitätsprinzip,[1] das eine Zuschreibung über die historischen Anschaffungskosten hinaus unterbindet. Aus diesem Grund wird die im Jahre 2022 auf das Aktienpaket Kaurus AG vorgenommene außerplanmäßige Abschreibung i. H. von 18.009,60 € nach § 253 Abs. 5 HGB rückgängig gemacht.

1646 Das Gliederungsschema des § 275 Abs. 2 HGB sieht im Bereich des „Finanzergebnisses" lediglich einen Posten für Abschreibungen jedoch keinen für Zuschreibungen vor. In der handelsrechtlichen Praxis wird daher der Zuschreibungsertrag unter den sonstigen betrieblichen Erträgen ausgewiesen und damit dem allgemeinen Ergebnis nach Steuern zugeordnet anstatt ein gesondertes Finanzergebnis auszuweisen.[2] Um jedoch dem Erfolgsspaltungskonzept in der GuV zu entsprechen, wird es als zulässig angesehen, den Zuschreibungsertrag in einem eigenständigen GuV-Posten auszuweisen. Im Hinblick auf die höhere Transparenz hat sich die Neuhausen Stiftung hierzu entschieden und diesen entsprechend der Staffelform der GuV vor den korrespondierenden Aufwendungen ausgewiesen.

1647 Zum Abschluss werden die außerplanmäßigen Abschreibungen auf Finanzanlagen angeführt, für das Jahr 2023 i. H. von -7.831,93 € und für das Vorjahr i. H. von -53.303,91 €. Der Aufwand des Jahres 2023 ergibt sich aus dem erneuten Kursverlust der Kreditbank AG, er wurde oben errechnet. Die außerplan-

1 Vgl. → Rz. 1492.

2 Vgl. Schmidt/Peun in Beck'scher Bilanzkommentar, § 275 Rz. 98 a. E.; Hoffmann/Lüdenbach in NWB Kommentar Bilanzierung, § 275 Rz. 9 NWB UAAAJ-19465; vgl. auch Kirsch, DStR 2015 S. 664, 666.

mäßige Abschreibung des Jahres 2022 errechnete sich aus den damaligen Kursverlusten der Kaurus AG i. H. von -18.009,60 € und der Kreditbank AG i. H. von -35.294,31 €.

Hiermit ist die Gewinnermittlung nach HGB abgeschlossen und es können der Jahresüberschuss bzw. der Jahresfehlbetrag nach HGB ausgewiesen werden.

Im Anschluss an diese Gewinnermittlung nach Handelsrecht müssen die Besonderheiten des Stiftungsrechts berücksichtigt werden. Dies erfolgt in Teil B der Überschuss- und Mittelverwendungsrechnung.[1] 1648

In diesem Teil muss zunächst der zuvor ermittelte Jahresüberschuss bzw. Jahresfehlbetrag nach HGB übernommen werden. Anschließend wird bei der Neuhausen Stiftung als erstes die Entnahme aus der sonstigen Ergebnisrücklage des Vorjahres aufgeführt. Dies geschieht vor folgendem Hintergrund: Im Vorjahr hatte die Neuhausen Stiftung beschlossen, die Ergebnisrücklage nach § 62 Nr. 3 AO[2] im zulässigen Maße zu dotieren und den verbleibenden Überschuss für Stiftungszwecke an die vier vom Stifter aufgeführten Organisationen im Folgejahr auszukehren. Aus diesem Grund hatte sie im Vorjahr 32.482 € in die Ergebnisrücklage eingestellt. Im laufenden Geschäftsjahr entnahm sie diesen Betrag der Ergebnisrücklage und verteilte ihn an die vier begünstigten Organisationen. Dies verändert den Überschuss für Stiftungszwecke nicht, da der Entnahme entsprechende Aufwendungen für satzungsgemäße Zwecke gegenüberstehen.

Nachdem diese Aufwendungen berücksichtigt wurden, müssen die im Jahresüberschuss nach Handelsrecht berücksichtigten Erträge und Aufwendungen für Stiftungszwecke des laufenden Jahres eliminiert werden. Neben den Zuwendungen für die vier genannten Organisationen hat die Neuhausen Stiftung auch noch die Wohnungsüberlassung und die Grabpflege als satzungsmäßige Leistungen zu erbringen. Während die Zuwendungen an die Organisationen eine Verteilung des Überschusses des Vorjahres darstellen und deswegen in der laufenden handelsrechtlichen Jahresüberschussermittlung nicht enthalten sind, stellen die Aufwendungen für Wohnungsüberlassung und Grabpflege laufenden Aufwand dar, der mit in den Jahresüberschuss nach HGB einfließt, jedoch gesondert ausgewiesen wird. Dies gilt es zu korrigieren. 1649

Dabei entstehen bei der Grabpflege lediglich Aufwendungen. Die Neuhausen Stiftung hat einen entsprechenden Dienstleistungsvertrag abgeschlossen und 1650

1 Zumindest bzgl. der Ergebnisverwendung vgl. auch IDW RS HFA 5, Rz. 68.

2 Bis 31.12.2013 § 58 Nr. 7a AO; zur zulässigen Höhe der Dotierung vgl. → Rz. 1657 ff.

somit für mehrere Jahre den Aufwand vorausbezahlt. Dieser Aufwand wird handelsrechtlich mithilfe eines aktiven Rechnungsabgrenzungspostens über die Laufzeit dieses Dienstleistungsvertrags verteilt. Bei der Wohnungsüberlassung leistet die Stiftung einerseits Zahlungen für das Wohngeld und eventuelle Reparaturen,[1] auf der anderen Seite erzielt sie jedoch auch Einnahmen in Höhe der erstatteten Verbrauchskosten. In der Position „im JÜ berücksichtigte Aufwendungen f. Satzungszweck" i. H. von 5.394,43 € findet also eine Saldierung statt.

1651 Im nächsten Schritt müssen die Ergebnisse aus Vermögensumschichtungen neutralisiert werden, denn wie unter Punkt VII.4.6, → Rz. 1583 ff., ausgeführt, sind diese, egal ob es sich um Gewinne oder Verluste aus reinen Wertschwankungen oder Veräußerungen handelt, nicht Mittel, die die Stiftung zur Erzielung ihrer satzungsgemäßen Zwecke ohne weiteres einsetzen darf. Vielmehr haben sie ihren Grund in Vermögensumschichtungen, deren Ergebnisse die Zweckerfüllung der Stiftung grds. nicht beeinflussen. Der in der GuV nach HGB enthaltene Saldo aus außerplanmäßigen Abschreibungen und Wertaufholungen nach § 253 Abs. 5 HGB i. H. von 10.177,67 € ist daher zur Ermittlung des Überschusses für Stiftungszwecke wieder zu neutralisieren.

1652 Bei der Neuhausen Stiftung wird deutlich, warum die Ergebnisse aus Vermögensumschichtungen nicht Teil des Überschusses für Stiftungszwecke sind. Mit der Zuwendung des Stiftungskapitals wollte der Stifter die Stiftung dazu in die Lage versetzen, die ihr aufgegebenen Zwecke dauerhaft zu erfüllen. Unter dauerhaft ist hierbei zu verstehen, dass ihre Zweckerfüllung grds. auf dem stets ähnlichen Niveau erfolgt. Die erworbenen Aktienpakte hatte der Vorstand dem Grundstockvermögen und nicht dem sonstigen Vermögen zugeordnet, § 83b Abs. 1 und 3 BGB-neu.[2] Würden die Wertschwankungen der Aktienpakete an der Kreditbank AG und der Kaurus AG jedoch, wie im handelsrechtlichen Jahresüberschuss vorgeschrieben, auch das von der Neuhausen Stiftung auszuweisende Ergebnis der Vermögensverwaltung beeinflussen, so wäre eine kontinuierliche Zweckerfüllung vermutlich nicht möglich.

1653 Im Jahre 2022 erzielte die Neuhausen Stiftung einen Jahresfehlbetrag nach HGB i. H. von -4.581,51 €, im Folgejahr 2023 einen Jahresüberschuss i. H. von 59.223,06 €. Das ist eine Veränderung von 63.804,57 €. Wie man aus der zuvor besprochenen Entnahme aus der sonstigen Ergebnisrücklage im Vorjahr

1 Vgl. den entsprechenden Posten in den Erläuterungen zur Überschuss- und Mittelverwendungsrechnung, A. Jahresüberschuss nach HGB, Anhang 1.

2 Vgl. → Rz. 1603 und → Rz. 1606.

erkennen kann, fördert die Neuhausen Stiftung die vom Stifter benannten Organisationen jährlich mit ca. 32.000 €. Dies wäre ihr nicht möglich, falls in die Berechnung der für Stiftungszwecke zur Verfügung stehenden Mittel das Ergebnis einer GuV nach HGB einfließen würde. Bei der Neuhausen Stiftung beruhten diese Schwankungen allein auf Kurswertänderungen. Dabei ist einsichtig, dass Wertschwankungen die Leistungsfähigkeit einer Stiftung grds. nicht beeinflussen, es sei denn die Stiftung hielte ein Aktienpaket an einer Gesellschaft die insolvent wird oder über Jahre hinaus nicht dazu in der Lage ist, die ursprünglich gezahlte Dividende auszuschütten.

Die Kurswertschwankungen wirken sich nach den handelsrechtlichen Vorschriften auf den Jahresüberschuss/-fehlbetrag nach HGB aus. Stiftungsrechtlich jedoch handelt es sich um Ergebnisse aus Vermögensumschichtungen – auch wenn es nicht immer zu einer wirklichen „Umschichtung" kommt –, die den Überschuss für Stiftungszwecke grds. nicht beeinflussen. Bei der Überleitung vom Jahresergebnis laut Handelsbilanz zum Überschuss für Stiftungszwecke sind sie daher zu neutralisieren. Das Ergebnis sind Überschüsse für Stiftungszwecke, die zwischen 2022 (52.857,81 €) und 2023 (54.439,81 €) um 1.582,00 € variieren und sich auf einem Niveau i. H. von ca. 53.000 € bewegen. Klammert man die Schwankung bei der Wohnungsüberlassung, die aufgrund einer größeren Reparatur i. H. von 1.259,02 € auftrat, aus, beträgt die Schwankung nur 322,98 €. 1654

Hiermit ist der Überschuss für Stiftungszwecke ermittelt, der im Folgejahr der Stiftung für ihre satzungsgemäßen Zwecke zur Verfügung stehen wird, welche die Kapitalerhaltung, die Wohnungsüberlassung, die Grabpflege und die Zuwendungen an die genannten vier Organisationen sind. Es gilt nun die Mittelverwendung zu dokumentieren.

Als Erstes führt die Neuhausen Stiftung die im laufenden Geschäftsjahr aus den laufenden Einnahmen bestrittenen Aufwendungen für die Wohnungsüberlassung und die Grabpflege an. Diese bezeichnet sie als Aufwand für direkte satzungsgemäße Zwecke, denn diese Aufwendungen erbrachte sie selbst und nicht mittels der Einschaltung einer der vier vom Stifter begünstigten Organisationen. 1655

Der Stiftungsvorstand hat sich zum Ziel gesetzt, die Zuwendungen an die Organisationen über die Jahre möglichst konstant zu halten und, wenn möglich, leicht zu erhöhen. Dennoch sind sie der Höhe nach nicht festgelegt und daher von den der Stiftung zur Verfügung stehenden Mittel abhängig. Den Aufwendungen für die unentgeltliche Wohnungsüberlassung und die Grabpflege kann sich die Stiftung jedoch nicht entziehen. Deren Begleichung muss daher 1656 sichergestellt sein, bevor die Stiftung darüber entscheiden kann, welche Zuwendungen sie an die genannten vier Organisationen wird leisten können.

Aus diesem Grund hatte der Stiftungsvorstand beschlossen, die Zuführungen zur freien Rücklage gem. § 62 Nr. 3 AO[1] und die Zuwendungen an die genannten vier Organisationen nicht auf der Basis des Überschusses für Stiftungszwecke zu berechnen, sondern zuvor den Aufwand des laufenden Jahres für direkte satzungsgemäße Zwecke abzuziehen. Im Jahr 2023 handelt es sich dabei um 5.394,43 €. Somit kann die Stiftung die Bemessungsgrundlage für die Rücklagenzuführung als nächste Position in den Erläuterungen ihrer Mittelverwendungsrechnung mit 49.045,39 € ausweisen.[2]

1657 Die Rücklage gem. § 62 Nr. 3 AO darf höchstens 1/3 *„... des Überschusses aus der Vermögensverwaltung ...“* betragen.[3] Bei der von der Neuhausen Stiftung gewählten Berechnungsweise ist dies auf jeden Fall erfüllt, wenn Sie vorab den Aufwand für direkte satzungsgemäße Zwecke abzieht. Dennoch wendet sie folgendes Rechenschema an, um nicht zu kleinteilige Cent-Beträge als Zuwendungen für die Einzelorganisation zu erhalten und um sicherzustellen, dass die Rundungsbeträge den Organisationen zugutekommen und nicht der Rücklage zugeführt werden.

Als Bemessungsgrundlage für die Rücklage nach § 62 Nr. 3 AO errechnet sich ein Betrag von 49.045,39 €, der dem Ergebnis der Vermögensverwaltungs- und satzungsgemäßen Tätigkeiten entspricht.[4] Hiervon nahm die Neuhausen Stiftung 1/3, rundete das Ergebnis auf volle Euro auf und multiplizierte diesen Betrag mit 2, dies sind 32.698,00 €. Anschließend zog sie diesen verdoppelten Betrag von den genannten 49.045,39 € ab und erhielt damit eine Zuführung zur Rücklage gem. § 62 Nr. 3 AO i. H. von 16.347,39 €. Dieser ist etwas geringer ist als 1/3 der genannten 49.045,39 €. Den verdoppelten Betrag des aufgerundeten Drittels teilte die Neuhausen Stiftung anschließend zu je 1/4 auf die genannten Organisationen auf. Für jede stehen somit 8.174,50 € zur Verfügung. Diese wird sie im Folgejahr auskehren. Für ihren Jahresbericht 2023 stellte sie diese zunächst in eine sonstige Ergebnisrücklage ein und wies somit, zusam-

1 Bis 31.12.2013 § 58 Nr. 7a AO.

2 Vgl. Erläuterungen zur Überschuss- und Mittelverwendungsrechnung, C. Mittelverwendung, Anhang 1, NH 10, S. 698.

3 Die Zuführung kann auch noch höher sein und ggf. in Folgejahren nachgeholt werden, vgl. i. E. § 62 Abs. 1 Nr. 3 AO.

4 Die aus der Vermögensumschichtung entstandenen bzw. zugeflossenen Mittel gehören nicht zu den zeitnah zu verwendenden Mitteln, vgl. → Rz. 990.

men mit dem Aufwand für direkte satzungsgemäße Zwecke, die vom Vorstand getätigte und beschlossene Mittelverwendung für das Berichtsjahr nach.

Da die Stiftung ihre Zuwendungen gegenüber dem Vorjahr leicht erhöhen konnte, musste sie keine Mittel aus dem Ergebnisvortrag entnehmen oder diesem zuführen.

Kontrolliert man, ob die Neuhausen Stiftung die Begrenzung der Zuführung 1658
zur freien Rücklage gem. § 62 Nr. 3 AO erfüllt, so muss man die Rücklagendotierung i. H. von 16.347,39 € zu dem Überschuss für Stiftungszwecke i. H. von 54.439,81 € in Relation setzen. Diese Rechnung ergibt einen Prozentsatz von 30,03 %. Damit hat die Stiftung die gesetzlichen Vorgaben eingehalten. Hierdurch wird auch ersichtlich, dass die Neuhausen Stiftung die Zuführung zur freien Rücklage zugunsten ihrer Zuwendungen an die genannten vier Organisationen leicht vermindert hat.

5.3 Anhang

Wie unter Punkt V.5., → Rz. 1482 ff. „Die Rechnungslegung nach HGB", aus- 1659
geführt,[1] haben die Anhänge eines handelsrechtlichen Jahresabschlusses in der Praxis folgende Struktur:[2]

- Allgemeine Angaben, inklusive der Angaben zur Identifikation der Kapitalgesellschaft,[3]
- Bilanzierungs- und Bewertungsmethoden oder -grundsätze,[4]
- Erläuterung der Bilanz (in der Reihenfolge der Posten mit ziffernmäßiger Verknüpfung),
- Erläuterung der Gewinn- und Verlustrechnung (in der Reihenfolge der Posten mit ziffernmäßiger Verknüpfung),
- sonstige Angaben,
- Organmitglieder (§ 285 Nr. 10 HGB).

---

1 Vgl. → Rz. 1486.

2 Vgl. Grottel in Beck'scher Bilanzkommentar, § 284 Rz. 31; Hoffmann/Lüdenbach in NWB Kommentar Bilanzierung, § 284 Rz. 13 NWB FAAAJ-19551; Spiegel in Hüttemann/Richter/Weitemeyer, Landesstiftungsrecht, Rz. 21.4.

3 Vgl. § 264 Abs. 1a HGB.

4 Die Angabe der Grundlagen der Währungsumrechnung sind nach BilRUG nicht mehr verpflichtend, da generell die Bewertungsmethoden anzugeben sind, die damit auch für die Währungsumrechnung gelten, vgl. Hoffmann/Lüdenbach in NWB Kommentar Bilanzierung, § 284 Rz. 56 NWB FAAAJ-19551.

1660 Diese Struktur ist auch für die Neuhausen Stiftung angemessen. Sofern die Berichterstattung über die Zweckerfüllung nicht gesondert erfolgt und es der Stiftungsvorstand oder die Berichtsadressaten wünschen, kann diese übliche Gliederung erweitert werden,[1] um

- ein Kapitel zu dem Thema Kapitalerhaltung,
- den von den Landesstiftungsgesetzen geforderten Bericht über die Erfüllung der Stiftungszwecke und, sofern notwendig,
- die Angaben zur Erfüllung der Anforderungen an die tatsächliche Geschäftsführung, die in § 63 AO niedergelegt sind.[2]

1661 Bei der Kontrolle der nominalen Kapitalerhaltung wandert der Blick zunächst in der Bilanz auf das dort ausgewiesene Grundstockvermögen unter Berücksichtigung der Ergebnisse von Vermögensumschichtungen. Bei der Neuhausen Stiftung ist dies zum 31.12.2023 ein Betrag von 1.931.932,32 €. Dieser liegt unter dem festgeschriebenen Grundstockvermögen von 2.000.000 €. Es sind also weitere Betrachtungen anzustellen.

1662 Bei der Kreditbank AG ist der Aktienkurs bis zum 31.12.2023 gefallen und das Niederstwertprinzip verlangt einen Buchwertansatz, der um 84.937,51 € unter den ursprünglichen Anschaffungskosten liegt. Entsprechend den Besonderheiten bei der Bilanzierung von Stiftungen wird dieser Minderwert in der Bilanz der Neuhausen Stiftung als negatives Ergebnis aus Vermögensumschichtungen aufgrund von Kurswertänderungen ausgewiesen. Diesem negativen Ergebnis stehen jedoch die früher realisierten Kursgewinne i. H. von 16.869,83 € gegenüber. Es ergibt sich ein negativer Saldo i. H. von -68.067,68 €.

Daher ist das Eigenkapital der Stiftung ohne Berücksichtigung der Kapitalrücklagen, also das Stiftungskapital zzgl. der Ergebnisse aus Vermögensumschichtung mit zusammen 1.931.932,32 € etwas niedriger als das festgeschriebene Errichtungskapital von 2.000.000 €. Es ist also die Bilanz nach Eigenkapitalpositionen zu durchforsten, mit denen diese Verluste rechnerisch ausgeglichen werden können.

1663 Als weitere Eigenkapitalpositionen weist die Bilanz der Neuhausen Stiftung die Gewinnrücklagen mit 144.975,79 € und den Ergebnisvortrag mit 24.600 € aus. Von den Gewinnrücklagen befinden sich jedoch 32.698 € in einer Projektrücklage, dies sind die Beträge, die die Stiftung aus dem Überschuss des lau-

1 Der Anhang kann auch freiwillige (Zusatz-)Angaben enthalten, vgl. Grottel in Beck'scher Bilanzkommentar, § 284 Rz. 41 a. E.; Hoffmann/Lüdenbach in NWB Kommentar Bilanzierung, § 284 Rz. 11 NWB FAAAJ-19551.

2 Vgl. → Rz. 934.

fenden Jahres im Folgejahr an die vier genannten Organisationen auskehren wird. Hierbei handelt es sich also nicht um eine Eigenkapitalposition, die mit in die Überprüfung der nominalen Kapitalerhaltung einbezogen werden kann. Dasselbe gilt für den Ergebnisvortrag, der ebenfalls für die Verwendung für stiftungsgemäße Zwecke vorgesehen ist.

Zu dem in der Bilanz ausgewiesen Grundstockvermögen unter Berücksichtigung der Ergebnisse aus Vermögensumschichtung i. H. von 1.931.932,32 € kann also nur die Kapitalerhaltungsrücklage gem. § 62 Nr. 3 AO i. H. von 112.277,79 € addiert werden. Diese Rechenoperation ergibt einen Wert von 2.044.210,12 €. Dieser liegt über dem Grundstockvermögen von 2.000.000 €, so dass die Neuhausen Stiftung die nominale Kapitalerhaltung nachweisen kann. Da laut Satzung die Verpflichtung zur Kapitalerhaltung mittels der Dotierung der Kapitalerhaltungsrücklage i. S. des § 62 Nr. 3 AO erfüllt ist, muss im Falle der Neuhausen Stiftung nicht überprüft werden, ob auch eine reale Kapitalerhaltung gegeben ist.[1] 1664

Im Vorjahr, also 2022, addieren sich das Grundstockvermögen, die Kapitalerhaltungsrücklage und die Ergebnisse aus Vermögensumschichtungen zu einem Betrag von 2.017.685,06 €. Hieran sieht man, dass diese Rechnung sehr knapp ausgehen kann bzw. es in der Realität des Öfteren vorkommen wird, dass sich allein aus der Bilanz der nominale Kapitalerhalt nicht wird nachweisen lassen. 1665

Der Neuhausen Stiftung ist die Kapitalerhaltung jedoch noch in weiterem Maße gelungen, sofern man die in der handelsrechtlichen Bilanz nicht ausgewiesenen stillen Reserven mit in die Betrachtung einbezieht, denn in dieser Bilanz werden alle Wirtschaftsgüter entsprechend dem Anschaffungskostenprinzip maximal mit den Anschaffungs- und Herstellungskosten angesetzt.

Ein wesentlicher Posten ist hier das Finanzanlagevermögen. Bei der Neuhausen Stiftung entspricht der Buchwert der Kaurus AG Aktien den Anschaffungskosten i. H. von 299.409,60 €. Wird jedoch der Bestand an Aktien mit dem Kurswert unter Berücksichtigung der Verkaufsspesen zum 31.12.2023 multipliziert, so errechnet sich zu diesem Stichtag ein Börsenwert von 1.001.427,70 €. In dem Buchwert sind mithin stille Reserven i. H. von 702.018,10 € enthalten. 1666

Im Finanzanlagevermögen der Neuhausen Stiftung befinden sich auch drei Anleihen, deren Kurse aber wegen der tendenziell steigenden Zinsen nicht ge- 1667

1 Vgl. → Rz. 1603 laut Satzung und Sachverhalt Neuhausen Stiftung.

stiegen sind bzw. sich dem Einlösekurs von 100 % annähern. Insbesondere bei der Anleihe der Deutschen Bahn könnten stille Reserven gefunden werden, denn rein theoretisch muss sie jedes Jahr um 10 % bzw. 10.000,00 € an Wert zulegen.

1668 Die Feststellung der Zeitwerte des Finanzanlagevermögens, sofern es Börsenkurse gibt, ist eine einfache Übung, sogar Routine. Bei anderen Werten des Anlagevermögens, wie z. B. bei der Eigentumswohnung der Neuhausen Stiftung ist deren Bestimmung wesentlich komplexer. Der Aufwand, der hierfür betrieben werden muss, wird in der Praxis davon abhängen, welche Bedeutung die Zeitwerte dieser Anlagegegenstände für den Nachweis der Kapitalerhaltung haben. Bei sonstigen Vermögensgegenständen, mit denen die Stiftung ihre Zwecke erfüllt, kommt es auf den Erhalt des Gebrauchswerts an.[1]

1669 Durch die Angabe der Börsen- und Zeitwerte der Vermögensgegenstände der Stiftung im Anhang besteht die Möglichkeit, eine Bilanzierung zu Zeitwerten zu ersetzen und die von den Landesstiftungsgesetzen geforderten Angaben zum Nachweis des Kapitalerhalts zu liefern.

5.4 Zusammenfassung

1670 Wie das Beispiel der Neuhausen Stiftung gezeigt hat, können die Anforderungen an die Rechnungslegung einer Stiftung auf der Basis eines Jahresabschlusses, der den handelsrechtlichen Vorschriften für eine kleine Kapitalgesellschaft entspricht, erfüllt werden, sofern bestimmte Erweiterungen vorgenommen werden. Hierzu sind erforderlich:

- bestimmte Anpassungen in den Gliederungen der Bilanz sowie der Gewinn- und Verlustrechnung an die „Branchennotwendigkeiten“,
- die Verlängerung der Gewinn- und Verlustrechnung im Anschluss an die Ermittlung des Jahresüberschusses nach HGB um eine Ermittlung des Überschusses für Stiftungszwecke und die Mittelverwendung sowie
- entsprechende Angaben im Anhang zu den Zeitwerten, zur Kapitalerhaltung, zur Erfüllung der Stiftungszwecke und der tatsächlichen Geschäftsführung (§ 63 AO).

1671 Da die Neuhausen Stiftung die Größenmerkmale nach § 267 Abs. 1 HGB für eine kleine Kapitalgesellschaft erfüllt, muss Sie nach dem HGB keinen Lagebericht aufstellen. Dies ist auch unter Berücksichtigung der Anforderungen an

1 Vgl. → Rz. 1554.

die Rechnungslegung von Stiftungen nicht notwendig. Denn der wie beschrieben erstellte Jahresbericht der Stiftung erfüllt sämtliche Ansprüche:

1. Mit der Ermittlung des Überschusses für Stiftungszwecke wird ein Rechnungsabschluss vorgelegt.
2. Mit dem Teil C. der Überschuss- und Mittelverwendungsrechnung, der Mittelverwendung, wird die satzungsgemäße Verwendung der Mittel nachgewiesen.
3. Mit der Bilanz im Zusammenspiel mit den ergänzenden Angaben zu den Zeitwerten im Anhang wurde eine Vermögensübersicht zu Zeitwerten erstellt.
4. Durch die zusätzlichen Angaben im Anhang werden alle notwendigen Informationen zur Prüfung des Kapitalerhalts, der Zweckerfüllung und der tatsächlichen Geschäftsführung gegeben.

6. Jahresbericht einer nicht steuerbefreiten Stiftung, z. B. einer Familienstiftung

Eine nicht steuerbefreite Stiftung, wie z. B. eine Familienstiftung,[1] muss die Anforderungen, die in den §§ 51 ff. AO im Zusammenhang mit der Gemeinnützigkeit niedergelegt sind, nicht erfüllen. Insbesondere ist hier die Vorschrift des § 62 Nr. 3 AO zu nennen, die die Zuweisung des Überschusses aus der Vermögensverwaltung in eine freie Rücklage grds. auf 1/3 begrenzt. Für nicht steuerbefreite Stiftungen gelten hier nur die allgemeinen stiftungsrechtlichen Vorgaben der Zweckerfüllung, die durch die Admassierung von Erträgen nicht konterkariert werden darf.[2] 1672

Die übrigen unter Punkt VI.4. Besonderheiten bei der Rechnungslegung von Stiftungen gegenüber der kaufmännischen Rechnungslegung[3] herausgearbeiteten Besonderheiten bei der Rechnungslegung für Stiftungen gelten auch für nicht steuerbefreite Stiftungen. Aus diesem Grund ist die erarbeitete Empfehlung für den Aufbau des Jahresberichts einer steuerbefreiten, gemeinnützigen Stiftung, die ihre Mittel allein aus der Vermögensverwaltung generiert, grds. auch anwendbar. Denn dieser Aufbau basiert auf dem handelsrechtlichen Jahresabschluss und nimmt lediglich Modifikationen in der Gliederung des Eigenkapitals in der Bilanz sowie der Positionen in der GuV und deren Ergänzung 1673

1 Zur Besteuerung von Familienstiftungen vgl. → Rz. 450 ff.
2 Vgl. → Rz. 281.
3 Vgl. → Rz. 1554 ff.

um die Teile Überschussermittlung für Stiftungszwecke und Mittelverwendung vor. Die ansonsten noch notwendigen Zusatzangaben können durch eine Erweiterung des Anhangs erfüllt werden. Etwas grds. anderes gilt auch bei steuerpflichtigen Stiftungen nicht.

1674 Zwar sind bei einer nicht steuerbefreiten Stiftung nicht die unterschiedlichen vier Sphären[1] zu beachten. Allerdings unterliegen sie wie die steuerbefreiten Stiftungen den stiftungsrechtlichen Vorgaben der Zweckerfüllung und Kapitalerhaltung. Damit gelten für sie dieselben Besonderheiten für die Rechnungslegung wie für die steuerbefreiten Stiftungen.

1675–1689 *(Einstweilen frei)*

1 Vgl. → Rz. 1075 und → Rz. 1444.

H. Auslandsstiftungen und ausländische Trusts

I. Stiftung nach schweizerischem Recht[1]

1. Einleitung

Stiftungen erfreuen sich in der Schweiz großer Beliebtheit. Es lassen sich mit einer Stiftung die unterschiedlichsten Ziele verfolgen. Gemäß den aktuellsten Zahlen wurden im Jahr 2021 365 Stiftungen gegründet. Insgesamt waren am Ende des Jahres 2021 13.667 Stiftungen im Handelsregister eingetragen.[2] Nicht zuletzt die liberale und flexible Ausgestaltung des Stiftungsrechts dürfte ein Grund dafür sein. 1690

Eine Stiftung liegt gemäß Schweizer Recht dann vor, wenn eine Person – der Stifter – einen Teil seines Vermögens in der Weise verselbständigt, dass er ihn aus seinem Rechtskreis ausscheidet und zur Verfolgung eines bestimmten Zweckes mit eigener Rechtspersönlichkeit ausstattet. Die Stiftung gehört zu den juristischen Personen. Folglich kann sie Rechte und Pflichten haben und durch ihre Organe selbständig im Rechtsverkehr auftreten, d. h. z. B. Verträge abschließen, klagen und verklagt werden.[3]

Das Stiftungsrecht findet sich im Schweizerischen Zivilgesetzbuch (ZGB) und der „Verordnung über die Revisionsstelle von Stiftungen". Die Aufsicht über gewisse Stiftungstypen kann auch kantonal geregelt sein.[4]

2. Stiftungstypen

Zunächst muss zwischen den öffentlich-rechtlichen und den privatrechtlichen Stiftungen unterschieden werden. Öffentlich-rechtliche Stiftungen unterstehen dem öffentlichen Recht und erfüllen mit ihrem Stiftungsvermögen öffentliche Aufgaben. Beispiele sind die Schweizer Kulturstiftung „Pro Helvetia" und die Stiftung „Schweizerischer Nationalpark".[5] Die nachfolgenden Ausführungen beziehen sich einzig auf die privatrechtlichen Stiftungen. 1691

---

1 Unser herzlicher Dank gilt Herrn Rechtsanwalt, Mediator und öffentlicher Notar des Kantons St. Gallen Detlef Sommer, Partner hba Rechtsanwälte AG, Bellerivestrasse 28, CH-8008 Zürich und Herrn Rechtsanwalt Roger Müller, Partner, hba Rechtsanwälte AG, Bellerivestrasse 28, CH-8008 Zürich, die uns unterstützt haben.

2 von Orelli/Jakob/von Schnurbein, Der Schweizer Stiftungsreport 2022, S. 5 f.

3 Meier-Hayoz/Forstmoser, Schweizerisches Gesellschaftsrecht, S. 58 f., 692.

4 Zu Art. 84 Abs. 1 ZGB: Sprecherz, Die Revision des schweizerischen Stiftungsrechts, S. 113 f.

5 Häfelin/Müller/Uhlmann, Allgemeines Verwaltungsrecht, S. 307 f.

2.1 Gemeinnützige Stiftung

1692 Der größte Teil aller Stiftungen ist als gemeinnützige Stiftung organisiert. Dabei liegen insbesondere kulturelle, karitative, soziale, wissenschaftliche oder humanitäre Anliegen im Zentrum. Gemeinnützige Stiftungen können bspw. der Ausbildung und Unterstützung von Künstlern, der Förderung kultureller Veranstaltungen und Einrichtungen (z. B. Bibliotheken und Museen), der Unterstützung von Wissenschaft und Forschung sowie der Ausstattung wissenschaftlicher Institute und Vergabe von Stipendien dienen.[1] Eine überdurchschnittliche Zunahme war in den letzten zehn Jahren in den Bereichen Bildung und Forschung, Umwelt sowie Politik zu verzeichnen, während Stiftungen zur Förderung kultureller Zwecke in der Tendenz eher rückläufig sind.[2]

2.2 Familienstiftung

1693 Die Familienstiftung zeichnet sich dadurch aus, dass der Destinatärkreis zwingend auf die Familienmitglieder beschränkt ist (d. h. Blutsverwandte sowie durch Ehe und Adoption verbundene Personen).

Außerdem ist der Zweck der Familienstiftung insofern beschränkt, als die Stiftung einzig der Bestreitung der Kosten der Erziehung, Ausstattung oder Unterstützung von Familienangehörigen oder „ähnlichen Zwecken" dienen darf. Eine voraussetzungslose, d. h. nicht an eine bestimmte Bedarfssituation anknüpfende Leistung an Familienangehörige ist gemäß bundesgerichtlicher (und in der Lehre höchst umstrittener) Ansicht nicht zulässig. Weder das Stiftungsvermögen noch dessen Erträge dürfen der Bestreitung des allgemeinen Lebensunterhaltes oder der Verbesserung des Lebensniveaus der Destinatäre dienen. Solche sogenannten Unterhalts- oder Genussstiftungen sind nach Schweizer Recht unzulässig.[3] Ausländische Unterhaltsstiftungen (oder Trusts) werden jedoch in der Schweiz anerkannt.[4]

1694 Leistungen aus Familienstiftungen, welche im Hinblick auf die eng umschriebenen Möglichkeiten nach Art. 335 Abs. 1 ZGB ausgerichtet werden, können bei den Destinatären im Einzelfall (Voraussetzung: Unterstützungen aus privaten Mitteln, die für den Lebensunterhalt notwendig sind) steuerbefreit sein; anderenfalls unterliegen Ausschüttungen der Einkommensteuer. Weil die Fa-

1 Von Salis-Lütolf in Sprecherz, Die Revision des schweizerischen Stiftungsrechts, S. 31.
2 Von Orelli/Jakob/von Schnurbein, Der Schweizer Stiftungsreport 2022, S. 10.
3 BGE 108 II S. 393; Hamm/Peters, successio 2008 S. 248 f.
4 BGE 135 III S. 614; dazu m. w. N. Jakob, ZSR 2013 II S. 185, 203 f.

milienstiftung die Leistungen nicht freiwillig erbringt, ist auch keine Schenkungsteuer geschuldet.

Erfolgen hingegen Ausschüttungen einer Familienstiftung, welche in Widerspruch zu den Möglichkeiten nach Art. 335 Abs. 1 ZGB stehen, so sind diese Leistungen nicht steuerfrei, sondern eher mit einer Dividende oder einer geldwerten Leistung einer Kapitalgesellschaft vergleichbar. Sie stellen für die Begünstigten steuerbares Einkommen dar und können bei der Stiftung als geschäftsmäßig begründeter Aufwand steuermindernd in Abzug gebracht werden.

2.3 Kirchliche Stiftung

Eine kirchliche Stiftung liegt vor, wenn eine kirchliche Zwecksetzung und eine 1695
organische Verbindung zu einer Religionsgemeinschaft vorliegen.

Beispiele sind Stiftungen für Kultuszwecke (z. B. Unterhalt einer Kirche), für die Förderung einer entsprechenden religiösen Lehre sowie zur Förderung einer Missions- und Priesternachwuchstätigkeit.[1]

2.4 Unternehmensstiftung

Die Unternehmensstiftung ist eine Stiftung, bei der das gewidmete Vermögen 1696
ganz oder zum großen Teil aus einem Unternehmen (Unternehmensträger- oder Direktträgerstiftung) oder einer maßgebenden Beteiligung an einem Unternehmen (Holdingstiftung) besteht.[2] Sie ist gesetzlich nicht geregelt, sondern wurde durch die Praxis entwickelt.[3]

Bei den durch eine Stiftung geführten Unternehmen kann es sich z. B. um Spi- 1697
täler, Heime, Schulen, Bibliotheken, Museen und Theater handeln.[4]

Gründe für die Errichtung solcher Stiftungen können insbesondere die folgenden sein:

- Wille, den Zweck und die Organisation eines Unternehmens auf Dauer zu fixieren, ohne dass die Ordnung durch Nachfolger umgestaltet werden kann;
- Beteiligung von Mitarbeitern, zu deren Gunsten die Stiftung errichtet wird;

1 Hausheer/Aebi-Müller, Das Personenrecht des Schweizerischen Zivilgesetzbuches, S. 366.

2 Meier-Hayoz/Forstmoser, Schweizerisches Gesellschaftsrecht, S. 692.

3 Grüninger, Basler Kommentar, Zivilgesetzbuch I, Vor Art. 80–89 bis N 15 ff. m. w. N.; Zeiter, ST 10/04 S. 841.

4 Rumo-Jungo/Schmid/Schnyder/Tuor, Das Schweizerische Zivilgesetzbuch, S. 172; Zeiter, ST 10/04 S. 841.

- Sicherung der Unabhängigkeit einer Unternehmung.[1]

Die folgenden Gesellschaften werden u. a. von Holdingstiftungen gehalten: die Montres Rolex SA, die Victorinox AG, die Vontobel Holding AG und die Reisebüro Kuoni AG.[2]

2.5 Personalfürsorgestiftung

1698 Personalvorsorgestiftungen bezwecken, vermögenswerte Leistungen an Arbeitnehmer oder deren Angehörige zu erbringen; sie werden auch Pensionskassen genannt. Die Leistungen werden v. a. zur Linderung der wirtschaftlichen Folgen von Alter, Invalidität und Tod erbracht.

Jeder Arbeitgeber, der obligatorisch zu versichernde Arbeitnehmer beschäftigt, ist verpflichtet, eine eigene berufliche Vorsorgeeinrichtung zu errichten oder sich einer bestehenden anzuschließen. Als Rechtsform für eine Vorsorgeeinrichtung ist dabei die Stiftung neben der Genossenschaft und Einrichtungen des öffentlichen Rechts am beliebtesten.[3] Ungefähr ein Drittel aller Stiftungen sind Personalfürsorgestiftungen.[4]

3. Organisation

1699 Was die Organisation der Stiftung anbelangt, besteht weitgehende Gestaltungsfreiheit.[5] Die Stiftung kennt als obligatorische Organe einzig den Stiftungsrat und die Revisionsstelle.[6]

3.1 Stifter

1700 Der Stifter widmet einen Teil seines Vermögens einer Stiftung. Seinen Willen legt er in der Stiftungsurkunde oder einer Verfügung von Todes wegen nieder.[7]

Jede natürliche Person, die urteilsfähig und mündig ist (mind. 18 Jahre alt), kann Stifter sein. Es bestehen keine Einschränkungen bezüglich Nationalität

1 Meier-Hayoz/Forstmoser, Schweizerisches Gesellschaftsrecht, S. 697.
2 Grüninger, Basler Kommentar, Zivilgesetzbuch I, Vor Art. 80–89 bis N 18.
3 Von Salis-Lütolf in Sprecherz, Die Revision des schweizerischen Stiftungsrechts, S. 197.
4 Rumo-Jungo/Schmid/Schnyder/Tuor, Das Schweizerische Zivilgesetzbuch, S. 170.
5 Jakob, Kurzkommentar ZGB, Art. 83 N 1 ff.
6 Keine Revisionsstelle ist erforderlich bei der Familienstiftung sowie bei der kirchlichen Stiftung (vgl. Art. 87 Abs. 1–2 ZGB).
7 Rumo-Jungo/Schmid/Schnyder/Tuor, Das Schweizerische Zivilgesetzbuch, S. 171.

oder Wohnort. Auch juristische Personen wie Gesellschaften und Vereine können Stiftungen errichten.[1]

3.2 Organe

3.2.1 Stiftungsrat

Dem Stiftungsrat obliegt die Oberleitung der Stiftung. Er ist zuständig für die 1701
Geschäftsführung und Vertretung und hat dafür zu sorgen, dass das Stiftungsvermögen nach Maßgabe des Stifterwillens verwendet wird und erhalten bleibt. Ihm stehen alle Befugnisse zu, die nicht ausdrücklich einem anderen Organ übertragen sind. Er hat folgende unentziehbare Aufgaben:

- Regelung der Unterschrifts- und Vertretungsberechtigung für die Stiftung;
- Wahl des Stiftungsrates und der Revisionsstelle;
- Abnahme der Jahresrechnung.

Gemäß der geltenden Praxis der Eidgenössischen Stiftungsaufsicht wird verlangt, dass der Stiftungsrat aus mindestens drei natürlichen Personen oder Vertretern von juristischen Personen besteht und dass mindestens eines der zeichnungsberechtigten Mitglieder das Schweizer oder EU-Bürgerrecht besitzt und in der Schweiz seinen Wohnsitz hat.[2]

Die Tätigkeit im Stiftungsrat ist grds. ehrenamtlich, unter Vorbehalt des Ersat- 1702
zes der effektiven Spesen und Barauslagen. Nur in Ausnahmefällen wird eine angemessene Aufwandentschädigung für besonders zeitaufwendige Arbeitsleistungen, die einzelne Mitglieder des Stiftungsrates für die Stiftung über die reine Sitzungsarbeit hinaus erbringen (z. B. Erarbeiten von Konzepten, Projekten, Geschäftsführungsaufgaben im Einzelfall, juristische Vertretung usw.), toleriert. Hingegen lässt die heutige Praxis der Steuerbehörden normalerweise keine von vornherein generell festgelegten Entschädigungen in Form von Pauschalen, Honoraren oder Sitzungsgeldern für Organe zu.

Die Mitglieder des Stiftungsrats können gegenüber der Stiftung sowie Desti- 1703
natären und Dritten haften. Diese Haftung kann nicht ausgeschlossen werden, sie ist zwingend.[3]

1 Von Salis-Lütolf in Sprecherz, Die Revision des schweizerischen Stiftungsrechts, S. 60 f.
2 Eidgenössische Stiftungsaufsicht, Leitfaden für Stiftungen gem. Art. 80 ff. ZGB, S. 5; Hausheer/Aebi-Müller, Das Personenrecht des Schweizerischen Zivilgesetzbuches, S. 353.
3 Eidgenössische Stiftungsaufsicht, Leitfaden für Stiftungen gem. Art. 80 ff. ZGB, S. 4 f.

3.2.2 Revisionsstelle

1704 Der Stiftungsrat hat eine unabhängige, externe Revisionsstelle zu wählen, welche das Rechnungswesen der Stiftung jährlich zu überprüfen und über das Ergebnis dem Stiftungsrat einen detaillierten Prüfungsbericht mit Antrag zur Genehmigung zu unterbreiten hat.

Die Revisionsstelle muss außerdem die Einhaltung der gesetzlichen Vorschriften sowie der Bestimmungen der Statuten (Urkunde und Reglement der Stiftung) überwachen und dem Stiftungsrat bei Ausführung ihres Auftrags wahrgenommene Mängel mitteilen. Werden diese Mängel nicht innerhalb nützlicher Frist behoben, hat die Revisionsstelle nötigenfalls die Aufsichtsbehörde zu informieren.

Die Stiftung kann von der Aufsichtsbehörde von der Revision befreit werden, wenn während zwei aufeinander folgenden Geschäftsjahren die Bilanzsumme kleiner als 200.000 CHF ist und die Stiftung nicht öffentlich zu Spenden oder sonstigen Zuwendungen aufruft und die Revision nicht für eine zuverlässige Beurteilung der Vermögens- und Ertragslage der Stiftung notwendig ist.[1]

3.3 Destinatäre

1705 Destinatäre sind diejenigen Personen, denen gem. dem Stiftungszweck Leistungen der Stiftung zukommen. Die Destinatäre können bspw. anhand der folgenden Kriterien umschrieben werden: Staatsangehörigkeit, Wohnsitz, Religion, Alter, Beruf, Geschlecht oder Gruppe (z. B. Museumsbesucher) oder auch indirekt anhand des Zweckes (z. B. Betrieb eines Spitals).[2]

4. Gründung

1706 Eine Stiftung wird errichtet, indem ein Vermögen einem besonderen Zweck gewidmet wird. Im Gesetz ist dabei kein Mindestkapital vorgesehen, praxisgemäß hat das Anfangskapital gem. der eidgenössischen Stiftungsaufsicht jedoch mindestens 50.000 CHF zu betragen.

Sie kann zu Lebzeiten oder auf den Tod hin errichtet werden. Wird sie zu Lebzeiten begründet, ist eine öffentliche Urkunde erforderlich. Wird sie auf den Tod hin errichtet, muss dies in einer Verfügung von Todes wegen erfolgen, d. h. in einem Testament oder in einem Erbvertrag. Dabei müssen der Zweck, die

1 Eidgenössische Stiftungsaufsicht, Leitfaden für Stiftungen gem. Art. 80 ff. ZGB, S. 5 f.

2 Von Salis-Lütolf in Sprecherz, Die Revision des schweizerischen Stiftungsrechts, S. 154 f.

Widmung des Anfangskapitals, der Name sowie auch die Organisation und Art der Verwaltung als zwingender Mindestinhalt festgelegt werden.

Bei Bedarf kann zusätzlich zur Stiftungsurkunde noch ein Reglement erstellt werden. Dieses kann im Gegensatz zur Stiftungsurkunde durch den Stiftungsrat abgeändert werden, womit der Stifter dem Stiftungsrat eine gewisse Autonomie und Flexibilität hinsichtlich der nachträglichen Anpassung der Organisation verschaffen kann. 1707

Vor der öffentlichen Beurkundung empfiehlt es sich, die Stiftungsurkunde und ein allfälliges Reglement der Eidgenössischen Stiftungsaufsicht dem zuständigen Kantonalen Handelsregisteramt sowie den zuständigen Steuerbehörden zur Vorprüfung und Genehmigung zu unterbreiten.

Schlussendlich bedarf es der Anmeldung beim Handelsregisteramt, mit der Ausnahme von Familienstiftungen und kirchlichen Stiftungen. Mit der Eintragung im Handelsregister erwirbt die Stiftung Rechtspersönlichkeit.[1] 1708

5. Stiftungsaufsicht

Die Stiftungen stehen unter der Aufsicht des Gemeinwesens (Bund, Kanton, Gemeinde), dem sie nach ihrer Bestimmung angehören. Maßgebend dabei sind v. a. der Zweck und die räumliche Ausdehnung der Stiftungstätigkeit. 1709

Die Aufsichtsbehörde hat dafür zu sorgen, dass das Stiftungsvermögen seinen Zwecken gemäß verwendet wird.

Die Personalfürsorgestiftungen, Familienstiftungen sowie die kirchlichen Stiftungen sind der Aufsichtsbehörde nicht unterstellt.[2]

(Einstweilen frei) 1710–1719

1 Eidgenössische Stiftungsaufsicht, Leitfaden für Stiftungen gem. Art. 80 ff. ZGB, S. 3 f.

2 Eidgenössische Stiftungsaufsicht, Leitfaden für Stiftungen gem. Art. 80 ff. ZGB, S. 2; Hausheer/Aebi-Müller, Das Personenrecht des Schweizerischen Zivilgesetzbuches, S. 355.

II. Stiftung nach liechtensteinischem Recht

1. Die liechtensteinische Stiftung und ihre Vorteile[1]

1720 Die Stiftung ist eine juristische Person und dient der rechtlichen Verselbständigung von Vermögenswerten durch deren Übertragung an die Stiftung.[2] Das liechtensteinische Stiftungsrecht bietet die Ausgestaltung von gemeinnützigen, privatnützigen (etwa Familien- und Unternehmensstiftungen) und gemischten Stiftungen. Des Weiteren ist die liechtensteinische Stiftung ein hervorragendes Instrument der Nachlassplanung und der Asset Protection. Einige Vorteile der privatnützigen Stiftung sind:

- Flexible Regelung der Begünstigung,
- Festsetzung der Vermögensnachfolge über Generationen hinweg,
- keine langwierigen Verlassenschaftsverfahren notwendig,
- fortgesetztes Engagement des Stifters möglich,
- Vermögensschutz,
- jahrzehntelange Tradition des liechtensteinischen Stiftungswesens,
- attraktive Besteuerung.

2. Definition und Erscheinungsformen

1721 Das Stiftungsvermögen scheidet aus dem Privatvermögen des Stifters aus. Eine Stiftung hat keine Eigentümer oder Mitglieder, sondern Begünstigte, respektive Personen, zu deren Gunsten die Verwirklichung des Stiftungszwecks erfolgt und zu denen auch der Stifter selbst zählen kann. Der Stifter hat allerdings das Recht, sich im Zuge der Stiftungserrichtung bestimmte Rechte (insbesondere Zweckänderungs- und/oder Widerrufsvorbehalt) vorzubehalten (sogenannte Stifterrechte). Jede Stiftung muss einen Stiftungszweck aufweisen. In der Wahl des Zwecks ist der Stifter frei, allerdings darf die Stiftung ein nach kaufmännischer Art geführtes Gewerbe nur betreiben, wenn es der Erreichung ihres nicht wirtschaftlichen Zwecks dient oder Art und Umfang der Haltung von Beteiligungen einen kaufmännischen Betrieb erfordern.

1722 Die Tätigkeit einer **gemeinnützigen Stiftung** ist ganz oder überwiegend gemeinnützigen Zwecken bestimmt. Es ist somit eine Förderung der Allgemein-

---

1 Unser Dank gilt Herrn Rechtsanwalt Dr. Goran Studen, LL.M. (Cambridge), Kanzlei JSP Jakob Studen Partner GmbH, Bellerivestrasse 29, CH-8008 Zürich, der uns unterstützt hat.

2 Jakob, Die liechtensteinische Stiftung: Eine strukturelle Darstellung des Stiftungsrechts nach der Totalrevision vom 26. Juni 2008, Rz. 35 ff.

heit, etwa auf karitativem, religiösem, wissenschaftlichem, kulturellem, sportlichem oder ökologischem Gebiet vonnöten.

Eine **privatnützige Stiftung** dient ganz oder überwiegend privaten oder eigennützigen Zwecken. Haupterscheinungsformen der privatnützigen Stiftung sind die Familienstiftung und die Unternehmensstiftung. 1723

3. Stiftungserrichtung

Die Errichtung einer Stiftung erfolgt entweder unter Lebenden durch die sogenannte Stiftungserklärung oder aber von Todes wegen durch letztwillige Verfügung oder Erbvertrag. Die Stiftungserklärung ist eine Willenserklärung des Stifters, eine Stiftung zu errichten. In der Praxis kommt es meist zu einer sogenannten fiduziarischen Errichtung (Treuhandgründung) durch einen liechtensteinischen Treuhänder als indirekten Stellvertreter des Stifters. Das Mindestkapital einer Stiftung muss 30.000 Schweizer Franken, Euro oder US-Dollar betragen. Nach der Erlangung der Rechtspersönlichkeit kann der Stifter jederzeit eine sogenannte Nachstiftung vornehmen; erfolgt eine Vermögenszuwendung durch einen Dritten, handelt es sich um eine Zustiftung. Das liechtensteinische Stiftungsrecht kennt keine Pflicht zur Vermögenserhaltung und kein geschriebenes Thesaurierungsverbot, wenngleich Selbstzweckstiftungen auch in Liechtenstein unzulässig sind. 1724

Die Stiftungserklärung ist in den Stiftungsdokumenten verkörpert. Die Statuten enthalten die zentralen Elemente der Stiftung und sind vom Stifter bzw. seinem Stellvertreter (Treuhänder) beglaubigt zu unterzeichnen. Der Stifter kann zusätzlich zu den Statuten auch Beistatuten und Reglemente errichten. 1725

Die Beistatuten müssen vom Stifter bzw. dem Treuhänder stammen und können jene Bereiche (i. d. R. Begünstigtenrangfolge, Auszahlungszeitpunkt, Anlagestrategie usw.) enthalten, die nicht zwingend in die Statuten aufgenommen werden müssen. Beistatuten können nur errichtet werden, wenn die Statuten einen diesbezüglichen Hinweis vorsehen. Zudem dürfen sie den Statuten nicht widersprechen. 1726

Im Anschluss an die Stiftungserklärung sind gemeinnützige Stiftungen sowie privatnützige Stiftungen, die ein nach kaufmännischer Art geführtes Gewerbe betreiben, in das Handelsregister einzutragen. Privatnützige Stiftungen (Familienstiftungen oder Unternehmensstiftungen) müssen nicht in das Handelsregister eingetragen werden, sondern erlangen schon mit der Stiftungserklärung Rechtspersönlichkeit. Allerdings ist binnen 30 Tagen nach Errichtung eine sogenannte Gründungsanzeige beim Handelsregister zu hinterlegen. 1727

Die liechtensteinische Finanzmarktaufsicht nimmt keinen Einfluss auf die Gründung einer Stiftung im Inland.

4. Stiftungsorgane

4.1 Stifter

1728 Der Stifter ist die zentrale Person im Stiftungsrecht, da die Stiftung der Verwirklichung seines Willens dient. Der Stifter kann eine natürliche oder juristische Person des In- oder Auslands sein. Eine Stiftung kann – außer bei letztwilliger Errichtung – auch mehr als einen Stifter haben. Dem Stifter kommen sämtliche Rechte eines Stiftungsbeteiligten zu. Auch bei fiduziarischer Stiftungserrichtung durch einen Treuhänder als Stellvertreter ist stets der wirtschaftliche Hintermann, also der Auftraggeber, Stifter im Sinne des Gesetzes.

Der Stifter kann somit nach außen anonym bleiben. Den Mitgliedern des Stiftungsrats ist seine Identität freilich zwingend bekanntzugeben, weil sie nur so seinem Willen zum Durchbruch verhelfen können.

4.2 Stiftungsrat

1729 Zur Verwirklichung des Stifterwillens bedient sich die Stiftung ihrer Organe. Einziges zwingendes Organ einer jeden Stiftung ist der Stiftungsrat. Der Stiftungsrat führt die Geschäfte der Stiftung und vertritt sie nach außen. Vor allem hat er sich unter Beachtung des Stifterwillens um die Verwaltung des Stiftungsvermögens sowie um das Rechnungswesen zu kümmern. Der Stiftungsrat hat wegen des Vieraugenprinzips aus mindestens zwei Mitgliedern zu bestehen, die natürliche oder juristische Personen aus dem In- oder Ausland sein können. Gemäß Art. 180a PGR muss jedoch ein zur Geschäftsführung und Vertretung befugtes Stiftungsratsmitglied ein inländischer Treuhänder oder eine gleichgestellte Person sein. Auch der Stifter selbst und die Begünstigten können Mitglieder des Stiftungsrats sein.

4.3 Revisionsstelle

1730 Jede Stiftung, welche der Aufsicht der Stiftungsaufsichtsbehörde (gemeinnützige Stiftungen) unterliegt, hat eine in Liechtenstein gem. Art. 191a PGR zugelassene Revisionsstelle als Stiftungsorgan einzurichten. Die Revisionsstelle hat einmal jährlich zu überprüfen, ob das Stiftungsvermögen in Übereinstimmung mit dem Stiftungszweck verwaltet und verwendet wird. Der Prüfungsbericht ist dem Stiftungsrat und der Stiftungsaufsichtsbehörde vorzulegen.

4.4 Stiftungsaufsichtsbehörde

Gemeinnützige Stiftungen unterliegen der Aufsicht durch die Stiftungsaufsichtsbehörde (STIFA). Die STIFA hat von Amts wegen dafür zu sorgen, dass das Stiftungsvermögen in Übereinstimmung mit dem Stiftungszweck verwaltet und verwendet wird. Sie kann zu diesem Zweck von den Stiftungsorganen sämtliche Informationen verlangen und in die Geschäftsbücher Einsicht nehmen. Des Weiteren hat sie den jährlichen Prüfbericht der Revisionsstelle zu kontrollieren. Zwangsmaßnahmen wie die Abberufung der Stiftungsorgane, die Durchführung von Sonderprüfungen oder die Aufhebung von Beschlüssen der Stiftungsorgane muss die STIFA beim Landgericht beantragen. 1731

Privatnützige Stiftungen, die in den Statuten der Stiftungsaufsicht unterstellt wurden, unterliegen in Aufsichtssachen demselben Regime wie die gemeinnützigen Stiftungen. Ist keine statutarische Unterstellung erfolgt, werden privatnützige Stiftungen nicht behördlich beaufsichtigt. 1732

4.5 Repräsentant

Die Stiftungen haben eine Person zum Repräsentanten für die Vertretung gegenüber den liechtensteinischen Behörden zu bestellen. Mit Zustimmung des Amts für Justiz muss kein Repräsentant bestellt werden, falls die Vertretung der Stiftung anderweitig gesichert ist oder eine inländische Zustelladresse bezeichnet worden ist. 1733

Ist kein Repräsentant bestellt und liegt auch keiner der genannten Ausnahmetatbestände vor, ist die Stiftung aufzulösen und amtlich zu liquidieren. Der Repräsentant wird anlässlich der Stiftungserklärung ernannt und ist bei eintragungspflichtigen Stiftungen im Öffentlichkeitsregister einzutragen.

5. Rechnungswesen

Stiftungen, die ein nach kaufmännischer Art geführtes Gewerbe betreiben, was nur unter sehr eingeschränkten Voraussetzungen zulässig ist, unterliegen den allgemeinen Rechnungslegungsnormen. Sie haben auf den Zeitpunkt der Eintragung im Öffentlichkeitsregister eine Bilanz und dann alljährlich eine geprüfte Jahresrechnung zu erstellen. Bei allen anderen gemein- oder privatnützigen Stiftungen hat der Stiftungsrat Aufzeichnungen über die Verwaltung und Verwendung des Stiftungsvermögens zu machen, die den Grundsätzen einer ordentlichen Buchführung entsprechen müssen. Die Ausführlichkeit der Aufzeichnungen hängt dabei von den Vermögensverhältnissen der Stiftung ab. Eine generelle Buchhaltungspflicht besteht jedoch nicht. 1734

6. Beendigung der Stiftung

1735 Die Beendigung einer Stiftung bedarf eines Auflösungsgrundes, eines nachfolgenden Liquidationsverfahrens und einer Löschungsbestätigung des Amts für Justiz.[1] Durch die Auflösung ändert sich der Stiftungszweck: Die Stiftung hat nun sämtliche Aktivitäten auf die Beendigung ihrer Existenz auszurichten. Mögliche Auflösungsgründe sind die Konkurseröffnung über das Stiftungsvermögen, ein behördlicher Auflösungsbeschluss oder ein Auflösungsbeschluss des Stiftungsrats. Ein Auflösungsbeschluss des Stiftungsrats stellt den Regelfall dar. Ein solcher Beschluss ist vom Stiftungsrat zu fassen, wenn ihm ein zulässiger Widerruf des Stifters zugegangen ist, wenn der Stiftungszweck erreicht oder nicht mehr erreichbar ist, wenn die statutarische Stiftungsdauer abgelaufen ist oder wenn andere statutarische Gründe für die Auflösung gegeben sind. Ist z. B. das gesamte Vermögen der Stiftung an die Begünstigten ausgeschüttet worden, so hat der Stiftungsrat einen Auflösungsbeschluss zu fassen.

7. Steuern und Gebühren bei Stiftungen

7.1 Steuern

1736 Gemeinnützige Stiftungen, die ausschließlich gemeinnützige Zwecke verfolgen, können auf Antrag von der persönlichen Steuerpflicht befreit werden. Die Voraussetzungen für eine Befreiung sind jedoch sehr streng. So muss u. a. die ausschließliche Gemeinnützigkeit des Zwecks unwiderruflich festgelegt werden.

1737 Privatnützige Stiftungen unterliegen grds. als juristische Personen der Ertragsteuer. Die Steuer beträgt 12,5 % des steuerpflichtigen Reinertrages, jedoch mindestens 1.800 CHF pro Jahr.

1738 Das Steuergesetz kennt diverse steuerfreie Erträge, zu welchen u. a. Einlagen in Stiftungen durch den Errichter, Mieterträge aus im Ausland gelegenen Grundstücken und Gewinnanteile/Kapitalgewinne von Beteiligungen an in- oder ausländischen juristischen Personen gehören.

1739 Privatnützige Familienstiftungen können sich unter gewissen Voraussetzungen als sogenannte Privatvermögensstruktur (PVS) im Sinne des liechtensteinischen Steuergesetzes (Art. 64 SteG) qualifizieren. Wie es der Name andeutet, muss der Zweck der Stiftung vorwiegend der Anlage des eigenen Vermögens

1 Jakob/Studen in Schurr, Zivil- und gesellschaftsrechtliche Fragen zur Führung und Abwicklung von Stiftungen, S. 135 ff.

dienen und die Stiftung darf keine wirtschaftliche Tätigkeit ausüben. Sofern diese und weitere Kriterien erfüllt werden, kann der PVS-Status beantragt werden. Stiftungen mit dem PVS-Status haben lediglich die Mindestertragsteuer von 1.800 CHF pro Jahr zu entrichten.

Ausschüttungen aus liechtensteinischen Stiftungen unterliegen in Liechtenstein keiner Quellensteuer. 1740

Je nach detaillierter Ausgestaltung der Stiftung (unwiderruflich, widerruflich, diskretionär) kommen im Detail andere Steuerfolgen für die Stiftung, den Errichter und die Begünstigten zum Tragen. So unterliegt z. B. eine explizit widerrufliche Stiftung nicht der oben erwähnten Ertragssteuer, sondern die Erträge werden dem Errichter zugerechnet und bei diesem besteuert. 1741

7.2 Gebühren

Die Gebühren für Amtshandlungen des Amts für Justiz (Eintragungen, Hinterlegungen, Ausstellung von Amtsbestätigungen etc.) sind gesetzlich geregelt. So beträgt etwa die Gebühr für die Eintragung einer Stiftung im Handelsregister 700 CHF, für die Hinterlegung der Gründungsanzeige 300 CHF und für die Ausstellung einer beglaubigten Amtsbestätigung oder eines beglaubigten Registerauszugs 15 CHF. 1742

Die Gebühren der Stiftungsaufsichtsbehörde setzten sich aus der Evaluation von Revisionsberichten, den Entscheidungen über die Befreiung von der Pflicht zur Bestellung einer Revisionsstelle und für die Einsichtnahme in die Stiftungsunterlagen zusammen und betragen ca. 500–2.000 CHF p. a. 1743

Stiftungen und Vermögenswidmungen ohne Persönlichkeit entrichten eine Gründungsabgabe von zwei Promille des statutarisch bestimmten Kapitals, mindestens jedoch 200 CHF. Weitere Zuwidmungen von ausländischem Vermögen ohne Erhöhung des statutarisch bestimmten Kapitals führen zu keiner weiteren Abgabe und auch zu keinen Steuern. Wird Vermögen, das bisher der liechtensteinischen Vermögenssteuer unterlegen hat, in eine Stiftung eingelegt und unterliegt das Vermögen dadurch nicht mehr der Vermögenssteuer, wird eine Widmungssteuer von 6,25 % bis 7,5 % fällig. 1744

III. Stiftung nach österreichischem Recht[1]

1. Einleitung

1745 Vor Einführung der Privatstiftung durch das PSG[2] konnte die eigentliche Stiftungsidee[3] in praxi oft nicht genutzt werden, denn Stiftungen und Fonds durften nach damaliger Rechtslage[4] lediglich gemeinnützige oder wohltätige Zwecke verfolgen, was von den Stiftern jedoch nur selten in reiner Form gewollt war. Dagegen traten ausländische Stiftungsrechte zu dieser Zeit schon wesentlich liberaler auf. Aus diesen Gründen sah der Gesetzgeber im Jahre 1993 Handlungsbedarf und rief die Privatstiftung ins Leben, die einen regelrechten Siegeszug antrat. Von da an konnte die Privatstiftung einerseits zur nicht restlos gemeinnützigen, im öffentlichen Interesse liegenden Wirtschafts-, Wissenschafts- und Kunstförderung, andererseits als mittelbare Unternehmensträgerschaft oder zur Förderung von bestimmten Personen oder Personengruppen herangezogen werden. Darüber hinaus verfolgte der Gesetzgeber mit Einführung der Privatstiftung auch das Ziel, zusätzliche Vermögensabflüsse in ausländische Stiftungen zu bremsen sowie ausländische Investitionen in österreichische Stiftungen zu fördern, und realisierte ein an den Bedürfnissen des modernen Wirtschaftslebens orientiertes Privatstiftungsrecht.[5]

Seit ihrer Einführung wurden in Österreich rund 4.0.00 Privatstiftungen gegründet. Zwar wurden einige – nicht zuletzt aufgrund von durch politische Diskussionen verursachte Verunsicherung – wieder gelöscht, dennoch wurden insgesamt mehr Privatstiftungen als Aktiengesellschaften (AG) gegründet. Zuletzt bestanden 3.023 österreichische Privatstiftungen.[6]

2. Stiftungsidee und Gründungsmotive

1746 Wird Vermögen durch die Errichtung einer Stiftung derart verselbständigt, dass auch der Eigentümer keinen Zugriff mehr darauf hat, wird es von seinem sowie vom Schicksal und Willen seiner Rechtsnachfolger unabhängig, wodurch

---

1 Unser Dank gilt Herrn Rechtsanwalt Dr. Joachim Zierler. Partner, Rechtsanwalt und Steuerberater, Held Berdnik Astner & Partner Rechtsanwälte GmbH, Karmeliterplatz 4, A-8010 Graz.

2 Bundesgesetz über Privatstiftungen (Privatstiftungsgesetz – PSG), BGBl 1993 S. 694.

3 Vgl. → Rz. 1746.

4 § 1 Abs. 1 Bundes-Stiftungs- und Fondsgesetz (BStFG), BGBl 1975 S. 11 und einschlägige Landesgesetze.

5 Zu den Motiven des Gesetzgebers siehe ErläutRV 1132 BlgNR 18. GP 15.

6 Vgl. die Zahlen auf der Seite des österreichischen Stiftungsverbandes, abrufbar unter: https://www.stiftungsverband.at/stiftungsverband/ (abgerufen am 22.12.2022).

ein bestimmter, vom Stifter verfolgter Zweck „besser, zielstrebiger und auch dauerhafter verwirklicht werden“ kann.[1]

Aufgrund des bedarfsorientiert ausgestalteten Gesetzes können die Gründungsmotive für einen Stifter vielfältig sein. Während ursprünglich vor allem Steuerersparnis angestrebt wurde, verlor dieses Motiv infolge wiederholter Gesetzesnovellierungen an Bedeutung und es werden heute vermehrt Vermögens- und Unternehmenserhalt angestrebt, um etwa Erbstreitigkeiten zu verhindern und Nachkommen zu versorgen. Darüber hinaus können Privatstiftungen auch eine Holding-Funktion wahrnehmen und betrieblich veranlasst sein[2] sowie für kulturelle oder wissenschaftliche Zwecke, wie z. B. den Erhalt einer künstlerischen Sammlung, oder auch für gemeinnützige Entwicklungshilfe, Tierschutz oder Gesundheitsvorsorge verwendet werden.[3]

3. Stiftungstypen

Abhängig davon, welchem Recht die Stiftungserrichtung zugehört, kann zwi- 1747
schen privatrechtlichen und öffentlich-rechtlichen Stiftungen differenziert werden.[4] Zu Ersteren zählen die bereits unter Punkt 1. erwähnte Privatstiftung sowie gemeinnützige Stiftungen nach dem BStFG 2015[5] und nach bestimmten Landesgesetzen, zu Zweiteren gehören z. B. die Stiftung Österreichischer Rundfunk (ORF) und Stiftungen der katholischen Kirche nach dem Codex Iuris Canonici.[6] Nachfolgende Ausführungen widmen sich jedoch ausschließlich der Privatstiftung.

4. Die Privatstiftung

4.1 Wesen und Rechtsnatur

Nach § 1 Abs. 1 PSG ist die Privatstiftung „ein Rechtsträger, dem vom Stifter 1748
ein Vermögen gewidmet ist, um durch dessen Nutzung, Verwaltung und Verwertung der Erfüllung eines erlaubten, vom Stifter bestimmten Zwecks zu

1 ErläutRV 1132 BlgNR 18. GP 15.

2 Vgl. dazu die Beispiele in → Rz. 1754/12.

3 Arnold in Arnold/Ludwig, Stiftungshandbuch, Rz. 1/8–1/10.

4 So insbesondere Arnold in Arnold/Ludwig, Stiftungshandbuch, Rz. 1/2.

5 Bundesgesetz über die Regelung des Bundes-Stiftungs- und Fondswesens (Bundes-Stiftungs- und Fondsgesetz 2015 – BStFG 2015), BGBl 2015 I S. 160; diese unterscheidet sich von der Privatstiftung insbesondere dadurch, dass zwingend ein gemeinnütziger Stiftungszweck erforderlich und eine Errichtung auf bestimmte Zeit nicht möglich ist – die praktische Relevanz dieses Stiftungstyps ist jedoch gering.

6 Arnold in Arnold/Ludwig, Stiftungshandbuch, Rz. 1/2.

dienen". Sie ist eine juristische Person mit eigener Rechtspersönlichkeit, die ihren Sitz im Inland haben muss,[1] weshalb eine Sitzverlegung ins Ausland zu ihrer Auflösung führt.[2]

Im Unterschied zu sonstigen juristischen Personen wie einer Aktiengesellschaft (AG), einer Gesellschaft mit beschränkter Haftung (GmbH) oder einem Verein verfügt die Privatstiftung weder über Eigentümer, Mitglieder noch Gesellschafter.[3]

4.2 Stiftungszweck

1749 Der Stiftungszweck gehört zum Mindestinhalt der Stiftungserklärung,[4] kann vom Stifter grds. frei gewählt werden und muss nach außen gerichtet sein.[5] Er kann nicht nur eigen- oder gemeinnützig ausgestaltet sein, sondern auch aus einer Mischform dieser beiden Zwecke bestehen, was in praxi häufig der Fall ist.[6] Eine Privatstiftung ohne Stiftungszweck ist unzulässig. Der Stifter kann auch keinen unerlaubten, gegen zwingendes Recht oder gegen die guten Sitten verstoßenden Zweck vorsehen sowie ihn auf die reine Selbsterhaltung nach innen beschränken (Selbstzweckstiftung).[7] Eine allgemeine Umschreibung des Zwecks ist dabei ausreichend.[8]

Vom Stiftungszweck zu unterscheiden ist der Gegenstand der Privatstiftung, der nach § 1 Abs. 1 PSG in der „Nutzung, Verwaltung und Verwertung" des Stiftungsvermögens zur Erfüllung des Stiftungszwecks besteht und nicht unter eine der in § 1 Abs. 2 PSG genannten unzulässigen Tätigkeiten fallen darf.

1 Brditschka/Quass in Hasch & Partner, PSG, § 1 Rz. 2 f.
2 ErläutRV 1132 BlgNR 18. GP 20.
3 RIS-Justiz RS0111737, zuletzt OGH, Entscheidung v. 4.11.2013 - 10 Ob 22/13b.
4 § 9 Abs. 1 Z 2 PSG; zur Stiftungserklärung vgl. → Rz. 1752/1.
5 Arnold in Arnold/Ludwig, Stiftungshandbuch, Rz. 13/1.
6 Arnold in Arnold/Ludwig, Stiftungshandbuch, Rz. 1/15 f.
7 Csoklich in Csoklich/Müller/Gröhs/Helbich, Handbuch zum Privatstiftungsgesetz, S. 14; Arnold, Privatstiftungsgesetz, § 1 Rz. 11–13.
8 ErläutRV 1132 BlgNR 18. GP 19.

4.3 Stifter

Stifter einer Privatstiftung unter Lebenden können gem. § 3 Abs. 1 PSG *„eine oder mehrere natürliche oder juristische Personen sein“*.[1] Von Gesetzes wegen ist weder ein Mindestalter noch Geschäftsfähigkeit vorausgesetzt.[2] Stifter können nicht nur juristische Personen des privaten und des öffentlichen Rechts sein, sondern auch Offene Gesellschaften (OG) und Kommanditgesellschaften (KG), mangels Rechtsfähigkeit jedoch keine Gesellschaften bürgerlichen Rechts (GesbR) oder stille Gesellschaften.[3] 1750

4.4 Begünstigter

Begünstigte (Destinatäre) sind diejenigen Personen, denen aus der Privatstiftung Zuwendungen oder sonstige Vorteile zukommen.[4] Sie sind weder Mitglieder noch Eigentümer der Stiftung[5] und müssen nicht schon vom Stifter in der Stiftungserklärung bestimmt werden, sondern er kann dessen Feststellung auch einer in der Stiftungserklärung bestimmten Stelle überlassen.[6] In der kautelarjuristischen Praxis wird für gewöhnlich dem Stiftungsvorstand das Recht auf Feststellung von Begünstigten übertragen, wobei dieses Recht in der Stiftungserklärung regelmäßig modifiziert wird, indem Vorgaben bei der Auswahl der Begünstigten bzw. weitere Beschränkungen üblich sind. Insofern ist der Stiftungsvorstand in seinem Ermessen bei der Auswahl und Feststellung von Begünstigten regelmäßig durch den Stifterwillen eingeschränkt. Dass jede Privatstiftung einen oder mehrere Begünstigte(n) haben muss, folgt wiederum daraus, dass eine Selbstzweckstiftung nicht zulässig ist.[7] 1751

Als Begünstigte kommen neben natürlichen Personen – wie dem Stifter selbst – auch andere in- oder ausländische vermögensfähige Rechtsträger – wie etwa juristische Personen des öffentlichen und privaten Rechts –, OG, KG oder auch die Allgemeinheit in Betracht.[8]

1 Vgl. die Unterschiede bei der Privatstiftung von Todes wegen unten unter → Rz. 1754/10.

2 Arnold in Arnold/Ludwig, Stiftungshandbuch, Rz. 2/26; freilich muss in diesen Fällen die Notwendigkeit einer Vertretung, einer pflegschaftsgerichtlichen Genehmigung sowie eines Kollisionskurators beachtet werden.

3 Brditschka/Quass in Hasch & Partner, PSG, § 3 Rz. 6.

4 Arnold in Arnold/Ludwig, Stiftungshandbuch, Rz. 13/2.

5 OGH, Entscheidung v. 12.5.1997 - 6 Ob 39/97x, ecolex 1997 S. 941 = JBl 1997 S. 776 (König) = SZ 70/92 = ARD 4882/21/97.

6 Dazu genauer vgl. unten unter → Rz. 1754/6.

7 Brditschka/Quass in Hasch & Partner, PSG, § 5 Rz. 5.

8 Brditschka/Quass in Hasch & Partner, PSG, § 5 Rz. 3 f., Arnold in Arnold/Ludwig, Stiftungshandbuch, Rz. 13/2.

Vom Begünstigten zu unterscheiden ist der Letzt- oder Endbegünstigte, der zwar mit ersterem übereinstimmen kann, von Gesetzes wegen jedoch derjenige ist, dem erst „ein nach Abwicklung der Privatstiftung verbleibendes Vermögen" zukommen soll.[1]

4.5 Beginn der Privatstiftung

4.5.1 Gründung

1752 Nach § 7 Abs. 1 PSG wird die Privatstiftung durch eine Stiftungserklärung (im Regelfall bestehend aus einer Stiftungsurkunde und einer Stiftungszusatzurkunde) errichtet, wobei die Verfassung einer Stiftungsurkunde als Gründungsakt ausreicht.[2] Rechtspersönlichkeit erlangt die Privatstiftung jedoch gem. § 7 Abs. 1 zweiter Halbsatz PSG erst durch die Eintragung in das Firmenbuch. Da sie grds. nicht unternehmerisch tätig sein darf, trägt sie keine Firma, sondern einen Namen, der sich gem. § 2 PSG von anderen im Firmenbuch eingetragenen Privatstiftungen deutlich unterscheiden muss, nicht irreführend sein darf und das Wort „Privatstiftung" ungekürzt zu enthalten hat.[3]

4.5.2 Stiftungserklärung/Stiftungsurkunde

1752/1 Die Grundlage der Privatstiftung ist eine einseitige Willenserklärung des Stifters, nämlich die Stiftungserklärung, die gem. § 39 Abs. 1 PSG durch einen Notariatsakt zu beurkunden ist.[4]

Der Mindestinhalt der Stiftungserklärung umfasst nach § 9 Abs. 1 PSG:

- die Widmung des Vermögens (Z 1),
- den Stiftungszweck (Z 2),
- die Bezeichnung des Begünstigten bzw. die Angabe der Stelle, die den Begünstigten festzustellen hat (Z 3),
- den Namen und den Sitz der Privatstiftung (Z 4),
- den Namen und die Anschrift des Stifters (Z 5),
  - das Geburtsdatum (bei natürlichen Personen),

1 § 6 PSG.

2 Die Errichtung einer Stiftungszusatzurkunde ist fakultativ: Arnold in Arnold/Ludwig, Stiftungshandbuch, Rz. 2/1.

3 ErläutRV 1132 BlgNR 18. GP 20.

4 ErläutRV 1132 BlgNR 18. GP 24.

- die Firmenbuchnummer (bei im Firmenbuch eingetragenen Rechtsträgern),

- ► die Angabe, ob die Privatstiftung auf bestimmte oder unbestimmte Zeit errichtet wird (Z 6).

Die Inhalte gem. § 9 Abs. 1 PSG müssen dabei zwingend in die Stiftungsurkunde aufgenommen werden, die Aufnahme in eine Stiftungszusatzurkunde genügt nicht. Fakultativ kann die Stiftungserklärung gem. § 9 Abs. 2 PSG noch weitere Inhalte wie bspw. Regelungen über die Änderung der Stiftungserklärung (Z 7) oder den Vorbehalt des Widerrufs (Z 8) enthalten. Ist die Privatstiftung nämlich bereits entstanden, kann die Stiftungserklärung gem. § 33 Abs. 2 1. Satz PSG sowie § 34 1. Satz PSG nur dann geändert oder widerrufen werden, wenn sich der Stifter diese Möglichkeiten bereits in der Stiftungserklärung vorbehalten hat.

In der kautelarjuristischen Praxis wird neben einer Stiftungsurkunde fast ausnahmslos auch eine Stiftungszusatzurkunde errichtet, in welche all jene Bestimmungen aufgenommen werden, welche nicht zwingend in die Stiftungsurkunde aufzunehmen sind. Die Begründung hierfür ist darin zu finden, dass die Stiftungszusatzurkunde gem. § 10 Abs. 2 PSG nicht dem Firmenbuchgericht vorzulegen ist und somit der Öffentlichkeit nicht zugänglich ist.

4.6 Stiftungsvermögen

Zur Vermeidung von Missbräuchen hat der Gesetzgeber in § 4 PSG eine soge- 1753
nannte „Seriositätsschwelle“ vorgesehen und festgelegt, dass jeder österreichischen Privatstiftung ein Mindestvermögen im Wert von 70.000 € gewidmet werden muss.[1] Diese Widmung hat zur Gänze in der Stiftungsurkunde zu erfolgen, so dass eine Widmung in einer Stiftungszusatzurkunde oder durch Nach- oder Zustiftung[2] nicht ausreicht.[3] Das gewidmete Vermögen muss zudem in die Verfügungsmacht der Privatstiftung übergehen,[4] so dass auch der Stifter den Zugriff darauf verliert.[5]

1 Arnold, Privatstiftungsgesetz, § 4 Rz. 2.

2 Widmet der Stifter Vermögen nachträglich außerhalb von Stiftungs- und Stiftungszusatzurkunde, handelt es sich um eine Nachstiftung, während sich für den Fall, dass das Vermögen von dritter Seite kommt, der Begriff „Zustiftung“ etabliert hat. Arnold, Privatstiftungsgesetz, § 4 Rz. 27.

3 Arnold, Privatstiftungsgesetz, § 4 Rz. 10.

4 Gassauer-Fleissner/Grave, Stiftungsrecht, § 4 Rz. 1.

5 ErläutRV 1132 BlgNR 18. GP 15.

Die Aufbringung des Mindestvermögens kann durch Geld inländischer Währung, Fremdwährung oder durch Sachwerte erfolgen. Wird das Mindestvermögen teilweise oder zur Gänze in Fremdwährung oder durch sonstige Sachwerte aufgebracht, ist gem. § 11 Abs. 1 PSG eine Gründungsprüfung erforderlich, um die Werthaltigkeit und damit das Erreichen des Mindestvermögens sicherzustellen.[1]

4.7 Organe der Privatstiftung

1754 Gemäß § 14 Abs. 1 PSG sind der Stiftungsvorstand, der Stiftungsprüfer und ggf. der Aufsichtsrat als Organe der Privatstiftung zwingend vorgesehen.

4.7.1 Stiftungsvorstand

1754/1 Der Stiftungsvorstand ist das „Geschäftsführungs- und Vertretungsorgan"[2] der Privatstiftung, wird zum ersten Mal vom Stifter oder Stiftungskurator bestellt und umfasst gem. § 15 Abs. 1 PSG zumindest drei natürliche Personen als Mitglieder, wovon mindestens zwei ihren gewöhnlichen Aufenthalt in einem Mitgliedstaat der EU oder in einem Vertragsstaat des EWR haben müssen.[3]

Nach § 17 Abs. 1 PSG hat der Stiftungsvorstand die Aufgabe, die Privatstiftung zu verwalten, nach außen hin zu vertreten und dafür Sorge zu tragen, dass der Stiftungszweck erfüllt wird. Dabei ist er jedoch im Innenverhältnis stets an Bestimmungen der Stiftungserklärung sowie an Gläubigerschutzvorschriften gebunden.[4] Wurde in der Stiftungserklärung nicht Unentgeltlichkeit vorgesehen, gebührt dem Stiftungsvorstand für seine Tätigkeit eine seinen Aufgaben und der finanziellen Lage der Privatstiftung entsprechende Vergütung.[5]

Zur Hintanhaltung von Kollisionen und zur Wahrung der Objektivität des Organs beim Vollzug der Regelungen über den Begünstigten sind der Begünstigte selbst sowie die in § 15 Abs. 2 und 3 PSG genannten, dem Begünstigten nahestehenden Personen von der Mitgliedschaft im Stiftungsvorstand aus-

1 Kollros in Hasch & Partner, PSG, § 11 Rz. 1 f.; Arnold, Privatstiftungsgesetz, § 11 Rz. 4, 6; Hilber, RWZ 1999 S. 56.

2 ErläutRV 1132 BlgNR 18. GP 26.

3 Nowotny in Csoklich/Müller/Gröhs/Helbich, Handbuch zum Privatstiftungsgesetz, S. 151 f.; Hasch in Hasch & Partner, PSG, § 15 Rz. 6.

4 Arnold, Privatstiftungsgesetz, § 17 Rz. 6.

5 Arnold in Arnold/Ludwig, Stiftungshandbuch, Rz. 7/49.

geschlossen. Sofern bzw. solange er nicht selbst als Begünstigter festgestellt ist, gilt dies jedoch nicht für den Stifter selbst.[1]

4.7.2 Stiftungsprüfer

Mit dem Stiftungsprüfer wird dem Stiftungsvorstand – unabhängig von Größe 1754/2
und Zweck der Privatstiftung[2] – ein „Kontrollorgan"[3] zur Seite gestellt, das vom Aufsichtsrat bzw. bei dessen Fehlen oder Säumigkeit vom Gericht zu bestellen ist.[4] Aufgrund geänderter Berufsbezeichnungen können – entgegen dem Wortlaut des § 20 Abs. 2 PSG – für das Amt des Stiftungsprüfers ausschließlich Wirtschaftsprüfer oder Wirtschaftsprüfungsgesellschaften, nicht jedoch Steuerberater oder Steuerberatungsgesellschaften, bestellt werden.[5]

Da seine Prüfpflicht nicht nur den Jahresabschluss einschließlich der Buchführung, sondern auch den Lagebericht umfasst, überwacht der Stiftungsprüfer nicht nur die Vollständigkeit und Richtigkeit von Vermögens- und Schuldposten und damit eine ordnungsmäßige Gebarung, sondern auch die Erfüllung des Stiftungszwecks. Da er nach h. A. auch zur Abwehr von Missständen verpflichtet ist, sorgt er außerdem auch für dessen Durchsetzung.[6] Für seine Tätigkeit stehen ihm der Ersatz notwendiger Barauslagen sowie eine angemessene Entlohnung zu.[7]

Da eine vertrauenswürdige Prüfung nur derjenige durchzuführen imstande ist, der weder erheblichen Einflüssen ausgesetzt noch vom Prüfungsergebnis tangiert wird, sieht das Gesetz zur Wahrung der Unabhängigkeit einerseits in § 20 Abs. 3 PSG Ausschlusstatbestände sowie andererseits in § 20 Abs. 4 PSG die Möglichkeit vor, die Vergütung des Stiftungsprüfers vom Gericht festsetzen zu lassen, wenn ein Einvernehmen mit dem Stiftungsvorstand nicht zu erzielen ist.[8]

---

1 ErläutRV 1132 BlgNR 18. GP 26.

2 Arnold, Privatstiftungsgesetz, § 21 Rz. 2.

3 ErläutRV 1132 BlgNR 18. GP 26.

4 Nowotny in Csoklich/Müller/Gröhs/Helbich, Handbuch zum Privatstiftungsgesetz, S. 163; zur Frage, wann ein Aufsichtsrat bestehen muss, siehe unter → Rz. 1754/3.

5 Arnold in Arnold/Ludwig, Stiftungshandbuch, Rz. 8/2.

6 Hasch/Weberndorfer in Hasch & Partner, PSG, § 20 Rz. 2 m. w. N.; Arnold, Privatstiftungsgesetz, § 21 Rz. 4.

7 Arnold in Arnold/Ludwig, Stiftungshandbuch, Rz. 8/12.

8 Arnold, Privatstiftungsgesetz, § 20 Rz. 2, 32.

4.7.3 Aufsichtsrat

1754/3 Im Gegensatz zum Stiftungsvorstand und Stiftungsprüfer ist die Einsetzung eines aus mindestens drei natürlichen Personen bestehenden Aufsichtsrates als „weiteres Kontrollorgan“[1] gem. § 22 Abs. 1 PSG nur in zwei Fällen zwingend vorgesehen, nämlich wenn

- die Privatstiftung mehr als 300 Arbeitnehmer beschäftigt (Z 1) oder
- die Privatstiftung inländische Kapitalgesellschaften oder inländische Genossenschaften i. S. des § 15 AktG einheitlich leitet oder solche Kapitalgesellschaften oder inländische Genossenschaften aufgrund einer unmittelbaren Beteiligung von mehr als 50 % beherrscht und die genannten Gesellschaftsformen durchschnittlich mehr als 300 Arbeitnehmer beschäftigen, was jedoch nur der Fall ist, wenn sich die Tätigkeit der Privatstiftung nicht nur auf die Verwaltung von Unternehmensanteilen der beherrschten Unternehmen beschränkt (Z 2: Konzernaufsichtsrat).

Bei Vorliegen dieser Voraussetzungen ist der erste Aufsichtsrat vom Stifter zwingend schon bei Errichtung der Privatstiftung zu bestellen, nach Entstehung der Privatstiftung oder bei Nachbesetzung sowie Erweiterung des Aufsichtsrates kommt diese Kompetenz dem Gericht zu.[2] Unter den Prämissen des § 110 ArbVG[3] kann darüber hinaus das Recht der Arbeitnehmerschaft auf drittelparitätische Besetzung des Aufsichtsrates mit Arbeitnehmervertretern bestehen.[4] Liegen die Voraussetzungen nicht vor, kann der Stifter sich dennoch dazu entschließen, einen fakultativen Aufsichtsrat durch dessen Aufnahme in die Stiftungserklärung einzurichten.[5] Von dieser Möglichkeit wird jedoch in praxi regelmäßig kein Gebrauch gemacht.

Die Kontrollfunktion des Aufsichtsrats wirkt überwiegend als Nachkontrolle durch die Wahrnehmung von Auskunfts- und Einsichtsrechten zur Überwachung von Geschäftsführung und Gebarung. Ein Instrument zur Kontrolle vorab ist dagegen das Vertretungsrecht des Aufsichtsrates, wenn die Privatstiftung mit den Mitgliedern des Stiftungsvorstandes Rechtsgeschäfte vornehmen will.[6] Für seine Tätigkeit hat jedes Aufsichtsratsmitglied gegenüber der

1 ErläutRV 1132 BlgNR 18. GP 26.
2 Arnold, Privatstiftungsgesetz, § 24 Rz. 4–5, 14.
3 Bundesgesetz vom 14.12.1973 betreffend die Arbeitsverfassung (Arbeitsverfassungsgesetz – ArbVG), BGBl 1974 S. 22.
4 Arnold in Arnold/Ludwig, Stiftungshandbuch, Rz. 9/8.
5 Hasch/Routil in Hasch & Partner, PSG, § 22 Rz. 31 f.
6 Hasch/Weberndorfer in Hasch & Partner, PSG, § 25 Rz. 5 f.; Arnold, Privatstiftungsgesetz, § 25 Rz. 5.

Privatstiftung Anspruch auf Vergütung.[1] Arbeitnehmervertreter üben das Amt dagegen ehrenamtlich aus.[2]

Zur Wahrung der Unabhängigkeit bestimmt § 23 Abs. 2 PSG, dass ein Aufsichtsratsmitglied nicht gleichzeitig Mitglied des Stiftungsvorstandes oder als Stiftungsprüfer tätig sein darf. Zur Sicherung der ordnungsgemäßen Ausführung des Mandats und der damit verbundenen Rechte und Pflichten darf darüber hinaus gem. § 23 Abs. 3 PSG auch kein Aufsichtsratsmitglied insgesamt mehr als zehn Aufsichtsratsmandate halten oder Mitgliedschaften in vergleichbaren Organen einer Privatstiftung haben.[3] In praxi ist der Aufsichtsrat jedoch von geringer Bedeutung, zumal auch die Kriterien für einen zwingend einzurichtenden Aufsichtsrat nur selten erfüllt werden.[4]

4.7.4 Weitere Stiftungseinrichtungen

§ 14 Abs. 2 PSG räumt dem Stifter die Möglichkeit ein, zusätzlich zu den zwin- 1754/4
gend einzurichtenden Organen fakultative „Kontroll- oder Beratungsorgane"[5] zur Wahrung (nicht aber zur direkten Umsetzung[6]) des Stiftungszwecks durch Aufnahme in die Stiftungsurkunde sowie durch grobe Skizzierung der ihnen zugedachten Kompetenzen zu schaffen.[7] Deren Mitglieder können nicht nur natürliche, sondern auch juristische Personen sein.[8]

4.7.4.1 Stiftungsbeirat

Der Stiftungsbeirat nimmt in der Privatstiftung aufsichtsratsähnliche Funktio- 1754/5
nen wahr[9] und kann auch neben einem zwingenden oder fakultativen Aufsichtsrat eingerichtet werden.[10] Nicht übertragen werden dürfen ihm jedoch die Bestellung des Stiftungsprüfers und die Vertretung der Privatstiftung bei Rechtsgeschäften mit Vorstandsmitgliedern, wohl aber das grds. Recht, den Stiftungsvorstand oder eines seiner Mitglieder abzuberufen.[11]

1 § 26 PSG.
2 Arnold, Privatstiftungsgesetz, § 26 Rz. 2.
3 Arnold, Privatstiftungsgesetz, § 23 Rz. 25.
4 Arnold in Arnold/Ludwig, Stiftungshandbuch, Rz. 9/5.
5 ErläutRV 1132 BlgNR 18. GP 26.
6 Gassauer-Fleissner/Grave, Stiftungsrecht, § 14 Rz. 1.
7 Arnold, Privatstiftungsgesetz, § 14 Rz. 19.
8 Das Erfordernis eines gewöhnlichen Aufenthalts in einem EU- oder EWR-Staat gilt für sie nicht: Hasch in Hasch & Partner, PSG, § 14 Rz. 64.
9 Hasch in Hasch & Partner, PSG, § 14 Rz. 58.
10 Arnold, Privatstiftungsgesetz, § 22 Rz. 23.
11 Hasch in Hasch & Partner, PSG, § 14 Rz. 58 f.

4.7.4.2 Stelle

1754/6 Wie bereits unter → Rz. 1751 hingewiesen, kann der Stifter in der Stiftungsurkunde gem. § 5 Satz 2 i. V. mit § 9 Abs. 1 Z 3 PSG eine Stelle, z. B. einen Beirat, eine stiftungsexterne Person, ein externes Gremium oder auch sich selbst, einsetzen und mit der Kompetenz betrauen, mit bindender Wirkung gegenüber dem Stiftungsvorstand den Begünstigten festzustellen zu können – es sei denn, der Stiftungszweck ist auf die Begünstigung der Allgemeinheit gerichtet. In der Praxis fällt die Wahl der Stifter häufig auf den Stiftungsvorstand selbst, dessen Entscheidungskompetenz hinsichtlich Begünstigtenkreis sowie Höhe, Art und Häufigkeit der Zuwendungen vom Stifter regelmäßig eine nähere Determinierung erfährt.[1]

4.8 Beendigung der Privatstiftung

4.8.1 Widerruf

1754/7 Wie unter → Rz. 1752/1 bereits gezeigt, kann die Privatstiftung vom Stifter zur Gänze widerrufen werden, sofern er sich den Widerruf in der Stiftungsurkunde vorbehalten hat. Ein bloß teilweiser Widerruf ist nicht möglich. Darüber hinaus kann ein Widerrufsrecht nur natürlichen Personen als Stiftern vorbehalten werden. Einer juristischen Person kann aufgrund der deutlichen Anordnung des § 34 PSG der Widerruf der Privatstiftung nicht vorbehalten werden. Daher empfiehlt es sich, in praxi regelmäßig auch natürliche Personen zumindest als Mitstifter vorzusehen, um die Möglichkeit des Widerrufs der Privatstiftung zu schaffen. Der Widerruf bedarf der Form eines Notariatsaktes und muss sodann dem Stiftungsvorstand zugehen, woraufhin dieser einstimmig die Auflösung der Privatstiftung zu beschließen hat.[2]

4.8.2 Auflösung

1754/8 Die Auflösungsgründe sind in § 35 PSG zwingend und taxativ geregelt.[3] Demnach wird die Privatstiftung aufgelöst, wenn die vorgesehene Dauer abgelaufen ist (Z 1), über ihr Vermögen Insolvenz eröffnet (Z 2) oder diese mangels kostendeckenden Vermögens rechtskräftig nicht eröffnet wurde (Z 3), sowie dann, wenn der Stiftungsvorstand einstimmig (Z 4) oder das Gericht (Z 5) die

1 Arnold in Arnold/Ludwig, Stiftungshandbuch, Rz. 13/6.
2 Arnold, Privatstiftungsgesetz, § 34 Rz. 1, 4, 6, 12, 19.
3 Arnold, Privatstiftungsgesetz, § 35 Rz. 2–2a.

Auflösung beschlossen haben, wobei in den ersten vier Fällen jeweils der Stiftungsvorstand die Auflösung zum Firmenbuch anzumelden hat.[1]

Ist dem Stiftungsvorstand außerdem ein zulässiger Widerruf des Stifters zugegangen (Z 1), wurde der Stiftungszweck nicht erreicht oder ist dieser nicht mehr erreichbar (Z 2), hat eine eigennützige Privatstiftung zur Versorgung von natürlichen Personen schon 100 Jahre gedauert, ohne dass alle Letztbegünstigten deren Fortsetzung beschließen (Z 3), oder liegen andere vom Stifter in der Stiftungserklärung genannte Gründe vor (Z 4), so hat der Stiftungsvorstand gem. § 35 Abs. 2 PSG einen einstimmigen Auflösungsbeschluss zu fassen, der nach § 39 Abs. 2 PSG einer notariellen Niederschrift bedarf.[2] Kommt ein einstimmiger Beschluss nicht zustande, kann nach § 35 Abs. 3 PSG die Auflösung bei Gericht beantragt werden. Eine solche findet außerdem auch dann statt, wenn die Privatstiftung unzulässigerweise eine in § 1 Abs. 2 PSG genannte Tätigkeit ausführt, insbesondere daher in unzulässiger Weise unmittelbar eine gewerbsmäßige Tätigkeit ausübt.

Nachdem die Privatstiftung aufgelöst ist, hat sie der Stiftungsvorstand abzuwickeln sowie den Abschluss der Abwicklung zur Eintragung ins Firmenbuch anzumelden, was die Löschung der Privatstiftung zur Folge hat.[3]

4.9 Arten der Privatstiftung

4.9.1 Gemeinnützige und eigennützige Privatstiftung

Während gemeinnützige Privatstiftungen in erster Linie Zwecke zur Förderung der Allgemeinheit verfolgen„ bezwecken eigennützige Privatstiftungen die Förderung bestimmter oder individualisierbarer Personen. Sind diese Familienangehörige des Stifters, werden solche Privatstiftungen als Familienstiftung bezeichnet.[4] 1754/9

4.9.2 Privatstiftung unter Lebenden oder von Todes wegen

Auch für Privatstiftungen von Todes wegen gilt das PSG. Ein wesentlicher Unterschied ist jedoch, dass eine Stiftermehrheit bei der Privatstiftung von Todes wegen nicht möglich ist, weil § 3 Abs. 1 Satz 2 PSG nur einen einzigen Stifter – nämlich eine natürliche Person – zulässt. Nach § 39 Abs. 1 PSG müssen bei der 1754/10

1 Arnold, Privatstiftungsgesetz, § 35 Rz. 20a.

2 Arnold, Privatstiftungsgesetz, § 35 Rz. 7.

3 §§ 36 f. PSG.

4 Arnold in Arnold/Ludwig, Stiftungshandbuch, Rz. 1/15.

Stiftung von Todes wegen außerdem nicht nur die Formerfordernisse des Notariatsaktes, sondern auch jene der letztwilligen Verfügung eingehalten werden.[1]

4.9.3 Versorgungsprivatstiftung

1754/11 Die Versorgungsprivatstiftung ist in Österreich am weitesten verbreitet und verfolgt das Motiv, Familienangehörige oder sonstige Personen durch Zuwendungen, die aus dem gestifteten, fruchtbringenden Vermögen wie z. B. aus Immobilien oder Unternehmensbeteiligungen resultieren, zu versorgen.[2]

4.9.4 Betriebliche Arbeitnehmerförderungsprivatstiftung

1754/12 Arbeitnehmerförderungsprivatstiftungen sind für Unternehmen einerseits interessant, weil sie mit ihnen ihre soziale Verantwortung gegenüber den Arbeitnehmern wahrnehmen können, indem sie z. B. Pensionisten, Hinterbliebenen oder Opfern von Massenentlassungen Zuwendungen zukommen lassen, und andererseits deshalb, weil sie diese Ausgaben steuermindernd als Betriebsausgaben absetzen können.[3]

4.9.5 Betriebliche Unternehmenszweckprivatstiftung

1754/13 Die Unternehmenszweckprivatstiftung wird von einem Unternehmen gegründet, damit sie deren Betriebszweck oder den Betriebszweck eines mit diesem verbundenen Konzernunternehmens fördert. Diese Förderung kann je nach Unternehmensgegenstand der Stifterin unterschiedlich aussehen und z. B. in der Entwicklung von Produkten, deren Absatz nur der Stifterin zusteht, bestehen.[4]

4.9.6 Betriebliche Belegschaftsbeteiligungsstiftung

1754/14 Durch Belegschaftsbeteiligungsstiftungen kann der Arbeitgeber Erträge aus Beteiligungen an seinem Unternehmen allen Arbeitnehmern, bestimmten Arbeitnehmergruppen oder auch früheren Arbeitnehmern zukommen lassen.[5]

---

1 Arnold in Arnold/Ludwig, Stiftungshandbuch, Rz. 1/14.

2 Wolf, Österreichische Privatstiftung, S. 13.

3 Wolf, Österreichische Privatstiftung, S. 12; Arnold in Arnold/Ludwig, Stiftungshandbuch, Rz. 1/30.

4 Wolf, Österreichische Privatstiftung, S. 13; Arnold in Arnold/Ludwig, Stiftungshandbuch, Rz. 1/29.

5 Arnold in Arnold/Ludwig, Stiftungshandbuch, Rz. 1/31.

IV. Trust

1. Einleitung

Die Geschichte des Trusts beginnt in England im 12. Jahrhundert zur Zeit der Kreuzzüge. Die am Kreuzzug teilnehmenden britischen Adligen übertrugen befristet ihre Ländereien auf einen Trust, damit sie während ihrer Abwesenheit eine Vertrauensperson effektiv verwalten konnte. Bei ihrer Rückkehr wurde der Trust dann aufgelöst und sie erhielten ihr Vermögen zurück. 1755

In den **USA** hat sich der Trust etabliert, um das sogenannte **Probate Verfahren** zu vermeiden und sich gleichzeitig die Kontrolle über seine Vermögensgegenstände zu erhalten. Das „Probate Verfahren“[1] ist das in den USA – je nach Bundesstaat unterschiedlich – gesetzlich geregelte Nachlassverfahren. Anders als nach deutschem Recht findet in den USA im Erbfall keine Universalsukzession auf die Erben statt, sondern der Nachlass bildet ein **Sondervermögen** (Estate), welches auseinanderzusetzen ist. Folge hiervon ist, dass es zu einer kosten- sowie zeitintensiven[2] gerichtlichen Nachlassauseinandersetzung kommen kann. 1756

Bereits zu Lebzeiten des Erblassers (Errichters) erfolgt die Gründung eines sogenannten revocable Inter Vivos Trust.[3] Mit dem Tod des Errichters (Settlors/Grantors) wird der Trustee[4] zu demjenigen, der **außerhalb des Nachlassverfahrens** die auf ihn übertragenen Vermögensgegenstände nach den Vorgaben der Trust Statuten oder des Letter of Wishes (quasi wie ein Testamentsvollstrecker) unter den Erben verteilt. 1757

Weiterhin werden Trusts als „**Asset Protection** und Sheltering“ eingesetzt, um Vermögen oder Teile davon vor dem Zugriff potenzieller, künftiger Gläubiger zu schützen. Analoge Überlegungen gelten für Pflichtteilsvermeidungsstrategien oder für den Schutz der „nicht mündigen“ Erben vor sich selbst. Letzteres hat sich oftmals im Unternehmensbereich niedergeschlagen. 1758

Ein weiterer Sicherungszweck und damit Vorteil des Trusts liegt darin, dass man vor Einreise in sogenannte „High Tax Jurisdictions“, also in Länder, die eine relative hohe Steuerlast haben, sein Vermögen in einem vermögensver- 1759

---

1 Vereinfacht dargestellt, gestaltet sich das Probate Verfahren in drei Schritten. Der Verwalter („administrator“ oder „executor“ = „personal representative“) nimmt 1. die Vermögensgegenstände des Erblassers in Besitz, bezahlt 2. Gläubiger und Steuerschulden und kehrt 3. das restliche Vermögen nach dem Willen des Erblassers an die Erben bzw. Vermächtnisnehmer aus.

2 In der Regel mindestens ein Jahr.

3 Andere Möglichkeiten zur Vermeidung eines Probate Verfahrens sind „life insurances“, „savings accounts“ und „joint tenancies“.

4 Vgl. → Rz. 1761.

waltenden Trust „parkt" (sogenannte **pre-immigration trusts**). Diese Instrumente werden z. B. bei einem Wegzug nach Kanada oder in die USA verwendet.[1]

1759/1 Ein weiterer Aspekt pro Trust kann das hohe Maß an **Diskretion** sein, das der Trust bietet. Je nach Land kann er ohne behördliche Mitwirkung errichtet werden und bedarf keiner staatlichen Genehmigung. Der Errichtungsakt ist ebenfalls teilweise formlos möglich. In der Regel muss nicht einmal ein Notar bei der Gründung eingeschaltet werden. Dieser Diskretion sind natürlich auch Grenzen gesetzt. Nur in wenigen Ländern kann ein Trustee für einen Trust heute noch ein Bankkonto eröffnen, ohne den Namen des wirtschaftlich Berechtigten der Bank gegenüber offenlegen zu müssen.

2. Die Beteiligten an einem Trust

1760 Der **Settlor** eines Trusts ist das Pendant zum Stifter bei einer Stiftung. Beide errichten und bringen Vermögenswerte in die Stiftung ein bzw. übertragen diese auf den Trustee. Nach der Errichtung des Trusts ist die Aufgabe des Settlors beendet, es sei denn, es werden besondere Rückforderungsrechte ausbedungen (sogenannte „settlor's rights").

1761 Der **Trustee** ist Inhaber eines Sondervermögens, welches er im Interesse der Begünstigten zu halten und zu verwalten hat. Unstreitig ist, dass der Trustee einen Ermessensspielraum (discretion) haben kann. Ein Settlor sollte in den Trust-Statuten regeln, welche Kompetenzen dem Trustee zukommen.

1762 **Beneficiaries** (Begünstigte) haben – wie Destinatäre einer Stiftung – nicht die Stellung von Mitgliedern, sondern sie sind lediglich Nutznießer des Stiftungsvermögens. Ihnen (auch „Begünstigten" genannt) stehen grds. keine mitgliedschaftsähnlichen Rechte zu. Die Rechtsstellung der Beneficiaries wird wesentlich durch das Truststatut bestimmt. Hierbei unterliegt der Settlor grds. keinen Beschränkungen. Sofern die Satzung keine anderweitige Regelung enthält, haben die Beneficiaries keine Verwaltungs- und Kontrollbefugnisse. Der Settlor kann den Beneficiaries aber in der Satzung ausdrücklich solche Rechte einräumen. Als Begünstigte kommen sowohl natürliche als auch juristische Personen in Betracht. Der Vorteil des Trusts (aber auch einer Familienstiftung) ist die

1 Bei Deutschen, die z. B. in die USA auswandern, ist jedoch die sogenannte „nacheilende Besteuerung" des § 2 Abs. 1 Nr. 1b ErbStG zu beachten, wonach die Errichtung eines irrevocable pre-immigration trusts noch bis zu zehn Jahre nach Wegzug aus Deutschland Schenkungsteuer auslösen kann.

Möglichkeit, über Jahrzehnte die Geschicke des Vermögens und damit über Generationen hinweg lenken zu können.

Ein **Protektorenrat** (Kuratorium) kann, muss aber vom Settlor nicht, eingesetzt werden. Diese Gremien sind meistens reine Kontroll-/Überwachungsinstanzen. Die genaue Umschreibung der Rechte und Pflichten kann sich entweder aus den Truststatuten oder aber aus sonstigen Dokumenten (z. B. dem sogenannten Beistatut) ergeben. Oft steht die beratende Funktion im Vordergrund; Entscheidungskompetenzen werden eher selten auf dieses Gremium übertragen. 1763

Während eine Stiftung als juristische Person Eigentümer von Vermögen sein kann, ist dies beim Trust nicht möglich. Das Trustvermögen stellt im Gesamtvermögen des Trustees ein aussonderbares **Sondervermögen** dar, welches den Gläubigern des Trustees nicht als Haftungssubstrat zusteht und welches bei pflichtwidriger Veräußerung an einen Dritten von den geschädigten Begünstigten herausverlangt werden kann. Es besteht aus Sicht der Begünstigten ein „quasi" dinglicher Eigentumsanspruch. Dies folgt aus dem Dualismus der Eigentumsrechte – der Trustee ist nach Common Law der Eigentümer – der Beneficiary kann aufgrund des Trust Statutes i.V. mit dem Equity Law – eine dinglich ausgestaltete – Rechtspositionen innehaben. Typisch ist, dass durch den **Widmungsakt** ein eigenes bzw. gesondert zu verwaltendes Vermögen entsteht. Die Widmung gibt die Bindung – revocable oder irrevocable – vor. Diese Bindung ist teilweise auch nach ausländischem Recht entscheidend für die Frage, ob ein Trust wirksam entstanden ist, oder ob nur eine „verkleidete" Geschäftsbesorgung (agency agreement) vorliegt. 1764

3. Die Gründung eines Trusts

Die Gründung eines Trusts setzt zweierlei voraus: 1765

(1) Eine **Errichtungserklärung** in einem einseitigen Rechtsgeschäft unter Lebenden oder auf den Todesfall, in dem der Errichter (Trustor/Settlor/Grantor – im folgenden nur „Settlor" genannt) jeweils die Person des Trustee und den Umfang dessen Pflichten sowie den oder die Begünstigten (Beneficiaries) bestimmt und den Umfang des Trustvermögens festlegt, und

(2) einen Übertragungsakt, in dem die Vermögenswerte auf den Trustee übertragen werden. Unterschieden wird zum einen zwischen der Errichtung und der Verwaltung eines Trusts unter Lebenden (inter vivos) oder von Todes wegen (testamentary trust) und zum anderen zwischen den persönli-

chen Rechtsbeziehungen der Beteiligten und den Rechten am Trustvermögen.

3.1 Inter Vivos Trust

1766 Hinsichtlich der **rechtlichen Beurteilung** der Errichtung und Verwaltung eines **Inter Vivos Trusts** werden unterschiedliche Auffassungen vertreten, die zum einen auf das Gesellschaftsstatut und zum anderen auf das Schuldrechtsstatut abstellen.[1]

1766/1 Eine Meinung geht davon aus, dass der Trust ein selbständig administriertes Sondervermögen bildet und lässt das sogenannte **Gesellschaftsstatut** zur Anwendung kommen. Je nachdem, ob man der Sitz- oder der Gründungstheorie folgt, bestimmt sich das hiernach anwendbare Recht für die Beurteilung des Trusts. Bei einem Trust ohne hinreichenden Organisationsgrad soll sich nach dieser Meinung das anwendbare Recht nach den dem Treuhänder anvertrauten Vermögensrechten richten. Bei Sachen wird mithin die lex rei sitae (Recht des Belegenheitsortes), bei Forderungen das Forderungsstatut zur Anwendung gebracht.

1766/2 Nach anderer Ansicht besteht eine Parallele zum Vertrag über die Errichtung einer Verwaltungstreuhand. Danach käme es zu einer schuldrechtlichen Qualifikation (**Schuldrechtsstatut**) des Trusts. Demnach kann entweder eine Rechtswahl getroffen werden, oder aber das anwendbare Recht richtet sich nach dem Recht, mit dem der Trust die engste Verbindung aufweist.

1767 In der Praxis wirkt sich vorgenannter „Theorienstreit" i. d. R. nicht aus. Der Settlor will einen funktionierenden Trust errichten und wird deshalb eine Jurisdiktion wählen, die den Trust kennt. Des Weiteren wird der effektive Sitz des Trustees auch in diesem Staat sein.

1767/1 In sachenrechtlicher Hinsicht ist des Weiteren zu berücksichtigen, dass der Trust als solcher keine Rechtspersönlichkeit ist, auf den Rechte und Sachen übertragen werden können. Für in Deutschland belegenes Vermögen hat der BGH entschieden, dass ein Trustrechtsverhältnis aus strukturellen Gründen mit dem ordre public unvereinbar ist. Ein wirksames Trustverhältnis an deutschem Sachrecht unterstehenden Wirtschaftsgütern kann daher nicht begründet werden.[2]

---

1 Werner, IWB 10/2022 S. 378, 379 NWB IAAAI-61942.

2 Werner, IWB 10/2022 S. 378, 379 NWB IAAAI-61942.

In der Gestaltungspraxis wird daher häufig durch den Trust eine Kapitalgesellschaft gegründet, die Rechte und Sachen erwerben kann. Ist ein Trust alleiniger Anteilsinhaber, z. B. einer englischen Kapitalgesellschaft, kann sich diese unproblematisch z. B. in einem deutschen Grundbuch registrieren lassen.[1] 1767/2

3.2 Testamentary Trust

Während die rechtliche Anknüpfung von Inter Vivos Trusts umstritten ist, 1768
herrscht bei Testamentary Trusts im Wesentlichen Einigkeit. Wird ein Trust in einem Testament oder im unmittelbaren Zusammenhang damit am Nachlass errichtet bzw. der Nachlass einem bestehenden Trust zugewiesen, so bezweckt der Settlor eine postmortale Vermögensverwaltung. Er will Rechtswirkungen erzielen, die im deutschen Recht durch erbrechtliche Rechtsinstitute (z. B. Testamentsvollstreckung, Vor- und Nacherbschaft oder unselbständige Stiftung von Todes wegen) erfüllt werden. Ein solcher Trust ist funktional betrachtet eine Verfügung von Todes wegen, womit sich die materielle Gültigkeit der Trusterrichtung für deutsche Staatsbürger oder im Inland belegene Vermögenswerte nach deutschem Erbrecht richtet. Die Errichtung des Testamentary Trusts ist durch den Tod des Settlor aufschiebend bedingt, der mit der Errichtung des Testamentary Trust eine postmortale Vermögensverwaltung anstrebt. Der Testamentary Trust unterliegt daher grds. dem Erbstatut.[2]

Seit dem Inkrafttreten der EU-Erbrechtsverordnung ist das Erbstatut gem. 1769
Art. 21 Abs. 1 EU-ErbVO grds. an den gewöhnlichen Aufenthalt des Erblassers anzuknüpfen. Zwar gilt die EU-Erbrechtsverordnung grds. nicht für Trusts (Art. 1 Abs. 2 Buchst. j EU-ErbVO). Dies gilt jedoch nicht für Testamentary Trusts, sofern deren Entstehung durch den Tod des Erblassers bedingt ist. Deutsche Staatsangehörige können daher unter Geltung der EU-Erbrechtsverordnung Testamentary Trusts errichten, wenn das als Erbstatut anwendbare Recht das Rechtsinstitut des Trusts kennt.[3] Dies bedeutet, dass auch ein Deutscher für seinen in den USA belegenen Immobilienbesitz Trustregelungen konstituieren kann. Ziel kann z. B. sein, das Probate Verfahren[4] zu vermeiden oder dieses Grundstück nach dem Recht des Lageortes zu vererben. Strittig ist, inwieweit der Erblasser in der Lage ist, durch Errichtung eines Testamentary Trusts sein Vermögen etwaigen Pflichtteilsberechtigten oder dinglichen noterbberechtigten Zwangserben zu entziehen.

1 Werner, IWB 10/2022 S. 378, 380 NWB IAAAI-61942.
2 Werner, IWB 10/2022 S. 378, 379 NWB IAAAI-61942.
3 Werner, IWB 10/2022 S. 378, 379 NWB IAAAI-61942.
4 Vgl. → Rz. 1756.

3.3 Übertragung von Vermögen auf den Trust

1770 Die Übertragung von Vermögenswerten auf einen Trust ist aus Sicht des internationalen Privatrechts gesondert zu betrachten. Es gilt grds. diejenige Rechtsordnung, der das betreffende Vermögen unterliegt (lex rei sitae, Forderungsstatut, Gesellschaftsstatut etc.). Dementsprechend ist auch das Formstatut jeweils separat zu bestimmen.

3.4 Anerkennung eines Trusts im Inland

1771 An sich müsste ein nach ausländischem Truststatut wirksam errichteter Trust in Deutschland grds. anzuerkennen sein. Anerkennung bedeutet, dass sich die Rechte und Pflichten zwischen den Beteiligten bei einem Inter Vivos Trust i. d. R. nach der ausländischen Rechtsordnung richten, auch wenn die Beteiligten im Inland aktiv werden. Folglich müssen **deutsche Zivilgerichte** im Rahmen ihrer internationalen Zuständigkeit u. U. auch ausländisches Recht zur Anwendung bringen. Verletzt bspw. ein Trustee Herausgabeansprüche eines Beneficiarys nach dem Recht des Trust Statuts, so kann auch vor deutschen Gerichten auf Herausgabe (an den Beneficiary) geklagt werden.

1771/1 In erbrechtlichen Fragen legen die deutschen Gerichte das Truststatut teilweise so aus, dass die Beneficiaries Erben sind und die Trustees die Funktion einer Dauertestamentsvollstreckung erfüllen.

1772 Um prüfen zu können, ob eine **wirksame Errichtung** eines Trusts nach ausländischem Recht vorliegt, darf nicht nur die Errichtungsurkunde als solches herangezogen werden. Entscheidender ist, dass der Trust entsprechend dem Truststatut nachweislich auch so gelebt wird. Fehlt es bei einem Trust z. B. an einer ordnungsgemäßen Verwaltung, so kann er als Scheingebilde oder Umgehungstatbestand (Sham) angesehen werden. Hierbei relevante Kriterien sind z. B. auch die Art und Weise der Verwaltung des zweckgebundenen Sondervermögens.

3.5 Widerrufbarkeit des Trusts

1773 Ein Trust kann **widerruflich** (revocable) oder **unwiderruflich** (irrevocable) ausgestaltet werden.

1773/1 Wenn sich der Settlor (Errichter) das Recht vorbehält, den Trust zu widerrufen (Power of Revocation), so kann er jederzeit innerhalb der Lebenszeit des Trusts (Perpetuity Period) durch einseitige Willenserklärung verlangen, dass der Trust beendet wird. Im Regelfall ist von einer solchen Konstruktion abzuraten, da das Trustvermögen nicht als rechtlich separiertes Sondervermögen anerkannt wird. Die einmal getroffene Grundentscheidung der endgültigen Vermögensaufgabe zugunsten des Sondervermögens sollte konsequent verfolgt werden.

3.6 Discretionary Trust

In der Nachfolgeplanung ist der sogenannte Discretionary Trust von großer Bedeutung. Wird dem **Trustee** in den Statuten volles **Ermessen** bezüglich Höhe und Zeitpunkt von Ausschüttungen an die Beneficiaries zugesprochen, spricht man von einem Discretionary Trust. 1774

Die Beneficiaries haben grds. **keinen** durchsetzbaren **Anspruch** auf Erhalt eines Teils des Trustvermögens. Dieser Grundsatz gilt auch bei vielen ausländischen Familienstiftungen entsprechend. 1775

Diese auf den ersten Blick schwache Stellung der Begünstigten hat indes auch wesentliche Vorteile. Die Begünstigten sind grds. wirkungsvoll gegen potentielle Gläubigeransprüche geschützt, denn sie halten keinen vollstreckbaren Anspruch, der von einem ihrer Gläubiger gepfändet werden könnte. Anders wäre die Situation bei einem sogenannten Fixed Interest Trust, da hier vollstreckbare Ansprüche gegen den Trust bestehen können. 1775/1

3.7 Laufzeit eines Trusts

Die **Laufzeit** einer Trustvereinbarung ist – im Unterschied zu einer Stiftung – begrenzt und richtet sich danach, in welchem Staat der Trust errichtet wurde. Man spricht diesbezüglich von der „**Perpetuity Period**". 1776

Teilweise wird im Truststatut geregelt, dass der Trust nach einem gewissen Zeitraum, z. B. dem Tod des jüngsten zum Zeitpunkt der Trusterrichtung lebenden Begünstigten, beendet werden muss. Teilweise werden auch konkrete Ablaufzeitpunkte genannt. In einzelnen Ländern gelten Höchstgrenzen, so sehen z. B. die Cayman Islands eine Laufzeit von max. 150 Jahren und die British Virgin Islands eine von max. 100 Jahren vor. 1776/1

4. Der Trust im internationalen Privatrecht

Das internationale Privatrecht[1] ist ein nicht harmoniertes, durch jeden Staat autonom gestaltetes Kollisionsrecht. Es trifft selbst keine materiell rechtlichen Regelungen, sondern beantwortet die Frage, welcher Staat sein materielles Recht im Hinblick auf 1777

1 Im Folgenden auch: „IPR".

- Rechts- und Handlungsfähigkeit,
- Gründung und Auflösung,
- Name und Firma,
- Organisations- und Finanzverfassung,
- Erwerb und Verlust der Mitgliedschaft,
- Haftung,
- Auslegung von Verträgen,
- zur Anwendung bringen darf.

1778 Für den Trust[1] gibt es im deutschen internationalen Privatrecht keine speziellen Kollisionsnormen. Will man die Fragen beantworten, ob ein Trust z. B. einen Erbschein beantragen oder ein Grundstück erwerben kann, muss man auf die Grundsätze des internationalen Gesellschaftsrechts bzw. auf die Grundsätze des internationalen Schuld-, Vertrags- oder Erbrechts zurückgreifen.

1779–1780 *(Einstweilen frei)*

5. Der Trust und seine Behandlung in der EuErbVO

1781 Art. 1 Abs. 2 lit. j) EuErbVO trifft nur vordergründig eine klare Regelung zur Behandlung von Trusts. Der scheinbar umfassende Ausschluss aller Fragen, die damit im Zusammenhang stehen, findet sich zwar in ähnlicher Formulierung auch in anderen europäischen Rechtsakten (vgl. etwa Art. 1 Abs. 2 lit. g Rom I-VO oder Art. 1 Abs. 3 lit f Brüssel IIa-VO), steht aber in einem Spannungsverhältnis zu ErwG 13, demzufolge lit. j *„nicht als genereller Ausschluss von Trusts verstanden werden“* soll. Es zeigt sich damit, dass die Formulierung der lit j. zu weit geraten oder jedenfalls irreführend ist.[2]

1782 Was ein „Trust“ ist, sagt die EuErbVO ebenso wenig wie die Brüssel I-VO, die den Begriff in Art. 5 Nr. 6 und Art. 23 Abs. 4 verwendet (entspricht Art. 7 Nr. 6 und Art. 25 Abs. 4 der Brüssel Ia-VO). Wie üblich ist der Begriff autonom auszulegen, doch kann bei einem Rechtsinstitut, das so klar von einer bestimmten Rechtstradition herrührt, diese natürlich nicht ignoriert werden. Daher wird man als „Trust“ i. S. der EuErbVO in aller Regel das ansehen können, was in einer bestimmten Rechtsordnung als solcher gilt. Ebenso kann die Definition in

1 Siehe auch Haager Übereinkommen über das auf Trusts anzuwendende Recht und über ihre Anerkennung v. 1.7.1985, das von einigen Staaten ratifiziert wurde bzw. unterschrieben, aber noch nicht ratifiziert wurde – zuletzt die Schweiz – abgedruckt bei Staudinger/Grossfeld, Kommentar zum BGB, IntGesR, Rz. 771 ff.

2 Schmidt in Dutta/Weber, Internationales Erbrecht, EuErbVO Art. 1 Rz. 113.

Art. 2 des HTrustÜ einen Anhaltspunkt geben, nach welcher ein Trust dadurch gekennzeichnet ist, dass sein Begründer („Settlor“) Vermögen zugunsten eines Begünstigten („Beneficiary“) der Aufsicht eines „Trustee“ unterstellt.[1]

Vom Anwendungsbereich der EuErbVO in jedem Fall vollständig ausgeschlossen sind sogenannte inter vivos trusts (auch genannt „Living Trusts“), die bereits zu Lebzeiten des „Settlor“ ihre Wirkung entfalten (zur Qualifikation nach autonomem Recht Leithold FamRZ 2015 S. 709 [711 ff.]). Behält sich der „Settlor“ dabei das Recht vor, den Trust jederzeit zu widerrufen (sogenannter „Revocable Trust“), liegt bei funktionaler Betrachtung zwar an sich häufig eine Verfügung von Todes wegen vor (→ Rz. 97). Der Ausschluss vom Anwendungsbereich der EuErbVO ergibt sich aber zumindest nach lit. g.[2] 1783

Nicht von vornherein vom Anwendungsbereich der EuErbVO ausgeschlossen sind dagegen Trusts, die im Wege des Erbrechts entstehen. Hier ist zu unterscheiden zwischen Trusts, die von Gesetzes wegen entstehen („Statutory Trusts“), und solchen, die im Wege letztwilliger Verfügung begründet werden („Testamentary Trusts“).[3] 1784

(Einstweilen frei) 1785–1789

V. Ertragsteuerliche Behandlung von ausländischen Stiftungen und Trusts

1. Vorbemerkung

Aus inländischer ertragsteuerlicher Sicht ist bei ausländischen Stiftungen und Trusts von Bedeutung, ob deren Einkünfte im Inland besteuert werden können. Hierbei sind die folgenden beiden Fallkonstellationen zu unterscheiden: 1790

(a) Der Trust/Die Stiftung ist ein **selbständiges** (intransparentes) Gebilde nach den Vorschriften des KStG und kann grds. eigene Einkünfte gem. §§ 1, 2 KStG erzielen. Sitz und Geschäftsleitung liegen jedoch im Ausland.

Handelt es sich um eine ausländische Familienstiftung, einen Familien-Trust oder ein vergleichbares Zweckvermögen, so werden dem Errichter (subsidiär den Begünstigten) die Einkünfte des selbständigen Gebildes gem. § 15 AStG zugerechnet – der anders als die Hinzurechnungsvorschriften §§ 7–14 AStG nicht erfordert, dass ein Niedrigsteuergebiet gegeben ist.

1 Schmidt in Dutta/Weber, Internationales Erbrecht, EuErbVO Art. 1 Rz. 114.

2 Schmidt in Dutta/Weber, Internationales Erbrecht, EuErbVO Art. 1 Rz. 115.

3 Schmidt in Dutta/Weber, Internationales Erbrecht, EuErbVO Art. 1 Rz. 116.

Diese Norm ist als lex specialis gegenüber § 39 AO und auch gegenüber den jeweiligen Einkunftsarten des EStG anzusehen.

(b) Ist die ausländische Familienstiftung/der Familien-Trust ein **unselbständiges** (transparentes) Gebilde und damit vergleichbar einer Treuhand, so erfolgt die Zurechnung der Einkünfte unmittelbar beim wirtschaftlichen Eigentümer der Vermögensgegenstände, die aus steuerlicher Sicht als „nur formal" der Stiftung/dem Trust überlassen anzusehen sind.[1]

2. Selbständige (intransparente) Einheit Trust/Stiftung

2.1 Körperschaftsteuerpflicht

1791 Eine Subsumtion von Stiftung und Trust unter das KStG ist dann möglich, wenn die Stiftung einer Körperschaft bzw. der Trust einer Vermögensmasse „typengleich" ist.[2] Das heißt, der Organisationsform nach muss die ausländische Familienstiftung einer juristischen Person und der Trust dem *„andere[n] Zweckvermögen des privaten Rechts"* i. S. des § 1 Abs. 1 Nr. 5 KStG vergleichbar sein.[3] Bei diesem Vergleich ist ausschließlich deutsches Steuerrecht maßgebend. Liegt eine Vergleichbarkeit in diesem Sinne vor, wird die ausländische Gesellschaft für Zwecke der Körperschaftsteuerpflicht wie eine entsprechende inländische Gesellschaft behandelt.

1792 Für die **Qualifikation** als Körperschaftsteuersubjekt **unbedeutend** ist das Fehlen der Rechtsfähigkeit eines Trusts bzw. einer ausländischen Stiftung. Denn nach § 1 Abs. 1 Nr. 5 KStG sind auch nichtrechtsfähige Vereine, Anstalten, Stiftungen und andere Zweckvermögen des privaten Rechts körperschaftsteuerpflichtig. Ergänzend regelt § 3 KStG, dass die dort genannten nichtrechtsfähigen Gebilde immer dann körperschaftsteuerpflichtig sind, wenn ihr Einkommen weder nach dem KStG noch dem EStG unmittelbar bei einem anderen Steuerpflichtigen zu versteuern ist.

1792/1 Kann eine ausländische Stiftung oder ein Trust als Körperschaftsteuersubjekt im Sinne des KStG angesehen werden, ist damit die unbeschränkte Körperschaftsteuerpflicht im Inland jedoch noch nicht gegeben. Denn befindet sich die **Geschäftsleitung** oder der **Sitz**[4] der ausländischen Stiftung bzw. des Trusts im Ausland, liegt keine unbeschränkte Steuerpflicht der Stiftung bzw. des

1 BFH, Urteil v. 25.6.2021 - II R 13/19, BStBl II 2022 S. 481 NWB RAAAI-59195.

2 BFH, Urteil v. 17.7.1968 - I 121/64, BStBl 1968 II S. 695 NWB JAAAB-50124.

3 Lampert in Gosch, KStG, § 1 KStG Rz. 92.

4 § 1 KStG i.V. mit §§ 10, 11 AO.

Trusts im Inland gem. § 1 Abs. 1 Nr. 5 KStG vor. Allerdings kommt subsidiär eine **beschränkte** Körperschaftsteuerpflicht nach § 2 KStG in Betracht.[1]

Die Finanzverwaltung bejaht, wie der BFH,[2] bei einem Trust im Grundsatz das Vorliegen einer **selbständigen Vermögensmasse** i. S. des § 2 KStG. Darunter ist ein selbständiges, einem bestimmten Zweck dienendes Sondervermögen zu verstehen, das aus dem Vermögen des Widmenden ausgeschieden ist und aus dem eigene Einkünfte fließen. Besitzt die Vermögensmasse keine eigene Rechtsfähigkeit, so ist sie nur dann körperschaftsteuerpflichtig, wenn sie wenigstens wirtschaftliche Selbständigkeit besitzt. Diese Voraussetzung ist erfüllt, wenn jemand Vermögensteile von dritter Seite mit der Auflage erhält, das Vermögen und seine Erträgnisse für einen bestimmten Zweck zu verwalten und zu verwenden. Dies ist z. B. der Fall, wenn ein unbeschränkt Steuerpflichtiger im Ausland einen nichtrechtsfähigen Trust errichtet, ihn mit Kapitalvermögen ausstattet und die Verwaltung des Kapitalvermögens sogenannten Trustees überträgt. 1793

Zwar ist der **Trustee** als formeller Inhaber des Trustvermögens anzusehen und im Außenverhältnis erzielt er die Einkünfte aus dem Trustvermögen. Jedoch können die Einkünfte dem Trust als nichtrechtsfähiger Vermögensmasse nur dann zugerechnet werden, wenn der Trustee bezüglich des Trustvermögens **für Rechnung des Trusts** handelt und deshalb die Einkünfteerzielung dem Trust selbst zuzurechnen ist. 1793/1

Dies ist durch Auslegung der mit den Trustees abgeschlossenen Vereinbarung zu ermitteln. Grundsätzlich können die Trustees das ihnen übertragene Vermögen entweder für den Settlor oder für die Anfallsberechtigten oder aber für den Trust halten.

Eine **Vermögenshaltung für** den **Settlor** ist anzunehmen, wenn der Trust zivilrechtlich und wirtschaftlich ein Treuhand- und Auftragsverhältnis zwischen dem Settlor und den Trustees ist. Die Vermögenshaltung durch die Trustees muss in diesem Fall vorrangig im Interesse des Settlors liegen. Indiz für ein entsprechendes Eigeninteresse können Weisungsbefugnisse des Settlors gegenüber den Trustees sein. Liegt die Vermögenshaltung vornehmlich im Interesse des Settlors, so sind ihm die Einkünfte aus dem Trustvermögen zuzurechnen. In diesem Fall wird die Einschaltung des Trusts steuerlich gesehen negiert. 1794

1 Werner, IWB 10/2022 S. 378, 381 NWB IAAAI-61942.
2 BFH, Urteil v. 5.11.1992 - I R 39/92, BStBl 1993 II S. 388 NWB TAAAA-94462.

1794/1 Die Vermögenshaltung durch die Trustees kann aber ebenso auf die Wahrnehmung der Interessen der **Anfallsberechtigten** ausgerichtet sein. Dies setzt voraus, dass sich der Errichter des Trusts jeglicher Verfügungsmöglichkeit über das Trustvermögen begibt. Gleichzeitig müssen die Anfallsberechtigten um das Trustvermögen bereits bereichert sein, d. h., sie müssen bezogen auf das Trustvermögen entweder tatsächlich die Rechtsposition eines wirtschaftlichen Eigentümers oder aber in rechtlicher Hinsicht die eines Treugebers haben, wobei der Treuhandvertrag als Vertrag zugunsten Dritter auch zwischen dem Settlor und den Trustees abgeschlossen sein kann. Sind die entsprechenden Voraussetzungen erfüllt, so sind das Trustvermögen und die daraus erzielten Einkünfte den Anfallsberechtigten zuzurechnen.

1795 Der BFH vertritt im Erbschaftsteuerrecht die Ansicht,[1] dass der Trust Zwischenerwerber des Trustvermögens wird mit der Folge, dass ihm für die Dauer des Zwischenerwerbs sowohl das Trustvermögen als auch die daraus erzielten Einkünfte steuerlich zuzurechnen sind. Der **Vermögenserwerb** ist jedoch **aufschiebend bedingt**, d. h., im Falle des Eintritts der Anfallsberechtigung wird ein Vermögenserwerb der Anfallsberechtigten unmittelbar vom Settlor angenommen. In diesem Fall besteht eine treuhänderische Bindung der Trustees gegenüber dem Trust, die wiederum durch einen Vertrag zugunsten Dritter zwischen dem Settlor und den Trustees zustande kommt.

1796 Bei der Beurteilung der „Eigenständigkeit" der ausländischen Stiftung bzw. des Trusts kann für **körperschaftsteuerliche** Zwecke die Rechtsprechung des BFH zur erbschaftsteuerlichen Behandlung von ausländischen Stiftungen allenfalls eine Auslegungshilfe leisten.[2] Der II. Senat hatte die Frage zu entscheiden, ob eine Stiftung durch Widmungsakt Eigentümer von Vermögen geworden ist. Der BFH entschied, für die Beurteilung, ob der Empfänger über das Zugewendete in Verhältnissen zum Leistenden tatsächlich und rechtlich frei verfügen kann, komme es ausschließlich auf die Zivilrechtslage und nicht darauf an, wem bei wirtschaftlicher Betrachtungsweise das zu übertragende Vermögen nach § 39 Abs. 2 AO zuzurechnen sei. Es genüge hier nicht, wenn der Empfänger nach außen rechtlich wirksam über das Zugewendete verfügen könne. Entscheidend sei vielmehr das Innenverhältnis des Empfängers zum Leistenden. Sei der Empfänger einer Leistung zivilrechtlich zur Rückgewähr des ihm zum Eigentum Überlassenen verpflichtet, dann sei er nicht bereichert. Ob

1 BFH, Urteil v. 7.5.1986 - II R 137/79, BStBl 1986 II S. 615 NWB NAAAA-97954.

2 BFH, Urteil v. 25.6.2021 - II R 13/19, BStBl II 2022 S. 481 NWB RAAAI-59195 und BFH, Urteil v. 28.6.2007 - II R 21/05, BStBl 2007 II S. 669 NWB XAAAC-52027; vgl. hierzu BMF, Schreiben v. 20.7.2004 - IV A 4 - S 1928 - 94/04 NWB JAAAB-24765 = DStR 2004 S. 1387 Rz. 20.

eine Rückgewährverpflichtung bestehe, richte sich allein nach dem Inhalt des Rechtsverhältnisses, das der Überlassung zugrunde liege. Die Frage, ob vom Settlor wirksam Herrschaftsbefugnisse vorbehalten wurden, ist auf Grundlage derjenigen Rechtsordnung zu beurteilen, die die Rechtsverhältnisse der Vermögensmasse bestimmt.[1]

Nach Auffassung von Habermann[2] ist der Errichter einer Stiftung dann Eigen- 1797
tümer der „übertragenen" Wirtschaftsgüter geblieben, wenn der Vorstand an die Weisung des Errichters gebunden ist und das Vertragsverhältnis zum Vorstand jederzeit und ohne Bedingung kündbar ist.[3] Das bloße Recht, isoliert die Vermögensübertragung zu widerrufen, soll hingegen nicht ausreichen, um eine (unveränderte) Zurechnung beim Stifter vorzunehmen.

Hat sich der Trustor/Settlor eine sogenannte „**Power of Substitution**" vor- 1797/1
behalten, so gewährt ihm diese zwar das Recht, die Rückübertragung eines konkreten Vermögensgegenstands bewirken zu können, jedoch nur, wenn im Gegenzug ein gleichwertiger Vermögensgegenstand auf den Trust übertragen wird. Die Gleichwertigkeit ist regelmäßig von dem Trustee zu bestätigen. Damit bleibt es wirtschaftlich bei einer Bindung des Vermögens (Vermögenswertes), auch wenn der Sachgegenstand ausgetauscht werden kann. Die **Eigenständigkeit** des Trusts wird hiervon indes **nicht** berührt. Hintergrund für eine solche Regelung im Trust-Statut können US-ertragsteuerliche (nicht erbschaft-/schenkungsteuerliche) Zwecke sein, damit der Trust als sogenannter „**US Grantor Trust**" qualifiziert werden kann. Nach den steuerlichen US-Vorschriften (Code Sec 671 IRC) liegt ein solcher vor, wenn die Person, die Vermögen auf den Trust überträgt (Trustor), sich bestimmte Rechte vorbehält. Hierfür soll es genügen, dass sich der Trustor das Recht vorbehält, einen Vermögensgegenstand, den er dem Trust zugewendet hat, durch einen anderen, gleichwertigen Vermögensgegenstand zu ersetzen („Power of Substitution").

Übertragen auf die **ertragsteuerliche** Beurteilung im Inland wird man formu- 1798
lieren können, dass der Errichter/Settlor die von der ausländischen Stiftung bzw. dem Trust erwirtschafteten Einnahmen immer dann zu versteuern hat, wenn ihm auch das Eigentum (weiterhin) zuzurechnen ist. Dies dürfte nur beim Revocable Discretionary oder Strict Trust der Fall sein, bei dem der Settlor

1 BFH, Urteil v. 25.6.2021 - II R 13/19, BStBl II 2022 S. 481, Rz. 18 NWB RAAAI-59195.

2 Habermann, DStR 2002 S. 425 m. Anm.

3 Vgl. BFH, Urteil v. 22.12.2010 - I R 86/09 NWB VAAAD-83192.

auch Trustee und u.U. zugleich auch Beneficiary ist.[1] Denn ein so gestalteter Trust kann keine selbständige Vermögensmasse begründen.[2]

2.2 Zurechnung der erzielten Einkünfte gem. § 15 AStG

1799 Werden von der ausländischen Stiftung bzw. dem Trust selbst Einkünfte (§ 2 Abs. 2 EStG) erzielt, können diese über § 15 Abs. 1 oder 4 AStG unmittelbar dem Errichter oder den Begünstigten zugerechnet werden (**Durchbrechung der Abschirmwirkung**).[3] Durch die Anwendbarkeit des § 15 AStG verlieren Trust-Gestaltungen zur Absicherung des Errichters und seiner Familie viel von ihrem steuerlichen Reiz. Eine Gestaltung unter Einbindung eines Trusts wird daher ertragsteuerlich nur eine Option sein, wenn die Rechtsfolgen des § 15 Abs. 1 AStG vermieden werden können.[4]

1799/1 Die mit der Anwendung des § 15 AStG einhergehende Durchbrechung der Abschirmwirkung ausländischer Rechtsträger tritt aber zurück, wenn die betreffenden Einkünfte aufgrund allgemeiner Regelungen nicht der Stiftung, sondern einer anderen Person – dem Errichter/Stifter – zuzurechnen sind.[5]

Eine unmittelbare Einkünftezurechnung beim Errichter oder den Begünstigten und damit die direkte Anwendung des § 20 EStG (bzw. § 22 EStG)[6] kommt demnach nur dann in Betracht, wenn eine transparente Einheit[7] vorliegt oder „echte" Ausschüttungen erfolgen.[8] Denn dann ist § 15 AStG nicht anwendbar. Bei Ausschüttungen ist zu beachten, dass hier auch Begünstigte der Besteuerung gem. § 20 Abs. 1 Nr. 9 Satz 2 EStG unterworfen werden, die nicht als Bezugs- oder Anteilsberechtigte gelten.

2.2.1 Die Tatbestandsmerkmale des § 15 Abs. 1 AStG (Familienstiftung)

1800 Die Beurteilung einer ausländischen Stiftung als Familienstiftung i. S. des § 15 Abs. 1 AStG hängt davon ab, ob das ausländische Rechtsgebilde nach seiner inneren und äußeren rechtlichen Ausgestaltung mit einer Familienstiftung

1 Das ist wohl die häufigste Form in den USA.

2 Deininger/Götzenberger, Internationale Vermögensnachfolgeplanung mit Auslandsstiftungen und Trusts, Rz. 185.

3 Werner, IWB 10/2022 S. 378, 381 NWB IAAAI-61942.

4 Werner, IWB 10/2022 S. 378, 381 NWB IAAAI-61942.

5 BFH, Urteil v. 22.12.2010 - I R 86/09 NWB VAAAD-83192.

6 Ausländische Stiftungen können nicht unter § 20 Abs. 1 Nr. 9 EStG – und zwar auch nicht bei Ausschüttung – subsumiert werden, da ausländische Körperschaften tatbestandsmäßig nicht erfasst werden, Weber-Grellet in Schmidt, EStG, § 20 Rz. 136; Schütz, DB 2008 S. 417.

7 Vgl. → Rz. 1809.

8 Diese sind nach § 20 Abs. 1 Nr. 9 Satz 2 EStG beim inländischen Empfänger zu versteuern.

deutschen Rechts vergleichbar ist. So hat etwa der BFH für eine liechtensteinische Stiftung entschieden, dass diese einer deutschen Stiftung vergleichbar sein kann, da die Regelungen im liechtensteinischen Recht über Stiftungszweck, Stiftungsvermögen und Stiftungsorganisation den deutschen Vorschriften entsprechen (§§ 80 ff. BGB). Eine liechtensteinische Stiftung sei daher in ihrer Funktion und Ausgestaltung einer deutschen Stiftung vergleichbar. Dem Umstand, dass eine Familienstiftung nach liechtensteinischem Recht keiner Eintragung ins Öffentlichkeitsregister bedarf und keiner Regierungsaufsicht unterliegt, kommt nach Ansicht des BFH für die Frage der Vergleichbarkeit keine Bedeutung zu.[1]

Nach § 15 Abs. 1 AStG sind das Vermögen und die Einkünfte einer Familienstiftung entweder dem Errichter, seinen Angehörigen oder deren Abkömmlingen zuzurechnen.[2] Die **Einkommenszurechnung** erfolgt nach § 15 Abs. 1 AStG auf Basis eines Stufenverhältnisses, nach der in erster Linie die Zurechnung beim Errichter und in zweiter Linie bei den Bezugs- und Anteilsberechtigten zu erfolgen hat. Für die Zurechnung selbst ist das Verwandtschaftsverhältnis irrelevant. 1801

Voraussetzung für eine Zurechnung der Einkünfte ist, dass der Stifter/Settlor bzw. die Destinatäre/Beneficiaries seinen/ihren **Wohnsitz oder gewöhnlichen Aufenthalt im Inland** hat/haben, oder der erweiterten Steuerpflicht unterfallen. 1801/1

Die Besteuerung nach § 15 Abs. 1 AStG hat aber bei einem inländischen Stifter/Settlor bzw. Destinatär/Beneficiarie gem. § 15 Abs. 6 AStG zu unterbleiben, wenn 1802

- die Familienstiftung ihre Geschäftsleitung oder Sitz in einem Mitgliedsstaat der EU oder einem Vertragsstaat des EWR (Island, Liechtenstein,[3] Norwegen) hat und
- nachgewiesen wird, dass das Stiftungsvermögen der Verfügungsmacht des Stifters und der Destinatäre rechtlich und tatsächlich entzogen ist und

1 BFH, Urteil v. 25.4.2001 - II R 14/98 NWB GAAAA-66815.

2 Vgl. → Rz. 1804.

3 Das FG Düsseldorf, Urteil v. 22.1.2015 - 16 K 2858/13, rkr. NWB WAAAF-75761 = ErbStB 2015 S. 158 (die Nichtzulassungsbeschwerde wurde als unbegründet zurückgewiesen, BFH, Beschluss v. 30.9.2015 - I B 23/13, nicht dokumentiert), hat entschieden, dass bis einschließlich 2012 die Voraussetzungen für eine Befreiung nach § 15 Abs. 6 AStG nicht vorliegen.

- zwischen der BRD und dem Staat, in dem die Familienstiftung Geschäftsleitung oder Sitz hat, ein qualifiziertes Auskunftsabkommen besteht.[1]

1802/1 Die Besteuerung nach § 15 Abs. 1 AStG erfolgt losgelöst davon, ob die Stiftung bzw. der Trust tatsächlich Bezüge gewährt hat. Diese fiktive Zurechnung kann dazu führen, dass die inländischen Begünstigten u. U. in Liquiditätsschwierigkeiten kommen, weil sie im Inland Einkünfte zu versteuern haben, die ihnen tatsächlich nicht zugeflossen sind; es kommt ggf. sogar zu einer Doppelversteuerung.

2.2.2 Zurechnung bei Trusts nach § 15 Abs. 4 AStG (sonstige Vermögensmassen)

1803 Für einen Trust sind vorgenannte Grundsätze (→ Rz. 1800 ff.) ebenfalls anwendbar, wenn § 15 Abs. 4 AStG einschlägig ist. Nach Ansicht des BFH kommt es auf die Vergleichbarkeit mit einer nach deutschem Recht errichteten Familienstiftung nicht an.[2] § 15 Abs. 4 AStG ist entsprechend dem Sinn und Zweck der Vorschrift auszulegen. Diese gehen dahin, ein Besteuerungsrecht der Bundesrepublik auch dann zu gewährleisten, wenn die Einkünfte von einem ausländischen Rechtsgebilde erzielt werden, das Auskehrungen an im Inland unbeschränkt steuerpflichtige Bezugsberechtigte vornehmen soll.

1803/1 Die Zurechnung erfolgt auch im Falle des § 15 Abs. 4 AStG primär beim Settlor. Liegt ein sogenannter Letter of Wishes vor, neigt die Finanzverwaltung dazu,[3] hieraus Bezugs- und Anwartschaftsrechte herzuleiten. Entsprechendes gilt, wenn ein Protektor eingesetzt wird, dem schriftliche Weisungen erteilt wurden.

2.2.3 Einkünfteermittlung

1804 § 15 Abs. 1 AStG a. F. sah die vorrangige Zurechnung des Einkommens einer ausländischen Familienstiftung bzw. eines Trusts[4] gegenüber dem beschränkt

1 Verlangt wird, dass *„auf Grund der Richtlinie 77/799/EWG oder einer vergleichbaren zwei- oder mehrseitigen Vereinbarung Auskünfte erteilt werden, die erforderlich sind, um die Besteuerung durchzuführen“*. Im Wege der geltungserhaltenden unionsrechtskonformen Auslegung ist § 15 Abs. 6 AStG auch auf in Drittstaaten ansässige Familienstiftungen anzuwenden (so Hessisches FG, Urteil v. 13.7.2022 - 8 K 1466/19, NWB PAAAJ-29917 = EFG 2023 S. 316, Rev. eingelegt [Az. des BFH: I R 32/22, NWB GAAAJ-34034]).

2 BFH, Urteil v. 2.2.1994 - I R 66/92, BStBl 1994 II S. 727 NWB ZAAAB-04841.

3 BMF, Schreiben v. 14.5.2004 - IV B 4 - S 1340 - 11/04, BStBl 2014 I Sondernr. 1/2004 S. 3 Tz. 15.2.1 NWB ZAAAB-22327.

4 Über § 15 Abs. 4 AStG gilt dies auch für einen Trust.

oder unbeschränkt steuerpflichtigen Stifter/Settlor vor.[1] Daraus folgte jedoch keine Zuordnung des zuzurechnenden Einkommens zu einer bestimmten Einkunftsart des Stifters/Settlors (§ 2 Abs. 1 EStG). Auch die Definition des Einkommens in § 2 Abs. 4 EStG sieht jedenfalls nicht ausdrücklich die Erfassung eines gem. § 15 Abs. 1 AStG zuzurechnenden Einkommens vor.

Durch das Amtshilferichtlinie-Umsetzungsgesetz[2] erfolgte mit Wirkung ab 1805
dem 1.1.2013 ein Paradigmenwechsel bei der Ermittlung der Stiftungseinkünfte. Mit dem **ATADUmsG**[3] (vgl. Vor §§ 7–13 Rz. 5), welches ab dem **1.1.2022** anwendbar ist, wurden die Absätze 5, 7, 9 und 11 des § 15 AStG neu gefasst.[4]

Seit dem 1.1.2013 werden – wie bei der Hinzurechnungsbesteuerung nach 1806
§§ 7–14 AStG auch – **Einkünfte** (§ 2 Abs. 2 EStG) und nicht mehr wie zuvor Einkommen **zugerechnet**. Dies hat zur Folge, dass nun Dividenden und Veräußerungsgewinne in voller Höhe in den Zurechnungsbetrag einfließen – unabhängig davon, ob Zurechnungsadressat eine natürliche Person oder eine Körperschaft ist. Die wirtschaftliche Belastung durch die Zurechnungsbesteuerung hat sich dadurch seit 2013 in den betreffenden Fällen drastisch erhöht. Das Hinzurechnungssystem des § 15 AStG führt zu einer Besteuerung des Stifters oder Bezugs- oder Anfallsberechtigten einer ausländischen Familienstiftung unabhängig von einem tatsächlichen Zufluss von Einkünften. Die zurechnungspflichtigen Einkünfte der ausländischen Familienstiftung werden gem. § 15 Abs. 7 AStG nach den Vorschriften des KStG und des EStG ermittelt. Dies gilt gem. § 15 Abs. 4 AStG auch für ausländische Familientrusts. In Betracht kommen alle Einkunftsarten i. S. des § 2 Abs. 1 EStG, die sich bei unterstellter unbeschränkter Steuerpflicht der Familienstiftung ergeben würde. Die Ermittlung des Einkommens bestimmt sich nach den Grundsätzen des deutschen Steuerrechts; dazu gehört auch die Gewährung von Pausch- und Freibeträgen.

Im Ergebnis ist also von einer fiktiven unbeschränkten Steuerpflicht der Fami- 1806/1
lienstiftung/des Familientrusts auszugehen.[5] Die Familienstiftung/der Familientrust erzielt innerhalb der einzelnen Einkunftsarten entweder Gewinne i. S. des § 2 Abs. 2 Nr. 1 EStG oder Überschüsse der Einnahmen über die Wer-

1 Diese vorrangige Zuordnung bleibt selbst dann bestehen, wenn der Stifter nur beschränkt steuerpflichtig ist, vgl. Wassermeyer in Flick/Wassermeyer/Baumhoff, AStG, § 15 Rz. 49; a. A. BMF, Schreiben v. 14.5.2004 - IV B 4 - S 1340 - 11/04, BStBl 2014 I Sondernr. 1/2004 S. 3 Tz. 15.1.3 NWB ZAAAB-22327.

2 AmtshilfeRLUmsG v. 29.6.2013, BGBl 2013 I S. 1809; vgl. Ditz/Quilitzsch, DStR 2013 S. 1917, 1922.

3 ATADUmsG v. 25.6.2021, BGBl I 2021 S. 2035.

4 Vogt in Brandis/Heuermann, EStG/KStG/GewStG, Stand: März 2022, § 15 AStG Rz. 13.

5 V. Oertzen/Kühn, IStR 2016 S. 930.

bungskosten i. S. des § 2 Abs. 2 Nr. 2 EStG. Die Einkünftezurechnung führt ihrerseits nicht zu einer Minderung der Einkünfte der Familienstiftung/des Familientrusts in Form von Betriebs- oder Werbungskosten, es fehlt insoweit an Aufwendungen i. S. des § 4 Abs. 4 EStG.

1807 Ausweislich der Gesetzesbegründung[1] regelt **§ 15 Abs. 11** AStG, dass **Zuwendungen** einer ausländischen Stiftung an den unbeschränkt steuerpflichtigen Stifter oder die unbeschränkt steuerpflichtigen Bezugs- oder Anfallsberechtigten **nicht** der Besteuerung unterliegen, **wenn** die zugrunde liegenden Einkünfte bereits **nach** § 15 **Abs. 1** AStG zugerechnet worden sind. Dadurch soll eine **doppelte Erfassung vermieden** werden. Dies entspricht der bisherigen Praxis.[2] Vom Steuerpflichtigen wird aber verlangt, dass er nachweist, dass die zugewendeten Beträge bereits nach Abs. 1 zugerechnet worden sind, denn dies können die Finanzbehörden regelmäßig nicht eigenständig feststellen.

1807/1 § 15 Abs. 11 AStG wurde mit Wirkung ab dem 1.1.2022 – weil die Anrechnungsmethode des § 12 AStG geändert wurde und der Verweis in § 15 Abs. 5 AStG entfiel – um einen Satz 2 ergänzt, nach dem die Steuern auf nach Satz 1 befreite Zuwendungen in entsprechender Anwendung des § 34c Abs. 1 und 2 EStG und § 26 Abs. 1 und 2 Satz 1 KStG anrechenbar sind.

1807/2 Aufgrund der ab 1.1.2022 geänderten Anrechnungsmethodik in § 12 AStG wurden in § 15 Abs. 5 AStG die Regelungen für die Anrechnung unabhängig geregelt. Der Verweis auf den § 12 entfällt daher. **§ 15 Abs. 5 AStG** regelt, dass auf die ESt oder KSt des Stifters oder der bezugs- oder anfallsberechtigten Person die Steuern vom Einkommen angerechnet werden, die zu Lasten der ausländischen Stiftung auf die zuzurechnenden Einkünfte erhoben werden. Ohne § 15 Abs. 5 AStG bestünde die Möglichkeit der Anrechnung nicht, da regelmäßig weder Stifter noch die bezugs- oder anfallsberechtigte Person Zurechnungsberechtigte der anteiligen Steuer der Stiftung sind. Ihnen werden lediglich die Anteile an den Einkünften der Familienstiftung zugerechnet.[3]

Unklar ist bei Trusts, welche ausländischen Steuern, die der Trustee für den Trust bezahlt hat, konkret angerechnet werden können (nur „Federal Tax" und „State Tax" oder auch lokale Steuern).

1 BT-Drucks. 17/10000 v. 19.6.2012 S. 68.

2 Tz. 15.1.1 des Anwendungsschreibens zum AStG (AEAStG) v. 14.5.2004 - IV B 4 - S 1340 - 11/04, BStBl 2014 I Sondernr. 1/2004 S. 3 NWB ZAAAB-22327.

3 Vogt in Brandis/Heuermann, EStG/KStG/GewStG, Stand: März 2022, § 15 AStG Rz. 80.

2.2.4 Das Verhältnis von § 15 AStG und DBA

Die DBA mit dem Sitzstaat der Stiftung oder des Trusts stehen gem. § 20 Abs. 1 AStG der Zurechnung nach § 15 AStG nicht entgegen (sogenannter **Treaty Override**).[1] Hierunter ist zu verstehen, dass die DBA die Rechtsfolge des § 15 AStG nicht verändern. Es kann mithin nicht geltend gemacht werden, dass Einkünfte der Stiftung/des Trusts einer Betriebsstätte im Sitzstaat zuzurechnen sind und deshalb aus der Hinzurechnung ausscheiden.[2] Damit hat sich der Gesetzgeber die Möglichkeit eröffnet, losgelöst von einem geltenden DBA mittels der Normen des AStG Sondertatbestände zu fassen. § 15 AStG soll aber kein Besteuerungsrecht begründen, sondern nur sichern. Eine **natürliche Person**, die im Inland unbeschränkt steuerpflichtig ist, darf durch § 15 AStG **nicht schlechter** gestellt werden, als hielte sie die Vermögensgegenstände direkt. Mithin sind die abkommensrechtlichen Regelungen der DBA insoweit anwendbar. Werden dem Zurechnungspflichtigen nach § 15 AStG z. B. Mieteinkünfte aus ausländischem Grundvermögen zugerechnet, sind die Mieteinkünfte von der inländischen Besteuerung auszunehmen, wenn ein DBA vorhanden ist und dieses mit dem Belegenheitsstaat die Freistellung vorsieht. Hierbei ist darauf abzustellen, ob die zugerechneten Einkünfte vom Zurechnungspflichtigen direkt erzielt worden wären. Das Besteuerungsrecht kann nicht weitergehen als in dem Fall, dass der Zurechnungsadressat die Einkünfte in eigener Person erzielt hätte.[3] 1808

3. Zurechnung bei unselbständigen (transparenten) Trusts/Stiftungen

Sind nach den getroffenen Vereinbarungen und Regelungen dem Stifter umfassende Herrschaftsbefugnisse über das Vermögen einer ausländischen Stiftung vorbehalten, so dass die Stiftung gehindert ist, über das ihr übertragene Vermögen dem Stifter gegenüber tatsächlich und frei zu verfügen, ist das Vermögen weiterhin dem Stifter zuzurechnen. Herrschaftsbefugnisse in diesem Sinne ergeben sich z. B. durch den Vorbehalt des Stifters in Bezug auf die Entscheidungen über die Anlage und Verwendung des Vermögens, die Möglichkeit, ganz oder teilweise die Rückübertragung des Vermögens zu verlangen, und die Weisungsunterworfenheit der Stiftung und ihrer Organe gegenüber dem Stifter. Der Stifter kann aufgrund seiner Befugnisse über das Vermögen 1809

1 Vgl. Tz. 15.1.1 AEAStG.

2 Schienke-Ohletz/Kühn, ZEV 2015 S. 150; v. Oertzen/Kühn, IStR 2016 S. 930, 932.

3 V. Oertzen/Kühn, IStR 2016 S. 930, 933.

der Stiftung wie über ein eigenes Bankguthaben verfügen.[1] In diesem Fall ist der Trust/die Stiftung unselbständig und die handelnden Personen (Trustees, Stiftungsvorstand) treten steuerlich betrachtet als Treuhänder für den Stifter/Errichter, also den Treugeber, auf.

1810 An sich können unter Berücksichtigung der DBA beim Stifter/Errichter alle Einkunftsarten verwirklicht werden. Dies ungeachtet der Tatsache, dass die Einkünfte „formal" von der Stiftung/dem Trust erzielt werden. Denn die Stiftung bzw. der Trust ist rechtlich betrachtet Inhaber des vom Settlor auf den Trust/die Stiftung übertragenen Vermögens.

1810/1 Wird bspw. ein inländisches Grundstück von der Stiftung/dem Trust an Dritte entgeltlich zur Nutzung überlassen, so erzielt der Stifter/Errichter hieraus Einkünfte aus Vermietung und Verpachtung. Dies wird jedoch eher ein theoretischer Fall sein, da inländische Grundstücke bereits zivilrechtlich nicht auf einen Trust aufgelassen werden können. Soweit ausländische Grundstücke in eine Auslandsstiftung bzw. einen Trust übertragen werden, wird eine inländische Besteuerung regelmäßig ausscheiden, weil die entsprechenden DBA ein Besteuerungsrecht im Inland verneinen.

1810/2 In der Praxis ist der Regelfall die Erzielung von Einkünften gem. § 20 EStG, weil regelmäßig Wertpapiervermögen und Bargeld auf die ausländische Stiftung bzw. den Trust übertragen wird. Diese Einkünfte werden dann dem Stifter/Errichter wie eigene zugerechnet. Die „zwischengeschaltete" intransparente Einheit Auslandsstiftung/Trust wird aus inländischer Sicht negiert.

1811 Ist der Stifter für einkommensteuerliche Zwecke in Deutschland unbeschränkt steuerpflichtig, so sind Ausschüttungen, z. B. aus einer inländischen oder ausländischen AG, in Deutschland einkommensteuerpflichtig. Die Dividenden unterliegen in Deutschland der sogenannten Abgeltungssteuer von derzeit 25 % plus Solidaritätszuschlag und KiSt. Mit den Einkünften im Zusammenhang stehende Werbungskosten können pauschal mit 801 € (Ehegatten gemeinsam 1.602 €) zum Abzug gebracht werden. Der Abzug der tatsächlichen Werbungskosten ist jedoch ausgeschlossen, § 20 Abs. 9 Satz 1 EStG.

1812 Auf Antrag kann zum sogenannten Teileinkünfteverfahren optiert werden, wenn der Stifter mehr als 25 % an der AG beteiligt ist oder mehr als 1 % hält und beruflich für diese tätig ist, § 32d Abs. 2 Nr. 3 EStG. Diese Option macht i. d. R. nur dann Sinn, wenn im Zusammenhang mit den Dividenden hohe Wer-

1 BFH, Urteil v. 25.6.2021 - II R 13/19, BStBl II 2022 S. 481, Rz. 14 NWB RAAAI-59195.

bungskosten entstanden sind, die im Teileinkünfteverfahren dann teilweise zum Abzug gebracht werden können.

Der Stifter hat die Kapitalerträge im Rahmen seiner Einkommensteuererklä- 1813
rung anzugeben. Handelt es sich z. B. um eine transparente österreichische Stiftung und erfolgt die Ausschüttung aus einer österreichischen Tochter-AG der Stiftung, dann steht nach Art. 10 des DBA Österreich-Deutschland der BRD das Besteuerungsrecht für Dividendenerträge zu. In Österreich kann jedoch 15 % Quellensteuer einbehalten werden. Eine Doppelbesteuerung wird dadurch vermieden, dass die in Österreich einbehaltene Quellensteuer auf die deutsche Steuer angerechnet wird. Unterstellt man, in Österreich würde mehr als 15 % Quellensteuer einbehalten, so wäre der übersteigende Betrag allenfalls über ein Erstattungsverfahren in Österreich auszugleichen. Eine Anrechnung in Deutschland ist immer auf den nach DBA zulässigen Satz beschränkt. Entsprechendes würde bei einer Ausschüttung einer schweizerischen AG gelten, d. h., eine den DBA-Steuersatz von 15 % übersteigende schweizerische Verrechnungssteuer könnte nur in der Schweiz – im Rahmen eines Erstattungsverfahrens – zurückverlangt werden.

4. Zusammenfassende Übersicht der denkbaren Zurechnungsvarianten

1814

Zurechnung bei	Rechtsgrundlage
Stiftung/Trust	als selbständige Vermögensmasse nach § 2 KStG, § 49 EStG
Errichter	► als Treugeber nach § 39 AO ► nach § 15 AStG
Bezugsberechtigte	► als Treugeber nach § 39 AO ► nach § 15 AStG
Anfallsberechtigte	► als Treugeber nach § 39 AO ► nach § 15 AStG

(Einstweilen frei) 1815–1824

VI. Erbschaft-/schenkungsteuerliche Behandlungen von Auslandsstiftungen und ausländischen Trusts

1. Besteuerung der Vermögensausstattung bzw. Aufhebung einer ausländischen Stiftung/eines Trusts gem. § 3 Abs. 2 Nr. 1, § 7 Abs. 1 Nr. 8 und 9 ErbStG

1.1 Steuerpflicht im Inland

1825 Aus der Errichtung einer ausländischen Stiftung oder eines Trusts können sich in Abhängigkeit vom Wohnsitz des Stifters/Settlors bzw. der Belegenheit des Vermögens erbschaft-/schenkungsteuerliche Folgen ergeben. Es kommt hierbei die unbeschränkte Steuerpflicht gem. § 2 Abs. 1 Nr. 1 ErbStG, die beschränkte gem. § 2 Abs. 1 Nr. 2 ErbStG und die – von geringer praktischer Bedeutung – erweiterte beschränkte Steuerpflicht nach §§ 4, 2 AStG in Betracht.

1826 Unbeschränkte Steuerpflicht gem. § 2 Abs. 1 Nr. 1 ErbStG liegt vor, wenn der Stifter/Settlor im Inland über einen Wohnsitz verfügt oder seinen gewöhnlichen Aufenthalt hat und damit als Inländer i. S. des § 12 Abs. 1 Nr. 1 Satz 1 ErbStG gilt. Die Inländereigenschaft der natürlichen Person ist regelmäßig deshalb bedeutsam, weil die erwerbende Auslandsstiftung bzw. der Trust regelmäßig nicht über den für die Begründung der unbeschränkten Steuerpflicht gem. § 2 Abs. 1 Nr. 1 Buchst. d ErbStG erforderlichen inländischen Sitz (§ 10 AO) oder inländische Geschäftsleitung (§ 11 AO) verfügt. Damit scheidet eine unbeschränkte Steuerpflicht der Stiftung oder des Trusts aus und damit auch der Anfall von Erbersatzsteuer.

1827 Eine beschränkte Erbersatzsteuerpflicht gibt es nicht, da bei dieser nur der Vermögensanfall erfasst wird (vgl. § 2 Abs. 1 Nr. 3 ErbStG).

1828 Hat der Stifter/Settlor im Inland keinen Wohnsitz mehr und auch keinen gewöhnlichen Aufenthalt, kann dennoch unbeschränkte Steuerpflicht vorliegen, wenn er sich als deutscher Staatsbürger noch nicht länger als fünf Jahre[1] im Ausland aufhält (§ 2 Abs. 1 Nr. 1 Buchst. b ErbStG).[2]

1 Abweichend hiervon ist bei Wegzug in die USA und Domizil dort die Zehnjahresfrist zu beachten.

2 Zu europarechtlichen Fragen vgl. Kellersmann/Schnitger in Richter/Wachter, Handbuch des internationalen Stiftungsrechts, S. 611 Rz. 8.

Wird die Auslandsstiftung bzw. der Trust von einem Ausländer errichtet, kommt die beschränkte Steuerpflicht nach § 2 Abs. 1 Nr. 3 ErbStG in Betracht, soweit Inlandsvermögen übertragen wird. 1829

1.2 § 7 Abs. 1 Nr. 8, § 3 Abs. 2 Nr. 1 und § 7 Abs. 1 Nr. 9 ErbStG

Die Neufassung des § 7 Abs. 1 Nr. 8, § 3 Abs. 2 Nr. 1 und § 7 Abs. 1 Nr. 9 ErbStG im Jahre 1999 durch das Steuerentlastungsgesetz 1999/2000/2002[1] hat die erbschaft-/schenkungsteuerlichen Risiken bei der Begründung und Aufhebung von ausländischen Stiftungen und Trustkonstruktionen wesentlich verschärft. Nach § 7 Abs. 1 Nr. 9 ErbStG gilt als Schenkung unter Lebenden, was bei Aufhebung einer Stiftung oder bei Auflösung eines Vereins, dessen Zweck auf die Bindung von Vermögen gerichtet ist, erworben wird. Nach § 7 Abs. 1 Nr. 9 Satz 2 ErbStG steht dem gleich der Erwerb bei Auflösung einer Vermögensmasse ausländischen Rechts, deren Zweck auf die Bindung von Vermögen gerichtet ist, sowie der Erwerb durch Zwischenberechtigte während des Bestehens der Vermögensmasse. 1830

Zwischenberechtigte sind nicht nur Destinatäre, sondern alle Personen, die während des Bestehens einer ausländischen Stiftung bzw. eines ausländischen Trusts Auszahlungen aus dem Stiftungs-/Trustvermögen erhalten.[2] Derjenige, der den Trust errichtet und sich nach einer bestimmten Laufzeit selbst als Bezugsberechtigten benannt hat, kann indes nicht als Zwischenberechtigter im Sinne der Vorschrift angesehen werden.[3] Nach dem Wortlaut der Vorschrift ist steuerbarer Erwerb der Zwischenberechtigten alles, was die berechtigten Personen nach dem Ermessen des Stiftungsvorstands/des Treuhänders oder aufgrund eigenen Rechtsanspruchs vor der Auflösung der Stiftung/des Trusts aus dessen Vermögen oder Erträgen erhalten. Der Besteuerung unterliegen damit auch die ausgeschütteten Vermögenserträge und nicht nur die ausgeschüttete Vermögenssubstanz.[4] Zu prüfen ist jedoch, ob ein im Ausschüttungszeitpunkt gültiges Abkommen zur Vermeidung der Doppelbesteuerung auf dem Gebiet der Nachlass-, Erbschaft- und Schenkungsteuern (DBA-Erb) der Besteuerung nach deutschem Erbschaftsteuerrecht ggf. entgegensteht.

Die Zuwendung erfolgt stets in der schlechtesten Steuerklasse III. Bei Rückfall des Vermögens an den Stifter oder seine Destinatäre ist das damalige Dotati- 1831

1 StEntlG 1999/2000/2002 v. 24.3.1999, BGBl 1999 I S. 402.
2 BFH, Urteil v. 27.9.2012 - II R 45/10, BStBl 2013 II S. 84 NWB WAAAE-23463.
3 BFH, Urteil v. 27.9.2012 - II R 45/10, BStBl 2013 II S. 84 NWB WAAAE-23463.
4 BFH, Urteil v. 27.9.2012 - II R 45/10, BStBl 2013 II S. 84 NWB WAAAE-23463.

onskapital erneut der Schenkungsteuer zu unterwerfen,[1] wobei § 15 Abs. 2 Satz 2 ErbStG hier eine Sonderregelung für die Steuerklasse vorsieht. Zu bedenken ist, dass eventuell gebildete Rücklagen die Bemessungsgrundlage erhöhen können und so ebenfalls besteuert werden. Letzteres ist deshalb problematisch, weil die Rücklagen vorher schon u. U. einer ertragsteuerlichen Zurechnungsbesteuerung unterlegen haben.

Konsequenz der Anwendung der Steuerklasse III ist zum einen, dass bereits heute Steuersätze von bis zu 50 % anzuwenden sind. Zum anderen kommt die für inländische Familienstiftungen bestehende Erleichterung in § 15 Abs. 2 ErbStG hier nicht zum Tragen. Will der Stifter vermeiden, dass es bei Aufhebung der Stiftung zu einer erneuten Besteuerung nach dem ErbStG kommt, sollte er sich ein Widerrufsrecht vorbehalten. Denn über § 29 Abs. 1 Nr. 1d ErbStG lässt sich erreichen, dass es nicht nur zu einer steuerfreien Rückabwicklung kommt, sondern darüber hinaus wird die bereits bezahlte Schenkungsteuer ohne Einhaltung etwaiger Verjährungsregeln wieder erstattet. Allerdings muss dieser Vorbehalt zum Widerruf von vornherein bestanden haben. Nachträgliche Änderungen der Statuten genügen hier nicht.

1832 Der BFH hat mit Urteil v. 28.6.2007[2] einige Zweifelsfragen im Zusammenhang mit der steuerlichen Beurteilung von ausländischen Stiftungen ausgeräumt. Nach Ansicht des II. Senats ist die Vermögensübertragung auf eine nach ausländischem Zivilrecht wirksam errichtete Stiftung **nicht schenkungsteuerpflichtig**, wenn umfassende Sonderrechte des Gründers (betreffend die Weisungserteilung) an Stiftungsorgane bei der Verwaltung des Stiftungsvermögen, ein jederzeitiger Anspruch auf Rückführung des Vermögens, die jederzeitige Möglichkeit der Abänderbarkeit der Satzung, des Stiftungsstatuts bzw. Abberufung der Stiftungsorgane usw. vorhanden sind. In diesem Fall liegt zum Zeitpunkt der Errichtung jedenfalls (noch) keine Schenkung an die Stiftung vor; diese wird als transparent angesehen.[3] Der BFH hat entsprechend für einen Erbfall entschieden, dass das einer unselbständigen Stiftung liechtensteinischen Rechts übertragene, jedoch weiter dem Stifter zuzurechnende Vermögen beim Tode des Stifters zum Erbanfall gehört, wenn die Herrschaftsbefugnisse des Stifters vererblich sind und die Stiftung damit gehindert ist, über das ihr übertragene Vermögen dem Stifter gegenüber tatsächlich und frei zu verfügen.[4] Diese Herrschaftsbefugnisse der Erblasserin waren – so der

1 BayLfSt, Vfg. v. 10.4.2019 - S 3806.2.1 - 110/7 St 34 NWB MAAAH-12534 = DStR 2019 S. 929.

2 Vgl. → Rz. 1796.

3 Vgl. → Rz. 1809.

4 BFH, Urteil v. 5.12.2018 - II R 9/15 NWB DAAAH-13415.

BFH im vorliegenden Urteil weiter – zudem vererblich und sind beim Ableben der Erblasserin auf den Kläger übergegangen. Die Vererblichkeit der Herrschaftsbefugnisse ergibt sich laut BFH aus dem Personalstatut der Stiftung nach liechtensteinischem Recht. Sie werde nicht durch Regelungen des liechtensteinischen Personen- und Gesellschaftsrechts ausgeschlossen. Der Vererblichkeit stehen nach Auffassung des BFH auch nicht die Stiftungsstatuten entgegen. Aus der geregelten Abänderbarkeit sei keine personenbezogene Beschränkung dieses Rechts ableitbar. Aus den Regelungen des Beistatuts lasse sich nicht entnehmen, dass eine Vererblichkeit der Herrschaftsbefugnisse ausgeschlossen sein soll. Die im Beistatut vorgesehene Unveränderbarkeit beziehe sich ausschließlich auf die Begünstigung, von der die Herrschaftsbefugnisse zu unterscheiden seien.[1]

(Einstweilen frei) 1833

HINWEISE:

(1) Nach Auffassung der Rechtsprechung ist die unentgeltliche Übertragung von Vermögen auf eine ausländische Stiftung dann keine steuerpflichtige Schenkung, wenn die Stiftung nach den getroffenen Vereinbarungen und Regelungen über das Vermögen im Verhältnis zum Stifter nicht tatsächlich und rechtlich frei verfügen kann. Zuwendungen des Vermögens aus der Stiftung z. B. an einen Destinatär würden dementsprechend ebenfalls nicht als Zuwendung der Stiftung, sondern als Zuwendung des tatsächlich wirtschaftlich Berechtigten an den Beschenkten gelten. Für die Besteuerung zwischen dem Stifter und dem Erwerber käme es auf die zwischen ihnen geltende Steuerklasse nach § 15 ErbStG an.

(2) Vorstehendes gilt entsprechend auch für einen Trust und die beteiligten Personen.

2. Erbschaftsteuerfreie Vermögenskonservierung mit ausländischen Stiftungen bzw. Trusts

Die Rechtsprechung[2] zu den Voraussetzungen, wann von einer **transparenten** Stiftung bzw. einem transparenten Trust gesprochen werden kann, hat für die Gestaltungsberatung zumindest hinsichtlich der schenkungsteuerlichen Beurteilung dieser ausländischen Rechtsgebilde **Rechtssicherheit** gebracht.[3] 1834

Bei ausländischen Stiftungen und Trusts kann die **sofortige** Besteuerung anlässlich der Dotation **vermieden** und der Besteuerungszeitpunkt in die Zukunft verlagert werden, wenn die ausländische Stiftung bzw. der Trust als **transparent** anzusehen sind. Die Besteuerung des Vermögensübergangs auf die 1835

1 Stelzer, eNews Steuern 18/2019.

2 Vgl. → Rz. 1832.

3 Götzenberger, NWB-EV 7/2012 S. 225 f. NWB NAAAE-12106.

ausländische Einheit wäre dann solang aufgeschoben, bis die Sonderrechte des Stifters erlöschen. Dies ist jedoch nur bei den vertraglichen Ausgestaltungen möglich, bei denen der Stifter/Settlor jederzeit die Rückübertragung des hingegebenen Vermögens auf sich verlangen kann (also transparenten Gebilden).

In den Fällen der „endgültigen" Hin-/Weggabe des Vermögens des Stifters bleibt es beim Grundsatz der sofortigen Besteuerung nach § 7 Abs. 1 Nr. 8 ErbStG im Zeitpunkt der Vermögensausstattung der Stiftung bzw. des Trusts.

1836 Die neue Rechtsprechung erweist sich mithin nur im Ausnahmefall als vorteilhaft. Liegt jedoch tatsächlich eine solche besondere Konstellation vor und hat der Stifter/Settlor – ggf. seit mehr als fünf Jahren gem. § 2 Abs. 1 Satz 1 Buchst. b ErbStG – Deutschland verlassen,[1] dann geht der deutsche Fiskus leer aus. Dies kann in geplanten Wegzugsfällen zu einem bedeutenden Steuervorteil führen.

Gleiches gilt im Falle der Aufhebung, wenn die Stiftung bzw. der Trust die erhaltene Dotierung zu einem Zeitpunkt wieder zurücküberträgt, zu dem der Stifter/Settlor noch (immer) „umfassende Herrschaftsbefugnis" über das Stiftungs-/Trustvermögen hat.

3. Ausschüttungen der Vermögensmasse ausländischen Rechts als Schenkungen unter Lebenden

1837 Erfolgen während des Bestehens der Vermögensmasse ausländischen Rechts **Ausschüttungen** an im Inland wohnhafte Begünstigte, sind diese nicht neben der ertragsteuerlichen Erfassung zusätzlich auch gem. § 7 Abs. 1 Nr. 9 Satz 2 ErbStG **schenkungsteuerbar**.[2] Zuwendungen einer ausländischen Stiftung sind nur dann nach § 7 Abs. 1 Nr. 1 ErbStG steuerbar, wenn sie eindeutig gegen den Satzungszweck verstoßen.[3]

Streitig ist, ob die Schenkungsteuer nach § 7 Abs. 1 Nr. 9 Satz 2 ErbStG auf den Stichtag der Auflösung des Trusts/der Vermögensmasse festzusetzen ist, weil in diesem Zeitpunkt ein Forderungsrecht entstanden und damit der Steuertatbestand abgeschlossen ist. Nach Ansicht des BFH ist der Erwerb bei Auflösung

1 Abweichend hiervon ist bei Wegzug in die USA und Domizil dort die Zehnjahresfrist zu beachten.

2 BFH, Urteil v. 27.9.2012 - II R 45/10, BStBl 2013 II S. 84 NWB WAAAE-23463; ..BFH, Urteil v. 25.6.2021 - II R 31/19, BStBl II 2022 S. 497 NWB VAAAI-59198; a. A. Götzenberger, NWB-EV 7/2012 S. 225, 227 NWB NAAAE-12106; Birnbaum/Lohbeck/Pöllath, FR 2007 S. 479, 486.

3 BFH, Urteil v. 3.7.2019 - II R 6/16, BStBl 2020 II S. 61 NWB GAAAH-32258.

einer Vermögensmasse ausländischen Rechts in dem Moment ausgeführt, in dem das gebundene Vermögen zivilrechtlich wirksam auf den Anfallsberechtigten übergeht. Zu welchem Zeitpunkt die einzelnen Vermögensgegenstände der Vermögensmasse auf den Erwerber übergehen, ist auf der Grundlage der dafür maßgebenden und nach den Regeln des internationalen Privatrechts zu ermittelnden Rechtsordnung zu entscheiden.[1]

HINWEIS:

Die Besonderheit dieses Falles bestand darin, dass der Kläger im Zeitpunkt des Liquidationsbeschlusses des Trusts im Dezember 2006 gem. § 2 Abs. 1 Nr. 1 Buchst. a ErbStG (noch) unbeschränkt steuerpflichtig war, er diese Eigenschaft jedoch infolge des Wegzugs bis zur Auskehrung des Erlöses im Januar 2009 verloren hatte. Da der Kläger britischer Staatsangehöriger war, galt für ihn die erweiterte unbeschränkte Steuerpflicht gem. § 2 Abs. 1 Nr. 1 Buchst. b ErbStG von fünf Jahren seit Wegzug nicht.[2]

Folgerung:

Bei ausländischen Staatsangehörigen kann es sich anbieten, vor Auskehrung von Vermögen aus ausländischen Vermögensmassen aus Deutschland wegzuziehen.[3] ..

4. Verhältnis von § 7 Abs. 1 Nr. 9 ErbStG von § 15 Abs. 11 AStG

1838 Der Gesetzgeber hat mit dem Amtshilferichtlinien-Umsetzungsgesetz[4] unter anderem auch den für ausländische Familienstiftungen und Trusts bedeutsamen § 15 AStG modifiziert und die Norm um die Absätze 8–11 erweitert.[5]

Der Gesetzgeber hat durch die in § 15 Abs. 11 AStG neugeschaffene Regelung zwar das bisher ungeklärte ertragsteuerliche Problem der Doppelbesteuerung[6] beseitigt. Streitig ist aber weiterhin, ob der Gesetzgeber damit zugleich auch eine § 7 Abs. 1 Nr. 9 Satz 2 ErbStG im Wege der Spezialität verdrängende schenkungsteuerliche Regelung getroffen hat.[7]

1839 Der Begriff der „Zuwendung" wird üblicherweise im Sinne einer erforderlichen Vermögensverschiebung verstanden, d. h., es muss eine Vermögensminderung auf der einen Seite und eine Vermögensmehrung auf der anderen Seite vorlie-

1 ..BFH, Urteil v. 25.6.2021 - II R 40/18 NWB LAAAI-03831 = DStR 2022 S. 299.
2 Geck/Messner, ZEV 2018 S. 71 f.
3 Vgl. zu einem US-Trust: LfSt Bayern, Vfg. v. 13.12.2018, DStR 2019 S. 1408.
4 Amtshilferichtlinien-Umsetzungsgesetz (AmtshilfeRLUmsG) v. 26.6.2013, BGBl 2013 I S. 1809.
5 Ditz/Quilitzsch, DStR 2013 S. 1917; Paintner, DStR 2013 S. 1629, 1645; Moser/Gebhard, DStZ 2013 S. 753; Carlé, ErbStB 2013 S. 284 f.; Werder/Dannecker, BB 2013 S. 2278, 2280.
6 Wassermeyer in Flick/Wassermeyer/Baumhoff/Schönfeld, AStG, Stand: März 2013, § 15 Rz. 42.
7 Thonemann-Micker/Böhmert, ErbR 2023 S. 112, 115.

gen. Von einem „Zugrundeliegen" ist auszugehen, wenn eine gewisse (tatsächliche oder rechtliche) Verknüpfung gegeben ist.[1]

Relativ einfach dürfte demnach der Fall zu beurteilen sein, bei dem der Empfänger der Zuwendung von der ausländischen Stiftung/dem ausländischen Trust innerhalb eines Kalenderjahres betragsmäßig dasselbe erhält, was ihm nach § 15 Abs. 1 AStG als Einkünfte genau in diesem Kalenderjahr zugerechnet wurde.

1840 **BEISPIEL:** Dem Stifter A werden nach § 15 Abs. 1 AStG Einkünfte aus einer von ihm errichteten ausländischen Stiftung im Jahr 2019 i. H. von 120.000 € zugerechnet. Anfang 2020 zahlt die Stiftung an ihn 120.000 € aus.

Unklar sind die Fallkonstellationen, bei denen

aa) der Bezugsberechtigte und derjenige, dem die Einkünfte nach § 15 Abs. 1 AStG zugerechnet wurden, nicht personenidentisch sind;

bb) die Zuwendung in einem Kalenderjahr höher ist als die in diesem Kalenderjahr nach § 15 Abs. 1 AStG zugerechneten Einkünfte.

1841 **aa)** Ausgehend vom Wortlaut des § 15 Abs. 11 AStG dürfte es nicht darauf ankommen, dass der Bezugsberechtigte und derjenige, dem die Einkünfte zugerechnet werden, identisch sind. Entscheidend ist allein, dass die von der ausländischen Stiftung/dem ausländischen Trust geleisteten Beträge der inländischen Besteuerung nach § 15 Abs. 1 AStG unterlegen sind.[2] Eine Personenidentität wird vom Gesetz nicht verlangt.[3]

BEISPIEL: Dem Stifter A werden aus einer von ihm errichteten ausländischen Stiftung nach § 15 Abs. 1 AStG Einkünfte im Jahr 2013 i. H. von 120.000 € zugerechnet. Anfang 2014 zahlt die Stiftung an zwei Destinatäre, seine beiden Söhne, je 60.000 € aus.

1842 **bb)** Der Gesetzgeber trifft in § 15 Abs. 11 AStG keine Reihenfolge, welche nach § 15 Abs. 1 AStG zugerechneten Einkünfte steuerunschädlich „zugewendet" werden kann. Demnach ist es möglich, die über mehrere Jahre nach § 15 Abs. 1 AStG zugerechneten Einkünfte in einem dem Zurechnungsjahr folgenden Jahr ganz oder teilweise an den Stifter oder die Destinatäre zuzuwenden. Eine Steuerpflicht entstünde erst dann, wenn die Summe der zugerechneten Einkünfte die Summe der zugewandten Beträge unterschreitet.[4]

1 Moser/Gebhard, DStZ 2013 S. 753 f.

2 Ebenso Vogt in Brandis/Heuermann, EStG/KStG/GewStG, Stand: März 2022, § 15 AStG Rz. 143; Moser/Gebhard, DStZ 2013 S. 753 f.

3 Moser/Gebhard, DStZ 2013 S. 753 f.

4 Ebenso Werder/Dannecker, BB 2013 S. 2278, 2280; Vogt in Brandis/Heuermann, EStG/KStG/GewStG, Stand: März 2022, § 15 AStG Rz. 143.

BEISPIEL: Dem Stifter A werden aus einer von ihm errichteten ausländischen Stiftung nach § 15 Abs. 1 AStG im Jahr 2013 i. H. von 120.000 € und im Jahr 2014 i. H. von 60.000 € zugerechnet. Anfang 2015 zahlt die Stiftung an ihn 140.000 € aus.

Die in § 15 Abs. 11 AStG gewählte Formulierung „Zuwendung" unterscheidet sich von dem ertragsteuerlich üblichen Begriff der „Leistung" einer Stiftung, wie er etwa in § 20 Abs. 1 Nr. 9 EStG verwendet wird. Warum der Gesetzgeber hier erstmals im Ertragsteuerrecht den schenkungsteuerlichen Begriff der „Zuwendung" wählt, erschließt sich auch aus der Gesetzesbegründung nicht. Zutreffender wäre der Begriff der „Leistung" gewesen, weil Stiftungen an den Stifter bzw. Bezugs-/Zwischenberechtigte/Destinatäre sprachlich Beträge „leisten" und diesen Personen nichts „zuwenden". Prima Facie könnte die Verwendung des Begriffs der „Zuwendung" also dafür sprechen, dass der Gesetzgeber in § 15 Abs. 11 AStG eine abschließende Regelung treffen wollte, die die Schenkungsteuer mitumfasst.[1] 1843

Gegen dieses Gesetzesverständnis, welches einen Gesetzesvorrang von § 15 Abs. 11 AStG vor § 7 Abs. 1 Nr. 9 Satz 2 ErbStG voraussetzen würde, spricht indes die Gesetzessystematik. § 15 AStG enthält ausschließlich ertragsteuerliche Regelungen, denen – zumindest nach dem bis zum 31.12.2012 geltenden Recht – keinerlei schenkungsteuerliche Relevanz zugesprochen wurden. Auch die Gesetzesbegründung zu § 15 Abs. 11 AStG lässt nicht erkennen, dass neben der angestrebten Vermeidung einer ertragsteuerlichen „Doppelbesteuerung" auch eine doppelte Belastung mit Ertrag- und Erbschaftsteuer vermieden werden sollte. 1844

Betrachtet man die Gesetzesbegründung zu § 7 Abs. 1 Nr. 9 Satz 2 ErbStG,[2] so spricht vieles dafür, dass der Gesetzgeber die Schenkungsteuerbarkeit bei Auskehrungen aus ausländischen Stiftungen/Trusts bewusst losgelöst von der ertragsteuerlichen Beurteilung geregelt hat. Zudem würden sich Wertungswidersprüche ergeben, wenn einerseits eine unmittelbare unentgeltliche Zuwendung zwischen dem Stifter und einem Abkömmling schenkungsteuerbar ist, hingegen die über eine zwischengeschaltete ausländische Stiftung/Trust erfolgte mittelbare Zuwendung steuerfrei bliebe. 1845

1 So Werder/Dannecker, BB 2013 S. 2278, 2280; Moser/Gebhard, DStZ 2013 S. 753 f.; Vogt in Brandis/Heuermann, EStG/KStG/GewStG, Stand: März 2022, § 15 AStG Rz. 142.

2 BT-Drucks. 14/23 v. 9.11.198 S. 200: *„In den letzten Jahren haben steuerliche Gestaltungen unter Verwendung sog. „Trust" zur Erbschaftsteuer-/Schenkungsteuerersparnis eine erhebliche Bedeutung erlangt, weil bei dieser Konstruktion keine Steuerpflicht oder erst mit zeitlicher Verzögerung eine Steuerpflicht ausgelost wird. Der Vermögensübergang auf den Trust bei seiner Errichtung und auf die Anfallsberechtigten bei seiner Auflösung wird als zusätzlicher Erwerbstatbestand in die §§ 3 und 7 ErbStG aufgenommen und unterliegt damit der Besteuerung."*

1846 Durch § 7 Abs. 1 Nr. 9 Satz 2 ErbStG ist klargestellt, dass jede Auskehrung von Vermögen an Zwischenberechtigte als Zuwendung der ausländischen Stiftung/des ausländischen Trusts „fingiert“ wird.[1] Damit kommt es im Anwendungsbereich des § 7 Abs. 1 Nr. 9 Satz 2 ErbStG grds. nicht darauf an, wem die Erträge zugerechnet werden. Anderes gilt nur, wenn derjenige, der den Trust errichtet und sich nach einer bestimmten Laufzeit selbst als Bezugsberechtigten benannt hat, Leistungen aus der ausländischen Stiftung/des Trusts erhält. Denn er ist in diesem Fall nicht als Zwischenberechtigter im Sinne der Vorschrift anzusehen. Von dieser Ausnahme abgesehen, spielt es aber keine Rolle, wer Empfänger der Leistung/Zuwendung der ausländischen Stiftung/des Trusts ist. Der BFH hat den Kreis der Zwischenberechtigten zunächst weit gezogen,[2] ihn nunmehr aber dahingehend konkretisiert, dass Zwischenberechtigter derjenige ist, der unabhängig von einem konkreten Ausschüttungsbeschluss über eine Rechtszuständigkeit an dem im Trust gebundenen Vermögen und/oder an den durch den Trust erzielten Erträgen verfügt, sei es – nach deutschem Verständnis – in Gestalt dinglicher Rechte oder in Gestalt schuldrechtlicher Ansprüche. Nicht zwischenberechtigt ist demnach derjenige, der über keine Rechte an dem Trust oder Ansprüche gegenüber dem Trust verfügt.[3] Der Begünstigte einer Trustgestaltung, bei der sowohl das „Ob“ als auch das „Wie“, mithin die Wahl der Person des Begünstigten und die Höhe der Ausschüttungen/Auskehrungen, rechtlich und tatsächlich im freien Ermessen der Trustees stehen (sogenannte Discretionary Trusts), dürfte die Voraussetzung eines Zwischenberechtigten demnach nicht erfüllen, so dass Auskehrungen an jene Begünstigte nicht der Schenkungsteuerpflicht nach § 7 Abs. 1 Nr. 9 Satz 2 Halbsatz 2 ErbStG unterliegen.[4]

1847 Es mag zwar sein, dass die Zurechnung der Einkünfte (früher: des Einkommens) bei den Destinatären nach § 15 Abs. 1 AStG einerseits und der nach § 15 Abs. 11 AStG nicht erneut besteuerte Zufluss bei denselben Personen erfolgt und von ihnen als schenkungsteuerliche Zuwendung nach § 7 Abs. 1 Nr. 9 Satz 2 ErbStG zu versteuern ist. Andererseits verdeutlicht die (oben → Rz. 1841) dargestellte Fallgruppe, dass Zurechnungssubjekt und Empfänger

---

1 BFH, Urteil v. 25.11.1992 - II R 78/90 NWB OAAAB-32992.

2 BFH, Urteil v. 27.9.2012 - II R 45/10, BStBl. II 2013 S. 84 NWB WAAAE-23463; BFH, Urteil v. 25.11.1992 - II R 78/90 NWB OAAAB-32992: *„Zwischenberechtigte sind alle Personen, die während des Bestehens eines Trusts Auszahlungen aus dem Trustvermögen erhalten“*; Fischer in Fischer/Pahlke/Wachter, ErbStG, 8. Aufl. 2023, § 7 Rz. 471; Schuck in Viskorf/Schuck/Wälzholz, ErbStG, § 7 Rz. 160.

3 BFH, Urteil v. 25.6.2021 - II R 31/19, BStBl. II 2022 S. 497 Rz. 16 ff. NWB VAAAI-59198.

4 Thonemann-Micker/Böhmert, ErbR 2023 S. 112, 115.

der Zuwendung nach § 7 Abs. 1 Nr. 9 Satz 2 ErbStG unterschiedliche Personen sein können. Gegen das hier vertretene Gesetzesverständnis spricht auch nicht die vom BFH vertretene Ansicht, wonach ein Sachverhalt nicht zugleich der Einkommen- und Erbschaftsteuer unterliegen dürfe.[1] Danach ist es zwar grds. tatbestandlich ausgeschlossen, mit derselben Handlung sowohl eine freigebige Zuwendung zu verwirklichen als auch wirtschaftlich am Markt teilzunehmen. Vorliegend unterfällt jedoch ein und derselbe Lebenssachverhalt tatbestandlich nicht sowohl der Einkommen- als auch der Schenkungsteuer. Vielmehr liegen bei der Zurechnung nach § 15 Abs. 1 AStG einerseits und dem nach § 15 Abs. 11 AStG nicht steuerbaren tatsächlichen Zufluss andererseits zwei unterschiedliche Lebenssachverhalt vor. Diese fallen auch zeitlich auseinander, so dass § 15 Abs. 11 AStG tatbestandlich nicht § 7 Abs. 1 Nr. 9 ErbStG im Wege der Spezialität verdrängen kann.

Im Ergebnis kommt es also nicht darauf an, ob die nach § 15 Abs. 1 AStG zuge- 1848
rechneten Einkünfte in der Summe höher sind als die zugewandten Beträge (oben Variante bb), ob sie einer anderen Person als dem Empfänger der Zuwendung ertragsteuerlich zugerechnet wurden (oben → Rz. 1841), oder ob es sich um bereits früher (nach § 15 AStG a. F.) ertragsteuerlich zugerechnete Beträge handelt. Jede Leistung[2] aus der ausländischen Stiftung ist ungeachtet § 15 Abs. 11 AStG bei einem vom Errichter der ausländischen Stiftung/des Trusts personenverschiedenen Empfänger der Leistung/Zuwendung[3] nach § 7 Abs. 1 Nr. 9 Satz 2 ErbStG schenkungsteuerbar.[4] Anderenfalls könnten die Vermögenserträge ausländischen Stiftung/eines Trusts vor ihrer Auflösung steuerfrei ausgezahlt werden.[5] Das Gegenteil soll durch § 15 Abs. 11 AStG sichergestellt werden.

Von der Frage der Zurechenbarkeit der Vermögenserträge und ihrer schen- 1849
kungsteuerlichen Behandlung unberührt bleiben die schenkungsteuerlichen Folgen bei Auskehrung von Vermögenssubstanz/Dotationskapital der ausländischen Stiftung/des Trusts, die – auch bei Auskehrung an den Errichter der ausländischen Stiftung/des Trusts – nach § 7 Abs. 1 Nr. 9 Satz 2 ErbStG schenkungsteuerbar bleibt.

1 BFH, Beschluss v. 12.9.2011 - VIII B 70/09 NWB DAAAD-97970 = ZEV 2012 S. 58.

2 Gleichgültig, ob ausgeschüttete Vermögenserträge oder ausgeschüttete Vermögenssubstanz, vgl. BFH, Urteil v. 27.9.2012 - II R 45/10, BStBl 2013 II S. 84 NWB WAAAE-23463.

3 Also beim Stifter bzw. den Destinatären/Zwischenberechtigten.

4 A. A. Werder/Dannecker, BB 2013 S. 2278, 2280; Vogt in Brandis/Heuermann, EStG/KStG/GewStG, Stand: März 2022, § 15 AStG Rz. 142.

5 Vgl. BFH, Urteil v. 27.9.2012 - II R 45/10 NWB WAAAE-23463, BStBl 2013 II S. 84 unter Hinweis auf Schindhelm/Stein, FR 1999 S. 880, 886.

1850 **Zusammenfassung:**

(1) § 15 Abs. 11 AStG verhindert, dass die dem Stifter bzw. Bezugsberechtigten nach § 15 Abs. 1 AStG zugerechneten Einkünfte einer ausländischen Familienstiftung/eines Familientrusts bei ihrer Auskehrung noch einmal als steuerbare Einkünfte erfasst werden.

(2) Unklar ist derzeit, ob § 15 Abs. 11 AStG nur verhindert, dass diejenigen Leistungen (Zuwendungen) einer ausländischen Stiftung/eines ausländischen Trusts ertragsteuerfrei bleiben, die dieser Person zuvor nach § 15 Abs. 1 AStG auch zugerechnet wurden. Richtigerweise bleiben die Leistungen der ausländischen Stiftung/des ausländischen Trusts beim Empfänger auch dann nach § 15 Abs. 11 AStG ertragsteuerfrei, wenn er zum Personenkreis nach § 15 Abs. 1 AStG zwar gehört, sie ihm jedoch nicht nach § 15 Abs. 1 AStG zugerechnet wurden.

(3) Alle Leistungen (Zuwendungen) der ausländischen Stiftung/dem ausländischen Trust können beim Empfänger ertragsteuerfrei bleiben, soweit die Summe aller nach § 15 Abs. 1 AStG zugerechneten Einkünfte ..nicht überstiegen wird.

(4) § 15 Abs. 11 AStG verdrängt tatbestandlich nicht § 7 Abs. 1 Nr. 9 ErbStG im Wege der Spezialität.

(5) Die Leistungen einer ausländischen Stiftung/eines ausländischen Trusts sind nach § 7 Abs. 1 Nr. 9 ErbStG beim Zwischenberechtigten als Zuwendungsempfängern auch dann schenkungsteuerbar, wenn sie ihm oder dem Errichter der ausländischen Stiftung/des Trusts zuvor nach § 15 Abs. 11 AStG ertragsteuerlich zugerechnet worden sind. Nur Vermögenserträge, die an den Errichter der Stiftung während des Bestehens der ausländischen Stiftung/des Trusts ausgekehrt werden, sind nicht schenkungsteuerbar.

5. Zusammenfassende Würdigung

1851 Mit der Errichtung einer ausländischen Stiftung oder eines Trusts sind u.U. erhebliche Risiken verbunden. Dies gilt jedenfalls für diejenigen Stifter/Settlor oder Destinatäre, die im Inland unbeschränkt steuerpflichtig sind. Für sie können sich neben den mit dem jeweiligen ausländischen Gebilde verbundenen Anwendungsfragen des internationalen Privatrechts vor allem unerwartet hohe Steuerlasten im Inland ergeben.

1852 Bedenklich ist, dass die Zurechnung bei einem inländischen Begünstigten auch dann erfolgt, wenn dieser tatsächlich keinerlei Zuwendungen aus dem Trust bzw. der ausländischen Familienstiftung erhält, also thesaurierte Erträge anteilig im Inland besteuert werden. Gegen eine Zurechnung in diesen Fällen spricht, dass der Zweck der Norm ist: *„Mit der Vorschrift soll der Steuerflucht und Steuervermeidung durch Errichtung ausländischer Familienstiftungen entgegengewirkt werden".*[1] Von einer möglichen „Steuerflucht" kann dann nicht die Rede sein, wenn es sich von vornherein um ausländisches Vermögen handelte, das auf die ausländische Stiftung/den Trust übertragen wurde. Leben z. B. beide Trustors seit vielen Jahren in den USA mit der Absicht, dort zu bleiben („domicile"), und wurde das Vermögen aufgrund Tätigkeiten in den USA erwirtschaftet, ist – bei fehlender Ausschüttung an den im Inland lebenden Destinatär – ein inländischer Steuerzugriff nicht zu rechtfertigen. Bedenkt man zudem, dass die inländische Besteuerung bspw. auch Währungsgewinne erfasst, obwohl der Trustee sie im Ausland nie realisieren wird, zeigt sich die ganze Problematik dieser Hinzurechnungsbesteuerung. Zutreffend geht Kirchhain[2] davon aus, dass es stets erforderlich ist, im Zurechnungszeitpunkt eine Prognose über künftige Zuwendungen aufzustellen, aus denen man auf eine „gesicherte Rechtsposition" schließen kann. Besteht ein Auswahlermessen der Stiftungsorgane (des Trustees), dann kann eine Zurechnung erst erfolgen, wenn aus der bisherigen Zuwendungspraxis eine gegenwärtige Bezugsberechtigung abgeleitet werden kann. Sind tatsächlich dem im Inland lebenden Destinatär keinerlei Zuwendungen zugeflossen, so kann diesem das laufende Einkommen des Trusts auch nicht anteilig zugerechnet werden. Die Tatsache, dass ein Familienmitglied in Deutschland lebt, ansonsten keinerlei Inlandsbezug besteht, rechtfertigt nach dem Gesetzeszweck keine inländische Besteuerung.

Angesichts dieses Befundes bedürfen die Errichtung und Auflösung derartiger Strukturen ebenso wie der geplante Zuzug aus dem Ausland eines Destinatärs umfassender Beratung. Ein Gestaltungsinstrument „für jedermann" sind Trusts bzw. ausländische Familienstiftungen sicherlich nicht. 1853

(Einstweilen frei) 1854–1859

1 BFH, Urteil v. 25.4.2001 - II R 14/98 NWB GAAAA-66815.

2 Kirchhain in Mössner/Fuhrmann, AStG, § 15 Rz. 56.

I. Die Bedeutung der Erbschaftsteuerreform 2016 für Familienstiftungen

I. Einleitung

Bis zum 30.6.2016 war es im Rahmen der Errichtung einer Familienstiftung[1] oder der Vorbereitung der Entstehung einer Erbersatzsteuer, die alle 30 Jahre zu entrichten ist (vgl. → Rz. 803), durchaus möglich, mittels geschickter Gestaltung die Zahlung einer Erbschaft- oder Schenkungsteuer zu vermeiden bzw. zu minimieren, sofern das Vermögen der Familienstiftung hauptsächlich aus Betriebsvermögen, land- und forstwirtschaftlichem Vermögen[2] oder qualifizierten Anteilen an Kapitalgesellschaften i. S. von § 13b ErbStG a. F. bestand. 1860

An dieser Stelle sind Ausführungen zur Terminologie angebracht. § 13b Abs. 2 Satz 1 ErbStG a. F. (Voraussetzung für die Verschonung) sprach von „dem Betriebsvermögen der Betriebe oder der Gesellschaften". Aus Vereinfachungsgründen wird es im Folgenden auch als „Unternehmensvermögen" bezeichnet. Dieses Unternehmensvermögen bezeichnet das geltende Recht u. a. als „begünstigungsfähiges Vermögen" (§ 13b Abs. 2 ErbStG). Dieses ist nichts anderes als „das Betriebsvermögen der Betriebe oder der Gesellschaften". 1861

Dieses Unternehmensvermögen (Betriebsvermögen oder begünstigungsfähiges Vermögen) war und ist mit dem gemeinen Wert zu bewerten. Das aktuelle Erbschaftsteuergesetz spricht in § 13b Abs. 2 Satz 2 a. E. ErbStG vom *„gemeinen Wert des begünstigungsfähigen Vermögens"* oder in § 13b Abs. 6 Satz 2 ErbStG vom *„gemeinen Wert des Betriebsvermögens des Betriebes oder der Gesellschaft"*. Es handelt sich jedes Mal um dieselbe Größe. Sie ist nichts anderes als der gemeine Wert des Betriebsvermögens der Betriebe oder der Gesellschaften laut altem Erbschaftsteuergesetz. Zur Vereinfachung werden diese gemeinen Werte im Folgenden auch als „Unternehmenswert" bezeichnet. 1862

1 Die Vergünstigungen durch Verschonungsabschlag (§ 13a Abs. 1 oder 10 oder 13c ErbStG), Abzugsbetrag (§ 13a Abs. 2 ErbStG) und Vorwegabschlag (§ 13a Abs. 9 ErbStG) sowie die Verschonungsbedarfsprüfung (§ 28a ErbStG) werden auch bei der Bemessung der Erbersatzsteuer einer Familienstiftung oder eines Familienvereins gewährt, soweit zum Vermögen der Stiftung oder des Vereins begünstigtes Vermögen gehört. Beim Übergang von Vermögen aufgrund eines Stiftungsgeschäfts unter Lebenden kommen die Vergünstigungen ebenfalls in Betracht, vgl. Abschnitt 13a.21 und Abschnitt 13c.5 AEErbSt 2017 bzw. R E 13b.22 und R E 13c.5 ErbStR 2019. Die Formulierung *„auch zur Anwendung"* deutet darauf hin, dass dies auch bei der Errichtung einer Stiftung von Todes wegen nach § 3 Abs. 2 Nr. 1 ErbStG (vgl. Rz. 570) zutrifft.

2 Vgl. § 13b Abs. 1 Nr. 1 ErbStG. Vorsicht, nur der Wirtschaftsteil ist begünstigt.

1863 In der Zeit bis zum 30.6.2016 wurde also im Idealfall bei der Errichtung der Familienstiftung auf diese Unternehmensvermögen übertragen, bei dem der Wert des Verwaltungsvermögens[1] unterhalb von 10 % des Unternehmenswertes blieb und kein sogenanntes junges Verwaltungsvermögen vorhanden war, also Vermögen, das dem Betrieb im Besteuerungszeitpunkt weniger als zwei Jahre zuzurechnen war. Schließlich musste davon ausgegangen werden können, dass die Summe der jährlichen Lohnsummen innerhalb der folgenden sieben Jahre insgesamt 700 % der Ausgangslohnsumme nicht unterschreiten würde. In diesem Idealfall konnte die Familienstiftung bei Anwendung der §§ 13a und 13b ErbStG a. F. die sogenannte Vollverschonung beantragen. Dies bedeutete, dass der gesamte Unternehmenswert zu 100 % verschont wurde, also bei der Berechnung der Erbschaftsteuer aus Anlass der Errichtung der Familienstiftung oder bei der Berechnung der Erbersatzsteuer das steuerpflichtige Betriebsvermögen mit 0 € angesetzt wurde. Dabei war es völlig unerheblich, welchen Verkehrswert dieses Unternehmensvermögen bzw. die Anteile hatten.

1864 Der Vollständigkeit halber ist zu erwähnen, dass die Stiftung in den folgenden sieben Jahren die Behaltensbestimmungen des Gesetzes erfüllen musste, § 13a Abs. 5 ErbStG a. F. Grob gesagt, durfte die Stiftung den Wirtschaftsteil des land- und forstwirtschaftlichen Betriebs, das Betriebsvermögen oder die Anteile in diesem Zeitraum nicht, auch nicht anteilig, veräußern sowie Entnahmen über die ihr zugerechneten Gewinne oder Gewinnanteile hinaus nur in sehr geringem Maße tätigen. Diese Bestimmungen sind im Wesentlichen unverändert geblieben.

1865 Handelte es sich bei dem Betriebsvermögen um einen mehrstufigen Konzern, war es grds. möglich, die Grenze von maximal 10 % Verwaltungsvermögen auf der obersten Ebene einzuhalten, selbst wenn dieses bei einer Gesamtbetrachtung des Konzerns eindeutig einen höheren Anteil hatte. Dies gelang, falls das Verwaltungsvermögen richtig auf die Konzerngesellschaften verteilt war. Man bezeichnet dies als Kaskadeneffekt.[2]

1866 Betrug die Verwaltungsvermögensquote ab 10 % bis 50 %, war eine 100%ige Vollverschonung nicht möglich, jedoch immerhin die Regelverschonung von 85 %. Dies bedeutete, neben dem jungen Verwaltungsvermögen mussten lediglich 15 % des Unternehmenswertes[3] der Steuer unterworfen werden. Au-

1 Vgl. § 13b Abs. 2 Satz 2 ErbStG a. F. und § 13b Abs. 4 ErbStG.

2 Vgl. z. B. BVerfG; Urteil v. 17.12.2014 - 1 BvL 21/12, BStBl 2015 II S. 50, Tz. 261.

3 Selbstverständlich abzüglich des jungen Verwaltungsvermögens.

ßerdem betrug die Behaltensfrist nur fünf statt sieben Jahre und in diesen fünf Jahren musste die Summe der jährlichen Lohnsummen lediglich 400 % statt 700 % erreichen.

Seit dem Inkrafttreten der Erbschaftsteuerreform 2016, also seit dem 1.7.2016, bestehen weiterhin etliche Möglichkeiten der Sachverhaltsgestaltung, eine vollständige Vermeidung der Steuer ist jedoch sicherlich deutlich schwieriger geworden und auch nur noch schwer zu erreichen.[1] 1867

Die Beschäftigung mit der Erbschaftsteuerreform 2016 ist daher vor allem für den folgenden Personenkreis von Interesse: 1868

- Potenzielle Stifter einer Familienstiftung.
- Vorstände von Familienstiftungen, bei denen in absehbarer Zeit die alle 30 Jahre anfallende Erbersatzsteuer[2] entstehen wird und deren Vermögen den Freibetrag von 800.000 € übersteigt. Sollten diese Familienstiftungen auch über Unternehmensvermögen verfügen, gilt es festzustellen, mit welchem Wert dessen steuerpflichtiges Verwaltungsvermögen sowie das nicht verschonte begünstige Vermögen bei der Bemessung der Erbersatzsteuer anzusetzen ist.
- Vorstände von Familienstiftungen, die in absehbarer Zeit aufgelöst oder in eine gemeinnützige Stiftung umgewandelt werden sollen (vgl. → Rz. 300 ff.).
- Vorstände von Familienstiftungen, in deren Vermögen sich Unternehmen oder Unternehmensanteile befinden, deren Werte so hoch sind, dass seit dem 1.7.2016 die Verschonung eingeschränkt oder sogar ganz versagt wird (vgl. → Rz. 1893: Die Beschränkung der 85%igen oder 100%igen Verschonung auf Erwerber von begünstigtem Vermögen bis zu 26 Mio. €).

In einigen Fällen der allgemeinen Nachfolgeplanung, in denen es um wirklich hohe Unternehmenswerte geht, ist unter Umständen die Errichtung einer Familienstiftung sogar ein geeignetes Instrument, um Steuern zu minimieren (vgl. → Rz. 1895, → Rz. 1958 ff.). Diese Minimierung kann in bestimmten Fällen zur Notwendigkeit werden. Zwar genießt das begünstige Unternehmensvermögen bei der Vererbung nach § 19a ErbStG das Privileg einer Versteuerung nach der Steuerklasse I, gleichgültig welcher Steuerklasse der Erwerber, der 1869

1 Vgl. z. B. als wesentliche Änderungen die grds. Steuerpflicht von Verwaltungsvermögen (→ Rz. 1871) sowie die Verbundvermögensaufstellung, vgl. → Rz. 1875.

2 Nach § 24 Satz 2 ErbStG kann die Erbersatzsteuer verrentet werden, wobei aber eine Verzinsung von 5,5 % zu berücksichtigen ist. V. Oertzen/Junius-Morawe, ZEV 2019 S. 403, weisen darauf hin, dass der hohe Zinssatz zur Verfassungswidrigkeit führen könnte.

eine natürliche Person sein muss, tatsächlich angehört. Aber auch in der Steuerklasse I beträgt der Steuersatz bei steuerpflichtigen Erwerben über 26 Mio. € für den gesamten Erwerb 30 %. In der Steuerklasse II sind es 43 % und in der Steuerklasse III sogar 50 %, dort bereits ab einem steuerpflichtigen Erwerb von 13 Mio. €. Die hieraus folgende Belastung mit Erbschaftsteuer kann durchaus erhebliche Nachteile für die Unternehmen bedeuten, die auf eine folgende Generation übergehen, vor allem, falls neben den Unternehmensanteilen auch Vermögen übertragen wird, das sich für keine Verschonung nach den §§ 13a, 13b, 13c, 19a und 28 sowie 28a ErbStG qualifiziert.

1870 Selbstverständlich sollte die Gründung einer Stiftung nie allein aus steuerlichen Erwägungen heraus erfolgen, sondern nur falls alle hiermit für den Stifter und seine Erben verbundenen Einschränkungen der Verfügbarkeit über das Vermögen und die Erträge akzeptabel sind, vgl. im Einzelnen → Rz. 3 ff.

II. Überblick über die Erbschaftsteuerreform 2016 und ihre Bedeutung für Familienstiftungen

1871 Die Erbschaftsteuerreform 2016 liegt nun etliche Jahre zurück und die neuen Erbschaftsteuerrichtlinien liegen auch schon geraume Zeit vor. Für Leser, die sich noch nicht eingehend mit der Erbschaft- und Schenkungsteuer beschäftigt haben oder noch in Kategorien der Erbschaftsteuerreform 2006 denken, sind die folgenden Ausführungen gedacht. Allen anderen wird empfohlen, zur → Rz. 1889 zu springen. Die zentrale Neuerung, die Unterscheidung von begünstigtem Vermögen und Verwaltungsvermögen sowie der Abzug der Schulden von beiden wird in → Rz. 1874 beschrieben.

Die Änderungen im Rahmen der Erbschaftsteuerreform 2016 haben, entsprechend den Vorgaben des Urteils des Bundesverfassungsgerichts v. 17.12.2014,[1] Auswirkungen darauf, in welchem Maße Unternehmensvermögen der Erbschaft- und Schenkungsteuer unterliegt. Das ab dem 1.7.2016 geltende Erbschaft- und Schenkungsteuergesetz 2016 (ErbStG) hat zwar an dem oben beschriebenen Verschonungssystem des bisherigen Erbschaftsteuer- und Schenkungsteuergesetzes (ErbStG a. F.) festgehalten, die Vergünstigungen jedoch in wesentlichen Teilen anders gestaltet und eingeschränkt.[2] Während die Behaltensbedingungen in § 13a Abs. 6 ErbStG kaum verändert wurden, greifen die Lohnsummenbestimmungen nun abgestuft bereits bei mehr als fünf und

1 BVerfG, Urteil v. 17.12.2004 - 1 BvL 21/12, BStBl 2015 II S. 50 NWB AAAAE-81469.

2 Zum erbschaftsteuerlichen Verschonungssystem im ErbStG 2016, vgl. z. B. Pauli, WPg 2017 S. 282.

nicht mehr erst bei mehr als 20 Beschäftigen ein.[1] Außerdem wurden die Voraussetzungen für eine Verschonung von Betriebsvermögen verändert und die Verschonung für das im Betriebsvermögen enthaltene Verwaltungsvermögen wesentlich stärker als bisher eingeschränkt. Verwaltungsvermögen ist nun grds. steuerpflichtig. Schließlich sind die veränderten Verschonungsregeln auf Erwerbe begrenzt, die innerhalb eines Zehnjahres-Zeitraums die Grenze von 26 Mio. € an begünstigtem Vermögen[2] i. S. des § 13b Abs. 2 ErbStG nicht übersteigen. Auch Erwerbe aus der Zeit vor dem 1.7.2016[3] werden bei dieser Zusammenrechnung berücksichtigt. Bei über 26 Mio. € hinausgehenden Erwerben werden die Verschonungen abgeschmolzen, um ab einem Erwerb i. H. von 90 Mio. € vollkommen versagt zu werden (vgl. im Einzelnen → Rz. 1893).

Mit diesen Maßnahmen wollte der Gesetzgeber, entsprechend den Vorgaben des Bundesverfassungsgerichts,[4] die Privilegierung des unentgeltlichen Erwerbs ohne Bedürfnisprüfung auf den Bereich der kleinen und mittleren Unternehmen begrenzen.

Wie bereits angedeutet, wurde nach dem früheren Recht der gesamte Unter- 1872
nehmenswert, also einschließlich des sogenannten Verwaltungsvermögens, zu 85 % oder zu 100 % verschont, sofern das Verwaltungsvermögen nicht die Grenzen von 50 % (Regelverschonung § 13b Abs. 2 Satz 1 ErbStG a. F.) oder 10 % (Optionsverschonung, § 13a Abs. 8 ErbStG a. F.) überstieg. Eine Ausnahme gab es lediglich für das sogenannte junge Verwaltungsvermögen, das auch bei der Unterschreitung der genannten Grenzen nicht verschont wurde (§ 13b Abs. 2 Satz 3 ErbStG a. F.).[5]

1 § 13a Abs. 3 ErbStG, vgl. im Einzelnen z. B. Bäuml, NWB 47/2016 S. 3516, 3525 NWB QAAAF-86079; Bäuml/Kummer, NWB 51/2016 S. 3880, 3883 NWB AAAAF-88076; Korn/Strahl, NWB 49/2016 S. 3652, 3654 NWB OAAAF-87364 bzw. § 13a Abs. 1 Satz 4 ErbStG a. F.

2 Beachte: nicht Unternehmenswert bzw. Wert des begünstigungsfähigen Vermögens. Vgl. zu den Begriffen im Einzelnen → Rz. 1861.

3 Vgl. i. E. → Rz. 1894. Laut Abschnitt 13a.2 Abs. 2 und Abschnitt 13c.4 Abs. 1 AEErbSt 2017 und R E 13a.2 Abs. 2 f. sowie R E 13c.4 ErbStR 2019 wird bei Erwerben nach dem 31.12.2008 und vor dem 1.7.2016 das damalige Betriebsvermögen (es gab damals kein begünstigtes Vermögen i. S. des § 13a Abs. 1 Satz 1 ErbStG 2016) im Falle der Regelverschonung zu 85 % und im Falle der Optionsverschonung zu 100 % zu dem Erwerb an begünstigtem Vermögen nach dem 30.6.2017 hinzugerechnet. Die damals gewährte Verschonung bleibt also erhalten. Bei Erwerben vor dem 1.1.2009 (es gab damals das Verschonungssystem noch nicht) soll der Wert dagegen in voller Höhe hinzugerechnet werden und nicht nur in Höhe des damaligen Freibetrags und des damaligen 35%igen Abschlags, vgl. Abschnitt 13a.2 Abs. 2 Satz 9 AEErbSt 2017 und R E 13a.2 Abs. 3 Satz 7 f. ErbStR; vgl. auch Korezkij, DStR 2017 S. 1729. Zur Kritik vgl. nur Wachter, GmbHR 2017 S. 1 m. w. N.

4 Vgl. BVerfG, Urteil v. 17.12.2004 - 1 BvL 21/12, BStBl 2015 II S. 50 NWB AAAAE-81469.

5 Vgl. auch H E 13b.20 ErbStH 2011.

1873 Nach dem ab dem 1.7.2016 geltenden Recht muss das Unternehmen ebenfalls einen Verwaltungsvermögenstest bestehen. Nach § 13b Abs. 2 Satz 2 ErbStG **entfällt** eine Verschonung des begünstigungsfähigen Vermögens, sofern das Verwaltungsvermögen mindestens 90 % des gemeinen Wertes des begünstigungsfähigen Vermögens[1] ausmacht und nicht bestimmte Bedingungen erfüllt (vgl. → Rz. 1897 ff.).

Besteht das Unternehmen diesen 90%-Verwaltungsvermögenstest, so wird grds. nur mehr das begünstigte Vermögen zu 85 % oder zu 100 % verschont. Das Verwaltungsvermögen hingegen ist nun grds. zu versteuern. Eine Ausnahme gibt es nur im Rahmen des sogenannten „Unschädlichkeitsbetrages" nach § 13b Abs. 7 ErbStG. Dieser beträgt 10 % des um den Nettowert des Verwaltungsvermögens gekürzten gemeinen Wertes des Betriebsvermögens (oder Unternehmenswertes).[2]

1874 Diese Unterscheidung zwischen begünstigtem und steuerpflichtigem Vermögen macht eine Aufteilung des Unternehmenswertes[3] auf das (teilweise oder vollständig) verschonte begünstigte Vermögen und das steuerpflichtige Verwaltungsvermögen notwendig. Diese Aufteilung erfolgt in einem komplexen Verfahren, für das die Finanzverwaltung Schemata vorgibt, vgl. näher → Rz. 1907 ff.[4] Dieses Verfahren hat für die Höhe der Erbschaft- und Schenkungsteuer eine große Bedeutung, denn soweit es gelingt, das steuerpflichtige Verwaltungsvermögen mit Schulden zu verrechnen, unterliegt dieses Verwaltungsvermögen nicht mehr der Steuer. Zwar können diese Schulden dann nicht mehr beim begünstigten Vermögen gekürzt werden, aber das begünstigte Vermögen unterliegt nur zu 15 % oder eventuell auch gar nicht der Erbschaft- oder Schenkungsteuer, da es zu 85 % oder 100 % verschont wird.

1875 Gehören zu dem Unternehmensvermögen unmittelbar oder mittelbar inländische oder ausländische Personengesellschaften oder qualifizierte Anteile an

1 Vgl. zu den Begriffen im Einzelnen → Rz. 1907 ff.

2 Vgl. zum Begriff „Unternehmenswert" → Rz. 1862, ansonsten R E 13b.26 ErbStR 2019.

3 Der Terminus technicus des Gesetzes ist der *„gemeine Wert des begünstigungsfähigen Vermögens"*, vgl. § 13b Abs. 1 Satz 1 ErbStG, wobei unter dem begünstigungsfähigen Vermögen im Prinzip das Betriebsvermögen zu verstehen ist. Zu den Begriffen vgl. im Einzelnen → Rz. 1861.

4 Auf den wirtschaftlichen Zusammenhang zwischen den Schulden und bestimmten Vermögensgegenständen kommt es jedoch nicht an, R E 13b.25 Satz 2 ErbStR 2019; vgl. auch Korezkij, DStR 2016 S. 2434, 2444.

Kapitalgesellschaften,[1] so ordnet § 13b Abs. 9 ErbStG eine Verbundbetrachtung an. Die unmittelbar oder mittelbar gehaltenen Finanzmittel, die Vermögensgegenstände des Verwaltungsvermögens sowie die Schulden der verschiedenen Beteiligungsebenen sind jeweils anteilsmäßig in einer Verbundvermögensaufstellung zusammenzufassen. Darin sind die jungen Finanzmittel und das junge Verwaltungsvermögen gesondert aufzuführen. Dies geschieht, damit die Vorschriften zur Aufteilung des Unternehmenswertes auf das sogenannte begünstigte Vermögen und das steuerpflichtige Verwaltungsvermögen auf dieser Verbundebene durchgeführt werden können. Hierdurch werden die vom Bundesfinanzhof und Bundesverfassungsgericht kritisierten Kaskadeneffekte[2] des alten Erbschaftsteuerrechts vermieden.[3]

Will man nach diesen ersten Einführungen die Änderungen durch die Erbschaftsteuerreform 2016 zusammenfassen, kann ganz grds. festgestellt werden, dass nach ErbStG 2016 1876

- der Teil des Unternehmensvermögens, der zu versteuern ist, regelmäßig höher als bisher sein wird, Verwaltungsvermögen wird grds. nicht mehr verschont, was früher nur für das junge Verwaltungsvermögen galt,
- die Lohnsummen-Bestimmungen bei wesentlich weniger Beschäftigten eingreifen,
- die Verbundbetrachtung bei mehrstufigen Beteiligungsstrukturen den Kaskadeneffekt vermeidet, wodurch wesentlich mehr Verwaltungsvermögen zu versteuern ist, und
- für Großerwerbe die Verschonung schrittweise verringert wird, bis es nur noch die Möglichkeit einer Verschonungsbedarfsprüfung und Stundung (vgl. → Rz. 1893 ff.) gibt.

1 Qualifizierte Anteile an Kapitalgesellschaften liegen vor, sofern der Erblasser oder Schenker am Nennkapital dieser Gesellschaft unmittelbar zu mehr als 25 % beteiligt war (Mindestbeteiligung). Diese Mindestbeteiligung kann auch dadurch erreicht werden, dass der Erblasser oder Schenker seine Anteile mit anderen Gesellschaftern gepoolt hat und der Pool die Grenze von 25 % übersteigt, § 13b Abs. 1 Nr. 3 ErbStG.

2 Vgl. BFH, Vorlagenbeschluss v. 27.9.2012 - II R 9/11, BStBl 2013 II S. 433 NWB SAAAE-19326; BVerfG, Urteil v. 17.12.2014 - 1 BvL 21/12, BStBl 2015 II S. 50, Tz. 261 NWB AAAAE-81469: „*Als Folge der Einordnung einer Beteiligung auf unterer Stufe mit einem Verwaltungsvermögensanteil von bis zu 50 % entsteht insgesamt begünstigtes Vermögen, das auf der nächsthöheren Beteiligungsstufe vollständig als begünstigtes Vermögen gewertet wird, obwohl bei einer Gesamtbetrachtung des Konzerns der Verwaltungsvermögensanteil überwiegt*“, also 50 % deutlich überschreitet.

3 Auf die Besonderheiten, die sich aus dieser Verbundbetrachtung ergeben, wird im Weiteren nicht im Detail eingegangen. Vgl. hierzu z. B. Viskorf in Viskorf/Schuck/Wälzholz, ErbStG 2017, § 13b Rz. 301 ff.; Korezkij, DStR 2016 S. 2434, 2435.

1877 Bezüglich der Frage, ob sich Unternehmensvermögen für eine Verschonung qualifiziert, kann jedoch gesagt werden, dass dasjenige Unternehmensvermögen, das sich bisher schon für eine Verschonung qualifizierte, i. d. R. auch nach dem geltenden neuen Recht zu 85 % oder 100 % verschont wird, wobei nun allerdings große Teile des Verwaltungsvermögens der Erbschaft- oder Schenkungsteuer unterliegen. Natürlich gibt es Grenzfälle, in denen bestimmte Unternehmen aufgrund der Zusammensetzung ihres Vermögens nach dem neuen Recht aus der Verschonung herausfallen[1] oder sich erstmals für eine Verschonung qualifizieren.

1878 Im Folgenden soll versucht werden, die zahlenmäßigen Auswirkungen der Erbschaftsteuerreform 2016 anhand einer A-KG/GmbH beispielhaft zu quantifizieren. Dazu wird unterstellt, dass eine Familienstiftung, zu deren Vermögen ausschließlich sämtliche Anteile dieses Beispielunternehmens gehören, alternativ im Jahr 2017 oder im Jahr 2015 errichtet wird bzw. in diesen Jahren eine Erbersatzsteuer nach § 1 Abs. 1 Nr. 4 ErbStG entsteht.

Bei der Berechnung der Erbschaft- und Schenkungsteuer bzw. der Erbersatzsteuer kommt der Zusammensetzung des Betriebsvermögens eine sehr hohe Bedeutung zu. Mit der A-KG/GmbH wurde deshalb eine Beispielfirma gewählt, die über ein relativ hohes Verwaltungsvermögen und hohe Verbindlichkeiten verfügt. In diesem Beispielfall wird zur Übersichtlichkeit in Geldeinheiten (GE) gerechnet.

Damit auch gezeigt werden kann, dass das neue Recht in bestimmten Fällen günstiger als das alte sein kann, werden außerdem entsprechende Berechnungen für eine Familienstiftung B durchgeführt, zu deren alleinigem Vermögen sämtliche Anteile an der B-KG/GmbH gehören. Diese Gesellschaft verfügt über dasselbe Verwaltungsvermögen wie die A-KG/GmbH, der Unternehmenswert ist jedoch geringer.[2]

1 Dies kann z. B. bei Handelsunternehmen der Fall sein, die einen hohen Bestand an Forderungen und Verbindlichkeiten haben, vgl. → Rz. 1898.

2 Die B-KG/GmbH entspricht dem Beispiel, das der Autor in einem Aufsatz behandelte, vgl. WPg 2017 S. 471, allerdings werden hier die fünffachen Werte verwendet.

A-KG/GmbH 1879

Vermögensaufstellung der A-KG/GmbH (Angaben in steuerlichen gemeinen Werten) — in GE

Grundstücke (fremdvermietet)		3.150	gemeiner Wert des Betriebsvermögens	6.250
davon angeschafft vor 1 Jahr (junges VwV)	500		Unternehmenswert (ggf. Ertragswert etc.)	
davon angeschafft vor 4–15 Jahren	2.000			
davon Deckungsvermögen § 246 Abs. 2 Satz 2 HGB	650		Pensionsrückstellungen	1.250
Grundstücke (eigengenutzt)		2.500		
techn. Anlagen und BGA (begünstigtes Vermögen)		3.400	Verbindlichkeiten	4.275
Wertpapiere des Anlagevermögens (Altersvorsorge § 253 Abs. 1 Satz 3 HGB)		350		
Vorräte		625		
Forderungen		1.500		
Bankguthaben (junge Finanzmittel)		250		
		11.775		11.775

B-KG/GmbH

Vermögensaufstellung der B-KG/GmbH (Angaben in steuerlichen gemeinen Werten) — in GE

Grundstücke (vermietet)		3.150	gemeiner Wert des Betriebsvermögens	5.250
davon angeschafft vor 1 Jahr (junges VwV)	500		Unternehmenswert (ggf. Ertragswert etc.)	
davon angeschafft vor 4–15 Jahren (vermietet)	2.000			

davon Deckungsvermögen § 246 Abs. 2 Satz 2 HGB	650		Pensionsrückstellungen	1.250
techn. Anlagen und BGA (begünstigtes Vermögen)		3.400		
Wertpapiere des Anlagevermögens (Altersvorsorge § 253 Abs. 1 Satz 3 HGB)		350	Verbindlichkeiten	2.750
Vorräte (begünstigtes Vermögen)		600		
Forderungen (Finanzmittel)		1.500		
Bankguthaben (junge Finanzmittel)		250		
		9.250		9.250

Wie zu erkennen, verfügt die A-KG/GmbH im Vergleich zur B-KG/GmbH über zusätzliche eigengenutzte Grundstücke sowie über Vorräte, die minimal höher sind. Das Verwaltungsvermögen hat in beiden Fällen denselben Wert, denn die jeweiligen gemeinen Werte wurden einzeln festgestellt.

1880 In der im Folgenden wiedergegebenen Übersicht wird für beide Unternehmen errechnet, wie hoch das begünstigte Vermögen nach dem Erbschaftsteuerrecht 2017 bzw. 2015 ist, um einen Eindruck zu vermitteln, welche Auswirkungen die Reform haben kann.

Im Jahr 2015 sind beide Unternehmenswerte deutlich höher, dafür ist bei der A-KG/GmbH jedoch das steuerpflichtige Vermögen deutlich geringer als 2017, die oben beschriebene Wirkung der Reform. Bei der B-KG/GmbH kommt im Jahr 2015 keinerlei Verschonung zur Anwendung, weil das anzusetzende Verwaltungsvermögen 50,3 % beträgt und sie daher den oben erwähnten 50%-Verwaltungsvermögenstest nicht besteht.[1]

	A-KG/ GmbH	**B-KG/ GmbH**
	GE	**GE**
gemeiner Wert des Betriebsvermögens 2017 (Unternehmenswert)	6.250	5.250

1 Das gesamte Verwaltungsvermögen beträgt 5.250 GE, wobei jedoch die Finanzmittel i. H. von 1.750 GE mit Schulden verrechnet werden können, § 13b Abs. 2 Nr. 4a ErbStG a. F. Das steuerpflichtige Verwaltungsvermögen beträgt damit 3.500 GE, was 50,3 % von 6.958 GE Unternehmenswert sind.

gemeiner Wert des Verwaltungsvermögens 2017	5.250			5.250	
begünstigtes Vermögen 2017	4.835	77,36 %		3.422	65,18 %
steuerpflichtiges Verwaltungsvermögen 2017[1]	1.415	22,64 %		1.828	34,82 %
begünstigungsfähiges Vermögen 2017	6.250	100,00 %		5.250	100,00 %

Annahme Vorgang im Jahr 2015

	GE			GE	
gemeiner Wert des Betriebsvermögens 2015 (Unternehmenswert)	8.288			6.958	
gemeiner Wert des Verwaltungsvermögens 2015	5.250			5.250	
begünstigtes Vermögen 2015	7.788	93,97 %		0	0,00 %
steuerpflichtiges Verwaltungsvermögen 2015	500	6,03 %		6.958	100,00 %
begünstigungsfähiges Vermögen 2015	8.288	100,00 %	Vermögen	6.958	100,00 %

Erläuterungen 1881

Zu erklären ist, wieso bei beiden Unternehmen im Jahr 2015 der Unternehmenswert deutlich höher ist als im Jahr 2017. Dieser Unterschied hat seine Ursache in einer Gesetzesänderung, die nicht das Erbschaftsteuergesetz, sondern das Bewertungsgesetz betrifft. Geändert wurde § 203 BewG, der den Kapitalisierungsfaktor des vereinfachten Ertragswertverfahrens laut Bewertungsgesetz bestimmt.[2] Nach dem alten Recht musste dieser Kapitalisierungsfaktor aus der langfristig erzielbaren Rendite öffentlicher Anleihen abgeleitet werden. Für das Jahr 2015 errechnete die Finanzverwaltung hierfür einen Faktor

1 Laut Abschnitt 13b.25 Satz 4 AEErbSt 2017, R E 13b.25 ErbStR 2019 berücksichtigt die Finanzverwaltung bei der Bestimmung der beim Verwaltungsvermögen abziehbaren Quotenschulden die jungen Finanzmittel und das junge Verwaltungsvermögen nicht. Dadurch würde das steuerpflichtige Verwaltungsvermögen auf 1.683 GE bzw. 26,93 % steigen.

2 Vgl. R B 203 ErbStR 2019. Auf die Frage, ob das Verwaltungsvermögen ggf. nicht betriebsnotwendig ist (§ 200 Abs. 2 BewG), wird hier nicht eingegangen.

von 18,2149.[1] Im aktuellen § 203 BewG (2017 und 2023) wird der Kapitalisierungsfaktor mit 13,75 festgesetzt und das Bundesministerium der Finanzen dazu ermächtigt, durch Rechtsverordnung mit Zustimmung des Bundesrates den Kapitalisierungsfaktor an die Entwicklung der Zinsstrukturdaten anzupassen.

Nimmt man somit den Unternehmenswert der A-KG/GmbH im Jahr 2017 i. H. von 6.250 GE, der im Wege des vereinfachten Ertragswertverfahrens ermittelt wurde, als Ausgangspunkt, so errechnet sich bei einem Kapitalisierungsfaktor von 13,75 ein Jahresertrag gem. §§ 201 und 202 BewG von 455 GE. Wendet man auf diesen Jahresertrag den Kapitalisierungsfaktor für das Jahr 2015 von 18,2149 an, so ergibt sich ein Unternehmenswert von 8.288 GE. Für die B-KG/GmbH, die 2017 einen Wert von 5.250 GE hat, errechnet sich für das Jahr 2015 dementsprechend ein Unternehmenswert von 6.958 GE.[2]

1882 Zu klären ist außerdem, warum im Jahr 2015 die A-KG/GmbH eine Verschonung gewährt bekommt, die B-KG/GmbH jedoch nicht.

Wendet man das alte Recht auf die A-KG/GmbH an, errechnet sich wieder ein Verwaltungsvermögen von 5.250 GE. Allerdings können von den Finanzmitteln Schulden i. H. von 1.750 GE abgesetzt werden, so dass für den 50%-Verwaltungsvermögenstest ein Verwaltungsvermögen von 3.500 GE anzusetzen ist. Wird dieser Betrag zu dem angepassten Unternehmenswert des Jahres 2015 i. H. von 8.288 GE in Beziehung gesetzt, ergibt sich eine Verwaltungsvermögensquote von 42,23 %.[3] Die A-KG/GmbH besteht also den 50%-Verwaltungsvermögenstest gem. § 13b Abs. 2 Satz 1 ErbStG a. F.

Bei der B-KG/GmbH kommt man zu einem anderen Ergebnis. Das Verwaltungsvermögen hat ebenfalls einen Wert von 5.250 GE und kann durch die Verrechnung der Finanzmittel mit Schulden um 1.750 GE auf 3.500 GE vermin-

1 Vgl. BayLSt, Vfg. v. 11.11.2016 - S 3102.1.1 - 7/10 St 34, DStR 2016 S. 873.

2 Im vereinfachten Ertragswertverfahren wird der zukünftig nachhaltig erzielbare Jahresertrag lt. §§ 201 und 202 BewG mit dem Kapitalisierungsfaktor nach § 203 BewG multipliziert. Nach § 200 Abs. 2–4 BewG werden allerdings „nicht betriebsnotwendiges Betriebsvermögen", Beteiligungen und Wirtschaftsgüter sowie die mit diesen in wirtschaftlichem Zusammenhang stehenden Schulden mit dem eigenständig zu ermittelnden gemeinen Wert angesetzt. Der vereinfachte Ertragswert kann sich daher aus einem Ertragswert und weiteren Einzelwerten zusammensetzen. Vereinfachend werden diese Einzelwerte bei der Umrechnung der Unternehmenswerte von 2017 nach 2015 negiert.

3 Würde man im Jahre 2015 die Änderungen des Kapitalisierungsfaktors in § 203 BewG durch die Erbschaftsteuerreform 2016 fiktiv anwenden, müsste das maßgebliche Verwaltungsvermögen i. H. von 3.500 GE zu einem Unternehmenswert i. H. von 6.250 GE (statt 8.288 GE) in Relation gesetzt werden. Es ergäbe sich eine Verwaltungsvermögensquote von 56 %. In diesem Fall könnte auch der A-KG/GmbH keine Verschonung gewährt werden, vgl. → Rz. 1900 ff.

dert werden. Der angepasste Unternehmenswert des Jahres 2015 beträgt aber nur 6.958 GE. Setzt man das maßgebliche Verwaltungsvermögen i. H. von 3.500 GE hierzu in Relation, errechnet sich eine Verwaltungsvermögensquote von 50,3 %, die die maßgebliche Grenze von 50 % leicht übersteigt.[1] Es ist also keine Verschonung anzuwenden und der volle Unternehmenswert von 6.958 GE zu versteuern.

Interessant ist, welche Auswirkungen diese Veränderungen auf die Erbschaft- 1883
steuer haben.

Für Familienstiftungen entsteht eine Schenkung- oder Erbschaftsteuer anlässlich von drei Gelegenheiten. Der Errichtung, vgl. → Rz. 570, im Zeitpunkt der Entstehung der Erbersatzsteuer, vgl. → Rz. 802 ff., und schließlich ggf. bei der Auflösung der Stiftung, vgl. → Rz. 893.

Im Folgenden werden die ersten beiden Möglichkeiten der Entstehung von Erbschaftsteuer betrachtet, einmal die Errichtung der Familienstiftung und zum anderen das Entstehen der Erbersatzsteuer. Hierbei wird unterstellt, dass die Gründung bzw. die Entstehung der Erbersatzsteuer gem. § 9 Abs. 1 Nr. 4 ErbStG alternativ entweder im Jahr 2017 oder im Jahr 2015 stattfinden, um hiermit aufzuzeigen, wie sich die Änderungen durch die Erbschaftsteuerreform 2016 auswirken können.

Bei den Stiftungen wird davon ausgegangen, dass als Destinatäre die Kinder 1884
des Stifters berufen werden, wobei nach deren Ableben dann deren, im Zeitpunkt der Stiftungserrichtung noch nicht geborenen Abkömmlinge als Destinatäre berufen werden, vgl. → Rz. 591.

Bei der Berechnung der Erbschaft- oder Schenkungsteuer aus Anlass der Stiftungserrichtung wird daher hier gem. § 15 Abs. 2 Satz 1 ErbStG zur Bestimmung der Steuerklasse diejenige der Kinder nach § 15 Abs. 1 ErbStG Steuerklasse I Nr. 2 gewählt. In der Folge werden der zugehörige Freibetrag von 400.000 € und die Progressionsstufe der Steuerklasse I angewandt.[2]

Bei der Bestimmung der Erbersatzsteuer sind die Besonderheiten des § 15 Abs. 2 Satz 3 ErbStG zu beachten. Nach dieser Vorschrift wird bei der Steuerberechnung der doppelte Freibetrag nach § 16 Abs. 1 Nr. 2 ErbStG, hier derjenige für Kinder i. H. von 400.000 €, gewährt. Außerdem wird die Erbschaftsteuer nach dem Prozentsatz der Steuerklasse I berechnet, der für die Hälfte des steu-

1 Alles-oder-Nichts-Prinzip, vgl. z. B. Viskorf in Viskorf/Schuck/Wälzholz, ErbStG 2017, § 13b Rz. 5, 162, 196, 274.

2 Die Finanzverwaltung allerdings würde hier nicht den Freibetrag für Kinder anwenden, vgl. → Rz. 592 ff.

erpflichtigen Erwerbs gelten würde (vgl. auch → Rz. 803). In der folgenden Übersicht wird eine Geldeinheit (GE) mit 1.000 € gleichgesetzt. Bis auf die Steuerbeträge und den steuerpflichtigen Erwerb werden alle Nachkommastellen gerundet.

	A-KG/ GmbH GE	B-KG/ GmbH GE
ErbSt bei Gründung 2017		
der Steuer unterliegendes Betriebsvermögen 2017	2.141	2.342
Freibetrag Steuerklasse I	-400	-400
steuerpflichtiger Erwerb	1.741	1.942
ErbSt-Satz gem. § 19 ErbStG (600.000 €–6.000.000 €)	19 %	19 %
ErbSt bei Gründung 2017	331	369
Erbersatzsteuer 2017		
der Steuer unterliegendes Betriebsvermögen 2017	2.141	2.342
Freibetrag bei der Erbersatzsteuer, § 15 Abs. 2 Satz 3 ErbStG	-800	-800
zu versteuern	1.341	1.542
§ 15 Abs. 2 Satz 3 ErbStG für Steuersatz maßgeblicher steuerpflichtiger Erwerb	671	771
ErbSt-Satz gem. § 19 ErbStG (600.000 €–6.000.000 €)	19 %	19 %
Erbersatzsteuer 2017	255	293

Annahme Vorgang im Jahr 2015	A-KG/ GmbH GE	B-KG/ GmbH GE
ErbSt bei Gründung 2015		
der Steuer unterliegendes Betriebsvermögen 2015	1.669	6.958

Freibetrag Steuerklasse I	-400		-400
steuerpflichtiger Erwerb	1.269		6.558
ErbSt-Satz gem. § 19 ErbStG (300.000 €–600.000 €)	19 %	(zwischen 6.000.000 € und 13.000.000 €)	23 %
Erbschaftsteuer	241		1.508
Erbersatzsteuer 2015			
der Steuer unterliegendes Betriebsvermögen 2015	1.669		6.958
Freibetrag bei der Erbersatzsteuer, § 15 Abs. 2 Satz 3 ErbStG	-800		-800
zu versteuern	869		6.158
§ 15 Abs. 2 Satz 3 ErbStG für Steuersatz maßgeblicher steuerpflichtiger Erwerb	435		3.079
ErbSt-Satz gem. § 19 ErbStG (zwischen 300.000 € und 600.000 €)	15 %	(zwischen 600.000 € und 6.000.000 €)	19 %
Erbersatzsteuer	130		1.170

Erläuterungen[1] 1885

Im Jahr 2017 wirkt sich von den beiden Begünstigungen bei der Erbersatzsteuer, dem höheren Freibetrag und dem Steuersatz entsprechend der Hälfte des steuerpflichtigen Erwerbes, nur der erhöhte Freibetrag aus, weil die Stiftungen bei der Halbierung des steuerpflichtigen Erwerbes nicht eine Steuerstufe tiefer

1 Bei der Anwendung des koordinierten Ländererlasses vom 22.6.2017 und der Erbschaftsteuerrichtlinien 2019 im Rahmen der Berechnung der Quotenschulden können sich Abweichungen ergeben. Aus Vereinfachungsgründen werden bei den obigen Berechnungen folgende Vorschriften nicht berücksichtigt: Der Abzugsbetrag nach § 13a Abs. 2 ErbStG i. H. von 150.000 €, der sich jedoch verringert, soweit der Wert des steuerpflichtigen Vermögens insgesamt die Wertgrenze von 150.000 € übersteigt. Die Verringerung beträgt 50 % des übersteigenden Betrags. Den Härteausgleich gem. § 19 Abs. 3 ErbStG gibt es beim geringfügigen Überschreiten der letzten vorhergehenden Wertgrenze in der Provisionstabelle. Nach H E 19 (Härteausgleich) der Erbschaftsteuerrichtlinien 2011 kommt dieser z. B. bei steuerpflichtigen Erwerben bis zu 677.400 € zum Tragen, denn sie übersteigen die Progressionsschwelle von 600.000 €.

kommen. Mit einem steuerpflichtigen Erwerb von 670.500 € übersteigt auch die A-KG/GmbH die Schwelle von 600.000 €.

Nach dem im Jahr 2015 geltenden Erbschaftsteuerrecht würde jedoch diese Vergünstigung bei der Progression deutliche Wirkung zeigen. Zwar muss die A-KG/GmbH die vollen steuerpflichtigen 869.000 € versteuern, aber nur zu einem Satz von 15 % und nicht von 19 %, der im Fall der Gründung der Stiftung anzuwenden wäre, bei der es diese Progressionsvergünstigung nicht gibt.

Im Fall der B-KG/GmbH, die im Jahr 2015 keiner Verschonung unterliegt, tritt dieser Effekt auch auf. Sie hat die steuerpflichtigen 6.158.000 € mit 19 % zu versteuern und nicht mit 23 % wie im Fall der Gründung der Stiftung.

In den Jahren 2017 und 2015 wirkt sich bei beiden Stiftungen der erhöhte Freibetrag im Fall der Erbersatzsteuer aus.

1886 Die A-KG/GmbH verfügt, wie oben ausgeführt, über ein relativ hohes Verwaltungsvermögen und hohe Verbindlichkeiten. Bei ihr führt die Erbschaftsteuerreform 2016 zu einem etwas höheren steuerpflichtigen Erwerb und dementsprechend zu einer etwas höheren Erbersatzsteuer.

Bei anderen Unternehmen, die im Gegensatz zu den Beispielunternehmen über ein geringes, nicht junges Verwaltungsvermögen unterhalb der 10%-Grenze verfügen und die die weiteren Voraussetzungen bzgl. der Lohnsumme und der Behaltensvorschriften erfüllen, können die Auswirkungen der Erbschaftsteuerreform 2016 deutlich höher sein. Für sie war nach altem Recht eine 100%ige Verschonung möglich, die es nach geltendem Recht nur noch für das begünstigte Vermögen gibt, nicht mehr jedoch für das Verwaltungsvermögen, das nicht mit Schulden verrechnet werden kann (vgl. → Rz. 1913 ff.) und das unschädliche Verwaltungsvermögen übersteigt (vgl. → Rz. 1908 f.).

1887 Die Erbschaftsteuerreform 2016 bedeutet somit für Familienstiftungen, dass sie gezwungen sind, den steuerlichen gemeinen Wert der Unternehmen zu ermitteln und diesen auf das steuerpflichtige Verwaltungs- und das verschonte begünstigte Vermögen aufzuteilen. In der Regel werden sie schließlich auch eine Steuer entrichten müssen.

1888 Immerhin fällt die Erbersatzsteuer nur alle 30 Jahre an, und es muss festgestellt werden, dass es nach dem Beschluss des Bundesverfassungsgerichts vom 22.6.1995[1] zum Erbschaftsteuergesetz bis zum jetzigen Erbschaftsteuer-

1 BVerfG, Urteil v. 22.6.1995 - 2 BvL 37/91, BStBl 1995 II S. 655 NWB FAAAA-95336.

gesetz 2016[1] noch einen weiteren Beschluss und schließlich das Urteil des Bundesverfassungsgerichts vom 17.12.2014[2] gegeben hat. Seit 1995, also in ca. 20 Jahren, hat sich das Erbschaft- und Schenkungsteuergesetz allein wegen der Entscheidungen des Bundesverfassungsgerichts dreimal geändert. Auch jetzt wird bereits in der Fachliteratur verbreitet die Auffassung vertreten, dass das jetzige Erbschaftsteuerrecht in nicht allzu ferner Zukunft wieder vom Bundesverfassungsgericht überprüft werden wird.[3]

Nach diesen grds. Ausführungen zu Wirkungen der Erbschaftsteuerreform 2016 für Familienstiftungen werden im Folgenden **einzelne Aspekte** der Erbschaftsteuerreform 2016 dargestellt. Auf die Besonderheiten, die sich bei einem mehrstöckigen Aufbau eines gegenständlichen Unternehmens ergeben oder auf etliche Detailveränderungen beim Verwaltungsvermögenskatalog wird im Folgenden nicht gesondert eingegangen.[4]

III. Das Erbschaftsteuerrecht[5]

1. Der Vorwegabschlag für Familienunternehmen nach § 13a Abs. 9 ErbStG

Familienunternehmen sind, ganz unabhängig davon ob an ihnen Familienstiftungen beteiligt sind oder nicht, geprägt durch langfristiges und nachhaltiges Wirtschaften. Mit dem Erbschaftsteuergesetz 2016 hat der Gesetzgeber diese Besonderheiten erstmalig aufgegriffen und versucht, Ihnen Rechnung zu tragen, da bei Familienunternehmen in verschiedener Hinsicht besondere Satzungsbestimmungen gelten. Häufig ist die Entnahme bzw. Ausschüttung von Gewinnen limitiert, die Übertragung der Anteile auf bestimmte Personenkreise begrenzt und für den Fall des Ausscheidens durch Kündigung etc. sind Rege- 1889

1 BVerfG, Beschluss v. 7.11.2006 - 1 BvL 10/02, BStBl 2007 II S. 192 NWB GAAAC-36599.

2 BVerfG, Urteil v. 17.12.2014 - 1 BvL 21/12, BStBl 2015 II S. 50 NWB AAAAE-81469.

3 Vgl. z. B. Theuffel-Werhahn, ZEV 2017 S. 17, 21 a. E.; Reich, DStR 2019 S. 145; nach § 24 Satz 2 ErbStG kann die Erbersatzsteuer verrentet werden, wobei aber eine Verzinsung von 5,5 % zu berücksichtigen ist. v. Oertzen/Junius-Morawe, ZEV 2019 S. 403 weisen darauf hin, dass der hohe Zinssatz von 5,5 % zur Verfassungswidrigkeit führen könnte; Hübner/Friz/Grünwald, ZEV 2019 S. 390: Die Unterwerfung des gemeinen Wertes von Wirtschaftsgütern vor Abzug der latenten Ertragsteuern ist vom Besteuerungsgrund des ErbStG nicht gedeckt und daher verfassungswidrig, da es nicht dem Leistungsfähigkeitsprinzip entspricht.

4 Vgl. z. B. IDW (Hrsg.), Neuregelung der Erbschaftsteuer, Düsseldorf 2017, Rz. 96 ff.; Korezkij, DStR 2016 S. 2434; Viskorf/Löcherbach/Jehle, DStR 2016 S. 2425, 2429; Bäuml, NWB 47/2016 S. 3516, 3519 f. NWB QAAAF-86079; Holtz, NJW 2016 S. 3750; Korn/Strahl, NWB 49/2016 S. 3652, 3654 NWB OAAAF-87364; Rohde/Vractz, StuB 2016 S. 903, 903; Viskorf in Viskorf/Schuck/Wälzholz, ErbStG 2017, § 13b Abs. 9 Rz. 301 ff., § 13b Abs. 4 Rz. 180 ff.

5 Eine Zusammenfassung der Änderungen findet sich in → Rz. 1876.

lungen im Gesellschaftsvertrag festgelegt, nach denen sich Abfindungsbeträge errechnen, die deutlich unter dem theoretischen Verkehrswert liegen. Die Praxis fordert daher schon seit langer Zeit, dass diese Beschränkungen bei der Bewertung von Familienunternehmen auch für Zwecke der Erbschaft- und Schenkungsteuer berücksichtigt werden. Als der Gesetzgeber im Jahr 2009 das vereinfachte Ertragswertverfahren nach §§ 199 ff. BewG einführte, wurden von ihm diese, die Bewertung beeinflussenden Faktoren jedoch nicht berücksichtigt.[1]

1890 Nach den Bestimmungen des jetzigen § 13a Abs. 9 ErbStG wird nun jedoch von dem für Familienunternehmen ermittelten gemeinen Wert ein Abschlag von bis zu 30 % gewährt,[2] sofern der Gesellschaftsvertrag oder die Satzung folgende Bestimmungen enthält:[3]

1. Die Entnahme oder Ausschüttung wird auf höchstens 37,5 % des steuerrechtlichen Gewinns beschränkt. Dieser steuerliche Gewinnanteil wird zuvor um die auf ihn oder die Ausschüttung aus der Gesellschaft entfallenden Steuern vom Einkommen gekürzt.[4]
2. Die Verfügung über die Beteiligung an der Personengesellschaft oder den Anteil an der Kapitalgesellschaft wird auf Mitgesellschafter, auf Angehörige i. S. des § 15 AO oder auf eine Familienstiftung beschränkt und
3. für den Fall des Ausscheidens aus der Gesellschaft wird eine Abfindung vorgesehen, die unter dem gemeinen Wert der Beteiligung an der Personengesellschaft oder des Anteils an der Kapitalgesellschaft liegt.

Diese Bestimmungen müssen den tatsächlichen Verhältnissen entsprechend bereits zwei Jahre vor dem Zeitpunkt der Entstehung der Steuer gem. § 9 ErbStG vorliegen. Die Steuerbefreiung entfällt mit Wirkung für die Vergangenheit, wenn die genannten Voraussetzungen nicht über einen Zeitraum von

1 Vgl. hierzu und im Einzelnen IDW Broschüre ab Rz. 43.

2 Laut Aussagen aus der Finanzverwaltung erstreckt sich der Vorwegabschlag jedoch nicht auf Sonderbetriebsvermögen. Dementsprechend fallen auch die Entnahmen aus dem Sonderbetriebsvermögen, wie z. B. eine Gesellschafter-Geschäftsführungsvergütung, nicht unter die Entnahmebeschränkung, vgl. Abschnitt 13a.19 Abs. 3 Satz 2 AEErbSt 2017; R E 13a.20 Abs. 4 Satz 2 ErbStR 2019.

3 Vgl. hierzu im Einzelnen Weber/Schwind, ZEV 2016 S. 688; Viskorf/Löcherbach/Jehle, DStR 2016 S. 2425, 2429.

4 Die zur Begleichung der auf den Gewinnanteil oder die Ausschüttungen aus der Gesellschaft entfallenden Steuern vom Einkommen bleiben bei der Beschränkung der Entnahme oder Ausschüttung unberücksichtigt, § 13a Abs. 9 Nr. 1 Halbsatz 2 ErbStG.

20 Jahren nach dem Zeitpunkt der Entstehung der Steuer eingehalten werden.[1]

Dieser Vorwegabschlag ist vor allem für große Familienunternehmen interessant, bei denen die Gefahr besteht, dass aufgrund der Erbschaftsteuerreform 2016 die frühere Verschonung in erheblichem Maße eingeschränkt wird, und die über ein beträchtliches Vermögen verfügen, für das eine Verschonung nicht mehr möglich ist, weil die Grenze von 26 Mio. € bzw. 51 Mio. € bzw. 90 Mio. € begünstigtes Vermögen überschritten wird (vgl. → Rz. 1893 ff.). 1891

Nach Abschnitt 13a.21 AEErbSt 2017 und R E 13a.22 ErbStR kann der Vorwegabschlag auch bei Familienstiftungen zur Anwendung kommen, sofern der Gesellschaftsvertrag bzw. die Satzung der fraglichen Unternehmen die oben genannten Voraussetzungen erfüllen. 1892

2. Die Beschränkung der 85%igen oder 100%igen Verschonung auf Erwerbe von begünstigtem Vermögen bis zu 26 Mio. €, Verschonungsbedarfsprüfung und Stundung

Aufgrund der Vorgaben des Urteils des Bundesverfassungsgerichtes vom 17.12.2014[2] hat der Gesetzgeber die 85%ige und 100%ige Verschonung nur für Erwerbe an begünstigtem Vermögen, also ohne steuerpflichtiges Verwaltungsvermögen, bis zu einer Höhe von 26 Mio. € angeordnet. Für sogenannte Großerwerbe, die diese Grenze übersteigen, gibt es als Vergünstigung das sogenannte Abschmelzmodell,[3] bei dem in Schritten von 750.000 € die Regelverschonung von 85 % bzw. die Optionsverschonung von 100 % jeweils um einen Prozentpunkt verringert wird. Ab einem Erwerb von begünstigtem Vermögen i. H. von 90 Mio. € wird ein Verschonungsabschlag dann nicht mehr gewährt.[4] 1893

1 Vgl. im Einzelnen Weber/Schwind, ZEV 2016 S. 688, 689; Viskorf/Löcherbach/Jehle, DStR 2016 S. 2425, 2429.

2 BVerfG, Urteil v. 17.12.2014 - 1 BvL 21/12, BStBl 2015 II S. 50.

3 Vgl. § 13c Abs. 1 ErbStG.

4 Bei einem begünstigten Vermögen von 89.749.999 € („volle 750.000 €“) endet damit die 85%ige Regelverschonung. Ist der Wert höher, gibt es keine Verschonung mehr. Im Rahmen der Vollverschonung (Optionsverschonung) gibt es hier noch einen Abschlag von 15 %. Bei 89.999.999 € beträgt der Abschlag 14 %, bei 90.000.000 € beträgt er 0 %. Vgl. Viskorf in Viskorf/Schuck/Wälzholz, ErbStG 2017, § 13c Rz. 4 ff.; vgl. auch z. B. Korezkij, DStR 2017 S. 189. Er rät: Finger weg vom Abschmelzungsmodell bei Erwerben von begünstigtem Vermögen ab 51 Mio. € bei der Optionsverschonung, bei der Regelverschonung liegt die kritische Grenze bei rund 45 Mio. €. Zustimmend Hannes/Reich, ZEV 2017 S. 140. Ab diesen Schwellen an begünstigtem Vermögen kommt der Ausnutzung der Zehnjahresfrist für eine Zusammenrechnung der Erwerbe hohe Bedeutung zu. Kann diese nicht genutzt werden, wird es günstiger, begünstigtes Vermögen in steuerpflichtiges Verwaltungsvermögen zu überführen, um weitere Abschläge bei der Verschonung zu vermeiden.

Als Alternative zum Abschmelzmodell hat der Gesetzgeber die sogenannte Verschonungsbedarfsprüfung (§ 28a ErbStG) eingeführt, die der Steuerpflichtige beantragen kann. Bei dieser wird die auf das begünstigte Vermögen entfallende Steuer auf Antrag erlassen, soweit der Erwerber nachweist, dass er persönlich nicht in der Lage ist, die Steuer aus seinem verfügbaren Vermögen zu begleichen. Zu dem verfügbaren Vermögen gehören 50 % der Summe der gemeinen Werte des zum einen mit der Erbschaft oder Schenkung zugleich übergegangenen, nicht begünstigten und zum anderen dem Erwerber im Zeitpunkt der Entstehung der Steuer gehörenden, nicht begünstigten Vermögen.[1]

1894 Hierbei ist die Zehnjahresfrist für die Zusammenrechnung von Erwerben zu berücksichtigen. § 13a Abs. 1 Satz 2 ErbStG bestimmt, dass einem Erwerb von begünstigtem Vermögen die früheren Erwerbe von begünstigtem Vermögen nach ihrem früheren Wert hinzuzurechnen sind. Wird nun aufgrund dieser Zusammenrechnung die Grenze von 26 Mio. € überschritten, entfällt die Steuerbefreiung für die bis dahin als steuerfrei behandelten früheren Erwerbe nach dem 30.6.2016 mit Wirkung für die Vergangenheit. Für frühere Erwerbe, die vor dem 1.7.2016 oder dem 1.1.2009 stattfanden, entfallen die bisherigen Befreiungen jedoch nicht.[2] Mithilfe einer Familienstiftung könnte diese Zusammenrechnung vermieden werden.

Der Fall einer Zusammenrechnung innerhalb von zehn Jahren dürfte bei einer Familienstiftung selten eintreten. Verfügt sie jedoch über wertvolles unternehmerisches Vermögen und rückt der Zeitpunkt der Entstehung der Erbersatz-

1 Vgl. § 28a ErbStG. Der Erlass steht unter diversen auflösenden Bedingungen wie z. B. der Einhaltung einer bestimmten Lohnsumme, von Haltefristen oder dem Vorbehalt, dass der Erwerber nicht innerhalb von zehn Jahren nach dem Zeitpunkt der Entstehung der Steuer weiteres verfügbares Vermögen durch Schenkung oder von Todes wegen erhält. Vgl. Wälzholz in Viskorf/Schuck/Wälzholz, ErbStG 2017, § 28a Rz. 32 ff. Vgl. auch z. B. Maier, ZEV 2017 S. 10, der bei Großerwerben Tatbestand, Rechtsfolgen und Entscheidungskriterien für Gestaltungsmaßnahmen erläutert; Watrin/Linnemann, DStR 2017 S. 569. Hierzu im Zusammenhang mit der Erbauseinandersetzung vgl. Wälzholz, ZEV 2017 S. 135.

2 Laut Abschnitt 13a.2 Abs. 2 und Abschnitt 13c.4 Abs. 1 AEErbSt 2017 und R E 13a.2 Abs. 2 f. sowie R E 13c.4 ErbStR 2019 wird bei Erwerben nach dem 31.12.2008 und vor dem 1.7.2016 das damalige Betriebsvermögen (damals gab es kein begünstigtes Vermögen i. S. des § 13a Abs. 1 Satz 1 ErbStG 2016) im Falle der Regelverschonung zu 85 % und im Falle der Optionsverschonung zu 100 % zu dem Erwerb an begünstigtem Vermögen nach dem 30.6.2017 hinzugerechnet. Die damals gewährte Verschonung bleibt also erhalten. Bei Erwerben vor dem 1.1.2009 (damals gab es noch nicht das Verschonungssystem) wird der Wert von der Finanzverwaltung dagegen in voller Höhe hinzugerechnet und nicht nur in Höhe des damaligen Freibetrages und des damaligen 35%igen Abschlages, vgl. Abschnitt 13a.2 Abs. 2 Satz 9 AEErbSt 2017 und R E 13a.2 Abs. 3 Satz 7 ErbStR 2019; vgl. auch Korezkij, DStR 2017 S. 1729. Zur Kritik vgl. nur Wachter, GmbHR 2017 S. 1 m. w. N. Vgl. auch § 14 ErbStG. Kam z. B. im Jahre 2015 die Vollverschonung zur Anwendung, gibt es nur wenig Steuer auf den früheren Erwerb, die auf die Steuer des erneuten Erwerbs angerechnet werden kann.

steuer näher, sollte sie seit der Geltung der Erbschaftsteuerreform 2016 feststellen, welchen Wert das sich in ihrem Eigentum befindende Unternehmensvermögen hat, um bestimmen zu können, in welchem Maße dieses verschont oder auf andere Weise begünstigt wird. Hierbei gibt es drei Größenordnungen für den Wert des begünstigten Vermögens i. S. des § 13b Abs. 2 ErbStG:

1. Das begünstigte Betriebsvermögen hat einen Wert von bis zu 26 Mio. €.[1]

   Unter Berücksichtigung der soeben beschriebenen erweiterten Besteuerung des Verwaltungsvermögens gibt es weiterhin die Regelverschonung zu 85 % oder die Optionsverschonung zu 100 % für das begünstigte Vermögen.

2. Das begünstigte Betriebsvermögen hat einen Wert zwischen mehr als 26 Mio. € und bis zu 90 Mio. €.[2]

   In diesen Fällen kann die Stiftung zwischen der Begünstigung durch das Abschmelzmodell (im Zusammenspiel mit der Regelverschonung zu 85 % oder der Optionsverschonung zu 100 %) oder alternativ durch die Verschonungsbedarfsprüfung wählen. Bei Werten ab 46 Mio. € und 51 Mio. € sind spezielle Gestaltungsüberlegungen anzustellen, insbesondere, ob nicht begünstigtes Vermögen in steuerpflichtiges Verwaltungsvermögen oder sonstiges Vermögen der Familienstiftung umgewandelt werden sollte.[3]

3. Das begünstigte Betriebsvermögen hat einen Wert von über 90 Mio. €.

   Es besteht nur mehr die Möglichkeit einer Begünstigung im Wege der Verschonungsbedarfsprüfung[4] und ggf. einer Stundung bis zu maximal sieben

1 Vgl. § 13a Abs. 1 Satz 1 ErbStG.

2 Vgl. § 13c ErbStG.

3 Vgl. im Einzelnen z. B. Korezkij, DStR 2017 S. 189. Er rät: Finger weg vom Abschmelzungsmodell bei Erwerben von begünstigtem Vermögen ab 51 Mio. €. Zustimmend Hannes/Reich, ZEV 2017 S. 140. Durch die Verringerung des begünstigten Vermögens erhöht sich zwar das steuerpflichtige Verwaltungsvermögen, dies kann jedoch durch eine höhere Verschonung des verminderten begünstigten Vermögens mehr als aufgewogen werden.

4 Vgl. § 28a Abs. 7 ErbStG. Bei der Erbersatzsteuer gibt es eigentlich keinen Erwerber, da die Destinatäre nicht als Erwerber einzustufen sind. Maßgeblich kann daher nur sein, ob die Stiftung selbst entsprechendes Vermögen hat, das zur Bemessung des Nachlasses herangezogen werden kann. Da der Zeitpunkt der Entstehung der Erbersatzsteuer im Voraus bekannt ist, bestehen Möglichkeiten, den Anteil des begünstigten Vermögens möglichst hoch und das Vorhandensein von verfügbarem Vermögen möglichst gering zu halten, vgl. Wälzholz in Viskorf/Schuck/Wälzholz, ErbStG 2017, § 28a Rz. 49.

Jahren bei Erwerben von Todeswegen. Die Stundung muss in Raten zurückgeführt werden und ist nur im ersten Jahr zinslos.[1]

Ist eine Familienstiftung an mehreren Betriebsvermögen beteiligt, so sind die Werte der verschiedenen Betriebsvermögen zu addieren, § 13b Abs. 1 ErbStG. Für die Summe der begünstigten Vermögen gibt es die soeben beschriebenen Verschonungsmöglichkeiten in den unterschiedenen Erwerbs-Größenordnungen.

1895 In der Literatur wird bereits die Familienstiftung als Instrument der Nachfolgeplanung im Falle von Großerwerben angeführt.[2] In dem dargestellten Beispiel hatte der Unternehmer den Betrieb seines Vaters geerbt, dessen begünstigtes Vermögen einen Wert nach Abzug der anteiligen Schulden von 100 Mio. € hatte. Da er selbst über kein Vermögen verfügte und vom Vater auch kein wesentliches Privatvermögen oder steuerpflichtiges Verwaltungsvermögen erhielt, konnte er die Verschonungsbedarfsprüfung wählen. Es wurde ihm im Wesentlichen die Erbschaftsteuer i. H. von 30 Mio. € erlassen, weil er sich dazu entschließen konnte, die hierfür notwendigen Bedingungen in Zukunft zu erfüllen.[3]

1896 In einer Alternativüberlegung verfügte der erbende Unternehmer jedoch über sonstiges nicht begünstigtes Vermögen im Wert von ebenfalls 100 Mio. €. Hiervon würde die Hälfte, somit 50 Mio. €, bei der Verschonungsbedarfsprüfung herangezogen und er müsste die Erbschaftsteuer von 30 Mio. € für das Erbe von seinem Vater in voller Höhe begleichen.

Würde hingegen der Vater noch zu Lebzeiten das Unternehmen mit dem begünstigten Vermögen i. H. von 100 Mio. € auf eine für diesen Zweck errichtete Familienstiftung übertragen und sollte diese über keinerlei sonstiges Vermögen als das zugewendete begünstigte Vermögen verfügen oder erhalten, würde die Verschonungsbedarfsprüfung zu einem vollständigen Erlass der

---

1 Vgl. § 28 Abs. 1 ErbStG; vgl. im Einzelnen Viskorf/Löcherbach/Jehle, DStR 2016 S. 2425, 2433. Sie kann unabhängig vom jeweiligen Verschonungsmodell beantragt werden. Der Zinssatz beträgt wegen des Verweises auf § 238 AO 0,5 % im Monat, also 6,0 % p. a. Ebenso ist eine Verrentung der Erbersatzsteuer nach § 24 ErbStG möglich, hier bei einem Zinssatz von 5,5 %. Vgl. v. Oertzen/Junius-Morawe, ZEV 2019 S. 403, die darauf hinweisen, dass der hohe Zinssatz von 5,5 % in § 24 ErbStG zur Verfassungswidrigkeit führen könnte, da der VIII. und IV. Senat des BFH entschieden haben, dass verfassungsrechtliche Bedenken gegenüber realitätsfernen gesetzlichen Verzinsungsregeln in § 233a AO bestehen.

2 Vgl. z. B. Theuffel-Werhahn, ZEV 2017 S. 17 mit Bezug auf ein Beispiel des BMF.

3 § 28a Abs. 4 ErbStG: Der Erwerber muss die maßgeblichen jährlichen Lohnsummen des Betriebes einhalten, er muss den Betrieb sieben Jahre fortführen und im Falle des Erwerbs weiteren „verfügbaren Vermögens" durch Schenkung oder von Todes wegen entfällt der frühere Erlass, der Erwerber kann jedoch erneut den Erlassantrag stellen.

Erbschaftsteuer führen. Voraussetzung ist selbstverständlich, dass die Familienstiftung die hierfür notwendigen Bedingungen erfüllt (siehe oben).

3. Der Verwaltungsvermögenstest, 90%-Quote

Im Erbschaftsteuergesetz 2016 gibt es immer noch einen grds. Verwaltungsvermögenstest. Bei einer Familienstiftung, die Unternehmensvermögen besitzt, **entfällt** eine Verschonung des begünstigungsfähigen Vermögens, sofern das Verwaltungsvermögen nicht bestimmte Bedingungen erfüllt und 90 % oder mehr des gemeinen Wertes des begünstigungsfähigen Vermögens ausmacht, § 13b Abs. 2 ErbStG.[1] 1897

Dieser Test ist wie früher ein Brutto-Netto-Vergleich.[2] Es wird der gemeine Wert des Verwaltungsvermögens vor Schuldenverrechnung[3] (= Bruttowert des Verwaltungsvermögens) mit dem Unternehmenswert (= gemeiner Wert des Betriebsvermögens, vgl. → Rz. 1862) verglichen. Letzterer ist jedoch aufgrund der Berücksichtigung von Schulden, also Rückstellungen, Verbindlichkeiten etc. ein Nettowert. 1898

Im Vergleich zum 50%-Verwaltungsvermögenstest nach altem Recht gibt es nicht nur den Unterschied einer höheren prozentualen Grenze, sondern erhebliche Abweichungen bei den sogenannten Finanzmitteln. Auch im bis zum 30.6.2016 geltenden ErbStG waren die Finanzmittel wie im neuen § 13b Abs. 4 Nr. 5 ErbStG definiert als Zahlungsmittel, Geschäftsguthaben, Geldforderun-

1 In den Gesetzesmaterialien heißt es hierzu: *„Satz 2 nimmt solches begünstigungsfähiges Vermögen von der Verschonung aus, das nahezu ausschließlich aus Verwaltungsvermögen besteht. Besteht betriebliches Vermögen oder das Vermögen einer Gesellschaft zu mindestens 90 Prozent aus Verwaltungsvermögen ist davon auszugehen, dass das gesamte betriebliche Vermögen nicht schutzwürdig ist. Mit der Ausnahme solcher Gesellschaften von der Verschonung werden Gestaltungsmöglichkeiten ausgeräumt, die nach dem Urteil des Bundesverfassungsgerichts v. 17.12.2014 - 1 BvL 21/12 verfassungswidrig sein können"*, vgl. BT-Drucks. 18/8911 v. 22.6.2016 S. 43 zu § 13b Abs. 2 Satz 2 ErbStG; IDW, Neuregelung der Erbschaftsteuer, Düsseldorf 2017, S. 54.

2 Maßgeblich ist das Verwaltungsvermögen vor den verschiedenen Schuldenverrechnungen, vgl. im Einzelnen Viskorf in Viskorf/Schuck/Wälzholz ErbStG 2017 § 13b Rz. 171; Viskorf/Löcherbach/Jehle, DStR 2016 S. 2425, 2429; Holtz, NJW 2016 S. 3750, 3753. Falls der Anteil an Verwaltungsvermögen 50 % übersteigt, aber die „90%-Grenze" nicht überschritten wird, kann das Recht ab 2016 auch günstiger als das Recht bis 2016 sein, da es nun zu einer Verschonung kommt, vgl. → Rz. 1882.

3 Also inklusive der Finanzmittel vor Schuldenverrechnung und inklusive des Verwaltungsvermögens, das ausschließlich und dauerhaft der Erfüllung von Schulden aus Altersversorgungsverpflichtungen dient. Bei Letzteren gibt es jedoch die Ausnahme, dass das Verwaltungsvermögen herausgerechnet werden kann, das ausschließlich und dauerhaft der Erfüllung von Schulden aus Altersversorgungsverpflichtungen dient, die durch Treuhandverhältnisse abgesichert sind, § 13b Abs. 2 Satz 2 ErbStG.

gen und anderen Forderungen (Finanzmittel) nach Abzug aller Schulden und nach einem Freibetrag von 20 % (nun 15 %, genannt Sockelbetrag[1]). Jetzt jedoch wird für den 90%-Verwaltungsvermögenstest nach § 13b Abs. 2 Satz 2 ErbStG der in § 13b Abs. 4 Nr. 5 ErbStG vorgesehene Abzug der Schulden und des (nur mehr) 15%igen Sockelbetrages bei der Bestimmung des Verwaltungsvermögens explizit ausgeschlossen.[2] Es werden jetzt also auch die Finanzmittel brutto, **ohne** Schuldenabzug erfasst. Damit haben vor allem Handelsunternehmen ein Problem. Denn sie verfügen regelmäßig über hohe Forderungen, die sie durch hohe Verbindlichkeiten finanzieren. In der Folge ermittelt man bei Ihnen nicht nur Quoten von knapp unter 90 %, sondern auch Prozentsätze, die über 100 % liegen.[3] Für diese Unternehmen bedeutet der Ausschluss der Schuldenverrechnung bei dem 90%-Test einen Ausschluss aus dem Verschonungssystem des ErbStG 2016.[4]

1899 Weil die Verwaltungsvermögens-Quote nicht in Bezug auf die Bilanzsumme, sondern auf den Unternehmenswert ermittelt wird, muss man die Fremdfinanzierungsquote im Auge behalten.[5] Sollte diese in Verbindung mit der Zuführung von Finanzmitteln steigen, der Unternehmenswert aber nicht ebenfalls anziehen, verschlechtert sich die Verwaltungsvermögens-Quote. An dieser Stelle ist darauf hinzuweisen, dass der Unternehmenswert i. d. R. nicht anhand einer Bilanz oder Vermögensaufstellung ermittelt wird, sondern als Ertrags- oder Vergleichswert, vgl. → Rz. 1913 ff. Es ist somit also fraglich, wie sich der Unternehmenswert verändert, falls die Fremdfinanzierung steigen sollte.

4. Der Verwaltungsvermögenstest nach bis 30.6.2016 geltendem Recht, 50%-Test

1900 Ein kurzer Blick ins alte Recht zeigt jedoch, dass für Unternehmen wie der B-KG/GmbH (vgl. → Rz. 1882), die nicht wegen der abgeschafften Verrechnung von Schulden mit Finanzmitteln im Rahmen des 90%-Verwaltungsvermögens-

1 Vgl. R E 13b.9 Abs. 2 II.1. ErbStR 2019.

2 Laut dem koordinierten Ländererlass Abschnitt 13b.9 Abs. 2 I. und R E 13b.9 I. ErbStR 2019 wird hier das Verwaltungsvermögen inkl. der jungen Finanzmittel und des jungen Verwaltungsvermögens angesetzt, während bei der Berechnung der Quotenschulden die jungen Finanzmittel und das junge Verwaltungsvermögen von der Finanzverwaltung beim Verwaltungsvermögen im Zähler nicht berücksichtigt werden.

3 Vgl. auch Hannes, ZEV 2016 S. 554, 556 a. E.; Brabender/Winter, ZEV 2017 S. 81, 85.

4 Vgl. Pach-Hanssenheimb, WPg 2017 S. 471, 476; Viskorf in Viskorf/Schuck/Wälzholz, ErbStG 2017, § 13b Rz. 171.

5 Korezkij, DStR 2016 S. 2434, 2442 weist darauf hin, dass eine hohe Fremdfinanzierung zum Problem werden kann, weil der Wert des Verwaltungsvermögens hierdurch nicht sinkt.

tests aus dem Verschonungssystem herausfallen, das geltende Recht günstiger sein kann als das alte. Im bis zum 30.6.2016 geltenden Erbschaftsteuer- und Schenkungsteuerrecht gab es den 50%-Verwaltungsvermögenstest nach § 13b Abs. 2 ErbStG a. F. Damals war das Verwaltungsvermögen fast identisch definiert wie im nun geltenden Recht. Das Verwaltungsvermögen, das der Sicherung von Altersvorsorgeverpflichtungen dient, wurde nicht gesondert angesprochen. Die Finanzmittel nach § 13b Abs. 4 Nr. 5 Satz 1 ErbStG wurden jedoch in § 13b Abs. 2 Nr. 4a. Satz 1 ErbStG a. F. wortgleich definiert: Zum Verwaltungsvermögen gehörte *„der gemeine Wert des nach Abzug des gemeinen Wertes der Schulden verbleibenden Bestands an Zahlungsmitteln, Geschäftsguthaben, Geldforderungen und anderen Forderungen soweit er 20 % des anzusetzenden Wertes des Betriebsvermögens (...) übersteigt."* Im bisherigen Recht waren es noch 20 % statt nun 15 %, die als Finanzmittelfreibetrag ausgenommen wurden. Die Schuldenverrechnung bei Finanzmitteln gibt es daher in beiden Gesetzesversionen. Allerdings wird nun für den 90%-Verwaltungsvermögenstest nach § 13b Abs. 2 Satz 2 ErbStG diese Verrechnung explizit ausgeschlossen.

Wendet man das alte Recht auf das obige Beispiel der B-KG/GmbH (→ 1901
Rz. 1878 ff.) ohne Anpassung des Unternehmenswertes[1] an, ist Ausgangspunkt ein Verwaltungsvermögen von 5.250 GE. Allerdings können von den Finanzmitteln Schulden i. H. von 1.750 GE abgesetzt werden, so dass für den 50%-Verwaltungsvermögenstest ein Verwaltungsvermögen von 3.500 GE anzusetzen wäre (vgl. auch → Rz. 1951). Setzt man diesen Betrag zu dem Unternehmenswert des Jahres 2017 i. H. von (ebenfalls) 5.250 GE in Beziehung, ergibt sich eine Verwaltungsvermögensquote von 66 %. Tatsächlich war der Unternehmenswert 2015 jedoch höher, 6.958 GE, da im vereinfachten Ertragswertverfahren ein höherer Kapitalisierungszinssatz galt.[2] Aber auch bei diesem Unternehmenswert errechnet sich eine Verwaltungsvermögensquote von 50,30 %. Die B-KG/GmbH hätte also 2015 den 50%-Verwaltungsvermögenstest auf keinen Fall bestanden. Es wäre keine Verschonung anzuwenden und der volle Unternehmenswert von 6.958 GE wäre zu versteuern.

Es gibt also Fallkonstellationen, in denen das neue Recht trotz des Ausschlusses der Schuldenverrechnung bei den Finanzmitteln für den 90%-Verwaltungs- 1902

1 Die Änderungen des Kapitalisierungsfaktors in § 203 BewG durch die Erbschaftsteuerreform 2016 (vgl. → Rz. 1881) wird hier negiert.

2 Vgl. → Rz. 1881.

vermögenstest wegen der höheren Prozentgrenze günstiger als das alte Recht ist.[1]

1903 Die A-KG/GmbH, die über dasselbe Verwaltungsvermögen, aber über einen höheren Unternehmenswert verfügt, hat mit dem 50%-Verwaltungsvermögenstest des alten Rechts jedoch kein Problem. Bei ihr ist das maßgebliche Verwaltungsvermögen von 3.500 GE zu einem Unternehmenswert 2015 von 8.288 GE in Relation zu setzen, was eine Quote von nur 42,23 % ergibt.

5. Der Verwaltungsvermögenstest für die Optionsverschonung, § 13a Abs. 10 ErbStG, 20%-Quote

1904 Voraussetzung für die Erlangung der Optionsverschonung nach § 13a Abs. 10 Satz 2 und 3 ErbStG ist, dass das begünstigungsfähige Vermögen nach § 13b Abs. 1 ErbStG nicht zu mehr als 20 % aus Verwaltungsvermögen besteht. Die Berechnung dieser Quote weicht von der Ermittlung der soeben behandelten 90%-Quote ab. Es wird die Summe der gemeinen Werte der Einzelwirtschaftsgüter des Verwaltungsvermögens nach § 13b Abs. 3 und 4 ErbStG in Relation zum gemeinen Wert des Betriebes gesetzt. Wegen der Bezugnahme auf den Abs. 3 werden die Einzelwirtschaftsgüter, die Altersversorgungsverpflichtungen rückdecken, auch falls diese nicht durch Treuhandverhältnisse abgesichert sein sollten, aus dem anzusetzenden Verwaltungsvermögen ausgesondert. Aufgrund des Verweises auf Abs. 4 werden nur die Finanzmittel als Verwaltungsvermögen erfasst, die nach der Verrechnung mit den nach Anwendung des Abs. 3 verbliebenen Schulden den 15%igen Sockelbetrag der Vorschrift[2] übersteigen.[3] Eine Verrechnung des Verwaltungsvermögens mit quotalen Schulden nach Abs. 6 (→ Rz. 1913) und der Abzug des Unschädlichkeitsbetrages nach dem Abs. 7 erfolgen jedoch nicht,[4] ein Abzug entsprechend der Investitionsklausel nach § 13b Abs. 5 ErbStG allerdings schon.[5] Letzterer soll aber

1 Vgl. Holtz, NJW 2016 S. 3750, 3753.

2 Bezogen auf den Unternehmenswert = Wert des Betriebsvermögens des Betriebs oder der Gesellschaft, vgl. → Rz. 1862. Voraussetzung für den 15%-Sockelbetrag (R E 13b.9 Abs. 2 II.1 ErbStR 2019) ist, dass das begünstigungsfähige Vermögen des Betriebs oder der nachgeordneten Gesellschaften nach seinem Hauptzweck einer Tätigkeit i. S. der § 13 Abs. 1, § 15 Abs. 1 Satz 1 Nr. 1, § 18 Abs. 1 Nr. 1 und 2 EStG dient, § 13b Abs. 4 Nr. 5 Satz 4 ErbStG, vgl. z. B. auch Bäuml, NWB 47/2016 S. 3516, 3520 NWB QAAAF-86079; Viskorf/Löcherbach/Jehle, DStR 2016 S. 2425, 2427; Philipp in Viskorf/Schuck/Wälzholz, ErbStG 2017, § 13a Rz. 216.

3 Diese Verrechnung mit Schulden und 15%-Sockelbetrag gilt aber wohl nicht (mehr) für junge Finanzmittel, § 13b Abs. 8 Satz 1 ErbStG; vgl. auch Korezkij, DStR 2016 S. 2434, 2439.

4 Vgl. R E 13a.21 Abs. 3 Satz 2 ErbStR 2019. Vgl. auch Pach-Hanssenheimb, WPg 2017 S. 471, 477; Hannes, ZEV 2016 S. 554, 559; Abschnitt 13a.20 Abs. 3 AEErbSt 2017.

5 Vgl. R E 13b.12 Abs. 2 Satz 3 ErbStR 2019.

nach Auffassung der Finanzverwaltung für Familienstiftungen im Falle der Erbersatzsteuer nicht zum Tragen kommen, vgl. im Folgenden.

6. Der Investitionsabzugsbetrag (Investitionsklausel) § 13b Abs. 5 ErbStG

Laut R E 13b.24 Abs. 6 Satz 3 ErbStR[1] soll nach Auffassung der Finanzverwaltung im Fall der Entstehung einer Erbersatzsteuer nach § 1 Abs. 1 Nr. 4 ErbStG der Einbezug von Verwaltungsvermögen in das begünstigte Vermögen über die Investitionsklausel nach § 13b Abs. 5 ErbStG nicht möglich sein. Nach dieser Vorschrift entfällt die Zurechnung von Vermögensgegenständen zum Verwaltungsvermögen rückwirkend, falls der Erwerber innerhalb von zwei Jahren diese Vermögensgegenstände in Vermögensgegenstände innerhalb des vom Erblasser erworbenen, begünstigten Vermögens investiert.[2] Der Gesetzeswortlaut macht hierfür zwar einen Erwerb von Todes wegen zur Voraussetzung, der im Fall der Erbersatzsteuer im engeren Sinne nicht gegeben ist. Eine Stiftung hat grds. ein unendliches Leben. Dennoch fingiert der Gesetzgeber, dass das Vermögen im Abstand von 30 Jahren einer nächsten, aus zwei Kindern bestehenden Generation anfällt, also einen „Todesfall". Deshalb ist für die Ermittlung der Erbersatzsteuer stets die Steuerklasse I heranzuziehen. Außerdem wird der doppelte Freibetrag nach § 16 Abs. 1 Nr. 2 ErbStG gewährt und die Provisionsstufe angewandt, die für die Hälfte des steuerpflichtigen Vermögens gelten würde (§ 15 Abs. 1 Satz 2 Satz 3 ErbStG; vgl. im Einzelnen → Rz. 803). Dies geschieht, damit das in Familienstiftungen gebundene Vermögen nicht auf Dauer der Erbschaftsteuer entzogen wird. Da eine Stiftung ein unendliches Leben hat, muss man davon ausgehen, dass der Gesetzgeber alle 30 Jahre einen Todesfall fingiert und daher, entgegen der Auffassung der Finanzverwaltung, ein Erwerb von Todes wegen unterstellt werden kann. 1905

Die Investitionsklausel nach § 13b Abs. 5 ErbStG wurde vom Gesetzgeber 2016 eingeführt, weil der Stichtag für die Entstehung einer Erbschaftsteuer aufgrund eines Erwerbs von Todes wegen, im Gegensatz zum Falle einer Schenkung unter Lebenden, nicht planbar ist. Der Stichtag der Entstehung der Erbersatzsteuer ist zwar bekannt, aber dennoch nicht planbar. Laut Gesetzes- 1906

1 Abschnitt 13b.24 Abs. 6 Satz 3 AEErbSt 2017 lehnt die Anwendung mit Bezug auf Erwerbe durch Schenkungen unter Lebenden ab. Er enthält noch nicht den soeben genannten Satz 3.

2 Vgl. grundsätzlich Viskorf in Viskorf/Schuck/Wälzholz, Erbschaftsteuer- und Schenkungsteuergesetz, Bewertungsgesetz, Kommentar, § 13b Rz. 271 NWB XAAAH-14240; Geck, ZEV 2017 S. 481, 487.

begründung[1] beziehen sich die Regelungen zur Investitionsklausel auch auf Finanzmittel, insbesondere Bankguthaben, die nicht nur zur Anschaffung neuer Vermögensgegenstände benötigt, sondern auch zur Zahlung der Löhne der Beschäftigten verwendet werden. Werde nun aufgrund wiederkehrender saisonaler Schwankungen ein erhöhter Bestand von Finanzmitteln dazu verwendet, die laufenden Löhne in Phasen geringer Einnahmen zu zahlen, sollen diese Finanzmittel rückwirkend nicht dem Verwaltungsvermögen zugeordnet werden.

1907 Dies sollte auch für Bankguthaben im Fall des Entstehens einer Erbersatzsteuer gelten. Die Entstehung der Steuer kann eben nicht, wie bei einer Schenkung unter Lebenden, zu einem planbaren Zeitpunkt erfolgen, zu dem die Bankguthaben aufgrund saisonaler Schwankungen für die Begleichung laufender Löhne verwendet wurden und daher einen niedrigen Stand erreicht haben. Vielmehr richtet er sich danach, wann vor 30, 60 etc. Jahren (ab 1954[2]) die Errichtung der Familienstiftung erfolgte. Damals war die Besteuerung von Verwaltungsvermögen im Gegensatz zur Verschonung von begünstigtem Vermögen, die in dieser Form erst im Jahr 2016 eingeführt wurde, sicherlich noch nicht bekannt. Die Gründung kann daher z. B. ausgerechnet zu einer Jahreszeit erfolgt sein, in der das Geschäft endlich ruhig war und der Stifter die notwendige Zeit zur Errichtung der Stiftung hatte. Leider waren zu dieser Jahreszeit die Bargeldbestände wegen der saisonalen Schwankungen hoch. Aus diesen Gründen sollte die Investitionsklausel in § 13b Abs. 5 ErbStG 2016 nach Auffassung der Autoren auch bei Familienstiftungen anwendbar sein.

7. Die Aufteilung des Unternehmenswertes auf das steuerbegünstige Vermögen und das steuerpflichtige Verwaltungsvermögen erfolgt in sechs Schritten

1908 Wie bereits ausgeführt, muss das Betriebsvermögen eines Betriebes oder einer Gesellschaft seit dem 1.7.2016 aufgeteilt werden in begünstigtes Vermögen und Verwaltungsvermögen, das grds. steuerpflichtig ist. Wie dies zu geschehen hat regelt § 13b Abs. 2 Satz 1 ErbStG. Er lautet: „Das begünstigungsfähige Vermögen ist begünstigt, soweit sein gemeiner Wert den um das unschädliche Verwaltungsvermögen i. S. des Absatzes 7 gekürzten Nettowert des Verwaltungsvermögens i. S. des Absatzes 6 übersteigt (begünstigtes Vermögen)."

1 Vgl. Gesetzesbegründung BT-Drucks. 18/8911 v. 22.6.2016 zu § 13b Abs. 5 ErbStG, nachzulesen z. B. in IDW, Neuregelung der Erbschaftsteuer, Düsseldorf 2017, S. 70.

2 Vgl. § 9 Abs. 1 Nr. 4 ErbStG.

Diese schwer verständliche Formulierung kann man sich erschließen, indem man die Ermittlung des begünstigten Vermögens in mehrere Schritte unterteilt.[1]

1. Schritt Es wird das begünstigungs**fähige** Vermögen ermittelt, § 13b Abs. 1 ErbStG. Gegebenenfalls ist es nur teilweise begünstigt, § 13b Abs. 2 ErbStG. Um das Ausmaß der Begünstigung zu ermitteln, muss im

2. Schritt der Unternehmenswert bestimmt werden. Dies ist der Steuerwert des begünstigungsfähigen Vermögens laut § 12 ErbStG. Im

3. Schritt wird das potenziell steuerpflichtige Verwaltungsvermögen in Form von einzelnen Vermögensgegenständen/Wirtschaftsgütern und deren gemeinen Werten identifiziert. Von der Summe dieser Werte werden im

4. Schritt die diesen Wirtschaftsgütern laut Gesetz zuzurechnenden Schulden etc. abgezogen (§ 13b Abs. 3 und 4 ErbStG), ggf. nur anteilig (sogenannte Schuldenverrechnung i. S. des § 13b Abs. 6 ErbStG). Hiermit erhält man den sogenannten Nettowert des Verwaltungsvermögens. Von diesem ist im

5. Schritt das unschädliche Verwaltungsvermögen nach § 13b Abs. 7 ErbStG (sogenannter Unschädlichkeitsbetrag) abzuziehen. Nun hat man den Wert des steuerpflichtigen Verwaltungsvermögens ermittelt. Daher kann im

6. Schritt der Wert des begünstigten Betriebsvermögens errechnen werden, indem man von dem Unternehmenswert, der im 2. Schritt ermittelt wurde, das steuerpflichtige Verwaltungsvermögen gemäß 5. Schritt abzieht.

(Einstweilen frei) 1909–1912

Diese Aufteilung des begünstigungsfähigen Vermögens auf das steuerpflichtige Verwaltungsvermögen und das steuerbegünstigte Vermögen macht es nötig, auch die Schulden und sonstigen Abzüge (§ 103 BewG, im Folgenden vereinfacht: Schulden) des Betriebes oder der Gesellschaft auf das steuerpflichtige Verwaltungsvermögen und das begünstigte Vermögen aufzuteilen. Je mehr Schulden beim steuerpflichtigen Verwaltungsvermögen verrechnet werden können, desto geringer wird der steuerpflichtige Erwerb. Der Schuldenverrechnung kommt daher hohe Bedeutung zu.[2] 1913

1 Vgl. hierzu und im Folgenden Pach-Hanssenheimb, WPg 2017 S. 471, 473.

2 Vgl. Pach-Hanssenheimb, WPg 2017 S. 471.

Um zu verstehen, wie der Gesetzgeber die Verrechnung geregelt hat, ist es hilfreich, sich darüber klar zu werden, dass er sich abwechselnd auf zwei Betrachtungsebenen bewegt.[1]

1914 Die erste Ebene ist die des Unternehmenswertes, der eine Nettogröße darstellt, also eine Größe, bei deren Ermittlung die Schulden des Unternehmens berücksichtigt wurden. Der Gesetzgeber spricht hier von dem begünstigungs**fähigen** Vermögen, dem Wert des begünstigungsfähigen Vermögens oder dem gemeinen Wert des Betriebsvermögens des Betriebes oder der Gesellschaft, vgl. → Rz. 1908. Diese Werte, bzw. dieser Wert, werden i. d. R. als Ertragswert ermittelt, gleichgültig ob es sich bei dem Bewertungsobjekt um ein Einzelunternehmen oder einen Anteil an einer Personengesellschaft bzw. einer Kapitalgesellschaft handelt.[2] Der Ertragswert bildet den Wert des gesamten Betriebsvermögens ab, und zwar nicht als Summe der vorhandenen aktiven und passiven Vermögensgegenstände, sondern als Kapitalwert der zu erwarteten künftigen Überschüsse. Der Begriff Überschüsse macht dabei deutlich, dass nicht nur die Einnahmen berücksichtigt werden, sondern auch die Ausgaben für die Anschaffung von Waren, Rohstoffen, die Beschäftigung von Angestellten etc. und auch die zu zahlenden Zinsen. Es handelt sich also um einen Nettowert, bei dessen Ermittlung die Schulden des Unternehmens (mittelbar) berücksichtigt wurden. Er umfasst das begünstigte Betriebsvermögen und das steuerpflichtige Verwaltungsvermögen. Man bewegt sich hier also auf der Ebene eines (alles) „umfassenden" Wertes (Nettogröße). Zu dieser Art von Werten gehören auch die aus Börsenkursen oder aus Verkäufen unter fremden Dritten abgeleiteten Werte von Anteilen an Kapitalgesellschaften.[3]

1915 Damit festgestellt werden kann, welcher Teil dieses allumfassenden gemeinen Wertes als Verwaltungsvermögen der Erbschaft- und Schenkungsteuer unterliegt, muss Letzteres aus dem „umfassenden" gemeinen Wert herausgerechnet werden. Dies geschieht jedoch nicht, indem die von diesem Verwaltungsvermögen zu erwartenden zukünftigen Überschüsse bestimmt und anschließend kapitalisiert werden, sondern durch Addition der Einzelwerte der Gegenstände des Verwaltungsvermögens abzüglich der Schulden, die mit diesen nach den Regelungen des Erbschaftsteuergesetzes verrechnet werden dürfen. Dabei müssen die Schulden grds. nicht wirtschaftlich mit diesen Vermögensgegenständen zusammenhängen.[4]

1 Vgl. hierzu und zum Folgenden Pach-Hanssenheimb, WPg 2017 S. 471, 473.

2 Vgl. das vereinfachte Ertragswertverfahren nach §§ 199 ff. BewG oder Gutachten nach IDW S 1.

3 Vgl. § 11 BewG.

4 Vgl. R E 13b.25 Satz 2 ErbStR 2019.

Bei der Feststellung des steuerpflichtigen Verwaltungsvermögens begibt sich der Gesetzgeber also von der ersten Ebene der umfassenden Werte auf die zweite Ebene einer gegenständlichen Betrachtung,[1] die man sich als eine Art Bilanz mit aktiven und passiven Vermögensgegenständen vorzustellen hat. Diese gegenständliche Betrachtung gilt nicht nur bei Einzelunternehmen und Personengesellschaften, bei denen nach ertragsteuerlichem Verständnis ein Gesellschafter anteilig an allen aktiven und passiven Vermögensgegenständen beteiligt ist, sondern auch bei Anteilen an Kapitalgesellschaften, bei denen der Gesellschafter eigentlich Eigentümer von Gesellschaftsanteilen ist. Auch bei Kapitalgesellschaften kommt es damit für die Bestimmung des Wertes des Verwaltungsvermögens und der ihm zuzuordnenden Schulden zu einer Art „Durchgriff" auf das Vermögen der Gesellschaft, wie man es sonst nur im Ertragsteuerrecht bei Personengesellschaften kennt.

Wir müssen also gedanklich zwischen zwei Ebenen wechseln. Einmal die Ebene der „umfassenden Werte" in Form z. B. eines Ertragswertes für den gemeinen Wert des Betriebsvermögens und zum anderen die Ebene der Einzelvermögensgegenstände mit deren jeweiligem gemeinen Wert bei der Bestimmung des steuerpflichtigen Verwaltungsvermögens. 1916

7.1 Die bei der Aufteilung verwendeten Begriffe

§ 13b Abs. 3, 4 und 6 ErbStG legt eine gewisse Reihenfolge der Schuldenverrechnung fest. Damit der Leser einen besseren Überblick erhält, werden in der folgenden Auflistung die Begriffe aufgeführt und erläutert, die gemäß Gesetzeswortlaut für die Schuldenverrechnung von Bedeutung sind. 1917

1. Das **begünstigungsfähige Vermögen** (Unternehmensvermögen) gem. § 13b Abs. 1 ErbStG ist im Prinzip das einkommensteuerliche Betriebsvermögen, vgl. auch → Rz. 1862 f.

   Hierfür wird der **gemeine Wert des Betriebsvermögens des Betriebs oder der Gesellschaft ermittelt**, § 13b Abs. 6 Satz 2 ErbStG, hier auch als „Unternehmenswert" bezeichnet.

2. Das **Verwaltungsvermögen** nach § 13b Abs. 4 ErbStG (abschließender Katalog).

   Es unterliegt grds. der Steuer. Vom gesamten Verwaltungsvermögen werden bestimmte Teile gesondert behandelt. Dies sind die folgenden Nummern 3–8.

1 Vgl. auch Abschnitt 13b.12 Abs. 1 AEErbSt 2017; R E 13b.12 ErbStR 2019.

3. Das **Altersversorgungsvermögen,**

   d. h. begünstigungsfähiges Vermögen, das ausschließlich und dauerhaft der Erfüllung von Schulden aus Altersversorgungsverpflichtungen dient, § 13b Abs. 3 ErbStG.[1] Dementsprechend sind auch die

4. Schulden aus Altersversorgungsverpflichtungen, § 13b Abs. 3 ErbStG

   getrennt zu ermitteln und abzugrenzen von den[2]

5. übrigen Schulden und Abzügen (§ 103 BewG).

6. **Finanzmittel**, § 13b Abs. 4 Nr. 5 ErbStG:

   Der Bestand an Zahlungsmitteln, Geschäftsguthaben, Geldforderungen und anderen Forderungen.[3]

7. **Junges Verwaltungsvermögen**, § 13b Abs. 7 Satz 2 ErbStG:

   Das Verwaltungsvermögen, das dem Betrieb im Zeitpunkt der Entstehung der Steuer weniger als zwei Jahre zuzurechnen war,

8. **Junge Finanzmittel**, § 13b Abs. 4 Nr. 5 Satz 2 ErbStG:

   Der Saldo der eingelegten und der entnommenen[4] Finanzmittel, welche dem Betrieb im Zeitpunkt der Entstehung der Steuer weniger als zwei Jahre zuzurechnen waren.[5]

9. Der **Nettowert des Verwaltungsvermögens** i. S. des § 13b Abs. 6 ErbStG

---

1 Vgl. im Einzelnen IDW, Neuregelung der Erbschaftsteuer, Düsseldorf 2017, Rz. 91 ff.

2 Vgl. jedoch die Vereinfachungsregelung laut R E 13b.11 ErbStR 2019, mit der die Finanzverwaltung eine Verrechnungsreihenfolge festgelegt hat, bei der nicht geprüft wird, ob die Vermögensgegenstände der Sicherung dieser Schulden tatsächlich dienen, vgl. i. E. → Rz. 1910.

3 Vgl. Auflistung in Abschnitt 13b.23 Abs. 2 AEErbSt 2017 und R E 13b.23 Abs. 2 ErbStR 2019. Danach sind u. a. auch stille Beteiligungen und Kryptowährungen Finanzmittel.

4 Hinweis: Finanzmittel, die durch Verkäufe entstanden sind, können keine „jungen Finanzmittel" sein, da sie nicht „eingelegt" wurden. Werden jedoch mit diesen Finanzmitteln z. B. Wertpapiere angeschafft, sind diese nach Auffassung der Finanzverwaltung sehr wohl junges Verwaltungsvermögen. vgl. R E 13b.27 Abs. 1 Satz 2 ErbStR 2019. Kritisch z. B. Viskorf in Viskorf/Schuck/Wälzholz, ErbStG 2017, § 13b Rz. 284.

5 Zu den handwerklichen Fehlern des Gesetzes vgl. z. B. Korezkij, DStR 2016 S. 2434, 2438 f. Eventuell kann der Betrag der jungen Finanzmittel sogar höher sein als der tatsächlich vorhandene Betrag an Finanzmitteln, weil nur der Saldo der eingelegten und entnommenen jungen Finanzmittel betrachtet wird, gleichgültig ob diese Finanzmittel noch im Unternehmen sind oder nicht. Sollte dies zutreffen, würde die Einlage von Finanzmitteln und ihre Anlage in Wertpapieren womöglich zu einem betragsmäßig überhöhten Verwaltungsvermögen führen (Wertpapiere zzgl. dafür eingelegte Finanzmittel). Diesen Fehler hat die Finanzverwaltung in Abschnitt 13b.23 Abs. 3 Satz 3 AEErbSt 2017, R E 13b.23 Abs. 3 Satz 3 ErbStR 2019 behoben. Hier wird geregelt, dass der Wert der jungen Finanzmittel begrenzt ist auf den Wert der Finanzmittel zum Stichtag vor Abzug der abzugsfähigen Schulden und des Sockelbetrags.

ist der gemeine Wert des Verwaltungsvermögens nach Herausrechnung der Werte, die nach den Abs. 3 und 4 mit Schulden verrechnet werden können, gekürzt um den anteiligen gemeinen Wert der verbliebenen Schulden.[1]

10. Das **unschädliche Verwaltungsvermögen** (auch Unschädlichkeitsbetrag) nach § 13b Abs. 7 ErbStG

    ist der Nettowert des Verwaltungsvermögens, soweit er 10 % des um den Nettowert des Verwaltungsvermögens gekürzten gemeinen Wertes des Betriebsvermögens (Unternehmenswert, vgl. → Rz. 1862) nicht übersteigt und gewisse weitere Voraussetzungen erfüllt.

11. **Das begünstigte Vermögen** nach § 13b Abs. 2 ErbStG

    ist der Teil des begünstigungsfähigen Vermögens, dessen gemeiner Wert den Nettowert des Verwaltungsvermögens, welches um den Unschädlichkeitsbetrag (unschädliche Verwaltungsvermögen) gekürzt wurde, übersteigt.

    Gehören zu dem Unternehmensvermögen unmittelbar oder mittelbar inländische oder ausländische Personengesellschaften oder qualifizierte Anteile an Kapitalgesellschaften,[2] so ordnet § 13b Abs. 9 ErbStG eine Verbundbetrachtung an.[3]

7.2 Die Aufteilung und Verrechnung der Schulden zur Ermittlung des steuerpflichtigen Verwaltungsvermögens (Schritte 3–5) 1918

Die Aufteilung des begünstigungsfähigen Vermögens (erste Ebene, globaler Wert) beginnt mit der Ermittlung des steuerpflichtigen Verwaltungsvermögens. Diese erfolgt auf der zweiten Ebene, derjenigen der Einzelwirtschaftsgüter, in folgenden Rechenschritten:

---

1 Vgl. R E 13b.9 Abs. 2, II.3 ErbStR 2019.

2 Qualifizierte Anteile an Kapitalgesellschaften liegen vor, sofern der Erblasser oder Schenker am Nennkapital dieser Gesellschaft unmittelbar zu mehr als 25 % beteiligt war (Mindestbeteiligung). Diese Mindestbeteiligung kann auch dadurch erreicht werden, dass der Erblasser oder Schenker seine Anteile mit anderen Gesellschaftern gepoolt hat und der Pool die Grenze von 25 % übersteigt, § 13b Abs. 1 Nr. 3 ErbStG.

3 Die unmittelbar oder mittelbar gehaltenen Finanzmittel, die Vermögensgegenstände des Verwaltungsvermögens sowie die Schulden der verschiedenen Beteiligungsebenen sind jeweils anteilsmäßig in einer Verbundvermögensaufstellung zusammenzufassen. Darin sind die jungen Finanzmittel und das junge Verwaltungsvermögen gesondert aufzuführen. Dies geschieht, damit die Vorschriften zur Aufteilung des Unternehmenswertes auf das sogenannte begünstigte Vermögen und das steuerpflichtige Verwaltungsvermögen auf dieser Verbundebene durchgeführt werden können, vgl. → Rz. 1875.

Summe der Werte der Einzelwirtschaftsgüter des Verwaltungsvermögens (Schritt 3)

./. Altersversorgungsverpflichtungen, § 13b Abs. 3 ErbStG (Schritt 4)

./. Schulden, die mit den Finanzmitteln verrechnet werden können, § 13b Abs. 4 Nr. 5 ErbStG (Schritt 4)

./. Quotenschulden nach § 13b Abs. 6 ErbStG (Schritt 4)

= Netto-Verwaltungsvermögen, § 13b Abs. 6 ErbStG

./. Unschädliches Verwaltungsvermögen nach § 13b Abs. 7 ErbStG (Schritt 5)

= steuerpflichtiges Verwaltungsvermögen

Bei diesen Rechenschritten sind die Besonderheiten für junge Finanzmittel und junges Verwaltungsvermögen nach § 13b Abs. 8 ErbStG zu beachten.[1]

1919 Die Teile des begünstigungsfähigen Vermögens, die ausschließlich und dauerhaft der Erfüllung von Schulden von Altersversorgungsverpflichtungen dienen und dem Zugriff aller übrigen Gläubiger entzogen sind, gehören bis zum Wert der Schulden aus Altersversorgungsverpflichtungen nicht zum Verwaltungsvermögen, § 13b Abs. 3 ErbStG.

In R E 13b.11 Abs. 4 ErbStR bestimmt die Finanzverwaltung folgende Reihenfolge der Verrechnung von Altersversorgungsverpflichtungen mit den Wirtschaftsgütern des Verwaltungsvermögens:

1. junges Verwaltungsvermögen (§ 13b Abs. 7 Satz 2 ErbStG),
2. Verwaltungsvermögen (§ 13b Abs. 4 Nr. 1–4 ErbStG),
3. Finanzmittel (§ 13b Abs. 4 Nr. 5 Satz 1 ErbStG).

Dies dürfte für die Steuerpflichtigen i. d. R. vorteilhaft sein, da an erster Stelle eine Verrechnung mit jungem Verwaltungsvermögen erfolgt, dass ansonsten steuerpflichtig wäre, da es eigentlich stets Verwaltungsvermögen darstellt und nicht in die Schuldenverrechnung nach § 13b Abs. 6 ErbStG mit einbezogen wird (§ 13b Abs. 8 Satz 1 ErbStG).

Diese Verrechnungsreihenfolge begründet die Finanzverwaltung in R E 13b.11 Abs. 4 Satz 2 ErbStR: „*Damit bleibt eine Überdotierung und eine übermäßige Aussonderung von originärem Verwaltungsvermögen unberücksichtigt.*" Über-

1 Vgl. Grundregel der Schuldenverrechnung, → Rz. 1912, jedoch die Besonderheit für junges Verwaltungsvermögen bei den Altersversorgungsverpflichtungen, → Rz. 1910, und das Rechenschema der Finanzverwaltung in R E 13b.9 ErbStR 2019, → Rz. 1918.

dotierung bedeutet dabei, dass die Teile des begünstigungsfähigen Vermögens, das dauerhaft der Erfüllung von Schulden aus Altersversorgungsverpflichtungen dient, einen höheren Wert hat als die Altersversorgungsverpflichtungen.

Die Verrechnung von Schulden mit Finanzmitteln nach § 13b Abs. 4 Nr. 5 1920
ErbStG bezeichnet die Finanzverwaltung als Finanzmitteltest. Von den im Betrieb vorhandenen Finanzmitteln, die keine jungen Finanzmittel sind, vgl. § 13b Abs. 8 ErbStG, dürfen alle Schulden, die keine Altersversorgungsverpflichtungen sind, abgezogen werden.

Sollten hiernach noch Finanzmittel verbleiben, die keine „jungen Finanzmittel" darstellen, so gelten diese Finanzmittel bis zur Höhe von 15 % des „anzusetzenden Wertes des Betriebsvermögens, des Betriebes oder der Gesellschaft" (= Unternehmenswert, → Rz. 1862). nicht als Verwaltungsvermögen (= Sockelbetrag[1]). Voraussetzung ist, dass das begünstigungsfähige Vermögen, also das Unternehmensvermögen der Mutter- und Tochtergesellschaften, nach ihrem „Hauptzweck" bestimmten Tätigkeiten dient.[2]

7.3 Grundregeln der Schuldenverrechnung nach § 13b Abs. 6 ErbStG

Bei der Schuldenverrechnung nach § 13b Abs. 6 ErbStG sind allgemeingültige 1921
Grundregeln zu beachten. Schulden dürfen nämlich nicht verrechnet werden

- mit jungen Finanzmitteln (§ 13b Abs. 4 Nr. 5 Satz 2 und Abs. 8 Satz 1 ErbStG, sie sind stets Verwaltungsvermögen),
- mit jungem Verwaltungsvermögen (§ 13b Abs. 7 Satz 2 und Abs. 8 Satz 1 ErbStG, es kann kein unschädliches Verwaltungsvermögen sein).[3]

1 Vgl. R E 13b.9 Abs. 2 II.1 ErbStR 2019.

2 Hauptzweck einer Tätigkeit i. S. des § 13 Abs. 1, § 15 Abs. 1 Satz 1 Nr. 1, § 18 Abs. 1 Nr. 1 und 2 EStG, vgl. § 13b Abs. 4 Nr. 5 Satz 4 ErbStG, vgl. z. B. Korezkij, DStR 2016 S. 2434, 2437; Viskorf/Löcherbach/Jehle, DStR 2016 S. 2425, 2427. Anders als in § 13b Abs. 1 Nr. 2 ErbStG (begünstigungsfähiges Vermögen) wird die Tätigkeit i. S. des § 15 Abs. 3 EStG nicht explizit aufgeführt. Hieraus kann entnommen werden, dass der Sockelbetrag für nicht gewerblich tätige Personengesellschaften und bei gewerblich geprägten Personengesellschaften nicht zur Anwendung kommt, vgl. IDW, Neuregelung der Erbschaftsteuer, Düsseldorf 2017, Rz. 99.

3 Vgl. R E 13b.9 Abs. 2 II.1 ErbStR 2019, Ausnahme jedoch bei der Verrechnung der Altersversorgungsverpflichtungen in R E 13b.11 ErbStR 2019, vgl. Rz. 1916b.

Zusätzlich bestimmt § 13b Abs. 8 Satz 2 ErbStG, dass Schulden nur unter den folgenden Voraussetzungen mit Verwaltungsvermögen verrechnet werden:

- es dürfen keine „wirtschaftlich nicht belastenden Schulden"[1] vorliegen und
- die Summe der Schulden darf den durchschnittlichen Schuldenstand der letzten drei Jahre vor dem Zeitpunkt der Entstehung der Steuer (§ 9 ErbStG) nicht übersteigen. Ein Überschreiten ist jedoch zulässig, soweit die Erhöhung des Schuldenstandes durch die Betriebstätigkeit veranlasst ist.

7.4 Quotale Schuldenverrechnung nach § 13b Abs. 6 ErbStG gemäß R E 13b.9 ErbStR

1922 Nachdem entsprechend § 13b Abs. 3 und 4 ErbStG Schulden mit Verwaltungsvermögen verrechnet wurden, können immer noch Schulden verbleiben. Für diese schreibt § 13b Abs. 6 ErbStG vor, dass sie quotal auf das begünstigte Vermögen und das steuerpflichtige Verwaltungsvermögen zu verteilen sind.

Für diese Verteilung hat die Finanzverwaltung in R E 13b.9 ErbStR ein Schema entwickelt,[2] auf das verwiesen wird. In diesem Schema werden allerdings die Verrechnungen von Altersversorgungsverpflichtungen mit dem Verwaltungsvermögen nicht berücksichtigt. Wie zuvor ausgeführt, äußert sich die Finanzverwaltung hierzu erst später in R E 13b.11 ErbStR, obwohl die Verrechnung der Altersversorgungsverpflichtungen in § 13b Abs. 3 ErbStG vor der Definition des Verwaltungsvermögens in § 13b Abs. 4 ErbStG und vor der quotalen Schuldenverrechnung in § 13b Abs. 6 ErbStG geregelt wird.

---

1 Vgl. IDW, Neuregelung der Erbschaftsteuer, Düsseldorf 2017, Rz. 125; Korezkij, DStR 2016 S. 2434, 2442. Als Beispiel nennen Abschnitt 13b.28 Abs. 2 AEErbSt 2017 und R E 13b.28 Abs. 2 ErbStR 2019 den Fall, in dem eine bilanziell überschuldete Gesellschaft nur deshalb nicht Insolvenz beantragen muss, weil der Gläubiger den Rangrücktritt erklärt hat oder wenn die überschuldete Gesellschaft durch eine Unternehmensgruppe und die Forderung durch eine nahestehende Person erworben wird.

2 Vgl. alternativ mit Rechenbeispiel Pach-Hanssenheimb, WPg 2017 S. 471; Korezkij, DStR 2016 S. 2434; DW (Hrsg.), Neuregelung der Erbschaftsteuer, Düsseldorf 2017, Rz. 91 ff., 96 ff.; sowie Rechenbeispiel ab S. 134.

Zum Verwaltungsvermögen gehören gem. § 13b Abs. 3 und 4 ErbStG

- das Vermögen zur Absicherung von Altersversorgungsverpflichtungen,[1]
- die Finanzmittel (§ 13b Abs. 4 Nr. 5 ErbStG, inkl. „der jungen Finanzmittel") und
- das sonstige Verwaltungsvermögen (§ 13b Abs. 4 Nr. 1–4 ErbStG inkl. „des jungen Verwaltungsvermögens").

Es ist daher zu empfehlen, zunächst diesen Gesamtwert des Verwaltungsvermögens um die Verrechnungen mit Altersversorgungsverpflichtungen nach R E 13b.11 ErbStR zu verringern, bevor das allgemeine Rechenschema nach R E 13b.9 ErbStR angewandt wird.

7.5 Die Ermittlung des begünstigten Vermögens i. S. des § 13b Abs. 2 Satz 1 ErbStG

Das begünstigte Vermögen i. S. des § 13b Abs. 2 Satz 1 ErbStG[2] errechnet sich 1923
aus dem Wert des begünstigungs**fähigen** Vermögens nach § 13b Abs. 1 ErbStG (= Unternehmenswert) abzüglich des steuerpflichtigen Verwaltungsvermögens.

Ohne an dieser Stelle auf die Feinheiten einzugehen, kann das Schema zur Ermittlung des Wertes des begünstigten Vermögens wie folgt dargestellt werden:

Gemeiner Wert des begünstigungsfähigen Vermögens

(= aktive Vermögensgegenstände und Schulden sowie sonstige Abzüge, i. d. R. zusammengefasst in einem Ertrags- oder Vergleichswert, vgl. → Rz. 1914)

./. steuerpflichtiges Verwaltungsvermögen

= Wert des begünstigten Vermögens (§ 13b Abs. 2 ErbStG)

1 § 13b Abs. 3 ErbStG spricht von Teilen des begünstigungsfähigen Vermögens, das dauerhaft der Erfüllung von Schulden aus Altersversorgungsverpflichtungen dient und dem Zugriff aller übrigen nicht aus den Altersversorgungsverpflichtungen unmittelbar berechtigten Gläubiger entzogen ist. Dies kann z. B. eine fremdvermietete Immobilie sein, die Verwaltungsvermögen i. S. des § 13b Abs. 4 Nr. 1 ErbStG ist. Daher ist es naheliegend, diese Teile des begünstigungsfähigen Vermögens als Verwaltungsvermögen zu betrachten. Siehe auch R E 13b.11 Abs. 4 Satz 2 ErbStR 2019.

2 Sämtliches Vermögen, das nicht zum begünstigten Vermögen gehört, ist ohne Verschonungsmöglichkeit steuerpflichtig, vgl. R E 13b.7 Satz 2 ErbStR 2019.

8. Die Bestimmung des steuerpflichtigen Vermögens auf der Basis des begünstigten Betriebsvermögens

1924 Die Ermittlung des steuerpflichtigen Vermögens eines Betriebs, von Mitunternehmeranteilen oder von Anteilen an Kapitalgesellschaften ist relativ einfach, sobald das begünstigte Vermögen ermittelt wurde. Es gilt folgendes Schema:

	Begünstigtes Vermögen
./.	eventueller Vorwegabschlag nach § 13a Abs. 9 ErbStG
=	Saldo
./.	Verschonungsabschlag (85 % oder 100 % oder abgeschmolzener Prozentsatz, § 13a Abs. 1 oder 10, § 13c ErbStG)
=	Saldo
./.	Abzugsbetrag nach § 13a Abs. 2 ErbStG (150.000 €, die abschmelzen)
=	steuerpflichtiges begünstigtes Vermögen
+	steuerpflichtiger Wert des Verwaltungsvermögens (nicht begünstigtes Vermögen)
=	steuerpflichtiges Vermögen

1925–1954 *(Einstweilen frei)*

IV. Die Auswirkungen der Erbschaftsteuerreform 2016

1955 In der Einleitung zu diesem Kapitel wurde ausgeführt, dass Familienstiftungen, die über Betriebsvermögen, land- und forstwirtschaftliche Betriebe sowie qualifizierte Anteile an Kapitalgesellschaften i. S. des § 13b Abs. 1 ErbStG verfügen, damit rechnen müssen, dass i. d. R. höhere Teile ihres Betriebsvermögens als bisher der Erbersatzsteuer unterliegen werden. Die Berechnungen im Fall der A-KG/GmbH belegen diese Aussage.

1956 Nach der Erbschaftsteuerreform 2016 genügt es nicht mehr, nur die Vollverschonung zu erreichen, sondern es gilt zusätzlich das tatsächlich steuerpflichtige Verwaltungsvermögen gegen null zu führen bzw. so weit zu reduzieren, dass es durch den Unschädlichkeitsbetrag nach § 13b Abs. 7 ErbStG abgedeckt ist.

1957 Vor allem bei Familienstiftungen, die über begünstigungs**fähiges** Vermögen mit sehr hohem Wert verfügen, wird die Erbersatzsteuer zu einer Herausforderung, da ab einem **begünstigten** Vermögen im Wert ab 26 Mio. € die Verschonung abgeschmolzen wird und ab einem Wert von 90 Mio. € vollkommen entfällt.

In einem solchen Fall wäre zu klären, ob die Gesellschaften, an denen die Familienstiftung beteiligt ist, die Voraussetzungen für den bis zu 30%igen Vorababschlag nach § 13a Abs. 9 ErbStG erfüllen, vgl. → Rz. 1889 ff.

Folgende grds. Optimierungsüberlegungen wären außerdem denkbar. Ange- 1958
messene Zeit vor dem Stichtag der Erbersatzsteuer wird entbehrliches junges Verwaltungsvermögen in flüssige Mittel umgewandelt und es werden die jungen Finanzmittel identifiziert.[1] Diese auf jeden Fall der Erbersatzsteuer unterliegenden flüssigen Mittel könnten an die Familienstiftung ausgekehrt werden, sofern das Unternehmen über die notwendigen bilanziellen Rücklagen verfügt. Diese Ausschüttung allein hätte jedoch noch keinen Einfluss auf die Erbersatzsteuer,[2] denn die ausgeschütteten Mittel unterliegen dieser auch auf Ebene der Familienstiftung. Sie muss sich daher überlegen, ob sie die erhaltenen Ausschüttungen vor dem Stichtag der Erbersatzsteuer an die Destinatäre auskehrt, um die Erbersatzsteuer zu minimieren.

Diese Gestaltung könnte allerdings zur Folge haben, dass die Familienstiftung in den folgenden 20 Jahren nicht dazu in der Lage sein wird, die bisherigen Auskehrungen an die Destinatäre weiterhin in derselben Höhe zu leisten, falls das Unternehmen wegen der „Sonderausschüttung" seine laufende Ausschüttung eventuell herunterfahren muss. Außerdem sind die ertragsteuerlichen Folgen der Ausschüttung und der Auskehrung auf den Ebenen des Unternehmens, der Familienstiftung und der Destinatäre mit zu berücksichtigen. Außerdem muss der Stiftungsvorstand im Falle der Auskehrung von Vermögen an die Destinatäre untersuchen, ob er dennoch in Zukunft in der Lage sein wird, die bisherige Auskehrung an die Destinatäre zu leisten, und ob eine Senkung dieser Auskehrung im Anschluss an die Sonderauskehrung im Einklang mit der Erfüllung des Stiftungszwecks steht.

1 Hierbei handelt es sich um den Saldo der von der Stiftung und den anderen Gesellschaftern innerhalb der letzten beiden Jahre eingelegten und entnommenen Finanzmittel, vgl. → Rz. 1908; § 13b Abs. 4 Nr. 5 Satz 2 ErbStG.

2 Es sei denn, die Ausschüttung macht das Bestehen des 90%-Verwaltungsvermögenstests, vgl. → Rz. 1897 ff., möglich. Sollten mit dem ausgeschütteten Verwaltungsvermögen jedoch Schulden wirtschaftlich zusammenhängen und diese Schulden ebenfalls ausgekehrt (umfinanziert) werden, ist die Besteuerung dieses ausgeschütteten Verwaltungsvermögens mit Schulden außerhalb des Betriebsvermögens günstiger. Denn im Betriebsvermögen können diese Schulden nur quotal abgezogen werden (vgl. → Rz. 1918), während sie im Vermögen der Stiftung vollständig zum Abzug kommen. Bei jungem Verwaltungsvermögen ist der Abzug von Schulden sogar ganz ausgeschlossen, § 13b Abs. 8 ErbStG.

1959 Für kleinere Familienstiftungen jedoch, denen es gelingt, eine Verschonung für wesentliche Teile ihres begünstigungsfähigen Betriebsvermögens zu sichern, halten sich die Auswirkungen der Reform in Grenzen, da sie im Rahmen der Erbersatzsteuer einen Freibetrag von 800.000 € verrechnen können. Im Fall der Gründung ist dieser Freibetrag jedoch wesentlich geringer, vgl. → Rz. 1885. Aber auch diese Stiftungen werden diesem Thema größere Aufmerksamkeit widmen müssen als bis zum 30.6.2016, denn die genannten Freibeträge werden auch durch nicht betriebliches Vermögen der Familienstiftungen aufgebraucht.

1960 *(Einstweilen frei)*

1961 Die Gründung einer Familienstiftung kann jedoch auch ein Instrument der generellen Nachfolgeplanung sein.

In → Rz. 1895 wird ein Beispiel der Literatur, das sich auf ein Beispiel des BMF bezieht, für die Nutzung einer Familienstiftung als solches vorgestellt. Der Alleinerbe verfügte danach über ein Privatvermögen von 100 Mio. € und soll ein Unternehmen mit einem begünstigten Vermögen von 100 Mio. € erben. Es greift also weder das Abschmelzmodell (§ 13c ErbStG) noch ist ein Verschonungsbedarf (§ 28a ErbStG) gegeben. Geht das Unternehmen jedoch im Vermächtniswege auf eine neugegründete Familienstiftung über, wäre die Steuer von 30 % zu erlassen.[1]

1962 Ähnliche Überlegungen wären anzustellen, falls in der Vergangenheit bereits mit Verschonung Betriebsvermögen mit hohen Werten übertragen wurde und vor Ablauf der 10-Jahresfrist nach § 14 ErbStG der Erbfall eintreten könnte. In einem derartigen Fall wären nach § 13a Abs. 1 Satz 2 ErbStG dem Erwerb des begünstigten Vermögens im Rahmen des Erbfalles die früheren Erwerbe nach ihrem früheren Erwerb hinzuzurechnen. Wird nun aufgrund dieser Zusammenrechnung die Grenze von 26 Mio. € überschritten, entfällt die Steuerbefreiung für die bis dahin als steuerfrei behandelten früheren Erwerbe nach dem 30.6.2016 mit Wirkung für die Vergangenheit. Für frühere Erwerbe, die vor dem 1.7.2016 stattfanden, entfallen die bisherigen Befreiungen zwar nicht, aber für den Erwerb z. B. im Jahre 2023 kommt keine Verschonung oder Stundung infrage, weil die Wertgrenzen überschritten werden und zu viel „verfüg-

1 Vgl. z. B. Theuffel-Werhahn, ZEV 2017 S. 17 mit Bezug auf ein Beispiel des BMF.

bares Vermögen" vorhanden ist.[1] Mithilfe einer Familienstiftung könnte diese Zusammenrechnung vermieden werden (vgl. → Rz. 1894).

Weitere Fälle, in denen die (teilweise) Übertragung von Vermögen auf eine Familienstiftung angebracht sein könnte: 1963

- Unternehmer U hat ein Unternehmen aufgebaut, das über ein begünstigtes Vermögen i. H. von 51 Mio. € und nicht begünstigtes Vermögen von 60 Mio. € verfügt. Er hat nur einen Erben. Durch die Übertragung von Unternehmensteilen auf eine Familienstiftung kann der Erwerb des Erben an begünstigtem Vermögen auf 26 Mio. € reduziert werden.
- Das Unternehmen von U verfügt über begünstigtes Vermögen i. H. von 51 Mio. € sowie nicht begünstigtes Vermögen von 10 Mio. €. Außerdem besitzt U Privatvermögen im Wert von 40 Mio. €. Wieder hat er nur einen Erben.
- Der Unternehmer U hat nur einen Erben, seinen Sohn S. Das begünstigte Vermögen der Kapitalgesellschaft, an der U zu 100 % beteiligt ist, beläuft sich auf 100 Mio. €. S verfügt bereits über ein beachtliches Privatvermögen, das aus Immobilien besteht und einen Wert von 50 Mio. € aufweist. Das Abschmelzmodell nach § 13c ErbStG ist bei einer Vererbung auf S nicht mehr anwendbar. Eine Verschonung nach § 28a ErbStG würde ebenfalls nicht zu einer Verringerung der Erbschaftsteuer führen.

Mithilfe einer Familienstiftung kann außerdem die hohe Belastung von weiteren Erwerben innerhalb von zehn Jahren vermieden werden. Entweder weil eine Zusammenrechnung mit Vorerwerben nach dem 30.6.2016, die zu einem nachträglichen Wegfall von Verschonung führen würde, vermieden wird. Oder weil der Nacherwerb aus „verfügbarem Vermögen" besteht, das wegen eines früheren Erlasses nach § 28a ErbStG ansonsten zu 50 % „abzuliefern" wäre. Denn der Stifter, der nach dem 30.6.2016 das Unternehmen auf die Stiftung überträgt, hat es in der Hand, ob die Stiftung weiteres Vermögen erlangt. Würde statt der Familienstiftung ein vermögensloses Kind des eigentlichen Erben 1964

1 Vgl. i. E. → Rz. 1894. Laut Abschnitt 13a.2 Abs. 2 und Abschnitt 13c.4 Abs. 1 AEErbSt 2017 und R E 13a.2 Abs. 2 f. sowie R E 13c.4 ErbStR 2019 wird bei Erwerben nach dem 31.12.2008 und vor dem 1.7.2016 das damalige Betriebsvermögen im Falle der Regelverschonung zu 85 % und im Falle der Optionsverschonung zu 100 % zu dem Erwerb von begünstigtem Vermögen nach dem 30.6.2017 hinzugerechnet. Die damals gewährte Verschonung bleibt also erhalten. Bei Erwerben vor dem 1.1.2009 (damals gab es noch nicht das Verschonungssystem) wird der Wert dagegen in voller Höhe hinzugerechnet und nicht nur in Höhe des damaligen Freibetrages und des damaligen 35%igen Abschlages, vgl. Abschnitt 13a.2 Abs. 2 Satz 9 AEErbSt 2017 und R E 13a.2 Abs. 3 Satz 7 f. ErbStR 2019; vgl. auch Korezkij, DStR 2017 S. 1729. Zur Kritik vgl. nur Wachter, GmbHR 2017 S. 1 m. w. N.

bedacht, wäre die Vermeidung der Nachsteuer nicht unbedingt sichergestellt. Denn das Kind kann auch von Onkeln, Tanten, Großeltern etc. mit Unternehmensanteilen bedacht werden und muss dann – innerhalb der zehn Jahre – grds. jeden Erwerb zu 50 % herausgeben (genaugenommen auch jedes Weihnachtsgeschenk etc., gleich welcher Höhe). Außerdem kann der eigentliche Erbe bis zu seinem Tod Einfluss über die Stiftung ausüben.

1965 Im Rahmen der Gründung einer Familienstiftung oder der Vorbereitung des Zeitpunktes des Entstehens der Erbersatzsteuer sind folgende Gestaltungsüberlegungen denkbar:

Bei der Übertragung eines Unternehmens auf eine Familienstiftung könnte sich der Stifter das lebenslängliche Nießbrauchrecht am Unternehmen vorbehalten, wobei die Familienstiftung Mitunternehmer werden muss, damit Betriebsvermögen übertragen wird, auf das die Verschonungsregelungen Anwendung finden.[1] Das Nießbrauchrecht würde dabei auf dem gesamten Unternehmen lasten, also sowohl auf dem verschonten als auch auf dem steuerpflichtigen Vermögen. Nach R E 13b.30 Abs. 6 ErbStR ist die Nießbrauchlast nach der Schuldenverrechnung (vgl. → Rz. 1916/2 f.) zu berücksichtigen. Die Werte für das begünstigte Vermögen und das steuerpflichtige Verwaltungsvermögen des Betriebsvermögens bzw. des Anteils sind nach dem Verhältnis des Kapitalwertes des Nießbrauchrechts zum Wert des (unbelasteten) Anteils auf das Nießbrauchrecht und das Stammrecht aufzuteilen.

Zu beachten ist hierbei die neuere Rechtsprechung des IV. Senats des BFH, nach der entweder der zivilrechtliche oder aber „nur" ein anderer als der zivilrechtliche Gesellschafter, also der wirtschaftliche Eigentümer, die Mitunternehmereigenschaften erfüllen kann. Sie könne auch nur durch einen Gesellschaftsanteil (Mitunternehmeranteil) vermittelt werden.[2] Im Bereich des § 6 Abs. 3 EStG (Buchwertfortführung) wendet die Finanzverwaltung diese Rechtsprechung jedoch bei unentgeltlichen Übertragungen unter Vorbehaltsnießbrauch nicht an.[3]

1 Vgl. H 13b.5 AEErbSt 2017, Schenkung von Betriebsvermögen unter freiem Widerrufsvorbehalt a. E.

2 Vgl. Hermes, DStR 2019 S. 1777, 1781 a. E.; BFH, Urteil v. 19.7.2018 - IV R 10/17, n.v. NWB QAAAG-97089 = DStR 2018 S. 2372, 2376; BFH, Urteil v 22.6.2017 - IV R 42/13 NWB HAAAG-64228 = DStR 2017 S. 2653; BFH, Urteil v. 1.3.2018 - IV R 15/15, BStBl. II 2018 S. 539 NWB TAAAG-88486 = DStRE 2019 S. 1032; Götz, FR 2019 S. 605 und Stein, ZEV 2019 S. 131.

3 Vgl. BMF, Schreiben v. 20.11.2019 - IV C 6 - S 2241/15/10003 Rz. 7 und 18 NWB HAAAH-35697 = DStR 2019 S. 2482.

Wird auf die Familienstiftung nur das Unternehmen übertragen, wird man einen Quotennießbrauch vereinbaren, damit die Stiftung ab ihrer Gründung auch tatsächlich über Einkünfte verfügt, um ihren Stiftungszweck dauerhaft erfüllen zu können. Dies ist Voraussetzung für die staatliche Genehmigung der Stiftung, vgl. → Rz. 70, → Rz. 140 ff. 1966

Selbstverständlich gilt auch die generelle Empfehlung, junges Verwaltungsvermögen und junge Finanzmittel in den letzten zwei Jahren vor der Errichtung der Stiftung oder dem Entstehen der Erbersatzsteuer zu vermeiden. Außerdem kann überlegt werden, ob nicht Möglichkeiten bestehen, Verwaltungsvermögen in begünstigtes Vermögen umzuwandeln, so dass das verbleibende Verwaltungsvermögen nicht mehr wesentlich höher als der Unschädlichkeitsbetrag nach § 13b Abs. 7 ErbStG ist. Insbesondere bei fremdvermieteten Immobilien dürfte dies schwierig sein. 1967

(Einstweilen frei) 1968

Aus diesen Überlegungen wird deutlich, in welchem Maße hier wirtschaftliche und steuerliche Überlegung ineinandergreifen. Diese sind eine Herausforderung für den Stiftungsvorstand, die Destinatäre und die Berater. Die Befassung mit ihnen sollte frühzeitig eingeleitet werden, um auf jeden Fall Zeitdruck beim Nahen der Stichtage zu vermeiden. 1969

J. Die Stiftungsrechtsreform

I. Gründe für die Stiftungsrechtsreform

Am 22.7.2021 wurde das Gesetz zur Vereinheitlichung des Stiftungsrechts (und zur Änderung des Infektionsschutzgesetzes) im Bundesgesetzblatt verkündet. Es tritt am 1.7.2023 in Kraft[1]. Die Verabschiedung markiert vorerst den Schlusspunkt einer jahrelangen Reformdiskussion im deutschen Stiftungsrecht. Das nun verkündete Gesetz setzt auf den Vorarbeiten der Bund-Länder-Arbeitsgruppe auf, die sich seit 2014 mit der Reform des Stiftungsrechts auseinandergesetzt und in ihrem Abschlussbericht im Jahr 2018 einen ausformulierten Diskussionsentwurf vorgelegt hatte. Der Entwurf fand mit nur geringen Anpassungen Eingang in den Referentenentwurf des BMJV von 2020, auf dem letztlich der Regierungsentwurf v. 21.2.2021 beruht. Dieser Entwurf wurde mit den vom Rechtsausschuss empfohlenen Änderungen im Bundestag am 24. und im Bundesrat am 25.6.2021 verabschiedet.[2] 1970

Das bis 1.7.2023 geltende Stiftungszivilrecht, das die Entstehung und die Verfassung der rechtsfähigen Stiftung des bürgerlichen Rechts bestimmt, beruhte auf Bundesrecht und Landesrecht. Die zivilrechtlichen Regelungen über die Stiftungen in den §§ 80 ff. des Bürgerlichen Gesetzbuchs (BGB) werden ergänzt durch zivilrechtliche Regelungen in den Stiftungsgesetzen der Länder. Die landesrechtlichen Vorschriften sind nicht einheitlich, so dass die Rechtsform der rechtsfähigen Stiftung des bürgerlichen Rechts durch die Landesstiftungsgesetze in den einzelnen Ländern verschieden ausgeprägt ist. Dieses Nebeneinander von Bundesrecht und Landesrecht führt immer wieder zu Streitfragen und Rechtsunsicherheit bei Stiftern und Stiftungen. Für Stiftungen gibt es anders als für die meisten anderen juristischen Personen des Privatrechts kein Register mit Publizitätswirkung, sondern nur Stiftungsverzeichnisse, die bei den Stiftungsbehörden geführt werden. Die Stiftungsverzeichnisse der Länder, die keine Publizitätswirkung haben, schaffen nicht die gleiche Transparenz für Stiftungen, wie sie durch das Handelsregister und das Vereinsregister für andere juristische Personen des Privatrechts gewährleistet ist. Um die Vertretungsmacht der Vorstandsmitglieder nachzuweisen, benötigen Stiftungen behördliche Vertretungsbescheinigungen. Da der Rechtsverkehr aktuelle Vertre- 1971

1 Gesetz zur Vereinheitlichung des Stiftungsrechts und zur Änderung des Infektionsschutzgesetzes vom 16.7.2021, BGBl I 2021 S. 2947, Art. 11 Abs. 2.

2 Schauer/Stallmann, NWB-EV 9/2021, 290 ZAAAH-87376; Demuth, NWB-EV 8/2022 S. 259 XAAAJ-18265.

tungsbescheinigungen verlangt, müssen diese immer wieder neu beantragt werden.[1]

1972 Durch die Neufassung der §§ 80 ff. BGB soll nach der Vorstellung des Gesetzgebers das Stiftungszivilrecht künftig abschließend im Bürgerlichen Gesetzbuch geregelt werden. Dabei werden neue Regelungen insbesondere zum Namen, Sitz und Vermögen der Stiftung sowie zur Änderung der Stiftungssatzung und zur Zulegung und Zusammenlegung von Stiftungen geschaffen und zahlreiche schon bestehende Vorschriften geändert. Zusätzlich soll zur Schaffung von mehr Transparenz ein zentrales Stiftungsregister mit Publizitätswirkung eingeführt werden, das vom Bundesamt der Justiz geführt wird. Dadurch wird für Stifter und Stiftungen das Stiftungsrecht übersichtlicher und verständlicher geregelt. Zahlreiche Streitfragen sollen geklärt werden und so mehr Rechtssicherheit für Stifter, Stiftungen, Mitglieder von Stiftungsorganen, die zuständigen Behörden und andere Rechtsanwender geschaffen werden. Durch das Stiftungsregister wird den Stiftungen die Teilnahme am Rechtsverkehr erleichtert und die Transparenz über Stiftungen verbessert.[2]

II. Die wesentlichen Änderungen des Stiftungszivilrechts

1. Einleitung

1973 Die Stiftungsrechtsreform beinhaltet umfassende Änderungen des deutschen Stiftungsrechts. Ihre zentralen Bestandteile sind[3]:

1. die Vereinheitlichung des Stiftungszivilrechts auf Bundesebene im BGB;
2. die Einführung eines zentralen Stiftungsregisters mit (negativer) Publizitätswirkung;
3. eine eigenständigere, umfangreiche Kodifizierung zur Organisationsverfassung und zum Stiftungsvermögen;
4. ergänzende Regelungen zur Verbrauchsstiftung;
5. die Einführung eines gesetzlichen, umfassenden Ermächtigungskatalogs zu Strukturmaßnahmen, also zur Vornahme von Satzungs- und Zweckänderungen, zur Umwandlung in eine Verbrauchsstiftung, zur Zu- und Zusammenlegung sowie zur Auflösung einer Stiftung.

1 BT-Drucks. 19/28173 v. 31.3.2021 S. 1 unter A.

2 BT-Drucks. 19/28173 v. 31.3.2021 S. 1 unter B.

3 Schauer/Stallmann, NWB-EV 9/2021 S. 290 ZAAAH-87376.

2. Vereinheitlichung des Stiftungszivilrechts auf Bundesebene im BGB

Im bisherigen Stiftungsrecht wurde immer wieder die Gültigkeit von zivilrechtlichen Vorschriften in den Landesstiftungsgesetzen unter Hinweis auf vermeintlich abschließende bundesrechtliche Vorschriften in den §§ 80 ff. BGB angezweifelt. Beispielhaft zu nennen sind die landesrechtlichen Vorschriften über die Zweckänderung und Auflösung der Stiftung durch Beschluss der Stiftungsorgane mit Genehmigung der Stiftungsbehörden. Seit Inkrafttreten des Bürgerlichen Gesetzbuchs ist das Verhältnis dieser Vorschriften zu § 87 BGB umstritten, insbesondere ob § 87 BGB eine abschließende bundesrechtliche Regelung zur Beendigung der Stiftung ist, die alle landesrechtlichen Regelungen sperrt, oder ob die Länder daneben noch die organschaftliche Auslösung der Stiftung vorsehen können.[1] 1974

Gerichtsentscheidungen zu stiftungsrechtlichen Fragen waren und sind selten. 1975
Verwaltungsgerichtliche Entscheidungen, die auf landesstiftungsrechtlichen Vorschriften beruhten, ließen sich auf andere Länder oft nicht übertragen, weil es dort die Vorschriften, auf die die Entscheidung gestützt wurde, nicht oder nicht mit demselben Inhalt gab. Streitfragen im Stiftungsrecht wurden deshalb kaum durch höchstrichterliche Entscheidungen geklärt.

3. Die Neuregelungen im Einzelnen

Das Zivilrecht der Stiftung bürgerlichen Rechts wird künftig bundeseinheitlich 1976
und abschließend im BGB in 29 Paragrafen (bislang waren es neun) geregelt sein. Im Gegenzug werden die bislang divergierenden stiftungszivilrechtlichen Vorschriften der einzelnen Landesstiftungsgesetze obsolet. Dies wird zur Folge haben, dass die 16 Landesstiftungsgesetze um den wesentlichen Teil ihrer Regelungen „erleichtert" werden. Entsprechende Anpassungsgesetze auf Landesebene müssten bis zum Inkrafttreten 2023 folgen. Es ist zu erwarten, dass diese langersehnte Vereinheitlichung zu mehr Rechtssicherheit und zu einer größeren Einheitlichkeit der Rechtsanwendung im Stiftungsrecht über das Bundesgebiet beitragen wird.[2]

1 BT-Drucks. 19/28173 v. 31.3.2021 S. 28 unter A.

2 Schauer/Stallmann, NWB-EV 9/2021 S. 290, 291 ZAAAH-87376.

3.1 Neufassung § 80 BGB

1977 In § 80 BGB-neu werden die Rechtsform der rechtsfähigen Stiftung des bürgerlichen Rechts näher umschrieben und die Voraussetzungen für die Entstehung der Stiftung geregelt. Die Vorschrift gilt nicht für andere Stiftungsformen wie die rechtsfähige Stiftung des öffentlichen Rechts oder die unselbständigen Stiftungen. Dies folgt schon aus dem Standort der Vorschrift in dem Untertitel des Bürgerlichen Gesetzbuchs, in dem nur das Organisationsrecht für die rechtsfähige Stiftung des Privatrechts geregelt wird.[1]

1978 § 80 Abs. 1 BGB-neu regelt die Merkmale, die eine Stiftung des bürgerlichen Rechts prägen. Diese konnten bisher nur aus der Zusammenschau der §§ 80 ff. BGB und der Vorschriften der Landesstiftungsgesetze erschlossen werden. Das erschwert es den Stiftern und anderen Rechtsanwendern, die Rechtsform Stiftung zu verstehen und führt zu sehr unterschiedlichen Auffassungen über Stiftungen und ihr Organisationsrecht. Die Vorschrift stellt insbesondere klar, dass Stiftungen vom Stifter nur befristet werden können, wenn sie als Verbrauchsstiftungen ausgestaltet werden.

1979 In **§ 80 Abs. 1 Satz 1** BGB-neu wird die Rechtsform der **rechtsfähigen Stiftung** des bürgerlichen Rechts umschrieben (**Legaldefinition**). Die Stiftung als juristische Person des Privatrechts unterscheidet sich von den anderen körperschaftlich organisierten juristischen Personen des Privatrechts wie rechtsfähigen Vereinen, Kapitalgesellschaften und Genossenschaften dadurch, dass sie „mitgliederlos" ist. Charakteristisch für die Stiftung sind der Stiftungszweck und das Stiftungsvermögen sowie die für die Stiftung typische Verknüpfung von Zweck und Vermögen.

1980 Der Zweck der Stiftung, den der Stifter im Stiftungsgeschäft festlegen muss, gibt der juristischen Person Stiftung ihren Inhalt. Der Stiftungszweck ist der Leitsatz der Stiftungstätigkeit, mit dem der Stiftung ein festes Ziel gegeben wird, an dem ihre Tätigkeit auszurichten ist. Er kann aus mehreren Teilzwecken bestehen, was z. B. bei Bürgerstiftungen regelmäßig der Fall ist, deren Tätigkeit zahlreiche Bereiche des kommunalen Lebens abdecken soll. Der Stiftungszweck kann nicht gegen den Willen des Stifters geändert werden.

1981 Das Vermögen der Stiftung ist das Mittel zur Erfüllung des Stiftungszwecks. Das Vermögen, mit dem die Stiftung ausgestattet werden soll, muss die dauernde und nachhaltige Erfüllung des Stiftungszwecks bei Entstehung der Stiftung gesichert erscheinen lassen. Eine dauernde Zweckerfüllung setzt voraus,

1 BT-Drucks. 19/28173 v. 31.3.2021 S. 49.

dass die Stiftung ihren Zweck mit dem Vermögen über einen längeren Zeitraum erfüllen kann.

Nachhaltig ist eine Zweckerfüllung nur, wenn sie auch wirksam ist, d. h., das 1982
Tätigwerden der Stiftung muss sich spürbar, also mit einer gewissen Intensität, auswirken. Zwischen den Merkmalen „dauerhaft" und „nachhaltig" bestehen Wechselwirkungen. Die Zweckerfüllung durch eine Stiftung, die über einen sehr langen Zeitraum bestehen soll, wird grds. wirksamer sein als die Zweckerfüllung durch eine Verbrauchsstiftung, die nur für eine kürzere Dauer besteht. In der Regel gilt, dass eine nachhaltige Zweckerfüllung desto mehr Anstrengungen erfordert, insbesondere auch Vermögenseinsatz, je kürzer der Zeitraum ist, für den eine Stiftung bestehen soll.

Aus dieser für die Stiftung typischen Verknüpfung von Zweck und Vermögen 1983
folgt, dass als Stiftungszweck nur ein solcher Zweck in Betracht kommt, der sich durch Nutzung eines Vermögens erfüllen lässt. Der Zweck einer Stiftung kann sich nicht in der Erhaltung des eigenen Vermögens erschöpfen. Auch wenn für die Erfüllung eines Zwecks die Nutzung eines Vermögens nicht erforderlich ist, wie etwa für die Übernahme der Komplementärstellung in einer Personenhandelsgesellschaft („Stiftung und Co. KG"), kann dieser Zweck nicht in der Rechtsform der Stiftung verfolgt werden.

Eine Stiftung kann auf unbestimmte Zeit oder befristet als **Verbrauchsstiftung** 1984
errichtet werden. Der gesetzliche Regeltypus der Stiftung ist die auf unbestimmte Zeit errichtete Stiftung, die ihren Zweck durch die Nutzungen des Stiftungsvermögens erfüllt. Das ergibt sich insbesondere auch aus den nachfolgenden Vorschriften, insbesondere den Vorschriften zum Stiftungsvermögen. Bei ihr ist, wenn sie mit einem ausreichenden Vermögen ausgestattet wird, gesichert, dass der Zweck dauernd und nachhaltig erfüllt wird. Denn eine solche Stiftung kann nach den §§ 87 ff. BGB-neu nur aufgelöst oder aufgehoben werden, wenn die dauernde und nachhaltige Zweckerfüllung unmöglich geworden ist oder der Zweck das Gemeinwohl gefährdet oder durch die Insolvenz der Stiftung. Solange die Stiftung ihren rechtmäßigen Zweck mit den Nutzungen des Vermögens nachhaltig erfüllen kann, besteht sie fort.

Eine Verbrauchsstiftung ist nach der **Legaldefinition** in **§ 80 Abs. 1 Satz 2** BGB- 1985
neu eine Stiftung, die für eine bestimmte Zeit errichtet wird, innerhalb derer sie ihr gesamtes Vermögen zur Erfüllung ihrer Zwecke verbrauchen soll. Auch Verbrauchsstiftungen können nur anerkannt werden, wenn sie für eine längere Dauer errichtet werden. Nach § 82 Satz 2 BGB-neu, der inhaltlich im Wesentlichen dem § 80 Abs. 2 Satz 2 BGB entspricht, ist davon auszugehen, dass bei einer auf zehn Jahre befristeten Verbrauchsstiftung eine dauernde Zweck-

erfüllung gesichert erscheint. Die Ausstattung einer Verbrauchsstiftung, die nur für eine kurze Zeit besteht, muss gesichert erscheinen lassen, dass der Zweck innerhalb der Zeitdauer der Stiftung auch nachhaltig erfüllt werden kann. Das setzt während der kurzen Zeitdauer der Stiftung einen erheblich größeren Mitteleinsatz für die Zweckerfüllung voraus als während des gleichen Zeitraums bei einer auf unbestimmte Zeit errichteten Stiftung. Dieser größere Mitteleinsatz ist aber bei einer Verbrauchsstiftung i. d. R. auch möglich, weil bei der Verbrauchsstiftung kein Grundstockvermögen gebildet wird, das zu erhalten ist. Das gesamte Stiftungsvermögen der Verbrauchsstiftung soll innerhalb der Zeit, für die die Stiftung errichtet wurde, für die Zweckerfüllung verbraucht werden. Dies ermöglicht einen höheren Vermögenseinsatz für die Zweckerfüllung während des Bestehens der Stiftung als bei vergleichbar ausgestatteten Stiftungen, die auf unbestimmte Zeit errichtet wurden und das gewidmete Vermögen erhalten müssen.

1986 Stiftungen auf Zeit, die ihr Vermögen erhalten sollen, sind auch weiterhin nicht anerkennungsfähig. Dies entspricht der geltenden Praxis der Landesstiftungsbehörden.

1987 § 80 Abs. 2 BGB-neu regelt die Voraussetzungen für die **Entstehung** der Stiftung. § 80 Abs. 2 Satz 1 BGB-neu entspricht inhaltlich dem bisherigen § 80 Abs. 1 BGB. Das Entstehen der Stiftung als Rechtssubjekt setzt neben dem Stiftungsgeschäft die staatliche Anerkennung voraus. Zuständig für die Anerkennung einer Stiftung ist immer eine Landesbehörde. Die Mitwirkung der Kirchen bei der Errichtung und Anerkennung kirchlicher Stiftungen kann auch weiterhin durch Landesrecht geregelt werden. Die landesrechtlichen Regelungen, die bestimmen, dass kirchliche Stiftungen nur mit Zustimmung der Kirchen errichtet werden können, bleiben durch die Neuregelung des Stiftungsrechts im BGB unberührt. Das wird durch § 88 BGB-neu klargestellt, der insoweit § 80 Abs. 3 BGB ersetzt.

3.2 Neufassung § 81 BGB

1988 § 81 BGB-neu entspricht im Wesentlichen dem bisherigen § 81 BGB. Die Vorschrift regelt die Anforderungen an den Inhalt und die Form des Stiftungsgeschäfts, die die grundlegenden Voraussetzungen für das Entstehen einer rechtsfähigen Stiftung sind.

1989 § 81 **Abs. 1** BGB-neu entspricht im Wesentlichen dem bisherigen § 81 Abs. 1 Satz 2 und 3 BGB. Mit dem Stiftungsgeschäft muss der Stifter der Stiftung eine Satzung geben und ein Vermögen zur Erfüllung des von ihm in der Satzung festgelegten Zwecks widmen.

In § 81 **Abs. 1 Nr. 1** BGB-neu wird festgelegt, welchen Mindestinhalt jede Stiftungssatzung haben muss. Die Vorschrift entspricht im Wesentlichen dem bisherigen § 81 Abs. 1 Satz 3 BGB. 1990

Der Katalog in § 81 Abs. 1 Nr. 1 BGB-neu enthält die Satzungsbestimmungen, die für jede Stiftung individuell festgelegt werden müssen. In jeder Stiftungssatzung müssen der Zweck, der Name und der Sitz der Stiftung festgelegt sowie Bestimmungen über die Bildung des Vorstands getroffen werden. Diese Bestimmungen, die der Stiftung ihre Identität geben, können nicht für jede Stiftung generell-abstrakt durch gesetzliche Vorschriften vorgegeben werden. 1991

Die Bestimmungen zum Vermögen wurden aus dem Katalog der zwingenden Satzungsbestimmungen gestrichen. Die Widmung eines Vermögens für den Stiftungszweck ist nach § 81 Abs. 1 Nr. 2 BGB-neu zwingender Bestandteil des Stiftungsgeschäfts. Zudem werden in den §§ 83b und 83c BGB-neu künftig für jede Stiftung ausreichende Regelungen zum Stiftungsvermögen und seiner Verwaltung getroffen, die nicht zwingend durch Satzungsbestimmungen ergänzt werden müssen. 1992

Stifter können in der Satzung wesentlich mehr regeln. Ein Stifter kann am besten entscheiden, welche zusätzlichen Satzungsbestimmungen für seine Stiftung noch zweckmäßig sind, um der Stiftung eine Stiftungsverfassung in seinem Sinne zu geben. Das Gesetz räumt dem Stifter die dafür notwendige Satzungsautonomie ein. Viele Regelungen des Stiftungsrechts im Bürgerlichen Gesetzbuch sind dispositiv und können durch Satzungsbestimmungen ersetzt oder geändert werden. Bei jeder dispositiven Vorschrift wird ausdrücklich geregelt, inwieweit durch die Satzung von dieser Vorschrift abgewichen werden kann, so dass Stiftern deutlich vor Augen geführt wird, welche Regelungen sie durch die Satzung treffen können. Soweit ein Stifter die ihm eingeräumte Satzungsautonomie nicht nutzt, bestimmt sich die Verfassung der Stiftung nach den einschlägigen dispositiven Vorschriften des Bürgerlichen Gesetzbuchs oder des für die Stiftung geltenden Landesstiftungsgesetzes. 1993

Nach § 81 Abs. 1 Nr. 1 Buchst. a BGB-neu muss in der Satzung der **Zweck** der Stiftung festgelegt werden. Das entspricht dem bisherigen § 81 Abs. 1 Satz 3 Nr. 3 BGB. Der Stifter kann der Stiftung einen weiten oder engen Zweck geben. Er kann sich auf die Angabe des bloßen Zwecks beschränken oder noch weitere Einzelheiten zum Zweck regeln, insbesondere die Art und Weise der Zweckerfüllung näher bestimmen. 1994

Eine Pflicht des Stifters, in der Satzung immer auch Bestimmungen zur Art und Weise der Zweckerfüllung zu treffen, wird nicht vorgesehen. Solche Regelungen sind nicht bei jedem Stiftungszweck geboten, da es auch Stiftungszwe- 1995 cke gibt, die regelmäßig nur auf eine bestimmte Art und Weise erfüllt werden können. Dies gilt z. B. für eine Stiftung, die den Zweck hat, ein bestimmtes Bauwerk wiederherzustellen oder zu restaurieren und zu erhalten. Im Übrigen sollte es auch weiterhin möglich sein, dass ein Stifter einer Stiftung einen weiten Zweck geben kann, wie z. B. die Förderung der Kunst oder der Freimaurerei, und nicht festlegen muss, auf welche Art und Weise die Stiftung diesen Zweck zu erfüllen hat.

1996 Eine andere Beurteilung ist auch nicht deshalb geboten, weil Satzungsbestimmungen von steuerbegünstigten Stiftungen i. S. der §§ 51 ff. der Abgabenordnung (AO), in denen der Zweck festgelegt wird, nach § 60 Abs. 1 Satz 2 AO i.V. mit § 1 der Mustersatzung in der Anlage 1 zur AO immer auch Angaben zur Art und Weise der Zweckerfüllung enthalten müssen. In solchen Zweckbestimmungen einer steuerbegünstigten Stiftung müssen auch immer alle steuerlichen Tatbestände nach § 52 Abs. 2, § 53 oder § 54 AO aufgeführt werden, denen der Stiftungszweck unterfällt. Nur wenn der Stiftungszweck unter einen dieser steuerrechtlichen Tatbestände subsumiert werden kann, ist der Zweck der Stiftung steuerrechtlich als gemeinnützig, mildtätig oder kirchlich anzusehen. Dabei handelt es sich aber um Besonderheiten für eine bestimmte Gruppe der steuerbegünstigten Stiftungen. Die Mehrzahl der Stiftungen ist zwar steuerbegünstigt und für sie gelten die ergänzenden steuerrechtlichen Regelungen für die Satzungsgestaltung. Es gibt eben aber auch nicht steuerbegünstigte Stiftungen, für die diese Regelungen nicht relevant sind.

1997 Umfangreiche Zweckbestimmungen können auch dazu führen, dass sich der eigentliche Stiftungszweck nicht mehr einfach bestimmen lässt. Insbesondere auch die umfangreichen Zweckbestimmungen von steuerbegünstigten Stiftungen führen dazu, dass sich der eigentliche Stiftungszweck nicht mehr einfach aus der Zweckbestimmung herauslesen lässt. Bei Stiftungen, deren Zweckbestimmungen den Anforderungen des § 60 Abs. 1 Satz 2 AO i.V. mit § 1 der Mustersatzung in der Anlage 1 zur AO entsprechen, ist die Unterscheidung zwischen stiftungsrechtlichem Zweck, der Art und Weise der Zweckerfüllung und der Angabe des steuerrechtlichen Tatbestands nicht immer einfach. Nicht selten wird dann der in die Zweckbestimmung übernommene steuerliche Tatbestand irrtümlich mit dem Stiftungszweck gleichgestellt, obwohl die beiden regelmäßig nicht identisch sind.

1998 § 81 Abs. 1 Nr. 1 Buchst. d BGB-neu entspricht dem bisherigen § 81 Abs. 1 Satz 3 Nr. 5 BGB. Die Satzungsbestimmungen zur **Bildung des Vorstands** sind notwendige Ergänzungen zu den §§ 84 ff. BGB-neu. Durch die Satzung muss zumindest festgelegt werden, wie viele Mitglieder der Vorstand haben soll und wie die Mitglieder des Vorstands bestellt werden sollen.

§ 81 Abs. 1 Nr. 2 BGB-neu entspricht im Wesentlichen dem bisherigen § 81 Abs. 1 Satz 2 BGB. Der Stifter muss im Stiftungsgeschäft neben der Erstellung der Satzung ein **Vermögen** zur Erfüllung des von ihm in der Satzung festgelegten Zwecks **widmen**. In § 81 Abs. 1 Nr. 2 BGB-neu wird klargestellt, dass die Stiftung das gewidmete Vermögen zur eigenen Verfügung erhalten muss. Damit wird insbesondere auch die Streitfrage geklärt, ob ein Stifter, der eine noch zu errichtende Stiftung als Erbin einsetzt, Dauertestamentsvollstreckung hinsichtlich des Erbteils der Stiftung anordnen kann. 1999

Wenn eine Stiftung das gewidmete Vermögen erbt, muss es mit dem Entstehen der Stiftung nach den Vorgaben der Stiftungsverfassung von der Stiftung selbst verwaltet bzw. mitverwaltet werden können. Der Stifter kann deshalb zwar über den Erbteil der Stiftung eine Abwicklungstestamentsvollstreckung bis zum Entstehen der Stiftung, aber keine Dauertestamentsvollstreckung über den Erbteil der Stiftung anordnen. Die Stiftung muss nicht nur Inhaberin des Stiftungsvermögens sein, sondern auch uneingeschränkt über das eigene Vermögen verfügen können, das sie aufgrund des Erbfalls erlangt hat. Es ist Voraussetzung für eine wirksame Stiftungsaufsicht, dass die Stiftung nicht nur Inhaberin des gewidmeten Vermögens ist, sondern auch über das Vermögen verfügen kann, das die Grundlage für die Erfüllung des Stiftungszwecks ist. Die Stiftungsaufsicht hat zu prüfen, inwieweit die Stiftung ihr Stiftungsvermögen entsprechend den Vorgaben der Stiftungsverfassung verwaltet und für die Zweckerfüllung verwendet. Entspricht die Vermögensverwaltung nicht den Anforderungen der Stiftungsverfassung, muss die Stiftungsaufsicht die rechtmäßige Vermögensverwaltung durch die Stiftung ggf. mit aufsichtsrechtlichen Mitteln schnell und wirksam durchsetzen können. Wird das Stiftungsvermögen von einem Dauertestamentsvollstrecker verwaltet und wird dabei gegen die Stiftungsverfassung verstoßen, bestehen keine direkten Einwirkungsmöglichkeiten der Stiftungsaufsicht gegenüber dem Testamentsvollstrecker.[1] 2000

In § 81 Abs. 2 BGB-neu werden besondere zusätzliche Anforderungen für die **Satzungen von Verbrauchsstiftungen** festgelegt. Die Satzung einer Verbrauchsstiftung muss neben den notwendigen Satzungsbestimmungen nach § 81 Abs. 1 Nr. 1 BGB-neu als weitere zwingende Satzungsbestimmungen zusätzlich die Zeit bestimmen, für die die Stiftung errichtet werden soll, und Be- 2001

1 BT-Drucks. 19/28173 v. 31.3.2021 S. 49.

stimmungen über den Verbrauch des Stiftungsvermögens während der Dauer der Stiftung enthalten.

2002 Die Verbrauchsstiftung ist nach § 80 Abs. 1 Satz 2 BGB-neu eine Stiftung, die auf bestimmte Zeit errichtet wird. In der Stiftungssatzung kann ein Zeitraum festlegt werden, für den die Stiftung bestehen soll. Es reicht aber auch aus, das Ende der Stiftung an ein bestimmtes Ereignis zu knüpfen, das sicher eintritt, wie z. B. den Tod einer Person. Bei solchen Zeitbestimmungen ist allerdings die Prognose nach § 82 Satz 1 BGB-neu, ob die Verbrauchsstiftung ihren Zweck dauernd und nachhaltig erfüllen kann, erheblich unsicherer als bei Festlegung eines festen Endzeitpunkts, zu dem die Stiftung ihre werbende Tätigkeit beenden soll. Wenn in der Satzung ein Zeitraum für die Stiftung festgelegt wird, besteht eine bessere Grundlage für die Prognose nach § 82 Satz 1 BGB-neu, ob davon ausgegangen werden kann, dass die dauernde und nachhaltige Erfüllung des Stiftungszwecks gesichert ist. Die zuständigen Stiftungsorgane können auch besser den Verbrauch des Stiftungsvermögens planen. Wenn der für die Stiftung bestimmte Endzeitpunkt erreicht ist, muss die Stiftung aufgelöst oder aufgehoben werden, denn auch eine Verbrauchsstiftung endet nicht schon durch Zeitablauf. Das ergibt sich aus § 87 Abs. 2 und § 87a Abs. 2 Nr. 1 BGB-neu, die bestimmen, dass eine Verbrauchsstiftung aufzulösen oder aufzuheben ist, wenn die Zeit, für die die Stiftung errichtet wurde, abgelaufen ist.

2003 Die Satzung jeder Verbrauchsstiftung muss nach § 81 Abs. 2 Nr. 2 BGB-neu auch **Bestimmungen zur Verwendung** des Stiftungsvermögens enthalten, die die nachhaltige Erfüllung des Stiftungszwecks und den vollständigen Verbrauch des Stiftungsvermögens während der Zeit, für die die Verbrauchsstiftung errichtet wird, als gesichert erscheinen lassen. Diese Satzungsbestimmungen müssen sicherstellen, dass bei Verbrauchsstiftungen das gewidmete Vermögen kein Grundstockvermögen wird und auch später kein Grundstockvermögen gebildet werden kann, da das gesamte Stiftungsvermögen für den Stiftungszweck zu verbrauchen ist. Sie bilden die satzungsmäßige Grundlage für die Bestimmung in § 83b Abs. 1 Satz 2 BGB-neu, nach der das gesamte Vermögen von Verbrauchsstiftungen sonstiges Vermögen ist.

2004 Diese zusätzlichen Satzungsbestimmungen nach § 81 Abs. 2 Nr. 2 BGB-neu sind auch erforderlich, um den zuständigen Anerkennungsbehörden die Prüfung der Anerkennungsvoraussetzungen nach § 82 Satz 1 BGB-neu zu ermöglichen. Nach § 82 Satz 2 BGB-neu, der inhaltlich dem bisherigen § 80 Abs. 2 Satz 2 BGB entspricht, ist bei einer Verbrauchsstiftung zwar von einer dauernden Zweckerfüllung auszugehen, wenn sie für einen Zeitraum von mindestens zehn Jahren errichtet wird. Deshalb sind die Festlegungen in der Satzung über den Verbrauch des Stiftungsvermögens vor allem bedeutsam für die Prüfung, ob auch die nachhaltige Erfüllung des Stiftungszwecks während des gesamten Zeitraums, für den die Stiftung errichtet wird, gesichert erscheint. Das Stiftungsvermögen darf nicht so verbraucht werden, dass der Zweck schon nach kurzer Zeit des Bestehens der Stiftung nicht mehr wirksam verfolgt werden kann. Eine nachhaltige Zweckerfüllung erscheint aber regelmäßig auch dann nicht gesichert, wenn der Großteil des Stiftungsvermögens erst kurz vor Ablauf der für die Stiftung vorgesehenen Lebensdauer für die Zweckerfüllung verbraucht wird.[1]

§ 81 Abs. 3 BGB-neu regelt die **Form des Stiftungsgeschäfts**. § 81 Abs. 3 Satz 1 BGB-neu entspricht inhaltlich dem bisherigen § 81 Abs. 1 Satz 1 BGB, soweit dort geregelt ist, dass das Stiftungsgeschäft, mit dem ein Stifter eine Stiftung zu seinen Lebzeiten errichten will, der schriftlichen Form nach § 126 BGB bedarf. Nach dem neuen Zusatz ist die schriftliche Form für das Stiftungsgeschäft unter Lebenden immer ausreichend und genügend, es sei denn, in anderen Vorschriften ist ausdrücklich eine strengere Form für das Stiftungsgeschäft vorgesehen. Damit wird insbesondere auch klargestellt, dass Formerfordernisse, die für Verträge gelten, wie insbesondere § 311b BGB oder § 15 Abs. 4 GmbHG nicht analog auf das Stiftungsgeschäft anzuwenden sind 2005

Ergänzend wird in § 81 Abs. 3 BGB-neu zum besseren Verständnis geregelt, dass ein Stiftungsgeschäft auch in einer Verfügung von Todes wegen enthalten sein kann. Für ein Stiftungsgeschäft, das in einer Verfügung von Todes wegen enthalten ist, gilt das Schriftformerfordernis nicht, sondern es muss den i. d. R. strengeren Formvorschriften für die Verfügung von Todes wegen genügen.[2] 2006

§ 81 Abs. 4 Satz 1 BGB-neu regelt die **Pflicht** der nach Landesrecht zuständigen Behörde **zur Ergänzung** einer fehlenden oder unvollständigen Satzungsbestimmung, wenn ein Stifter nach der Errichtung des Stiftungsgeschäfts verstorben ist. Die Vorschrift ist sowohl für schriftliche Stiftungsgeschäfte anwendbar, die der Stifter noch zu seinen Lebzeiten getätigt hat, als auch für Stiftungsgeschäfte, die in einer Verfügung von Todes wegen enthalten sind. Die Hauptanwendungsfälle der Vorschrift werden dabei auch weiterhin die Stiftungsgeschäfte bilden, die in einer Verfügung von Todes wegen enthalten sind. 2007

1 BT-Drucks. 19/28173 v. 31.3.2021 S. 49.
2 BT-Drucks. 19/28173 v. 31.3.2021 S. 50.

2008 Die Pflicht zur Ergänzung einer fehlenden oder unvollständigen Satzung besteht nur, wenn der Stifter im Stiftungsgeschäft zumindest den Zweck der Stiftung festgelegt und ein Vermögen gewidmet hat. Ein Stiftungsgeschäft, in dem der Stifter keinen Stiftungszweck festgelegt hat, ist unwirksam (RGZ 170, 22, 23 f.) und deshalb nicht ergänzungsfähig. Ein Stiftungsgeschäft, in dem der Stifter den Stiftungszweck festgelegt und ein Vermögen gewidmet hat, welches aber nicht sonstigen gesetzlichen Anforderungen entspricht, insbesondere keine oder nur eine unvollständige Satzung enthält, ist von der Stiftungsbehörde unter Berücksichtigung des wirklichen oder mutmaßlichen Stifterwillens so zu ergänzen, dass die Stiftung anerkennungsfähig wird. Diese Pflicht zur Ergänzung des Stiftungsgeschäfts besteht aber nur, wenn die dauernde und nachhaltige Erfüllung des vom Stifter festgelegten Stiftungszwecks gesichert erscheint.

2009 Enthält das Stiftungsgeschäft keine Satzung, kann die zuständige Behörde die Satzung erstellen. Ist die im Stiftungsgeschäft enthaltene Satzung unvollständig, kann die Stiftungsbehörde die unvollständige Satzung um die noch erforderlichen Regelungen ergänzen. Wenn der Stifter den Zweck der Stiftung im Stiftungsgeschäft festgelegt hat, kann die zuständige Landesbehörde eine Satzung, die sie neu erstellt oder vervollständigt, auch um die notwendigen Regelungen zum Zweck ergänzen. Sie kann eine schon vorhandene Regelung zum Zweck in der Satzung auch umformulieren, um die satzungsmäßigen Voraussetzungen für Steuervergünstigungen nach § 60 AO zu schaffen. Die zuständige Landesbehörde kann das Stiftungsgeschäft auch um andere zwingende Satzungsbestimmungen nach § 81 Abs. 1 Nr. 1 Buchst. b–d BGB-neu oder um andere erforderliche Satzungsbestimmungen ergänzen, z. B. um sonstige Regelungen, die notwendig sind, um die satzungsmäßigen Voraussetzungen für eine Steuerbefreiung nach § 60 AO zu schaffen.[1]

2010 Satzungsbestimmungen nach § 81 Abs. 2 BGB-neu, durch die die Stiftung als Verbrauchsstiftung errichtet wird, können durch die zuständige Behörde eingefügt werden, wenn der Stifter bei der Errichtung der Stiftung den Willen geäußert hat, dass die Stiftung als Verbrauchsstiftung errichtet werden soll.

2011 Bei der Ergänzung des Stiftungsgeschäfts soll der wirkliche, hilfsweise der mutmaßliche Wille des Stifters berücksichtigt werden. Als wirklicher Wille kann nur der Wille berücksichtigt werden, der ausdrücklich oder konkludent vom Stifter geäußert wurde. Wenn der wirkliche Wille des Stifters nicht feststellbar ist, hat die zuständige Behörde so zu handeln, wie es dem mutmaß-

1 BT-Drucks. 19/28173 v. 31.3.2021 S. 50.

lichen Willen des Stifters entspricht. Als der mutmaßliche Wille des Stifters ist der Wille anzusehen, der dem Interesse der Stiftung entspricht.

Wenn der verstorbene Stifter im Stiftungsgeschäft keinen Sitz für die Stiftung bestimmt hat, ist im Zweifel anzunehmen, dass die Stiftung ihren Sitz an dem Ort haben soll, an dem der letzte Wohnsitz des Stifters im Inland i. S. der §§ 7 ff. BGB bestand. Diese Auslegungsregel greift nur ein, wenn sich nicht unter Berücksichtigung des wirklichen oder mutmaßlichen Willens des Stifters ein anderer Sitz ermitteln lässt. Hatte der Stifter bis zu seinem Tode mehrere Wohnsitze im Inland, kann nach § 81 Abs. 4 Satz 3 BGB-neu die Zuständigkeit mehrerer Behörden begründet sein. Die Bestimmung der zuständigen Behörde richtet sich dann nach den Vorschriften des allgemeinen Verwaltungsverfahrensrechts der betroffenen Länder. 2012

3.3 Neufassung § 81a BGB

§ 81a BGB-neu entspricht dem bisherigen § 81 Abs. 2 BGB. Geregelt wird auch weiterhin nur der **Widerruf des Stiftungsgeschäfts**, das der Stifter in schriftlicher Form errichtet hat. Stiftungsgeschäfte, die in letztwilligen Verfügungen enthalten sind, können nur vom Stifter nach den erbrechtlichen Vorschriften widerrufen werden. 2013

3.4 Neufassung § 82 BGB

§ 82 BGB-neu entspricht im Wesentlichen § 80 Abs. 2 BGB. Für die Frage der Gemeinwohlgefährdung soll künftig aber auf die Stiftung, nicht mehr nur auf den Stiftungszweck abgestellt werden. Damit wird der Gleichklang mit den Vorschriften über die Aufhebung der Stiftung wegen Gemeinwohlgefährdung erreicht. Die übrigen materiell-rechtlichen Voraussetzungen für die Erlangung der Rechtsfähigkeit bleiben unverändert. 2014

§ 82 **Satz 1** BGB-neu regelt die Voraussetzungen für die Anerkennung der Stiftung durch die zuständige Behörde des Landes, die nach § 80 Abs. 2 BGB-neu neben dem Stiftungsgeschäft für das Entstehen der Stiftung als Rechtssubjekt erforderlich ist. Die zuständige Behörde des Landes hat eine Stiftung anzuerkennen, wenn das Stiftungsgeschäft den Anforderungen des § 81 Abs. 1 BGB-neu genügt und die dauernde und nachhaltige Erfüllung des Stiftungszwecks gesichert erscheint, es sei denn, die Stiftung würde das Gemeinwohl gefährden. Die Regelung entspricht im Wesentlichen dem bisherigen § 80 Abs. 2 Satz 1 BGB. Insoweit kann grds. auf die Begründung zu dem Entwurf zur Modernisierung des Stiftungsrecht im Hinblick auf die Vermögensausstattung 2015 der Stiftung[1] verwiesen werden, wobei die zwischenzeitlich geänderten gesamtwirtschaftlichen Rahmenbedingungen (z. B. Negativzins) bei der wirtschaftlichen Prognose zu berücksichtigen sind.

2016 Unter Gemeinwohl in § 82 Satz 1 BGB-neu sind ebenso wie in § 396 des Aktiengesetzes (AktG), § 62 des Gesetzes betreffend die Gesellschaften mit beschränkter Haftung (GmbHG) und § 81 des Genossenschaftsgesetzes (GenG) die rechtlich geschützten Interessen der Allgemeinheit oder zumindest größerer Bevölkerungskreise zu verstehen. Eine Gefahr für das Gemeinwohl ist eine Lage, die bei ungehindertem Ablauf mit hinreichender Wahrscheinlichkeit zu einem Schaden oder einer Verletzung der rechtlich geschützten Interessen der Allgemeinheit oder größerer Bevölkerungskreise führt.[2]

2017 Eine Gemeinwohlgefährdung liegt insbesondere vor, wenn die Stiftung einen Zweck verfolgen will, der die Interessen der Allgemeinheit gefährdet. Sie ist aber auch gegeben, wenn im Anerkennungsverfahren absehbar ist, dass der Stifter oder Mitglieder der Stiftungsorgane die Stiftung nutzen wollen, um Recht zu verletzen, insbesondere rechtswidriges Verhalten zu verschleiern. Zu denken ist hier insbesondere an verfassungswidrige oder andere kriminelle Aktivitäten. Auch in diesen Fällen muss es möglich sein, die Anerkennung der Stiftung abzulehnen. Anderenfalls wäre die zuständige Behörde des Landes gezwungen, Stiftungen anzuerkennen, die sie alsbald wieder aufheben müsste. In den Fällen, in denen die Stiftung ihren Zweck mit Mitteln verfolgt, die das Gemeinwohl gefährden, oder sie einen gemeinwohlgefährdenden Zweck verfolgt, ist die Stiftung nach § 87a Abs. 2 Nr. 2 BGB-neu aufzuheben, wenn die Gemeinwohlgefährdung nicht auf andere Weise beseitigt werden kann. Es ist im Interesse der bestehenden Stiftungen und des Rechtsverkehrs, dass solche Stiftungen gar nicht erst entstehen können.[3]

2018 Die Behörde muss die Tatsachen darlegen, aus denen geschlossen werden kann, dass von der Stiftung eine Gefahr für das Gemeinwohl ausgehen würde, und diese Tatsachen im Streitfall auch beweisen können. Ist aufgrund der bekannten Tatsachen zweifelhaft, ob die Stiftung das Gemeinwohl gefährdet, kann die Behörde die Anerkennung der Stiftung nicht ablehnen. Deshalb werden auch künftig Entscheidungen, durch die die Anerkennung einer Stiftung wegen Gefährdung des Gemeinwohls abgelehnt wird, seltene Ausnahmen bleiben.

1 BT-Drucks. 14/8277 v. 20.2.2002 S. 6 und BT-Drucks. 14/8894 v. 24.4.2002 S. 10.

2 BT-Drucks. 19/28173 v. 31.3.2021 S. 51.

3 BT-Drucks. 19/28173 v. 31.3.2021 S. 52.

3.5 Neufassung § 82a BGB

§ 82a BGB-neu entspricht inhaltlich dem bisherigen § 82 BGB. Der Begriff des zugesicherten Vermögens wird durch den Begriff des gewidmeten Vermögens nach § 81 Abs. 1 Nr. 2 BGB-neu ersetzt, um den Zusammenhang zwischen dem Stiftungsgeschäft und § 82a BGB-neu zu verdeutlichen. 2019

3.6 Neufassung § 83 BGB

§ 83 BGB-neu regelt den Inhalt der Stiftungsverfassung und die Maßgeblichkeit des ursprünglichen Stifterwillens, den die Stiftungsorgane bei ihrer Tätigkeit für die Stiftung und die zuständigen Behörden bei der Aufsicht über die Stiftung beachten müssen. 2020

Der Wortlaut des § 83 Abs. 1 BGB-neu entspricht weitgehend dem des bisherigen § 85 BGB. Die Stiftungsverfassung wird auch weiterhin durch Bundesrecht, Landesrecht und durch das Stiftungsgeschäft und insbesondere die Satzung bestimmt. Die Satzung ist Teil des Stiftungsgeschäfts. Sie kann sich durch Satzungsänderung aber verändern. 2021

§ 83 Abs. 2 BGB-neu regelt, dass die Stiftungsorgane bei ihrer Tätigkeit für die Stiftung und die Stiftungsbehörden bei der Aufsicht über die Stiftung den bei der Errichtung der Stiftung zum Ausdruck gekommenen Willen, hilfsweise den mutmaßlichen Willen, des Stifters zu beachten haben. Der Stifterwille ist insbesondere auch bei Satzungsänderungen zu berücksichtigen und bei Zulegungen oder Zusammenlegungen von Stiftungen. Der bei Errichtung der Stiftung zum Ausdruck gekommene Stifterwille ist regelmäßig der Stifterwille, der im Stiftungsgeschäft zum Ausdruck gekommen ist. Wenn sich aus dem Stiftungsgeschäft ein Stifterwille nicht eindeutig ergibt, können aber auch andere Dokumente, die im Zusammenhang mit der Errichtung der Stiftung erstellt wurden, zur Ermittlung des Stifterwillens herangezogen werden. Wenn der ausdrückliche Stifterwille nicht feststellbar ist, haben die Stiftungsorgane so zu handeln, wie es dem mutmaßlichen Willen des Stifters entspricht. Als der mutmaßliche Wille des Stifters ist der Wille anzusehen, der dem Interesse der Stiftung entspricht. [1] 2022

3.7 Neufassung § 83a BGB

Stiftungen unterliegen der Stiftungsaufsicht durch die nach Landesrecht zuständigen Behörden. Wirksame Stiftungsaufsicht kann die zuständige Behörde 2023

1 BT-Drucks. 19/28173 v. 31.3.2021 S. 52.

über eine Stiftung nur ausüben, wenn die Verwaltung der Stiftung im Inland geführt wird. In § 83a ist deshalb geregelt, dass die Verwaltung der Stiftung im Inland geführt werden muss. Der Ort der Verwaltung der Stiftung ist der Ort, an dem schwerpunktmäßig die Geschäftsführungsorgane der Stiftung tätig sind.[1]

2024 Diese Regelung soll für alle Stiftungen gelten, auch für Stiftungen, die einen wirtschaftlichen Erwerbszweck verfolgen und Niederlassungsfreiheit nach den Artikeln 49, 54 AEUV genießen, weil sie als Gesellschaften i. S. des Artikels 54 AEUV anzusehen sind. Nach der Rechtsprechung des Europäischen Gerichtshofs sind Regelungen eines Mitgliedstaats, nach denen die Sitzverlegung einer nach dem Recht des Mitgliedstaats gegründeten Gesellschaft in einen anderen Mitgliedstaat bewirkt, dass die Gesellschaft im Gründungsmitgliedstaat ihre Eigenschaft als Gesellschaft nach dem Recht des Gründungsstaats verliert, vereinbar mit der Niederlassungsfreiheit nach den Artikeln 49, 54 AEUV.[2]

2025 Wenn die zuständigen Stiftungsorgane die Verwaltung der Stiftung ins Ausland verlegen, führt dies nicht zur automatischen Auflösung oder Aufhebung der Stiftung. Eine Stiftung soll nach den §§ 87 und 87a BGB-neu nur durch einen Beschluss der zuständigen Stiftungsorgane mit Genehmigung der nach Landesrecht zuständigen Behörde aufgelöst oder durch eine Entscheidung der nach Landesrecht zuständigen Behörde aufgehoben werden können. Die Stiftungsorgane sollen nicht durch Verlegung der Stiftungsverwaltung ins Ausland die automatische Auflösung der Stiftung herbeiführen können.

2026 Die nach Landesrecht zuständigen Behörden haben bei einer Verlegung des Verwaltungssitzes einer Stiftung ins Ausland zunächst darauf hinzuwirken, dass der Verwaltungssitz im Inland begründet wird. Die Behörden haben dabei die ihnen zu Gebote stehenden aufsichtsrechtlichen Maßnahmen zu nutzen, um die Einhaltung des § 83a BGB-neu durchzusetzen. Nur wenn es der Behörde mit den zur Verfügung stehenden aufsichtsrechtlichen Maßnahmen nicht innerhalb angemessener Zeit gelingt, dass die Verwaltung der Stiftung im Inland geführt wird, ist die Stiftung nach § 87a Abs. 2 Nr. 3 BGB-neu aufzuheben.

3.8 Neufassung § 83b BGB

2027 § 83b BGB-neu enthält grundlegende Regelungen zur Zusammensetzung des Stiftungsvermögens bei Stiftungen, die auf unbestimmte Zeit errichtet wurden, und für Verbrauchsstiftungen sowie zur Verwaltung des Stiftungsver-

1 BT-Drucks. 19/28173 v. 31.3.2021 S. 53.

2 EuGH, Urteil v. 16.12.2008 - Rs. C-210/06 „Cartesio", Rz. 110.

mögens. Unter Stiftungsvermögen ist das gesamte Vermögen einer Stiftung zu verstehen, das sich aus verschiedenen Vermögensmassen zusammensetzen kann.

§ 83b Abs. 1 Satz 1 BGB-neu bestimmt, dass das Stiftungsvermögen einer Stiftung, die auf unbestimmte Zeit errichtet wurde, aus Grundstockvermögen und ihrem sonstigen Vermögen besteht. § 83b Abs. 2 BGB-neu bestimmt, welche Vermögensgegenstände zum Grundstockvermögen gehören, und damit mittelbar auch, welche Vermögensgegenstände als sonstiges Vermögen der Stiftung anzusehen sind. Sonstiges Vermögen der Stiftung sind alle Vermögensgegenstände, die nicht zum Grundstockvermögen gehören.[1] 2028

§ 83b Abs. 1 Satz 2 regelt die Zusammensetzung des Stiftungsvermögens von Verbrauchsstiftungen. Verbrauchsstiftungen haben nur sonstiges Vermögen. Grundstockvermögen wird bei Verbrauchsstiftungen nicht gebildet. Bei Verbrauchsstiftungen wird durch die Satzung bestimmt, dass das gesamte Vermögen der Stiftung, einschließlich des gewidmeten Vermögens, sonstiges Vermögen ist, das zur Erfüllung des Stiftungszwecks zu verbrauchen ist. Zuwendungen Dritter kann die Stiftung nur annehmen, wenn der Dritte sie zum Verbrauch bestimmt. Zustiftungen kann eine Verbrauchsstiftung nicht annehmen, da sie kein Grundstockvermögen bilden kann.[2] 2029

§ 83b Abs. 2 BGB-neu enthält Regelungen über die Zusammensetzung des Grundstockvermögens, das nach § 83b Abs. 1 BGB-neu nur bei auf unbestimmte Zeit errichteten Stiftungen gebildet wird. Zum Grundstockvermögen einer auf unbestimmte Zeit errichteten Stiftung gehören nach § 83b Abs. 2 BGB-neu das gewidmete Vermögen, Zustiftungen und Vermögen, das die Stiftung zu Grundstockvermögen bestimmt hat. Die Verwaltung des Grundstockvermögens richtet sich nach den gesetzlichen und satzungsmäßigen Vorgaben. Für Grundstockvermögen, das durch Zustiftung erworben oder von der Stiftung selbst gebildet wurde, gelten dieselben gesetzlichen Regelungen wie für das vom Stifter gewidmete Grundstockvermögen. Es unterliegt dem Erhaltungsgebot nach § 83c Abs. 1 Satz 1 BGB-neu. Die Stiftung kann auch das von ihr selbst geschaffene Grundstockvermögen nicht mehr für die Erfüllung des Stiftungszwecks verbrauchen. Durch die Satzung können ergänzende Regelungen zur Verwaltung des Grundstockvermögens oder von Teilen des Grund- 2030

1 Demuth, NWB-EV 8/2022 S. 259, 261 NWB XAAAJ-18265.
2 BT-Drucks. 19/28173 v. 31.3.2021 S. 53.

stockvermögens getroffen werden. Diese müssen aber mit dem Grundsatz der Vermögenserhaltung vereinbar sein.[1]

2031 Nach § 83b Abs. 2 Nr. 1 BGB-neu wird das gesamte vom Stifter im Stiftungsgeschäft gewidmete Vermögen (§ 81 Abs. 1 Nr. 2 BGB) zum Grundstockvermögen jeder auf unbestimmte Zeit errichteten Stiftung, soweit der Stifter in der Satzung nicht bestimmt, dass Teile des gewidmeten Vermögens auch für die Zweckerfüllung verbraucht werden können.

2032 Zu Grundstockvermögen werden nach § 83b Abs. 2 Nr. 2 BGB-neu auch alle Zustiftungen. Zustiftungen werden legaldefiniert als Vermögen, das der bestehenden Stiftung zugewendet wird und das vom Zuwendenden dazu bestimmt wurde, Teil des Grundstockvermögens der Stiftung zu werden. Zuwendender kann der Stifter oder ein Dritter sein. Eine Stiftung darf eine Zustiftung annehmen, wenn der Stifter in der Satzung die Annahme von Zustiftungen nicht ausgeschlossen hat und die Zustiftung sich auch unter Berücksichtigung etwaiger mit ihr verbundener Auflagen im Rahmen einer Gesamtbetrachtung positiv auf die Erfüllung des Stiftungszwecks auswirkt.

2033 Grundstockvermögen kann auch dadurch entstehen, dass die Stiftung sonstiges Vermögen, insbesondere Erträge, die nicht zwingend für die Erfüllung des Stiftungszwecks verwendet werden müssen, zu Grundstockvermögen bestimmt. Dazu können die Stiftungsorgane durch die Satzung verpflichtet sein, wenn z. B. der Stifter in der Satzung bestimmt hat, dass ein bestimmter Prozentsatz der Erträge zur Erhöhung des Grundstockvermögens verwendet werden soll. Enthält die Satzung keine Bestimmungen, haben die zuständigen Stiftungsorgane nach pflichtgemäßem Ermessen zu entscheiden, inwieweit sie sonstiges Vermögen zu Grundstockvermögen bestimmen. Sie haben dabei die nach § 83c Abs. 1 BGB-neu bestehende Vermögenserhaltungspflicht zu beachten, müssen aber auch darauf achten, dass die Stiftung ihren Zweck mit dem Stiftungsvermögen erfüllen soll.

2034 Der Stifter kann nach § 83b Abs. 3 BGB-neu im Stiftungsgeschäft auch bei Stiftungen, die auf unbestimmte Zeit errichtet werden, Teile des gewidmeten Vermögens in der Satzung zu sonstigem Vermögen bestimmen. Stiftungen werden durch solche Satzungsbestimmungen nicht zu Verbrauchsstiftungen. Sie bleiben Stiftungen, die ihren Zweck auf unbestimmte Zeit dauernd und nachhaltig erfüllen sollen. Diese Stiftungen können ihren Zweck aber nicht nur mit den Nutzungen aus dem Teil des gewidmeten Vermögens erfüllen, das zu sonstigem Vermögen bestimmt wurde. Das gewidmete Vermögen, das zu

1 BT-Drucks. 19/28173 v. 31.3.2021 S. 54.

sonstigem Vermögen bestimmt wurde, können sie grds. auch für die Zweckerfüllung verbrauchen.

Der Stifter kann in der Satzung festlegen, wie das sonstige Vermögen zu verwenden ist, insbesondere unter welchen Voraussetzungen es verbraucht werden darf. Regelt die Satzung dazu nichts, steht die Verwendung des sonstigen Vermögens zur Erfüllung des Stiftungszwecks im pflichtgemäßen Ermessen der zuständigen Stiftungsorgane. Dies gilt auch für steuerbegünstigte Stiftungen. Anders als die Nutzungen aus dem Vermögen unterliegt das gewidmete Vermögen, das der Stifter zu sonstigem Vermögen bestimmt hat, nicht dem Gebot der zeitnahen Mittelverwendung nach § 55 Abs. 1 Nr. 5 AO, da es von der Ausnahmeregelung in § 62 Abs. 3 Nr. 2 AO erfasst wird. Das gewidmete Vermögen dient der Ausstattung der Stiftung mit Vermögen, unabhängig davon, ob das gewidmete Vermögen erhalten werden muss oder auch für den Zweck verbraucht werden darf.[1] 2035

In welchem Umfang der Stifter das gewidmete Vermögen im Stiftungsgeschäft zu sonstigem Vermögen bestimmen kann, hängt von der Höhe des gewidmeten Vermögens und vom Stiftungszweck ab. Für die Prognose, ob die dauernde und nachhaltige Erfüllung des Stiftungszwecks gesichert erscheint, kommt es nur auf das Grundstockvermögen der Stiftung an. Das gewidmete Vermögen, das zu Grundstockvermögen wird, muss so hoch sein, dass es die dauernde und nachhaltige Erfüllung des Stiftungszwecks auch noch gewährleisten kann, wenn das sonstige Vermögen für die Erfüllung des Stiftungszwecks verbraucht wurde.[2] 2036

§ 83b Abs. 4 BGB-neu enthält einige grundlegende und zwingende Regelungen zur Verwaltung und Verwendung des Stiftungsvermögens. Diese Regelungen gelten sowohl für das Grundstockvermögen als auch für das sonstige Vermögen der Stiftung. 2037

Das Stiftungsvermögen ist nach § 83b Abs. 4 Satz 1 BGB-neu getrennt von fremdem Vermögen zu verwalten. Die für die Vermögensverwaltung zuständigen Organmitglieder der Stiftung oder Vermögensverwalter, die das Stiftungsvermögen im Auftrag der Stiftung verwalten, müssen das Stiftungsvermögen so verwalten, dass immer klar erkennbar ist, was das Stiftungsvermögen ist. Für die Stiftung müssen eigene Bankkonten geführt werden. Vermögensgegenstände der Stiftung dürfen nicht mit fremden Vermögensgegenständen untrennbar vermischt oder vermengt werden. 2038

1 BT-Drucks. 19/28173 v. 31.3.2021 S. 54.

2 BT-Drucks. 19/28173 v. 31.3.2021 S. 55.

2039 Für die Verwaltung des Vermögens der Stiftung gilt wie für andere Geschäftsführungsmaßnahmen der Sorgfaltsmaßstab des § 84a Abs. 2 Satz 1 BGB-neu. Auch bei der Anlage des Stiftungsvermögens müssen die zuständigen Organmitglieder die Sorgfalt eines ordentlichen Geschäftsführers anwenden. Für die Anlage von Stiftungsvermögen gibt es keine konkreten Anlageregelungen, wie z. B. für Mündelvermögen. Es sind auch keine gesetzlichen Verbote für bestimmte Anlageformen vorgesehen. Inwieweit bestimmte Anlagen, wie z. B. bestimmte Aktien oder Anteile an bestimmten Investmentfonds, für eine konkrete Stiftung geeignet sind, ist regelmäßig eine Einzelfallentscheidung. Bei der Verwaltung des Stiftungsvermögens ist zu beachten, dass der Teil des Stiftungsvermögens, der Grundstockvermögen ist, ungeschmälert zu erhalten ist und dass daraus Nutzungen gezogen werden müssen, um den Stiftungszweck erfüllen zu können. Aus der Satzung können sich weitere Anforderungen an die Verwaltung des Stiftungsvermögens oder einzelner Vermögensgegenstände ergeben.

2040 Die zuständigen Stiftungsorgane haben, wenn sie nicht durch Satzungsbestimmungen oder bestehende Anlagerichtlinien anderer Stiftungsorgane gebunden sind, bei der Anlage von Stiftungsvermögens einen weiten Ermessensspielraum. Sie können sich bei Entscheidungen über die Anlage des Vermögens wie bei anderen Geschäftsführungsentscheidungen auf die sogenannte Business-Judgement-Rule berufen. Stiftungsorgane, die bei der Verwaltung des Stiftungsvermögens unter Beachtung der gesetzlichen und satzungsgemäßen Vorgaben gehandelt haben und vernünftigerweise annehmen durften, auf der Grundlage angemessener Informationen zum Wohle der Stiftung zu handeln, haften der Stiftung für eintretende Vermögensverluste nicht. Nach § 84a Abs. 2 Satz 2 BGB-neu liegt in solchen Fällen schon keine Verletzung von Pflichten aus dem Bestellungsverhältnis oder dem Anstellungsvertrag vor, die Voraussetzung für eine Haftung der Organmitglieder nach § 280 Abs. 1 BGB sind.

2041 § 83b Abs. 4 Satz 2 BGB-neu stellt klar, dass das Stiftungsvermögen nur zur Erfüllung des Stiftungszwecks verwendet werden darf. Das ergibt sich bereits aus der nach § 80 Abs. 1 BGB-neu für Stiftungen typischen Verknüpfung von Zweck und Vermögen. Das Stiftungsvermögen ist das Mittel zur Erfüllung des Stiftungszwecks und darf nur der Zweckerfüllung dienen.

3.9 Neufassung § 83c BGB

2042 § 83c BGB-neu enthält spezielle Regelungen für die Verwaltung und Verwendung des Grundstockvermögens. Für das Grundstockvermögen, das bei auf unbestimmte Zeit errichteten Stiftungen letztlich die dauernde und nachhaltige Erfüllung des Stiftungszwecks gewährleisten muss, gelten neben den allgemeinen Verwaltungsregelungen in § 83b Abs. 4 BGB-neu zusätzlich besondere Verwaltungsregelungen. Diese besonderen Regelungen haben keine Auswirkungen auf die Verwaltung des sonstigen Vermögens der Stiftung; das ergibt sich schon aus der Überschrift des § 83c BGB-neu. Sie haben auch keine Bedeutung für Verbrauchsstiftungen, da diese Stiftungen kein Grundstockvermögen haben. [1]

§ 83c Abs. 1 BGB-neu regelt, dass das Grundstockvermögen ungeschmälert zu erhalten ist und der Stiftungszweck mit Nutzungen des Grundstockvermögens zu erfüllen ist.[2] 2043

In § 83c Abs. 1 BGB-neu wird die Pflicht zum ungeschmälerten Erhalt des Grundstockvermögens erstmals bundesrechtlich geregelt. Durch diese Erhaltungspflicht unterscheidet sich das Grundstockvermögen vom sonstigen Vermögen der Stiftung, das für die Erfüllung des Stiftungszwecks verbraucht werden soll (z. B. die laufenden Erträge aus dem Grundstockvermögen) oder verbraucht werden kann (z. B. gewidmetes Vermögen, das der Stifter zu sonstigem Vermögen bestimmt hat). 2044

Die Pflicht zum Erhalt des Grundstockvermögens ist derzeit schon in fast allen Landesstiftungsgesetzen geregelt. Die meisten Landesstiftungsgesetze verlangen wie § 83c Abs. 1 Satz 1 BGB-neu den ungeschmälerten Erhalt des Grundstockvermögens. Die Erhaltungspflicht nach § 83c Abs. 1 Satz 1 BGB-neu bezieht sich grds. auf das Grundstockvermögen als Ganzes, nicht auf die einzelnen Vermögensgegenstände, die das Grundstockvermögen bilden. Verlangt wird nach § 83c Abs. 1 Satz 1 BGB-neu der Erhalt des Grundstockvermögens für die Stiftung als Mittel zur dauernden und nachhaltigen Erfüllung des Stiftungszwecks. 2045

Die Zusammensetzung des Grundstockvermögens kann von den zuständigen Stiftungsorganen geändert werden. Sie können über einzelne Rechte des Stiftungsvermögens verfügen, um Verbindlichkeiten der Stiftung zu erfüllen. Auch an der Rückgabe von Kulturgut, das Teil des Grundstockvermögens ist, ist eine Stiftung nicht dadurch gehindert, dass es Teil des Grundstockvermögens ist, wenn gegen die Stiftung ein Herausgabeanspruch erhoben wird. Ist ein Herausgabeanspruch verjährt oder möchte die Stiftung das Kulturgut freiwillig herausgeben, sind bei der Entscheidung im jeweiligen Einzelfall insbesondere 2046

1 BT-Drucks. 19/28173 v. 31.3.2021 S. 55.
2 BT-Drucks. 19/28173 v. 31.3.2021 S. 56.

der Stifterwille hinsichtlich des betreffenden Objekts, der Wert des Besitzes oder des Eigentums an dem Kulturgut für die Stiftung sowie die Auswirkungen, die die Erhebung der Verjährungseinrede oder die Verweigerung der Herausgabe aus anderen Gründen erwarten lässt, sowie das wohlverstandene Interesse der Stiftung an einer Rückgabe, insbesondere auch hinsichtlich der Reputation der Stiftung, zu berücksichtigen. Das gilt auch für die Rückgabe von Kulturgütern, die Anspruchstellern in der SBZ/DDR entzogen worden sind. Im wohlverstandenen Interesse einer Stiftung liegt regelmäßig die Erfüllung gerechtfertigter Restitutionsansprüche in Umsetzung der Washingtoner Prinzipien und der hierzu ergangenen Gemeinsamen Erklärung der Bundesregierung, der Länder und der kommunalen Spitzenverbände. Die Restitution von NS-verfolgungsbedingt entzogenen Kulturgütern ist ein wesentliches Element der Aufarbeitung des nationalsozialistischen Unrechtregimes. Es ist der erklärte Wille der Bundesregierung, der Länder und der kommunalen Spitzenverbände, dass auch Privatpersonen und privatrechtlich organisierte Einrichtungen der Gemeinsamen Erklärung folgen, die ihrerseits die Washingtoner Erklärung umsetzt. Zudem liegt die Rückgabe von Kulturgut nicht nur dann im wohlverstandenen Interesse einer Stiftung, wenn ein Rückgabeanspruch nach dem Kulturgutschutzgesetz besteht, sondern regelmäßig auch in jedem Fall, in dem durch die Rückgabe unrechtmäßig verbrachtes Kulturgut anderer Staaten an diese zurückzugeben werden kann. Dasselbe gilt für die Rückgabe von Sammlungsgut aus kolonialen Kontexten, dessen Aneignung in rechtlich und/oder ethisch heute nicht mehr vertretbarer Weise erfolgte.

2047 Durch den neuen § 83c Abs. 1 Satz 2 BGB-neu soll geregelt werden, dass der Stiftungszweck grundsätzlich auch mit den Zuwächsen aus der Umschichtung des Grundstockvermögens, d. h. Umschichtungsgewinnen, erfüllt werden kann, ohne dass es dazu einer besonderen Satzungsbestimmung bedarf. Die Verwendung der Umschichtungsgewinne kann aber durch die Satzung beschränkt oder ausgeschlossen werden. Die Verwendung der Umschichtungsgewinne steht unter dem Vorbehalt, dass sie nicht für die Erhaltung des Grundstockvermögens nach § 83c Abs. 1 Satz 1 BGB-neu benötigt werden. Ist für die Erfüllung der Vermögenserhaltungspflicht erforderlich, dass mit den Umschichtungsgewinnen das Grundstockvermögen aufgestockt wird, dürfen diese nicht für die Erfüllung des Stiftungszwecks verwendet werden.[1]

2048 Zentraler Inhalt der Pflicht zur Erhaltung des Grundstockvermögens nach § 83c Abs. 1 Satz 1 BGB-neu ist das Verbot, Grundstockvermögen für die Erfül-

1 BT-Drs. 19/31118 v. 23.6.2021 S. 9.

lung des Stiftungszwecks zu verbrauchen. Der in § 83c Abs. 1 Satz 1 BGB-neu geregelte Vermögenserhaltungsgrundsatz, der auf den ungeschmälerten Erhalt des Grundstockvermögens gerichtet ist, beschränkt sich aber nicht auf das Verbot des Verbrauchs von Grundstockvermögen, sondern verlangt von den zuständigen Stiftungsorganen auch, das Vermögen als Mittel zur Erfüllung des Stiftungszwecks so zu verwalten, dass die nachhaltige Erfüllung des Stiftungszwecks durch die Nutzungen aus dem Vermögen sowohl gegenwärtig als auch langfristig gewährleistet wird. Daraus können sich sehr unterschiedliche Anforderungen an die Vermögensverwaltung ergeben, die abhängig sind vom Zweck der Stiftung, von der Art und dem Umfang ihres Grundstockvermögens sowie von der konkreten Nutzung des Grundstockvermögens für den Stiftungszweck. Deshalb kann auch nicht einfach geregelt werden, dass das Grundstockvermögen zu seinem nominalen oder realen Wert zu erhalten ist. Hierbei ist schon fraglich, was unter Wert gemeint ist.

Erfüllt die Stiftung ihren Zweck unmittelbar durch Gebrauch einzelner Ver- 2049
mögensgegenstände, wie z. B. die Nutzung von stiftungseigenen Grundstücken und Gebäuden, so verpflichtet der Vermögenserhaltungsgrundsatz die Stiftung grds., diese Vermögensgegenstände so zu verwalten, dass sich ihr Gebrauchswert für die Stiftung möglichst nicht schmälert. Bloße Schwankungen beim Marktwert solcher Vermögensgegenstände beeinflussen hingegen regelmäßig ihren Wert für die Stiftung nicht, solang diese Schwankungen beim Marktwert den Gebrauchswert für die Stiftung nicht beeinträchtigen.

Wenn die Stiftung ihren Zweck mit Erträgen aus dem Grundstockvermögen er- 2050
füllen soll, ist das Grundstockvermögen möglichst so zu verwalten, dass die Ertragskraft des Vermögens nicht geschmälert wird. Das Gebot, die Ertragskraft des Stiftungsvermögens möglichst gleichbleibend zu erhalten, und das Verbot, Grundstockvermögen zu verbrauchen, stehen dabei in einem Spannungsverhältnis. Eine Anlage von Grundstockvermögen, die hohe Wertzuwächse oder Erträge für die Stiftung verspricht, entspricht zwar dem Gebot, das Grundstockvermögen in seiner Ertragskraft zu erhalten. Wenn eine solche Anlage aber mit einem erheblichen Verlustrisiko verbunden ist, kann eine solche Anlageentscheidung gegen das Verbot verstoßen, Grundstockvermögen zu verbrauchen.

Da Stiftungen sehr verschieden sind, sowohl hinsichtlich ihrer Zwecke als auch 2051
hinsichtlich der Zusammensetzung ihres Vermögens, und sie ihr Vermögen auch auf sehr unterschiedliche Weise für die Erfüllung ihrer Zwecke nutzen, lassen sich die Anforderungen an die Verwaltung des Grundstockvermögens gesetzlich nicht weiter konkretisieren. Welche Verwaltungsmaßnahmen erfor-

derlich sind, kann regelmäßig nur mit Blick auf die konkrete Stiftung und die bestehenden Anlagemöglichkeiten für das Grundstockvermögen der Stiftung entschieden werden. Stifter können in der Satzung die Anforderungen an die Verwaltung des Grundstockvermögens und seinen Erhalt inhaltlich weiter konkretisieren, insbesondere auch ein Vermögenserhaltungskonzept für die Stiftung in der Satzung festschreiben. Anlagerichtlinien, die der Stifter oder die jeweils zuständigen Organe aufstellen, können eine wichtige Grundlage für transparente und nachvollziehbare Anlageentscheidungen der Stiftungsorgane und die ordnungsgemäße Führung der Geschäfte durch die zuständigen Stiftungsorgane nach § 84a Abs. 2 BGB-neu sein.[1]

2052 Nach § 83c Abs. 1 Satz 2 BGB-neu ist der Stiftungszweck mit den Nutzungen aus dem Grundstockvermögen zu erfüllen. Durch die Regelung, dass der Stiftungszweck durch die Nutzungen des Grundstockvermögens zu erfüllen ist, wird nicht nur der Grundsatz der Erhaltung des Grundstockvermögens konkretisiert, sondern auch geregelt, wie das Grundstockvermögen der Zweckerfüllung dient. Aus der Regelung ergibt sich insbesondere, dass das Grundstockvermögen aus Vermögensgegenständen zusammengesetzt sein muss, die entweder unmittelbar zur Erfüllung des Stiftungszwecks gebraucht werden können oder die Erträge erbringen können, mit denen der Stiftungszweck erfüllt werden kann. Alle Nutzungen des Stiftungsvermögens müssen unmittelbar oder mittelbar zur Erfüllung des Stiftungszwecks verwendet werden. Damit die Stiftung ihren Stiftungszweck dauernd und nachhaltig erfüllen kann, sind die aus dem Grundstockvermögen gezogenen Nutzungen überwiegend unmittelbar zur Erfüllung des Stiftungszwecks zu verwenden. Die Stiftung kann und muss ggf. auch Erträge zu Grundstockvermögen bestimmen, um den Gebrauchswert oder die Ertragskraft des Grundstockvermögens zu erhalten oder zu erhöhen.[2]

2053 In § 83c Abs. 2 BGB-neu soll geregelt werden, inwieweit vom Grundsatz der Erhaltung des Grundstockvermögens durch die Stiftung abgewichen werden kann.

2054 Nach § 83c Abs. 2 Satz 1 BGB-neu können durch die Satzung für einen Teil des Grundstockvermögens Ausnahmen vom Vermögenserhaltungsgrundsatz nach § 83c Abs. 1 Satz 1 BGB-neu bestimmt werden. Solche Satzungsbestimmungen kann vor allem der Stifter in der Satzung treffen und damit den Handlungsspielraum der Stiftungsorgane bei der Verwaltung des Grundstockvermögens

1 BT-Drucks. 19/28173 v. 31.3.2021 S. 57.

2 BT-Drucks. 19/28173 v. 31.3.2021 S. 58.

erweitern. Sie können aber auch im Wege einer späteren Satzungsänderung getroffen werden.

Die Möglichkeiten, vom Grundsatz der Vermögenserhaltung nach § 83c Abs. 1 Satz 1 BGB-neu abzuweichen, sind vielfältig. Zulässig sind nach § 83c Abs. 2 Satz 1 BGB-neu aber nur zeitlich beschränkte Ausnahmen von der Erhaltungspflicht nach § 83c Abs. 1 Satz 1 BGB-neu. Eine solche Ausnahme darf nicht dazu führen, dass die dauerhafte und nachhaltige Erfüllung des Stiftungszwecks nicht mehr gesichert erscheint. Es kann jeweils nur mit Blick auf die einzelne Stiftung bestimmt werden, wie viel Grundstockvermögen nach § 83c Abs. 2 Satz 1 BGB-neu zum Verbrauch bestimmt werden kann. 2055

Nach § 83c Abs. 2 Satz 2 BGB-neu kann durch die Satzung der Verbrauch von Teilen des Grundstockvermögens nur zugelassen werden, wenn die Stiftung durch die Satzungsbestimmung verpflichtet wird, das Grundstockvermögen in absehbarer Zeit wieder um den verbrauchten Teil aufzufüllen. Dies soll gewährleisten, dass mit Blick auf die Bedeutung des Grundstockvermögens für den Bestand der Stiftung regelmäßig nur zeitweise auf das Grundstockvermögen zurückgegriffen wird. Typisch hierfür sind Satzungsbestimmungen, die den Stiftungsorganen erlauben, zur Finanzierung größerer Projekte Grundstockvermögen zu verbrauchen, wenn es in den Folgejahren wieder aufgefüllt wird. 2056

§ 83c Abs. 3 BGB-neu ermöglicht, dass die in einigen Landesstiftungsgesetzen vorgesehenen Vorschriften, die die zuständigen Behörden ermächtigen, zeitlich begrenzte Ausnahmen vom Gebot der Erhaltung des Grundstockvermögens zuzulassen, beibehalten werden können. 2057

3.10 Neufassung § 84 BGB

Die Rechtsstellung der Stiftungsorgane wird bisher in § 86 BGB durch zahlreiche Verweisungen ins Vereinsrecht geregelt, die teilweise zu nicht einfach verständlichen Verweisungsketten führen. Die Organverfassung der Stiftung soll künftig umfassender eigenständig im Stiftungsrecht geregelt werden und auf die Verweisungen auf das Vereinsrecht beschränkt werden, damit das Recht besser auf die Stiftung und ihre Besonderheiten abgestimmt werden kann und für den Rechtsanwender einfacher zugänglich und verständlich wird. Die neuen Regelungen tragen auch dem Umstand Rechnung, dass Stiftungen nicht selten neben dem Vorstand weitere Organe haben, die neben oder zusammen mit dem Vorstand auch Geschäftsführungsaufgaben wahrnehmen. 2058

Deshalb werden zahlreiche Regelungen nicht nur für Vorstandsmitglieder, sondern allgemein für Organmitglieder formuliert.[1]

2059 § 84 Abs. 1 BGB-neu enthält die grundlegenden Regelungen zum Vorstand der Stiftung und zu seinen Aufgaben sowie Regelungen zur Schaffung weiterer Organe.[2]

2060 § 84 Abs. 1 Satz 1 BGB-neu ist § 26 Abs. 1 Satz 1 BGB nachgebildet. Er bestimmt, dass jede Stiftung einen Vorstand haben muss. § 84 Abs. 1 Satz 1 BGB-neu ist wie § 26 Abs. 1 Satz 1 BGB zwingend. Dasselbe ergab sich bisher aus der Verweisung in § 86 Satz 1 BGB auf § 26 BGB. Der Vorstand ist auch weiterhin das einzige Pflichtorgan der Stiftung. Durch die Satzung können nach § 84 Abs. 4 und Abs. 5 BGB-neu neben dem Vorstand weitere Organe vorgesehen werden.

2061 § 84 Abs. 1 Satz 2 BGB-neu stellt ausdrücklich klar, dass der Vorstand grds. das Geschäftsführungsorgan der Stiftung ist. Die Geschäftsführung umfasst alle Tätigkeiten zur Verfolgung des Stiftungszwecks einschließlich der Vertretung der Stiftung, die in § 84 Abs. 2 BGB-neu als wichtiger Teil der Geschäftsführung speziell geregelt ist.

2062 Die Vorschrift ist nach § 84 Abs. 3 BGB-neu teilweise dispositiv. Geschäftsführungsaufgaben können durch die Satzung bei Stiftungen ebenso wie bei Vereinen auch anderen Organen zugewiesen werden. Deshalb regelt § 84a BGB-neu die Rechte und Pflichten bei der Geschäftsführung in Bezug auf alle Organmitglieder, nicht nur für Vorstandsmitglieder. Eine Ausnahme gilt allerdings für die aktive und passive Vertretung der Stiftung nach § 84 Abs. 2 Satz 1 und 3 BGB-neu. Diese ist zwingend dem Vorstand vorbehalten. Die Vertretungsmacht des Vorstands kann nach § 84 Abs. 3 BGB-neu wie bisher mit Außenwirkung nur beschränkt, aber nicht ausgeschlossen werden.

2063 § 84 Abs. 2 BGB-neu ist § 26 Abs. 1 Satz 2 und Abs. 2 BGB nachgebildet. Die Vorschrift regelt die Vertretung der Stiftung durch den Vorstand.

2064 § 84 Abs. 2 Satz 1 BGB-neu ist § 26 Abs. 1 Satz 2 BGB nachgebildet. Der Vorstand ist das zwingende Vertretungsorgan der Stiftung. Die Vorstandsfähigkeit ist bei Stiftungen gesetzlich nicht beschränkt. Ebenso wie bei Vereinen können Vorstandsmitglieder nicht nur natürliche Personen, sondern auch juristische Personen des privaten und öffentlichen Rechts, z. B. auch Gemeinden, und sonstige rechtsfähige Personenvereinigungen sein. Diese selbst nicht

1 BT-Drucks. 19/28173 v. 31.3.2021 S. 58.

2 BT-Drucks. 19/28173 v. 31.3.2021 S. 59.

handlungsfähigen Vorstandsmitglieder handeln durch ihre zuständigen Organe. Das zuständige Organ wird durch Gesetz oder Satzung bestimmt. Bei kommunalen Stiftungen können die Gemeinden, Kreise oder Bezirke zu Vorständen bestellt und durch Landesrecht geregelt werden, welches Organ der Körperschaft die Vorstandsaufgaben wahrnimmt.

Die Vertretungsmacht des Stiftungsvorstands ist nach § 84 Abs. 2 Satz 1 BGB-neu wie beim Vereinsvorstand nach § 26 Abs. 1 Satz 2 BGB umfassend und unbeschränkt. Sie kann allerdings durch die Satzung beschränkt werden, insbesondere können auch Mitwirkungsrechte anderer Organe bei Vertretung der Stiftung vorgesehen werden. 2065

§ 84 Abs. 2 Satz 2 BGB-neu entspricht § 26 Abs. 2 Satz 1 BGB. Bei einem mehrköpfigen Vorstand wird die Stiftung durch die Mehrheit der Vorstandsmitglieder vertreten. Nach § 84 Abs. 3 BGB-neu kann die Vertretungsmacht der Vorstandsmitglieder durch die Satzung auch abweichend geregelt werden, insbesondere kann den Vorstandsmitgliedern auch Einzelvertretungsmacht oder nur Gesamtvertretungsmacht eingeräumt werden. 2066

Abweichend vom bisherigen § 86 Satz 1 BGB soll diese Regelung auch gelten, wenn eine juristische Person des öffentlichen Rechts Mitglied des Vorstands ist. Sind mit Blick auf ein solches Vorstandsmitglied abweichende Regelungen erforderlich, können sie durch die Satzung getroffen werden. Dies ist auch durch Satzungsänderung möglich, falls dies bei einer schon bestehenden Stiftung aufgrund der Gesetzesänderung erforderlich sein sollte.[1] 2067

§ 84 Abs. 2 Satz 3 BGB-neu entspricht § 26 Abs. 2 Satz 2 BGB und regelt die passive Vertretungsmacht der Mitglieder des Stiftungsvorstands. Ebenso wie beim Verein ist jedes Vorstandsmitglied allein zur Empfangsvertretung für die Stiftung berechtigt, d. h., eine Erklärung, die der Stiftung gegenüber abzugeben ist, ist der Stiftung zugegangen, wenn Zugang bei einem Vorstandsmitglied bewirkt wurde. Die passive Vertretungsmacht des jeweiligen Vorstandsmitglieds kann wie bisher nicht ausgeschlossen werden.[2] 2068

Ist ein Vorstandsmitglied eine juristische Person oder rechtsfähige Personenvereinigung, so ist der Zugang einer Erklärung bei diesem Vorstandsmitglied bewirkt, wenn die Erklärung einer Person zugeht, die für das Vorstandsmitglied empfangsberechtigt ist. Dies gilt auch für juristische Personen des öffentlichen Rechts. Es besteht deshalb kein Bedürfnis für Vorstandsmitglieder, 2069

1 BT-Drucks. 19/28173 v. 31.3.2021 S. 59.
2 BT-Drucks. 19/28173 v. 31.3.2021 S. 60.

die juristische Personen des öffentlichen Rechts sind, eine von § 84 Abs. 2 Satz 3 BGB-neu abweichende Regelung vorzusehen. Deshalb wurde die Ausnahmeregelung im bisherigen § 86 Satz 2 BGB nicht übernommen.

2070 § 84 Abs. 3 BGB-neu bestimmt, inwieweit von § 84 Abs. 1 und 2 BGB-neu durch die Satzung abgewichen werden kann. Der Vorstand ist nach § 84 Abs. 1 Satz 2 BGB-neu das Geschäftsführungsorgan der Stiftung. Diese Vorschrift ist allerdings nicht zwingend, so dass durch die Satzung Geschäftsführungsaufgaben mit Ausnahme der Vertretung der Stiftung auch auf andere Stiftungsorgane übertragen werden können.

2071 Durch die Satzung kann von der Vorschrift des § 84 Abs. 2 Satz 2 BGB-neu abgewichen werden, die regelt, dass die Stiftung, die einen mehrköpfigen Vorstand hat, durch die Mehrheit der Vorstandmitglieder vertreten wird. Die Vertretungsmacht des Vorstands kann wie bisher durch die Satzung mit Wirkung auch gegen Dritte beschränkt werden. Die Vertretungsmacht des Vorstands kann insbesondere dadurch beschränkt werden, dass sie an die Zustimmung eines anderen Organs gebunden wird.

2072 § 84 Abs. 4 BGB-neu stellt klar, dass durch die Satzung neben dem Vorstand weitere Organe vorgesehen werden können. Da es keine gesetzlichen Regelungen zu der Tätigkeit dieser Organe gibt, muss die Satzung Regelungen zur Bildung der Organe und zu ihren Aufgaben und Befugnissen treffen.

2073 Mit § 84 Abs. 5 BGB-neu werden die vereinsrechtlichen Regelungen in den §§ 30, 31 und 42 Abs. 2 BGB für entsprechend anwendbar erklärt. Dies entspricht weitgehend dem bisherigen § 86 Satz 1 BGB. Eine Verweisung auf § 29 BGB ist nicht mehr vorgesehen, weil für die Notbestellung von Vorstandsmitgliedern und anderen Organmitgliedern eine eigenständige Regelung in § 84c BGB-neu getroffen wird.

3.11 Neufassung § 84a BGB

2074 § 84a BGB-neu regelt das Innenverhältnis zwischen der Stiftung und dem Mitglied eines Stiftungsorgans. Die Vorschrift ersetzt hinsichtlich der Mitglieder des Vorstands den bisherigen § 86 Satz 1 BGB, der die vereinsrechtliche Vorschrift des § 27 Abs. 3 BGB für anwendbar erklärt hat.

2075 Durch die Änderung soll der Verweis auf die Auftragsvorschriften in § 84a Abs. 1 BGB-neu konkretisiert werden.

Von den Regelungen in § 84a Abs. 1 Satz 1 und 2 BGB-neu soll durch Satzung abgewichen werden können. Auch die Haftung für Pflichtverletzungen von Organmitgliedern soll durch die Satzung beschränkt werden können.[1] 2076

Ein Organmitglied wird nach § 84a Abs. 1 Satz 2 BGB-neu unentgeltlich für die Stiftung tätig, wenn die Satzung nichts Abweichendes regelt. Der Zeitaufwand für die Tätigkeit als Organmitglied darf von der Stiftung deshalb nur vergütet werden, wenn die Satzung eine solche Vergütung zulässt oder eine Vergütung nach § 84c Abs. 2 Satz 1 BGB-neu bewilligt wurde.[2] 2077

Die Haftungsbeschränkungen werden in § 84a Abs. 1 Satz 3 BGB-neu ausdrücklich aufgeführt, so dass klargestellt ist, dass sie auch im Wege der Satzungsänderung möglich sind. Auch noch nach der Errichtung der Stiftung können solche Haftungsbeschränkungen erforderlich sein, damit Personen bereit sind, Aufgaben in Stiftungsorganen wahrzunehmen. Bereits bestehende, durch Satzungsänderung eingeführte Haftungsbeschränkungen bei Altstiftungen sollen nicht in Frage gestellt werden. 2078

Durch die Änderung soll der Verweis auf die Auftragsvorschriften in § 84a Abs. 1 BGB-neu konkretisiert werden. 2079

§ 84a Abs. 2 Satz 1 BGB-neu regelt, welche Sorgfaltsanforderungen an das Führen der Geschäfte der Stiftung zu stellen sind. Die Regelung gilt insbesondere für die Mitglieder des Stiftungsvorstands, kann aber auch bedeutsam werden für Mitglieder anderer Stiftungsorgane, denen Geschäftsführungsaufgaben durch Satzungsreglungen übertragen wurden. Ein Organmitglied, das zur Führung der Geschäfte der Stiftung berufen ist, hat bei seiner Tätigkeit die Sorgfalt eines ordentlichen Geschäftsführers anzuwenden. 2080

Verletzen Organmitglieder ihre Pflichten bei der Geschäftsführung vorsätzlich oder fahrlässig, sind sie gem. § 280 Abs. 1 BGB der Stiftung zum Ersatz des daraus resultierenden Schadens verpflichtet, wenn sie sich nicht auf die Haftungserleichterungen nach § 84a Abs. 3 Satz 1 BGB-neu i.V. mit § 31a Abs. 1 Satz 1 BGB berufen können. 2081

§ 84 Abs. 2 Satz 2 BGB-neu konkretisiert die Pflichten der Stiftungsorgane bei der Wahrnehmung von Geschäftsführungsaufgaben. Zahlreiche Geschäftsführungsaufgaben sind zukunftsgerichtet und erfordern Prognosen hinsichtlich zukünftiger Entwicklungen. Dies gilt vor allem auch für Entscheidungen über die Anlage des Stiftungsvermögens. Deshalb soll eine der sogenannten Busi- 2082

1 BT-Drucks. 19/31118 v. 23.6.2021 S. 10.
2 BT-Drucks. 19/28173 v. 31.3.2021 S. 61.

ness-Judgement-Rule nach § 93 Abs. 1 Satz 2 AktG nachgebildete Regelung in § 84a Abs. 2 Satz 2 BGB-neu eingestellt werden. Beachtet ein Organmitglied bei der Wahrnehmung von Geschäftsführungsaufgaben, z. B. bei Entscheidungen über die Anlage des Stiftungsvermögens, die gesetzlichen und satzungsgemäßen Vorgaben und durfte es vernünftigerweise annehmen, auf der Grundlage angemessener Informationen zum Wohle der Stiftung zu handeln, verletzt das Organmitglied durch eine solche Wahrnehmung der Geschäftsführungsaufgaben nicht seine Geschäftsführungspflichten.

2083 § 84a Abs. 3 BGB-neu verweist ebenso wie der bisherige § 86 Satz 1 BGB auf § 31a BGB, der Haftungserleichterungen für im Wesentlichen unentgeltlich tätige Vereinsmitglieder vorsieht.

2084 Für Mitglieder von Stiftungsorganen, die unentgeltlich für die Stiftung tätig sind oder nur eine Vergütung erhalten, die die Vergütungsgrenze nach § 31a Abs. 1 Satz 1 BGB nicht übersteigt, sollen weiterhin die Haftungserleichterungen nach § 31a Abs. 1 Satz 1 BGB entsprechend anwendbar sein und sie sollen einen Freistellungsanspruch gegen die Stiftung nach § 31a Abs. 2 BGB haben.[1]

2085 § 31a BGB soll für Stiftungen nicht mehr zwingend sein. Bei Stiftungen können Haftungsfälle, durch die die Stiftung hohe Verluste erleidet und für die sie wegen der Haftungserleichterungen keinen Schadensersatz verlangen kann, dazu führen, dass die Stiftung ihren Zeck nicht mehr dauernd und nachhaltig verfolgen kann und deshalb aufgelöst werden muss. Anders als Vereine, die sich über Beiträge ihrer Mitglieder finanzieren, haben die meisten Stiftungen nicht die Möglichkeit, solche Verluste wieder ausgleichen zu können. In § 84a Abs. 3 Satz 2 BGB-neu wird deshalb geregelt, dass die Anwendbarkeit des § 31a BGB auf eine Stiftung durch die Satzung ausgeschlossen oder beschränkt werden kann. Dies ist nicht nur durch die Satzung möglich, sondern auch noch durch Satzungsänderung. Ein Ausschluss des § 31a BGB kann für Stiftungen insbesondere zweckmäßig sein, wenn für die durch Pflichtverletzungen ihrer Organmitglieder verursachten Schäden Versicherungsschutz besteht.[2]

3.12 Neufassung § 84b BGB

2086 § 84b BGB-neu ist den für Vereine geltenden Vorschriften der §§ 28, 32 und 34 BGB nachgebildet, die auch schon bisher nach § 86 Satz 1 BGB entsprechend für den Stiftungsvorstand anwendbar sind.

1 BT-Drucks. 19/28173 v. 31.3.2021 S. 61.
2 BT-Drucks. 19/28173 v. 31.3.2021 S. 62.

§ 84b Satz 1 BGB-neu bestimmt, dass Stiftungsorgane, die mehrere Mitglieder haben, ihre Beschlüsse entsprechend § 32 BGB fassen, der die Beschlussfassung durch die Mitgliederversammlung regelt, wenn in der Satzung nichts Anderes geregelt ist. Die Verweisung auf § 32 BGB umfasst auch die derzeit geltenden ergänzenden Vorschriften zu § 32 BGB in § 5 Abs. 2, 3 und 3a des Gesetzes über Maßnahmen im Gesellschafts-, Genossenschafts-, Vereins-, Stiftungs- und Wohnungseigentumsrecht zur Bekämpfung der COVID-19-Pandemie. § 32 BGB galt schon bisher nach § 86 Satz 1, § 28 BGB auch für mehrköpfige Stiftungsvorstände. Sie wird analog auch auf andere Organe von Vereinen oder Stiftungen angewandt, wenn Satzungsbestimmungen für die Beschlussfassung dieser Organe fehlen. Deshalb erscheint es zweckmäßig, den Anwendungsbereich der dispositiven Vorschrift auf alle Stiftungsorgane auszudehnen. 2087

Von diesen Regelungen kann wie bisher durch die Satzung abgewichen werden, insbesondere können die erforderlichen Mehrheiten für die Beschlussfassung innerhalb und außerhalb von Versammlungen der Organe abweichend geregelt werden. 2088

§ 84b Satz 2 BGB-neu entspricht § 34 BGB, der einen Stimmrechtsausschluss bei Interessenkollisionen vorsieht. Die Vorschrift, die für die Beschlussfassung in der Mitgliederversammlung und im Vorstand des Vereins gilt, soll künftig direkt auch für die Beschlussfassung in allen Stiftungsorganen gelten. Die Vorschrift soll wie die vergleichbaren vereinsrechtlichen Vorschriften in den §§ 28 und 34 BGB zwingend sein. 2089

3.13 Neufassung § 84c BGB

Mit § 84c BGB-neu soll für Stiftungen eine eigenständige Regelung für die Notmaßnahmen bei fehlenden Vorstandsmitgliedern und Mitgliedern anderer Stiftungsorgane getroffen werden. Die Regelung ersetzt in Bezug auf die Notmaßnahmen beim Fehlen von Vorstandsmitgliedern die Verweisung im bisherigen § 86 Satz 1 BGB auf die vereinsrechtliche Vorschrift in § 29 BGB, die die Notbestellung von Vorstandsmitgliedern den Amtsgerichten zuweist. 2090

Die Verweisung auf § 29 BGB hat sich für Stiftungen als zu eng und wenig praktikabel erwiesen. Bei Stiftungen können auch in Bezug auf andere Organe als den Vorstand Notmaßnahmen erforderlich werden, wenn diese Organe die Vorstandsmitglieder bestellen oder auch Geschäftsführungsaufgaben wahrnehmen, insbesondere an der Vertretung der Stiftung mitwirken müssen. Bei der Stiftung gibt es kein der Mitgliederversammlung des Vereins vergleichbares Organ, das immer beschlussfähig ist und fehlende Mitglieder von ande- 2091 ren Organen als dem Vorstand regelmäßig einfach bestellen kann, wenn der Vorstand die Mitgliederversammlung einberufen kann.[1]

2092 In zahlreichen Landesstiftungsgesetzen gibt es bisher schon ergänzende Regelungen über die Bestellung oder andere Notmaßnahmen beim Fehlen von Vorstandsmitgliedern oder anderen Organmitgliedern. Das Verhältnis dieser landesrechtlichen Vorschriften zu § 29 BGB ist nicht klar. Deshalb sollen für Stiftungen die Notmaßnahmen beim Fehlen von Vorstandsmitgliedern und anderen Organmitgliedern künftig bundesrechtlich eigenständig und abschließend in § 84c BGB-neu geregelt werden.[2]

2093 § 84c Abs. 1 Satz 1 BGB-neu regelt die Voraussetzungen und die Zuständigkeit für Notmaßnahmen beim Fehlen von Vorstandsmitgliedern und den Mitgliedern anderer Organe der Stiftung, worunter auch Liquidatoren fallen.

2094 Nach § 84c Abs. 1 Satz 1 BGB-neu sind für Notmaßnahmen beim Fehlen von Vorstandsmitgliedern oder den Mitgliedern anderer Organe der Stiftung die Stiftungsbehörden zuständig, nicht mehr die Amtsgerichte. Die Stiftungsbehörden kennen die Stiftungen und können besser entscheiden, welche Maßnahmen getroffen werden sollten. Zudem werden sie i. d. R. auch schneller als die Amtsgerichte geeignete Personen finden können, die zu Vorstandsmitgliedern oder Mitgliedern anderer Stiftungsorgane bestellt werden können.

2095 Die Stiftungsbehörden werden auf Antrag eines Beteiligten oder von Amts wegen tätig. Antragsberechtigter Beteiligter ist entsprechend § 29 BGB jedermann, der ein berechtigtes Interesse an der Notmaßnahme hat. Das kann ein Organmitglied der Stiftung, aber auch ein Gläubiger der Stiftung sein.

2096 Die zuständige Behörde soll anders als das Amtsgericht nach § 29 BGB auch von Amts wegen tätig werden können. Dies ist erforderlich, weil Stiftungen anders als Vereine nicht über Mitglieder verfügen und deshalb bei Stiftungen nicht gewährleistet ist, dass immer ein Antragsteller vorhanden ist, der Notmaßnahmen nach § 84c Abs. 1 BGB-neu beantragen könnte. Insbesondere bei Stiftungen, die als einziges Organ einen Einzelvorstand haben, wird es häufig keinen Antragsteller geben, wenn das einzige Vorstandsmitglied fehlt. In solchen Fällen muss die zuständige Behörde Maßnahmen auch von Amts wegen treffen können.

2097 Die zuständige Behörde kann wie das Amtsgericht nach § 29 BGB beim Fehlen von Organmitgliedern Notmaßnahmen nach § 84c Abs. 1 Satz 1 BGB-neu nur

1 BT-Drucks. 19/28173 v. 31.3.2021 S. 62.

2 BT-Drucks. 19/28173 v. 31.3.2021 S. 63.

in dringenden Fällen treffen, um die Handlungsfähigkeit eines Organs zu gewährleisten. Typischer Fall für Notmaßnahmen wird bei Stiftungen nach § 84c Abs. 1 Satz 1 BGB-neu auch weiterhin das Fehlen notwendiger Vorstandsmitglieder sein. Bei Stiftungen ist es aber auch möglich, dass bei anderen Organen, die an der Geschäftsführung oder Vertretung der Stiftung mitwirken müssen oder die für die Bestellung von Vorstandsmitgliedern zuständig sind, notwendige Mitglieder fehlen. Auch in diesen Fällen soll es möglich sein, dass die zuständige Behörde Notmaßnahmen treffen kann. Sie soll auch fehlende Mitglieder eines solchen Organs für eine Übergangszeit bestellen können, damit das Organ wieder beschlussfähig wird und an der Geschäftsführung mitwirken oder die notwendigen Vorstandsmitglieder bestellen kann. Notbestellungen von Vorstandsmitgliedern für längere Zeit können so vermieden werden.

Die zuständige Behörde soll nicht auf die Notbestellung von Organmitgliedern 2098
beschränkt sein, sondern auch andere Maßnahmen treffen können, durch die die Entscheidungsfähigkeit von Stiftungsorganen, denen notwendige Mitglieder fehlen, hergestellt werden kann. Die zuständige Behörde hat im jeweiligen Einzelfall zu entscheiden, welche Maßnahmen geeignet und erforderlich sind, um die Entscheidungsfähigkeit des Organs wieder dauerhaft zu gewährleisten und weitere Notmaßnahmen nach § 84c Abs. 1 Satz 1 BGB-neu zu vermeiden.

In § 84c Abs. 1 Satz 2 BGB-neu werden beispielhaft Maßnahmen genannt, die 2099
die Stiftungsbehörden ergreifen können, wenn ein Organ nicht entscheidungsfähig ist, weil erforderliche Organmitglieder fehlen. Neben der Notbestellung von Organmitgliedern kann die Stiftungsbehörde auch zeitweise die Zahl der Organmitglieder beschränken oder die noch vorhandenen Organmitglieder mit zusätzlichen Befugnissen, insbesondere Mehrstimmrechten, ausstatten.

§ 84c Abs. 2 BGB-neu trifft eine besondere Vergütungsregelung für Organmit- 2100
glieder, die von den zuständigen Behörden nach § 84c Abs. 1 Satz 1 BGB-neu bestellt werden.[1]

§ 84c Abs. 2 Satz 1 BGB-neu soll als lex specialis zu § 84a Abs. 1 Satz 2 BGB-neu 2101
ermöglichen, dass die Stiftungsbehörde den von ihr bestellten Organmitgliedern eine Vergütung auf Kosten der Stiftung gewähren kann, auch wenn die Satzung der Stiftung eine Vergütung der Organmitglieder nicht zulässt. Dadurch soll gewährleistet werden, dass geeignete Personen bereit sind, sich zum Mitglied eines Stiftungsorgans bestellen zu lassen.[2]

1 BT-Drucks. 19/28173 v. 31.3.2021 S. 63.
2 BT-Drucks. 19/28173 v. 31.3.2021 S. 64.

2102 § 84c Abs. 2 Satz 2 BGB-neu schafft eine Rechtsgrundlage für die zuständige Behörde, um eine nach § 84c Abs. 2 Satz 1 bewilligte Vergütung ggf. mit Wirkung für die Zukunft wieder ändern oder aufheben zu können.

2103–2104 *(Einstweilen frei)*

3.14 Neufassung § 85 BGB

2105 § 85 BGB-neu regelt die Voraussetzungen für die Änderungen der Stiftungsverfassung durch Satzungsänderung durch die Stiftungsorgane und die nach Landesrecht zuständigen Behörden bundesrechtlich abschließend. § 85 BGB-neu ersetzt § 87 BGB, soweit dieser die Änderung des Stiftungszwecks regelte, und die landesrechtlichen Vorschriften über Satzungsänderungen durch die Stiftungsorgane und die zuständigen Behörden. Die Vorschrift ist weitgehend § 87 BGB und den landesrechtlichen Vorschriften über Satzungsänderungen nachgebildet. § 85 BGB-neu enthält wie die Vorgängervorschriften gesetzliche Ermächtigungen für Satzungsänderungen durch den Vorstand der Stiftung, ein anderes zuständiges Stiftungsorgan oder die nach Landesrecht zuständigen Behörden.

2106 Nach § 85 BGB-neu können Satzungsbestimmungen geändert, ergänzt oder aufgehoben und dadurch die Stiftungsverfassung, soweit sie durch die Satzung bestimmt werden kann, geändert werden.

2107 Die Voraussetzungen für die Zweckänderung bei einer Ewigkeitsstiftung und die Umgestaltung in eine Verbrauchsstiftung sind nun klar gefasst und gelockert worden.

2108 Die Regelungen in § 85 Abs. 1–3 BGB-neu sind für den Stifter dispositiv. Er kann in der Satzung nach Maßgabe des § 85 Abs. 4 BGB-neu abweichende Regelungen zur Satzungsänderung treffen.

2109 Bei jeder Satzungsänderung ist nach § 83 Abs. 2 BGB-neu der Wille des Stifters zu beachten. Gegen den Willen des Stifters kann die Satzung nicht geändert werden. Bei jeder Satzungsänderung ist immer zu fragen, ob es mit dem Stifterwillen vereinbar ist, dass die jeweilige Bestimmung der Stiftungsverfassung überhaupt geändert wird, und inwieweit es ggf. eine Alternative zu der geplanten Neuregelung gibt, die dem Stifterwillen besser entspräche.

2110 In § 85 Abs. 1 BGB-neu werden die Voraussetzungen für grundlegende Änderungen des Stiftungszwecks neu geregelt.[1]

1 BT-Drucks. 19/28173 v. 31.3.2021 S. 64.

§ 85 Abs. 1 Satz 1 BGB-neu regelt den gravierendsten Fall des Eingriffs in die Satzung der Stiftung. Er bestimmt die Voraussetzungen für Satzungsänderungen, durch die der Zweck der Stiftung ausgetauscht oder erheblich beschränkt werden soll. Eine Zweckbeschränkung ist als erheblich anzusehen, wenn die Stiftung dadurch ihre Identität ändert. Dies wird regelmäßig anzunehmen sein, wenn eine Stiftung zwei gleichwertige Zwecke hat und einer der Zwecke aufgegeben werden soll, weil nicht mehr beide dauernd und nachhaltig erfüllt werden können. So dürfte regelmäßig eine erhebliche Zweckbeschränkung vorliegen, wenn eine Stiftung, die den Zweck hat, die Kunst und die Wissenschaft gleichmäßig zu fördern, künftig nur noch den Zweck der Wissenschaftsförderung erfüllen soll. Das Gleiche gilt, wenn ein sehr weit gefasster Zweck erheblich verengt werden soll. Dies wäre z. B. gegeben, wenn der Zweck einer Stiftung, der darauf gerichtet ist, alle bedrohten Tiere zu schützen, auf den Schutz einer bestimmten bedrohten Tierart beschränkt werden soll. Eine erhebliche Zweckbeschränkung kann auch in der Ergänzung eines neuen Zwecks liegen, der die Erfüllung des alten Zwecks erheblich einschränkt.[1] 2111

Auch wenn die Voraussetzungen des § 85 Abs. 1 Satz 1 BGB-neu vorliegen, wird ein Austausch des Stiftungszwecks nur in den sehr seltenen Ausnahmefällen möglich sein, in denen sich ein möglicher neuer Zweck aus dem Stiftungsgeschäft erschließen lässt. Typischer Anwendungsfall des § 85 Abs. 1 Satz 1 BGB-neu werden deshalb Zweckbeschränkungen sein, insbesondere, wenn sich das Vermögen einer Stiftung erheblich verringert hat und nicht die Aussicht besteht, dass die Stiftung in größerem Umfang neues Vermögen erwerben kann, um die eingetretenen Vermögensverluste auszugleichen. 2112

In Anlehnung an die Prognose bei der Anerkennung der Stiftung nach § 80 Abs. 2 BGB (§ 82 Satz 1 BGB-neu) sollen gravierende Zweckänderungen und die Umgestaltung einer Ewigkeitsstiftung in eine Verbrauchsstiftung möglich sein, wenn die Stiftung ihren Zweck nicht mehr dauernd und nachhaltig, d. h. wirksam, erfüllen kann. 2113

Auch hier ist eine Prognoseentscheidung erforderlich. Wenn eine Stiftung zu einem bestimmten Zeitpunkt ihren Zweck nicht oder nicht mehr nachhaltig erfüllen kann, muss geprüft werden, ob diese Voraussetzungen nur vorübergehend gegeben sind oder dauerhaft vorliegen. Es erscheint aber nicht zweckmäßig, eine bestimmte Dauer zu verlangen, während derer der Zweck nicht mehr wirksam erfüllt werden kann.[2]

1 BT-Drucks. 19/28173 v. 31.3.2021 S. 65.
2 BT-Drucks. 19/31118 v. 23.6.2021 S. 10.

2114 Mit Blick auf notleidende Stiftungen wurde § 85 Abs. 1 Satz 1 BGB-neu durch einen Satz 2 ergänzt, der § 85 Abs. 1 Satz 1 Nr. 1 BGB-neu speziell für die notleidenden Stiftungen konkretisiert. Nach § 85 Abs. 1 Satz 2 BGB-neu liegen die Voraussetzungen des § 85 Abs. 1 Satz 1 Nr. 1 BGB-neu insbesondere dann vor, wenn eine Stiftung nicht mehr über ausreichende Mittel verfügt, um ihren Zweck wirksam erfüllen zu können. Bei der Beurteilung, ob eine Ewigkeitsstiftung noch über ausreichende Mittel für die Zweckerfüllung verfügen kann, ist zunächst auf die Nutzungen aus dem Grundstockvermögen und Zuwächse aus der Umschichtung des Grundstockvermögens abzustellen, die für die Zweckerfüllung verwendet werden können. Zu berücksichtigen sind aber auch mögliche Zuwendungen von Dritten an die Stiftung, mit der die Stiftung fest rechnen kann. Stehen einer Ewigkeitsstiftung Mittel nicht mehr in ausreichendem Umfang zur Verfügung, um eine nachhaltige, d. h. wirksame Zweckerfüllung zu gewährleisten, und kann sie solche Mittel auch nicht mehr in absehbarer Zeit erwerben, liegen die Voraussetzungen für eine Umgestaltung der Stiftung in eine Verbrauchsstiftung vor.[1]

2115 Eine Satzungsänderung, mit der der Zweck der Stiftung ausgetauscht oder beschränkt wird, ist nach § 85 Abs. 1 Satz 1 Nr. 2 BGB-neu auch möglich, wenn der bestehende Zweck das Gemeinwohl gefährdet. In diesem Fall ist die Stiftung von der nach Landesrecht zuständigen Behörde nach § 87a Abs. 2 Nr. 2 BGB-neu aufzuheben, wenn die Gefährdung des Gemeinwohls nicht auf andere Weise beseitigt werden kann. Die zuständige Behörde hat im Rahmen des § 87a Abs. 2 Nr. 2 BGB-neu immer auch zu prüfen, ob die Gemeinwohlgefährdung durch eine Zweckänderung auf der Grundlage des § 85 Abs. 1 Satz 1 Nr. 2 BGB-neu beseitigt werden kann. Ist dies der Fall, so wird i. d. R. eine mögliche Satzungsänderung das mildere Mittel darstellen, so dass die Stiftung nicht aufzuheben ist.[2]

2116 Wenn die Voraussetzungen des § 85 Abs. 1 Satz 1 Nr. 1 oder 2 BGB-neu vorliegen, ist die Zweckänderung nach § 85 Abs. 1 Satz 2 BGB-neu nur zulässig, wenn nach der Zweckänderung die dauernde und nachhaltige Erfüllung des neuen oder eingeschränkten Stiftungszwecks gesichert erscheint. Wenn insbesondere eine Zweckänderung nach § 85 Abs. 1 Nr. 1 BGB-neu nicht bewirken kann, dass für die Stiftung wieder eine positive Lebensfähigkeitsprognose besteht, dann ist die Zweckänderung nach § 85 Abs. 1 Satz 2 BGB-neu nicht mög-

1 BT-Drucks. 19/31118 v. 23.6.2021 S. 10.
2 BT-Drucks. 19/28173 v. 31.3.2021 S. 65.

lich. In diesen Fällen bleibt nur die Auflösung oder Aufhebung der Stiftung oder ggf. eine Zulegung oder Zusammenlegung.[1]

§ 85 Abs. 1 Satz 3 BGB-neu regelt die Voraussetzungen für die Umgestaltung einer auf unbestimmte Zeit errichteten Stiftung in eine Verbrauchsstiftung. Dazu ist die Ergänzung der Satzung um Bestimmungen nach § 81 Abs. 2 BGB-neu erforderlich, durch die die Stiftung befristet und das gesamte Grundstockvermögen abweichend von § 83c BGB-neu nachträglich zu sonstigem Vermögen bestimmt werden kann. Für die Stiftung gilt dann wie für alle anderen Verbrauchsstiftungen auch § 83b Abs. 1 Satz 2 BGB-neu. Nach der Umgestaltung besteht das Stiftungsvermögen nur aus sonstigem Vermögen. 2117

Die Umgestaltung einer auf unbestimmte Zeit errichteten Stiftung in eine Verbrauchsstiftung durch Satzungsänderung ist nach § 85 Abs. 1 Satz 3 BGB-neu nur möglich, wenn die Voraussetzungen nach § 85 Abs. 1 Satz 1 Nr. 1 und Satz 2 BGB-neu vorliegen. Nach § 85 Abs. 1 Nr. 1 BGB-neu ist Voraussetzung für die Umgestaltung in eine Verbrauchsstiftung, dass die Stiftung ihren Zweck nicht mehr dauernd und nachhaltig erfüllen kann. Eine Stiftung, bei der diese Voraussetzungen vorliegen, kann aber nur dann in eine Verbrauchsstiftung umgestaltet werden, wenn sie entsprechend § 85 Abs. 1 Satz 2 BGB-neu ihren Zweck als Verbrauchsstiftung wieder dauernd und nachhaltig erfüllen kann. Dies setzt voraus, dass die neu entstandene Verbrauchsstiftung die Anerkennungsvoraussetzungen nach § 82 Satz 1 BGB-neu erfüllt. Die Umgestaltung in eine Verbrauchsstiftung ist kein Liquidationsersatz. Deshalb kommt die Umwandlung in eine Verbrauchsstiftung insbesondere in den Fällen in Betracht, in denen die Stiftung zwar noch über einiges Stiftungsvermögen verfügt, aber mit diesem Vermögen keine ausreichenden Erträge mehr erzielen kann, um den Stiftungszweck nachhaltig zu erfüllen und auch keine Zuwendungen Dritter erhält, die die fehlenden Erträge aus dem Stiftungsvermögen ersetzen könnten. 2118

Liegen die Voraussetzungen des § 85 Abs. 1 Satz 1 Nr. 1 BGB-neu vor, ist es auch denkbar, eine Zweckänderung und die Umgestaltung in eine Verbrauchsstiftung zu kombinieren, wenn dies dazu führt, dass der geänderte Stiftungszweck mit dem vorhandenen Stiftungsvermögen in einer Verbrauchsstiftung wieder dauernd und nachhaltig erfüllt werden kann. Ist auch dies nicht möglich, bleibt nur die Beendigung der Stiftung durch Auflösung oder durch Aufhebung mit sich regelmäßig anschließender Liquidation der Stiftung oder ggf. eine Zulegung oder Zusammenlegung. 2119

1 BT-Drucks. 19/28173 v. 31.3.2021 S. 66.

2120 § 85 Abs. 2 BGB-neu regelt die Voraussetzungen für Zweckänderungen, die nicht unter § 85 Abs. 1 BGB-neu fallen, und für die Änderung von anderen prägenden Bestimmungen der Stiftungsverfassung. § 85 Abs. 2 BGB-neu ermöglicht neben bestimmten Zweckänderungen sowohl die Änderung oder Aufhebung bestehender Satzungsbestimmungen als auch die Ergänzung der Satzung um neue Satzungsbestimmungen.

2121 Nach § 85 Abs. 2 Satz 1 BGB-neu sind Zweckänderungen, die nicht unter § 85 Abs. 1 BGB-neu fallen, möglich, wenn sich die Verhältnisse nach Errichtung der Stiftung wesentlich verändert haben und die Änderung des Zwecks erforderlich ist, um die Stiftung an die veränderten Verhältnisse anzupassen. Zweckänderungen, die unter § 85 Abs. 2 Satz 1 BGB-neu fallen, sind insbesondere Zweckerweiterungen sowie Zweckbeschränkungen, die nicht die Identität der Stiftung verändern. Unter denselben Voraussetzungen können auch andere Bestimmungen der Stiftungsverfassung geändert werden, die wie der Stiftungszweck für die Stiftung als prägend anzusehen sind. § 85 Abs. 2 Satz 2 BGB-neu bestimmt, welche Bestimmungen i. d. R. als für eine Stiftung prägend anzusehen sind.

2122 § 85 Abs. 2 Satz 1 BGB-neu entspricht im Wesentlichen den in zahlreichen Landesstiftungsgesetzen enthaltenen Vorschriften über Satzungsänderungen durch die Stiftungsorgane. Bei der Anwendung der neuen bundesrechtlichen Vorschrift kann deshalb auf die bisherige Praxis bei der Anwendung dieser landesrechtlichen Vorschriften zurückgegriffen werden.[1]

2123 Eine Satzungsänderung ist aufgrund des § 85 Abs. 2 Satz 1 BGB-neu nur möglich, wenn sich die Verhältnisse für die Stiftung wesentlich verändert haben. Eine Änderung der Verhältnisse kann jedermann betreffen, wie z. B. die Geldentwertungen nach den beiden Weltkriegen. Hierunter können auch Gesetzesänderungen, insbesondere Änderungen des Stiftungsrechts fallen. Die Verhältnisse können sich aber auch nur für die betroffene Stiftung verändert haben, wie z. B. durch einen erheblichen Verlust von Stiftungsvermögen, den die Stiftung nicht ausgleichen kann. Eine Veränderung der Verhältnisse ist für die Stiftung als wesentlich anzusehen, wenn sie erhebliche Auswirkungen auf die Erfüllung des Stiftungszwecks hat. Eine solche wesentliche Veränderung der Verhältnisse muss darüber hinaus dazu führen, dass die der Stiftung vom Stifter gegebene Verfassung den neuen Anforderungen nicht mehr genügt. Ob die Voraussetzungen für eine Satzungsänderung nach § 85 Abs. 2 Satz 1 BGB-neu vorliegen, ist stets eine einzelfallbezogene Entscheidung. Diese Entschei-

1 BT-Drucks. 19/28173 v. 31.3.2021 S. 66.

dung kann nur unter Berücksichtigung der gesamten Stiftungsverfassung und der Entwicklung der jeweiligen Stiftung getroffen werden.[1]

§ 85 Abs. 2 Satz 2 BGB-neu nennt Bestimmungen der Stiftungsverfassung, die für eine Stiftung regelmäßig als prägend anzusehen sind. Dazu gehören für alle Stiftungen neben dem Stiftungszweck regelmäßig die Bestimmungen über den Namen und den Sitz, die Art und Weise der Zweckerfüllung sowie die Bestimmungen über die Zusammensetzung und Aufgabenverteilung zwischen den Organen. Bei Stiftungen, die auf unbestimmte Zeit errichtet wurden, werden auch die Bestimmungen der Stiftungsverfassung zum Erhalt des Grundstockvermögens regelmäßig als prägend anzusehen sein. Für Verbrauchsstiftungen sind regelmäßig auch die Satzungsbestimmungen nach § 81 Abs. 2 BGB-neu prägend. Als für die Stiftung prägend anzusehen sind auch die Bestimmungen in der Satzung, die anordnen, dass die Stiftung eine gemeinnützige oder eine kirchliche Stiftung sein soll. 2124

§ 85 Abs. 3 BGB-neu enthält die Ermächtigung zu Satzungsänderungen, die nicht unter § 85 Abs. 1 oder Abs. 2 BGB-neu fallen. Änderungen von Bestimmungen der Stiftungsverfassung, die für die Stiftung nicht prägend sind, sind nach § 85 Abs. 3 BGB-neu zulässig, wenn der Stiftung dadurch die Erfüllung des Stiftungszwecks erleichtert werden kann. 2125

Auf der Grundlage des § 85 Abs. 3 BGB-neu kann im Einzelfall auch die Zweckbestimmung neu formuliert oder ergänzt werden, soweit dadurch der Zweck oder die Art und Weise der Zweckerfüllung nicht geändert wird, d für die Stiftung als prägend anzusehen ist. Die Zweckbestimmungen können nach § 85 Abs. 3 BGB-neu häufig auch ergänzt werden, um steuerrechtliche Anforderungen an die Zweckbestimmung zu erfüllen. So können bspw. in der Zweckbestimmung von gemeinnützigen Stiftungen steuerrechtliche Tatbestände nach § 52 Abs. 2, § 53 oder § 54 AO ergänzt werden, wenn der Stiftungszweck mehreren dieser steuerrechtlichen Tatbestände unterfällt und in der Satzung nicht alle nötigen Tatbestände genannt wurden, damit die Stiftung als steuerbegünstigte Stiftung anerkannt werden kann. 2126

§ 85 Abs. 4 BGB-neu bestimmt, inwieweit von den Regelungen in § 85 Abs. 1–3 BGB-neu abgewichen werden kann. § 85 Abs. 1–3 BGB-neu ist für den Stifter dispositiv. Der Stifter kann in der Satzung die Voraussetzungen für die Änderung der Stiftungssatzung auch abweichend von § 85 Abs. 1–3 BGB-neu regeln. Die Stiftungsorgane oder die nach Landesrecht zuständigen Behörden können die Satzung nicht durch Satzungsänderung um Bestimmungen ergän- 2127

1 BT-Drucks. 19/28173 v. 31.3.2021 S. 67.

zen, aufgrund derer die Änderung der Satzung abweichend von § 85 Abs. 1–3 BGB-neu möglich ist.

2128 Der Stifter kann die Änderung der Satzung durch den Stiftungsvorstand oder die nach Landesrecht zuständige Behörde nach § 85 Abs. 1 oder 3 BGB-neu ausschließen oder beschränken, indem er einzelne Änderungstatbestände ausschließt oder die Satzungsänderung in der Satzung an strengere Voraussetzungen bindet.

2129 Der Stifter kann die Änderung der Satzung durch das zuständige Stiftungsorgan auch gegenüber den § 85 Abs. 1–3 BGB-neu erleichtern. Solche Satzungsbestimmungen sind allerdings nur wirksam, wenn sie den Anforderungen des § 85 Abs. 4 Satz 3 BGB-neu entsprechen. Die Befugnis der Stiftungsbehörden zur Satzungsänderung kann durch die Satzung nicht erweitert werden.[1]

2130 § 85 Abs. 4 Satz 3 BGB-neu regelt die inhaltlichen Anforderungen an Satzungsbestimmungen nach § 85 Abs. 4 Satz 2 BGB-neu, mit denen der Stifter Satzungsänderungen durch die Stiftungsorgane gegenüber § 85 Abs. 1–3 BGB-neu erleichtert. Solche satzungsmäßigen Änderungsermächtigungen sind nur wirksam, wenn der Stifter Inhalt und Umfang von möglichen Satzungsänderungen in der Änderungsermächtigung hinreichend bestimmt festlegt. Der Stifter kann den zuständigen Stiftungsorganen keine Blanko- oder Pauschalermächtigung zur Änderung der Satzung erteilen. Er muss die Änderungen, die auf der Grundlage der Satzung möglich sein sollen, in der Satzungsbestimmung, die zu den Änderungen ermächtigt, inhaltlich vorbestimmen, indem er darin Leitlinien und Orientierungspunkte für die Satzungsänderungen vorgibt. An die Bestimmtheit der Ermächtigung in der Satzung sind umso höhere Anforderungen zu stellen, je bedeutsamer die Änderungen sind, zu denen ermächtigt werden soll.[2]

3.15 Neufassung § 85a BGB

2131 § 85a Abs. 1 BGB-neu regelt das Verfahren für Satzungsänderungen durch die Stiftungsorgane. Hier ist ein zweistufiges Verfahren vorgesehen. Für die Satzungsänderung bedarf es zunächst einer Entscheidung über die Satzungsänderung durch das zuständige Stiftungsorgan. Diese muss sodann von der nach Landesrecht zuständigen Behörde genehmigt werden. Das entspricht

1 BT-Drucks. 19/28173 v. 31.3.2021 S. 67.
2 BT-Drucks. 19/28173 v. 31.3.2021 S. 68.

den meisten der derzeit geltenden landesrechtlichen Regelungen zu Satzungsänderungen.[1]

Das zuständige Organ für die Satzungsänderungen ist nach § 85a Abs. 1 Satz 1 BGB-neu der Stiftungsvorstand. Durch die Satzung kann die Zuständigkeit eines anderen Organs für die Satzungsänderungen begründet werden. Das entspricht den bisher geltenden landesrechtlichen Vorschriften. 2132

Nach § 85a Abs. 1 Satz 2 bedarf jede Satzungsänderung durch die Stiftungsorgane der Genehmigung durch die nach Landesrecht zuständige Behörde. Das können nach Landesrecht auch kirchliche Behörden sein. Die Änderung der Stiftungssatzung ist eine Entscheidung, die anders als die Änderung der Satzung einer Körperschaft durch ihre Mitglieder nicht im Belieben der Stiftungsorgane oder Behörden steht. Sie ist nur unter den in den § 85 BGB-neu oder den in der Satzung geregelten Voraussetzungen zulässig. Der Genehmigungsvorbehalt ermöglicht den zuständigen Behörden, im Genehmigungsverfahren zu überprüfen, ob die gesetzlichen oder satzungsmäßigen Voraussetzungen für die jeweilige Satzungsänderung vorliegen. Erst mit Erteilung der Genehmigung wird die Satzungsänderung wirksam. 2133

§ 85a Abs. 2 BGB-neu regelt, unter welchen Voraussetzungen die nach Landesrecht zuständigen Behörden Stiftungssatzungen nach § 85 BGB-neu ändern können. Regelungen zum Verfahren der zuständigen Behörden werden nicht getroffen. Das Verfahren soll wie bisher von den Ländern geregelt werden. 2134

Liegen die Voraussetzungen für eine Satzungsänderung vor, dürfen die zuständigen Behörden die Satzung nur ändern, soweit die Satzungsänderung für die Stiftung notwendig ist und wenn das zuständige Stiftungsorgan die Satzungsänderung nicht rechtzeitig beschließt. 2135

Über Satzungsänderungen sollen in erster Linie die zuständigen Stiftungsorgane entscheiden, die die Verhältnisse und Entwicklungsmöglichkeiten der Stiftung besser kennen als die zuständigen Behörden. Für die zuständigen Behörden wird deshalb nur eine subsidiäre Zuständigkeit für notwendige Satzungsänderungen begründet, wenn die zuständigen Stiftungsorgane nicht oder nicht rechtzeitig handeln können oder wollen.[2] 2136

§ 85a Abs. 3 BGB-neu enthält eine Sonderregelung für das Verfahren bei Satzungsänderungen, durch die der Sitz einer Stiftung in den Zuständigkeitsbereich einer anderen Behörde verlegt werden soll. Für die Genehmigung sol- 2137

1 Demuth, NWB-EV 8/2022 S. 259, 262 NWB XAAAJ-18265 mit einer anschaulichen Übersicht.
2 BT-Drucks. 19/28173 v. 31.3.2021 S. 68.

cher Satzungsänderungen ist noch die Behörde zuständig, in deren Bezirk die Stiftung ihren bisherigen Sitz hat. Die zuständige Behörde darf die Satzungsänderung aber nur genehmigen, wenn die Behörde, in deren Zuständigkeitsbereich der neue Sitz begründet werden soll, ihre Zustimmung zu der Genehmigung erteilt hat.[1]

2138 Mit dem Zustimmungserfordernis soll ein Dissens zwischen den beteiligten Stiftungsbehörden über die Wirksamkeit der Sitzverlegung zu Lasten der Stiftung vermieden werden. Bei einer Genehmigung einer Satzungsänderung betreffend den Sitz der Stiftung ohne Zustimmung der Behörde, in deren Zuständigkeitsbereich der neue Sitz begründet werden soll, besteht die Gefahr, dass die genehmigende Stiftungsbehörde den Beschluss der Stiftungsorgane über die Änderung der Sitzregelung in der Satzung als wirksam ansieht, aber die Stiftungsbehörde, in deren Zuständigkeitsbereich der Sitz neu begründet werden soll, diese Satzungsänderung über die Sitzverlegung als unwirksam ansieht. Dann unterliegt die Stiftung faktisch keiner Aufsicht mehr.

2139 Wird die Zustimmung verweigert, darf die Genehmigung nicht erteilt werden. Eine Stiftung kann die Entscheidungen beider beteiligten Behörden überprüfen lassen, indem sie die noch zuständige Stiftungsbehörde auf Erteilung der Genehmigung verklagt.

3.16 Neufassung §§ 86–86h BGB

2140 Mit den §§ 86–86h BGB-neu sollen Zulegung und Zusammenlegung von rechtsfähigen Stiftungen des bürgerlichen Rechts abschließend bundeseinheitlich geregelt werden. Die Zulegung und die Zusammenlegung werden nicht mehr als besondere Formen der Auflösung oder Aufhebung von Stiftungen ausgestaltet, sondern als besondere stiftungsrechtliche Verfahren der Vermögensübertragung zwischen rechtsfähigen Stiftungen des bürgerlichen Rechts, durch welche die von den Stiftern der übertragenden Stiftungen geschaffene Verbindung von Zweck und Vermögen so weit als möglich erhalten bleiben soll.[2]

2141 Auch nach den neuen Regelungen sollen Stiftungen nicht frei zugelegt oder zusammengelegt werden können. Eine Zulegung oder eine Zusammenlegung von Stiftungen ist anders als eine Verschmelzung von Gesellschaften oder Vereinen nach dem Umwandlungsgesetz nur bei Vorliegen bestimmter Voraussetzungen bei der übertragenden Stiftung und der übernehmenden Stiftung

1 BT-Drucks. 19/28173 v. 31.3.2021 S. 69.

2 Demuth, NWB-EV 8/2022 S. 259, 262 NWB XAAAJ-18265 mit einer anschaulichen Übersicht.

möglich, die in den §§ 86 und 86a BGB-neu geregelt sind. Zulegungen und Zusammenlegungen werden deshalb als besondere stiftungsrechtliche Verfahren ausgestaltet und nicht als eine Art der Umwandlung im Umwandlungsgesetz geregelt.

Die Vorschriften über die Zulegung und Zusammenlegung sind nicht zwin- 2142
gend.[1]

3.16.1 Zu § 86 BGB-neu (Voraussetzungen für die Zulegung)

§ 86 BGB-neu umschreibt die Zulegung als Verfahren der Vermögensübertra- 2143
gung zwischen Stiftungen. Nach § 86 BGB ist die Zulegung ein Verfahren, durch das eine übertragende Stiftung ihr gesamtes Stiftungsvermögen auf eine bestehende, übernehmende Stiftung als Ganzes übertragen kann, d. h. im Wege der Gesamtrechtsnachfolge, ohne dass es der Auflösung und Liquidation der übertragenden Stiftung bedarf. Nach den meisten Landesstiftungsgesetzen konnte eine übertragende Stiftung einer anderen übernehmenden Stiftung nur zugelegt werden, indem die übertragende Stiftung zunächst aufgelöst oder aufgehoben und liquidiert wurde und der Liquidationserlös dann an die aufnehmende Stiftung ausgeschüttet wurde. Die Neuregelung der Zulegung soll die Vermögensübertragung zwischen Stiftungen erleichtern und vor allem auch beschleunigen, da nicht mehr das Sperrjahr nach § 87c Satz 5 i.V. mit § 51 BGB abzuwarten ist, und das Vermögen der übertragenden Stiftung im Wege der Gesamtrechtsnachfolge auf die übernehmende Stiftung übergeht und nicht die Vermögensgegenstände einzeln nach den sachenrechtlichen Regelungen auf diese Stiftung übertragen werden müssen.[2]

Die Zulegung ist nur möglich, wenn die beteiligten Stiftungen die Vorausset- 2144
zungen nach § 86 Nr. 1–4 BGB-neu erfüllen. § 86 BGB-neu ist nicht zwingend.[3] Durch die Satzung können die Voraussetzungen für die Zulegung erleichtert werden. Nach § 83 Abs. 2 BGB-neu ist auch bei jeder Zulegung der Wille der Stifter der beteiligten Stiftungen zu berücksichtigen. Gegen den Willen des Stifters der übertragenden Stiftung oder des Stifters der übernehmenden Stiftung darf eine Zulegung nicht von den Stiftungsvorständen vereinbart oder von der zuständigen Behörde angeordnet werden.[4]

1 Schauer, npoR 2022 S. 54, 57.
2 BT-Drucks. 19/28173 v. 31.3.2021 S. 69.
3 Schauer, npoR 2022 S. 54, 57.
4 BT-Drucks. 19/28173 v. 31.3.2021 S. 70.

2145 Nach zahlreichen Landesstiftungsgesetzen ist die Zulegung möglich, wenn sich für die übertragende Stiftung die Verhältnisse wesentlich verändert haben. Einige Länder sehen die Zulegung nur vor, wenn bei der übertragenden Stiftung die Auflösungsvoraussetzungen nach dem bisherigen § 87 Abs. 1 BGB vorliegen. Mit § 86 Nr. 1 BGB-neu wird ein Mittelweg zwischen den unterschiedlich strengen landesrechtlichen und den bundesrechtlichen Voraussetzungen für die Zulegung gewählt.

2146 Eine übertragende Stiftung kann einer übernehmenden Stiftung nur zugelegt werden, wenn sich nach der Errichtung der übertragenden Stiftung die Verhältnisse wesentlich verändert haben und eine Anpassung der Stiftung an die geänderten Verhältnisse durch Satzungsänderung nach § 85 Abs. 2–3 BGB-neu oder aufgrund einer Satzungsbestimmung nach § 85 Abs. 4 BGB-neu nicht möglich ist. Damit wird an die Regelungen in vielen Landesstiftungsgesetzen angeknüpft, die die Zulegung bei einer wesentlichen Veränderung der Verhältnisse zulassen.

2147 Zusätzlich soll die Zulegung aber auch möglich sein, wenn die Voraussetzungen für die Auflösung nach § 87 Abs. 1 Satz 1 BGB-neu vorliegen. Damit werden Zulegungen auch in den seltenen Fällen ermöglicht, in denen die Auflösungsvoraussetzungen schon bei Anerkennung der Stiftung nicht vorlagen, aber fälschlicherweise ihr Vorliegen angenommen wurde.

2148 § 86 Nr. 2 BGB-neu regelt als weitere Voraussetzung für die Zulegung, dass der Zweck der übertragenden Stiftung im Wesentlichen dem Zweck der übernehmenden Stiftung entsprechen muss. Die Zwecke der übertragenden Stiftungen und der übernehmenden Stiftung müssen nicht identisch sein.

Hat die übernehmende Stiftung verschiedene Zwecke, ist für die Zulegung ausreichend, dass einer ihrer Zwecke den Zweck der übertragenden Stiftung umfasst. Die Zwecke müssen nicht identisch sein. Die übernehmende Stiftung kann auch einen weiteren Zweck als die übertragende Stiftung verfolgen, der den Zweck der übernehmenden Stiftung umfasst, sich aber nicht darauf beschränkt.[1]

2149 Nach § 86 Nr. 3 BGB-neu muss gesichert erscheinen, dass die übernehmende Stiftung ihre Zwecke auch nach der Zulegung der übertragenden Stiftung im Wesentlichen in gleicher Weise dauernd und nachhaltig erfüllen kann. Das wird i. d. R. gegeben sein, wenn die Zulegung für die übernehmende Stiftung

1 BT-Drucks. 19/31118 v. 23.6.2021 S. 11.

zu einem Vermögenszuwachs führt und nicht mit übermäßigen Belastungen verbunden ist.

Wenn in der Satzung der übertragenden Stiftung für bestimmte Personen Ansprüche auf Stiftungsleistungen begründet sind, müssen nach § 86 Nr. 4 BGB-neu die Rechte dieser Personen bei der Zulegung gewahrt werden. Die Rechte dieser Personen können z. B. gewahrt werden, indem für sie vergleichbare Ansprüche gegen die übernehmende Stiftung begründet oder ihre Rechte abgelöst werden. Wenn Ansprüche wertlos geworden sind, müssen neue Ansprüche gegen die übernehmende Stiftung nicht begründet werden und die Anspruchsinhaber können auch keine Ausgleichsleistungen verlangen.[1] 2150

3.16.2 Zu § 86a BGB-neu (Voraussetzungen für die Zusammenlegung)

§ 86a BGB-neu umschreibt die Zusammenlegung als Verfahren der Vermögensübertragung von zwei oder mehreren Stiftungen auf eine zu diesem Zweck neu zu errichtende Stiftung und regelt die inhaltlichen Voraussetzungen für die Zusammenlegung. Bei der Zusammenlegung entsteht die aufnehmende Stiftung abweichend von § 80 Abs. BGB-neu nicht durch Stiftungsgeschäft und Anerkennung durch die zuständige Behörde, sondern durch den Zusammenlegungsvertrag und dessen Genehmigung durch die zuständige Behörde oder die behördliche Zusammenlegung gem. § 86b Abs. 2 BGB-neu. Der Zusammenlegungsvertrag oder die behördliche Zusammenlegungsentscheidung muss das Stiftungsgeschäft zur Errichtung der neuen Stiftung enthalten, das den Anforderungen des § 81 Abs. 1 BGB-neu entsprechen muss. Die Stifter der übernehmenden Stiftung sind die übertragenden Stiftungen.[2] 2151

§ 86a BGB-neu ist nicht zwingend.[3] Durch die Satzung können die Voraussetzungen für die Zusammenlegung erleichtert werden. 2152

Nach § 86a Nr. 1 BGB-neu können Stiftungen zusammengelegt werden, wenn sich die Verhältnisse nach der Errichtung der übertragenden Stiftungen wesentlich verändert haben und eine Anpassung der Stiftungen durch eine Satzungsänderung nach § 85 Abs. 2 oder 3 BGB-neu oder aufgrund einer Satzungsbestimmung nach § 85 Abs. 4 BGB-neu nicht möglich ist. § 86a Nr. 1 BGB-neu regelt insoweit für die Zusammenlegung hinsichtlich der übertragenden Stiftungen dieselben Voraussetzungen, die für eine Zulegung nach § 86 Nr. 1 BGB-neu bei einer übertragenden Stiftung vorliegen müssen. 2153

1 BT-Drucks. 19/28173 v. 31.3.2021 S. 70.

2 BT-Drucks. 19/28173 v. 31.3.2021 S. 71.

3 Schauer, npoR 2022 S. 54, 57.

2154 Zusätzlich soll die Zusammenlegung wie die Zulegung aber auch möglich sein, wenn die Voraussetzung für die Auflösung nach § 87 Abs. 1 Satz 1 BGB-neu vorliegen. Damit werden Zusammenlegungen auch in den seltenen Fällen ermöglicht, in denen die Auflösungsvoraussetzungen schon bei Anerkennung der Stiftung vorlagen.

2155 Nach § 86a Nr. 2 BGB-neu muss bei der neu zu errichtenden übernehmenden Stiftung, die durch die Zusammenlegung entstehen soll, gesichert erscheinen, dass sie die Zwecke der übertragenden Stiftungen im Wesentlichen in gleicher Weise dauernd und nachhaltig erfüllen kann. Bei einer Zusammenlegung müssen nicht alle Zwecke der übertragenden Stiftungen in gleicher Weise von der übernehmenden Stiftung erfüllt werden, aber zumindest deren jeweilige Hauptzwecke. Diese Voraussetzung lässt sich bei der Zusammenlegung regelmäßig durch die Gestaltung der Satzung für die aufnehmende Stiftung erfüllen. Die übernehmende Stiftung muss ihre Zwecke dauernd und nachhaltig erfüllen können. Dies setzt voraus, dass die übertragenden Stiftungen ein dafür ausreichendes Vermögen auf die übernehmende Stiftung übertragen können.

2156 § 86a Nr. 3 BGB-neu regelt, dass auch bei der Zusammenlegung die Rechte der Personen zu wahren sind, für die in der Satzung einer der übertragenden Stiftungen Ansprüche auf Stiftungsleistungen begründet wurden. Diese Vorschrift entspricht § 86 Nr. 4 BGB-neu.

3.16.3 Zu § 86b (Verfahren der Zulegung und der Zusammenlegung)

2157 § 86b BGB-neu regelt das Verfahren der Zulegung und Zusammenlegung von Stiftungen.

2158 § 86b Abs. 1 Satz 1 BGB-neu regelt, dass die beteiligten Stiftungen Zulegungen und Zusammenlegungen durch Vertrag vereinbaren können. Der Inhalt eines solchen Vertrags wird in § 86c BGB-neu näher geregelt. Ein Zulegungsvertrag ist zwischen der übertragenden und der übernehmenden Stiftung zu schließen, ein Zusammenlegungsvertrag zwischen den übertragenden Stiftungen. Zuständig für den Vertragsschluss sind die Vorstände der Stiftungen als Vertretungsorgane der Stiftungen. Die Satzung kann die Mitwirkung weiterer Stiftungsorgane vorsehen.[1]

2159 Da die Zulegung und die Zusammenlegung zum Erlöschen der übertragenden Stiftungen führen, wird auch bei dieser neuen stiftungsrechtlichen Maßnahme die Mitwirkung der nach Landesrecht zuständigen Behörde vorgesehen.

1 BT-Drucks. 19/28173 v. 31.3.2021 S. 71.

Ein Zulegungs- und ein Zusammenlegungsvertrag bedürfen der Genehmigung der Behörde, die nach Landesrecht für die übernehmende Stiftung zuständig ist. Das Genehmigungserfordernis gewährleistet, dass alle zuständigen Behörden stets überprüfen können, ob bei den beteiligten Stiftungen die gesetzlichen Voraussetzungen für die Zulegung nach § 86 BGB-neu oder die Zusammenlegung nach § 86a BGB-neu vorliegen.[1]

Die Entscheidung über die Genehmigung wird der Behörde zugewiesen, die nach der Zulegung und Zusammenlegung weiterhin für die verbleibende Stiftung zuständig ist oder die für die neu zu errichtende Stiftung zuständig wäre. Diese Zuständigkeitsregelung führt dazu, dass sowohl für Zulegungen als auch für Zusammenlegungen immer nur eine Behörde zuständig sein kann, da es bei jeder Zulegung oder Zusammenlegung immer nur eine übernehmende Stiftung gibt. 2160

Stiftungen können nach § 86b Abs. 2 BGB-neu auch durch Verwaltungsakt von der zuständigen Behörde nach § 86b Abs. 1 BGB-neu zugelegt oder zusammengelegt werden. § 86b Abs. 2 BGB-neu regelt, unter welchen Voraussetzungen die zuständigen Behörden über eine Zulegung oder Zusammenlegung entscheiden. 2161

Nach § 86b Abs. 2 Satz 1 BGB-neu soll die behördliche Zulegung oder Zusammenlegung von Stiftungen nur nachrangig möglich sein. Regelmäßig sollen Zulegungen und Zusammenlegung von den beteiligten Stiftungen vereinbart werden, da diese die Zulegung oder Zusammenlegung durch Vertrag besser gestalten können als die Behörde durch Verwaltungsakt. Die nach Landesrecht zuständigen Behörden sollen nur tätig werden können, wenn die beteiligten Stiftungen die Zulegung oder Zusammenlegung nicht vereinbaren können. Das wird i. d. R. nur der Fall sein, wenn die übertragenden Stiftungen nicht mehr handlungsfähig sind, weil notwendige Organmitglieder fehlen und die Bestellung neuer Mitglieder nicht oder nicht innerhalb angemessener Zeit möglich ist. 2162

§ 86b Abs. 2 Satz 2 BGB-neu bestimmt, dass eine Zulegung durch die zuständige Behörde der Zustimmung durch die aufnehmende Stiftung bedarf. Keiner Stiftung soll gegen ihren Willen eine andere übertragende Stiftung zugelegt werden. 2163

§ 86b Abs. 3 BGB-neu enthält eine Sonderregelung für den Fall, dass für die an einer Zulegung oder Zusammenlegung beteiligten Stiftungen nicht die gleiche 2164

1 BT-Drucks. 19/28173 v. 31.3.2021 S. 72.

Stiftungsbehörde zuständig ist. Nach § 86b Abs. 1 BGB-neu entscheidet über die Genehmigung des Zulegungs- oder Zusammenlegungsvertrags die Behörde, die für die übernehmende Stiftung zuständig ist. Dasselbe gilt nach § 86b Abs. 2 BGB-neu auch für die behördliche Zulegungs- oder Zusammenlegungsentscheidung. Ist für eine übertragende Stiftung eine andere Behörde zuständig, muss diese einer Genehmigung nach § 86b Abs. 1 BGB-neu oder der behördlichen Zulegung oder Zusammenlegung nach § 86b Abs. 2 BGB-neu zustimmen. Das Zustimmungserfordernis stellt sicher, dass auch die für die übertragende Stiftung zuständige Behörde, die besser mit dieser Stiftung vertraut ist, die Voraussetzungen der Zulegung und Zusammenlegung mitprüfen kann.

3.16.4 Zu § 86c BGB-neu (Zulegungs- und Zusammenlegungsvertrag)

2165 § 86c BGB-neu regelt den Mindestinhalt von Zulegungs- und Zusammenlegungsverträgen. Einen vergleichbaren Inhalt müssen nach § 86e BGB-neu auch behördliche Zulegungsentscheidungen oder Zusammenlegungsentscheidungen haben.

2166 § 86c Abs. 1 BGB-neu legt den Mindestinhalt des Zulegungsvertrags fest. Die Stiftungen können daneben zusätzliche Vereinbarungen treffen, um die Zulegung und Zusammenlegung nach ihren Bedürfnissen auszugestalten.[1]

2167 Jeder Zulegungsvertrag muss die in § 86c Abs. 1 Satz 1 Nr. 1 und 2 BGB-neu aufgeführten Angaben und Vereinbarungen enthalten, die für die Durchführung der Zulegung erforderlich sind.[2]

2168 Ein Zulegungsvertrag muss Angaben zum Namen und zum Sitz der an der Zulegung beteiligten Stiftungen enthalten, so dass die vertragsschließenden Stiftungen feststehen und die für die Genehmigung zuständige Behörde und die Behörden, deren Zustimmung zur Genehmigung erforderlich ist, einfach ermittelt werden können.

2169 Nach § 86c Abs. 1 Satz 1 Nr. 2 BGB-neu muss ein Zulegungsvertrag die Vereinbarung enthalten, dass das Vermögen der übertragenden Stiftung als Ganzes auf die übernehmende Stiftung übertragen werden soll. Dabei ist auch zu vereinbaren, dass das Grundstockvermögen der übertragenden Stiftung zu Grundstockvermögen der übernehmenden Stiftung wird. Nur wenn das Grundstockvermögen der übertragenden Stiftung auch bei der übernehmen-

1 BT-Drucks. 19/28173 v. 31.3.2021 S. 72.
2 BT-Drucks. 19/28173 v. 31.3.2021 S. 73.

den Stiftung zu Grundstockvermögen wird, ist der Erhalt der vom Stifter der übertragenden Stiftung geschaffenen Zweck-Vermögen-Bindung sichergestellt.

Solche Vereinbarungen sind auch bei Zulegungen und Zusammenlegungen von steuerbegünstigten Stiftungen möglich. Grundsätzlich sind zwar gem. § 55 Abs. 1 Nr. 5 AO sämtliche Mittel zeitnah zu verwenden. Dies gilt allerdings nur vorbehaltlich der in § 62 AO geregelten Ausnahmetatbestände. Danach unterliegen Zuwendungen, bei denen der Zuwendende ausdrücklich erklärt, dass diese zur Ausstattung der Körperschaft mit Vermögen oder zur Erhöhung des Vermögens bestimmt sind, nicht der Pflicht zur zeitnahen Mittelverwendung (§ 62 Abs. 3 Nr. 2 AO). Bei dem Grundstockvermögen der übertragenden Stiftungen handelt es sich stets um sogenanntes zulässiges Vermögen, das dauerhaft erhalten werden darf. Dass sich an dieser „Qualität" auch im Zuge eines Rechtsträgerwechsels nichts ändert, ergibt sich aus den Festlegungen im Anwendungserlass zur Abgabenordnung zu § 58 Nr. 2 AO, wonach nicht zeitnah zu verwendende Mittel einer Geberkörperschaft auch bei der Empfängerkörperschaft nicht dem Gebot der zeitnahen Mittelverwendung unterliegen. 2170

Nach § 86c Abs. 1 Satz 2 BGB-neu muss ein Zulegungsvertrag weitere Angaben enthalten, wenn Personen durch die Satzung der übertragenden Stiftung Ansprüche gewährt werden. Die praktische Bedeutung dieser Vorschriften dürfte bei Zulegungen allerdings nur gering sein, weil nur wenige Stiftungssatzungen solche Ansprüche vorsehen. Werden Personen in der Satzung der übertragenden Stiftung Ansprüche gewährt, werden die beteiligten Stiftungen, um die Zulegung zu ermöglichen, Vereinbarungen mit den Personen treffen müssen, durch die deren Rechte gewahrt werden. Durch § 86c Abs. 3 BGB-neu wird sichergestellt, dass die betroffenen Personen frühzeitig von der beabsichtigten Zulegung und dem Inhalt des Zulegungsvertrags unterrichtet werden. 2171

§ 86c Abs. 2 BGB-neu regelt den Inhalt des Zusammenlegungsvertrags. Ein Zusammenlegungsvertrag muss dieselben Mindestangaben wie ein Zulegungsvertrag und zusätzlich noch das Stiftungsgeschäft zur Errichtung der übernehmenden Stiftung enthalten. Der Inhalt des Stiftungsgeschäfts bestimmt sich auch hier nach § 81 Abs. 1 BGB-neu. Als Vermögen wird der neuen Stiftung das Stiftungsvermögen der übertragenden Stiftungen gewidmet. Entspricht das im Zusammenlegungsvertrag enthaltene Stiftungsgeschäft nicht den Anforderungen des § 81 Abs. 1 BGB-neu, darf der Zusammenlegungsvertrag nicht genehmigt werden. 2172

Nach § 86 Abs. 3 BGB-neu ist ein Zulegungs- oder Zusammenlegungsvertrag den Personen, denen durch die Satzung einer übertragenden Stiftung Ansprü- 2173 che gewährt werden, spätestens einen Monat vor Beantragung der Genehmigung nach § 86b Abs. 1 BGB-neu zuzuleiten. Diese Informationspflicht soll gewährleisten, dass diese Personen rechtzeitig von der beabsichtigten Zulegung oder Zusammenlegung erfahren, so dass sie ihre Rechte wahren können. Die Informationspflicht trifft die Stiftung, deren Satzung die Ansprüche begründet.[1]

3.16.5 Zu § 86d-neu (Form des Zulegungs- und des Zusammenlegungsvertrags)

2174 § 86d BGB-neu regelt die Form von Zulegungs- und Zusammenlegungsverträgen.[2]

2175 § 86d Satz 1 BGB-neu bestimmt, dass der Zulegungs- und der Zusammenlegungsvertrag nur der schriftlichen Form nach § 126 BGB bedürfen. Mit Blick auf die behördlichen Genehmigungserfordernisse wird für diese Verträge anders als für Verschmelzungsverträge nach § 6 des Umwandlungsgesetzes (UmwG) keine notarielle Beurkundung vorgesehen. Die behördlichen Genehmigungserfordernisse gewährleisten bei Zulegungs- und Zusammenlegungsverträgen ebenso wie das Anerkennungserfordernis für das Stiftungsgeschäft die Beurkundungsfunktionen, so dass für die Verträge daneben kein Beurkundungserfordernis geregelt werden muss.

2176 Durch § 86d BGB-neu soll klargestellt werden, dass nicht nur § 311 Abs. 1–3 BGB auf Zulegungs- und Zusammenlegungsverträge anzuwenden ist, sondern auch andere vergleichbare Beurkundungserfordernisse.[3]

3.16.6 Zu § 86e BGB-neu (Behördliche Zulegungs- und Zusammenlegungsentscheidung)

2177 § 86e BGB-neu regelt den Inhalt der behördlichen Entscheidung über eine Zulegung oder Zusammenlegung.

2178 § 86e Abs. 1 BGB-neu bestimmt, dass auf die behördliche Entscheidung zur Zulegung und Zusammenlegung § 86c Abs. 1 und 2 BGB-neu entsprechend anzuwenden ist. Die behördliche Entscheidung über eine Zulegung oder Zusammenlegung muss denselben Mindestinhalt haben wie ein Zulegungs- oder Zusammenlegungsvertrag. Auch bei behördlichen Entscheidungen über Zulegun-

1 BT-Drucks. 19/28173 v. 31.3.2021 S. 73.
2 BT-Drucks. 19/28173 v. 31.3.2021 S. 74.
3 BT-Drucks. 19/31118 v. 23.6.2021 S. 11.

gen und Zusammenlegungen müssen die Rechte von Personen gewahrt werden, denen die Satzung der übertragenden Stiftung Ansprüche gewährt.

§ 86e Abs. 2 BGB-neu regelt, dass die Personen, für die in der Satzung der übertragenden Stiftung Ansprüche begründet werden, mindestens einen Monat vor der Entscheidung über die Zulegung oder Zusammenlegung anzuhören sind und auf die Folgen der Zulegung oder Zusammenlegung für ihre Ansprüche hinzuweisen sind, so dass sie ihre Rechte im Verfahren wirksam geltend machen können. 2179

3.16.7 Zu § 86f BGB-neu (Wirkungen der Zulegung und der Zusammenlegung)

§ 86f BGB-neu regelt die Rechtswirkungen von Zulegungen und der Zusammenlegungen. 2180

Nach § 86f Abs. 1 BGB-neu geht mit der Unanfechtbarkeit der Genehmigung des Zulegungsvertrags oder der behördlichen Zulegungsentscheidung das Vermögen der übertragenden Stiftung im Wege der Gesamtrechtsnachfolge auf die übernehmende Stiftung über und die übertragende Stiftung erlischt. Das übergegangene Grundstockvermögen der übertragenden Stiftung wird aufgrund der Vereinbarungen im Zulegungsvertrag nach § 86c Abs. 1 Nr. 2 BGB-neu oder der Regelung in der behördlichen Zulegungsentscheidung nach § 86e Abs. 1 BGB-neu zu Grundstockvermögen der übernehmenden Stiftung. Eine Beendigung der übertragenden Stiftung nach den §§ 87 ff. BGB-neu findet nicht statt.[1] 2181

Nach § 86f Abs. 2 BGB-neu geht mit der Unanfechtbarkeit der Genehmigung des Zusammenlegungsvertrags oder der Unanfechtbarkeit der behördlichen Zusammenlegungsentscheidung das Vermögen der übertragenden Stiftungen im Wege der Gesamtrechtsnachfolge auf die neue Stiftung über und es erlöschen die übertragenden Stiftungen.[2] 2182

§ 86f Abs. 3 BGB-neu regelt, dass Mängel des Zulegungs- oder des Zusammenlegungsvertrags die Wirkungen der behördlichen Entscheidungen nach § 86f Abs. 1 und 2 BGB-neu unberührt lassen. Die Vorschrift soll den Bestandschutz von Zulegungen und Zusammenlegungen gewährleisten, die auf Zulegungs- oder Zusammenlegungsverträgen beruhen. Wenn die Genehmigung des Zulegungs- oder des Zusammenlegungsvertrags unanfechtbar geworden ist, tre- 2183

1 BT-Drucks. 19/28173 v. 31.3.2021 S. 74.
2 BT-Drucks. 19/28173 v. 31.3.2021 S. 75.

ten die Wirkungen der Zulegung nach § 86f Abs. 1 BGB-neu oder der Zusammenlegung nach § 86f Abs. 2 BGB-neu ein und bleiben auch für die Zukunft wirksam. Das Vermögen der übertragenden Stiftungen geht endgültig auf die übernehmende Stiftung über und die übertragenden Stiftungen erlöschen. Es kann nicht verlangt werden, dass die Wirkungen der Zulegung oder Zusammenlegung mit Wirkung ex tunc oder ex nunc aufgehoben werden, weil der Zulegungs- oder der Zusammenlegungsvertrag Mängel aufweist, insbesondere die Voraussetzungen des § 86 BGB-neu oder des § 86a BGB-neu nicht vorlagen.

2184 Für die behördliche Zulegung oder Zusammenlegung einer Stiftung richtet sich die Wirksamkeit nach dem Verwaltungsverfahrensrecht, das für die entscheidende Behörde gilt. Wenn eine Behörde Stiftungen durch Verwaltungsakt zulegt oder zusammenlegt, treten die Rechtswirkungen nach § 86f Abs. 1 und 2 BGB-neu ein, wenn der Verwaltungsakt unanfechtbar geworden ist.

3.16.8 Zu § 86g BGB-neu (Bekanntmachung der Zulegung und der Zusammenlegung)

2185 Nach § 86g BGB-neu ist eine Zulegung und Zusammenlegung zum Schutz der Gläubiger der beteiligten Stiftungen bekanntzumachen. Die Gläubiger sind in der Bekanntmachung auf die Zulegung oder Zusammenlegung und ihr Recht nach § 86h BGB-neu hinzuweisen.

2186 § 86g Satz 1 BGB-neu bestimmt, dass die übernehmende Stiftung verpflichtet ist, die Zulegung oder Zusammenlegung innerhalb eines Monats nach ihrem Wirksamwerden im Bundesanzeiger bekanntzumachen. Eine zügige Bekanntmachung ist im Interesse der Stiftung, weil das Recht der Gläubiger nach § 86h BGB-neu, Sicherheiten für ihre noch nicht fälligen Ansprüche zu verlangen, durch die Bekanntmachung befristet werden kann.

2187 Nach § 86g Satz 2 BGB-neu sind die Gläubiger in der Bekanntmachung darauf hinzuweisen, dass sie für ihre noch nicht fälligen Forderungen nach § 86h BGB-neu von der übernehmenden Stiftung Sicherheiten verlangen können.

2188 § 86g Satz 3 BGB-neu bestimmt, dass die Bekanntmachung der Zulegung oder Zusammenlegung mit dem Ablauf des zweiten Tages nach der Veröffentlichung als bewirkt gilt. Ab diesem Zeitpunkt beginnt die Sechsmonatsfrist nach § 86h Nr. 1 BGB-neu, wenn die Veröffentlichung den Anforderungen des § 86g BGB-neu entspricht.

3.16.9 Zu § 86h BGB-neu (Gläubigerschutz)

Bei einer Zulegung oder Zusammenlegung gewährt § 86h BGB-neu den von der Zulegung oder Zusammenlegung betroffenen Gläubigern einen Anspruch auf Sicherheitsleistung für ihre noch nicht fälligen Ansprüche gegen die übernehmende Stiftung, wenn die Erfüllung dieser Ansprüche durch die Zulegung oder die Zusammenlegung gefährdet ist. 2189

Nach § 86h Nr. 1 BGB-neu setzt der Anspruch auf Sicherheitsleistung voraus, dass ein Gläubiger seine noch nicht fälligen Ansprüche bei der übernehmenden Stiftung innerhalb von sechs Monaten, nachdem die Bekanntmachung nach § 86g Satz 3 BGB-neu bewirkt wurde, nach Grund und Höhe schriftlich anmeldet. Dieses Recht steht sowohl Gläubigern zu, die einen Anspruch gegen die übertragenden Stiftungen hatten, der auf die übernehmende Stiftung übergegangen ist, als auch anderen Gläubigern der übernehmenden Stiftung.[1] 2190

Der Anspruch auf Sicherheitsleistung setzt nach § 86h Nr. 2 BGB-neu zusätzlich voraus, dass mit der Anmeldung des Anspruchs glaubhaft gemacht wird, dass aufgrund der Zulegung oder Zusammenlegung die Erfüllung des Anspruchs gefährdet ist. Die Erfüllung des Anspruchs wird nicht allein durch den mit der Zulegung oder Zusammenlegung verbundenen Schuldnerwechsel gefährdet. Entscheidend ist die Vermögenslage bei der übernehmenden Stiftung. Nur wenn glaubhaft gemacht wird, dass die übernehmende Stiftung längerfristig nicht mehr ihre Verbindlichkeiten erfüllen kann, liegen die Voraussetzungen für einen Anspruch auf Sicherheitsleistung vor. Bei Zulegungen und Zusammenlegungen werden diese Voraussetzungen regelmäßig nicht vorliegen, da Zulegungen nach § 86 Nr. 3 BGB-neu und Zusammenlegungen nach § 86a Nr. 2 BGB-neu nur zulässig sind, wenn gesichert erscheint, dass die übernehmende Stiftung ihre Zwecke auch weiterhin dauernd und nachhaltig erfüllen kann.[2] 2191

3.17 Neufassung §§ 87–87c BGB-neu

Die §§ 87–87c BGB-neu regeln die Beendigung von Stiftungen. Bei Stiftungen muss der Beendigung außer in den Fällen der Zulegung oder Zusammenlegung wie bisher immer eine Auflösung oder Aufhebung vorangehen. In den §§ 87–87b BGB-neu werden die Auflösungs- und Aufhebungsgründe geregelt. § 87c BGB-neu bestimmt, wie eine aufgelöste oder aufgehobene Stiftung beendet wird. 2192

1 BT-Drucks. 19/28173 v. 31.3.2021 S. 75.

2 BT-Drucks. 19/28173 v. 31.3.2021 S. 76.

2193 Eine Stiftung wird schon nach geltendem Recht ebenso wie ein Verein nach § 86 Satz 1 i.V. mit § 42 Abs. 1 Satz 1 BGB aufgelöst durch die Eröffnung des Insolvenzverfahrens oder durch Rechtskraft des Beschlusses, durch den die Eröffnung des Insolvenzverfahrens mangels Masse abgewiesen wurde.

2194 Stiftungen können bisher nach § 87 BGB durch die zuständige Landesbehörde aufgehoben werden, wenn die Erfüllung des Stiftungszwecks unmöglich geworden ist oder die Stiftung das Gemeinwohl gefährdet. Daneben enthalten zahlreiche Stiftungsgesetze Vorschriften zur Auflösung der Stiftung durch die Stiftungsorgane mit Genehmigung der zuständigen Behörden. Die landesrechtlichen Regelungen lassen die Auflösung der Stiftung überwiegend bei einer wesentlichen Änderung der Verhältnisse zu.

2195 Das Verhältnis zwischen den landesrechtlichen Regelungen über die Auflösung, die es seit Inkrafttreten des Bürgerlichen Gesetzbuchs gab, und § 87 BGB war immer streitig. Das Reichsgericht (RGZ 121, 166, 167) hatte zwar schon früh entschieden, dass § 87 BGB nicht abschließend sei und landesrechtliche Regelungen zur Auflösung der Stiftung durch die Stiftungsorgane nicht sperrt. Gleichwohl verstummten in der Rechtswissenschaft die Stimmen nicht, die die Auffassung vertreten, dass § 87 BGB abschließend sei und deshalb für zusätzliche landesrechtliche Regelungen über die Auflösung der Stiftung durch die Organe keine Kompetenzgrundlage bestehe.

2196 Die Voraussetzungen für die Aufhebung nach dem geltenden § 87 Abs. 1 BGB haben sich als zu eng erwiesen. Stiftungen können nach dem geltenden § 87 Abs. 1 BGB auch dann noch nicht aufgehoben werden, wenn sie schon lange Zeit ihren Zweck nicht mehr wirksam erfüllen können und absehbar ist, dass ihnen eine wirksame Zweckerfüllung auch künftig nicht mehr möglich werden wird. Das führt dazu, dass Stiftungen ohne Zukunftsperspektive weiter verwaltet und beaufsichtigt werden müssen, bei denen dem Aufwand für die Verwaltung und Stiftungsaufsicht kaum noch ein Nutzen gegenübersteht. Solche Stiftungen sollen künftig aufgelöst werden können.

2197 Mit den §§ 87–87b BGB-neu sollen die Auflösung der Stiftung durch die Organe und die Aufhebung der Stiftung durch die zuständigen Landesbehörden sowie die Aufhebung der Stiftung durch Insolvenz abschließend bundesrechtlich geregelt werden. Bei der Neuregelung der Auflösung und Aufhebung der Stiftung wird ein Mittelweg zwischen dem bisherigen § 87 BGB und den landesrechtlichen Vorschriften über die Auflösung der Stiftung durch die Organe gewählt.[1]

1 BT-Drucks. 19/28173 v. 31.3.2021 S. 76.

Die Folgen der Insolvenz der Stiftung sollen eigenständig geregelt werden. Die Verweisung im bisherigen § 86 Satz 1 BGB auf § 42 Abs. 1 Satz 1 BGB soll durch eine Vorschrift zur Auflösung bei Insolvenz der Stiftung in § 87b BGB-neu ersetzt werden. Diese neue Aufhebungsvorschrift bei Insolvenz der Stiftung ist dem für Vereine geltenden § 42 Abs. 1 Satz 1 BGB nachgebildet. 2198

Die Vorschriften zur Beendigung von Stiftungen in den §§ 87–87c BGB-neu sind abschließend und zwingend.[1] Durch die Satzung kann die Auflösung oder Aufhebung einer Stiftung nicht erleichtert oder erschwert werden. Mit Inkrafttreten der §§ 87–87c BGB-neu wird den bestehenden landesrechtlichen Vorschriften über die Auflösung von Stiftungen die Kompetenzgrundlage entzogen.[2] 2199

3.17.1 Zu § 87 BGB-neu (Auflösung der Stiftung durch die Stiftungsorgane)

§ 87 BGB-neu regelt die Auflösung der Stiftung durch Beschluss der zuständigen Stiftungsorgane. Der organschaftliche Charakter unterscheidet die Auflösung von der behördlichen Aufhebung der Stiftung und der Auflösung der Stiftung infolge der Insolvenz der Stiftung nach den § 87b BGB-neu. Die Organe können die Stiftung nur mit Genehmigung der zuständigen Landesbehörden auflösen. Das Genehmigungserfordernis soll sicherstellen, dass eine Stiftung nur aufgelöst und abgewickelt wird, wenn die gesetzlichen Auflösungsvoraussetzungen vorliegen. 2200

§ 87 Abs. 1 BGB-neu regelt den wichtigsten Auflösungsgrund, der für alle Stiftungen gilt, und bestimmt, welche Stiftungsorgane über die Auflösung zu entscheiden haben. 2201

Eine Stiftung soll nach § 87 Abs. 1 Satz 1 BGB-neu durch den Vorstand aufgelöst werden, wenn die Stiftung ihren Zweck endgültig nicht mehr dauernd und nachhaltig erfüllen kann. 2202

Als endgültig ist dauernde und nachhaltige Zweckerfüllung anzusehen, wenn sie auf absehbare Zeit nicht mehr beseitigt werden kann. Dies ist insbesondere der Fall, wenn die Stiftung nicht mehr über ein dafür ausreichendes Vermögen verfügt und auch nicht zu erwarten ist, dass die Stiftung durch Zuwendungen neues Vermögen in ausreichender Höhe erlangen wird. Liegt der Auflösungsgrund nach § 87 Abs. 1 Satz 1 BGB-neu vor, soll die Stiftung aufgelöst werden, d. h., sie ist regelmäßig aufzulösen. Gegebenenfalls kommt anstelle einer Auf- 2203

1 A. A. Schauer, npoR 2022 S. 54, 58.

2 BT-Drucks. 19/28173 v. 31.3.2021 S. 77.

lösung aber auch eine Zulegung oder Zusammenlegung in Betracht. Bei der Wahl der jeweiligen Maßnahme ist nach § 83 Abs. 3 BGB-neu immer der Stifterwille zu beachten. Regelmäßig wird eine mögliche Zulegung oder Zusammenlegung Vorrang vor einer Auflösung der Stiftung haben, weil dadurch die vom Stifter begründete Zweck-Vermögen-Bindung aufrechterhalten werden kann, was jedenfalls dem mutmaßlichen Stifterwillen eher entspricht als eine Beendigung der Stiftung durch Auflösung oder Aufhebung.[1]

2204 § 87 Abs. 1 Satz 2 BGB-neu konkretisiert den Auflösungsgrund nach § 87 Abs. 1 Satz 1 BGB-neu. Endgültige Unmöglichkeit der dauernden und nachhaltigen Zweckerfüllung liegt insbesondere dann nicht vor, wenn die Stiftung durch Satzungsänderung so umgestaltet werden kann, dass sie ihren Zweck wieder dauernd und nachhaltig erfüllen kann. Damit wird insbesondere die Subsidiarität der Auflösung gegenüber der Satzungsänderung geregelt. Aber auch in anderen Fällen, in denen die dauernde und nachhaltige Zweckerfüllung nur vorübergehend nicht möglich ist, liegt ein Auflösungsgrund nicht vor. So darf auch eine Stiftung, die nicht mehr über ein ausreichendes Stiftungsvermögen verfügt, um ihren Zweck dauernd und nachhaltig zu erfüllen, nicht aufgelöst werden, wenn zu erwarten ist, dass ihr zusätzliches Vermögen zugewendet werden wird.[2]

2205 Nach § 87 Abs. 1 Satz 1 BGB-neu ist für die Auflösung der Stiftung der Vorstand zuständig. Nach § 87 Abs. 1 Satz 3 BGB-neu kann durch die Satzung die Entscheidung über die Auflösung auch einem anderen Stiftungsorgan zugewiesen werden.

2206 § 87 Abs. 2 BGB-neu enthält eine Sonderregelung für die Auflösung von Verbrauchsstiftungen. Eine Verbrauchsstiftung ist nach § 87 Abs. 2 BGB-neu aufzulösen, wenn die Zeit, für die sie errichtet wurde, abgelaufen ist. Verbrauchsstiftungen werden anders als Vereine, die auf Zeit errichtet wurden, nicht schon durch bloßen Zeitablauf aufgelöst. Sie müssen wie alle anderen Stiftungen durch die Stiftungsorgane aufgelöst oder durch die zuständigen Landesbehörden aufgehoben werden.

2207 Eine Auflösung einer Verbrauchsstiftung ist auch möglich, wenn bei der Stiftung die Voraussetzungen des § 87 Abs. 1 BGB-neu vorliegen. Verbrauchsstiftungen sind wie andere Stiftungen auch aufzuheben, wenn die Aufhebungsgründe nach § 87a Abs. 2 Nr. 2 oder Nr. 3 BGB-neu gegeben sind.

1 BT-Drucks. 19/28173 v. 31.3.2021 S. 77.
2 BT-Drucks. 19/28173 v. 31.3.2021 S. 78.

Nach § 87 Abs. 3 BGB-neu bedarf die Auflösung der Stiftung nach § 87 Abs. 1 oder Abs. 2 BGB-neu der Genehmigung der nach Landesrecht zuständigen Behörde. Das sind i. d. R. die Landesstiftungsbehörden. Das Genehmigungserfordernis dient dem Schutz der Stiftung. Stiftungen sind anders als Körperschaften nicht frei auflösbar, sondern nur dann, wenn gesetzliche Auflösungsgründe vorliegen. Deren Vorliegen ist im Genehmigungsverfahren zu überprüfen. Die Auflösungsentscheidung des zuständigen Stiftungsorgans wird erst mit der Genehmigung wirksam. 2208

3.17.2 Zu § 87a BGB-neu (Aufhebung der Stiftung)

§ 87a BGB-neu regelt die Aufhebung von Stiftungen durch die nach Landesrecht zuständigen Behörden. 2209

Die zuständigen Behörden sollen nach § 87a Abs. 1 BGB-neu die Stiftung durch Verwaltungsakt aufheben, wenn ein Auflösungsgrund nach § 87 Abs. 1 Satz 1 BGB-neu vorliegt. Sie haben eine Verbrauchsstiftung nach § 87a Abs. 2 Nr. 1 BGB-neu aufzuheben, wenn der Auflösungsgrund nach § 87 Abs. 2 BGB-neu gegeben ist. Auflösung und Aufhebung sind wirkungsgleich. Allerdings soll die Auflösung durch die Stiftungsorgane bei den Auflösungsgründen nach § 87 Abs. 1 Satz 1 und Abs. 2 BGB-neu grds. Vorrang vor der hoheitlichen Aufhebung durch die zuständigen Behörden haben. 2210

Daneben werden in § 87a Abs. 2 Nr. 2 und 3 BGB-neu weitere zwingende Aufhebungsgründe geregelt, bei deren Vorliegen keine Auflösung, sondern nur die Aufhebung vorgesehen ist. 2211

Nach § 87a Abs. 1 BGB-neu soll eine Stiftung durch die zuständige Behörde aufgehoben werden, wenn ein Auflösungsgrund nach § 87 Abs. 1 Satz 1 BGB-neu vorliegt und ein Tätigwerden der Behörde erforderlich ist, weil das zuständige Stiftungsorgan nicht rechtzeitig die Auflösungsentscheidung trifft. Dies erfasst sowohl den Fall, dass das zuständige Stiftungsorgan die Auflösung nicht rechtzeitig beschließen kann, weil es nicht ordnungsgemäß besetzt ist, als auch den Fall, dass das Stiftungsorgan die Stiftung pflichtwidrig nicht auflöst, obwohl sie nach § 87 Abs. 1 BGB-neu aufzulösen ist. 2212

In § 87a Abs. 2 BGB-neu werden weitere Aufhebungsgründe geregelt, bei deren Vorliegen die Stiftung von der Stiftungsbehörde aufzuheben ist.[1] 2213

Nach § 87a Abs. 2 Nr. 1 BGB-neu hat die nach Landesrecht zuständige Behörde eine Verbrauchsstiftung aufzuheben, wenn die Zeit, für die die Stiftung errich- 2214

1 BT-Drucks. 19/28173 v. 31.3.2021 S. 78.

tet wurde, abgelaufen ist und die Stiftung von den zuständigen Organen nicht rechtzeitig aufgelöst wird.[1]

2215 Eine Stiftung ist von der zuständigen Behörde nach § 87a Abs. 2 Nr. 2 BGB-neu aufzuheben, wenn sie das Gemeinwohl gefährdet und die Gefährdung des Gemeinwohls durch die Stiftung nicht auf andere Weise beseitigt werden kann. Der Begriff der Gemeinwohlgefährdung in § 87a Abs. 2 Nr. 2 BGB-neu entspricht dem in § 82 Satz 1 BGB-neu. Vor der Aufhebung einer Stiftung nach § 87a Abs. 2 Nr. 2 BGB-neu hat die zuständige Behörde des Landes immer zu prüfen, ob die Gemeinwohlgefährdung durch die Stiftung nicht auf andere Weise beseitigt werden kann.

2216 Gefährdet der Zweck der Stiftung das Gemeinwohl, ist vor einer Aufhebung zu prüfen, ob die Gemeinwohlgefährdung durch eine Zweckänderung ausgeräumt werden kann. Wird das Gemeinwohl durch die Tätigkeit der Stiftung gefährdet, kommt die Aufhebung nur in Betracht, wenn die gemeinwohlgefährdende Tätigkeit der Stiftung nicht durch aufsichtsrechtliche Maßnahmen unterbunden werden kann, insbesondere auch durch eine Abberufung der Organmitglieder, die die gemeinwohlgefährdende Betätigung der Stiftung zu verantworten haben.

2217 § 87a Abs. 2 Nr. 3 BGB-neu enthält einen neuen Aufhebungsgrund, der § 83a BGB-neu ergänzt. Durch den Aufhebungsgrund wird klargestellt, dass ein Verstoß gegen § 83a BGB-neu durch Begründung des Verwaltungssitzes der Stiftung im Ausland nicht zur automatischen Auflösung der Stiftung führt. In einem solchen Fall bedarf es auch der Aufhebung, um die Stiftung beenden zu können.

2218 Ebenso wie im Fall der Gemeinwohlgefährdung soll auch bei einem Verstoß gegen § 83a BGB-neu die Aufhebung nach § 87a Abs. 2 Nr. 3 BGB-neu nur möglich sein, wenn die zuständige Behörde nicht mit aufsichtsrechtlichen Mitteln innerhalb angemessener Zeit erreichen kann, dass die Verwaltung der Stiftung wieder im Inland geführt wird. Deshalb dürfte eine Aufhebung wegen Verstoßes gegen § 83a BGB-neu nur selten vorkommen.

3.17.3 Zu § 87b BGB-neu (Auflösung der Stiftung bei Insolvenz)

2219 Die bisherige Verweisung auf die vereinsrechtliche Regelung in § 42 Abs. 1 Satz 1 BGB wird aufgehoben und durch eine inhaltsgleiche eigenständige Re-

1 BT-Drucks. 19/28173 v. 31.3.2021 S. 79.

gelung ersetzt, um alle Fälle der Auflösung und Aufhebung von Stiftungen übersichtlich und zusammenhängend zu regeln.

3.17.4 Zu § 87c BGB-neu (Vermögensanfall und Liquidation)

§ 87c BGB-neu entspricht im Wesentlichen dem bisherigen § 88 BGB. 2220

§ 87c Abs. 1 BGB-neu entspricht inhaltlich dem bisherigen § 88 Satz 1 und 2 BGB. 2221

§ 87c Abs. 1 Satz 1 BGB-neu entspricht dem bisherigen § 88 Satz 1 BGB. 2222

§ 87c Abs. 1 Satz 2 BGB-neu regelt wie der bisherige § 88 Satz 2 BGB, dass das Stiftungsvermögen an den Fiskus des Landes fällt, in dem die Stiftung ihren Sitz hatte, wenn in der Satzung keine Anfallberechtigten bestimmt wurden.[1] 2223

§ 87c Abs. 1 Satz 3 BGB-neu ermächtigt die Länder zum Erlass von Vorschriften, mit denen anstelle des Landesfiskus eine andere Person des öffentlichen Rechts als Anfallberechtigte bestimmt werden kann, bei der das Stiftungsvermögen nach der Auflösung oder Aufhebung der Stiftung in gleicher Weise anfällt wie beim Fiskus. Als andere Person des öffentlichen Rechts kann insbesondere auch eine kirchliche Körperschaft anstelle des Landesfiskus bestimmt werden. Die Regelung entspricht inhaltlich dem geltenden § 88 Satz 2 Halbsatz 2 BGB.[2] 2224

§ 87c Abs. 2 BGB-neu entspricht im Wesentlichen dem bisherigen § 88 Satz 3 BGB. 2225

§ 87c Abs. 2 Satz 1 BGB-neu bestimmt, dass bei einem Vermögensanfall beim Landesfiskus § 46 BGB entsprechend anzuwenden ist, d. h., dass das Stiftungsvermögen im Wege der Gesamtrechtsnachfolge auf den Fiskus übergeht und die Stiftung ohne Liquidation beendet wird. Dasselbe soll auch gelten, wenn eine juristische Person des öffentlichen Rechts anfallberechtigt ist, die durch Landesrecht anstelle des Fiskus als Anfallberechtigte bestimmt wurde. 2226

§ 87c Abs. 2 Satz 2 BGB-neu regelt die Beendigung der Stiftung, wenn das Stiftungsvermögen nach der Auflösung oder Aufhebung nicht beim Landesfiskus oder einer anderen juristischen Person des öffentlichen Rechts nach § 87c Abs. 1 Satz 3 BGB-neu anfällt. Dann sind die §§ 47–53 BGB wie bisher entsprechend anzuwenden, d. h., nach der Auflösung oder Aufhebung der Stiftung muss die Stiftung entsprechend den §§ 47 ff. BGB abgewickelt werden. 2227

1 BT-Drucks. 19/28173 v. 31.3.2021 S. 79.
2 BT-Drucks. 19/28173 v. 31.3.2021 S. 80.

3.17.5 Zu § 88 BGB-neu (Kirchliche Stiftungen)

2228 § 88 BGB-neu stellt klar, dass die Vorschriften der Landesgesetze über die Zuständigkeit der Kirchen für kirchliche Stiftungen unberührt bleiben. Dasselbe gilt für Stiftungen, die nach Landesrecht den kirchlichen Stiftungen gleichgestellt sind.

2229 Nach § 88 Satz 1 BGB-neu bleiben die Vorschriften der Landesgesetze über kirchliche Stiftungen unberührt. Die Vorschrift ist dem bisherigen § 80 Abs. 3 BGB nachgebildet. Es muss weiterhin dem Landesrecht vorbehalten bleiben, besondere Regelungen für kirchliche Stiftungen vorzusehen. Dies betrifft vor allem die Regelungen über die Mitwirkung der Kirchen bei der Errichtung kirchlicher Stiftungen, die Aufsicht über kirchliche Stiftungen und die Anfallberechtigung der Kirchen bei der Auflösung oder Aufhebung der kirchlichen Stiftungen. Die Vorschrift stellt klar, dass nicht nur die bestehenden landesrechtlichen Vorschriften weiterhin Bestand haben, sondern die Länder auch neue Regelungen zu kirchlichen Stiftungen treffen können.

§ 88 Satz 1 BGB-neu gilt auch hinsichtlich der den kirchlichen Stiftungen gleichgestellten Stiftungen.[1]

4. Die Neuregelungen, die erst ab 1.1.2026 gelten

4.1 Einleitung

2230 Nach Art. 11 Abs. 1 Nr. 1 StiftRVG[2] treten die nachfolgend näher beschriebenen Regelungen erst am 1.1.2026 in Kraft.

4.2 Zu § 82b BGB-neu (Stiftungsregister und Anmeldung der Stiftung)

2231 § 82b BGB-neu sieht Regelungen zu einem neu zu schaffenden Stiftungsregister vor, in das alle rechtsfähigen Stiftungen des bürgerlichen Rechts aufgrund der Anmeldung durch den Stiftungsvorstand einzutragen sind.[3]

2232 § 82b Abs. 1 BGB-neu regelt die Einführung des Stiftungsregisters, das am 1.1.2026 seinen Betrieb aufnehmen soll. Die näheren Vorschriften zur Führung des Registers sollen in dem in Art. 4 StiftRVG[4] enthaltenen Stiftungsregisterge-

1 BT-Drucks. 19/28173 v. 31.3.2021 S. 80.

2 Gesetz zur Vereinheitlichung des Stiftungsrechts und zur Änderung des Infektionsschutzgesetzes, BGBl I 2021 S. 2947.

3 BT-Drucks. 19/28173 v. 31.3.2021 S. 81.

4 Gesetz zur Vereinheitlichung des Stiftungsrechts und zur Änderung des Infektionsschutzgesetzes, BGBl I 2021 S. 2947.

setz geregelt werden. Mit dem neuen Stiftungsregister soll die Transparenz über Stiftungen erhöht werden und den Stiftungen insbesondere der Nachweis der Vertretungsberechtigung der Mitglieder ihres Vorstands, ihrer besonderen Vertreter und ihrer Liquidatoren erleichtert werden. Das Stiftungsregister soll das Anerkennungsverfahren und die Stiftungsaufsicht durch die zuständigen Stiftungsbehörden nicht ersetzen, sondern diese ergänzen. Vorgesehen ist ein deklaratorisches Bundesstiftungsregister, das vom Bundesamt für Justiz geführt wird. Derzeit gibt es ca. 23.300 rechtsfähige Stiftungen des bürgerlichen Rechts. In den letzten 20 Jahren wurden jährlich zwischen ca. 250 und 1.000 Stiftungen neu errichtet. Seit 2015 liegt die Zahl der jährlichen neu errichteten Stiftungen zwischen 517 und 548. Von den zwischen 1990 und 2018 neu errichteten Stiftungen wurden nur ca. 10 Prozent in den neuen Ländern errichtet. Deshalb ist es zweckmäßig, ein zentrales Bundesstiftungsregister zu führen und nicht in jedem Land ein oder mehrere Stiftungsregister bei den zuständigen Stiftungsbehörden oder Gerichten neu zu errichten und zu führen. Ein zentrales Stiftungsregister, das bei einer Bundesbehörde errichtet wird, kann mit einem erheblich geringeren Aufwand aufgebaut und geführt werden als mindestens 16 Stiftungsregister der Länder, die von den zuständigen Landesstiftungsbehörden oder den Registergerichten der Länder geführt werden müssten. Durch ein zentrales Register wird der Wechsel der Zuständigkeit zwischen Registern bei Sitzverlegungen von Stiftungen oder werden bei Zulegungen und Zusammenlegungen die Anmeldungen bei mehreren Registern vermieden. Für den Rechtsverkehr sind die Informationen zu den Stiftungen, wenn es nur ein Stiftungsregister gibt, einfacher zugänglich.

Eintragungen ins Stiftungsregister sollen regelmäßig nur auf Veranlassung der Stiftung erfolgen. Deshalb werden Tatsachen grds. nur ins Stiftungsregister eingetragen, wenn ein Antrag der Stiftung auf Eintragung vorliegt, d. h. eine Anmeldung. Ausnahmen sind nur für die Eintragungen vorgesehen, die im Zusammenhang mit der Insolvenz einer Stiftung notwendig sind. Diese Eintragungen werden von Amts wegen vorgenommen, aufgrund von Mitteilungen des Insolvenzgerichts. 2233

§ 82b Abs. 1 Satz 1 BGB-neu enthält die Verpflichtung zur Führung eines Stiftungsregisters, in das alle rechtsfähigen Stiftungen des bürgerlichen Rechts eingetragen werden sollen.[1] 2234

§ 82b Abs. 1 Satz 2 BGB-neu stellt klar, dass die näheren Regelungen zur Führung des Stiftungsregisters durch ein neu zu schaffendes Stiftungsregisterge- 2235

1 BT-Drucks. 19/28173 v. 31.3.2021 S. 81.

setz (StiftRG) getroffen werden sollen. Das Stiftungsregistergesetz ist in Art. 4 StiftRVG[1] dieses Entwurfs enthalten. Im Stiftungsregistergesetz sollen insbesondere der Aufbau des Stiftungsregisters und das Verfahren zur Führung des Stiftungsregisters geregelt werden. Zu den näheren Einzelheiten wird auf die Begründung zu Art. 4 StiftRVG[2] verwiesen.[3]

2236 § 82b Abs. 2 BGB-neu regelt die Pflicht, jede neu errichtete Stiftung zum Stiftungsregister anzumelden und bestimmt, welche Angaben die Anmeldung der Stiftung enthalten muss.

2237 Nach § 82b Abs. 2 Satz 1 BGB-neu ist die Stiftung nach ihrer Anerkennung durch die zuständige Behörde zur Eintragung in das Stiftungsregister anzumelden. Die Regelung ist § 59 Abs. 1 BGB für die Vereine nachgebildet. Wie in § 59 BGB für Vereine ist in § 3 Abs. 1 StiftRG-neu vorgesehen, dass der Vorstand als Vertretungsorgan der Stiftung gem. § 84 Abs. 2 BGB-verpflichtet ist, die Stiftung unverzüglich zum Register anzumelden.

2238 Nach § 82b Abs. 2 Satz 2 BGB-neu sind in der Anmeldung der Stiftung Vorstandsmitglieder und etwaige besondere Vertreter, die die Stiftung vertreten können, ebenso anzugeben wie etwaige Beschränkungen der Vertretungsmacht des Vorstands nach § 84 Abs. 3 BGB-neu. Besteht der Vorstand der Stiftung aus mehreren Mitgliedern, ist auch die Vertretungsmacht der einzelnen Vorstandsmitglieder in der Anmeldung anzugeben. Dasselbe gilt für die Vertretungsmacht der von der Stiftung bestellten besonderen Vertreter. Dabei handelt es sich um eintragungspflichtige Tatsachen, die nach § 2 Nr. 5–7 StiftRG-neu zu jeder Stiftung ins Stiftungsregister einzutragen sind.

2239 § 82b Abs. 2 Satz 3 BGB-neu regelt, welche Unterlagen der Anmeldung nach § 82b Abs. 2 Satz 1 BGB-neu beizufügen sind, damit die Registerbehörde das Vorliegen der Eintragungsvoraussetzungen nach § 4 StiftRG-neu prüfen kann.

2240 Mit der Anmeldung ist nach § 82b Abs. 2 Satz 3 Nr. 1 BGB-neu die Anerkennungsentscheidung der zuständigen Landesbehörde mit der Satzung vorzulegen. Es reicht, wenn Kopien der Anerkennungsentscheidung und der Satzung vorgelegt werden, die dann zu den Registerakten genommen werden. Das gesamte Stiftungsgeschäft muss nicht vorgelegt werden. Wenn Zweifel an der Vollständigkeit oder Echtheit der eingereichten Dokumente bestehen, kann

1 Gesetz zur Vereinheitlichung des Stiftungsrechts und zur Änderung des Infektionsschutzgesetzes, BGBl I 2021 S. 2947.

2 Gesetz zur Vereinheitlichung des Stiftungsrechts und zur Änderung des Infektionsschutzgesetzes, BGBl I 2021 S. 2947.

3 BT-Drucks. 19/28173 v. 31.3.2021 S. 82.

die Registerbehörde nach § 3 Abs. 4 Satz 2 StiftRG-neu die Vorlage der Urschriften verlangen. Diese sind nach der Prüfung wieder an die Stiftung zurückzugeben.

Nach § 82b Abs. 2 Satz 3 Nr. 2 BGB-neu sind der Anmeldung zum Stiftungsregister auch die Dokumente über die Bestellung der Vorstandsmitglieder und etwaiger besonderer Vertreter, wenn sie zur Vertretung der Stiftung berechtigt sind, beizufügen. Aus den Dokumenten muss sich ergeben, dass die Vorstandsmitglieder entsprechend den in der Satzung vorgesehenen Bestimmungen über die Bildung des Vorstands nach § 81 Abs. 1 Nr. 1 Buchst. d BGB-neu bestellt wurden und sich bereit erklärt haben, das Vorstandsamt zu übernehmen. Dasselbe gilt für besondere Vertreter, die zum Register angemeldet werden.[1] 2241

4.3 Zu § 82c BGB-neu (Namenszusatz der Stiftung)

Mit § 82c BGB-neu sollen Namenszusätze für rechtsfähige Stiftungen des bürgerlichen Rechts eingeführt werden, damit der Rechtsverkehr diese Stiftungen einfach von rechtsfähigen Stiftungen des öffentlichen Rechts und nichtrechtsfähigen Stiftungen unterscheiden kann. Der Rechtsverkehr soll daneben auch die auf unbestimmte Zeit errichteten Stiftungen von den befristeten Verbrauchsstiftungen einfacher unterscheiden können. Zu diesem Zweck werden für Stiftungen, die auf unbestimmte Zeit errichtet werden, und für Verbrauchsstiftungen unterschiedliche Rechtsformzusätze geregelt.[2] 2242

§ 82c BGB-neu ist dem für eingetragene Vereine geltenden § 65 BGB nachgebildet. Die Stiftungen sind wie die Vereine nur verpflichtet, ihren Namen mit dem Namenszusatz zu führen. In der Stiftungssatzung muss der Name nicht mit dem Namenszusatz gebildet werden. Bei schon bestehenden Stiftungen werden keine Satzungsänderungen erforderlich, da sie ihren Namen unverändert beibehalten können. Sie müssen ihn künftig nur mit dem Namenszusatz verwenden, der ihre Rechtsform erkennen lässt. 2243

Nach der Eintragung in das Stiftungsregister erhält der Name einer Stiftung, die auf unbestimmte Zeit errichtet wurde, gem. § 82c Satz 1 BGB-neu den Zusatz „eingetragene Stiftung", der durch „e. S." abgekürzt werden kann. Die Stiftungen können entscheiden, wie sie den Namenszusatz ihrem Namen anfügen. 2244

1 BT-Drucks. 19/28173 v. 31.3.2021 S. 82.
2 BT-Drucks. 19/28173 v. 31.3.2021 S. 83.

2245 Der Name von Verbrauchsstiftungen erhält nach der Eintragung der Stiftung ins Stiftungsregister den Zusatz „eingetragene Verbrauchsstiftung“, der durch „e. VS.“ abgekürzt werden kann.

4.4 Zu § 82d BGB-neu (Vertrauensschutz durch das Stiftungsregister)

2246 Damit die Stiftungen und der Rechtsverkehr vom Stiftungsregister profitieren können, soll das Stiftungsregister – anders als die bestehenden Stiftungsverzeichnisse der Länder – Publizitätswirkung haben, um Stiftungen die Teilnahme am Rechtsverkehr zu erleichtern. § 82d BGB-neu wurde den für das Handelsregister geltenden Regelungen in § 15 Abs. 1 und 2 des Handelsgesetzbuches (HGB) und den für das Vereinsregister geltenden Regelungen in § 68 BGB nachgebildet. Allerdings wird beim Stiftungsregister die Publizitätswirkung nur an die Eintragung im Register angeknüpft. Bekanntmachungen sind nicht vorgesehen. Sie sind auch nicht erforderlich. Über das vorgesehene automatisierte Abrufverfahren nach § 16 StiftRG-neu soll regelmäßig der aktuelle Registerinhalt von jedermann abgerufen werden können, so dass es stets möglich ist, vom aktuellen Registerinhalt Kenntnis zu nehmen. Das Stiftungsregister soll wie das Vereinsregister nur negative Publizitätswirkung haben. Die Publizitätswirkung des Stiftungsregisters soll nur in Bezug auf den Geschäftsverkehr gelten. Geschäftsverkehr ist wie in § 15 HGB „weit“ zu verstehen. Umfasst werden alle Vorgänge des Zivilrechtsverkehrs, die im Zusammenhang mit rechtsgeschäftlichem Handeln von Stiftungen stehen. Keinen Vertrauensschutz soll das Stiftungsregister für öffentlich-rechtliche Rechtsverhältnisse entfalten. So können sich weder die Stiftungsbehörden im Zusammenhang mit ihrer Aufsichtstätigkeit noch die Steuerbehörden im Rahmen des Besteuerungsverfahrens auf § 82d BGB-neu berufen.

2247 Mit der Einführung des Stiftungsregisters werden die zuständigen Stiftungsbehörden entlastet, da sie zukünftig keine Stiftungsverzeichnisse führen und keine Vertretungsbescheinigungen mehr ausstellen müssen. Die Stiftungen können nach Einführung des Stiftungsregisters die Vertretungsmacht ihrer organschaftlichen Vertreter einfach durch einen Registerauszug nachweisen. Der Rechtsverkehr kann sich über das Stiftungsregister einfach über Stiftungen informieren und auf die Registereintragungen vertrauen.

2248 Nach § 82d Abs. 1 BGB-neu kann im Geschäftsverkehr eine in das Stiftungsregister einzutragende Tatsache von der Stiftung einem Dritten nur entgegengesetzt werden, wenn sie im Stiftungsregister eingetragen wurde oder dem Dritten bekannt ist. Dritte können im Geschäftsverkehr insoweit auf das

Schweigen des Stiftungsregisters vertrauen. Das entspricht § 15 Abs. 1 HGB.[1]

§ 82d Abs. 2 BGB-neu regelt, dass im Geschäftsverkehr Dritte eine einzutragende Tatsache, die im Register eingetragen ist, gegen sich gelten lassen müssen. Dies entspricht dem § 15 Abs. 2 HGB und § 68 BGB Satz 2 BGB. Im Geschäftsverkehr kann sich die Stiftung gegenüber einem Dritten auf jede eintragungspflichtige Tatsache, die im Stiftungsregister eingetragen ist, berufen. Der Dritte muss diese Tatsache gegen sich gelten lassen, es sei denn, er kannte die Tatsache nicht und seine Unkenntnis beruhte nicht auf Fahrlässigkeit. Im Streitfall muss der Dritte diese Unkenntnis beweisen.[2] 2249

4.5 Zu § 84d BGB-neu (Anmeldung von Änderungen beim Vorstand oder bei besonderen Vertretern)

§ 84d BGB-neu ergänzt die §§ 84 ff. BGB-neu um Registerpflichten bei Änderungen der Zusammensetzung von Stiftungsorganen oder deren Vertretungsmacht. 2250

Nach § 84d Satz 1 BGB-neu ist vom Vorstand jede Änderung hinsichtlich des Vorstands oder der besonderen Vertreter, die zur Vertretung der Stiftung befugt sind, zur Eintragung in das Stiftungsregister anzumelden. Dies gilt auch, wenn diese Änderungen auf Notmaßnahmen nach § 84c BGB beruhen, die von den zuständigen Stiftungsbehörden getroffen wurden. § 84d BGB-neu erfasst sowohl die Änderungen bei den Vorstandsmitgliedern oder den Personen, die zu besonderen Vertretern bestellt werden, als auch Änderungen hinsichtlich der Vertretungsmacht der Vorstandsmitglieder oder besonderen Vertreter, die immer mit einer anmeldepflichtigen Satzungsänderung einhergehen. Erfasst werden auch Änderungen hinsichtlich etwaiger Beschränkungen der Vertretungsmacht des Vorstands nach § 84 Abs. 3 BGB-neu. 2251

Nach § 84d Satz 2 BGB-neu sind der Anmeldung Abschriften der Dokumente beizufügen, aus denen sich die Änderungen beim Vorstand oder den besonderen Vertretern ergeben. Bei der Anmeldung eines Amtswechsels im Vorstand muss die Registerbehörde aufgrund dieser Dokumente prüfen können, dass das im Register eingetragene Vorstandsmitglied sein Amt verloren hat und das neu einzutragende Vorstandsmitglied wirksam bestellt wurde. Dasselbe gilt, wenn Änderungen bei der Vertretungsmacht von Vorstandsmitgliedern oder besonderen Vertretern angemeldet werden. 2252

1 BT-Drucks. 19/28173 v. 31.3.2021 S. 83.
2 BT-Drucks. 19/28173 v. 31.3.2021 S. 84.

4.6 Zu § 85b BGB-neu (Anmeldung von Satzungsänderungen)

2253 § 85b BGB-neu ergänzt die §§ 85 und 85a BGB-neu um die Pflicht, Satzungsänderungen zur Eintragung in das Stiftungsregister anzumelden. Dies soll gewährleisten, dass die Registerbehörde für ihre Tätigkeit immer auch auf die aktuelle Stiftungssatzung zurückgreifen kann und Dritte die aktuelle Stiftungssatzung beim Stiftungsregister einsehen können. Wie im Vereinsregister sollen nach § 2 Nr. 8 StiftRG-neu auch im Stiftungsregister Satzungsänderungen verzeichnet werden, auch wenn die Eintragung keine konstitutive Wirkung hat.

2254 Gemäß § 85c Satz 1 BGB-neu sind Satzungsänderungen vom Vorstand zur Eintragung in das Stiftungsregister anzumelden. Dies gilt für sämtliche Satzungsänderungen, sowohl für Satzungsänderungen durch die zuständigen Stiftungsorgane als auch für Satzungsänderungen durch die nach Landesrecht zuständigen Behörden.

2255 § 85b Abs. Satz 2 BGB-neu regelt, welche Unterlagen der Anmeldung einer Satzungsänderung beizufügen sind.

2256 Der Anmeldung einer Satzungsänderung durch die zuständigen Stiftungsorgane sind nach § 85b Satz 2 Nr. 1 BGB-neu die Entscheidung der zuständigen Stiftungsorgane über die Satzungsänderung und die Genehmigung der Satzungsänderung durch die zuständige Behörde beizufügen. Wurde die Satzung nach § 85a Abs. 2 BGB durch die zuständige Behörde geändert, ist die Entscheidung der Behörde beizufügen.

2257 Damit die Registerbehörde immer auf einen aktuellen vollständigen Satzungswortlaut zurückgreifen kann, ist mit jeder Satzungsänderung auch immer der vollständige Wortlaut der geänderten Satzung beizufügen.[1]

4.7 Zu § 86i BGB-neu (Anmeldung von Zulegung und Zusammenlegung)

2258 § 86i BGB-neu regelt die Registerpflichten des Vorstands der übernehmenden Stiftung bei Zulegungen und Zusammenlegungen. § 86i BGB-neu gilt sowohl für Zulegungen und Zusammenlegungen durch die Stiftungsorgane nach § 86b Abs. 1 BGB-neu als auch für behördliche Zulegungen oder Zusammenlegungen nach § 86b Abs. 2 BGB-neu. Auch bei den Anmeldungen bei Zulegungen und Zusammenlegungen zeigt sich der Vorteil eines zentralen Stiftungsregisters. Wenn an einer Zulegung mehrere übertragende Stiftungen beteiligt sind, die ihren Sitz im Zuständigkeitsbereich unterschiedlicher Stiftungsbehör-

1 BT-Drucks. 19/28173 v. 31.3.2021 S. 84.

den in mehreren Ländern haben, reicht eine einheitliche Anmeldung beim Stiftungsregister, um die notwendigen Eintragungen zu veranlassen.

§ 86i Abs. 1 BGB-neu regelt die Anmeldung von Zulegungen beim Stiftungsregister. Bei einer Zulegung ist nach § 2 Nr. 9 StiftRG-neu das Erlöschen der übertragenden Stiftung im Stiftungsregister einzutragen. 2259

Nach § 86i Abs. 1 Satz 1 BGB-neu ist das Erlöschen der an der Zulegung beteiligten übertragenden Stiftung zur Eintragung ins Stiftungsregister anzumelden. Anmeldepflichtig ist der Vorstand der übernehmenden Stiftung. Das Erlöschen ist anzumelden, wenn die Genehmigung des Zulegungsvertrags nach § 86b Abs. 1 BGB-neu oder die behördliche Zulegungsentscheidung nach § 86b Abs. 2 BGB-neu unanfechtbar geworden ist. Nach § 86f Abs. 1 BGB-neu erlischt bei einer Zulegung die übertragende Stiftung mit der Unanfechtbarkeit der Genehmigung oder behördlichen Entscheidung. 2260

Damit die Registerbehörde prüfen kann, ob die Genehmigung des Zulegungsvertrags oder die behördliche Zulegungsentscheidung unanfechtbar geworden ist, sieht § 86i Abs. 1 Satz 2 BGB-neu vor, dass in der Anmeldung des Erlöschens der übertragenden Stiftung immer auch anzugeben ist, wann die Genehmigung des Zulegungsvertrags oder die behördliche Zulegungsentscheidung den beteiligten Stiftungen und anderen Verfahrens-beteiligten bekannt gegeben wurde. Diese Angaben benötigt die Registerbehörde für die Prüfung, ob die Voraussetzungen des Erlöschens der übertragenden Stiftung nach § 86f Abs. 1 BGB-neu vorliegen. Falls die Registerbehörde nicht sicher feststellen kann, ob die Genehmigung eines Zulegungsvertrags oder eine behördliche Zulegungsentscheidung unanfechtbar geworden ist, kann sie dazu nach § 10 Abs. 2 StiftRG-neu die für die Stiftung zuständige Behörde anhören. 2261

§ 86i Abs. 1 Satz 3 BGB-neu regelt, welche Dokumente der Anmeldung nach § 86i Abs. 1 Satz 1 BGB-neu beizufügen sind. Bei einer Zulegung durch die zuständigen Stiftungsorgane sind mit der Anmeldung Abschriften des Zulegungsvertrags und der behördlichen Genehmigung nach § 86b Abs. 1 BGB-neu einzureichen. Bei einer behördlichen Zulegung ist der Anmeldung eine Abschrift der Entscheidung nach § 86b Abs. 2 BGB-neu beizufügen. 2262

§ 86i Abs. 2 BGB-neu regelt die Anmeldungen bei Zusammenlegungen. Bei der Zusammenlegung sind die neue Stiftung und das Erlöschen der übertragenden Stiftungen nach § 7 Nr. 9 StiftRG-neu im Stiftungsregister einzutragen.[1] 2263

---

1 BT-Drucks. 19/28173 v. 31.3.2021 S. 85.

2264 § 86i Abs. 2 Satz 1 BGB-neu regelt, dass bei Zusammenlegungen die neue Stiftung und das Erlöschen der übertragenden Stiftungen gemeinsam zum Stiftungsregister anzumelden sind. Anmeldepflichtig ist der Vorstand der durch die Zusammenlegung entstandenen neuen Stiftung. Die Anmeldepflicht entsteht mit Unanfechtbarkeit der Genehmigung nach § 86b Abs. 1 BGB-neu oder der behördlichen Zusammenlegungsentscheidung nach § 86b Abs. 2 BGB-neu.

2265 Für die Anmeldung nach § 86i Abs. 2 Satz 1 BGB-neu gelten § 86i Abs. 1 Satz 2 und 3 sowie § 82b Abs. 2 BGB-neu entsprechend. Die Anmeldung der neuen Stiftung richtet sich im Wesentlichen nach § 82b Abs. 2 BGB-neu. Für die Anmeldung des Erlöschens der übertragenden Stiftung muss die Anmeldung wie bei einer Zulegung die Angaben zur Bekanntgabe der Genehmigung des Zusammenlegungsvertrags oder der behördlichen Zusammenlegungsentscheidung nach § 86i Abs. 1 Satz 2 BGB-neu enthalten. Entsprechend § 86i Abs. 1 Satz 3 ist der Anmeldung immer auch der Zusammenlegungsvertrag und die Genehmigung nach § 86b Abs. 1 BGB-neu oder die behördliche Zusammenlegungsentscheidung nach § 86b Abs. 2 BGB-neu beizufügen.

4.8 Zu § 87d BGB-neu (Anmeldung von Auflösung, Aufhebung und Liquidation)

2266 § 87d BGB-neu regelt die Registerpflichten bei Auflösung der Stiftung nach § 87 BGB-neu oder der Aufhebung der Stiftung und der Liquidation der Stiftung. Sie gelten nicht im Fall der Auflösung nach § 87b BGB-neu durch Eröffnung des Insolvenzverfahrens oder durch den rechtskräftigen Beschluss, durch den die Eröffnung des Insolvenzverfahrens mangels Masse abgewiesen worden ist. In diesen Fällen wird die Auflösung der Stiftung aufgrund von Mitteilungen des Insolvenzgerichts nach § 9 StiftRG-neu von Amts wegen eingetragen.

2267 § 87d Abs. 1 BGB-neu regelt die Anmeldepflichten bei der Auflösung der Stiftung nach § 87 BGB-neu oder der Aufhebung der Stiftung. Für Stiftungen, die nach ihrer Auflösung oder Aufhebung nach § 87c Abs. 2 Satz 2 BGB-neu noch abgewickelt werden müssen, sind umfangreichere Registerpflichten geregelt als für die Stiftungen, die mit der Auflösung oder Aufhebung nach § 87c Abs. 2 Satz 1 BGB-neu i.V. mit § 46 BGB beendet werden.

2268 In den Fällen, in denen nach der Auflösung der Stiftung nach § 87 BGB-neu oder nach der Aufhebung der Stiftung keine Liquidation der Stiftung erforderlich ist, muss die Auflösung oder Aufhebung und Beendigung der Stiftung nach § 87d Abs. 1 Satz 1 BGB-neu vom früheren Stiftungsvorstand zum Register angemeldet werden. In diesem Fall haben die Mitglieder des Stiftungsvorstandes noch nachwirkende Rechtspflichten gegenüber dem Stiftungsregister.

Ist nach der Auflösung nach § 87 BGB-neu oder der Aufhebung noch die Liquidation der Stiftung erforderlich, haben die Liquidatoren die Auflösung oder Aufhebung zur Eintragung im Stiftungsregister anzumelden. Dies gilt auch, wenn nach § 87c Abs. 2 Satz 2 BGB neu i.V. mit § 48 Abs. 1 Satz 1 BGB der Vorstand für die Liquidation zuständig ist, d. h., die Vorstandsmitglieder zu Liquidatoren werden.[1] 2269

Wenn die Auflösung nach § 87 BGB-neu oder Aufhebung der Stiftung von den Liquidatoren anzumelden ist, weil die Stiftung noch nach § 87c Abs. 2 Satz 2 BGB-neu i.V. mit den §§ 47 ff. BGB abzuwickeln ist, sind zusätzlich Anmeldungen zu den Liquidatoren erforderlich. Dies gilt auch, wenn nach § 87c Abs. 2 Satz 2 BGB-neu i.V. mit § 48 Abs. 1 Satz 1 BGB der Vorstand für die Liquidation zuständig und die Vorstandsmitglieder mit der Auflösung oder Aufhebung zu den Liquidatoren der Stiftung werden. Da nach § 87c Abs. 2 Satz 2 BGB-neu i.V. mit § 48 Abs. 1 Satz 2 BGB auch andere Personen als die Vorstandsmitglieder zu Liquidatoren bestellt werden können, müssen die Liquidatoren nach § 2 Nr. 19 StiftRG-neu ins Stiftungsregister eingetragen werden. Ebenso wie beim Vorstand sind auch bei der Anmeldung der einzelnen Liquidatoren deren Vertretungsmacht und etwaige Beschränkungen der Vertretungsmacht der Liquidatoren (§ 87c Abs. 2 Satz 2 BGB-neu, § 48 Abs. 2 BGB und § 84 Abs. 3 BGB-neu) anzugeben.[2] 2270

Ergeben sich während der Liquidation Änderungen bei den Liquidatoren oder deren Vertretungsmacht, z. B. weil einzelne Liquidatoren ihr Amt niederlegen oder abberufen werden, so sind diese Änderungen entsprechend § 84d BGB-neu zur Eintragung in das Stiftungsregister anzumelden. 2271

§ 87d Abs. 2 BGB-neu regelt, welche Dokumente den Anmeldungen nach § 87d Abs. 1 BGB-neu beizufügen sind. 2272

Bei jeder Anmeldung einer Auflösung nach § 87 BGB-neu sind nach § 87d Abs. 3 Satz 1 BGB-neu Abschriften der Auflösungsentscheidung des zuständigen Stiftungsorgans und der Genehmigung der zuständigen Behörde zu übermittelten. Der Anmeldung der Aufhebung ist eine Abschrift der Aufhebungsentscheidung der zuständigen Behörde beizufügen. 2273

1 BT-Drucks. 19/28173 v. 31.3.2021 S. 86.
2 BT-Drucks. 19/28173 v. 31.3.2021 S. 87.

2274 Der Anmeldung ist für den Fall, dass die Entscheidung über den Anfallberechtigten nach § 87c Abs. 1 Satz 2 BGB-neu durch die Stiftungsorgane zu bestimmen ist, auch diese Entscheidung beizufügen.

2275 Ist nach der Auflösung oder Aufhebung der Stiftung eine Liquidation erforderlich, sind ggf. ergänzend auch Unterlagen zur Bestellung der Liquidatoren beizufügen. Das ist nicht erforderlich, wenn nach § 87c Abs. 2 Satz 2 BGB-neu i.V. mit § 48 Abs. 1 Satz 1 BGB die Liquidation durch den Vorstand erfolgt, sondern nur, wenn andere Personen als die Vorstandsmitglieder zu Liquidatoren bestellt wurden.

2276 Nach § 87d Abs. 4 BGB-neu haben die Liquidatoren nach Abschluss der Liquidation die Beendigung der Stiftung beim Stiftungsregister anzumelden. Denn auch die endgültige Beendigung der Stiftung soll sich aus dem Stiftungsregister ergeben. Die Regelung entspricht der Regelung für eingetragene Vereine in § 76 Abs. 1 Satz 2 BGB.

5. Stiftungsregistergesetz – ab 1.1.2026

2277 Nach § 82b Abs. 1 Satz 1 BGB-neu soll ein zentrales Stiftungsregister mit Publizitätswirkung geschaffen werden, in das alle rechtsfähigen Stiftungen des bürgerlichen Rechts eingetragen werden sollen. Das Gesetz tritt nach Art. 11 Abs. 1 Nr. 2 weitgehend am 1.1.2026 in Kraft.

5.1 Zu § 1 StiftRG-neu (Zuständige Registerbehörde und Aufbau des Registers)

2278 § 1 StiftRG-neu enthält einige grundlegende Bestimmungen zur Registerführung, zum Inhalt und dem Aufbau des Stiftungsregisters.

2279 Nach § 1 Abs. 1 StiftRG-neu soll das Stiftungsregister als zentrales Bundesregister vom Bundesamt für Justiz geführt werden. In das Stiftungsregister sind alle Stiftungen des bürgerlichen Rechts einzutragen. Eintragungspflichtig sind alle Stiftungen, die nach der Einrichtung des Stiftungsregisters errichtet werden und auch alle schon bestehenden Stiftungen.[1]

2280 § 1 Abs. 2 StiftRG-neu enthält grundlegende Bestimmungen zum Aufbau des Registers.[2]

2281 Das Stiftungsregister soll nach § 1 Abs. 2 Satz 1 StiftRG-neu elektronisch geführt werden, ebenso wie die meisten anderen staatlichen Register mit Publi-

1 BT-Drucks. 19/28173 v. 31.3.2021 S. 87.

2 BT-Drucks. 19/28173 v. 31.3.2021 S. 88.

zitätswirkung. Ein zentrales elektronisches Register kann effizient und sicher geführt werden. Für den Aufbau und Betrieb kann auf die Erfahrungen bei der elektronischen Führung der Handels -und Vereinsregister zurückgegriffen werden, da für das Stiftungsregister dasselbe Fachverfahren genutzt werden soll wie für die Justizregister. Die Einzelheiten der Registerführung und der Registereinsicht oder des Abrufs von Registerdaten werden durch die Rechtsverordnung nach § 19 StiftRG-neu geregelt.

Das Stiftungsregister soll wie das Vereinsregister aufgebaut werden. Es soll nach § 1 Abs. 2 Satz 2 StiftRG-neu aus fortlaufend nummerierten elektronischen Registerblättern bestehen. § 2 StiftRG-neu bestimmt, welchen Inhalt die Registerblätter haben können. 2282

§ 1 Abs. 2 Satz 3 StiftRG-neu bestimmt, dass für jede Stiftung ein eigenes Registerblatt anzulegen ist, in dem alle Eintragungen zur Stiftung vorgenommen werden. Die Registerblätter werden entsprechend dem Datum der Ersteintragung fortlaufend nummeriert und zu dem einheitlichen Stiftungsregister zusammengefasst. 2283

Zu jedem Registerblatt wird eine Registerakte geführt, in der die zum Register eingereichten Dokumente im Original oder in Kopie aufbewahrt werden. Die Regelung entspricht im Wesentlichen der vereinsrechtlichen Regelung in § 66 Abs. 2 BGB. Die Stiftungsbehörde hat die zum Register eingereichten Dokumente, insbesondere diejenigen, die Eintragungen zugrunde liegen, aufzubewahren. Nach § 15 StiftRG-neu ist die Einsichtnahme auch in diese Dokumente jedermann gestattet. 2284

5.2 Zu § 2 StiftRG-neu (Inhalt des Registers)

§ 2 StiftRG-neu regelt, welche Tatsachen in das Stiftungsregister eingetragen werden, d. h. in das zu der Stiftung geführte Registerblatt. Die in § 2 StiftRG-neu aufgeführten Tatsachen sind alles einzutragende Tatsachen i. S. des § 82d BGB-neu, was insbesondere hinsichtlich der Angaben in § 2 Nr. 6, 7 und 12 StiftRG-neu relevant ist. 2285

Zu jeder Stiftung ist nach § 2 Nr. 1 StiftRG-neu der Name im Stiftungsregister einzutragen, der in der Satzung festgelegt ist. Der Name ist mit dem Rechtsformzusatz „eingetragene Stiftung“ oder „eingetragene Verbrauchsstiftung“ bzw. mit den Abkürzungen „e. S.“ oder „e. VS.“ einzutragen. Anders als bei Vereinen hat die Registerbehörde nicht zu prüfen, ob sich der Name einer einzutragenden Stiftung deutlich von den Namen schon eingetragener Stiftungen unterscheidet. Eine § 57 Abs. 2 BGB vergleichbare Vorschrift wird für die Registerbehörde nicht getroffen. Die Pflicht, bei der Eintragung einer Stiftung 2286 auf die Unterscheidbarkeit des Namens von den Namen anderer schon eingetragener Stiftungen zu achten, wäre mit dem deklaratorischen Charakter der Eintragung nicht vereinbar. Es bleibt der einzelnen Stiftung überlassen, sich gegen etwaige Verletzungen ihres Namensrechts zu wehren. Allerdings ermöglicht das zentrale Stiftungsregister den Stiftern zu prüfen, ob sie mit der Wahl des Namens für ihre Stiftung ggf. das Namensrecht schon bestehender Stiftungen verletzen.

2287 Nach § 2 Nr. 2 StiftRG-neu ist zu jeder Stiftung auch der Sitz ins Stiftungsregister einzutragen. Einzutragen ist nur der in der Satzung bestimmte Sitz, auch wenn die Verwaltung der Stiftung an einem anderen Ort geführt wird.[1]

2288 Nach § 2 Nr. 3 StiftRG-neu ist für jede Stiftung das Datum der Anerkennung oder Genehmigung der Stiftung einzutragen. Dieses Datum kann der Anerkennungsentscheidung entnommen werden.[2]

2289 Nach § 2 Nr. 4 StiftRG-neu ist bei Verbrauchsstiftungen der im Stiftungsgeschäft festgelegte Zeitpunkt, zu dem die Stiftung enden soll, oder das Ereignis, bei dessen Eintritt die Stiftung endet, einzutragen. Für den Rechtsverkehr soll so weit als möglich aus dem Register ersichtlich sein, wie lange die Stiftung voraussichtlich noch als werbende Stiftung bestehen wird bzw. wann sie voraussichtlich aufzulösen oder aufzuheben ist.

2290 Nach § 2 Nr. 5 StiftRG-neu sind zu jeder Stiftung im Stiftungsregister auch die Vorstandsmitglieder einzutragen. Zu jedem Vorstandsmitglied sind der Vorname, der Name, das Geburtsdatum und der Wohnort anzugeben. Als Wohnort ist eine Gemeinde oder ein Gemeindeteil, nicht die vollständige Adresse anzugeben. Einzutragen ist auch die Vertretungsmacht des Vorstandsmitglieds, d. h., in welchem Umfang es zur aktiven Vertretung der Stiftung ermächtigt ist.

2291 Einzutragen im Stiftungsregister sind nach § 2 Nr. 6 StiftRG-neu auch die satzungsmäßigen Beschränkungen der Vertretungsmacht des Vorstands. Auf solche außenwirksamen Beschränkungen der Vertretungsmacht des Vorstands kann sich die Stiftung nach § 82d Abs. 2 BGB-neu im Geschäftsverkehr nur berufen, wenn sie im Stiftungsregister eingetragen oder dem jeweiligen Geschäftspartner bekannt sind.

2292 Hat die Stiftung besondere Vertreter bestellt, die die Stiftung im Rahmen ihres Aufgabenbereichs auch gegenüber Dritten vertreten können, müssen diese

1 BT-Drucks. 19/28173 v. 31.3.2021 S. 88.

2 BT-Drucks. 19/28173 v. 31.3.2021 S. 89.

zum Stiftungsregister angemeldet werden. Zu den besonderen Vertretern werden dieselben Tatsachen eingetragen wie zu den Vorstandsmitgliedern.

Auch bei Stiftungen sollen nach § 2 Nr. 8 StiftRG-neu Satzungsänderungen im Register aufgrund von Anmeldungen des Vorstands der Stiftung nach § 85b BGB-neu eingetragen werden, obwohl die Registereintragung anders als bei Vereinen bei den Stiftungen keine Wirksamkeitsvoraussetzung für die Satzungsänderung ist. Im Stiftungsregister soll sich wie aus dem Vereinsregister ergeben, welche Teile der Satzung geändert wurden und was Gegenstand der Satzungsänderung war. Mit der Anmeldung jeder Satzungsänderung ist auch ein vollständiger Wortlaut der geänderten Satzung einzureichen. Dies gewährleistet, dass die Registerbehörde immer über den aktuellen Satzungswortlaut verfügt und auch der Rechtsverkehr diesen über die Registerakten einsehen kann. 2293

Bei Zulegungen und Zusammenlegungen ist nach § 2 Nr. 9 StiftRG-neu das Erlöschen der übertragenden Stiftungen aufgrund der Anmeldung durch den Vorstand der übernehmenden Stiftung nach § 86i BGB-neu einzutragen. Nach der Eintragung des Erlöschens werden die Registerblätter für die übertragenden Stiftungen geschlossen. 2294

Nach § 2 Nr. 10 StiftRG-neu ist die Auflösung durch Entscheidung der zuständigen Stiftungsorgane aufgrund der Anmeldung nach § 87d BGB-neu einzutragen. Wenn die Stiftung nach ihrer Auflösung noch abgewickelt werden muss, sind mit der Auflösung auch die Liquidatoren und deren Vertretungsmacht nach § 2 Nr. 19 StiftRG-neu im Stiftungsregister einzutragen.[1] 2295

Nach § 2 Nr. 11 StiftRG-neu ist die Aufhebung der Stiftung nach § 87a BGB-neu aufgrund einer Anmeldung nach § 87d BGB-neu einzutragen. Wenn die Stiftung nach ihrer Aufhebung noch abgewickelt werden muss, sind mit der Aufhebung auch die Liquidatoren und deren Vertretungsmacht nach § 2 Nr. 19 StiftRG-neu im Stiftungsregister einzutragen.[2] 2296

Nach § 2 Nr. 12 StiftRG-neu ist die Bestellung eines vorläufigen Insolvenzverwalters von Amts wegen einzutragen, wenn der Stiftung ein allgemeines Verfügungsverbot auferlegt oder angeordnet wird, dass Verfügungen der Stiftung nur mit Zustimmung des vorläufigen Insolvenzverwalters wirksam sind. Mit Einführung des Stiftungsregisters sind auch der Registerbehörde nach § 23 Abs. 2 der Insolvenzordnung (InsO) eine Ausfertigung des Beschlusses zu über- 2297

1 BT-Drucks. 19/28173 v. 31.3.2021 S. 89.
2 BT-Drucks. 19/28173 v. 31.3.2021 S. 90.

mitteln, durch den ein vorläufiger Insolvenzverwalter bestellt und die Maßnahmen angeordnet werden, durch die die Verfügung der Stiftung über ihr Vermögen ausgeschlossen oder beschränkt wird. Dies ermöglicht der Registerbehörde, diese Maßnahmen nach § 9 StiftRG-neu von Amts wegen in das Stiftungsregister einzutragen.

2298 Nach § 2 Nr. 13 StifRG-neu sind auch die Aufhebung aller oder einzelner Maßnahmen nach § 2 Nr. 12 StiftRG-neu, durch die sich die Verfügungsberechtigung über das Vermögen der Stiftung ändert, von Amts wegen ins Stiftungsregister einzutragen.

2299 Von Amts wegen in das Register einzutragen ist auch die Auflösung der Stiftung nach § 87b BGB-neu infolge der Eröffnung eines Insolvenzverfahrens oder der rechtskräftigen Abweisung eines Eröffnungsantrags mangels Masse durch das Insolvenzgericht.

2300 Nach § 2 Nr. 14 Buchst. a StiftRG-neu ist auch die Auflösung der Stiftung infolge der Eröffnung des Insolvenzverfahrens von Amts wegen ins Stiftungsregister einzutragen. Wenn im Beschluss über die Eröffnung des Insolvenzverfahrens die Eigenverwaltung angeordnet wird, ist auch dies von Amts wegen einzutragen. Dasselbe gilt, wenn die Eigenverwaltung nachträglich noch angeordnet wird (§ 271 InsO). Auch ein Zustimmungsvorbehalt bei Eigenverwaltung nach § 277 InsO ist einzutragen.

2301 Nach § 2 Nr. 14 Buchst. b StiftRG-neu ist die Auflösung mit der Rechtskraft des Beschlusses, durch den die Eröffnung des Insolvenzverfahrens mangels Masse abgewiesen wurde (§ 26 InsO), von Amts wegen einzutragen. Der Stiftungsbehörde soll nach § 31 Nr. 2 InsO vom Insolvenzgericht eine Ausfertigung des Beschlusses übermittelt werden. Bei der Auflösung der Stiftung infolge des Beschlusses, durch den die Eröffnung des Insolvenzverfahrens mangels Masse abgewiesen worden ist, wird die Stiftung nicht nach insolvenzrechtlichen Vorgaben abgewickelt, sondern muss nach den stiftungsrechtlichen Vorschriften (§ 87c BGB-neu) beendet werden.

2302 Von Amts wegen in das Stiftungsregister einzutragen sind nach § 2 Nr. 15 StiftRG-neu die Aufhebung des Eröffnungsbeschlusses, die Aufhebung der Eigenverwaltung und die Aufhebung von Zustimmungsvorbehalten bei der Eigenverwaltung nach § 277 InsO.

2303 Nach § 2 Nr. 16 StiftRG-neu ist auch die Einstellung des Insolvenzverfahrens nach den §§ 207, 211–213 InsO von Amts wegen ins Register einzutragen. Der Beschluss, mit dem das Insolvenzverfahren eingestellt wird, ist der Registerbehörde nach § 215 Abs. 1 Satz 3 i.V. mit § 200 Abs. 2 Satz 2 und § 31 InsO zu übermitteln.[1]

Nach § 2 Nr. 17 StiftRG-neu ist die Aufhebung des Insolvenzverfahrens nach § 200 InsO von Amts wegen ins Stiftungsregister einzutragen. Mit der Eintragung der Aufhebung des Insolvenzverfahren wird das Registerblatt geschlossen, da die Stiftung im Insolvenzverfahren abgewickelt wurde.[2] 2304

Einzutragen ist nach § 2 Nr. 19 StiftRG-neu von Amts wegen auch die Anordnung des Insolvenzgerichts nach § 260 InsO, die Erfüllung des Insolvenzplans durch die Stiftung zu überwachen sowie die Aufhebung einer solchen Anordnung. 2305

Wenn die Stiftung nach ihrer Auflösung noch nach den § 87c Abs. 2 Satz 2 BGB-neu i.V. mit den §§ 47–53 BGB abgewickelt werden muss, sind die von der Stiftung nach § 87d BGB-neu anzumeldenden Liquidatoren nach § 2 Nr. 19 StiftRG-neu ins Stiftungsregister einzutragen. Einzutragen sind wie bei den Vorstandsmitgliedern der Name, Vorname, das Geburtsdatum und der Wohnort. Bestehen Beschränkungen der Vertretungsmacht der Liquidatoren nach § 87c Abs. 2 Satz 2 BGB-neu, § 48 Abs. 2 BGB und § 84 Abs. 3 BGB-neu, sind auch diese einzutragen. 2306

Nach § 2 Nr. 20 StiftRG-neu ist auch die Beendigung der Stiftung einzutragen, wenn die Stiftung aufgelöst oder aufgehoben wurde und eine Liquidation nicht erforderlich ist oder die erforderliche Liquidation abgeschlossen wurde. Mit der Eintragung der Beendigung wird das für die Stiftung geführte Registerblatt geschlossen. 2307

5.3 Zu § 3 StiftRG-neu (Anforderungen an die Anmeldung)

§ 3 StiftRG-neu enthält Regelungen zur Anmeldeberechtigung, zur Form der Anmeldung, zur Einreichung der Anmeldung und zu den der Anmeldung beizufügenden Eintragungsunterlagen, die die §§ 82b, 84d, 85b, 86i und 87d BGB-neu ergänzen. 2308

§ 3 Abs. 1 StiftRG-neu enthält die ergänzenden Vorschriften zur Anmeldeberechtigung und Form der Anmeldungen. § 3 Abs. 1 StiftRG-neu regelt die Anmeldeberechtigung der einzelnen Vorstandsmitglieder und Liquidatoren, wenn der Vorstand aus mehreren Mitgliedern besteht oder die Stiftung von mehreren Liquidatoren abgewickelt wird. Eine Anmeldung zum Stiftungsregis- 2309

1 BT-Drucks. 19/28173 v. 31.3.2021 S. 90.
2 BT-Drucks. 19/28173 v. 31.3.2021 S. 91.

ter kann von der Anzahl von Vorstandsmitgliedern abgegeben werden, die zur wirksamen Außenvertretung der Stiftung erforderlich sind. Hat ein Vorstandsmitglied Einzelvertretungsmacht, kann es allein die Anmeldungen gegenüber der Stiftungsbehörde abgeben. Ist entsprechend § 84 Abs. 2 Satz 2 BGB-neu eine Mehrheit der Vorstandsmitglieder zur Vertretung befugt, kann diese die Anmeldungen zum Stiftungsregister wirksam vornehmen. Nur wenn Gesamtvertretungsmacht angeordnet ist, müssen die Anmeldungen von allen Vorstandsmitgliedern erklärt werden. Dasselbe gilt für die Anmeldungen nach § 87d BGB-neu durch die Liquidatoren. Vorstandsmitglieder und Liquidatoren sind verpflichtet, alle Anmeldungen unverzüglich vorzunehmen, d. h., die Anmeldepflichten sind ohne schuldhaftes Zögern zu erfüllen.

2310 § 3 Abs. 2 StiftRG-neu regelt die Form der Registeranmeldungen.

2311 Nach § 3 Abs. 2 Satz 1 StiftRG-neu sind die Anmeldungen zum Stiftungsregister wie die Anmeldungen zu den anderen Registern mit Publizitätswirkung öffentlich zu beglaubigen. Das heißt, sie müssen den Anforderungen des § 129 BGB entsprechen. Dies gewährleistet, dass die beglaubigende Stelle die Identität der Anmeldenden prüft, so dass sich die Registerbehörde darauf verlassen kann, dass die ihr übermittelten Anmeldungen von den Mitgliedern der Stiftungsvorstände oder den Liquidatoren der Stiftungen stammen.[1]

2312 Die Anmeldungen können nach § 3 Abs. 2 Satz 2 StiftRG-neu in Urschrift oder in öffentlich beglaubigter Abschrift nach § 39a des Beurkundungsgesetzes bei der Registerbehörde eingereicht werden. Dies ermöglicht wie beim Vereinsregister nach § 77 Satz 2 BGB sowohl Anmeldungen in Papierform als auch elektronische Anmeldungen. Eine Pflicht, alle Anmeldungen nur elektronisch vorzunehmen, soll mit Blick auf die vielen ehrenamtlich geführten kleinen Stiftungen für das Stiftungsregister nicht geregelt werden. Wie beim Vereinsregister sollen die Anmeldenden die Wahl haben, welchen Übermittlungsweg sie wählen.[2]

2313 § 3 Abs. 3 StiftRG-neu regelt, wie § 378 Abs. 2 des Gesetzes über das Verfahren in Familiensachen und in den Angelegenheiten der freiwilligen Gerichtsbarkeit (FamFG), dass Notare ermächtigt sind, von ihnen beglaubigte Anmeldungen bei der Registerbehörde einzureichen. Dies ist vor allem bei elektronischen Anmeldungen zweckmäßig.

1 BT-Drucks. 19/28173 v. 31.3.2021 S. 91.
2 BT-Drucks. 19/28173 v. 31.3.2021 S. 92.

§ 3 Abs. 4 StiftRG-neu regelt, in welcher Art die Dokumente vorzulegen sind, die mit den Anmeldungen eingereicht werden müssen, damit die Registerbehörde die Eintragungsvoraussetzungen prüfen kann. 2314

Da auch elektronische Anmeldungen möglich sein sollen, ohne dass dies für die Stiftungen einen größeren Aufwand erfordert als für Anmeldungen in Papierform, sieht § 3 Abs. 4 Satz 1 StiftRG-neu vor, dass die nach den §§ 82b, 84d, 85b, 86i und 87d BGB-neu vorzulegenden Dokumente nur in Abschrift vorgelegt werden müssen. Diese Abschriften können dann auch zu den Registerakten genommen werden. 2315

Wenn Zweifel an der Vollständigkeit oder Echtheit der nach § 3 Abs. 4 Satz 1 StiftRG-neu eingereichten Abschriften besteht, kann die Registerbehörde nach § 3 Abs. 4 Satz 2 StiftRG-neu verlangen, dass die Originaldokumente vorzulegen sind. Die der Registerbehörde vorgelegten Originaldokumente sind, wenn über die Anmeldung entschieden wurde, wieder an die Stiftung zurückzugeben. 2316

5.4 Zu § 4 StiftRG-neu (Eintragung von Stiftungen)

§ 4 StiftRG-neu regelt die Voraussetzungen für die Ersteintragung einer Stiftung ins Stiftungsregister. Für die Eintragung von Altstiftungen werden, soweit erforderlich, ergänzend Regelungen in der Rechtsverordnung nach § 19 StiftRG-neu getroffen. 2317

§ 4 Satz 1 StiftRG-neu regelt die Voraussetzungen für die Eintragung einer Stiftung, die durch Stiftungsgeschäft nach Inkrafttreten der §§ 80–88 BGB-neu errichtet wurde. Da die Eintragung der Stiftung in das Register nur deklaratorische Wirkung hat und der Eintragung das behördliche Anerkennungsverfahren vorausgeht, kann die Prüfung durch die Registerbehörde stark formalisiert werden. Die Registerbehörde soll nicht die Prüfungen der für die Anerkennung zuständigen Behörde wiederholen, sondern sich auf deren Prüfung verlassen können. Deshalb prüft sie nicht selbst die Voraussetzungen für die Entstehung der Stiftung und überprüft insbesondere nicht die Rechtmäßigkeit der Anerkennung der Stiftung. Die Stiftung ist einzutragen, wenn eine Anmeldung vorliegt, die den Voraussetzungen des § 82b Abs. 2 BGB-neu entspricht und die Voraussetzungen des § 4 Satz 1 Nr. 1 und 2 StiftRG-neu vorliegen. 2318

In § 4 Satz 1 Nr. 1 StiftRG-neu ist als Voraussetzung für die Eintragung geregelt, dass die zur Eintragung angemeldete Stiftung durch eine Entscheidung der Stiftungsbehörde anerkannt wurde. Dies kann die Registerbehörde einfach prüfen, da der Anmeldung nach § 2b Abs. 2 BGB-neu die Anerkennungsentscheidung in Abschrift beizufügen ist und auch die Vorlage der Urschrift ver- 2319 langt werden kann, wenn Zweifel an der Echtheit oder Vollständigkeit der vorgelegten Dokumente bestehen.[1]

2320 Da gemeinsam mit der Stiftung immer auch die Mitglieder des Vorstands der Stiftung und die zu bestellenden besonderen Vertreter einzutragen sind, ist bei der Anmeldung der Stiftung auch zu prüfen, ob alle Vorstandsmitglieder oder besonderen Vertreter, die aufgrund der Satzung nach § 81 Abs. 1 Nr. 1 Buchst. d BGB-neu zu bestellen sind, ordnungsgemäß bestellt wurden. Dasselbe gilt für besondere Vertreter, die nach der Satzung bestellt werden können und bestellt wurden. Dies ist anhand der Satzung und der Dokumente über die Bestellung zu prüfen. Die Satzung ist nach § 82b Abs. 2 BGB-neu i.V. mit § 3 Abs. 3 Satz 1 StiftRG-neu der Anmeldung beizufügen. Anhand der Stiftungssatzung kann die Registerbehörde auch Angaben in der Anmeldung zur Vertretungsmacht der angemeldeten Vorstandsmitglieder und besonderen Vertreter überprüfen. Dasselbe gilt für Beschränkungen der Vertretungsmacht des Vorstands nach § 84 Abs. 3 BGB-neu.[2]

2321 Für die Anmeldung einer durch Zusammenlegung entstandenen Stiftung, die nach § 86i BGB-neu anzumelden ist, ist § 4 Satz 1 StiftRG-neu entsprechend anzuwenden. An die Stelle der Entscheidung über die Anerkennung tritt die unanfechtbare Genehmigung des Zusammenlegungsvertrags oder die unanfechtbare Zusammenlegungsentscheidung der Behörde.

5.5 Zu § 5 StiftRG-neu (Eintragung von Änderungen beim Vorstand oder bei besonderen Vertretern)

2322 § 5 StiftRG-neu regelt die Voraussetzungen für die Eintragung von Änderungen bei den Mitgliedern des Vorstands und bei den besonderen Vertretern der Stiftung. Einzutragende Änderungen sind die Beendigung des Amts eines eingetragenen Vorstandsmitglieds oder besonderen Vertreters sowie jede neue Bestellung eines Vorstandsmitglieds oder besonderen Vertreters. Einzutragen ist aber auch jede Änderung bei der Vertretungsmacht eines Vorstandsmitglieds oder besonderen Vertreters sowie die Einführung oder die Aufhebung von Beschränkungen der Vertretungsmacht des Vorstands nach § 84 Abs. 3 BGB-neu.

2323 Die Eintragung dieser Änderung bei den Vorstandsmitgliedern und besonderen Vertretern setzt immer eine Anmeldung nach § 84d BGB-neu voraus. Bei Änderung der Vertretungsmacht eines Vorstandsmitglieds oder besonderen

1 BT-Drucks. 19/28173 v. 31.3.2021 S. 92.
2 BT-Drucks. 19/28173 v. 31.3.2021 S. 93.

Vertreters sowie die Einführung oder Aufhebung von Beschränkungen der Vertretungsmacht des Vorstands, der immer eine Satzungsänderung zugrunde liegen muss, müssen zusätzlich auch die Voraussetzungen für eine Anmeldung nach § 85b BGB-neu vorliegen.

Bei der Anmeldung eines Wechsels bei den Vorstandsmitgliedern oder beson- 2324
deren Vertretern prüft die Registerbehörde, ob das Vorstandsmitglied, das im Stiftungsregister eingetragen ist, sein Vorstandsamt durch Zeitablauf, Abberufung oder Niederlegung verloren hat. Für die Eintragung des neuen Vorstandsmitglieds ist zu prüfen, ob dieses wirksam bestellt wurde. Der Anmeldung müssen alle Unterlagen beigefügt werden, die für diese Prüfung erforderlich sind.

Bei der Anmeldung von Änderungen bei der Vertretungsmacht eines eingetra- 2325
genen Vorstandsmitglieds oder eines besonderen Vertreters muss die Registerbehörde anhand der Stiftungssatzung prüfen können, ob sich die angemeldeten Änderungen aus dem aktuellen Satzungswortlaut, der sich bei Registerakten befindet, ergeben. Dasselbe gilt für Anmeldungen zu Beschränkungen der Vertretungsmacht des Vorstands nach § 84 Abs. 3 BGB-neu.

5.6 Zu § 6 StiftRG-neu (Eintragung von Satzungsänderungen)

§ 6 StiftRG-neu regelt die Voraussetzungen für die Eintragung von Satzungs- 2326
änderungen. Die Eintragung einer Satzungsänderung setzt immer eine Anmeldung nach § 85b BGB-neu voraus. Bei Satzungsänderungen durch die zuständigen Stiftungsorgane sind die gesetzlichen oder satzungsmäßigen Voraussetzungen für die Satzungsänderungen immer von den zuständigen Stiftungsorganen und der zuständigen Stiftungsbehörde im Verfahren über die Genehmigung nach § 85a Abs. 1 Satz 2 BGB-neu zu prüfen. Deshalb prüft die Registerbehörde im Eintragungsverfahren nur, ob eine Entscheidung der Stiftungsbehörde vorliegt, durch die die angemeldete Satzungsänderung genehmigt wurde, oder ob eine behördliche Entscheidung vorliegt, die diese Satzungsänderung vorsieht.[1]

5.7 Zu § 7 StiftRG-neu (Eintragungen bei Zulegungen und Zusammenlegungen)

§ 7 StiftRG-neu regelt die Voraussetzungen für die Eintragungen bei Zulegun- 2327
gen und Zusammenlegungen. Bei Zulegungen und Zusammenlegungen ist

1 BT-Drucks. 19/28173 v. 31.3.2021 S. 93.

das Erlöschen der übertragenden Stiftungen nach § 2 Nr. 9 StiftRG-neu ins Stiftungsregister einzutragen. Bei Zusammenlegungen müssen auch die neuen Stiftungen ins Stiftungsregister eingetragen werden. Zu der neuen Stiftung sind mindestens die Angaben nach § 2 Nr. 1, 2, 3 und 5 StiftRG-neu einzutragen. Die Eintragungen bei Zulegungen und Zusammenlegungen setzen Anmeldungen nach § 86i BGB-neu voraus.[1]

2328 § 7 Abs. 1 StiftRG-neu regelt die Voraussetzungen für die Eintragungen bei Zulegungen. Bei Zulegungen ist das Erlöschen der übertragenden Stiftungen nach § 2 Nr. 9 StiftRG-neu in das Stiftungsregister einzutragen. Die Anmeldung muss den Anforderungen des § 86i Abs. 1 BGB-neu entsprechen. Liegt eine entsprechende Anmeldung vor, ist das Erlöschen der Stiftung einzutragen, wenn der Zulegungsvertrag genehmigt wurde und die Genehmigung unanfechtbar geworden ist oder eine unanfechtbare Zulegungsentscheidung vorliegt. Auch bei der Zulegung beschränkt sich die Prüfung auf das bloße Vorliegen dieser Entscheidungen der Stiftungsbehörden. Diese sind nach § 86i Abs. 1 Satz 3 BGB-neu der Anmeldung beizufügen. Die Registerbehörde soll nicht noch einmal prüfen, ob die gesetzlichen Voraussetzungen für die Zulegung vorliegen, sondern sich insoweit auf die Prüfungen der Stiftungsbehörde verlassen können. Prüfen muss die Registerbehörde aber, ob die Genehmigung oder die Zulegungsentscheidung unanfechtbar ist, da das einzutragende Erlöschen der übertragenden Stiftung nach § 86f Abs. 2 BGB-neu erst mit der Unanfechtbarkeit dieser behördlichen Entscheidungen eintritt. Zu diesem Zweck ist nach § 86i Abs. 1 Satz 2 BGB-neu in der Anmeldung immer auch anzugeben, wann die behördliche Entscheidung den beteiligten Stiftungen und den übrigen Verfahrensbeteiligten bekanntgegeben wurde. Im Regelfall wird es aber neben den an der Zulegung beteiligten Stiftungen keine anderen Verfahrensbeteiligten geben. Bestehen Zweifel, ob die Genehmigung oder die behördliche Zulegungsentscheidung unanfechtbar ist, kann die Registerbehörde immer auch die zuständige Stiftungsbehörde nach § 10 Abs. 2 StiftRG-neu im Eintragungsverfahren anhören.

2329 § 7 Abs. 2 StiftRG regelt die Voraussetzungen für die Eintragungen bei Zusammenlegungen. Bei der Zusammenlegung sind die neue Stiftung und das Erlöschen der übertragenden Stiftungen einzutragen. Die Eintragung der neuen Stiftung und das Erlöschen der übertagenden Stiftungen werden nur vorgenommen, wenn eine Anmeldung nach § 86i Abs. 2 BGB-neu vorliegt.

1 BT-Drucks. 19/28173 v. 31.3.2021 S. 94.

Für die Eintragung einer durch eine Zusammenlegung entstandenen Stiftung gelten dieselben Eintragungsvoraussetzungen wie für die durch Stiftungsgeschäft und Anerkennung errichteen Stiftungen. Die Eintragung der neuen Stiftung richtet sich nach § 4 StiftRG-neu. Die neue Stiftung entsteht bei der Zusammenlegung jedoch nicht durch Stiftungsgeschäft und Anerkennung, sondern durch den Zusammenlegungsvertrag und die unanfechtbare Genehmigung oder die unanfechtbare behördliche Zusammenlegungsentscheidung. Nach § 7 Abs. 2 StifRG-neu tritt deshalb im Rahmen des § 4 die unanfechtbare Genehmigung des Zusammenlegungsvertrags oder die unanfechtbare behördliche Zusammenlegungsentscheidung an die Stelle der Anerkennung. Auch bei der Eintragung einer neuen Stiftung, die aufgrund einer Zusammenlegung entstanden ist, prüft die Registerbehörde nur das Vorliegen der unanfechtbaren Genehmigung des Zusammenlegungsvertrags oder das Vorliegen der unanfechtbaren behördlichen Zusammenlegungsentscheidung. Eine inhaltliche Prüfung des Zusammenlegungsvertrags und der Genehmigung oder der behördlichen Zusammenlegungsentscheidung findet durch die Registerbehörde nicht statt. 2330

Mit der Eintragung der Stiftung müssen nach § 7 Abs. 2, § 4 StiftRG-neu auch die in der Anmeldung benannten Vorstandsmitglieder und besonderen Vertreter eingetragen werden unter Angabe ihrer Vertretungsmacht. Einzutragen sind auch etwaige Beschränkungen der Vertretungsmacht des Vorstands nach § 84 Abs. 3 BGB-neu. 2331

5.8 Zu § 8 StiftRG-neu (Eintragung von Auflösung, Aufhebung und Liquidation)

§ 8 StiftRG-neu regelt die Eintragungen ins Stiftungsregister bei der Auflösung der Stiftung durch die Stiftungsorgane nach § 87 BGB-neu oder bei der Aufhebung der Stiftung nach § 87a BGB-neu sowie bei der Liquidation der Stiftung nach § 87c Abs. 2 BGB-neu. Diese Eintragungen setzen immer Anmeldungen nach § 87d BGB-neu voraus.[1] 2332

§ 8 Abs. 1 StiftRG-neu regelt die Voraussetzungen für die Eintragung der Auflösung oder Aufhebung der Stiftung.[2] 2333

Die Auflösung der Stiftung durch die zuständigen Stiftungsorgane ist nach § 8 Abs. 1 Satz 1 StiftRG-neu von der Registerbehörde im Stiftungsregister einzutragen, wenn eine Anmeldung durch den Vorstand oder durch die Liquidato- 2334

1 BT-Drucks. 19/28173 v. 31.3.2021 S. 94.

2 BT-Drucks. 19/28173 v. 31.3.2021 S. 95.

ren der Stiftung vorliegt, die den Anforderungen nach § 87d Abs. 1 oder 2 BGB-neu entspricht. Nach § 87d Abs. 2 BGB-neu sind der Anmeldung der Auflösung stets die Auflösungsentscheidung des zuständigen Stiftungsorgans und die Genehmigungsentscheidung der zuständigen Stiftungsbehörde nach § 87 Abs. 3 BGB-neu beizufügen. Die Registerbehörde prüft nur, ob eine Auflösungsentscheidung vorliegt und die erforderliche Genehmigung für die Auflösung erteilt wurde. Die Registerbehörde prüft nicht, ob die Voraussetzungen für die Auflösung nach § 87 Abs. 1 oder 2 BGB-neu vorlagen. Diese Prüfung führt schon die zuständige Stiftungsbehörde im Genehmigungsverfahren oder Aufhebungsverfahren durch. Die Registerbehörde soll die Prüfung der Stiftungsorgane und der Stiftungsbehörde nicht wiederholen, sondern sich auf deren Entscheidung verlassen können.

2335 Die Aufhebung der Stiftung durch die zuständige Stiftungsbehörde ist nach § 8 Abs. 1 Satz 2 StiftRG-neu unter den wesentlich gleichen Voraussetzungen einzutragen wie die Auflösung. Die Registerbehörde prüft nur, ob die Anmeldung den Anforderungen des § 87d Abs. 1 und 2 BGB-neu entspricht und eine behördliche Aufhebungsentscheidung die Stiftung betreffend vorliegt, deren Aufhebung eingetragen werden soll. Die Registerbehörde überprüft nicht, ob die Voraussetzungen für die Aufhebung der Stiftung nach § 87a BGB-neu vorliegen.

2336 § 8 Abs. 2 StiftRG-neu regelt, dass in den Fällen, in denen eine Liquidation nach § 87c Abs. 2 Satz 1 BGB-neu i.V. mit § 46 BGB nicht erforderlich ist, mit der Auflösung und Aufhebung der Stiftung auch deren Beendigung einzutragen ist. Mit der Eintragung der Beendigung kann das für die Stiftung geführte Registerblatt geschlossen werden.

2337 § 8 Abs. 3 StiftRG-neu regelt die erforderlichen zusätzlichen Eintragungen, wenn nach der Auflösung oder Aufhebung der Stiftung noch eine Liquidation der Stiftung erforderlich ist.

2338 Nach § 8 Abs. 3 Satz 1 StiftRG-neu sind, wenn nach der Auflösung oder Aufhebung der Stiftung noch deren Liquidation erforderlich ist, auch die mit der Auflösung oder Aufhebung angemeldeten Liquidatoren in das Stiftungsregister einzutragen. Werden die Vorstandsmitglieder als Liquidatoren angemeldet, muss die ordnungsgemäße Bestellung zum Vorstandsmitglied nicht noch einmal überprüft werden.

Die bestellten Liquidatoren sind in das Stiftungsregister nach § 8 Abs. 3 Satz 2 StiftRG-neu einzutragen, wenn sie ordnungsgemäß bestellt wurden.[1] 2339

Ebenso wie bei den Vorstandsmitgliedern sind nach § 8 Abs. 3 Satz 3 StiftRG-neu bei den Liquidatoren die Vertretungsmacht und etwaige Beschränkungen der Vertretungsmacht der Liquidatoren nach § 87c Abs. 2 BGB-neu i.V. mit § 48 Abs. 2 BGB und § 84 Abs. 3 BGB-neu ins Stiftungsregister einzutragen. Die Angaben dazu müssen nach § 87d Abs. 2 Satz 2 BGB-neu in der Anmeldung enthalten sein und von der Registerbehörde anhand der Stiftungssatzung überprüft werden.[2] 2340

§ 8 Abs. 4 StiftRG-neu regelt die Eintragungen von Änderungen bei den Liquidatoren und deren Vertretungsmacht. Diese sind nach § 87d Abs. 4 BGB-neu i.V. mit § 84d BGB-neu zum Stiftungsregister anzumelden. Die Änderungen sind in das Stiftungsregister einzutragen, wenn sie wirksam sind. 2341

§ 8 Abs. 5 StiftRG-neu regelt die Voraussetzungen für die Eintragung der Beendigung der Stiftung in das Stiftungsregister bei Stiftungen, bei denen nach der Auflösung nach § 87 BGB oder der Aufhebung noch eine Liquidation erforderlich ist. Bei diesen Stiftungen ist die Beendigung einzutragen, wenn sie angemeldet wird und die Liquidation frühestens abgeschlossen sein kann, d. h. nach Beendigung des Sperrjahres nach § 87c Abs. 2 Satz 2 BGB-neu i.V. mit § 51 BGB. Mit der Eintragung der Beendigung wird auch hier das Registerblatt für die Stiftung geschlossen. 2342

5.9 Zu § 9 StiftRG-neu (Eintragungen bei Insolvenz der Stiftung)

§ 9 StiftRG-neu regelt die Eintragungen bei Insolvenz der Stiftung. Im Zusammenhang mit der Insolvenz einer Stiftung sind neben der Auflösung der Stiftung nach § 87b BGB-neu auch alle Maßnahmen und Entscheidungen im Rahmen des Insolvenzverfahren einzutragen, die Auswirkungen auf die Handlungsfähigkeit der Stiftung und ihrer Organe haben. Wie bei eingetragenen Vereinen erfolgen die Eintragungen zu einem gegen die Stiftung eingeleiteten Insolvenzverfahrens aufgrund von Mitteilungen des Insolvenzgerichts von Amts wegen. 2343

1 BT-Drucks. 19/28173 v. 31.3.2021 S. 95.
2 BT-Drucks. 19/28173 v. 31.3.2021 S. 96.

5.10 Zu § 10 StiftRG-neu (Beteiligung der für die Stiftung zuständigen Behörden im Registerverfahren)

2344 In § 10 StiftRG-neu regelt die Mitwirkung der zuständigen Stiftungsbehörden im Verfahren über die Eintragungen und Löschungen im Stiftungsregister.

2345 § 10 Abs. 1 Satz 1 StiftRG-neu regelt Mitteilungspflichten der für die Anerkennung der Stiftung zuständigen Stiftungsbehörde gegenüber der Registerbehörde, durch die gewährleistet werden soll, dass die Registerbehörde Kenntnis von der Errichtung einer Stiftung erlangt. Hinsichtlich der schon bestehenden Stiftungen sieht § 20 Abs. 3 StiftRG-neu eine vergleichbare Mitteilungspflicht der für die Anerkennung der Stiftungen zuständigen Landesstiftungsbehörden vor, damit die Registerbehörde sicherstellen kann, dass auch die schon bestehenden Stiftungen zum Stiftungsregister angemeldet werden.

2346 Die für die Anerkennung einer Stiftung zuständige Stiftungsbehörde hat der Registerbehörde mitzuteilen, wenn eine Stiftung durch ihre Anerkennung errichtet wurde. Dies soll gewährleisten, dass die Registerbehörde von der Errichtung einer Stiftung Kenntnis erlangt und die Einhaltung der Anmeldepflichten nach § 82b Abs. 2 BGB–neu gewährleisten kann. Zu diesem Zweck muss die Mitteilung über die Errichtung einer Stiftung auch die Angaben zur Stiftung und ihrer Vorstandsmitglieder nach § 10 Abs. 1 Satz 1 Nr. 1–3 StiftRGneu enthalten.

2347 In der Mitteilung über die Errichtung einer Stiftung haben die für die Anerkennung der Stiftung zuständigen Landesstiftungsbehörden nach § 10 Abs. 1 Nr. 1 StiftRG-neu den Namen und den Sitz der Stiftung mitzuteilen.

2348 Anzugeben ist in der Mitteilung über die Errichtung der Stiftung nach § 10 Abs. 1 Nr. 2 StiftRG-neu eine ladungsfähige Anschrift der Stiftung.[1]

2349 Nach § 10 Abs. 1 Nr. 3 StiftRG-neu muss die Mitteilung auch die Namen und Vornamen der Vorstandsmitglieder der Stiftung enthalten, da diese verpflichtet sind, die Stiftung nach § 82b Abs. 2 BGB-neu zum Stiftungsregister anzumelden.[2]

2350 Nach § 10 Abs. 1 Satz 2 StiftRG-neu hat die für die Anerkennung der Stiftung zuständige Behörde der Registerbehörde auf Verlangen auch die ihr bekannten Geburtsdaten und ladungsfähigen Privatanschriften der Vorstandsmitglieder mitzuteilen. Diese zusätzlichen Angaben darf die Registerbehörde nur verlangen, wenn die Stiftung nicht rechtzeitig angemeldet wird und die Stiftungs-

1 BT-Drucks. 19/28173 v. 31.3.2021 S. 96.

2 BT-Drucks. 19/28173 v. 31.3.2021 S. 97.

behörde die Vorstandsmitglieder nicht unter der Anschrift der Stiftung erreichen kann. Die Daten dienen der Durchführung von Maßnahmen nach § 14 StiftRG-neu

§ 10 Abs. 2 StiftRG-neu regelt, dass die nach Landesrecht zuständige Stiftungsbehörde im Verfahren über Eintragungen oder Löschungen im Register angehört werden kann. Die zuständige Stiftungsbehörde bestimmt sich nach der Art der Eintragung. Angehört werden sollen staatliche, aber auch kirchliche Stiftungsbehörden. 2351

§ 10 Abs. 3 StiftRG-neu regelt Mitteilungspflichten der Registerbehörde gegenüber den für die Anerkennung der Stiftung zuständigen Stiftungsbehörden der Länder. Diesen Behörden hat die Registerbehörde mitzuteilen, dass die Stiftung in das Stiftungsregister eingetragen wurde. Mitzuteilen ist auch, wenn das Erlöschen der Stiftung oder die Beendigung der Stiftung in das Register eingetragen und das Registerblatt für die Stiftung geschlossen wird. Auf diese Weise erfährt die für die Anerkennung der Stiftung zuständige Landesbehörde, dass die Stiftung im Register eingetragen ist und sie das Register durch Nutzung des Abrufverfahren einsehen können, das für die Stiftungsbehörden kostenlos sein soll. 2352

5.11 Zu § 11 StiftRG-neu (Entscheidungen im Eintragungsverfahren)

§ 11 StiftRG-neu regelt wichtige Grundzüge des Eintragungsverfahrens sowie Form und Inhalt der Entscheidungen über die Anmeldungen sowie die Aufbewahrung der Dokumente, die Grundlage für die Eintragung im Stiftungsregister sind. Die Vorschrift orientiert sich an § 382 FamFG. 2353

§ 11 Abs. 1 StiftRG-neu regelt die einer Anmeldung stattgebende Entscheidung der Registerbehörde. 2354

Nach § 11 Abs. 1 Satz 1 StiftRG-neu gibt die Registerbehörde der Anmeldung durch die Eintragung in das Stiftungsregister statt. Es wird nicht erst gegenüber der Stiftung über die Anmeldung entscheiden und dann die Eintragung im Stiftungsregister vollzogen, sondern aufgrund einer ordnungsgemäßen Eintragung direkt eingetragen. Das entspricht dem Verfahren beim Vereins- und Handelsregister. 2355

§ 11 Abs. 1 Satz 2 StiftRG-neu stellt klar, dass die Eintragung mit dem Vollzug im Register wirksam wird. Das entspricht der Regelung für das Vereinsregister in § 382 Abs. 1 FamFG. Sobald die Eintragung im Register vollzogen ist, gilt für die eingetragenen Tatsachen § 82d BGB-neu. 2356

2357 Nach § 11 Abs. 1 Satz 3 StiftRG-neu ist die Eintragung der Stiftung mitzuteilen, damit sie erfährt, dass über ihre Anmeldung entschieden wurde und die Eintragung im Stiftungsregister erfolgt ist.[1]

2358 § 11 Abs. 2 StiftRG-neu verpflichtet die Registerbehörde im Registerverfahren zu Zwischenverfügungen, um auf vollständige und richtige Anmeldungen hinzuwirken. Die Vorschrift orientiert sich an § 382 Abs. 4 Satz 1 FamFG. Die Zwischenverfügung dient auch hier dem Zweck, der Stiftung die durch die Zurückweisung einer Anmeldung entstehenden Kosten sowie eine neue Anmeldung zu ersparen. Nach § 11 Abs. 2 StiftRG hat die Registerbehörde, wenn eine Anmeldung zur Eintragung ins Stiftungsregister unvollständig ist oder ihr ein anderes durch die Stiftung behebbares Hindernis entgegensteht, der Stiftung eine angemessene Frist zur Beseitigung des Hindernisses setzen. In der Regel sollte eine angemessene Frist jedoch mindestens einen Monat betragen.[2]

2359 Nach § 11 Abs. 3 StiftRG-neu ergeht eine Entscheidung, durch die eine angemeldete Eintragung abgelehnt wird, schriftlich. Da es sich bei dieser ablehnenden Entscheidung um einen Verwaltungsakt i. S. des § 35 des Verwaltungsverfahrensgesetzes (VwVfG) handelt, muss dieser nach § 39 Abs. 1 Satz 1 VwVfG immer auch begründet werden. Die ablehnende Entscheidung wird nach § 43 Abs. 1 Satz 1 VwVfG wirksam mit der Bekanntgabe an die Stiftung.

2360 Nach § 11 Abs. 4 StiftRG-neu sind die mit der Anmeldung eingereichten Dokumente von der Registerbehörde aufzubewahren. Diese Dokumente, die die Grundlagen der Eintragungen bilden, können ebenso wie das Register nach § 15 StiftRG eingesehen werden.

2361 § 11 Abs. 5 StiftRG-neu regelt das Verfahren bei Eintragungen von Amts wegen und die Aufbewahrung der Dokumente, die solchen Eintragungen zugrunde liegen.

2362 Nach § 11 Abs. 5 Satz 1 StiftRG-neu ist § 11 Abs. 1 Satz 1 Satz 2 und 3 für Eintragungen von Amts wegen entsprechend anzuwenden. Auch diese Eintragungen werden mit Vollzug im Register wirksam. Sie sind der Stiftung mit Blick auf ihre Wirkung nach § 82d BGB-neu mitzuteilen, so dass diese die Eintragungen kennt und auf ihre Richtigkeit prüfen kann.

2363 Nach § 11 Abs. 5 Satz 2 StiftRG-neu sind auch die Dokumente, die die Grundlage für Eintragungen von Amts wegen bilden, von der Registerbehörde auf-

1 BT-Drucks. 19/28173 v. 31.3.2021 S. 97.

2 BT-Drucks. 19/28173 v. 31.3.2021 S. 98.

zubewahren. Bei den Eintragungen nach § 9 StiftRG-neu sind dies die Mitteilungen des Insolvenzgerichts.

5.12 Zu § 12 StiftRG-neu (Löschung unzulässiger Eintragungen)

§ 12 StiftRG-neu regelt die Löschung von Eintragungen im Stiftungsregister. 2364
Löschungen sind auf Antrag der Stiftung und auch von Amts wegen durch die Registerbehörde möglich, wenn die Löschungsvoraussetzungen nach § 12 Abs. 1 Satz 1 StiftRG-neu vorliegen. Nach § 12 StiftRG-neu können sowohl Eintragungen, die auf einer Anmeldung beruhen, als auch Eintragungen, die von Amts wegen erfolgt sind, gelöscht werden. Löschung im Stiftungsregister bedeutet wie bei den anderen Registern mit Publizitätswirkung nicht die Entfernung von Eintragungen aus dem Register. Durch die Löschung werden Eintragungen im Stiftungsregister als bedeutungslos gekennzeichnet. Eine Löschung ist letztlich nur eine speziell geregelte Form der Eintragung, die ihrerseits auch wieder gelöscht werden kann.[1]

§ 12 Abs. 1 StiftRG-neu regelt die Löschung von Eintragungen im Stiftungs- 2365
register auf Antrag der Stiftung. Eine Eintragung im Stiftungsregister, die wegen Mangels einer wesentlichen Voraussetzung unzulässig ist, hat die Registerbehörde auf Antrag der Stiftung zu löschen. Die Regelung orientiert sich an § 395 FamFG. Sie erfasst sowohl Eintragungen, die schon im Zeitpunkt der Eintragung unzulässig waren, als auch Eintragungen, die erst nach der Eintragung unzulässig wurden. Eine Eintragung ist unzulässig, wenn sie ohne gesetzliche Erlaubnis erfolgt oder trotz eines gesetzlichen Verbots oder ohne dass die vom Gesetz geforderten Voraussetzungen erfüllt sind. Die Löschung ist nur zulässig, wenn eine Eintragung wegen des Mangels einer wesentlichen Voraussetzung unzulässig ist. Das können bei Eintragungen im Stiftungsregister nur wesentliche sachliche Mängel der Eintragung sein. Richtige deklaratorische Eintragungen im Stiftungsregister können nicht wegen eines wesentlichen Verfahrensmangels bei der Eintragung gelöscht werden.[2]

Nach § 12 Abs. 2 StiftRG-neu hat die Entscheidung, durch die ein Antrag auf 2366
Löschung einer Eintragung im Stiftungsregister abgelehnt wird, schriftlich zu ergehen. Das entspricht der Regelung für die Ablehnung von Eintragungen in § 11 Abs. 3 StiftRG-neu. Gegen die Entscheidung kann die Stiftung eine Verpflichtungsklage bei dem zuständigen Verwaltungsgericht erheben.

1 BT-Drucks. 19/28173 v. 31.3.2021 S. 98.
2 BT-Drucks. 19/28173 v. 31.3.2021 S. 99.

2367 § 12 Abs. 3 StiftRG-neu regelt, dass Löschungen auch von Amts wegen möglich sind, und sieht hierfür ein besonderes Verfahren vor, das dem für Amtslöschungen in Registerverfahren nach den §§ 393 ff. FamFG nachgebildet ist.

2368 Nach § 12 Abs. 3 Satz 1 StiftRG-neu können Eintragungen im Stiftungsregister, die wegen des Mangels einer wesentlichen Voraussetzung unzulässig sind, von der Registerbehörde auch von Amts wegen gelöscht werden. Die Registerbehörde ist berechtigt, aber nicht verpflichtet, solche unzulässigen Eintragungen von Amts wegen zu löschen. Eine Amtslöschung ist wie beim Vereinsregister regelmäßig nur veranlasst, wenn das Fortbestehen der Eintragung Schädigungen Berechtigter zur Folge haben würde oder dem öffentlichen Interesse widerspricht. Bei unzulässigen Eintragungen, die auf Anmeldungen beruhen, ist vor Einleitung eines Amtslöschungsverfahrens zunächst darauf hinzuwirken, dass die Stiftung ihre Anmeldepflichten erfüllt. Nur wenn ein Zwangsgeldverfahren zur Durchsetzung der Anmeldepflichten ergebnislos durchgeführt oder aussichtlos erscheint, kommt auch bei solchen Eintragungen die Einleitung eines Amtslöschungsverfahrens in Betracht.

2369 Nach § 12 Abs. 3 Satz 2 StiftRG-neu muss die Registerbehörde, die beabsichtigt, eine unzulässige Eintragung von Amts wegen zu löschen, die betroffene Stiftung von der beabsichtigten Löschung unterrichten und ihr eine angemessene Frist setzen, innerhalb derer sie Einspruch gegen die beabsichtigte Löschung erheben kann. Aus dieser Löschungsankündigung muss sich klar ergeben, welche Eintragungen aus welchen Gründen gelöscht werden sollen und dass die beabsichtigte Löschung erfolgen wird, wenn kein Einspruch erhoben wird oder die Stiftung durch ihren Einspruch die Zulässigkeit der Eintragung nicht nachweist. Die in der Löschungsankündigung gesetzte Einspruchsfrist muss angemessen sein. Diese Frist soll wie bei § 395 FamFG nicht nur dazu dienen, der Stiftung Gelegenheit zu geben, die Unzulässigkeit der Eintragung zu bestreiten, sondern ihr auch ermöglichen, die Löschung durch Behebung des Mangels abzuwenden. Wird innerhalb der gesetzten Frist kein Einspruch erhoben, kann die Registerbehörde die angekündigte Löschung verfügen und im Register vollziehen.

2370 § 12 Abs. 3 Satz 3 StiftRG-neu regelt das weitere Verfahren, wenn von der Stiftung Einspruch gegen die Löschung erhoben wurde. Nach § 12 Abs. 3 Satz 3 StiftRG-neu darf die Registerbehörde die Eintragung nur löschen, wenn sie den Einspruch zurückgewiesen hat und ihre Entscheidung über die Zurückweisung des Einspruchs unanfechtbar geworden ist. Die Entscheidung, mit der der Einspruch zurückgewiesen wird, bedarf der Schriftform.

§ 12 Abs. 4 Satz 1 StiftRG-neu regelt, wie die Löschung im Stiftungsregister vollzogen wird und die Unterrichtung der betroffenen Stiftung über die Löschung.[1] 2371

Nach § 12 Abs. 4 Satz 1 StiftRG-neu wird die zu löschende Eintragung nicht aus dem Register entfernt, sondern es wird ein Löschungsvermerk zu der Eintragung hinzugefügt. Die näheren Einzelheiten dazu werden in der Verordnung nach § 19 StiftRG-neu geregelt werden.[2] 2372

Da auch die Löschung eine besondere Form der Eintragung ist, sind die Stiftungen auch über jede sie betreffende Löschung im Register nach § 12 Abs. 4 Satz 2 StiftRG-neu zu unterrichten. 2373

5.13 Zu § 13 StiftRG-neu (Aussetzung des Verfahrens)

§ 13 StiftRG-neu regelt die Möglichkeit der Aussetzung eines Eintragungs- oder Löschungsverfahrens aus wichtigem Grund. Ein wichtiger Grund liegt insbesondere vor, wenn die Entscheidung der Registerbehörde von einer Entscheidung der für die Stiftung zuständigen Behörde abhängt, die Gegenstand eines anderen anhängigen Verfahrens ist. Entscheidungen der zuständigen Stiftungsbehörden bilden die Voraussetzung für zahlreiche Eintragungen ins Stiftungsregister. Wenn solche für die Eintragung erheblichen Entscheidungen angefochten wurden, besteht die Gefahr, dass die Grundlagen für die Eintragungen entfallen. In diesen Fällen ist es zweckmäßig, wenn die Registerbehörde das Eintragungsverfahren aussetzen kann, bis das zuständige Gericht über die Entscheidung der Stiftungsbehörde entschieden hat. 2374

5.14 Zu § 14 StiftRG-neu (Zwangsgeld)

Wenn Stiftungsvorstände oder Liquidatoren die jeweiligen Anmelde- und Vorlagepflichten nach den §§ 82b, 84d, 85c, 86i und 87d BGB-neu nicht oder nicht rechtzeitig erfüllen, soll ein Zwangsgeld angedroht und festgesetzt werden können, um die Vorstandsmitglieder und Liquidatoren zur Pflichterfüllung anzuhalten. § 14 StiftRG-neu regelt die Voraussetzungen für die Festsetzung des Zwangsgelds und das Zwangsgeldverfahren. 2375

§ 14 Abs. 1 StiftRG-neu regelt die inhaltlichen Voraussetzungen für die Androhung und Festsetzung von Zwangsgeld gegenüber den Vorstandsmitgliedern und Liquidatoren. 2376

---

1 BT-Drucks. 19/28173 v. 31.3.2021 S. 99.

2 BT-Drucks. 19/28173 v. 31.3.2021 S. 100.

2377 Nach § 14 Abs. 1 Satz 1 StiftRG-neu kann die Registerbehörde Mitglieder des Vorstands, die einer Pflicht zur Anmeldung zum Stiftungsregister oder zur Einreichung von Dokumenten zum Stiftungsregister nach den §§ 82b, 84d, 85c, 86i und 87d BGB-neu nicht nachkommen, durch Festsetzung eines Zwangsgelds zur Erfüllung ihrer Pflichten anhalten. Die Regelung ist § 78 BGB nachgebildet, der auch zur Durchsetzung der Registerpflichten der Mitglieder von Vereinsvorständen die Festsetzung von Zwangsgeld vorsieht.

2378 Nach § 14 Abs. 1 Satz 2 StiftRG-neu können auch die Liquidatoren zur Erfüllung ihrer Pflichten nach § 87d BGB-neu durch die Festsetzung eines Zwangsgelds angehalten werden.

2379 § 14 Abs. 2 StiftRG-neu regelt verfahrensmäßige Voraussetzungen für die wirksame Zwangsgeldfestsetzung.

2380 Ein Zwangsgeld kann nach § 14 Abs. 2 Satz 1 StiftRG-neu nur festgesetzt werden, wenn zuvor den pflichtwidrig handelnden Vorstandsmitgliedern oder Liquidatoren unter Androhung des Zwangsgelds aufgegeben wurde, innerhalb einer angemessenen Frist ihren Pflichten nachzukommen. Aus der Zwangsgeldandrohung muss sich ergeben, welche Pflichten innerhalb der gesetzten angemessenen Frist zu erfüllen sind. Welche Frist angemessen ist, bestimmt sich nach den Umständen des Einzelfalls. Die Länge der Frist muss so bemessen werden, dass die verpflichteten Vorstandsmitglieder oder Liquidatoren die Registerpflichten, die Gegenstand des Zwangsgeldverfahrens sind, zumutbar innerhalb der Frist erfüllen können.[1]

2381 Nach § 14 Abs. 2 Satz 2 StiftRG-neu ist das angedrohte Zwangsgeld festzusetzen, wenn die Pflichten innerhalb der nach § 14 Abs. 2 Satz 1 StiftRG-neu gesetzten Frist nicht erfüllt werden. Festgesetzt werden darf das Zwangsgeld nur in der Höhe, in der es angedroht wurde.[2]

2382 § 14 Abs. 3 StiftRG-neu stellt klar, dass zur Erfüllung einer Registerpflicht auch mehrmals Zwangsgelder angedroht und festgesetzt werden können. Allerdings setzt die Androhung eines weiteren Zwangsgelds immer voraus, dass die Festsetzung des vorangegangenen Zwangsgelds erfolglos geblieben ist, d. h., dass die Vorstandsmitglieder oder Liquidatoren durch das festgesetzte Zwangsgeld nicht dazu bewegt werden konnten, die Registerpflicht zu erfüllen.

1 BT-Drucks. 19/28173 v. 31.3.2021 S. 100.
2 BT-Drucks. 19/28173 v. 31.3.2021 S. 101.

§ 14 Abs. 4 StiftRG-neu regelt den Höchstbetrag für ein Zwangsgeld. Ein einzelnes Zwangsgeld darf den Betrag von 1.000 € nicht übersteigen. Die Obergrenze für das Zwangsgeld gilt bezogen auf eine Pflicht. Werden innerhalb eines Verfahrens mehrere Registerpflichten verletzt, kann für jede Verletzung einer Pflicht ein Zwangsgeld in Höhe von bis zu 1.000 € festgesetzt werden. 2383

§ 14 Abs. 5 SiftRG-neu erklärt für die Androhung und die Festsetzung des Zwangsgeldes im Übrigen das Verwaltungsvollstreckungsgesetz für entsprechend anwendbar, welches in den §§ 13 ff. Regelungen zu Zwangsmitteln enthält. 2384

5.15 Zu § 15 StiftRG-neu (Einsichtnahme in das Register)

§ 15 StiftRG-neu regelt den Zugang zum Register und den zum Register eingereichten Dokumenten. Die Vorschrift entspricht im Wesentlichen § 79 Abs. 1 BGB, der die Einsicht ins Vereinsregister regelt. Die näheren Einzelheiten zur Registereinsicht sollen durch die Rechtsverordnung in § 19 StiftRG-neu geregelt werden. 2385

Nach § 15 Satz 1 StiftRG-neu ist die Einsichtnahme in das Stiftungsregister jedermann gestattet, ohne dass es hierfür der Darlegung eines besonderen Interesses bedarf. 2386

Für die Einsichtnahme in die zum Stiftungsregister eingereichten Dokumente soll gem. § 15 Satz 2 StiftRG-neu grds. dasselbe gelten wie für die Einsichtnahme in das Stiftungsregister. Die Einsichtnahme in zum Stiftungsregister eingereichte Dokumente kann aber soweit ausgeschlossen werden, als ein berechtigtes Interesse der Stiftung oder eines Dritten besteht, bestimmte Dokumente oder Inhalte von Dokumenten nicht offenzulegen, z. B. personenbezogene Daten von Destinatären oder Stiftern oder Regelungen zur Vermögensverwaltung. Dann werden die Dokumente nicht oder nur so in den Registerordner eingestellt, dass bestimmte Inhalte unkenntlich gemacht sind. 2387

§ 15 Satz 3 StiftRG-neu regelt, dass ein Ausdruck von Eintragungen im Stiftungsregister oder von den zum Stiftungsregister eingereichten Dokumenten verlangt werden kann, soweit sie zugänglich sind. Es können einfache Ausdrucke oder amtliche Ausdrucke erstellt werden. Auch hierzu werden die näheren Einzelheiten durch die Rechtsverordnung nach § 19 StiftRG-neu geregelt. 2388

5.16 § 16 StiftRG-neu (Automatisierter Abruf von Daten aus dem Register)

Nach § 16 StiftRG-neu kann durch Rechtsverordnung nach § 19 StiftRG-neu ein Abrufverfahren vorgesehen werden, durch das die Einsicht ins Stiftungsregis- 2389 ter gewährt wird und über das auch Ausdrucke aus dem Register angefordert oder übermittelt werden können.[1]

5.17 Zu § 17 StiftRG-neu (Anwendung der Verordnung [EU] 2016/679)

2390 § 17 StiftRG-neu entspricht der Regelung für Vereine in § 79a BGB. Dieselben Beschränkungen, die für die Handels-, Genossenschafts-, Partnerschafts- und Vereinsregister getroffen wurden, sind auch für das neue Stiftungsregister zum Schutz sonstiger wichtiger Ziele des allgemeinen öffentlichen Interesses gem. Art. 23 Abs. 1 Buchst. e der Datenschutz-Grundverordnung (DSGVO) erforderlich. Das Register soll der verlässlichen Information über rechtfähige Stiftungen des bürgerlichen Rechts und über die Personen dienen, die die Stiftungen im Rechtsverkehr organschaftlich vertreten können. Der Erwägungsgrund 73 DGSVO nennt im Zusammenhang mit möglichen Beschränkungen ausdrücklich das Führen öffentlicher Register als allgemeines öffentliches Interesse i. S. des Artikels 23 Abs. 1 Buchst. e DSGVO. Die vorgesehenen Beschränkungen achten den Wesensgehalt der Grundrechte und Grundfreiheiten und stellen eine in einer demokratischen Gesellschaft notwendige und verhältnismäßige Maßnahme i. S. des Artikels 23 Abs. 1 DSGVO dar. Sie führen zu einem angemessenen Ausgleich zwischen dem Interesse der Allgemeinheit an einem sicheren und leichten Rechtsverkehr und dem Recht des Einzelnen auf Schutz seiner personenbezogenen Daten. Dabei ist zu berücksichtigen, dass bereits bei der Erhebung der Daten für das Stiftungsregister der Grundsatz der Datensparsamkeit beachtet werden soll. Personenbezogene Daten sollen nur über die Personen erhoben und im Stiftungsregister gespeichert werden, die aufgrund ihrer Organstellung zur Vertretung der Stiftung berechtigt sind. Erhoben werden nur der Vorname, Name, das Geburtsdatum und der Wohnort der vertretungsberechtigten Personen.[2]

2391 § 17 Abs. 1 StiftRG-neu regelt, wie das Auskunftsrecht der betroffenen Person nach Art. 15 DSGV beim Stiftungsregister gewährleistet werden soll.

2392 Nach § 17 Abs. 1 Satz 1 StiftRG-neu werden beim Stiftungsregister die Rechte nach Art. 15 DSGVO durch die Einsicht in das Stiftungsregister und die dazu geführten Registerakten nach den §§ 15 und 16 StiftRG-neu gewährt. Eine andere Erfüllung des Auskunftsrechts nach Art. 15 Abs. 1 DSGVO ist mit Blick auf den Aufbau und die Führung des Registers und die Kosten für den Aufbau des Registers mit vertretbarem Aufwand nicht möglich.

1 BT-Drucks. 19/28173 v. 31.3.2021 S. 101.
2 BT-Drucks. 19/28173 v. 31.3.2021 S. 102.

Den von den künftigen Eintragungen im Stiftungsregister betroffenen Personen werden die Eintragungen bekannt sein, da sie regelmäßig selbst den Antrag zur Eintragung stellen oder an der Antragstellung mitwirken werden. Die betroffenen Personen werden dann auch wissen, wo im Stiftungsregister ihre Daten zu finden sind, so dass sie sich jederzeit einfach und schnell durch die Einsicht ins Stiftungsregister oder den Abruf der Registerdaten nach dem in § 16 StiftRG-neu vorgesehenen automatisierten Abrufverfahren über die zu ihnen gespeicherten personenbezogenen Daten informieren können. 2393

Nach § 17 Abs. 1 Satz 2 StiftRG-neu, der inhaltlich den Vorschriften für das Vereins- und Handelsregister in § 79a Abs. 1 Satz 2 BGB und § 11a HGB entspricht, wird klargestellt, dass die Registerbehörde nicht verpflichtet ist, Personen, deren personenbezogene Daten im Register oder den Registerakten gespeichert sind, Auskunft darüber zu erteilen, wem die Daten offengelegt wurden. Das ist von den registerrechtlichen Einsichts- und Abrufrechten nicht umfasst, auf die das Recht aus Art. 15 DSGVO beschränkt werden soll. Das Stiftungsregister und die Registerakten sollen nach den §§ 15 und 16 StiftRG-neu für jedermann einsehbar oder abrufbar sein, ohne dass in jedem Fall eine Registrierung der Nutzer stattfinden muss.[1] 2394

Das Recht der betroffenen Person auf Berichtigung ihrer personenbezogenen Daten nach Art. 16 DSGVO soll nach den Vorschriften des Stiftungsregistergesetzes oder der Rechtsverordnung nach § 19 StiftRG-neu gewährt werden. Die Berichtigung des Stiftungsregisters soll wie beim Vereins- und Handelsregister nur im registerrechtlichen Verfahren möglich sein, wenn die Voraussetzungen des § 12 StiftRG-neu für eine Löschung vorliegen. Die materiell-rechtliche Publizitätswirkung schließt ein Löschen i. S. einer Unkenntlichmachung von Daten aus. Ein Recht auf Löschung nach Art. 17 Abs. 1 DSGVO besteht nicht, da die Ausschlusstatbestände nach Art. 17 Abs. 3 Buchst. b und e DSGVO vorliegen. Das Stiftungsregister kann seinen Zweck nur erfüllen, wenn dauerhaft daraus ersichtlich ist, über welchen Zeitraum welche Eintragungen im Register veröffentlicht waren, auf die der Rechtsverkehr vertrauen konnte, unabhängig davon, ob sie richtig oder unrichtig waren. Dasselbe gilt für die Registerakten, in denen die Dokumente enthalten sind, die die Grundlagen für die Eintragungen ins Stiftungsregister bilden.[2] 2395

Für Eintragungen im Stiftungsregister soll der Grundsatz der Erhaltung der Eintragung gelten, der den Kern des materiell-rechtlichen Publizitätsprinzips 2396

1 BT-Drucks. 19/28173 v. 31.3.2021 S. 102.
2 BT-Drucks. 19/28173 v. 31.3.2021 S. 103.

bildet. Es würde dem Kern des Grundsatzes der Publizitätswirkung widersprechen, wenn Eintragungen über einen längeren Zeitraum nicht einsehbar sind. Deshalb soll durch § 17 Abs. 3 StiftRG-neu auf Grundlage des Artikels 23 Abs. 1 Buchst. e DSGVO auch für das Stiftungsregister der Widerspruch gem. Art. 21 DSGVO ausgeschlossen werden, da dieser zu einer Einschränkung der Verarbeitung von Registerdaten führen könnte. Auch insoweit bleibt es bei den registerrechtlichen Vorschriften über die Löschung und Berichtigung.

5.18 Zu § 18 StiftRG-neu (Verwaltungsrechtsweg und Ausschluss des Widerspruchsverfahrens)

2397 § 18 Abs. 1 StiftRG-neu enthält eine ausdrückliche Klarstellung zum Verwaltungsrechtsweg gegen Entscheidungen der Registerbehörde und § 18 Abs. 2 StiftRG-neu bestimmt, dass gegen Entscheidungen der Registerbehörde kein Widerspruchsverfahren stattfindet.

2398 § 18 Abs. 1 StiftRG-neu stellt klar, dass für Streitigkeiten im Zusammenhang mit den Entscheidungen der Registerbehörde der Verwaltungsrechtsweg gegeben ist. Diese Rechtswegzuständigkeit ergibt sich bereits aus § 40 Abs. 1 Satz 1 Halbsatz 1 der Verwaltungsgerichtsordnung (VwGO). Entscheidungen der Registerbehörde im Rahmen der Stiftungsaufsicht sind öffentlich-rechtlicher Natur. Bei Streitigkeiten über Entscheidungen der Registerbehörde handelt es sich demnach um öffentlich-rechtliche Streitigkeiten nichtverfassungsrechtlicher Art, die dieser „verwaltungsprozessualen Generalklausel" unterfallen. Insbesondere ergibt sich eine Zuständigkeit der Gerichte der ordentlichen Gerichtsbarkeit nicht etwa aus der Regelung des § 23 Abs. 1 Satz 1 des Einführungsgesetzes zum Gerichtsverfassungsgesetz (EGGVG). Die Entscheidungen des Bundesamts für Justiz als Registerbehörde fallen nicht in den Anwendungsbereich des § 23 Abs. 1 Satz 1 EGGVG. § 23 EGGVG ist als Ausnahmevorschrift von § 40 Abs. 1 Satz 1 Halbsatz 1 VwGO eng auszulegen. Nur solche Maßnahmen sollen nach § 23 EGGVG durch die ordentlichen Gerichte überprüft werden, für deren Nachprüfung besondere zivilrechtliche Kenntnisse erforderlich sind. Dies ist bei der Überprüfung der Entscheidungen des Registergerichts nicht der Fall. Die örtliche Zuständigkeit des Verwaltungsgerichts richtet sich nach § 52 Nr. 2 Satz 1 und 2 VwGO.

2399 Nach § 18 Abs. 2 StiftRG-neu sollen gegen die Entscheidungen des Bundesamts für Justiz als Registerbehörde im Rahmen der Führung des Stiftungsregisters, insbesondere gegen Entscheidungen im Rahmen von Eintragungs-, Löschungs- und Zwangsgeldverfahren, keine Widerspruchsverfahren nach den §§ 68 ff. der Verwaltungsgerichtordnung stattfinden. In Registersachen soll schnell entschieden werden, um zu gewährleisten, dass der Inhalt des Stiftungsregisters richtig und aktuell ist. Deshalb soll auf ein Widerspruchsverfahren verzichtet werden.

5.19 Zu § 19 StiftRG-neu (Verordnungsermächtigung)

§ 19 StiftRG-neu ermächtigt das Bundesministerium der Justiz und Verbraucherschutz durch Rechtsverordnung, nähere Bestimmungen zur Errichtung und Führung des Stiftungsregisters und zur Auskunft aus dem Stiftungsregister zu regeln. Beispielhaft wird in dem nicht abschließenden Katalog in § 19 Nr. 1–6 StiftRG-neu aufgeführt, was in der Rechtsverordnung noch ergänzend geregelt werden soll. Mit Blick auf die Verordnungsermächtigung in § 19 StiftRG kann das Stiftungsregistergesetz auf die grundlegenden Regelungen zum Register und seiner Führung sowie zur Einsichtnahme in das Register beschränkt werden. Auch beim Vereinsregister werden die gesetzlichen Regelungen zur Registerführung und Einsichtnahme in das Register in den §§ 55 ff. BGB und den §§ 378 ff. FamFG durch die Vereinsregisterverordnung ergänzt. 2400

Die Verordnungsermächtigung sieht nicht vor, dass Gebühren für das Stiftungsregister erhoben werden können, da dies bereits auf der Grundlage des § 22 Abs. 4 BGebG möglich ist.[1] 2401

§ 19 Nr. 1 StiftRG-neu stellt klar, dass von der Verordnungsermächtigung auch nähere Regelungen zum Eintragungs- und Löschungsverfahren sowie zu Anmeldungen geregelt werden können. Dies erfasst unter anderem auch die Einführung eines Berichtigungsverfahrens oder bestimmte Anforderungen an die Dokumentenqualität bei elektronischen Anmeldungen.[2] 2402

Durch die Rechtsverordnung kann nach § 19 Nr. 2 StiftRG-neu auch die Führung der Registerakten geregelt werden. 2403

Nach § 19 Nr. 3 StiftRG-neu können in der Rechtsverordnung auch Regelungen zur Datenspeicherung und Datensicherheit hinsichtlich des Registers und der Registerakten getroffen werden. Dies schließt Löschfristen bezüglich der Daten ein, die nicht dauerhaft gespeichert werden müssen. 2404

Nach § 19 Nr. 4 StiftRG-neu kann durch Rechtsverordnung auch die Einsichtnahme in das Register und die Registerakten näher geregelt werden. 2405

Nach § 19 Nr. 5 können auch die Regelungen für ein Verfahren zum automatisierten Abruf von Registerdaten geregelt werden. 2406

1 BT-Drucks. 19/28173 v. 31.3.2021 S. 103.
2 BT-Drucks. 19/28173 v. 31.3.2021 S. 104.

2407 Nach § 19 Nr. 6 StiftRG-neu können Eintragungsvoraussetzungen für die Altstiftungen, die vor dem 1.1.1900 errichtet wurden und deren Verfassung noch nicht angepasst wurde, geregelt werden, um insoweit eine einheitliche Eintragungspraxis zu gewährleisten.

5.20 Zu § 20 StiftRG-neu (Übergangsregelungen)

2408 § 20 StiftRG-neu enthält Sonderregelungen für die Anmeldung der bei der Errichtung des Stiftungsregisters schon bestehenden Stiftungen. Sie modifizieren die Anmeldepflicht nach § 82b Abs. 2 BGB-neu i.V. mit § 3 StiftRG-neu für die schon bestehenden Stiftungen und schaffen eine zusätzliche Mitteilungspflicht der zuständigen Anerkennungsbehörden gegenüber dem Stiftungsregister.

2409 § 20 Abs. 1 StiftRG-neu enthält eine Sonderregelung für die Eintragung der Stiftungen, die schon vor der Schaffung des Stiftungsregisters errichtet wurden. Für diese Stiftungen kann die Pflicht nach § 82b Abs. 2 BGB-neu i.V. mit § 3 Abs. 1 Satz 1 StiftRG-neu, die Stiftung unverzüglich nach der Anerkennung anzumelden, regelmäßig nicht mehr erfüllt werden. Auch werden möglicherweise nicht alle Altstiftungen, die vor dem 1.1.1900 errichtet wurden, die Anmeldevoraussetzungen nach § 82 Abs. 2 BGB-neu erfüllen können, da sie auf andere Weise errichtet wurden als die Stiftungen, die ab dem 1.1,1900 nach den Vorschriften des BGB errichtet wurden. Zudem muss geregelt werden, wie in Bezug auf das Stiftungsregister mit den bestehenden Stiftungen verfahren werden soll, die vor Ablauf der Anmeldepflicht zum Stiftungsregister aufgelöst oder aufgehoben werden.[1]

2410 Nach § 20 Abs. 1 Satz 1 StiftRG-neu sind die vor Errichtung des Stiftungsregisters entstandenen und noch bestehenden Stiftungen innerhalb eines Jahres, nachdem das Stiftungsregister seinen Betrieb aufgenommen hat, entsprechend § 82b Abs. 2 des Bürgerlichen Gesetzbuchs zur Eintragung ins Stiftungsregister anzumelden. Das gibt den Stiftungen ausreichend Zeit für die Anmeldung und soll dazu führen, dass die Anmeldungen der schon bestehenden Stiftungen nicht alle zu einem Stichtag, sondern über ein Jahr verteilt bei der Registerbehörde eingehen können. Es ist möglich, dass bei Altstiftungen nicht alle der in § 82b Abs. 2 Satz 2 BGB genannten Voraussetzungen vorliegen, weil diese für die Errichtung der Stiftung nicht erforderlich waren und die Verfassung der Stiftung insoweit auch später nicht an die Vorschriften des Bürgerlichen Gesetzbuchs angepasst wurde. § 19 Nr. 6 StiftRG-neu sieht vor, dass be-

1 BT-Drucks. 19/28173 v. 31.3.2021 S. 104.

sondere Anforderungen an die Anmeldung für solche Altstiftungen durch Rechtsverordnung geregelt werden können.[1]

Gemäß § 20 Abs. 1 Satz 2 StiftRG-neu sollen Stiftungen, die vor Beginn oder während der Anmeldefrist nach § 20 Abs. 1 Satz 1 StiftRG-neu aufgelöst oder aufgehoben werden und dann noch als Stiftungen in Liquidation fortbestehen, nicht mehr zum Stiftungsregister angemeldet werden müssen. Dies gilt auch für Stiftungen, die infolge von Entscheidungen des Insolvenzgerichts aufgelöst wurden. 2411

§ 20 Abs. 2 StiftRG-neu enthält eine Übergangsregelung für die Anmeldung von Satzungsänderungen für die schon bestehenden Stiftungen. 2412

Nach § 20 Abs. 2 Satz 1 StifRG-neu haben die bestehenden Stiftungen, die vor der Errichtung des Stiftungsregisters entstanden sind, auch Änderungen der Satzung anzumelden. Es sollen aber nicht die einzelnen Satzungsänderungen angemeldet und ins Stiftungsregister eingetragen werden. 2413

In der Anmeldung ist nach § 20 Abs. 2 Satz 2 StiftRG-neu anzugeben, welche Teile der Satzung geändert wurden, und zusätzlich ist auch ein vollständiger Wortlaut der geänderten aktuellen Satzung der Anmeldung beizufügen. Falls die Registerbehörde Zweifel am Inhalt der aktuellen Satzung hat, kann sie vor der Eintragung die zuständige Stiftungsbehörde nach § 10 Abs. 2 StiftRG-neu anhören. Die Satzungsänderungen vor der Ersteintragung werden nicht im Stiftungsregister eingetragen. 2414

§ 20 Abs. 3 StiftRG-neu regelt Mitteilungspflichten der für die Anerkennung der Stiftungen zuständigen Behörden der Länder zu den bei Errichtung des Stiftungsregisters schon bestehenden Stiftungen. Diese Mitteilungspflichten zu den bestehenden nach § 20 Abs. 3 StiftRG entspricht inhaltlich den Mitteilungspflichten in § 10 Abs. 1 StiftRG-neu zu den neu errichteten Stiftungen. Sie sollen der Registerbehörde ermöglichen zu prüfen, ob alle nach § 20 Abs. 1 StiftRG-neu anmeldepflichtigen Stiftungen ihren Anmeldepflichten rechtzeitig nachgekommen sind. 2415

Nach § 20 Abs. 2 StiftRG-neu haben die für die Anerkennung der Stiftungen zuständigen Landesbehörden unverzüglich nach Ablauf der Anmeldefrist nach § 20 Abs. 1 Satz 1 StiftRG der Registerbehörde eine Liste der bestehenden anmeldepflichtigen Stiftungen in ihrem Zuständigkeitsbereich zu übermitteln. Nicht in die Liste aufzunehmen sind die Stiftungen, die unter § 20 Abs. 1 Satz 2 2416

1 BT-Drucks. 19/28173 v. 31.3.2021 S. 105.

StiftRG-neu fallen, d. h. die Stiftungen, die vor oder während der Anmeldefrist aufgelöst oder aufgehoben wurden.

2417 § 20 Abs. 3 regelt, welche Angaben die Liste zu den Stiftungen und ihren Organen enthalten muss.

2418 In der Liste muss nach § 20 Abs. 3 Satz 2 Nr. 1 StiftRG-neu der Name und der Sitz der Stiftung angegeben sein. Anzugeben ist der in der Satzung festgelegte Sitz.[1]

2419 Nach § 20 Abs. 3 Satz 2 Nr. 2 StiftRG-neu muss auch eine ladungsfähige Anschrift der Stiftung angegeben werden, so dass ggf. die Registerbehörde die Vorstandsmitglieder unter dieser Anschrift nach § 14 StiftRG-neu zur Anmeldung der Stiftung auffordern kann.[2]

2420 Nach § 20 Abs. 3 Satz 2 Nr. 3 StiftRG-neu sind auch die Vornamen und Namen der Vorstandsmitglieder der Stiftungen anzugeben.

2421 Nach § 20 Abs. 3 Satz 3 StiftRG-neu hat die für die Anerkennung der Stiftung zuständige Behörde der Registerbehörde auf Verlangen auch die ihr bekannten Geburtsdaten und ladungsfähigen Privatanschriften der Vorstandsmitglieder mitzuteilen. Diese zusätzlichen Angaben darf die Registerbehörde nur verlangen, wenn die Stiftung nicht rechtzeitig angemeldet wird und die Stiftungsbehörde die Vorstandsmitglieder nicht unter der Anschrift der Stiftung erreichen kann. Die Daten dienen der Durchführung von Maßnahmen nach § 14 SiftRG-neu.[3]

1 BT-Drucks. 19/28173 v. 31.3.2021 S. 105.
2 BT-Drucks. 19/28173 v. 31.3.2021 S. 106.
3 BT-Drucks. 19/28173 v. 31.3.2021 S. 106.

Anhang

1. Neuhausen Stiftung, Rittweck

Neuhausen Stiftung, Rittweck

Bilanz zum 31. Dezember 2023

AKTIVA

	EUR	EUR	Vorjahr EUR
A. ANLAGEVERMÖGEN			
I. SACHANLAGEN			
Grundstücke, grundstücksgleiche Rechte und Bauten, einschließlich der Bauten auf fremden Grundstücken	155.800,00		
Summe Sachanlagen		**155.800,00**	**159.200,00**
II. FINANZANLAGEN			
Wertpapiere des Anlagevermögens	2.051.220,92		
Summe Finanzanlagen		**2.051.220,92**	**2.043.437,93**
Summe Anlagevermögen		**2.207.020,92**	**2.202.637,93**
B. UMLAUFVERMÖGEN			
I. FORDERUNGEN UND SONSTIGE VERMÖGENSGEGENSTÄNDE	27.862,53		27.724,86
		27.862,53	27.724,86
II. SCHECKS; KASSENBESTAND; BUNDESBANK- UND POSTGIROGUTHABEN; GUTHABEN BEI KREDITINSTITUTEN	76.507,17		52.397,77
Summe Umlaufvermögen		**104.369,70**	**80.122,63**
C. AKTIVE RECHNUNGSABGRENZUNG		**1.889,00**	**3.778,00**
SUMME AKTIVA		**2.313.279,62**	**2.286.538,56**

PASSIVA

	EUR	EUR	Vorjahr EUR
A. EIGENKAPITAL			
I. STIFTUNGSKAPITAL gem. § 83b Abs. 1 BGB-neu		2.200.000,00	2.200.000,00
1. GRUNDSTOCKVERMÖGEN, § 83b Abs. 2 BGB-neu		2.000.000,00	2.000.000,00
a) gewidmetes Vermögen		2.000.000,00	2.000.000,00
b) Kapitalrücklagen; Zustiftungskapital		0,00	0,00
c) Grundstockvermögen lt. Stiftungsbeschluss		0,00	0,00
2. SONSTIGES VERMÖGEN gem. § 83b Abs. 1 Hs 2 BGB-neu		200.000,00	200.000,00
II. ERGEBNISRÜCKLAGEN		144.975,79	128.412,41
1. KAPITALERHALTUNGSRÜCKLAGE gem. § 62 Abs. 1 Nr. 3 AO	112.277,79		95.930,41
2. SONSTIGE ERGEBNISRÜCKLAGEN gem. § 62 Abs. 1 Nr. 1 AO (Projektrücklage)	32.698,00		32.482,00
III. ERGEBNISSE AUS VERMÖGENSUMSCHICHTUNG		**-68.067,68**	**-78.245,35**
a) aus realisierten Kursgewinnen/-verlusten	16.869,83		16.869,83
b) aus Veränderung der Kurswerte	-84.937,51		-95.115,18
nicht im Jahresabschluss, hier zur Erläuterung:			
Summe Grundstockvermögen und Vermögensumschichtung		**1.931.932,32**	**1.921.754,65**
diese Summe zzgl. Kapitalerhaltungsrücklage		2.044.210,12	2.017.685,06
IV. ERGEBNISVORTRAG		24.600,00	24.600,00
Summe Eigenkapital		**2.301.508,12**	**2.274.767,06**
B. RÜCKSTELLUNGEN			
Sonstige Rückstellungen		9.639,00	9.639,00
C. VERBINDLICHKEITEN			
Sonstige Verbindlichkeiten		2.132,50	2.132,50
SUMME PASSIVA		**2.313.279,62**	**2.286.538,56**

Neuhausen Stiftung, Rittweck

Überschuss- und Mittelverwendungsrechnung
für die Zeit vom
1. Januar bis 31. Dezember 2023

	2023 EUR	2022 EUR
A. JAHRESÜBERSCHUSS NACH HGB		
1. Umsatzerlöse		
a) Erträge aus Wertpapieren des Anlagevermögens	77.637,00	76.065,00
b) sonstige Zinsen und ähnliche Erträge	1.340,00	1.330,00
c) sonstige Haus- und Grundstückserträge	845,69	845,69
2. Abschreibungen		
a) auf immaterielle Vermögensgegenstände des Anlagevermögens und Sachanlagen	-3.400,00	-3.400,00
b) auf Finanzanlagen planmäßig	-2.394,69	-2.394,69
3. sonstige betriebliche Aufwendungen		
a) aus der Verwaltungstätigkeit	-18.742,50	-18.742,50
b) aus der Wohnungsüberlassung	-4.351,12	-3.092,10
c) aus der Grabpflege	-1.889,00	-1.889,00
4. Ergebnis der Verwaltungs- und satzungsmäßigen Tätigkeit	49.045,39	48.722,41
5. Erträge aus Wertaufholungen gem. § 253 Abs. 5 HGB	18.009,60	0,00
6. Abschreibungen auf Finanzanlagen und auf Wertpapiere des Umlaufvermögens	-7.831,93	-53.303,91
7. Jahresüberschuss/Jahresfehlbetrag nach HGB	59.223,06	-4.581,51
B. ERMITTLUNG DES ÜBERSCHUSSES FÜR STIFTUNGSZWECKE		
I. Jahresüberschuss/Jahresfehlbetrag nach HGB	59.223,06	-4.581,51
Entnahmen aus sonstiger Ergebnisrücklage Vorjahr	32.482,00	33.370,00
Aufwendungen für satzungsmäßige Zuwendungen entsprechend Vorjahresbeschluss	-32.482,00	-33.370,00
im JÜ berücksichtigte Aufwendungen für Satzungszwecke	5.394,43	4.135,41
Zuführung (-)/Entnahmen (+) bei Ergebnissen der Vermögensumschichtung		
a) aufgrund realisierter Kursgewinne/-verluste	0,00	0,00
b) aufgrund Veränderung von Kurswerten	-10.177,67	53.303,91
II. Überschuss für Stiftungszwecke	54.439,81	52.857,81
C. MITTELVERWENDUNG		
Überschuss für Stiftungszwecke	54.439,81	52.857,81
Aufwendungen für direkte satzungsmäßige Zwecke		
b) Wohnungsüberlassung	-3.505,43	-2.246,41
c) Grabpflege	-1.889,00	-1.889,00
Zuführung Rücklage gem. § 58 Nr. 7a AO	-16.347,39	-16.240,41
Zuführung zu den sonstigen Ergebnisrücklagen	-32.698,00	-32.482,00
Einstellung in den Ergebnisvortrag vor Verwendung	0,00	0,00
D. BILANZGEWINN	0,00	0,00

Neuhausen Stiftung, Rittweck

Haushaltsvoranschlag für 2024

Die Stiftung hat in der Zeit vom 1.1.–31.12.2023 Erträge in Höhe von 79.822,69 € erzielt. Für 2024 rechnet die Stiftung mit Erträgen in ähnlicher Höhe. Sie beabsichtigt diese wie folgt zu verwenden:

Erträge	EUR	79.000,00
- Aufwendungen für Vermögensverwaltung	EUR	-25.000,00
Ergebnis der Vermögensverwaltung	EUR	54.000,00
- Aufwendungen für direkte satzungsmäßige Zwecke	EUR	-5.000,00
- Einstellung in sonstige Ergebnisrücklage 2024 für Satzungszwecke gem. § 2 lit. a) und d) der Satzung	EUR	-33.000,00
Aufwendungen für satzungsmäßige Zwecke	EUR	-38.000,00
Kapitalerhaltung	EUR	-16.000,00
Einstellung in den Mittelvortrag	EUR	0,00
	EUR	0,00

Blatt 1

Erläuterungen zum Jahresbericht zum 31. Dezember 2023

Neuhausen Stiftung, Rittweck

Erläuterungen zur Bilanz

AKTIVA

A. ANLAGEVERMÖGEN EUR

I. SACHANLAGEN

	EUR	155.800,00
	Vj. EUR	159.200,00

	31.12.2023 EUR	31.12.2022 EUR
Vortrag Gebäudeteil	129.200,00	132.600,00
Afa	-3.400,00	-3.400,00
	125.800,00	129.200,00
Grund und Boden	30.000,00	30.000,00
Grund und Boden sowie Gebäude	155.800,00	159.200,00

II. FINANZANLAGEN

	EUR	2.051.220,92
	Vj. EUR	2.043.437,93

	31.12.2023 EUR	31.12.2022 EUR
14.000 Stück Kaurus AG	299.409,60	281.400,00
3.900 Stück Kreditbank AG	14.427,70	22.259,62
	313.837,30	303.659,62

	31.12.2023 EUR	31.12.2022 EUR
3,5 % Bayern, Freistaat Schatzanw. v. 2020 (2027)	687.383,62	689.778,31
2,15 % Deutsche Bahn Fin (2022/2034)	900.000,00	900.000,00
5,11 % Anleihe Private Equity AG (2020/2029)	150.000,00	150.000,00
	1.737.383,62	1.739.778,31

Die Finanzanlagen setzen sich wie folgt zusammen:

	31.12.2023 EUR	31.12.2022 EUR
Aktien	313.837,30	303.659,62
Anleihen	1.737.383,62	1.739.778,31
Summe Finanzanlagen	2.051.220,92	2.043.437,93

Blatt 2

B. UMLAUFVERMÖGEN

I. FORDERUNGEN UND SONSTIGE VERMÖGENS-GEGENSTÄNDE

EUR	27.862,53
Vj. EUR	27.724,86

	31.12.2023 EUR	31.12.2022 EUR
Forderung aus Wohngeldnebenkosten	845,69	845,69
stg. Vermögensgegenstände aus aktivierten Stückzinsansprüchen am Jahresende	26.677,50	26.677,50
Sonstige Forderungen	339,34	201,67
	27.862,53	27.724,86

II. KASSE, BANK

EUR	76.507,17
Vj. EUR	52.397,77

Die Stiftung unterhält folgende Konten bei der Kreditbank Neuhausen	31.12.2023 EUR	31.12.2022 EUR
Verkehrskonto	16.406,57	2.303,77
Festgeld	60.000,00	50.000,00
Kasse	100,60	94,00
	76.507,17	52.397,77

C. AKTIVE RECHNUNGSABGRENZUNGSPOSTEN

EUR	1.889,00
Vj. EUR	3.778,00

	31.12.2023 EUR	31.12.2022 EUR
Stand 01.01.	3.778,00	5.667,00
Abgang im Laufe des Geschäftsjahres	-1.889,00	-1.889,00
Stand am 31.12.	1.889,00	3.778,00

BILANZSUMME

EUR	2.313.279,62
Vj. EUR	2.286.538,56

Blatt 3

PASSIVA

A. EIGENKAPITAL

I. STIFTUNGSKAPITAL gem. § 83b Abs. 1 BGB-neu	EUR	2.200.000,00
	Vj. EUR	2.200.000,00
1. GRUNDSTOCKVERMÖGEN, § 83b Abs. 2 BGB-neu	EUR	2.000.000,00
	Vj. EUR	2.000.000,00
a) gewidmetes Vermögen	EUR	2.000.000,00
	Vj. EUR	2.000.000,00
b) Kapitalrücklagen; Zustiftungskapital	EUR	0,00
	Vj. EUR	0,00
c) Grundstockvermögen lt. Stiftungsbeschluss	EUR	0,00
	Vj. EUR	0,00
2. SONSTIGES VERMÖGEN gem. § 83b Abs. 1 Satz 1 Hs. 2 BGB-neu	EUR	200.000,00
	Vj. EUR	200.000,00
II. ERGEBNISRÜCKLAGEN	EUR	144.975,79
	Vj. EUR	128.412,41
1. FREIE KAPITALERHALTUNGSRÜCKLAGE gem. § 62 Abs. 1 Nr. 3 AO	EUR	112.277,79
	Vj. EUR	95.930,41

	31.12.2023 EUR	31.12.2022 EUR
Vortrag	95.930,41	79.690,00
Zugang/Abgang	16.347,39	16.240,41
	112.277,79	95.930,41

2. EINSTELLUNG IN DIE STG. ERGEBNISRÜCKLAGEN gem. § 62 Abs. 1 Nr. 1 AO (Projektrücklage)	EUR	32.698,00
	Vj. EUR	32.482,00

	31.12.2023 EUR	31.12.2022 EUR
Vortrag	32.482,00	33.370,00
Entnahme	-32.482,00	-33.370,00
Einstellung	32.698,00	32.482,00
	32.698,00	32.482,00

Blatt 4

III. UMSCHICHTUNGSERGEBNISSE			EUR	-68.067,68
			Vj. EUR	-78.245,35
a) aus realisierten Kursgewinnen/-verlusten			EUR	16.869,83
			Vj. EUR	16.869,83

	31.12.2023 EUR	31.12.2022 EUR
Vortrag	16.869,83	16.869,83
Zugang	0,00	0,00
	16.869,83	16.869,83

b) aus Veränderung der Kurswerte	EUR	-84.937,51
	Vj. EUR	-95.115,18

	31.12.2023 EUR	31.12.2022 EUR
Vortrag	-95.115,18	-41.811,27
Zugang	10.177,67	-53.303,91
	-84.937,51	-95.115,18

Summe Stiftungskapital und Vermögensumschichtung	EUR	2.131.932,32
	Vj. EUR	2.121.754,65
IV. ERGEBNISVORTRAG	EUR	24.600,00
	Vj. EUR	24.600,00

	31.12.2023 EUR	31.12.2022 EUR
Vortrag	24.600,00	24.600,00
Zugang	0,00	0,00
	24.600,00	24.600,00

SUMME EIGENKAPITAL	EUR	2.301.508,12
	Vj. EUR	2.274.767,06
B. RÜCKSTELLUNGEN	EUR	9.639,00
	Vj. EUR	9.639,00
C. VERBINDLICHKEITEN	EUR	2.132,50
	Vj. EUR	2.132,50
BILANZSUMME	EUR	2.313.279,62
	Vj. EUR	2.286.538,56

Blatt 1

Erläuterungen zum Jahresbericht zum 31. Dezember 2023 der

Neuhausen Stiftung, Rittweck

Erläuterungen zur Überschuss- und Mitelverwendungsrechung für die Zeit vom 1. Januar bis 31. Dezember 2023

A. JAHRESÜBERSCHUSS NACH HGB

I. ERTRÄGE

	2023 EUR	2022 EUR
Zinserträge (nach Stückzinsen Vorjahr)	27.565,00	27.565,00
Erträge aus Dividenden	24.672,00	23.100,00
Stückzinsansprüche am Jahresende	25.400,00	25.400,00
Kontozinsen	1.340,00	1.330,00
	78.977,00	77.395,00
Realisierte Kursgewinne/-verluste	n/a	n/a
Sonstige Haus- und Grundstückserträge	845,69	845,69
	79.822,69	78.240,69

II. AUFWAND

	2023 EUR	2022 EUR
planmäßige Abschreibung Sachanlagevermögen	-3.400,00	-3.400,00
planmäßige Abschreibung auf Finanzanlagen	-2.394,69	-2.394,69
	-5.794,69	-5.794,69
Sonstige betriebliche Aufwendungen		
Kosten der Wertpapierverwaltung	-4.265,00	-4.265,00
Nebenkosten Geldverkehr	-140,36	-140,36
Haftpflichtversicherung	-1.518,14	-1.518,14
Quellensteuer	0,00	0,00
Rechts- und Beratungskosten	-9.639,00	-9.639,00
Aufwandsentschädigung Vorstand	-3.000,00	-3.000,00
Fernsprechgebühren	-180,00	-180,00
a) aus Verwaltungstätigkeit	-18.742,50	-18.742,50
Wohngeld Hausverwaltung	-2.929,35	-2.929,35
Grundstücksreparaturen	-1.259,02	0,00
Grundsteuer	-162,75	-162,75
b) aus der Wohnungsüberlassung	-4.351,12	-3.092,10
c) Grabpflege u. Ä.	-1.889,00	-1.889,00
	-24.982,62	-23.723,60

	2023 EUR	2022 EUR
III. ERGEBNIS DER VERWALTUNGS- UND SATZUNGSMÄSSIGEN TÄTIGKEIT (Übertrag)	49.045,39	48.722,41

Blatt 2

III. ERGEBNIS DER VERWALTUNGS- UND SATZUNGSMÄSSIGEN TÄTIGKEIT (Übertrag)	49.045,39	48.722,41
Wertaufholung gem. § 253 Abs. 5 HGB	18.009,60	0,00
außerplanm. Abschreibungen auf Finanzanlagen	-7.831,93	-53.303,91
Ergebnis aus Vermögensumschichtung	10.177,67	-53.303,91
IV. JAHRESÜBERSCHUSS bzw. JAHRES-FEHLBETRAG NACH HGB	59.223,06	-4.581,51

B. ERMITTLUNG DES ÜBERSCHUSSES FÜR STIFTUNGSZWECKE

	2023 EUR	2022 EUR
I. JAHRESÜBERSCHUSS bzw. JAHRES-FEHLBETRAG NACH HGB	59.223,06	-4.581,51
Entnahmen aus sonstiger Ergebnisrücklage Vorjahr	32.482,00	33.370,00
Aufwendungen für satzungsmäßige Zwecke entsprechend Vorjahresbeschluss		
a) 25 % Trachtenverein Neuhausen, Jugend	-8.120,50	-8.342,50
b) 25 % Bergwacht Neuhausen	-8.120,50	-8.342,50
c) 25 % Bay. Rotes Kreuz Neuhausen	-8.120,50	-8.342,50
d) 25 % kath. Kindergarten Neuhausen	-8.120,50	-8.342,50
	-32.482,00	-33.370,00
Im Jahresüberschuss berücksichtigte Aufwendungen für satzungsgemäße Zwecke		
a) Wohnungsüberlassung lfd. Gj.	3.505,43	2.246,41
b) Grabpflege lfd. Gj.	1.889,00	1.889,00
	5.394,43	4.135,41
Zuführung (-)/Entnahmen (+) bei Ergebnissen der Vermögensumschichtung		
a) aufgrund realisierter Kursgewinne/-verluste	0,00	0,00
b) aufgrund Veränderung von Kurswerten	-10.177,67	53.303,91
II. ÜBERSCHUSS FÜR STIFTUNGSZWECKE	54.439,81	52.857,81

Blatt 3

C. MITTELVERWENDUNG

	2023 EUR	2022 EUR
ÜBERSCHUSS FÜR STIFTUNGSZWECKE	54.439,81	52.857,81
Aufwand für direkte satzungsgemäße Zwecke	-5.394,43	-4.135,41
Bemessungsgrundlage für Rücklage gem. § 62 Abs. 1 Nr. 3 AO	49.045,39	48.722,41
Zuführung Rücklage gem. § 62 Abs. 1 Nr. 3 AO	-16.347,39	-16.240,41
Zuführung zu den sonstigen Ergebnisrücklagen gem. § 62 Abs. 1 Nr. 1 AO (Projektrücklage)		
a) 25 % Trachtenverein Neuhausen, Jugend	-8.174,50	-8.120,50
b) 25 % Bergwacht Neuhausen	-8.174,50	-8.120,50
c) 25 % Bay. Rotes Kreuz Neuhausen	-8.174,50	-8.120,50
d) 25 % kath. Kindergarten Neuhausen	-8.174,50	-8.120,50
	-32.698,00	-32.482,00
Einstellung in den Ergebnisvortrag vor Verwendung	0,00	0,00
D. BILANZGEWINN	0,00	0,00

2. Stiftungsgeschäft

Ich, Peter Mustermann, wohnhaft …, errichte hiermit die „Peter Mustermann Stiftung" mit dem Sitz in … als rechtsfähige Stiftung des bürgerlichen Rechts. Der Ort der Geschäftsleitung ist in …

Zweck der Stiftung ist die Förderung von im Raum Freiburg lebenden Kindern und Senioren.

Zur Erfüllung dieses Zweckes widme ich der Stiftung folgendes Vermögen:

1. Das unbelastete, mit einer Gewerbehalle bebaute Grundstück, Grundbuch von …, Grundbuchamt …, Amtsgerichts-Bezirk …, Band …, BV-Nr. 1, Flst.-Nr. …, Gebäude- und Freifläche, …, zu insgesamt …qm, mit einem Verkehrswert von …€.
2. Das unbelastete, mit einem Mehrfamilienhaus bebaute Grundstück, Grundbuch von …, Grundbuchamt …, Amtsgerichts-Bezirk …, Band …, BV-Nr. 1, Flst.-Nr. …, Gebäude- und Freifläche, …, zu insgesamt …qm, mit einem Verkehrswert von …€.
3. 1.000.000 € in bar

Die Stiftung soll durch zwei Organe verwaltet werden, nämlich den Vorstand und – im Falle meines Ablebens – einem aus drei Mitgliedern bestehenden Stiftungsrat. Der Vorstand vertritt die Stiftung gerichtlich und außergerichtlich.

Als alleinigen Vorstand benenne ich mich.

Im Falle meines Ablebens berufe ich als Stiftungsrat:

a) Herrn/Frau …

b) Herrn/Frau …

c) Herrn/Frau …

Weitere Einzelheiten regelt die von mir aufgestellte und beigefügte Stiftungssatzung.

Ich gebe der Stiftung die nachfolgende Satzung, die Bestandteil dieses Stiftungsgeschäfts ist, und beantrage die Anerkennung der Stiftung als rechtsfähig.

Freiburg, den …2023

………………………………
Peter Mustermann

3. Stiftungssatzung mit starkem Stiftungsrat

§ 1

Name, Rechtsform, Sitz der Stiftung

(1) Die Stiftung führt den Namen „Peter Mustermann Stiftung".

(2) Sie ist eine rechtsfähige Stiftung des bürgerlichen Rechts mit dem Sitz in Freiburg.

§ 2

Stiftungszweck

(1) Zweck der Stiftung ist die Förderung der Jugend- und Altenhilfe (§ 52 Abs. 2 Nr. 4 AO), die Förderung von Kunst und Kultur (§ 52 Abs. 2 Nr. 5 AO), die Förderung des Sports (§ 54 Abs. 2 Nr. 21 AO) sowie die Förderung der Heimatpflege und Heimatkunde (§ 54 Abs. 2 Nr. 22 AO) in der Stadt Freiburg und in Gemeinden/Städten, die in einem Umkreis von 25 km hiervon liegen. Weiterer Zweck der Stiftung ist die Förderung der Mildtätigkeit, insbesondere die Unterstützung unverschuldet in Not geratener Einwohner der Stadt Freiburg und von Einwohnern, die in einem Umkreis von 25 km hiervon leben (§ 53 Satz 1 Nr. 2 AO).

(2) Der Satzungszweck wird insbesondere verwirklicht durch die Beschaffung und Weitergabe von Mitteln i. S. des § 58 Nr. 1 AO.

(3) Die Stiftung kann ihren Zweck auch dadurch erfüllen, dass sie andere Organisationen und Einrichtungen, die in gemeinnütziger Weise dem Stiftungszweck entsprechende Ziele verfolgen, unterstützt.

§ 3

Gemeinnützigkeit

(1) Die Stiftung verfolgt ausschließlich und unmittelbar gemeinnützige und mildtätige Zwecke im Sinne des Abschnitts „Steuerbegünstigte Zwecke" der Abgabenordnung.

(2) Die Stiftung ist selbstlos tätig; sie verfolgt nicht in erster Linie eigenwirtschaftliche Zwecke. Die Mittel werden nur für ihre satzungsmäßigen Zwecke verwendet. Es darf keine Person durch Ausgaben, die dem Stiftungszweck fremd sind, oder durch unverhältnismäßig hohe Vergütungen oder sonstige Vermögenszuwendungen begünstigt werden.

(3) Den durch die Stiftung Begünstigten steht aufgrund dieser Satzung kein Rechtsanspruch auf Leistungen der Stiftung zu.

§ 4

Stiftungsvermögen

(1) Das Stiftungsvermögen zum Zeitpunkt der Stiftungserrichtung besteht aus einem Immobilienvermögen, nämlich den Grundstücken

a) Grundbuch von ..., Flur ...,

b) Grundbuch von ..., Flur ...

Die Stiftung ist berechtigt, Zustiftungen anzunehmen. Zuwendungen der Stifter bzw. Dritter wachsen dem Stiftungsvermögen zu, wenn sie ausdrücklich dazu bestimmt sind (Zustiftungen).

(2) Die Stiftung soll von Todes wegen weiteres Vermögen erhalten, indem Herr Peter Mustermann die Stiftung als Erbin/Vermächtnisnehmerin einsetzt.

(3) Das Stiftungsvermögen ist grds. ungeschmälert in seinem Wert zu erhalten. Die Anlage des Stiftungsvermögens in Aktien oder Aktienfonds ist bis zu einer Quote von maximal 30 % zulässig. Werterhaltende oder wertsteigernde Vermögensumschichtungen bezüglich der in Ziff. 1 Buchst. a) und b) genannten Grundstücke sind auf der Grundlage eines entsprechenden Beschlusses des Vorstandes mit Zustimmung des Stiftungsrats zulässig.

§ 5

Verwendung der Vermögenserträge, Geschäftsjahr

(1) Die Stiftung erfüllt ihre Zwecke aus den Erträgen des Stiftungsvermögens und aus dazu bestimmten Zuwendungen des Stifters bzw. Dritter (Spenden).

(2) Die Verwaltungskosten der Stiftung sind aus den Einnahmen zu begleichen.

(3) Das Geschäftsjahr ist das Kalenderjahr.

§ 6

Vorstand

(1) Der Vorstand besteht aus einer natürlichen Person. Der erste Vorstand ist der Stifter.

(2) Der Vorstand wird vom Stiftungsrat auf fünf Jahre bestellt bzw. gewählt, längstens bis zur Erreichung des 70. Lebensjahres. Wiederwahl ist zulässig.

(3) Mit Erreichung des 70. Lebensjahres oder – falls der Vorsorgefall (vgl. § 1896 BGB) eintritt bzw. Betreuung angeordnet wird – scheidet der Vor-

stand automatisch aus. Die in Satz 1 geregelte absolute Altersgrenze gilt nicht für den Stifter.

(4) Der Vorstand kann vom Stiftungsrat aus wichtigem Grund abberufen werden. Der Nachfolger eines ausscheidenden Vorstands wird für eine ganze Amtszeit (fünf Jahre) gewählt und eingesetzt.

§ 7

Rechte und Pflichten des Vorstandes

(1) Der Vorstand vertritt die Stiftung gerichtlich und außergerichtlich. Er hat die Stellung eines gesetzlichen Vertreters.

(2) Der Vorstand ist zur gewissenhaften und sparsamen Verwaltung des Stiftungsvermögens und der sonstigen Mittel verpflichtet. Zu seinen Aufgaben gehören alle laufenden Angelegenheiten der Stiftung, insbesondere

a) die Verwaltung des Stiftungsvermögens auf Basis der vom Stiftungsrat vorgegebenen Richtlinien;

b) die laufende Buchhaltung, wobei der Vorstand professionelle Hilfe in Anspruch nehmen soll;

c) die Verwaltungsaufgaben und den Zahlungsverkehr der Stiftung (Einnahmen/Ausgaben);

d) die Verwendung der Stiftungserträge zur Verwirklichung des Stiftungszwecks auf Weisung bzw. nach Maßgabe der vom Stiftungsrat aufgestellten Vergaberichtlinien;

e) die Vorbereitung und Durchführung von Stiftungsveranstaltungen und sonstiger satzungsgemäßer Aktivitäten (Förderveranstaltungen, Akquisitionen etc.);

f) die Wahrnehmung der Berichtspflichten gegenüber der Aufsichtsbehörde, insbesondere die Erstellung der Jahresrechnung mit Vermögensübersicht sowie des Berichts über die Erfüllung des Stiftungszwecks;

g) die Abwicklung sämtlicher stiftungs- und steuerrechtlicher Angelegenheiten mit den zuständigen Behörden;

h) die laufende Information des Stiftungsrates;

i) die Anstellung eines Geschäftsführers oder mehrerer Geschäftsführer zu seiner Unterstützung, wenn dies der Stiftungsrat zuvor genehmigt hat.

j) Der Vorstand muss den Rechenschaftsbericht (Jahresrechnung, Vermögensübersicht und Bericht über die Erfüllung des Stiftungszwecks) durch externe sachverständige Stellen (z. B. Wirtschaftsprüfer, Steuerberater oder dgl.) erstellen lassen.

(3) Der Vorstand fasst seine Beschlüsse in Vorstandssitzungen. Über alle Vorstandssitzungen sind schriftliche Protokolle zu erstellen und vom Vorstand abzuzeichnen.

(4) Der Vorstand ist ehrenamtlich für die Stiftung tätig. Ihm dürfen keine Vermögensvorteile aus Mitteln der Stiftung zugewendet werden. Er hat Anspruch auf Ersatz der ihm entstandenen, nachgewiesenen und angemessenen Auslagen und Aufwendungen. Durch Beschluss kann ihm auch eine angemessene pauschale Aufwandsentschädigung gewährt werden. Dabei ist das Gebot der Sparsamkeit zu beachten. Den Vorstandsmitgliedern kann für ihre Tätigkeit auch eine angemessene Vergütung gewährt werden, wobei auch hier das Gebot der Sparsamkeit zu beachten ist.

§ 8

Stiftungsrat

(1) Bei Eintritt des Vorsorgefalls (vgl. § 1896 BGB) des Stifters oder im Falle seines Ablebens wird ein aus drei Mitgliedern bestehender Stiftungsrat bestellt. Seine Mitglieder werden auf die Dauer von fünf Jahren gewählt. Wiederwahl ist zulässig. Der erste Stiftungsrat wird vom Stifter bestellt; danach werden seine Mitglieder vom Stiftungsrat gewählt. Mindestens zwei Personen des Stiftungsrates müssen sachkundig bzgl. des Stiftungsvermögens sein.

(2) Mit Erreichung des 75. Lebensjahres – oder falls der Versorgungsfall eintritt bzw. Betreuung angeordnet wird – scheidet ein Mitglied des Stiftungsrats automatisch aus.

(3) Scheidet ein Mitglied vor der Bestellung eines Nachfolgers aus, wird der Nachfolger/die Nachfolgerin von den verbleibenden Mitgliedern des Stiftungsrats gewählt, auch wenn die Mindestmitgliederzahl nach Abs. 1 Satz 1 unterschritten ist.

(4) Der Stifter gehört – sofern er nicht zugleich Vorstand ist – dem Stiftungsrat unbefristet an. Dies gilt nicht, falls der Versorgungsfall (vgl. § 1896 BGB) eintritt bzw. für ihn Betreuung angeordnet wird.

(5) Ein Mitglied des Stiftungsrats kann nicht zugleich Vorstand der Stiftung sein.

(6) Der Stiftungsrat wählt aus seiner Mitte einen Vorsitzenden und einen Stellvertreter. Solange der Stifter Mitglied im Stiftungsrat ist, übt er die Funktion des Stiftungsratsvorsitzenden aus.

(7) Mitglieder des Stiftungsrats können aus wichtigem Grund durch einstimmigen Beschluss aus dem Stiftungsrat abberufen werden. Das betroffene Mitglied ist von der Stimmabgabe ausgeschlossen, muss jedoch vorher angehört werden. Wird ein Stiftungsrat unter Betreuung gestellt oder tritt der Versorgungsfall ein, so ist er abzuberufen.

§ 9

Aufgaben, Beschlussfassung

(1) Der Stiftungsrat überwacht als unabhängiges Kontrollorgan die Einhaltung des Stifterwillens und die Geschäftsführung durch den Vorstand. Er entscheidet in allen grundsätzlichen Angelegenheiten. Ferner berät und unterstützt er den Vorstand.

(2) Der Stiftungsrat hat insbesondere folgende Aufgaben:

a) Aufstellung von Richtlinien zur Vergabe von Stiftungsmitteln und Überwachung deren Einhaltung mittels eines Einspruchsrechts bei richtlinienwidrigen Vergaben;

b) Erstellung von Richtlinien über die Verwaltung des Stiftungsvermögens (Anlagepolitik) für den Vorstand;

c) Entscheidung über Verfügungen (werterhaltende oder wertsteigernde Vermögensumschichtungen) über das Stiftungsvermögen nach § 4 Abs. 3 dieser Satzung;

d) Beschlüsse nach § 7 Abs. 4 dieser Satzung (pauschale Aufwandsentschädigung, Geschäftsführung);

e) Wahl und Abberufung des Vorstands nach § 6 dieser Satzung;

f) Bestätigung der Jahresrechnung und des Berichts über die Erfüllung des Stiftungszwecks;

g) Wahl und Abwahl der Stiftungsratsmitglieder nach § 8 dieser Satzung;

h) Anpassung der Stiftung an sich verändernde Verhältnisse nach den Maßgaben der §§ 12 und 13 dieser Satzung (Satzungsänderungen, Zweckänderungen, Aufhebung und Zusammenlegung, Vermögensanfall nach Erlöschen der Stiftung).

(3) Der Stiftungsrat ist nach Bedarf, jedoch mindestens halbjährlich, vom Vorsitzenden/von der Vorsitzenden schriftlich und unter Angabe der Tagesordnung einzuberufen. Der Stiftungsrat ist auch einzuberufen, wenn dies von mindestens einem Viertel seiner Mitglieder beantragt wird.

(4) Der Stiftungsrat ist beschlussfähig, wenn mindestens die Hälfte seiner Mitglieder anwesend ist.

(5) Der Stiftungsrat fasst seine Beschlüsse mit einfacher Mehrheit der anwesenden Mitglieder. Für Beschlüsse nach § 4 dieser Satzung (Vermögensumschichtungen) ist eine Mehrheit von mindestens zwei Drittel aller Mitglieder des Stiftungsrats erforderlich. Für die Beschlüsse nach § 12 (Satzungsänderungen u. a.) und § 13 (Vermögensanfall) sind die dort festgelegten Mehrheiten erforderlich. Bei Stimmengleichheit gibt die Stimme des/der Vorsitzenden den Ausschlag.

(6) Über alle Sitzungen sind schriftliche Protokolle zu erstellen und vom Vorsitzenden abzuzeichnen.

§ 12

Satzungsänderungen, Änderungen des Stiftungszwecks, Zusammenlegung, Aufhebung

(1) Satzungsänderungen sind bei Wahrung des Stiftungszwecks und unter Beachtung des ursprünglichen Willens des Stifters zulässig, wenn sich zur Aufrechterhaltung des Stiftungsbetriebs die Notwendigkeit dazu ergibt. Hierzu ist ein Beschluss des Stiftungsrats erforderlich, der mindestens mit einer Zweidrittelmehrheit aller Stiftungsratsmitglieder zustande kommt.

(2) Beschlüsse über die Änderung des Stiftungszwecks sowie über die Zusammenlegung oder Aufhebung der Stiftung sind nur zulässig, wenn die dauerhafte und nachhaltige Erfüllung des Stiftungszwecks unmöglich geworden ist oder wegen wesentlicher Veränderung der Verhältnisse nicht mehr sinnvoll erscheint. Der ursprüngliche Wille des Stifters ist nach Möglichkeit zu berücksichtigen. Vor Beschlussfassung ist der Vorstand anzuhören. Die Beschlüsse bedürfen einer Zweidrittelmehrheit aller Mitglieder des Stiftungsrats.

(3) Beschlüsse zu Satzungs- und Zweckänderungen sowie zur Aufhebung oder Zusammenlegung der Stiftung bedürfen der Genehmigung durch die Stiftungsbehörde. Der Finanzverwaltung sind die Beschlüsse anzuzeigen, bei Zweckänderungen ist eine Auskunft der Finanzverwaltung zur Steuerbegünstigung einzuholen.

§ 13

Vermögensanfall

Bei Auflösung oder Aufhebung der Stiftung oder Wegfall steuerbegünstigter Zwecke fällt das Vermögen zu gleichen Teilen an die Stadt Freiburg, die Gemeinde Kirchzarten und die Gemeinde St. Peter zwecks Verwendung für die Unterstützung von Personen, die i. S. des § 53 AO bedürftig sind, für die Verwendung zur Förderung der Jugend- und Altenhilfe (§ 52 Abs. 2 Nr. 4 AO), für die Verwendung zur Förderung von Kunst und Kultur (§ 52 Abs. 2 Nr. 5 AO), für die Verwendung der Heimatpflege und Heimatkunde (§ 54 Abs. 2 Nr. 22 AO) oder für die Verwendung zur Förderung des Sports (§ 54 Abs. 2 Nr. 21 AO).

§ 14

Stiftungsbehörde

Stiftungsbehörde ist das Regierungspräsidium Freiburg i. Br.

Freiburg, den ... 2023

....
Peter Mustermann

4. Landesstiftungsgesetze

4.1 Stiftungsgesetz für Baden-Württemberg (StiftG) vom 4.10.1977 (GBl. 1977 S. 408)

Zum 1.3.2023 aktuellste verfügbare Fassung der Gesamtausgabe

Stand: Letzte berücksichtigte Änderung: § 19 geändert durch Artikel 6 der Verordnung vom 23.2.2017 (GBl. 2017 S. 99, 100)

INHALTSVERZEICHNIS

Erster Teil: Allgemeine Bestimmungen

	§§
Geltungsbereich	1
Auslegungsgrundsatz	2
Stiftungsbehörde	3
Stiftungsverzeichnis	4

Zweiter Teil: Stiftungen des bürgerlichen Rechts

Anerkennung	5
Satzungsänderungen	6
Stiftungsverwaltung, Stiftungsvermögen	7
Rechtsaufsicht	8
Unterrichtung und Prüfung	9
Beanstandung	10
Anordnung und Ersatzvornahme	11
Abberufung und Bestellung von Organmitgliedern	12
Anzeigepflicht	13
Zweckänderung, Zusammenlegung, Aufhebung	14
(aufgehoben)	15
Bekanntmachungen	16

Dritter Teil: Stiftungen des öffentlichen Rechts

Errichtung	17
Entstehung	18
Geltende Rechtsvorschriften	19
Rechtsaufsicht	20
Zweckänderung, Zusammenlegung, Aufhebung	21

Vierter Teil: Besondere Arten von Stiftungen

1. Abschnitt: Kirchliche Stiftungen	
Begriffsbestimmung	22
Geltende Rechtsvorschriften	23
Entstehung	24
Stiftungsverwaltung, Stiftungsaufsicht	25
Zweckänderung, Zusammenlegung, Aufhebung, Vermögensanfall	26
Stiftungsverzeichnis	27
Stiftungsbehörde	28
Rechtsstellung bestehender Stiftungen	29
Stiftungen der Weltanschauungsgemeinschaften	30
2. Abschnitt: Kommunale Stiftungen	31
3. Abschnitt: Fideikommißauflösungsstiftungen	32

Fünfter Teil: Sonderregelung für den ehemals badischen Landesteil

Geltungsbereich	33
Weltliche Ortsstiftungen	34
Weltliche Distrikts- und Landesstiftungen	35
Sonstige Stiftungen	36

Verwaltung	37
Freistellung von Kosten und Abgaben	38

Sechster Teil: Schlußbestimmungen

Bestehende Stiftungen	39
Anzeige bestehender Stiftungen zum Stiftungsverzeichnis	40
Ordnungswidrigkeiten	41
Änderung des württembergischen Gesetzes über die Kirchen	42
Änderung der Gemeindeordnung	43
Änderung des Baden-Württembergischen Ausführungsgesetzes zum Bürgerlichen Gesetzbuch	44
Aufhebung von Vorschriften	45
Inkrafttreten	46

Der Landtag hat am 16. September 1977 das folgende Gesetz beschlossen:

ERSTER TEIL
Allgemeine Bestimmungen

§ 1 – Geltungsbereich

Dieses Gesetz gilt für die rechtsfähigen Stiftungen des bürgerlichen und öffentlichen Rechts mit dem Sitz in Baden-Württemberg.

§ 2 – Auslegungsgrundsatz

Bei der Anwendung dieses Gesetzes ist der wirkliche oder mutmaßliche Wille des Stifters zu beachten.

§ 3 – Stiftungsbehörde

(1) Stiftungsbehörde ist das Regierungspräsidium.

(2) Stiftungsbehörde für die in § 35 Abs. 2 unter Nummern 1 bis 5 genannten Stiftungen ist das Wissenschaftsministerium.

(3) Ist das Land Stifter oder Mitstifter oder wird die Stiftung durch das Regierungspräsidium verwaltet, nimmt das Ministerium die Aufgaben der Stiftungsbehörde wahr, in dessen Geschäftsbereich der Zweck der Stiftung über-

wiegend fällt; das Ministerium kann die Aufgaben der Stiftungsbehörde auf das Regierungspräsidium übertragen. Wird die Stiftung durch ein Ministerium verwaltet, nimmt dieses Ministerium die Aufgaben der Stiftungsbehörde wahr.

§ 4 – Stiftungsverzeichnis

(1) Bei jedem Regierungspräsidium wird ein Verzeichnis der Stiftungen geführt, die ihren Sitz im Regierungsbezirk haben.

(2) In das Stiftungsverzeichnis sind einzutragen

1. Name und Anschrift,
2. Sitz,
3. Zweck,
4. Vertretungsberechtigung und Zusammensetzung der vertretungsberechtigten Organe der Stiftung und
5. Tag der Erlangung der Rechtsfähigkeit und anerkennende oder verleihende Behörde.

(3) Die Stiftungsbehörden sind verpflichtet, dem für die Führung des Stiftungsverzeichnisses zuständigen Regierungspräsidium die nach Absatz 2 erforderlichen Mitteilungen zu machen.

(4) Die Einsicht in das Stiftungsverzeichnis ist jedem gestattet. Die Eintragung im Stiftungsverzeichnis begründet nicht die Vermutung ihrer Richtigkeit.

ZWEITER TEIL:
Stiftungen des bürgerlichen Rechts

§ 5 – Anerkennung

Die Anerkennung einer Stiftung erfolgt durch die Stiftungsbehörde.

§ 6 – Satzungsänderungen

Satzungsänderungen durch Stiftungsorgane bedürfen der Genehmigung der Stiftungsbehörde. Die Stiftungsbehörde kann die Satzung einschließlich der Bestimmungen über den Zweck der Stiftung ändern, soweit dies wegen wesentlicher Änderung der Verhältnisse geboten ist und wenn die zur Satzungsänderung befugten Stiftungsorgane die erforderliche Änderung nicht vornehmen oder die Stiftungsorgane nach der Stiftungssatzung zu Satzungsänderungen nicht befugt sind; die Änderung bedarf zu Lebzeiten des Stifters seiner Zustimmung.

§ 7 – Stiftungsverwaltung, Stiftungsvermögen

(1) Die Stiftung ist nach den Gesetzen, dem Stiftungsgeschäft und der Stiftungssatzung sparsam und wirtschaftlich zu verwalten. Die Verwaltung dient der dauernden und nachhaltigen Erfüllung des Stiftungszwecks.

(2) Das Stiftungsvermögen ist in seinem Bestand zu erhalten, es sei denn, daß die Satzung eine Ausnahme zuläßt oder der Stifterwille nicht anders zu verwirklichen ist; der Bestand der Stiftung muß auch in diesen Fällen für angemessene Zeit gewährleistet sein. Das Stiftungsvermögen ist von anderem Vermögen getrennt zu halten.

(3) Die Stiftungen haben nach den Grundsätzen ordnungsgemäßer Buchführung Rechnung zu führen.

§ 8 – Rechtsaufsicht

(1) Die Stiftungen stehen unter der Rechtsaufsicht des Landes. Sie beschränkt sich darauf, zu überwachen, daß die Verwaltung der Stiftungen die Gesetze, das Stiftungsgeschäft und die Stiftungssatzung beachtet.

(2) Maßnahmen der Rechtsaufsicht sind die in den §§ 9 bis 13 genannten Maßnahmen. Maßnahmen nach den §§ 10 bis 12 und Anzeigepflichten nach § 13 Abs. 1 Nrn. 1 bis 3 entfallen, wenn und solange eine ordnungsgemäße Überwachung der Verwaltung durch ein in der Stiftungssatzung vorgesehenes unabhängiges Kontrollorgan gewährleistet erscheint.

(3) Rechtsaufsichtsbehörde ist die Stiftungsbehörde. Oberste Rechtsaufsichtsbehörde ist in den Fällen des § 3 Abs. 1 das Ministerium, in dessen Geschäftsbereich der Zweck der Stiftung überwiegend fällt.

§ 9 – Unterrichtung und Prüfung

(1) Die Stiftungsbehörde kann sich über einzelne Angelegenheiten der Stiftung unterrichten. Die Stiftungsorgane sind zur Auskunft und Vorlage von Unterlagen verpflichtet.

(2) Die Stiftung ist verpflichtet, der Stiftungsbehörde

1. die Zusammensetzung und jede Änderung der Zusammensetzung der vertretungsberechtigten Organe unverzüglich anzuzeigen,
2. jede Änderung der Anschrift der Stiftung mitzuteilen, und
3. innerhalb von sechs Monaten nach Ende eines jeden Geschäftsjahres eine Jahresrechnung mit einer Vermögensübersicht und einem Bericht über die

Erfüllung des Stiftungszwecks vorzulegen. Die Stiftungsbehörde kann zulassen, daß Jahresrechnung und Bericht in größeren als jährlichen Zeitabständen vorgelegt werden.

(3) Die Stiftungsbehörde kann die Verwaltung der Stiftung auf Kosten der Stiftung prüfen oder prüfen lassen.

§ 10 – Beanstandung

Die Stiftungsbehörde kann Maßnahmen der Stiftungsorgane, die den Gesetzen, dem Stiftungsgeschäft oder der Stiftungssatzung widersprechen, beanstanden und verlangen, daß sie innerhalb einer bestimmten Frist aufgehoben oder rückgängig gemacht werden. Beanstandete Maßnahmen dürfen nicht vollzogen werden.

§ 11 – Anordnung und Ersatzvornahme

(1) Trifft ein Stiftungsorgan eine durch Gesetz oder Stiftungssatzung gebotene Maßnahme nicht, kann die Stiftungsbehörde anordnen, daß die Maßnahme innerhalb einer bestimmten Frist durchgeführt wird.

(2) Kommt das Stiftungsorgan einer Anordnung nach § 10 oder nach Absatz 1 innerhalb der Frist nicht nach, kann die Stiftungsbehörde die Maßnahme auf Kosten der Stiftung durchführen oder durchführen lassen.

(3) Ansprüche der Stiftung gegen Mitglieder von vertretungsberechtigten Organen werden von der Stiftungsbehörde im Namen und auf Kosten der Stiftung geltend gemacht.

§ 12 – Abberufung und Bestellung von Organmitgliedern

(1) Die Stiftungsbehörde kann ein Mitglied eines Stiftungsorgans aus wichtigem Grund, insbesondere wegen grober Pflichtverletzung oder Unfähigkeit zu ordnungsgemäßer Geschäftsführung, abberufen. Sie kann ein neues Mitglied bestellen, sofern die Stiftung innerhalb einer ihr von der Stiftungsbehörde gesetzten angemessenen Frist kein neues Mitglied bestellt hat.

(2) Die Stiftungsbehörde kann einem Mitglied eines Stiftungsorgans unter den Voraussetzungen des Absatzes 1 Satz 1 die Ausübung seiner Tätigkeit einstweilen untersagen.

§ 13 – Anzeigepflicht

(1) Der Stiftungsbehörde sind im voraus anzuzeigen

1. die Aufnahme von Darlehen, die Übernahme von Bürgschaften, die Veräußerung und Belastung von Grundstücken und die Begründung sonstiger Verpflichtungen, wenn die Erfüllung der Verpflichtungen das Stiftungsvermögen besonders belasten kann,
2. unentgeltliche Zuwendungen der Stiftung, die nicht der Erfüllung des Stiftungszwecks dienen,
3. die Annahme unentgeltlicher Zuwendungen, wenn sie mit das Stiftungsvermögen besonders belastenden Bedingungen oder Auflagen verbunden sind und
4. Rechtsgeschäfte der Stiftung mit Mitgliedern von Stiftungsorganen.

Eine Maßnahme, die nach Satz 1 anzuzeigen ist, darf erst durchgeführt werden, wenn die Stiftungsbehörde ihre Rechtmäßigkeit bestätigt oder die Maßnahme nicht innerhalb von zwei Wochen beanstandet hat. Die Stiftungsbehörde kann einer Stiftung für bestimmte Arten von anzeigepflichtigen Maßnahmen allgemein Befreiung von der Anzeigepflicht erteilen.

(2) Absatz 1 gilt nicht für Stiftungen, die ausschließlich dem Wohl einer oder mehrerer bestimmter Familien dienen.

§ 14 – Zweckänderung, Zusammenlegung, Aufhebung

(1) Zuständig für Maßnahmen nach § 87 des Bürgerlichen Gesetzbuches ist die Stiftungsbehörde.

(2) Die Stiftungsorgane können den Stiftungszweck ändern, die Stiftung mit einer anderen zusammenlegen oder sie aufheben, soweit dies in der Satzung vorgesehen ist. Die Maßnahmen bedürfen der Genehmigung der Stiftungsbehörde. Mit der Genehmigung der Zusammenlegung wird die neue Stiftung rechtsfähig. Das Vermögen von zusammengelegten Stiftungen geht auf die neue oder die aufnehmende Stiftung über.

(3) Unter den Voraussetzungen des § 87 des Bürgerlichen Gesetzbuches kann die Stiftungsbehörde mehrere Stiftungen zusammenlegen. Die Stiftungsbehörde gibt der neuen Stiftung eine Satzung oder ändert die Satzung der aufnehmenden Stiftung. Absatz 2 Satz 4 gilt entsprechend.

§ 15 (aufgehoben)

§ 16 – Bekanntmachungen

Die Anerkennung und das Erlöschen der Stiftung sowie das Zusammenlegen von Stiftungen sind von der Stiftungsbehörde im Staatsanzeiger bekanntzumachen.

DRITTER TEIL:
Stiftungen des öffentlichen Rechts

§ 17 – Errichtung

(1) Eine Stiftung des öffentlichen Rechts wird, soweit gesetzlich nichts anderes bestimmt ist, durch Stiftungsakt errichtet.

(2) Eine Stiftung des öffentlichen Rechts kann nur für Zwecke errichtet werden, die der Erfüllung öffentlicher Aufgaben von besonderem Interesse dienen.

(3) Die dauernde und nachhaltige Erfüllung des Stiftungszwecks muß gesichert erscheinen.

§ 18 – Entstehung

(1) Eine Stiftung des öffentlichen Rechts entsteht durch den Stiftungsakt und die Verleihung der öffentlich-rechtlichen Rechtsfähigkeit. Stiftungen des Landes entstehen durch den Stiftungsakt der Landesregierung.

(2) Die öffentlich-rechtliche Rechtsfähigkeit wird durch die Stiftungsbehörde verliehen. Ist das Land Mitstifter, wird die Rechtsfähigkeit durch die Landesregierung verliehen. Einer Stiftung wird die Rechtsfähigkeit auch dann durch die Landesregierung verliehen, wenn ihre Satzung der Genehmigung nach § 2 Satz 2 des Landesbeamtengesetzes bedarf.

§ 19 – Geltende Rechtsvorschriften

Auf Stiftungen des öffentlichen Rechts sind § 46, § 81 Abs. 1 und § 88 Satz 1 und 2 des Bürgerlichen Gesetzbuches sowie die Vorschriften des Zweiten Teils über Satzungsänderungen (§ 6), die Stiftungsverwaltung und das Stiftungsvermögen (§ 7 Abs. 1 und 2) und die Bekanntmachungen (§ 16) entsprechend anzuwenden. Im übrigen gelten die nachstehenden Vorschriften und Teil VI der Landeshaushaltsordnung mit der Maßgabe, daß die Aufgaben des zuständigen Ministeriums und des Finanz- und Wirtschaftsministeriums nach § 108 und § 109 Abs. 2 und 3 der Landeshaushaltsordnung von der Stiftungsbehörde wahrgenommen werden.

§ 20 – Rechtsaufsicht

(1) Die Stiftungen stehen unter der Rechtsaufsicht des Landes. Sie beschränkt sich darauf, zu überwachen, daß die Verwaltung der Stiftungen die Gesetze, den Stiftungsakt und die Stiftungssatzung beachtet.

(2) Die §§ 120 bis 124 der Gemeindeordnung gelten entsprechend.

(3) §§ 12 und 13 sind anzuwenden.

(4) Ansprüche der Stiftung gegen Mitglieder von vertretungsberechtigten Organen werden von der Stiftungsbehörde im Namen und auf Kosten der Stiftung geltend gemacht.

(5) Rechtsaufsichtsbehörde ist die Stiftungsbehörde. Oberste Rechtsaufsichtsbehörde ist in den Fällen des § 3 Abs. 1 das Ministerium, in dessen Geschäftsbereich der Zweck der Stiftung überwiegend fällt.

§ 21 – Zweckänderung, Zusammenlegung, Aufhebung

(1) § 14 Abs. 2 ist anzuwenden.

(2) Ist die Erfüllung des Stiftungszwecks unmöglich geworden, kann die Stiftungsbehörde den Stiftungszweck ändern oder die Stiftung aufheben.

(3) Ist die Erfüllung des Zwecks einer oder mehrerer Stiftungen unmöglich geworden, können sie von der Stiftungsbehörde mit einer fortbestehenden Stiftung zusammengelegt werden. Die Stiftungsbehörde kann die Satzung der aufnehmenden Stiftung ändern. Das Vermögen der aufgenommenen Stiftungen geht auf die aufnehmende Stiftung über.

(4) Ist die Erfüllung des Zwecks mehrerer Stiftungen unmöglich geworden, kann die Stiftungsbehörde die Stiftungen zu einer neuen rechtsfähigen Stiftung zusammenlegen. Die Stiftungsbehörde gibt der neuen Stiftung eine Satzung. Das Vermögen der zusammengelegten Stiftungen geht auf die neue Stiftung über.

VIERTER TEIL: Besondere Arten von Stiftungen

1. Abschnitt: Kirchliche Stiftungen

§ 22 – Begriffsbestimmung

Kirchliche Stiftungen sind rechtsfähige Stiftungen, die

1. überwiegend kirchlichen Aufgaben, insbesondere dem Gottesdienst, der Verkündigung, der Wohlfahrtspflege, der Erziehung oder der Bildung zu dienen bestimmt sind und nach der Satzung der Aufsicht einer Kirche oder anderen Religionsgemeinschaft mit der Rechtsstellung einer Körperschaft des öffentlichen Rechts (Religionsgemeinschaft) unterstehen sollen oder
2. als kirchliche Stiftungen die Genehmigung oder die Verleihung der öffentlich-rechtlichen Rechtsfähigkeit erhalten haben, weil sich ihre Zwecke sinnvoll nur in organisatorischer Zuordnung zu einer Religionsgemeinschaft erfüllen lassen.

§ 23 – Geltende Rechtsvorschriften

Auf die kirchlichen Stiftungen finden die Vorschriften dieses Gesetzes Anwendung, soweit nachstehend nichts anderes bestimmt ist.

§ 24 – Entstehung

Der Antrag auf Anerkennung oder Verleihung der öffentlich-rechtlichen Rechtsfähigkeit kann für kirchliche Stiftungen nur von einer Religionsgemeinschaft gestellt werden. Kirchlichen Stiftungen wird die öffentlich-rechtliche Rechtsfähigkeit verliehen, wenn dies beantragt wird und wenn die Stiftungen öffentlichen Zwecken dienen.

§ 25 – Stiftungsverwaltung, Stiftungsaufsicht

(1) Für die Verwaltung und Beaufsichtigung kirchlicher Stiftungen gelten die von der Religionsgemeinschaft erlassenen Vorschriften. Sind solche nicht erlassen, sind die Vorschriften dieses Gesetzes mit der Maßgabe anzuwenden, daß die Aufgaben der Stiftungsbehörde insoweit durch die zuständige Behörde der Religionsgemeinschaft wahrgenommen werden.

(2) Für kirchliche Stiftungen, die für Zwecke des Gottesdienstes und der Verkündigung bestimmt sind, kann die Religionsgemeinschaft die nach § 81

Abs. 1 Satz 3 des Bürgerlichen Gesetzbuches und § 19 erforderlichen Satzungsbestimmungen ganz oder teilweise durch allgemeine Regelungen ersetzen.

(3) Die Stiftungsbehörde kann aus wichtigem Grund Auskünfte über die Vermögensverhältnisse sowie Nachweise über die ordnungsgemäße Verwaltung und Beaufsichtigung einer kirchlichen Stiftung verlangen, die nicht für Zwecke des Gottesdienstes und der Verkündigung bestimmt ist.

§ 26 – Zweckänderung, Zusammenlegung, Aufhebung, Vermögensanfall

(1) Die §§ 14 und 21 finden auf kirchliche Stiftungen, die für Zwecke des Gottesdienstes und der Verkündigung bestimmt sind, mit der Maßgabe Anwendung, daß die Aufgaben der Stiftungsbehörde insoweit durch die zuständige Behörde der Religionsgemeinschaft wahrgenommen werden und die getroffenen Maßnahmen der Stiftungsbehörde mitzuteilen sind. Bei anderen kirchlichen Stiftungen können die nach §§ 14 und 21 vorgesehenen Maßnahmen der Stiftungsbehörde nur im Einvernehmen mit der Religionsgemeinschaft getroffen werden.

(2) In den Vorschriften über den Vermögensanfall (§ 88 Satz 2 des Bürgerlichen Gesetzbuches und § 19) tritt an die Stelle des Fiskus des Landes die Religionsgemeinschaft oder die von ihr bestimmte juristische Person.

§ 27 – Stiftungsverzeichnis

Das Stiftungsverzeichnis wird für kirchliche Stiftungen bei der obersten Behörde der Religionsgemeinschaft geführt. § 4 Abs. 3, §§ 40 und 41 sind auf kirchliche Stiftungen nicht anzuwenden. Die Einsicht in das Stiftungsverzeichnis kirchlicher Stiftungen ist jedem gestattet, der ein berechtigtes Interesse glaubhaft macht.

§ 28 – Stiftungsbehörde

Stiftungsbehörde ist für kirchliche Stiftungen das Kultusministerium.

§ 29 – Rechtsstellung bestehender Stiftungen

(1) Stiftungen, die nach bisherigem Recht rechtsfähige kirchliche Stiftungen waren, und Anstalten, die nach bisherigem Recht als rechtsfähige kirchliche Stiftungen galten, sind kirchliche Stiftungen im Sinne dieses Gesetzes.

(2) Über die Eigenschaft einer bei Inkrafttreten dieses Gesetzes bestehenden Stiftung als kirchliche Stiftung entscheidet auf Antrag die Stiftungsbehörde im Einvernehmen mit dem Ministerium, in dessen Geschäftsbereich der Zweck

der Stiftung überwiegend fällt. Antragsberechtigt sind die staatlichen und kirchlichen Behörden, die die Verwaltung der Stiftung oder die Aufsicht über die Stiftung beanspruchen, das vertretungsberechtigte Stiftungsorgan, der Stifter und seine Erben.

§ 30 – Stiftungen der Weltanschauungsgemeinschaften

Die Vorschriften dieses Abschnitts gelten auch für Stiftungen der Weltanschauungsgemeinschaften, die die Rechtsstellung einer Körperschaft des öffentlichen Rechts besitzen.

2. Abschnitt: Kommunale Stiftungen

§ 31

(1) Auf die Verwaltung und Wirtschaftsführung der örtlichen Stiftungen im Sinne des § 101 der Gemeindeordnung finden die Vorschriften der Gemeindeordnung Anwendung. Auf die Verwaltung und Wirtschaftsführung der übrigen kommunalen Stiftungen finden die für die kommunalen Körperschaften und Anstalten des öffentlichen Rechts geltenden Vorschriften Anwendung, bei denen sie errichtet sind.

(2) Im übrigen finden die Vorschriften dieses Gesetzes mit folgender Maßgabe Anwendung:

1. An die Stelle von § 8 Abs. 2 und 3, §§ 9 bis 13 und § 20 Abs. 2 bis 5 treten die für die kommunalen Körperschaften und Anstalten des öffentlichen Rechts geltenden Bestimmungen über die Aufsicht.
2. In den Vorschriften über den Vermögensanfall (§ 88 Satz 2 des Bürgerlichen Gesetzbuches und § 19) tritt an die Stelle des Fiskus des Landes die kommunale Körperschaft oder Anstalt des öffentlichen Rechts.
3. Bekanntmachungen nach §§ 16 und 19 werden, wenn das Landratsamt nach Nummer 4 Stiftungsbehörde ist, nach den für die öffentlichen Bekanntmachungen des Landkreises geltenden Bestimmungen durchgeführt. Ist der örtliche Wirkungskreis einer Stiftung nach ihrer Satzung auf eine Gemeinde begrenzt, kann die Bekanntmachung auch in der für die öffentliche Bekanntmachung von Satzungen dieser Gemeinde bestimmten Form durchgeführt werden.
4. Stiftungsbehörde im Sinne des § 3 Abs. 1 ist die Rechtsaufsichtsbehörde der Körperschaft oder Anstalt des öffentlichen Rechts, bei der die Stiftung errichtet ist.

3. Abschnitt: Fideikommißauflösungsstiftungen

§ 32

Die Vorschriften dieses Gesetzes gelten auch für Stiftungen, die aus Anlaß der Auflösung von Familienfideikommissen errichtet worden sind oder auf die sonst die aus Anlaß der Auflösung von Familienfideikommissen erlassenen Bestimmungen ganz oder teilweise Anwendung finden.

FÜNFTER TEIL: Sonderregelung für den ehemals badischen Landesteil

§ 33 – Geltungsbereich

Die Bestimmungen dieses Teils gelten nur für Stiftungen im Sinne des badischen Stiftungsgesetzes in der Fassung vom 19. Juli 1918 (GVBl. S. 254), ausgenommen die kirchlichen Stiftungen nach §§ 3 und 5 des badischen Stiftungsgesetzes. Die Rechtsstellung der übrigen Stiftungen bleibt unberührt.

§ 34 – Weltliche Ortsstiftungen

(1) Weltliche Ortsstiftungen, die ausschließlich privaten Zwecken dienen, sind Stiftungen des bürgerlichen Rechts.

(2) Die übrigen weltlichen Ortsstiftungen, ausgenommen Stiftungen nach § 16 Abs. 1 des badischen Stiftungsgesetzes, sind rechtsfähige örtliche Stiftungen im Sinne des § 101 der Gemeindeordnung.

§ 35 – Weltliche Distrikts- und Landesstiftungen

(1) Die weltlichen Distrikts- und Landesstiftungen nach § 32 des badischen Stiftungsgesetzes und die Stiftungen nach § 16 Abs. 1 des badischen Stiftungsgesetzes werden ein Jahr nach Inkrafttreten dieses Gesetzes Stiftungen des bürgerlichen Rechts. Sie können bis zum Ablauf von sechs Monaten nach Inkrafttreten dieses Gesetzes bei der Stiftungsbehörde beantragen, die Rechtsstellung einer Stiftung des öffentlichen Rechts zu behalten. Liegen die Voraussetzungen der Verleihung der öffentlich-rechtlichen Rechtsfähigkeit nach diesem Gesetz vor, kann die Stiftungsbehörde feststellen, daß die Stiftung die Rechtsstellung einer Stiftung des öffentlichen Rechts behält.

(2) Von der Umwandlung nach Absatz 1 Satz 1 ausgenommen bleiben die folgenden Stiftungen:

1. Vereinigte Studienstiftungenverwaltung der Universität Freiburg

2. Vereinigte Studienstiftungenverwaltung der Universität Heidelberg
3. Unterländer Studienfonds Heidelberg
4. Orthopädische Klinik und Poliklinik der Universität Heidelberg
5. Vereinigte Stiftungen der Universitätskinderklinik Heidelberg
6. Zähringer Stiftung Karlsruhe.

(3) Kreisstiftungen nach § 33 des badischen Stiftungsgesetzes, die ausschließlich privaten Zwecken dienen, sind Stiftungen des bürgerlichen Rechts. Die Verwaltung und Wirtschaftsführung der übrigen Kreisstiftungen nach § 33 des badischen Stiftungsgesetzes richtet sich nach § 31 Abs. 1 Satz 2.

§ 36 – Sonstige Stiftungen

Sonstige Stiftungen sind Stiftungen des bürgerlichen Rechts.

§ 37 – Verwaltung

Bis zur Genehmigung nach § 39 Abs. 2 Satz 4 werden die Stiftungen im Sinne des § 33 von den bestehenden Stiftungsorganen verwaltet.

§ 38 – Freistellung von Abgaben und Kosten

Für Rechtshandlungen, die bei der Durchführung dieses Teils notwendig werden, werden Abgaben und Kosten des Landes und der seiner Aufsicht unterstehenden juristischen Personen des öffentlichen Rechts, insbesondere Kosten nach dem Gerichtskostengesetz und der Kostenordnung, einschließlich der Beurkundungs- und Beglaubigungsgebühren, nicht erhoben.

SECHSTER TEIL:
Schlussbestimmungen

§ 39 – Bestehende Stiftungen

(1) Auf bestehende Stiftungen finden die Vorschriften dieses Gesetzes Anwendung.

(2) Stiftungen, die keine Satzung oder eine nicht den Vorschriften dieses Gesetzes entsprechende Satzung haben, sind verpflichtet, den Stiftungsbehörden innerhalb eines Jahres, kirchliche Stiftungen innerhalb von zwei Jahren, nach Inkrafttreten dieses Gesetzes eine Satzung vorzulegen, die mit den Vorschriften dieses Gesetzes übereinstimmt. Zuständig für den Beschluß über den Erlaß oder die Änderung der Satzung sind die in der Satzung oder dem Stiftungs-

geschäft bestimmten Organe. Fehlt eine solche Satzungsbestimmung, ist das oberste Beschlußorgan der Stiftung zuständig. Die Satzung bedarf der Genehmigung der Stiftungsbehörde. Die Genehmigung gilt als erteilt, wenn die Stiftungsbehörde die Satzung nicht innerhalb von sechs Monaten beanstandet.

(3) Rechte und Pflichten, die sich aus den bei Inkrafttreten dieses Gesetzes bestehenden Verträgen mit den Kirchen ergeben, bleiben von den Vorschriften dieses Gesetzes unberührt.

§ 40 – Anzeige bestehender Stiftungen zum Stiftungsverzeichnis

Bestehende Stiftungen haben dem nach § 4 Abs. 1 zuständigen Regierungspräsidium bis zum Ablauf eines Jahres nach Inkrafttreten dieses Gesetzes anzuzeigen

1. Name,
2. Sitz,
3. Zweck,
4. Vertretungsberechtigung und Zusammensetzung der vertretungsberechtigten Organe der Stiftung und
5. soweit dies möglich ist, Tag der Verleihung der Rechtsfähigkeit und verleihende Stelle.

§ 41 – Ordnungswidrigkeiten

(1) Ordnungswidrig handelt, wer vorsätzlich oder fahrlässig eine Anzeige nach § 9 Abs. 2 Nr. 1 nicht, nicht richtig, nicht vollständig oder nicht rechtzeitig erstattet.

(2) Die Ordnungswidrigkeit kann mit einer Geldbuße geahndet werden.

(3) Verwaltungsbehörde im Sinne des § 36 Abs. 1 Nr. 1 des Gesetzes über Ordnungswidrigkeiten ist das Regierungspräsidium.

§ 42 – Änderung des württembergischen Gesetzes über die Kirchen

(Änderungsanweisungen)

§ 43 – Änderung der Gemeindeordnung

(Änderungsanweisungen)

§ 44 – Änderung des Baden-Württembergischen Ausführungsgesetzes zum Bürgerlichen Gesetzbuch

(Änderungsanweisungen)

§ 45 – Aufhebung von Vorschriften

(Aufhebungsanweisungen)

§ 46 – Inkrafttreten

Dieses Gesetz tritt am Tage nach seiner Verkündung in Kraft.

4.2 Bayerisches Stiftungsgesetz (BayStiftG) in der Fassung der Bekanntmachung vom 26.9.2008 (GVBl 2008 S. 834)

INHALTSVERZEICHNIS

Erster Abschnitt: Allgemeine Bestimmung
Art. 1 und 2

1. Titel: Entstehung der Stiftungen, Stiftungsverzeichnis
Art. 3 und 4

2. Titel: Satzung der Stiftungen
Art. 5

3. Titel: Verwaltung der Stiftungen
Art. 6 und 7

4. Titel: Umwandlung des Zwecks und Erlöschen von Stiftungen
Art. 8 und 9

Zweiter Abschnitt: Stiftungsaufsicht
Art. 10 bis 19

Dritter Abschnitt: Kommunale Stiftungen
Art. 20

Vierter Abschnitt: Kirchliche Stiftungen
Art. 21 bis 24

Fünfter Abschnitt: Schluss- und Übergangsbestimmungen
Art. 25 bis 29

Erster Abschnitt:
Allgemeine Bestimmungen

Art. 1

(1) Dieses Gesetz gilt für Stiftungen, die nach ihrer Satzung ihren Sitz im Freistaat Bayern haben.

(2) Stiftungen im Sinn dieses Gesetzes sind die rechtsfähigen Stiftungen des bürgerlichen Rechts und des öffentlichen Rechts.

(3) [1]Stiftungen des öffentlichen Rechts im Sinn dieses Gesetzes sind Stiftungen, die ausschließlich öffentliche Zwecke verfolgen und mit dem Staat, einer Gemeinde, einem Gemeindeverband oder einer sonstigen unter der Aufsicht des Staates stehenden Körperschaft oder Anstalt des öffentlichen Rechts in einem organischen Zusammenhang stehen, der die Stiftung selbst zu einer öffentlichen Einrichtung macht. [2]Als öffentliche Zwecke gelten die der Religion, der Wissenschaft, der Forschung, der Bildung, dem Unterricht, der Erziehung, der Kunst, der Denkmalpflege, der Heimatpflege, dem Schutz der natürlichen Lebensgrundlagen, dem Sport, den sozialen Aufgaben oder sonst dem Gemeinwohl dienenden Zwecke.

(4) Stiftungen des öffentlichen Rechts sind ferner kirchliche Stiftungen (Art. 21 Abs. 1), die ausschließlich kirchliche Zwecke verfolgen und mit einer Kirche im Sinn des Art. 21, einer kirchlichen Körperschaft des öffentlichen Rechts im Sinn des Art. 26a des Kirchensteuergesetzes oder einer sonstigen Körperschaft im Sinn des Art. 24 in einem organischen Zusammenhang entsprechend Abs. 3 Satz 1 stehen.

Art. 2

(1) Die Achtung vor dem Stifterwillen ist oberste Richtschnur bei der Handhabung dieses Gesetzes.

(2) Die Stiftungen haben ein Recht auf ihren Bestand und ihren Namen.

1. Titel:
Entstehung der Stiftungen, Stiftungsverzeichnis

Art. 3

(1) Die Entstehung einer Stiftung des bürgerlichen Rechts bestimmt sich nach den §§ 80 bis 84 des Bürgerlichen Gesetzbuchs (BGB).

(2) [1]Eine Stiftung des öffentlichen Rechts entsteht, soweit sie nicht durch Gesetz errichtet wird, durch das Stiftungsgeschäft und die Anerkennung in entsprechender Anwendung der §§ 80 bis 84 BGB. [2]Unbeschadet der Voraussetzungen des Satzes 1 ist die Anerkennung nur zu erteilen, wenn das Stiftungsgeschäft oder die Satzung diesem Gesetz nicht widerspricht. [3]Der Anerkennung bedarf es nicht, wenn der Freistaat Bayern Stifter oder Mitstifter ist.

(3) Die zur Entstehung einer Stiftung erforderliche Anerkennung erteilt die Regierung, in deren Bezirk die Stiftung ihren Sitz haben soll (Anerkennungsbehörde).

Art. 4

(1) Das Landesamt für Statistik und Datenverarbeitung führt ein allgemein zugängliches Verzeichnis der rechtsfähigen Stiftungen mit Sitz in Bayern mit Ausnahme der kirchlichen Stiftungen (Stiftungsverzeichnis).

(2) [1]In das Stiftungsverzeichnis ist jede Stiftung mit folgenden Angaben einzustellen:

1. Name der Stiftung,
2. Rechtsstellung und Art,
3. Sitz,
4. Zweck,
5. Stiftungsorgane,
6. gesetzliche Vertretung,
7. Name des Stifters,
8. Zeitpunkt des Entstehens und des Erlöschens,
9. Anschrift der Stiftungsverwaltung.

[2]Auf Antrag des Stifters ist auf die Angabe seines Namens zu verzichten.

[3]Änderungen zu Satz 1 Nr. 9 haben die Stiftungen der Genehmigungsbehörde unverzüglich mitzuteilen.

2. Titel: Satzung der Stiftungen

Art. 5

(1) Jede Stiftung muss eine Satzung haben.

(2) Der notwendige Inhalt der Satzung einer Stiftung des bürgerlichen Rechts richtet sich nach § 81 Abs. 1 Satz 3 BGB.

(3) [1]Bei Stiftungen des öffentlichen Rechts gilt Abs. 2 mit der Maßgabe, dass die Satzung auch Regelungen zu enthalten hat über:

1. Rechtsstellung und Art der Stiftung,
2. Bildung, Zusammensetzung und Aufgaben von Stiftungsorganen.

[2]Im Übrigen finden auf die Stiftungen des öffentlichen Rechts die Vorschriften der §§ 26, 27 Abs. 3, § 28 Abs. 1 und § 30 BGB entsprechende Anwendung, die Vorschriften des § 27 Abs. 3 und des § 28 Abs. 1 jedoch nur insoweit, als sich nicht aus diesem Gesetz oder der Satzung ein anderes ergibt.

(4) [1]Die Änderung der Stiftungssatzung bedarf der Genehmigung durch die Anerkennungsbehörde. [2]Art. 3 Abs. 2 Satz 3 gilt entsprechend.

3. Titel:
Verwaltung der Stiftungen

Art. 6

(1) [1]Das Vermögen der Stiftung ist sicher und wirtschaftlich zu verwalten. [2]Es ist vom Vermögen anderer Rechtsträger getrennt zu halten. [3]Es darf unter keinem Vorwand dem Vermögen des Staates, einer Gemeinde, eines Gemeindeverbands oder einer sonstigen Körperschaft oder Anstalt des öffentlichen Rechts einverleibt werden. [4]Der Anfall des Vermögens aufgehobener Stiftungen wird dadurch nicht berührt.

(2) Das Vermögen, das der Stiftung zugewendet wurde, um aus seiner Nutzung den Stiftungszweck dauernd und nachhaltig zu erfüllen (Grundstockvermögen), ist ungeschmälert zu erhalten.

(3) [1]Erträge des Vermögens der Stiftung und zum Verbrauch bestimmte Zuwendungen dürfen nur zur Erfüllung des Stiftungszwecks verwendet werden. [2]Die Zuführung von Erträgen zum Grundstockvermögen, um dieses in seinem Wert zu erhalten, bleibt hiervon unberührt.

Art. 7

[1]Die Mitglieder der Stiftungsorgane sind zur gewissenhaften und sparsamen Verwaltung der Stiftung verpflichtet. [2]Soweit nicht die Stiftungssatzung ein anderes bestimmt, sind ehrenamtlich tätige Organmitglieder nur bei vorsätzlicher oder grob fahrlässiger Verletzung ihrer Obliegenheiten der Stiftung zum

Schadensersatz verpflichtet. [3]Sind für den entstehenden Schaden mehrere Organmitglieder nebeneinander verantwortlich, so haften sie als Gesamtschuldner.

4. Titel: Umwandlung des Zwecks und Erlöschen von Stiftungen

Art. 8

(1) [1]Für die Umwandlung des Zwecks und das Erlöschen der Stiftungen des bürgerlichen Rechts gelten §§ 87 und 88 BGB. [2]Auf die Stiftungen des öffentlichen Rechts finden diese Bestimmungen entsprechende Anwendung, § 88 Satz 3 BGB mit der Maßgabe, dass § 46 BGB auch dann entsprechend anzuwenden ist, wenn das Vermögen der Stiftung nicht an den Fiskus fällt.

(2) Der Stifter ist vor einer Aufhebung der Stiftung oder Umwandlung des Zwecks zu hören.

(3) [1]Die Aufhebung von Stiftungen kann auch in der Weise erfolgen, dass mehrere Stiftungen gleicher Art, bei denen eine der in § 87 Abs. 1 BGB genannten Voraussetzungen vorliegt, zusammengelegt werden. [2]Die neue Stiftung erlangt mit der Zusammenlegung die Rechtsfähigkeit. [3]Im Fall der Aufhebung der neuen Stiftung leben die zusammengelegten Stiftungen nicht wieder auf.

(4) [1]Die Aufhebung einer Stiftung, bei der eine der in § 87 Abs. 1 BGB genannten Voraussetzungen vorliegt, kann auch in der Weise erfolgen, dass sie einer Stiftung gleicher Art zugelegt wird. [2]Die Zulegung ist nur zulässig, wenn die aufnehmende Stiftung zustimmt und die Erfüllung ihres Zwecks nicht beeinträchtigt wird.

(5) Zuständige Behörde im Sinn des § 87 BGB ist die Anerkennungsbehörde.

Art. 9

[1]Ist für den Fall des Erlöschens einer Stiftung kein Anfallsberechtigter bestimmt, so fällt das Vermögen einer kommunalen Stiftung (Art. 20) an die entsprechende Gebietskörperschaft, das einer kirchlichen Stiftung (Art. 21) an die entsprechende Kirche, im Übrigen an den Fiskus. [2]Das angefallene Vermögen ist tunlichst in einer dem Stiftungszweck entsprechenden Weise zu verwenden. [3]Nach Möglichkeit ist es einer anderen Stiftung mit ähnlicher Zweckbestimmung zuzuführen. [4]Dabei ist die soziale und bekenntnismäßige Bindung der erloschenen Stiftung zu berücksichtigen.

Zweiter Abschnitt: Stiftungsaufsicht

Art. 10

(1) [1]Zu ihrem Schutz unterstehen Stiftungen, die öffentliche Zwecke (Art. 1 Abs. 3 Satz 2) verfolgen, mit Ausnahme der staatlich verwalteten Stiftungen der Rechtsaufsicht des Staates (Stiftungsaufsicht); der Vierte Abschnitt dieses Gesetzes bleibt unberührt. [2]Stiftungsaufsichtsbehörden sind die Regierungen.

(2) [1]Als oberste Stiftungsaufsichtsbehörden sind zuständig

1. das Staatsministerium für Wissenschaft, Forschung und Kunst für Stiftungen, die der Wissenschaft, der Forschung, der Kunst, der Denkmalpflege oder der Heimatpflege gewidmet sind,
2. das Staatsministerium für Unterricht und Kultus für Stiftungen, die der Religion, der Bildung, dem Unterricht, der Erziehung oder dem Sport gewidmet sind,
3. das Staatsministerium des Innern für alle übrigen Stiftungen.

[2]Verfolgt eine Stiftung verschiedene Zwecke, so entscheidet der überwiegende öffentliche Zweck der Stiftung.

(3) [1]Der von den obersten Stiftungsaufsichtsbehörden gebildete Landesausschuss für das Stiftungswesen hat die Aufgabe, diese und die Stiftungsaufsichtsbehörden zu beraten. [2]Außerdem obliegt ihm die Förderung und Pflege des Stiftungswesens.

Art. 11

Die Stiftungsaufsichtsbehörden sollen die Stiftungen bei der Erfüllung ihrer Aufgaben verständnisvoll beraten, fördern und schützen sowie die Entschlusskraft und die Selbstverantwortung der Stiftungsorgane stärken.

Art. 12

(1) [1]Die Stiftungsaufsichtsbehörde überwacht die ordnungsmäßige und rechtzeitige Ausstattung der Stiftung. [2]Sie achtet darauf, dass die Angelegenheiten der Stiftung in Übereinstimmung mit dem Gesetz und der Stiftungssatzung besorgt werden.

[3]Dabei überprüft sie insbesondere die Erhaltung des Grundstockvermögens sowie die bestimmungsgemäße Verwendung seiner Erträge und zum Verbrauch bestimmter Zuwendungen.

(2) Der Stiftungsaufsichtsbehörde sind die Zusammensetzung der Organe der Stiftung und etwaige Änderungen unverzüglich mitzuteilen.

(3) [1]Die Stiftungsaufsichtsbehörde ist befugt, sich über alle Angelegenheiten der Stiftung zu unterrichten. [2]Sie kann insbesondere Anstalten und Einrichtungen der Stiftung besichtigen, die Geschäfts- und Kassenführung prüfen oder bei größerem Umfang prüfen lassen sowie Berichte und Akten einfordern.

(4) Die Stiftungsaufsichtsbehörde kann rechtswidriges Verhalten der Stiftungsorgane beanstanden und dessen Unterlassen bzw. die Vornahme der erforderlichen Maßnahmen verlangen.

Art. 13

[1]Hat ein Mitglied eines Stiftungsorgans sich einer groben Pflichtverletzung schuldig gemacht oder ist es zur ordnungsmäßigen Geschäftsführung unfähig, so kann die Stiftungsaufsichtsbehörde die Abberufung dieses Mitglieds und die Bestellung eines neuen verlangen. [2]Sie kann gleichzeitig oder später dem Mitglied die Wahrnehmung seiner Organrechte einstweilen untersagen und einen vorläufigen Vertreter bestellen, sofern nicht § 29 BGB anzuwenden ist. [3]Diese Bestimmungen finden keine Anwendung auf Stiftungen, deren Verwaltung von einer öffentlichen Behörde geführt wird.

Art. 14

(1) [1]Das zur Vertretung der Stiftung allgemein zuständige Organ kann Rechtsgeschäfte im Namen der Stiftung mit sich im eigenen Namen oder als Vertreter eines Dritten nicht vornehmen, es sei denn, dass das Rechtsgeschäft ausschließlich in der Erfüllung einer Verbindlichkeit besteht. [2]Die Stiftungsaufsichtsbehörde hat für solche Rechtsgeschäfte jeweils einen besonderen Vertreter zu bestellen.

(2) Das zur Vertretung allgemein zuständige Organ kann von den Beschränkungen des Abs. 1 Satz 1 durch die Stiftungssatzung allgemein oder für den Einzelfall befreit werden.

Art. 15

[1]Die Stiftungsaufsichtsbehörde ist befugt, im Namen der Stiftung Ansprüche gegen Mitglieder der Stiftungsorgane gerichtlich geltend zu machen, sofern dies nicht binnen angemessener Frist durch das zuständige Organ der Stiftung selbst geschieht. [2]Art. 13 Satz 3 gilt entsprechend.

Art. 16

(1) [1]Die Stiftungen sind zu einer ordnungsgemäßen Buchführung verpflichtet. [2]Die Buchführungsart können sie im Rahmen der gesetzlichen Bestimmungen selbst wählen. [3]Vor Beginn eines jeden Geschäftsjahres sollen die Stiftungen einen Voranschlag aufstellen, der die Grundlage für die Verwaltung aller Einnahmen und Ausgaben bildet. [4]Innerhalb von sechs Monaten nach Ablauf des Geschäftsjahres sind ein Rechnungsabschluss und eine Vermögensübersicht (Jahresrechnung) zu erstellen und mit einem Bericht über die Erfüllung des Stiftungszwecks der Stiftungsaufsichtsbehörde vorzulegen.

(2) [1]Die Stiftungsaufsichtsbehörde hat die Jahresrechnung zu prüfen. [2]Die Prüfung kann sich auf Stichproben beschränken, wenn auf Grund vorausgegangener Prüfungen eine umfassende Prüfung nicht erforderlich erscheint. [3]Die Stiftungsaufsichtsbehörde kann bei Stiftungen, die jährlich im Wesentlichen gleichbleibende Einnahmen und Ausgaben aufweisen, die Prüfung der Jahresrechnungen für mehrere Jahre zusammenfassen. [4]Sie kann für höchstens drei Jahre von einer Vorlage der Unterlagen durch die Stiftung nach Abs. 1 Satz 4 sowie einer Prüfung der Jahresrechnungen nach Satz 1 absehen, wenn die Prüfung der Jahresrechnungen in mindestens fünf aufeinanderfolgenden Jahren keine Beanstandung ergeben hat. [5]Ergibt auch die anschließende Rechnungsprüfung keine Beanstandung, findet Satz 4 entsprechende Anwendung.

(3) [1]Wird eine Jahresrechnung durch verwaltungseigene Stellen der staatlichen Rechnungsprüfung, einen Prüfungsverband, einen Wirtschaftsprüfer oder einen vereidigten Buchprüfer geprüft, so muss sich die Prüfung auch auf die Erhaltung des Grundstockvermögens und die bestimmungsgemäße Verwendung seiner Erträge und zum Verbrauch bestimmter Zuwendungen erstrecken. [2]Der Prüfungsbericht ist der Stiftungsaufsichtsbehörde vorzulegen. [3]In diesem Fall sieht die Stiftungsaufsichtsbehörde von einer eigenen Prüfung der Jahresrechnung ab.

(4) [1]Die Stiftungsaufsichtsbehörde kann verlangen, dass eine Stiftung einen Prüfungsverband, einen Wirtschaftsprüfer oder einen vereidigten Buchprüfer mit der Durchführung einer Prüfung im Sinn des Abs. 3 beauftragt. [2]Abs. 2 Sätze 4 und 5 finden entsprechende Anwendung.

Art. 17

Ist das Vermögen einer Stiftung so erheblich geschwächt, dass die nachhaltige Erfüllung des Stiftungszwecks beeinträchtigt wird, so kann die Stiftungsaufsichtsbehörde anordnen, dass der Ertrag des Stiftungsvermögens ganz oder teilweise so lange anzusammeln ist, bis die Stiftung wieder leistungsfähig geworden ist.

Art. 18

[1]Kommen die Stiftungsorgane binnen einer ihnen gesetzten angemessenen Frist den Anordnungen der Stiftungsaufsichtsbehörde nicht nach, kann diese die Anordnungen mit Zwangsmitteln vollstrecken. [2]Art. 29 bis 39 des Bayerischen Verwaltungszustellungs- und Vollstreckungsgesetzes finden Anwendung.

Art. 19

Der Genehmigung der Stiftungsaufsichtsbehörde bedürfen

1. die Annahme von Zustiftungen, die mit einer Last verknüpft sind, oder die einem anderen Zweck als die Stiftung dienen sollen,
2. der Abschluss von Bürgschaftsverträgen und verwandten Rechtsgeschäften, die ein Einstehen der Stiftung für fremde Schuld zum Gegenstand haben,
3. Rechtsgeschäfte, an denen ein Mitglied eines Stiftungsorgans persönlich oder als Vertreter eines Dritten beteiligt ist, es sei denn, die Stiftung wird durch einen besonderen Vertreter nach Art. 14 Abs. 1 Satz 2 vertreten, das Rechtsgeschäft besteht ausschließlich in der Erfüllung einer Verbindlichkeit oder die Stiftung erlangt dadurch lediglich einen rechtlichen Vorteil.

Dritter Abschnitt:
Kommunale Stiftungen

Art. 20

(1) Örtliche, kreiskommunale und bezirkskommunale Stiftungen (kommunale Stiftungen) sind solche, deren Zweck im Rahmen der jeweiligen kommunalen Aufgaben liegt und nicht wesentlich über den räumlichen Umkreis der Gebietskörperschaft hinausreicht.

(2) Die Vertretung und Verwaltung der kommunalen Stiftungen obliegt, soweit nicht durch Satzung anderes bestimmt ist, den für die Vertretung und Verwaltung der Gemeinden, Landkreise und Bezirke zuständigen Organen.

(3) [1]Für die von Gemeinden, Landkreisen und Bezirken verwalteten kommunalen Stiftungen gelten vom Ersten Abschnitt dieses Gesetzes nur die Art. 1 bis 6, 8 und 9. [2]Vom Zweiten Abschnitt dieses Gesetzes gelten für diese Stiftun-

gen nur die Art. 10 Abs. 1 und 2, Art. 11, 12, 14, 17, 18 und 19 Nrn. 1 und 3 mit der Maßgabe, dass an die Stelle der Stiftungsaufsichtsbehörde die Rechtsaufsichtsbehörde tritt. [3]Für diese Stiftungen gelten im Übrigen die Vorschriften über die Gemeindewirtschaft, die Landkreiswirtschaft und die Bezirkswirtschaft mit Ausnahme des Art. 62 Abs. 1 und der Art. 77 bis 85 der Gemeindeordnung, des Art. 56 Abs. 1 und der Art. 71 bis 73 der Landkreisordnung und des Art. 54 Abs. 1 und der Art. 69 bis 71 der Bezirksordnung entsprechend.

Vierter Abschnitt: Kirchliche Stiftungen

Art. 21

(1) [1]Kirchliche Stiftungen im Sinn dieses Gesetzes sind Stiftungen, die ausschließlich oder überwiegend kirchlichen Zwecken der katholischen, der evangelisch-lutherischen oder der evangelisch-reformierten Kirche gewidmet sind und nach dem tatsächlichen oder mutmaßlichen Willen des Stifters der Aufsicht der betreffenden Kirche unterstellt sein sollen. [2]Kirchliche Stiftungen sind insbesondere die ortskirchlichen Stiftungen und die Pfründestiftungen.

(2) Eine Stiftung wird nicht schon dadurch zu einer kirchlichen, dass ein kirchlicher Amtsträger als Stiftungsorgan bestellt ist oder dass satzungsgemäß nur Angehörige einer bestimmten Konfession von der Stiftung begünstigt werden.

Art. 22

(1) Eine kirchliche Stiftung ist auf Antrag der betreffenden Kirche als rechtsfähig anzuerkennen, wenn die dauernde und nachhaltige Erfüllung des Stiftungszwecks durch das Vermögen der Stiftung gesichert erscheint oder von der betreffenden Kirche gewährleistet wird.

(2) Kirchliche Stiftungen dürfen nur mit Zustimmung der betreffenden Kirche anerkannt, umgewandelt oder aufgehoben werden.

(3) [1]Im Übrigen finden auf die kirchlichen Stiftungen die Vorschriften des Ersten Abschnitts dieses Gesetzes Anwendung; in Art. 3 Abs. 3 tritt an die Stelle der Regierung das Staatsministerium für Unterricht und Kultus, in Art. 5 Abs. 4 Satz 1 an die Stelle der Anerkennungsbehörde die zuständige kirchliche Behörde. [2]Die Ergänzung der Satzung einer kirchlichen Stiftung bei ihrer Anerkennung bedarf der Zustimmung der zuständigen kirchlichen Behörde. [3]Art. 8 findet mit der Maßgabe Anwendung, dass auf Antrag der betreffenden Kirche eine Zusammenlegung oder Zulegung von kirchlichen Stiftungen des öffent-

lichen Rechts auch erfolgen kann, wenn die Voraussetzungen des § 87 Abs. 1 BGB nicht erfüllt sind.

Art. 23

(1) [1]Die kirchlichen Stiftungen unterstehen der Aufsicht der betreffenden Kirche. [2]Der Erlass allgemeiner Vorschriften über Namen, Sitz, Zweck, Vertretung, Verwaltung und Beaufsichtigung kirchlicher Stiftungen ist Aufgabe der Kirchen.

(2) Die bestehenden Vorschriften über die staatliche Betreuung kirchlicher Gebäude im Rahmen einer dem Staat obliegenden Baupflicht bleiben unberührt.

Art. 24

Die Vorschriften dieses Titels gelten in gleicher Weise für die entsprechenden Stiftungen der israelitischen Kultusgemeinden, der sonstigen Religionsgemeinschaften und der weltanschaulichen Gemeinschaften, sofern sie Körperschaften des öffentlichen Rechts in Bayern sind.

Fünfter Abschnitt:
Schluss- und Übergangsbestimmungen

Art. 25

(1) Stiftungen, die bisher rechtsfähig waren, behalten ihre Rechtsstellung bei.

(2) Ist die Rechtsstellung oder die Art einer Stiftung strittig, so entscheidet das nach Art. 10 Abs. 2 zuständige Staatsministerium, im Zweifel das Staatsministerium des Innern.

(3) Stiftungen, die nach *Art. 5 Abs. 4 der Kirchengemeindeordnung vom 24. September 1912 (GVBl S. 911)* bisher durch kirchliche Organe verwaltet wurden, gelten weiterhin als kirchliche Stiftungen im Sinn dieses Gesetzes.

(4) Ausschließlich oder überwiegend kirchlichen oder religiösen Zwecken der katholischen, der evangelisch-lutherischen oder der evangelisch-reformierten Kirche gewidmete Stiftungen, welche bis zum 1. Januar 1996 satzungsgemäß von einer Behörde des Staates, einer Gemeinde oder eines Gemeindeverbands zu verwalten sind, gelten weiterhin nicht als kirchliche Stiftungen.

Art. 26

Die Vorschriften dieses Gesetzes können durch die Satzung einer Stiftung weder eingeschränkt noch ausgeschlossen werden, soweit dies nicht in diesem Gesetz ausdrücklich zugelassen ist.

Art. 27

Mit Ausnahme der Maßnahmen nach Art. 12 Abs. 3, Art. 13, 15 und 18 sowie der Rechnungsprüfung nach Art. 16 Abs. 2 sind Amtshandlungen bei Stiftungen, die überwiegend öffentliche Zwecke (Art. 1 Abs. 3 Satz 2) verfolgen, nach diesem Gesetz kostenfrei.

Art. 28

Die obersten Stiftungsaufsichtsbehörden (Art. 10 Abs. 2 Satz 1) werden ermächtigt, durch Rechtsverordnung

1. das Verfahren bei der Anerkennung von Stiftungen, der Genehmigung von Satzungsänderungen sowie Rechtsgeschäften nach Art. 19 zu regeln,
2. die Mitwirkungspflichten der Stiftungen bei der Rechnungsprüfung nach Art. 16, insbesondere die vorzulegenden Nachweise und Belege festzulegen,
3. die Berufung und die Zusammensetzung des Landesausschusses für das Stiftungswesen zu bestimmen.

Art. 29

(1) Dieses Gesetz tritt am 1. Januar 1955 in Kraft.

(2) [1](Satz 1 gegenstandslos). [2]Die übrigen bisher geltenden Vorschriften über die Auflösung und das Erlöschen der Fideikommisse und sonstiger gebundener Vermögen und über den Waldschutz bei der Fideikommissauflösung bleiben unberührt.

(3) [1]Bestehende Verpflichtungen zur Leistung besonderer Reichnisse in Geld oder Naturalien an Geistliche oder an weltliche Kirchendiener bleiben bis zu deren Ablösung unberührt. [2]Für die Ablösung ist der zu diesem Zeitpunkt geltende Kapitalisierungsfaktor des Bewertungsgesetzes in der Fassung der Bekanntmachung vom 1. Februar 1991 (BGBl I S. 230) in der jeweils geltenden Fassung maßgeblich.

4.3 Berliner Stiftungsgesetz (StiftG Bln) in der Fassung vom 22.7.2003 (GVBl 2003 S. 293)

§ 1

Stiftungen im Sinne dieses Gesetzes sind die rechtsfähigen Stiftungen des bürgerlichen Rechts, die ihren Sitz in Berlin haben.

§ 2

(1) Die zur Entstehung einer Stiftung nach § 80 des Bürgerlichen Gesetzbuches erforderliche Anerkennung erfolgt durch die Senatsverwaltung für Justiz. Sie ist Aufsichtsbehörde im Sinne dieses Gesetzes und trifft auch die in § 87 des Bürgerlichen Gesetzbuches vorgesehenen Entscheidungen.

(2) Die Entstehung und die Aufhebung einer Stiftung sind von der Aufsichtsbehörde im Amtsblatt für Berlin zu veröffentlichen. Bei der Entstehung einer Stiftung umfasst die Veröffentlichung auch die Angabe des Stiftungszwecks.

§ 3

Das Stiftungsvermögen ist in seinem Bestand ungeschmälert zu erhalten. Das Stiftungsgeschäft oder die Satzung kann Ausnahmen zulassen.

§ 4

(1) Sieht die Satzung einer Stiftung neben dem Vorstand weitere Organe vor, so hat sie Regelungen über deren Bildung, Aufgaben und Befugnisse zu enthalten.

(2) Fehlen einem Organ Mitglieder, die zur Erfüllung seiner gesetzlichen oder satzungsmäßigen Aufgaben erforderlich sind, so kann die Aufsichtsbehörde bis zur Behebung des Mangels Ersatzmitglieder bestellen; sie ist dabei nicht an die Zahl der satzungsgemäß vorgesehenen Mitglieder gebunden.

(3) Die Aufsichtsbehörde kann den Ersatzmitgliedern bei der Bestellung oder später eine angemessene Vergütung bewilligen, wenn das Vermögen der Stiftung sowie der Umfang und die Bedeutung der zu erledigenden Aufgaben dies rechtfertigen. Die Vergütung kann jederzeit für die Zukunft geändert oder entzogen werden.

§ 5

(1) Die nach der Satzung zuständigen Organe können die Änderung der Satzung, die Aufhebung der Stiftung oder ihre Zusammenlegung mit einer anderen Stiftung beschließen. Dabei soll der vom Stifter im Stiftungsgeschäft oder in der Satzung zum Ausdruck gebrachte Wille berücksichtigt werden. Der Beschluss bedarf der Genehmigung der Aufsichtsbehörde.

(2) Die Aufhebung, die Zusammenlegung mit einer anderen Stiftung oder die Änderung des Zwecks kann nur beschlossen werden, wenn es wegen wesentlicher Änderung der Verhältnisse angezeigt erscheint, sofern das Stiftungsgeschäft oder die Satzung keine andere Regelung enthält.

(3) Im Falle der Zusammenlegung verschmelzen die zusammengelegten Stiftungen zu einer neuen Stiftung; diese erlangt Rechtsfähigkeit mit Genehmigung des Zusammenlegungsbeschlusses. Das Vermögen einschließlich der Verbindlichkeiten der zusammengelegten Stiftungen geht mit der Genehmigung auf die neue Stiftung über.

§ 6

Mit dem Erlöschen einer Stiftung fällt das Vermögen, soweit das Stiftungsgeschäft, die Satzung oder der Beschluss über die Aufhebung nichts anderes bestimmt, an das Land Berlin.

§ 7

(1) Die Stiftungen unterliegen der Staatsaufsicht Berlins.

(2) Die Staatsaufsicht hat die Rechtmäßigkeit der Verwaltung zu überwachen. Sie wird von der Aufsichtsbehörde geführt.

§ 8

(1) Die Mitglieder des Vertretungsorgans einer Stiftung sind verpflichtet, der Aufsichtsbehörde

1. unverzüglich die jeweilige Zusammensetzung der Organe der Stiftung einschließlich der Verteilung der Ämter innerhalb der Organe anzuzeigen, zu belegen und die jeweiligen Anschriften der Stiftung und der Mitglieder des Vertretungsorgans mitzuteilen,
2. einen Jahresbericht, der aus einem Bericht über die Erfüllung des Stiftungszwecks und entweder einer Jahresabrechnung mit einer Vermögensübersicht oder einem Prüfungsbericht nach Absatz 2 besteht, einzureichen; dies

soll innerhalb von vier Monaten nach Schluss des Geschäftsjahres geschehen, bei Einreichung eines Prüfungsberichts innerhalb von acht Monaten. Die Jahresberichte müssen den Anforderungen der Aufsichtsbehörde entsprechen.

(2) Werden Stiftungen durch eine Behörde der öffentlichen Verwaltung, einen Prüfungsverband, einen öffentlich bestellten Wirtschaftsprüfer oder eine anerkannte Wirtschaftsprüfungsgesellschaft geprüft, so ist anstelle der Jahresabrechnung und der Vermögensübersicht der Prüfungsbericht einzureichen. Die Aufsichtsbehörde kann verlangen, dass sich eine Stiftung nach Satz 1 prüfen lässt. Der Prüfungsauftrag ist auch auf die Erhaltung des Stiftungsvermögens und die satzungsgemäße Verwendung der Stiftungsmittel zu erstrecken. Das Ergebnis der Prüfung ist in einem Abschlussvermerk des Prüfers festzustellen. In diesem Fall bedarf es keiner nochmaligen Prüfung durch die Aufsichtsbehörde.

(3) Erfolgt keine Prüfung nach Absatz 2, prüft die Aufsichtsbehörde die Erhaltung des Stiftungsvermögens und die satzungsgemäße Verwendung der Stiftungsmittel in dem von ihr für erforderlich gehaltenen Umfang. Sie kann davon absehen, die Jahresberichte jährlich zu prüfen.

§ 9

(1) Die Organmitglieder einer Stiftung sind verpflichtet, der Aufsichtsbehörde zur Erfüllung ihrer Aufgaben jederzeit auf Verlangen Auskünfte zu erteilen sowie Geschäfts- und Kassenbücher, Akten und sonstige Unterlagen zur Einsichtnahme vorzulegen.

(2) Die Aufsichtsbehörde kann die Ergänzung und Berichtigung von Jahresberichten verlangen sowie Angaben, Bücher und Unterlagen auf Kosten der Stiftung nach § 8 Abs. 2 Satz 1 oder durch andere Sachverständige in dem von ihr für erforderlich gehaltenen Umfang prüfen lassen.

(3) Die Aufsichtsbehörde kann Beschlüsse und andere Maßnahmen der Stiftungsorgane, die Rechtsvorschriften oder der Stiftungssatzung widersprechen, beanstanden und verlangen, dass sie innerhalb einer bestimmten Frist aufgehoben oder rückgängig gemacht werden. Beanstandete Maßnahmen dürfen nicht durchgeführt werden.

(4) Wird eine durch Rechtsvorschrift oder Satzung gebotene Maßnahme nicht oder nicht rechtzeitig durchgeführt, so kann die Aufsichtsbehörde anordnen, dass sie innerhalb einer bestimmten Frist durchzuführen ist.

(5) Die Aufsichtsbehörde kann Mitglieder von Organen einer Stiftung aus wichtigem Grund abberufen.

§ 10

(1) Familienstiftungen sind Stiftungen, die nach dem Stiftungsgeschäft oder der Satzung ausschließlich oder überwiegend dem Wohl der Mitglieder einer oder mehrerer bestimmter Familien dienen. Eine Stiftung, die von einem bestimmten Zeitpunkt an einen anderen Zweck verfolgen soll, wird für die Zeit, in der sie ausschließlich oder überwiegend dem Wohl der Mitglieder einer oder mehrerer bestimmter Familien dient, als Familienstiftung angesehen.

(2) Bei Familienstiftungen beschränkt sich die Staatsaufsicht nach § 7 auf die Überwachung der Zusammensetzung der Stiftungsorgane einschließlich der Verteilung der Ämter innerhalb der Organe. Die Aufsichtsbehörde soll darauf hinwirken, dass die Satzung ein Aufsichtsorgan vorsieht, dem die Überwachung der Verwaltung der Stiftung einschließlich der Prüfung der Erhaltung des Stiftungsvermögens und der satzungsgemäßen Verwendung der Stiftungsmittel obliegt und das gegenüber dem geschäftsführenden Organ Rechte hat, die den in § 9 genannten Befugnissen entsprechen.

(3) Für Beschlüsse, die eine Änderung der Satzung oder die Aufhebung oder die Zusammenlegung einer Familienstiftung mit einer anderen Stiftung betreffen, ist der Vorstand zuständiges Organ, sofern das Stiftungsgeschäft oder die Satzung nichts anderes bestimmt. Vor der Genehmigung eines solchen Beschlusses hat es die ihm bekannten Familienmitglieder anzuhören; Familienmitglieder im Sinne dieser Vorschrift sind, soweit sich aus dem Stiftungsgeschäft oder der Satzung nichts anderes ergibt, die mit dem Stifter in gerader Linie verwandten Personen. Eine Anhörung unterbleibt, soweit die Aufsichtsbehörde sie für entbehrlich hält oder der Beschluss von der nach der Satzung zuständigen Familienversammlung gefasst wurde.

§ 11

(1) Die Aufsichtsbehörde führt ein Verzeichnis der Stiftungen. In dieses Verzeichnis ist jede Stiftung mit ihrem Namen, ihrem Zweck und ihrer Anschrift aufzunehmen. Die Aufsichtsbehörde veröffentlicht das Verzeichnis in geeigneter Form. Die Einsicht in das Verzeichnis ist jedem gestattet.

(2) Die Aufsichtsbehörde bescheinigt Stiftungen auf Antrag schriftlich unter Wiedergabe der einschlägigen Satzungsbestimmungen, welche Personen nach den gemäß § 8 Abs. 1 Nr. 1 gemachten Angaben dem Vertretungsorgan der

Stiftung angehören (Vertretungsbescheinigung). Einem Dritten kann diese Bescheinigung erteilt werden, wenn er ein berechtigtes Interesse glaubhaft macht.

§ 12

Stiftungssatzungen, die den gesetzlichen Vorschriften nicht entsprechen, sind zu ändern. Ist eine Satzung nicht vorhanden, so ist sie von dem zuständigen Organ zu beschließen. Maßnahmen nach Satz 1 und 2 bedürfen der Genehmigung der Aufsichtsbehörde. Für die Übergangszeit gilt:

1. Solange die geltende Satzung nicht die Bildung der Organe regelt, bestellt die Aufsichtsbehörde die erforderliche Anzahl der Organmitglieder.
2. Solange die geltende Satzung einer vor dem 11. Dezember 1997 genehmigten Familienstiftung kein Aufsichtsorgan nach § 10 Abs. 2 Satz 2 vorsieht, kann die Aufsichtsbehörde über § 10 Abs. 2 Satz 1 hinaus auch Mitglieder von Organen aus wichtigem Grund abberufen.
3. Solange eine vor dem 11. Dezember 1997 genehmigte Familienstiftung nach ihrer geltenden Satzung der Aufsichtsbehörde Jahresberichte zur Prüfung einzureichen hat, gilt § 10 Abs. 2 Satz 1 nicht.

§ 13

Bestehen Zweifel über die Rechtsnatur oder die Art einer Stiftung, insbesondere darüber, ob sie eine rechtsfähige Stiftung des bürgerlichen Rechts ist, so entscheidet darüber die Aufsichtsbehörde.

§ 14

Dieses Gesetz tritt am 1. April 1960 in Kraft.

4.4 Stiftungsgesetz für das Land Brandenburg (StiftGBbg) vom 20.4.2004 (GVBl 2004 S. 150)

zuletzt geändert durch Art. 4 des Gesetzes vom 8.5.2018 (GVBl 2018 S. 3)

Der Landtag hat das folgende Gesetz beschlossen:

INHALTSVERZEICHNIS

Abschnitt 1: Allgemeine Bestimmungen

§ 1 Geltungsbereich

§ 2 Kirchliche Stiftungen, Familienstiftungen

§ 3 Örtliche Stiftungen

§ 4 Stiftungsbehörde, Anerkennungsbehörde, Stiftungsaufsicht

§ 5 Anerkennung

Abschnitt 2: Stiftungsaufsicht

§ 6 Rechtsaufsicht

§ 7 Anzeige, Unterrichtung und Prüfung

§ 8 Beanstandung und Anordnung

§ 9 Abberufung und Bestellung von Organmitgliedern, Bestellung eines Beauftragten

§ 10 Satzungsänderungen, Auflösung, Zusammenschluss

§ 11 Vermögensanfall

§ 12 Entscheidung über die Rechtsnatur einer Stiftung

§ 13 Bekanntmachung

Abschnitt 3: Stiftungsverzeichnis

§ 14 Stiftungsverzeichnis

Abschnitt 4: Schlussvorschriften

§ 15 Stiftungen öffentlichen Rechts

§ 16 In-Kraft-Treten, Außer-Kraft-Treten

Abschnitt 1: Allgemeine Bestimmungen

§ 1 – Geltungsbereich

Dieses Gesetz gilt für die rechtsfähigen Stiftungen bürgerlichen Rechts im Sinne der §§ 80 bis 88 des Bürgerlichen Gesetzbuches, die ihren Sitz im Land Brandenburg haben.

§ 2 – Kirchliche Stiftungen, Familienstiftungen

(1) Kirchliche Stiftungen im Sinne dieses Gesetzes sind selbstständige Stiftungen, deren Zweck es ist, überwiegend kirchlichen Aufgaben zu dienen und die nach dem Willen des Stifters von einer Kirche verwaltet werden. Die Vorschriften über kirchliche Stiftungen gelten entsprechend für Stiftungen, deren Zwecke der Erfüllung von Aufgaben einer Religions- und Weltanschauungsgemeinschaft dienen, die den Status einer öffentlich-rechtlichen Körperschaft besitzt.

(2) Familienstiftungen im Sinne dieses Gesetzes sind selbstständige Stiftungen, die ausschließlich oder überwiegend dem Wohl der Mitglieder einer oder mehrerer bestimmter Familien dienen.

§ 3 – Örtliche Stiftungen

Örtliche Stiftungen im Sinne dieses Gesetzes sind selbstständige Stiftungen, die nach dem Willen des Stifters von einer Gemeinde oder von Gemeindeverbänden verwaltet werden und die überwiegend Zwecken dienen, welche von der verwaltenden Gebietskörperschaft in ihrem Bereich als öffentliche Aufgaben erfüllt werden können.

§ 4 – Stiftungsbehörde, Anerkennungsbehörde, Stiftungsaufsicht

(1) Stiftungsbehörde ist das Ministerium des Innern. Es ist die zuständige Anerkennungsbehörde im Sinne des § 80 Abs. 1, § 81 Abs. 2 Satz 2, § 83 Satz 1 und 2 des Bürgerlichen Gesetzbuches. Es ist auch zuständig für Maßnahmen nach § 87 Abs. 1 und 2 des Bürgerlichen Gesetzbuches sowie das Führen des Stiftungsverzeichnisses.

(2) Das Ministerium des Innern führt als Stiftungsbehörde zudem die Rechtsaufsicht über die Stiftungen nach § 1, die nicht Stiftungen im Sinne des § 2 sind (Stiftungsaufsicht).

(3) Kirchliche Stiftungen im Sinne des § 2 Abs. 1 unterliegen nicht der Aufsicht des Landes. Familienstiftungen im Sinne des § 2 Abs. 2 unterliegen nur inso-

weit der Aufsicht des Landes, als sicherzustellen ist, dass ihr Bestand und ihre Betätigung nicht dem Gemeinwohl zuwiderlaufen.

§ 5 – Anerkennung

(1) Die Entscheidung über die Anerkennung einer Stiftung als rechtsfähig erfolgt in schriftlicher Form. (2) Die Anerkennung einer Stiftung als kirchliche Stiftung bedarf der Zustimmung der von der Kirche bestimmten kirchlichen Behörde. Satz 1 gilt entsprechend für die nach § 2 Abs. 1 Satz 2 den kirchlichen Stiftungen gleichgestellten Stiftungen.

Abschnitt 2: Stiftungsaufsicht

§ 6 – Rechtsaufsicht

(1) Die Rechtsaufsicht hat sicherzustellen, dass die Stiftungen im Einklang mit den Gesetzen und der Stiftungssatzung verwaltet werden und den in Stiftungsgeschäft und Stiftungssatzung zum Ausdruck gekommenen Stifterwillen beachten.

(2) Stiftungen, die gemäß § 4 Abs. 2 der Rechtsaufsicht des Landes unterliegen, sind verpflichtet, der Stiftungsbehörde die Jahresabrechnung mit einer Vermögensübersicht und einen Bericht über die Erfüllung der Stiftungszwecke, im Falle des Betreibens eines erwerbswirtschaftlichen Unternehmens den Jahresabschluss, vorzulegen. Erfolgt die Veranschlagung der Einnahmen und Ausgaben bei örtlichen Stiftungen im Sinne des § 3 gemäß § 87 der Kommunalverfassung des Landes Brandenburg, ist ein Auszug aus der gemeindlichen Jahresrechnung, eine Vermögensübersicht und ein Bericht über die Erfüllung der Stiftungszwecke vorzulegen. Dies hat innerhalb von sechs Monaten nach Abschluss des Rechnungsjahres zu geschehen.

(3) Werden Stiftungen durch eine Behörde der öffentlichen Verwaltung, einen Prüfungsverband, einen öffentlich bestellten Wirtschaftsprüfer oder eine anerkannte Wirtschaftsprüfungsgesellschaft geprüft, so ist anstelle der Jahresabrechnung und der Vermögensübersicht in der Regel lediglich der Prüfungsbericht einzureichen. In diesem Falle bedarf es keiner nochmaligen Rechnungsprüfung durch die Aufsichtsbehörde.

§ 7 – Anzeige, Unterrichtung und Prüfung

(1) Die Stiftung ist verpflichtet, der Stiftungsbehörde unverzüglich die Personen des vertretungsberechtigten Organs und besondere Vertreter sowie diesbezügliche Änderungen anzuzeigen.

(2) Die Stiftungsbehörde kann sich zur Erfüllung ihrer Aufgaben als Rechtsaufsicht jederzeit über alle Angelegenheiten der Stiftung unterrichten. Sie kann an Ort und Stelle prüfen und besichtigen, mündliche und schriftliche Berichte und Niederschriften der Stiftungsorgane sowie Akten und sonstige Unterlagen anfordern oder einsehen. Die Stiftungsbehörde kann auch die Verwaltung der Stiftung prüfen oder auf Kosten der Stiftung prüfen lassen.

§ 8 – Beanstandung und Anordnung

(1) Die Stiftungsbehörde kann in Ausübung der Rechtsaufsicht Beschlüsse und andere Maßnahmen der Stiftungsorgane, die dem Stifterwillen oder den Gesetzen widersprechen, beanstanden und anordnen, dass sie innerhalb einer angemessenen Frist aufgehoben oder rückgängig gemacht werden. Beanstandete Beschlüsse und Maßnahmen dürfen nicht vollzogen werden.

(2) Unterlässt ein Stiftungsorgan eine rechtlich gebotene Maßnahme, kann die Stiftungsbehörde anordnen, dass die Maßnahme innerhalb einer angemessenen Frist durchgeführt wird.

(3) Kommt ein Stiftungsorgan einer Anordnung nach Absatz 1 oder 2 nicht fristgemäß nach, kann die Stiftungsbehörde beanstandete Beschlüsse aufheben und verlangen, dass das aufgrund derartiger Beschlüsse Veranlasste rückgängig gemacht wird sowie angeordnete Maßnahmen nach Fristsetzung und Androhung auf Kosten der Stiftung durchführen oder durchführen lassen. Bei Gefahr im Verzuge bedarf es keiner Fristsetzung und Androhung.

§ 9 – Abberufung und Bestellung von Organmitgliedern, Bestellung eines Beauftragten

(1) Die Stiftungsbehörde kann als Rechtsaufsicht Mitglieder eines Stiftungsorgans aus wichtigem Grunde abberufen oder ihnen die Ausübung ihrer Tätigkeit einstweilen untersagen. Ein solcher Grund ist insbesondere grobe Pflichtverletzung oder Unfähigkeit zur ordnungsgemäßen Geschäftsführung.

(2) Vorbehaltlich der §§ 86 und 29 des Bürgerlichen Gesetzbuches kann die Stiftungsbehörde Mitglieder eines Stiftungsorgans bestellen, sofern sie nicht innerhalb einer von der Stiftungsbehörde gesetzten angemessenen Frist im satzungsmäßigen Bestellungsverfahren berufen werden.

(3) Bei Stiftungen, die ihre Rechtsfähigkeit vor dem 8. Mai 1945 erhalten haben und seitdem ihren Stiftungszweck nicht oder nicht dauerhaft erfüllen konnten und bei denen eine Wiederaufnahme der Stiftungstätigkeit aber Aussicht auf Erfolg verspricht, kann die Stiftungsbehörde für den Fall, dass diese

Stiftungen nicht über handlungsfähige Organe verfügen, bis zur Neubestellung dieser Organe einen Beauftragten bestimmen, der die Aufgaben der Stiftung oder eines Stiftungsorgans auf Kosten der Stiftung wahrnimmt. Der Aufgabenbereich des Beauftragten und seine Befugnisse sind in einer Bestallungsurkunde festzulegen.

§ 10 – Satzungsänderungen, Auflösung, Zusammenschluss

(1) Die Auflösung, der Zusammenschluss mehrerer Stiftungen sowie eine Änderung des Stiftungszwecks durch Satzungsänderung können vom zuständigen Stiftungsorgan beschlossen werden, soweit das Stiftungsgeschäft oder die Satzung dem nicht entgegenstehen. Die Beschlüsse zur Auflösung einer oder zum Zusammenschluss zweier oder mehrerer Stiftungen sowie vom zuständigen Stiftungsorgan gefasste Beschlüsse zu Satzungsänderungen bedürfen der schriftlichen Genehmigung durch die Stiftungsbehörde. Beinhaltet die Satzungsänderung eine Verlegung des Stiftungssitzes in ein anderes Bundesland, bedarf dies der Zustimmung der Stiftungsbehörde sowohl des entlassenden als auch des aufnehmenden Bundeslandes. Beschlüsse, die eine Änderung im Sinne des Satzes 1 beinhalten, bedürfen auch bei kirchlichen Stiftungen im Sinne des § 4 der Genehmigung durch die Stiftungsbehörde.

(2) Bevor eine Genehmigung nach Absatz 1 erteilt wird, ist dem noch lebenden Stifter Gelegenheit zu geben, sich zu den Beschlüssen der zuständigen Stiftungsorgane zu äußern.

§ 11 – Vermögensanfall

Ist in der Satzung für den Fall des Erlöschens der Stiftung weder ein Anfallsberechtigter bestimmt noch einem Stiftungsorgan die Bestimmung des Anfallsberechtigten übertragen, so fällt das Vermögen

1. einer örtlichen Stiftung an die sie verwaltende kommunale Körperschaft,
2. kirchlichen Stiftung oder einer kirchlichen Stiftung gleichgestellte Stiftung der Kirche, Religions- oder Weltanschauungsgemeinschaft zu, die die Stiftung verwaltet oder beaufsichtigt,
3. aller übrigen Stiftungen im Sinne des § 88 des Bürgerlichen Gesetzbuches an das Land.

Die Anfallsberechtigten haben das Vermögen in einer den Zwecken der Stiftung entsprechenden Weise zu verwenden.

§ 12 – Entscheidung über die Rechtsnatur einer Stiftung

(1) Bei Ungewissheit über die Rechtsnatur einer Stiftung entscheidet auf Antrag die Stiftungsbehörde. Kommt eine kirchliche oder den kirchlichen Stiftungen gleichgestellte Stiftung in Betracht, so ist vor der Entscheidung die betroffene Kirche, Religions- oder Weltanschauungsgemeinschaft zu hören.

(2) Der Antrag auf Entscheidung nach Absatz 1 kann von jedem gestellt werden, der ein berechtigtes Interesse an der Entscheidung glaubhaft macht.

§ 13 – Bekanntmachung

Die Anerkennung, das Erlöschen oder die Änderung der Rechtsnatur einer Stiftung sind durch die Stiftungsbehörde im Amtsblatt für Brandenburg bekannt zu machen.

Abschnitt 3: Stiftungsverzeichnis

§ 14 – Stiftungsverzeichnis

(1) Die Stiftungsbehörde führt ein Verzeichnis der rechtsfähigen Stiftungen.

(2) In das Stiftungsverzeichnis sind einzutragen

1. Name, Sitz und Anschrift der Stiftung,
2. die Stiftungszwecke.

Die Eintragungen in das Stiftungsverzeichnis nach Satz 1 begründen keine Vermutung ihrer Richtigkeit.

(3) Der Stiftungsvorstand ist verpflichtet, der Stiftungsbehörde unverzüglich die nach Absatz 2 Satz 1 geforderten Angaben zu übermitteln sowie diesbezügliche Änderungen anzuzeigen.

(4) Die Einsicht in das Stiftungsverzeichnis sowie die Stiftungssatzung ist jedem zu Informationszwecken gestattet.

(5) Das Stiftungsverzeichnis kann auch in maschineller Form als automatisierte Datei geführt werden. Hierbei muss gewährleistet sein, dass

1. die Grundsätze einer ordnungsgemäßen Datenverarbeitung eingehalten, insbesondere Vorkehrungen gegen einen Datenverlust getroffen sowie die erforderlichen Kopien der Datenbestände mindestens tagesaktuell gehalten und die originären Datenbestände sowie deren Kopien sicher aufbewahrt werden,

2. die vorzunehmenden Eintragungen alsbald in einen Datenspeicher aufgenommen und auf Dauer inhaltlich unverändert in lesbarer Form wiedergegeben werden können,
3. die nach der Anlage zu § 126 Abs. 1 Satz 2 Nr. 3 der Grundbuchordnung gebotenen Maßnahmen getroffen werden.

Abschnitt 4: Schlussvorschriften

§ 15 – Stiftungen öffentlichen Rechts

Die rechtliche Bestandskraft von Stiftungen öffentlichen Rechts, die auf der Grundlage des Stiftungsgesetzes vom 13. September 1990 (GBl. I Nr. 61 S. 1483) entstanden sind, wird durch dieses Gesetz nicht berührt. Soweit die Stiftungen durch Rechtsverordnung errichtet wurden, wird die Landesregierung ermächtigt, diese durch Rechtsverordnung nach Anhörung des dafür jeweils zuständigen Landtagsausschusses zu ändern. Diese Vorschrift gilt nicht für die rechtsfähigen Stiftungen im Sinne des § 1.

§ 16 – In-Kraft-Treten, Außer-Kraft-Treten

Dieses Gesetz tritt am Tage nach der Verkündung in Kraft. Gleichzeitig tritt das Stiftungsgesetz für das Land Brandenburg vom 27. Juni 1995 (GVBl. I S. 198), geändert durch Artikel 2 des Gesetzes vom 1. Juli 1996 (GVBl. I S. 241, 242), außer Kraft.

4.5 Bremisches Stiftungsgesetz (BremStiftG) vom 7.3.1989 (Brem.GBl. 1989 S. 163)

zuletzt geändert durch Geschäftsverteilung des Senats vom 02.08.2016 (Brem.GBl. S. 434)

Der Senat verkündet das nachstehende von der Bürgerschaft (Landtag) beschlossene Gesetz:

1. Abschnitt: Allgemeine Vorschriften

§ 1 – Geltungsbereich

Dieses Gesetz gilt für alle rechtsfähigen Stiftungen des bürgerlichen Rechts, die ihren Sitz in der Freien Hansestadt Bremen haben.

§ 2 – Stiftungsbehörde

Stiftungsbehörde im Sinne dieses Gesetzes ist der Senator für Inneres und Sport.

§ 3 – Auslegungsgrundsatz

Bei der Anwendung dieses Gesetzes ist der Stifterwille in erster Linie zu beachten.

§ 4 – Anerkennung

Die zur Entstehung einer Stiftung nach § 80 des Bürgerlichen Gesetzbuches erforderliche Anerkennung erfolgt durch die Stiftungsbehörde.

§ 5 (weggefallen)

§ 6 – Verwaltung der Stiftung

(1) Die Stiftungsorgane haben für die dauernde und nachhaltige Erfüllung des Stiftungszwecks zu sorgen. Sie sind insbesondere zur ordnungsmäßigen Verwaltung des Stiftungsvermögens verpflichtet. Die Haftung der Mitglieder der Stiftungsorgane gegenüber der Stiftung kann auf Vorsatz und grobe Fahrlässigkeit beschränkt werden.

(2) Die Verwaltungskosten sind so gering wie möglich zu halten. Die Mitglieder der Stiftungsorgane haben Anspruch auf Ersatz angemessener Auslagen. Bei entgeltlicher Tätigkeit von Organmitgliedern sind Art und Umfang der

Dienstleistungen und der Vergütung vor Aufnahme der Tätigkeit schriftlich zu regeln.

§ 7 – Stiftungsvermögen und Erträge

(1) Das Stiftungsvermögen ist in seinem Bestand ungeschmälert zu erhalten. Die Stiftungsbehörde kann Ausnahmen zulassen, wenn der Stifterwille anders nicht zu verwirklichen ist und der Bestand der Stiftung für angemessene Zeit gewährleistet ist.

(2) Das Stiftungsvermögen ist von anderem Vermögen getrennt zu halten.

(3) Die Erträge des Stiftungsvermögens und Zuwendungen an die Stiftung sind ausschließlich für den Stiftungszweck und zur Deckung der notwendigen Verwaltungskosten der Stiftung zu verwenden; die Verwendung für den Stiftungszweck schließt die Bildung angemessener Rücklagen ein. Sie können dem Stiftungsvermögen zugeführt werden, soweit es die Satzung vorsieht oder zur Erhaltung des Stiftungsvermögens in seinem Wert angezeigt ist. Zuwendungen sind dem Stiftungsvermögen zuzuführen, wenn der Zuwendende es bestimmt.

(4) Reichen Stiftungserträge und Zuwendungen zur Erfüllung des Stiftungszwecks nicht aus, so sollen sie dem Stiftungsvermögen zugeführt werden, sofern erwartet werden kann, dass aus den Erträgen des vergrößerten Stiftungsvermögens in absehbarer Zeit der Stiftungszweck nachhaltig erfüllt werden kann.

§ 8 – Satzungsänderung, Zusammenschluss, Sitzverlegung und Auflösung durch Stiftungsorgane

(1) Satzungsänderungen, der Zusammenschluss mit anderen Stiftungen oder die Auflösung der Stiftung sind zulässig, wenn die Satzung dies vorsieht oder eine wesentliche Änderung der Verhältnisse dies erfordert. Satzungsänderungen, die den Stiftungszweck nicht berühren, sind außerdem zulässig, wenn sie die ursprüngliche Gestaltung der Stiftung nicht wesentlich ändern. Zu Lebzeiten des Stifters ist dessen Zustimmung erforderlich.

(2) Maßnahmen nach Absatz 1 bedürfen der Genehmigung der Stiftungsbehörde. Einer Genehmigung bedarf auch die Sitzverlegung einer bereits rechtsfähigen Stiftung in den Geltungsbereich dieses Gesetzes.

(3) Mit der Genehmigung des Zusammenschlusses wird die neue Stiftung rechtsfähig.

§ 9 – Zweckänderung, Zusammenlegung und Aufhebung durch die Stiftungsbehörde

(1) Die in § 87 des Bürgerlichen Gesetzbuchs vorgesehenen Maßnahmen trifft die Stiftungsbehörde. Liegen die Voraussetzungen des § 87 Abs. 1 des Bürgerlichen Gesetzbuchs bei mehreren Stiftungen mit im wesentlichen gleichartigen Zwecken vor, so kann die Stiftungsbehörde diese auch zu einer neuen Stiftung zusammenlegen und dieser Stiftung eine Satzung geben; § 8 Abs. 3 gilt entsprechend.

(2) Vor Maßnahmen nach Absatz 1 ist zu Lebzeiten des Stifters auch dieser zu hören.

§ 10 – Vermögensanfall

Enthält das Stiftungsgeschäft oder die Satzung für den Fall des Erlöschens einer Stiftung keine Bestimmung über die Verwendung des Vermögens, so fällt das Vermögen an die Freie Hansestadt Bremen. Diese hat das Vermögen möglichst in einer dem Stiftungszweck entsprechenden Weise zu verwenden.

2. Abschnitt: Stiftungsaufsicht

§ 11 – Grundsatz

Die Stiftungsbehörde übt die Aufsicht darüber aus, dass die Stiftung in Übereinstimmung mit den Gesetzen und der Satzung verwaltet wird. Die Aufsicht soll so gehandhabt werden, dass Entschlusskraft und Verantwortungsfreudigkeit der Stiftungsorgane nicht beeinträchtigt werden.

§ 12 – Unterrichtung und Prüfung

(1) Die Stiftungsbehörde kann sich jederzeit über die Angelegenheiten der Stiftung unterrichten. Sie kann insbesondere Akten und sonstige Unterlagen einsehen sowie mündlichen und schriftlichen Bericht anfordern. Bei Vorliegen eines wichtigen Grundes kann die Stiftungsbehörde die Verwaltung der Stiftung auf deren Kosten prüfen oder prüfen lassen.

(2) Der Vorstand hat der Stiftungsbehörde

1. unbeschadet seiner Verpflichtung nach § 1 Abs. 2 des Gesetzes über die Ausstellung von Vertretungsbescheinigungen vom 9. Dezember 1986 (Brem.GBl. S. 283 - 401-b-1) die Zusammensetzung der Stiftungsorgane und deren Änderungen unverzüglich schriftlich anzuzeigen und

2. auf deren Verlangen einen Bericht über die Erfüllung des Stiftungszwecks sowie eine Jahresabrechnung mit einer Vermögensübersicht einzureichen.

Die Angaben nach Satz 1 Nr. 1 enthalten die Namen, Vornamen und Anschriften der jeweiligen Organmitglieder sowie die Bezeichnung ihrer Stellung innerhalb des Organs, wenn die Satzung dies vorsieht.

§ 13 – Beanstandungen und Anordnungen

(1) Die Stiftungsbehörde kann Beschlüsse und Maßnahmen der Stiftungsorgane, die das Recht verletzen oder gegen die Satzung verstoßen, beanstanden. Beanstandete Beschlüsse und Maßnahmen dürfen nicht vollzogen werden. Die Stiftungsbehörde kann verlangen, dass bereits getroffene Maßnahmen rückgängig gemacht werden. Beanstandete Beschlüsse sind aufzuheben.

(2) Trifft ein Stiftungsorgan eine durch Gesetz oder Stiftungssatzung gebotene Maßnahme nicht, so kann die Stiftungsbehörde anordnen, dass es innerhalb einer angemessenen Frist das Erforderliche veranlasst. Die Stiftungsbehörde hat die zu treffenden Maßnahmen zu bezeichnen.

(3) Die Stiftungsbehörde kann Mitgliedern der Stiftungsorgane wegen grober Pflichtverletzung oder Unfähigkeit zur ordnungsmäßigen Geschäftsführung die Geschäftsführung einstweilen untersagen. Sie kann deren Abberufung sowie die Berufung neuer Mitglieder verlangen.

(4) Kommt die Stiftung innerhalb einer ihr gesetzten angemessenen Frist einem Verlangen oder einer Anordnung der Stiftungsbehörde nach den Absätzen 1 bis 3 nicht nach, kann die Stiftungsbehörde die verlangte Handlung oder die Anordnung auf Kosten der Stiftung selbst durchführen oder durch andere durchführen lassen, wenn dies der Stiftung vorher angedroht worden ist.

§ 14 – Bestellung von Organmitgliedern

Soweit einem Stiftungsorgan die erforderlichen Mitglieder fehlen und nicht nach § 29 des Bürgerlichen Gesetzbuchs zu verfahren ist, kann die Stiftungsbehörde sie in dringenden Fällen für die Zeit bis zur Behebung des Mangels bestellen.

§ 15 – Stiftungsverzeichnis

(1) Die Stiftungsbehörde führt ein Verzeichnis der Stiftungen. Es enthält Angaben über Name, Zeitpunkt der Anerkennung oder Errichtungsjahr, Sitz, Zweck und Anschrift der Stiftung oder Name und Anschrift, unter denen das vertre-

tungsberechtigte Organ zu erreichen ist, bei Familienstiftungen nur Name, Sitz und Zeitpunkt der Anerkennung oder Errichtungsjahr.

(2) Die Stiftungsbehörde veröffentlicht das Stiftungsverzeichnis in geeigneter Form mit Ausnahme der Familienstiftungen. Die Einsicht in das Stiftungsverzeichnis ist jedem gestattet.

(3) Die Eintragung im Stiftungsverzeichnis begründet nicht die Vermutung ihrer Richtigkeit.

3. Abschnitt: Besondere Vorschriften

§ 16 – Kirchliche Stiftungen

(1) Kirchliche Stiftungen sind Stiftungen, deren Zweck es ist, überwiegend kirchlichen Aufgaben zu dienen und die

1. von einer Kirche im Sinne von Artikel 61 der Landesverfassung der Freien Hansestadt Bremen, ihren Verbänden oder Einrichtungen errichtet oder
2. organisatorisch mit ihnen verbunden oder
3. in der Stiftungssatzung der kirchlichen Aufsicht unterstellt sind oder
4. ihren Zweck nur sinnvoll in Verbindung mit einer Kirche im Sinne von Nummer 1, ihren Verbänden oder Einrichtungen erfüllen können.

(2) Die Vorschriften dieses Gesetzes finden auf kirchliche Stiftungen mit folgender Maßgabe Anwendung:

1. die Anerkennung der Stiftung kann nur erfolgen, wenn die zuständige Kirchenbehörde anerkannt hat, dass die Voraussetzungen nach Absatz 1 vorliegen,
2. die Zulassung von Ausnahmen nach § 7 Abs. 1 Satz 2 erteilt die zuständige Kirchenbehörde,
3. für die Verwaltung der kirchlichen Stiftungen gelten die §§ 6 und 7 nur, soweit keine entsprechenden kirchlichen Vorschriften bestehen,
4. die Genehmigung von Satzungsänderungen nach § 8 Abs. 1 Satz 2 erteilt die zuständige Kirchenbehörde; diese teilt der Stiftungsbehörde die von ihr genehmigten Satzungsänderungen mit. Im übrigen ergehen die Entscheidungen der Stiftungsbehörde nach den §§ 8 und 9 im Einvernehmen mit der zuständigen Kirchenbehörde,

5. an die Stelle der Stiftungsaufsicht nach den §§ 11, 12 Abs. 2 Satz 1 Nr. 2, §§ 13 bis 15 tritt die Aufsicht nach kirchlichem Recht durch die zuständige Kirchenbehörde,
6. beim Erlöschen der Stiftung findet § 10 entsprechend Anwendung. An die Stelle des Landes tritt die Kirche. Die Vorschriften über eine dem Fiskus als gesetzlichem Erben anfallende Erbschaft gelten entsprechend.

(3) Die Absätze 1 und 2 gelten entsprechend für die Stiftungen der Religions- und Weltanschauungsgemeinschaften, sofern sie Körperschaften des öffentlichen Rechts sind.

§ 17 – Familienstiftungen

Familienstiftungen sind Stiftungen, die nach dem Stiftungszweck überwiegend dem Wohle der Mitglieder einer bestimmten Familie oder mehrerer bestimmter Familien dienen. Für sie beschränkt sich die Aufsicht auf Maßnahmen nach § 87 des Bürgerlichen Gesetzbuches und auf die Sicherstellung der Handlungsfähigkeit der Stiftungsorgane nach Maßgabe des § 12 Abs. 2 Satz 1 Nr. 1 und Satz 2, § 13 Abs. 2, 3 und 4 und des § 14.

4. Abschnitt: Übergangs- und Schlussvorschriften

§ 18 – Bestehende Stiftungen

(1) Auf die zur Zeit des Inkrafttretens des Gesetzes bestehenden Stiftungen sind die Vorschriften dieses Gesetzes mit Ausnahme des § 4 und § 5 Abs. 3 anzuwenden. Die Stiftungen sind verpflichtet, die in § 15 Abs. 1 Satz 2 genannten Angaben innerhalb eines Jahres nach Inkrafttreten dieses Gesetzes der Stiftungsbehörde mitzuteilen.

(2) Stiftungssatzungen, die den Vorschriften dieses Gesetzes nicht entsprechen, sind zu ändern oder zu ergänzen. Ist eine Satzung nicht vorhanden, so ist sie zu erlassen. Maßnahmen nach Satz 1 und 2 sind innerhalb von zwei Jahren nach Inkrafttreten dieses Gesetzes durchzuführen. Sie bedürfen der Genehmigung der Stiftungsbehörde.

(3) Über die Eigenschaft einer bei Inkrafttreten dieses Gesetzes bestehenden Stiftung als kirchliche Stiftung entscheidet die Stiftungsbehörde im Einvernehmen mit der zuständigen Behörde der Kirche oder der dieser gleichgestellten Religions- oder Weltanschauungsgemeinschaft (§ 16 Abs. 3).

§ 19 – Übergang von Zuständigkeiten

Sind nach einem Stiftungsgeschäft oder einer Stiftungssatzung für Aufgaben nach diesem Gesetz andere Behörden oder Gerichte zuständig, geht deren Zuständigkeit auf die nach diesem Gesetz zuständigen Behörden über.

§ 20 (weggefallen)

§ 21 – Außerkrafttreten von Vorschriften

Mit Inkrafttreten dieses Gesetzes werden alle entgegenstehenden oder inhaltsgleichen Vorschriften, soweit dieses Gesetz ihre Anwendbarkeit nicht ausdrücklich vorsieht, aufgehoben. Insbesondere treten außer Kraft:

1. §§ 4 und 5 des Bremischen Ausführungsgesetzes zum Bürgerlichen Gesetzbuch vom 18. Juli 1899 (SaBremR 400-a-1),
2. das Gesetz über die Änderung von Stiftungen vom 21. November 1940 (SaBremR 401-c-1).

§ 22 – Inkrafttreten

Dieses Gesetz tritt am 1. April 1989 in Kraft.

4.6 Hamburgisches Stiftungsgesetz vom 14.12.2005 (HmbGVBl 2005 S. 521)

Der Senat verkündet das nachstehende von der Bürgerschaft beschlossene Gesetz:

§ 1 – Geltungsbereich

(1) Dieses Gesetz gilt für alle rechtsfähigen Stiftungen des bürgerlichen Rechts, die ihren Sitz in der Freien und Hansestadt Hamburg haben.

(2) Stiftungen, die außerhalb der Freien und Hansestadt Hamburg entstanden sind und ihren Sitz in die Freie und Hansestadt Hamburg verlegen, haben die Sitzverlegung der zuständigen Behörde anzuzeigen.

§ 2 – Begriffsbestimmungen

(1) Private Stiftungen sind Stiftungen, die überwiegend private Zwecke verfolgen, insbesondere Familienstiftungen.

(2) Öffentliche Stiftungen sind Stiftungen, die überwiegend der Allgemeinheit dienen, insbesondere gemeinnützige, mildtätige oder kirchliche Zwecke im Sinne der Abgabenordnung verfolgen.

(3) Kirchliche Stiftungen sind öffentliche Stiftungen, die als kirchliche Stiftungen von der zuständigen Kirchenbehörde anerkannt worden sind. Den kirchlichen Stiftungen gleichgestellt sind Stiftungen, die Aufgaben einer als Körperschaft des öffentlichen Rechts anerkannten Religions- oder Weltanschauungsgemeinschaft wahrnehmen und als dieser zugeordnete Stiftungen von der zuständigen Stelle der Körperschaft anerkannt worden sind.

§ 3 – Stiftungsverzeichnis

(1) Die zuständige Behörde führt ein Verzeichnis der öffentlichen Stiftungen (Stiftungsverzeichnis). Eintragungen im Stiftungsverzeichnis begründen nicht die Vermutung ihrer Richtigkeit.

(2) In das Stiftungsverzeichnis sind einzutragen:

1. der Name der Stiftung,
2. der Zweck der Stiftung,
3. das Jahr der Anerkennung oder Genehmigung der Stiftung,
4. die Anschrift der Stiftung,
5. gegebenenfalls die Eigenschaft als kirchliche Stiftung.

(3) Die Stiftung hat der zuständigen Behörde die in Absatz 2 genannten Angaben sowie spätere Änderungen unverzüglich mitzuteilen.

(4) Die Einsicht in das Stiftungsverzeichnis ist jedermann gestattet. Das Stiftungsverzeichnis wird in das Internetangebot der zuständigen Behörde eingestellt. Soweit berechtigte Interessen Betroffener entgegenstehen, ist auf ihren Antrag von der Einstellung der Anschrift in das Internet abzusehen.

§ 4 – Vermögen und Verwaltung der Stiftung

(1) Die Stiftungsorgane haben nach Maßgabe des Stifterwillens für die dauernde und nachhaltige Verwirklichung des Stiftungszwecks zu sorgen.

(2) Das Stiftungsvermögen ist von anderen Vermögen getrennt zu halten. Es ist sicher und ertragbringend anzulegen; Umschichtungen sind in diesem Rahmen zulässig. Soweit nicht in der Satzung etwas anderes bestimmt ist, ist das Stiftungsvermögen möglichst ungeschmälert zu erhalten, es sei denn, der Stifterwille kann auf diese Weise nicht verwirklicht werden.

(3) Soweit nicht in der Satzung etwas anderes bestimmt ist, sind die Erträge des Stiftungsvermögens und die nicht ausdrücklich zum Vermögen gewidmeten Zuwendungen Dritter nach Abzug der notwendigen Verwaltungskosten zur Verwirklichung des Stiftungszwecks zu verwenden. Rücklagen können gebildet werden, soweit dies der nachhaltigen Verwirklichung des Stiftungszwecks dient und die Satzung nicht entgegensteht.

(4) Die Stiftung hat jährlich eine Jahresrechnung mit einer Vermögensübersicht und einem Bericht über die Erfüllung des Stiftungszwecks zu erstellen; die Grundsätze ordnungsmäßiger Buchführung sind entsprechend anzuwenden.

§ 5 – Stiftungsaufsicht

(1) Stiftungen unterliegen der Rechtsaufsicht der zuständigen Behörde; die Aufsicht erstreckt sich auf die Einhaltung der Satzung und der gesetzlichen Vorschriften. Private Stiftungen (§ 2 Absatz 1) unterliegen der Aufsicht nur insoweit, als sicherzustellen ist, dass ihr Bestand und ihre Betätigung nicht dem öffentlichen Interesse zuwiderlaufen. Staatsverträge, die die Übertragung von Aufgaben der Rechtsaufsicht über kirchliche Stiftungen (§ 2 Absatz 3 Satz 1) auf eine als Körperschaft des öffentlichen Rechts anerkannte Kirche vorsehen, bleiben unberührt.

(2) Die Stiftung hat der zuständigen Behörde die Jahresrechnung nach § 4 Absatz 4 oder den Prüfungsbericht eines öffentlich bestellten Wirtschaftsprüfers,

eines vereidigten Buchprüfers, einer anerkannten Wirtschaftsprüfungsgesellschaft, eines Prüfungsverbandes oder einer fachlich geeigneten Behörde vorzulegen; sofern eine Jahresrechnung vorgelegt wird, hat die Vorlage innerhalb von sechs Monaten, im Übrigen innerhalb von neun Monaten nach Schluss des Geschäftsjahres zu erfolgen. Auf Antrag kann die zuständige Behörde die Vorlagefrist verlängern oder im Einzelfall zulassen, dass die Jahresrechnungen mehrerer Jahre zusammen vorgelegt werden. Im Falle der Vorlage eines Prüfungsberichtes bedarf es keiner nochmaligen Rechnungsprüfung durch die zuständige Behörde. Die Behörde kann in geeigneten Fällen die Prüfung mehrerer Abrechnungen zusammenfassen.

(3) Wurde die Stiftung durch eine natürliche Person errichtet, so findet Absatz 2 zu Lebzeiten des Stifters nur dann Anwendung, wenn er es ausdrücklich wünscht. Der Stifter kann in der Satzung die Geltung des Absatzes 2 generell abbedingen; dies gilt auch für durch juristische Personen errichtete Stiftungen.

(4) Die zuständige Behörde stellt auf Antrag eine Bescheinigung darüber aus, wer nach Maßgabe der Satzung und der von der Stiftung mitgeteilten Angaben zur Vertretung der Stiftung berechtigt ist. Ist die Vertretungsmacht durch die Satzung gegenüber den gesetzlichen Vorschriften erweitert oder beschränkt worden, so ist dies in der Bescheinigung zu vermerken.

(5) Die Stiftung ist verpflichtet, der zuständigen Behörde jede Änderung der Zusammensetzung ihrer Organe unverzüglich anzuzeigen.

§ 6 – Maßnahmen der Stiftungsaufsicht

(1) Soweit es zur ordnungsgemäßen Aufsicht erforderlich ist, kann sich die zuständige Behörde in jeder geeigneten Weise über Angelegenheiten der Stiftung unterrichten, die Verwaltung der Stiftung prüfen oder auf Kosten der Stiftung Prüfungen vornehmen lassen. § 5 Absatz 1 Satz 2 bleibt unberührt.

(2) Soweit Beschlüsse oder sonstige Maßnahmen der Stiftungsorgane gegen die Satzung oder gesetzliche Vorschriften verstoßen, kann die zuständige Behörde sie beanstanden und verlangen, dass sie innerhalb einer zu bestimmenden Frist aufgehoben oder rückgängig gemacht werden. §§ 5 Absatz 1 Satz 2 bleibt unberührt. Die beanstandeten Beschlüsse und Maßnahmen dürfen nicht vollzogen werden. Kommt die Stiftung einem Verlangen nach Satz 1 nicht fristgemäß nach, kann die zuständige Behörde einen beanstandeten Beschluss aufheben und die Rückgängigmachung sonstiger Maßnahmen auf Kosten der Stiftung veranlassen. Die Sätze 1 und 4 gelten entsprechend, wenn

Stiftungsorgane eine rechtlich gebotene Maßnahme unterlassen; die §§ 86 und 29 des Bürgerlichen Gesetzbuchs bleiben unberührt.

(3) Die zuständige Behörde kann Mitglieder eines Stiftungsorgans aus wichtigem Grund abberufen oder ihnen die Ausübung ihrer Tätigkeit einstweilen untersagen. Ein wichtiger Grund ist insbesondere grobe Pflichtverletzung oder Unfähigkeit zur ordnungsgemäßen Geschäftsführung.

(4) Reichen Maßnahmen der zuständigen Behörde nach den Absätzen 1 bis 3 nicht aus, um eine ordnungsgemäße Verwaltung der Stiftung zu gewährleisten oder wiederherzustellen, kann die zuständige Behörde die Durchführung der Beschlüsse und Anordnungen auf Kosten der Stiftung einer von der Behörde zu bestellenden Person oder Stelle übertragen.

§ 7 – Änderung der Satzung, Auflösung, Zulegung und Zusammenlegung

(1) Die Stiftung kann eine Änderung der Satzung beschließen, soweit

1. in der Satzung nicht etwas anderes bestimmt ist,
2. hierfür ein sachlicher Grund besteht, insbesondere die tatsächlichen oder rechtlichen Verhältnisse sich nachhaltig geändert haben, und
3. der tatsächliche oder mutmaßliche Wille des Stifters nicht entgegensteht.

Unter den Voraussetzungen des Satzes 1 kann auch die Zulegung zu einer anderen oder die Zusammenlegung zu einer neuen Stiftung beschlossen werden, sofern die beteiligten Stiftungen im Wesentlichen gleiche Zwecke verfolgen.

(2) Die Stiftung kann ihre Auflösung beschließen, wenn

1. hierfür sachliche Voraussetzungen im Stiftungsgeschäft oder in der Satzung festgelegt sind und diese Voraussetzungen vorliegen, oder
2. der Stiftungszweck erreicht ist oder nicht mehr erfüllt werden kann.

Ist bei einer kirchlichen Stiftung der Vermögensanfall nicht geregelt, so fällt das Stiftungsvermögen im Falle ihrer Auflösung an die jeweilige Kirche; Entsprechendes gilt für Stiftungen nach § 2 Absatz 3 Satz 2.

(3) Beschlüsse nach den Absätzen 1 und 2 bedürfen der Genehmigung durch die zuständige Behörde; bei kirchlichen Stiftungen ist darüber hinaus die Zustimmung der zuständigen Kirchenbehörde erforderlich. Ist der Stifter am Leben, so soll er zuvor gehört werden. Im Falle der Zusammenlegung erlangt die neue Stiftung die Rechtsfähigkeit mit der Genehmigung der Zusammenlegung.

(4) Die zuständige Behörde kann, soweit nicht § 87 des Bürgerlichen Gesetzbuchs Anwendung findet, die Satzung wegen einer wesentlichen Veränderung der Verhältnisse ändern, insbesondere wenn Satzungsbestimmungen unausführbar werden. Ist der Stifter im Leben, so soll er zuvor gehört werden.

§ 8 – Übergangs- und Schlussvorschriften

(1) Dieses Gesetz ist auch auf Stiftungen anzuwenden, die bei In-Kraft-Treten des Bürgerlichen Gesetzbuchs bestanden haben. Wenn eine solche Stiftung keine Satzung hat, so kann die zuständige Behörde eine Satzung erlassen, falls dies nach ihrem Ermessen erforderlich ist, um eine ordnungsgemäße Verwaltung der Stiftung sicherzustellen.

(2) Die zuständige Behörde übt die Befugnisse aus, die nach dem Stiftungsgeschäft oder der Satzung vor dem In-Kraft-Treten des Bürgerlichen Gesetzbuchs dem Obergericht oder der Vormundschaftsbehörde zugestanden haben.

(3) Die Beschränkung der Aufsicht nach § 5 Absatz 1 Satz 2 über bei In-Kraft-Treten dieses Gesetzes bereits bestehende Stiftungen tritt nur ein, sofern der erkennbare Wille des Stifters dem nicht entgegensteht.

(4) Dieses Gesetz tritt am Tage nach der Verkündung in Kraft. Zum selben Zeitpunkt treten die §§ 6 bis 21 des Hamburgischen Ausführungsgesetzes zum Bürgerlichen Gesetzbuch in der Fassung vom 1. Juli 1958 (Sammlung des bereinigten hamburgischen Landesrechts I 40-e) in der geltenden Fassung außer Kraft.

4.7 Hessisches Stiftungsgesetz vom 4.4.1966 (GVBl 1966 I S. 77)

Dieses Gesetz tritt am 1. Mai 1966 in Kraft und mit Ablauf des 31. Dezember 2024 außer Kraft.

Stand: zuletzt geändert durch Artikel 4 des Gesetzes vom 23. Juni 2020 (GVBl. S. 430).

§ 1 – Geltungsbereich

Dieses Gesetz gilt für rechtsfähige Stiftungen des bürgerlichen Rechts und des öffentlichen Rechts, die ihren Sitz in Hessen haben.

§ 2 – Stiftungen des öffentlichen Rechts

(1) Stiftungen des öffentlichen Rechts sind Stiftungen, die ausschließlich oder überwiegend öffentliche Zwecke verfolgen und mit dem Land, einer Gemeinde, einem Gemeindeverband oder einer sonstigen Körperschaft oder Anstalt des öffentlichen Rechts in einem organischen Zusammenhang stehen.

(2) Stiftungen des öffentlichen Rechts sollen im Stiftungsakt und in der Anerkennung ausdrücklich als solche bezeichnet werden.

(3) Für Stiftungen des öffentlichen Rechts gelten die §§ 80 bis 88 des Bürgerlichen Gesetzbuchs entsprechend, ausgenommen § 82 Satz 2.

§ 3 – Anerkennung

Zuständig für die Anerkennung einer Stiftung bürgerlichen Rechts ist die Aufsichtsbehörde, für Stiftungen öffentlichen Rechts die Landesregierung.

§ 4 (aufgehoben)

§ 5 – Verwaltung der Stiftung

Die Stiftungsorgane haben die Stiftung so zu verwalten, dass eine Verwirklichung des Stiftungszwecks unter Berücksichtigung des erkennbaren oder mutmaßlichen Willens des Stifters auf die Dauer nachhaltig gewährleistet erscheint.

§ 6 – Stiftungsvermögen

(1) Das Stiftungsvermögen ist in seinem Bestand ungeschmälert zu erhalten. Die Aufsichtsbehörde kann Ausnahmen zulassen, wenn der Stifterwille anders nicht zu verwirklichen und der Bestand der Stiftung für angemessene Zeit gewährleistet ist.

(2) Das Stiftungsvermögen ist von anderem Vermögen getrennt zu halten.

(3) Der Ertrag des Stiftungsvermögens und Zuwendungen dürfen nur entsprechend dem Stiftungszweck verwendet werden. Das gleiche gilt im Falle des Abs. 1 Satz 2 für das Stiftungsvermögen.

§ 7 – Unterrichtung der Aufsichtsbehörde

Das zur Vertretung der Stiftung berufene Organ ist verpflichtet, der Aufsichtsbehörde

1. jede Änderung der Zusammensetzung eines Organs unverzüglich anzuzeigen,
2. innerhalb von neun Monaten nach Schluss des Geschäftsjahres eine ordnungsmäßige Jahresabrechnung mit einer Vermögensübersicht unter getrennter Ausweisung der Rücklagen und einem Bericht über die Erfüllung des Stiftungszwecks einzureichen.

§ 8 – Haftung der Stiftungsorgane

Die Mitglieder der Stiftungsorgane sind zur ordnungsmäßigen Verwaltung des Stiftungsvermögens verpflichtet. Bei einer vorsätzlichen oder grobfahrlässigen Verletzung ihrer Obliegenheiten sind sie unbeschadet von Haftungsvorschriften in anderen Gesetzen der Stiftung gegenüber zum Schadensersatz verpflichtet.

§ 9 – Änderung der Verfassung nach Anerkennung, Aufhebung und Zusammenlegung von Stiftungen

(1) Der Vorstand oder die sonstigen hierzu berufenen Organe können beantragen, die Verfassung zu ändern, die Stiftung aufzuheben oder sie mit einer anderen Stiftung zusammenzulegen. Der Wille des Stifters ist tunlichst zu berücksichtigen. Die Entscheidung trifft die Aufsichtsbehörde.

(2) Die Aufhebung, die Zusammenlegung mit einer anderen Stiftung oder die Änderung des Zwecks kann nur erfolgen, wenn es wegen wesentlicher Änderung der Verhältnisse angezeigt erscheint. Das Stiftungsgeschäft oder der Stif-

tungsakt kann bestimmen, dass solche Entscheidungen auch ohne wesentliche Änderung der Verhältnisse zulässig sind.

(3) Die Aufsichtsbehörde entscheidet auch über die Zweckänderung oder die Aufhebung der Stiftung im Falle des § 87 des Bürgerlichen Gesetzbuchs.

§ 10 – Stiftungsaufsicht

(1) Die Stiftungen unterstehen der Aufsicht des Landes. Sie soll sicherstellen, dass die Stiftungen im Einklang mit den Gesetzen und mit der Verfassung der Stiftung verwaltet werden. Die Aufsicht soll so gehandhabt werden, dass sie die Entschluss- und Verantwortungsfreudigkeit der Mitglieder der Stiftungsorgane nicht beeinträchtigt.

(2) Soweit Stiftungen von Landesbehörden verwaltet werden, üben die übergeordneten Behörden die allgemeine Stiftungsaufsicht aus. Die §§ 12 bis 16 dieses Gesetzes finden keine Anwendung.

§ 11 – Aufsichtsbehörden

(1) Aufsichtsbehörde ist das Regierungspräsidium, in dessen Bezirk die Stiftung ihren Sitz hat.

(2) Obere Aufsichtsbehörde ist für Stiftungen des bürgerlichen Rechts das für das Stiftungsrecht zuständige Ministerium, für die Stiftungen des öffentlichen Rechts das sachlich zuständige Ministerium.

§ 12 – Unterrichtung und Prüfung

(1) Die Aufsichtsbehörde kann sich über die Angelegenheiten der Stiftung unterrichten, soweit es zur ordnungsgemäßen Aufsicht erforderlich ist. Sie kann insbesondere Einrichtungen der Stiftung besichtigen, Berichte, Akten und sonstige Unterlagen anfordern sowie die Geschäfts- und Kassenführung prüfen oder sie auf Kosten der Stiftung prüfen lassen.

(2) Die Aufsichtsbehörde prüft die Jahresabrechnung mit der Vermögensübersicht und dem Bericht über die Erfüllung des Stiftungszwecks nach § 7 Nr. 2. Sie kann bei Stiftungen, die jährlich im Wesentlichen gleichbleibende Einnahmen und Ausgaben aufweisen, die Prüfung der Rechnungen für mehrere Jahre zusammenzufassen.

(3) Wird eine Stiftung durch einen unabhängigen Wirtschaftsprüfer oder eine andere zur Erteilung eines gleichwertigen Bestätigungsvermerks befugte unabhängige Person oder Gesellschaft geprüft, so muss sich die Prüfung auch

auf die Erhaltung des Stiftungsvermögens und die satzungsgemäße Verwendung der Stiftungsmittel erstrecken. Liegt ein entsprechender Bestätigungsvermerk vor, kann die Aufsichtsbehörde von einer eigenen Prüfung absehen.

(4) Die Aufsichtsbehörde kann verlangen, dass eine Stiftung durch einen unabhängigen Wirtschaftsprüfer oder andere zur Erteilung eines gleichwertigen Bestätigungsvermerks befugte unabhängige Personen oder Gesellschaften geprüft wird. Der Prüfungsauftrag muss sich auf die Erhaltung des Stiftungsvermögens und die satzungsgemäße Verwendung der Stiftungsmittel erstrecken. Liegt ein entsprechender Bestätigungsvermerk vor, so kann die Aufsichtsbehörde von einer eigenen Prüfung absehen.

§ 13 – Beanstandungen und Weisungen

(1) Die Aufsichtsbehörde kann Beschlüsse der Stiftungsorgane, die das Recht verletzen oder gegen die Verfassung verstoßen, aufheben. Sie kann verlangen, dass Maßnahmen, die auf Grund derartiger Beschlüsse getroffen worden sind, rückgängig gemacht werden.

(2) Erfüllt die Stiftung Pflichten oder Aufgaben nicht, die ihr nach Gesetz oder Verfassung obliegen, so kann die Aufsichtsbehörde die Stiftung anweisen, innerhalb einer angemessenen Frist das Erforderliche zu veranlassen.

§ 14 – Ersatzvornahme

(1) Kommt die Stiftung innerhalb der ihr gesetzten Frist einer Weisung der Aufsichtsbehörde (§ 13 Abs. 2) nicht nach, so kann diese die notwendigen Maßnahmen an Stelle der Stiftung verfügen und vollziehen.

(2) Die Kosten hat die Stiftung zu tragen.

§ 15 – Abberufung von Mitgliedern der Stiftungsorgane

(1) Die Aufsichtsbehörde kann Mitglieder eines Stiftungsorgans aus wichtigem Grund, insbesondere wegen grober Pflichtverletzung oder Unfähigkeit zur ordnungsmäßigen Geschäftsführung, abberufen und andere an ihrer Stelle ernennen. Bei schuldhaftem Verhalten bedarf es einer vorherigen Abmahnung.

(2) Die Aufsichtsbehörde kann dem Mitglied eines Stiftungsorgans einstweilen die Geschäftsführung untersagen, wenn es das Wohl der Stiftung erfordert.

(3) Vor einer Maßnahme nach Abs. 1 oder 2 sollen die übrigen Mitglieder der Stiftungsorgane gehört werden.

§ 16 – Bestellung eines Beauftragten

Wenn und solange der ordnungsmäßige Gang der Verwaltung der Stiftung es erfordert und die Befugnisse der Aufsichtsbehörde nach den §§ 12 bis 15 nicht ausreichen, kann die Aufsichtsbehörde Beauftragte bestellen, die alle oder einzelne Aufgaben der Stiftung oder eines Stiftungsorgans auf Kosten der Stiftung wahrnehmen.

§ 17 – Bekanntmachungen

Die Anerkennung, die Aufhebung, die Zusammenlegung von Stiftungen, die Änderung des Namens, des Sitzes, des Zwecks sowie die Entscheidung über die Rechtsnatur einer Stiftung (§ 22) sind im Staatsanzeiger für das Land Hessen bekannt zu machen.

§ 17a – Stiftungsverzeichnis

(1) Für Stiftungen im Sinne dieses Gesetzes führen die Aufsichtsbehörden sowie bei einer Übertragung der Aufsichtsbefugnisse nach § 28 die Stadt Frankfurt am Main ein Stiftungsverzeichnis.

(2) In das Stiftungsverzeichnis sind einzutragen:

1. der Name der Stiftung,
2. die Rechtsnatur der Stiftung,
3. der Sitz der Stiftung,
4. der Zweck der Stiftung,
5. die Anschrift der Stiftung,
6. die vertretungsberechtigten Organe und Personen sowie die Art ihrer Vertretungsberechtigung,
7. das Datum der Anerkennung,
8. die zuständige Aufsichtsbehörde.

Änderungen hat die Stiftung der Aufsichtsbehörde unverzüglich mitzuteilen.

(3) Das Stiftungsverzeichnis ist allgemein zugänglich. Es kann im Internet veröffentlicht werden. Eintragungen im Stiftungsverzeichnis begründen nicht die Vermutung der Richtigkeit.

(4) Das für das Stiftungsrecht zuständige Ministerium richtet für die Führung des Stiftungsverzeichnisses ein gemeinsames automatisiertes Verfahren ein. Die Aufsichtsbehörden sind zur Teilnahme an dem Verfahren verpflichtet. § 39

Abs. 2 des Hessischen Datenschutz- und Informationsfreiheitsgesetzes vom 3. Mai 2018 (GVBl. S. 82), geändert durch Gesetz vom 12. September 2018 (GVBl. S. 570), gilt entsprechend.

(5) Die Aufsichtsbehörde stellt auf Antrag eine Bescheinigung darüber aus, wer nach Maßgabe der Satzung und der von der Stiftung mitgeteilten Angaben zur Vertretung der Stiftung berechtigt ist. Abs. 3 Satz 3 gilt entsprechend.

§ 18 – Örtliche Stiftungen

(1) Örtliche Stiftungen sind solche, die Zwecke erfüllen, welche die Gemeinden, Landkreise oder Zweckverbände in ihrem Bereich als öffentliche Aufgaben wahrnehmen oder wahrnehmen können.

(2) Die Verwaltung der örtlichen Stiftungen bestimmt sich nach den §§ 116 und 120 Abs. 1 der Hessischen Gemeindeordnung.

(3) Unbeschadet des § 120 Abs. 2 der Hessischen Gemeindeordnung dürfen örtliche Stiftungen nur im Einvernehmen mit der Gemeinde, dem Landkreis oder dem Zweckverband als rechtsfähig anerkannt, umgewandelt, zusammengelegt oder aufgehoben werden. Das gleiche gilt für Änderungen der Verfassung oder des Stiftungszwecks.

(4) Wenn örtliche Stiftungen von Gemeinden, Landkreisen, Zweckverbänden oder deren Organen verwaltet werden, nehmen die Aufgaben der Stiftungsaufsicht die zuständigen Kommunalaufsichtsbehörden nach den Vorschriften der Hessischen Gemeindeordnung und der Hessischen Landkreisordnung wahr. Die anderen örtlichen Stiftungen unterliegen der Aufsicht nach § 11.

§ 19 – Stiftungen unter der Verwaltung des Landeswohlfahrtsverbandes Hessen

(1) Unbeschadet des § 87 des Bürgerlichen Gesetzbuchs dürfen Stiftungen, die vom Landeswohlfahrtsverband Hessen oder seinen Eigengesellschaften verwaltet werden, nur mit dessen Einvernehmen als rechtsfähig anerkannt, umgewandelt, zusammengelegt oder aufgehoben werden. Das gleiche gilt für Änderungen der Verfassung oder des Stiftungszwecks.

(2) ...

§ 20 – Kirchliche und weltanschauliche Stiftungen

(1) Kirchliche Stiftungen im Sinne dieses Gesetzes sind die überwiegend kirchlichen, diakonischen, karitativen oder religiösen Zwecken einer Kirche gewid-

meten Stiftungen, die organisatorisch mit der Kirche verbunden sind oder deren Zwecke nur sinnvoll in Verbindung mit der Kirche erfüllt werden können.

(2) Unbeschadet des § 87 des Bürgerlichen Gesetzbuchs dürfen kirchliche Stiftungen nur im Einvernehmen mit der betreffenden Kirche als rechtsfähig anerkannt, umgewandelt, zusammengelegt oder aufgehoben werden. Das gleiche gilt für Änderungen des Stiftungszwecks.

(3) Ortskirchliche Stiftungen und Pfründestiftungen erlangen die Rechtsfähigkeit durch Bekanntmachung der Stiftungsurkunde im Staats-Anzeiger für das Land Hessen. Die Bekanntmachung wird auf Antrag der zuständigen Kirchenbehörde durch den sachlich zuständigen Minister veranlaßt. Entsprechendes gilt für die Umwandlung, Zusammenlegung, Aufhebung und die Änderung des Stiftungszwecks solcher Stiftungen.

(4) Den Kirchen bleibt es überlassen, die Wahrnehmung der übrigen Aufgaben der Stiftungsaufsicht zu regeln.

(5) Kirchenverträge bleiben unberührt.

(6) Abs. 1 bis 5 sind auch auf entsprechende Stiftungen einer als Körperschaft des öffentlichen Rechts anerkannten Religionsgemeinschaft oder Weltanschauungsgemeinschaft anzuwenden.

§ 21 – Familienstiftungen

(1) Familienstiftungen im Sinne dieses Gesetzes sind Stiftungen, die nach dem Stiftungsgeschäft ausschließlich oder überwiegend dem Wohle der Mitglieder einer oder mehrerer bestimmter Familien dienen.

(2) Familienstiftungen unterliegen nur insoweit der Aufsicht des Landes, als sicherzustellen ist, daß ihr Bestand und ihre Betätigung nicht dem öffentlichen Interesse zuwiderlaufen.

§ 22 – Zweifel über die Rechtsnatur einer Stiftung

Bestehen Zweifel über die Rechtsnatur einer Stiftung, vor allem darüber, ob sie eine Stiftung des bürgerlichen oder des öffentlichen Rechts, eine Familienstiftung, eine örtliche, kirchliche oder weltanschauliche Stiftung ist, so entscheidet darüber die Aufsichtsbehörde.

§ 23 – Vermögensanfall

(1) Ist in der Verfassung für den Fall des Erlöschens einer Stiftung kein Anfallberechtigter bestimmt, so fällt das Vermögen

1. einer örtlichen Stiftung an die Gemeinde, den Landkreis oder den Zweckverband,
2. einer vom Landeswohlfahrtsverband Hessen verwalteten Stiftung an den Landeswohlfahrtsverband Hessen,
3. einer kirchlichen oder weltanschaulichen Stiftung an die Kirche, Religionsgemeinschaft oder Weltanschauungsgemeinschaft,
4. aller anderen Stiftungen an das Land.

Auch im Falle von Nr. 1 bis 3 finden die Vorschriften über eine dem Fiskus als gesetzlichem Erben anfallende Erbschaft Anwendung.

(2) Die Anfallberechtigten haben das Vermögen tunlichst in einer den Zwecken der Stiftung entsprechenden Weise zu verwenden.

§ 24 – Rechtsstellung bestehender Stiftungen

Auf die zur Zeit des Inkrafttretens des Gesetzes bestehenden Stiftungen sind mit Ausnahme des § 3 die Vorschriften dieses Gesetzes anzuwenden.

§ 25 (gestrichen)

§ 26 (vollzogen)

§ 27 (vollzogen)

§ 28 – Ermächtigung zur Übertragung von Aufsichtsbefugnissen

Das Regierungspräsidium in Darmstadt wird ermächtigt, die Befugnisse des § 12 für Stiftungen, die ihren Sitz in Frankfurt am Main haben, auf den Magistrat der Stadt Frankfurt am Main zu übertragen.

§ 29 – (aufgehoben)

§ 30 – In-Kraft-Treten; Außer-Kraft-Treten

Dieses Gesetz tritt am 1. Mai 1966 in Kraft und mit Ablauf des 31. Dezember 2024 außer Kraft.

4.8 Stiftungsgesetz des Landes Mecklenburg-Vorpommern (Landesstiftungsgesetz – StiftG M-V) vom 7.6.2006 (GVOBl. M-V 2006 S. 366)

Stand: Letzte berücksichtigte Änderung: §§ 2, 3, 12 geändert durch Artikel 2 des Gesetzes vom 15.11.2012 (GVOBl. M-V 2012 S. 502, 503)

Der Landtag hat das folgende Gesetz beschlossen:

§ 1 – Geltungsbereich

Dieses Gesetz gilt für rechtsfähige Stiftungen des bürgerlichen Rechts mit Sitz in Mecklenburg-Vorpommern.

§ 2 – Stiftungsbehörde

Zuständige Behörde für die Anerkennung der Rechtsfähigkeit nach § 80 des Bürgerlichen Gesetzbuchs, für das Erstellen oder Ergänzen der Stiftungssatzung bei testamentarischer Errichtung nach § 83 Satz 2 des Bürgerlichen Gesetzbuchs, für die Zweckänderung oder Aufhebung nach § 87 des Bürgerlichen Gesetzbuchs sowie für die Stiftungsaufsicht nach den §§ 4 bis 9 ist das Justizministerium, soweit in diesem Gesetz nichts anderes bestimmt ist.

§ 3 – Stiftungsverzeichnis

Das Justizministerium führt ein allgemein einsehbares Verzeichnis mit den Angaben der Stiftungsbehörden zum Namen, zum wesentlichen Zweck, zum Sitz, zur Anschrift und zum Datum der Anerkennung der Stiftungen. Die Eintragungen begründen nicht die Vermutung der Richtigkeit. Darüber hinaus unterliegen stiftungsbehördliche Unterlagen zu einzelnen Stiftungen nicht einem allgemeinen Informationszugang. Angaben zu kirchlichen Stiftungen werden auf Antrag der zuständigen Kirchenbehörde in das Verzeichnis aufgenommen.

§ 4 – Rechtsaufsicht

(1) Die Stiftungen stehen unter der Rechtsaufsicht des Landes. Sie wird von der Stiftungsbehörde wahrgenommen. Die Aufsicht soll sicherstellen, dass die Organe der Stiftung den im Stiftungsgeschäft und in der Stiftungssatzung zum Ausdruck gekommenen Stifterwillen sowie die Gesetze beachten.

(2) Die Stiftung ist verpflichtet, der Stiftungsbehörde schriftlich

1. unverzüglich ihre Anschrift, die Zusammensetzung der Organe und die Vertretungsbefugnis gemäß §§ 86, 26 und 30 des Bürgerlichen Gesetzbuchs sowie jede Änderung anzuzeigen,
2. innerhalb von neun Monaten nach Ablauf des Geschäftsjahres eine nach den Grundsätzen ordnungsgemäßer Buchführung zu erstellende Jahresabrechnung mit einer Vermögensübersicht und einem Bericht über die Erfüllung des Stiftungszwecks zur Prüfung vorzulegen; Geschäftsjahr ist das Kalenderjahr, soweit in der Stiftungssatzung nichts anderes bestimmt ist.

(3) Die Stiftungsbehörde stellt auf Antrag der Stiftung eine Bescheinigung über die angezeigte Vertretungsbefugnis zur Vorlage gegenüber Dritten aus.

§ 5 – Unterrichtung und Prüfung

Soweit es zur ordnungsgemäßen Aufsicht erforderlich ist, kann die Stiftungsbehörde sich über Angelegenheiten der Stiftung unterrichten, die Verwaltung der Stiftung prüfen oder im Namen und auf Kosten der Stiftung prüfen lassen.

§ 6 – Beanstandung, Anordnung und Ersatzvornahme

(1) Die Stiftungsbehörde kann Beschlüsse und andere Maßnahmen der Stiftungsorgane, die dem Stifterwillen oder den Gesetzen widersprechen, beanstanden und anordnen, dass sie innerhalb einer angemessenen Frist aufgehoben oder rückgängig gemacht werden. Beanstandete Maßnahmen dürfen nicht vollzogen werden.

(2) Unterlässt ein Stiftungsorgan eine rechtlich gebotene Maßnahme, kann die Stiftungsbehörde anordnen, die Maßnahme innerhalb einer angemessenen Frist durchzuführen.

(3) Kommt die Stiftung einer Anordnung nicht fristgemäß nach, kann die Stiftungsbehörde beanstandete Beschlüsse aufheben und angeordnete Maßnahmen im Namen und auf Kosten der Stiftung durchführen oder durchführen lassen.

§ 7 – Abberufung und Bestellung von Organmitgliedern

(1) Die Stiftungsbehörde kann Mitglieder eines Stiftungsorgans aus wichtigem Grund abberufen oder ihnen die Ausübung ihrer Tätigkeit einstweilen untersagen. Ein wichtiger Grund ist insbesondere grobe Pflichtverletzung oder Unfähigkeit zur ordnungsgemäßen Geschäftsführung.

(2) Vorbehaltlich der Notbestellung des Vorstands durch das Amtsgericht nach §§ 86, 29 des Bürgerlichen Gesetzbuchs kann die Stiftungsbehörde Mitglieder eines Stiftungsorgans bestellen, sofern sie nicht innerhalb einer von ihr gesetzten angemessenen Frist satzungsgemäß bestimmt werden.

§ 8 – Bestellung eines Beauftragten

Wenn die Befugnisse der Stiftungsbehörde nach den §§ 5 bis 7 nicht ausreichen, um eine ordnungsgemäße Verwaltung zu gewährleisten, kann sie einen Beauftragten im Namen der Stiftung bestellen, der die Aufgaben der Stiftung oder eines Stiftungsorgans auf Kosten der Stiftung wahrnimmt.

§ 9 – Änderung der Stiftungssatzung

(1) Eine Änderung der Stiftungssatzung bedarf der Genehmigung durch die Stiftungsbehörde. Die Stiftungsbehörde kann die Stiftungssatzung ändern, wenn dies aufgrund einer wesentlichen Veränderung der Verhältnisse erforderlich ist.

(2) Der Stifter soll zu Lebzeiten vor einer Änderung der Stiftungssatzung angehört werden. Bei mehreren Stiftern reicht die Anhörung von mindestens zwei Mitstiftern aus.

§ 10 – Kommunale Stiftung

(1) Die kommunale Stiftung ist eine Stiftung, die von einer hauptamtlich geleiteten Gemeinde, einem Amt oder einem Landkreis verwaltet wird. Die Übernahme der Verwaltung soll unterbleiben, wenn der Stiftungszweck nicht der Erfüllung öffentlicher Aufgaben der jeweiligen Körperschaft dient. Für die Verwaltung der Stiftung gelten die Vorschriften der Kommunalverfassung, soweit dieses Gesetz nichts anderes regelt. Die Verwaltungsgeschäfte obliegen, soweit die Stiftungssatzung nicht anderes bestimmt, den für die Vertretung der kommunalen Körperschaft zuständigen Organen.

(2) Die Stiftung führt einen eigenen Haushalt. Für die Haushaltswirtschaft gelten die Bestimmungen der Kommunalverfassung über das treuhänderisch verwaltete Vermögen und die Haushaltswirtschaft. Wird anstelle des Haushaltsplanes ein Wirtschaftsplan aufgestellt, sind die Vorschriften über die Wirtschaftsführung, das Rechnungswesen und die Jahresabschlussprüfung der Eigenbetriebe entsprechend anzuwenden.

(3) In den Fällen des § 2 entscheidet die Stiftungsbehörde im Benehmen mit der zuständigen Rechtsaufsichtsbehörde. Darüber hinaus ist die Rechtsaufsichtsbehörde zuständige Stiftungsbehörde im Sinne der §§ 4 bis 8.

(4) Bei Erlöschen der Stiftung fällt das Vermögen an die kommunale Körperschaft, wenn die Stiftungssatzung nicht eine andere Regelung vorsieht.

§ 11 – Kirchliche Stiftung

(1) Die kirchliche Stiftung ist eine Stiftung, die nach ihrem Zweck überwiegend kirchlichen Aufgaben gewidmet ist, und

1. in der Stiftungssatzung der kirchlichen Aufsicht unterstellt ist,
2. organisatorisch mit einer Kirche verbunden ist oder
3. ihren Zweck nur sinnvoll in Verbindung mit einer Kirche erfüllen kann.

Die Stiftung bedarf der Einwilligung der zuständigen Kirchenbehörde vor der Anerkennung der Rechtsfähigkeit nach § 80 des Bürgerlichen Gesetzbuchs

(2) Das Erstellen oder Ergänzen der Stiftungssatzung nach § 83 Satz 2 des Bürgerlichen Gesetzbuchs und die Zweckänderung oder Aufhebung nach § 87 des Bürgerlichen Gesetzbuchs sind im Einvernehmen mit der Kirchenbehörde durchzuführen.

(3) An die Stelle der Rechtsaufsicht nach den §§ 4 bis 9 tritt die Aufsicht nach kirchlichem Recht durch die zuständige Kirchenbehörde.

(4) Bei Erlöschen der Stiftung fällt das Vermögen an die jeweilige Kirche, wenn die Stiftungssatzung nicht eine andere Regelung vorsieht.

(5) Die Absätze 1 bis 4 gelten entsprechend für Stiftungen unter Aufsicht der sonstigen Religionsgesellschaften und der weltanschaulichen Gemeinschaften, die Körperschaften des öffentlichen Rechts sind.

§ 12 – Ordnungswidrigkeiten

(1) Ordnungswidrig handelt, wer vorsätzlich oder fahrlässig

1. entgegen § 4 Abs. 2 Nr. 1 die Anschrift der Stiftung, die Zusammensetzung der Organe und die Vertretungsbefugnis nicht, nicht vollständig, nicht richtig, nicht rechtzeitig oder nicht in der vorgeschriebenen Weise anzeigt oder
2. entgegen § 4 Abs. 2 Nr. 2 die Jahresabrechnung mit der Vermögensübersicht und dem Bericht über die Erfüllung des Stiftungszwecks nicht, nicht vollständig, nicht richtig, nicht rechtzeitig oder nicht in der vorgeschriebenen Weise vorlegt.

(2) Die Ordnungswidrigkeit kann mit einer Geldbuße bis zu 3 000 Euro geahndet werden.

(3) Verwaltungsbehörde im Sinne des § 36 Abs. 1 Nr. 1 des Gesetzes über Ordnungswidrigkeiten ist das Justizministerium.

§ 13 – In-Kraft-Treten, Außer-Kraft-Treten

(1) Dieses Gesetz tritt am Tage nach seiner Verkündung in Kraft.

(2) Gleichzeitig tritt das Stiftungsgesetz vom 24. Februar 1993 (GVOBl. M-V S. 104), geändert durch Artikel 25 des Gesetzes vom 22. November 2001 (GVOBl. M-V S. 438), außer Kraft.

Das vorstehende Gesetz wird hiermit verkündet.

4.9 Niedersächsisches Stiftungsgesetz (NStiftG) vom 24.7.1968 (Nds. GVBl 1968 S. 119)

geändert durch

Gesetz vom 20.12.1985 (Nds. GVBl 1985 S. 609),

Gesetz vom 5.11.2004 (Nds. GVBl 2004 S. 394) und

Gesetz vom 23.11.2004 (Nds. GVBl 2004 S. 514)

Art. 3 des Gesetzes v. 25.6.2014 (Nds. GVBl 2014 S. 168)

§ 1 – Geltungsbereich

Dieses Gesetz gilt für die rechtsfähigen Stiftungen des bürgerlichen Rechts, die ihren Sitz im Lande Niedersachsen haben.

§ 2 – Auslegungsgrundsatz

Bei der Anwendung dieses Gesetzes ist der Stifterwille in erster Linie maßgebend.

§ 3 – Stiftungsbehörde

Stiftungsbehörde im Sinne dieses Gesetzes ist das Amt für regionale Landesentwicklung.

§ 4 – Anerkennung

Die Stiftungsbehörde ist für die Anerkennung nach § 80 des Bürgerlichen Gesetzbuchs (BGB) und für Maßnahmen nach § 83 Satz 2 BGB, auch in Verbindung mit § 81 Abs. 1 Satz 4 BGB, zuständig.

§ 5 – gestrichen

§ 6 – Verwaltung der Stiftung

(1) Das Stiftungsvermögen ist in seinem Bestand ungeschmälert zu erhalten. Die Stiftungsbehörde kann Ausnahmen zulassen, wenn der Stifterwille anders nicht zu verwirklichen und der Bestand der Stiftung für angemessene Zeit gewährleistet ist. Das Stiftungsvermögen ist von anderem Vermögen getrennt zu halten.

(2) Die Erträge des Stiftungsvermögens sind ausschließlich für den Stiftungszweck zu verwenden. Sie dürfen dem Stiftungsvermögen zugeführt werden,

wenn es die Satzung vorsieht oder wenn es zum Ausgleich von Vermögensverlusten erforderlich ist. Zuwendungen an die Stiftung sind für den Stiftungszweck zu verwenden, soweit sie nicht ausdrücklich dem Stiftungsvermögen zugeführt werden sollen.

(3) Die Mitglieder der Stiftungsorgane sind zur ordnungsmäßigen Verwaltung der Stiftung verpflichtet. Organmitglieder, die ihre Pflichten schuldhaft verletzen, sind der Stiftung zum Ersatz des daraus entstehenden Schadens verpflichtet. Die Haftung wegen grober Fahrlässigkeit kann nicht ausgeschlossen werden.

(4) Die Verwaltungskosten sind auf ein Mindestmaß zu beschränken. Die Mitglieder der Stiftungsorgane haben Anspruch auf Ersatz angemessener Auslagen. Bei entgeltlicher Tätigkeit von Organmitgliedern sind Art und Umfang der Dienstleistungen und der Vergütung vor Aufnahme der Tätigkeit schriftlich zu regeln. Ist eine Behörde Stiftungsorgan, so hat die Stiftung im Zweifel nur die Auslagen zu ersetzen.

§ 7 – Satzungsänderung, Zusammenlegung und Aufhebung durch Stiftungsorgane oder Dritte

(1) Wenn die Satzung dies vorsieht oder wenn sich die Verhältnisse seit der Errichtung der Stiftung wesentlich geändert haben, kann die Satzung geändert oder die Stiftung mit einer anderen Stiftung zusammengelegt oder aufgehoben werden.

Satzungsänderungen, die den Stiftungszweck nicht berühren, sind außerdem zulässig, wenn sie die ursprüngliche Gestaltung der Stiftung nicht wesentlich verändern oder die Erfüllung des Stiftungszwecks erleichtern.

(2) Bei Maßnahmen nach Absatz I ist der erkennbare oder mutmaßliche Wille der Stifterin oder des Stifters zu berücksichtigen. Zu Lebzeiten der Stifterin oder des Stifters ist deren oder dessen Zustimmung erforderlich. In Rechte derer, die durch die Stiftung bedacht sind, darf nicht eingegriffen werden.

(3) Maßnahmen nach Absatz I werden von den zur Verwaltung der Stiftung berufenen Organen getroffen. Die Satzung kann andere Stiftungsorgane oder Dritte hierzu ermächtigen. Die Maßnahmen bedürfen der Genehmigung der Stiftungsbehörde. Mit der Genehmigung der Zusammenlegung wird die neue Stiftung rechtsfähig.

(4) Eine Sitzverlegung in das Land Niedersachsen ist der Stiftungsbehörde anzuzeigen.

§ 8 – Zweckänderung, Zusammenlegung und Aufhebung durch die Stiftungsbehörde

(1) Die Stiftungsbehörde trifft die in § 87 BGB vorgesehenen Maßnahmen. Liegen die Voraussetzungen des § 87 Abs. I BGB vor, so kann die Stiftungsbehörde die Umwandlung auch in der Weise vornehmen, daß sie mehrere Stiftungen mit im wesentlichen gleichartigen Zwecken zu einer neuen Stiftung zusammenlegt und dieser Stiftung eine Satzung gibt. Mit der Zusammenlegung wird die neue Stiftung rechtsfähig.

(2) Vor Maßnahmen nach Absatz 1 ist zu Lebzeiten der Stifterin oder des Stifters diese oder dieser zu hören.

§ 9 – Vermögensanfall

(1) Ist für den Fall des Erlöschens einer Stiftung in dem Stiftungsgeschäft oder der Satzung weder ein Anfallberechtigter bestimmt noch einem Stiftungsorgan die Bestimmung des Anfallberechtigten übertragen, so fällt das Vermögen

1. einer kommunalen Stiftung (§ 19 Abs. I) an die kommunale Körperschaft,
2. einer kirchlichen Stiftung (§ 20 Abs. I) an die aufsichtführende Kirche,
3. aller anderen Stiftungen an das Land.

Auch in den Fällen der Nummern 1 und 2 gelten die Vorschriften über eine dem Fiskus als gesetzlichem Erben anfallende Erbschaft entsprechend.

(2) Alle Anfallberechtigten haben das Vermögen tunlichst in einer den Zwecken der Stiftung entsprechenden Weise zu verwenden.

§ 10 – Stiftungsaufsicht

(1) Die Stiftungsaufsicht des Landes stellt sicher, daß die Stiftungen im Einklang mit den Gesetzen und der Stiftungssatzung verwaltet werden. Die Aufsicht soll so gehandhabt werden, daß Entschlußkraft und Verantwortungsfreudigkeit der Mitglieder der Stiftungsorgane nicht beeinträchtigt werden.

(2) Bei Stiftungen, die unmittelbar nur private Zwecke verfolgen und nicht von einer Behörde verwaltet werden, beschränkt sich die Aufsicht auf Maßnahmen nach § 87 BGB und die Sicherstellung der Handlungsfähigkeit der Stiftungsorgane.

(3) Die Stiftungsaufsicht wird von der Stiftungsbehörde geführt. Bei einer Stiftung mit örtlich begrenztem Wirkungsbereich kann die Stiftungsbehörde ihre

Befugnisse nach § 6 Abs. I Satz 2 und den §§ 10 bis 16 auf den Landkreis, die kreisfreie oder die große selbständige Stadt oder die selbständige Gemeinde übertragen, in deren Bezirk die Stiftung ihren Sitz hat.

§ 11 – Unterrichtung und Prüfung

(1) Die Stiftungsbehörde kann sich jederzeit über die Angelegenheiten der Stiftung unterrichten. Sie kann durch Beauftragte die Geschäftsräume und alle Einrichtungen der Stiftung besichtigen und prüfen, mündliche und schriftliche Berichte, Sitzungsniederschriften der Stiftungsorgane, Akten und sonstige Unterlagen einfordern oder einsehen.

(2) Der Vorstand hat der Stiftungsbehörde mitzuteilen, wer dem Vorstand angehört und als besondere Vertreterin oder besonderer Vertreter bestellt worden ist. Die Stiftungsbehörde bescheinigt auf Verlangen, wer danach zur Vertretung der Stiftung berechtigt ist (Vertretungsbescheinigung).

(3) Der Vorstand hat der Stiftungsbehörde innerhalb von fünf Monaten nach Schluss des Geschäftsjahres eine Jahresabrechnung mit einer Vermögensübersicht und einen Bericht über die Erfüllung des Stiftungszwecks zur Prüfung einzureichen.

(4) Wird die Stiftung durch

1. eine Behörde,
2. einen Prüfungsverband,
3. die Prüfungsstelle eines Sparkassen- und Giroverbands,
4. eine Wirtschaftsprüferin, einen Wirtschaftsprüfer oder eine Wirtschaftsprüfungsgesellschaft oder
5. eine vereidigte Buchprüferin, einen vereidigten Buchprüfer oder eine Buchprüfungsgesellschaft

geprüft und erstreckt sich die Prüfung auch auf die Erhaltung des Stiftungsvermögens und die satzungsmäßige Verwendung der Stiftungsmittel, so soll die Stiftungsbehörde von einer eigenen Prüfung absehen. Die Stiftungsbehörde kann die Stiftung auf deren Kosten durch eine in Satz 1 genannte Person oder Einrichtung prüfen lassen.

§ 12 – Beanstandung

Die Stiftungsbehörde kann Beschlüsse und andere Maßnahmen der Stiftungsorgane beanstanden, wenn sie das Gesetz oder die Stiftungssatzung verletzen.

Beanstandete Maßnahmen dürfen nicht vollzogen werden. Die Stiftungsbehörde kann verlangen, daß bereits getroffene Maßnahmen rückgängig gemacht werden.

§ 13 – Anordnung und Ersatzvornahme

(1) Trifft ein Stiftungsorgan eine durch Gesetz oder Stiftungssatzung gebotene Maßnahme nicht, so kann die Stiftungsbehörde anordnen, daß es innerhalb einer bestimmten Frist das Erforderliche veranlaßt.

(2) Kommt das Stiftungsorgan einer Anordnung der Stiftungsbehörde nicht innerhalb der Frist nach, so kann die Stiftungsbehörde die Anordnung auf Kosten der Stiftung selbst durchführen oder durch andere durchführen lassen.

§ 14 – Abberufung von Mitgliedern der Stiftungsorgane

(1) Hat ein Mitglied eines Stiftungsorgans sich einer groben Pflichtverletzung schuldig gemacht oder ist es zur ordnungsmäßigen Geschäftsführung unfähig, so kann die Stiftungsbehörde die Abberufung dieses Mitglieds und die Berufung eines anderen verlangen. Sie kann dem Mitglied die Geschäftsführung einstweilen untersagen.

(2) Ist die Stiftung zur Abberufung des Mitglieds nicht in der Lage oder kommt sie innerhalb einer bestimmten Frist dem Verlangen der Stiftungsbehörde nach Absatz I Satz I nicht nach, so kann die Stiftungsbehörde das Mitglied abberufen und ein anderes an seiner Stelle berufen.

§ 15 – Bestellung von Mitgliedern der Stiftungsorgane

Soweit einem Stiftungsorgan die erforderlichen Mitglieder fehlen und nicht nach § 29 BGB zu verfahren ist, kann die Stiftungsbehörde sie in dringenden Fällen für die Zeit bis zur Behebung des Mangels bestellen.

§ 16 – Schadenersatz

Die Stiftungsbehörde ist befugt, im Namen der Stiftung Ansprüche auf Schadenersatz gegen Mitglieder der Stiftungsorgane gerichtlich geltend zu machen, sofern dies nicht innerhalb einer bestimmten Frist durch das zuständige Stiftungsorgan geschieht oder die Stiftung dazu nicht in der Lage ist.

§ 17 – Bekanntmachungen

Die Errichtung, das Erlöschen, die Änderung des Zwecks und die Verlegung des Sitzes einer Stiftung sowie die Zusammenlegung von Stiftungen sind im Niedersächsischen Ministerialblatt bekanntzumachen.

§ 17a – Stiftungsverzeichnis

(1) Die Stiftungsbehörde führt ein Verzeichnis der rechtsfähigen Stiftungen des bürgerlichen Rechts in ihrem Bezirk mit Ausnahme der Stiftungen nach § 10 Abs. 2 (Stiftungsverzeichnis). Kirchliche Stiftungen werden auf Antrag der zuständigen Kirchenbehörde in das Stiftungsverzeichnis aufgenommen.

(2) In das Stiftungsverzeichnis sind der Name, der Sitz, der wesentliche Zweck und die Anschrift der Stiftung aufzunehmen. Eine Änderung der Anschrift hat die Stiftung der Stiftungsbehörde unverzüglich mitzuteilen. Die Eintragungen im Stiftungsverzeichnis begründen nicht die Vermutung der Richtigkeit.

(3) Das Stiftungsverzeichnis kann von jeder Person eingesehen werden.

§ 18 – Vom Land errichtete oder verwaltete Stiftungen

(1) Wird eine Stiftung durch das Land errichtet oder ist das Land an der Errichtung beteiligt, so nimmt die Landesregierung die Aufgaben der Stiftungsbehörde nach § 4, § 7 Abs. 3 Satz 3 und Abs. 4. § 8 und § 21 Abs. 2 Satz 3 wahr. Sie kann diese Befugnisse auf eine andere Landesbehörde übertragen.

(2) Wird eine Stiftung von einer Landesbehörde verwaltet, so übt die übergeordnete Behörde die Stiftungsaufsicht aus. Sie nimmt, wenn die Voraussetzungen des Absatzes l nicht vorliegen, die dort genannten Aufgaben wahr.

§ 19 – Kommunale Stiftungen

(1) Kommunale Stiftungen sind Stiftungen, deren Zweck im Aufgabenbereich einer kommunalen Körperschaft liegt und die von dieser Körperschaft verwaltet werden. Die Stiftungsbehörde hat der Kommunalaufsichtsbehörde vor der nach § 80 BGB erforderlichen Anerkennung Gelegenheit zu geben, die Errichtung der Stiftung kommunalaufsichtlich zu prüfen.

(2) Für die Verwaltung der kommunalen Stiftungen gelten neben § 6 dieses Gesetzes die Vorschriften über die Vermögensverwaltung bei kommunalen Körperschaften. Maßnahmen nach den §§ 7 und 8 dieses Gesetzes treffen die kommunalen Körperschaften mit Genehmigung der Kommunalaufsichts-

behörde. An die Stelle der Stiftungsaufsicht nach den §§ 10 bis 16 tritt die Kommunalaufsicht.

§ 20 – Kirchliche Stiftungen

(1) Kirchliche Stiftungen sind Stiftungen, die ausschließlich oder überwiegend dazu bestimmt sind, kirchliche Aufgaben zu erfüllen, und

1. von einer Kirche gegründet oder
2. organisatorisch mit einer Kirche verbunden oder
3. in der Stiftungssatzung der kirchlichen Aufsicht unterstellt oder
4. deren Zwecke nur sinnvoll in Verbindung mit einer Kirche zu erfüllen

sind. Kirchliche Stiftungen bedürfen der Anerkennung durch die zuständige Kirchenbehörde.

(2) Entscheidungen der Stiftungsbehörde werden im Einvernehmen mit der zuständigen Kirchenbehörde getroffen. Für die Verwaltung der kirchlichen Stiftungen gilt § 6 nur insoweit, als keine entsprechenden kirchlichen Vorschriften bestehen. Im übrigen gilt § 6 Abs. l Satz 2 mit der Maßgabe, daß die zuständige Kirchenbehörde Ausnahmen zulassen kann. An Stelle der Stiftungsbehörde erteilt die zuständige Kirchenbehörde gemäß § 7 die Genehmigung von Satzungsänderungen, durch die nicht der Zweck einer kirchlichen Stiftung geändert. An die Stelle der Stiftungsaufsicht nach den §§ 10 bis 16 tritt die Aufsicht nach kirchlichem Recht durch die zuständige Kirchenbehörde.

(3) Die Absätze l und 2 sowie § 9 Abs. l gelten entsprechend für die Stiftungen der jüdischen Kultusgemeinden, der sonstigen Religionsgemeinschaften und der weltanschaulichen Gemeinschaften, sofern sie Körperschaften des öffentlichen Rechts sind und die für die Aufsicht über die Stiftungen erforderlichen Vorschriften erlassen haben.

§ 21 – Bestehende Stiftungen

(1) Auf die zur Zeit des Inkrafttretens des Gesetzes bestehenden Stiftungen sind die Vorschriften dieses Gesetzes mit Ausnahme von § 4 anzuwenden.

(2) Stiftungssatzungen, die den Vorschriften dieses Gesetzes nicht entsprechen, sind zu ändern oder zu ergänzen. Ist eine Satzung nicht vorhanden, so ist sie zu erlassen. Maßnahmen nach den Sätzen l und 2 bedürfen der Genehmigung der Stiftungsbehörde.

§ 22 – Übergang von Zuständigkeiten

Die Zuständigkeiten in Stiftungsangelegenheiten gehen auf die in diesem Gesetz bestimmten Behörden über, auch wenn sich aus einer Stiftungssatzung bisher Zuständigkeiten anderer Behörden ergeben haben.

§ 23 – Aufhebung bisher geltenden Rechts

(1) Alle landesrechtlichen Vorschriften, die diesem Gesetz entgegenstehen oder den gleichen Inhalt haben, werden aufgehoben. Insbesondere treten außer Kraft:

1. §§ 10 bis 14 und § 110 des braunschweigischen Ausführungsgesetzes zum Bürgerlichen Gesetzbuche vom 12. Juni 1899 (Nieders. GVBl. Sb. III S. 230);
2. §§ 5 und 6 der oldenburgischen Verordnung zur Ausführung des Bürgerlichen Gesetzbuchs vom l. Dezember 1899 (Nieders. GVBl. Sb. III S. 238);
3. § 29 des preußischen Ausführungsgesetzes zum Deutschen Gerichtsverfassungsgesetz vom 24. April 1878 (Nieders. GVBl. Sb. III S. 149);
4. Art. l bis 4 und Art. 5 § 2 des preußischen Ausführungsgesetzes zum Bürgerlichen Gesetzbuche vom 20. September 1899 (Nieders. GVBl. Sb. III S. 221);
5. Art. 4 und 5 der preußischen Verordnung zur Ausführung des Bürgerlichen Gesetzbuchs vom 16. November 1899 (Nieders. GVBl. Sb. III S. 229);
6. das preußische Gesetz über Änderungen von Stiftungen vom 10. Juli 1924 (Nieders. GVBl. Sb. II S. 469);
7. § 2 Buchst, a Nr. 13 der preußischen Verordnung über die Einführung landesrechtlicher Vorschriften in den nach dem Groß-Hamburg-Gesetz auf Preußen übergegangenen Gebietsteilen (Rechtseinführungsverordnung) vom 18. März 1938 (Nieders. GVBl. Sb. II S. 16).

(2) Es werden gestrichen:

1. in der Anlage zum Gesetz über Kosten im Bereich der Justizverwaltung vom 18. November 1957 (Nieders. GVBl. Sb. I S. 490) die Nummer l;
2. in § 103 Abs. l des braunschweigischen Ausführungsgesetzes zum Bürgerlichen Gesetzbuche vom 12. Juni 1899 (Nieders. GVBl. Sb. III S. 230) hinter dem Wort "Gemeindeschulen" das Komma und die Worte "milden Stiftungen".

(3) Auf Grund des § 4 des Gesetzes zur Änderung von Vorschriften des Fideikommiß- und Stiftungsrechts vom 28. Dezember 1950 (Bundesgesetzbl. S. 820) werden aufgehoben:

1. § 18 des Gesetzes über das Erlöschen der Familienfideikommisse und sonstiger gebundener Vermögen vom 6. Juli 1938 (Reichsgesetzbl. I S. 825);
2. §§ 11, 13 und 15 bis 26 der Verordnung zur Durchführung und Ergänzung des Gesetzes über das Erlöschen der Familienfideikommisse und sonstiger gebundener Vermögen vom 20. März 1939 (Reichsgesetzbl. I S. 509);
3. die Verordnung über Familienstiftungen vom 17. Mai 1940 (Reichsgesetzbl. I S. 806).

§ 24 – Inkrafttreten

Dieses Gesetz tritt am 1. Januar 1969 in Kraft.

4.10 Stiftungsgesetz für das Land Nordrhein-Westfalen (StiftG NRW) vom 15.2.2005 (GV NRW 2005 S. 52)

zuletzt geändert durch Änd G v. 9.2.2013 (GV. NRW 2013 S. 112)

1. Abschnitt: Allgemeine Bestimmungen

§ 1 – Geltungsbereich

Dieses Gesetz gilt für rechtsfähige Stiftungen des bürgerlichen Rechts, die ihren Sitz in Nordrhein-Westfalen haben.

§ 2 – Anerkennungsverfahren

Zur Entstehung einer Stiftung im Sinne dieses Gesetzes ist deren Anerkennung durch die zuständige Stiftungsbehörde gemäß § 80 Abs. 1 und 2 BGB erforderlich.

§ 3 – Statusklärung in Zweifelsfällen

Bestehen Zweifel, ob es sich bei einer Einrichtung um eine Stiftung im Sinne dieses Gesetzes handelt, oder ist die Rechtsnatur einer Stiftung zweifelhaft, so entscheidet hierüber auf Antrag die oberste Stiftungsbehörde. Antragsberechtigt ist, wer ein berechtigtes Interesse an der Entscheidung glaubhaft macht.

2. Abschnitt: Verwaltung der Stiftung

§ 4 – Grundsätze

(1) Die Stiftungsorgane haben die Stiftung so zu verwalten, wie es die dauernde und nachhaltige Verwirklichung des Stiftungszwecks im Sinne der Stiftungssatzung oder – hilfsweise – des mutmaßlichen Willens der Stifterin oder des Stifters erfordert.

(2) Soweit nicht in der Satzung etwas anderes bestimmt ist oder der Wille der Stifterin oder des Stifters auf andere Weise nicht verwirklicht werden kann, ist das Stiftungsvermögen ungeschmälert zu erhalten. Vermögensumschichtungen sind nach den Regeln ordentlicher Wirtschaftsführung zulässig.

(3) Soweit nicht in der Satzung etwas anderes bestimmt ist, sind die Erträge des Stiftungsvermögens sowie Zuwendungen Dritter, die nicht ausdrücklich

zur Erhöhung des Stiftungsvermögens bestimmt sind, zur Verwirklichung des Stiftungszwecks und zur Deckung der Verwaltungskosten zu verwenden.

§ 5 – Satzungsänderung, Zusammenschluss, Selbstauflösung

(1) Soweit nicht in der Satzung etwas anderes bestimmt ist, können die zuständigen Stiftungsorgane eine Änderung der Satzung beschließen, wenn hierdurch der Stiftungszweck oder die Organisation der Stiftung nicht wesentlich verändert wird. Die Stiftungsbehörde ist hierüber innerhalb eines Monats nach Beschlussfassung zu unterrichten.

(2) Soweit die Satzung es nicht ausschließt, können die zuständigen Stiftungsorgane

1. wesentliche Änderungen des Stiftungszwecks, wesentliche Änderungen, die die dauernde und nachhaltige Erfüllung des Stiftungszwecks berühren, den Zusammenschluss der Stiftung mit einer anderen oder die Auflösung der Stiftung beschließen, sofern eine wesentliche Änderung der Verhältnisse eingetreten ist,
2. wesentliche Änderungen der Organisation beschließen, soweit es die Erfüllung des Stiftungszwecks nicht beeinträchtigt.

Die Stifterinnen und Stifter sind hierzu nach Möglichkeit anzuhören. Die Beschlüsse bedürfen der Genehmigung durch die Stiftungsbehörde. Mit der Genehmigung der Beschlüsse über den Zusammenschluss und die hierzu erforderlichen Satzungsänderungen ist die neue Stiftung anerkannt.

3. Abschnitt: Stiftungsaufsicht

§ 6 – Grundsätze

(1) Die Stiftungen unterliegen der Rechtsaufsicht des Landes; kirchliche Stiftungen und diesen gleichgestellte Stiftungen (§ 13 Abs. 2) jedoch nur nach Maßgabe des § 14.

(2) Aufgabe der Stiftungsaufsicht ist es zu überwachen und sicherzustellen, dass die Organe der Stiftung den in Stiftungsgeschäft und Stiftungssatzung zum Ausdruck kommenden Willen der Stifterin oder des Stifters beachten und die Tätigkeit der Stiftung im Einklang mit Recht und Gesetz steht.

(3) Stiftungen, die ausschließlich oder überwiegend private Zwecke verfolgen, unterliegen nur insoweit der Stiftungsaufsicht, als sicherzustellen ist, dass

ihre Betätigung nicht gesetzlich geschützten öffentlichen Interessen zuwiderläuft.

§ 7 – Unterrichtung und Prüfung

(1) Der Stiftungsvorstand ist verpflichtet, der Stiftungsbehörde innerhalb von zwölf Monaten nach Ablauf des Geschäftsjahres eine Jahresabrechnung mit einer Vermögensübersicht und einen Bericht über die Erfüllung der Stiftungszwecke vorzulegen. Wird die Stiftung durch eine Behörde, einen Prüfungsverband, die Prüfungsstelle eines Sparkassen- und Giroverbands, eine Wirtschaftsprüferin, einen Wirtschaftsprüfer oder eine Wirtschaftsprüfungsgesellschaft oder eine vereidigte Buchprüferin, einen vereidigten Buchprüfer oder eine Buchprüfungsgesellschaft geprüft und erstreckt sich die Prüfung auch auf die Erhaltung des Stiftungsvermögens und die satzungsgemäße Verwendung der Stiftungsmittel, so soll die Stiftungsbehörde von einer eigenen Prüfung absehen.

(2) Die beabsichtigte Veräußerung oder Belastung von Grundstücken oder sonstiger Vermögenswerte, die Übernahme von Bürgschaften und diesen ähnliche Rechtsgeschäfte sind der Stiftungsbehörde vier Wochen vor Abschluss des Rechtsgeschäftes schriftlich anzuzeigen, wenn der Geschäftswert der beabsichtigten Maßnahme zusammen mit vorhandenen Belastungen insgesamt dreißig vom Hundert des Stiftungsvermögens übersteigt. Das Innenministerium kann weitere Ausnahmen von der Anzeigeverpflichtung zulassen.

(3) Liegen der Stiftungsbehörde Anhaltspunkte dafür vor, dass bei der Verwaltung der Stiftung gegen gesetzliche Bestimmungen oder die Satzung verstoßen wurde, kann sie hierzu Auskunft und die Vorlage von Unterlagen zur Einsichtnahme verlangen sowie im erforderlichen Umfang eine weitergehende Prüfung vornehmen oder auf Kosten der Stiftung vornehmen lassen.

(4) Die Absätze 1 und 2 gelten nicht für Stiftungen, die ausschließlich oder überwiegend privaten Zwecken dienen.

§ 8 – Beanstandung, Anordnung, Ersatzvornahme

(1) Die Stiftungsbehörde kann Beschlüsse und Maßnahmen der Stiftungsorgane, die dem im Stiftungsgeschäft oder in der Stiftungssatzung zum Ausdruck gebrachten Willen der Stifterin oder des Stifters oder gesetzlichen Regelungen widersprechen, beanstanden und verlangen, dass diese innerhalb einer von ihr bestimmten angemessenen Frist aufgehoben oder rückgängig gemacht wer-

den. Beanstandete Beschlüsse oder Maßnahmen dürfen nicht vollzogen werden.

(2) Unterlässt ein Stiftungsorgan eine rechtlich gebotene Maßnahme, kann die Stiftungsbehörde anordnen, dass die Maßnahme innerhalb einer von ihr bestimmten angemessenen Frist durchgeführt wird.

(3) Kommt die Stiftung einer Anordnung nach Absatz 1 oder 2 nicht fristgemäß nach, kann die Stiftungsbehörde beanstandete Beschlüsse aufheben und angeordnete Maßnahmen auf Kosten der Stiftung durchführen oder durchführen lassen.

§ 9 – Abberufung und Bestellung von Organmitgliedern, Sachwalterbestellung

(1) Hat ein Mitglied eines Stiftungsorgans sich einer groben Pflichtverletzung schuldig gemacht oder ist es zur ordnungsgemäßen Wahrnehmung seiner der Stiftung gegenüber bestehenden Pflichten nicht in der Lage, so kann die Stiftungsbehörde die Abberufung dieses Mitglieds und die Berufung eines neuen Mitglieds an dessen Stelle verlangen. Sie kann dem Mitglied die Wahrnehmung seiner Geschäfte einstweilen untersagen.

(2) Kommt die Stiftung binnen einer ihr gesetzten angemessenen Frist der nach Absatz 1 Satz 1 getroffenen Anordnung nicht nach, so kann die Stiftungsbehörde die Abberufung des Mitglieds verfügen und, soweit nicht gemäß §§ 86, 29 BGB die Zuständigkeit des Amtsgerichts gegeben ist, eine andere Person an dessen Stelle berufen.

(3) Reichen die Befugnisse der Stiftungsbehörde nach den §§ 7, 8 und 9 Abs. 1 und 2 nicht aus, um eine dem Willen der Stifterin oder des Stifters und den Gesetzen entsprechende Verwaltung der Stiftung zu gewährleisten oder wiederherzustellen, kann die Stiftungsbehörde die Durchführung der Beschlüsse und Anordnungen einer Sachwalterin oder einem Sachwalter übertragen. Deren Aufgabenbereich und Vollmacht sind in einer Bestellungsurkunde festzulegen.

§ 10 – Zweckänderung, Aufhebung

Eine Zweckänderung oder Aufhebung der Stiftung durch die Stiftungsbehörde ist nur unter den Voraussetzungen und nach Maßgabe des § 87 BGB zulässig.

§ 11 – Geltendmachung von Ansprüchen

Erlangt die Stiftungsbehörde von einem Sachverhalt Kenntnis, der Schadensersatzansprüche der Stiftung gegen Mitglieder der Stiftungsorgane begründen könnte, so kann sie der Stiftung eine vertretungsberechtigte Person zur Klärung und Durchsetzung ihrer Ansprüche bestellen. Dies gilt nicht für Stiftungen, die ausschließlich oder überwiegend privaten Zwecken dienen.

4. Abschnitt: Auskunft zu Stiftungen

§ 12 – Öffentliches Stiftungsverzeichnis, Vertretungsbescheinigungen

(1) Stiftungen im Sinne dieses Gesetzes werden in einem elektronischen Stiftungsverzeichnis erfasst, welches nur über das Internet zugänglich ist.

(2) In das Stiftungsverzeichnis sind einzutragen

1. der Name der Stiftung,
2. der Sitz der Stiftung,
3. die Zwecke der Stiftung,
4. die Anschrift der Geschäftsstelle der Stiftung,
5. die vertretungsberechtigten Organe und Personen sowie die Art ihrer Vertretungsberechtigung,
6. das Datum der Anerkennung als rechtsfähige Stiftung,
7. die zuständige Stiftungsaufsichtsbehörde.

Änderungen der Angaben zu den Nummern1 bis 5 sind der zuständigen Stiftungsaufsichtsbehörde unverzüglich mitzuteilen.

(3) Eintragungen im Stiftungsverzeichnis begründen nicht die Vermutung ihrer Richtigkeit.

(4) Die Stiftungsbehörde stellt auf Antrag eine Bescheinigung darüber aus, wer nach Maßgabe der Satzung und der von der Stiftung mitgeteilten Angaben zur Vertretung der Stiftung berechtigt ist.

(5) Die behördlichen Unterlagen über die Anerkennung und Beaufsichtigung einzelner Stiftungen unterliegen nicht dem allgemeinen Informationszugang nach dem Informationsfreiheitsgesetz Nordrhein-Westfalen.

5. Abschnitt: Kirchliche Stiftungen und diesen gleichgestellte Stiftungen

§ 13 – Begriffsbestimmung

(1) Kirchliche Stiftungen im Sinne dieses Gesetzes sind rechtsfähige Stiftungen des Bürgerlichen Rechts, die

a) von einer Kirche oder einer einer Kirche zuzuordnenden Einrichtung zur Wahrnehmung überwiegend kirchlicher, auch diakonischer oder karitativer Aufgaben errichtet sind und nach innerkirchlichen Regelungen der Aufsicht einer kirchlichen Stelle unterliegen oder

b) nach dem Willen der Stifterin oder des Stifters überwiegend kirchlichen, auch diakonischen oder karitativen Zwecken dienen und der Aufsicht einer kirchlichen Stelle unterliegen sollen.

(2) Den kirchlichen Stiftungen gleichgestellt sind bürgerlich-rechtliche Stiftungen, die

a) von einer öffentlich-rechtlichen Religions- oder Weltanschauungsgemeinschaft zur Wahrnehmung ihrer religiösen oder weltanschaulichen Ziele errichtet sind und nach für diese verbindlichen Regelungen einer besonderen Stiftungsaufsicht unterliegen oder

b) nach dem Willen der Stifterin oder des Stifters den Zielen einer öffentlich-rechtlichen Religions- oder Weltanschauungsgemeinschaft dienen und einer besonderen Stiftungsaufsicht nach Maßgabe der für diese Religions- oder Weltanschauungsgemeinschaft verbindlichen Regelungen unterliegen sollen.

§ 14 – Anzuwendende Vorschriften

(1) Für kirchliche Stiftungen gelten die Bestimmungen dieses Gesetzes, soweit sich nicht aus den Absätzen 2 bis 5 etwas anderes ergibt.

(2) Die Anerkennung als kirchliche Stiftung bedarf der Zustimmung der zuständigen kirchlichen Behörde.

(3) Für die Statusklärung in Zweifelsfällen gilt § 3 mit der Maßgabe, dass vor einer Entscheidung die Kirche zu hören ist.

(4) Die Eintragung kirchlicher Stiftungen in das Stiftungsverzeichnis (§ 12) erfolgt nur im Einvernehmen mit der jeweiligen Stiftung und der zuständigen kirchlichen Behörde.

(5) Die kirchlichen Stiftungen unterliegen kirchlicher Stiftungsaufsicht. Die Bestimmungen des 3. Abschnitts finden auf sie keine Anwendung. Den Kirchen obliegt es, Art und Umfang der erforderlichen Regelungen in eigener Verantwortlichkeit zu treffen. Maßnahmen nach § 87 BGB ergehen nur im Einvernehmen mit der zuständigen kirchlichen Behörde. Die hierzu erlassenen Bestimmungen in kirchlichen Stiftungsordnungen werden auch im Gesetz- und Verordnungsblatt für das Land Nordrhein-Westfalen veröffentlicht.

(6) Über eine Satzungsänderung gemäß § 5 Abs. 1 ist die zuständige kirchliche Behörde zu unterrichten. Eine Entscheidung gemäß § 5 Abs. 2 bedarf der Zustimmung der zuständigen kirchlichen Behörde.

(7) Die Absätze 1 bis 6 gelten für die den kirchlichen Stiftungen gleichgestellten Stiftungen entsprechend.

6. Abschnitt: Zuständigkeiten

§ 15 – Zuständige Behörden

(1) Oberste Stiftungsbehörde ist das Innenministerium.

(2) Stiftungsbehörden sind die Bezirksregierungen, soweit sich nicht aus Absatz 3 etwas anderes ergibt. Diesen obliegt auch die Führung und Aktualisierung des öffentlichen Stiftungsverzeichnisses und die Ausstellung der Vertretungsbescheinigungen (§ 12). Örtlich zuständig ist die Bezirksregierung, in deren Bezirk die Stiftung ihren Sitz hat oder haben soll.

(3) Die Anerkennung einer Stiftung, an der der Bund, das Land oder eine Körperschaft oder Anstalt des öffentlichen Rechts, die unmittelbar der Aufsicht der Bundes- bzw. Landesregierung oder oberster Bundes- bzw. Landesbehörden unterliegt, als Stifterin oder Stifter oder Zustifterin oder Zustifter beteiligt werden soll, ist dem Innenministerium vorbehalten. Entsprechendes gilt für Entscheidungen und Maßnahmen nach § 5 Abs. 2 Satz 3, § 7 Abs. 3 und §§ 8 bis 11 in Bezug auf Stiftungen, an denen eine dieser Körperschaften oder Anstalten als Stifterin oder Zustifterin beteiligt ist. Das Innenministerium kann den Bezirksregierungen die Durchführung erforderlicher Prüfungen übertragen. Es ist ermächtigt, Befugnisse nach Satz 1 oder 2 den Stiftungsbehörden durch Rechtsverordnung zu übertragen.

(4) Anträge auf Anerkennung, Genehmigung sowie Anzeigen können über eine einheitliche Stelle abgewickelt werden.

(5) Über den Antrag auf Anerkennung bzw. Genehmigung entscheidet die Behörde innerhalb einer Frist von 6 Monaten; abweichende Entscheidungsfristen kann die Behörde in einer vorab öffentlich bekannt zu machenden Fristenregelung (behördlicher Fristenplan) festsetzen. § 42a Absatz 2 Satz 2 bis 4 des Verwaltungsverfahrensgesetzes gilt entsprechend.

7. Abschnitt: Schlussbestimmungen

§ 16 – Inkrafttreten, Berichtspflicht

Dieses Gesetz tritt am Tage nach seiner Verkündung in Kraft. Die Landesregierung berichtet dem Landtag bis zum 31. Dezember 2015 und danach alle fünf Jahre über die Erfahrungen mit diesem Gesetz.

4.11 Landesstiftungsgesetz für Rheinland-Pfalz (LStiftG) vom 19.7.2004 (GVBl 2004 S. 385)

INHALTSÜBERSICHT

Teil 1: Allgemeine Vorschriften

§ 1	Zweck
§ 2	Geltungsbereich
§ 3	Begriffsbestimmungen
§ 4	Stiftungsbehörden
§ 5	Stiftungsverzeichnis

Teil 2: Stiftungen des bürgerlichen Rechts

§ 6	Zuständige Behörde
§ 7	Verwaltung der Stiftung
§ 8	Änderung der Satzung, Aufhebung der Stiftung
§ 9	Stiftungsaufsicht

Teil 3: Besondere Arten von Stiftungen

§ 10	Stiftungen des öffentlichen Rechts
§ 11	Kommunale Stiftungen
§ 12	Kirchliche Stiftungen

Teil 4: Übergangs- und Schlussbestimmungen

§ 13	Klärung von Rechtsverhältnissen
§ 14	Änderung der Gemeindeordnung
§ 15	In-Kraft-Treten

Der Landtag Rheinland-Pfalz hat das folgende Gesetz beschlossen:

Teil 1:
Allgemeine Bestimmungen

§ 1 – Zweck

(1) Dieses Gesetz soll sicherstellen, dass der Stifterwille vorrangig beachtet wird.

(2) Zweck dieses Gesetzes ist es auch, die Handlungs- und Entscheidungsfreiheit der Stiftungsorgane zu gewährleisten.

§ 2 – Geltungsbereich

(1) Dieses Gesetz gilt für rechtsfähige Stiftungen, die ihren Sitz in Rheinland-Pfalz haben.

(2) Stiftungen, die außerhalb von Rheinland-Pfalz entstanden sind und ihren Sitz nach Rheinland-Pfalz verlegen, unterliegen diesem Gesetz. Die Verlegung des Sitzes ist der Stiftungsbehörde anzuzeigen.

§ 3 – Begriffsbestimmungen

(1) Stiftungen im Sinne dieses Gesetzes sind die rechtsfähigen Stiftungen des bürgerlichen und des öffentlichen Rechts.

(2) Private Stiftungen sind Stiftungen des bürgerlichen Rechts, die überwiegend private Zwecke verfolgen, insbesondere Familienstiftungen.

(3) Öffentliche Stiftungen sind die Stiftungen des bürgerlichen Rechts, die überwiegend gemeinnützige, mildtätige oder kirchliche Zwecke im Sinne der Abgabenordnung verfolgen, und die Stiftungen des öffentlichen Rechts. Für kirchliche Stiftungen gilt Absatz 6.

(4) Stiftungen des öffentlichen Rechts sind rechtsfähige Stiftungen, die zum Land, zu einer kommunalen Gebietskörperschaft oder zu einer sonstigen Körperschaft des öffentlichen Rechts in einer solchen Beziehung stehen, dass sie als öffentliche Einrichtung erscheinen, und als Stiftung des öffentlichen Rechts errichtet oder anerkannt worden sind. Für kirchliche Stiftungen gilt Absatz 6.

(5) Kommunale Stiftungen sind Stiftungen des bürgerlichen oder des öffentlichen Rechts, deren Zweck im Rahmen der jeweiligen kommunalen Aufgaben liegt, deren Verwaltung von einer kommunalen Gebietskörperschaft oder ei-

nem Zweckverband wahrgenommen wird und die als kommunale Stiftung errichtet oder anerkannt worden sind.

(6) Kirchliche Stiftungen sind Stiftungen des bürgerlichen oder des öffentlichen Rechts, die kirchliche Aufgaben wahrnehmen und als kirchliche Stiftung errichtet oder anerkannt worden sind. Als kirchliche Stiftungen gelten auch Stiftungen des bürgerlichen oder des öffentlichen Rechts, die Aufgaben einer jüdischen Gemeinde oder einer sonstigen öffentlich-rechtlichen Religions- oder Weltanschauungsgemeinschaft wahrnehmen und als dieser zugeordnete Stiftung errichtet oder anerkannt worden sind.

§ 4 – Stiftungsbehörden

(1) Stiftungsbehörde ist die Aufsichts- und Dienstleistungsdirektion.

(2) Oberste Stiftungsbehörde ist, vorbehaltlich des Absatzes 3, das für die Angelegenheiten der Stiftungen zuständige Ministerium.

(3) Für Stiftungen, die vorwiegend der Religion, der Wissenschaft und Forschung, dem Unterricht und der Erziehung, der Kunst oder der Denkmalpflege gewidmet sind, ist das fachlich jeweils zuständige Ministerium oberste Stiftungsbehörde; dies gilt nicht, wenn die betreffende Ministerin oder der betreffende Minister oder eine Bedienstete oder ein Bediensteter dieses Ministeriums einem Organ der Stiftung angehört. Bei Stiftungen mit gemischten Zwecken entscheidet der überwiegende Zweck. Im Zweifelsfall entscheidet die Landesregierung.

(4) Soweit dies zur Vermeidung von Interessenkollisionen erforderlich ist oder wenn ein Mitglied der Landesregierung oder eine Bedienstete oder ein Bediensteter eines Ministeriums einem Organ einer Stiftung angehört, bestimmt die oberste Stiftungsbehörde diejenige Landesbehörde, die nach Errichtung der Stiftung mit Ausnahme des § 5 die Aufgaben der Stiftungsbehörde wahrnimmt.

§ 5 – Stiftungsverzeichnis

(1) Die Stiftungsbehörde führt ein Verzeichnis der rechtsfähigen öffentlichen Stiftungen, die ihren Sitz in Rheinland-Pfalz haben (Stiftungsverzeichnis). Auf Antrag der zuständigen Kirchenbehörde werden auch kirchliche Stiftungen in das Stiftungsverzeichnis aufgenommen.

(2) In das Stiftungsverzeichnis sind einzutragen:

1. der Name der Stiftung,
2. der Zweck der Stiftung,
3. das zur Vertretung berechtigte Organ der Stiftung,
4. das Jahr der Errichtung der Stiftung,
5. der Sitz der Stiftung sowie
6. die Anschrift der Stiftung.

(3) Die Stiftung hat die in Absatz 2 genannten Angaben und spätere Änderungen der Stiftungsbehörde unverzüglich mitzuteilen.

(4) Eintragungen im Stiftungsverzeichnis begründen nicht die Vermutung ihrer Richtigkeit.

(5) Die Einsicht in das Stiftungsverzeichnis ist jedermann gestattet. Um eine Einsichtnahme auch in elektronischer Form zu ermöglichen, ist das Stiftungsverzeichnis in das Internetangebot der Stiftungsbehörde einzustellen.

Teil 2: Stiftungen des bürgerlichen Rechts

§ 6 – Zuständige Behörde

(1) Zuständige Behörde im Sinne der §§ 80 bis 88 des Bürgerlichen Gesetzbuches (BGB) ist die Stiftungsbehörde.

(2) Die Entscheidung über den Antrag auf Anerkennung der Stiftung als rechtsfähig ist der Antragstellerin oder dem Antragsteller zuzustellen. Verstirbt die Stifterin oder der Stifter nach der Antragstellung, ist die Entscheidung den Erben oder der mit der Testamentsvollstreckung betrauten Person zuzustellen; sie ist auch dem Nachlassgericht mitzuteilen.

§ 7 – Verwaltung der Stiftung

(1) Die Stiftungsorgane haben nach Maßgabe des Stifterwillens für die dauernde und nachhaltige Verwirklichung des Stiftungszwecks zu sorgen.

(2) Soweit nicht in der Satzung etwas anderes bestimmt ist oder der Stifterwille auf andere Weise nicht verwirklicht werden kann, ist das Stiftungsvermögen möglichst ungeschmälert zu erhalten; Umschichtungen des Stiftungsvermögens sind nach den Regeln ordentlicher Wirtschaftsführung zulässig. Das Stiftungsvermögen ist von anderem Vermögen getrennt zu halten.

(3) Soweit nicht in der Satzung etwas anderes bestimmt ist, sind die Erträge des Stiftungsvermögens und die nicht zu seiner Erhöhung bestimmten Zuwendungen Dritter zur Verwirklichung des Stiftungszwecks und zur Deckung der Verwaltungskosten zu verwenden. Die Erträge können auch dem Stiftungsvermögen zugeführt werden, soweit dies der nachhaltigen Verwirklichung des Stiftungszwecks dient.

(4) Die Stiftung hat innerhalb von sechs Monaten nach Schluss des Geschäftsjahres eine Jahresrechnung mit einer Vermögensübersicht und einem Bericht über die Erfüllung des Stiftungszwecks zu erstellen.

§ 8 – Änderung der Satzung, Aufhebung der Stiftung

(1) Soweit nicht in der Satzung etwas anderes bestimmt ist, kann der Vorstand der Stiftung eine Änderung der Satzung beschließen, wenn hierdurch der Stiftungszweck oder die Organisation der Stiftung nicht wesentlich verändert wird.

(2) Soweit nicht in der Satzung etwas anderes bestimmt ist, kann der Vorstand der Stiftung nach Anhörung der Stifterin oder des Stifters eine Erweiterung oder Änderung des Stiftungszwecks, die Zusammenlegung mit einer anderen Stiftung oder die Aufhebung der Stiftung beschließen, wenn eine wesentliche Änderung der Verhältnisse eingetreten ist.

(3) Beschlüsse nach den Absätzen 1 und 2 bedürfen der Anerkennung durch die Stiftungsbehörde.

§ 9 – Stiftungsaufsicht

(1) Stiftungen des bürgerlichen Rechts unterliegen nach Maßgabe dieses Gesetzes der Rechtsaufsicht durch die Stiftungsbehörde, um sicherzustellen, dass ihre Verwaltung im Einklang mit der Satzung und dem Stifterwillen geführt wird. Die Rechtsaufsicht ist so zu führen, dass die Entschlusskraft und die Eigenverantwortung der Stiftungsorgane gefördert wird. Private Stiftungen nach § 3 Abs. 2 unterliegen der staatlichen Aufsicht nur insoweit, als sicherzustellen ist, dass ihr Bestand und ihre Betätigung nicht dem öffentlichen Interesse zuwiderlaufen.

(2) Die Stiftung hat der Stiftungsbehörde innerhalb von neun Monaten nach Schluss des Geschäftsjahres die Jahresrechnung nach § 7 Abs. 4 vorzulegen. Auf Antrag kann die Stiftungsbehörde die Vorlagefrist nach Satz 1 verlängern; sie kann auch gestatten, dass die Unterlagen nach Satz 1 für mehrere Jahre zusammengefasst eingereicht werden. Wird die Jahresrechnung einer Stiftung

durch einen Prüfungsverband, eine Wirtschaftsprüferin, einen Wirtschaftsprüfer, eine Wirtschaftsprüfungsgesellschaft oder eine Behörde geprüft und der Prüfungsbericht der Stiftungsbehörde vorgelegt, bedarf es keiner nochmaligen Prüfung durch die Stiftungsbehörde. Für öffentliche Stiftungen nach § 3 Abs. 3 Satz 1 gilt Satz 1 nur, soweit nicht in der Satzung etwas anderes bestimmt ist.

(3) Liegen der Stiftungsbehörde Anhaltspunkte vor, dass bei der Verwaltung der Stiftung dieses Gesetz nicht beachtet oder gegen die Satzung verstoßen wurde, kann sie ergänzende Auskünfte einholen, die Vorlage weiterer Unterlagen verlangen sowie im erforderlichen Umfang eine weitergehende Prüfung vornehmen oder auf Kosten der Stiftung veranlassen.

(4) Soweit Beschlüsse oder sonstige Maßnahmen der Stiftungsorgane gegen dieses Gesetz oder die Satzung verstoßen, kann die Stiftungsbehörde diese beanstanden und verlangen, dass sie innerhalb einer bestimmten Frist aufgehoben oder rückgängig gemacht werden. Die beanstandeten Beschlüsse und Maßnahmen dürfen nicht vollzogen werden. Kommt die Stiftung einem Verlangen nach Satz 1 nicht fristgemäß nach, kann die Stiftungsbehörde einen beanstandeten Beschluss aufheben und die Rückgängigmachung sonstiger Maßnahmen auf Kosten der Stiftung veranlassen. Die Sätze 1 und 3 gelten entsprechend, wenn Stiftungsorgane eine rechtlich gebotene Maßnahme unterlassen.

(5) Hat ein Mitglied eines Stiftungsorgans eine grobe Pflichtverletzung begangen oder sich zur ordnungsgemäßen Geschäftsführung als unfähig erwiesen, kann die Stiftungsbehörde ihm die Ausübung seiner Tätigkeit einstweilen untersagen oder seine Abberufung verlangen.

(6) Reichen die Befugnisse der Stiftungsbehörde nach den Absätzen 3 bis 5 nicht aus, um eine ordnungsgemäße Verwaltung der Stiftung zu gewährleisten oder wiederherzustellen, kann die Stiftungsbehörde die Durchführung der Beschlüsse und Anordnungen einer von ihr zu bestellenden Person oder Stelle übertragen.

(7) Die Stiftungsbehörde stellt auf Antrag unentgeltlich eine Bescheinigung darüber aus, wer nach Maßgabe der Satzung und der von der Stiftung mitgeteilten Angaben zur Vertretung der Stiftung berechtigt ist.

Teil 3: Besondere Arten von Stiftungen

§ 10 – Stiftungen des öffentlichen Rechts

(1) Soweit eine Stiftung des öffentlichen Rechts nicht durch Gesetz, aufgrund eines Gesetzes oder durch einen Akt der Landesregierung errichtet wird, bedarf sie zur Erlangung der Rechtsfähigkeit der Anerkennung durch die Stiftungsbehörde.

(2) Die §§ 4 bis 9 dieses Gesetzes sowie die §§ 80 bis 88 BGB gelten für Stiftungen des öffentlichen Rechts entsprechend, soweit nicht durch Gesetz, aufgrund eines Gesetzes oder durch einen Akt der Landesregierung etwas anderes bestimmt ist.

(3) Ist bei einer Stiftung des öffentlichen Rechts eine anfallberechtigte Person oder Stelle nicht bestimmt, fällt das Stiftungsvermögen im Falle ihrer Aufhebung bei kirchlichen Stiftungen an die jeweilige Kirche, bei kommunalen Stiftungen an die stiftungsverwaltende kommunale Gebietskörperschaft oder den stiftungsverwaltenden Zweckverband und in allen sonstigen Fällen an das Land.

§ 11 – Kommunale Stiftungen

Bei rechtsfähigen kommunalen Stiftungen werden die Aufgaben nach § 9 von der Behörde wahrgenommen, die die Staatsaufsicht über die stiftungsverwaltende kommunale Gebietskörperschaft oder den stiftungsverwaltenden Zweckverband führt.

§ 12 – Kirchliche Stiftungen

(1) Eine von der Kirche errichtete kirchliche Stiftung ist auf Antrag der zuständigen Kirchenbehörde durch die Stiftungsbehörde als rechtsfähig anzuerkennen, wenn der Kirchenbehörde die dauernde und nachhaltige Erfüllung des Stiftungszwecks gewährleistet erscheint, der Stiftungszweck das Gemeinwohl nicht gefährdet und das Stiftungsgeschäft den Anforderungen des § 81 Abs. 1 BGB genügt. Eine nicht von der Kirche errichtete kirchliche Stiftung ist mit vorheriger Zustimmung der zuständigen Kirchenbehörde nach Maßgabe des Satzes 1 ebenfalls als rechtsfähige kirchliche Stiftung anzuerkennen.

(2) Hat das zuständige Organ einer kirchlichen Stiftung eine Erweiterung oder Änderung des Stiftungszwecks, eine sonstige Änderung der Satzung, die Zusammenlegung mit einer anderen Stiftung oder die Aufhebung der Stiftung

beschlossen und hat die zuständige Kirchenbehörde hierzu ihre vorherige Zustimmung erteilt, so ist diese Entscheidung durch die Stiftungsbehörde auf Antrag anzuerkennen.

(3) Kirchliche Stiftungen unterliegen nicht der Stiftungsaufsicht nach § 9.

(4) Ist bei einer rechtsfähigen kirchlichen Stiftung des bürgerlichen Rechts eine anfallberechtigte Person oder Stelle nicht bestimmt, fällt das Stiftungsvermögen im Falle ihrer Aufhebung an die jeweilige Kirche.

Teil 4: Übergangs- und Schlussbestimmungen

§ 13 – Klärung von Rechtsverhältnissen

(1) Bestehen Zweifel, ob es sich bei einer mit Vermögen ausgestatteten Einrichtung um eine rechtsfähige Stiftung handelt, kann die Stiftungsbehörde auf Antrag über die Anerkennung als rechtsfähig entscheiden, wenn ein rechtliches Interesse an der Entscheidung besteht.

(2) Soweit hieran ein berechtigtes Interesse besteht, kann die Stiftungsbehörde auf Antrag die Rechtsnatur einer rechtsfähigen Stiftung feststellen. Steht infrage, ob es sich um eine kirchliche Stiftung handelt, ist die zuständige Kirchenbehörde anzuhören.

§ 14 – Änderung der Gemeindeordnung

Die Gemeindeordnung in der Fassung vom 31. Januar 1994 (GVBl. S. 153), zuletzt geändert durch Artikel 1 des Gesetzes vom 22. Dezember 2003 (GVBl. S. 390), BS 2020-1, wird wie folgt geändert:

In § 84 Abs. 1 wird das Wort „Stiftungsgesetz“ durch das Wort „Landesstiftungsgesetz“ ersetzt.

§ 15 – In-Kraft-Treten

(1) Dieses Gesetz tritt am Tage nach der Verkündung in Kraft.

(2) Gleichzeitig tritt das Stiftungsgesetz vom 22. April 1966 (GVBl. S. 95), zuletzt geändert durch Artikel 161 des Gesetzes vom 12. Oktober 1999 (GVBl. S. 325), BS 401-1, außer Kraft.

4.12 Saarländisches Stiftungsgesetz in der Fassung der Bekanntmachung vom 9.8.2004 (ABl 2004 S. 1825)

zuletzt geändert mit Gesetz vom 15.2.2006

§ 1 – Geltungsbereich

Dieses Gesetz gilt für rechtsfähige Stiftungen des bürgerlichen Rechts, die ihren Sitz im Saarland haben.

§ 2 – Stiftungsbehörde

Stiftungsbehörde im Sinne dieses Gesetzes ist das Ministerium für Inneres, Familie, Frauen und Sport.

§ 3 – Anerkennung

Zuständig für die Anerkennung der Rechtsfähigkeit einer Stiftung des bürgerlichen Rechts nach § 80 Abs. 1 des Bürgerlichen Gesetzbuches ist die Stiftungsbehörde.

§ 4 (weggefallen)

§ 5 – Stiftungsverwaltung

(1) Die Stiftungsorgane haben gemäß dem Stifterwillen für die Erfüllung des Stiftungszweckes zu sorgen. Sie sind zur ordnungsgemäßen und wirtschaftlichen Verwaltung der Stiftung verpflichtet. Für jedes Jahr ist nach den Grundsätzen einer ordnungsgemäßen Buchführung eine Jahresrechnung aufzustellen.

(2) Den Mitgliedern der Stiftungsorgane kann Anspruch auf Ersatz angemessener Auslagen gewährt werden. Bei entgeltlicher Tätigkeit von Organmitgliedern sind Art und Umfang der Leistungen und Vergütungen vor Aufnahme der Tätigkeit schriftlich zu regeln. Die Haftung der Mitglieder der Stiftungsorgane gegenüber der Stiftung kann auf Vorsatz und grobe Fahrlässigkeit beschränkt werden.

§ 6 – Stiftungsvermögen

(1) Das Stiftungsvermögen ist in seinem Bestand ungeschmälert zu erhalten. Die Stiftungsbehörde kann Ausnahmen zulassen, wenn der Stifterwille anders nicht zu verwirklichen und der Bestand der Stiftung für angemessene Zeit ge-

währleistet ist. Das Stiftungsvermögen ist von anderem Vermögen getrennt zu halten.

(2) Die Erträge des Stiftungsvermögens und Zuwendungen an die Stiftung sind ausschließlich für den Stiftungszweck und zur Deckung der Verwaltungskosten der Stiftung sowie zur Bildung angemessener Rücklagen zu verwenden. Sie können dem Stiftungsvermögen zugeführt werden, wenn es in der Satzung vorgesehen oder im Einzelfalle notwendig ist, um die Ertragskraft des Vermögens auch in Zukunft sicherzustellen. Zuwendungen müssen dem Stiftungsvermögen zugeführt werden, wenn Zuwendende es bestimmen (Zustiftung).

§ 7 – Satzungsänderung, Zusammenschluss und Auflösung durch Stiftungsorgane

(1) Satzungsänderungen, der Zusammenschluss mit anderen Stiftungen oder die Auflösung der Stiftung sind zulässig, wenn die Satzung dies vorsieht oder eine wesentliche Änderung der Verhältnisse dies erfordert. Satzungsänderungen, die den Stiftungszweck nicht berühren, sind außerdem zulässig, wenn sie die ursprüngliche Gestaltung der Stiftung nicht wesentlich ändern.

(2) Bei Maßnahmen nach Absatz 1 ist der Stifterwille zu berücksichtigen. Stifterinnen und Stifter können sich in der Satzung das Recht vorbehalten, zu Lebzeiten Maßnahmen nach Absatz 1 von ihrer Zustimmung abhängig zu machen. In Rechte derer, die durch die Stiftung bedacht sind, darf nicht eingegriffen werden.

(3) Maßnahmen nach Absatz 1 werden durch das zuständige Stiftungsorgan getroffen. Die Maßnahmen bedürfen der Genehmigung der Stiftungsbehörde.

(4) Mit der Genehmigung des Zusammenschlusses wird die neue Stiftung rechtsfähig. In diesem Zeitpunkt geht das Vermögen der zusammengeschlossenen Stiftungen auf die neue Stiftung über.

§ 8 – Zweckänderung, Zusammenlegung und Aufhebung durch die Stiftungsbehörde

Sofern die Stiftung innerhalb einer ihr von der Stiftungsbehörde gesetzten angemessenen Frist eine Maßnahme nach § 7 nicht vornimmt, ergreift die Stiftungsbehörde die im § 87 des Bürgerlichen Gesetzbuches vorgesehenen Maßnahmen. Unter den Voraussetzungen des § 87 Abs. 1 Bürgerliches Gesetzbuch kann die Stiftungsbehörde mehrere Stiftungen zusammenlegen. Sie gibt dieser neuen Stiftung eine Satzung. § 7 Abs. 2 und 4 gelten entsprechend.

§ 9 (weggefallen)

§ 10 – Stiftungsaufsicht

(1) Die Stiftungsbehörde übt die Aufsicht darüber aus, dass die Stiftung in Übereinstimmung mit Gesetz und Stiftungssatzung verwaltet wird. Dabei stehen ihr die in den §§ 11 bis 16 genannten Maßnahmen zur Verfügung.

(2) Die Aufsicht soll so gehandhabt werden, dass Entschlusskraft und Verantwortungsfreudigkeit der Stiftungsorgane nicht beeinträchtigt werden.

(3) Bei Stiftungen, die überwiegend private Zwecke verfolgen, insbesondere bei Familienstiftungen, beschränkt sich die Aufsicht auf Maßnahmen nach § 15 dieses Gesetzes und § 87 des Bürgerlichen Gesetzbuches. Insoweit sind die Stiftungsorgane zur Auskunft und Vorlage von Unterlagen an die Stiftungsbehörde verpflichtet.

§ 11 – Unterrichtung und Prüfung

(1) Die Stiftungsbehörde kann sich über einzelne Angelegenheiten der Stiftung unterrichten. Die Stiftungsorgane sind zur Auskunft und Vorlage von Unterlagen verpflichtet.

(2) Die Stiftung hat der Stiftungsbehörde

1. die Zusammensetzung und jede Änderung der vertretungsberechtigten Organe unverzüglich anzuzeigen und
2. innerhalb von sechs Monaten nach Ende eines jeden Geschäftsjahres eine Jahresrechnung mit einer Vermögensübersicht und einem Bericht über die Erfüllung des Stiftungszweckes vorzulegen.

Insbesondere sind im Rahmen dieser Rechnungslegung die Höhe des Stiftungsvermögens und der Zustiftungen sowie die Höhe und Verwendung der Erträge und der Zuwendungen zur Zweckverwirklichung auszuweisen. Die Stiftungsbehörde kann zulassen, dass Jahresrechnung und Bericht in größeren als jährlichen Zeitabständen vorgelegt werden.

(3) Wird die Rechnungslegung nach Absatz 2 durch Wirtschaftsprüferinnen oder Wirtschaftsprüfer oder durch vereidigte Buchprüferinnen oder Buchprüfer geprüft, müssen sich Prüfung und Vermerk über deren Ergebnis auch auf die Erhaltung des Stiftungsvermögens und die satzungsgemäße Verwendung der Stiftungsmittel beziehen. Die Stiftungsbehörde sieht in diesen Fällen grundsätzlich von einer eigenen Prüfung ab.

(4) Beim Vorliegen eines wichtigen Grundes kann die Stiftungsbehörde die Verwaltung der Stiftung auf Kosten der Stiftung prüfen oder prüfen lassen.

§ 12 – Beanstandung und Aufhebung

Die Stiftungsbehörde hat Maßnahmen der Stiftungsorgane zu beanstanden, wenn sie gegen Gesetz oder Stiftungssatzung verstoßen. Sie kann verlangen, dass diese Maßnahmen innerhalb einer bestimmten Frist aufgehoben oder rückgängig gemacht werden.

§ 13 – Anordnung und Ersatzvornahme

(1) Trifft ein Stiftungsorgan eine durch Gesetz oder Stiftungssatzung gebotene Maßnahme nicht, so kann die Stiftungsbehörde anordnen, dass die Maßnahme innerhalb einer bestimmten Frist durchgeführt wird.

(2) Kommt das Stiftungsorgan einer Anordnung der Stiftungsbehörde innerhalb der gesetzten Frist nicht nach, so kann die Stiftungsbehörde die Anordnung auf Kosten der Stiftung selbst durchführen oder durch andere durchführen lassen.

§ 14 – Abberufung und Bestellung von Mitgliedern der Stiftungsorgane

(1) Die Stiftungsbehörde kann einem Mitglied eines Stiftungsorgans aus wichtigem Grund, insbesondere wegen grober Pflichtverletzung oder Unfähigkeit zu ordnungsgemäßer Geschäftsführung, die Ausübung seiner Tätigkeit einstweilen untersagen oder es abberufen.

(2) Die Stiftungsbehörde kann im Falle der Abberufung ein neues Mitglied bestellen, sofern die Stiftung innerhalb einer ihr von der Stiftungsbehörde gesetzten angemessenen Frist kein neues Mitglied bestellt hat.

§ 15 – Bestellung von Mitgliedern der Stiftungsorgane

Soweit einem Stiftungsorgan die erforderlichen Mitglieder fehlen und nicht nach § 29 Bürgerliches Gesetzbuch zu verfahren ist, kann die Stiftungsbehörde sie in dringenden Fällen bestellen. Die Bestellung ist auf die erforderliche Dauer zu befristen.

§ 16 – Bestellung von Beauftragten

Wenn und solange es zur ordnungsgemäßen Verwaltung der Stiftung erforderlich ist und die Befugnisse der Stiftungsbehörde nach den §§ 11 bis 15 nicht ausreichen, kann die Stiftungsbehörde Beauftragte bestellen, die alle oder einzelne Aufgaben von Stiftungsorganen auf Kosten der Stiftung wahrnehmen. Soweit die Aufgaben und Befugnisse der Beauftragten reichen, ruhen die Befugnisse der Stiftungsorgane.

§ 17 – Bekanntmachungen

Die Errichtung, das Erlöschen, die Änderung des Namens oder Zweckes, die Sitzverlegung sowie die Zusammenlegung von Stiftungen werden durch die Stiftungsbehörde im Amtsblatt des Saarlandes bekannt gemacht.

§ 18 – Stiftungsverzeichnis

(1) Die Stiftungsbehörde führt ein Verzeichnis der Stiftungen. Es enthält Angaben über Name, Sitz, Zweck und Anschrift der Stiftung.

(2) Die Einsicht in das Stiftungsverzeichnis ist jedem gestattet. Auf Verlangen wird über die Eintragungen im Stiftungsverzeichnis Auskunft erteilt. Die Eintragungen im Stiftungsverzeichnis begründen nicht die Vermutung der Richtigkeit.

§ 19 – Kirchliche Stiftungen

(1) Kirchliche Stiftungen sind Stiftungen, die nach ihren satzungsmäßigen Zwecken vorrangig kirchlichen Aufgaben dienen und

1. von einer Kirche oder einer der Kirche zuzuordnenden Einrichtung errichtet sind oder
2. nach dem Willen des Stifters organisatorisch mit einer Kirche oder einer der Kirche zuzuordnenden Einrichtung verbunden sind und ihre Zwecke nur sinnvoll in Verbindung mit diesen erfüllen können.

(2) Die Vorschriften dieses Gesetzes finden auf kirchliche Stiftungen mit Maßgabe der Absätze 3 bis 5 Anwendung.

(3) Die Anerkennung als kirchliche Stiftung sowie die Genehmigung nach § 7 Abs. 3 und Maßnahmen nach § 8 können nur im Einvernehmen mit der zuständigen Kirchenbehörde erfolgen.

(4) Die kirchliche Behörde führt nach kirchlichem Recht die Stiftungsaufsicht, die an die Stelle der staatlichen Stiftungsaufsicht nach den §§ 10 bis 16 tritt. Sie ist zuständig für die Zulassung von Ausnahmen nach § 6 Abs. 1 Satz 2.

(5) Sind für den Fall des Erlöschens einer Stiftung in der Satzung keine Anfallberechtigten bestimmt, so fällt das Vermögen der Kirche zu, mit der die Stif-

tung verbunden war. Diese hat das Vermögen der Stiftung zu einem dem Stiftungszweck möglichst nahe kommenden Zweck zu verwenden.

(6) Die Absätze 1 bis 5 gelten entsprechend für Stiftungen von Religionsgemeinschaften, sofern sie Körperschaften öffentlichen Rechts sind.

§ 20 – Kommunale Stiftungen

(1) Kommunale Stiftungen sind solche, die von kommunalen Körperschaften verwaltet werden; die Stiftungszwecke müssen im Aufgabenbereich dieser Körperschaften liegen und dürfen nicht wesentlich über deren räumlichen Umkreis hinauswirken.

(2) Nach Anhörung der kommunalen Körperschaft erkennt die Stiftungsbehörde die Stiftung als rechtsfähige kommunale Stiftung an. Für die Verwaltung der kommunalen Stiftung gelten an Stelle der §§ 5 und 6 die Vorschriften über die Vermögensverwaltung nach dem Kommunalselbstverwaltungsgesetz. An die Stelle der Stiftungsaufsicht nach den §§ 10 bis 16 tritt die Kommunalaufsicht.

(3) Mit dem Erlöschen einer kommunalen Stiftung fällt das Vermögen an die kommunale Körperschaft, sofern in der Satzung nichts anderes bestimmt ist. Die Vorschriften über eine dem Fiskus als gesetzlichem Erben anfallende Erbschaft sind entsprechend anzuwenden. Die Körperschaft hat das Vermögen der Stiftung zu einem dem Stiftungszweck möglichst nahe kommenden Zweck zu verwenden.

§ 21 (weggefallen)

§ 22 – Übergang von Zuständigkeiten

Die in diesem Gesetz geregelten Zuständigkeiten gehen sonstigen Zuständigkeitsregelungen vor.

§ 23 (weggefallen)

§ 24 (In-Kraft-Treten)

4.13 Sächsisches Stiftungsgesetz (SächsStiftG) vom 7.8.2007 (SächsGVBl 2007 S. 386), geändert durch Art. 6 des Gesetzes vom 26.4.2018 (SächsGVBl 2018 S. 198)

Abschnitt 1: Allgemeine Bestimmungen

§ 1 – Geltungsbereich

Dieses Gesetz gilt für alle rechtsfähigen Stiftungen des bürgerlichen Rechts und des öffentlichen Rechts, einschließlich der kommunalen und kirchlichen Stiftungen, die ihren Sitz im Freistaat Sachsen haben, soweit seine Geltung nicht ausdrücklich eingeschränkt ist.

§ 2 – Auslegungsgrundsatz

Bei der Anwendung dieses Gesetzes ist in erster Linie der erkennbare oder mutmaßliche Wille des Stifters maßgebend.

§ 3 – Stiftungsbehörden

(1) Stiftungsbehörden sind die Landesdirektionen. Oberste Stiftungsbehörde ist das Staatsministerium des Innern.

(2) Ist der Freistaat Sachsen Stifter oder Mitstifter einer Stiftung des bürgerlichen Rechts, kann durch Rechtsverordnung der Staatsregierung im Einzelfall das Staatsministerium, in dessen Geschäftsbereich der Zweck der Stiftung überwiegend fällt, abweichend von Absatz 1 als Stiftungsbehörde bestimmt werden.

(3) Örtlich zuständig ist die Stiftungsbehörde, in deren Bezirk die Stiftung ihren Sitz hat oder haben wird.

(4) Die Stiftungsbehörde nimmt die Stiftungsaufsicht wahr. Sie ist zuständige Behörde im Sinne der §§ 80 bis 88 des Bürgerlichen Gesetzbuches (BGB).

§ 4 – Stiftungsverwaltung

(1) Die Stiftung ist zur dauernden und nachhaltigen Erfüllung des Stiftungszwecks sparsam und wirtschaftlich zu verwalten.

(2) Die Stiftung hat nach den Grundsätzen ordnungsmäßiger Buchführung Rechnung zu führen.

(3) Das Stiftungsvermögen ist wertmäßig in seinem Bestand und seiner Ertragskraft zu erhalten, es sei denn, dass die Satzung oder die Stiftungsbehörde eine Ausnahme zulässt und der Stiftungszweck nicht anders zu verwirklichen ist. Das Stiftungsvermögen ist von anderem Vermögen getrennt zu halten.

Abschnitt 2: Anerkennung und Stiftungsaufsicht

§ 5 – Anerkennung, Öffentliche Bekanntmachung

(1) Die Anerkennung der Rechtsfähigkeit einer Stiftung ist dem Antragsteller schriftlich mitzuteilen. Sie darf nicht mit Auflagen oder Bedingungen versehen werden.

(2) Die Stiftungsbehörde macht im Sächsischen Amtsblatt den Tag der Anerkennung einer Stiftung, deren Namen, Rechtsform und Sitz, den Stiftungszweck und den Stifter öffentlich bekannt. Das Gleiche gilt für die Aufhebung einer als rechtsfähig anerkannten Stiftung, für die Zusammenlegung von solchen Stiftungen sowie für die Änderung des Stiftungszwecks.

§ 6 – Stiftungsaufsicht

(1) Die Stiftungen stehen unter der Rechtsaufsicht des Freistaates Sachsen, kirchliche Stiftungen nach Maßgabe des § 14 Abs. 2 und 3 Satz 1.

(2) Der Stiftungsvorstand ist verpflichtet, der Stiftungsbehörde innerhalb von sechs Monaten nach Abschluss des Geschäftsjahres einen Nachweis über die Erfüllung des Stiftungszwecks, die wertmäßige Erhaltung des Stiftungsvermögens und die satzungsgemäße Verwendung der Stiftungsmittel zu erbringen. Dieser Nachweis kann entweder durch einen Rechnungsabschluss mit einem Bericht über die Erfüllung des Stiftungszwecks oder durch einen Prüfungsbericht einer verwaltungseigenen Stelle der staatlichen Rechnungsprüfung, eines Wirtschaftsprüfers, eines Prüfungsverbands oder einer anderen zur Erteilung eines gleichwertigen Bestätigungsvermerks befugten Person oder Gesellschaft erbracht werden.

(3) Die Stiftungsbehörde kann anstelle eines Rechnungsabschlusses auf Kosten der Stiftung im Einzelfall auch die Vorlage eines Prüfungsberichts verlangen. Im Falle der Vorlage eines Prüfungsberichtes bedarf es keiner nochmaligen Rechnungsprüfung durch die Stiftungsbehörde.

(4) Die Stiftungsbehörde kann auf Antrag der Stiftung oder von Amts wegen im Einzelfall zulassen, dass der Rechnungsabschluss oder der Prüfungsbericht in größeren als jährlichen Zeitabständen vorgelegt werden.

§ 7 – Maßnahmen der Stiftungsaufsicht

(1) Die Stiftungsbehörde kann sich über die Angelegenheiten der Stiftung unterrichten. Sie kann insbesondere Anstalten und Einrichtungen der Stiftung besichtigen, die Geschäfts- und Kassenführung prüfen oder auf Kosten der Stiftung prüfen lassen sowie die Vorlage von Berichten und Akten innerhalb einer angemessenen Frist verlangen.

(2) Die Stiftungsbehörde kann Beschlüsse und sonstige Maßnahmen der Stiftungsorgane, die nicht in Übereinstimmung mit dem Gesetz, dem Stiftungsgeschäft oder der Satzung stehen, beanstanden und verlangen, dass sie innerhalb einer angemessenen Frist aufgehoben, abgeändert oder rückgängig gemacht werden.

(3) Kommt die Stiftung einer Anordnung der Stiftungsbehörde nach den Absätzen 1 und 2 nicht innerhalb der bestimmten Frist nach, kann die Stiftungsbehörde auf Kosten der Stiftung die Anordnung selbst durchführen oder einen Dritten hiermit beauftragen.

(4) Hat sich ein Mitglied eines Stiftungsorgans einer groben Pflichtverletzung schuldig gemacht oder ist es zu einer ordnungsgemäßen Geschäftsführung unfähig, kann die Stiftungsbehörde die Abberufung dieses Mitglieds und die Berufung eines anderen anordnen. Sie kann dem Mitglied die Geschäftsführung einstweilen untersagen.

(5) Ist die Stiftung zur Abberufung des Mitglieds nicht in der Lage oder kommt sie innerhalb einer bestimmten Frist dem Verlangen der Stiftungsbehörde nach Absatz 4 Satz 1 nicht nach, kann die Stiftungsbehörde das Mitglied abberufen und ein anderes an seiner Stelle berufen.

(6) Soweit einem Stiftungsorgan die erforderlichen Mitglieder fehlen und weder eine satzungsgemäße Berufung möglich noch nach § 29 BGB zu verfahren ist, kann die Stiftungsbehörde diese in dringenden Fällen für die Zeit bis zur Behebung des Mangels bestellen.

§ 8 – Stiftungsverzeichnis

(1) Die Stiftungsbehörde führt ein Verzeichnis der in ihrem Zuständigkeitsbereich bestehenden Stiftungen. In das Stiftungsverzeichnis sind einzutragen:

1. der Name und die Rechtsform der Stiftung,
2. der Sitz und die Anschrift der Stiftung,
3. der Stiftungszweck,
4. die Vertretungsberechtigung,
5. die Zusammensetzung der Organe der Stiftung und
6. der Tag der Anerkennung der Stiftung als rechtsfähig, bei einer öffentlich-rechtlichen Stiftung, die durch Gesetz errichtet wurde, der Tag der Entstehung.

Der Tag der Genehmigung von Änderungen der Satzung, der Aufhebung der Stiftung sowie ihrer Zusammenlegung mit einer anderen Stiftung sind einzutragen.

(2) Der Stiftungsvorstand ist verpflichtet, der Stiftungsbehörde die nach Absatz 1 Satz 2 und 3 erforderlichen Angaben und deren Änderungen unverzüglich mitzuteilen.

(3) Eintragungen im Stiftungsverzeichnis begründen nicht die Vermutung ihrer Richtigkeit. Die Einsicht in das Stiftungsverzeichnis ist jedem gestattet, die Einsicht in die unter Absatz 1 Satz 2 Nr. 5 angeführten Daten nur, soweit das Organ oder sein Mitglied zugestimmt und dies der Stiftungsbehörde mitgeteilt hat.

Abschnitt 3: Satzungsänderung und Aufhebung der Stiftung

§ 9 – Satzungsänderung

(1) Die Satzung kann geändert, insbesondere kann der Zweck der Stiftung umgewandelt werden, wenn

1. das Stiftungsgeschäft oder die Satzung dies vorsieht oder
2. sich die Verhältnisse seit der Errichtung der Stiftung wesentlich geändert haben.

Die Beschlüsse nach Satz 1 bedürfen der Genehmigung der Stiftungsbehörde. Auf Verlangen der Stiftungsbehörde ist bei steuerbegünstigten Stiftungen vor Erteilung der Genehmigung eine Bestätigung des zuständigen Finanzamts vorzulegen, dass durch die Satzungsänderung die Steuervergünstigung der Stiftung nicht beeinträchtigt wird.

(2) Zu Lebzeiten des Stifters soll dieser angehört werden. Im Fall des Absatzes 1 Nr. 2 ist die Zustimmung des Stifters erforderlich.

(3) Es ist dafür zu sorgen, dass die Erträge des Stiftungsvermögens dem Personenkreis, dem sie zugute kommen sollten, im Sinne des Stifters erhalten bleiben.

(4) Eine Sitzverlegung in den oder aus dem Freistaat Sachsen bedarf der Genehmigung durch die Stiftungsbehörde.

§ 10 – Aufhebung, Zusammenlegung

(1) Unter den Voraussetzungen des § 9 Abs. 1 Satz 1 kann die Stiftung aufgehoben oder mit einer anderen Stiftung zusammengelegt werden.

(2) § 9 Abs. 1 Satz 2 und 3, Abs. 2 und 3 gilt entsprechend.

(3) Die Genehmigung des Zusammenlegungsbeschlusses umfasst die Anerkennung der neuen Stiftung als rechtsfähig.

(4) Das Vermögen einschließlich der Verbindlichkeiten der zusammengelegten Stiftungen geht mit der Genehmigung des Zusammenlegungsbeschlusses auf die neue Stiftung über.

§ 11 – Vermögensanfall

Ist für den Fall des Erlöschens einer Stiftung im Stiftungsgeschäft oder in der Satzung weder ein Anfallberechtigter bestimmt noch einem Stiftungsorgan die Bestimmung des Anfallberechtigten übertragen, fällt das Vermögen

1. einer kommunalen Stiftung an die kommunale Gebietskörperschaft,
2. einer kirchlichen Stiftung an die aufsichtsführende Kirche,
3. aller anderen Stiftungen an den Freistaat Sachsen.

Abschnitt 4: Stiftungen des öffentlichen Rechts, kommunale und kirchliche Stiftungen

§ 12 – Stiftungen des öffentlichen Rechts

(1) Stiftungen des öffentlichen Rechts sind Stiftungen, die ausschließlich öffentliche Zwecke verfolgen und mit einer Körperschaft oder Anstalt des öffentlichen Rechts in einem organisatorischen Zusammenhang stehen.

(2) Eine Stiftung des öffentlichen Rechts entsteht durch Gesetz, soweit in den §§ 13 und 14 nichts Abweichendes bestimmt ist.

(3) § 81 Abs. 1 Satz 2 und 3 BGB gilt entsprechend.

§ 13 – Kommunale Stiftungen

(1) Kommunale Stiftungen sind Stiftungen des bürgerlichen Rechts oder des öffentlichen Rechts, deren Zweck im Rahmen der jeweiligen kommunalen Aufgaben liegt und nicht wesentlich über den räumlichen Bereich der kommunalen Gebietskörperschaft hinauswirkt.

(2) Kommunale Stiftungen des öffentlichen Rechts entstehen durch den Satzungsbeschluss der kommunalen Gebietskörperschaft und die Anerkennung der Stiftung als rechtsfähig durch die Stiftungsbehörde. Die dauernde und nachhaltige Erfüllung des Stiftungszwecks aus den Erträgen des Stiftungsvermögens muss gesichert erscheinen.

(3) Die Vertretung und Verwaltung der kommunalen Stiftungen obliegt, soweit nicht durch Satzung etwas anderes bestimmt ist, den für die Vertretung und Verwaltung der kommunalen Gebietskörperschaft zuständigen Organen.

§ 14 – Kirchliche Stiftungen

(1) Kirchliche Stiftungen im Sinne dieses Gesetzes sind Stiftungen des bürgerlichen Rechts, die

1. ausschließlich oder überwiegend dazu bestimmt sind, kirchliche Aufgaben zu erfüllen und
2. von einer Kirche errichtet oder organisatorisch mit einer Kirche verbunden sind, oder
3. in der Satzung der kirchlichen Aufsicht unterstellt sind.

(2) Die Anerkennung einer Stiftung als rechtsfähige kirchliche Stiftung, deren Aufhebung sowie deren Zusammenlegung mit einer anderen Stiftung obliegt der zuständigen Stiftungsbehörde und bedarf der vorherigen Zustimmung der zuständigen Kirchenbehörde.

(3) Satzungsänderungen, die den Stiftungszweck berühren, bedürfen der Genehmigung der Stiftungsbehörde. Im Übrigen unterliegen kirchliche Stiftungen nicht der Staatsaufsicht.

(4) Für kirchliche Stiftungen des öffentlichen Rechts gelten die kirchlichen Vorschriften und die Staatskirchenverträge.

(5) Die Bestimmungen über kirchliche Stiftungen gelten entsprechend für Stiftungen

1. der jüdischen Religionsgemeinschaft und
2. anderer Religionsgemeinschaften, die Körperschaften des öffentlichen Rechts sind.

Abschnitt 5: Übergangs- und Schlussvorschriften

§ 15 – Bestehende Stiftungen

(1) Bestehende Stiftungen, die keine Satzung oder eine den zwingenden Vorschriften der §§ 80 bis 88 BGB oder dieses Gesetzes nicht entsprechende Satzung haben, sind verpflichtet, innerhalb eines Jahres nach Inkrafttreten dieses Gesetzes der zuständigen Stiftungsbehörde eine Satzung vorzulegen, die mit den zwingenden Vorschriften übereinstimmt. Die Satzung bedarf der Genehmigung der Stiftungsbehörde.

(2) Stiftungsrechtliche Aufgaben nach den §§ 80 bis 88 BGB in Verbindung mit dem Gesetz über die Bildung und Tätigkeit von Stiftungen (Stiftungsgesetz) vom 13. September 1990 (GBl. DDR I Nr. 61 S. 1483) in der am 1. Mai 1998 geltenden Fassung, die eine Behörde vor dem 1. September 2007 wahrgenommen hat, ohne dafür sachlich zuständig zu sein, gelten als von der zuständigen Behörde wahrgenommen.

(3) Bestehen Zweifel über die Rechtsform einer Stiftung, die für sie geltende Satzung oder die Stiftungsverwaltung, entscheidet darüber die Stiftungsbehörde. Sie kann der Stiftung eine andere Zweckbestimmung geben oder die Stiftung aufheben.

§ 16 – Kosten

Die Anerkennung einer steuerbegünstigten Stiftung als rechtsfähig gemäß § 5 Abs. 1 ist kostenfrei.

4.14 Stiftungsgesetz Sachsen-Anhalt (StiftG LSA) vom 20.1.2011 (GVBl LSA Nr. 1/2011)

Stand: Letzte berücksichtigte Änderung: § 11 Abs. 2 geändert durch Artikel 16 des Gesetzes vom 17.6.2014 (GVBl LSA 2014 S. 288, 341)

Der Landtag von Sachsen-Anhalt hat das folgende Gesetz beschlossen, das hiermit nach Gegenzeichnung ausgefertigt wird und zu verkünden ist:

INHALTSÜBERSICHT

Abschnitt 1: Allgemeine Vorschriften

§ 1 Zweck des Gesetzes

§ 2 Anwendungsbereich

§ 3 Begriffsbestimmungen

§ 4 Stiftungsbehörden

§ 5 Stiftungsverzeichnis

Abschnitt 2: Stiftungen des bürgerlichen Rechts

§ 6 Anerkennung

§ 7 Pflichten der Stiftung

§ 8 Zweckänderung und Aufhebung

§ 9 Satzungsänderung in sonstigen Fällen

§ 10 Befugnisse der Aufsichtsbehörde

Abschnitt 3: Staatliche Stiftungen des öffentlichen Rechts

§ 11 Errichtung, Pflichten der Stiftung, Befugnisse der Stiftungsaufsicht, Vermögensanfall

Abschnitt 4: Kirchliche Stiftungen

§ 12 Kirchliche Stiftungen des bürgerlichen Rechts

§ 13 Kirchliche Stiftungen des öffentlichen Rechts

Abschnitt 5: Bußgeld-, Übergangs- und Schlussvorschriften

§ 14 Ordnungswidrigkeiten

§ 15 Bestehende Stiftungen

§ 16 Klärung von Rechtsverhältnissen
§ 17 Ausschluss der elektronischen Form
§ 18 Sprachliche Gleichstellung
§ 19 Einschränkung von Grundrechten
§ 20 Folgeänderungen
§ 21 Inkrafttreten, Außerkrafttreten

Abschnitt 1: Allgemeine Vorschriften

§ 1 – Zweck des Gesetzes

Der vorrangige Zweck des Gesetzes ist die Beachtung des Stifterwillens.

§ 2 – Anwendungsbereich

Dieses Gesetz gilt für rechtsfähige Stiftungen des bürgerlichen und des öffentlichen Rechts mit Sitz in Sachsen-Anhalt.

§ 3 – Begriffsbestimmungen

(1) Stiftungen des bürgerlichen Rechts sind Stiftungen im Sinne der §§ 80 bis 88 des Bürgerlichen Gesetzbuches einschließlich der kirchlichen Stiftungen des bürgerlichen Rechts.

(2) Kirchliche Stiftungen des bürgerlichen Rechts sind Stiftungen,

1. die überwiegend dazu bestimmt sind, kirchliche Aufgaben zu erfüllen,
   a) die von einer Kirche errichtet oder
   b) die organisatorisch mit einer Kirche verbunden oder
   c) deren Zwecke nur sinnvoll in Verbindung mit einer Kirche zu erfüllen sind oder
   d) die in der Stiftungssatzung der kirchlichen Aufsicht unterstellt sind und
2. die als kirchliche Stiftungen des bürgerlichen Rechts errichtet worden sind.

(3) Stiftungen des öffentlichen Rechts sind die staatlichen und die kirchlichen Stiftungen des öffentlichen Rechts.

(4) Staatliche Stiftungen des öffentlichen Rechts sind Stiftungen, die

1. ausschließlich dazu bestimmt sind, öffentliche Aufgaben zu erfüllen,

2. mit dem Land organisatorisch verbunden sind und
3. vom Land als staatliche Stiftung des öffentlichen Rechts errichtet worden sind.

(5) Kirchliche Stiftungen des öffentlichen Rechts sind Stiftungen, die

1. ausschließlich dazu bestimmt sind, kirchliche Aufgaben zu erfüllen,
2. mit einer kirchlichen Körperschaft des öffentlichen Rechts organisatorisch verbunden sind und
3. von einer Kirche als kirchliche Stiftung des öffentlichen Rechts errichtet worden sind.

(6) Den kirchlichen Stiftungen im Sinne der Absätze 2 und 5 sind Stiftungen von Religions- und Weltanschauungsgemeinschaften gleichgestellt, sofern diese Körperschaften des öffentlichen Rechts sind.

§ 4 – Stiftungsbehörden

(1) Für Stiftungen des bürgerlichen Rechts ist das Landesverwaltungsamt Stiftungsbehörde. Oberste Stiftungsbehörde ist das für Stiftungswesen zuständige Ministerium.

(2) Für staatliche Stiftungen des öffentlichen Rechts ist das Ministerium Stiftungsbehörde, in dessen Geschäftsbereich der überwiegende Zweck der Stiftung fällt.

(3) Die Stiftungsbehörde ist zugleich Aufsichtsbehörde, soweit gesetzlich nichts anderes bestimmt ist.

§ 5 – Stiftungsverzeichnis

(1) Die Stiftungsbehörde nach § 4 Abs. 1 Satz 1 erfasst alle rechtsfähigen Stiftungen gemäß § 2 in einem elektronischen Stiftungsverzeichnis. Stiftungen gemäß § 3 Abs. 5 werden auf Antrag im Stiftungsverzeichnis aufgenommen. Das Verzeichnis kann von jedermann eingesehen werden und ist zum Abruf im Internet bereitzustellen.

(2) Das Stiftungsverzeichnis enthält folgende Angaben:

1. den Namen und den Sitz der Stiftung,
2. die Anschrift der Geschäftsstelle der Stiftung,
3. das vertretungsberechtigte Organ,
4. den Zweck der Stiftung,

5. die Rechtsnatur der Stiftung und
6. den Zeitpunkt der Entstehung der Stiftung.

(3) Die Stiftungen haben der Stiftungsbehörde nach § 4 Abs. 1 Satz 1 die Angaben nach Absatz 2 unverzüglich mitzuteilen.

(4) Eintragungen im Stiftungsverzeichnis begründen nicht die Vermutung ihrer Richtigkeit.

(5) Die jeweils zuständige Stiftungsbehörde stellt auf Antrag der Stiftung eine Bescheinigung über die angezeigte Vertretungsbefugnis aus. Einem Dritten kann diese Bescheinigung erstellt werden, wenn er ein berechtigtes Interesse glaubhaft macht.

(6) Die behördlichen Unterlagen über die Anerkennung der Rechtsfähigkeit und die Beaufsichtigung der Stiftungen des bürgerlichen Rechts unterliegen nicht dem Anspruch auf Zugang zu amtlichen Informationen nach dem Informationszugangsgesetz Sachsen-Anhalt.

Abschnitt 2: Stiftungen des bürgerlichen Rechts

§ 6 – Anerkennung

(1) Die Stiftungsbehörde ist zuständig für die Anerkennung der Rechtsfähigkeit der Stiftung nach § 80 Abs. 1 des Bürgerlichen Gesetzbuches und für das Erstellen oder Ergänzen der Stiftungssatzung bei testamentarischer Errichtung nach § 83 Satz 2 des Bürgerlichen Gesetzbuches.

(2) Die Anerkennung der Rechtsfähigkeit der Stiftung bedarf der Schriftform.

§ 7 – Pflichten der Stiftung

(1) Die Stiftung hat ihr Vermögen im Einklang mit den Rechtsvorschriften und dem in Stiftungsgeschäft und Stiftungssatzung zum Ausdruck kommenden Stifterwillen nach den Regeln ordentlicher Wirtschaftsführung zu verwalten. Die Verwaltung dient der dauernden und nachhaltigen Erfüllung des Stiftungszwecks.

(2) Das Vermögen, das der Stiftung zugewendet wurde, um aus seiner Nutzung den Stiftungszweck nachhaltig zu erfüllen (Grundstockvermögen), ist in seinem Bestand zu erhalten, es sei denn, dass der Stiftungszweck anders nicht zu erfüllen ist. Das Grundstockvermögen ist vom übrigen Vermögen getrennt

zu halten. Der Bestand und seine Veränderungen sind gesondert nachzuweisen.

(3) Die Erträge des Grundstockvermögens und diejenigen Zuwendungen Dritter, die nicht ausdrücklich zur Erhöhung des Grundstockvermögens bestimmt sind, sind zur Erfüllung des Stiftungszwecks zu verwenden.

(4) Die Stiftung ist verpflichtet, der Aufsichtsbehörde

1. die Zusammensetzung der Organe,
2. die zur Vertretung Befugten nebst deren ladungsfähigen Anschriften und
3. Änderungen der Angaben nach den Nummern 1 und 2 innerhalb einer Frist von einem Monat nach Eintritt der Wirksamkeit mitzuteilen. Die Stiftung hat der Aufsichtsbehörde ferner jederzeit auf Verlangen Auskünfte zu erteilen sowie Geschäfts- und Kassenbücher, Akten und sonstige Unterlagen zur Einsichtnahme vorzulegen.

(5) Die Stiftung ist verpflichtet, der Aufsichtsbehörde innerhalb von zwölf Monaten nach Ablauf des Geschäftsjahres eine Jahresrechnung mit einer Vermögensübersicht und einen Bericht über die Erfüllung des Stiftungszwecks (Rechnungsabschluss) vorzulegen.

(6) Wird die Stiftung durch einen Wirtschaftsprüfer, einen vereidigten Buchprüfer, eine Wirtschaftsprüfergesellschaft, eine Buchprüfungsgesellschaft, einen Prüfungsverband oder eine Behörde geprüft, so ist anstelle der Jahresrechnung und der Vermögensübersicht der Prüfungsbericht einzureichen. Die Prüfung hat sich auch auf die satzungsgemäße Verwendung der Stiftungsmittel und die Erhaltung des Grundstockvermögens zu erstrecken. Das Ergebnis der Prüfung ist in einem Abschlussvermerk des Prüfers festzuhalten.

§ 8 – Zweckänderung und Aufhebung

Die Stiftungsbehörde ist zuständig für die Zweckänderung und die Aufhebung der Stiftung nach § 87 des Bürgerlichen Gesetzbuches.

§ 9 – Satzungsänderung in sonstigen Fällen

(1) Soweit die Satzung dies vorsieht oder wenn die Verhältnisse sich seit Errichtung der Stiftung wesentlich geändert haben, kann die Stiftung

1. eine Satzungsänderung oder
2. die Zusammenlegung mit einer anderen Stiftung oder
3. die Zulegung zu einer anderen Stiftung

beschließen, sofern der Stiftungszweck hierdurch nicht oder nur unwesentlich verändert wird und der Stifterwille nicht entgegensteht.

(2) Vor einer Entscheidung nach Absatz 1 soll der Stifter nach Möglichkeit gehört werden. In Rechte derer, die durch die Stiftung begünstigt sind, darf nicht eingegriffen werden.

(3) Maßnahmen nach Absatz 1 bedürfen der Genehmigung der Stiftungsbehörde nach § 4 Abs. 1 Satz 1.

(4) Die Zulegung ist nur zulässig, wenn die aufnehmende Stiftung zugestimmt hat und die Erfüllung ihres Zwecks nicht beeinträchtigt ist.

(5) Eine Stiftung, die außerhalb des Landes entstanden ist und ihren Sitz in das Land Sachsen-Anhalt verlegt, hat die Sitzverlegung unverzüglich anzuzeigen.

§ 10 – Befugnisse der Aufsichtsbehörde

(1) Die Stiftungen unterliegen der Rechtsaufsicht des Landes, kirchliche Stiftungen jedoch nur nach Maßgabe des § 12. Die Aufsicht beschränkt sich darauf, zu überwachen, dass die Stiftungsorgane die Rechtsvorschriften und den in Stiftungsgeschäft und Stiftungssatzung zum Ausdruck kommenden Stifterwillen beachten. Die Aufsicht ist so zu führen, dass die Entschlusskraft und die Eigenverantwortung der Stiftungsorgane gefördert werden.

(2) Die Aufsichtsbehörde ist befugt, sich über Angelegenheiten der Stiftung zu unterrichten. Sie kann Einrichtungen der Stiftung besichtigen sowie Geschäfts- und Kassenbücher, Akten und sonstige Unterlagen der Stiftung anfordern.

(3) Die Aufsichtsbehörde kann die satzungsgemäße Verwendung der Stiftungsmittel und die Erhaltung des Grundstockvermögens in dem von ihr für erforderlich gehaltenen Umfang prüfen oder auf Kosten der Stiftung prüfen lassen. Sie kann im Einzelfall zulassen, dass der Rechnungsabschluss für mehrere Jahre zusammengefasst eingereicht wird. Bei Vorliegen besonderer Gründe kann sie eine von § 7 Abs. 5 abweichende Frist bestimmen.

(4) Die Aufsichtsbehörde kann Maßnahmen der Stiftung beanstanden, die Rechtsvorschriften, dem Stiftungsgeschäft oder der Stiftungssatzung widersprechen, und verlangen, dass sie innerhalb einer bestimmten Frist aufgehoben oder rückgängig gemacht werden. Beanstandete Maßnahmen dürfen nicht vollzogen werden.

(5) Die Aufsichtsbehörde kann anordnen, dass durch Rechtsvorschrift oder Stiftungssatzung gebotene Maßnahmen innerhalb einer bestimmten Frist zu vollziehen sind, wenn diese nicht oder nicht rechtzeitig vollzogen werden.

(6) Kommen die Mitglieder der Stiftungsorgane binnen einer ihnen gesetzten Frist den Anordnungen der Aufsichtsbehörde nicht nach, können die Anordnungen nach dem Teil 3 des Verwaltungsvollstreckungsgesetzes des Landes Sachsen-Anhalt durchgesetzt werden.

(7) Die Aufsichtsbehörde kann Mitgliedern eines Stiftungsorgans aus wichtigem Grund, insbesondere wegen grober Pflichtverletzung oder Unfähigkeit zur ordnungsgemäßen Geschäftsführung, die Ausübung ihrer Tätigkeit vorläufig untersagen. Darüber hinaus kann sie die Abberufung und Berufung von Mitgliedern der Stiftungsorgane verlangen. Kommt die Stiftung dem Verlangen nicht innerhalb der von der Aufsichtsbehörde gesetzten Frist nach, kann die Aufsichtsbehörde das Mitglied des Stiftungsorgans abberufen und ein anderes an seiner Stelle berufen.

(8) Soweit einem Stiftungsorgan die erforderlichen Mitglieder fehlen und keine Bestellung durch das zuständige Amtsgericht erfolgt, kann die Aufsichtsbehörde sie in dringenden Fällen für die Zeit bis zur Behebung des Mangels bestellen.

Abschnitt 3: Staatliche Stiftungen des öffentlichen Rechts

§ 11 – Errichtung, Pflichten der Stiftung, Befugnisse der Stiftungsaufsicht, Vermögensanfall

(1) Eine staatliche Stiftung des öffentlichen Rechts kann nur durch Gesetz errichtet oder aufgelöst werden.

(2) Die §§ 7 und 10 Abs. 1 bis 5 und 7 dieses Gesetzes sowie § 148 der Gemeindeordnung gelten für staatliche Stiftungen des öffentlichen Rechts entsprechend, soweit nicht durch Gesetz oder aufgrund eines Gesetzes etwas anderes bestimmt ist.

(3) Ist bei einer staatlichen Stiftung des öffentlichen Rechts eine anfallberechtigte Stelle nicht bestimmt, fällt das Vermögen im Falle ihrer Aufhebung an das Land.

Abschnitt 4: Kirchliche Stiftungen

§ 12 – Kirchliche Stiftungen des bürgerlichen Rechts

(1) Eine Stiftung des bürgerlichen Rechts darf nicht ohne Einwilligung der zuständigen Kirchenbehörde als kirchliche Stiftung anerkannt werden. Gleiches gilt für die Änderung der Rechtsnatur einer kirchlichen Stiftung des bürgerlichen Rechts.

(2) Kirchliche Stiftungen des bürgerlichen Rechts unterliegen nicht der Rechtsaufsicht des Landes, wenn

1. die betreffende Kirche Rechtsvorschriften erlassen hat, die im Wesentlichen den staatlichen Vorschriften entsprechen, und
2. die Stiftungen entsprechend diesen Vorschriften von der zuständigen Kirchenbehörde beaufsichtigt werden.

(3) Ist bei einer kirchlichen Stiftung des bürgerlichen Rechts eine anfallberechtigte Stelle nicht bestimmt, fällt das Vermögen im Falle ihrer Aufhebung an die aufsichtführende Kirche.

§ 13 – Kirchliche Stiftungen des öffentlichen Rechts

Eine kirchliche Stiftung des öffentlichen Rechts bedarf zur Erlangung der Rechtsfähigkeit der Genehmigung durch das für die Rechtsbeziehungen zwischen Staat und Kirche zuständige Ministerium. Die Staatskirchenverträge und das jeweilige kirchliche Recht finden Anwendung.

Abschnitt 5: Bußgeld-, Übergangs- und Schlussvorschriften

§ 14 – Ordnungswidrigkeiten

(1) Ordnungswidrig handelt, wer vorsätzlich oder fahrlässig

1. entgegen § 7 Abs. 4 Satz 1 die Zusammensetzung der Organe, die zur Vertretung Befugten nebst deren ladungsfähigen Anschriften und Änderungen nicht, nicht vollständig, nicht richtig oder nicht rechtzeitig mitteilt,
2. entgegen § 7 Abs. 4 Satz 2 auf Verlangen Auskünfte nicht, nicht vollständig, nicht richtig oder nicht rechtzeitig erteilt oder Geschäfts- und Kassenbücher, Akten und sonstige Unterlagen nicht, nicht vollständig, nicht richtig oder nicht rechtzeitig zur Einsichtnahme vorlegt,

3. entgegen § 7 Abs. 5 den Rechnungsabschluss nicht, nicht vollständig, nicht rechtzeitig oder nicht in der vorgeschriebenen Weise vorlegt,
4. entgegen § 10 Abs. 4 Satz 2 eine beanstandete Maßnahme vollzieht oder
5. gegen eine vollziehbare Untersagung der Geschäftstätigkeit nach § 10 Abs. 7 Satz 1 verstößt.

(2) Absatz 1 findet auf kirchliche Stiftungen des bürgerlichen Rechts und auf Stiftungen des öffentlichen Rechts keine Anwendung.

(3) Die Ordnungswidrigkeit kann mit einer Geldbuße bis zu zweitausendfünfhundert Euro geahndet werden.

(4) Verwaltungsbehörde im Sinne des § 36 Abs. 1 Nr. 1 des Gesetzes über Ordnungswidrigkeiten ist die Stiftungsbehörde.

§ 15 – Bestehende Stiftungen

(1) Die bei Inkrafttreten dieses Gesetzes bestehenden Stiftungen bestehen in ihrer Rechtsnatur fort. Für ihre künftigen Rechtsverhältnisse sind die Vorschriften dieses Gesetzes anzuwenden.

(2) Die durch einen Stiftungsakt eines Trägers hoheitlicher Gewalt oder durch Beschluss der Landesregierung vor Inkrafttreten dieses Gesetzes errichteten öffentlichrechtlichen Stiftungen gelten als staatliche Stiftungen des öffentlichen Rechts fort.

(3) Die Stiftungsbehörde nach § 4 Abs. 1 Satz 1 ist ermächtigt, Maßnahmen zur Wiederaufnahme der Tätigkeit nicht aktiver Stiftungen des bürgerlichen Rechts in Sachsen-Anhalt zu ergreifen. Diese Ermächtigung erstreckt sich auf die Nachforschung über das rechtliche Schicksal von Stiftungen und deren Vermögen sowie über Möglichkeiten der Wiederaufnahme der Tätigkeit durch Bestellung eines Vorstandes, Zusammenlegung oder sonstiger notwendig erscheinender Maßnahmen.

(4) Eine Stiftung des bürgerlichen Rechts, die keine Satzung oder eine § 81 Abs. 1 Satz 3 des Bürgerlichen Gesetzbuches nicht entsprechende Satzung hat, ist verpflichtet, der Stiftungsbehörde innerhalb einer angemessenen Frist eine Satzung vorzulegen, die die in § 81 Abs. 1 Satz 3 des Bürgerlichen Gesetzbuches vorgeschriebenen Regelungen enthält. Die Satzung bedarf der Genehmigung der Stiftungsbehörde.

§ 16 – Klärung von Rechtsverhältnissen

(1) Bestehen Zweifel, ob es sich bei einer mit Vermögen ausgestatteten Einrichtung um eine rechtsfähige Stiftung handelt, kann die jeweils zuständige Stiftungsbehörde von Amts wegen Feststellungen zur Rechtsfähigkeit und Rechtsnatur der Einrichtung treffen. Auf Antrag hat sie die Feststellungen zu treffen, wenn ein berechtigtes Interesse an der Entscheidung besteht. Die Feststellungen bedürfen der Schriftform.

(2) Absatz 1 gilt entsprechend, wenn lediglich Zweifel über die Rechtsnatur einer rechtsfähigen Stiftung bestehen.

(3) Die nach den Absätzen 1 und 2 ergehenden Entscheidungen dürfen öffentlich bekannt gegeben werden, wenn eine Bekanntgabe an die Beteiligten untunlich ist. Soweit sie unanfechtbar geworden sind, sind sie für die Beurteilung der Rechtsfähigkeit und der Rechtsnatur einer Stiftung durch andere Behörden und die Gerichte bindend.

§ 17 – Ausschluss der elektronischen Form

In den Fällen des § 6 Abs. 2, § 9 Abs. 3, § 13 Satz 1 sowie § 15 Abs. 4 Satz 2 ist die elektronische Form ausgeschlossen.

§ 18 – Sprachliche Gleichstellung

Personen- und Funktionsbezeichnungen gelten jeweils in weiblicher und männlicher Form.

§ 19 – Einschränkung von Grundrechten

§ 7 Abs. 4 und § 10 Abs. 2 schränken das Grundrecht auf Schutz personenbezogener Daten im Sinne des Artikels 2 Abs. 1 in Verbindung mit Artikel 1 Abs. 1 des Grundgesetzes und des Artikels 6 Abs. 1 Satz 1 der Verfassung des Landes Sachsen-Anhalt ein.

§ 20 – Folgeänderungen

(1) Die Gemeindeordnung in der Fassung der Bekanntmachung vom 10. August 2009 (GVBl. LSA S. 383), zuletzt geändert durch Artikel 2 des Gesetzes vom 8. Juli 2010 (GVBl. LSA S. 406, 408), wird wie folgt geändert:

1. § 40 Abs. 1 Nr. 1 wird wie folgt geändert:
   a) In Buchstabe f wird nach dem Wort „hat“ das Komma durch ein Semikolon ersetzt.

b) Buchstabe g wird aufgehoben.

2. § 115 Abs. 4 erhält folgende Fassung:

„(4) Gemeindevermögen darf nur im Rahmen der Aufgabenerfüllung der Gemeinde und nur dann in Stiftungsvermögen eingebracht werden, wenn

1. der mit der Stiftung verfolgte Zweck auf andere Weise nicht erreicht werden kann und
2. bereits im Stiftungsgeschäft nachweisbar ist,
   a) dass private Dritte sich verbindlich zu Zuwendungen verpflichtet haben, die mindestens die Höhe jenes Betrages ausmachen, den die Gemeinde in die Stiftung überführt, oder
   b) dass von öffentlich-rechtlichen Zuwendungsgebern Absichtserklärungen über die Zuwendung von Drittmitteln gegeben worden sind."

(2) § 29 Abs. 1 Nr. 1 der Landkreisordnung in der Fassung der Bekanntmachung vom 12. August 2009 (GVBl. LSA S. 435), zuletzt geändert durch Artikel 2 des Gesetzes vom 13. April 2010 (GVBl. LSA S. 190, 191), wird wie folgt geändert:

1. In Buchstabe c wird nach dem Wort „hat" das Komma durch ein Semikolon ersetzt.
2. Buchstabe d wird aufgehoben.

§ 21 – Inkrafttreten, Außerkrafttreten

(1) Dieses Gesetz tritt am ersten Tag des auf die Verkündung folgenden Kalendermonats in Kraft.

(2) Gleichzeitig tritt das Stiftungsgesetz in der Fassung der Bekanntmachung vom 1. Januar 1997 (GVBl. LSA S. 2, 144) außer Kraft.

4.15 Gesetz über rechtsfähige Stiftungen des bürgerlichen Rechts für Schleswig-Holstein (Stiftungsgesetz – StiftG) in der Fassung der Bekanntmachung vom 2.3.2000 (GVOBl. Schl.-H. 2000 S. 208)

letzte berücksichtigte Änderung: Ressortbezeichnungen ersetzt (Art. 16 LVO v. 16.1.2019, GVOBl. 2019 S. 30)

Abschnitt I:
Allgemeine Vorschriften

§ 1 – Begriffsbestimmung

Stiftungen im Sinne dieses Gesetzes sind rechtsfähige Stiftungen des bürgerlichen Rechts (§§ 80 bis 88 des Bürgerlichen Gesetzbuches - BGB), die ihren Sitz im Lande Schleswig-Holstein haben.

§ 2 – Anerkennung

Die zur Entstehung einer rechtsfähigen Stiftung außer dem Stiftungsgeschäft erforderliche Anerkennung (§ 80 BGB) erteilt das Innenministerium im Benehmen mit dem fachlich zuständigen Ministerium. Ist das Land Schleswig-Holstein Stifter oder Mitstifter oder erhält die Stiftung Zuwendungen des Landes Schleswig-Holstein ist vor der Anerkennung auch das Benehmen mit dem Finanzministerium herzustellen. Die Anerkennung ist schriftlich, aber nicht in elektronischer Form, zu erteilen.

§ 3 (aufgehoben)

§ 4 – Verwaltung der Stiftung

(1) Die zur Verwaltung der Stiftung berufenen Organe haben für die dauernde und nachhaltige Erfüllung des Stiftungszwecks zu sorgen.

(2) Das der Stiftung zur dauernden und nachhaltigen Erfüllung des Stiftungszwecks zugewandte Vermögen (Stiftungsvermögen) ist in seinem Bestand zu erhalten, es sei denn, dass die Satzung eine Ausnahme zulässt oder der Stifterwille anders nicht zu verwirklichen ist. Das Stiftungsvermögen ist von anderem Vermögen getrennt zu halten.

(3) Die Erträge des Stiftungsvermögens sowie die Zuwendungen von Dritten sind für den Stiftungszweck und die notwendigen Verwaltungskosten der Stiftung zu verwenden. Dies gilt jedoch nicht für Zuwendungen von Dritten, die

nach dem Willen der oder des Zuwendenden dazu bestimmt sind, dem Stiftungsvermögen zugeführt zu werden (Zustiftungen). Diese werden Bestandteil des Stiftungsvermögens nach Absatz 2 Satz 1.

(4) Die Stiftungsorgane können Erträge dem Stiftungsvermögen zuführen, sofern dies notwendig ist, um die Ertragskraft des Stiftungsvermögens auch in Zukunft sicherzustellen, oder soweit sie im Einzelfall zur Erfüllung des Stiftungszwecks keine Verwendung finden. Dies gilt auch für Zuwendungen von Dritten, sofern dies nicht deren erklärtem Willen widerspricht.

(5) Ist das Stiftungsvermögen einer Stiftung derart geschwächt, dass die nachhaltige Erfüllung des Stiftungszwecks nicht mehr gewährleistet erscheint, so kann die zuständige Behörde schriftlich anordnen, dass die Erträge des Stiftungsvermögens ganz oder teilweise so lange anzusammeln und dem Stiftungsvermögen zuzuführen sind, bis die Stiftung wieder leistungsfähig ist.

(6) Sind die Mitglieder der Stiftungsorgane nicht hauptamtlich zur Verwaltung der Stiftung berufen, kann die Satzung

1. den Ersatz ihrer notwendigen Auslagen und ihres entgangenen Arbeitsverdienstes oder
2. die Gewährung einer angemessenen Aufwandsentschädigung vorsehen.

(7) Über den Bestand und die Veränderungen des Stiftungsvermögens sowie alle Einnahmen und Ausgaben der Stiftung ist ordnungsgemäß Buch zu führen.

§ 5 – Satzungsänderung, Zulegung, Zusammenlegung und Auflösung durch Stiftungsorgane

(1) Die nach der Satzung zuständigen Organe können die Satzung ändern, wenn

1. der Stiftungszweck und die Gestaltung der Stiftung nicht oder nur unwesentlich verändert werden oder
2. dies wegen einer wesentlichen Veränderung gegenüber den im Zeitpunkt der Entstehung der Stiftung bestehenden Verhältnissen angebracht ist.

Sie können die Stiftung

1. einer anderen Stiftung mit deren Zustimmung zulegen,
2. mit einer anderen zu einer neuen Stiftung zusammenlegen oder

3. auflösen, wenn die in Satz 1 Nr. 2 genannte Voraussetzung gegeben ist; zu Lebzeiten der Stifterin oder des Stifters ist deren oder dessen Zustimmung erforderlich.

(2) Beschlüsse nach Absatz 1 bedürfen der Genehmigung der zuständigen Behörde. Im Falle des Absatzes 1 Satz 2 Nr. 1 erlischt die zugelegte Stiftung mit der Genehmigung, im Falle des Absatzes 1 Satz 2 Nr. 2 erlöschen die zusammengelegten Stiftungen und die neue Stiftung erlangt Rechtsfähigkeit. Mit dem Erlöschen geht das Vermögen einschließlich der Verbindlichkeiten der zugelegten Stiftung auf die andere Stiftung, das der zusammengelegten Stiftung auf die neue Stiftung über.

(3) Eine Verlegung des Sitzes der Stiftung in das oder aus dem Land Schleswig-Holstein bedarf auch dann der Genehmigung der zuständigen Behörde, wenn die Sitzverlegung nach dem Recht des bisherigen oder des künftigen Sitzes auch von der dort zuständigen Behörde zu genehmigen ist.

(4) Genehmigungen nach den Absätzen 2 und 3 sind schriftlich zu erteilen. Die Genehmigung einer Zulegung, Zusammenlegung oder Auflösung kann nicht in elektronischer Form erteilt werden.

§ 6 – Zweckänderung, Zulegung, Zusammenlegung und Aufhebung von Amts wegen

(1) Die in § 87 BGB vorgesehenen Maßnahmen trifft das Innenministerium. Liegen die Voraussetzungen des § 87 Abs. 1 BGB vor, so ist das Innenministerium auch berechtigt, Stiftungen mit im Wesentlichen gleichartigen Zwecken

1. durch Zulegung zu verbinden oder
2. zu einer neuen Stiftung zusammenzulegen und dieser neuen Stiftung eine Satzung zu geben.

Im Falle des Satzes 2 Nr. 1 erlöschen die zugelegten Stiftungen mit der Zulegung. Im Falle des Satzes 2 Nr. 2 erlöschen die zusammengelegten Stiftungen mit der Zusammenlegung, die neue Stiftung erlangt Rechtsfähigkeit. Mit dem Erlöschen geht das Vermögen einschließlich der Verbindlichkeiten der zugelegten Stiftungen auf die andere Stiftung, das der zusammengelegten Stiftungen auf die neue Stiftung über.

(2) Maßnahmen nach Absatz 1 ergehen schriftlich, aber nicht in elektronischer Form, im Benehmen mit dem fachlich zuständigen Ministerium. Die Vorstände der beteiligten Stiftungen sollen gehört werden; zu Lebzeiten der Stifterin oder des Stifters soll auch diese oder dieser gehört werden.

§ 7 – Vermögensanfall

(1) Enthält das Stiftungsgeschäft oder die Satzung für den Fall der Auflösung oder Aufhebung einer Stiftung keine Bestimmung über die Verwendung des Vermögens, so fällt das Vermögen einschließlich Verbindlichkeiten

1. einer kommunalen Stiftung (§ 17) an die kommunale Körperschaft,
2. einer kirchlichen Stiftung (§ 18) an die Aufsicht führende Kirche,
3. einer anderen Stiftung an das Land (Fiskus).

Ist eine Anfallberechtigte nach Satz 1 Nr. 2 nicht vorhanden, so fällt das Vermögen an den Fiskus.

(2) In den Fällen des Absatzes 1 Satz 1 Nr. 1 und 2 gelten die Vorschriften über eine dem Fiskus als gesetzlichem Erben anfallende Erbschaft und § 46 Satz 2 BGB entsprechend.

§ 8 – Aufsicht und Unterrichtung

(1) Die zuständige Behörde übt die Aufsicht darüber aus, dass Rechtsvorschriften, das Stiftungsgeschäft und die Satzung beachtet werden.

(2) Die zuständige Behörde kann sich jederzeit über alle Angelegenheiten der Stiftung unterrichten; sie kann insbesondere Einrichtungen der Stiftung besichtigen sowie Berichte, Akten, Beschlüsse, Sitzungsniederschriften und sonstige Unterlagen einsehen oder auf Kosten der Stiftung anfordern, ferner die Geschäfts- und Kassenführung prüfen oder auf Kosten der Stiftung durch Sachverständige prüfen lassen. Der Vorstand hat die Bediensteten der zuständigen Behörde und die von ihr beauftragten Sachverständigen bei der Prüfung auf Verlangen zu unterstützen.

(3) Auf Antrag der Stiftung erteilt die zuständige Behörde eine Bescheinigung über die Befugnis zur rechtsgeschäftlichen Vertretung der Stiftung (Vertretungsbescheinigung). In der Vertretungsbescheinigung sind die Satzungsbestimmungen, auf die sich die Berechtigung zur rechtsgeschäftlichen Vertretung stützt, sowie die Personen, die zur rechtsgeschäftlichen Vertretung befugt sind, anzugeben.

(4) Der Vorstand hat der zuständigen Behörde jede Änderung der Zusammensetzung eines Stiftungsorgans unverzüglich anzuzeigen.

§ 9 – Anzeigepflichtige Handlungen

(1) Die Stiftung hat bei der zuständigen Behörde folgende Maßnahmen anzuzeigen:

1. Umschichtungen des Stiftungsvermögens, die für den Bestand der Stiftung bedeutsam sind,
2. die Gewährung unentgeltlicher Zuwendungen, die nicht zur Erfüllung des Stiftungszweckes vorgenommen werden sollen,
3. die Eingehung von Verbindlichkeiten, die nicht im Rahmen des laufenden Geschäftsbetriebes erfolgt,
4. die Veräußerung oder wesentliche Veränderung von Sachen, die einen besonderen wissenschaftlichen, geschichtlichen oder künstlerischen Wert haben.

Widerspricht die zuständige Behörde nicht schriftlich innerhalb von vier Wochen seit Zugang der Anzeige, gilt die Maßnahme als genehmigt.

(2) Die zuständige Behörde kann Ausnahmen von der Anzeigepflicht zulassen.

§ 10 – Prüfung

(1) Innerhalb von acht Monaten nach Schluss eines jeden Geschäftsjahres hat der Vorstand der zuständigen Behörde einen Bericht über die Erfüllung des Stiftungszweckes mit

1. einer ordnungsgemäßen Jahresabrechnung und einer Vermögensübersicht oder
2. einem Prüfbericht einer Behörde, einer Einrichtung im Sinne des § 340k Abs. 2 und 3 des Handelsgesetzbuches, eines Prüfungsverbandes, einer öffentlich bestellten Wirtschaftsprüferin oder eines öffentlich bestellten Wirtschaftsprüfers, einer vereidigten Buchprüferin oder eines vereidigten Buchprüfers oder einer anerkannten Wirtschafts- oder Buchprüfungsgesellschaft einzureichen. Auf Verlangen der zuständigen Behörde hat der Vorstand auf Kosten der Stiftung einen Prüfbericht nach Satz 1 Nr. 2 vorzulegen.

(2) Der Prüfbericht nach Absatz 1 Satz 1 Nr. 2 hat sich insbesondere auch auf die Erhaltung des Stiftungsvermögens und die satzungsgemäße Verwendung der Erträge des Stiftungsvermögens sowie der Zuwendungen von Dritten zu erstrecken; das Ergebnis ist in einem Abschlussvermerk festzustellen.

(3) Die zuständige Behörde prüft die Erhaltung des Stiftungsvermögens und die satzungsgemäße Verwendung der Stiftungsmittel in dem von ihr für erforderlich gehaltenen Umfang. Liegt ein Prüfbericht nach Absatz 1 Satz 1 Nr. 2 vor, kann die zuständige Behörde von einer eigenen Prüfung absehen.

(4) Die zuständige Behörde kann auf Antrag die Vorlagefrist nach Absatz 1 Satz 1 verlängern; Stiftungen mit jährlich im Wesentlichen gleichbleibenden Einnahmen und Ausgaben kann die zuständige Behörde gestatten, die Unterlagen nach Absatz 1 über mehrere Geschäftsjahre zusammengefasst einzureichen.

§ 11 – Beanstandung

Die zuständige Behörde kann Beschlüsse und Maßnahmen der Stiftungsorgane, die das Recht verletzen oder gegen die Satzung oder das Stiftungsgeschäft verstoßen, beanstanden; sie kann verlangen, dass derartige Beschlüsse nicht vollzogen oder, soweit rechtlich möglich, bereits ausgeführte Maßnahmen rückgängig gemacht werden.

§ 12 – Anordnung

Erfüllt die Stiftung nicht die Pflichten oder Aufgaben, die ihr nach Rechtsvorschrift, Satzung oder Stiftungsgeschäft obliegen, so kann die zuständige Behörde anordnen, dass die Stiftung innerhalb einer angemessenen Frist das Erforderliche veranlasst.

§ 13 – Abberufung von Mitgliedern der Stiftungsorgane

Die zuständige Behörde kann Mitgliedern der Stiftungsorgane aus wichtigem Grund, insbesondere wegen grober Pflichtverletzung oder Unfähigkeit zur ordnungsmäßigen Geschäftsführung, die Geschäftsführung einstweilen untersagen oder ihre Abberufung sowie die Ernennung neuer Mitglieder verlangen.

§ 14 – Bestellung von Beauftragten

Wenn und solange es zur ordnungsmäßigen Verwaltung der Stiftung erforderlich ist und die Befugnisse der zuständigen Behörde nach § 8 Abs. 2 und den §§ 10 bis 12 nicht ausreichen, kann die zuständige Behörde Beauftragte bestellen, die alle oder einzelne Aufgaben von Stiftungsorganen auf Kosten der Stiftung wahrnehmen. Der Aufgabenbereich der oder des Beauftragten und ihre oder seine Befugnisse sind in einer Bestallungsurkunde festzulegen; soweit die Aufgaben und Befugnisse der oder des Beauftragten reichen, ruht die Befugnis der Stiftungsorgane.

§ 15 – Bekanntmachungen, Stiftungsverzeichnis

(1) Im Amtsblatt für Schleswig-Holstein sind bekannt zu machen

1. Anerkennungen unter Angabe des Stiftungszwecks nach § 80 und Maßnahmen nach § 87 BGB,
2. Genehmigungen nach § 5 Abs. 2 Satz 1 in Verbindung mit
   a) § 5 Abs. 1 Satz 1 Nr. 2, soweit sie sich auf eine wesentliche Änderung des Stiftungszwecks beziehen
   b) § 5 Abs. 1 Satz 2,
3. Genehmigungen nach § 5 Abs. 3,
4. Maßnahmen nach § 6 Abs. 1 Satz 2.

Zuständig ist die Behörde, die die Anerkennung ausgesprochen, die Genehmigung erteilt oder die Maßnahme getroffen hat. Die Stiftung hat die Kosten für die Bekanntmachung zu erstatten.

(2) Beim Innenministerium wird ein Verzeichnis aller Stiftungen geführt. In dieses werden eingetragen:

1. der Name,
2. der Sitz,
3. der Zweck,
4. das im Stiftungsgeschäft angegebene Stiftungsvermögen,
5. die Anschrift der Stiftung,
6. die Vertretungsberechtigung und die Zusammensetzung der vertretungsberechtigten Organe,
7. der Tag der Erteilung der Genehmigung oder Anerkennung,
8. der Tag des Erlöschens der Stiftung.

Die zuständige Behörde ist verpflichtet, dem Innenministerium die erforderlichen Angaben zu machen sowie Veränderungen mitzuteilen. Das Innenministerium ist berechtigt, das Stiftungsverzeichnis in geeigneter Weise, insbesondere auch auf elektronischem Wege, zu veröffentlichen.

(3) Eintragungen in das Stiftungsverzeichnis begründen nicht die Vermutung der Richtigkeit. Die Einsicht in das Stiftungsverzeichnis ist jeder Person gestattet.

§ 16 – Zuständigkeit

(1) Träger der öffentlichen Verwaltung für Aufgaben nach diesem Gesetz sind das Land sowie die Gemeinden, Kreise und Ämter. Die Gemeinden, Kreise und Ämter nehmen diese Aufgaben als Landesaufgaben zur Erfüllung nach Weisung wahr; dies gilt nicht, soweit sie Aufgaben von Stiftungsorganen wahrnehmen.

(2) Zuständige Behörden im Sinne dieses Gesetzes sind die Landrätinnen oder Landräte und die Bürgermeisterinnen oder Bürgermeister der kreisfreien Städte, soweit in diesem Gesetz nichts Abweichendes bestimmt ist. Das Innenministerium kann im Einzelfall alle oder einzelne Befugnisse des § 5 Abs. 2, der §§ 8 bis 14 und des § 20 Abs. 1 Satz 2 und Abs. 2 an sich ziehen. In den Fällen, in denen das Land Schleswig-Holstein Stifter oder Mitstifter war oder in denen es der Stiftung institutionelle Förderung gewährt, ist zuständige Behörde das Innenministerium.

(3) Die Landesregierung kann durch Rechtsverordnung die Zuständigkeit abweichend von Absatz 2 sowie von § 2 Abs. 1, § 3 Abs. 3, § 6 Abs. 1 Satz 1 und 2 und Abs. 2 Satz 1, § 15 Abs. 1 Satz 2, § 17 Abs. 3 und 4, § 18 Abs. 2 Satz 2, §§ 21 und 22 Abs. 3 Satz 2 regeln.

Abschnitt II:
Besondere Vorschriften

§ 17 – Kommunale Stiftungen

(1) Kommunale Stiftungen sind Stiftungen, deren Zweck im Aufgabenbereich einer Gemeinde, eines Kreises oder eines Amtes liegt und die von diesen Körperschaften verwaltet werden.

(2) Für die Verwaltung der kommunalen Stiftungen gelten neben § 4 die Vorschriften über die Haushaltswirtschaft der Gemeinden, Kreise und Ämter. § 9 Abs. 1 Satz 1 Nr. 3 findet keine Anwendung.

(3) Maßnahmen nach den §§ 5 und 6 sowie nach § 87 BGB treffen bei kommunalen Stiftungen die Gemeinden, Kreise und Ämter mit Genehmigung der Kommunalaufsichtsbehörde.

(4) Für Maßnahmen nach den §§ 8 bis 14 ist bei kommunalen Stiftungen die Kommunalaufsichtsbehörde zuständig.

(5) Die Befugnisse der Kommunalaufsichtsbehörde nach den Absätzen 3 und 4 nimmt das Innenministerium wahr, wenn der Kreis in einer von der Kommunalaufsichtsbehörde zu entscheidenden Angelegenheit unmittelbar beteiligt ist oder die Landrätin oder der Landrat einem Stiftungsorgan angehört.

§ 18 – Kirchliche Stiftungen

(1) Kirchliche Stiftungen sind Stiftungen, die ausschließlich oder überwiegend kirchlichen Zwecken gewidmet sind und die

1. organisatorisch mit einer Kirche verbunden oder
2. in der Stiftungssatzung der kirchlichen Aufsicht unterstellt sind oder
3. ihre Zwecke nur sinnvoll in Verbindung mit einer Kirche erfüllen können.

Vor einer Anerkennung nach § 2 bedürfen kirchliche Stiftungen der Anerkennung durch die zuständige Kirchenbehörde.

(2) Bei Maßnahmen, die kirchliche Stiftungen betreffen, führt die nach diesem Gesetz zuständige Behörde das Einvernehmen mit der zuständigen Kirchenbehörde herbei. Bei Satzungsänderungen, durch die der Stiftungszweck geändert wird, sowie bei Zusammenlegungen, Auflösungen und Aufhebungen von kirchlichen Stiftungen bedarf es außerdem des Benehmens der Ministerpräsidentin oder des Ministerpräsidenten.

(3) Die Absätze 1 und 2 sowie § 7 Abs. 1 Satz 1 Nr. 2 und Satz 2 und Abs. 2 gelten entsprechend für die Stiftungen der Religionsgesellschaften und Weltanschauungsvereinigungen, die Körperschaften des öffentlichen Rechts sind.

§ 19 – Familienstiftungen

Familienstiftungen sind Stiftungen, die nach dem Stiftungszweck ausschließlich oder überwiegend dem Wohle der Mitglieder einer oder mehrerer bestimmter Familien dienen. Für sie gelten die §§ 8 bis 14 nur insoweit, als sicherzustellen ist, dass ihr Bestand gewahrt bleibt und sie sich im Einklang mit den Rechtsvorschriften betätigen.

Abschnitt III: Übergangs- und Schlussvorschriften

§ 20 – Bestehende Stiftungen

(1) Der Vorstand oder das nach dem Stiftungsgeschäft zuständige Organ hat eine Stiftungssatzung, die diesem Gesetz nicht entspricht, zu ändern oder zu ergänzen; ist eine Satzung nicht vorhanden, so ist sie zu erlassen. Beschlüsse nach Satz 1 bedürfen der Genehmigung der zuständigen Behörde. Die Genehmigung ist schriftlich zu erteilen.

(2) Die zuständige Behörde kann

1. die Satzung ergänzen, sofern sie unvollständig ist (§ 3 Abs. 2) und nicht nach Absatz 1 Satz 1 Halbsatz 1 ergänzt wird,
2. eine Satzung geben, sofern sie nicht vorhanden ist und nicht nach Absatz 1 Satz 1 Halbsatz 2 erlassen wird,

zu Lebzeiten der Stifterin oder des Stifters jedoch nur nach deren oder dessen Anhörung.

(3) Oberste Landesbehörde im Sinne des § 2 a des Gesetzes zur Änderung von Vorschriften des Fideikommiss- und Stiftungsrechts vom 28. Dezember 1950 (BGBl. S. 820), geändert durch das Gesetz vom 3. August 1967 (BGBl. I S. 839), ist das Innenministerium.

§ 21 – Übergang von Zuständigkeiten

Sind nach einem Stiftungsgeschäft oder einer Stiftungssatzung für Aufgaben nach diesem Gesetz öffentlich-rechtliche Stellen zuständig, geht deren Zuständigkeit auf die nach diesem Gesetz zuständigen Behörden über.

§ 22 – Aufhebung bisher geltenden Rechts

(1) Aufhebung anderer Vorschriften

(2) Aufhebung anderer Vorschriften

(3) Unberührt bleiben die §§ 35 bis 37 und 46 bis 48 des Sparkassengesetzes für das Land Schleswig- Holstein in der Fassung der Bekanntmachung vom 3. Mai 1994 (GVOBl. Schl.-H. S. 231), geändert durch Gesetz vom 23. Januar 1998 (GVOBl. Schl.-H. S. 68); sie gehen den Bestimmungen dieses Gesetzes vor. Zuständige Behörde im Sinne dieses Gesetzes ist bei Stiftungen, die eine Sparkasse betreiben, das Innenministerium.

§ 23 (Inkrafttreten)

4.16 Thüringer Stiftungsgesetz (ThürStiftG) vom 16.12.2008 (GVBl 2008 S. 561)

letzte berücksichtigte Änderung: § 6 geändert durch Art. 9 des Gesetzes vom 6.6.2018 (GVBl 2018 S. 229, 261)

INHALTSÜBERSICHT

Erster Abschnitt: Allgemeine Bestimmungen

§ 1 Zweck

§ 2 Anwendungsbereich

§ 3 Begriffsbestimmungen

§ 4 Stiftungsbehörden

§ 5 Stiftungsverzeichnis

§ 6 Öffentliche Bekanntmachung

Zweiter Abschnitt: Stiftungen des bürgerlichen Rechts

§ 7 Anerkennung

§ 8 Verwaltung und Rechnungslegung der Stiftung

§ 9 Satzungsänderung

§ 10 Verlegung des Sitzes

§ 11 Zweckänderung, Aufhebung

§ 12 Stiftungsaufsicht

Dritter Abschnitt: Besondere Arten von Stiftungen

§ 13 Stiftungen des öffentlichen Rechts

§ 14 Behördenverwaltete Stiftungen

§ 15 Kommunale Stiftungen

§ 16 Kirchliche Stiftungen

Vierter Abschnitt: Übergangs- und Schlussbestimmungen

§ 17 Bestehende Stiftungen

§ 18 Klärungen von Rechtsverhältnissen

§ 19 Ordnungswidrigkeiten

§ 20 Schriftform

§ 21 Gleichstellungsbestimmung

Der Landtag hat das folgende Gesetz beschlossen:

Erster Abschnitt:
Allgemeine Bestimmungen

§ 1 – Zweck

(1) Ziel dieses Gesetzes ist es, sicherzustellen, dass bei seiner Anwendung der Wille des Stifters vorrangig beachtet wird.

(2) Zweck dieses Gesetzes ist es ebenso, den Bestand und den Erhalt des Stiftungsvermögens zu sichern.

§ 2 – Anwendungsbereich

Dieses Gesetz gilt für rechtsfähige Stiftungen, die ihren Sitz in Thüringen haben oder ihn dorthin verlegen.

§ 3 – Begriffsbestimmungen

(1) Stiftungen im Sinne dieses Gesetzes sind die rechtsfähigen Stiftungen des bürgerlichen und des öffentlichen Rechts.

(2) Stiftungen des bürgerlichen Rechts sind Stiftungen im Sinne der §§ 80 bis 88 des Bürgerlichen Gesetzbuchs (BGB).

(3) Stiftungen des öffentlichen Rechts können nur Stiftungen sein, die ausschließlich öffentliche Zwecke verfolgen und mit dem Staat, einer Gemeinde, einem Gemeindeverband oder einer sonstigen Körperschaft oder Anstalt des öffentlichen Rechts in einem organischen Zusammenhang stehen, der die Stiftung selbst zu einer öffentlichen Einrichtung macht.

(4) Behördenverwaltete Stiftungen sind Stiftungen des bürgerlichen oder des öffentlichen Rechts, die durch das Land, eine öffentlich-rechtliche Körperschaft des Landes oder eine ihrer Behörden verwaltet werden. Absatz 3 bleibt unberührt.

(5) Kommunale Stiftungen sind Stiftungen des bürgerlichen oder des öffentlichen Rechts, deren Verwaltung von einer Gemeinde, einem Landkreis, einem Zweckverband oder einer Verwaltungsgemeinschaft nach den für diese jeweils geltenden kommunalrechtlichen Bestimmungen wahrgenommen wird.

(6) Kirchliche Stiftungen sind Stiftungen des bürgerlichen oder des öffentlichen Rechts, die

1. ausschließlich oder überwiegend dazu bestimmt sind, Aufgaben einer mit dem Status einer Körperschaft des öffentlichen Rechts versehenen Religions- oder Weltanschauungsgemeinschaft zu erfüllen und
2. von einer Gemeinschaft nach Nummer 1 errichtet oder organisatorisch mit ihr verbunden oder in der Stiftungssatzung ihrer Aufsicht unterstellt sind oder deren Zweck nur sinnvoll in Verbindung mit einer solchen Gemeinschaft zu erfüllen ist.

§ 4 – Stiftungsbehörden

(1) Die Behörde für die Anerkennung der Rechtsfähigkeit nach § 80 des Bürgerlichen Gesetzbuches, für das Erstellen oder Ergänzen der Stiftungssatzung bei testamentarischer Errichtung nach § 83 Satz 2 des Bürgerlichen Gesetzbuches sowie für die Zweckänderung oder Aufhebung nach § 87 des Bürgerlichen Gesetzbuches ist das Innenministerium. Die Stiftungsaufsicht nach § 12 erfolgt durch das Landesverwaltungsamt, soweit in diesem Gesetz nichts anderes bestimmt ist.

(2) Für die nach der Abgabenordnung wegen Gemeinnützigkeit steuerbegünstigt anerkannten Stiftungen werden weder für die Anerkennung noch für die Aufsicht Verwaltungsgebühren erhoben. Hinsichtlich der sonstigen Stiftungen werden für die von den Stiftungsbehörden erbrachten Leistungen Gebühren nach der Thüringer Verwaltungskostenordnung für den Geschäftsbereich des Innenministeriums erhoben.

§ 5 – Stiftungsverzeichnis

(1) Die Stiftungsaufsichtsbehörde führt ein öffentlich einsehbares Verzeichnis aller Stiftungen (Stiftungsverzeichnis).

(2) In das Stiftungsverzeichnis sind einzutragen:

1. der Name und der Sitz der Stiftung sowie die Anschrift der Stiftungsverwaltung,
2. der Stiftungszweck,
3. die Vertretungsberechtigung und
4. die Zusammensetzung der Organe der Stiftung,

5. der Tag der Anerkennung, bei einer öffentlich-rechtlichen Stiftung der Tag der Entstehung,
6. der Tag des Erlöschens der Stiftung und
7. der Tag der Genehmigung von Satzungsänderungen.

(3) Der Vorstand der Stiftung hat der Stiftungsaufsichtsbehörde die in Absatz 2 genannten Angaben unverzüglich sowie spätere Änderungen innerhalb eines Monats nach Eintritt ihrer Wirksamkeit mitzuteilen. Soweit hiermit eine Satzungsänderung verbunden ist, ist diese der Mitteilung beizufügen.

(4) Die Einsicht in das Stiftungsverzeichnis ist jedermann gestattet, die Einsicht in die unter Absatz 2 Nr. 4 angeführten Daten nur insoweit, als die Mitglieder des Organs, deren personenbezogene Daten betroffen sind, zugestimmt und dies der Stiftungsbehörde mitgeteilt haben oder soweit ein berechtigtes Interesse an der Kenntnis dieser Daten besteht und der Betroffene kein schutzwürdiges Interesse am Ausschluss der Einsicht hat. Von den Eintragungen des Stiftungsverzeichnisses kann eine Abschrift gefordert werden. Diese ist auf Verlangen zu beglaubigen. Die Einsicht in die Stiftungssatzung ist jedem, der ein berechtigtes Interesse geltend macht, insoweit gestattet, wie dies zur Wahrnehmung dieses Interesses erforderlich ist.

(5) Die Stiftungsaufsichtsbehörde stellt auf Antrag eine Bescheinigung zur Vorlage gegenüber Dritten darüber aus, wer nach Maßgabe der Satzung und der von der Stiftung gemachten Angaben zur Vertretung der Stiftung berechtigt ist.

(6) Die Eintragungen in das Stiftungsverzeichnis begründen nicht die Vermutung ihrer Richtigkeit.

(7) Das für das Stiftungsrecht zuständige Ministerium kann durch Rechtsverordnung bestimmen, dass und in welchem Umfang das Stiftungsverzeichnis elektronisch geführt wird. Hierbei muss gewährleistet sein, dass

1. die Grundsätze einer ordnungsgemäßen Datenverarbeitung eingehalten, insbesondere Vorkehrungen gegen einen Datenverlust getroffen, sowie die erforderlichen Kopien der Datenbestände tagesaktuell gehalten und die originären Datenbestände sowie deren Kopien sicher aufbewahrt werden,
2. die vorzunehmenden Eintragungen alsbald in eine Datenbank aufgenommen und auf Dauer inhaltlich unverändert in lesbarer Form wiedergegeben werden können und
3. die nach der Anlage zur Grundbuchordnung gebotenen Maßnahmen getroffen werden.

In der Rechtsverordnung können auch Einzelheiten zur öffentlichen Einstellung des Stiftungsverzeichnisses in das Internet geregelt werden.

§ 6 – Öffentliche Bekanntmachung

(1) Entstehung und Erlöschen einer Stiftung sind durch die Stiftungsanerkennungsbehörde öffentlich bekannt zu machen. Die Bekanntmachung umfasst folgende Angaben:

1. Name und Sitz der Stiftung,
2. Rechtsnatur der Stiftung,
3. Stiftungszweck,
4. Zeitpunkt der Entstehung beziehungsweise des Erlöschens.

(2) Bei der Entstehung einer Stiftung umfasst die Bekanntmachung ferner den Namen des Stifters, soweit dieser nicht den Antrag gestellt hat, auf die Angabe seines Namens zu verzichten.

(3) Im Falle der Sitzverlagerung oder Namensänderung einer Stiftung gilt Absatz 1 Nr. 1 entsprechend.

Zweiter Abschnitt: Stiftungen des bürgerlichen Rechts

§ 7 – Anerkennung

(1) Die zur Entstehung einer Stiftung nach § 80 Abs. 1 BGB erforderliche Anerkennung erteilt die Stiftungsanerkennungsbehörde.

(2) Über den Antrag auf Anerkennung der Stiftung nach § 80 Abs. 2 BGB ist schriftlich zu entscheiden. Die Entscheidung ist zuzustellen. Soweit durch die Stiftungsanerkennungsbehörde innerhalb von sechs Monaten eine Entscheidung über die Anerkennung nicht erfolgt oder aber innerhalb dieser Frist dem Antrag stellenden Stifter nicht mitgeteilt wird, welche Hindernisse der Anerkennung entgegenstehen, kann der Antrag stellende Stifter nach Ablauf der Frist eine Begründung für die Verzögerung der Bearbeitung verlangen.

(3) Die Anerkennung der Rechtsfähigkeit hat ohne Auflagen oder Bedingungen zu erfolgen.

§ 8 – Verwaltung und Rechnungslegung der Stiftung

(1) Die Stiftungsorgane haben die Stiftung sparsam und nach den Regeln ordentlicher Wirtschaftsführung zu verwalten. Die Verwaltung dient der dauernden und nachhaltigen Verwirklichung des Stiftungszwecks.

(2) Das Stiftungsvermögen ist in seinem Bestand zu erhalten, es sei denn, dass die Satzung eine Ausnahme zulässt, der Stiftungszweck anders nicht zu verwirklichen ist und die Dauerhaftigkeit der Stiftung gewährleistet bleibt. Das Stiftungsvermögen sowie Veränderungen in seinem Bestand sind getrennt von anderen Vermögensmassen gesondert nachzuweisen.

(3) Die Erträge des Stiftungsvermögens sind zur Verwirklichung des Stiftungszwecks sowie für die entstehenden Verwaltungskosten zu verwenden. Gleiches gilt für Zuwendungen Dritter, die nicht ausdrücklich zur Erhöhung des Stiftungsvermögens bestimmt sind, soweit in der Satzung nicht etwas anderes bestimmt ist.

(4) Das zuständige Stiftungsorgan hat innerhalb von sechs Monaten nach Schluss des Geschäftsjahrs einen Jahresbericht, aus dem der Bestand und etwaige Veränderungen des Stiftungsvermögens sowie die satzungsgemäße Verwendung der Stiftungsmittel ersichtlich sind, und einen Bericht über die Erfüllung des Stiftungszwecks zu erstellen. Im Zweifel ist das Geschäftsjahr das Kalenderjahr. Wird eine Stiftung durch einen Prüfungsverband, einen Wirtschaftsprüfer, eine Wirtschaftsprüfungsgesellschaft oder eine Behörde geprüft, kann von der Erstellung des Jahresberichts abgesehen werden, soweit die in Satz 1 genannten Angaben in dem Prüfungsbericht enthalten sind. § 12 Abs. 3 Satz 3 bleibt unberührt.

§ 9 – Satzungsänderung

(1) Die Stiftung kann ihre Satzung ändern, soweit diese es vorsieht. Sie kann sie auch dann ändern, wenn sich die Verhältnisse seit Errichtung der Stiftung wesentlich geändert haben, der Stiftungszweck durch die Änderung nicht oder nur unwesentlich und die innere Organisation der Stiftung nicht wesentlich verändert wird. In Rechte derer, die durch die Stiftung begünstigt sind, darf nicht eingegriffen werden.

(2) Zu Lebzeiten des Stifters ist dieser anzuhören, sofern im Stiftungsgeschäft oder in der Satzung nichts anderes bestimmt ist. Wenn der Aufenthaltsort des Stifters nicht bekannt ist und sich nur mit unverhältnismäßig hohem Aufwand ermitteln lässt, kann auf die Anhörung verzichtet werden.

(3) Maßnahmen nach Absatz 1 und Ausgliederungen im Sinne des § 161 des Umwandlungsgesetzes bedürfen der schriftlichen Genehmigung durch die Stiftungsanerkennungsbehörde.

§ 10 – Verlegung des Sitzes

(1) Die Verlegung des Sitzes von Thüringen in ein anderes Land bedarf des Nachweises, dass dort die Aufnahme der Stiftung gesichert ist. § 9 findet Anwendung.

(2) Die Verlegung des Sitzes nach Thüringen bedarf der Einwilligung der Stiftungsanerkennungsbehörde. Die Rechte des Sitzlandes bleiben hiervon unberührt. Die Einwilligung darf nur versagt werden, wenn der Stiftung die Anerkennung nach diesem Gesetz zu versagen wäre.

§ 11 – Zweckänderung, Aufhebung

(1) Für die Änderung des Zwecks und die Aufhebung der Stiftung gelten die §§ 87 und 88 BGB. § 9 Abs. 2 gilt entsprechend.

(2) Die Aufhebung von Stiftungen kann auch in der Weise erfolgen, dass mehrere Stiftungen gleicher Art, bei denen eine der in § 87 Abs. 1 BGB genannten Voraussetzungen vorliegt, zusammengelegt werden. Die neue Stiftung erlangt mit der Zusammenlegung die Rechtsfähigkeit. Im Fall der Aufhebung der neuen Stiftung leben die zusammengelegten Stiftungen nicht wieder auf.

(3) Die Aufhebung einer Stiftung, bei der eine der in § 87 Abs. 1 BGB genannten Voraussetzungen vorliegt, kann auch in der Weise erfolgen, dass sie einer Stiftung gleicher Art zugelegt wird. Die Zulegung ist nur zulässig, wenn die aufnehmende Stiftung zustimmt und die Erfüllung ihres Stiftungszwecks nicht beeinträchtigt wird.

(4) Soweit der Stifter in der Satzung keine entgegenstehende Regelung getroffen hat, ist allein der Wegfall der Gemeinnützigkeit kein genereller Auflösungsgrund. Es treten dann lediglich die steuerrechtlichen Rechtsfolgen bei Wegfall der Gemeinnützigkeit ein.

§ 12 – Stiftungsaufsicht

(1) Die Stiftungen des bürgerlichen Rechts stehen unter der Aufsicht des Landes (§ 4 Abs. 1 Satz 2). Die Stiftungsaufsichtsbehörde soll sicherstellen, dass die Verwaltung der Stiftung im Einklang mit den Gesetzen, der Stiftungssatzung und dem Stifterwillen geführt wird.

(2) Der Vorstand der Stiftung ist verpflichtet, der Stiftungsaufsichtsbehörde innerhalb von neun Monaten nach Schluss des Geschäftsjahrs den Jahresbericht sowie den Bericht über die Erfüllung des Stiftungszwecks beziehungsweise den Prüfungsbericht nach § 8 Abs. 4 Satz 3 vorzulegen. Die Stiftungsaufsichtsbehörde kann die Frist nach Satz 1 auf Antrag schriftlich verlängern.

(3) Die Stiftungsaufsichtsbehörde ist befugt, sich über alle Angelegenheiten der Stiftung unterrichten zu lassen. Sie kann insbesondere ergänzende Auskünfte einholen, die Vorlage weiterer Unterlagen verlangen, Einrichtungen der Stiftung besichtigen und die Geschäfts- und Kassenführung prüfen. Die Stiftungsaufsichtsbehörde kann verlangen, dass das zuständige Stiftungsorgan für zukünftige Geschäftsjahre einen Jahresabschluss nach §§ 242 bis 256 des Handelsgesetzbuchs erstellt, wenn dies nach Art und Umfang der Geschäftstätigkeit der Stiftung für die Ausübung der Aufsicht erforderlich erscheint.

(4) Die Stiftungsaufsichtsbehörde kann Beschlüsse oder Maßnahmen der Stiftungsorgane, die gegen die Gesetze oder die Stiftungssatzung verstoßen, beanstanden und verlangen, dass sie innerhalb einer bestimmten Frist aufgehoben oder rückgängig gemacht werden. Beanstandete Beschlüsse dürfen nicht vollzogen werden. Kommt die Stiftung dem Verlangen nach Satz 1 nicht fristgerecht nach, kann die Stiftungsaufsichtsbehörde einen beanstandeten Beschluss aufheben und die Rückgängigmachung sonstiger Maßnahmen auf Kosten der Stiftung veranlassen. Die Sätze 1 und 3 gelten entsprechend, wenn die Stiftungsorgane eine rechtlich gebotene Maßnahme unterlassen.

(5) Hat sich ein Mitglied eines Stiftungsorgans einer groben Pflichtverletzung schuldig gemacht, ist es zu einer ordnungsgemäßen Geschäftsführung unfähig oder liegt ein sonstiger wichtiger Grund vor, so kann die Stiftungsaufsichtsbehörde seine Abberufung und die Berufung eines anderen Mitglieds verlangen. Sie kann dem Mitglied die Ausübung seiner Tätigkeit für die Stiftung einstweilen untersagen. Ist die Stiftung zur Abberufung des Mitglieds nicht in der Lage oder kommt sie innerhalb einer bestimmten Frist dem Verlangen der Stiftungsaufsichtsbehörde nach Satz 1 nicht nach, so kann die Stiftungsaufsichtsbehörde das Mitglied abberufen.

Dritter Abschnitt:
Besondere Arten von Stiftungen

§ 13 – Stiftungen des öffentlichen Rechts

(1) Eine Stiftung des öffentlichen Rechts entsteht durch Gesetz oder aufgrund eines Gesetzes. § 16 Abs. 3 Satz 1 bleibt unberührt.

(2) Die Bestimmungen des Zweiten Abschnitts dieses Gesetzes gelten für Stiftungen des öffentlichen Rechts entsprechend, soweit nicht durch Gesetz oder aufgrund eines Gesetzes etwas anderes bestimmt ist.

(3) Die Dienstherrnfähigkeit einer Stiftung des öffentlichen Rechts sowie Art und Ausmaß sonstiger hoheitlicher Befugnisse sind durch Gesetz oder aufgrund eines Gesetzes festzulegen.

(4) Ist in der Satzung einer Stiftung des öffentlichen Rechts ein Anfallberechtigter nicht bestimmt, fällt das Vermögen im Fall des Erlöschens der Stiftung an das Land.

§ 14 – Behördenverwaltete Stiftungen

(1) Die Aufsicht nach § 12 über eine behördenverwaltete Stiftung wird von der Stelle wahrgenommen, die über die die Stiftung verwaltende Körperschaft oder die ihr angehörende Behörde die Rechtsaufsicht ausübt (aufsichtsführende Stelle). Bei Verfahren nach § 11 ist die aufsichtsführende Stelle durch die Stiftungsanerkennungsbehörde zu hören.

(2) Abweichend von Absatz 1 Satz 1 kann die Aufsicht durch Gesetz oder Beschluss der Landesregierung über die Zuständigkeit der einzelnen Ministerien nach Artikel 76 Abs. 2 Satz 1 der Verfassung des Freistaats Thüringen auch auf eine andere Stelle übertragen werden. Rechte und Pflichten der aufsichtsführenden Stelle bleiben hierbei unberührt.

§ 15 – Kommunale Stiftungen

(1) Die Vertretung und Verwaltung einer kommunalen Stiftung obliegt den für die Vertretung und Verwaltung der kommunalen Körperschaft (§ 3 Abs. 5) zuständigen Organen.

(2) Die Aufsicht wird durch die Stiftungsaufsichtsbehörde wahrgenommen.

(3) Ist in der Satzung einer kommunalen Stiftung ein Anfallberechtigter nicht bestimmt, fällt das Vermögen im Fall der Auflösung der Stiftung an die jeweilige kommunale Körperschaft.

§ 16 – Kirchliche Stiftungen

(1) Eine kirchliche Stiftung bürgerlichen Rechts darf nicht ohne Zustimmung der betreffenden Religions- oder Weltanschauungsgemeinschaft als kirchliche Stiftung anerkannt werden.

(2) Kirchliche Stiftungen des bürgerlichen Rechts unterliegen nicht der Aufsicht des Landes, wenn die betreffende Religions- oder Weltanschauungsgemeinschaft Rechtsvorschriften erlassen hat, die mindestens § 12 genügen und die Stiftung entsprechend von der zuständigen Behörde der Religions- oder Weltanschauungsgemeinschaft beaufsichtigt wird. Die Feststellung hierüber trifft die Stiftungsanerkennungsbehörde. Die §§ 9 bis 11 bleiben mit der Maßgabe unberührt, dass die jeweilige Religions- oder Weltanschauungsgemeinschaft den betreffenden Beschlüssen zugestimmt haben muss.

(3) Eine kirchliche Stiftung des öffentlichen Rechts bedarf zur Erlangung der Rechtsfähigkeit der Genehmigung durch das für die Rechtsbeziehungen zwischen Staat und Kirchen, Religions- oder Weltanschauungsgemeinschaften zuständige Ministerium. Kirchliche Stiftungen des öffentlichen Rechts unterliegen nicht der Aufsicht des Landes.

(4) Hat das zuständige Organ einer kirchlichen Stiftung des öffentlichen Rechts eine Erweiterung des Stiftungszwecks, eine sonstige Änderung der Satzung oder eine Auflösung der Stiftung beschlossen und hat die jeweilige Religions- oder Weltanschauungsgemeinschaft hierzu ihre Zustimmung erteilt, ist diese Entscheidung auf Antrag durch das nach Absatz 3 zuständige Ministerium zu genehmigen.

(5) Ist bei einer kirchlichen Stiftung ein Anfallberechtigter nicht bestimmt, fällt das Vermögen im Fall ihrer Auflösung an die jeweilige Religions- oder Weltanschauungsgemeinschaft.

(6) Abweichende Regelungen in Staatsverträgen bleiben unberührt.

Vierter Abschnitt: Übergangs- und Schlussbestimmungen

§ 17 – Bestehende Stiftungen

(1) Die bei Inkrafttreten dieses Gesetzes bestehenden Stiftungen bestehen in ihrer Rechtsnatur fort. Für ihre künftigen Rechtsverhältnisse sind die Bestimmungen dieses Gesetzes anzuwenden. Das zuständige Stiftungsorgan hat der Stiftungsaufsichtsbehörde die Anschrift der Stiftungsverwaltung innerhalb von sechs Monaten nach Inkrafttreten dieses Gesetzes bekannt zu geben.

(2) Die Stiftungsanerkennungsbehörde ist ermächtigt, Maßnahmen zur Wiederbelebung inaktiver Altstiftungen in Thüringen zu ergreifen. Diese Ermächtigung erstreckt sich auf die Nachforschung über den Verbleib von Altstiftungen und deren Vermögen sowie über Möglichkeiten der Wiederbelebung durch Be-

stellung eines Vorstandes, Zusammenlegung oder sonstiger notwendig erscheinender Maßnahmen. Diese Ermächtigung erstreckt sich ebenfalls auf nicht selbstständige Altstiftungen. In diesen Fällen soll die Stiftungsanerkennungsbehörde bemüht sein, die Überführung in eine selbstständige Stiftung herbeizuführen.

§ 18 – Klärung von Rechtsverhältnissen

(1) Bestehen Zweifel, ob es sich bei einer mit Vermögen ausgestatteten Einrichtung um eine rechtsfähige Stiftung handelt, hat die Stiftungsanerkennungsbehörde auf Antrag schriftlich festzustellen, ob die Stiftung rechtsfähig ist, wenn ein berechtigtes Interesse an der Entscheidung besteht.

(2) Besteht an der Klärung der Rechtsnatur einer rechtsfähigen Stiftung ein berechtigtes Interesse, trifft die Stiftungsanerkennungsbehörde eine schriftliche Entscheidung über die Art der Stiftung.

(3) Die nach den Absätzen 1 und 2 ergehenden Entscheidungen sind, soweit sie unanfechtbar geworden sind, für die Beurteilung der Rechtsfähigkeit und die Rechtsnatur einer Stiftung durch andere Behörden oder die Gerichte bindend.

§ 19 – Ordnungswidrigkeiten

(1) Ordnungswidrig handelt, wer vorsätzlich oder fahrlässig seinen Verpflichtungen nach § 5 Abs. 3 Satz 1 oder § 12 Abs. 2 nicht, nicht wahrheitsgemäß, nicht vollständig oder nicht rechtzeitig nachkommt. Ordnungswidrig handelt auch, wer vorsätzlich oder fahrlässig gegen ein nach § 12 Abs. 4 Satz 2 ausgesprochenes Verbot verstößt.

(2) Die Ordnungswidrigkeit kann mit einer Geldbuße von bis zu zweitausendfünfhundert Euro geahndet werden.

(3) Sachlich zuständige Verwaltungsbehörde im Sinne des § 36 Abs. 1 Nr. 1 des Gesetzes über Ordnungswidrigkeiten ist die Stiftungsaufsichtsbehörde.

§ 20 – Schriftform

§ 3 a des Thüringer Verwaltungsverfahrensgesetzes findet keine Anwendung auf § 5 Abs. 5, § 7 Abs. 2 Satz 1, § 9 Abs. 3 und § 18 Abs. 1.

§ 21 – Gleichstellungsbestimmung

Status- und Funktionsbezeichnungen in diesem Gesetz gelten jeweils in männlicher und weiblicher Form.

STICHWORTVERZEICHNIS

Die Zahlen verweisen auf Randnummern.

A

Abberufung 206, 229
– jederzeitige 229
Abfallbeseitigung, Zweckbetrieb 1126
Abfindung 15
Abfindungsansprüche 15
Abfindungszahlungen 16
– Abgeltungssteuer,
– Destinatäre 951, 1806, 1811
– Familienstiftung 516, 847
Abgrenzung Ertrags- und Vermögenssphäre 265, 1515, 1583, 1588
Abkommensberechtigung 697
Abschmelzungsmodell 17
Abspaltung 255, 1274
Abwicklungsvollstreckung 121
Admassierungsverbot 281, 1515, 1538, 1672
Alfried Krupp von Bohlen und Halbach-Stiftung 61, 241
Allzweckstiftung 72
Altmaterialsammlung 1089 f.
Altenwohnheim 1132
Altersversorgung 1931
Amtsniederlegung 207
Amtskirchliche Genehmigung 114
Anerkennung der Steuerfreiheit, Voraussetzungen 937, 939, 953, 1027
Anerkennung der Stiftung 44, 57, 72, 110, 115 ff., 121, 124, 142 ff.
Anerkennungsbehörde 142 ff.
Anerkennungsverfahren 140 ff.
Anfechtung 579
Angemessenheit 996
Angehörige 1028
Anhang 1473, 1483, 1485, 1488, 1492, 1539, 1564, 1575, 1596, 1619, 1633, 1659, 1670
Anlaufverluste 1104
Anleihen 1516
Anmeldung zur Eintragung in das Handelsregister 1708
Anschaffungskostenprinzip 1492, 1555, 1586, 1595, 1665
– über pari Anschaffungskosten 1625, 1642
Anstalten 1792
Anstaltsstiftung 50
Anteile an Gesellschaften 62, 113, 134, 475
– siehe auch Beteiligungen
Anzeigepflicht 222, 573, 675, 677, 805, 1088
Asset Protection 27, 452, 1758
Aufhebung der Stiftung 885, 1365
– siehe auch Liquidation der Stiftung
– siehe Erlöschen der Stiftung
– Erbschaftsteuer 893
– mehrere Stifter 905, 1347
Auflagen
– im Stiftungsgeschäft 138, 422, 1018, 1025
– Nießbrauch als, siehe Nießbrauch
– satzungsgemäße, siehe im Stiftungsgeschäft
– und Entgelt 492
– und Schenkung 666, 739
– und Zustiftungen 768
– Vermögensübertragung 1018 f.
– Vollziehungsanspruch 386
Auflagenschenkung, siehe Schenkung unter Auflage
Auflösung der Stiftung, siehe Erlöschen der Stiftung
Aufsicht, siehe Stiftungsaufsicht

Aufsichtsorgan 237 ff.
Aufsichtsrat 54, 261, 824, 1329, 1487
Aufspaltung 255, 816
– Aufwendungen 1566
Aufteilungsverbot 1106
Auftragsforschung, Zweckbetrieb 1130
Aufwandsentschädigung 1325
Aufwandsspenden, Voraussetzungen 1255 f.
Aufwendungsersatz 1256
Ausgliederung 87, 876, 1276, 1278, 1280, 1356
Ausgründung, auch Ausgliederung 1273
Auskunftsansprüche, der Destinatäre 334
– von Pflichtteilsberechtigten 193
– von Sozialhilfeträgern 193
Auslagenersatz 262 ff.
Ausland, Geschäftsleitung und Sitz 950, 1792
Auslandsprojekte 963, 1038 f.
Auslandsspende 1038 ff., 1166
Auslegung 201, 278
Ausschließlichkeit, Ausnahmen 1013 f.
– Drittel-Begrenzung 1021
– Unterstützung des Stifters 1021
– Voraussetzungen 1013
– vorbehaltener Nießbrauch 1025
Ausschließlichkeitsgebot, Ausnahmen 1014
Ausschüttung, Beteiligungsgesellschaft 1394
Außenprüfung 1237
Außensteuergesetz, Erbschaftsteuer 645
– Familienstiftung 1790 f., 1799, 1800 ff., 1808, 1825
Außergewöhnliche Belastungen 719
Ausstellerhaftung 1261

B

Baden-Württembergisches Stiftungsgesetz 154, 158, 207
BaFin 104, 1047
Baudenkmal 815
Bayerisches Stiftungsgesetz 222, 1470
Bedingungen 84, 186, 778, 1274
Begünstigter 286 f.
Behindertenwerkstätten 1122, 1298, 1444, 1565
Beihilferecht 92 ff.
Beirat 254 ff.
– Aufgaben 255
– Vergütung 258
Beiträge 758, 1103
Belegaufbewahrungspflicht 1259
Belegschaftsangehörige 1301
Belegvorhalte-/Belegvorlagepflicht 1259
Beneficiaries 1762, 1801 f., 1831
Benefizveranstaltung 1088
– Spendenabzug 1254
Berliner Testament 575, 601
Beschäftigungskörperschaften, wirtschaftlicher Geschäftsbetrieb 1094, 1122
Bestätigungsvermerk 1604
Besteuerung der Destinatäre, § 20 EStG 845 ff.
– § 22 EStG 849
– Aufhebung der Stiftung 905 ff., 912
– Austauschverträge 856
– Einkommensteuer 912
– Erbschaftsteuer 905
– Kapitalertragsteuerabzug 852
– Nichtveranlagungsbescheinigung 853
Besteuerung der Stiftung, Buchwertfortführung 476
– Ertragsteuern 476
– Teilwertansatz 478
Besteuerung des Unternehmens des Stifters, Einkommensteuer 530 ff.
– Ertragsteuern 530, 532.
– Gewerbesteuer 535
– Körperschaftsteuer 532
– Umsatzsteuer 539 ff.
Besteuerung steuerbefreite Stiftung, Erbschaftsteuer 1203 ff.

– Ertragsteuern 1175 ff.
– Grunderwerbsteuer 1205
Bestimmtheitsgebot 190
Betagtes Vermächtnis, 613
Beteiligung 637, 668, 724, 787, 821 f., 952, 955 f., 1000, 1007, 1053, 1083, 1208, 1228, 1275, 1285, 1317, 1443
– am wirtschaftlichen Verkehr 780, 932
– stille 724
– wesentliche 736, 943
Beteiligung an Kapitalgesellschaft 61
– wirtschaftlicher Geschäftsbetrieb 1083 f.
Beteiligung an Personengesellschaft 53 f., 1098
– wirtschaftlicher Geschäftsbetrieb 1083 f., 1095, 1112, 1387, 1390
Beteiligungsträgerstiftung 52
Betreuer 203
Betreuung von Schülern, Wirtschaftlicher Geschäftsbetrieb 1092
Betrieb 50, 475 f., 488, 493, 509 f., 543, 562, 716, 804, 887, 1101, 1128, 1134 f., 1201, 1232, 1296, 1565, 1705, 1721
Betriebsaufgabe 481, 724, 933, 944, 1086
Betriebsaufspaltung 479, 503, 737
– gemeinnützige Stiftung 932, 958, 1001, 1005, 1117, 1279, 1288 f., 1324
Betriebsausgaben
– Schenkungsteuer 735, 771, 811
Betriebsmittelrücklage 1047
Betriebsübergang 495, 531, 542, 562, 737, 888, 1182, 1191, 1274
Betriebsvermögen 474 ff., 481 ff., 530, 563, 610, 622, 649, 678, 738 ff., 751, 806, 816, 887 f., 892, 943, 952, 957, 1084, 1161, 1175, 1184, 1239, 1257, 1357
– begünstigungsfähiges 1862 f. 1907 ff.
– begünstigtes 1879 f., 1891 ff., 1905, 1907, neue Randnummern?
– steuerpflichtiges 1863 ff.
Betriebsverpachtung 485, 725
Bezüge, als Leibrente 615
– wiederkehrende 744 f.
Bezugsberechtigte, siehe Destinatäre
BGB-Gesellschaft 53, 791, 1313
Bibliotheken 438, 649, 1692, 1697
Bilanzierung 1443, 1486 f., 1492, 1517, 1537, 1563, 1579, 1595, 1662, 1669
– Einzelwirtschaftsgut 738
– § 6b EStG 741
Bildungsveranstaltungen 1142
Bildungs-Zweckbetrieb 1142
Bosch-Stiftung 62
Brandenburgisches Stiftungsgesetz 145, 150
Bremisches Stiftungsgesetz 150
Buchführung 709 ff., 783, 1010, 1239, 1421, 1432, 1460, 1463, 1470, 1472, 1510, 1520, 1530 f., 1545, 1734
– Buchführungspflicht 1228, 1312, 1475 ff., 1480, 1482
– Buchwertklausel 734, 736, 740, 887, 943 f., 1111, 1201, 1257
– GoB 1460, 1471, 1490, 1517, 1537, 1545
Buchwertprivileg, Kapitalgesellschaft 1161, 1179
Buchwertverknüpfung 1175 f., 1274, 1356
Bürgerstiftungen 43, 192
Bundesanstalt für Finanzdienstleistungsaufsicht 390
Bundesdatenschutzgesetz 97
Bundesstiftungsgesetz 1463, 1510
Bundesverband Deutscher Stiftungen 1466

C

Carl-Zeiss-Stiftung 28
Compliance 236
Crowdfunding 998

D

Dachverband 1030

Darlehen 624, 637, 765, 961, 992, 1005 ff., 1012, 1055, 1100, 1389

Datenschutz 96 ff.

Dauer der Stiftung 4 ff., 26, 29, 82, 1042, 1540, 1561, 1610, 1697

Dauertestamentsvollstreckung 121, 1771

Denkmäler, Denkmalspflege 664, 815, 1038, 1293

Destinatäre 58, 63 f., 69, 78, 152, 182, 279, 286, 390 f., 406, 591 ff., 614, 680, 731, 758, 762, 765, 800, 816 ff., 845 ff., 904 ff., 1246, 1301, 1345 ff., 1574, 1597, 1693 f., 1831, 1837 ff.
- klagbarer Anspruch auf Leistung 63
- Rechtsstellung 286, 390 f.
- satzungsmäßige Zuwendungen 858
- schweizerisches Recht 1703, 1705
- wiederkehrende Bezüge 1345 f.
- Zurechnung, Einkünfte 860
- Zuwendungen, einmalige 857

Discretionary Trust 1774 f.

Disquotale Gewinnausschüttung 1393

Dividendenausschüttung 1008

Donor Advised Fund 327

Doppelbesteuerungsabkommen 605, 697, 722

Doppelstiftung 819, 1380 ff.

D&O-Versicherung 67

Dotationsmittel 987
- siehe auch Mittelbeschaffung

Drittelbeteiligungsgesetz 59

Drittelgrenze 139, 1021 f., 1025 ff.,

Druckschriften, Herausgabe 1015, 1128

Duldungsleistung 1306

Duldungsauflagen 616, 628, 666
- siehe auch Auflagen

duty of loyalty 235

E

E-Bilanz 939

Ehegatten 120, 138, 598, 600 f., 611, 616, 632 f., 648, 666, 1159, 1811

Ehrenamtspauschale 66, 1358

Eigeninteresse 980

Eigenkapital 1394, 1569

Eigenkapitalaufstockung 1097

Eigenkapitalausstattung 992, 1394

Eigenkapitalausweis 1473, 1576 ff., 1592 ff., 1673

Eigenkapitaldecke 15

Eigenkapitalposition 1662 ff.

Eigennützig 980

Eigentum 139, 342, 413, 438, 1638, 1796
- wirtschaftliches 499, 647

Eigentumsrechte 472

Eigenwirtschaftlich 980

Einbringungsgewinn, siehe Veräußerungsgewinn

Einkommensermittlung 717 ff., 722, 731, 771, 811, 952, 1023, 1234, 1239 ff., 1804 ff.

Einkommensteuer, Besteuerung der Destinatäre 845 ff.

Einkommensteuer des Stifters 530, 1175 f.

Einkunftsart, Einkünfte 700, 718, 720, 755, 769, 794, 846, 856, 912, 932 f., 941, 957, 1023, 1080, 1104 f., 1245, 1790, 1804, 1810

Einlage, verdeckte 482

Einlagekonto (steuerliches) 719, 854 f., 1227

Einnahmen-/Ausgabenrechnung, siehe Buchführung

Einzelunternehmer (Einzelkaufmann) 540, 804, 1175, 1190, 1204, 1317

Elektronische Zuwendungsbestätigung 1260

Endowment 1040

Entgelt bei Vermögensübertragung 567 f., 739 f.

Entlastung der Organe 235, 261

Entnahme, Buchwertprivileg 478, 1161, 1175
Entnahmebesteuerung 530 ff., 563, 1190, 1257
Entstehen der Erbschaftsteuer 570, 583, 645, 1203
Entstehung der Stiftung 110 ff., 609
Erbauseinandersetzung 4, 25, 490 f., 638
Erbe 6, 120, 124 ff., 489, 512, 574, 639, 735, 756, 1163
Erbengemeinschaft 111, 489 f., 735
– Abfindungszahlung 486, 751
– Teilungsanordnung 638
Erbersatzsteuer 3, 800, 802 ff., 807
– Abzug 750
– Belastung 802, 813, 815
– Ermittlung 803
– Körperschaftsteuer 811
– Satzungsänderung 1008
– Steuerbefreiungen 806
– Stiftung im Ausland 461 f.
– Stundung 804
– unselbständige Stiftung 356
– Umwandlung 893, 910
– Verfassungsmäßigkeit 812
– Vermeidung 814
– Verrentung 809
– Zwangsverkauf 815
Erbfolge, vorweggenommene 487 f., 492, 495, 504, 566
Erbschaftsfundraising 121
Erbschaftsteuer 454, 583, 611, 1347
– Abzugsbetrag § 13a II ErbStG 650
– Anrechnung, ausländische 605
– Anzeigepflicht 805
– Auflage des Stifters 1202, 1347
– Auflagen 120, 125, 348
– Behaltensfrist 1866
– bei Stiftungsaufhebung 905, 1365
– bei Stiftungserrichtung 570, 1203
– beschränkte Erbschaftsteuerpflicht
– betagte Zuwendung 801
– Betriebsausgabe 735, 771, 811
– Betriebsvermögen 649, 806, 1860 ff.
– Bewertung Betriebsvermögen 610, 622, 738
– Erwerbskosten 811
– Familienstiftung 570 ff., 803
– Freibetrag 598 ff., 648, 795, 803
– gemischte Schenkung 671
– Kettenschenkung 642
– Lohnsumme 1863 ff.
– Leistungs- und Duldungsauflage
– mehrfacher Erwerb 606
– mittelbare Schenkung 641
– Nachlasskosten 643
– Nießbrauchrecht 603, 619, 621, 636, 646
– Nutzungsauflagen 616
– Reform 2016 1860 ff.
– Satzungsänderung 799, 818
– Schuldübernahme 620
– Steuerbefreiung, § 13 ErbStG 648
– Steuerklasse 588, 595, 772
– Stundung 1893
– Übermaß an Gewinnbeteiligung 1385
– Übernahme 629
– Umwandlung einer Familienstiftung 893
– Vermögensrückfall an den Stifter 905
– Verschonungsabschlag 1893, 1954
– Wegfall Steuerbefreiung 1204, 1335
– Wertermittlung 803
– Zusammenrechnung 606, 797
– Zustiftung 795
Erbvertrag 120, 123, 382, 707
Ergebnisabführungsvertrag 774
Erlöschen der Stiftung 885, 1365
– siehe auch Liquidation
Ermessensentscheidung 336
Errichtungskapital 264, 990, 1577
Ertragsnießbrauch 505
Ertragswertverfahren 1881 ff.
– vereinfachtes 1881
Erziehung 1118, 1693
EU-Datenschutzgrundverordnung (DSGVO) 97 f.
Europarecht 92, 453, 860

Europäische Stiftung (FE) 320 ff.
European Foundation Statute (EFS) 324

F

Facebook 96
Fahrlässigkeit 231, 1261, 1264
Familie 27, 927 f., 1384, 1441 f.
Familienfideikommiss 773
Familienstiftung
– § 13a, § 13b ErbStG 618 1860 ff.
– § 8b KStG 723, 726, 730 f., 851, 861, 952, 1243 f., 1285, 1806 f.
– siehe auch Doppelstiftung
– siehe auch Erbersatzsteuer
– Abfärberegelung 727
– Abfindungszahlungen 751
– Abschreibungsbefugnis 501
– Anerkennung der 72
– Ansässigkeit im Ausland 570
– Auflage 614
– Auflage des Stifters 666
– Aufsicht 46, 148, 151
– ausländische Einkünfte 723, 729
– Ausland 570, 808
– Außensteuergesetz 461, 637, 696, 1790, 1799 ff.
– Austauschvertrag 856
– Begriff 453 ff., 1800
– Berliner Testament 575
– beschränkte Steuerpflicht 463
– Besteuerung der Destinatäre 845 ff.
– Besteuerung der Stiftung 695 ff.
– Besteuerung des Stifters 470 ff.
– Besteuerung des Unternehmens des Stifters 530 ff.
– entferntest Berechtigter 795
– Einkünfteermittlung 1804 ff.
– Gewerbesteuer 794
– Grunderwerbsteuer 665
– intransparente 1791 ff.
– Kapitalertragsteuerabzug 1224
– Körperschaftsteuer 560, 583, 717 ff., 722, 774, 768, 770, 846, 851, 885
– laufende Besteuerung 695 f.
– Mitunternehmerstellung 724
– Neuerrichtungen 910
– Nießbrauchvorbehalt 497
– Organschaft 725, 774 f.
– Ort der Geschäftsleitung 462
– Prüfung 1462
– Realteilung 485
– Satzungsänderung 594, 799 f., 815
– Sitz im Ausland 850, 860
– Sitzverlegung 194
– Stiftungsaufhebung 885 ff.
– transparente 1809
– Teilwertansatz 478, 483
– Übertragung gegen Versorgungsleistung 488
– Übertragung Mitunternehmeranteil 488, 491 ff., 503
– Übertragung von Betriebsvermögen 530
– Übertragung von Privatvermögen 419, 473, 531
– Umsatzsteuer 678, 892
– Umwandlung 875
– Unternehmensverbundene 28
– verdeckte Gewinnausschüttung 856
– Verlustvortrag des Erblassers 512
– Vermögensrückfall an den Stifter 905
– Versorgungsleistungen 744
– Wirtschaftsjahr 711, 714 f.
– Wohnrecht 504
– Zusammenlegung 889
– Zustiftung 606, 768
– Zuwendungen 857
Feststellungsbescheid 189, 938 ff.
Fiduziarische Stiftung 335 ff.
Finanzamt(Finanzbehörde) 189, 191, 216, 228, 263, 352, 406, 411, 435, 511, 711, 805, 938, 939, 940, 991, 1001, 1050, 1226, 1260, 1263
Finanzmittel (junge) 1910 ff.
Finanztransfergeschäft 104
Firma 1777
Flick-Stiftungen 814

Flugtage, Zweckbetrieb 1129
Förderkörperschaften 104, 1034
Förderstiftungen 996, 1041
Förderung der
– Arbeitsbeschaffung 1094
– Bildung 1093
Förderverein 998
Formvorschriften 120, 123, 382
Forschung 1118, 1130, 1177, 1294
Frauenkirche Dresden 183
Fremdnützigkeit 1097
Fremdvergleichsmaßstab 984
Fristen 27
Fundraising 998
Funktionsträger-Stiftungen 819
Fusion von Stiftungen, siehe Zusammenlegung 889

G

Gastronomische Einrichtung, Zweckbetrieb 1127
Gebot
– der zeitnahen Mittelverwendung 988, 990
– der Substanzerhaltung 266
Gegenleistung, siehe Entgelt
Geldwäschegesetz 99 ff.
Gemeinnützige Stiftung, Vermögenssphären 1075 ff.
Gemeinnützige Stiftungen, siehe steuerbegünstigte Stiftungen
Gemeinnützige Zwecke, siehe Zwecke der Stiftung
– Ausland 934, 950, 962
Gemeinkosten, anteiliger Betriebsausgabenabzug 1106
Gemeinsame Einrichtungen 1039
gemeiner Wert 1879 ff., 1908 ff.
– des Betriebsvermögens 1862, 1936
– des begünstigungsfähigen Vermögens 1873, 1922
– des Verwaltungsvermögens 1873
– des begünstigten Vermögens 1868
Gemeinwohl 44, 48, 63, 244 f., 296, 302, 366 f., 1722
Gemeinwohl konforme Allzweckstiftung 72, 141
Gemischte,
– Aufwendungen 1109
– Schenkung 620, 627, 671, 676, 739, 798
Genehmigung,
– der Änderung der Stiftungsverfassung 5, 186
– nach dem KWG 392 f.
Genossenschaft 1698
Prägetheorie 995, 1096
Gesamtrechtsnachfolge 707, 756, 1164, 1315
– siehe auch Umwandlung
Geschäftsbetrieb, wirtschaftlicher 784, 931 ff., 955 f., 988, 1014
Geschäftsführer 228
Geschäftsführung 29, 54, 207, 224 ff., 1027, 1042
– Einfluss auf 29, 250, 458, 590
– Zweckverwirklichung 928, 934 ff., 939 ff., 963
Geschäftsjahr (Rechnungsjahr) 161, 226, 714
Geschäftsordnung 211 f., 219, 221, 244
Gesellschaftsvertrag 57, 1382
Gewerbebetrieb 510, 622, 698, 700, 710, 720 ff., 780, 932 f., 955, 959, 1024
Gewerbesteuer der Stiftung,
– bei Stiftungsaufhebung 891
– bei Stiftungserrichtung 513, 535
– Freibetrag 1290
– laufende 780, 1282
Gewinnausschüttung,
– disquotal 1393
– verdeckte 732, 762, 856,
Gewinnermittlung 483, 676, 718, 744, 792, 1239, 1241, 1541

Gewinnerzielungsabsicht 780, 931, 1076, 1083
Gewinnrealisierung 472 ff., 483, 888, 1175
Gewinnzuschläge 984
GmbH 61, 89, 111, 220, 342, 534, 746, 957, 1161, 1180, 1209, 1275, 1280, 1382 ff., 1387 f., 1410
Grabpflege 1118, 1633, 1643, 1649, 1650, 1654 f.
Grantor Trust 1797
Größenmerkmale, siehe Schwellwerte
Großerwerbe 1893 f.
Grunderwerbsteuer 665, 894, 1205 ff., 1333
– 100%-Beteiligung 1208
– Befreiung 669
– Familienstiftung 665
Grundsteuer, Befreiung 1326 f.
Grundstockvermögen, siehe Stiftungsvermögen 264 ff., 1006
Grundstockvermögen 49, 133, 264, 271, 281, 565, 744, 990, 1006, 1044, 1085, 1442, 1470, 1602
– bestimmungsgemäße Verwendung der Erträge des 281, 1573
– Erhaltung des 990, 1512, 1561, 1660
Grundstockvermögen – Errichtungskapital Abgrenzung 1577
Grundstückseinbringung 1018, 1155, 1206 ff.

H

Häusliche Pflege 1132
Haftung, der Destinatäre 69
– der Kuratoriumsmitglieder 237
– der Organe 66, 231 ff.
– der Stiftung 65 ff., 1278, 1329
– des Stifters 27, 68
– für Organe der Stiftung 231 ff., 944, 1262, 1703
– gesamtschuldnerisch 65
– Lohnsteuer 1329
Haftungsprivileg 66
Halbeinkünfteverfahren 847
Hamburgisches Stiftungsgesetz 142, 150
Handelsbücher, siehe auch Buchführungspflicht
Handelsregister 87, 778, 1493, 1690, 1707, 1727, 1738
Hauptzweck 1112
Haushaltsplan 226, 1460, 1517
Hessisches Stiftungsgesetz 155
Hinzurechnungsbesteuerung 697
Hilfsperson 962, 1031 ff., 1278
Holding 268, 791, 821 f., 1038, 1324, 1696
Hotels, siehe Beherbergung
Hybridstiftung 83

I

Ideeller Bereich, Umsatzsteuer 1306, 1479
– Voraussetzungen 1076
Immobilien 265, 564, 665
Inflationsrate 270, 275
Innenhaftung 66
Insolvenz 88 ff., 1469
Institut der Wirtschaftsprüfer e.V. (IDW) 1462, 1472 ff., 1537, 1559, 1577 ff., 1590, 1633
Integrationsprojekte 1122
Internet 96
Inter Vivos Trust 1766 f.
Interorganstreit 196
Intransparenter Trust 1791 ff.
Investitionsabzugsbetrag (Investitionsklausel) 1905
Investitionsrücklage 1047
Investmentfonds 968 ff.
Investmentsteuerreformgesetz 968 ff.

J

Jahresabschluss 1057, 1462, 1466, 1482 ff., 1490, 1492, 1533 ff., 1544, 1554, 1572, 1587, 1595, 1626, 1659

Jahresbericht 1542, 1545, 1553, 1563, 1571, 1590, 1595, 1597, 1604, 1634, 1657, 1671, 1672

Jahresrechnung 153, 224, 1460, 1471, 1470, 1512, 1532, 1548, 1553, 1570, 1573

Juristische Person 29, 40, 89, 157, 196, 335 f., 341, 470, 570, 1690, 1700 f., 1728

K

Kapitalbeschaffung, siehe Finanzierung

Kapitalerhaltung 270, 1003, 1516, 1559

Kapitalerhöhung, bei Beteiligungsgesellschaft 1053, 1055

Kapitalertragsteuer 352, 702 ff., 755, 852, 951, 968 ff., 1224 ff., 1245
- Destinatäre 851
- Einbehalt 852
- Erstattung 950
- NV-Bescheinigung 951
- Steuersatz 954
- verdeckte Gewinnausschüttung 954

Kapitalgesellschaft & Co. 29, 53 f., 59, 531

Kapitalisierungsfaktor 1901

Katalogzweckbetriebe 1114

Katastrophen 1259

Kauf 221

Kaufmännische Buchführung, siehe Buchführung

Kaufmann 28, 1461, 1482, 1493

Kirchliche Zwecke, siehe Zweck der Stiftung

Kongress 1142

Körperschaftsteuer, Abzugsverbot 731, 758 ff., 766, 1246
- Aufdeckung stiller Reserven 944
- Auflösungsbesteuerung 886
- ausländische Stiftung 1791
- Beginn der Steuerbefreiung 943 ff., 1111
- Beginn der Steuerpflicht 943
- bei Stiftungsaufhebung 885, 1366
- bei Stiftungserrichtung 1200
- beschränkt steuerpflichtige Stiftung 463, 1792
- Besteuerung der Stiftung 560, 1200
- Einlagenkonto 1227
- Einschränkung der Steuerbefreiung 963
- Erbersatzsteuer 454, 802 ff.
- Erlöschen der Steuerbefreiung 943 f.
- Familienstiftung 450 ff.
- Feststellungsbescheid 938 ff.
- gewerbliche Einkünfte 491, 505, 721, 957, 1117
- laufende Besteuerung 570
- Organschaft 777
- Sachzuwendungen 763, 1059, 1249, 1308
- Steuerbefreiung 773, 820, 890, 905, 925 ff., 942 ff.
- Steuersatz 1220
- Steuersubjekt 344, 695, 1221
- Stiftungsaufhebung 885, 1366
- verdeckte Gewinnausschüttung 762, 856, 954, 1179, 1183
- Vermächtnisse 761
- vorläufige Steuerbefreiung, siehe Feststellungsbescheid
- zinsfreies Darlehen 765
- Zustiftung 770

Kommanditgesellschaft 54 ff., 490, 531, 724, 1007
- siehe auch Personengesellschaft und Doppelstiftung
- auf Aktien 1275

Kommanditist, siehe Personengesellschaft

Kommerzielle Werbung, Wirtschaftlicher Geschäftsbetrieb 1989 f., 1121, 1127, 1135

Kommunale Körperschaft 1461

Konkurrentenklage 1136

Konzerte, siehe Veranstaltungen

Kooperation 1032 f., 1107

Kooperationsschranke 1032

Kooptation 200 f., 259
Kostenzuschlagsmethode 984
Krupp-Stiftung, siehe Alfried bzw. Friedrich und Margarete Krupp-Stiftung
Künstlersozialabgabe 107
Kultur 183, 650, 815, 1121, 1327, 1691
Kultureinrichtung, siehe Kultur
Kulturelle Veranstaltungen, Zweckbetrieb 1088, 1091, 1118
Kunst, siehe Kultur
Kunsteisbahn 1128
Kunstsammlung, Kunstverein 135, 438, 649
Kuratorium 237
KWG 392 f.

L

Land- und Forstwirtschaft 710, 716, 780, 1283, 1327, 1480
Landesrecht 140, 305, 377
Lebensfähigkeitsprüfung 135
Lebenswerk 5
Leistungsauflagen 666
Leistungsaustausch 984
Leistungserhaltungsrücklage 1051
Leistungsverrechnung 984
Letztwillige Verfügung, siehe Erbvertrag und Testament sowie Verfügung von Todes wegen
Liechtensteinisches Stiftungsrecht 1720 ff.
Liquidation der Stiftung 255, 885 ff., 891 f., 1274, 1375
– siehe auch Aufhebung der Stiftung
Liquiditätsabflüsse 15
Lohnsteuer, Haftung 824, 1329

M

Mecklenburg-Vorpommern-Stiftungsgesetz 150
Meldepflicht (Transparenzregister) 99
Mensa, siehe Gaststätten
Mildtätige Zwecke, siehe Zwecke der Stiftung
Mindestausstattung 133, 411, 1706
Mindestlohn 106
Mindestdividende 1008
Mitbestimmung 59 f
Miterbe 120, 126, 490, 639, 670, 751
Mittelbeschaffung 104, 1034, 1042, 1081, 1102, 1108, 1116, 1124, 1137
Mittelverwendung 280 ff., 953, 956, 987 ff., 999, 1004 ff., 1007, 1010, 1573
Mittelverwendungsrechnung, Ableitung aus der Handelsbilanz 1010, 1565 ff.
– Inhalt 280, 981
– Nachweispflicht 991, 1335
Mitunternehmer 1084, 1087, 1273
Mitunternehmerschaft 1095, 1175, 1226, 1228, 1284
– siehe auch Personengesellschaft
Motive des Stifters 4, 25 ff.
Museum, siehe Kunstsammlung
Mustersatzung 935, 941, Anhang 2

N

Nacherbe 388, 574
Nachfolge, siehe Erbfolge, gesellschaftsrechtliche
Nachlassauseinandersetzung 1756
Nachlassgericht 143
Nachlassinsolvenz 121
Nachlassplanung 1720
Nachlassregelung 614
Nachlassverbindlichkeiten 385, 611, 615, 625, 643
Nachlassverfahren 1756 f.
Nachlassverwaltung 121
Nächste Angehörige 1028

Name der Stiftung 113, 180, 192 ff., 998, 1088, 1706, 1736
Nettoverwaltungsvermögen 1873, 1908, 1938
Nichtveranlagungsbescheinigung 1226
Nießbrauch 119, 139, 497, 500 ff., 618 ff., 635, 742 f., 1017
Non profit, siehe Gewinnerzielungsabsicht
Nordrhein-Westfälisches Stiftungsgesetz 149, 154
Nutzung des Stiftungsvermögens durch, siehe auch Nießbrauch und Wohnungen
– Destinatäre 457, 618, 765
– Stifter 138, 618
Nutzungsrechte 119, 618, 637, 744
– siehe auch Nießbrauch und Wohnungen

O

Öffentliches Interesse 377, 649, 651
Öffnungsklausel 186
Offene Handelsgesellschaft 53, 111
– siehe auch Personengesellschaft
– Optionsverschonung 1904
Ordnungsmäßigkeit der Buchführung (Rechnungslegung) 1460, 1471, 1482, 1484, 1490, 1492
Ordnungsmäßigkeit der Geschäftsführung 224 ff., 1513, 1554, 1611, 1660, 1701, 1729, 1790
Organe der Stiftung 196 ff.
Organklagen 196
Organisationsstatut, siehe Satzung der Stiftung
Organschaft 774, 1269 ff.
– Voraussetzungen 774 ff.

P

Partielle Steuerpflicht 786, 944, 948, 952, 954, 1023, 1079
Pensionskasse in Stiftungsform 1250
Personengesellschaft 53, 76, 472, 475, 491, 505, 535 f., 623, 635, 656, 724, 746, 1277, 1278, 1385, 1387, 1391, 1482
– Grunderwerbsteuer 668
– vermögensverwaltende 624
Personenidentität 956/2
Personenvereinigung 850, 1605
Pfandrechte 1488
Pflege, siehe auch Auflagen und Betreuung
Pflegedienst 1299
Pflichtteilergänzungsansprüche 191 ff., 1624
Pflichtteilsansprüche 752, 761
– Abgeltung 748
Pflichtteilsverzicht 494
Pflichtverstöße von Stiftungsorganen 207, 417, 762
Poolung 1875,
Power of Substitution 1797
Preisvergleichsmethode 984
Preisverleihung 1032
Privatnützig 45, 71, 1380, 1720, 1723, 1732
Privatschulden, Übernahme 749
Probate Verfahren 1756
Projektrücklage 1046
Prüfungspflicht der Stiftung 1462, 1472
Prüfungsrecht der Aufsicht 46, 151, 155 ff.
Psychisch kranke Menschen 1122
Publizität 53
Publizitätsgesetz 1461, 1493

Q

Quellensteuer
– ausländische 1330
– Quersubventionierung Zweckbetrieb 1143
– Rückforderung 1331 f.

R

Rechnungsabschluss siehe Jahresabschluss
Rechnungslegung 162, 991, 1007, 1018, 1052, 1420, 1430, 1440, 1444, 1460, 1490, 1510, 1530, 1533, 1540, 1545, 1550, 1554, 1565, 1587, 1595, 1635
– siehe auch Buchführung
– BGB 1467
– HGB 1482
– Landesstiftungsgesetz 1470
– steuerlich 1475
– WP 1072
Rechtsanspruch auf Anerkennung 72, 110, 140 ff.
Rechtsaufsicht 146
Recht auf Vergessenwerden 98
Regelverschonung 1949
Renten 621, 632, 744, 792, 1018, 1025, 1558
– siehe auch Auflagen
Reparaturrücklage 1047
Reverse-Charge-Verfahren 1303
Rheinland-Pfalz, Stiftungsgesetz 145, 149
Risikobudget 990
Rückforderungsvorbehalt 132
Rücklage, Anforderungen 275, 775, 954, 1006, 1566, 1603
Rücklagen, Unschädlich 282
Rücklagenbildung 275, 279, 282, 351 ff., 481 ff., 775, 954, 1006 ff., 1024, 1045 ff., 1057 ff., 1081, 1514, 1533, 1561, 1566, 1576 ff., 1590, 1593 f., 1603, 1633, 1656 f., 1757 ff., 1938, 1955
– § 58 Nr. 6 AO 1007
– § 58 Nr. 7a AO 1011, 1024, 1045 ff., 1052 ff., 1058, 1560, 1579, 1582, 1594, 1648, 1656 ff., 1664
– Auflösung 1056
– freie 1052, 1058 f.
– Kapitalerhöhung 1055
– Leistungserhaltungsrücklage 1051
– Nachprüfbarkeit 1057
– unzulässige 1058
Rückspenden 1256
Rücktritt 207, 908

S

Saarland, Stiftungsgesetz 150
Sacheinlagen, siehe Sachzuwendungen an Stiftung
Sachsen Stiftungsgesetz 145, 149
Sachsen-Anhalt Stiftungsgesetz 145, 149, 154
Sachspenden, Voraussetzungen 1161 f., 1257
Sachzuwendungen, an Stiftung 763, 1059, 1249, 1308
Sammelvermögen 24
Sammlungen 649, 815, 1184
Satzung der Stiftung (Organisationsstatut, Stiftungsstatut, Stiftungsverfassung) 180 ff.
Satzungsänderung 815, 818, 940, 982
– Erbschaftsteuer 799 f., 910
Satzungsanforderungen 180 ff.
Satzungsgemäße Aufwendungen, siehe Aufwendungen, satzungsgemäße
Schachtelprivileg 725, 788, 1286
Schenkung 795, 858
– gemischte 798
Schenkung unter Auflage 125, 138, 348, 375, 376 ff., 492, 666, 739, 761, 768, 772, 826, 859
Schenkungsteuer, siehe Erbschaftsteuer
Schleswig-Holsteinisches Stiftungsgesetz 148, 150, 305, Anhang 4.15
Schlusserbe 601
Schriftform 114, 143, 180, 371
Schuldübernahme 620
– siehe auch Haftung
Schuldenverrechnung 1912 ff.
Selbständigkeit 780, 1082
Selbstkontrahieren 220

Selbstlosigkeit, Gebot 980 ff., 1101
– Darlehensvergabe 992
– eigenwirtschaftliche Betätigung 988
– eigenwirtschaftliche Zwecke 988
– Erhaltung eines Betriebes 987
– Förderverein 998
– Gebot der Vermögensbindung 981
– Gewinnstreben 995, 999
– Grundstockvermögen 990
– Mehrung des Vermögens 1002
– Mittel 988
– Mittelverwendungsrechnung 991
– Nachweis 991
– Preisverleihende Stiftung 994
– Rücklagenbildung 1007
– Tatsächliche Zweckverwirklichung
– Umschichtung von Vermögen 990
– unangemessene Ausgaben 996
– Verbot der Begünstigung 983
– Verlustausgleich 1101
– Vermögenserhaltung 990, 1003
– zeitnahe Mittelverwendung 988
– zinsgünstige Darlehen 1005
Selbständige Vermögensmasse 1793
Selbstversorgung 1134
Selbstzweckstiftung 48, 182
Seminare 1142
Settlor 1760, 1767
Sitz der Stiftung 189, 193 f., 406, 453, 570 f., 596, 695, 698, 728, 777, 803, 808, 850, 860, 939, 950, 1220, 1226, 1269, 1460
Sitzverlegung 194
Social Media 95 f.
Solidaritätszuschlag, Familienstiftung 514, 705, 851
Sonderausgaben 719
Sonderbetriebsvermögen 474 f., 480, 483, 537, 622
Sondervermögen (estate) 1756
Sozialversicherung 1337
Spende 80, 273 ff., 347, 1252 ff.
Spenden
– Abzug 1156 ff., 1252 ff., 1444, 1474, 1514, 1534, 1554, 1565, 1578
– Ausland 966, 1038 ff.
– Aufwandsspenden 1256
– Crowdfunding 95, 998
– Gegenleistung 1254, 1258
– Sachspenden 1161, 1257
– Spendenbescheinigung 350, 1259
– Verbrauchsstiftung 1157
– Zuwendungsbestätigung 1260
Spendenabzug
– Aberkennung der Gemeinnützigkeit 944, 1262 ff.
– an Stiftung im EU/EWR-Ausland 966
– Belegvorhaltepflicht 1259
– Benefizveranstaltung 1088
– Vermächtnis 1163
– Wahlrecht 1160
– Zehnjahreszeitraum 1158
– Zusammenveranlagung 1159
Spendenbescheinigung, Aberkennung der Gemeinnützigkeit 1262, 1264
– amtliches Muster 1260
– elektronische 1260
– Haftung 1262
– Richtigkeit 1261
– Vertrauensschutz 1265
Spendensammeln online 95, 998
Spekulationsgewinn 960
Spezial-Investmentfonds 974
Spitzenverband 1030
Sponsoring
– Korrespondenzprinzip 1091
– Umsatzsteuer 1306
– Voraussetzungen 1253 f.
– wirtschaftlicher Geschäftsbetrieb 1121
Sportliche Veranstaltung, Sport 1297
Stärkung Eigenkapital 1394
Stakeholder 108
Steuerbefreite Stiftung
– § 63 Abs. 3 AO 962, 1109

– Anerkennung der Steuerfreiheit 1027
– Anerkennungsverfahren 110, 140
– Anforderungen an die Stiftungssatzung 190, 925
– Auflagen 138, 1018 f., 1025, 1251
– Ausgaben 263, 962
– Ausgliederung 1112
– Ausschließlichkeit 1013
– Beginn der Steuerbefreiung 943
– Besteuerung der Destinatäre 1345
– Beteiligung an Personengesellschaft 955 ff., 1000
– Beteiligung an Kapitalgesellschaft 956
– Betriebsaufspaltung 1001
– Betriebsverpachtung 725
– Buchführungspflicht 962, 1010, 1228
– Eigenwirtschaftliche Betätigung 999
– Einkommensermittlung 1234
– Errichtung 1280
– EU-Ausland 926, 934, 950
– Fördervereine 998
– Formelle Satzungsmäßigkeit 934
– Forschungs- und Entwicklungsbereich 1048, 1118, 1130, 1177
– Fundraising 998
– Gemeinkosten 1233
– Gemeinsame Einrichtungen 1039
– Geschäftsführung 925, 1236
– Gewerbesteuer 1282
– Grundsteuer 1326
– Haftung 944, 1262 f.
– ideeller Bereich 1231, 1306
– Investitionszulage 1281
– Kapitalerhöhung 1053, 1055
– Kleinunternehmer 1311
– Körperschaftsteuer 1220 ff.
– Körperschaftsteuerveranlagung 952, 1117
– Laufende Besteuerung 1220 ff.
– mittelbare Zweckverwirklichung 1076, 1116, 1137
– Mitunternehmeranteil 1182 ff.
– Mustersatzung 935
– Organschaft 1269
– Rechnungslegungspflicht 1228, 1420 ff.
– Satzung 180 ff.
– Selbstlosigkeit 980 ff.
– Spekulationsgewinn 1087
– Spenden 1252 ff.
– Spendenbescheinigung 1092, 1254, 1265
– Spendenvortrag 1156
– Sponsoring 1091
– Steuerbefreiung 925 ff.
– steuerlich unschädliche Betätigung 1014, 1233
– Steuersubjekt 1221
– Stiftungsaufhebung 1365
– Überführung von Betriebsvermögen 1084, 1175 ff.
– Umsatzsteuer 1190, 1291
– Umschichtung des Vermögens 990, 1278, 1317
– Umschichtungsgewinn 1514, 1576
– Umwandlung 957, 1280
– Unmittelbarkeit 1031 ff.
– Vermögenserhaltung 1003
– Vermögensverwaltung 1077
– vier Sphären 1075, 1444, 1479, 1554, 1565, 1569, 1579, 1674
– Weiterleitung von Mitteln 998
– wirtschaftliche Betätigung 946
– Wirtschaftlicher Geschäftsbetrieb 1079
– Wirtschaftsjahr 1238
– Zustiftung 1248
– Zweckbetrieb 1113
– Zweckverwirklichung im Ausland 934 ff., 963, 991

steuerbefreite Stiftung
§ 5 Abs. 1 Nr. 9 KStG 965, 1000, 1026

Steuerbefreiung
– Beschränkte Steuerpflicht 1165
– Wegfall 1204, 1335

Steuerklasse 574, 586 ff., 594 ff., 600 ff., 606, 772, 795, 799, 803, 807, 818, 859, 905 ff., 1831

Steuerlich unschädliche Betätigungen, Voraussetzungen 946, 1014

Stifter 44, 111 ff., 117, 123, 127, 133, 135
– Auflage 125, 138, 618
– Nutzungsvorbehalt 138, 618

– Überführung von Privatvermögen 473, 481, 1155
Stifterdarlehen 1048
Stifterwillen 7, 152, 1021, 1554, 1577, 1593, 1701, 1729
Stiftung, als Begriff 40
– als Konzernspitzenorganisation, siehe Holding 821
– gemeinnützige, siehe steuerbefreite Stiftung
– im Ausland 1690 ff.
– nichtrechtsfähige, siehe Stiftung, unselbständige
– Prüfungspflicht, siehe Prüfungspflicht der Stiftung
– Stiftung und Co. KG 54
– unselbständige 335 ff.
Stiftung des öffentlichen Rechts 825
Stiftung des Privatrechts 40 ff., 1239
Stiftungsaufhebung, siehe Erlöschen der Stiftung
Stiftungsaufsicht 146 ff.
– Maßnahmen 157 ff.
– Prüfung des Rechenschaftsberichts 155
– Vorlagepflicht 153
– zuständige Behörde 148 ff.
Stiftungsdauer, siehe Dauer der Stiftung
Stiftungsentstehung 111 ff.
Stiftungserklärung 127
Stiftungserrichtung
– Privatvermögen 1155
– Sonderausgabenabzug 1156 ff.
– Spendenabzug 1156 ff.
– Stufenlösung 126
– Vermögensstockspende 1160
– Vermögensübertragung 133
Stiftungsfonds 325 ff.
Stiftungsgeschäft 112 ff., 120
– Auflagen 138
– Nichtigkeit 114
Stiftungsorgane, siehe Organe der Stiftung und Organisation der Stiftung
Stiftungsrat 237 ff.
– Altersbeschränkung 249
– Aufgaben 243
– Entlastung Vorstand 235
– Erstbesetzung 246
– Geschäftsordnung 244
– Kontrollorgan 238
– Ladung 252
– Mitgliederzahl 239
– Personalunion 241
– Sitzungsleitung 251
Stiftungssatzung
– Anlage zum Testament 123
– Selbstlosigkeit 980 ff.
Stiftungsstatut, siehe Satzung der Stiftung
Stiftungsunternehmen 28
Stiftungsurkunde, siehe Stiftungsgeschäft
Stiftungsverein 97
Stiftungsverfassung, siehe Satzung der Stiftung
Stiftungsvermögen 50, 68, 80 ff., 113, 180, 184, 239, 264 ff., 275 ff., 341 ff., 376, 990, 1004, 1010
Stiftungsverwalter 228
Stiftungsverzeichnis 199
Stiftungsvorstand 196 ff.
– Abberufung 207, 229
– Amtszeit 202
– Beschlussfassung mit Einstimmigkeit 209 f.
– Besteuerung 1358
– duty of loyalty 235
– Ehrenamtspauschale 1358
– Entlastung 235
– Ermessensentscheidung 235
– Geschäftsführung 224
– Geschäftsordnung 211 f.
– Haftung 106, 231 ff.
– Höchstalter 203
– Ladung 211, 214
– Legalitätspflicht 235
– mehrgliedrig 199
– Mindestlohngesetz 106
– Tätigkeitsvergütung 215 f., 1325
– Treuepflicht 235

– Rücktritt 207
– Vertretungsmacht 217 f.
– Wählbarkeit 205
Stiftungszweck, siehe Zweck der Stiftung
Stille Beteiligung 505, 635, 724
Stille Reserven, siehe Gewinnrealisierung
– Aufdeckung 725, 741, 1087, 1357, 1666 f.
Stimmrechtverzicht 1383
Stipendium 1335
Struktureller Inlandsbezug 962, 1038
Stufenlösung 126
Stundung 1893 ff.
Substanzerhaltung 265 ff., 509, 1561
Sukzessivstiftung 183

T

Tagungen 1142
Tätigkeits-(Rechenschafts-, Jahres-) bericht 156, 1015, 1566
Tätigkeitsvergütung 823, 1325
Tax-Compliance-Management-System 236
Teilbetrieb siehe Betrieb
Teilmitunternehmeranteil 531, 1182
Teilverbrauchsstiftung 83
Testament 382 ff., 575, 601, 707
Testamentary Trust 1768
Testamentsvollstrecker 386, 1604
Theater, siehe Kultur
Thesaurierung
– Beteiligungsgesellschaft 1008, 1394
– Nachversteuerung § 31a EStG 531, 1182
Thesaurierungsverbot, siehe auch Admassierung
ThyssenKrupp 61
Thüringisches Stiftungsgesetz 145, 148 f., 195
Tierpark, Zweckbetrieb 1125
Tombola, Zweckbetrieb 1123
Totalnießbrauch 569
Transparenter Trust 1809 ff.
Transparenzregister 99 ff., 440
Treaty Override 1808
Treuepflicht (Vorstand) 235
Treuhandstiftung 335 ff.
Treuhänderische Stiftung 335 ff.
Trust 1755 ff., 1790 ff.
Trustee 1761, 1793
Typus der Stiftung 40 ff.
Typenvergleich 1791

U

Übernahme von Verbindlichkeiten, siehe Schuldübernahme
Überschuldung 89 ff., 1469
– siehe auch Insolvenz
Überschussermittlungs- und Mittelverwendungsrechnung 1569 ff., 1575, 1599, 1605, 1634 ff.
Übertragung von Betriebsvermögen, Entnahmebesteuerung 484, 1178
Übertragung
– Mitunternehmeranteil 1182
– unentgeltliche 479 ff., 495, 530 f., 539 ff., 643, 667, 734, 1155, 1182, 1191
Umsatzsteuer
– Abzugsverbot 1320
– Aufwandsentschädigung 1325
– bei Errichtung 539, 1190
– ermäßigter Steuersatz 1305, 1565
– Familienstiftung 820
– Forschungseinrichtungen 1294
– freie Wohlfahrtspflege 1298, 1318
– Gesellschaft bürgerlichen Rechts 1313
– Gesamtrechtsnachfolge 1315
– Halten von Beteiligungen 1317
– Kleinunternehmer-Regelung 1311
– Krankenhausbetrieb 1296
– Option 1322 f.
– Organschaft 774 f., 1324
– Outsourcing 1273, 1278, 1318

– Pflegedienst 1299
– Reiterhof 1299
– Rettungsdienstleistung 1298
– Reverse Charge 1303
– Sachzuwendungen 1308
– Speisen und Getränke 1121
– Sponsoring 1121, 1306
– sportliche Veranstaltung 1297
– Steuerbefreiungen 1283, 1292, 1296
– Stifter 515
– Tätigkeitsvergütung 1325
– unentgeltliche Wertabgabe 1190, 1301, 1310
– Unternehmereigenschaft 821, 1294, 1315
– Vermögensverwaltung 1300, 1306, 1317
– Vorsteuerabzug 1311 ff., 1318 ff., 1323
– Vorsteuerberichtigung 1315
– wirtschaftlicher Geschäftsbetrieb 1306
– Zusammenschlüsse 1313
– Zuschüsse 1291
– Zweckbetrieb 1301, 1304, 1308
Umschichtungsgewinn 990
Umschichtungsrücklage 990
Umstrukturierung 985, 1355 f.
Umwandlung 96, 255, 471, 889
– erbschaftsteuerliche Folgen 597, 799, 800, 893, 957, 1280
Umwandlungsgesetz 471, 876, 1112, 1274, 1356
Umwandlungssteuergesetz 86, 531, 875, 956, 959, 1155, 1356 f.
Unabsichtliche GbR 1107
Unentgeltliche Übertragung, § 6 Abs. 3 EStG 476 f., 480 ff., 485, 531, 562, 734, 739, 887 ff., 1182 f., 1201 f., 1616
– siehe Übertragung, unentgeltliche
Unmittelbarkeit 1031 ff.
Unmöglichkeit 422
Unschädliche Betätigungen, § 58 Nr. 5 AO 139, 583, 1018
– Unterstützung des Stifters 1027
Unselbständige Stiftung, Auflösung 420
– Beendigung 420
– Begriff 335 ff.
– Destinatär 390 f.
– Erbschaft-/Schenkungssteuer 348
– Errichtung unter Lebenden 374
– Errichtung von Todes wegen 382 ff.
– Errichtungsformen 370 ff.
– Gemeinnützigkeit 346
– Gläubigerzugriff 413
– Haftungsfragen 416
– Kapitalertragsteuer 352 f.
– Kündigung 380
– nicht rechtsfähig 338
– rechtliche Einordnung 336 f.
– Satzung 405
– Schenkung unter Auflage 376
– Stiftungsaufsicht 436
– Träger 341, 410
– Treuhandgeschäft 378
– Vergütung des Trägers 379, 408
– Vermögensausstattung 410
– Vermögenszuordnung 342
– Vorteile 435 ff.
– Zuwendungsbescheinigung 350
– Zweckvermögen 348
– Zweckzuwendung 349
Unternehmensbezogene Stiftung 1443
Unternehmenshintergrund 3
Unternehmensstiftungen 1380
Unternehmensträgerstiftungen 28
Unternehmensverbundene Stiftung 25 ff.
Unternehmensvermögen 1875, 1897
Unternehmenswert 1862 ff.
Unterstützung des Stifters, -Auflagen 138, 1018
– Einkommen 1021
Unterstützungskasse in Stiftungsform 1250, 1267
Unterstützungsleistungen
– an Stifter und seine Angehörigen 1027, 1693
– an Verwandte 1027
– siehe auch Drittel-Regelung
Untreuetatbestand 216

Umschichtungsrücklage 990
Urheberrechte 95

V

Veräußerungsgewinn bzw. -verlust 473, 475, 481, 486
Verbindlichkeiten, übergehende 1020
Verbot der Begünstigung 983
Verbundbetrachtung 1875 f.
Verbrauchsstiftung 80 ff., 136, 1158
verdeckte Einlage 482
verdeckte Gewinnausschüttung 732, 954, 984, 1179
Verein, rechtsfähiger 42, 111, 576, 998, 1297
Vereinszeitung 1135
Verfassung der Stiftung, siehe Satzung der Stiftung
Verfügung von Todes wegen 120, 125, 138, 348
Vergaberecht 101
Vergütung an, Organe 216, 245, 997, 1013, 1702, 1325
Verlustabzug 719
Verlustausgleich, Gemeinnützigkeitsunschädlich 1007, 1101, 1103, 1566
Verlustverrechnung, Wirtschaftlicher Geschäftsbetrieb 1029, 1104
Verlustvortrag 473
Vermächtnis 120, 122
Vermietung, siehe Verpachtung
Vermögen 1876 ff.
– begünstigungsfähiges 1862, 1876 f., 1908
– begünstigtes 1875, 1907
– verschontes 1871
– steuerpflichtiges 1875
Vermögensanfall 1264, 1827
Vermögensanlage der Stiftung 1086, 1558
Vermögensausstattung 132
Vermögensbindung 137, 890, 941, 944, 953, 981, 1004, 1273
Vermögenserhaltung 232, 1003, 1515, 1562, 1579, 1725
Vermögensmasse ausländischen Rechts 571, 580, 609, 850, 1793, 1803, 1837 ff.
Vermögensrückfall 905, 908
– mehrere Stifter 907
Vermögensteuer, bei Familienstiftungen 808
Vermögensschadenshaftpflichtversicherung 67
Vermögensübersicht 153, 224, 1471, 1492, 1510 f., 1519, 1532, 1548, 1554, 1557, 1576, 1671
Vermögensübertragung 133
Vermögensübertragung unter Auflage 1018 f.
Vermögensumschichtungen 268 f., 990, 1554, 1577, 1583 ff., 1593, 1599, 1628 f., 1641, 1651 f., 1662
Vermögensverwaltende Personengesellschaft, 1000
– Wirtschaftlicher Geschäftsbetrieb 955, 957, 1097
Vermögensverwaltung 224, 232, 275 ff., 1077, 1082, 1222, 1444 f., 1479, 1485, 1520, 1540 ff., 1557 ff., 1565 ff., 1581, 1583, 1595, 1623, 1627 ff., 1644, 1657
– Anlagerichtlinie 276
– Begriff 275 ff., 931, 933
– Beteiligung an einer Kapitalgesellschaft 956 f.
– Beteiligung an einer Personengesellschaft 956 f.
– ordnungsmäßige 955
– Rücklagen 1008, 1046, 1049
– Spekulationsgewinne 960
– Umschichten von Vermögen 1087
– Veräußerungsgewinn 278, 475, 481, 1044, 1627
– Vermögensverwaltende GmbH 957
– Voraussetzungen 1077
Vermögensverwaltungsstiftung 1289
Vermögenszusage 129 ff.

Verpachtung 725, 932, 1086, 1105
Verschmelzung 255, 888
Verschonung 1893 ff.
– Regelverschonung 85% 1872
– Vollverschonung 100% 1893 f.
– Optionsverschonung 100% 1893 f.
Verschonungsbedarfsprüfung 1893 ff.
Versorgungsleistungen, Korrespondenzprinzip 488, 495, 744, 746
– Sonderausgabenabzug 495
– Unentgeltlichkeit 744
Versorgungsrenten 545, 746, 761
Vertretungsmacht 44, 217 ff., 223
Verwaltungsvermögen 1893 ff., 1908
– siehe Nettoverwaltungsvermögen
– steuerpflichtiges 1893
– unschädliches 1908, 1941
Verwaltungsvermögenstest 1897 ff.
– 20%-Test ErbStG 2016 1898
– 50%-Test ErbStG alt 1898
– 90%-Test ErbStG 2016 1897
Verwaltungskosten 280, 437, 1008
Verwaltungskostenquote 996
Virtuelle Stiftung 336
Vollverschonung 1946
Volksbildung 649
Volkswohlfahrt 651
Vorababschlag für Familienunternehmen 1889 ff.
Vorbehaltene Erträge, siehe Erbfolge, vorweggenommene
Vorbehaltsnießbrauch 497 ff., 504 ff., 545, 615, 623,
Verbrauchsstiftung 80 ff.
Vorerbe 388, 574
Vorstand der Stiftung, siehe Stiftungsvorstand
Vorstandsbezüge, siehe Vergütung Organe
Vorstiftung 44, 1156
Vorweggenommene Erbfolge, siehe Erbfolge, vorweggenommene

W

Wäscherei 1134
Wegfall Steuerbefreiung 1204, 1335
Werbegeschäft, Steuerpflicht 1088
Werbeleistung 1306
Werbung, kommerziell 1135
Werkstätte, Theater 1134
Werkstätten für Behinderte, Zweckbetrieb 1118, 1121
Wert
– siehe gemeiner Wert
– siehe Unternehmenswert
Wertpapiere 1317, 1585, 1612, 1625 ff., 1637, 1641
– siehe auch Beteiligungen
Wettbewerb und Wettbewerbsfähigkeit 93, 954, 1114, 1082, 1136
Wettbewerbsbeeinträchtigung 1082
Wettbewerbskriterium 1082, 1136 f.
Wettbewerbsneutralität 954, 1098, 1136
Wettbewerbsneutralität, Ausnahme 1136
Widerruf des Stiftungsgeschäfts 116 f.
Wiederbeschaffungsrücklage 1047
Wiederbeschaffungsabsicht 1047
Wiederkehrende Bezüge und Leistungen, Nutzungen und Lasten, siehe Bezüge, wiederkehrende
Wirtschaftsförderung 1033
Wirtschaftlich Berechtigter 100
Wirtschaftlicher Geschäftsbetrieb, siehe auch Geschäftsbetrieb, wirtschaftlicher
– Abschreibungen 1108, 1488
– Abzugsverbot 1320
– Anlaufverluste 1104
– Aufzeichnungspflicht 1230
– Auskehrung der Gewinne 1247
– Ausstattungskapital 1085
– Begriff 1079 ff.
– Beteiligung an einer Personengesellschaft 955, 1000, 1084

– Beteiligung an gewerblicher Personengesellschaft 1000
– Beteiligung an Kapitalgesellschaft 956
– Beteiligung an Personengesellschaft 955
– Betreuung von Schülern 1092
– Betriebsaufspaltung 1279, 1288
– Darlehen 1007, 1100
– E-Bilanz 939
– Einkommensermittlung 1239
– Einnahmeerzielung 1082
– Einnahmeerzielungsabsicht 1082 f., 1086
– ermäßigter Steuersatz 1305
– Errichtung 1080
– Freibetrag Gewerbesteuer 1290
– Freigrenze 1228
– Gebot der Wettbewerbsneutralität 954, 1082, 1136
– gelegentlicher Verkauf 1044
– Gemeinnützigkeitsunschädlich 1040 ff.
– gemischte Aufwendungen 1108 f.
– gesonderte Gewinnermittlung 1239 f.
– Gewerbesteuer 1282 ff.
– Gewinnermittlung 1241
– Gewinnabführung 1081
– Gewinnerzielungsabsicht 1083
– Hauptzweck 1112
– Kapitalertragsteuer 951, 1224, 1245
– Körperschaftsteuer 943, 949, 1223
– mehrere 1101
– Nachhaltige Tätigkeit 1082, 1087
– Nebenzweck 1081, 1112, 1136
– Partielle Steuerpflicht 1239 f.
– Personenidentität 956.2
– Rücklagen 775, 954, 1008, 1242, 1566, 1578
– Rücklagenbildung 1008, 1056, 1242
– Schachtelprivileg 1286
– Sponsoring 1091, 1121, 1254, 1306
– Steuersubjekt 949
– Übertragung auf 1204
– Überwachung 1229
– Umsatzsteuer 1291 ff.
– Umwandlung 959, 1280
– Veranlassungszusammenhang 1106
– Verlust 1101 ff.
– Verlust in der Aufbauphase 1104
– Verlustausgleich 1029, 1101, 1104
– Verlustverrechnung 1101
– vermögensverwaltende Personengesellschaft 1098
– Verpachtung 932 f., 944 f., 1086
– Voraussetzungen 1079 ff.
– Wahlrecht 1086, 1104, 1124, 1241, 1312
– Werbegeschäft 1088
– Zinsschranke 1243
– Zuschüsse 1291
– Zuordnung von Einnahmen/Ausgaben 1108
Wirtschaftsjahr, siehe Geschäftsjahr
Wirtschaftsprüfer 1472, 1573, 1604
Wissenschaft 183, 649, 815, 1118, 1692
Wohnungen, Wohnrechte, überlassene 119, 138, 504, 1606, 1613

Z

Zeiss-Stiftung, siehe Carl-Zeiss-Stiftung 28
Zeitnahe Mittelverwendung, Ausnahmen 280, 988, 991
– Frist 991
– Nachweis 991
– Rücklagenbildung 1007 f.
Zeitwert 1554, 1562 f., 1595, 1617, 1668 ff.
Zentrale Einrichtungen 1039
Zinsabschlagsteuer, Familienstiftung
Zinsfreie Darlehen, siehe Darlehen
Zugewinngemeinschaft 602
Zulegung 307
Zusammenarbeit von Stiftungen 1107
Zusammenlegung von Stiftungen 307, 889
Zuschüsse, echte 1291, 1038
Zustiftung
– Auflage 138, 768, 1004
– Eigenkapitalgliederung 1594
– Erbschaftsteuer
– Familienstiftung 772, 795
– Gegenleistung 131
– Grunderwerbsteuer 826

– Körperschaftsteuer 769, 771
– liechtensteinisches Recht 1724
– Rückforderungsvorbehalt 132
– Schenkungsteuer 577, 606, 768, 771 f., 795, 798
– Spendenabzug 350, 1157, 1162, 1252, 1266
– steuerbefreite Stiftung 1076, 1085, 1157, 1248 ff.
– Stiftungsfonds 325 ff.
– Stiftungssatzung 271 f.
– Vermögensbindung 993, 1514
– Voraussetzungen 118, 270 ff., 1248 ff.

Zustimmungspflichtige Rechtsgeschäfte, siehe genehmigungsbedürftige Rechtsgeschäfte

Zuwendungen, siehe auch Stiftungserrichtung
– an Destinatäre 731, 858, 1246, 1345, 1347
– an Stiftung, freiwillige 131, 271, 438, 1257, 1267,1391, 1465, 1534, 1554, 1576, 1581
– letztwillige 120 ff.

Zuwendungsbestätigung
– elektronisch 1260
– Muster 1260

Zuwendungsnießbrauch 497, 501 f., 603, 629

Zweck der Stiftung 113, 181, 761, 1736
– allgemeine Wirtschaftsförderung 1033
– Auslandprojekte 1038
– eigennütziger 182
– fremdnütziger 1097
– gemeinnütziger (auch steuerbegünstigter) 927, 1051
– ideeller 1076, 1081
– kirchlicher 187, 930
– mildtätiger 187, 929
– Preisverleihung 928, 1032
– privatnütziger 185
– satzungsmäßiger 1013
– vorübergehender 183
– Unterstützung von Verwandten 1027
– wirtschaftlicher 181
– wissenschaftlicher 183

Zweckänderung 186

Zweckbetrieb, Abgrenzung 1113 ff.
– Altenheim 1132
– Auftragsforschung 1130
– Beispiele 1118
– Betreuung von Schülern 987, 1092
– Druckschriften 1128
– Flugtage 1129
– Katalogzweckbetriebe 1114
– Kommerzielle Werbung 1135
– originäre Zweckbetriebe 1114
– satzungsmäßige Zwecke 1116
– Selbstversorgung 1134
– Steuerbefreit 1115
– Überschüsse 1138
– Umsatzsteuer 1304
– Verlustausgleich 1007, 1104, 1566
– Voraussetzungen 1113
– Wettbewerbsklausel 1136
– Wettbewerbsneutralität 1136
– zentrale Beschaffungsstelle 1119

Zweckverfolgung im Ausland 962, 1038 ff.

Zweckverwirklichung 928, 935, 939, 981, 991, 1003 f., 1009, 1011, 1015 f., 1031 f., 1042, 1048, 1050
– Ausland 934, 963, 991, 1038 ff.

Zweckzuwendung 348 f.

Zwischenberechtigte 1830, 1847 f.

Zwischengesellschaft 637

Zuschreibung 1586, 1619, 1645